MINIDICIONÁRIO

Antonio Olinto

inglês / português
português / inglês

Supervisão: Antonio Olinto

7ª edição

Conforme a nova ortografia e de acordo com o Vocabulário
Ortográfico da Língua

Copyright © 1999 by Antonio Olinto.
Copyright © 1999 by Saraiva Educação Ltda.
Todos os direitos reservados.
Atualizadores: David Conrado Sabbag

Othon Carlos Werner
Gerente editorial: Rogério Carlos Gastaldo de Oliveira
Editora-assistente: Kandy Sgarbi Saraiva
Revisão: Pedro Cunha Jr. e Lilian Semenichin (coords.) / Janaína Silva
Impressão e acabamento: Corprint Gráfica e Editora Ltda.

Dados Internacionais de Catalogação na Publicação (CIP)
(Câmara Brasileira do Livro, SP, Brasil)

Olinto, Antonio, 1919-
Minidicionário Antonio Olinto : inglês-português, português-inglês. —
7. ed. São Paulo : Saraiva, 2009.

ISBN 978-85-02-07775-1
ISBN 978-85-02-07776-8 (professor)

1. Inglês - Dicionários - Português 2. Português - Dicionários - Inglês I. Título

CDD-423.69
-469.32

Índices para catálogo sistemático:
1. Inglês : Dicionários : Português   423.69
2. Inglês-português : Dicionários   423.69
3. Português : Dicionários : Inglês   469.32
4. Português-inglês : Dicionários   469.32

14ª tiragem, 2017

Avenida das Nações Unidas, 7221 – 1o andar – Setor C – Pinheiros – CEP 05425-902

SAC | 0800-0117875
De 2ª a 6ª, das 8h30 às 19h30
www.editorasaraiva.com.br/contato

502778.007.014

SUMÁRIO

Antonio Olinto IV
Abreviaturas V
Estrutura do dicionário VI
Pronúncia da língua inglesa VIII
Parte Inglês - Português
Parte Português - Inglês
Quadros de conversão 265
Verbos irregulares 268

ANTONIO OLINTO

O acadêmico Antonio Olinto ocupou a cadeira de número 8 da Academia Brasileira de Letras. Durante 23 anos foi adido cultural na embaixada brasileira em Londres, onde desenvolveu uma atividade incessante, através de conferências e exposições. Crítico literário de *O Globo* ao longo de 25 anos, foi responsável pela seção "Porta de Livraria" e colaborou em jornais de todo o Brasil e de Portugal. Na Universidade de Columbia esteve na qualidade de *visiting scholar*. Recebeu em 1994 o "Prêmio Machado de Assis", por conjunto de obras, da Academia Brasileira de Letras, a mais alta láurea literária do Brasil. Lente de Literatura na Universidade Federal do Rio de Janeiro. Fundador do jornal, em inglês, *The Brazilian Gazette*, publicado em Londres. Membro do PEN Club do Brasil, ajudou a organizar três congressos do PEN Internacional no País. Passou a participar também das atividades do PEN Internacional, com sede em Londres, tendo sido eleito, no começo dos anos 1990, para o cargo de Vice-Presidente Internacional. Na qualidade de *visiting-lecturer*, ministrou cursos de Cultura Brasileira na universidade inglesa de Essex.

ABREVIATURAS

A
abrev — abreviatura
adj — adjetivo
adv — advérbio
AER — aeronáutica
AGRIM — agrimensura
ANAT — anatomia
ant — antônimo
ANTROP — antropologia
ARC — arcaico
ARQ — arquitetura
ART — arte
ART GRÁF — artes gráficas
ASTROL — astrologia
ASTRON — astronomia
AUT — automóvel
AVI — aviação

B
BÍBL — bíblia
BIO — biologia
BOT — botânica
BR — Brasil
BRIT — britânico

C
CAN — Canadá
CIN — cinema
COM — comércio
conj — conjunção
CONT — contabilidade
contr — contração
CULIN — culinária

D
DIR — direito

E
ECON — economia
EDUC — educação
ELET — eletricidade
ESC — Escócia
ESP — esporte
EUA — Estados Unidos

EXPR IDIOM — expressão idiomática

F
FAM — familiar
fem — feminino
FIG — figurativo
FILOS — filosofia
FIN — finanças
FÍS — física
FOT — fotografia
FUT — futebol

G
GEOG — geografia
GEOL — geologia
GEOM — geometria
GIN — ginástica
GÍR — gíria
GRAM — gramática

I
INF — informática
interj — interjeição
invar — invariável

J
JORN — jornalismo
JUR — jurídico

L
LIT — literatura
loc conj — locução conjuntiva
loc prep — locução prepositiva

M
maiúsc. — maiúscula
MAT — matemática
MEC — mecânica
MED — medicina
MIL — militar
MIN — mineralogia
minúsc — minúsculo
MIST — misticismo
MIT — mitologia
MÚS — música

N
NÁUT — náutica

O
ÓPT — óptica

P
PEJ — pejorativo
pl — plural
POES — poesia
POLÍT — política
POP — popular
pp — particípio passado
pref — prefixo
prep — preposição
pron — pronome
PSIC — psicologia
pt — pretérito passado

Q
QUÍM — química

R
RELIG — religião

S
s — substantivo
sing — singular
SOCIO — sociologia

T
tb — também
TEAT — teatro
TECNOL — tecnologia
TEO — teologia
TIP — tipologia
TRANS — transporte
TV — televisão

U
UFOL — ufologia

V
v — verbo
v aux — verbo auxiliar

Z
ZOO — zoologia

ESTRUTURA DO DICIONÁRIO

abjuration / abscond — 1º e último verbete da pág. | nº da pág por extenso (ordinal e cardinal) — two second **2**

nº da pág em arábico

A — verbetes divididos silabicamente

Marca alfabética impressa nas laterais da página

a.ble [´eibl] *adj* capacitado, habilitado, apto.

a.bloom [ə´blum] *adj* em flor, florido; • *adv* em florescência. — fonética internacional

a.bly [´eibli] *adv* talentosamente, habilmente. — categoria gramatical em itálico

a.bode [ə´bəud] *s* morada, domicílio; • *pt* e *pp* de **abide**.

indicação de *past tense* e de *past participle* dos verbos irregulares

a.bor.tion [ə´bɔːʃn] *s* aborto; FIG fracasso, malogro; INF comando que visa parar algo fora de controle, não compreensível momentaneamente, ocorrendo na tela do micro quando se faz uma operação errônea, usualmente é abreviado para **abort**.

abreviaturas: FIG linguagem figurada; INF informática

a.bove [ə´bʌv] *s* o ápice, o alto, céu; • *adj* mencionado, citado, referido; • *adv* supra, superior a; • *prep* em cima, por cima, sobre, além de; **to get ~**: vencer, colocar-se acima de; **~ all**: acima de tudo; *ant* **below**. — antônimos

presença de abreviaturas usuais no Brasil

ABS [eibi:´es] *abrev de* Antilock Braking System, sistema de antitravamento do freio, que evita que as rodas travem.

estrutura do dicionário

ab.sence [′æbsəns] *s* distração, alienação, ausência; **in the ~ of**: na falta de.

— uso do verbete em expressões aparece em negrito

indicação com o sinal quando há mudança da categoria gramatical —

a.buse [ə′bju:s; ə′bju:z] *s* abuso, insulto, injúria; • *v* usar em demasia, abusar de, exceder; maltratar, falar mal de.

a.but [ə′bʌt] (*on*) *v* limitar, delimitar, confinar.

— preposição que comumente acompanha o verbo

indicação do uso do termo comum na Inglaterra (BRIT) ou nos Estados Unidos (EUA) e da diferença de pronúncia —

ac [ei′si] *abrev de* **a**lternating **c**urrent, corrente alternada; EUA ar-condicionado.

ac.cent [′æksənt; EUA ′æksent] *s* acento, sotaque; tom de voz; ênfase; • *v* acentuar, evidenciar, frisar; **~ mark**: acento ortográfico.

cap [kæp] *s* boné, gorro, boina; tampa; chapéu; extremidade; • *v* cobrir, coroar; cobrir a cabeça; vencer, ganhar, sobrepujar; **bathing ~**: touca para natação ou banho; **if the ~ fits**: se a carapuça servir.

— expressão idiomática

forma alternativa de escrita do verbete —

cap.i.tal.ize, cap.i.tal.ise [′kæpitəlaiz] *v* capitalizar, acrescer juros ao principal; acumular dinheiro; ART GRÁF escrever com maiúsculas.

cour.gette [kuə′ʒet] *s* abobrinha; EUA **zucchini**.

— vocábulo britânico com o equivalente no inglês americano

ret.i.na [′retinə] *s* retina; *pl* **retinas** ou **retinae**.

— plural irregular

PRONÚNCIA DA LÍNGUA INGLESA

A pronúncia, que se encontra transcrita entre colchetes, emprega símbolos gráficos do Alfabeto Fonético Internacional, representando a variante britânica da língua inglesa, estando a norte-americana indicada pela abreviatura EUA.

No caso das palavras de mais de uma sílaba, o acento tônico é apresentado pelo sinal gráfico ′ posto à esquerda da sílaba acentuada. A prolongação da sonoridade da vogal é identificada pelo sinal : após a letra.

VOGAIS E DITONGOS		
Símbolo	Exemplo	Em relação à língua portuguesa falada no Brasil
[a:]	*a*rm [a:m] f*a*ther [′fa:ðə(r)]	Como o *a* de c*a*pa
[ʌ]	b*u*t [bʌt] h*o*ney [′hʌni]	Como o *a* de c*a*no
[æ]	h*a*t [hæt] c*a*t [kæt]	Som compreendido entre o *a* de c*á* e o *e* de f*é*
[ə]	*a*go [ə′gəu] *a*bove [ə′bʌv]	Som similar ao *e* final na pronúcia portuguesa
[ə:]	b*i*rd [bə:d]	Som compreendido entre o *e* aberto e o *e* fechado
[e] ou [ɛ]	b*e*t [bet] g*e*t [get] b*e*d [bed]	Como o *e* da palavra f*é*
[i]	b*i*g [big] f*i*t [fit] h*a*ppy [′hæpi]	Como o *i* da palavra s*i*, só que mais breve

pronúncia da língua inglesa

Símbolo	Exemplo	Em relação à língua portuguesa falada no Brasil
[i:]	see [si:] tea [ti:]	Como o *i* de al*i*, só que mais prolongado
[ɔ]	got [gɔt] hot [hɔt] wash [wɔʃ; EUA wɔ:ʃ]	Como o *o* de s*ó*
[ɔ:]	all [ɔ:l] more [mɔ:(r)] saw [sɔ:]	Como o *o* de s*o*rte, só que mais prolongado
[u]	book [buk]	Como o *u* de b*u*rro, só que mais fechado e breve
[u:]	boot [bu:t] too [tu:] you [ju:]	Como o *u* de f*u*ro, só que mais prolongado
[ai]	by [bai] five [faiv] fly [flai] guy [gai]	Como *ai* em p*ai*
[au]	how [hau] house [haus] now [nau]	Como *au* em p*au*
[eə]	bear [beə(r)]	Como *e* em est*é*reo
[ei]	day [dei] page [peidʒ]	Como *ei* de l*ei*te
[iə]	hear [hiə(r)]	Como *ia* de p*ia*
[əu]	go [gəu]	Como em [ə] seguido de um *u* breve
[ɔi]	boy [bɔi] join [dʒɔin]	Como *ói* de her*ói*
[uə]	during [ˈdjuəriŋ; EUA ˈduəriŋ] poor sure	Como *ua* em r*ua*

pronúncia da língua inglesa

CONSOANTES *

Símbolo	Exemplo	Em relação à língua portuguesa falada no Brasil
[g]	big [big] get [get] goal [gəul]	Como g em gato
[dʒ]	general ['dʒenrəl] judge [dʒʌdʒ]	Como o som de dj da palavra adjacente
[h]	house [haus] how [hau]	Em geral apresenta som de h aspirado
[j]	yes [jes]	Como o i de ioga
[ŋ]	sing [siŋ]	Como o som de ng em triângulo, só que o som de g é imperceptível
[k]	cat [kæt] stomach ['stʌmək]	Como o c de cara
[ks]	exercise ['eksəsaiz]	Como x em axila
[r]	red [red] write [rait]	Como r em Sara, mas pronunciado com a língua enrolada
[s]	sea [si:]	Como s em sala
[z]	zebra ['zi:brə] rose [rəuz]	Como z em zero
[ʃ]	she [ʃi:] launch [lɔ:ntʃ]	Como o ch de chegada
[ʒ]	vision ['viʒn] pleasure ['pleʒə(r)]	Como o som de j em veja
[ø]	thin [øin] bath [ba:ø; EUA bæø] ether ['i:øə(r)]	Como o som de um s entre os dentes
[ð]	this [ðis] either ['aiðə(r); EUA 'i:ðər]	Como o som de um d ou z entre os dentes
[w]	we [wi:] water ['wɔ:tə(r)]	Como o som do u da palavra régua

* As consoantes b, d, f, l, m, n, p, t e v apresentam sonoridade similar à das consoantes da língua portuguesa.

A

a [ei] *s* primeira letra do alfabeto; QUÍM símbolo químico do elemento argônio; • *art indef* um, uma, uns, umas.

a.back [əˈbæk] *adv* atrás, detrás; **to be taken ~**: ficar atônito, surpreendido.

a.baft [əˈbɑːft; EUA əˈbæft] *adv* NÁUT à popa; • *prep* atrás.

a.ban.don [əˈbændən] *s* renúncia, abandono; despreocupação; espontaneidade; • *v* abandonar; **to ~ oneself to**: entregar-se.

a.base [əˈbeis] (*to, before*) *v* aviltar, abater, desonrar, degradar, humilhar, deprimir.

a.base.ment [əˈbeismənt] *s* humilhação, aviltação.

a.bash [əˈbæʃ] *v* humilhar, envergonhar, embaraçar, vexar.

a.bate [əˈbeit] *v* abater, amainar, reduzir; DIR anular.

a.bate.ment [əˈbeitmənt] *s* redução, diminuição; desconto; anulação; usurpação.

ab.bess [ˈæbes] *s* abadessa.

ab.bot [ˈæbət] *s* abade.

ab.bot.ship [ˈæbətʃip] *s* postura de abade, abadia, dignidade de abade.

ab.bre.vi.ate [əˈbriːvieit] *v* abreviar, sumariar, sintetizar, resumir.

ab.bre.vi.a.tion [əˈbriːviˈeiʃn] *s* abreviatura, síntese, resumo; MAT redução.

ab.di.cant [ˈæbdikənt] *s* e *adj* abdicante, aquele que abdica.

ab.di.cate [ˈæbdikeit] *v* desistir voluntariamente, renunciar, abdicar.

ab.di.ca.tion [ˈæbdiˈkeiʃn] *s* abdicação, ato de abdicar.

ab.do.men [ˈæbdəmən] *s* abdômen, abdome, ventre.

ab.duct [æbˈdʌkt] *v* sequestrar, retirar, raptar.

ab.duc.tion [æbˈdʌkʃn] *s* rapto, sequestro.

a.bed [əˈbed] *adj* acamado.

ab.er.ra.tion [ˌæbəˈreiʃn] *s* fora de propósito, aberração; ÓPT refração.

a.bet [əˈbet] (*in*) *v* sugerir, instigar, fomentar, incitar.

a.bet.ment [əˈbetmənt] *s* sugestão, fomento, instigação.

a.bey.ance [əˈbeiəns] *s* suspensão; DIR estado jacente, diz-se da herança que, por falta de herdeiros, passa para o Estado; **in ~**: suspenso.

ab.hor [əbˈhɔː(r)] *v* odiar, rejeitar, detestar.

ab.hor.rence [əbˈhɔrəns; EUA əbˈhɔːrəns] *s* ódio, rejeição.

ab.hor.rent [əbˈhɔrənt; EUA əbˈhɔːrənt] *adj* odioso, repugnante.

a.bide [əˈbaid] *v* (*pt* e *pp* **abode**) habitar, residir; sustentar, defender, suportar; **to ~ by**: ater-se a regras; sustentar (ponto de vista).

a.bil.i.ty [əˈbiləti] *s* talento, habilidade, propensão; **to the best of one's ~**: da melhor maneira.

ab.ject [ˈæbdʒekt] *v* rejeitar, refugar, desprezar; • *adj* rejeitável, desprezível, inferior.

ab.ju.ra.tion ['æbdʒuə'reiʃn] *s* desterro, renúncia, ato de abjurar.

ab.jure [əb'dʒuə(r)] *v* abjurar, renunciar, afastar, repudiar.

a.blaze [ə'bleiz] *adj* ardente, flamejante; excitado; • *adv* em chamas.

a.ble ['eibl] *adj* capacitado, habilitado, apto.

a.ble.bod.ied [eibl'bodid] *adj* fisicamente robusto, forte, são, apto.

a.bloom [ə'blum] *adj* em flor, florido; • *adv* em florescência.

ab.lu.tion [ə'bluːʃn] *s* ablução, purificação, lavagem.

a.bly ['eibli] *adv* talentosamente, habilmente.

ab.ne.gate [æbni'geit] *v* rejeitar, renunciar, recusar.

ab.ne.ga.tion [æbni'geiʃn] *s* abnegação, renúncia, sacrifício.

ab.nor.mal [æb'nɔːml] *adj* raro, incomum, anormal.

ab.nor.mal.i.ty ['æbnɔː'mæləti] *s* raridade, anormalidade.

a.board [ə'bɔːd] *adv* a bordo, dentro de um navio, avião, trem.

a.bode [ə'bəud] *s* morada, domicílio; • *pt* e *pp* de **abide**.

a.bol.ish [ə'bɔliʃ] *v* abolir, derrubar, anular, cancelar.

ab.o.li.tion [æbə'liʃn] *s* efeito de abolir, anular, abolição.

ab.o.li.tion.ism [æbə'liʃnizəm] *s* abolicionismo.

a.bom.i.na.ble [ə'bɔminəbl] *adj* abominável, desagradável, odioso.

a.bom.i.nate [ə'bɔmineit] *v* abominar, odiar, detestar, execrar.

a.bom.i.na.tion [əbɔmi'neiʃn] *s* ódio, execração.

ab.o.rig.i.ne [æbə'ridʒəni] *s* nativo, índio, aborígine.

a.bort [ə'bɔːt] *v* abortar; romper; interromper; FIG malograr, falhar.

a.bor.tion [ə'bɔːʃn] *s* aborto; FIG fracasso, malogro; INF comando que visa parar algo fora de controle, não compreensível momentaneamente, ocorrendo na tela do micro quando se faz uma operação errônea, usualmente é abreviado para **abort**.

a.bor.tive [ə'bɔːtiv] *adj* que pode ser abortado, abortivo; FIG fracassado.

a.bound [ə'baund] (*in*, *with*) *v* exceder, abundar.

a.bound.ing [ə'baundiŋ] *adj* abundante, em excesso.

a.bout [ə'baut] *adv* aproximadamente, quase; em redor; • *prep* ao derredor de, acerca de, sobre, a respeito de; **~ box**: INF pequena janela que se abre no vídeo do micro que nos mostra informações como o nome do programa, versão, socorro, etc.; **what ~**: e quanto a (*What about your mother?* = E quanto a sua mãe?).

a.bove [ə'bʌv] *s* o ápice, o alto, céu; • *adj* mencionado, citado, referido; • *adv* supra, superior a; • *prep* em cima, por cima, sobre, além de; **to get ~**: vencer, colocar-se acima de; **~ all**: acima de tudo; *ant* **below**.

a.bove.board [əbʌv'bɔːd] *adj* leal, honesto, franco, sincero; • *adv* às claras.

a.bridge [ə'bridʒ] *v* reduzir, resumir, abreviar.

a.broach [ə'brəuʃ] *adj* furado, perfurado; aberto (barrica).

a.broad [ə'brɔːd] *adv* fora; no exterior.

ab.ro.ga.ble ['æbrəgeiəbl] *adj* abolível, anulável, ab-rogável.

ab.ro.gate ['æbrəgeit] *v* revogar, anular, ab-rogar.

ab.rupt [ə'brʌpt] *adj* áspero, abrupto, brusco; inesperado, repentino.

ab.rupt.ness [ə'brʌptnis] *s* rudeza, precipitação, aspereza.

ABS [eibiː'es] *abrev de* **A**ntilock **B**raking **S**ystem, sistema de antitravamento do freio, que evita que as rodas travem.

ab.scess ['æbses] *s* MED tumor, abscesso.

ab.scissa [æbsi'sɑ] *s* MAT abscissa, segmento geométrico.

ab.scond [əb'skɔnd] (*from*, *with*) *v* fugir, esconder-se.

ab.sence ['æbsəns] *s* distração, alienação, ausência; **in the ~ of**: na falta de.

ab.sent ['æbsənt; əb'sent] *adj* distraído, ausente, absorto; **~-minded**: distraído; *ant* **present**.

ab.so.lute ['æbsəlu:t] *s* absoluto; • *adj* único, absoluto, inteiro; **to become ~**: entrar em vigor.

ab.so.lute.ly ['æbsəlu:tli] *adv* completamente, absolutamente.

ab.so.lu.tion [æbsə'lu:ʃn] *s* absolvição, perdão, remissão.

Ab.so.lut.ism [æbsə'lu:tizəm] *s* Absolutismo, sistema ou princípio político em que o poder está nas mãos de um monarca e seus conselheiros.

ab.solv.a.ble [əb'zɔlvəbl] *adj* perdoável, absolvível.

ab.solve [əb'zɔlv] (*of, from*) *v* absolver, perdoar, eximir.

ab.sorb [əb'sɔ:b] *v* chupar, embeber, sugar, absorver; assimilar; **to be ~ed in**: estar concentrado em.

ab.stain [əb'stein] (*from*) *v* abster-se; comedir, privar, conter.

ab.stain.er [əb'steinə(r)] *s* abstêmio, que se priva de algo.

ab.sti.nent [əb'stinənt] *adj* sóbrio, moderado, abstinente.

ab.stract ['æbstrækt; əb'strækt] *s* resumo; abstração; extrato (de conta); • (*from*) *v* abstrair, subtrair, remover, resumir (epítome); • *adj* abstrato, etéreo, complexo, resumido; **in the ~**: na teoria, em abstrato.

ab.stract.ed [æb'stræktid] *adj* distraído, concentrado em si, preocupado.

ab.strac.tion [əb'strækʃn] *s* abstração, concentração, distração.

ab.struse [əb'stru:s] *adj* escondido, secreto; difícil de entender.

ab.surd [əb'sə:d] *adj* fora de propósito, absurdo, disparatado.

a.bun.dance [ə'bʌndəns] *s* fartura, abundância.

a.bun.dant [ə'bʌndənt] *adj* farto, abundante.

a.buse [ə'bju:s; ə'bju:z] *s* abuso, insulto, injúria; • *v* usar em demasia, abusar de, exceder; maltratar, falar mal de.

a.bu.sive [ə'bju:siv] *adj* excessivo, insultante, abusivo.

a.bu.sive.ness [ə'bju:sivnis] *s* insolência, abuso.

a.but [ə'bʌt] (*on*) *v* limitar, delimitar, confinar.

a.but.ment [ə'bʌtmənt] *s* confim, limite, junção.

a.bys.mal [ə'bizməl] *adj* insondável, abissal.

a.byss [ə'bis] *s* abismo, precipício.

ac [ei'si] *abrev de* **a**lternating **c**urrent, corrente alternada; EUA ar-condicionado.

ac.a.dem.ic ['ækə'demik] *s* e *adj* acadêmico; **~ year**: ano letivo.

a.cad.e.my [ə'kædəmi] *s* academia.

a.ca.cia [ə'keiʃə] *s* acácia; goma arábica.

ac.cede [ək'si:d] (*to*) *v* anuir, concordar, aquiescer, aceder; ter acesso.

ac.ced.ence [ək'si:dəns] *s* acessão, acesso; aquiescência.

ac.cel.er.ate [ək'seləreit] *v* acelerar, apressar.

ac.cel.er.a.tion [ək'selə'reiʃn] *s* aceleração.

ac.cel.e.ra.tor [ək'seləreitə(r)] *s* acelerador; **~ board**: INF placa aceleradora, dispositivo que se coloca no micro e o torna mais rápido, pela união de dois processadores.

ac.cent ['æksənt; EUA 'æksent] *s* acento, sotaque; tom de voz; ênfase; • *v* acentuar, evidenciar, frisar; **~ mark**: acento ortográfico.

ac.cen.tu.ate [ək'sentʃueit] *v* acentuar, salientar.

ac.cen.tu.a.tion [ək'sentʃu'eiʃn] *s* acentuação; ênfase.

ac.cept [ək'sept] *v* aceitar, admitir, concordar, acolher.

ac.cep.ta.ble [ək'septəbl] *adj* aceitável, satisfatório, tolerável.

ac.cept.ance [ək'septəns] *s* aceitação, aprovação; COM aceite.

ac.cess ['ækses] s entrada, passagem, caminho, acesso; • v INF acessar dados de um dispositivo de armazenamento ou outro dispositivo de computador *on line*.

ac.ces.si.bil.i.ty [ək'sesə'biləti] s acessibilidade.

ac.ces.so.ry [ək'sesəri] s acessório, suplemento; DIR cúmplice, receptador; • adj acessório, secundário.

ac.ci.dent ['æksidənt] s acidente, desastre, irregularidade; acaso, causalidade; **by ~**: por acaso.

ac.ci.den.tal ['æksi'dentl] adj acidental, casual, inesperado.

ac.claim [ə'kleim] s aclamação; • v aclamar, ovacionar, aplaudir.

ac.cla.ma.tion ['æklə'meiʃn] s aprovação, aclamação.

ac.cli.mate ['æklimeit] v aclimatar, condicionar ao clima.

ac.cli.ma.tize [ə'klamətaiz] *veja* **acclimate**.

ac.cliv.i.ty [ə'klivəti] s ladeira, subida, rampa, encosta, aclive.

ac.co.lade ['ækəleid; EUA 'ækə'leid] s abraço, distinção; FIG louvor, prêmio.

ac.com.mo.date [ə'kɔmədeit] v acomodar, favorecer, abrigar, hospedar, anuir, adaptar; **to ~ someone with something**: fornecer algo a alguém.

ac.com.mo.dat.ing [ə'kɔmədeitiŋ] adj abrigado, acomodado, bem adaptado.

ac.com.mo.da.tion [ə'kɔmə'deiʃn] s acomodação, adaptação, ajuste, alojamento.

ac.com.pa.ni.ment [ə'kʌmpənimənt] s acompanhamento, observação atenta.

ac.com.pa.ny [ə'kʌmpəni] v acompanhar, seguir.

ac.com.plice [ə'kʌmplis; EUA ə'kɔmplis] s cúmplice, parceiro.

ac.com.plish [ə'kʌmpliʃ; EUA ə'kɔmpliʃ] v concretizar, cumprir, executar, efetuar.

ac.com.plished [ə'kʌmpliʃid] adj executado, concretizado, completo, consumado, acabado.

ac.com.plish.ment [ə'kʌmpliʃmənt] s consecução, realização, consumação, concretização.

ac.cord [ə'kɔ:d] s acordo, convênio, harmonia; • (*with*) v acordar, concordar, anuir, reconciliar, conceder; **in ~ with**: de acordo com; **with one ~**: de comum acordo.

ac.cor.dance [ə'kɔ:dəns] s concordância, acordo, consentimento, conformidade, consonância; **in ~ with**: de acordo com.

ac.cord.ing [ə'kɔ:diŋ] adj concordante, harmonioso; • adv justo; **~ to**: de acordo com; **~ as**: à medida que.

ac.cor.di.on [ə'kɔ:diən] s sanfona, acordeão, harmônica.

ac.cost [ə'kɔst; EUA ə'kɔ:st] v ir ao encontro de alguém, atracar, acostar, aproximar, abordar, dirigir a palavra a.

ac.count [ə'kaunt] s conta, narrativa, relato, explicação; • v computar, calcular, contar, contabilizar, avaliar, levar em conta, considerar, julgar; **~ current**: conta corrente; **~ sales**: conta de venda; **of no ~**: sem importância; **savings ~**: poupança; **to ~ for**: ser responsável; justificar; **to balance an ~**: fechar uma conta; **to take ~ of**: levar em conta.

ac.count.a.ble [ə'kauntəbl] adj responsável.

ac.count.an.cy, **ac.count.ing** [ə'kauntənsi ə'kauntiŋ] s contabilidade.

ac.count.ant [ə'kauntənt] s contabilista, contador, perito em contabilidade.

ac.cou.tre, EUA **ac.cou.ter** [ə'kaut(r)ə, ə'kautə(r)] v vestir, armar, equipar.

ac.cred.it [ə'kredit] v acreditar, endossar, abonar, autorizar.

ac.cre.tion [ə'kri:ʃn] s incremento, aumento, acréscimo, adição.

ac.crue [ə'kru:] v acrescentar, incrementar, aumentar.

ac.cul.tur.a.tion [ə'kʌltʃərraiʃn] s SOCIO aculturação.

ac.cum.bent [ə'kju:mbent] adj inclinado, recostado, reclinado.

ac.cu.mu.late [ə'kju:mjuleit] *v* acumular, juntar, aumentar, economizar.

ac.cu.mu.la.tion [ə'kju:mju'leiʃn] *s* acumulação, acervo, acúmulo, aumento.

ac.cu.mu.la.tor [ə'kju:mjuleitə(r)] *s* bateria, acumulador; EUA **car battery**.

ac.cu.ra.cy ['ækjərəsi] *s* apuração, aprimoramento, exatidão, retidão.

ac.cu.rate ['ækjərət] *adj* preciso, correto, exato, seguro, pontual.

ac.curs.ed [ə'kə:sid] *adj* maldito, execrável, detestável.

ac.cu.sa.tion ['ækju:'zeiʃn] *s* acusação, delação, imputação, denúncia.

ac.cuse [ə'kju:z] *v* acusar, imputar, denunciar, censurar, culpar, repreender.

ac.cus.tom [ə'kʌstəm] *v* acostumar, habituar, familiarizar.

ac.cus.tomed [ə'kʌstəmid] *adj* acostumado, habituado.

ace [eis] *s* ás; FIG o melhor, o bambambã, líder; ESP no tênis, ponto ganho no saque quando o adversário não toca na bola; nome dado ao piloto que tenha derrubado um número específico de aviões inimigos.

a.cerb [ə'sʌrb] *adj* áspero, amargo, severo, acre.

ac.e.tate ['æsiteit] *s* QUÍM acetato.

a.ce.tic [ə'si:tik] *adj* acético, relativo ao vinagre.

ac.e.tone ['æsitəun] *s* QUÍM acetona, acetato destilado.

a.ce.tous [ə'si:tus] *adj* azedo, acetoso, com gosto de vinagre.

a.cet.y.lene [ə'setəli:n] *s* QUÍM acetileno.

ache [eik] *s* dor; • *v* doer, ressentir-se; **to ~ for**: desejar fortemente.

a.chiev.a.ble [ə'tʃi:vəbl] *adj* concretizável, realizável, executável.

a.chieve [ə'tʃi:v] *v* concretizar, realizar, executar, completar, alcançar.

a.chieve.ment [ə'tʃi:vmənt] *s* realização, consecução, execução.

a.chiev.er [ə'tʃi:və(r)] *s* empreendedor.

A.chil.les' heel [ə'kili:z hel] *s* calcanhar de aquiles, ponto fraco.

ac.id ['æsid] *s* ácido; • *adj* azedo, ácido; sarcástico; GÍR LSD; **~ rain**: chuva ácida; **~ rock**: tipo de música conhecida pelos efeitos eletrônicos e por letras que sugerem experiências psicodélicas.

a.cid.i.fy [ə'sidifai] *v* acidificar, acidular.

ack ['ək] *s* INF *abrev de* **ack**nowledge, que possui o sentido de reconhecimento, vez que se trata de compatibilização entre *modems*.

ac.knowl.edge [ək'nɔlidʒ] *v* confirmar, reconhecer, confessar, admitir, acusar recepção de.

ac.knowl.edge.ment [ək'nɔlidʒmənt] *s* confissão, reconhecimento; COM notificação de recebimento.

ac.me ['ækmi] *s* cimo, pico, apogeu, ápice.

ac.ne ['ækni] *s* espinha, acne.

ac.o.lyte ['ækəlait] *s* partidário, sacristão, acólito.

a.cous.tic [ə'ku:stik] *adj* acústico; **~ guitar**: guitarra acústica.

ac.quaint [ə'kweint] *(with) v* avisar, inteirar, comunicar, informar; **to ~ oneself with**: familiarizar-se com.

ac.quaint.ance.ship [ə'kweintənsʃip] *s* conhecimento, amizade, trato, entendimento.

ac.qui.esce [ækwi'es] *v* consentir, aquiescer, anuir, concordar.

ac.qui.es.cence [ækwi'esns] *s* condescendência, concordância, anuência.

ac.qui.es.cent [ækwi'esnt] *adj* indulgente, resignado, condescendente, anuente.

ac.quire [ə'kwarə(r)] *v* adquirir, obter, receber, ganhar.

ac.qui.si.tion ['ækwi'ziʃn] *s* aquisição, ganho, compra.

ac.quit [ə'kwit] *(of) v* DIR absolver, inocentar (réu); quitar (dívida), isentar, pagar.

ac.quit.tal [ə'kwitl] *s* absolvição, quitação, libertação.

a.cre ['eikə(r)] *s* AGRIM campo, acre (4047 m²); POP terra dos pés juntos, cemitério.

acrid / addition

ac.rid [´ækrid] *adj* irritante, acre, picante; FIG mordaz.

ac.ro.bat [´ækrəbæt] *s* acrobata, atleta.

ac.ro.nym [´ækrənim] *s* acrônimo, vocábulo formado pelas primeiras letras de uma palavra (ONU – **O**rganização das **N**ações **U**nidas).

a.cross [ə´krɔs; EUA ə´krɔ:s] *adj* entrecruzado, cruzado; • *adv* transversalmente; • *prep* através de, lado a lado, de lado a lado, no cruzamento, em forma de cruz; **~-the-board**: completo, abrangente.

a.cros.tic [ə´krɔstik; EUA ə´krɔ:stik] *s* acróstico, palavra composta pelas iniciais de um verso ou frase com duplo significado.

a.cryl.ic [ə´krilik] *s* e *adj* acrílico.

act [ækt] *s* ato; decreto; divisão de peça teatral; DIR lei; • *v* atuar, fazer, representar, agir, trabalhar; **to ~ a part**: desempenhar um papel; FIG fingir; **~ of God**: motivo de força maior; **to ~ on**: influir em; **to ~ out**: representar (teatro).

act.ing [´æktiŋ] *s* arte de representar, de imitar, encenação; • *adj* interino, provisório.

ac.tion [´ækʃn] *s* ação, efeito, feitura; DIR ação judicial; **out of ~**: fora de ação.

ac.ti.vate [´æktiveit] *v* ativar, acelerar a execução.

ac.tive [´æktiv] *adj* ativo; ágil; **~ voice**: GRAM voz ativa; **~ wear**: roupa esportiva, passeio; **~ window**: INF janela ativa, quadro que aparece na tela do micro (vídeo), solicitando do operador uma das opções ali evidenciadas; noutras palavras, é a tela aberta no momento do uso do computador.

ac.tiv.i.ty [æk´tivəti] *s* atividade, agilidade, vivacidade.

ac.tor [´æktə(r)] *s* ator, agente.

ac.tress [´æktris] *s* atriz.

ac.tu.al [´æktʃuəl] *adj* verdadeiro, real, vigente, presente.

ac.tu.al.i.ty [´æktʃu´æləti] *s* atualidade, realidade.

ac.tu.al.ly [´æktʃuli] *adv* realmente, efetivamente; na verdade.

ac.tu.a.ry [´æktʃuəri; EUA ´æktʃueri] *s* atuário.

a.cu.i.ty [ə´kju:əti] *s* perspicácia, agudeza, argúcia.

a.cu.men [ə´kju:men] *s* sagacidade, esperteza, penetração.

ac.u.punc.ture [´ækjupʌŋktʃə(r)] *s* acupuntura, método usado para aliviar a dor e curar através do uso de agulhas em determinadas partes do corpo.

a.cute [ə´kju:t] *adj* agudo, pontiagudo; perspicaz; **~ accent**: acento agudo; **~ angle**: ângulo agudo.

ad [æd] *abrev de* **ad**vertisement, anúncio.

AD [ei´di] *abrev de* **A**nno **D**omini, depois de Cristo.

ad.age [´ædidʒ] *s* adágio, refrão, provérbio.

Ad.am's ap.ple [´ædams´æpal] *s* POP pomo-de-adão; MED proeminência laríngea.

ad.a.man.tine [´ædəmantain] *adj* adamantino, que tem propriedades do diamante; duro, inquebrável.

a.dapt [ə´dæpt] (*to, for*) *v* adaptar, ajustar, apropriar, acomodar.

ad.ap.ta.tion [ə´dæpteiʃn] *s* adaptação, ajuste.

a.dapt.er, a.dap.tor [ə´dæptə(r)] *s* ajustador, que provoca ajuste, adaptação; ELET adaptador.

add [æd] *v* acrescer, acrescentar, juntar, somar, adicionar; **to ~ fuel to the fire**: pôr mais lenha na fogueira.

ad.den.dum [ə´dendəm] *s* acréscimo, suplemento, adendo; *pl* **addenda**.

ad.dict [ə´dikt] *s* viciado; • *v* devotar, dedicar, entregar-se a, consagrar-se; viciar-se.

ad.dic.tion [ə´dikʃn] *s* inclinação, tendência, apego, propensão; vício.

add.ing ma.chine [ə´din mə´ʃi:n] *s* tipo de calculadora de mesa para as quatro operações aritméticas mais simples, com recurso para impressão em papel da sequência e resultado das etapas.

ad.di.tion [ə´diʃn] *s* soma, acréscimo, adição; **in ~ to**: além de.

ad.di.tion.al [ə'diʃənl] *adj* adicional.

ad.di.tive ['æditiv] *s* aditivo; suplemento; • *adj* que se acresce, acrescenta, cumulativo.

ad.dle ['ædl] *v* estragar, apodrecer; ficar confuso; • *adj* confuso.

Add-on.pro.gram [ædon'prəugræm] *s* INF programa adicionado, suplementar, que atua juntamente com outro, buscando aperfeiçoar suas características.

ad.dress [ə'dres; EUA 'ædres] *s* endereço; discurso; INF lugar onde os itens ficam armazenados no micro ou, em se tratando de planilha, têm endereço, linha e coluna; • *v* dirigir-se a, endereçar, subscritar; discursar.

ad.dress.ee [ædre'si:] *s* destinatário, endereçado.

ad.duce [ə'dju:s; EUA ə'du:s] *v* aduzir, trazer a, alegar, apresentar.

a.dept ['ædept] *s* perito; • *adj* experiente, hábil; competente, habilitado; FIG iniciado.

a.dept.ness ['ædeptnis] *s* competência, capacidade, proficiência.

ad.e.qua.cy ['ædikwəsi] *s* aptidão, suficiência, adequação.

ad.e.quate ['ædikwət] *adj* próprio, adequado, equivalente.

ad.here [əd'hiə(r)] (*to*) *v* aderir, limitar-se a, seguir.

ad.her.ence [əd'hrərəns] *s* aderência, adesão.

ad.he.sive [əd'hi:siv] *s* adesivo; • *adj* adesivo, aderente; ~ **tape**: esparadrapo; ELET fita isolante.

ad.i.pose ['ædipəus] *s* adiposidade, gordura; • *adj* gorduroso, gordo, adiposo.

ad.ja.cen.cy [ə'dʒeisənsi] *s* adjacência, vizinhança.

ad.ja.cent [ə'dʒeisnt] *adj* adjacente, próximo, nas imediações, vizinho.

ad.jec.tive ['ædʒiktiv] *s* adjetivo; • *adj* adicional; dependente; adjetivo.

ad.join [ə'dʒɔin] *v* unir, juntar, reunir, limitar.

ad.join.ing [ə'dʒɔiniŋ] *adj* unido, ajuntado, congregado, confinado, adjacente.

ad.journ [ə'dʒə:n] (*for, till, until*) *v* postergar, adiar, prorrogar, diferir.

ad.journ.ment [ə'dʒə:nmənt] *s* adiamento, preterimento, suspensão, prorrogação.

ad.judge [ə'dʒʌdʒ] *v* adjudicar, decretar, sentenciar, julgar, determinar.

ad.ju.di.cate [ə'dʒu:dikeit] *v* adjudicar; decidir judicialmente.

ad.junct ['ædʒʌŋkt] *s* e *adj* adjunto, auxiliar, complemento, acessório.

ad.jure [ə'dʒuə] *v* adjurar, invocar, intimar, suplicar.

ad.jur.er [ə'dʒuə(r)] *s* esconjurador.

ad.just [ə'dʒʌst] (*to*) *v* acomodar, ajustar, regularizar, coadunar, harmonizar, regular.

ad.just.a.ble [ə'dʒʌstəbl] *adj* ajustável, regulável, adaptável.

ad.just.ment [ə'dʒʌstmənt] *s* ajuste, ajustamento.

ad.just.er [ə'dʒʌstə(r)] *s* ajustador, coordenador, regulador.

ad.ju.tant ['ædʒutənt] *s* MIL ajudante, auxiliar, assistente.

ad.min.is.ter [əd'ministə(r)] *v* administrar, dirigir, gerenciar, ministrar.

ad.min.is.tra.ble [əd'mini'streibl] *adj* administrável.

ad.min.is.tra.tion [əd'mini'streiʃn] *s* administração, direção; governo.

ad.min.is.tra.tor [əd'ministreitə(r)] *s* administrador.

ad.mi.ra.ble ['ædmərəbl] *adj* admirável, apreciável, excelente, ótimo.

ad.mi.ral ['ædmərəl] *s* almirante.

ad.mi.ral.ship ['ædmərəlʃip] *s* almirantado.

ad.mi.ra.tion [ædmə'reiʃn] *s* apreciação, contemplação, admiração.

ad.mire [əd'maiə(r)] *v* admirar, contemplar, apreciar.

ad.mis.si.ble [əd'misəbl] *adj* admissível, aceitável, lícito.

admission / advise

ad.mis.sion [ə'dmiʃn] *s* admissão, ingresso, aceitação, acesso.

ad.mit [əd'mit] *v* admitir, permitir, aceitar, ingressar, reconhecer.

ad.mit.tance [əd'mitns] *s* admissão; permissão; **no ~**: entrada proibida.

ad.mix [æd'miks] *v* miscigenar, juntar, misturar.

ad.mon.ish [əd'mɔniʃ] (*for*, *against*) *v* admoestar, prevenir.

ad.mon.ish.er [əd'mɔniʃər] *s* admoestador, censurador.

ad.mo.ni.tion [ædmə'niʃn] *s* repreensão, censura.

a.do [ə'du:] *s* barulho, alarido, pressa, algazarra; trabalho, atividade.

a.do.be [ə'dəubi] *s* adobe, tijolo não cozido.

ad.o.les.cence [ædə'lesns] *s* adolescência.

ad.o.les.cent [ædə'lesnt] *s* adolescente, jovem.

a.dopt [ə'dɔpt] *v* adotar, assumir.

a.dop.tion [ə'dɔpʃn] *s* adoção.

a.dor.a.ble [ædə'reibl] *adj* adorável, apreciável, admirável.

ad.o.ra.tion [ædə'reiʃn] *s* adoração, veneração.

a.dore [ə'dɔ:(r)] *v* adorar, venerar, reverenciar.

a.dorn [ə'dɔ:n] (*with*) *v* adornar, enfeitar, ornamentar.

a.dorn.ment [ə'dɔ:nmənt] *s* adorno, enfeite.

a.dren.a.lin [ə'drenəlin] *s* adrenalina.

a.drift [ə'drift] *adj* e *adv* à deriva, sem rumo, sem direção.

a.droit [ə'drɔit] *adj* hábil, capaz, destro.

ad.u.late ['ædju'leit] *v* adular, bajular, elogiar, lisonjear.

ad.u.la.tion ['ædju'leiʃn; EUA 'ædʒu'leiʃn] *s* adulação, elogio.

a.dult ['ædʌlt] *s* adulto; • *adj* adulto, crescido, desenvolvido.

a.dul.ter.ate [ə'dʌltəreit] *v* adulterar, falsificar, fraudar, corromper; • *adj* adulterado, falsificado.

a.dul.ter.a.tion [ə'dʌltə'reiʃn] *s* adulteração, fraude.

a.dul.ter.er [ə'dʌltərə(r)] *s* adúltero.

a.dult.hood [ə'dʌlthud] *s* maioridade, maturidade.

ad.vance [əd'va:ns; EUA ad'væns] *s* avanço; progresso; antecipação; adiantamento (dinheiro); empréstimo; • *v* avançar, evoluir, antecipar, progredir.

ad.vanced [əd'va:nsid] *adj* adiantado, avançado.

ad.van.tage [əd'va:ntidʒ; EUA əd'væntidʒ] *s* vantagem, lucro, proveito; • *v* beneficiar, auxiliar, ajudar, favorecer; **to take ~ of**: aproveitar-se de; *ant* **disadvantage**.

ad.vent ['ædvənt] *s* advento, chegada, vinda.

ad.vent.ism ['ædvəntizəm] *s* adventismo.

ad.vent.ist ['ædvəntist] *s* e *adj* adventista, aquele que aguarda a renovada vinda de Cristo.

ad.ven.ti.tious ['ædven'tiʃəs] *adj* adventício.

ad.ven.ture [əd'ventʃə(r)] *s* aventura, proeza, façanha; • *v* aventurar-se; **~ movie**: filme de aventura.

ad.verb ['ædvə:b] *s* GRAM advérbio.

ad.ver.sar.y ['ædvəsəri; EUA 'ædvəseri] *s* opositor, adversário.

ad.ver.sa.tive ['ædvəsətiv] *adj* oposto, adversativo.

ad.verse ['ædvə:s] *adj* contrário, oposto, adverso.

ad.ver.si.ty [əd'və:səti] *s* adversidade, problema.

ad.ver.tise ['ædvətaiz] *v* anunciar, advertir, informar, avisar, notificar, publicar.

ad.ver.tise.ment [əd'və:tismənt; EUA 'ædvər'taizmənt] *s* publicidade, anúncio, reclame, propaganda.

ad.ver.tis.er ['ædvə'taisə(r)] *s* anunciante, noticiador.

ad.ver.tis.ing ['ədvə'taisiŋ] *s* propaganda, publicidade, reclame; **~ agency**: agência de publicidade.

ad.vice [əd'vais] *s* conselho, parecer, aviso.

ad.vis.a.bil.i.ty [ədvaizə'biləti] *s* prudência; conveniência.

ad.vise [əd'vaiz] *v* avisar, aconselhar, advertir.

ad.vise.ment [əd'vaizmənt] *s* prudência, cautela, prevenção; consideração.

ad.vis.er, ad.vi.sor [əd'vaizə(r)] *s* orientador, conselheiro, consultor.

ad.vi.so.ry [əd'vaizəri] *adj* consultivo, orientável, prudente.

ad.vo.ca.cy ['ædvəkəsi] *s* advocacia.

ad.vo.cate ['ædvəkət] *s* defensor, advogado; • *v* advogar, defender, proteger, representar, pleitear.

adze, EUA **adz** [ædz] *s* machadinha.

ae.gis ['i:dʒis] *s* égide, auspícios, proteção.

ae.o.n ['i:ən] *s* eternidade, perenidade, um longo período de tempo.

ae.o.ni.an ['i:ənɪən] *adj* eterno, perene.

aer.ate ['eəreit] *v* ventilar, arejar, refrescar.

aer.a.tor ['eəreitə(r)] *s* condicionador, ventilador.

aer.i.al ['eəriəl] *s* antena (de rádio, televisão); • *adj* aéreo.

aer.o.drome ['eərədrəum] *s* campo, aeródromo.

aer.o.dy.nam.ic ['eərəudai'næmik] *adj* aerodinâmico.

aer.o.dy.nam.ics ['eərəudai'næmiks] *s* aerodinâmica.

aer.o.gramme, aer.o.gram ['eərəgræm] *s* aerograma.

aer.o.naut [eərə'nɔ:t] *s* aeronauta.

aer.o.naut.ics [eərə'nɔ:tiks] *s* aeronáutica.

aer.o.plane ['eərəplein] *s* aeroplano, avião; EUA **airplane**.

aer.o.sol ['eərəsɔl; EUA 'eərəsɔ:l] *s* aerossol.

aer.o.space ['eərəuspeis] *s* aeroespaço; • *adj* aeroespacial.

aes.thet.ic [i:s'θetik; EUA es'θetik] *adj* estético.

a.far [ə'fa:(r)] *adv* a distância, ao longe.

af.fa.bil.i.ty ['æfə'biləti] *s* amabilidade, afabilidade, sensibilidade.

af.fair [ə'feə(r)] *s* questão, assunto, matéria, negócio, interesse; romance, namoro.

af.fect [ə'fekt] *s* afeto; • *v* afetar, tocar, gostar de; frequentar; fingir, interessar, comover.

af.fec.ta.tion ['æfek'teiʃn] *s* afetação; simulação, fingimento.

af.fec.tion [ə'fekʃn] *s* afeição, carinho, ternura; afecção, enfermidade.

af.fec.tion.ate [ə'fekʃənət] *adj* afetuoso, carinhoso.

af.fec.tive [ə'fektiv] *adj* afetivo, terno.

af.fi.ance [ə'faiəns] *s* confiança; promessa de casamento; • *v* prometer em casamento; casar, esposar.

af.fil.i.a.tion [ə'fili'eiʃn] *s* afiliação, adoção, ingresso.

af.fil.i.ate [ə'filieit] *s* filial; associado; • (*to*, *with*) *v* afiliar-se; • *adj* afiliado.

af.fin.i.ty [ə'finəti] *s* afinidade, parentesco; compatibilidade.

af.firm [ə'fə:m] *v* declarar, afirmar, asseverar; DIR depor.

af.fir.ma.tion [æfə'meiʃn] *s* afirmação, asseveração; DIR depoimento.

af.fix [ə'fiks] *s* GRAM afixo; • *v* afixar, pregar, fincar.

af.fla.tus [ə'fleitəs] *s* inspiração, sopro.

af.flict [ə'flikt] (*with*) *v* acabrunhar, afligir.

af.flic.tion [ə'flikʃn] *s* aflição, angústia, desespero, ansiedade; dor, doença.

af.flu.ence ['æfluəns] *s* riqueza, abundância.

af.flu.ent ['æfluənt] *s* afluente; • *adj* rico, afluente.

af.flux ['æfluks] *s* afluxo, afluência.

af.ford [ə'fɔ:d] *v* dar, conceder, fornecer, proporcionar, produzir; ter recursos (usado com o auxiliar *can*).

af.for.est [ə'fɔrist; EUA ə'fɔ:rist] *v* reflorestar.

af.fran.chise [ə'fræntʃaiz] *v* franquear, isentar, libertar, conceder.

af.fray [ə'frei] *s* distúrbio, tumulto.

af.fright [ə'frait] *v* atemorizar, aterrar, impor medo, assustar, espantar.

af.front [ə'frʌnt] *s* afronta, insulto, ultraje; • *v* ofender, afrontar, injuriar, ultrajar.

a.field [ə'fi:ld] *adv* no campo, para o campo; a distância.

a.fire [ə'faiə(r)] *adj* incendiado; • *adv* em fogo, em chamas.

a.flame [ə'fleim] *adj* chamejante, flamejante; • *adv* em chamas.

a.float [ə'fləut] *adj* e *adv* à tona, flutuante, boiando.

a.foot [ə'fut] *adj* e *adv* a pé, em movimento.

a.fore.said [ə'fɔ:sed] *adj* supramencionado, supracitado, citado anteriormente.

a.fore.thought [ə'fɔ:øɔ:t] *s* premeditação; • *adj* presumido, premeditado.

a.fraid [ə'freid] *adj* amedrontado, receoso, medroso, assustado; **~ of one's own shadow**: medo da própria sombra.

a.fresh [ə'freʃ] *adv* outra vez, de novo, novamente.

Af.ri.can ['æfrikən] *s* e *adj* africano.

Af.ri.can-A.mer.i.can, Af.ro-A.mer.i.can ['æfrikən ə'merikən, 'æfrəu ə'merikən] *s* negro norte-americano descendente de africanos; • *adj* relativo aos afro-americanos.

aft [a:ft; EUA æft] *adv* atrás, à ré, à popa.

af.ter ['a:ftə(r); EUA 'æftə(r)] *adv* em seguida, depois; • *conj* depois que; • *prep* detrás de, depois de, após; **~s**: sobremesa; **~ all**: afinal, por fim; **~ all I've done**: apesar do que tenho feito; **~ dark**: sinônimo de *screen saver*, proteção ou descanso de tela; **~ effect**: efeito retardado; **~ shave lotion**: loção pós-barba; **day ~ day**: dia após dia; **on the day ~**: no dia seguinte.

af.ter.ef.fect ['a:ftə(r)i'fekt] *s* efeito retardado.

af.ter.math ['a:ftə(r)mæø] *s* consequências, resultados maléficos.

af.ter.noon ['a:ftə'nu:n; EUA 'æftə'nu:n] *s* tarde; ~s: sempre à tarde.

af.ter.sha.ve ['a:ftə(r)ʃeiv; EUA 'æf-tə(r)ʃeiv] *s* loção após barba.

af.ter.thought ['a:ftə(r)øɔ:t; EUA 'æftə(r̄)øɔ:t], *s* reflexão, meditação, ideia ulterior.

af.ter.ward, af.ter.wards ['a:ftəwəd; EUA 'æftəwəd, 'a:ftəwədz; EUA 'æftəwədz] *adv* depois, em seguida, logo após.

af.ter.word ['a:ftəwərd; EUA 'æftəwərd] *s* posfácio.

a.gain [ə'gen] *adv* novamente, outra vez, além disso; **~ and ~**: frequentemente, repetidas vezes; **never ~**: nunca mais; **now and ~** : às vezes.

a.gainst [ə'genst] *prep* contrário, contra, em oposição; junto a; **~ the wall**: GÍR contra a parede, em apuros.

a.gape [ə'geip] *adj* boquiaberto, embasbacado, confuso.

age [eidʒ] *s* idade, era, época, período;• *v* envelhecer, amadurecer; **for ages**: POP por séculos.

age.less ['eidʒləs] *adj* perene, que não envelhece, eterno.

age.long ['eidʒlɔŋ] *adj* duradouro, perpétuo, eterno.

a.gen.cy ['eidʒənsi] *s* agência, loja, filial; **by the ~ of**: por meio de.

a.gen.da [ə'dʒendə] *s* agenda, programa, ordem do dia, registro de compromissos.

a.gent ['eidʒənt] *s* agente, representante, intermediário.

ag.glom.er.ate [ə'glɔməreit] *s* aglomerado; • *v* aglomerar; • *adj* aglomerado, compactado.

ag.glu.ti.nant [ə'glu:tinant] *adj* aglutinante.

ag.glu.ti.nate [ə'glu:tineit] *v* aglutinar, juntar; • *adj* aglutinado, colado.

ag.gran.dize [ə'grændaiz] *v* engrandecer, enaltecer, exaltar.

ag.gra.vate ['ægrəveit] *v* agravar, intensificar, provocar, apelar.

ag.gra.va.tion [ægrə'veiʃn] *s* agravação, intensificação.

ag.gre.gate ['ægrigeit] *s* agregação, reunião; • *v* agregar, incorporar, associar, reunir; • *adj* agregado.

ag.gre.ga.tion [ægri'geiʃn] *s* incorporação, reunião.

ag.gres.sion [ə'greʃn] *s* agressão, ataque.

ag.gres.sive [ə'gresiv] *adj* agressivo; empreendedor, dinâmico.

ag.grieve [ə'gri:v] *v* molestar, magoar, prejudicar, afligir.

ag.gro ['ægrəu] *s* BRIT desordem, encrenca, comportamento agressivo.

a.ghast [ə'ga:st; EUA ə'gæst] *adj* perplexo, extasiado, aterrado, aterrorizado, espantado.

ag.ile ['ædʒail; EUA 'ædʒl] *adj* ágil, lépido, rápido, ligeiro.

a.gil.i.ty [ə'dʒiləti] *s* agilidade, presteza.

ag.i.o ['ædʒiə] *s* ágio, acréscimo, incremento.

ag.i.tate ['ædʒiteit] *v* agitar, revolver, sacudir, perturbar, discutir.

ag.i.ta.tion ['ædʒi'teiʃn] *s* agitação, perturbação.

a.glow [ə'glou] *adj* ardente, abrasado, extasiado, incandescente.

ag.nail ['ægneil] *s* panarício, unheiro.

ag.nos.tic [æg'nɔstik] *s* e *adj* FILOS agnóstico, relativo ao gnosticismo.

a.go [ə'gəu] *adj* passado; • *adv* há muito tempo, tempos atrás; **long ~**: há muito tempo.

a.gog [ə'gɔg] *adj* excitado, ansioso, impaciente; • *adv* ansiosamente.

ag.o.nize [ə'gəunaiz] *v* agoniar, agonizar.

ag.o.ny ['ægəni] *s* agonia, aflição.

a.grar.i.an [ə'greəriən] *adj* agrário, relativo à terra, campestre.

a.gree [ə'gri:] (*with*, *about*, *on*) *v* concordar, aceder, assentir, ceder, aquiescer, condizer; *ant* **disagree**.

a.greed [ə'gri:d] *adj* concorde, de acordo, favorável.

a.gree.ment [ə'gri:mənt] *s* concordância, acorde, convênio, ajuste; COM contrato; **in ~ with**: de acordo com.

a.gres.tic [ə'grestik] *adj* agreste, rude, rústico.

ag.ri.cul.tur.al ['ægrikʌltʃrəl] *adj* agrícola, rural, agrário.

ag.ri.cul.ture ['ægrikʌltʃə(r)] *s* agricultura.

ag.ron.o.mist [ə'grɔnəmist] *s* agrônomo.

ag.ron.o.my [ə'grɔnəmi] *s* agronomia.

a.ground [ə'graund] *adj* imobilizado, paralisado, encalhado; • *adv* imobilizadamente.

a.gue ['ægu] *s* febre, malária.

a.head [ə'hed] *adv* à frente, em frente, avante, adiante, na dianteira; **go ~!**: prossiga!; **look ~!**: atenção!, cuidado!; **right ~**: siga diretamente.

aid [eid] *s* ajuda, auxílio; MED *abrev de* **a**cute **i**nfectious **d**isease; • *v* (*with*, *in*) auxiliar, ajudar, amparar, abrigar.

AIDS [eidz] *s* MED sigla da expressão **A**cquired **I**mmunological **D**eficiency **S**yndrome; doença causada por um vírus que se aloja nas células de defesa do organismo.

ail [eil] *v* afligir, molestar, doer.

ail.ing ['eiliŋ] *adj* doente, acamado, adoentado.

ail.ment ['eilmənt] *s* doença, enfermidade.

aim [eim] *s* mira, objetivo; • (*at*) *v* apontar, mirar, visar, aspirar, pretender.

aim.less ['eimləs] *adj* sem propósito, incerto, vago.

ain't [eint] GRAM (vulgar) contração de **am not**, **are not** e **is not**.

air [eə(r)] *s* ar, atmosfera; aparência, jeito, porte, afetação; maneira; MÚS melodia, modinha; • *v* arejar, publicar; • *adj* aéreo; **~ bag**: proteção automática colocada nos automóveis atuais, para prevenir eventuais choques, amortecendo-os num acidente; **~ base**: base aérea; **~ bridge**: ponte aérea; **~brush**: dispositivo de pintura que substitui o pincel, espalhando a tinta de maneira equânime; INF tópico constante em muitos programas, utilizado para criar e trabalhar com imagens gráficas; **~bus**: grande aeronave; **~-conditioning**: sistema de ar-condicionado; **~-conditioner**: aparelho de ar-condicionado; **~ force**: força aérea; **~ hostess**: aeromoça; **~ kiss**: enrugar os lábios, com a pretensão de enviar um beijo a distância ou, numa saudação, quando as bochechas das pessoas se tocam; **~line**: companhia aérea; **~ mail**: correio aéreo; **~ pollution**: poluição do ar; **~ space**: espaço aéreo; **~ terminal**: terminal ligado ao aeroporto; **in the open ~**: ao ar livre; **on the ~**: RÁDIO irradiando; **to put on ~s**: dar-se ares.

air.craft ['eəkra:ft] *s* avião, aeronave; *pl* **aircraft**.

air.drome ['eədrəmi] *s* campo de pouso, aeroporto, pista de pouso.

air.i.ly ['eəreli] *adv* alegremente; levemente.

air.i.ness ['eərenis] *s* leveza, suavidade, tenuidade.

air.line ['eəlain] *s* companhia de aviação, linha aérea.

air.man ['eəmən] *s* piloto, aviador.

air.plane ['eəplein] *s* EUA aeroplano, avião; BRIT **aeroplane**.

air.port ['eəpɔ:t] *s* aeroporto.

air.space ['eəspeis] *s* espaço aéreo.

air.tight ['eətait] *adj* irreputável, hermético, impenetrável, incontestável.

air.way ['eəwei] *s* rota aérea, trajeto aéreo.

air.y ['eəri] *adj* arejado, aéreo, tênue, leve.

aisle [ail] *s* passagem entre bancos de igreja, nave lateral, ala; passagem entre fileiras de acentos no teatro, num vagão de trem, etc.

a.jar [ə'dʒa:(r)] *adj* entreaberto.

a.kin [ə'kin] *adj* aparentado, consanguíneo, parecido, semelhante.

al.a.bas.ter ['æləbə:stə(r); EUA 'æləbæstə(r)] *s* alabastro, pedra branca.

a.lac.ri.ty [ə'lækrəti] *s* vivacidade, alegria, entusiasmo.

a.lar [ə'lar] *adj* alado, com asas.

a.larm [ə'la:m] *s* alarma, alerta, despertador; • *v* alarmar; **~ clock**: despertador.

a.larm.ist [ə'la:mist] *s* boateiro, alarmista.

a.las [ə'læs] *interj* ai de mim! (exprime arrependimento, dor, compaixão).

al.be.it [ɔ:l'bi:it] *conj* não obstante, entretanto, se bem que, embora.

al.bes.cence [ɔ:lbi'esns] *s* alvura, brancura, albescência.

al.bes.cent [ɔ:lbi'esnt] *adj* alvejante.

al.bi.no [æl'bi:nəu; EUA æl'bainəu] *s* albino; *pl* **albinos**.

al.bum ['ælbəm] *s* álbum.

al.che.mist ['ælkimist] *s* alquimista, pessoa versada em ciências ocultas.

al.che.my ['ælkimi] *s* alquimia, predecessora da química.

al.co.hol ['ælkəhol; EUA 'ælkəhɔ:l] *s* álcool.

al.co.hol.ic [ælkə'holik; EUA ælkə'hɔ:lik] *adj* alcoólico, que contém álcool.

al.co.hol.ism [ælkəhɔlizəm] *s* alcoolismo.

al.co.hol.ize [ælkə'hɔlaiz] *v* alcoolizar, embebedar, embriagar.

al.cove ['ælkəuv] *s* quarto, alcova, recâmara, compartimento.

al.der.man ['ɔ:ldəmən] *s* magistrado, vereador.

ale [eil] *s* cerveja, malte fermentado, bebida com malte.

a.le.a.to.ry [ə'liətɔri] *adj* ao acaso, aleatório, por sorte.

ale.house ['eilhaus] *s* cervejaria, casa onde se fornece cerveja, bar.

a.lem.bic [ələm'bik] *s* alambique, lugar onde se destilam e armazenam bebidas.

a.lert [ə'lɔ:t] *s* alerta; MIL prontidão; • *v* alertar; • *adj* alerta, vigilante, atento, vivo, pronto.

a.lert.ness [ə'lɔ:tnis] *s* perspicácia, vivacidade, prontidão, vigilância.

al.gae ['æld3i:; 'ælgi] *s pl* algas; *sing* **alga**.

al.ge.bra ['æld3ibrə] *s* MAT álgebra, ciência que representa as diversas operações com números, substituindo-os por letras do alfabeto.

al.gol ['ælgɔl] *s* INF *abrev de* **ALGO**rithmic Language, linguagem de máquina decifrável pelo micro e que é chamada de alto nível, porquanto é próxima da linguagem humana.

al.go.rithm ['ælgəriðəm] *s* MAT algoritmo; INF algoritmo, conjunto de informações e instruções lógicas que possibilitam a feitura de programas, feitos em diversas linguagens de máquina.

a.li.as ['eiliəs] *s* pseudônimo; INF nome virtual ou apelido que podemos utilizar tanto para nós mesmos como para arquivos; • *adv* aliás, note-se, de outra maneira, por outro modo.

a.li.en ['eiliən] *s e adj* alienígena, estrangeiro, estranho.

al.ien.a.ble [ˈeiliənəbl] *adj* alienável, destacável.

al.ien.ate [ˈeiliəneit] *(from)* v alienar, transferir.

al.li.en.a.tion [ˈeiliəneiʃn] *s* alienação; transferência; loucura.

a-life [əˈlaif] *abrev de* **a**rtificial **life**, vida artificial.

a.light [əˈlait] *(from)* v descer, apear, desmontar, pular; • *adj* brilhante, aceso, iluminado, clareado.

a.lign [əˈlain] *v* enfileirar, alinhar, posicionar; EUA **aline**.

a.lign.ment [əˈlainmənt] *s* posicionamento, alinhamento; INF refere-se ao corpo do que está escrito na tela do micro, do texto em si, que pode receber o comando *justificado, à direita, à esquerda, centralizado*.

a.like [əˈlaik] *adj* semelhante, igual, parecido; • *adv* igualmente, da mesma maneira.

al.i.mo.ny [ˈælimɔni; EUA ˈælimɔuni] *s* pensão alimentícia, mesada.

a.live [əˈlaiv] *adj* animado, com vida, vivo; **~ with**: cheio de.

al.ka.li [ˈælkəlai] *s* QUÍM álcali.

al.ka.line [ˈælkəlain] *adj* relativo a álcali, alcalino.

al.ka.loid [ˈælkəlɔid] *s e adj* que tem propriedade de álcali, alcaloide.

all [ɔ:l] *s* tudo; • *adj* inteiro, todo, todos, toda, todas; • *adv* inteiramente, completamente; • *pron* tudo; **after ~**: afinal; **~ abroad**: confuso; **~ at once**: de repente; **~ better**: tanto melhor; **~ Fools' Day**: Dia da Mentira; **~ right**: está bem; **~ Saints'Day**: Dia de Todos os Santos; **~ Souls'Day**: Finados, Dia das Almas; **~ the same**: não obstante; **be ~ over**: estar terminado; **be ~ there**: ser esperto, vivo; **by ~ means**: por todos os meios; **it's ~ over with him**: está arruinado, nas últimas, perdido; **not at ~**: de nada, não tem de quê; não, de modo algum; **once for ~**: de uma vez por todas; **~ work and no play makes jack a dull boy**: POP muito trabalho e nenhum divertimento transforma uma pessoa num elemento chato e sem interesse.

al.lay [əˈlei] *v* tranquilizar, acalmar, suavizar, aliviar, abrandar.

al.lay.er [əˈleiə(r)] *s* tranquilizante, calmante.

al.lay.ment [əˈleimənt] *s* atenuação, alívio.

al.le.ga.tion [ˈæliˈgeiʃn] *s* desculpa, alegação, pretexto, argumentação.

al.lege [əˈledʒ] *v* asseverar, alegar, afirmar, declarar.

al.lege.a.ble [əˈledʒəbl] *adj* sustentável, alegável.

al.le.giance [əˈli:dʒəns] *s* vassalagem devida aos senhores feudais, lealdade, submissão.

al.le.gor.ic [ˈæliˈgɔrik; EUA ˈæligɔ:rik] *adj* figurativo, simbólico, alegórico.

al.le.go.ry [ˈæligəri; EUA ˈæligɔ:ri] *s* alegoria.

al.ler.gic [əˈlə:dʒik] *adj* que causa reação orgânica, alérgico.

al.ler.gy [ˈælədʒi] *s* alergia.

al.le.vi.ate [əˈli:vieit] *v* refrescar, abrandar, livrar (de dor), aliviar, acalmar.

al.le.vi.a.tion [əˈli:viˈeiʃn] *s* alívio.

al.ley [ˈæli] *s* viela, alameda, rua estreita, ruela.

al.li.ance [əˈlaiəns] *s* sociedade, aliança, união; casamento.

al.lied [əˈlaid] *adj* sócio, aliado, unido.

al.li.ga.tor [ˈæligeitə(r)] *s* crocodilo, jacaré, aligátor.

al.lit.er.a.tion [əˈlitəˈreiʃn] *s* aliteração, repetição da primeira letra de várias palavras.

al.lo.cate [ˈæləkeit] *v* fixar, demarcar, colocar, distribuir.

al.lo.ca.tion [æləˈkeiʃn] *s* pagamento, deslocação, distribuição.

al.lo.path [æləˈpəθ] *s* MED médico que usa medicamentos sintéticos, alopata; alopatia.

al.lot [əˈlɔt] *v* dividir, distribuir, repartir, conceder, partilhar.

al.lot.ment [əˈlɔtmənt] *s* divisão, partilha, dotação, porção.

al.low [əˈlau] *v* permitir, aprovar, conceder, ceder, outorgar.

allowable / altogether

fourteen **14**
fourteenth

al.low.a.ble [ə'lauəbl] *adj* permissível, legal, admissível.

al.low.ance [ə'lauəns] *s* concessão, pensão, mesada, subsídio.

al.loy ['ælɔi] *s* liga de metal, mistura; • *v* misturar, ligar, combinar.

all.round ['ɔ:lraund] *adj* em volta, ao derredor, ao redor; completo.

al.lude [ə'lu:d] *v* aludir, referir, insinuar, comentar.

al.lure [ə'luə(r)] *s* postura; fascinação; • *v* aliciar, atrair, seduzir, tentar.

al.lure.ment [ə'luə(r)mənt] *s* encanto, atração; tentação.

al.lur.er [ə'luə(r)ə(r)] *s* pessoa sedutora, ardilosa.

al.lur.ing [ə'luə(r)iŋ] *adj* atraente, tentador.

al.lu.sion [ə'lu:ʒn] *s* alusão, referência, comentário.

al.lu.vi.on [ə'lu:vin] *s* aluvião, enxurrada.

al.ly [ə'lai] *s* aliado; • (*with*, *to*) *v* aliar, socializar, ligar.

al.ma.nac ['ɔ:lmənæk] *s* almanaque.

al.might.y [ɔ:l'maiti] *adj* onipotente, diz-se da onipotência do Grande Arquiteto do Universo, que é Deus.

al.mond ['a:mənd] *s* parte interna da semente, amêndoa.

al.mo.ner ['a:mənə(r); EUA 'ælmənə(r)] *s* esmoleiro.

al.most ['ɔ:lmoust] *adv* quase.

alms [a:mz] *s* óbulo, esmola.

alms.house ['a:mzhaus] *s* casa de amparo, asilo.

a.loft [ə'lɔft; EUA ə'lɔ:ft] *adv* em cima, para cima, acima, para o alto.

a.lone [ə'loun] *adj* sozinho, solitário, só, separado; • *adv* apenas; **let ~**: muito menos; **to let ~**: deixar só.

a.long [ə'lɔŋ; EUA ə'lɔ:ŋ] *adv* juntamente; • *prep* ao longo, ao largo.

a.long.side [ə'lɔŋ'said] *adv* junto a, ao lado; • *prep* ao longo de.

a.loof [ə'lu:f] *adj* indiferente, distante; • *adv* a distância; **to stand/keep ~**: manter-se à parte.

a.loud [ə'laud] *adv* alto, em voz alta.

al.pen.stock ['ælpənstɔk] *s* gancho, bastão de alpinista, bordão.

al.pha.bet ['ælfəbet] *s* alfabeto.

al.pha.bet.ize [ælfə'betaiz] *v* pôr em ordem alfabética, organizar pelo alfabeto.

al.pha.nu.mer.ic [ælfənju:'merik] *adj* INF alfanumérico, combinações de números, caracteres, símbolos, letras que formam programas e são reconhecidos pelo micro; característica de um campo, tornando-o capaz de abrigar letras, números, caracteres especiais, etc.

al.pin.ist ['ælpinist] *s* alpinista.

al.read.y [ɔ:l'redi] *adv* já, agora, pronto, presentemente.

al.so ['ɔ:lsou] *adv* também, do mesmo modo, da mesma maneira, além disso.

alt ['ælt] *s* INF *abrev de* **alt**ernate, que é uma chave no teclado do micro, servindo para alternar a função de outra chave.

al.tar ['ɔ:ltə(r)] *s* altar (igreja).

al.ter ['ɔ:ltə(r)] *v* tornar outro, alterar, variar, mudar, diferenciar.

al.ter.a.ble ['ɔ:ltə(r)əbl] *adj* variável, alterável.

al.te.ra.tion [ɔ:ltə'reiʃn] *s* alteração, mudança.

al.ter.a.tive [ɔ:ltə'reitiv] *adj* mutável, alterativo.

al.ter.cate [ɔ:ltə'keit] *v* altercar, indispor, discutir.

al.ter.ca.tion [ɔ:ltə'keiʃn] *s* discussão.

al.ter.nate [ɔ:l'tə:nət] *v* suceder, trocar, alternar; • *adj* alternado.

al.ter.na.tion [ɔ:ltə'neiʃn] *s* alternância, troca.

al.though [ɔ:l'ðəu] *conj* embora, todavia, não obstante, no entanto.

al.ti.tude ['æltitju:d; EUA 'æltitu:d] *s* altitude.

al.to.geth.er [ɔ:tə'geðə(r)] *adv* completamente, inteiramente, no todo.

altruism / amiable

al.tru.ism ['æltru:izəm] *s* amor a todos, altruísmo, humanismo.

al.tru.ist ['æltru:ist] *s* altruísta.

al.um ['æləm] *s* pedra-ume, alume.

a.lu.min.i.um, a.lu.mi.num ['ælju'miniəm ə'lu:minəm] EUA *s* alumínio.

al.ve.o.lus ['ælvəulus] *s* célula, alvéolo.

al.ways ['ɔ:lweiz] *adv* permanentemente, sempre, repetidamente; ~ **in good shape**: POP sempre em boa forma.

a.m. [ei'em] *abrev de* **a**nte **m**eridiem, isto é, antes do meio-dia; RÁDIO amplitude modulada.

a.mal.gam [ə'mælgəm] *s* amálgama, mistura, massa homogênea.

a.man.u.en.sis [ə'mænju'ensis] *s* escrevente, o que escreve à mão, copista, amanuense.

a.mass [ə'mæs] *v* acumular, juntar, amontoar, empilhar.

am.a.teur ['æmətə(r)] *s* amador, que não é profissional.

am.a.teur.ish ['æmətə(r)riʃ] *adj* amador, superficial.

am.a.to.ry ['æmətəri; EUA 'æmətɔ:ri] *adj* relativo ao amor, que se pode amar, amatório.

a.maze [ə'meiz] *v* assombrar, assustar, embaraçar, confundir; espantar, surpreender.

a.maze.ment [ə'meizmənt] *s* surpresa, espanto.

a.maz.ing [ə'meiziŋ] *adj* assombroso, espantoso, estupendo, embaraçoso, maravilhoso.

am.a.zon ['æməzən; EUA 'æməzɔn] *s* (com maiúsc.) rio brasileiro; mulher guerreira; amazona.

am.bas.sa.dor [æm'bæsədə(r)] *s* diplomata, embaixador.

am.bas.sa.dress [æm'bæsədris] *s* embaixatriz.

am.ber ['æmbə(r)] *s* âmbar, substância resinosa que tem consistência de cera; • *adj* ambarino, relativo ao âmbar.

am.bi.dex.trous [æmbi'dekstrəs] *adj* que usa ambas as mãos, ambidestro.

am.bi.ent ['æmbiənt] *adj* meio em que se vive, recinto, ambiente.

am.bi.gu.i.ty ['æmbi'gju:əti] *s* duplo sentido, ambiguidade.

am.big.u.ous [æm'bigjuəs] *adj* ambíguo, de duplo sentido.

am.bit ['æmbit] *s* amplitude, âmbito, esfera, alcance.

am.bi.tion [æm'biʃn] *s* pretensão, aspiração, ambição, desejo forte.

am.bi.tious [æm'biʃəs] *adj* ambicioso, pretensioso.

am.biv.a.lent [æm'bivələnt] *adj* ambivalente, de duplo significado.

am.bu.lance ['æmbjuləns] *s* ambulância; ~ **chaser**: GÍR EUA advogado oportunista, advogado de porta de cadeia.

am.bu.lant ['æmbjulənt] *adj* móvel, andarilho, ambulante.

am.bush ['æmbuʃ] *s* tocaia, emboscada; • *v* emboscar-se, tocaiar.

a.me.lio.rate [ə'mi:liəreit] *v* evoluir, melhorar, aperfeiçoar-se, enriquecer.

a.men [a:'men; EUA ei'men] *interj* assim seja!, amém!

a.mend [ə'mend] *v* remendar, corrigir, emendar.

a.mends [ə'mendz] *s* ressarcimento, reparação, indenização, compensação; **to make ~**: compensar.

a.men.i.ty [ə'mi:nəti] *s* amenidade, suavidade, brandura, ternura.

A.mer.i.can [ə'merikən] *s* americano, o que nasceu nas Américas, especialmente nos EUA; • *adj* americano.

A.mer.i.can.ism [ə'merikənizəm] *s* diz-se do modo de agir dos naturais de outros países, imitando os americanos dos EUA.

a.mer.i.can.ize [ə'merikənaiz] *v* americanizar, tornar análogo ao que é dos EUA.

am.e.thyst ['æmiøist] *s* ametista, pedra preciosa.

a.mi.a.bil.i.ty ['əimiəbiləti] *s* afabilidade, amabilidade.

a.mi.a.ble ['eimiəbl] *adj* simpático, agradável, amável, cativante, afável.

amicability / analogy

am.i.ca.bil.i.ty [ˈæmikəˈbiləti] *s* afeto, amizade, fraternidade, afeição.

a.mid, a.midst [əˈmid, əˈmidst] *prep* entre, no meio de, cercado de.

a.miss [əˈmis] *adj* importuno, errôneo, incômodo, impróprio; • *adv* erroneamente, erradamente, faltosamente.

am.i.ty [ˈæməti] *s* fraternidade, amizade.

am.mo.nia [əˈməuniə] *s* QUÍM amônia.

am.mu.ni.tion [ˈæmjuˈniʃn] *s* munição, chumbo, bala; • *v* municiar.

am.ne.sia [æmˈniːziə; EUA æmˈniːʒə] *s* esquecimento, amnésia.

am.nes.ty [ˈæmnəsti] *s* perdão, anistia; • *v* livrar, anistiar.

a.mong, a.mongst [əˈmʌŋ, əˈmʌŋst] *prep* incluso, no meio, entre (vários).

a.mor.al [ˈeiˈmɔrəl; EUA ˈeimɔːrəl] *adj* que está fora da moralidade, amoral.

am.o.rous [ˈæmərəs] *adj* enamorado, amoroso, apaixonado.

a.mor.phism [əˈmɔːfism] *s* amorfismo.

a.mor.phous [əˈmɔːfəs] *adj* amorfo, sem forma.

am.or.ti.za.tion [əˈmɔːtiˈzeiʃn; EUA ˈæmɜrtiˈzeiʃn] *s* amortização.

am.or.tize [əˈmɔːtaiz; EUA ˈæmɜrtaiz] *v* amortizar, resgatar aos poucos.

a.mount [əˈmaunt] *s* quantia, importância, montante; • (*to*) *v* custar, importar em.

am.pere [ˈæmpeə(r); EUA ˈæmpiər] *s* ampére (*ampère*), unidade elétrica.

am.per.sand [ˈæmpəsænd] *s* nome do símbolo "&", que significa "e", comum em nomes de empresas.

am.phet.a.mine [æmˈfetəmiːn] *s* QUÍM anfetamina.

am.phib.i.an [æmˈfibiən] *s* anfíbio.

am.phi.the.a.tre [ˈæmfiθiətə(r)] *s* anfiteatro.

am.ple [ˈæmpl] *adj* espaçoso, amplo, vasto, imenso.

am.ple.ness [ˈæmplnis] *s* vastidão, amplitude, amplidão.

am.pli.fi.ca.tion [ˈæmplifiˈkeiʃn] *s* aumento intenso, amplificação, alargamento.

am.pli.fy [ˈæmplifai] *v* ampliar, aumentar; desenvolver.

am.pli.tude [ˈæmplitjuːd; EUA ˈæmplituːd] *s* amplitude, grandeza.

am.poule [ˈæmpuːl] *s* frasco, ampola, recipiente.

am.pu.tate [ˈæmpjuteit] *v* extirpar, amputar, cortar.

am.pu.ta.tion [ˈæmpjuˈteiʃn] *s* amputação.

am.u.let [ˈæmjulit] *s* protetor, amuleto, talismã.

a.muse [əˈmjuːz] *v* divertir, entreter, distrair.

a.muse.ment [əˈmjuːzmənt] *s* distração, entretenimento, diversão.

a.mus.ing [əˈmjuːziŋ] *adj* hilariante, divertido, engraçado.

an [ən; æn] *art indef* um, uma; *veja* **a**.

a.nach.ro.nism [əˈnækrənizəm] *s* anacronismo.

an.a.co.lu.thon [ænəkəˈluːtum] *s* GRAM anacolutia, anacoluto, inciso de frase que, em vez de seguir a construção regular, muda inesperadamente de rumo.

a.nae.mi.a, a.ne.mi.a [əˈniːmiə] *s* anemia.

an.aes.the.sia, an.es.the.sia [ˈænisˈθiːziə; EUA ˈænisˈθiːʒə] *s* anestesia.

an.a.gram [ˈænəgræm] *s* anagrama, transcrito de letras de outra frase, com novo significado.

an.a.lects [ænæˈlektis] *s* antologia, seleção; designação dada na Roma antiga para escravo.

an.al.ge.sic [ænælˈdʒiːsik] *s* analgésico; • *adj* MED que suprime a dor, analgésico.

an.a.lo.gism [ənæləˈdʒizm] *s* forma de raciocínio dedutivo-indutivo, comparação, analogismo.

a.nal.o.gous [əˈnæləgəs] *adj* igual, semelhante, análogo.

an.a.logue, EUA an.a.log [ˈænəlɔg; EUA ˈænəlɔːg] *s* similar, análogo.

a.nal.o.gy [əˈnælədʒi] *s* semelhança, parentesco, analogia.

an.al.pha.bet [ænælfə'bet] *s* analfabeto.
a.nal.y.sis [ə'næləsis] *s* análise.
an.a.lyse, an.a.lyze ['ænəlaiz] *v* analisar.
an.a.ly.zer ['ænəlaizə(r)] *s* examinador, pesquisador, analisador.
a.naph.o.ra [æ'næfərə] *s* anáfora, repetição da mesma palavra em frases sucessivas.
an.ar.chism ['ænəkizəm] *s* anarquismo, teoria política em que as leis são indesejáveis.
an.ar.chist ['ænəkist] *s* partidário do anarquismo, anarquista.
an.ar.chy ['ænəki] *s* anarquia, desordem, confusão.
a.nath.e.ma [ə'næəəmə] *s* excomunhão, estigma, anátema.
an.a.tom.i.cal ['ænə'tɔmikl] *adj* que trata da estrutura do corpo, anatômico.
a.nat.o.my [ə'nætəmi] *s* anatomia.
an.ces.tor ['ænsestə(r)] *s* ancestral, antepassado.
an.ces.try ['ænsestri] *s* raça, linhagem, descendência.
an.chor ['æŋkə(r)] *s* gancho marítimo, âncora; esteio; INF ponto no final das páginas da Internet que, se clicado, nos leva ao topo dessa mesma página; • *v* ancorar, prender.
an.chor.man ['æŋkə(r)mən] *s* diz-se do último atleta na prova de revezamento; diz-se do jornalista que permanece no estúdio coordenando as notícias.
an.chor.age ['æŋkə(r)ridʒ] *s* porto, ancoradouro.
an.cho.rite ['æŋkərait] *s* pessoa que vive só, anacoreta, eremita.
an.cho.vy ['æntʃəvi] *s* anchova, peixe marítimo maior do que a sardinha.
an.cient ['einʃənt] *adj* velho, idoso, antigo.
an.cients ['einʃənts] *s* antepassados.
and [ən, ənd, ænd] *s* INF e, é um operador lógico, como os usados em teoria de conjuntos, mantendo uma função comparativa na construção de programas, fundamentalmente na linguagem "basic"; • *conj* e.

an.droid ['ændrɔid] *s* androide, robô, fantoche.
an.ec.dote ['ænikdəuti] *s* historieta, caso.
an.ec.dot.age ['ænikdəutaidʒ] *s* coleção de piadas, anedotário.
an.ec.dot.al ['ænikdəutl] *adj* que encerra anedota, anedótico.
a.ne.mi.a [ə'ni:miə] *s* EUA deficência de hemácias, anemia; BRIT **anaemia**.
an.es.the.sia [ænis'θi:ʒə] *s* EUA anestesia; BRIT **anaesthesia**.
an.eu.rysm, an.eu.rism ['ænurizəm] *s* MED dilatação local de uma artéria, aneurisma.
a.new [ə'nju:; EUA ə'nu:] *adv* novamente, outra vez, de novo, repetidamente.
an.gel ['eindʒl] *s* anjo; GÍR protetor, patrocinador.
an.gel.ic [æn'dʒelik] *adj* puro, casto, angélico.
an.ger ['æŋgə(r)] *s* furor, raiva, ódio, desatino; • *v* desatinar, irritar, enlouquecer, enfurecer.
an.gle ['æŋgl] *s* GEOM medida geométrica, ângulo; ponto de vista, aspecto; • *v* pescar; FIG engodar, obter fraudulentamente.
an.gler ['æŋglə(r)] *s* pescador de vara, com anzol.
an.gle.worm ['æŋglwɔ:m] *s* isca de anzol, minhoca.
An.gli.can ['æŋglikən] *s* e *adj* RELIG anglicano.
an.gli.cize ['æŋglisaiz] *v* tornar inglês, anglificar.
an.gling ['æŋgliŋ] *s* pesca com vara de anzol.
an.gri.ly ['æŋgrili] *adv* furiosamente, raivosamente.
an.gry ['æŋgri] *adj* nervoso, irado, irritado, furioso.
an.guish ['æŋgwiʃ] *s* aflição, angústia; • *v* angustiar.
an.i.line ['ænili:n; EUA 'ænəlin] *s* matéria derivada do anil, anilina.

animadversion / answerable

an.i.mad.ver.sion ['ænimæd'və:ʃn; EUA 'ænimæd'və:ʒn] *s* repreensão, censura, crítica.

an.i.mad.vert ['ænimæd'və:t] *v* criticar, censurar.

an.i.mal ['æniml] *s* bicho, animal, irracional; • *adj* animal, irracional.

an.i.mal.ism ['ænimlizəm] *s* animalismo, irracionalidade.

an.i.mate ['ænimət] *v* encorajar, prestigiar, animar; • *adj* esperto, vivo, vigoroso, animado.

an.i.ma.tion ['æni'meiʃn] *s* animação, entusiasmo; CIN que dá movimentação aos desenhos, que dá vida aos desenhos.

an.i.mos.i.ty ['æni'mɔsəti] *s* animosidade, predisposição ao ódio.

an.i.mus ['æniməs] *s* ânimo, disposição, estado de espírito.

an.ise ['ænis] *s* erva-doce, anis.

an.kle ['æŋkl] *s* tornozelo, protuberância óssea.

an.klet ['æŋklit] *s* protetor, tornozeleira.

an.na.list ['ænəlist] *s* aquele que escreve anais; INF o que examina programas de computação.

an.nals ['ænlz] *s* anais.

an.neal [ə'ni:l] *v* preparar, temperar.

an.nex [ə'neks; 'æneks] *s* anexo; • (*to*) *v* apensar, anexar.

an.nex.a.tion ['ænek'seiʃn] *s* reunião, anexação.

an.ni.hi.late [ə'naiəleit] *v* exterminar, aniquilar, destruir.

an.ni.hi.la.tion [ə'naiə'leiʃn] *s* extermínio, aniquilação.

an.ni.ver.sa.ry ['æni'və:səri] *s* aniversário.

an.no.tate ['ænəteit] *v* escrever, anotar, pôr notas.

an.no.ta.tion ['ænə'teiʃn] *s* escrita, anotação, registro.

an.nounce [ə'nauns] *v* noticiar, publicar, anunciar, proclamar.

an.nounce.ment [ə'naunsmənt] *s* publicidade, anúncio, aviso.

an.nounc.er [ə'naunsə(r)] *s* apresentador, locutor.

an.noy [ə'nɔi] *v* importunar, aborrecer, admoestar, incomodar, irritar, contrariar.

an.noy.ing [ə'nɔin] *adj* desconfortável, incômodo, irritante.

an.nu.al ['ænjuəl] *s* anuário; • *adj* anual.

an.nu.i.tant [ə'nju:itənt; EUA ə'nu:itənt] *s* aquele que responde por anuidade.

an.nu.i.ty [ə'nju:əti; EUA ə'nu:əti] *s* anuidade; soma em dinheiro paga anualmente a uma pessoa durante sua vida.

an.nul [ə'nʌl] *v* cancelar, anular.

an.nu.lar ['ænjulə(r)] *adj* anelado, em formato de anel.

an.nun.ci.ate [ə'nʌnsieit] *v* avisar, anunciar, proclamar.

a.noint [ə'nɔint] *v* ungir, untar.

a.nom.a.lous [ə'nɔmələs] *adj* anormal, anômalo, desigual.

a.nom.a.ly [ə'nɔməli] *s* desigualdade, anomalia, defeito.

ano.nym.i.ty ['ænə'niməti] *s* anonimato.

a.non.y.mous [ə'nɔniməs] *adj* disfarçado, incógnito, anônimo; INF diz-se do usuário da Internet que, num bate-papo, não se identifica.

an.o.rak ['ænəræk] *s* casaco pesado com capuz, usado principalmente no inverno europeu e no norte-americano.

an.oth.er [ə'nʌðə(r)] *adj* e *pron* outro, outra, um outro, uma outra.

ANSI *s* INF *abrev de* American National Standards Institute, definidora de padrões técnicos às indústrias, de um modo geral, e, nos micros, estabelece a forma dos caracteres, a comunicação entre eles, além de como devem trabalhar os programas.

an.swer ['a:nsə(r); EUA 'ænsə(r)] *s* réplica, resposta; • *v* responder, atender, satisfazer; ~ **mode**: INF modo como responde, é a maneira como um modem, após ter sido configurado, aceita e recebe o chamado de outro modem; comunicação entre computadores a distância; **to ~ for**: ser responsável por.

an.swer.a.ble ['a:nsə(r)əbl] *adj* responsável; **to be ~**: ser fiador, ser garantidor.

an.swer.ing ma.chine [´a:nsə(r)iŋ mə´ʃi:n] s secretária eletrônica.

ant [ænt] s formiga; **to have ~s in one's pants**: GÍR estar impaciente, inquieto.

ant.ac.id [ænt´æsid] s e adj antiácido.

an.tag.o.nism [æn´tægənizəm] s contrariedade, oposição, antagonismo.

an.tag.o.nist [æn´tægənist] s rival, oponente, antagonista.

an.tag.on.ize [æn´tægənaiz] v antagonizar, conflitar.

ant.arc.tic [æn´ta:ktik] adj do Polo Sul, antártico.

ant.eat.er [´ænti:tə(r)] s tamanduá.

an.te.cede [ænti´si:d] v vir antes, anteceder.

an.te.ce.dence [ænti´si:dns] s anterioridade, antecedência.

an.te.ce.dent [ænti´si:dnt] s e adj anterior, antecedente.

an.te.ce.dents [ænti´si:dntz] s antepassados, predecessor, antecessor.

an.te.cham.ber [´æntitʃeimbə(r)] s saleta, antecâmara.

an.te.date [´ænti´deit] s antedata; • v antecipar, antedatar, pré-datar.

an.te.di.lu.vi.an [´æntidi´lu:viən] adj fora de moda, antediluviano.

an.te.lope [´æntiləup] s antílope.

an.te.na.tal [´ænti´neitl] s pré-natal.

an.ten.na [æn´tenə] s captador de ondas vibratórias; antena; pl BRIT **antennae**, EUA **antennas**.

an.te.nup.tial [´ænti´nʌpʃl] adj que precede o casamento, antenupcial.

an.te.ri.or [æn´tiəriə(r)] adj que vem antes, precedente, anterior.

an.te.room [´æntirum; EUA ´æntiru:m] s saleta, antecâmara, antessala.

an.them [´ænθəm] s canção, hino, antífona; **national ~**: hino nacional.

ant.hill [´ænθhil] s formigueiro.

an.tho.log.i.cal [æn´θɔlədʒikl] adj relativo à antologia, antológico.

an.thol.o.gist [æn´θɔlədʒist] s que se dedica à antologia.

an.thol.o.gy [æn´θɔlədʒi] s POES seleta de excertos, antologia; BOT antologia, tratado das flores.

an.thro.pol.o.gist [´ænθrə´pɔlədʒist] s ANTROP o que cuida do estudo do homem, antropologista.

an.thro.pol.o.gy [´ænθrə´pɔlədʒi] s estudo do homem, antropologia.

an.ti.bi.ot.ic [´æntibai´ɔtik] s e adj antibiótico.

an.ti.bod.y [´æntibɔdi] s neutralizante de toxinas, anticorpo.

an.tic [´æntik] s careta, visagem, trejeito; • adj ridículo, esquisito.

an.tic.i.pate [æn´tisipeit] v anteceder, antecipar, adiantar, prevenir, prever, pressagiar, pressentir.

an.tic.i.pa.tion [æn´tisi´peiʃn] s antecipação, adiantamento.

an.ti.clock.wise [´ænti´klɔkwaiz] adj e adv anti-horário; EUA **counter-clockwise**.

an.ti.dote [´æntidəut] s antídoto.

an.ti.gen [´æntidʒən] s MED antígeno.

an.tin.o.my [æn´tinəmi; EUA ´æntinəumi] s contradição, antinomia.

an.tip.a.thy [æn´tipəəi] s rejeição, antipatia.

an.ti.quar.i.an [´ænti´kweəriən] s e adj colecionador de antiguidades, antiquário.

an.ti.quat.ed [´æntikweitid] adj antiquado.

an.tique [æn´ti:k] s antigo, que faz parte do passado, desusado.

anti.sep.tic [´ænti´septik] s e adj antisséptico.

an.ti.so.cial [´ænti´səuʃl] adj antissocial.

an.tith.e.sis [æn´tiθəəsis] s antítese, oposição de palavras; pl **antitheses**.

ant.ler [´æntlə(r)] s chifre de veado.

an.to.nym [´æntənim] s antônimo.

a.nus [´einəs] s ânus; pl **anuses**.

an.vil [´ænvil] s incude, bigorna.

anx.i.e.ty [æŋ´zaiəti] s ânsia, angústia, ansiedade.

anx.ious [´æŋkʃəs] adj inquieto, angustiado, ansioso.

an.y [´eni] adj e pron qualquer, quaisquer, algum, alguns, alguma, algumas, nenhum, nenhuma, seja qual for.

anybody / appealable

an.y.bod.y ['enibədi] *pron* qualquer um, alguém, qualquer pessoa.

an.y.how ['enihau] *adv* casualmente, de qualquer maneira, de qualquer forma.

an.y.one ['eniwʌn] *pron* alguém, qualquer pessoa, qualquer um.

an.y.place ['enipleis] *adv* em qualquer lugar.

an.y.thing ['eniøiŋ] *pron* alguma coisa, qualquer coisa, algo.

an.y.way ['eniwei] *adv* de qualquer modo, de qualquer maneira, em todo caso.

an.y.where ['eniweə(r); EUA 'enihweər] *adv* em qualquer lugar, em qualquer parte.

an.y.wise ['eniwaiz] *adv* de algum modo, de alguma maneira.

AOL *s* America On Line, provedor de acesso e de serviços da Internet.

a.or.ta [ei'ɔ:tə] *s* MED aorta.

a.pace [ə'peis] *adv* ligeiramente, rapidamente, velozmente.

a.part [ə'pa:t] *adv* separadamente, à parte; **~ from**: com exceção; além de.

a.part.ment [ə'pa:tmənt] *s* EUA conjunto de cômodos num prédio, apartamento; **~ building**: prédio de apartamentos.

a.part.heid [ə'pa:theit] *s* segregação racial.

ap.a.thet.ic [æpə'øetik] *adj* insensível, alheio, apático.

ap.a.thy ['æpəøi] *s* indiferença, apatia, alheamento.

ape [eip] *s* mico, macaco; • *v* imitar, macaquear, arremedar.

a.pe.ri.ent [ə'piəriənt] *s* e *adj* que purga, purgante, laxante.

ap.er.ture ['æpətʃə(r)] *s* orifício, abertura, buraco.

a.pex ['eipeks] *s* cume, cimo, alto, ápice; *pl* **apexes** ou **apices**.

aph.o.rism ['æfərizəm] *s* máxima, provérbio, aforismo.

aph.ro.dis.i.ac ['æfrə'diziæk] *s* e *adj* afrodisíaco.

a.pi.ar.y ['eipiəri; EUA 'eipieri] *s* apiário, colmeia.

a.pi.cul.ture ['eipikʌltʃə(r)] *s* arte na criação de abelhas, apicultura.

a.piece [ə'pi:s] *adv* por cabeça, por pessoa.

ap.ish ['eipiʃ] *adj* macaqueador, imitador, arremedador.

a.plomb [ə'plɔm] *s* firmeza, autoconfiança.

A.poc.a.lypse [ə'pɔkəlips] *s* último livro do Novo Testamento, apocalipse.

a.poc.ry.phal [ə'pɔkrifl] *adj* não autêntico, apócrifo, falso.

ap.o.gee ['æpədʒi:] *s* apogeu.

a.pol.o.get.ic [ə'pɔlə'dʒetik] *adj* que se pode fazer apologia, defesa, apologético.

a.pol.o.gize, a.pol.o.gise [ə'pɔlədʒaiz] (*to, for*) *v* defender-se, desculpar-se; justificar-se.

a.pol.o.gy [ə'pɔlədʒi] *s* defesa, argumentação, justificativa, apologia.

ap.o.plex.y ['æpəpleksi] *s* parada cerebral, apoplexia.

a.pos.ta.sy [ə'pɔstəsi] *s* mudança de religião ou filosofia, apostasia.

a.pos.tate [ə'pɔsteit] *s* e *adj* infiel, apóstata.

a.pos.tle [ə'pɔsl] *s* apóstolo.

ap.os.tol.ic [æpə'stɔlik] *adj* relativo aos apóstolos, apostólico.

a.pos.tro.phe [ə'pɔstrəfi] *s* apóstrofo.

a.poth.e.car.y [ə'pɔøikəri; EUA ə'pɔøikeri] *s* farmacêutico, boticário, dono de botica.

ap.pal, ap.pall [ə'pɔ:l] *v* aterrar; atemorizar, espantar, afugentar.

ap.pall.ing [ə'pɔ:liŋ] *adj* atemorizante, espantoso.

ap.pa.ra.tus [æpə'reitəs; EUA æpə'rætəs] *s* aparato, aparelho, instrumento.

ap.par.el [ə'pærəl] *s* vestes, vestuário; • *v* ornar, vestir, trajar.

ap.par.ent [ə'pærənt] *adj* transparente, aparente, evidente, claro.

ap.par.ent.ness [ə'pærəntnis] *s* evidência, transparência, clareza.

ap.pa.ri.tion ['æpə'riʃn] *s* visão, revelação; aparição, fantasma.

ap.peal [ə'pi:l] *s* apelo, súplica; atrativo; • (*to, for*) *v* recorrer, apelar, invocar o testemunho de; atrair.

ap.peal.a.ble [ə'pi:ləbl] *adj* de que se pode apelar, apelável.

ap.peal.er [ə'pi:lə(r)] *s* recorrente, apelante, suplicante.

ap.pear [ə'piə(r)] *v* surgir, aparecer.

ap.pear.ance [ə'piərəns] *s* aparência, aparecimento; aparição, fantasma.

ap.peas.a.ble [ə'pi:zəbl] *adj* atenuável, aplacável, conciliável.

ap.pease [ə'pi:z] *v* apaziguar, pacificar, aplacar.

ap.pease.ment [ə'pi:zmənt] *s* pacificação, apaziguamento.

ap.pel.lant [ə'pelənt] *s* DIR apelante; • *adj* suplicante, apelante.

ap.pel.la.tion [æpə'leiʃn] *s* recurso, apelação, designação.

ap.pend [ə'pend] *(to) v* apensar, anexar, aditar, juntar, apor.

ap.pend.age [ə'pendidʒ] *s* apêndice, acessório.

ap.pen.di.ci.tis [ə'pendi'saitis] *s* MED inflamação do apêndice, apendicite.

ap.pen.dix [ə'pendiks] *s* apêndice (anexo de uma obra); *pl* **appendices**; MED apêndice (parte do corpo); *pl* **appendixes**.

ap.per.tain ['æpə'tein] *(to) v* pertencer, relacionar-se com.

ap.pe.tite ['æpitait] *s* fome, apetite, apetência.

ap.pe.tiz.er, ap.pe.tis.er ['æpitaizə(r)] *s* aperitivo.

ap.pe.tiz.ing, ap.pe.tis.ing ['æpitaiziŋ] *adj* apetitoso, saboroso.

ap.plaud [ə'plɔ:d] *v* ovacionar, aclamar, aplaudir.

ap.plause [ə'plɔ:z] *s* ovação, aplauso, aclamação.

ap.ple ['æpl] *s* maçã; INF microcomputador criado por Steven Jobbs; **~key**: tecla da maçã, que corresponde à tecla CTRL (control) dos PCs; **~ pie**: torta de maçã; **~ tree**: macieira; **the ~ of one's eyes**: menina dos olhos.

ap.pli.ance [ə'plaiəns] *s* apetrecho, instrumento, utensílio; **~ store**: loja de eletrodomésticos; **household ~s department**: departamento de eletrodomésticos de uma loja.

ap.pli.ca.bil.i.ty [əplikə'biləti] *s* utilidade, aplicabilidade.

ap.pli.ca.ble ['æplikəbl] *adj* utilizável, aplicável, útil.

ap.pli.cant ['æplikənt] *s* requerente, peticionário, postulante, pretendente.

ap.pli.ca.tion [æpli'keiʃn] *s* uso, aplicação, emprego; requerimento.

ap.pli.ca.tive [æplikə'tiv] *s* INF aplicativo, programa específico com diversas funções; *veja* **software**; • *adj* utilizável, aplicável, prático.

ap.ply [ə'plai] *v* utilizar, aplicar, praticar, empregar, dedicar-se, referir; **to ~ for**: candidatar-se a, solicitar; **to ~ to**: dirigir-se a, apresentar-se a.

ap.point [ə'pɔint] *(as, to) v* designar, apontar, nomear, decretar.

ap.point.ee [ə'pɔinti:] *s* aquele que é designado para algum cargo.

ap.point.ment [ə'pɔintmənt] *s* designação, nomeação, indicação; compromisso; **to make an ~**: marcar um encontro.

ap.por.tion [ə'pɔ:ʃn] *v (between, among)* partilhar, dividir, ratear.

ap.por.tion.ment [ə'pɔ:ʃnmənt] *s* rateio, partilha, divisão.

ap.pos.a.ble ['æpəzəbl] *adj* utilizável, aplicável.

ap.pose ['æpəzi] *v* justapor, apor, acrescentar.

ap.po.site ['æpəzit] *adj* próprio, apropriado, adequado.

ap.po.si.tion ['æpə'ziʃn] *s* justaposição, aposição.

ap.pos.i.tive [æpə'zitiv] *adj* aposto, apositivo.

ap.prais.al [ə'preizəl] *s* apreciação, avaliação, exame.

ap.praise [ə'preiz] *v* apreciar, estimar, avaliar.

ap.pre.ci.a.ble [ə'pri:ʃəbl] *adj* admirável, apreciável.

ap.pre.ci.ate [ə'pri:ʃieit] *v* avaliar, apreciar, examinar, reconhecer, valorizar.

ap.pre.ci.a.tion [ə'pri:ʃi'eiʃn] *s* avaliação, admiração, apreciação.

appreciative / arborization

ap.pre.ci.a.tive [ə′priːʃiətiv] *adj* avaliativo, examinativo, apreciativo.

ap.pre.hend [′æpri′hend] *v* deter, apreender; perceber, entender, compreender; crer, presumir.

ap.pre.hen.si.ble [′æpri′hensəbl] *adj* perceptível, apreensível, compreensível.

ap.pren.tice [ə′prentis] *s* aprendiz.

ap.pren.tice.ship [ə′prentisʃip] *s* aprendizagem, noviciado, neófito.

ap.prise [ə′praiz] (*of*) *v* avisar, notificar, prevenir.

ap.proach [ə′proutʃ] *s* aproximação; caminho; • *v* acercar-se, aproximar-se de, rodear, chegar.

ap.proach.a.ble [ə′proutʃəbl] *adj* afável, acessível, de quem se pode aproximar.

ap.pro.bate [′æprə′beit] *v* convalidar, aprovar, validar, autenticar.

ap.pro.ba.tion [′æprə′beiʃn] *s* aceitação, aprovação, consentimento.

ap.pro.pri.ate [ə′proupriət] *v* condicionar, apropriar, adaptar, reservar; apossar-se de; • *adj* apto, apropriado, conveniente, próprio.

ap.pro.pri.a.tion [ə′proupri′eiʃn] *s* posse, invasão, apropriação.

ap.prov.a.ble [ə′pruːvəbl] *adj* aceitável, aprovável.

ap.prov.al [ə′pruːvl] *s* aceitação, aprovação, adesão, acordo; **on ~**: sob condição; *ant* **disapproval**.

ap.prove [ə′pruːv] *v* consentir, apoiar, aprovar.

ap.prox.i.mate [ə′prɔksimət] *v* avizinhar, aproximar-se, acercar-se; • *adj* semelhante, aproximado, próximo, vizinho.

ap.prox.i.ma.tion [ə′prɔksi′meiʃn] *s* proximidade, aproximação.

ap.prox.i.ma.tive [ə′prɔksi′mətiv] *adj* que se aproxima, aproximativo.

ap.pur.te.nance [ə′pəːtinəns] *s* pertença, pertence, acessórios.

ap.ri.cot [′eiprikɔt] *s* damasco.

A.pril [′eiprəl] *s* abril, quarto mês do ano; *abrev* **Apr.**; **~ Fool's Day**: Primeiro de Abril.

a.pron [′eiprən] *s* avental, vestes.

ap.ro.pos [′æprə′pou] *adj* apropriado, oportuno, conveniente; • *adv* oportunamente, apropositado, propriamente.

apt [æpt] *adj* adequado, apto, próprio; talhado.

ap.ti.tude [′æptitjuːd; EUA ′æptituːd] *s* capacidade, aptidão, inclinação, talento.

apt.ness [′æptnis] *s* capacidade, competência, disposição.

aq.ua.relle [ə′kweərel] *s* aquarela.

a.quar.i.um [ə′kweəriəm] *s* recipiente que abriga peixes, animais; museu aquático.

A.quar.i.us [ə′kweəriəs] *s* aquário, signo do zodíaco.

a.quat.ic [ə′kwætik] *adj* que vive nas águas, aquático.

aq.ue.duct [′ækwidʌkt] *s* tubo condutor de água, aqueduto.

a.que.ous [′eikwiəs] *adj* relativo à água, aquoso.

aq.ui.line [′ækwilain] *adj* aquilino, próprio da água.

Ar.ab [′ærəb] *s* árabe.

ar.a.besque [′ærə′besk] *s* arabesco, desenhos ornamentais.

A.ra.bi.an [ə′reibiən] *s* e *adj* árabe.

Ar.a.bic [′ærəbik] *s* o idioma dos árabes; *adj* relativo ou pertencentes aos árabes, em especial a língua e a literatura; **~ numeral** ou **~ figure**: um dos símbolos 0, 1, 2, 3, 4, 5, 6, 7, 8 e 9.

ar.a.ble [′ærəbl] *adj* cultivável, arável.

Ar.a.ma.ic [′ærə′meik] *s* e *adj* nome genérico dado aos antigos semitas, aramaico.

ar.bi.ter [′aːbitə(r)] *s* mediador, juiz, árbitro.

ar.bit.ra.ment [′aːbitrəmənt] *s* ajuizamento, arbitramento.

ar.bi.trar.y [′aːbitrəri; EUA ′aːbitrcri] *adj* por conta própria, despótico, arbitrário.

ar.bi.trate [′aːbitreit] *v* julgar, decidir, arbitrar.

ar.bour, EUA **ar.bor** [′aːbə(r)] *s* caramanchão.

ar.bor.i.za.tion [aːbəri′zeiʃn] *s* ato de arborizar, arborização.

arc [a:k] *s* GEOM arco.
ar.cade [a:ˈkeid] *s* arco, arcada, abóbada; • *v* arquear, fazer arcadas, abobadar.
arch [a:tʃ] *s* abóbada, arco; • *v* arquear, abobadar; • *adj* mor, principal, eminente.
ar.chae.ol.o.gy, ar.che.ol.o.gy [a:kiˈolədʒi] *s* arqueologia.
ar.chae.ol.o.gist [a:kiˈolədʒist] *s* arqueólogo.
ar.cha.ic [a:ˈkeiik] *adj* desusado, arcaico, antigo, velho.
arch.an.gel [ˈa:keindʒl] *s* espírito celeste de terceira ordem, arcanjo.
arch.bish.op [ˈa:tʃˈbiʃəp] *s* prelado, arcebispo.
arch.dio.cese [ˈa:tʃˈdaiəsis] *s* arquediocese.
arch.duch.y [ˈa:tʃˈdju:ki] *s* arquiducado.
arch.duke [ˈa:tʃˈdju:k]; EUA [ˈa:tʃˈdu:k] *s* arquiduque.
arch.er [ˈa:tʃə(r)] *s* arqueiro.
ar.che.type [ˈa:kitaip] *s* cópia, arquétipo.
archi.pel.a.go [ˈa:kiˈpeləgəu] *s* arquipélago.
ar.chi.tect [ˈa:kitekt] *s* arquiteto; **Great ~ of the Universe**: Deus.
archi.tec.ture [ˈa:kitektʃə(r)] *s* arquitetura.
ar.chives [ˈa:kaivz] *s pl* depósito de papéis, livros, arquivo.
arch.way [ˈa:tʃwei] *s* abóbada, arcada, passagem.
Arc.tic [ˈa:ktik] *s* região ártica; • *adj* ártico, boreal.
ar.den.cy [ˈa:dnsi] *s* ânsia, ardência, ardor, veemência.
ar.dent [ˈa:dnt] *adj* chamejante, ardente, fogoso.
ar.dour, EUA **ar.dor** [ˈa:də(r)] *s* ardor, entusiasmo, fervor.
ar.du.ous [ˈa:djuəs; EUA ˈa:dʒuəs] *adj* penoso, árduo, trabalhoso; *ant* **light, easy**.
are [ə(r); a:(r)] *veja* verbo **to be**.
a.re.a [ˈeəriə] *s* região, superfície, área, extensão; bairro; **~ code**: código de área (telefônico), equivale ao DDD.
a.re.na [əˈri:nə] *s* palco, arena.

ar.gent [ˈa:dʒənt] *adj* prateado, argênteo.
Ar.gen.tine [a:dʒənˈtinə] *s* e *adj* argentino.
Ar.gen.ti.nian [a:dʒənˈtiniən] *adj* EUA argentino.
ar.gon [ˈa:gɔn] *s* QUÍM argônio, gás inodoro, incolor e insípido, existente no ar.
ar.gu.a.ble [ˈa:gju:əbl] *adj* arguível, contestável.
ar.gue [ˈa:gju:] *v* arguir, argumentar, discorrer, debater, discutir.
ar.gu.ment [ˈa:gjumənt] *s* prova, argumento; discussão.
a.ri.a [ˈa:riə] *s* MÚS ária, trecho de música tocado ou cantado que forma um todo dentro da composição maior.
ar.i.an.ism [ˈa:riəizəm] *s* seita religiosa protestante, arianismo.
ar.id [ˈærid] *adj* seco, árido, rústico, áspero; FIG estéril; *ant* **moist**.
a.rid.i.ty [əˈridəti] *s* secura, aridez; FIG esterilidade.
Ar.ies [ˈeəri:z] *s* Áries, signo do zodíaco.
a.right [əˈrait] *adv* acertadamente, corretamente, bem, propriamente.
a.rise [əˈraiz] (*from, out of*) *v* (*pt* **arose**; *pp* **arisen**) aparecer, surgir, originar, subir, elevar-se, levantar, levantar-se.
ar.is.toc.ra.cy [ˈæriˈstɔkrəsi] *s* casta, aristocracia; POLÍT governo dos melhores.
a.ris.to.crat.ic [ˈæristəˈkrætik] *s* governo dos melhores; aristocrático; que pertence a uma classe social e intelectual diferenciada, superior.
a.ris.to.crat.i.cal [ˈæristəˈkrætikl] *veja* **aristocratic**.
a.rith.me.tic [əˈriəmətik] *s* MAT aritmética, ciência dos números.
ark [a:k] *s* baú, arca; navio bíblico.
arm [a:m] *s* membro, braço; arma; • *v* munir, armar.
ar.ma.dil.lo [ˈa:məˈdiləu] *s* tatu.
ar.ma.ment [ˈa:məmənt] *s* dispositivo militar, armamento.

armature / artificer

ar.ma.ture [´a:mətfuə(r)] s armamento, proteção corpórea, armadura.

arm.chair [´a:mtʃeə(r), ´a:m´tʃeə(r)] s poltrona, cadeira estofada.

armed for.ces [a:md ´fɔ:səz] s pl forças armadas.

arm.ful [´a:mful] s braça, braçada.

arm.hole [´a:mhəul] s cava da roupa em que se passa o braço.

ar.mi.stice [´a:mistis] s parada momentânea de uma luta, trégua, armistício.

arm.let [´a:mlət] s pulseira, bracelete; braço de rio ou mar.

ar.mour, EUA **ar.mor** [´a:mə(r)] s couraça, armadura, proteção, couraça.

ar.mour.y, EUA **ar.mor.y** [´a:mə(r)i] s depósito de armas, arsenal.

arm.pit [´a:mipit] s sovaco, axila.

ar.my [´a:mi] s exército.

a.ro.ma [ə´rəumə] s olor, aroma.

ar.o.mat.ic [ærə´mætik] adj aromatizado, perfumado.

a.rose [ə´rəuz] pt de **arise**.

a.round [ə´raund] adv ao derredor de, em volta de; • prep cerca de, quase; **all ~**: por todo lado.

a.rouse [ə´rauz] v acordar, despertar, levantar; excitar, animar.

ar.raign [ə´rein] (for, on) v DIR processar, acusar, denunciar.

ar.raign.ment [ə´reinmənt] s DIR citação, denúncia, acusação, processo.

ar.range [ə´reindʒ] v arranjar, dispor, arrumar, preparar, ajustar.

ar.range.ment [ə´reindʒmənt] s preparo, arranjo, acomodação.

ar.rant [´ærənt] adj consumado, notório, vergonhoso.

ar.ray [ə´rei] s ordem; série, coleção; • v dispor, pôr, ordenar; ornar, vestir.

ar.rears [ə´riəz] s falta de pontualidade, atraso.

ar.rest [ə´rest] s prisão; • v embargar, deter, prender, apreender, arrestar; **to be under ~**: estar preso.

ar.ri.val [ə´raivl] s chegada, vinda; **a new ~**: um recém-chegado.

ar.rive [ə´raiv] v vir, chegar, aparecer, surgir.

ar.ro.gance [´ærəgəns] s presunção, arrogância, superioridade.

ar.ro.gant [´ærəgənt] adj arrogante, presunçoso.

ar.ro.gate [´ærəgeit] v arrogar, apropriar-se.

ar.row [´ærəu] s seta, flecha, ponta.

ar.row.root [´ærəuru:t] s araruta.

ar.se.nal [´a:sənl] s arsenal, depósito de armas.

ar.se.nic [´a:sənik] s QUÍM arsênico.

ar.son [´a:sn] s abrasamento, incêndio provocado.

ar.son.ist [´a:snist] s incendiário.

art [a:t] s arte; ofício; habilidade; jeito; **~s**: Humanidades; Letras; **~ gallery**: galeria de arte; **~ school**: escola de arte; **fine ~s**: belas-artes; **work of ~s**: obra de arte.

ar.te.ri.al [a:´tiəriəl] adj MED proveniente da artéria, arterial.

ar.te.ri.o.scle.ro.sis [a:´təriəusklə´rəusis] s MED arteriosclerose.

ar.ter.y [´a:təri] s conduto por onde corre o sangue oxigenado, artéria.

ar.te.sian [a:´ti:ziən; EUA a:´ti:3n] adj artesiano; **~ well**: poço de água perfurado em rocha, poço tubular profundo.

art.ful [´a:tfl] adj perspicaz, astuto, ladino.

art.ful.ness [´a:tflnis] s habilidade, destreza, astúcia.

ar.thri.tis [a:´θraitis] s artrite.

ar.ti.choke [´a:titʃəuk] s alcachofra.

ar.ti.cle [´a:tikl] s objeto, artigo, coisa, matéria.

ar.tic.u.late [a:´tikjulət] v articular, falar com clareza; • adj articulado, que fala com clareza.

ar.tic.u.la.tion [a:´tikju´leiʃn] s articulação.

ar.tic.u.la.tor [a:´tikju´leitə(r)] s convencionador, articulador, agilizador.

ar.ti.fact [´a:tifækt] s artefato, objeto.

ar.ti.fice [´a:tifis] s estratagema, artifício, estratégia.

ar.tif.i.cer [a:´tifisə(r)] s produtor, artífice, artista.

ar.ti.fi.cial ['a:ti'fiʃl] *adj* superficial, artificial, falso, fictício.

ar.til.le.ry [a:'tiləri] *s* artilharia.

ar.ti.san ['a:ti'zæn; EUA 'a:tizn] *s* artífice, artesão.

art.ist ['a:tist] *s* artista.

art.ist.ry ['a:tistri] *s* carreira de artista.

art.less ['a:tlis] *s* natural, sem arte, simples.

Ar.y.an ['eəriən] *adj* ariano; SOCIO o que é proveniente de uma etnia não semítica, considerada indo-europeia.

as [əz; æz] *adv* igualmente, tão, tanto quanto; • *conj* como, pois que, porquanto, porque, à medida que; **~ big ~**: tão grande como; **~ far ~**: até; **~ far ~ I know**: que eu saiba, até onde sei; **~ for me**: no que me diz respeito; **~ soon ~**: logo que; **~ well**: além disso, também; **such ~**: tal como.

as.bes.tos [æz'bestəs] *s* MIN amianto, asbesto, tecido resistente ao fogo.

as.cend [ə'send] *v* subir, ascender, elevar-se.

as.cen.dance [ə'sendəns] *s* superioridade, ascendência.

as.cen.dence [ə'sendns] *veja* **ascendance**.

as.cen.sion [ə'senʃn] *s* subida, ascensão, elevação.

as.cent [ə'sent] *s* aclive, ascensão, subida.

as.cer.tain ['æsə'tein] *v* verificar, apurar, indagar, averiguar, constatar, determinar.

as.cer.tain.ment ['æsə'teinmənt] *s* verificação, averiguação, apuração.

as.cet.ic [ə'setik] *adj* devoto, místico, ascético.

ASCII ['æski] *s* INF *abrev de* **A**merican **S**tandard **C**ode for **I**nformation **I**nterchange, conjunto de letras, números, etc. usado em troca de informações entre um computador e outro processador.

ascrib.a.ble [ə'skraibəbl] *adj* atribuível, imputável, aplicável.

as.cribe [ə'skraib] *v* atribuir, imputar, conceder.

as.crip.tion [ə'skripʃn] *s* imputação, atribuição.

a.sex.u.al ['ei'sekʃuəl] *adj* assexual.

ash [æʃ] *s* resto mortal, cinza; **~ Wednesday**: Quarta-feira de Cinzas.

a.shamed [ə'ʃeimd] *adj* tímido, envergonhado.

ash.en ['æʃn] *adj* cinzento, pálido.

a.shes ['æʃiz] *s* ruínas, cinzas, restos mortais.

a.shore [ə'ʃɔ:(r)] *adv* em terra, na praia.

ash.tray ['æʃtrei] *s* cinzeiro.

ash.y ['æʃi] *adj* coberto de cinzas.

A.sian ['eiʃn; EUA 'eiʒn] *s e adj* asiático.

a.side [ə'said] *adv* ao lado, de lado, para o lado, à parte; **~ from**: com exceção de.

as.i.nine ['æsinain] *adj* grosso, estúpido.

ask [a:sk; EUA æsk] *v* inquirir, perguntar, pedir, requerer.

a.skance [ə'skæns] *adv* de lado, de soslaio, obliquamente, de esguelha.

a.skew [ə'skju:] *adj* empenado, torto, oblíquo; • *adv* de esguelha, de soslaio, obliquamente.

a.slant [ə'sla:nt; EUA ə'slænt] *adj* oblíquo, enviesado, torto.

a.sleep [ə'sli:p] *adj* dormente, adormecido.

asp [æsp] *s* víbora, cobra, áspide.

as.par.a.gus [ə'spærəgəs] *s* espargo, aspargo.

as.pect ['æspekt] *s* ar, aspecto, aparência, semblante.

as.per.i.ty [æ'sperəti] *s* acrimônia, aspereza, rudeza.

as.perse [ə'spə:ʃi] *v* respingar, aspergir, borrifar; difamar.

as.per.sion [ə'spə:ʃn; EUA ə'spə:ʒn] *s* difamação, calúnia, infâmia; aspersão.

as.phalt ['æsfælt; EUA 'æsfɔ:lt] *s* asfalto.

as.pi.rant [ə'spaiərənt] *s* pretendente, aspirante, candidato.

as.pi.rate ['æspərət] *v* absorver, aspirar.

as.pi.ra.tion ['æspə'reiʃn] *s* aspiração, desejo.

as.pire [ə'spaɪə(r)] *v* pretender, aspirar, ambicionar, almejar.

as.pi.rin ['æsprin; EUA 'æspərin] *s* aspirina.

ass [æs] *s* jumento, asno, burro; GÍR imbecil; traseiro (vulgar).

assail / assumption

as.sail [ə'seil] *v* investir, assaltar, arremeter, saltear, atacar.

as.sail.ant [ə'seilənt] *s* atacante, assaltante.

as.sas.sin [ə'sæsin]; EUA ə'sæsn] *s* matador, homicida, assassino.

as.sas.si.nate [ə'sæsineit] *v* assassinar.

as.sault [ə'sɔːlt] *v* investir, assaltar, agredir, atacar.

as.say [ə'sei] *v* esboçar, ensaiar.

as.sem.blage [ə'semblidʒ] *s* concílio, assembleia, reunião.

as.sem.ble [ə'sembl] *v* congregar, reunir (-se), agregar-se.

as.sem.bly [ə'sembli] *s* conclave, assembleia, reunião, congresso.

as.sem.bly.man [ə'semblimən] *s* homem público, congressista.

as.sent [ə'sent] *s* assentimento, concordância; • (to) *v* assentir, consentir, anuir.

as.sen.ta.tion [əsen'teiʃn] *s* consentimento, complacência, assentimento.

as.sert [ə'sɔːt] *v* asseverar, afirmar, assegurar, sustentar.

as.ser.tion [ə'sɔːʃn] *s* asseveração, asserção, afirmação.

as.ser.tor [ə'sɔːtə(r)] *s* justificador, defensor, sustentador.

as.sess [ə'ses] (*at*) *v* taxar, tributar.

as.sess.ment [ə'sesmənt] *s* tributação, taxação, taxa.

as.sess.or [ə'sesə(r)] *s* auxiliar, assessor.

as.set ['æset] *s* posse, propriedade, domínio.

as.sev.er.ate [ə'sevəreit] *v* assegurar, asseverar, afirmar, declarar.

as.si.du.i.ty ['æsi'djuːəti]; EUA 'æsi'duːəti] *s* diligência, assiduidade, solicitude.

as.sid.u.ous [ə'sidjuəs]; EUA ə'sidʒuəs] *adj* assíduo, diligente.

as.sign [ə'sain] *v* nomear; citar, intimar; consignar, designar, especificar; fixar, determinar; transferir, ceder.

as.sig.na.tion ['æsig'neiʃn] *s* cessão, transferência; DIR adjudicação.

as.sign.ee [ə'saini] *s* cessionário, síndico, concessionário.

as.sig.ner [ə'sainə(r)] *s* comitente, cedente, transmitente.

as.sign.ment [ə'sain'mənt] *s* designação, indicação; tarefa, obrigação; DIR adjudicação.

as.sim.i.la.ble [ə'siməleibl] *adj* igualável, assimilável.

as.sim.i.late [ə'siməleit] *v* absorver, igualar, assimilar, digerir.

as.sist [ə'sist] *v* ajudar, assistir, socorrer, auxiliar.

as.sis.tance [ə'sistəns] *s* assessoria, assistência, socorro, amparo.

as.sis.tant [ə'sistənt] *s* e *adj* assistente, ajudante, auxiliar.

as.size [ə'saiz] *s* DIR lei que assegura padrão mínimo de preço geral de mercado; tribunal, júri.

as.so.ci.a.ble [ə'səuʃiəbl] *adj* agregável, associável.

as.so.ci.ate [ə'səuʃiət; ə'səuʃieit] *v* agregar, associar-se, juntar, unir; • *adj* aliado, associado, sócio, parceiro.

as.so.ci.a.tion [ə'səusi'eiʃn] *s* associação, conexão.

as.so.nance ['æsənəns] *s* concordância, assonância.

as.so.nant ['æsənənt] *adj* assonante, concordante.

as.sort [ə'sɔːt] *v* sortir, classificar, arranjar.

as.sort.ment [ə'sɔːtmənt] *s* sortimento, classificação.

as.suage [æ'sweidʒ] *v* acalmar, abrandar, saciar, facilitar.

as.suage.ment [æ'sweidʒmənt] *s* mitigação, alívio, abrandamento.

as.sua.sive [æ'sweiziv] *adj* que acalma, calmante, sedativo.

as.sume [ə'sjuːm; EUA ə'suːm] *v* apropriar-se, assumir, arrogar-se, apoderar-se, admitir, supor.

as.sumed [ə'sjuːmid; EUA ə'suːmid] *adj* declarado, assumido, suposto, falso, fictício.

as.sump.tion [ə'sʌmpʃn] *s* presunção, arrogância, suposição; assunção.

assurance / attach

as.sur.ance [əˈʃuərəns] s certeza, segurança, convicção, garantia.

as.sure [əˈʃuə(r)] v segurar, assegurar, afirmar, garantir.

as.sur.er [əˈʃuə(r)] s assegurador, segurador.

as.ter.isk [ˈæstərisk] s asterisco.

a.stern [əˈstəːn] adv à ré, à popa, atrás.

asth.ma [ˈæsmə; EUA ˈæzmə] s asma.

a.stig.ma.tism [əˈstigmətizəm] s MED astigmatismo, deficiência.

a.stir [əˈstəː(r)] adj agitado, ativo; • adv ativamente.

a.ston.ish [əˈstɔniʃ] v assombrar, espantar, maravilhar.

a.ston.ish.ing [əˈstɔniʃiŋ] adj espantoso, surpreendente.

a.ston.ish.ment [əˈstɔniʃmənt] s surpresa, espanto.

a.stound [əˈstaund] v pasmar, assombrar, embaraçar, aterrorizar.

as.tral [ˈæstrəl] adj relativo aos astros, sideral, astral.

a.stray [əˈstrei] adj extraviado, desviado.

a.stride [əˈstraid] adj escarranchado.

as.tro.log.ic [əˈstrɔlədʒik] adj astrológico, que diz respeito aos astros.

as.trol.o.gy [əˈstrɔlədʒi] s astrologia, arte que visa conhecer o futuro por intermédio dos astros.

as.tro.naut [ˈæstrənɔːt] s cosmonauta, astronauta.

as.tro.nau.tics [ˈæstrəˈnɔːtiks] s ASTRON ciência cósmica, astronáutica.

as.tron.o.mer [ˈæstrənəmə(r)] s ASTRON aquele que é versado em astronomia, astrônomo.

as.tron.o.my [əˈstrɔnəmi] s ASTRON astronomia.

as.tute [əˈstjuːt; EUA əˈstuːt] adj sagaz, astuto, ladino, perspicaz.

a.sun.der [əˈsʌndə(r)] adj separado, remoto, distante; • adv a distância, separadamente.

a.sy.lum [əˈsailəm] s albergue, asilo; manicômio.

at [ət; æt] prep perto de, em, no, na, nos, nas, junto a, até; ~ **best**: quando muito; ~ **first**: a princípio; ~ **home**: em casa; ~ **last**: por fim, enfim; ~ **least**: pelo menos, ao menos; ~ **most**: quando muito; ~ **once**: de repente, ao mesmo tempo, de uma vez, imediatamente.

ate [et; EUA eit] pt de **eat**.

a.the.ism [ˈeiθiizəm] s ateísmo, não crença em Deus.

a.the.ist [ˈeiθiist] s ateu, ateísta.

a.the.is.tic [ˈeiθiˈistik] adj ateu, ateísta, que não crê em Deus.

ath.lete [ˈæθliːt] s esportista, atleta.

a.thwart [əˈθwɔːt] adv e prep através, obliquamente, transversalmente.

a.tilt [əˈtilt] adj envergado, inclinado, aprumado; • adv inclinadamente.

at.las [ˈætləs] s atlas.

ATM (machine) [ei ˈtiː em] s caixa eletrônico; BRIT **cash dispenser**; **ATM card**: cartão magnético para movimentação bancária.

at.mos.phere [ˈætməsfiə(r)] s ar, atmosfera.

at.mos.pher.ic [ˈætməsˈferik] adj atmosférico.

at.oll [ˈætɔl] s recife, atol.

at.om [ˈætəm] s átomo, partícula indivisível da matéria.

a.tom.ic [əˈtɔmik] adj atômico.

at.om.i.za.tion [ətɔmiˈzeiʃn] s microdivisão, atomização, pulverização.

a.to.nal.i.ty [ˈeitəuˈnæləti] s atonalidade.

a.tone [əˈtəun] (for) v expiar, purgar, aplacar, reparar.

a.tone.ment [əˈtəunmənt] s reparação, expiação.

a.top [əˈtɔp] adv no topo, no cimo.

a.troc.i.ty [əˈtrɔsəti] s atrocidade.

a.troph.ic [ˈætrəfik] adj atrofiado.

at.ro.phy [ˈætrəfi] s atrofia, definhamento; • v atrofiar, definhar, debilitar.

at.tach [əˈtætʃ] (to) v ligar, prender, unir, ligar, anexar; INF anexar um arquivo de

attach / audit

texto, som, imagem, etc. a uma mensagem de correio eletrônico (*e-mail*); DIR embargar.

at.tach.ment [əˈtætʃmənt] *s* conexão, ligação, união, anexação; **write of ~:** COM ordem de penhor.

at.tack [əˈtæk] *s* ataque, agressão, investida; • *v* atacar, agredir, investir.

at.tain [əˈtein] *v* atingir, alcançar, obter, conseguir.

at.tain.a.ble [əˈteinəbl] *adj* realizável, obtenível.

at.tain.der [əˈteində(r)] *s* proscrição, extinção.

at.tain.ment [əˈteinmənt] *s* consecução, obtenção, aquisição.

at.tar [ˈætə(r)] *s* essência de rosas.

at.tempt [əˈtempt] *s* tentativa, esforço, ensaio, empreendimento; • *v* tentar, ensaiar, empreender, atentar.

at.tend [əˈtend] *v* atender, estar presente (encontro, festa); acudir, acompanhar, dar ouvidos a; MED tratar.

at.ten.dance [əˈtendəns] *s* assistência, presença; **in ~:** de serviço, de plantão.

at.ten.dant [əˈtendənt] *s* acompanhante; ajudante, contínuo, empregado; guarda; servidor; • *adj* que acompanha; concomitante.

at.ten.tion [əˈtenʃn] *s* atenção; cuidado; observação; obséquio; • *interj* MIL sentido!; **~s:** galanteio.

at.ten.tive [əˈtentiv] *adj* atento, obsequioso, cuidadoso, polido.

at.ten.u.ant [əˈteniuənt] *adj* atenuante, suavizante, amortizante.

at.ten.u.ate [əˈtenjueit] *v* atenuar, amenizar, suavizar, minorar, diminuir; • *adj* atenuado, amenizado, suavizado.

at.test [əˈtest] *v* atestar, declarar, afirmar, certificar.

at.tes.ta.tion [ətestˈteiʃn] *s* declaração, confirmação, atestação.

at.test.er [əˈtestə(r)] *s* atestante, declarante.

at.tes.tor [əˈtestə(r)] *veja* **attester**.

at.tic [ˈætik] *s* sótão.

at.tire [əˈtaiə(r)] *s* adorno, enfeite; • *v* adornar, vestir, ornar, ataviar.

at.ti.tude [ˈætitjuːd; EUA ˈætituːd] *s* atitude, postura, posição.

at.ti.tu.di.nize [ˈætiˈtjuːdinaiz; EUA ˈætiˈtuːdənaiz] *v* comportar-se, assumir uma atitude.

at.tor.ney [əˈtəːni] *s* procurador, EUA advogado, defensor; **~ general:** procurador-geral; **power of ~:** procuração.

at.tract [əˈtrækt] *v* atrair, cativar, seduzir; **to ~ attention:** chamar a atenção.

at.trac.tion [əˈtrækʃn] *s* atração, sedução, simpatia, encanto.

at.trac.tive [əˈtræktiv] *adj* atraente.

at.trib.ute [əˈtribjuːt] *v* atribuir, importar.

at.tri.bu.tion [əˈtribjuːʃn] *s* atribuição, atributo.

at.trib.u.tive [əˈtribjutiv] *adj* atributivo, predicativo.

at.tri.tion [əˈtriʃn] *s* atrito, contrição, desgaste, fricção.

at.tune [əˈtjuːn; EUA əˈtuːn] *v* afinar, harmonizar, sintonizar, concordar.

au.burn [ˈɔːbən] *adj* ruivo, avermelhado.

au.ber.gine [ˈəubəʒiːn] *s* berinjela; EUA **eggplant**.

auc.tion [ˈɔːkʃn] *s* leilão; • *v* leiloar.

auc.tion.eer [ˈɔːkʃəˈniə(r)] *s* leiloeiro.

au.da.cious [ɔːˈdeiʃəs] *adj* audacioso, destemido, ousado.

au.dac.i.ty [ɔːˈdæsəti] *s* audácia, ousadia, coragem.

au.di.bil.i.ty [ˈɔːdəˈbiləti] *s* audibilidade.

au.di.ble [ˈɔːdəbl] *adj* audível, perceptivo.

au.di.ence [ˈɔːdiəns] *s* plateia, auditório, espectadores, assistência; audiência.

audio [ˈɔːdiəu] *s* som; • *adj* e *prep* auditivo, áudio; **~ book:** audiolivro, mídia com gravação de livros, jornais e revistas, em geral de forma sucinta; **~ cassette/tape:** fita cassete; **~-typist:** transcritor de gravação; **~-visual/~-visual aids:** recursos audiovisuais.

au.dit [ˈɔːdit] *s* auditoria; • *v* CONT examinar, inspecionar, verificar, controlar contas.

au.di.tion [ɔ:'diʃn] *s* audição; teste, ensaio.
au.di.tive [ɔ:'ditiv] *adj* auditivo.
au.di.tor [ɔ:'ditə(r)] *s* auditor, perito, inspetor.
au.di.to.ri.um [ɔ:'di'tɔ:riəm] *s* auditório.
au.di.to.ry [ɔ:'ditri; EUA ɔ:'ditɔ:ri] *adj* auditivo.
au.ger [ɔ:'gə(r)] *s* pua, broca.
aught [ɔ:t] *adv* de qualquer modo, absolutamente; • *pron* algo, alguma coisa.
aug.ment [ɔ:g'ment] *v* aumentar, ampliar, acrescentar.
aug.ment.a.ble [ɔ:g'mentəbl] *adj* aumentável, ampliável.
aug.men.ta.tion [ɔ:gmen'teiʃn] *s* aumento, acréscimo, ampliação.
au.gur [ɔ:'gə(r)] *s* augúrio, presságio, adivinhação; • *v* augurar, pressagiar, adivinhar.
Au.gust [ɔ:'gəst] *s* agosto; *abrev* **Aug.** • *adj* augusto, imponente, grandioso, majestoso.
au.lic [ɔ:'lik] *adj* áulico, cortesão, palaciano.
aunt [a:nt; EUA ænt] *s* tia.
auntie, aunty [a:'nti; EUA 'ænti] *s* titia.
au.ra [ɔ:'rə] *s* ambiente, ar; MIST irradiação luminosa emanada dos corpos em geral, perceptível apenas por pessoas preparadas, formando uma projeção colorida ao derredor do corpo.
au.re.ate [ɔ:'riət] *adj* áureo, dourado, brilhante.
au.re.o.le [ɔ:'rioul] *s* auréola, aura.
au.ri.cle [ɔ:'rikl] *s* aurícula.
au.ric.u.lar [ɔ:'rikjulə(r)] *adj* auricular.
au.rif.er.ous [ɔ:'rifərəs] *adj* aurífero, que contém ouro.
au.ro.ra [ɔ:'rɔ:rə] *s* aurora; **~ borealis**: aurora boreal.
aus.cul.tate [ɔ:'skulteit] *v* auscultar, examinar.
aus.pice [ɔ:'spisi] *s* presságio; **~s**: auspícios; patrocínio.
aus.pi.cious [ɔ:'spiʃəs] *adj* auspicioso; próspero, feliz.
aus.tere [ɔ:'stiə(r)] *adj* austero, rigoroso, duro, severo.

aus.ter.i.ty [ɔ:'sterəti] *s* austeridade, severidade, rigorosidade.
Aus.tra.lian [ɔ:'streiliən] *s* e *adj* australiano; **~ Rules**: jogo australiano, similar ao rúgbi.
Aus.tri.an [ɔ:'striən] *s* e *adj* austríaco.
au.tar.chy [ɔ:'tərki] *s* autarquia.
au.then.tic [ɔ:'θentik] *adj* autêntico, verdadeiro, legítimo, lídimo.
au.then.ti.cate [ɔ:'θentikeit] *v* autenticar, legitimar.
au.thor [ɔ:'θə(r)] *s* autor, escritor, inventor.
au.thor.i.ta.tive [ɔ:'θəritətiv; EUA ɔ:'θəriteitiv] *adj* autoritário, ditatorial, dominante.
au.thor.i.ty [ɔ:'θəreti] *s* autoridade.
au.thor.ize [ɔ:'θəraiz] *v* autorizar, permitir.
au.thor.iz.a.ble [ɔ:'θəraizəbl] *adj* autorizável.
au.thor.i.za.tion [ɔ:'θərai'zeiʃn; EUA ɔ:'θəri'zeiʃn] *s* autorização.
au.thor.ship [ɔ:'θə(r)ʃip] *s* autoria, criação, paternidade.
au.tism [ɔ:'tizəm] *s* MED autismo, doença mental em que a imaginação é tão importante que bons relacionamentos não são necessários.
auto [ɔ:'təu] *pref* auto; • *abrev de* **auto**mobile (automóvel) ou **auto**matic (automático).
au.to.bi.og.ra.ph.er [ɔ:'təbaiə'græfər] *s* autobiógrafo.
au.to.bi.o.graph.ic, au.to.bi.o.graph.i.cal [ɔ:'təbaiə'græfik, ɔ:'təbaiə'græfikl] *adj* autobiográfico.
au.to.bi.og.ra.phy [ɔ:'təbaiˈɔgrəfi] *s* autobiografia.
au.toc.ra.cy [ɔ:'tɔkrəsi] *s* autocracia.
au.to.crat.ic [ɔ:'tə'krætik] *adj* autocrático.
au.to.graph [ɔ:'təgra:f; EUA ɔ:'təgræf] *s* autógrafo, assinatura, rubrica.
au.to.mat.ic [ɔ:'tə'mætik] *s* arma/pistola automática; • *adj* automático; involuntário; **~ teller (machine)**: caixa eletrônico; **~ transmission**: câmbio automático (carro); **~ pilot** ou **autopilot**: piloto automático.

au.to.ma.tion [ɔ:tə'meiʃn] *s* automatização.
au.tom.a.tism ['ɔ:təmɔtizm] *s* automatismo.
au.tom.a.ton [ɔ:'tɔmətən] *s* autômato, robô; *pl* **automatons** ou **automata**.
au.to.mo.bile ['ɔ:təməbi:l]; EUA ´ɔ:təmə'bi:l] *s* automóvel, carro, máquina.
au.ton.o.mous [ɔ:'tɔnəməs] *adj* autônomo, independente.
au.ton.o.my [ɔ:'tɔnəmi] *s* autonomia, independência, alcance.
au.top.sy ['ɔ:tɔpsi] *s* autópsia.
au.to-sug.ges.tion [ɔ:´təu sə'dʒestʃən] *s* autossugestão, autoconvencimento.
au.tumn ['ɔ:təm] *s* outono; EUA **fall**.
au.tum.nal [ɔ:'tΛmnəl] *adj* outonal.
aux.il.ia.ry [ɔ:g'ziliəri] *s* e *adj* auxiliar, ajudante, assistente.
a.vail [ə'veil] *s* proveito; • *v* aproveitar-se, valer-se, servir-se; **~ of**: prevalecer-se de.
a.vail.a.bil.i.ty [ə'veilə'biləti] *s* utilidade, eficiência, eficácia.
a.vail.a.ble [ə'veiləbl] *adj* útil, utilizável, vantajoso.
av.a.lanche ['ævəla:nʃ; EUA ´ævəlæntʃ] *s* avalanche, queda abrupta de neve.
av.a.rice ['ævəris] *s* avareza, cobiça.
av.a.ri.cious ['ævə'riʃəs] *adj* avaro, avarento.
a.venge [ə'vendʒ] *v* vingar, castigar, punir.
a.veng.er [ə'vendʒvə:(r)] *s* vingador.
a.veng.ing [ə'vendʒŋin] *adj* vingador.
av.e.nue ['ævənju:; EUA ´ævənu:] *s* avenida (ABREV **Ave**), alameda.
a.ver [ə'və:(r)] *v* asseverar, assegurar, afirmar.
a.ver.age ['ævəridʒ] *s* média, rateio; • *v* calcular, tomar a média; • *adj* médio, mediano.
a.verse [ə'və:s] *adj* adverso a, contrário, avesso, oposto.
a.ver.sion [ə'və:ʃn; EUA ə'və:ʒn] *s* aversão, rejeição, repulsa.
a.vert [ə'və:t] *v* afastar, desviar, separar, impedir.
a.vi.a.ry ['eiviəri; EUA ´eivieri] *s* aviário.
a.vi.a.tion ['eivi'eiʃn] *s* aviação.
a.vi.cul.ture [eivi'kΛltʃə(r)] *s* avicultura.

av.id ['ævid] *adj* ávido, ansioso, aflito.
a.vid.i.ty [ə'vidəti] *s* avidez, cobiça, ansiedade.
av.o.ca.do [ævə'ka:dəu] *s* abacate.
avo.ca.tion [ævə'ka:ʃn] *s* distração, passatempo, ocupação.
a.void [ə'vɔid] *v* evitar, impedir, esquivar, fugir.
a.void.a.ble [ə'vɔidəbl] *adj* evitável, anulável, revogável.
a.void.ance [ə'vɔidəns] *s* revogação, anulação.
a.vow [ə'vau] *v* declarar, afirmar, confessar.
a.vow.al [ə'vauəl] *s* declaração, confissão.
a.wait [ə'weit] *v* esperar, aguardar.
a.wake [ə'weik] *v* (*pt* **awoke**; *pp* **awaked** e **awoken**) acordar, despertar; **to be ~ to**: ter plena consciência de.
a.wak.en [ə'weikən] *v* acordar, despertar.
a.ward [ə'wɔ:d] *s* prêmio; decisão; resposta, julgamento, adjudicação; • *v* premiar; decidir, julgar, conferir, conceder; adjudicar.
a.ware [ə'weə(r)] *adj* ciente, prevenido, inteirado.
a.ware.ness [ə'weə(r)nis] *s* conhecimento, ciência, consciência, percepção.
a.wash [ə'wɔʃ] *adj* inundado.
a.way [ə'wei] *adj* distante, longe; • *adv* a distância, continuamente, sem parar; **right/ straight ~**: imediatamente, agora mesmo, neste instante; **to give ~**: presentear; **to go ~**: ir-se embora; **to run ~**: fugir.
awe [ɔ:] *s* medo, pavor, temor; • *v* aterrar; inspirar respeito; **to stand in ~**: ficar pasmado.
awe.less [ɔ:ləs] *adj* irreverente, sem medo, destemido.
a.weigh [ə'wei] *adj* suspenso, içado, levantado.
awe.some ['ɔ:səm] *adj* horroroso, temível, pavoroso; GÍR magnífico, maravilhoso.
awe.struck ['ɔ:strΛk] *adj* aterrado, apavorado, atemorizado.
aw.ful ['ɔ:fl] *adj* terrível, tremendo, medonho.

a.while [ə'wail; EUA ə'hwail] *adv* momentaneamente, por um instante, um pouco; **wait ~**: aguarde um momento.

awk.ward ['ɔ:kwəd] *adj* desajeitado, sem jeito, desastrado.

awk.ward.ly ['ɔ:kwədli] *adv* desajeitadamente, desastradamente.

awk.ward.ness ['ɔ:kwədnis] *s* inabilidade, inépcia, grosseria.

awl [ɔ:l] *s* agulha.

awn.ing ['ɔ:niŋ] *s* toldo, tenda, cobertura de pano, lona.

a.woke [ə'wəuk] *pt* de **awake**.

a.woken [ə'wəukən] *pp* de **awake**.

a.wry [ə'rai] *adj* torcido, torto, oblíquo.

axe, ax [æks] *s* machado, machadinha.

ax.i.al ['æksiəl] *adj* axial, relativo a eixo.

ax.i.om ['æksiəm] *s* axioma, adágio, teorema, proposição.

ax.is ['æksis] *s* eixo.

ax.le ['æksl] *s* eixo de roda.

aye, ay [ai] *adv* sempre; • *interj* expressão de surpresa; sim!

az.i.muth ['æziməθ] *s* azimute, ângulo.

az.ure ['æʒə(r)] *adj* azulado.

B

b [bi] *s* segunda letra do alfabeto; QUÍM (com maiúsc.) símbolo do boro.

bab.ble [′bæbl] *s* murmúrio, tagarelice, falatório, sussurro (das águas); • *v* balbuciar, tagarelar, murmurar.

bab.bler [′bæblə(r)] *s* falador, falaz, tagarela, que fala muito, palrador.

babe [beib] *s* bebê, nenê; GÍR belezinha, garotinha (em alguns casos empregado de modo ofensivo).

ba.bel [′beibl] *s* confusão, caos, desordem, algazarra; BÍBL torre onde se originaram, segundo a lenda e em razão da falta de entendimento entre os homens, as diversas línguas.

ba.boon [b′əbu:n; EUA bæbu:n] *s* babuíno.

ba.by [′beibi] *s* criancinha, criança de peito; animal recém-nascido; FIG adulto com proceder infantil; • *v* tratar como criança; **~ alarm**: babá eletrônica; **~ bottle**: mamadeira, garrafa de vidro própria para dar leite ou outros líquidos a uma criança; **~ doll**: pijama, roupa feminina de dormir; brinquedo representando um bebê, uma criança; **~ food**: papinha de nenê; **~ sitter**: babá, ama, pessoa que toma conta de criança.

ba.by.hood [′beibihud] *s* primeiro período infantil, primeira infância.

ba.by.ish [′beibi:ʃ] *s* pueril, infantil, ingênuo, fútil.

ba.by.like [beibi′laik] *adj* pueril, ingênuo.

Bab.y.lo.ni.an [babə′lonean] *s* e *adj* babilônico.

bac.ca.lau.re.ate [bækə′lɔ:riət] *s* bacharelado.

bac.cha.nal [′bækənl] *s* bacanal, orgia, depravação; MIT festa em honra ao deus Baco.

bach.e.lor [′bætʃələ(r)] *s* bacharel; celibatário, solteiro.

bac.il.la.ry [bə′siləri] *adj* BIO bacilar, concernente a bacilos.

ba.cil.lus [bə′siləs] *s pl* bacilo.

back [bæk] *s* costas, dorso, espinha dorsal; FUT jogador de defesa, zagueiro; • *v* arremessar para trás, recuar, endossar, apoiar, secundar, montar; • *adj* de trás, traseiro; • *adv* para trás, trás; **~ lot**: bloco de trás; **~ number**: periódico atrasado, número atrasado; POP algo fora de moda; **~ to school**: de volta às aulas; **~ up**: INF refere-se a uma cópia de segurança, feita logo após o término de algum trabalho no computador, possibilitando a reposição de diretórios, arquivos, programas, etc.; **play~**: TV e RÁDIO diz-se do acompanhamento musical, gravado com antecedência, que possibilita a um artista qualquer cantar ao vivo sem a presença de uma orquestra ou conjunto.

back.ache [′bækeik] *s* dor nas costas.

back.bite [′bækbait] *v* (*pt* **backbit**; *pp* **backbitten**) caluniar, falar mal de alguém pelas costas, detrair, depreciar.

back.bit.er [bæk'bitə(r)] *s* caluniador, maledicente, detrator, difamador.

back.bit.ing ['bækbaitiŋ] *s* calúnia, detração, maledicência.

back.bone ['bækbəun] *s* espinha dorsal, coluna vertebral; têmpera, firmeza, força de caráter.

back.door ['bækdɔ:(r)] *s* porta traseira, porta secreta, porta falsa; • *adj* secreto, encoberto, oculto.

back.er ['bækə(r)] *s* patrocinador, apoio, arrimo.

back.field [bæk'fi:ld] *s* ESP EUA jogador da defesa no futebol.

back.ground ['bækgraund] *s* formação intelectual; último plano; experiência, vivência; RÁDIO cortina, fundo musical, música de fundo; *ant* **foreground**.

back.hand ['bækhænd] *s* dorso da mão; revés; escrita contrária, da direita para a esquerda; tapa.

back.hand.ed ['bækhændid] *adj* dado com as costas da mão; duplo, ambíguo; feito ao contrário, da direita para a esquerda, inclinado à esquerda (escrita).

back.hand.er ['bækhændə(r)] *s* ajudante de ferreiro; tapa com as costas da mão.

back.ing ['bækiŋ] *s* proteção, reforço, apoio, respaldo; MÚS fundo musical.

back.light ['bæklait] AUT lanterna colocada na parte traseira do veículo.

back.list ['bæklist] *s* livros fora de catálogo.

back.pack ['bækpæk] *s* mochila; • *v* caminhar ou viajar carregando uma mochila.

back.packer ['bækpækə(r)] *s* excursionista com mochila.

back.room ['bækru:m] *s* quarto afastado, dos fundos.

back.seat [bæk'si:t] *s* banco de trás; posição subalterna.

back.side [bæk'said] *s* parte traseira; bunda, nádegas; assento de trás, traseiro.

back.slash ['bækslæʃ] *s* barra invertida (\).

back.slide ['bækslaid] *v* (*pt* **backslid**; *pp* **backslid** e **backslidden**) desertar; desviar-se; reincidir; ter uma recaída.

back.space ['bækspeis] *v* retroceder (na digitação).

back.stage [bæk'steidʒ] *adv* no fundo do palco, nos bastidores do palco.

back.stairs ['bæksteə(r)] *adj* secreto, clandestino.

back.ward, back.wards ['bækwɔ:d(z)] *adj* atrasado, tardio, negligente; • *adv* de costas, para trás, às avessas; **~s and forwards**: de um lado para o outro; **to know something ~s**: saber algo de cor e salteado.

back.wa.ter [bæk'wɔ:tə(r)] *s* água parada, represada, remanso.

back.woods ['bækwudz] *s pl* região afastada dos centros urbanos.

back.yard [bæk'ja:d] *s* pátio, quintal.

ba.con ['beikən] *s* toucinho, *bacon*; FAM prêmio; **to bring home the ~**: ser bem-sucedido; sustentar a família; **to save one's ~**: POP BRIT salvar a própria pele.

bac.te.ri.a [bæk'tiəriə] *s pl* bactérias; *sing* **bacterium**.

bad [bæd] *adj* mau, nocivo, ruim; **~ luck**: má sorte; **from ~ to worse**: de mal a pior; *ant* **good**.

bade [bæd] *pt* de **bid**.

badge [bædʒ] *s* insígnia, emblema; broche; crachá.

badg.er ['bædʒə(r)] *s* texugo, animal mamífero carnívoro; • *v* fatigar, cansar.

bad.i.nage ['bædina:ʒ; EUA 'bædən'a:ʒ] *s* ato ou dito espirituoso, graça, gracejo, chacota.

bad.ly ['bædli] *adv* mal, péssimo; gravemente, maldosamente; **to be ~ off**: estar mal de vida, ser pobre, estar pobre.

bad.minton ['bædmintən] *s* ESP espécie de tênis para dois ou quatro participantes jogado com raquete e peteca numa quadra com uma rede.

bad.ness ['bædnis] *s* maldade, ruindade; mau estado.

baf.fle ['bæfl] *v* frustrar, enganar, confundir, burlar; derrotar.

bag [bæg] *s* mala, maleta, saco, sacola, bolsa; • *v* ensacar, embolsar, pôr na bolsa; GÍR

bag / banana

roubar, subtrair, assaltar, furtar; **to be in the ~**: estar no papo; **to let the cat out of the ~**: deixar escapar um segredo; **to pack one's ~s**: fazer as malas.

bag.a.telle [bægə'tel] *s* bagatela, insignificância, ninharia.

bag.gage ['bægidʒ] *s* EUA bagagem; BRIT **luggage**.

bag.gy ['bægi] *adj* largo, folgado (roupa).

bag.pipes ['bægpaips] *s pl* gaita de fole.

bail [beil] *s* caução, fiança, garantia; • *v* afiançar, caucionar, libertar sob fiança; **to go ~ for**: FIN dar fiança para; **to release on ~**: DIR libertar sob fiança.

bail.iff ['beilif] *s* oficial de justiça.

bait [beit] *s* isca, engodo, chamariz; • (*with*) *v* iscar, engodar, seduzir, cevar; perseguir, molestar, arreliar, irritar, atrair com isca; **to take the ~**: cair no anzol, engolir a isca.

baize [beiz] *s* baeta, tecido de lã.

bake [beik] *s* cozimento; cozedura; • *v* assar, cozinhar, cozer ao forno; fazer um calor terrível.

bake beans [beik 'bi:ns] *s pl* feijão cozido com molho de tomate; EUA também **Boston baked beans**.

bak.er ['beikə(r)] *s* padeiro; confeiteiro.

bak.er.y ['beikəri] *s* padaria; confeitaria.

bal.ance ['bæləns] *s* balança, equilíbrio; CONT balanço, saldo; • *v* pesar, contrabalançar, equilibrar, saldar; ajustar contas; **~ of payments**: COM balanço de pagamentos; **~ sheet**: CONT balancete, balanço; **~ of trade**: COM balança comercial.

bal.co.ny ['bælkəni] *s* balcão, sacada, varanda; EUA balcão de teatro.

bald [bɔ:ld] *adj* careca, calvo.

bal.der.dash ['bɔ:ldədæʃ] *s* disparate, palavrório, falatório.

bale [beil] *s* carga, fardo; • *v* embalar, empacotar, enfardar; **~ out**: pular de paraquedas.

bale.ful ['beilful] *adj* maligno, nocivo, pernicioso; sinistro.

balk [bɔ:k] *s* obstáculo, barreira, embargo; • *v* impedir, frustrar, empacar.

ball [bɔ:l] *s* bola, esfera; • *v* enovelar, fazer bolas; **~-point (pen)**: caneta esferográfica; **be behind the eight-~**: POP estar numa enrascada, estar em palpos de aranha; **~s**: testículos.

bal.lad ['bæləd] *s* balada, canção.

bal.last ['bæləst] *s* NÁUT lastro, peso, esteio; • *v* carregar um navio com lastro.

bal.ler.ina [bælə'ri:nə] *s* bailarina.

bal.let ['bælei] *s* balé; **~ dancer**: bailarino.

bal.lis.tics [bə'listiks] *s* balística.

bal.loon [bə'lu:n] *s* balão, aeróstato; • *v* inflar(-se); disparar (preços).

bal.loon.ist [bə'lu:nist] *s* balonista, aerostata.

bal.lot ['bælət] *s* votação; • (*for*) *v* votar; **~ box**: urna; **~ paper**: cédula eleitoral.

ball.park ['bɔ:lpa:k] *s* EUA estádio de beisebol.

ball.room ['bɔ:lru:m] *s* salão de baile.

balls ['bɔ:lz] *s* disparate, besteira; coragem; **~-up**: bagunça; dificuldade.

bal.ly.hoo ['bæli'hu; EUA 'bælihu:] *s* EUA alarde, barulho; agitação e gritaria no pregão da Bolsa de Valores.

balm [ba:m] *s* bálsamo.

balm.y ['ba:mi] *adj* suave, balsâmico, calmante.

ba.lo.ney [bə'ləuni] *veja* **boloney**.

bal.sam ['bɔ:lsəm] *s* bálsamo.

bal.us.ter ['bæləstə(r)] *s* balaústre, coluneta.

bam.boo [bæm'bu:] *s* bambu, planta gramínea.

bam.boo.zle [bæm'bu:zl] (*into*, *out of*) *v* enganar, iludir, lograr.

ban [bæn] *s* pregão, édito; excomunhão; • (*from*) *v* excomungar, banir, proibir.

ba.nal [bə'na:l] *adj* trivial, banal, vulgar, comum, fútil.

ba.nal.i.ty [bə'næləti] *s* banalidade, trivialidade.

ba.nan.a [bə'na:nə; EUA bə'nænə] *s* banana; **~ split**: sobremesa composta de banana, sorvete e outros ingredientes; **to be/go ~**: GÍR estar ou ficar maluco/doido.

band [bænd] *s* venda, tira, faixa, atadura; RÁDIO (*tb* **waveband**) faixa de frequência sonora; faixa de preços, salários, etc.; • *v* enfaixar; **to ~ together**: associar-se, unir(-se).

band.age ['bændidʒ] *s* atadura, faixa, tira; • *v* enfaixar, atar.

B and B [bi: ən 'bi:] *abrev de* **b**ed **and b**reakfast, cama e café da manhã.

ban.dit ['bændit] *s* bandido, marginal.

band.mas.ter ['bændmɑ:stə(r); EUA 'bændmæstə(r)] *s* MÚS mestre de banda, maestro.

ban.do.lier, ban.do.leer [bændə'liə(r)] *s* bandoleira.

band.stand ['bændstænd] *s* coreto.

bane [bein] *s* **the ~ of somebody/something**: a causa de aborrecimentos, dificuldades; **is the ~ of my life**: é a maldição da minha vida.

bang [bæŋ] *s* soco, pancada, murro; ruído de um soco; • *v* golpear, bater; fechar com estrondo; espancar; • *adv* ruidosamente; diretamente, exatamente.

ban.gle ['bæŋgl] *s* pulseira, bracelete.

bangs [bæŋz] *s pl* EUA franja; BRIT **fringe**.

ban.ish ['bæniʃ] (*from*) *v* banir, expulsar, deportar.

ban.ish.ment ['bæniʃmənt] *s* banimento, desterro, exílio.

ban.is.ter ['bænistə(r)] *s* balaustrada, corrimão.

ban.jo ['bændʒəu] *s* MÚS banjo, instrumento musical de cordas.

bank [bæŋk] *s* casa bancária, banco; • *v* depositar dinheiro num banco; formar banco de areia; aterrar; **to burst the ~**: quebrar a banca; **~ account**: conta bancária; **~ crash**: falência bancária; **~ manager**: gerente de banco; **~ paper**: papel-moeda; **~ statement**: extrato bancário.

bank.er ['bæŋkər] *s* banqueiro.

bank note ['bæŋknəut] *s* nota, papel-moeda.

bank.rupt ['bæŋkrʌpt] *s* falido; • *v* falir; **~'s certificate**: DIR concordata; **~'s estate**: massa falida.

bank.rupt.cy ['bæŋkrʌpsi] *s* bancarrota, falência; **to file a petition in ~**: dar-se por falido.

ban.ner ['bænə(r)] *s* bandeira, pendão, estandarte; INF Internet, é uma imagem gráfica que anuncia um produto ou uma empresa, com um link que remete o usuário para a página principal do site do anunciante.

banns [bænz] *s pl* proclamas.

ban.quet ['bæŋkwit] *s* festim, banquete; • *v* banquetear, festejar.

ban.ter ['bæntə(r)] *s* chacota, gracejo, escárnio; • *v* zombar de, gracejar, escarnecer, chacotear.

bap.tism ['bæptizəm] *s* batismo, iniciação religiosa considerada como um sacramento pela Igreja Católica.

bap.tis.ter.y ['bæptistəri] *s* batistério, local onde se encontra a pia batismal.

bap.tize [bæp'taiz] *v* batizar.

bar [bɑ:(r)] *s* barra, tranca; barreira; DIR foro, tribunal; bar, boteco; • *v* trancar, impedir, obstruir, fechar, travar; excetuar; **~ chart**: gráfico de barras; **~ code**: código de barras.

barb [bɑ:b] *s* ponta da seta, extremidade do anzol; • *v* munir de setas.

bar.bar.i.an [bɑ:'beəriən] *s e adj* bárbaro, selvagem, rude.

bar.bar.ic [bɑ:'bærik] *adj* bárbaro.

bar.ba.rism ['bɑ:bərizəm] *s* estado de bárbaro, barbarismo; GRAM estrangeirismo.

bar.be.cue ['bɑ:bikju:] *s* churrasco.

barbed ['bɑrbd] *adj* farpado; **~ wire**: arame farpado.

bar.ber ['bɑ:bə(r)] *s* barbeiro; • *v* barbear.

bar.ber-shop, bar.bershop ['bɑ:bə(r)ʃɒp] *s* barbearia; • *adj* MÚS tipo de música para quatro vozes sem o acompanhamento de instrumentos.

bare [beə(r)] *adj* nu, em pelo, descoberto, pelado; só, indigente, desarmado; • *v* descobrir, desnudar; revelar; **the ~ bones**: o principal (fato); **to ~ one's teeth**: mostrar os dentes.

bare.back [′beə(r)bæk] *adj* e *adv* em pelo.
bare.faced [′beəfeist] *s* e *adj* descarado.
bare.foot, bare.foot.ed [′beəfut, ′beəfutid] *adj* descalço.
bare.ly [′beəli] *adv* pouco, dificilmente, raramente, apenas.
bar.gain [′ba:gin] *s* barganha, troca, permuta, negócio; • (*with*, *about*) *v* ajustar, contratar, tratar; negociar; pechinchar; **into the ~,** EUA **in the ~:** além disso, ainda por cima.
barge [ba:dʒ] *s* barca, lancha.
bar.i.tone [′bærɪtəun] *s* barítono, tonalidade vocal intermediária do grave ao agudo.
bar.i.um [′beəriəm] *s* QUÍM bário.
bark [ba:k] *s* latido; casca de árvore, cortiça; • (*at*) *v* ladrar, latir; descascar.
bar.ley [′ba:li] *s* cevada.
bar.maid [′ba:meid] *s* garçonete.
bar.man [′ba:mən] *s* serviçal de bares; EUA *tb* **bartender**.
barm.y [′ba:mi] *adj* POP maluco.
barn [ba:n] *s* celeiro; estábulo; EUA prédio onde são guardados ônibus e peruas que não estão sendo usados.
barn.storm [′ba:nstɔ:m] *v* EUA excursionar; discursar em campanha eleitoral.
ba.rom.e.ter [bə′rɔmitə(r)] *s* barômetro.
bar.on [′bærən] *s* barão; EUA magnata.
bar.on.ess [′bærənis] *s* baronesa.
ba.roque [bə′rɔk; EUA bə′rəuk] *adj* LIT e ARQ barroco; • *s* barroco, estilo próprio do último período do Renascimento.
barque [ba:k] *s* barca.
bar.racks [′bærəks] *s pl* caserna, quartel.
bar.rage [′bæra:ʒ; EUA bə′ra:ʒ] *s* barragem, represa.
bar.rel [′bærəl] *s* barril; cano de arma de fogo.
bar.rel-or.gan [bærəl′ɔ:gən] *s* órgão portátil, realejo.
bar.ren [′bærən] *adj* estéril, infecundo; árido, seco.
bar.ren.ness [′bærənnis] *s* aridez; infecundidade, esterilidade.
bar.ri.cade [bæri′keid] *s* barricada, trincheira que se improvisa com barricas; • *v* entrincheirar-se.
bar.ri.er [′bæriə(r)] *s* barreira, vala, barragem.
bar.ris.ter [′bæristə(r)] *s* advogado; EUA **attorney.**
bar.row [′bærəu] *s* carrinho de empurrar, carrinho de mão, maca; túmulo; **~ boy**: vendedor ambulante de frutas, legumes, etc.
bar.ten.der [ba:tendə(r)] *s* EUA garçom; BRIT **barman.**
bar.ter [′ba:tə(r)] *s* escambo, troca de mercadoria, permuta; • (*for*, *with*) *v* trocar, permutar.
base [beis] *s* apoio, base, alicerce; • *v* apoiar, embasar, assentar, basear; • *adj* vil, desprezível; **off ~:** EUA POP errado, equivocado.
base.ball [′beisbɔ:l] *s* beisebol.
base.board [′beisbɔ:d] *s* EUA rodapé.
base.less [′beisles] *adj* infundado, sem base, sem fundamento.
base.ment [′beismənt] *s* caverna, porão, subsolo.
bash.ful [′bæʃful] *adj* envergonhado, tímido, modesto, recolhido.
bash.ful.ness [′bæʃfulnis] *s* acanhamento, modéstia exagerada, timidez, sentimento de inferioridade.
ba.sic [′beisik] *adj* fundamental, básico, que serve de base.
BASIC [′beisik] INF *abrev de* **B**eginners **A**ll-purpose **S**ymbolic **I**nstruction **C**ode, linguagem de programação simples que emprega palavras usuais da língua inglesa (muito comum nos PCs).
ba.sin [′beisn] *s* bacia, vaso, recipiente; pélvis; GEOG conjunto de terras banhadas por rios, afluentes, etc.
bask [ba:sk; EUA bæsk] *v* aquecer-se ao sol.
bas.ket [′ba:skit; EUA ′bæskit] *s* cesto, cesta grande.
bas.ket.ball [′ba:skitbɔ:l; EUA ′bæskitbɔ:l] *s* ESP basquete, jogo de bola ao cesto.
Basque [bæsk] *s* pessoa nascida no País Basco; • *adj* basco, de ou relativo ao País Basco, denominação que inclui as duas vertentes dos Pirineus Ocidentais, do lado da França e da Espanha, e Navarra; o idioma dos bascos; **the ~ (country):** o País Basco.

bas‑re.lief [bæs ri'li:f] *s* baixo-relevo.

bass [beis; bæs] *s* MÚS baixo; perca (peixe).

bas.soon [bə'su:n] *s* fagote, clarineta de som grave.

bas.tard ['ba:stəd; EUA 'bæstəd] *s* bastardo; filho ilegítimo.

baste [beist] *v* alinhavar, costura temporária; CULIN envolver um assado com molho, condimento ou gordura; untar.

bat [bæt] *s* taco de beisebol, críquete, etc.; ZOO morcego; • *v* bater, surrar, golpear com um taco, bastão; **right off the ~**: imediatamente; **he's ~s**: GÍR é maluco; **not ~ an eyelid**, EUA **not ~ an eye**: sem pestanejar.

batch [bætʃ] *s* fornada, cozedura; grupo; • **~ file**: INF arquivo de lote especial contendo comandos do sistema operacional; **~ processing**: o sistema de processar um grupo de tarefas em conjunto.

bate [beit] *v* diminuir, reduzir, abater.

bath [ba:ø; EUA bæø] *s* banho; banheira; **~ chair**: cadeira de rodas; **~-tub**: banheira; • *v* banhar, banhar-se.

bathe [beið] *s* BRIT banho (no mar, rio, etc.); • *v* tomar banho, lavar-se; EUA dar banho em alguém; BRIT ir nadar no mar, num rio, num lago, etc.

bath.er ['beiðə(r)] *s* banhista.

bath.ing ['beiðiŋ] *s* banho (no mar, no rio, etc.); **~ cap**: touca de banho; **~ costume** ou EUA **~ suit**: maiô; *tb* **swimming-costume**.

bath.robe ['ba:ərəub; EUA 'bæørəub] *s* roupão.

bath.room ['ba:ərum] *s* banheiro.

bath.tub ['ba:ətʌb] *s* banheira.

ba.ton ['bætən; EUA bə'tɒn] *s* cassetete, bastão; MÚS batuta.

bats.man ['bætsmən] *s* ESP no beisebol ou críquete é o jogador que empunha o bastão.

bat.tal.ion [bə'tæliən] *s* batalhão.

bat.ten ['bætn] *s* tábua, sarrafo, ripa; • *v* construir com tábuas, sarrafos.

bat.ter ['bætə(r)] *s* CUL massa; • *v* bater, socar, dilapidar, espancar, destruir.

bat.ter.y ['bætəri] *s* bateria; grupo, conjunto; jogo de peças similares.

bat.tle ['bætl] *s* batalha, luta, combate; • *v* batalhar, combater; **it's half the ~**: é uma grande ajuda.

bat.tle.field, bat.tle.ground ['bætlfi:ld, 'bætlgraund] *s* campo de luta, campo de batalha.

bat.tle.ments ['bætlmənts] *s pl* ameias de uma muralha de castelo.

bat.tle.ship ['bætlʃip] *s* couraçado (navio).

bat.ty ['bæti] *adj* GÍR maluco, louco.

bau.ble ['bɔ:bl] *s* bagatela, ninharia.

bawd.y ['bɔ:di] *adj* imoral, obsceno.

bawl [bɔ:l] *v* berrar, gritar.

bay [bei] *s* baía, braço de mar; • *v* ladrar, latir; **to keep at ~**: manter distância, manter-se afastado.

bay.o.net ['beiənit] *s* baioneta; • *v* ferir com baioneta; **to fix ~s**: armar baionetas.

ba.zaar [bə'za:(r)] *s* bazar.

ba.zoo.ka [bə'zu:kə] *s* bazuca.

BBC [bi: bi: 'si:] *abrev de* **B**ritish **B**roadcasting **C**orporation, rede de televisão e rádio britânica conhecida em todo o mundo pela qualidade de sua programação e produção.

BBS [bi: bi: 'es:] INF *abrev de* **B**ulletin **B**oard **S**ystem, base de dados de informações.

BC [bi: 'si:] *abrev de* **B**efore **C**hrist, antes de Cristo.

BCG [bi: si: 'dʒi:] *abrev de* **B**acillus **C**almette-**G**uérin, vacina contra a tuberculose e a lepra.

be [bi:] *v* (*pt* **was, were**; *pp* **been**) ser, estar, permanecer, ficar, existir; **~ careful!**: tenha cuidado!; **~ quiet**: fique quieto; **to ~ able**: ser capaz, poder; **to ~ hungry**: estar faminto; **to ~ taken in**: ser enganado; **to ~ or not to ~**: ser ou não ser, célebre expressão shakespeariana; **to ~ up someone**: depender de alguém; **to ~ up to**: estar à altura de.

beach [bi:tʃ] *s* praia; • *v* desembarcar na praia; **~ volleyball**: vôlei de praia.

beach.comb.er ['bi:tʃkəumə(r)] *s* vadio de praia.

beacon / bed and breakfast

bea.con ['bi:kən] *s* farol; baliza; fogueira; • *v* guiar por intermédio de luz; demarcar.

bead [bi:d] *s* conta de rosário, miçanga; • *v* adornar com bolinhas, com contas; **string of ~s**: colar; **to tell one's ~s**: rezar com o rosário.

bea.gle ['bi:gl] *s* bigle, pequeno galgo (cão).

beak [bi:k] *s* bico.

beak.er ['bi:kə(r)] *s* copo de boca larga, caneca.

beam [bi:m] *s* viga; raio; • *v* emitir raios, brilhar, raiar; transmitir; mostrar-se alegre, contente, radiante.

beam.ing ['bi:miŋ] *adj* brilhante, luminoso, alegre.

bean [bi:n] *s* fava, feijão, vagem; **full of ~s**: cheio de energia; **~s**: GÍR EUA dinheiro, grana.

bear [beə(r)] *s* urso; • *v* (*pt* **bore**; *pp* **born** [produzido] ou **borne** [suportado]) suportar, suster, gerar, sustentar, tolerar, aguentar, usar, apresentar; produzir; **~ in mind**: lembrar-se; **to bring something to ~**: persuadir, forçar.

bear.a.ble ['beərəbl] *adj* tolerável, que se pode suportar.

beard [biəd] *s* barba; cavanhaque; • *v* criar barba; desafiar.

beard.ed ['biədid] *adj* barbado, barbudo.

bear.er ['beərə(r)] *s* portador (de uma letra, de uma carta).

bear.ing ['beəriŋ] *s* porte, procedimento, atitude; NÁUT orientação; **to lose one's ~s**: desorientar-se.

beast [bi:st] *s* besta, animal de carga; pessoa irascível.

beast.ly ['bi:stli] *adj* bestial, brutal.

beat [bi:t] *v* (*pt* **beat**; *pp* **beaten**) bater, espancar, derrotar, surrar; • *adj* pertencente ou com características dos integrantes da geração Beat ou Beatniks; cansado, fatigado; **can you ~ it!**: será possível!; **it ~s me**: isso escapa ao meu entendimento; **~ it**: GÍR fora, caia fora; **~-up**: EUA POP caindo aos pedaços (carro).

beat.er ['bi:tə(r)] *s* agitador, batedor, misturador; batedeira (para ovos, etc.).

be.at.i.fi.ca.tion [biætifi'keiʃn] *s* beatificação.

be.at.i.fy [bi'ætifai] *v* embelezar; beatificar; bem-aventurar.

beat.ing ['bi:tiŋ] *s* batimento, pulsação; surra; **to take a ~**: levar uma sova.

beau [bou] *s* galã; EUA namorado.

beau.ti.ful ['bju:tifl] *adj* belo, formoso, bonito.

beau.ti.fy ['bju:tifai] *v* embelezar.

beau.ty ['bju:ti] *s* beleza, formosura; **~ queen**: rainha da beleza; **~ salon** ou **~ parlour**: salão de beleza; **~ sleep**: sono da beleza.

bea.ver ['bi:və(r)] *s* castor.

be.bop ['bi:bɔp] *s* MÚS um tipo de jazz.

be.calm.ed [bi'ka:md] *adj* calmaria, acalmado.

be.came [bi'keim] *pt* de **become**.

be.cause [bi'kɔz] *conj* porque; **~ of**: por causa de, devido a.

beck [bek] *s* aceno, sinal; **to be at someone's ~ and call**: estar às ordens de alguém.

beck.on ['bekən] *v* acenar, chamar, fazer sinal a.

be.come [bi'kʌm] *v* (*pt* **became**; *pp* **become**) tornar-se, transformar-se, vir a ser; ficar bem; tornar, assentar; **what has ~ of him?**: o que é feito dele?

be.com.ing [bi'kʌmiŋ] *adj* conveniente, decente, próprio; **to be ~**: cair bem.

B Ed [bi: 'ed] *abrev* de **B**achelor of **Ed**ucation, habilitação do magistério que equivale à habilitação dada aos professores do ensino fundamental dos primeiros cinco anos.

bed [bed] *s* cama; leito (rio); canteiro (flores); • *v* assentar, plantar, apoiar; **double ~**: cama de casal; **at the ~ side of**: à cabeceira de; **to get out of ~ on the wrong side**: acordar de mau humor.

bed and break.fast ['bed ənd 'brekfəst] *s* (*abrev* **b and b**) cama e café da manhã; pensão.

bed.bug ['bedbʌg] *s* percevejo; INF programa, geralmente chamado de vírus, que causa problemas noutros programas.

bed.cham.ber ['bedtʃeimbər] *s* quarto de dormir.

be.deck [bi'dek] (*in*, *with*) *v* adornar, enfeitar, ataviar.

be.dev.il [bi'devl] *v* estorvar, estragar, frustrar, atormentar.

bed.lam ['bedləm] *s* confusão.

bed.pan ['bedpæn] *s* comadre (para a mulher) e papagaio (para o homem), recipiente achatado de metal ou louça que substitui o urinol, para comodidade do doente.

be.drag.gled [bi'drægld] *adj* enlameado, molhado.

bed.rid.den ['bedridn] *adj* acamado.

bed.room ['bedrum] *s* quarto de dormir, dormitório.

bed.side ['bedsaid] *s* lado da cama, cabeceira.

bed.spread ['bedspred] *s* colcha, coberta ornamental.

bed.time ['bedtaim] *s* hora de dormir.

bee [bi:] *s* abelha; **~ in one's bonnet** ou **a person with a ~ in his bonnet**: pessoa com ideia fixa, obstinada, maníaca; **to be as busy as a ~**: estar ocupadíssimo.

beef [bi:f] *s* carne bovina; • *v* GÍR queixar-se de; **corned ~**: carne bovina em conserva.

beef.steak ['bi:fsteik] *s* bife.

bee.hive ['bi:haiv] *s* colmeia.

been [bi:n] *pp* de **be**.

beer [biə(r)] *s* cerveja; **small ~**: ninharia, bagatela.

beer.y ['biəri] *adj* feito de cerveja, com cheiro ou gosto de cerveja.

bees.wax ['bi:zwæks] *s* cera de abelha, cera virgem.

bee.tle ['bi:tl] *adj* besouro, escaravelho.

beet.root, EUA **beet** ['bi:tru:t; EUA bi:t] *s* beterraba.

be.fall [bi'fɔ:l] *v* (*pt* **befell**; *pp* **befallen**) acontecer, suceder, ocorrer, sobrevir.

be.fit [bi'fit] *v* convir, ser próprio para, ir bem com, convir a.

be.fore [bi'fɔ:(r)] *adv* anteriormente; • *conj* antes que; • *prep* antes, antes de, mais cedo que; **~ long**: em breve, logo, em pouco tempo, daí a pouco.

be.fore.hand [bi'fɔ:hænd] *adv* de antemão, com antecipação, previamente.

be.friend [bi'frend] *v* ser amigo de, favorecer, ajudar, proteger.

be.fud.dled [bi'fʌdld] *adj* confuso, atordoado.

beg [beg] (*for*) *v* pedir (esmola), solicitar, rogar, suplicar; **to ~ leave**: COM tomar a liberdade de; **I ~ to**: COM cumpre-me; **I ~ your pardon**: desculpe-me.

be.gan [bi'gæn] *pt* de **begin**.

beg.gar ['begə(r)] *s* pedinte, mendigo; • *v* levar à miséria, reduzir à miséria.

be.gin [bi'gin] *v* (*pt* **began**; *pp* **begun**) começar, iniciar, principiar, inaugurar.

be.gin.ner [bi'ginər] *s* aprendiz, principiante.

be.gin.ning [bi'giniŋ] *s* começo, origem, princípio.

be.gone [bi'gɔn] EUA bi'gɔ:n] *interj* saia!, fora!, rua!

be.got [bi'gɔt] *pt* de **beget**.

be.got.ten [bi'gɔtn] *pp* de **beget**.

be.grudge [bi'grʌdʒ] *v* invejar.

be.guile [bi'gail] *v* iludir, passar o tempo, enganar, seduzir.

be.gun ['bigʌn] *pp* de **begin**.

be.half [bi'ha:f; EUA bi'hæf] *s* favor, obséquio; **on ~ of** / EUA **in ~ of**: a favor de, em nome de.

be.have [bi'heiv] *v* portar-se, comportar-se, proceder.

be.hav.iour, EUA **be.hav.ior** [bi'heivjə(r)] *s* comportamento.

be.head [bi'hed] *v* decapitar, degolar.

be.held [bi'held] *pt* e *pp* de **behold**.

be.hind [bi'haind] *s* POP traseiro; • *prep* e *adv* atrás de, detrás de, por trás de; **to be ~**: estar atrasado.

be.hind.hand [bi'haindhænd] *adj* atrasado; • *adv* com atraso.

be.hold [bi'həuld] *v* (*pt* e *pp* **beheld**) ver, olhar, contemplar, observar; considerar; • *interj* eis aqui!, eis que!, veja!

beholden / benighted   forty / fortieth **40**

be.hold.en [bi'həuldən] *adj* agradecido, grato.

be.hove, EUA **be.hoove** [bi'həuv; EUA bi'hu:v] *v* competir, dever, ser necessário.

beige [beiʒ] *s* e *adj* bege.

be.ing ['bi:iŋ] *s* ser, ente, entidade, criatura, indivíduo; **human ~**: ser humano.

be.la.bour, EUA **be.la.bor** [bi'leibər] *v* espancar, açoitar, ridicularizar.

be.lat.ed [bi'leitid] *adj* atrasado, demorado, tardio.

be.lay [bi'lei] *v* NÁUT amarrar, prender com amarra.

belch [beltʃ] *s* arroto; • *v* arrotar, vomitar.

be.lea.guer [bi'li:gər] *v* sitiar, cercar.

be.lea.guer.ed [bi'li:gəd] *adj* sitiado, cercado.

bel.fry ['belfri] *s* campanário, torre.

Bel.gian ['beldʒəm] *s* e *adj* belga.

be.lie [bi'lai] *v* contradizer, desmentir, contrariar.

be.lief [bi'li:f] *s* fé, crença; confiança, opinião; **it's beyond ~**: é inacreditável.

be.liev.a.ble [bi'li:vəbl] *adj* crível, acreditável.

be.lieve [bi'li:v] *v* acreditar, crer, confiar; **to make ~**: fingir, fazer de conta.

be.liev.er [bi'li:vər] *s* crente, fiel.

be.like [bi'laik] *adv* possivelmente, provavelmente.

Belisha beacon [bə'li:ʃə 'bi:kən] *s* BRIT poste com luz alaranjada piscante no topo, para indicar a presença de uma faixa de pedestres; *tb* **beacon**.

be.lit.tle [bi'litl] *v* depreciar, desdenhar, diminuir, deprimir.

bell [bel] *s* sino; sineta, campainha; • *v* tocar sino.

bell.boy, **bell.hop** ['belbɔi, 'belhɔp] *s* mensageiro (de hotel); EUA **page** ou **page-boy**.

bel.lig.er.ence [bi'lidʒərəns] *s* beligerância, atitude ou natureza agressiva.

bel.lig.er.ent [bi'lidʒərənt] *adj* beligerante, agressivo.

bel.low ['beləu] *s* bramido, berro; • *v* mugir, bramir, rugir.

bel.lows ['beləuz] *s pl* fole, instrumento que produz vento.

bel.ly ['beli] *s* barriga; • *v* intumescer, inchar, dilatar; tornar túmido; **~-dance**: dança do ventre.

be.long [bi'lɔŋ]; EUA bi'lɔ:ŋ] (*to*) *v* pertencer.

be.long.ings [bi'lɔŋiŋs] *s pl* pertences, haveres.

be.lov.ed [bi'lʌvd] *adj* amado, querido; **my ~ one**: meu querido, minha amada.

be.low [bi'ləu] *adv* abaixo, por baixo; • *prep* abaixo de, debaixo de, por baixo de; **see ~**: veja abaixo.

belt [belt] *s* cinto, faixa, correia, cinturão; • *v* POP bater, surrar, sovar; **to tighten one's ~**: apertar o cinto.

be.moan [bi'məun] *v* lamentar, sentir.

bench [bentʃ] *s* banco, assento; DIR tribunal; os juízes de um tribunal.

bench.mark ['bentʃma:k] *s* marca comparativa, marca de referência.

bend [bend] *s* curva; • *v* (*pt* e *pp* **bent**) curvar, dobrar, vergar; **to ~ down**: abaixar-se; **half ~**: curva de 180°.

be.neath [bi'ni:ð] *prep* e *adv* debaixo de, por baixo de, mais abaixo.

ben.e.dic.tion ['beni'dikʃn] *s* bênção, graça.

ben.e.fac.tion ['beni'fækʃn] *s* benefício, doação, favor, obséquio.

ben.e.fac.tor ['benifæktə(r)] *s* benfeitor.

ben.e.fac.tress ['benifæktris] *s* benfeitora.

ben.e.fice ['benifis] *s* benefício.

be.nef.i.cence [bi'nefisns] *s* beneficência.

be.nef.i.cent [bi'nefisnt] *adj* benéfico, beneficente.

ben.e.fi.cial ['beni'fiʃl] *adj* benéfico, proveitoso.

ben.e.fit ['benifit] *s* benefício, proveito, favor; • *v* beneficiar, ajudar, favorecer; **to ~ from something**: beneficiar-se de algo.

be.nev.o.lent [bi'nevələnt] *adj* benevolente, benigno, bondoso.

be.night.ed [bi'naitid] *adj* surpreendido pela noite; inculto, ignorante.

be.nign [bi′nain] *adj* benigno, bom, benévolo, afável; MED benigno.

bent [bent] *pt* e *pp* de **bend**; • *s* curvatura; tendência, propensão; • *adj* curvo, torto; **to be ~ on**: estar empenhado em; **to have a ~ for**: ter propensão para, ter queda; *ant* **straight**.

ben.zene [′benzi:n] *s* QUÍM benzeno.

be.queath [bi′kwi:ð] *v* DIR deixar em testamento, legar.

be.quest [bi′kwest] *s* legado, herança.

be.rate [bi′reit] (*for*) *v* repreender, advertir.

be.reave [bi′ri:v] *v* (*pt* e *pp* **bereft**) privar, despojar; desolar.

be.reaved [bi′ri:vid] *s* e *adj* desolado, aflito, angustiado.

be.reave.ment [bi′ri:vmənt] *s* privação, aflição; luto, consternação.

be.reft [bi′reft] *pt* e *pp* de **bereave**.

be.ret [′berei; EUA bə′rei] *s* boné sem pala, boina.

ber.ry [′beri] *s* baga, grão, designação popular para morango, amora, framboesa, etc.

berth [bə:θ] *s* beliche, leito; ancoradouro; • *v* ancorar, atracar; **to give someone a wide ~**: evitar alguém.

be.seech [bi′si:tʃ] *v* (*pt* e *pp* **besought**) rogar, suplicar, implorar, solicitar.

be.set [bi′set] *v* (*pt* e *pp* **beset**) cercar, sitiar.

be.set.ting [bi′setiŋ] *adj* habitual.

be.side [bi′said] *adv* perto, à mão; • *prep* perto de, ao lado de, junto de; **~ oneself**: fora de si; **that's ~ the point**: isso não tem nada a ver.

be.sides [bi′saidz] *adv* também, ademais, além disso, de mais a mais; • *prep* além de.

be.siege [bi′si:dʒ] *v* cercar, sitiar, assediar.

be.smear [bi′smiə(r)] (*with*) *v* sujar, emporcalhar.

be.smirch [bi′smə:tʃ] *v* manchar (reputação).

be.sought [bi′sɔ:t] *pt* e *pp* de **beseech**.

be.spat.ter [bi′spætə(r)] *v* manchar, salpicar.

be.speak [bi′spi:k] *v* (*pt* **bespoke**; *pp* **bespoken**) indicar, significar; pedir de antemão.

best [best] *s* o melhor; • *adj* o melhor (superlativo de **good**); • *adv* da melhor forma (superlativo de **well**); **at ~**: quando muito, na melhor das hipóteses; **~ man**: padrinho (de casamento); **to do one's ~**: fazer o melhor que se pode; **to make the ~ of bad job**: tirar o melhor proveito.

bes.tial [′bestiəl] *adj* bestial.

be.stir [bi′stə:(r)] *v* ativar, mexer-se, movimentar-se.

be.stow [bi′stəu] *v* outorgar, dar, conceder, empregar, dispensar.

best.sell.er [best′selə(r)] *s* livro muito procurado, o que mais vendeu.

bet [bet] *s* aposta; • *v* (*pt* e *pp* **bet** ou **betted**) apostar; **you ~!**: GÍR sem dúvida!

be.tide [bi′taid] *v* (*pt* e *pp* **betid**) ocorrer, suceder, acontecer.

be.to.ken [bi′təukən] *v* pressagiar, vaticinar, predizer.

be.tray [bi′trei] (*to*) *v* trair, atraiçoar, denunciar.

be.tray.al [bi′treiəl] *s* traição.

be.tray.er [bi′treiər] *s* traidor.

be.troth [bi′trəuð] *v* prometer em casamento, contratar casamento, desposar.

be.troth.al [bit′rouðəl] *s* esponsais, noivado.

bet.ter [′betə(r)] *s* superior; • *v* melhorar; • *adj* melhor (comparativo de **good**); **to get ~**: melhorar; **so much the ~**: tanto melhor; **~ half**: cara-metade; **for ~ or (for) worse**: para o melhor e para o pior; **~ late than never**: antes tarde do que nunca.

bet.ter.ment [′betə(r)mənt] *s* melhoria, progresso, melhoramento.

bet.ting [′betiŋ] *s* aposta; **~-shop**: BRIT agência de apostas.

be.tween [bi′twi:n] *adv* e *prep* entre, no meio de (dois); **to read ~ the line**: ler nas entrelinhas.

bev.el [′bevəl] *s* recorte; • *v* recortar.

bev.er.age [′bevəridʒ] *s* bebida.

bev.y [′bevi] *s* rancho, grupo, bando.

be.wail [bi′weil] *v* lamentar, lastimar.

be.ware [bi′weə(r)] *v* acautelar-se, precaver-se, tomar cuidado; • *interj* cuidado!

be.wild.er [bi′wildə(r)] *v* desorientar, confundir, perturbar-se, aturdir.

be.wil.der.ing [bi'wildəriŋ] *adj* desconcertante.

be.wil.der.ment [bi'wildərmənt] *s* confusão, aturdimento.

be.witch [bi'witʃ] *v* cativar, fascinar, enfeitiçar, encantar.

be.witch.ment [bi'witʃmənt] *s* fascinação, encantamento.

be.yond [bi'jɔnd] *adv* além, mais longe; *prep* além de, mais longe do que; **~ doubt**: sem dúvida.

bi.as ['baiəs] *s* propensão, tendência, preconceito; • *v* predispor, fazer inclinar, influenciar, influir, induzir, ter preconceito.

bib [bib] *s* babador de criancinhas.

Bi.ble ['baibl] *s* Bíblia, Livro Sagrado dos judeus e cristãos.

bib.li.cal ['biblikl] *adj* bíblico.

bib.li.og.ra.pher [bibli'ɔgræfə(r)] *s* bibliógrafo.

bib.li.o.graph.i.cal [bibliə'græfikl] *adj* bibliográfico.

bib.li.og.ra.phy [bibli'ɔgrəfi] *s* bibliografia.

bi.car.bo.nate ['bai'ka:bənət] QUÍM *s* bicarbonato.

bi.cen.ten.a.ry [baisen'ti:nəri; EUA baisen'tenəri] *s* bicentenário (duzentos anos).

bi.ceps ['baiseps] *s* bíceps, nome de alguns músculos que se dividem em duas partes na extremidade superior.

bick.er ['bikə(r)] *s* disputa, altercação; • *v* altercar, disputar.

bi.cy.cle ['baisikl] *s* bicicleta.

bi.cyc.list ['baisaiklist] *s* ciclista.

bid [bid] *s* oferta; • *v* (*pt* **bade** ou **bid**; *pp* **bidden** ou **bid**) lançar, ordenar, oferecer, leiloar, licitar, fazer um lance (leilão); dizer bom-dia, adeus, etc.

bid.da.ble [bid'dæbl] *adj* obediente, dócil.

bid.ding ['bidiŋ] *s* oferta, lanço; ordem, mando.

bide [baid] *v* ficar, esperar, permanecer; **to ~ one's time**: aguardar por um momento adequado.

bi.en.ni.al [bai'eniəl] *s* o que ocorre a cada dois anos; • *adj* bienal.

bier [biə(r)] *s* carreta fúnebre, féretro, ataúde.

biff [bif] *s* golpe, soco; • *v* esmurrar, socar, golpear.

bi.fo.cal [bai'fəukl] *adj* bifocal, que tem dois focos.

bi.fo.cals [bai'fəuklz] *s pl* óculos bifocais.

bi.fur.cate ['baifəkeit] *v* bifurcar, separar em duas direções.

bi.fur.ca.tion ['baifə'keiʃn] *s* bifurcação.

big [big] *adj* grande, gordo, grosso, volumoso, corpulento; **~ bang**: explosão cósmica que teria originado o Universo; **~ Ben**: o sino da torre do relógio do Parlamento britânico; **~ Blue**: o apelido da IBM; **~ Board**: POP a bolsa de valores de Nova Iorque; **~ Brother**: um ditador; **~ cheese**: uma pessoa importante; **~ deal!**: grande coisa! (ironia); **~ dipper**: montanha-russa; **the ~ Dipper**: EUA a constelação Ursa Maior; **~ guns**: POP pessoas importantes e poderosas de uma organização; **~ shot**: GÍR chefão, figurão, pessoa importante; **~ stick**: POP demostração de força; **~ top**: tenda de circo; **~ wheel**: roda-gigante; **in a ~ way**: em grande escala; **the ~ Apple**: POP a cidade de Nova Iorque.

big.a.mist ['bigəmist] *s* bígamo, que tem dois cônjuges simultaneamente.

big.a.mous ['bigəməs] *adj* bígamo.

big.a.my ['bigəmi] *s* bigamia.

bight [bait] *s* golfo, enseada, angra; laçada.

big.ot ['bigət] *s* fanático, carola, beato.

big.ot.ry ['bigətri] *s* fanatismo, intolerância, beatice.

big.wig ['bigwig] *s* pessoa importante.

bike [baik] *s* bicicleta.

bi.ki.ni [bi'ki:ni] *s* biquíni.

bi.lat.er.al ['bai'lætərəl] *adj* bilateral, que tem dois lados; DIR diz-se dos contratos em que as partes têm deveres e direitos igualados.

bile [bail] *s* bile; mau humor.

bilge [bildʒ] *s* porão, fundo de embarcação; • *v* NÁUT fazer água na embarcação, no fundo do navio; entrar água.

bi.lin.gual [bai'liŋgwəl] *adj* bilíngue, que domina duas línguas.

bilk [bilk] *s* fraude, trapaça; • *v* lograr, enganar, defraudar.

bill [bil] *s* conta, lista, fatura; projeto de lei; cartaz; EUA nota, papel-moeda, cédula; bico (ave); • *v* anunciar, notificar; bicar; **~ Broker**: corretor de câmbio; **~ of exchange**: letra de câmbio; **~ of right**: declaração de direitos; **may I have the ~ please?**: a conta, por favor!; **"Post no ~s"** ou **"Stick no ~s"**: "é proibido colocar cartazes"; **to fill the ~**: preencher os requisitos; **to take up a ~**: COM pagar um título.

bill.board ['bilbɔ:d] *s* EUA quadro onde se afixam cartazes, notas, avisos; BRIT **hoarding**.

bil.let ['bilit] *s* bilhete, nota, aviso; aquartelamento, alojamento; • (*on*) *v* aquartelar, alojar.

bill.fold ['bilfəuld] *s* EUA carteira de bolso (para notas de dinheiro); BRIT **wallet**.

bill.hook ['bilhuk] *s* podadeira, instrumento com o qual se corta grama, mato, etc.

bil.liards ['biliədz] *s* bilhar, jogo disputado em mesa especial, com três bolas, acionadas por um taco comprido.

bil.lion ['biliən] *s* EUA bilhão; BRIT trilhão.

bil.lion.aire [biljə'neə(r)] *s* EUA bilionário.

bil.low ['biləu] *s* vaga, onda grande, vagalhão.

bil.ly ['bili] *s* EUA cassetete policial; BRIT **truncheon**.

bi.month.ly [bai'mʌnθli:] *adj* e *adv* bimestral; bimensal.

bin [bin] *s* caixa, caixote, cofre; • *v* armazenar, guardar garrafas de bebidas na adega, em compartimento próprio.

bi.na.ry ['bainəri] *adj* binário, MAT diz-se do sistema cuja base numérica é dois; INF sistema aritmético aplicado aos programas de computação, cuja base é dois, possuindo a conotação de ligado/desligado, 0 ou 1.

bind [baind] *s* atadura, faixa; • *v* (*pt* e *pp* **bound**) atar, juntar, segurar, unir, ligar, amarrar, aglutinar-se; encadernar; empenhar-se, obrigar-se; constipar.

bind.er ['baində(r)] *s* encadernador (livro, etc.); enfeixador de trigo, atador.

bind.ing ['baindiŋ] *s* encadernação; • *adj* comprometedor, obrigatório.

bin.go ['biŋgəu] *s* jogo coletivo de números semelhante à tômbola; **~!**: acertei!

bin.oc.u.lars [bi'nɔkjulæz] *s pl* binóculo.

bi.no.mi.al [bai'nəumiəl] *s* MAT binômio, expressão algébrica composta de dois termos.

bi.o.chem.is.try [baiəu'kemistri] *s* bioquímica.

bi.o.de.grad.able [baiəudi'greidəbl] *adj* biodegradável.

bi.og.ra.pher [bai'ɔgrəfə(r)] *s* biógrafo.

bi.og.ra.phy [bai'ɔgrəfi] *s* biografia, arte de escrever sobre a vida de uma pessoa.

bi.o.log.ical ['baiə'lɔdʒikl] *adj* biológico.

bi.ol.o.gist [bai'ɔlədʒist] *s* biologista, biólogo.

bi.ol.o.gy [bai'ɔlədʒi] *s* biologia, ciência dos fenômenos da vida, em suas leis gerais.

bi.o.mass ['baiəumæs] *s* ECOL biomassa.

bi.op.sy ['baiɔpsi] *s* MED biópsia.

bi.o.rhythm ['baiəuriðəm] *s* biorritmo.

bi.o.sphere ['baiəusfiə(r)] *s* biosfera.

bi.o.tech.no.lo.gy [baiəutek'nɔlədʒi] *s* biotecnologia.

bi.ped ['baiped] *s* e *adj* bípede, que tem dois pés.

bi.plane ['baiplein] *s* biplano, avião com duas asas.

birch [bə:tʃ] *s* vidoeiro, bétula; • *v* açoitar; castigar açoitando com vara de vidoeiro.

bird [bə:d] *s* pássaro, ave; GÍR sujeito, cara, garota; **a ~ in the hand is worth two in the bush**: mais vale um pássaro na mão do que dois voando (no mato); **~'s-eye**: panorâmico; superficial, geral; **~'s-nest**: ninho de passarinho; **to kill two ~s with one stone**: matar dois pássaros (coelhos) com uma única cajadada (pedrada).

bird.cage ['bə:dkeidʒ] *s* gaiola de pássaros.

bird.call ['bə:dkɔ:l] *s* canto dos pássaros; assobio que imita o canto dos passarinhos.

birth [bə:θ] *s* nascimento, começo, origem, princípio; prole, descendência; **~ certifi-**

cate: certidão de nascimento; **~ control**: controle de natalidade; **to give ~ to**: dar à luz.

birth.day ['bə:ødei] *s* aniversário de nascimento.

birth.place ['bə:øpleis] *s* cidade natal, lugar de nascimento.

birth.right ['bə:ørait] *s* DIR direito de primogenitura; direito exclusivo do filho mais velho.

bis.cuit ['biskit] *s* biscoito, bolacha; bolinho doce; EUA **cookie, cracker**.

bi.sec.tion [bai'sekʃn] *s* bisseção, divisão em duas partes iguais.

bi.sex.u.al [bai'sekʃuəl] *adj* bissexual, hermafrodita, que possui os dois sexos.

bish.op ['biʃəp] *s* bispo, governador de uma diocese.

bish.op.ric ['biʃəprik] *s* diocese, jurisdição, extensão territorial governada por um prelado, por um bispo.

bis.muth ['bizməø] *s* QUÍM bismuto, elemento metálico, branco, cinzento ou rosado, peso atômico 209, cujo símbolo é Bi.

bit [bit] *s* pedaço, pouco, porção, migalha; • *v* refrear, reprimir; **wait a ~!**: espere um pouquinho!; **to do one's ~**: cumprir com o dever; **I don't mind a ~**: não me importo nem um pouco; **~ by ~**: pouco a pouco, aos pouquinhos; • INF *abrev de* **B**ynary Dig**it**, isto é, trata-se de um sistema, utilizado pelo computador, cuja base é dois (2). O processo de leitura pelo micro é a resultante de 0 ou 1, ligado/desligado; além do que, é a menor parte armazenadora de dados possível.

bitch [bitʃ] *s* cadela (cachorro); GÍR meretriz, vagabunda; **son of a ~**: GÍR filho da puta.

bite [bait] *s* mordedura, picada; • *v* (*pt* **bit**; *pp* **bit** ou **bitten**) morder, picar.

bit.ing ['baitiŋ] *adj* afiado, cortante; sarcástico, mordaz.

bit.ter ['bitə(r)] *adj* amargo; penoso, doloroso; penetrante, azedo.

bi.week.ly [bai'wi:kli] *adj* quinzenal.

bi.zarre [bi'za:(r)] *adj* bizarro, extravagante, esquisito.

blab [blæb] *v* tagarelar, fofocar, dar com a língua nos dentes, revelar um segredo.

blab.ber ['blæbə(r)] *s* tagarela, indiscreto, falador.

black [blæk] *s* preto, negro; • *v* enegrecer; *adj* negro, preto, escuro; **~ and white**: preto no branco; **to go into ~**: pôr luto; **~ art/magic**: magia negra; **~ box**: caixa preta (aviação); **~ English**: o idioma inglês falado pelos afro-americanos; **~ finish**: acabamento; **~ market**: câmbio negro; **~ Maria**: camburão (carro da polícia), EUA **Paddy Wagon**; **~ sheep**: FIG ovelha negra.

black.ball ['blækbɔ:l] *v* rejeitar, contrariar, votar contra.

black.ber.ry ['blækbəri; EUA 'blækberi] *s* amora.

black.bird ['blækbə:d] *s* pássaro preto, melro.

black.board ['blækbɔ:d] *s* quadro-negro, lousa.

black.en ['blækən] *v* tingir de preto, enegrecer; difamar, denegrir.

black.guard ['blækga:d] *s* patife, indivíduo mau caráter; • *v* insultar, injuriar, infamar.

black.ing ['blækiŋ] *s* graxa.

black.jack ['blækdʒæk] *s* jogo de cartas, vinte e um.

black.mail ['blækmeil] *s* chantagem; • *v* praticar chantagem.

black.mail.er ['blækmeilə(r)] *s* chantagista.

black.out ['blækaut] *s* escuridão provocada por falha do fornecimento de energia elétrica, ataque aéreo, etc.

black.smith ['blæksmiø] *s* ferreiro.

blad.der ['blædə(r)] *s* bexiga.

blade [bleid] *s* lâmina, folha cortante; espada; pá (de remo).

blah [bla:] *s* EUA balela, bravata.

blame [bleim] *v* censura, reprovação, repreensão; • (*for*) *v* censurar, repreender, admoestar; culpar; **to put the ~ on**: pôr a culpa em alguém, acusar.

blame.less ['bleimlis] *adj* sem culpa, inocente.
blame.less.ness ['bleimlisnis] *s* inocência.
blanch [bla:ntʃ; EUA blæntʃ] *v* branquear, tornar branco, empalidecer, alvejar; CULIN escaldar.
bland [blænd] *adj* brando, meigo, macio, afável, suave.
blandish ['blændiʃ] *v* suavizar, afagar, acariciar, lisonjear.
blan.dish.ment ['blændiʃmənt] *s* carinho, afago, carícia.
blank [blæŋk] *s* espaço em branco; • *adj* vazio, branco, não escrito, não preenchido; • *v* anular, cancelar; **~ cheque/check**: EUA cheque em branco; **~ indorsement**: endosso em branco.
blan.ket ['blæŋkit] *s* manta, cobertor, coberta; • *v* cobrir com manta, cobertor; • *adj* geral; **a wet ~**: desmancha-prazeres.
blare [bleə(r)] *s* estrondo; rugido, bramido; • *v* retumbar, berrar.
blarney ['bla:ni] *s* bajulação, adulação, lábia; • *v* aliciar, bajular, engodar.
blas.pheme [blæs'fi:m] (*against*) *v* blasfemar, imprecar contra a divindade.
blas.phem.er [blæs'fi:mə(r)] *s* blasfemo.
blas.phe.mous ['blæsfəməs] *adj* blasfemo, ímpio.
blas.phe.my ['blæsfəmi] *s* blasfêmia.
blast [bla:st; EUA blæst] *s* rajada de vento, golpe de vento, pé de vento; explosão; • *v* devastar, queimar, explodir, dinamitar, trombetear, destruir; • *interj* com os diabos!; **at full ~**: a todo vapor; **~ off**: decolagem; **to ~ out**: irromper.
blast.ed ['bla:stid; EUA 'blæstid] *adj* arruinado, destruído; maldito, depravado, amaldiçoado.
bla.tant ['bleitənt] *adj* barulhento, ruidoso, alardeante; patente, manifesto.
blaze [bleiz] *s* labareda, fogo, chama; brilho, ardor; • *v* queimar, chamejar; luzir, brilhar, resplandecer, rutilar; tornar conhecido, proclamar; **like ~s**: furiosamente; velozmente; **to ~ a trail**: abrir caminho, ser pioneiro; **to ~ away**: fazer fogo intenso.

blaz.er ['bleizə(r)] *s* jaqueta; blusão; roupa esportiva, casaco colorido; dia claro, luminoso.
bla.zon ['bleizn] *s* brasão; louvor; • *v* proclamar, publicar, tornar conhecido; adornar; alardear.
bla.zon.ry ['bleiznri] *s* heráldica, arte de fazer brasões, emblemas, insígnias.
bleach [bli:tʃ] *s* branqueamento; • *v* branquear, alvejar, tornar branco; desbotar; **household ~**: água sanitária.
bleach.er ['bli:tʃə(r)] *s* descorante, branqueador.
bleach.ers ['bli:tʃəz] *s pl* EUA ESP arquibancadas.
bleak [bli:k] *adj* frio, gélido; cortante, penetrante; ermo, desabitado, deserto; depressivo, desencorajador.
blear.y ['bliəri] *adj* lacrimejante, turvo; **~ eyed**: com os olhos cansados, turvos.
bleat [bli:t] *s* balido de ovelha; FIG queixa, lamúria; • *v* balir, balar (carneiro).
bleed [bli:d] *v* (*pt* e *pp* **bled**) sangrar; GÍR extorquir dinheiro de; **to ~ for something**: pagar por algo.
bleed.ing ['bli:diŋ] *s* hemorragia, sangria; • *adj* sangrento.
bleep [bli:p] *s* apito; • *v* chamar usando um apito.
bleep.er ['bli:pə(r)] *s* bip.
blem.ish ['blemiʃ] *s* mácula, nódoa, mancha; cicatriz; • *v* corromper, manchar, enodoar, estragar.
blend [blend] *s* mistura, combinação, fusão; • *v* misturar, combinar, homogeneizar, harmonizar-se.
blend.er ['blendə(r)] *s* liquidificador.
bless [bles] *v* abençoar, santificar, benzer, consagrar; **~ you!**: saúde! (diz-se quando alguém espirra).
bless.ed ['blesid] *adj* louvado, abençoado, bendito, bem-aventurado; **to be ~ with**: ter sorte em.
bless.ed.ness ['blesidnis] *s* bem-aventurança, felicidade.

bless.ing [´blesiŋ] *s* bênção, graça; benefício.

blight [blait] *s* ferrugem, doença que seca as plantas; • *v* queimar, mirrar (plantas); frustrar, gorar (esperança).

bli.mey [´blaimi] *interj* BRIT nossa!

blind [blaind] *s* veneziana; estore, cortina móvel; • *v* cegar; vendar os olhos; encobrir, esconder; • *adj* cego; escondido, encoberto, oculto, escuro; **among the ~ the one-eyed person is a king**: em terra de cego quem tem um olho é rei; **~ alley**: beco sem saída; **~man's buff**: o jogo da cabra-cega.

blind.fold [´blaindfəuld] *s* venda (para os olhos); • *v* vendar os olhos; ofuscar; • *adj* de olhos vendados; ofuscado; • *adv* às cegas, cegamente.

blind.ly [´blaindli] *adv* às cegas, cegamente.

blind.ness [´blaindnis] *s* cegueira.

blink [bliŋk] *s* clarão repentino, lampejo, clarão passageiro; piscadela; • *v* pestanejar, piscar.

blink.er [´bliŋkər] *s* pestanejador; piscapisca.

bliss [blis] *s* bem-estar, alegria, bem-aventurança, felicidade.

bliss.ful [´blisful] *adj* feliz, bem-aventurado, ditoso, satisfeito.

blis.ter [´blistə(r)] *s* bolha, ampola; • *v* levantar borbulhas.

blithe [blaið] *adj* jovial, alegre, contente.

blithe.ly [´blaiðli] *adv* alegremente, jovialmente.

blither.ing [´bliðəriŋ] *adj* POP completo, absoluto; **you ~ idiot!**: seu idiota completo!, sua besta quadrada!

blitz [blits] *s* blitz; bombardeio aéreo • *v* bombardear; **to have a ~ on something** FIG dar um jeito em algo.

bliz.zard [´blizəd] *s* nevasca, tempestade de neve.

bloat [blut] *v* inchar, inflar, intumescer.

bloat.ed [´bləutid] *adj* gordo, inchado, gorducho; defumado.

blob [bləb] *s* gota; mancha.

bloc [blɔk] *s* POLÍT bloco (de países, etc.).

block [blɔk] *s* bloco, conjunto, grupo; EUA quarteirão; TIP clichê; • *v* bloquear, obstruir, impedir, estorvar, obstar; **~ letter/ capital**: letra maiúscula; **to ~ up**: entupir, tapar, obstruir.

block.ade [blɔ´keid] *s* bloqueio; EUA interrupção no trânsito; • *v* bloquear, obstruir.

block.buster [blɔk´bʌstə(r)] *s* bomba que arrasa quarteirões; filme ou romance de sucesso e apelo popular.

block.head [´blɔkhed] *s* cabeça dura, ignorante.

bloke [bləuk] *s* sujeito, indivíduo.

blond [blɔnd] *s* pessoa loura; • *adj* louro, loiro; *fem* **blonde**.

blood [blʌd] *s* sangue, seiva, raça, linhagem, parentesco; **~ bank**: banco de sangue; **~ bath**: massacre, genocídio; **~ donnor**: doador de sangue; **~ group/~type**: grupo sanguíneo; **~ pressure**: pressão arterial; **~ test**: exame de sangue; **~ transfusion**: transfusão de sangue; **~~vessel**: vaso sanguíneo; **his ~ was up**: o sangue subiu-lhe à cabeça; **in cold ~**: a sangue-frio.

blood.cur.dling [´blʌdkə:dliŋ] *adj* arrepiante, horripilante.

blood.hound [´blʌdhaund] *s* sabujo, cão de caça; sanguinário.

blood.less [´blʌdləs] *adj* sem sangue, pálido.

blood.ness [´blʌdnis] *s* sanguinolência, crueldade.

blood.shed [´blʌdʃed] *s* matança, chacina.

blood.shot [´blʌdʃɔt] *adj* de olhos vermelhos, irritados.

blood.suck.er [blʌd´sʌkə(r)] *s* sanguessuga.

blood.y [´blʌdi] *adj* sanguinolento, ensanguentado, sangrento; infame, desprezível; **~ good**: bom demais; **this ~**: esse maldito.

bloom [blu:m] *s* flor, florescência; lingote incandescente, ferro ao sair da forja; rubor, vermelho de faces; • *v* florir, florescer.

bloom.er [´blu:mə(r)] *s* erro, engano, gafe; planta em flor.

bloom.ing [´blu:miŋ] *adj* florescente.

bloop.er ['blu:pər] *s* gafe, engano embaraçoso.

blos.som ['blɔsəm] *s* flor, florescência (de árvores frutíferas); • *v* florir, desabrochar.

blos.som.y ['blɔsəmi] *adj* florido.

blot [blɔt] *s* borrão, rasura, nódoa; • *v* manchar, borrar; enxugar, secar; **to ~ one's copybook**: estragar tudo; **to ~ out**: embaçar (a vista), encobrir.

blotch [blɔtʃ] *s* mancha; pústula, tumor cutâneo; • *v* cobrir de pústulas; borrar, enegrecer.

blot.ter ['blɔtər] *s* mata-borrão.

blouse [blauz; EUA blaus] *s* blusa (de mulher).

blow [bləu] *s* golpe, pancada, murro; sopro, assopro, ventania; • *v* (*pt* **blew** e *pp* **blown**) soprar, ventar, soar; **at a single ~**: de um só gole; **to ~ up**: encher de ar; dinamitar; ampliar (fotografia); **to ~ one's nose**: assoar o nariz; **to be ~ up**: tomar uma sova.

blow.er ['bləuə(r)] *s* assoprador, fole, ventilador, soprador, ventoinha; GÍR fanfarrão.

blow.fly ['bləuflai] *s* mosca varejeira.

blow.lamp ['bləulæmp] *s* BRIT maçarico; EUA **torch** ou **blow-torch**.

blow-out ['bləuaut] *s* explosão, descarga; pneu furado.

blow.pipe ['bləupaip] *s* tubo de sopro, zarabatana.

blub.ber ['blʌbə(r)] *s* gordura de baleia; • *v* chorar; soluçar, choramingar.

bludg.eon ['blʌdʒən] *s* cacete, clava, porrete.

blue [blu:] *s* azul; • *adj* azul; triste; • *v* azular; **it came out of the ~**: caiu do céu; **once in a ~ moon**: uma vez na vida, outra na morte; **to feel ~**: estar deprimido, triste.

blue.bot.tle [blu:'bɔtl] *s* mosca varejeira.

blues [blu:s] *s* MÚS melodia melancólica originada entre afro-americanos do sul dos Estados Unidos; depressão, melancolia.

blue.stock.ing ['blu:stɔkiŋ] *s* literata, sabichona.

bluff [blʌf] *s* logro, blefe, ilusão; • *v* blefar, enganar, iludir; • *adj* franco, sincero, sem dissimulação; **blindman's ~**: cabra-cega.

bluff.ness ['blʌfnis] *s* franqueza, aspereza, rudeza.

blu.ish ['blu:iʃ] *adj* azulado.

blund.er ['blʌndə(r)] *s* disparate, erro grave, asneira, tolice; • *v* cometer erro grosseiro, dizer asneiras; tropeçar, enganar-se.

blunt [blʌnt] *v* enervar, adormecer, embotar, entorpecer; neutralizar; • *adj* embotado, duro, abrupto, brusco; sem corte (faca).

blunt.ness ['blʌntnis] *s* embotamento, aspereza; grosseria.

blur [blə:(r)] *s* borrão, mancha, névoa; desdouro; falta de clareza; • *v* manchar, borrar; velar, nublar; confundir, ofuscar.

blurt [blə:t] *v* falar impensadamente, precipitadamente; deixar escapar um segredo, confessar; **to ~ out**: falar sem pensar.

blush [blʌʃ] *s* vermelhidão, rubor; • *v* corar, enrubecer; • *adj* róseo, rubro.

blus.ter ['blʌstə(r)] *s* tumulto, ruído, barulho; fanfarronada, bazófia, bravata, jactância; • *v* zunir, ranhar, proferir ameaças, bramir, vociferar, fazer barulho.

BO [bi: 'əu] POP BRIT *abrev de* **b**ody **o**dour, fartum, cheiro desagradável de suor.

bo.a, bo.a con.stric.tor ['bəuə, 'bəuə kən'striktə(r)] *s* jiboia, grande serpente sem veneno que mata sua presa enrolando-a e sufocando-a.

boar [bɔ:(r)] *s* javali.

board [bɔ:d] *s* tábua, prancha, tabuleiro, mesa, quadro; diretoria, tribunal, junta; • *v* hospedar, tomar pensão ou refeições; assoalhar, entabular; dar pensão; abordar, ir a bordo de, embarcar; **black ~**: quadro-negro, lousa; **full ~**: pensão completa; **half ~**: meia pensão; **~ of directors**: diretoria; **sweep the ~**: limpar a mesa; **on ~**: NÁUT a bordo; **free on ~ (fob)**: COM sem despesas de transporte; **~ of trade**: câmara de comércio; **~ and lodging/bed and ~**: casa e comida; EUA dar abrigo e alimento aos animais; **snow- ~**: ESP prancha para deslizar na neve (**snowboarding**).

board.er ['bɔ:də(r)] *s* hóspede, pensionista, comensal, aluno interno.

boarding card / Bolshevik

board.ing card ['bɔrdiŋ ka:d] s cartão de embarque (avião, navio).

boast [bəust] s bazófia, jactância, vanglória; • v gabar, ostentar, vangloriar-se.

boast.ful ['bəustful] adj jactancioso, presunçoso.

boat [bəut] s barco, bote, canoa, navio; • v navegar, remar; ~ **people**: refugiados que deixam um país usando barcos; **ferry~**: balsa de travessia para passageiros e veículos; **in the same ~**: no mesmo barco, na mesma situação; **life ~**: salva-vidas; **to miss the ~**: perder a oportunidade.

boat.ing ['bəutiŋ] s passeio de barco.

boat.man ['bəutmən] s barqueiro.

boat.swain ['bəusən] s NÁUT contramestre, o imediato do mestre num navio, etc.

bob [bɔb] s fio de prumo, pêndulo; pequena boia colocada na linha de pesca; feixe; pancada de leve; corte curto de cabelo para crianças e mulheres; GÍR BRIT xelim (shilling); • v sacudir, bater de leve, balouçar-se; **to ~ up**: aparecer, surgir inesperadamente.

bob.bin ['bɔbin] s bobina, carretilha.

bob.by ['bɔbi] s GÍR BRIT policial, tira; EUA **cop**; *apelido de* Robert; ~ **socker**: a colegial, a adolescente, "gatinha"; ~ **socks**: meias curtas; ~ **pin**: grampo de cabelo.

bob.sleigh, bob.sled ['bɔbslei, 'bɔbsled] s trenó (gelo, neve).

bode [bəud] v vaticinar, pressagiar, predizer; **to ~ ill for**: dar azar, ser de mau agouro para alguém.

bod.ice ['bɔdis] s espartilho, colete para apertar a cintura do corpo, visando dar elegância.

bod.i.ly ['bɔdili] adj corporal; real; material; • adv em carne e osso, em corpo e alma, em pessoa; em conjunto.

bod.y ['bɔdi] s corpo, esqueleto, cadáver; RELIG matéria; unidade militar; ~ **and soul**: completo; ~ **clock**: relógio biológico; ~ **language**: linguagem corporal; ~ **odour (BO)**: cheiro do suor do corpo.

bod.y.guard ['bɔdiga:d] s guarda-costa, guarda pessoal.

bod.y.work ['bɔdiwə:k] s funilaria, lataria, lanternagem.

bog [bɔg] s pântano, charco, brejo, lamaçal; • v enlamear-se; atolar.

bog.gle ['bɔgl] v vacilar, recuar, hesitar, tremer diante; equivocar, estremecer; **the mind/ imagination ~s**: não dá para imaginar.

bo.gus ['bəugəs] adj falso, fictício; INF programa vergonhoso, fraudulento.

bo.gy ['bəugi] s fantasma, espectro, visão; demônio.

Bo.he.mi.an [bəu'hi:miən] s boêmio; • adj Boêmio, natural da Boêmia, hoje República Tcheca.

boil [bɔil] s MED furúnculo, espinha; fervura, ebulição; • v ferver, afeventar, cozinhar; excitar-se, enervar-se; **to ~ away**: evaporar-se.

boil.er ['bɔilə(r)] s caldeira, cadinho; panela de ferver, chaleira, tacho; ~ **suit**: macacão, EUA **hard candy**.

boi.ling ['bɔiliŋ] s ebulição, fervura, cozer; • adj fervente, escaldante; **~point**: ponto de ebulição; **a ~ hot day**: um dia muito quente.

bois.ter.ous ['bɔistərəs] adj barulhento, turbulento; violento.

bois.ter.ous.ness ['bɔistərəsnis] s violência, turbulência, tumulto.

bold [bəuld] adj arrojado, destemido, valente; TIP negrito; INF comando que instrui o micro a colocar as palavras em negrito.

bold.face ['bəuldfeis] s TIP negrito; descarado, imprudente.

bold.ness ['bəuldnis] s ousadia, descaramento, audácia, coragem, atrevimento.

Bo.liv.i.an [bə'liviən] s e adj boliviano.

boll [bəul] s cápsula, casulo.

bol.lard ['bɔləd] s AUT cones de sinalização.

bo.lo.ney [bə'ləuni] s POP tolice, besteira; **don't talk ~**: não diga besteira!

Bol.she.vik ['bɔlʃəvik] s e adj bolchevista, bolchevique, que pertencia ao partido social-comunista, implantado em 1917, na Rússia, e que findou em 1989.

Bol.she.vism ['bɔlʃəvizəm] *s* bolchevismo, denominação dada à facção majoritária do partido social-democrata, na Rússia de Lenine e Trotsky.

bol.ster ['bəulstə(r)] *s* travesseiro; almofada; • *v* sustentar, apoiar; **to ~ up**: reforçar.

bolt [bəult] *s* ferrolho, parafuso, lingueta (de fechadura); dardo, seta, flecha; grampo; faísca, raio, relâmpago; fuga; • *v* aferroar; fugir, trancar; **a ~ from the blue**: FIG uma grande surpresa, caída como uma bomba.

bomb [bɔm] *s* bomba, granada, explosivo; • *v* bombardear; **~-disposal/expert**: perito em desmontagem de explosivos; **~-site**: zona bombardeada; **a ~**: BRIT POP uma grande quantia em dinheiro, EUA GÍR uma grande porcaria, um engodo.

bom.bard [bɔm'ba:d] *s* bombarda, máquina de guerra antiga; qualquer peça de artilharia; • *v* bombardear.

bom.bast ['bɔmbæst] *s* discurso bombástico, altissonante, linguagem enfática.

bom.bas.tic [bɔm'bæstik] *adj* empolado, bombástico.

bomb.er ['bɔmə(r)] *s* AER bombardeiro; bombardeador.

bomb.ing ['bɔmiŋ] *s* ataque aéreo, lançamento de bombas; atentado a bomba (por terroristas).

bomb.shell ['bɔmʃel] *s* granada; FIG grande surpresa; uma pessoa muito atraente, em especial uma mulher.

bona fide [bəunə 'faidi] *adj* genuíno, autêntico.

bo.nan.za [bə'nænzə] *s* EUA sorte imprevista; BRIT **stroke of luck**.

bond [bɔnd] *s* vínculo, laço; união; compromisso moral, obrigação moral; título, vale, debênture; **in ~**: COM em armazém, na alfândega.

bond.age ['bɔndidʒ] *s* servidão, sujeição, cativeiro, dependência; escravidão.

bone [bəun] *s* osso, esqueleto; espinha de peixe; **~ china**: porcelana; **~ idle**: preguiçoso; **~ of contention**: fruto de divergência, pomo de discórdia; **I have a ~ to pick with you**: tenho contas a ajustar com você; **to make no ~s about**: falar francamente, não titubear.

bone.head ['bəunhed] *s* pessoa tola, estúpida, imbecil.

bon.fire ['bɔnfaiə(r)] *s* fogueira, lenha em chamas.

bon.net ['bɔnit] *s* boné, gorro escocês, gorra, boina; capô de motor de automóvel; tampa de motor, EUA **hood**.

bon.ny ['bɔni] *adj* bonito, formoso, belo; alegre.

bo.nus ['bəunəs] *s* bônus, abono, bonificação, prêmio; porcentagem.

bo.ny ['bəuni] *adj* espadaúdo, ossudo.

boo [bu:] *s* vaia, apupo; • *v* vaiar, apupar; • *interj* manifestação de desprezo, aversão.

boob [bu:b] *s* pessoa tola, pateta; erro grotesco; seio de mulher.

boo.by ['bu:bi] *s* GÍR tolo, pateta; **~ prize**: EUA prêmio (de brincadeira) dado ao pior da competição; **~ trap**: armadilha explosiva.

book [buk] *s* livro, álbum, caderno; compêndio; tomo; bloco, talão; • *v* anotar, inscrever, registrar; reservar; **~ club**: clube do livro; **~ keeper**: guarda-livros; **~ token**: BRIT vale-livro; **by the ~**: de acordo com o regulamento; **pocket ~**: livrinho, livro de bolso; carnê; **note ~**: caderno, carnê; **note~**: INF computador portátil; **pay ~**: caderneta; **to ~ up**: não haver lugar, estar com a lotação esgotada.

book.bind.er ['bukbaində(r)] *s* encadernador.

book.bind.er.y ['bukbaindəri] *s* encadernação; oficina de encadernação.

book.case ['bukkeis] *s* estante para livros.

book.ing ['bukiŋ] *s* registro de reserva de passagens; registro de inscrições; **~ office**: bilheteria (teatro, estação ferroviária).

book.ish ['bukiʃ] *adj* estudioso, aplicado aos estudos; teórico; pedante.

book.keep.er [buk'ki:pər] *s* CONT guarda-livros, contador.

book.keep.ing [buk'ki:piŋ] *s* contabilidade, escrituração mercantil.

book.let ['buklit] s opúsculo, brochura, fascículo.

book.mak.er [buk'meikə(r)] s agenciador de aposta, banqueiro de apostas; EUA **handbookman**; editor, compilador de livros.

book.mark ['bukma:k] s marcador de página; INF relação de endereços favoritos da World Wide Web escolhidos pelo usuário, à disposição para acesso imediato.

book.sell.er ['bukselə(r)] s vendedor de livros; livreiro.

book.shop ['bukʃɔp] s livraria; EUA **bookstore**.

book.stall ['bukstɔ:l] s banca de jornais, revistas, livros, etc.; EUA *tb* **news-stand**.

book.store ['bukstɔ:(r)] s EUA livraria.

book.worm ['bukwə:m] s cupim, traça; GÍR rato de biblioteca.

boom [bu:m] s explosão, estouro; aumento vertiginoso de algum fenômeno; prosperidade; **to go up with a ~**: subir de repente; • v retumbar, fazer grande barulho, ribombar; progredir subitamente, expandir; **~ town**: cidade de rápido crescimento econômico.

boo.mer.ang ['bu:məræŋ] s bumerangue.

boon [bu:n] s vantagem, favor, benefício; • *adj* generoso, benfeitor, benigno.

boor [buə(r)] s rústico, rude.

boor.ish ['buəriʃ] *adj* grosseiro, rústico, rude.

boost [bu:st] s apoio, ajuda, impulso; • v suspender, apoiar, alçar, elevar, entusiasmar alguém.

boot [bu:t] s bota, botina; pontapé, chute; porta-malas de automóvel; EUA **trunk**; INF ação inicial efetuada pelo micro no sentido de carregar todo o sistema com os diversos programas, deixando-os potencialmente à disposição do usuário; • v chutar, dar pontapé; GÍR pôr na rua, despedir; **to ~**: além disso; **to get the ~**: GÍR ser demitido.

booth [bu:ð; EUA bu:ø] s tenda, barraca; tabernáculo; cabina de urna, de telefone.

boot.leg ['bu:tleg] s cano de botas; EUA comércio ilegal de bebidas; **~ recording**: gravação pirata.

boot.less ['bu:tlis] *adj* sem botas, descalço; inútil, ocioso.

boo.ty ['bu:ti] s pilhagem, presa, saque; espólio.

booze [bu:z] s bebida alcoólica; bebedeira; • v embriagar-se.

booz.er ['bu:zə(r)] s bêbado, ébrio.

booz.y ['bu:zi] *adj* embriagado.

bo.rax ['bɔ:ræks] s QUÍM bórax, borato hidratado de sódio.

bor.der ['bɔ:də(r)] s borda, margem, limite, fronteira; • v delimitar, guarnecer, limitar, confinar com; **the ~ s**: a região fronteiriça entre a Escócia e a Inglaterra.

bore [bɔ:(r)] *pt* de **bear**; • s buraco, furo, perfuração; pessoa inoportuna, que importuna; • v perfurar, fazer buraco em; furar, sondar; aborrecer, importunar, incomodar, maçar, enfadar; **What a ~!**: Que saco!

bor.ed ['bɔ:d] *adj* aborrecido, maçado, fastiado, entediado.

bore.dom ['bɔ:dəm] s maçada, aborrecimento, tédio.

bor.er ['bɔrər] s broca, perfurador; sonda.

bor.ing ['bɔriŋ] *adj* maçante, enfadonho, chato.

born [bɔ:n] *pp* de **bear**; **to be ~**: nascer; gerar, parir; • *adj* gerado, nascido; **~ with a silver spoon in the mouth**: nascido em berço de ouro.

bor.ough ['bʌrə; EUA 'bʌrəu] s município, comarca, burgo, vila.

bor.row ['bɔrəu] s empréstimo; • v pedir ou tomar emprestado.

bor.row.er ['bɔrəuə(r)] s o que pede emprestado, devedor.

bor.row.ing ['bɔrəuiŋ] s empréstimo.

bosh [bɔʃ] s tolice, asneira, disparate.

bos.om ['buzəm] s peito, seio, coração, âmago; **~ friend**: amigo do peito.

boss [bɔs] s chefe, patrão; • v mandar, comandar, dirigir, superintender; gravar em relevo; • *adj* saliente, em relevo; **big ~**: chefão.

boss.y [ˈbɔ:si:] *adj* mandão; dominador.
bot.a.ny [ˈbɔtəni] *s* botânica, ciência que estuda os vegetais.
botch [bɔtʃ] *s* remendo malfeito, remendo tosco; • *v* remendar; fazer às pressas.
both [bəuθ] *adj* e *pron* ambos, um e outro, os dois; • *adv* e *conj* assim como, tanto como, ao mesmo tempo.
both.er [ˈbɔðə(r)] *s* aborrecimento, incômodo, moléstia; • *v* incomodar, importunar, maçar, aborrecer, enfadar.
bot.tle [ˈbɔtl] *s* garrafa, vasilhame, frasco; mamadeira; • *v* engarrafar, enfrascar; ~ **bank**: depósito de vasilhames para serem reciclados; **~-opener**: abridor de garrafa; **to ~ up**: conter, controlar.
bot.tle.neck [ˈbɔtlnek] *s* gargalo, boca de garrafa; engarrafamento de trânsito.
bot.tom [ˈbɔtəm] *s* fundo; sopé, pé, base; leito de rio; traseiro, nádegas, bunda; essência, fundamento; • *v* firmar, alicerçar, embasar; basear-se; aprofundar; • *adj* baixo, fundo, o mais baixo; último.
bot.tom.less [ˈbɔtəmlis] *adj* sem fundo; insondável; visionário, sem fundamento.
bough [bau] *s* ramo de árvore, galho.
bought [bɔ:t] *pt* e *pp* de **buy**.
bounce [ˈbauns] *s* pancada barulhenta, estalo; • *v* saltar, projetar-se; gabar-se; EUA demitir, BRIT **to sack**.
bounc.er [ˈbaunsər] *s* fanfarrão; mentira grosseira; exagero; EUA segurança de portaria, leão de chácara, BRIT **chuckerout**.
bounc.ing [ˈbaunsiŋ] *adj* forte, vigoroso.
bound [baund] *s* fronteira, limite, fim; • *adj* ligado, atado; encadernado (livro); • *v* demarcar, limitar, saltar, pular; ~ **for**: com destino a.
bound.ar.y [ˈbaundri] *s* limite, fronteira, divisa.
boun.te.ous, boun.ti.ful [ˈbauntiəs, ˈbauntiful] *adj* liberal, magnânimo, generoso.
bou.quet [buˈkei] *s* buquê de flores; aroma de vinho.
bour.geois [ˈbuəʒwa; EUA buərˈʒwa:] *s* e *adj* burguês.

bourse [buəs] *s* Bolsa de Valores, de títulos.
bout [baut] *s* turno, vez; contenda, luta, peleja; ataque de alguma doença.
bo.vine [ˈbəuvain] *adj* bovino.
bow [bəu] *s* arco, curva; NÁUT proa; saudação, reverência; laço de gravata; arco de flecha; MÚS arco de instrumento; arco-íris • (*down, before, to*) *v* saudar, reverenciar (inclinando-se), curvar-se; inclinar-se.
bow.el [ˈbauəl] *s* intestino, tripa.
bow.er [ˈbauə(r)] *s* manejador de arco; camarim; residência; NÁUT âncora; • *v* habitar.
bowl [bəul] *s* taça, tigela, bacia; boliche, bola de madeira; • *v* atirar, jogar a bola; fazer rolar; deslizar.
bowl.er [ˈbəulə(r)] *s* chapéu de coco; EUA **derby**.
bowl.ing [ˈbəuliŋ] *s* boliche.
bow.man [ˈbəumən] *s* arqueiro.
bow.sprit [ˈbəusprit] *s* NÁUT gurupés, mastro de proa.
box [bɔks] *s* pugilismo; caixa, caixote, arca, mala, estojo; camarote, compartimento; • *v* boxear, lutar, esbofetear; encaixar; **~ office**: bilheteria; **letter ~**: caixa de correio.
box.er [ˈbɔksə(r)] *s* pugilista.
box.ing [ˈbɔksiŋ] *s* boxe, pugilismo; **~ Day**: dia posterior ao Natal em que há troca de presentes.
boy [bɔi] *s* menino, rapaz, garoto.
boy.cott [ˈbɔikɔt] *s* boicote, embaraço; • *v* boicotar, produzir meios para atrapalhar quaisquer objetivos.
boy.friend [ˈbɔifrend] *s* amiguinho, namorado.
boy.hood [ˈbɔihud] *s* infância.
bra [bra:] *abrev de* brasserie, sutiã.
brace [breis] *s* braçadeira; gancho; ligadura, cinta; suporte, escora; • *v* atar; engatar.
brace.let [ˈbreislit] *s* bracelete, pulseira; GÍR algema.
brac.ing [ˈbreisiŋ] *adj* estimulante, fortificante, tonificante.
brack.et [ˈbrækit] *s* consolo; gancho, braçadeira; chave, colchete, parênteses; salário; • *v* colocar entre parênteses.

brackish / breakneck

brack.ish ['brækiʃ] *adj* salobre, salobro.
brag [bræg] *s* jactância, bazófia; • *v* vangloriar-se, gabar-se.
brag.gart ['brægət] *s* e *adj* fanfarrão, gabola.
braid [breid] *s* trança, galão; • *v* entrelaçar, trançar.
brain [brein] *s* cérebro; intelecto; ~s: inteligência; pessoa muito inteligente; **to blow one's ~**: estourar os miolos, dar um tiro na cabeça.
brain.child ['breintʃaild] *s* invenção, ideia original.
brain.wash ['breinwɔʃ; EUA 'breinwɔ:ʃ] *v* fazer lavagem cerebral.
brain.less ['breinlis] *adj* desmiolado, insensato.
brain.storm ['breinstɔ:m] *s* distúrbio mental temporário; EUA ótima ideia.
brain.storm.ing ['breinstɔ:miŋ] *s* método de resolução de problemas que consiste na reunião de um grupo, com a finalidade de gerar ideias, estimulando o pensamento criativo, etc. através da participação espontânea dos envolvidos na discussão.
braise [breiz] *v* assar, guisar, refogar.
brake [breik] *s* AUT breque, freio; • *v* brecar, frear.
bram.ble ['bræmbl] *s* espinheiro.
bran [bræn] *s* farelo de cereal.
branch [bra:ntʃ; EUA bræntʃ] *s* galho, ramo; sucursal, filial; • *v* ramificar-se; ~ **office**: escritório; ~ **of business**: ramo de negócio.
brand [brænd] *s* ferrete, tição, estigma; raio; espada; marca (de fábrica); • *v* marcar, estigmatizar; ~ **new**: novo em folha.
bran.dish ['brændiʃ] *v* agitar, brandir.
bran.dy ['brændi] *s* conhaque, bebida destilada.
brash [bræʃ] *adj* frágil, quebradiço.
brass [bra:s; EUA bræs] *s* latão; cobre; arame; MÚS instrumento de metal; GfR alta patente militar.
bras.siere ['bræsiə(r); EUA brə'ziər] *s* sutiã.
brat [bræt] *s* moleque, pirralho.
brave [breiv] *s* e *adj* bravo, corajoso; • *v* desafiar, afrontar.

brav.er.y ['breivəri] *s* coragem, bravura, audácia.
bra.vo [bra:'vəu] *s* matador, assassino, capanga; • *interj* bravo!
brawl [brɔ:l] *s* disputa, contenda; • *v* brigar, discutir, altercar, disputar fortemente; berrar.
brawn [brɔ:n] *s* músculo.
brawn.y ['brɔ:ni] *adj* musculoso, forte.
bray [brei] *s* zurro; • *v* moer, triturar; zurrar.
braze [breiz] *v* bronzear; soldar.
bra.zen ['breizn] *adj* de bronze, de latão.
Bra.zil.i.an [brə'ziljən] *s* e *adj* brasileiro.
bra.zil nut [brezil 'nʌt] *s* castanha-do-pará.
bra.zil.wood [brezil 'wud] *s* pau-brasil.
breach [bri:tʃ] *s* brecha; fenda, abertura, buraco; violação, infração; • *v* abrir brecha em, romper; ~ **of the peace**: violação da ordem pública; ~ **of faith/trust**, ~ **of confidence**: abuso de confiança.
bread [bred] *s* pão; emprego.
bread.bas.ket [bred'ba:skit; EUA bred'bæskit] *s* cesto de pão.
bread.knife ['brednaif] *s* faca de pão.
breadth [bretø] *s* largura; liberalidade, largueza de visão; amplitude, extensão.
break [breik] *s* ruptura, quebra, rompimento; pausa, interrupção, falha; freio, breque; brecha; sorte; *v* (*pt* **broke**; *pp* **broken**) quebrar, romper, despedaçar, enfraquecer, falir; amansar, domar; anunciar; INF *veja* **abort** ou **escape** (Esc); **to ~ away**: escapar; romper; **to ~ down**: destruir, demolir; **to ~ in**: irromper, domar, amansar; **to ~ open**: abrir à força; **to ~ off**: cortar, terminar, romper; **to ~ out**: irromper, começar de repente e de forma violenta; **without a ~**: sem interrupção.
break.down ['breikdaun] *s* colapso, esgotamento; ruína, destruição.
break.er ['breikə(r)] *s* infrator, transgressor; vagalhão, onda.
break.fast ['brekfəst] *s* café da manhã, desjejum; • *v* tomar o café da manhã.
break.neck ['breiknek] *adj* rápido, precipitado; perigoso.

break.wa.ter ['breikwɔ:tə(r)] *s* quebra-mar.
breast [brest] *s* seio, peito; tetas; • *v* enfrentar, atacar, lutar peito a peito; **to make a clean ~ of**: confessar, desabafar, lutar de peito aberto.
breast.bone ['brestbəun] *s* MED osso esterno.
breath [breθ] *s* respiração, fôlego; hálito; sopro; **~ analyzer**: bafômetro; **to draw one's last ~**: exalar a última respiração, morrer.
breathe [bri:ð] (*in*, *out*) *v* respirar, soprar, exalar; descansar; viver; cochichar.
bred [bred] *pt* e *pp* de **breed**.
breech [bri:tʃ] *s* traseiro, nádegas; culatra.
breech.es ['britʃiz] *s* calções; **to wear the ~**: FIG ser o homem da casa; EUA **britches**.
breed [bri:d] *s* raça; geração; • *v* (*pt* e *pp* **bred**) procriar, produzir, criar; educar, gerar.
breeze [bri:z] *s* brisa, aragem; agitação; **to shoot the ~**: bater papo.
breth.ren ['breðrən] *s* irmão de fraternidade.
bre.vi.ar.y ['bri:viəri; EUA 'bri:vieri] *s* breviário, resumo, sumário; RELIG livro de preces.
brev.i.ty ['brevəti] *s* brevidade.
brew [bru:] *s* mistura; cerveja; bebida; • *v* misturar, remexer; fermentar; tramar, urdir; fazer cerveja, chá ou outra bebida.
brew.er ['bru:ə(r)] *s* cervejeiro, fabricante de cerveja.
brew.er.y ['bruəri] *s* cervejaria.
bri.ar ['braie(r)] *veja* **brier**.
bri.be [braib] *s* suborno, propina; • (*with*) *v* subornar.
brib.er.y ['braibəri] *s* suborno.
brick [brik] *s* tijolo, ladrilho; bom sujeito; • *v* entijolar; **to drop a ~**: dar um fora, dar uma rata.
brick.lay.er ['brikleiə(r)] *s* pedreiro.
brick.work ['brikwə:k] *s* obra de tijolos ou ladrilhos.
bri.dal ['braidl] *adj* nupcial.
bride [braid] *s* noiva, mulher recém-casada.
bride.groom ['braidgru:m] *s* noivo, recém-casado.
brides.maid ['braidzmeid] *s* dama de honra.

bridge [bridʒ] *s* ponte; • *v* construir pontes.
bri.dle ['braidl] *s* freio; NÁUT amarra; • *v* conter, refrear, reprimir.
brief [bri:f] *s* instrução; resumo, compêndio; • *v* resumir, abreviar; dar instrução a; • *adj* breve, curto, efêmero; conciso.
brief.ly ['bri:fli] *adv* resumidamente, concisamente.
brief.ness ['bri:fnis] *s* brevidade, concisão.
bri.er ['braiə(r)] *s* roseira brava, sarça.
brig [brig] *s* prisão, cadeia.
bri.gade [bri'geid] *s* brigada, corpo militar; **fire ~**: corporação de bombeiros.
brig.and ['brigənd] *s* bandido, marginal, bandoleiro.
bright [brait] *adj* brilhante, luminoso, resplandecente.
bright.en ['braitən] *v* iluminar, polir, lustrar; alegrar; enobrecer, abrilhantar.
bright.ness ['braitnis] *s* brilho, esplendor; alegria, animação.
bril.liant ['briliənt] *s* brilhante; • *adj* luminoso, brilhante; inteligente.
brim [brim] *s* aba, beira; borda, margem; • *v* encher.
brim.ful ['brimful] *adj* cheio até a borda.
brin.dled, **brin.dle** ['brindld, 'brindl] *adj* que tem manchas, malhado.
brine [brain] *s* salmoura; água do mar; POES lágrimas.
bring [briŋ] *v* (*pt* e *pp* **brought**) trazer, levar, conduzir; produzir, causar; **to ~ about**: causar; **to ~ back**: reconduzir; devolver; **to ~ in**: iniciar, produzir, introduzir; **to ~ down**: derrubar, deprimir, abater; **to ~ out**: apresentar, publicar; **to ~ over**: persuadir; **to ~ together**: juntar, reconciliar; **to ~ someone to**: fazer alguém se recompor, voltar a si; **to ~ up**: educar, criar.
brink ['briŋk] *s* beira, borda, margem, extremidade, orla.
brisk [brisk] *v* animar; • *adj* vivo, esperto, ativo, animado, vigoroso.
brisk.ness ['brisknis] *s* vivacidade.
bris.tle ['brisl] *s* pelo, cerda; • *v* eriçar.

Bri.tan.nic [bri'tænik] *adj* britânico.
Brit.ish ['britiʃ] *s e adj* o povo inglês, britânico.
Brit.on ['britn] *s* bretão.
brit.tle.ness ['brislnis] *s* fragilidade.
broach [brəutʃ] *s* espeto, furador, broca; • *v* espetar, abrir; tornar público, comunicar.
broad [brɔ:d] *adj* vasto, amplo, largo; essencial, principal; compreensivo, liberal; claro, óbvio; categórico.
broad.cast ['brɔ:dka:st; EUA 'brɔ:dkæst] *s* radiodifusão; sementeira à mão; ação de semear; • *v* (*pt e pp* **broadcast**) RÁDIO espalhar, semear, disseminar; irradiar, transmitir; • *adj* semeado, espalhado; irradiado, difundido.
broad.en ['brɔ:dən] *v* alargar, ampliar, ampliar-se, desenvolver.
broad.ly ['brɔ:dli] *adv* amplamente, de um modo geral.
broad-mind.ed [b'rɔ:dmaindid] *adj* liberal, tolerante.
broad.sheet ['brɔ:dʃi:t] *s* panfleto.
bro.cade [brə'keid] *s* brocado, tecido enfeitado com relevos.
broc.co.li ['brɔkəli] *s* brócolos.
brogue [brəug] *s* sotaque, em especial o irlandês.
broil [brɔil] *s* tumulto, algazarra, rixa; motim; • *v* assar, tostar; discutir, brigar.
broil.er [b'rɔilə(r)] *s* agitador, amotinador, perturbador; grelha; BRIT **grill**.
broke [brəuk] *adj* quebrado, sem dinheiro, arruinado; falido.
bro.ken ['brəukən] *adj* falido, quebrado, arruinado; interrompido, entrecortado; diz-se da língua mal falada (*broken English*: inglês ruim); domado.
bro.ken.ness ['brəukənnis] *s* interrupção; falência, ruína.
bro.ker ['brəukə(r)] *s* corretor, representante.
bro.ker.age ['brəukəridʒ] *s* corretagem.
bronze [brɔnz] *s* bronze, liga de cobre e estanho.
brooch [brəutʃ] *s* broche, alfinete de lapela; EUA **pin**.

brood [bru:d] *s* descendência; geração, prole; raça; • *v* chocar (ovos); meditar, pensar, refletir; **to ~ over**: remoer um pensamento.
brood.y ['bru:di] *adj* choca, prenhe; pensativo, taciturno; introspectivo.
brook [bruk] *s* riacho, córrego, regato, arroio; • *v* tolerar, suportar.
broom [bru:m] *s* vassoura; giesta, planta ornamental; • *v* varrer; **to get one's ~**: fugir.
broom.stick ['bru:mstik] *s* cabo da vassoura; **to marry over the ~**: casar às escondidas, detrás da igreja.
broth [brɔθ] *s* caldo, sopa.
broth.el ['brɔθəl] *s* bordel, prostíbulo.
broth.er ['brʌðə(r)] *s* irmão; amigo; **~ in law**: cunhado; **half ~**: meio-irmão.
broth.er.hood ['brʌðə(r)hud] *s* fraternidade, irmandade, confraternidade, confraria.
broth.er.ly ['brʌðə(r)li] *adv* fraternalmente.
brougham ['bru:əm] *s* carro fechado, carruagem de cavalos.
brought [brɔ:t] *pt e pp* de **bring**.
brow [brau] *s* sobrancelha; testa.
brow.beat ['braubi:t] *v* intimidar.
brown [braun] *adj* marrom, castanho; moreno; • *v* acastanhar, tostar.
brown.ie ['brauni] *s* MIT duende que se volta para o bem.
browse [brauz] *s* broto; rebento; • *v* pastar; folhear livros, passar os olhos.
brows.er ['brauzə(r)] *s* INF programa de computador usado para visualizar páginas na Internet.
bruise [bru:z] *s* nódoa negra, mancha roxa; contusão; • *v* contundir, contundir-se; pisar, machucar.
bruis.er ['bru:zə(r)] *s* lutador, pugilista, boxeador.
brunch [brʌntʃ] *s* refeição reforçada entre o café e o almoço.
brun.nette [bru:'net] *s e adj* morena.
brunt [brʌnt] *s* choque, colisão; peso.
brush [brʌʃ] *s* escova, broxa; • *v* escovar; pintar com pincel; retocar; varrer.
brush.wood ['brʌʃwud] *s* mato, matagal.
brusque [bru:sk] *adj* brusco, rude, grosseiro.

bru.tal ['bru:tl] *adj* brutal, cruel.
bru.tal.i.ty [bru:'tæləti] *s* brutalidade, rudeza; crueldade.
bru.tal.ize ['bru:təlaiz] *v* embrutecer, brutalizar.
brute [bru:t] *s* bruto, animal; • *adj* bruto, irracional.
brut.ish ['bru:tiʃ] *adj* brutal, embrutecido; estúpido; sensual.
bub.ble ['bʌbl] *s* bolha; ampola; murmúrio; quimera; logro; aparência; • *v* borbulhar; **~ gum**: goma de mascar.
bub.bler ['bʌblər] *s* bebedouro.
buc.ca.neer [bʌkə'niə(r)] *s* pirata, aventureiro, bucaneiro.
buck [bʌk] *s* bode, gamo, veado; macho; GÍR dólar; • *v* saltar, pular; **to ~ up**: apressar-se; animar, animar-se.
buck.et ['bʌkit] *s* balde, tina; • *v* baldear; cavalgar; mover-se rapidamente; **to kick the ~**: GÍR bater as botas, morrer.
buck.hound ['bʌkhaund] *s* cão caçador.
buck.le ['bʌkl] *s* fivela, broche de cabelo; • *v* prender, afivelar.
buck.ler ['bʌklə(r)] *s* escudo; defesa; • *v* escudar, defender, proteger.
buck.skin ['bʌkskin] *s* pele de anta, pele de gamo; camurça.
bu.col.ic [bju:'kɔlik] *s* bucólico, pastoril.
bud [bʌd] *s* botão; broto; • *v* germinar, brotar; emitir; enxertar; **to nip the ~**: cortar pela raiz.
Bud.dhism ['budizəm] *s* budismo, doutrina religiosa e social fundada por Buda (o Iluminado), na Índia do século V, basicamente contra o sistema, então existente, de castas.
Bud.dhist ['budist] *s* e *adj* budista.
bud.dy ['bʌdi] *s* companheiro.
budge [bʌdʒ] *s* pele de cordeiro; • *v* agitar-se, mover-se, mexer-se; • *adj* cerimonioso, pomposo; austero.
budg.et ['bʌdʒit] *s* mochila, saco; orçamento; • *v* fazer orçamento.
buff [bʌf] *s* couro de búfalo; disco de camurça para polir; • *v* polir.
buf.fa.lo ['bʌfələu] *s* búfalo.

buff.er ['bʌfə(r)] *s* para-choque; EUA **bumper**; INF área de armazenamento temporário de arquivos e dados, os quais serão transferidos, automática e oportunamente, assim que as disponibilidades do computador permitam; ou, memória temporária que retém parte do trabalho que o computador deve realizar, em razão de que volume de dados a serem processados estão excedendo algum tipo de limite setorizado; exemplo: o buffer da impressora retém os dados enviados pelo computador até que esteja pronta para imprimi-los.
buf.fet ['bufei; EUA bə'fei] *s* bofetada, tapa; guarda-louça; bufete; • *v* ['bʌfit] esmurrar, sacudir, bater.
buf.foon [bə'fu:n] *s* bobo, bufão, palhaço.
buf.foon.er.y [bə'fu:nəri] *s* palhaçada.
bug [bʌg] *s* percevejo, pulgão, carrapato; GÍR micróbio; aparelho de escuta; EUA inseto; mania; falha; INF problema de um programa que o impede de funcionar corretamente; vírus.
bug.a.boo, bug.bear ['bʌgəbu:, 'bʌgbeə(r)] *s* bicho-papão, fantasma.
bug.ger ['bʌgə(r)] *s* sodomita, aquele que pratica cópula anal; pederasta; biltre, velhaco.
bu.gle ['bju:gl] *s* trompa, corneta, clarim.
build [bild] *s* construção, prédio; forma; • *v* (*pt* e *pp* **built**) construir, fabricar, edificar; **to ~ up**: desenvolver; construir.
build.ing ['bildiŋ] *s* construção, edifício; **~ block**: componente básico; **~ contractor**: empreiteiro.
built [bilt] *pt* e *pp* de **build**.
Bul.gar.ian [bʌl'geəriən] *s* e *adj* búlgaro.
bulge [bʌldʒ] *s* bojo, saliência.
bulk [bʌlk] *s* volume; grandeza.
bulk.y ['bʌlki] *adj* corpulento, volumoso.
bull [bul] *s* touro; homem forte e agressivo; contradição, disparate; erro; COM jogador na alta da Bolsa de Valores; GÍR EUA tira, policial.
bull.dog ['buldɔg] *s* buldogue (cão).
bul.let ['bulit] *s* bala, projétil de arma de fogo; **~ proof**: à prova de balas.
bul.le.tin ['bulətin] *s* boletim.

bull.fight ['bulfait] *s* tourada.
bull.fight.er ['bulfaitə(r)] *s* toureiro.
bull.horn ['bulhɔrn] *s* EUA alto-falante ou megafone elétrico direcional de alta potência.
bul.ly ['buli] *s* valentão, fanfarrão; capanga; • *v* fanfarronar, bravatear; intimidar; dar trote; • *adj* EUA ótimo.
bull.shit ['bulʃit] *s* EUA bobagem (usado para manifestar desaprovação, descontentamento).
bul.wark ['bulwək] *s* baluarte; parapeito, muralha.
bum [bʌm] *s* EUA vagabundo, ébrio; bunda; • *v* embriagar-se; viver à custa de outrem; • *adj* inferior, de má qualidade.
bump [bʌmp] *s* choque, pancada; galo, protuberância, inchaço; • *v* bater; ferir, contundir.
bump.er ['bʌmpə(r)] *s* EUA para-choque; BRIT **buffer**; copo cheio; • *adj* muito grande.
bump.kin ['bʌmpkin] *s* grosseiro, rústico; caipira, jeca; EUA **hick**.
bump.tious ['bʌmpʃəs] *adj* presunçoso, vaidoso.
bun [bʌn] *s* biscoito, brioche, bolo; coque (cabelo).
bunch [bʌntʃ] *s* cacho (uvas), ramo (flores); bando; • *v* agrupar, reunir; enfeixar.
bung [bʌŋ] *s* tampão; rolha; • *v* arrolhar.
bun.ga.low ['bʌŋgələu] *s* bangalô.
bun.gler ['bʌŋglə(r)] *s* trapalhão.
bun.ion ['bʌniən] *s* joanete, calo.
bunk [bʌŋk] *s* tarimba, estrado de dormir, beliche.
bun.ker ['bʌŋkə(r)] *s* carvoeiro de navio; tulha, arca; abrigo.
bun.ny ['bʌni] *s* coelhinho.
buoy [bɔi] *s* boia, salva-vidas; • *v* boiar; **to ~ up**: sustentar-se, proteger-se, apoiar.
bur.ble ['bə:bl] *s* bolha, borbulha; EUA **bubble**.
bur.den ['bə:dn] *s* NÁUT carga, peso, tonelagem, fardo; cuidado, aflição; • *v* sobrecarregar; dificultar; oprimir; tiranizar.

bur.den.some ['bə:dnsəm] *adj* pesado, opressivo; incômodo.
bu.reau ['bjuərəu] *s* secretária, escrivaninha; escritório; EUA agência, departamento; **travel ~**: agência de turismo.
bu.reau.cra.cy [bjuə'rɔkrəsi] *s* burocracia, administração extremamente formal.
bu.reau.crat ['bjuərəkræt] *s* burocrata.
bur.geon ['bə:dʒən] *s* broto, botão; rebento; • *v* rebentar.
bur.glar ['bə:glə(r)] *s* ladrão, gatuno, arrombador, assaltante.
bur.glar.ize ['bə:gləraiz] *v* EUA roubar, arrombar.
bur.gla.ry ['bə:gləri] *s* roubo, arrombamento.
bur.gle ['bə:gl] *v* arrombar uma casa para roubar.
bur.i.al ['beriəl] *s* enterro, funeral.
bur.lesque [bə:'lesk] *adj* burlesco, grotesco.
bur.ly ['bə:li] *adj* volumoso, vigoroso, forte, robusto.
burn [bə:n] *s* queimadura; fogo; • *v* (*pt* e *pp* **burnt** ou **burned**) queimar, incendiar; **to ~ out**: consumir-se.
burn.er ['bə:nə(r)] *s* bico de gás.
burn.ing ['bə:niŋ] *s* queimadura; fogo, chama; incêndio; combustão; • *adj* ardente, abrasador.
burn.ish ['bə:niʃ] *s* polimento, brilho, lustro; • *v* polir, luzir, lustrar.
burnt [bə:nt] *pt* e *pp* de **burn**.
burr [bə:(r)] *s* som arrastado, áspero, gutural; rebarba de metal.
bur.row ['bʌrəu] *s* esconderijo, toca, cova; • *v* cavar, escavar; entocar-se, esconder-se.
bur.sa.ry ['bə:səri] *s* bolsa escolar.
burst [bə:st] *s* explosão, estouro; fenda, racha; • *v* (*pt* e *pp* **burst**) rebentar, arrebentar, explodir, irromper, estourar; brotar, romper-se.
bur.y ['beri] *v* enterrar, sepultar, soterrar; ocultar, esconder.
bus [bʌs] *s* ônibus; INF sistema eletrônico de transporte de dados que leva os elétrons a um determinado destino, conjuntamente; **~ stop**: ponto de ônibus.

bush [buʃ] *s* arbusto, moita, mata; • *v* copar, tornar espesso, plantar arbustos.

bush.el ['buʃl] *s* alqueire; medida de capacidade (aproximadamente 36 litros); • *v* remendar, consertar.

busi.ness ['bizuis] *s* negócio, comércio; profissão; dever; ~ **day**: dia útil; **mind your own ~**: cuide de sua vida; **that is no ~ of yours**: não é de sua conta; **let's get down to ~**: vamos ao que interessa, vamos aos negócios.

busi.ness.man ['biznismæn] *s* homem de negócios, negociante.

bust [bʌst] *s* busto, peito, seio; falha, falência; • *v* quebrar, romper-se.

bus.tle ['bʌsl] *s* animação, movimento; alvoroço; afobação; • *v* mexer-se; apressar-se, alvoroçar-se, atropelar-se; agitar-se.

bus.y ['bizi] *adj* ocupado, atarefado; ativo; movimentado; diligente; • *v* ocupar, empregar; ocupar-se de; **to get ~**: ocupar-se intensamente.

bus.y.bod.y ['bizibɔdi] *s* intrometido, importuno, inoportuno, bisbilhoteiro.

but [bʌt] *s* obstáculo, objeção; • *adv* somente, apenas, meramente; • *conj* mas, porém, todavia, contudo, não obstante, exceto, a não ser que; • *prep* com exceção de, salvo; ~ **for**: se não fosse por.

butch.er ['butʃə(r)] *s* açougueiro, carniceiro; assassino, carrasco; • *v* abater; chacinar.

butch.er.y ['butʃəri] *s* matadouro; carnificina, mortandade; açougueiro.

but.ler ['bʌtlə(r)] *s* mordomo.

butt [bʌt] *s* alvo; extremidade grossa; coronha; • *v* ligar, unir; dar cabeçadas; ajustar, protestar, marrar, chifrar.

but.ter ['bʌtə(r)] *s* manteiga; GÍR adulação; • *v* passar manteiga; lisonjear, adular.

but.ter.fly ['bʌtəflai] *s* borboleta.

but.ter.milk ['bʌtə(r)milk] *s* leitelho, soro de leite.

but.ter.y ['bʌtəri] *s* adega, despensa; • *adj* amanteigado.

but.tock ['bʌtək] *s* nádegas, anca, traseiro, bunda; EUA **bum**.

but.ton ['bʌtn] *s* botão; abotoadura; broche de lapela; • *v* abotoar.

but.ton.hole ['bʌtnhəul] *s* casa de botão, botoeira; • *v* abotoar; fazer casa de botões.

but.tress ['bʌtris] *s* suporte, esteio, apoio, escora, contraforte; • *v* apoiar, sustentar, escorar.

bux.om ['bʌksəm] *adj* saudável, rosado; opulento; jovial.

buy [bai] *s* compra, aquisição; • *v* (*pt* e *pp* **bought**) comprar, adquirir; subornar.

buy.er ['baiə(r)] *s* comprador.

buzz [bʌz] *s* zumbido, zunido, zoada; • *v* zumbir, zunir.

by [bai] *prep* e *adv* perto de; a, durante, em; por, pelo; sobre; de; com; até; através de; ~ **accident**: por acaso; ~ **and** ~: logo; ~ **and large**: de modo geral; ~ **chance**: por acaso; ~ **itself**: por si só; ~ **day**: de dia; ~ **heart**: de cor; ~ **the way**: a propósito.

bye [bai] *s* assunto secundário; assunto de menor importância; coisa de menor importância; • *adj* secundário; **bye-bye**: GÍR adeus, até logo; ~ **laws**: COM regulamentos, estatutos; **good ~**: adeus.

by.gone ['baigɔn; EUA 'baigɔ:n] *s* o passado, coisas passadas; • *adj* antigo, fora de moda, passado; morto.

by.law, bye.law ['bailɔ:] *s* estatuto, regulamento.

by.pass ['baipa:s; EUA 'baipæs] *s* passagem secreta, caminho secundário, atalho; • *v* contornar.

by.product ['baiprodʌkt] *s* produto derivado, subproduto.

by.stand.er ['baistændə(r)] *s* assistente, espectador.

byte [bait] *s* INF byte, uma unidade de informação armazenada no computador igual a um conjunto sequencial de oito **bits**.

by.word ['baiwɔ:d] *s* provérbio, adágio, máxima; ~ **for**: sinônimo de.

Byz.an.ti.an [bai'zentiən] *s* e *adj* bizantino, que vem ou é de Bizâncio, cidade do imperador romano Constantino, posteriormente chamada Constantinopla, que hoje tem o nome de Istambul.

C

c [si:] *s* terceira letra do alfabeto; QUÍM (com maiúsc.) símbolo do carbono; equivalente a cem em algarismo romano.

Ca [si′ei] *s* símbolo do cálcio.

cab [kæb] *s* táxi; cabina (de maquinista, de motorista de caminhão, etc.); ~ **driver**: motorista de táxi; **taxi** ~: EUA táxi.

ca.bal [kə′bæl] *s* cabala; intriga, trama, conspiração; ciência oculta; • *v* cabalar; intrigar, tramar.

cab.bage [′kæbidʒ] *s* repolho; couve; GÍR dinheiro.

cab.by [′kæbi:] *s* cocheiro; motorista de táxi.

cab.in [′kæbin] *s* cabana; cabina; camarote; • *v* viver em uma cabana; **a log** ~: cabana de madeira; ~ **class**: primeira classe em um navio transatlântico.

cab.i.net [′kæbinit] *s* gabinete, armário, arquivo; • *adj* confidencial, secreto; ministerial; relativo a gabinete; ~**-maker**: marceneiro.

ca.ble [′keibl] *s* cabo; amarra de barco; cabograma; • *v* amarrar; telegrafar via cabo submarino; cabografar; ~ **car**: bonde; teleférico; ~ **modem**: INF um modem acoplado a um sistema de televisão a cabo, capaz de transmitir dados a 500 kilobytes por segundo; ~ **television/TV**: televisão a cabo.

ca.ble.gram [′keiblgræm] *s* cabograma, telegrama via cabo.

cache [kæʃ] *s* depósito secreto (de munição, de alimentos, etc.); • *v* esconder, ocultar; INF lugar embutido na memória do computador onde fica armazenado um determinado volume de dados, temporariamente, evitando o acesso ao drive do disco rígido ou flexível, fazendo-o rodar mais rápido; INF diretório no qual são arquivadas as páginas já vistas na Internet ou os *e-mails* recebidos; **memory** ~: INF chips de memória que retêm dados, temporariamente, a fim de fazer um micro rodar mais rápido.

ca.chet [kæ′ʃei] *s* chancela, selo; marca, cunho; rubrica.

cack.le [′kækl] *s* tagarelice; risada, gargalhada; cacarejo de galinha; • *v* tagarelar; cacarejar; mexericar; rir.

ca.coph.o.ny [kæ′kɑfəni:] *s* GRAM cacofonia, som desagradável resultante da junção de sílabas de palavras diferentes, produzindo às vezes uma palavra de significado grosseiro; dissonância.

cac.tus [′kæktəs] *s* cacto.

CAD [kæd] INF **C**omputer-**A**ided **D**esign, programa usado por arquitetos, engenheiros e artistas gráficos que permite visualizar e manipular objetos em 3D.

cad [kæd] *s* pessoa inculta, grosseira, malcriada; canalha.

ca.dav.er [kə′dævər] *s* MED cadáver, corpo sem vida para dissecação.

ca.dav.er.ic [kədæ′vərik] *adj* cadavérico; magro; pálido.

cad.die ['kædi] *s* mensageiro, portador; ESP aquele que carrega os tacos de golfe e outros objetos.

cad.dish ['kædiʃ] *adj* mal-educado, grosseiro, sem cultura.

cad.dy ['kædi] *s* latinha ou caixinha para chá; caixa pequena.

ca.dence ['keidns] *s* cadência; ritmo, compasso; • *v* cadenciar.

ca.det [kə'det] *s* cadete, aspirante a oficial, em escola militar; irmão mais novo, caçula.

cadge [kædʒ] (*from*, *off*, *for*) *v* mendigar, esmolar; pedir.

cadg.er ['kædʒə(r)] *s* mascate; pedinte; vagabundo.

cad.mi.um ['kædmiəm] *s* QUÍM cádmio.

Cae.sar.e.an [si'zeəriən] *s* cesariana; • *adj* cesariano; EUA **cesarean**.

ca.fé ['kæfei; EUA kæ'fei] *s* café, restaurante, bar; espécie de lanchonete em que o principal entretenimento é o acesso à Internet, o mesmo que cybercafé ou Internet Café.

caf.e.te.ri.a [kæfi'tiəriə] *s* restaurante em que as próprias pessoas se servem; *self-service*; lanchonete.

cage ['keidʒ] *s* gaiola; prisão, cadeia, jaula; • *v* engaiolar; prender.

ca.jole [kə'dʒəul] *v* adular; lisonjear.

cake [keik] *s* bolo; biscoito; barra; **~ mix**: mistura preparada para bolo; **~ pan**: fôrma para bolo ou pudim; **piece of ~**: fácil de fazer; **(selling) like hot ~s**: mercadoria que é bem vendida; **wedding- ~**: bolo de casamento.

ca.lam.i.tous [kə'læmitəs] *adj* calamitoso, desastrado.

ca.lam.i.ty [kə'læməti] *s* calamidade, desgraça.

cal.ci.um ['kælsiəm] *s* QUÍM cálcio.

cal.cu.la.ble ['kælkjələbl] *adj* calculável, avaliável; contável.

cal.cu.late ['kælkjuleit] *v* calcular; estimar; contar; supor, pensar, conjeturar; refletir.

cal.cu.la.tion [kælkju'leiʃn] *s* cálculo, avaliação, cômputo; ato de calcular.

cal.cu.la.tor ['kælkjuleitə(r)] *s* calculadora; pessoa que faz cálculos.

cal.dron ['kɔ:ldrən] *s* caldeirão, caldeira.

cal.en.dar ['kælində(r)] *s* calendário, folhinha; • *v* registrar, listar; **~ year**: ano civil.

calf [ka:f; EUA kæf] *s* vitela, novilha; barriga da perna.

cal.i.bre, EUA **cal.i.ber** ['kælibə(r)] *s* calibre; capacidade.

cal.i.brate ['kælibreit] *v* calibrar, medir o calibre, a capacidade.

ca.liph ['keilif] *s* califa.

call [kɔ:l] *s* chamado; telefonema, pio (pássaro); visita; • *v* chamar, anunciar; apelar, convidar; telefonar; convocar; visitar; pagar para ver (no jogo de cartas); **~ box**: EUA cabina telefônica; **~ button**: botão para chamar a enfermeira no hospital, a aeromoça/o, comissária/o no avião; **~ center**: central de atendimento ao consumidor; **~ girl**: prostituta, garota de programa; **~-in**: programa na rádio ou na TV com a participação dos ouvintes ou telespectadores; **long distance ~**: interurbano; **on ~**: de plantão; **to ~ a meeting of creditors**: reunir credores; **to ~ back**: chamar novamente; revogar, mandar voltar, retratar; **to ~ down**: pedir uma graça; censurar; **to ~ for**: pedir, exigir, requerer; **to give (someone) a ~**: dar um telefonema; **to ~ names**: xingar; **to ~ off**: cancelar; **to ~ on, upon**: visitar; implorar; **to ~ up**: telefonar; recordar, reclamar; recrutar; **within ~**: ao alcance da voz.

call.boy ['kɔ:lbɔi] *s* rapaz de recados, mensageiro; CIN e TEAT contrarregra.

call.er [k'ɔ:lər] *s* visita, visitante; aquele que telefona.

cal.lig.ra.phy [ke'ligrəfi] *s* caligrafia, escrita bonita, benfeita.

call.ing [k'ɔ:liŋ] *s* chamado, apelo, convocação; vocação; profissão; **~-card**: EUA cartão de visita.

cal.lous ['kæləs] *adj* calejado; insensível; indiferente; • *v* calejar-se; insensibilizar-se.

calm [ka:m] *s* calma, tranquilidade; • *v* acalmar, serenar; • *adj* calmo; **keep ~:** tenha calma.

calm.ness [k´a:mnis] *s* calma, sossego, serenidade.

cal.o.rie [´kæləri] *s* caloria, unidade de calor, unidade de energia fornecida pelos alimentos.

cal.o.rif.ic [kælə´rifik] *adj* calorífico.

cal.um.ny [´kæləmni] *s* calúnia, difamação, maledicência.

Cal.va.ry [´kælvəri] *s* Calvário, lugar onde Cristo foi crucificado; (com minúsc.) FIG sofrimento.

Cal.vin.ism [´kælvinizəm] *s* calvinismo, sistema religioso criado por João Calvino, no século XVI.

cam.ber [´kæmbə(r)] *s* curvatura, arqueamento; caimento; • *v* arquear, abaular.

cam.ber.ed [´kæmbərid] *adj* arqueado, com aspecto de arco, curvado.

cam.bric [´keimbrik] *s* cambraia, tecido de algodão ou linho muito fino.

cam.cord.er [´kæmkɔ:də(r)] *s* câmara de vídeo doméstica.

came [keim] *pt* de **come**.

cam.el [´kæml] *s* camelo, mamífero ruminante que tem duas corcovas.

cam.e.o [´kæmiəu] *s* camafeu, pedra composta de duas cores diferentes onde se lavra, numa delas, uma figura em relevo.

cam.er.a [´kæmərə] *s* câmara; máquina fotográfica ou cinematográfica, objetiva; **~ case:** bolsa para guardar equipamentos fotográficos; **~ club:** clube de fotografia.

cam.er.a.man [´kæmərəmæn] *s* operador de câmara de cinema ou de televisão.

cam.ou.flage [´kæməfla:ʒ] *s* camuflagem; FIG disfarce; • *v* camuflar, disfarçar.

camp [kæmp] *s* campo, acampamento; • *v* acampar, alojar; **~-bed:** cama de campanha, EUA **cot**; **to break ~:** levantar acampamento.

cam.paign [kæm´pein] *s* campanha, esforço no sentido de conseguir algum objetivo predefinido; FIG esforço; • *v* participar de ou fazer campanha.

cam.pa.ni.le [kæmpə´ni:li] *s* campanário, torre de sinos.

camp.er [´kæmpə(r)] *s* campista; reboque; EUA caravana motorizada.

cam.phor [´kæmfə(r)] *s* cânfora, resina extraída da canforeira (árvore).

camp.ing [´kæmpiŋ] *s* ESP acampamento; lugar especial no campo onde se aluga espaço para armar barracas, geralmente de lona, e que possui infraestrutura habitacional; **~ site** ou **camp site**: lugar para acampamento, EUA **campground**.

cam.pus [´kæmpəs] *s* pátio das universidades.

can [kæn, kən] *s* lata, vasilha, tambor; caneca; lata de refrigerante; lata de alimento; GÍR banheiro; cadeia; • *v aux* (*pt* e *pp* **could**) poder; **~ opener:** abridor de latas; **I ~'t understand it**: não posso compreendê-lo; **watering- ~:** regador, aguador; **what ~ I do for you?**: que posso fazer por você?

Ca.na.di.an [kə´neidiən] *s* e *adj* canadense.

ca.nal [kə´næl] *s* canal; • *v* canalizar.

ca.nal.i.za.tion [kænəlai´zeiʃn; EUA kænəli´zeiʃn] *s* canalização.

can.al.ize [´kænəlaiz] *v* canalizar.

ca.nard [kæ´na:d] *s* notícia falsa, divulgação exagerada, boato.

ca.nar.y [kə´neəri] *s* canário, pássaro originário das Ilhas Canárias.

can.cel [´kænsl] *s* cancelamento; • *v* cancelar, anular, suprimir, suspender.

can.cer [´kænsə(r)] *s* MED câncer, nome comum dos tumores malignos; ASTROL (com maiúsc.) Câncer, signo do zodíaco.

can.did [´kændid] *adj* cândido, sincero; ingênuo, franco, leal, justo; **~ camera**: câmara indiscreta; *ant* **tricky**, **evasive**.

can.di.date [´kændidət, ´kændideit] *s* candidato, concorrente, aspirante.

can.died [k´ændid] *adj* coberto de açúcar; confeitado; FIG adulador, bajulador.

can.dle [´kændl] *s* vela.

can.dle.light [kˈændəlait] *s* luz de vela; o cair da noite.

can.dle.stick [kˈændlstik] *s* castiçal, candelabro.

can.dle.wick [ˈkændlwik] *s* pavio de vela.

can.dour, EUA **can.dor** [ˈkændə(r)] *s* imparcialidade; franqueza.

can.dy [ˈkændi] *s* açúcar; bombom, bala; doce; • *v* cristalizar-se, cobrir de açúcar; **~floss**: algodão doce, EUA **cotton candy**; **~ store**: EUA confeitaria.

cane [kein] *s* bengala; cana; **sugar-~**: cana-de-açúcar; **~sugar**: açúcar extraído da cana-de-açúcar.

ca.nine [ˈkeinain] *s* canino; dente canino; • *adj* que diz respeito aos animais caninos.

can.ker [ˈkæŋkə(r)] *s* cancro, mal que se alastra lentamente.

cann.er [ˈkænər] *s* enlatador, fabricante de conservas.

can.ni.bal [ˈkænibəl] *s* canibal, que pratica a antropofagia.

can.ni.bal.ism [ˈkænibəlizəm] *s* canibalismo, ato de comer carne humana, antropofagia.

can.non [ˈkænən] *s* canhão.

can.non.ade [ˌkænəˈneid] *s* bombardeio; *v* canhonear, bombardear.

can.non.ball [ˈkænənbɔːl] *s* bola de canhão.

can.not [ˈkænət] *contr* de **can not**.

can.ny [ˈkæni] *adj* prudente, cauteloso, moderado; esperto.

ca.noe [kəˈnuː] *s* canoa, pequeno bote; • *v* navegar em canoa.

can.on [ˈkænən] *s* cânone, regra, decreto, paradigma, modelo, padrão; cônego, dignitário da Igreja; decisão de concílio; lista de santos reconhecidos pela Igreja.

can.on.ize [ˈkænənaiz] *v* canonizar, tornar santo, exaltar, glorificar.

cant [kænt] *s* canto; linguagem hipócrita; • *v* falar com afetada hipocrisia.

can't [kaːnt; EUA kænt] *contr* de **cannot**; **I ~ do that**: não posso fazer isso.

can.tan.ker.ous [kænˈtæŋkərəs] *adj* desagradável; rabugento, mal-humorado; mau, perverso.

can.teen [kænˈtiːn] *s* cantina; cantil, vasilhame próprio para acampamento.

can.ti.cle [ˈkæntikl] *s* cântico, hino religioso; BÍBL **The ~s**: Cântico dos Cânticos, livro do Antigo Testamento.

can.tle [ˈkæntl] *s* retalho, pedaço, fragmento.

can.ton [ˈkæntən] *s* cantão, divisão territorial feita na Suíça e em outros países da Europa.

can.vas [ˈkænvəs] *s* canvas, tecido para confecções; lona, tela; vela de barco.

can.vass [ˈkænvəs] *v* discutir, debater; solicitar.

can.vass.er [ˈkænvəsə(r)] *s* propagandista; angariador; EUA cabo eleitoral.

can.yon [ˈkænjən] *s* desfiladeiro, vale profundo.

cap [kæp] *s* boné, gorro, boina; tampa; chapéu; extremidade; • *v* cobrir, coroar; cobrir a cabeça; vencer, ganhar, sobrepujar; **bathing ~**: touca para natação ou banho; **if the ~ fits**: se a carapuça servir.

ca.pa.bil.i.ty [ˌkeipəˈbiləti] *s* capacidade, aptidão; habilidade; competência.

ca.pa.ble [ˈkeipəbl] *adj* capaz, competente; suscetível; *ant* **incapable**.

ca.pac.i.ty [kəˈpæsəti] *s* capacidade; volume; faculdade, aptidão; **load ~**: capacidade de carga.

cape [keip] *s* cabo; capa, manto.

ca.per [ˈkeipə(r)] *s* alcaparra; cabriola, dar cambalhota; • *v* saltar.

cap.i.tal [ˈkæpitl] *s* capital; cabedal; letra maiúscula; • *adj* capital, principal, primordial.

cap.i.tal.ism [ˈkæpitəlizəm] *s* ECON capitalismo, sistema socioeconômico onde a livre iniciativa é privilegiada, isto é, onde os meios de produção, distribuição, etc. ficam por conta da iniciativa individual.

cap.i.tal.ize, **cap.i.tal.ise** [ˈkæpitəlaiz] *v* capitalizar, acrescer juros ao principal; acumular dinheiro; ART GRÁF escrever com maiúsculas.

ca.pit.u.late [kəˈpitʃuleit] *v* render, capitular; render-se.

capitulation / cargo

ca.pit.u.la.tion [kəpitʃuˈleiʃn] *s* capitulação, rendimento.

ca.price [kəˈpri:s] *s* capricho, excentricidade.

ca.pri.cious [kəˈpriʃəs] *adj* caprichoso; extravagante.

Cap.ri.corn [ˈkæprikɔ:n] *s* ASTROL capricórnio.

caps [kæps] *abrev de* **cap**ital letters.

cap.si.cum [ˈkæpsikəm] *s* pimenta.

cap.size [kæpˈsaiz] *v* capotar.

cap.sule [ˈkæpsju:l] *s* cápsula (de remédio, de nave espacial).

cap.tain [ˈkæptin] *s* capitão (das forças armadas, da marinha, de um time de futebol); comandante de navio.

cap.tion [ˈkæpʃn] *s* cabeçalho, título; legenda de ilustração; JUR encerramento de atos judiciais, rubrica.

cap.tious [ˈkæpʃəs] *adj* capcioso, falaz; ardiloso.

cap.ti.vate [ˈkæptiveit] *v* cativar, fascinar, encantar; seduzir.

cap.tive [ˈkæptiv] *s* escravo, cativo; • *adj* cativo, prisioneiro.

cap.ture [ˈkæptʃə(r)] *s* captura, prisão; • *v* capturar, aprisionar.

car [ka:(r)] *s* carro de qualquer espécie, veículo; vagão de trem; **~ seat**: cadeira de bebê para carro.

car.at [ˈkærət] *s* quilate, unidade de peso para metais e pedras preciosas, equivalente a 200 miligramas.

car.a.van [ˈkærəvæn] *s* caravana, movimentação conjunta de pessoas sobre rodas.

car.bine [ˈka:bain] *s* carabina, espingarda curta e de cano estriado.

car.bon [ˈka:bən] *s* QUÍM carbono; **~ copy (cc)**: cópia de papel-carbono; pessoa ou coisa igual a outra; **~ paper**: folha de papel-carbono; **~ monoxide**: monóxido de carbono.

car.bon.ate [ˈka:beneiti] *s* QUÍM carbonato, sal do ácido carbônico; • *v* carbonizar.

car.bon.ic [ˈka:bənik] *adj* carbônico, diz-se do gás resultante da combustão.

car.bu.ret.tor, EUA **car.bu.re.tor** [ˈka:bju'retə(r); EUA ˈka:rbəreitər] *s* MEC carburador, peça do automóvel onde ocorre a mistura do combustível com o oxigênio.

car.cass [ˈka:kəs] *s* carcaça; esqueleto; arcabouço.

card [ka:d] *s* cartão; cartão-postal; carta de baralho; convite, ficha; • *v* cartear; endereçar um cartão; **calling ~**: EUA cartão de visita; **~s**: baralho; **credit ~**: cartão de crédito; **smart ~**: cartão plástico (como um cartão de crédito) com um circuito integrado para armazenar informações, usado para eliminar uma série de documentos e até como dinheiro.

card.board [ˈka:dbɔ:d] *s* papelão, cartolina.

car.di.ac [ˈka:diæk] *adj* cardíaco.

car.di.nal [ˈka:dinl] *s* cardeal; número cardinal; • *adj* cardinal, principal, primordial.

car.di.ol.o.gist [ka:diˈɔlədʒist] *s* cardiologista.

care [keə(r)] *s* cuidado, proteção; • *v* cuidar, ter ou mostrar cuidado; importar-se, interessar-se; **to take ~ of**: cuidar de, tomar as medidas para.

ca.reer [kəˈriə(r)] *s* carreira, profissão, ofício; modo de vida; • *v* galopar; • *adj* relativo à profissão, de carreira; **~s office**: orientador vocacional.

care.free [kˈeərfri:] *adj* despreocupado.

care.ful [ˈkeəfl] *adj* cuidadoso; exato.

care.ful.ly [ˈkeəflli] *adv* cuidadosamente; **you're not driving ~ enough**: você não está dirigindo com cuidado suficiente.

care.less [ˈkeəlis] *adj* descuidado, desatento, negligente.

ca.ress [kəˈres] *s* carinho, afago, mimo; • *v* acariciar, afagar, mimar.

care.tak.er [kˈeərteikə(r)] *s* zelador, guarda; EUA **janitor**; • *adj* interino.

care.tak.ing [keə(r)ˈteikiŋ] *s* cuidado, zelo.

care.worn [keə(r)wɔ:n] *adj* preocupado, aflito.

car.go [ˈka:gəu] *s* carga, carregamento, frete; **~ boat**: navio cargueiro; **~ door**: porta de entrada e saída de carga das aeronaves; **~ plane**: avião de carga.

car.i.ca.ture [′kærikətjuə(r)] s caricatura; • v caricaturar.

car.ies [′keəri:z] s cárie.

car.il.lon [kə′riljən] s carrilhão, grandes sinos de torre de igreja.

car.i.ous [′keəriəs] adj cariado.

car.mine [′ka:main] s carmim, cor avermelhada muito viva.

car.nage [′ka:nidʒ] s carnificina, matança.

car.nal [′ka:nl] adj carnal, sensual.

car.ni.val [′ka:nivl] s carnaval; EUA parque de diversões.

car.niv.o.rous [ka:′nivərəs] adj carnívoro.

car.ol [′kærəl] s canto alegre; gorjeio; hino de Natal; • v cantar alegremente.

ca.rot.id [kə′rɔtid] s MED carótida, artéria que leva sangue à cabeça; • adj carotídeo.

ca.rouse [kə′rauz] v festejar com orgia; embebedar-se.

car.ou.sel [kærə′səl] s carrossel; sistema de transporte das malas, nos aeroportos; *displays* giratórios para venda de produtos; EUA **merry-go-round**.

ca.rous.er [kə′rauzər] s beberrão; farrista, boêmio; bebedeira.

carp [ka:p] s carpa; • v criticar, censurar.

car.pen.ter [′ka:pintə(r)] s carpinteiro.

car.pen.try [′ka:pintri] s carpintaria; obra de carpinteiro.

car.pet [′ka:pit] s carpete, tapete; **~ sweeper**: limpador de tapetes; **on the ~**: em discussão; sob censura.

car.pet.ing [′ka:rpətiŋ] s tecido para tapete; tapetes em geral.

car.riage [′kæridʒ] s carruagem, carro (de máquina de escrever), veículo de rodas; transporte; **carriage transportation**.

car.ri.er [′kæriə(r)] s portador, carregador; EUA **expressman**; **~-pigeon**: pombo-correio; **mail ~**: carteiro; **plane- ~**: porta-aviões.

car.ri.on [′kæriən] s carniça, carne podre; cadáver em putrefação; • adj pútrido, putrefato; FIG imundo.

car.rot [′kærət] s cenoura; FIG pessoa ruiva.

car.rot.y [′kærəti] adj ruivo; da cor da cenoura.

car.ry [′kæri] s alcance de um projétil, de uma bala; carreto; • v carregar, levar, conduzir, transportar; transmitir; sustentar; acarretar; aprovar; **~-on bag**: bagageiro de avião; **the burdens which we ~**: a carga que levamos às costas; **to ~ away**: arrebatar, empolgar; levar embora; **to ~ back**: restituir; **to ~ off**: causar a morte de; levar embora; **to ~ on**: prosseguir; dirigir, conduzir (negócios); **to ~ out**: realizar, levar a cabo, executar, desempenhar; **to ~ over**: adiar; transportar; **to ~ up**: fazer subir.

cart [ka:t] s carroça, pequeno carro para carga; carreta, carruagem; AUT carrinho de corrida; • v transportar em uma carroça.

car.tel [ka:′tel] s ECON cartel, monopólio exercido por um grupo de empresas sobre um determinado produto ou sobre determinada revenda de produtos diversos.

car.ti.lage [′ka:tilidʒ] s MED cartilagem.

car.tog.ra.phy [ka:′tɔgrəfi] s cartografia.

car.ton [′ka:tn] s caixa de papelão; papelão; embalagem de cartão ou de plástico (de suco, iogurte, etc.).

car.toon [ka:′tu:n] s caricatura, desenho, esboço; desenho animado; **animated ~**: desenho animado.

car.toon.ist [ka:′tu:nist] s cartunista, caricaturista.

car.tridge [′ka:tridʒ] s cartucho; canudo de papel ou papelão; rolo de filmes para fotografias; cartucho de arma de fogo; carga de tinta para caneta; **inkjet print ~**: cartucho de tinta para impressora a jato de tinta.

carve [ka:v] v trinchar (carne); esculpir, entalhar, gravar.

carv.er [′ka:vər] s ART escultor, entalhador; gravador.

carv.ing [′ka:viŋ] s ART escultura, entalhe; gravura.

cas.cade [kæ′skeid] s cascata, queda-d'água.

case / catamaran

case [keis] *s* caso; caixa, estojo, mala; armário; estante; razão; **gear ~**: AUT caixa de engrenagem; **in any ~**: seja como for; **in ~**: por precaução; **in ~ of**: em caso de; **in that ~**: nesse caso; **to make one's ~**: demonstrar o que se afirmou.

case.ment ['keismənt] *s* armação de janela, batente.

cash [kæʃ] *s* pagamento à vista; dinheiro em caixa; • *v* converter em dinheiro; descontar títulos; **~-and-carry**: autosserviço; **~ book**: livro-caixa; **~ dispenser**: BRIT caixa automático (banco); **~ on delivery**: pagamento contraentrega; **~ register**: caixa registradora; **to be in ~**: ter fundos; **to ~ a check**: trocar um cheque por dinheiro, descontar um cheque; **to pay ~**: pagar à vista.

cash.ew ['kæʃu:] *s* cajueiro, caju; **~ nut**: castanha-de-caju.

cash.ier [kæ'ʃiə(r)] *s* encarregado do caixa (de um banco, supermercado, etc.); • *v* demitir, despedir.

cash.mere [kæʃ'miə(r)] *s* casimira, pano fino de lã para roupas.

cas.ing ['keisiŋ] *s* cobertura, coberta; parte externa do pneu.

ca.si.no [kə'si:nəu] *s* cassino.

cask [ka:sk; EUA kæsk] *s* barril, pipa, casco.

cas.ket ['ka:skit; EUA 'kæskit] *s* escrínio, pequeno cofre para joias; EUA caixão.

cas.sa.va [kə'sa:və] *s* mandioca.

cas.se.role ['kæsərəul] *s* caçarola, panela de ferro ou alumínio.

cas.sette [kə'set] *s* fita cassete; **~ player**: toca-fitas; **~ recorder**: gravador.

cas.sock ['kæsək] *s* batina; sacerdócio.

cast [ka:st; EUA kæst] *s* golpe, lance; arremesso; fundição; elenco; excremento; • *v* (*pt* e *pp* **cast**) lançar, atirar; fundir; designar os atores para uma peça; distribuir os papéis; **~-iron**: ferro fundido; **~-offs**: roupa velha; entulho; **to ~ aside**: rejeitar; refugar; **to ~ away**: abandonar; **to ~ down**: desanimar, deprimir; **to ~ forth**: disseminar.

cas.ta.nets [kæstə'nets] *s pl* MÚS castanholas.

cast.a.way ['ka:stəwei; EUA 'kæstəwei] *s* náufrago; • *adj* rejeitado, abandonado.

caste [ka:st; EUA kæst] *s* casta, classe social.

cast.er [k'æstər] *s* lançador, arremessador.

cas.ti.gate ['kæstigeit] *v* punir, castigar, corrigir.

cas.ti.ga.tion [kæsti'geiʃn] *s* castigo, punição; crítica acerba.

cast.ing [ka:stiŋ] *s* arremesso; fundição; escolha de atores para uma peça, um filme, etc.; **~ vote**: voto de minerva.

cas.tle ['ka:sl; EUA 'kæsl] *s* castelo; torre (no xadrez); • *v* encastelar; **Windsor ~**: castelo de Windsor, residência de verão da família real britânica.

cas.tor ['ka:stə(r); EUA 'kæstə(r)] *s* castor; **~bean**: mamona, planta da qual se extrai óleo; **~ oil**: óleo de rícino; **~ sugar** ou **caster sugar**: açúcar branco refinado, EUA **powdered sugar**.

cas.trate [kæ'streit; EUA 'kæstreit] *v* castrar.

cas.u.al ['kæʒuəl] *s* trabalhador avulso; • *adj* casual, fortuito, acidental, ocasional.

cas.u.al.ly ['kæʒuəli] *adv* casualmente; despreocupadamente; incidentalmente.

cas.u.al.ness ['kæʒuəlnis] *s* casualidade; acaso; negligência.

cat [kæt] *s* gato, nome geral dado aos felídeos; pele de gato; **~s eye®**: olho de gato, pequeno refletor encontrado nas margens das rodovias destinado a refletir a luz dos faróis do automóvel, indicando assim os limites da estrada; **to put/set the ~ among the pigeons**: causar problema, dizendo algo inapropriado.

cat.a.clysm ['kætəklizəm] *s* cataclismo, desastre social; grande desgraça.

cat.a.comb [k'ætəkoum] *s* catacumba, cripta, sepultura.

cat.a.logue ['kætəlog; EUA 'kætələ:g] *s* catálogo; • *v* catalogar, classificar; EUA **catalog**.

cat.a.ma.ran [kætəmə'ræn] *s* balsa.

ca.tarrh [kəˈtɑ:(r)] *s* catarro.

cat.call [ˈkætkɔ:] *s* apupo, vaia; • *v* vaiar.

catch [kætʃ] *s* ato de apanhar; pesca; POP bom partido; armadilha; fragmento; engate, prendedor, garra, lingueta; presa; • *v* (*pt* e *pp* **caught**) colher, pilhar, agarrar, pegar; prender, apanhar; **~ pennies**: caça-níqueis; **~ question**: pergunta capciosa; **it's a ~22**: é uma situação em que se correr o bicho pega, se ficar, o bicho come; **to ~ a cold**: pegar resfriado; **to ~ at**: agarrar-se a; **to ~ hold of**: agarrar-se a.

catch.er [ˈkætʃər] *s* apanhador, agarrador; o que prende.

catch.ing [ˈkætʃiŋ] *adj* cativante; atraente; contagioso.

catch.phrase [ˈkætʃfreiz] *s slogan*.

catch.up [ˈkætʃəp] *s* molho de tomate temperado.

catch.y [ˈkætʃi] *adj* atrativo; embaraçoso; ilusório.

cat.e.chism [ˈkætikizəm] *s* catecismo.

cat.e.gor.i.cal [kætiˈgɔrikl; EUA kætiˈgɔ:rikl] *adj* categórico, absoluto.

cat.e.go.ri.ze [ˈkætigəraiz] *v* categorizar, classificar.

cat.e.go.ry [ˈkætigəri; EUA ˈkætigɔ:ri] *s* categoria; classe.

ca.ter [ˈkeitə(r)] *v* fornecer (comida, serviços, etc. para festas).

cat.er.er [ˈkeitərə(r)] *s* fornecedor, provedor.

cat.er.pil.lar [ˈkætəpilə(r)] *s* trator de lagartas (esteiras de placas de ferro articuladas); lagarta, larva de inseto.

cat.er.waul [ˈkætəwɔ:l] *s* miado; gritaria, algazarra; briga; • *v* miar, produzir sons discordantes.

cat.fish [ˈkætfiʃ] *s* peixe-gato; bagre.

cat.gut [ˈkætgʌt] *s* MED categute, corda ou linha de tripa usada em cirurgia.

ca.thar.sis [kəˈθɑ:sis] *s* catarse, purificação; purgação.

ca.the.dral [kəˈθi:drəl] *s* catedral; sé, igreja episcopal de uma diocese.

cath.e.ter [ˈkæθitə(r)] *s* MED cateter, sonda cirúrgica.

cath.ode [ˈkæθəud] *s* ELET catodo, cátodio, polo negativo da pilha elétrica; **~-ray tube**: tubo de raio catodo (televisão).

Cath.o.lic [ˈkæθəlik] *s* e *adj* católico; • (com minúsc.) *adj* universal; liberal.

Ca.thol.i.cism [kəˈθɔləsizəm] *s* catolicismo.

cat.nap [ˈkætnæp] *s* soneca.

cat.tle [ˈkætl] *s* gado, rebanho.

cat.tle.man [ˈkætlmən] *s* criador de gado.

cat.walk [ˈkætwɔ:k] *s* passarela.

cau.cus [ˈkɔ:kəs] *s* convenção política; política de um partido.

caul.dron [ˈkɔ:ldrən] *s* caldeirão.

cau.li.flow.er [ˈkɔliflauə(r)] *s* couve-flor.

caus.al [ˈkɔ:zl] *adj* causal, causativo.

cau.sa.tion [kɔ:ˈzeiʃn] *s* princípio da causalidade, relação entre causa e efeito.

caus.a.tive [ˈkɔ:zətiv] *adj* causal, causador, causativo.

cause [kɔ:z] *s* causa, motivo, razão; DIR ação judicial, demanda; • *v* causar, ocasionar, acarretar, compelir.

cause.way [ˈkɔ:zwei] *s* calçada, passadiço; caminho elevado onde existe água, lama ou pântano; caminho elevado que evita a umidade.

caus.tic [ˈkɔ:stik] *s* substância corrosiva; • *adj* cáustico, corrosivo; sarcástico, mordaz, satírico.

caught [kɔ:t] *pt* e *pp* de **catch**.

cau.ter.ize, cau.ter.ise [ˈkɔ:təraiz] *v* cauterizar.

cau.tion [ˈkɔ:ʃn] *s* cautela, prevenção, aviso; • (*about*, *against*) *v* prevenir, avisar, advertir; acautelar.

cau.tion.ar.y [ˈkɔ:ʃənri; EUA ˈkɔ:ʃəneri] *adj* admonitório, previdente, precavido; que avisa.

cau.tious [ˈkɔ:ʃəs] *adj* cauteloso, prudente, avisado.

cau.tious.ly [ˈkɔ:ʃəsli] *adv* cautelosamente.

cav.al.cade [kævlˈkeid] *s* cavalgada.

cav.a.lier [kævəˈliə(r)] *s* cavaleiro; cavalheiro; • *adj* jovial, nobre, distinto.

cave [keiv] *s* caverna; cova; buraco; **~-man**: homem da caverna, troglodita.

caveat / centimetre

ca.ve.at [′keiviæt] *s* advertência; DIR embargos.

cav.ern [′kævən] *s* caverna; • *v* escavar.

cav.ern.ous [′kævənəs] *adj* cavernoso; oco.

cav.i.ar [′kævia:(r)] *s* caviar, ovas de esturjão.

cav.il [′kævl] *s* cavilação, chicana, objeção capciosa; sofisma; • (*at*) *v* cavilar, atuar fraudulentamente, sofismar; chicanear.

cav.i.ty [′kævəti] *s* cavidade; buraco, depressão; cárie.

caw [kɔ:] *s* grasno, crocito; • *v* grasnar, gralhar.

CD [si:′di:] MÚS *abrev de* **c**ompact **d**isc, disco compacto de áudio.

CD-ROM [si: di: ′rɔm] INF *abrev de* **c**ompact **d**isc **r**ead-**o**nly **m**emory, disco compacto somente para leitura empregado para armazenar enciclopédias, dicionários, biblioteca de *softwares*, jogos e aplicações multimídia.

cease [si:s] *v* cessar, parar; extinguir, extinguir-se; terminar; **without ~**: continuamente.

cease.less [′si:slis] *adj* incessante, contínuo, ininterrupto.

ce.dar [′si:də(r)] *s* cedro.

cede [si:d] *v* ceder, conceder; outorgar; renunciar.

ce.dil.la [si′dilə] *s* cedilha.

cei.ling [′si:liŋ] *s* teto, forro.

cel.e.brant [′selibrənt] *s* celebrante, oficiante.

cel.e.brate [′selibreit] *v* celebrar, festejar; exaltar; solenizar.

cel.e.brat.ed [′selibreitid] *adj* célebre, famoso, ilustre.

cel.e.bra.tion [seli′breiʃn] *s* comemoração, celebração, reunião alegre de pessoas.

ce.leb.ri.ty [si′lebrəti] *s* celebridade; fama, notabilidade.

ce.ler.i.ty [si′lerəti] *s* celeridade, rapidez.

cel.er.y [′seləri] *s* aipo, salsão.

ce.les.tial [si′lestiəl; EUA si′lestʃl] *adj* celestial, divino, angelical.

cel.i.ba.cy [′selibəsi] *s* celibato, estado de pessoa não casada.

cel.i.bate [′selibət] *s e adj* celibatário, solteiro.

cell [sel] *s* pilha, acumulador; célula; cela; cela de prisão; cubículo.

cel.lar [′selə(r)] *s* adega; porão; celeiro; • *v* armazenar em adega.

cel.lar.age [′selərid3] *s* armazenamento, armazenagem em adega.

cel.lu.lar [′seljulə(r)] *s* telefone portátil que utiliza células repetidoras do som; • *adj* celular, celuloso.

cel.lu.loid [′seljulɔid] *s* QUÍM celuloide, um tipo de plástico transparente usado na fabricação de filme fotográfico, por exemplo.

cel.lu.lose [′seljuləus] *s* celulose, hidrato de carbono que se encontra especialmente na constituição da membrana da célula vegetal.

Celt [kelt, selt] *s e adj* celta, antigo povo indo-germânico.

Celt.ic [′keltik, ′seltik] *s e adj* celta, céltico, a língua dos antigos celtas.

ce.ment [si′ment] *s* cimento, pó que se obtém pela trituração de certos calcários e que misturado com cal dá uma argamassa fortíssima; • *v* cimentar.

cem.e.ter.y [′semətri; EUA ′semətəri] *s* cemitério.

cen.ser [′sensə(r)] *s* turíbulo, incensório, utensílio próprio para incensar.

cen.sor [′sensə(r)] *s* censor, crítico; • *v* censurar.

cen.sor.ship [′sensə(r)ʃip] *s* censura, funções de censor.

cen.sure [′senʃə(r)] *s* censura, crítica; • *v* censurar, repreender, condenar, criticar.

cen.sus [′sensəs] *s* censo, recenseamento; contagem populacional.

cent [sent] *s* centésimo, centavo.

cen.te.nar.i.an [senti′neəriən] *s* centenário, pessoa que tem cem ou mais anos.

cen.te.nar.y [sen′ti:nəri] *s e adj* centenário, secular.

cen.ti.grade [′sentigreid] *adj* centígrado.

cen.ti.me.tre, EUA **cen.ti.me.ter** [′sentimi:tər] *s* centímetro.

cen.tral ['sentrəl] *s* central telefônica; • *adj* central, principal; **~ heating**: aquecimento central; **~ nervous system**: MED sistema nervoso central; **~ processing system (CPU)**: INF unidade central de processamento.

cen.tral.i.za.tion [sentrəlai'zeiʃn; EUA sentrəli'zeiʃn] *s* centralização.

cen.tral.ize, cen.tral.ise ['sentrəlaiz] *v* centralizar, concentrar.

cen.tre, EUA **cen.ter** ['sentə(r)] *s* centro; meio.

cen.trif.u.gal [sen'trifjugl] *adj* centrífugo, que se afasta do centro.

cen.tu.ry ['sentʃəri] *s* século, centenário, centúria.

CEO *abrev de* EUA **c**hief **e**xecutive **o**fficer, superintendente.

ce.ram.ic [si'ræmik] *s* cerâmica; • *adj* cerâmico.

ce.re.al ['siəriəl] *s e adj* cereal.

cer.e.bel.lum [seri'beləm] *s* MED cerebelo, parte do cérebro que coordena movimento, postura e equilíbrio.

cer.e.bral ['seribrəl; EUA sə'ri:brəl] *adj* cerebral, mental.

cer.e.bra.tion [seri'breiʃn] *s* cerebração, função cerebral.

cer.e.mo.ni.al [seri'məuniəl] *s e adj* cerimonial, ritual.

cer.e.mo.ni.ous [seri'məuniəs] *adj* cerimonioso.

cer.e.mo.ny [serimənì; EUA seriməuni] *s* cerimônia; etiqueta, formalidade.

ce.rise [sə'ri:z; EUA sə'ri:s] *s e adj* cor de cereja.

cer.tain ['sə:tən] *adj* certo, seguro, positivo, fixo; **for ~**: com certeza, positivamente; **to be ~**: estar certo.

cer.tain.ly ['sə:tənli] *adv* certamente, sem dúvida; verdadeiramente.

cer.tif.i.able [sə:ti'faiəbl] *adj* certificável.

cer.tif.i.cate [sə'tifikət] *s* certificado, certidão, atestado, laudo; • *v* atestar, certificar.

cer.ti.fy ['sə:tifai] *v* certificar; atestar; assegurar.

cer.vine ['sə:vin] *adj* cervino, relativo ao animal mamífero cervo.

cer.vix ['sə:viks] *s* cerviz.

Ce.sar.e.an [si'zeəriən] *s* EUA cesariana; • *adj* cesariano.

ces.sa.tion [se'seiʃn] *s* cessação, pausa, parada; interrupção.

ces.sion ['seʃn] *s* cessão, ato de ceder.

cess.pit, cess.pool ['sespit, 'sespu:l] *s* fossa séptica, cloaca.

CFC [si: ef 'si:] *abrev de* chloro-fluorcarbon, cloro flúor carbono, responsável pela destruição da câmada de ozônio da atmosfera.

chafe [tʃeif] *s* irritação, aborrecimento; calor por atrito; • *v* aquecer por atrito; irritar-se; esfolar, gastar pelo atrito.

chaff [tʃa:f; EUA tʃæf] *s* zombaria, caçoada; farelo; palha cortada em pedaços; debulho; FIG refugo, coisa de pouco valor; • *v* caçoar, pilheriar; **to separate the wheat from the ~**: separar o joio do trigo.

chain [tʃein] *s* corrente; cadeia; algema; cadeia de montanhas; cadeia de lojas; FIG escravidão; • *v* escravizar, sujeitar; encadear, acorrentar, algemar; **~ reaction**: reação em cadeia; **~-smoker**: aquele que fuma compulsivamente, acendendo um cigarro com um outro.

chair [tʃeə(r)] *s* cadeira; cátedra; cadeira presidencial; presidente de assembleia; • *v* instalar na presidência; dar posse a; carregar em triunfo; **rocking ~**: cadeira de balanço; **the ~**: EUA POP cadeira elétrica.

chair.man ['tʃeə(r)mən] *s* presidente de empresa, assembleia, comissão, etc.; *fem* **chairwoman**.

chair.man.ship ['tʃeə(r)mənʃip] *s* presidência.

chaise [ʃeiz] *s* carruagem de duas ou mais rodas.

cha.let ['ʃælei] *s* chalé; casa nas montanhas.

chal.ice ['tʃælis] *s* cálice, taça, copa; BOT cálice de flor.

chalk [tʃɔ:k] *s* giz; • *v* desenhar com giz.

challenge / charge

chal.lenge ['tʃælindʒ] *s* desafio; provocação; DIR impugnação; • *(to) v* desafiar; DIR impugnar.

chal.leng.er ['tʃælindʒə(r)] *s* ESP desafiante, competidor.

cham.ber ['tʃeimbə(r)] *s* câmara, compartimento, espaço; quarto de dormir; **air ~**: câmara-de-ar; **~maid**: BRIT camareira (hotel); **~ music**: música de câmara; **~ of commerce**: câmara de comércio; **~ pot**: urinol.

cham.ber.lain ['tʃeimbəlin] *s* camarista de corte; mordomo; tesoureiro municipal; camareiro.

cham.ber.maid ['tʃeimbə(r)meid] *s* camareira, arrumadeira, criada de quarto.

cha.me.le.on [kə'mi:liən] *s* camaleão; FIG vira-casaca.

cham.ois ['ʃæmwa:; EUA 'ʃæmi] *s* camurça, pele de cabrito montês; espécie de cabra.

champ [tʃæmp] *s* mastigação; • *v* mascar; morder impacientemente; mastigar.

cham.pagne [ʃæm'pein] *s* champanha, tipo de vinho branco produzido inicialmente na França.

cham.pi.on ['tʃæmpiən] *s* campeão, vencedor; herói; • *v* agir como campeão; patrocinar; • *adj* vitorioso; excelente, ótimo.

cham.pi.on.ship ['tʃæmpiənʃip] *s* campeonato; DIR defesa de uma causa.

chance [tʃa:ns; EUA tʃæns] *s* acaso, casualidade, chance, oportunidade; sorte, fortuna, risco; EUA risco, perigo; • *v* arriscar, arriscar-se, aventurar-se; ocorrer acidentalmente; acontecer; • *adj* casual, fortuito; **by ~**: casualmente; **to take a ~**: arriscar-se.

chan.cel ['tʃa:nsl; EUA 'tʃænsl] *s* santuário, capela-mor.

chan.cel.lor ['tʃa:nsələ(r)] *s* ministro, chanceler; reitor.

chan.cel.ler.y ['tʃa:nsələri; EUA 'tʃænsələri] *s* chancelaria.

chan.cer.y ['tʃa:nsəri; EUA 'tʃænsəlri] *s* tribunal de justiça; EUA tribunal especial.

chanc.y [tʃa:nsi; EUA 'tʃænsi] *adj* sujeito a riscos, incerto.

chan.de.lier [ʃændə'liə(r)] *s* candelabro, lustre, lampadário.

chan.dler ['tʃa:ndlə(r); EUA 'tʃændlə(r)] *s* mercador; negociante.

change [tʃeindʒ] *s* troca, câmbio, mudança, permuta; troco, moeda miúda; • *v* mudar, trocar; **small ~**: dinheiro miúdo; **to ~ one's mind**: mudar de ideia, mudar de opinião.

chan.nel ['tʃænl] *s* GEOG e TV canal; calha, conduto; INF área virtual em que os usuários da IRC – Internet Relay Chat – se comunicam em tempo real; • *v* canalizar; sulcar.

chant [tʃa:nt; EUA tʃænt] *s* cântico, salmo, cantochão, canto gregoriano; • *v* cantar, entoar.

cha.os ['keiɔs] *s* caos; confusão generalizada; desordem.

cha.ot.ic [kei'ɔtik] *adj* caótico.

chap [tʃæp] *s* rachadura de pele; POP sujeito, cara, camarada, EUA **guy**; sulco, greta, fenda; fender-se; rachar.

chap.el ['tʃæpl] *s* capela.

chap.er.on, chap.er.one ['ʃæpərəun] *s* acompanhante, dama de companhia; • *v* acompanhar, servir de acompanhante.

chap.lain ['tʃæplin] *s* capelão.

chap.ter ['tʃæptə(r)] *s* capítulo; assembleia de cônegos; • *v* dividir em capítulos.

char [tʃa:(r)] *s* faxineira; • *v* torrar, tostar; fazer faxina.

char.ac.ter ['kærəktə(r)] *s* caráter; característica; reputação, fama; índole; personagem; • *v* caracterizar, marcar, gravar.

char.ac.ter.is.tic [kæriktər'istik] *s* peculiaridade, característica; • *adj* característico.

char.ac.ter.less ['kærəktə(r)les] *adj* sem caráter; desavergonhado.

cha.rade [ʃə'ra:d; EUA ʃə'reid] *s* charada, enigma.

charge [tʃa:dʒ] *s* carga; despesa, custo; ordem; encargo; investida, ataque; fardo; acusação; ELET quantidade elétrica que

sixty-nine
sixty-ninth

charge / check

atua na superfície de um corpo condutor; • *v* cobrar; atacar; acusar; ordenar; carregar; onerar; exortar; culpar; FIG sobrecarregar a memória de; **~s**: despesas; **~ card**: cartão de crédito emitido por uma loja; **in ~ of**: responsável por.

charge.a.ble [ˈtʃɑːdʒəbl] *adj* acusável, culpável; cobrável; imputável.

charg.er [ˈtʃɑrdʒər] *s* cavalo de batalha; carregador de bateria; travessa grande e rasa.

char.i.ta.ble [ˈtʃæritəbl] *adj* caridoso; generoso; misericordioso; *ant* **uncharitable**.

char.i.ty [ˈtʃærəti] *s* caridade; esmola; beneficência; casa de misericórdia.

char.lady [ˈʃɑːleidi] *veja* **charwoman**.

char.la.tan [ˈʃɑːlətən] *s e adj* charlatão.

charm [tʃɑːm] *s* encanto, sedução; atrativo; • *v* encantar, seduzir, cativar.

charm.er [tʃˈɑrmər] *s* encantador, fascinador, sedutor.

charm.ing [ˈtʃɑrmiŋ] *adj* fascinante; maravilhoso; encantador.

charm.less [ˈtʃɑːmləs] *adj* sem encanto.

char.nel [ˈtʃɑːnl] *s* cemitério; capela mortuária; • *adj* sepulcral.

chart [tʃɑːt] *s* carta de roteiro marítimo, mapa, gráfico, tabela; • *v* traçar um mapa, um roteiro.

char.ter [ˈtʃɑːtə(r)] *s* título, escrita pública, carta patente, alvará; • *v* fretar; patentear, diplomar; **~ party**: carta de fretamento.

char.woman [ˈtʃɑːwumən] *s* diarista que faz a faxina em casas ou escritórios.

char.y [ˈtʃeəri] *adj* cuidadoso, cauteloso; tímido, frugal.

chase [tʃeis] *s* caixilho, moldura; caça; perseguição; chanfradura, rachadura, fenda; TIP rama; • *v* caçar, perseguir; gravar, cinzelar.

chasm [ˈkæzəm] *s* abismo, precipício; divergência de opinião.

chas.sis [ˈʃæsi] *s* MEC conjunto de peças de sustentação das partes mecânicas dos automóveis, chassis.

chaste [tʃeist] *adj* casto, puro, virtuoso; modesto, pudico.

chas.ten [ˈtʃeisn] *v* punir, castigar; corrigir; moderar; purificar; depurar.

chas.tise [tʃæˈstaiz] *v* castigar, punir; açoitar; criticar severamente.

chas.tise.ment [tʃæstˈaizmənt] *s* castigo, punição; correção.

chas.ti.ty [ˈtʃæstəti] *s* castidade, continência; pureza; modéstia.

chat [tʃæt] *s* conversa, prosa; • *v* conversar, bater papo; **~ room**: INF lugar na Internet onde um determinado número de usuários de computador pode trocar mensagens escritas entre si em tempo real, criando uma conversação *on line*; **~ show**: programa de entrevista, no rádio ou na TV, com pessoas famosas que são convidadas a falar, informalmente, sobre vários assuntos, EUA **talk show**.

chat.tel [ˈtʃætl] *s* bens móveis; bem de raiz.

chat.ter [ˈtʃætə(r)] *s* conversa fiada, tagarelice; • (*about*) *v* tagarelar; ranger os dentes.

chat.ter.box [tʃˈætərbaːks] *s* tagarela, falaz, palrador.

chat.ty [ˈtʃæti:] *adj* loquaz, falador; conversador.

chauf.feur [ˈʃəufə(r); EUA ʃəuˈfər] *s* motorista, chofer.

chau.vin.ism [ˈʃəuvinizəm] *s* chauvinismo, nacionalismo exagerado; **male ~**: machismo.

chau.vin.ist [ˈʃəuvinist] *s* chauvinista; **male ~**: machista.

cheap [tʃiːp] *adj* barato.

cheap.en [ˈtʃiːpən] *v* baratear; depreciar; regatear; desacreditar.

cheap.ly [ˈtʃiːpli] *adv* barato; facilmente.

cheat [tʃiːt] *s* fraude, embuste; trapaça; engano; • *v* enganar, burlar, iludir, trapacear.

check [tʃek] *s* controle, verificação; empecilho, obstáculo; xeque (no jogo de xadrez); xadrez (tecido); talão; EUA conta (de restaurante); EUA cheque (de banco); • *v* verificar, checar; interromper, conter, impedir; pôr em xeque (no jogo de xadrez); **~-up**: exame completo, principalmente médico; **to ~-in**: registrar-se (hotel); apresentar-se (no

check / chieftain

aeroporto); **to ~ out**: desocupar um quarto de hotel; **to ~ up on**: verificar.

check.book [tʃ'ekbuk] *s* EUA talão de cheques.

check.list [tʃ'eklist] *s* listagem de tópicos para serem verificados.

check.mate ['tʃekmeit] *s* xeque-mate.

check.out [tʃ'ekaut] *s* caixa (de supermercado); **express ~**: caixa rápida.

check.er.board [tʃ'ekərbɔrd] *s* tabuleiro para jogo de damas ou xadrez.

check.ered ['tʃekərd] *adj* enxadrezado.

check.ing ac.count [tʃekiŋə'kaunt] *s* EUA conta-corrente.

check.point ['tʃekpoint] *s* posto de controle.

check.up ['tʃekʌp] *s* exame médico geral, completo, minucioso.

cheek [tʃi:k] *s* face; parte lateral; bochecha; **~ by jowl**: em intimidade; ombro a ombro.

cheek.y [tʃ'i:ki:] *adj* bochechudo; descarado.

cheep [tʃi:p] *s* pipilo, canto de passarinho; • *v* piar, pipilar, gorjear, chilrear.

cheer [tʃiə(r)] *s* aclamação, alegria, animação; regozijo; comida, provisão; grito de alegria; • *v* animar; aplaudir; aclamar; alegrar, alegrar-se; **~-leader**: EUA animadora de torcida esportiva que coordena os gestos, pulos, cantos, coro, etc., dentro dos estádios; **~ up!**: coragem!

cheer.ful ['tʃiəfl] *adj* alegre, festivo, jovial.

cheer.ful.ness ['tʃiəflnis] *s* alegria, jovialidade, animação.

cheer.i.ly [tʃ'iərəli:] *adv* alegremente, animadamente.

cheer.i.o [tʃiəri'əu] *s* tchau!, adeus! (modo informal em inglês britânico); EUA **so-long!**, **goodbye**.

cheer.y ['tʃiəri] *adj* alegre, jovial, vivo.

cheese [tʃi:z] *s* queijo; **~ it!**: GÍR pare com isso!, cuidado!

cheese.burger ['tʃi:zbə:gə(r)] *s* hambúrguer com queijo.

chef [ʃef] *s* cozinheiro-chefe.

chem.i.cal ['kemikl] *s* substância química; • *adj* químico.

che.mise [ʃə'mi:z] *s* camisa feminina.

chem.ist ['kemist] *s* químico; droguista; farmacêutico; EUA **druggist**.

chem.is.try ['kemistri] *s* química, ciência que estuda a natureza, propriedades das substâncias e as leis das suas combinações e decomposições.

che.mo.ther.a.py ['ki:məuθerəpi] *s* quimioterapia.

cheque [tʃek] *s* EUA cheque.

cher.ish ['tʃeriʃ] *v* acariciar; abrigar; alimentar; apreciar; afeiçoar; nutrir; entreter.

cher.ry ['tʃeri] *s* cereja; • *adj* cor de cereja; **~-brandy**: licor de cerejas; **~-tree**: cerejeira.

cher.ub ['tʃerəb] *s* querubim, anjo.

chess [tʃes] *s* jogo de xadrez.

chess.board ['tʃesbɔ:d] *s* tabuleiro de xadrez.

chess.man ['tʃesmæn] *s* cada uma das peças do jogo de xadrez.

chest [tʃest] *s* peito, tórax; arca, baú; **~ of drawers**: cômoda, EUA **bureau**.

chest.nut ['tʃesnʌt] *s* castanha; cavalo alazão; • *adj* castanho, alazão.

chew [tʃu:] *s* mastigação; tabaco de mascar; • *v* mastigar, mascar; meditar; remoer.

chew.ing-gum ['tʃu:iŋgʌm] *s* chiclete, goma de mascar.

chic [ʃi:k] *s* elegância; • *adj* chique, elegante, formoso.

chick [tʃik] *s* pinto, pintinho; criancinha; pimpolho.

chick.en ['tʃikin] *s* frango; galinha; pessoa jovem ou inexperiente; covarde; **~-hearted**: covarde; **~ stock**: caldo de galinha.

chick.en.pox ['tʃikinpɔks] *s* catapora.

chick.pea ['tʃikpi:] *s* grão-de-bico.

chic.o.ry ['tʃikəri] *s* chicória.

chide [tʃaid] (*for*, *with*) *v* (*pt* **chid**; *pp* **chid** ou **chidden**) repreender, recriminar, censurar; ralhar com.

chief [tʃi:f] *s* chefe, gerente; • *adj* supremo, primeiro, principal.

chief.ly ['tʃi:fli] *adv* principalmente, sobretudo.

chief.tain ['tʃi:ftən] *s* chefe; cabeça, capitão.

chif.fon ['ʃifɔn; EUA ʃi'fɔn] *s* tecido fino; gaze de seda; enfeite de vestido.

chil.blain ['tʃilblein] *s* frieira.

child [tʃaild] *s* criança; filho; *pl* **children**.

child.birth ['tʃaildbə:θ] *s* parto.

child.hood ['tʃaildhud] *s* infância; condição de criança.

child.ish ['tʃaildiʃ] *adj* infantil, pueril.

child.less ['tʃaildlis] *s* sem filhos.

child.like ['tʃaildlaik] *adj* infantil, pueril, ingênuo; assim como uma criança.

chil.dren ['tʃildrən] *s pl* de **child**, crianças.

Chil.e.an ['tʃiliən] *s* e *adj* chileno.

chill [tʃil] *s* frio, calafrio, arrepio; resfriamento; • *v* esfriar; desencorajar; • *adj* gelado; descortês.

chill.y ['tʃili] *adj* friorento; fresco; frio; indiferente; insensível.

chime [tʃaim] *s* carrilhão; repique de sinos; FIG harmonia; • *v* repicar, soar; convocar, chamar com sinos; concordar; assentir.

chi.me.ra [kai'miərə] *s* quimera, fantasia; ilusão.

chim.ney ['tʃimni] *s* chaminé; **~-sweeper**: limpador de chaminé.

chin [tʃin] *s* queixo; **to keep one's ~ up**: não desanimar.

Chi.na.town ['tʃainətaun] *s* bairro chinês.

chi.na.ware ['tʃainəweə(r)] *s* porcelana, louça.

chine [tʃain] *s* MED coluna vertebral de animais.

Chi.nese [tʃai'ni:z] *s* e *adj* chinês.

chink [tʃiŋk] *s* fenda, racha, rachadura.

chintz [tʃints] *s* chita, chitão, pano de algodão estampado.

chip [tʃip] *s* lasca; rodela ou fatia fina; rachadura; ficha; EUA batata frita; INF microcircuitos integrados, minúsculos componentes eletrônicos transistorizados que se constituem na menor parte física do computador (hardware); • *v* cortar em pedaços; lascar.

chirp [tʃə:p] *s* gorjeio, canto do grilo; canto da cigarra; • *v* gorjear, chilrear.

chirp.y ['tʃɜpi] *adj* BRIT alegre, jovial.

chir.rup ['tʃirəp] *s* gorjeio, trinado.

chis.el ['tʃizl] *s* cinzel; buril; formão; • *v* cinzelar, esculpir.

chit [tʃit] *s* nota, bilhete, talão; POP pirralho (criança).

chit.chat ['tʃittʃæt] *s* tagarelice, conversa fiada; falatório.

chiv.al.rous ['ʃivlrəs] *adj* nobre, cavalheiresco.

chlo.ro.form ['klɔrəfɔ:m] *s* clorofórmio, substância líquida de propriedade anestésica.

chock [tʃɔk] *s* calço, cunha, escora; • *v* prender com calço; calçar; • *adv* à cunha, muito apertado.

choc.o.late ['tʃɔklət] *s* chocolate; bebida de chocolate; • *adj* de chocolate, da cor do chocolate.

choice [tʃɔis] *s* escolha, preferência; opção; sortimento; variedade; • *adj* escolhido, selecionado; primoroso, excelente; **at ~**: à vontade.

choir ['kwaiə(r)] *s* coro de igreja; • *v* cantar em coro.

choke [tʃəuk] *s* sufocação; MEC afogador; • *v* sufocar, estrangular; sufocar-se; obstruir.

chok.er ['tʃəukə(r)] *s* sufocador, estrangulador; coisa sufocante; gravata apertada; argumento irrefutável.

chol.er.ic ['kɔlərik] *adj* colérico, irascível, irado, bilioso; zangado, enfurecido.

cho.les.te.rol [kɔ'lestərəl] *s* colesterol.

choose [tʃu:z] *v* (*pt* **chose**; *pp* **chosen**) escolher, preferir.

chop [tʃɔp] *s* fatia; corte; fenda, racha; posta; costeleta; machadada; • *v* retalhar, cortar, picar; **~s**: maxilar; mandíbula; beiços; GÍR embocadura ou técnica necessária para tocar um instrumento de sopro; **~ and change**: mudar constantemente; **~ ~**: rápido!, depressa!

chop.per ['tʃɔpə(r)] *s* faca afiada para cortar carne, cutelo; POP helicóptero.

chop.sticks ['tʃɔpstiks] *s pl* hashi, objetos de madeira que substituem o garfo, usados pelos orientais, pauzinhos.

chord / circumstantial

chord [kɔːd] *s* MÚS corda; acorde, harmonia.

cho.rus [ˈkɔːrəs] *s* MÚS refrão, coro, estribilho; coral; ~ **girl/boy**: corista.

chose [tʃouz] *pt* de **choose**.

cho.sen [ˈtʃouzn] *pp* de **choose**.

chow [tʃaːu] *s* raça de cães chineses; EUA GÍR comida em abundância; boia.

Christ [kraist] *s* Cristo.

chris.ten [ˈkrisn] *v* batizar, batizar-se; dar nome a.

Christ.mas [ˈkrisməs] *s* Natal; ~ **card**: cartão de natal; ~ **Eve**: véspera de Natal; **Merry ~**: Feliz Natal.

chris.tian [ˈkristʃən] *s* e *adj* cristão, adepto do cristianismo; ~ **name**: nome de batismo, prenome, EUA **given name**.

chrome [kroum] *s* QUÍM cromo.

chro.mo.some [ˈkroumərsoum] *s* cromossomo.

chron.ic [ˈkrɔnik] *adj* crônico; permanente.

chron.i.cle [ˈkrɔnikl] *s* crônica, história; • *v* narrar; redigir crônicas.

chro.nom.e.ter [krəˈnɔmitə(r)] *s* cronômetro, relógio de precisão.

chub.by [ˈtʃʌbi] *adj* gorducho, roliço, bochechudo.

chuck [tʃʌk] *s* pancadinha; empurrão; comida; arremesso; • *v* dar palmadas de leve em; jogar, atirar.

chuck.le [ˈtʃʌkl] *v* sorrir, rir brandamente.

chum.my [ˈtʃʌmi:] *adj* íntimo, amigão.

chunk.y [ˈtʃʌŋki:] *adj* atarracado; troncudo.

church [ˈtʃəːtʃ] *s* igreja; templo.

church.man [ˈtʃəːrtʃmən] *s* clérigo, eclesiástico; membro de uma igreja.

church.yard [ˈtʃəːrtʃjaːd] *s* cemitério ao lado ou anexo a uma igreja; adro de igreja.

churl [tʃəːl] *s* plebeu; pessoa rústica; sovina; pessoa mal-educada.

churl.ish [ˈtʃəːliʃ] *adj* rude, grosseiro; mesquinho, avaro.

churn [tʃəːn] *v* bater (manteiga); desnatar.

chute [ʃuːt] *s* queda-d'água; calha (para escoamento); escoadouro; cachoeira; pista inclinada; *abrev de* para**chute**: paraquedas.

chut.ney [ˈtʃʌtni] *s* molho picante que combina sabores doces e azedos à base de frutas, ervas, vinagre e especiarias.

CIA [siː ai ˈei] EUA *abrev de* Central Intelligence Agency, Agência Central de Inteligência.

ci.ca.da [siˈkaːdə] *s* cigarra.

cic.a.trice, cic.a.trix [ˈsikətris, ˈsikətriks] *s* cicatriz.

ci.der [ˈsaidə(r)] *s* sidra, vinho de maçãs.

ci.gar [siˈgaː(r)] *s* charuto.

cig.a.rette [sigəˈret; EUA ˈsigəret] *s* cigarro; **~-lighter**: isqueiro.

cin.e.ma [ˈsinəmə] *s* cinema.

cin.na.mon [ˈsinəmən] *s* canela, usada para dar sabor à comida; • *adj* de cor de canela.

ci.pher [ˈsaifə(r)] *s* cifra; zero; código secreto; FIG pessoa sem importância; • *v* cifrar, calcular, computar.

cir.cle [ˈsəːkl] *s* círculo; circunferência; circular; • *v* cercar; cingir; andar em círculos; rodear.

cir.clet [ˈsəːklit] *s* aro, argola, anel.

cir.cuit [ˈsəːkit] *s* circuito, giro, volta; ~ **breaker**: dispositivo automático para interromper a corrente elétrica; FIN suspensão automática do pregão da Bolsa de Valores.

cir.cu.late [ˈsəːkjuleit] *v* circular, trafegar.

cir.cum.ci.sion [səːkəmsiʒn] *s* circuncisão.

cir.cum.fer.ence [səˈkʌmfərəns] *s* circunferência; periferia.

cir.cum.flex [ˈsəːkəmfleks] *s* acento circunflexo (^); • *adj* circunflexo.

cir.cum.nav.i.ga.tion [səːkəmnæviˈgeiʃn] *s* circum-navegação.

cir.cum.scribe [ˈsəːkəmskraib] *v* circunscrever, traçar em redor; limitar; confinar; fixar.

cir.cum.spect [ˈsəːkəmspekt] *adj* circunspecto, prudente, discreto.

cir.cum.stance [ˈsəːkəmstəns] *s* circunstância; particularidade; motivo; **under no ~**: nunca, de jeito nenhum.

cir.cum.stan.tial [səːkəmˈstænʃl] *adj* circunstancial; casual.

cir.cum.vent [sə:kəm´vent] *v* enganar, lograr, enredar; iludir; rodear.

cir.cus [´sə:kəs] *s* circo; BRIT praça; hipódromo.

cis.tern [´sistən] *s* cisterna; poço fundo de água para beber.

ci.ta.tion [sai´teiʃn] *s* citação; DIR citação judicial; intimação; condecoração.

cite [sait] *v* citar; intimar; mencionar; DIR citar judicialmente.

cit.i.zen [´sitizn] *s* cidadão, munícipe; **~ship**: cidadania.

cit.a.del [´sitədəl] *s* fortaleza, cidadela.

cit.ric [´sitrik] *adj* cítrico, relativo às plantas que contêm esse tipo de ácido.

cit.ron [´sitrən] *s* cidra.

cit.y [´siti] *s* cidade; • *adj* municipal, citadino.

civ.ic [´sivik] *adj* cívico; municipal.

civ.ics [s´iviks] *s* educação cívica.

civ.il [´sivl] *adj* civil; cortês; **~ liberties/ rights**: liberdades/direitos civis; **~ servant**: funcionário público; **~ service**: serviço público; **~ war**: guerra civil.

civ.i.li.za.tion [sivəlai´zeiʃn; EUA sivəli´zeiʃn] *s* civilização, cultura.

civ.i.lize, civ.i.lise [´sivəlaiz] *v* civilizar, educar, refinar.

clack [klæk] *s* tagarelice; estalo; • *v* tagarelar; estalar.

claim [kleim] *s* reclamação, reivindicação; alegação; direito; exigência; • (*on, for*) *v* reivindicar, reclamar, alegar, afirmar; requerer; clamar.

clair.voy.ance [kleə´vɔiəns] *s* clarividência.

clam [klæm] *s* molusco, espécie de mexilhão.

clam.ber [´klæmbə(r)] *v* escalar com dificuldade.

clam.my [´klæmi] *adj* viscoso, pegajoso; úmido e frio.

clam.our [´klæmə(r)] *adj* clamor, brado; grito; • *v* clamar, gritar; protestar; EUA **clamor**.

clam.or.ous [´klæmərəs] *adj* clamoroso; ruidoso; vociferante.

clamp [klæmp] *s* gancho, braçadeira, colchete; presilha, pregador; • *v* prender com grampo.

clamp.ing [´klæmpiŋ] *s* aperto, travamento.

clan [klæn] *s* clã; tribo; família; grupo.

clan.des.tine [klæn´destin] *adj* clandestino; oculto, secreto.

clang [klæŋ] *v* retinir, ressoar.

clan.nish [´klæniʃ] *adj* relativo a clã.

clap [klæp] *s* palmada; estrondo; estalo; palmas, aplauso; • *v* bater ruidosamente; aplaudir; estalar.

clap.board [´klæpbɔ:d; EUA ´klæbɔ:rd] *s* tábua, ripa de madeira.

clar.i.fy [´klærifai] *v* clarificar, elucidar; purificar.

clar.i.net [klæri´net] *s* clarineta.

clar.i.ty [´klærəti] *s* claridade, brilho; lucidez, clareza; pureza de som.

clash [klæʃ] *s* choque, colisão; oposição; conflito; estrondo; desacordo, discordância; • (*with*) *v* chocar, chocar-se violentamente; ressoar; colidir; entrar em conflito; opor-se a.

clasp [kla:sp; EUA klæsp] *s* broche; colchete; fecho; fivela; pregador; abraço, amplexo; • *v* acolchetar, afivelar; abraçar, apertar; prender nos braços; segurar na mão.

class [kla:s; EUA klæs] *s* classe; grupo; posição social; sala de aula; aula; curso; categoria; • (*as, among, with*) *v* classificar, ordenar, coordenar; • *adj* relativo a classe; **~ book**: livro escolar.

clas.sic [´klæsik] *s* clássico; obra de autor clássico; • *adj* clássico.

clas.si.cal [´klæsikl] *adj* clássico.

clas.si.fied ad.ver.tise.ment [k´læsifaid əd´və:tismənt; EUA ædvər´taizmənt] *s* anúncio classificado (jornal), *tb* **classified ads, small ads, classifieds,** EUA **want ads**.

clas.si.fy [´klæsifai] *v* classificar; agrupar.

class.mate [´klæsmeit] *s* colega de classe; condiscípulo.

class.room [´klæsru:m] *s* sala de aula, classe.

class.y ['kla:si; EUA 'klæsi] *adj* de classe, distinto, elegante, alinhado.

clat.ter ['klætə(r)] *v* retinir, ressoar.

clause [klɔ:z] *s* cláusula, condição, artigo de contrato; GRAM oração.

claus.tro.pho.bi.a [klɔ:strə'fəubiə] *s* claustrofobia, medo de ficar em lugares fechados.

clav.i.cle ['klævikl] *s* MED clavícula.

claw [klɔ:] *s* garra, unha; pata; pinça; qualquer objeto pontiagudo ou recurvado; • *v* arranhar, dilacerar; arrancar com as garras.

clay [klei] *s* argila, barro, lodo, terra, greda.

clean [kli:n] *v* limpar, assear, arrumar, arrumar-se; • *adj* claro, nítido, limpo, puro; inocente; honesto; escrupuloso; liso; regular; simétrico; hábil; bem proporcionado; completo, total; • *adv* limpamente; habilmente; inteiramente; **to ~ down**: limpar bem; **to ~ out**: despejar, esvaziar; **to ~ up**: pôr em ordem.

clean.er [kl'i:nər] *s* pessoa que trabalha com limpeza, máquina para limpeza.

clear [kliə(r)] *v* limpar, aclarar; esclarecer; desembaraçar, retirar; • *adj* claro, limpo, transparente.

clear.ance ['kliərəns] *s* vão-livre; autorização que permite acesso a informações ou documentos secretos; **~ sale**: COM liquidação.

clear.ing ['kliəriŋ] *s* esclarecimento; compensação de cheques; clareira.

cleave [kli:v] *v* (*pt* **clove**, *pp* **cloven**) fender, rachar; seccionar; abrir caminho; manter-se fiel, apegar-se.

cleav.er ['kli:və(r)] *s* cutelo de açougueiro.

clef [klef] *s* MÚS clave, chave que determina o início da sequência das notas musicais, no pentagrama.

cleft [kleft] *s* racha, fenda; • *adj* rachado, fendido.

clem.en.cy ['klemənsi] *s* clemência, compaixão.

clem.ent ['klemənt] *adj* clemente, indulgente.

clench [klentʃ] *s* garra; pinça, tenaz; aperto; rebite; • *v* agarrar firmemente; cerrar, apertar (os punhos ou os dentes).

cler.gy ['klɜ:dʒi] *s* clero.

cler.ic ['klerik] *s* clérigo, sacerdote; • *adj* clerical, eclesiástico.

clerk [kla:k; EUA klə:rk] *s* escrevente, copista, escriturário; sacristão; EUA balconista.

clev.er ['klevə(r)] *adj* hábil, esperto, ligeiro, destro; inteligente.

clev.er.ness ['klevə(r)nis] *s* habilidade, destreza, talento; inteligência.

click [klik] *s* clique; estalo, estalido; • *v* produzir um estalido; INF apertar um dos botões do *mouse* para executar um comando de um programa; **~ here**: INF termo comum na Internet para estimular o usuário a pressionar o botão do seu *mouse* para que ele possa ver outras páginas de um *site*.

cli.ent ['klaiənt] *s* cliente, freguês.

cliff [klif] *s* penhasco; despenhadeiro; rochedo íngreme.

cli.mac.ter.ic [klai'mæktərik] *s* período climatérico; • *adj* climatérico, crítico.

cli.mate ['klaimit] *s* clima.

cli.mat.ic [klai'mætik] *adj* climático.

cli.max ['klaimæks] *s* clímax; ápice, auge; ponto culminante.

climb [klaim] *s* ascensão, escalada; • *v* subir; escalar, trepar.

clime [klaim] *s* região; clima.

clinch [klintʃ] *s* rebite; aperto; agarramento, luta corpo a corpo; • *v* prender ou segurar firmemente; fixar com rebite; atracar-se em luta corporal.

clinch.er ['klintʃər] *s* rebitador; gancho; braçadeira, pregador, prendedor, torniquete, garra, o que segura.

cling [kliŋ] *v* (*pt* e *pp* **clung**) aderir, apegar, apegar-se, aferrar-se; colar-se.

clin.ic ['klinik] *s* clínica; • *adj* clínico.

clink [kliŋk] *s* tinido; som; • *v* tinir, tilintar; ressoar; ritmar, retinir; soar.

clip [klip] *s* tosquia; corte; ato de cortar, de podar; corte de cabelo; prendedor de papéis; grampo; presilha; pinça; • v aparar; cortar com tesoura; podar; tosquiar; cercear; prender com presilha; recortar notícias de jornal; ~ **art**: INF desenhos ou ilustrações disponíveis num programa de computador para serem usados como material iconográfico em textos, planilhas, etc.

clip.board [ˈklipbɔrd] s prancheta; INF área de memória virtual do computador utilizada para transferência de informações (textos/imagens) de um programa para outro.

clip.per [ˈklipə(r)] s tosquiador, cortador; tesoura, máquina de tosquiar, de cortar cabelo.

cloak [kləuk] s capa, capote, manto; dissimulação, disfarce; • (*with, in*) v encapotar, encapar, encobrir, dissimular.

cloak.room [ˈkləukru:m] s vestiário; BRIT sanitários.

clock [klɔk] s relógio; registrador, medidor; relógio de parede; • v cronometrar; **alarm-~**: despertador; **~ maker**: relojoeiro; **~ radio**: rádio-relógio; **~ wise**: no sentido horário; **round the ~**: durante 24 horas; **to go like a ~**: ir às mil maravilhas; **to set a ~**: acertar um relógio.

clod [klad] s torrão de terra; leiva; terra, solo; pateta; tolo.

clog [klɔg] s tamanco; • v entupir, obstruir.

clois.ter [ˈklɔistə(r)] s claustro, mosteiro, convento; • v enclaustrar, enclausurar.

clois.tered [ˈklɔistə(r)id] adj enclausurado, recluso.

close [kləus] s fim, término, conclusão; espaço fechado; fecho de carta; • v fechar, obstruir a passagem; encerrar, terminar, concluir; cercar, circundar; tapar, arrolhar; fechar-se; unir-se; combinar-se; juntar; • adj fechado; perto; encerrado; retirado; reservado; abafado; preso; econômico; secreto; próximo; íntimo; • adv perto, junto; secretamente; bem próximo; **~ by**: bem junto; pertinho; **~ to**: perto de, junto a; **~-up**: CIN e TV primeiro plano, tomada de muito perto.

closed [kləuzd] adj fechado (loja); reservado; concluído, encerrado; **~-circuit television**: circuito fechado de televisão.

close.ly [ˈklousli:] adv de perto; intimamente; secretamente; atentamente; parcimoniosamente; hermeticamente.

clos.et [ˈklɔzit] s quartinho, cubículo; gabinete; aposento particular; EUA armário; • v encerrar em gabinete ou em cubículo; receber em recinto privado para conferência secreta; • adj secreto, privado; particular, reservado; **~ed**: a portas fechadas; **water ~**: banheiro.

clos.ing [ˈklouziŋ] s conclusão; encerramento, fechamento; **~-down sale**: BRIT liquidação por motivo de fechamento.

clo.sure [ˈkləuʒə(r)] s encerramento, conclusão, fechamento.

clot [klɔt] s coágulo, grumo; • v coagular.

cloth [klɔθ; EUA klɔːθ] s pano, tecido; toalha de mesa; tecido; roupa, vestuário, traje, hábito clerical.

clothe [kləuð] v vestir, trajar; revestir; guarnecer; forrar; cobrir com um pano.

clothes [kləuðz; EUA kləuz] s roupa, traje, vestuário; roupa de cama; **~-peg**: pegador de roupa, EUA **clothes-pin**; **in plain ~s**: à paisana, em roupas civis.

clothes.line [ˈklouzlain] s varal, arame de secar roupa.

cloth.ing [ˈkləuðiŋ] s vestuário, roupa; revestimento; coberta.

cloud [klaud] s nuvem; névoa, bruma; mancha; grande número de insetos ou pássaros voando juntos; • v nublar; anuviar, obscurecer; **to be under a ~**: estar em situação difícil.

cloud.burst [ˈklaudbərst] s aguaceiro, chuva pesada.

cloud-cuck.oo-land [klaudˈkukulænd] s mundo ideal; EUA **cloud-land**; **to live in ~**: viver no mundo da lua.

cloud.less [ˈklaudlis] adj desanuviado, claro, sereno, límpido.

cloud.y [ˈklaudiː] adj nebuloso, nublado; obscuro; sombrio, triste; confuso.

clout [klaut] *s* pedaço de pano, trapo; centro de alvo; GÍR tapa; bofetão; murro, cascudo; • *v* esmurrar.

clove [kləuv] *pt* de **cleave**; • *s* dente de alho; bulbo; cravo-da-índia.

cloven [kləuvn] *pp* de **cleave**.

clo.ver [ˈkləuvə(r)] *s* trevo; cravo; **~ of garlic**: dente de alho; **four-leafed ~**: trevo-de-quatro-folhas.

clown [klaun] *s* palhaço; bobo.

clown.ish [ˈklauniʃ] *adj* apalhaçado; rústico, malcriado; ridículo; cômico.

cloy [klɔi] *v* saciar, fartar, saturar; enjoar.

cloy.ing.ly [ˈklɔiŋli] *adv* fartamente; nauseosamente.

club [klʌb] *s* bastão, porrete, clava; clube, grêmio, sociedade; carta de paus (baralho); • *v* dar cacetadas em; associar-se; quotizar-se; • *adj* relativo a clube; **~-foot**: pé torto; **~s**: paus (baralho).

cluck [klʌk] *s* cacarejo; • *v* cacarejar.

clue [klu:] *s* dica, ideia, pista; **to not have a ~**: não fazer ideia.

clump [klʌmp] *s* moita, arvoredo; cepo; bloco; pedaço; torrão; • *v* agrupar; amontoar.

clum.sy [ˈklʌmzi] *adj* desajeitado.

clum.si.ly [ˈklʌmzəli] *adv* desajeitadamente.

clung [klʌŋ] *pt* e *pp* de **cling**.

clus.ter [ˈklʌstə(r)] *s* grupo; conglomerado; cacho; ramalhete; bando; enxame; assembleia; agregação; agrupamento; • *v* agrupar, amontoar; produzir cachos; apinhar-se.

clutch [klʌtʃ] *s* garra, aperto, agarração; arrebatamento; dose; ninhada; • *v* agarrar, agarrar-se firmemente; chocar; **~pedal**: pedal da embreagem.

clut.ter [ˈklʌtə(r)] *s* confusão, balbúrdia, desordem, tumulto, algazarra; • (*with*) *v* misturar; lançar-se na desordem; confundir.

CMYK [si: em wai ˈkei] **C**yan, **M**agenta, **Y**ellow and blac**K** (azul, magenta, amarelo e preto), quatro cores básicas utilizadas para criar todo o espectro de cores das páginas impressas ou digitadas.

Co [kəu] *abrev* de **C**ounty; **COM** companhia.

coach [kəutʃ] *s* coche, carruagem; carro, vagão; EUA ônibus; treinador; vagão de trem de ferro; • (*for, in*) *v* instruir, dar aulas; treinar.

coach.man [kˈoutʃmən] *s* cocheiro.

co.ag.u.late [kəuˈægjuleit] *v* coagular, coalhar; solidificar.

coal [kəul] *s* carvão de pedra, hulha; • *v* encarvoar.

co.a.lesce [kəuəˈles] *v* unir-se, fundir-se, aglutinar-se.

co.a.les.cence [kəuəˈlesns] *s* coalescência, união, junção, mistura, fusão; incorporação.

co.a.li.tion [kəuəˈliʃn] *s* coalizão, coligação, união; acordo; fusão.

coarse [kɔ:s] *adj* grosso, áspero; grosseiro; **~ salt**: sal grosso.

coast [kəust] *s* costa, litoral, praia, beira-mar; • *v* costear, navegar no litoral; **~ guard**: polícia marítima, guarda costeira; **~line**: litoral.

coast.al [ˈkəustl] *adj* costeiro, litorâneo.

coast.er [kəustə(r)] *s* navio costeiro; suporte para copos, garrafas, etc.; **roller ~**: montanha-russa.

coat [kəut] *s* paletó, sobretudo, capa, cobertura, casaco; pelo, plumagem, lã; camada; demão de tinta, verniz, etc.; • (*in, with*) *v* aplicar uma camada de; vestir, cobrir; **~ of arms**: brasão; **to turn one's ~**: virar casaca.

coat.ing [ˈkoutiŋ] *s* revestimento; camada, pintura, massa, tegumento; tecido para casacos.

coax [ˈkəuks] *v* persuadir mediante lisonja; adular, bajular.

coax.er [ˈkəuksə(r)] *s* lisonjeador, adulador; pessoa insinuante; subserviência.

cob [kɔb] *s* espiga de milho.

cob.web.site [ˈkɔbwebsait] *s* INF site da Internet que não tem sido atualizado por um longo período de tempo; uma *homepage* morta.

co.balt [ˈkəubɔ:lt] *s* QUÍM cobalto.

cob.ble [ˈkɔbl] *s* pedra arredondada que se usa em pavimentação; seixo; • *v* remen-

cobble / coherent

dar, consertar sapato; calçar com pedras arredondadas.
cob.bler ['kɔblə(r)] s sapateiro; EUA ponche (bebida).
cob.ble.stone ['kɔblstəun] s pedra arredondada.
cob.web ['kɔbweb] s teia de aranha; trama; argumento sutil.
co.caine [kəu'kein] s cocaína.
cock [kɔk] s galo (EUA **rooster**), frango; macho de qualquer ave; torneira, válvula; catavento; GÍR pênis, pica; GÍR BRIT bobagem; • v engatilhar arma de fogo; levantar, levantar-se; erguer; empinar; ~-**and-bull story**: história para boi dormir; ~ **crow**: canto de galo, alvorecer; ~-**fight**: briga de galos.
cock-eyed ['kɔkaid] adj vesgo, estrábico; FIG absurdo (ideia).
cock.horse [kɔk'hɔ:s] s cavalinho de pau.
cock.le ['kɔkl] s amêijoa (molusco).
cock.ney ['kɔkni] s londrino, nativo dos bairros populares do leste de Londres; dialeto falado por essas pessoas.
cock.pit ['kɔkpit] s cabina ou lugar do piloto (carro de corrida, avião, etc.); rinha, lugar para briga de galos.
cock.roach ['kɔkrəutʃ] s barata.
cocks.comb ['kɔkskəum] s crista de galo.
cock.sure [kɔk'ʃuə(r)] adj infalível; certo; presunçoso; dogmático.
cock.tail ['kɔkteil] s coquetel; salada de frutas; bebida com várias misturas.
cock.y ['kɔki] adj afetado, presumido, vaidoso, enfatuado; petulante.
co.co ['kəukəu] s coco; coqueiro.
co.coa ['kəukəu] s cacau; chocolate em pó; ~ **butter**: manteiga de cacau.
co.co.nut [k'oukənʌt] s coco; ~ **milk**: água de coco.
co.coon [kə'ku:n] s casulo feito pelo bicho-da-seda.
COD [kɔd] abrev de BRIT **c**ash **o**n **d**elivery ou EUA **c**ollect **o**n **d**elivery, pagamento contra entrega.
cod [kɔd] s bacalhau.

code [kəud] s código; cifra; código secreto; ~-**name**: codinome.
co.dex ['kəudeks] s códice; código.
cod.fish [k'ɔdfiʃ] s bacalhau.
codg.er ['kɔdʒə(r)] s homem excêntrico.
cod.i.fi.ca.tion [kəudifi'keiʃn; EUA kɔdifi'keiʃn] s codificação.
cod.i.fy ['kəudifai; EUA 'kɔdəfai] v codificar; sistematizar.
co.ef.fi.cient [kəui'fiʃnt] s coeficiente; • adj cooperante.
co.erce [kəu'ə:s] v coagir, forçar, compelir.
co.er.cion [kəu'ə:ʃn; EUA kəu'ə:ʒn] s coerção, coação, pressão.
co.e.val [kəu'i:vl] s coevo, contemporâneo.
co.ex.ist [kəuig'zist] (with) v coexistir.
co.ex.ist.ence [kəuig'zistəns] s coexistência.
cof.fee ['kɔfi; EUA 'kɔ:fi] s café; ~ **table**: mesa baixa; ~ **table book**: livro de luxo; **he's drinking white ~**: ele está tomando café com leite; **he never drinks black ~**: ele nunca bebe café puro.
cof.fee.house ['kɔfihaus] s café-bar.
cof.fer ['kɔfə(r)] s cofre, arca; baú.
cof.fin ['kɔfin] s esquife, ataúde, caixão.
cog [kɔg] s dente de engrenagem; trapacear no jogo de dados.
co.gent ['kəudʒənt] adj convincente; irrefutável.
cog.i.tate ['kɔdʒiteit] (about, on, upon) v cogitar; planejar; meditar.
cog.nate ['kɔgneit] s cognato; • adj cognato; consanguíneo; congênere.
cog.ni.tion [kɔg'niʃn] s cognição, percepção; noção, conhecimento.
cog.ni.tive ['kɔgnətiv] adj cognitivo.
cog.ni.zance ['kɔgnizəns] s conhecimento; percepção; aviso, informação; insígnia, distintivo.
co.hab.it [kəu'hæbit] (with) v coabitar; viver maritalmente.
co.her.ence [kəu'hiərəns] s coerência, conexão; adesão; consistência, coesão.
co.her.ent [kəu'hiərənt] adj coerente; conexo; aderente; ant **incoherent**.

cohesion / colloquy

co.he.sion [kəu'hi:ʒn] *s* coesão, união; adesão.

co.he.sive [kəu'hi:siv] *adj* coesivo; coeso; aderente.

coif.feur [kwa:'fə:(r)] *s* cabeleireiro.

coif.fure [kwa:'fjuə(r)] *s* penteado, toucado.

coil [kɔil] *s* espiral, anel em espiral; serpentina de tubos; bobina; • *v* enrolar; bobinar; enovelar-se; espiralar.

coin [kɔin] *s* moeda, dinheiro amoedado; • *v* cunhar; inventar; forjar; **the other side of the ~**: o outro lado da moeda.

co.in.cide [kəuin'said] *v* coincidir, corresponder exatamente; concordar, harmonizar, combinar.

co.in.ci.dence [kəu'insidəns] *s* coincidência, correspondência.

coke [kəuk] *s* coque, carvão amorfo; GÍR cocaína; • *v* transformar em coque.

col [kɔl] *s* desfiladeiro, passagem entre montanhas.

col.an.der ['kʌləndə(r)] *s* coador; peneira.

cold [kəuld] *s* frio; resfriado; • *adj* frio, gelado; desanimado, sem vida; desapaixonado; desinteressado; sem graça; *ant* **hot**; **~-blooded**: insensível, cruel; de sangue frio; **~-hearted**: insensível, cruel; desumano; **~-stored**: frigorificar; **~ war**: guerra fria; **in ~ blood**: a sangue frio; **to be ~**: estar ou ter frio; **to catch a ~**: resfriar-se.

cold.ly ['kəuldli] *adv* friamente; insensivelmente, indiferentemente.

cold.ness ['kouldnis] *s* frieza, apatia, indiferença.

cole.slaw ['kəulslɔ:] *s* salada de repolho cru cortado fino.

col.ic ['kɔlik] *s* cólica.

col.lab.o.rate [kə'læbəreit] (*with*, *in*) *v* colaborar.

col.lab.o.ra.tion [kəlæbə'reiʃn] *s* colaboração, cooperação.

col.lage ['kɔla:ʒ; EUA kə'la:ʒ] *s* ART colagem.

col.lapse [kə'læps] *s* colapso; ruína; queda; desmoronamento; falência; queda; prostração, desmaio; • *v* provocar colapso em; aniquilar; arruinar; desabar, ruir; falir; sucumbir; desmaiar.

col.laps.i.ble [kə'læpsəbl] *s* flexível; dobradiço; arruinável; deformável; desmontável.

col.lar ['kɔlə(r)] *s* colarinho; gola; colar, gargantilha; coleira; coleira de animais; **~ bone**: MED clavícula.

col.late [kə'leit] *v* conferir, confrontar, cotejar.

col.lat.er.al [kə'lætərəl] *s* parente colateral; • *adj* colateral; paralelo; secundário.

col.la.tion [kə'leiʃn] *s* colação; refeição leve; nomeação para benefício eclesiástico.

col.league ['kɔli:g] *s* colega, confrade, camarada, companheiro.

col.lect [kə'lekt; 'kɔlekt] *s* coleta; • *v* colecionar; cobrar; arrecadar, recolher, angariar; receber débitos ou contas; reunir-se; acumular-se.

col.lect.ed [kə'lektid] *adj* calmo, tranquilo; controlado; senhor de si; reunido, ajuntado.

col.lect.ed.ly [kə'lektidli] *adv* coletivamente; calmamente; serenamente.

col.lec.tion [kə'lekʃn] *s* coleção, compilação; acúmulo; coleta.

col.lec.tive [kə'lektiv] *s* GRAM substantivo coletivo; • *adj* coletivo; reunido, agregado.

col.lec.tiv.ism [kə'lektivizm] *s* coletivismo.

col.lec.tiv.i.ty [kə'lektiviti] *s* coletividade.

col.lec.tor [kə'lektə(r)] *s* coletor; cobrador; colecionador.

col.lege ['kɔlidʒ] *s* colégio; agremiação; faculdade.

col.le.giate [kə'li:dʒiət] *adj* colegiado.

col.lide [kə'laid] (*with*) *v* colidir, chocar-se; entrar em conflito; discordar.

col.lie ['kɔli] *s* raça de cão pastor.

col.lier ['kɔliə(r)] *s* mineiro; navio carvoeiro; tripulante de navio carvoeiro.

col.li.sion [kə'liʒn] *s* colisão; conflito; abalroamento; abalo.

col.lo.cate ['kɔləkeit] *v* colocar; arranjar, dispor.

col.lo.qui.al [kə'ləukwiəl] *adj* coloquial; familiar; informal.

col.lo.quy ['kɔləkwi] *s* colóquio, diálogo.

col.lu.sion [kə'lu:ʒn] *s* conluio, maquinação, trama.

col.lu.sive [kə'lu:siv] *adj* conspiratório; combinado secretamente.

co.logne [kəl'oun] *s* água-de-colônia.

Co.lom.bi.an [kəl'ɔmbiən] *s* e *adj* colombiano.

co.lon ['koulən] *s* GRAM dois-pontos (:); MED cólon.

colo.nel ['kɔ:nl] *s* coronel.

co.lo.ni.al [kə'lǝuniǝl] *s* colono; • *adj* colonial; antigo.

col.o.ni.za.tion [kɔlǝnai'zeiʃn; EUA kɔlǝni'zeiʃn] *s* colonização.

col.o.nize, col.o.nise [k'ɔlǝnaiz] *v* colonizar.

col.o.ny ['kɔlǝni] *s* colônia.

col.or.a.tion [kʌlǝr'eiʃǝn] *s* coloração, colorido.

col.our, EUA **co.lor** ['kʌlǝ(r)] *s* cor; tinta; colorido; • *v* colorir, pintar, corar, ruborizar; **~s**: insígnia; bandeira; **~-blind**: daltônico; **~ scheme**: combinação de cores; **off-~**: indisposto; **to show oneself in one's true ~s**: revelar-se.

col.oured, EUA **col.ored** ['kʌlǝrd] *adj* colorido; tendencioso.

col.our.ful, EUA **col.or.ful** ['kʌlǝrful] *adj* colorido; brilhante, de cores vivas.

col.our.ing, EUA **col.or.ing** ['kʌlǝriŋ] *s* corante; coloração; **~ book**: livro para colorir.

colt [koult] *s* potro; pessoa jovem e inexperiente; tipo de revólver ou pistola.

colt.ish ['koultiʃ] *adj* alegre, vivo; folgazão.

col.umn ['kɔlǝm] *s* coluna (de edifício, de jornal); pilar; fileira de soldados; fila.

col.um.nist ['kɔlǝmnist] *s* colunista, que escreve em jornal.

co.ma ['koumǝ] *s* coma; **to be in a ~**: estar em coma.

comb [koum] *s* pente; crista de ave; favo de mel; • *v* pentear, cardar (lã); procurar, buscar; esquadrinhar.

com.bat ['kɔmbæt] *s* combate; luta; batalha; • *v* opor-se; combater, pelejar.

com.bat.ant ['kɔmbǝtǝnt] *s* e *adj* combatente.

com.bi.na.tion [kɔmbi'neiʃn] *s* combinação; união, fusão; ajuste; coligação.

com.bine [kǝm'bain] *s* reunião; associação; conluio; consórcio; • (*with*) *v* combinar, unir, juntar; ajustar; dispor; associar; cooperar; coligar-se; *ant* **separate**.

com.bus.ti.ble [kǝm'bʌstǝbl] *s* combustível; • *adj* combustível; inflamável; irritável.

com.bus.tion [kǝm'bʌstʃǝn] *s* combustão; ignição; agitação, conflagração.

come [kʌm] *v* (*pt* **came**; *pp* **come**) vir, chegar, aproximar-se; aparecer; surgir; acontecer; realizar-se; advir; nascer; proceder; provir; chegar a; estar presente; **~ along!**: vamos!; **~ back**: volte; **~ in!**: entre!; **~ on!**: vamos!; ora; **to ~ about**: acontecer; **to ~ across**: encontrar-se com, topar com; vir; **to ~ along**: acompanhar; adiantar; aparecer; **to ~ and go**: aparecer e desaparecer; **to ~ at**: chegar a, atingir; **to ~ back**: voltar, recorrer à memória; **to ~ by**: adquirir, ganhar; **to ~ down**: descer; baixar; **to ~ home**: voltar para a família, voltar para casa; **to ~ in**: chegar; entrar; **to ~ into**: tomar posse; descender; resultar de; **to ~ into one's own**: realizar-se; **to ~ off**: partir, sair, acontecer, ocorrer; **to ~ on**: avançar; aproximar-se, fazer progressos; entrar em cena; **to ~ out**: resultar, tornar público; aparecer; tornar-se conhecido; ser publicado (livro); fazer greve; **to ~ over**: afetar; **to ~ to**: voltar a si; **to ~ up**: surgir; nascer.

come.back [k'ʌmbæk] *s* volta, retorno após um longo tempo.

co.me.di.an [kǝ'mi:diǝn] *s* comediante; *fem* **comedienne**.

come.down ['kʌmdaun] *s* quebra, ruína, decadência.

com.e.dy ['kɔmǝdi] *s* comédia, farsa.

come.ly ['kʌmli] *adj* gracioso, elegante, garboso, bonito; decente; agradável.

com.er ['kʌmǝ(r)] *s* recém-chegado; aquele que chega.

com.et ['kɔmit] *s* cometa.

com.fort ['kʌmfǝt] *s* conforto; consolo; alívio; acolchoado para cama; • *v* con-

comfort / commodity

fortar; aliviar; encorajar; reconfortar, animar.

com.fort.a.ble [ˈkʌmftəbl] *adj* confortável; consolador; cômodo; contente; satisfatório; **make yourself ~**: fique à vontade; *ant* **uncomfortable**.

com.fort.er [ˈkʌmfətə(r)] *s* confortador; consolador; manta de lã; cachecol; (com maiúsc.) RELIG o Espírito Santo.

com.fort.less [kʌmfərtlis] *adj* desconsolado; sem conforto.

com.ic [ˈkɔmik] *s* comediante; comicidade; • *adj* cômico, engraçado; ridículo; **~s, ~ strip**: história em quadrinhos.

com.ing [ˈkʌmiŋ] *s* chegada; vinda; advento; • *adj* vindouro, futuro, esperado.

com.ma [ˈkɔmə] *s* GRAM vírgula (,); **inverted ~s**: aspas (" ").

com.mand [kəˈmɑːnd; EUA kəˈmænd] *s* comando; ordem; mandado; autoridade, poder; controle; vigilância; conhecimento; • *v* governar; dirigir; comandar; impor.

com.man.dant [kɔmənˈdænt] *s* comandante militar.

com.man.deer [kɔmənˈdiə(r)] *v* recrutar; requisitar militarmente.

com.mand.ment [kəˈmɑːndmənt; EUA kəˈmændmənt] *s* mandamento; ordem, preceito; **The Ten C~s**: Os Dez Mandamentos.

com.mand.ing of.fi.cer [kəˈmɑːndiŋ ˈɔfisə(r)] *adj* comandante de uma unidade ou de um posto.

com.mem.o.rate [kəˈmeməreit] *v* comemorar, celebrar; honrar a memória de.

com.mem.o.ra.tion [kəˈmeməˈreiʃn] *s* comemoração.

com.mem.o.ra.tive [kəˈmemərətiv; EUA kəˈmeməreitiv] *adj* comemorativo.

com.mence [kəˈmens] *v* começar; principiar; dar origem a.

com.mence.ment [kəˈmensmənt] *s* começo; origem, princípio; colação de grau; cerimônia de entrega de diplomas.

com.mend [kəˈmend] *v* recomendar; elogiar; louvar.

eighty eightieth 80

com.mend.a.ble [kəˈmendəbl] *adj* recomendável; louvável; meritório.

com.men.su.ra.ble [kəˈmenʃərəbl] *adj* comensurável; proporcional.

com.men.su.rate [kəˈmenʃərət] *adj* comensurável, comensurado; proporcionado; igual em tamanho e extensão.

com.ment [ˈkɔment] *s* comentário; crítica; anotação; • (*on, upon*) *v* comentar; censurar, anotar.

com.men.tar.y [ˈkɔməntri; EUA ˈkɔmənteri] *s* comentário, crítica; tratado expositivo; série de comentários; ilustração.

com.men.ta.tor [ˈkɔmənteitə(r)] *s* comentador, comentarista.

com.merce [ˈkɔməːs] *s* comércio; tráfico; intercurso; intercâmbio.

com.mer.cial [kəˈməːʃl] *s* TV intervalo de transmissão no programa normal, de rádio ou televisão, visando apresentar propaganda e publicidade comercial; • *adj* comercial; mercantil; rentável; **~ traveller**: caixeiro-viajante.

com.mer.cial.ize, com.mer.cial.ise [kəˈməːʃəlaiz] *v* comercializar.

com.mis.er.ate [kəˈmizəreit] (*on, over*) *v* compadecer-se; apiedar-se; comiserar-se.

com.mis.sar.y [ˈkɔmisəri; EUA ˈkɔmiseri] *s* comissário.

com.mis.sion [kəˈmiʃn] *s* comissão; delegação; encargo, incumbência; patente; **in/out of ~**: em/fora de serviço.

com.mis.sion.aire [kəmiʃəˈneə(r)] *s* BRIT porteiro.

com.mit [kəˈmit] *v* cometer; comprometer-se; empenhar; confiar; entregar, consignar; **to ~ suicide**: suicidar-se.

com.mit.ment [kəmˈitmənt] *s* compromisso; cometimento; engajamento; DIR mandado de prisão.

com.mit.tee [kəˈmiti] *s* comitê, comissão, delegação; junta; curador, comissário, tutor.

com.mode [kəˈməud] *s* cômoda; lavatório.

com.mo.di.ous [kəˈməudiəs] *adj* espaçoso, amplo.

com.mod.i.ty [kəˈmɔdəti] *s* mercadoria, produto, artigo.

com.mon ['kɔmən] *s* terra comum, pasto público; propriedade comum, passagem pública; • *adj* comum, usual, vulgar, popular, geral, universal, público; ordinário, baixo, inferior; **~ knowledge**: público e notório; **~ sense**: bom-senso; **~ stock**: COM ação ordinária; **the ~ Market**: Mercado Comum; **The (House of) ~s**: Câmara dos Comuns.

com.mon.place ['kɔmənpleis] *s* lugar-comum, trivialidade, banalidade; • *adj* comum, vulgar, banal, trivial.

com.mons ['kɔmənz] *s* plebe; povo; alimento, provisões; **House of ~**: Câmara dos Comuns.

com.mon.wealth ['kɔmənweləθ] *s* comunidade (de estados e nações); (com maiúsc.) Comunidade Britânica.

com.mo.tion [kə'məuʃn] *s* perturbação; comoção, motim, revolta; tumulto, agitação.

com.mu.nal ['kɔmjunl] *adj* comunal; público; comum.

com.mune [kə'mju:n] *s* comunidade; comuna; • *v* conversar intimamente; discorrer.

com.mu.ni.ca.ble [kə'mju:nikəbl] *adj* comunicável; contagioso.

com.mu.ni.cant [kə'mju:nikənt] *s* comungante; participador.

com.mu.ni.cate [kə'mju:nikeit] *v* comunicar; contagiar; comungar.

com.mu.ni.ca.tion [kəmju:ni'keiʃn] *s* comunicação, notificação, participação; ligação, passagem; **~s**: meios de comunicação.

com.mun.ion [kə'mju:niən] *s* comunhão; confraternização; sacramento da eucaristia.

com.mu.nism ['kɔmjunizəm] *s* comunismo, sistema econômico que pretende a divisão igualitária de bens.

com.mu.ni.ty [kə'mju:nəti] *s* comunidade; sociedade; **~ chest**: EUA fundo de assistência social; **~ home**: BRIT reformatório.

com.mut.a.ble [kə'mju:təbl] *adj* comutável, permutável.

com.mute [kə'mju:t] (*between*, *from*, *to*, *into*, *for*) *v* substituir; viajar diariamente para o trabalho.

com.mut.er [kəmj'u:tər] *s* pessoa que viaja diariamente, sobretudo da casa para o trabalho e vice-versa.

com.pact ['kɔmpækt] *s* estojo de pó de arroz ou rouge; • *v* comprimir, compactar; espessar; unir; firmar um pacto; • *adj* compacto, denso, maciço; comprimido; conciso; **~ disc (CD)**: MÚS disco compacto contendo diversas gravações; **~ disc player (CD player)**: equipamento para reproduzir um CD; **CD-ROM**: INF disco compacto apenas com memória para ser lida, contendo diversos dados (arquivos, diretórios, etc.), além de outros conjuntos de gravações sonoras, como multimídia, elementos gráficos, jogos, etc.

com.pan.ion [kəm'pæniən] *s* companheiro, camarada; dama de companhia; sócio, associado.

com.pa.ny ['kʌmpəni] *s* companhia; sociedade; empresa; divisão de um regimento; comitiva, séquito; **to keep someone ~**: fazer companhia.

com.par.a.tive [kəm'pærətiv] *s* grau comparativo; • *adj* comparativo; relativo.

com.pare [kəm'peə(r)] *s* comparação, confronto, cotejo; • (*to*, *with*) *v* comparar, confrontar, cotejar; igualar; assemelhar.

com.part.ment [kəm'pa:tmənt] *s* compartimento, secção, divisão; aposento; • *v* dividir em compartimentos.

com.pass ['kʌmpes] *s* bússola; extensão; espaço; circuito; âmbito; compasso; MÚS compasso; • *v* alcançar, atingir; planejar, maquinar; compreender, abranger; circundar, bloquear; percorrer, conseguir, obter; perceber; • *adj* redondo, circular.

com.pas.sion [kəm'pæʃn] *s* compaixão, comiseração, piedade, pena.

com.pat.i.bil.i.ty [kəmpætə'biləti] *s* compatibilidade, harmonia.

com.pat.i.ble [kəm'pætəbl] *adj* compatível, harmonioso, conciliável; *ant* **incompatible**.

compatriot / composure

com.pa.tri.ot [kəm'pætriət] *s e adj* compatriota.

com.peer ['kɔmpiə(r)] *s* companheiro, camarada; par, igual.

com.pel [kəm'pel] *v* compelir, obrigar, sujeitar, coagir.

com.pen.di.um [kəm'pendiəm] *s* compêndio, resumo, súmula, síntese.

com.pen.sate ['kɔmpenseit] (*for*) *v* compensar, indenizar.

com.pete [kəm'pi:t] (*with*, *against*, *for*) *v* competir, concorrer, disputar, rivalizar.

com.pe.tence ['kɔmpitəns] *s* competência, capacidade; abastança, suficiência de meios; *ant* **incompetence**.

com.pe.tent ['kɔmpitənt] *adj* competente, apto, capaz; idôneo.

com.pe.ti.tion [kɔmpə'tiʃn] *s* competição, rivalidade; concorrência, concurso; confronto.

com.pile [kəm'pail] *v* compilar, colecionar, ajuntar; colher.

com.pla.cen.cy [kəm'pleisnsi] *s* complacência; contentamento, prazer, desvanecimento.

com.plain [kəm'plein] (*about*, *to*) *v* queixar-se, lamentar-se; reclamar; **to ~ off**: queixar-se.

com.plain.ant [kəm'pleinənt] *s* queixoso, querelante, reclamante; DIR demandante.

com.plaint [kəm'pleint] *s* queixa, reclamação, lamúria; querela; doença, enfermidade, indisposição.

com.plai.sant [kəm'pleizənt] *adj* complacente, benevolente; afável, cortês.

com.ple.ment ['kɔmplimənt] *s* complemento, suplemento, apêndice; GRAM complemento; • *v* completar, formar o complemento de.

com.plete [kəm'pli:t] *v* completar, concluir, acabar, inteirar; • *adj* completo, inteiro, concluído, acabado, perfeito.

com.plete.ly [kəm'pli:tli] *adv* completamente, inteiramente.

com.ple.tion [kəm'pli:ʃn] *s* acabamento, conclusão; remate; inteireza.

com.plex ['kɔmpleks; EUA kɔm'pleks] *s* complexo; • *adj* complexo, complicado.

com.plex.ion [kəm'plekʃn] *s* cor da pele; aparência, aspecto; caráter; convicção.

com.plex.i.ty [kəmpl'eksəti:] *s* complexidade.

com.pli.ance [kəm'plaiəns] *s* condescendência; submissão; consentimento, aquiescência; obediência.

com.pli.cate ['kɔmplikeit] *v* complicar.

com.pli.cat.ed ['kɔmplikeitid] *adj* complicado, complexo, intrincado.

com.pli.ca.tion [kɔmpli'keiʃn] *s* complicação; problema.

com.plic.i.ty [kəm'plisəti] *s* cumplicidade.

com.pli.ment ['kɔmplimənt] *s* cumprimento, atenção; elogio, expressão de cortesia; • *v* cumprimentar, saudar; felicitar; elogiar; **~s**: homenagens; saudações; **with ~s**: com os cumprimentos.

com.pli.men.ta.ry [kɔmpli'mentri] *adj* lisonjeiro; gratuito.

com.ply [kəm'plai] (*with*) *v* aceder, anuir, aquiescer, consentir, ceder; cumprir; obedecer.

com.po.nent [kəm'pəunənt] *s e adj* componente; ingrediente; constituinte.

com.port [kəm'pɔ:t] *v* comportar-se, conduzir-se; concordar, ser compatível; condizer.

com.port.ment [kəmp'ɔrtmənt] *s* comportamento, conduta, procedimento.

com.pose [kəm'pəuz] *v* compor, formar, constituir; arranjar, ajustar; acalmar, apaziguar; pacificar.

com.posed [kəm'pəuzd] *adj* calmo, quieto, tranquilo.

com.pos.er [kəm'pəuzə(r)] *s* MÚS compositor; autor; linotipista.

com.pos.ite ['kɔmpəzit] *s e adj* composto.

com.po.si.tion [kɔmpə'ziʃn] *s* composição; redação; reconciliação, acordo, ajuste; composição tipográfica.

com.post ['kɔmpɔst] *s* composto; adubo; • *v* adubar.

com.po.sure [kəm'pəuʒə(r)] *s* compostura; serenidade.

com.pound ['kɔmpaund] *s* composto; recinto; • *v* compor; misturar; conciliar, transigir; • *adj* composto; **chemical ~s**: compostos químicos.

com.pre.hend [kɔmpri'hend] *v* compreender, entender; abranger, conter, incluir.

com.pre.hen.sion [kɔmpri'henʃn] *s* compreensão; abrangência.

com.pre.hen.sive [kɔmpri'hensiv] *adj* abrangente.

com.press [kəm'pres] *s* compressa; • *v* comprimir, prensar; condensar, resumir, abreviar; **~ed air**: ar comprimido.

com.pres.sion [kəm'preʃn] *s* INF processo de compactação das informações de um arquivo ou programa, com a finalidade de ocupar o menor espaço possível em um disquete ou disco rígido.

com.prise [kəm'praiz] *v* abranger; constituir.

com.pro.mise [kɔm'prəmaiz] *s* compromisso, acordo; • (*on*) *v* comprometer, resolver por meio de mútuas concessões; transigir; chegar a um acordo; estabelecer acordo ou ajuste.

com.pul.sion [kəm'pʌlʃn] *s* compulsão; constrangimento, coação, obrigação.

com.pul.sive [kəm'pʌlsiv] *adj* compulsivo; compulsório, obrigatório, coercivo.

com.pute [kəm'pju:t] *v* calcular, computar.

com.put.er [kəm'pju:tə(r)] *s* computador; calculista; máquina de calcular; **~ diskette**: disquete de computador; **~ programmer**: programador; **~ programming**: programação; **~ store**: loja de computadores.

com.put.er.ize, com.put.er.ise [kəm'pju:təraiz] *v* informatizar.

com.rade ['kɔmreid] EUA 'kɔmræd] *s* camarada, companheiro; colega; membro; sócio; **~ship**: camaradagem.

con [kɔn] *s* voto contrário; objeção; vigarice; • *v* decorar, aprender de cor; examinar, considerar; enganar; trapacear; **the pros and ~s**: os prós e contras.

con.cave ['kɔŋkeiv] *s* superfície côncava, concavidade; • *adj* côncavo.

con.ceal [kən'si:l] (*from*) *v* ocultar, dissimular.

con.cede [kən'si:d] *v* conceder, outorgar; admitir.

con.ceit [kən'si:t] *s* conceito; dito espirituoso; vaidade, presunção; • *v* supor.

con.ceit.ed [kən'si:tid] *adj* presumido, convencido, afetado.

con.ceive [kən'si:v] *v* conceber, imaginar; compreender; perceber, entender; ficar grávida; pensar.

con.cen.trate ['kɔnsntreit] *s* produto concentrado; • (*on, upon*) *v* concentrar; concentrar-se; intensificar; condensar; concentrar a atenção em.

con.cen.tra.tion [kɔnsn'treiʃn] *s* concentração.

con.cept ['kɔnsept] *s* conceito; ideia; noção.

con.cern [kən'sə:n] *s* interesse; relação; responsabilidade; preocupação; ansiedade; negócio, firma, empresa; • *v* (*in*) concernir, dizer respeito, interessar-se; afligir; (*for, about*) preocupar-se; **to whom it may ~**: a quem possa interessar.

con.cern.ing [kən'sə:niŋ] *prep* relativo a, a respeito de, concernente a.

con.cert ['kɔnsət] *s* MÚS concerto musical; acordo, entendimento; • *v* concertar; convencionar, pactuar; planejar, imaginar; **in ~**: de comum acordo.

con.cer.to [kən'tʃeətəu] *s* MÚS concerto.

con.ces.sion [kən'seʃn] *s* concessão.

conch [kɔntʃ] *s* concha; caramujo.

con.cil.i.ate [kən'silieit] *v* conciliar, harmonizar; reconciliar; apaziguar; ganhar.

con.cil.i.a.tion [kənsili'eiʃn] *s* conciliação.

con.cise [kən'sais] *adj* conciso, sucinto, lacônico.

con.cise.ly [kən'saisli] *adv* concisamente.

con.clude [kən'klu:d] *v* concluir, inferir; deduzir; terminar, acabar; chegar a uma decisão.

con.clu.sion [kən'klu:ʒn] *s* conclusão; resultado; dedução; **in ~**: concluindo.

con.clu.sive [kən'klu:siv] *adj* conclusivo.

con.clu.sive.ly [kən'klu:sivli] *adv* conclusivamente.

con.coct [kən'kɔkt] *v* preparar (misturando ingredientes); forjar, tramar, urdir; inventar.

concomitant / configuration

con.com.i.tant [kən'kɔmitənt] *adj* concomitante.

con.cord ['kɔŋkɔ:d] *s* acordo, concórdia, paz; tratado; GRAM concordância; MÚS acorde harmonioso.

con.course ['kɔŋkɔ:s] *s* reunião, assembleia, confluência.

con.crete ['kɔŋkri:t] *s* concreto; material de construção; • *v* concretizar; solidificar; concretar; concretizar-se; solidificar-se; • *adj* concreto, real, palpável; **~ mixer**: betoneira.

con.cu.bine ['kɔŋkjubain] *s* concubina, amásia, amante.

con.cur [kən'kə:(r)] (*with*) *v* concorrer, cooperar; concordar; combinar; coincidir.

con.cur.rence [kən'kʌrəns] *s* concorrência, concurso; acordo, aprovação; assentimento; coincidência.

con.cur.rent [kən'kʌrənt] *adj* concorrente; cooperativo; concordante.

con.cus.sion [kən'kʌʃn] *s* concussão; choque.

con.demn [kən'dem] *v* condenar; reprovar; sentenciar.

con.dense [kən'dens] *v* condensar, condensar-se; comprimir; resumir.

con.de.scend [kɔndi'send] *v* condescender, dignar-se; transigir.

con.dign [kən'dain] *adj* condigno, merecido, justo; adequado, apropriado.

con.di.ment ['kɔndimənt] *s* condimento, tempero.

con.di.tion [kən'diʃn] *s* condição; estipulação; classe social; estado; • *v* estipular, condicionar; convencionar; **on ~ that**: na condição de que.

con.di.tion.al [kən'diʃənl] *adj* condicional; restritivo; *ant* **unconditional**.

con.dole [kən'dəul] (*with*) *v* condoer-se; dar pêsames; lamuriar-se.

con.do.lence [kən'dəuləns] *s* condolência.

con.dom ['kɔndəm] *s* camisa de vênus, preservativo masculino, camisinha.

con.done [kən'dəun] *v* perdoar, justificar, indultar.

con.duce [kən'dju:s; EUA kən'du:s] *v* conduzir, guiar, levar.

con.duct ['kɔndʌkt] *s* direção, administração; gerência; escolta, comboio; comportamento; EUA pararraios; • *v* conduzir, guiar, escoltar; controlar, dirigir, reger; levar; comandar; comportar-se.

con.duc.tor [kən'dʌktə(r)] *s* ELET condutor; MÚS regente; TRANS cobrador; EUA chefe de trem.

con.duc.tion [kən'dʌkʃn] *s* condução; transmissão; FÍS condutividade.

con.duit ['kɔndit; EUA 'kɔndu:it] *s* conduto, canal; aqueduto; ELET eletroduto.

cone [kəun] *s* cone; pinha; EUA copinho para sorvetes; casquinha; TRANS cone de sinalização.

con.fec.tion.er [kənf'ekʃənər] *s* confeiteiro, doceiro.

con.fec.tion.er.y [kən'fekʃənəri; EUA kən'fekʃəneri] *s* confeito, doces.

con.fed.er.a.cy [kən'fedərəsi] *s* confederação; liga; conspiração; trama.

con.fed.er.ate [kən'fedərət] *s* confederado; cúmplice, parceiro; • *v* confederar, confederar-se; unir, ligar, ligar-se; • *adj* confederado; aliado.

con.fer [kən'fə:(r)] (*on*) *v* conferir, conceder, dar; (*with*) conferenciar, trocar ideias.

con.fer.ence ['kɔnfərəns] *s* conferência.

con.fess [kən'fes] *v* confessar, admitir; confessar-se.

con.fes.sor [kən'fesə(r)] *s* confessor.

con.fet.ti [kən'feti] *s* confete.

con.fide [kən'faid] *v* confiar, ter confiança; fiar-se.

con.fi.dence ['kɔnfidəns] *s* confiança; certeza; autoconfiança; **~ game/~ trick**: conto do vigário.

con.fi.dent ['kɔnfidənt] *adj* confiante.

con.fi.den.tial [kɔnfi'denʃl] *adj* confidencial, sigiloso.

con.fig.u.ra.tion [kənfigə'reiʃn; EUA kənfigjə'reiʃn] *s* configuração; contorno; figura; forma; INF modificação no computador para que possa realizar determinado trabalho, quer acrescentando novo dispositivo (equipamento ou programa), quer personalizando o texto, tal como fonte específica, ajuste do papel, espaçamento, etc.

con.fig.ure [kənˈfigə(r); EUA kənˈfigjə(r)] *v* INF mudar, alterar a configuração de um *software* ou *hardware*.

con.fine [kənˈfain] *s* confim, limite, fronteira; • *v* limitar, confinar; internar; restringir; encarcerar; ser limítrofe; **on the ~s of madness**: às raias da loucura.

con.fined [kənˈfainid] *adj* apertado, restringido; preso.

con.fine.ment [kənfˈainmənt] *s* limitação, restrição; prisão, clausura, reclusão; parto.

con.fines [ˈkonfainz] *s* limite, fronteira.

con.firm [kənˈfəːm] *v* confirmar, estabelecer; assegurar, ratificar, sancionar; validar; crismar; comprovar.

con.fir.ma.tion [kɔnfəˈmeiʃn] *s* confirmação.

con.firmed [kənˈfəːmid] *adj* confirmado; crismado.

con.fis.cate [ˈkonfiskeit] *v* confiscar; apreender; embargar; • *adj* confiscado.

con.fis.ca.tion [kɔnfiˈskeiʃn] *s* confiscação.

con.fla.gra.tion [kɔnfləˈgreiʃn] *s* conflagração, grande incêndio.

con.flict [ˈkonflikt] *s* conflito, luta, combate; colisão; antagonismo, discordância, desacordo; • *(with)* *v* colidir, chocar, entrar em conflito; lutar, combater; discordar; diferir.

con.flu.ence [ˈkonfluəns] *s* confluência.

con.flu.ent [ˈkonfluənt] *s* e *adj* confluente; tributário.

con.form [kənˈfɔːm] *(to)* *v* conformar, ajustar; adaptar; obedecer; seguir; conformar-se, resignar-se; igualar; • *adj* conforme.

con.for.ma.tion [kɔnfɔːˈmeiʃn] *s* conformação, configuração; arranjo, forma, estrutura.

con.form.i.ty [kənˈfɔːməti] *s* conformidade.

con.found [kənˈfaund] *v* desmascarar; confundir; perturbar; amaldiçoar; destruir; estragar; **~ it!**: diabos!

con.front [kənˈfrʌnt] *v* confrontar, cotejar; defrontar; acarear.

con.fuse [kənˈfjuːz] *v* confundir; embaraçar; atrapalhar.

con.fu.sion [kənˈfjuːʒn] *s* confusão.

con.geal [kənˈdʒiːl] *v* congelar; coagular; cristalizar-se.

con.gen.ial [kənˈdʒiːniəl] *adj* análogo; afim; agradável.

con.gest [kəndʒˈest] *v* acumular; amontoar; congestionar.

con.gest.ed [kənˈdʒestid] *adj* repleto; congestionado.

con.ges.tion [kənˈdʒestʃən] *s* congestionamento, acúmulo; MED congestão.

con.glom.er.ate [kənˈglɔmərət] *s* conglomerado, aglomerado; congregado; • *v* conglomerar, amontoar; englobar, congregar.

con.grat.u.late [kənˈgrætʃuleit] *(on)* *v* congratular, felicitar; regozijar-se.

con.grat.u.la.tion [kəngrætʃuˈleiʃn] *s* congratulação, felicitação; **~s**: parabéns; *abrev* **congrats**.

con.gre.gate [ˈkɔngrigeit] *v* congregar; reunir; convocar; • *adj* congregado, reunido; coletivo.

con.gress [ˈkɔngres; EUA ˈkɔngrəs] *s* congresso; assembleia, parlamento.

Con.gress.man [ˈkɔngresmən] *s* congressista; *fem* **Congresswoman**.

con.gru.ence [kəngrˈuːəns] *s* congruência; concordância.

con.gru.ent [ˈkɔngruənt] *adj* congruente, coerente, adequado.

con.gru.i.ty [kəngrˈuːəti:] *s* congruência, coerência; conformidade.

con.jec.tur.al [kənˈdʒektʃərəl] *adj* conjetural, que se baseia em suposições.

con.jec.ture [kənˈdʒektʃə(r)] *s* conjetura, suposição, hipótese; • *v* conjeturar.

con.join [kənˈdʒɔin] *v* unir; associar; ligar-se; reunir.

con.joint [kənˈdʒɔint] *adj* conjunto, unido, ligado, associado; junto.

con.ju.gal ['kɔndʒugl] *adj* conjugal, matrimonial.
con.ju.gate ['kɔndʒugeit] *s* cognato; conjugado; • GRAM *v* conjugar; unir em matrimônio; • *adj* conjugado, unido, emparelhado.
con.ju.ga.tion [kɔndʒu'geiʃn] *s* GRAM conjugação; união, combinação.
con.junc.tion [kən'dʒʌŋkʃn] *s* GRAM conjunção; associação, reunião; **in ~ with**: junto de.
con.junc.ture [kən'dʒʌŋktʃə(r)] *s* conjuntura; crise; combinação.
con.jure ['kʌndʒə(r)] *v* conjurar, evocar; praticar a magia, encantar.
conk [kɔŋk] *s* GÍR nariz, cabeça; pancada na cabeça; • *v* falhar; entrar em pane, enguiçar; bater a cabeça; desmaiar.
con.nect [kə'nekt] *v* ligar; fazer conexão; juntar-se; coordenar; associar; encadear; INF fazer uma conexão com um provedor de acesso/serviço da Internet.
con.nect.ed [kə'nektid] *adj* unido, conjugado; ligado; aparentado, relacionado.
con.nec.tion [kə'nekʃn] *s* conexão, união, ligação, junção; sequência lógica; **in ~ with**: com relação a.
con.niv.ance [kə'naivəns] *s* conivência, cumplicidade; conluio.
con.nive [kə'naiv] (*with*) *v* conluiar-se; ser conivente, fazer vista grossa; consentir.
con.nois.seur [kɔnə'sə:(r)] *s* conhecedor, perito.
con.no.ta.tion [kɔnə'teiʃn] *s* conotação, significação secundária.
con.note [kə'nəut] *v* conotar, implicar.
con.quer ['kɔŋkə(r)] *v* conquistar, vencer, subjugar; sair vitorioso.
con.quest ['kɔŋkwest] *s* conquista; vitória; subjugação; triunfo.
con.science ['kɔnʃəns] *s* consciência; escrúpulo; retidão; **in all ~**: em sã consciência.
con.scious ['kɔnʃəs] *adj* consciente, ciente; deliberado, intencional, de propósito; cônscio.

con.script [kən'skript] *s* recruta, conscrito; • *v* sortear; recrutar, alistar; • *adj* conscrito, alistado, recrutado, sorteado.
con.scrip.tion [kən'skripʃn] *s* conscrição, alistamento.
con.se.crate ['kɔnsikreit] *v* consagrar, canonizar; devotar; • *adj* consagrado.
con.sec.u.tive [kən'sekjutiv] *adj* consecutivo, sucessivo; consequente.
con.sen.sus [kən'sensəs] *s* consenso, acordo; pleno acordo; **~ of opinion**: unanimidade.
con.sent [kən'sent] *s* consentimento, anuência, permissão; aquiescência; • (*to*) *v* consentir, aceder, anuir.
con.se.quence ['kɔnsikwəns] *s* consequência; série; resultado; importância.
con.ser.va.tion [kɔnsə'veiʃn] *s* conservação, preservação.
con.ser.va.tion.ist [ka:nsərv'eiʃənist] *s* preservacionista.
con.serve [kən'sə:v] *s* conserva; • *v* guardar em conserva; conservar; preservar.
con.sid.er [kən'sidə(r)] *v* considerar; ponderar; refletir; pensar.
con.sid.er.a.tion [kɔnsidə'reiʃn] *s* consideração, atenção; **to take into ~**: levar em consideração.
con.sign [kən'sain] (*to*) *v* consignar, confiar; entregar.
con.sist.ent [kən'sistənt] *adj* compatível; coerente; *ant* **inconsistent**.
con.so.la.tion [kɔnsə'leiʃn] *s* consolação, consolo; alívio.
con.sole [kən'səul] *s* MÚS estrutura do teclado do órgão; • *v* consolar, confortar, amenizar; mitigar.
con.sol.i.date [kən'sɔlideit] *v* consolidar; firmar, robustecer; solidificar-se; incorporar; unir.
con.so.nant ['kɔnsənənt] *s* GRAM consoante; • *adj* consonante; conforme; MÚS assonante; *ant* **dissonant**.
con.sort ['kɔnsɔ:t] *s* consorte, cônjuge; companheiro; sócio; navio que acompanha outro; • (*with*) *v* associar(-se), unir; concordar; juntar; consorciar-se; harmonizar.

consortium / contest

con.sor.ti.um [kən'sɔ:tiəm; EUA kən'sɔ:rʃiəm] s consórcio.

con.spir.a.cy [kən'spirəsi] s conspiração, trama, maquinação, intriga.

con.spire [kən'spaiə(r)] v conspirar, tramar, maquinar; ligar-se; cooperar.

con.sta.ble ['kʌnstəbl] s policial; guarda.

con.stan.cy ['kɔnstənsi] s constância, estabilidade.

con.stel.la.tion [kɔnstə'leiʃn] s constelação; reunião, grupo brilhante; ~ **of Aquarius**: Constelação de Aquário.

con.ster.na.tion [kɔnstə'neiʃn] v consternação; atemorização.

con.sti.pate ['kɔnstipeit] v MED constipar; causar prisão de ventre.

con.sti.tute ['kɔnstitju:t; EUA 'kɔnstitu:t] v constituir, formar.

con.sti.tu.tion [kɔnsti'tju:ʃn; EUA kɔnsti'tu:ʃn] s constituição; estrutura; nomeação; estatuto.

con.sti.tu.tive [kən'stitjutiv] adj constitutivo; essencial, fundamental.

con.strain [kən'strein] v constranger, forçar, obrigar; comprimir, apertar; bloquear; reprimir; encarcerar.

con.strict [kən'strikt] v constringir; obrigar; reprimir, apertar.

con.struct [kən'strʌkt] s construção; estrutura; • v construir, edificar.

con.struc.tion [kən'strʌkʃn] s construção; ~ **worker**: mestre de obras.

con.struc.tor [kən'strʌktə(r)] s construtor.

con.strue [kən'stru:] v construir; dar boa regência gramatical; traduzir.

con.sult [kən'sʌlt] v consultar, pedir conselho; deliberar.

con.sul.ta.tive [kən'sʌltətiv] adj consultivo, deliberativo.

con.sult.ing [kən'sʌltiŋ] adj consultor, que dá consulta.

con.sume [kən'sju:m; EUA kən'su:m] v consumir; gastar, despender.

con.sum.er [kən'sju:mə(r); EUA kən'su:mə(r)] s consumidor.

con.sum.mate [kən'sʌmət] v consumar, acabar.

con.tact ['kɔntækt] s contato; ligação, conexão; • v pôr em contato; comunicar-se com; ~ **lens**: lente de contato.

con.ta.gion [kən'teidʒən] s contágio por doença infecciosa.

con.tain [kən'tein] v conter, encerrar; refrear, reprimir; ser divisível por.

con.tain.er [kən'teinər] s contêiner, grande caixa de metal padronizada, utilizada para o transporte de mercadorias em geral, que permite o seu embarque e desembarque com facilidade, principalmente nos navios e caminhões.

con.ta.mi.na.tion [kəntæmi'neiʃn] s contaminação.

con.tem.plate ['kɔntempleit] v projetar; contemplar; tencionar; ter em vista; meditar.

con.tem.pla.tion [kɔntem'pleiʃn] s contemplação, meditação, projeto.

con.tem.pla.tive [kən'templətiv] adj contemplativo, meditativo.

con.tem.po.ra.ne.ous [kəntempə'reiniəs] adj contemporâneo, da mesma época (formal).

com.tem.po.rar.y [kən'temprəri; EUA kən'tempəreri] s e adj contemporâneo.

con.tempt [kən'tempt] s desprezo, desdém, escárnio.

con.tend [kən'tend] (against, for, with) v contender, lutar, combater; sustentar, afirmar; argumentar.

con.tend.er [kən'tendə(r)] s contendor, competidor; adversário.

con.tent [kən'tent] s contentamento, satisfação; conteúdo; índice; essência; ponto principal; volume; extensão; • v contentar; satisfazer; combater; competir; disputar; • adj contente, satisfeito; disposto; ~ **provider**: INF um site da web que fornece informações (notícias, entretenimento, etc.) sempre atuais.

con.test [kən'test] s debate, controvérsia; luta, disputa, competição, contenda; • v disputar, concorrer; lutar por, contestar;

contest / convalescence

refutar; abater; contender, discutir, altercar; pelejar.

con.text [ˈkɔntekst] s contexto.

con.tex.tu.al [kənˈtekstʃuəl] adj contextual.

con.ti.gu.i.ty [kɔntiˈgjuːəti] s contiguidade, proximidade; vizinhança; continuidade; contato.

con.ti.nence [ˈkɔntinəns] s continência, castidade, pureza; abstinência sexual.

con.ti.nent [ˈkɔntinənt] s continente; • adj continente, casto, puro; moderado.

con.ti.nen.tal [kɔntiˈnentl] s pessoa do continente; • adj continental.

con.tin.gen.cy [kənˈtindʒənsi] s contingência.

con.tin.u.al [kənˈtinjuəl] adj contínuo, sucessivo; constante, incessante.

con.tin.u.a.tion [kəntinjuˈeiʃn] s continuação, prosseguimento; prolongamento; sequência.

con.tin.ue [kənˈtinjuː] v continuar, prosseguir; prolongar; ficar, permanecer; durar; adiar.

con.tin.u.ous [kənˈtinjuəs] adj contínuo; ~ **stationery**: INF formulário contínuo.

con.tort [kənˈtɔːt] v contorcer, torcer.

con.tour [ˈkɔntuə(r)] s contorno; • v contornar; ~ **line**: curva de nível.

con.tra.cep.tion [kɔntrəˈsepʃn] s prevenção de gravidez; controle de natalidade.

con.tra.cep.tive [kɔntrəˈseptiv] s preservativo, anticoncepcional.

con.tract [ˈkɔntrækt] s contrato, ajuste, acordo, pacto; contrato de casamento; • v contratar, firmar contrato; contrair, adquirir; encolher; encurtar; restringir.

con.tra.dict [kɔntrəˈdikt] v contradizer, contestar, desmentir, negar; opor-se.

con.tral.to [kənˈtræltəu] s MÚS contralto, voz mais grave da mulher.

con.trap.tion [kənˈtræpʃn] s paliativo; geringonça, engenhoca.

con.trar.i.wise [ˈkɔntrəriwaiz] adv contrariamente.

con.trar.y [ˈkɔntrəri; EUA ˈkɔntreri] s contradição; • adj contrário, oposto; desfavorável, adverso; antagônico; • adv contrariamente; **on the ~**: pelo contrário.

con.trast [kənˈtraːst; EUA kənˈtræst] s contraste; diferença; oposição; • (with) v contrastar, contrapor.

con.tra.vene [kɔntrəˈviːn] v transgredir, infringir; contraditar; opor-se a.

con.tra.ven.er [kɔntrəˈviːnə(r)] s contraventor, transgressor; contraveniente.

con.tra.ven.tion [kɔntrəˈvenʃn] s contravenção, infração, transgressão, violação.

con.trib.ute [kənˈtribjuːt] (to, towards) v contribuir, concorrer, cooperar; colaborar; doar.

con.trite [ˈkɔntrait] adj contrito, arrependido, penitente, pesaroso.

con.trive [kənˈtraiv] v projetar; imaginar; inventar.

con.triv.er [kənˈtraivə(r)] s inventor, idealizador, maquinador, planejador.

con.trol [kənˈtrəul] s controle; domínio; governo; BRIT direção (carro), comando; fiscalização; autoridade; restrição; chave, alavanca; padronização; • v controlar, fiscalizar; governar, dirigir; ~ **tower**: AVI torre de controle nos aeroportos; ~ **yourself!**: controle-se!; **in ~ of**: no controle de; **out of ~**: fora de controle; **passport ~**: posto de controle de passaporte; **under ~**: sob controle.

con.trol.ler [kənˈtrəulə(r)] s controlador; superintendente; inspetor; censor; ELET regulador de corrente, chave de controle.

con.tro.ver.sial [kɔntrəˈvəːʃl] adj polêmico; controverso.

con.tro.ver.sy [ˈkɔntrəvəːsi] s controvérsia, polêmica, discussão, debate.

con.tu.ma.cy [ˈkɔntjuməsi; EUA kənˈtuːməsi] s contumácia, obstinação; revelia; desobediência.

con.tuse [kənˈtjuːz; EUA kənˈtuːz] v contundir.

con.tu.sion [kənˈtjuːʒn; EUA kənˈtuːʒn] s contusão, ferimento.

co.nun.drum [kəˈnʌndrəm] s enigma, charada, adivinhação.

con.va.les.cence [kɔnvəˈlesns] s convalescença.

con.vene [kən'vi:n] *v* reunir, convocar; citar.

con.ven.ience [kən'vi:niəns] *s* conveniência; comodidade; **all modern ~s**: com todos os confortos; **at earliest ~**: o mais cedo possível; **~ store**: loja de conveniência; **(public) ~**: sanitário.

con.ven.ient [kən'vi:niənt] *adj* conveniente, oportuno, adequado, cômodo, apropriado; *ant* **inconvenient**.

con.vent ['kɔnvənt; EUA 'kɔnvent] *s* convento; mosteiro; claustro; **~ school**: colégio de freiras.

con.ven.tion [kən'venʃn] *s* convenção; convênio; assembleia; reunião; etiqueta, uso consagrado, costume.

con.verge [kən'və:dʒ] *v* convergir, afluir, dirigir para o mesmo ponto.

con.ver.sant [kən'və:snt] *adj* versado, familiarizado, experimentado; conhecedor; familiar, íntimo; relacionado; entendido; **to be with ~**: estar a par de.

con.ver.sa.tion [kɔnvə'seiʃn] *s* conversação, palestra, colóquio.

con.verse [kən'və:s; 'kənvə:s] *s* conversa, palestra, conversação; algo oposto, contrário; • (*on, about, with*) *v* conversar; • *adj* inverso, contrário, oposto; recíproco, complementar.

con.ver.sion [kən'və:ʃn; EUA kən'və:ʒn] *s* conversão, transformação; DIR apropriação indébita.

con.vert [kən'və:t] *s* convertido; prosélito; • (*to, into*) *v* converter; transportar; apropriar-se.

con.vert.i.ble [kən'və:təbl] *adj* conversível; carro conversível; **~ sofa**: sofá-cama.

con.vex ['kɔnveks] *s* superfície convexa; • *adj* convexo; *ant* **concave**.

con.vey [kən'vei] (*from, to*) *v* transportar, conduzir, carregar; levar, trazer; transmitir; exprimir.

con.vey.ance [kən'veiəns] *s* transferência; transporte.

con.vict [kən'vikt] *s* réu convicto; sentenciado; • *v* provar a culpa de; condenar; pronunciar um réu.

con.vince [kən'vins] *v* convencer; persuadir; incitar.

con.viv.i.al [kən'viviəl] *adj* jovial, alegre, festivo.

con.vo.ca.tion [kɔnvə'keiʃn] *s* convocação, chamada.

con.voke [kən'vəuk] *v* convocar, reunir.

con.voy ['kɔnvɔi] *s* comboio; • *v* escoltar, comboiar.

con.vulse [kən'vʌls] (*with*) *v* convulsionar; abalar; agitar.

con.vul.sion [kən'vʌlʃn] *s* convulsão; comoção, abalo.

con.vul.sive [kən'vʌlsiv] *adj* convulsivo; violento; espasmódico.

co.ny, co.ney ['kəuni] *s* coelho; pele de coelho.

coo [ku:] *s* arrulho; • *v* arrulhar; murmurar; falar suavemente.

cook [kuk] *s* cozinheiro; • *v* cozinhar, cozer; falsificar, adulterar; forjar; **~ the books**: alterar os fatos de forma desonesta e ilegal; **to ~ up**: inventar.

cook.book ['kukbuk] *s* EUA livro de receitas culinárias.

cook.er ['kukə(r)] *s* fogão; EUA **stove**.

cook.er.y ['kukəri] *s* culinária; cozinha.

cook.ie, cook.y ['kuki] *s* bolinho; EUA biscoito doce; INF pequena informação, guardada em formato de texto no disco rígido do computador, destinada a identificar o usuário que acessa um determinado *site* na Internet.

cool [ku:l] *s* frescura, frescor, lugar fresco; • *v* esfriar, refrescar; refrigerar; acalmar; • *adj* frio, fresco; calmo; indiferente; insensível, audacioso; GÍR EUA legal!, bom!; **~-headed**: cabeça-fria; **~ it**: acalme-se; **to ~ down**: esfriar (comida); **to keep one's ~**: manter a cabeça fria; **to loose one's ~**: perder a cabeça.

coo.lie ['ku:li] *s* trabalhador braçal chinês ou indiano.

coo.lly ['ku:li] *adv* calmamente; friamente; descaradamente.

cool.ness ['ku:lnis] s frescura; calma; sangue-frio.

co.op.er.ate, co-op.er.ate [kəu'ɔpəreit] (*with*, *in*) v cooperar; coadjuvar; colaborar, contribuir.

co.op.er.a.tive, co-op.er.a.tive [kəu'ɔpərətiv] adj cooperativo; colaborador.

co-opt [kəu'ɔpt] (*into*, *onto*) v cooptar; eleger.

co.or.di.nate, co-or.di.nate [kəu'ɔ:dənət; keu'ɔ:dineit] s coordenada; • v coordenar, classificar, dispor; • adj coordenado.

coot [ku:t] s corvo marinho; GÍR tolo.

cop [kɔp] s GÍR policial; • v GÍR apanhar; furtar.

co.part.ner [kəu'pɔ:tnə(r)] s comparte, sócio, parceiro.

co.part.ner.ship [kəu'pɔ:tnə(r)ʃip] s sociedade, companhia.

cope [kəup] s manto; • (*with*) v contender, lutar; cobrir com manto.

cop.i.er [k'ɔpi:ər] s copiador, copista.

cop.ing ['kəupiŋ] s cumeeira.

co.pi.ous ['kəupiəs] adj copioso, abundante; prolixo.

cop.per ['kɔpə(r)] s cobre; moeda, vasilha de cobre; GÍR policial; • v revestir de cobre.

copse, cop.pice [kɔps, 'ɔpis] s bosque.

cop.u.late ['kɔpjuleit] v copular; • adj ligado, unido.

cop.u.la.tion [kɔpju'leiʃn] s cópula; coito; conjunção.

cop.y ['kɔpi] s cópia, reprodução; imitação; manuscrito; exemplar de um livro; número de um jornal; modelo; • v copiar, transcrever; imitar; ~ **machine**: máquina de fotocópias.

cop.y.book ['kɔpibuk] s caderno de caligrafia.

cop.y.hold ['kɔpihəuld] s DIR aforamento, enfiteuse.

cop.y.right ['kɔpirait] s direitos autorais; propriedade literária; • v adquirir, ter reserva autoral; • adj protegido por direitos autorais.

cop.y.writ.er ['kɔpiraitə(r)] s redator de imprensa, de propaganda, de publicidade.

cord [kɔ:d] s corda, cordão; fio; • v atar com cordão; prover de cordame.

cor.dial ['kɔ:diəl; EUA 'kɔ:rdʒəl] s tônico, fortificante; licor; • adj cordial; sincero; estimulante.

core [kɔ:(r)] s coração; âmago, centro, núcleo; • v extrair o núcleo; esvaziar; descaroçar.

co.re.spond.ent [kəu ri'spɔndənt] s cúmplice; corréu.

co.ri.an.der [kɔri'ændə(r)] s coentro.

cork [kɔ:k] s cortiça, rolha de cortiça; • v arrolhar.

cork.screw ['kɔrkskru:] • s saca-rolhas; • adj espiralado.

corn [kɔ:n] s semente, grão de cereal, cereal, EUA **grain**; trigo, aveia; milharal; EUA milho; • v salgar, conservar em salmoura; granular; plantar milho; ~ **flour**: farinha de milho; **pop ~**: pipoca.

cor.ner ['kɔ:nə(r)] s canto, ângulo, esquina; açambarcamento, monopólio; • v encurralar; levar à parede; monopolizar; açambarcar; colocar em situação embaraçosa.

cor.ner.stone ['kɔrnərstoun] s pedra fundamental; pedra angular; base, fundamento.

cor.ner.wise ['kɔ:nə(r)waiz] adv diagonalmente.

cor.net ['kɔ:nit] s corneta; cartucho cônico de papel; casquinha de sorvete.

corn.flour ['kɔ:nflauər] s amido de milho, maisena; EUA **cornstarch**.

corn.starch ['kɔ:nsta:tʃ] s EUA amido de milho, maisena; BRIT **cornflour**.

cor.ol.lar.y [kə'rɔləri; EUA 'kɔrəleri] s corolário; conclusão, inferência; resultado.

co.ro.na [kə'rəunə] s coroa; halo; MED parte superior da cabeça.

cor.o.ner ['kɔrənə(r); EUA 'kɔ:rənə(r)] s magistrado criminal.

cor.o.net ['kɔrənet; EUA 'kɔ:rənət] s diadema; coroa de titular; coroa do casco de cavalo.

cor.po.ral ['kɔ:pərəl] adj corporal, corpóreo; físico.

cor.po.ra.tion [kɔ:pə'reiʃn] *s* corporação; grêmio.

corps [kɔ:(r)] *s* corpo, associação de pessoas; corpo de exército.

corpse [kɔ:ps] *s* cadáver, defunto.

cor.pu.lent ['kɔ:pjulənt] *adj* corpulento; obeso.

cor.pus ['kɔ:pəs] *s* corpo; coleção de obras literárias.

cor.rect [kə'rekt] *v* corrigir, retificar; castigar, punir; repreender; equilibrar; • *adj* correto; perfeito, exato; esmerado; justo; apropriado; *ant* **incorrect**.

cor.re.late ['kɔrəleit; EUA 'kɔ:rəleit] *s* e *adj* correlato; • (*with*) *v* correlacionar; ser correlativo.

cor.re.spond [kɔri'spɔnd; EUA kɔ:ri'spɔnd] (*with*, *to*) *v* corresponder, condizer; escrever, trocar cartas.

cor.re.spond.ence [kɔri'spɔndəns; EUA kɔ:ri'spɔndəns] *s* correspondência; harmonia, acordo; troca de cartas.

cor.re.spond.ent [kɔri'spɔndənt; EUA kɔ:ri'spɔndənt] *s* e *adj* correspondente.

cor.ri.dor ['kɔridɔ:(r); EUA 'kɔ:ridɔ:(r)] *s* corredor, galeria.

cor.rob.o.rate [kə'rɔbəreit] *v* corroborar, ratificar.

cor.rode [kə'reud] *v* corroer; desgastar, consumir-se.

cor.ru.ga.tion [kɔrə'geiʃn; EUA kɔ:rə'geiʃn] *s* corrugação, ondulação; enrugamento.

cor.rupt [kə'rʌpt] *v* corromper, estragar; perverter; infestar; corromper-se; • *adj* corrupto, poluído; pervertido, infectado.

cor.sage [kɔ:'sa:ʒ] *s* corpete; pequeno buquê de flores usado pelas mulheres na altura do ombro ou na cintura.

cor.sair ['kɔ:seə(r)] *s* corsário, pirata.

cor.set ['kɔ:sit] *s* espartilho, colete.

cor.ti.sone ['kɔ:tizəun] *s* MED cortisona.

cor.us.cate ['kɔrəskeit; EUA 'kɔ:rəskeit] *v* faiscar, relampejar.

cos.met.ic [kɔz'metik] *s* e *adj* cosmético.

cos.mic ['kɔzmik] *adj* cósmico; astronômico; vasto.

cos.mog.o.ny [kɔz'mɔgəni] *s* cosmogonia.

cos.mo.pol.i.tan [kɔzmə'pɔlitən] *s* e *adj* cosmopolita.

cos.mos ['kɔzmɔs] *s* cosmos, universo.

cos.set ['kɔsit] *s* cordeiro criado; • *v* acariciar, afagar, mimar.

cost [kɔst; EUA kɔ:st] *s* preço, custo; despesa, gasto; perda, detrimento; • *v* (*pt* e *pp* **cost**) valer, custar, acarretar; **at all ~s**: a todo custo; **to ~ an arm and a leg**: ser muito caro.

cos.ter.mon.ger, cos.ter ['kɔstəmʌŋgə(r), 'kɔstə(r)] *s* verdureiro ambulante.

cost.ly ['kɔstli; EUA 'kɔ:stli] *adj* caro, dispendioso; esplêndido; suntuoso.

co.sy ['kəuzi] *adj* confortável, agradável, aconchegável.

cos.tume [k'ɔstju:m] *s* vestuário, traje, indumentária; traje típico; • *v* vestir; fantasiar.

cot [kɔt] *s* casinha, choupana; EUA cama de lona; berço.

cote [kəut] *s* abrigo para pequenos animais; **dove ~**: pombal.

co.te.rie ['kəutəri] *s* círculo social, roda familiar.

cot.tage ['kɔtidʒ] *s* casa de subúrbio, de campo; cabana.

cot.tag.er ['kɔtidʒə(r)] *s* aldeão, camponês; habitante de casa de campo ou subúrbio.

cot.ton ['kɔtn] *s* algodão; algodoeiro; roupas de algodão; • *v* harmonizar-se, afeiçoar-se; concordar; • *adj* feito de algodão; **~ candy**: algodão doce.

couch [kautʃ] *s* sofá, canapé, divã, leito; • *v* acamar, deitar, recostar; redigir; deitar-se; agachar-se.

cou.gar ['ku:gə(r)] *s* puma.

cough [kɔf; EUA kɔ:f] *s* tosse; • *v* tossir.

coun.cil ['kaunsl] *s* conselho, assembleia, junta; conferência; concílio.

coun.sel ['kaunsl] *s* conselho, parecer; DIR consulta; • *v* aconselhar; consultar; pedir conselho.

count [kaunt] *s* conta; total; soma; estimativa, cômputo; atenção; conde; artigo de acusação; • *v* contar, ter em conta; somar; calcular; valer; confiar em; fazer contas; **to ~ on/upon**: contar com.

count.a.ble [kaunt'eibl] *adj* contável, computável; *ant* **uncountable**.

coun.te.nance ['kauntinəns] *s* semblante, fisionomia, rosto; aparência; aspecto; compostura; proteção, apoio; • *v* aprovar, sancionar; animar.

count.er ['kauntə(r)] *s* contador, calculador; balcão; • *v* rebater; contra-atacar; opor, opor-se; contrariar; • *adj* contrário, oposto; • *adv* contrariamente, inversamente.

coun.ter.act [kauntər'ækt] *v* contrariar, impedir, frustrar.

coun.ter.ac.tion [kauntər'ækʃn] *s* oposição; impedimento.

coun.ter.at.tack ['kauntərətæk] *s* contra-ataque; • *v* contra-atacar.

coun.ter.blast ['kauntəbla:st; EUA 'kauntəblæst] *s* oposição enérgica.

coun.ter.clocke ['kauntə(r)kloki] *adj* e *adv* EUA em sentido ao movimento dos ponteiros do relógio, anti-horário; BRIT **anticlockwise**.

coun.ter.feit ['kauntəfit] *s* falsificação; adulteração; dissimulação; • *v* falsificar; arremedar; contrafazer; imitar; fingir; pretender; *adj* forjado, não genuíno.

coun.ter.foil ['kauntəfoil] *s* talão, canhoto (de cheque).

coun.ter.mand [kauntə'ma:nd; EUA kauntə'mænd] *s* contraordem; • *v* contraordenar; cancelar.

coun.ter.of.fen.sive [kauntə(r)ə'fensiv] *s* contraofensiva.

coun.ter.pane ['kauntəpein] *s* coberta; colcha.

coun.ter.part ['kauntəpa:t] *s* parte correspondente; contraparte.

coun.ter.point ['kauntəpoint] *s* contraponto.

coun.ter.poise ['kauntəpoiz] *s* contrapeso, compensação; equilíbrio; • *v* contrabalançar, equilibrar.

coun.ter.sign ['kauntəsain] *s* senha, contrassenha; rubrica; • *v* autenticar, rubricar.

coun.ter.weigh ['kauntə(r)wei] *v* contrapesar; compensar; servir de contrapeso.

coun.ter.weight ['kauntə(r)weit] *s* contrapeso; • *v* contrapesar.

count.ess ['kauntis] *s* condessa.

count.less ['kauntlis] *adj* inúmero, incontável; inumerável.

coun.tri.fied ['kʌntrifaid] *adj* rústico, agreste, rural.

coun.try ['kʌntri] *s* país, nação; campo; pátria; júri; • *adj* do campo, rústico, campestre, rural.

coun.try.side ['kʌntrisaid] *s* campo, região rural.

coun.ty ['kaunti] *s* condado; comarca.

cou.ple ['kʌpl] *s* casal, par, parelha; • *v* ligar, juntar-se; acoplar.

cour.age ['kʌridʒ] *s* coragem, ânimo, bravura.

cou.ra.geous [kə'reidʒəs] *adj* corajoso, valente, destemido, bravo; intrépido.

cour.gette [kuə'ʒet] *s* abobrinha; EUA **zucchini**.

cour.i.er ['kuriə(r)] *s* correio, mensageiro.

course [kɔ:s] *s* curso, caminho, direção; rota; procedimento, conduta; • *v* correr; percorrer; galopar; seguir uma direção; **matter of ~**: coisa natural; **of ~**: claro, naturalmente.

cours.ing ['kɔ:siŋ] *s* caça com cães.

court [kɔ:t] *s* corte, paço, residência real; tribunal; sessão de tribunal; quadra de tênis, basquete, etc.; pátio interno; beco; • *v* cortejar, namorar; provocar.

cour.te.ous ['kɔ:tiəs] *adj* cortês; amável; *ant* **discorteous**.

cour.te.ous.ly ['kɔ:tiəsli] *adv* cortesmente.

cour.te.sy ['kɔ:təsi] *s* cortesia, reverência, cumprimento; urbanidade, polidez.

court.mar.tial [kɔ:t 'ma:ʃl] *s* corte-marcial, conselho de guerra.

court.room ['kɔ:tru:m] *s* sala de tribunal.

court.ship ['kɔ:tʃip] *s* corte; namoro.

court.yard ['kɔ:tja:d] *s* pátio.

cous.in ['kʌzn] *s* primo, prima.

cove [kəuv] *s* GÍR sujeito; angra; enseada; recanto, recesso abrigado; • *v* abobadar; arquear.

cov.e.nant ['kʌvənənt] *s* pacto, convenção; escrita de contrato; • *v* contratar, ajustar; pactuar; estipular.

cov.er ['kʌvə(r)] *s* fachada, frontispício, capa; coberta; cobertura, tampa; abrigo; envelope; sobrescrito; capa de livro; disfarce; MÚS diz-se do cantor ou conjunto que se apresenta imitando outro cantor ou conjunto musical famoso; • *v* cobrir, tampar, encapar; recobrir; ocultar; incluir; abranger; compensar; fazer face a; mirar; compreender.

cov.er.age ['kʌvərɪdʒ] *s* cobertura, alcance.

cov.er.let ['kʌvəlɪt] *s* coberta.

cov.ert ['kʌvət; 'kʌvə(r)] *s* abrigo; toca; guarida; • *adj* coberto, abrigado.

cov.et ['kʌvɪt] *v* cobiçar; ambicionar.

cov.ey ['kʌvɪ] *s* bando; ninhada; grupo; reunião.

cow [kau] *s* vaca; fêmea de outros animais (elefante, baleia, etc.).

cow.ard ['kauəd] *s* e *adj* covarde; medroso.

cow.boy ['kaubɔɪ] *s* vaqueiro; boiadeiro.

cow.er ['kauə(r)] *s* agachar-se; encolher-se; tremer (de medo ou vergonha).

cowl [kaul] *s* capuz de frade; hábito de frade com capuz; • *v* cobrir com capuz; encapuzar.

cow.man ['kaumən] *s* criador de gado.

cow.shed ['kauʃəd] *s* estábulo.

cox.comb ['kɔkskəum] *s* presunçoso, afetado.

coy [kɔɪ] *adj* acanhado, recatado, modesto, tímido, pudico.

coy.ote [kɔɪ'əut; EUA 'kaɪəut] *s* coiote, pequeno lobo que vive no Oeste americano e no México.

coz.en ['kʌzn] *v* enganar, lograr, defraudar.

CPU [si: pi: 'ju:] *abrev de* **C**entral **P**rocessing **U**nit, indica o tipo de chip do computador e também é empregada para designar o conteúdo da caixa onde fica o chip, a placa-mãe, os cartões de expansão, os drives, etc.

crab [kræb] *s* caranguejo; ASTROL Câncer.

crack [kræk] *s* fenda, racha; estrondo; mudança de voz; GÍR tóxico barato utilizado por viciados, geralmente da classe social mais baixa, com elevado teor de dependência física e psicológica; • *v* fender; estalar; rachar; • *adj* bom, excelente; **to ~ up**: elogiar.

crack.er ['krækə(r)] *s* tipo de bolacha; bombinha de São João.

crack.ers ['krækəz] *adj* maluco.

crack.le ['krækl] *s* estalo, crepitação; • *v* estalar, crepitar.

cra.dle ['kreɪdl] *s* berço; terra natal; • *v* embalar; **the ~ of civilization**: o berço da civilização.

craft [krɑːft; EUA kræft] *s* arte, artesanato; ofício; habilidade; destreza; embarcação; avião.

crafts.man ['krɑːftsmən; EUA 'kræftsmən] *s* artífice; artesão.

craft.y ['krɑːftɪ] *adj* ladino, astuto, manhoso; tímido.

crag [kræg] *s* despenhadeiro, abismo, penhasco íngreme.

cram [kræm] *s* abarrotamento, saciedade; ato de estudar de um dia para o outro; • *v* abarrotar; atulhar; encher; estudar apressadamente para um exame.

cramp [kræmp] *s* cãibra; • *v* dar cãibras.

crane [kreɪn] *s* guindaste, grua, grou, garça-azul; • *v* guindar.

cra.ni.um ['kreɪnɪəm] *s* crânio.

crank [kræŋk] *s* manivela; pessoa esquisita; frase bombástica; • *v* virar a manivela; • *adj* abalado; fora do eixo; solto.

cran.ny ['krænɪ] *s* fenda, rachadura.

crash [kræʃ] *s* ruído, barulho; colisão; falência; • *v* estalar, estrondear; despedaçar-se; falir; colidir.

crass [kræs] *adj* crasso, grosseiro, estúpido.

crate [kreɪt] *s* engradado, cesto grande; • *v* pôr em cestos; encaixotar; engradar; embalar.

cra.ter ['kreitə(r)] *s* cratera de vulcão; buraco causado por explosão de bomba.

crave [kreiv] (*for*, *after*) *v* rogar; suplicar; ambicionar, desejar ardentemente; suspirar por; necessitar.

cra.ven ['kreivn] *s* covarde, poltrão; • *adj* medroso, covarde.

crawl [krɔ:l] *v* arrastar-se; rastejar.

cray.fish, craw.fish ['kreifiʃ, 'krɔ:fiʃ] *s* lagostim, pitu.

cray.on ['kreiən] *s* pastel (giz); lápis de cera; • *v* desenhar a pastel.

cra.ze [kreiz] *s* loucura, demência; paixão; ranhuras feitas na louça; • *v* enlouquecer; quebrar; despedaçar.

craz.y ['kreizi] *s* louco, maluco; decrépito.

creak [kri:k] *s* rangido; chiado; • *v* ranger.

cream [kri:m] *s* creme, nata; cor de creme; pomada; cosmético; • *v* desnatar; bater para formar creme; • *adj* de creme; cremoso; cor de creme.

cream.y ['kri:mi] *adj* cremoso; semelhante a nata.

crease [kri:s] *s* prega, dobra, ruga.

cre.ate [kri:'eit] *v* criar, produzir, ocasionar; inventar.

cre.a.tion [kri:'eiʃn] *s* criação, ato de criar; produção.

cre.a.tive [kri:'eitiv] *adj* criativo, produtivo.

cre.a.tive.ness [kri:'eitivnes] *s* criatividade, poder criador.

cre.a.tor [kri:'eitə(r)] *s* criador; inventor, autor.

crea.ture ['kri:tʃə(r)] *s* criatura; ser humano; animal; ente.

cre.dence ['kri:dns] *s* crédito, crença; credencial; fé.

cred.i.ble ['kredəbl] *adj* crível, acreditável.

cred.it ['kredit] *s* crédito, confiança; reputação; • *v* crer, acreditar; prestar crédito a; creditar; vender a; confiar.

cred.it.a.ble ['kreditəbl] *adj* meritório, louvável; recomendável.

cred.i.tor ['kreditə(r)] *s* credor.

cre.do ['kri:dəu] *s* credo; símbolo dos Apóstolos.

cred.u.lous ['kredjuləs; EUA 'kredʒuləs] *adj* crédulo; ingênuo, cândido.

cred.u.lous.ly ['kredjuləsli] *adv* credulamente, ingenuamente.

creed [kri:d] *s* credo, crença; profissão de fé; doutrina.

creek [kri:k] *s* angra, enseada.

creel [kri:l] *s* cesto de pescador.

creep [kri:p] *v* (*pt* e *pp* **crept**) arrastar-se; humilhar-se; engatinhar.

cre.mate [kri'meit] *v* cremar.

cre.ma.tion [kri'meiʃn] *s* cremação, incineração.

crept [krept] *pt* e *pp* de **creep**.

cres.cent ['kresnt] *s* objeto em forma de meia-lua; quarto crescente da lua; • *adj* semilunar; crescente.

cress [kres] *s* agrião, plantas da família das crucíferas semelhantes ao agrião.

crest [krest] *s* crista; crina; • *v* coroar; pôr crista ou cumeeira em.

crest.fall.en ['krestfɔ:lən] *adj* desanimado, abatido; pesaroso, cabisbaixo.

cre.tin ['kretin; EUA 'kri:tn] *s* cretino, idiota, imbecil.

cre.tin.ous ['kretinəs; EUA 'kri:tnəs] *adj* cretino, imbecil.

crew [kru:] *s* tripulação de navio; multidão; bando, turba.

crib [krib] *s* manjedoura; presépio; curral; berço de criança; • *v* roubar, furtar; plagiar; colar (uma lição).

crib.bage ['kribidʒ] *s* jogo de cartas.

crick [krik] *s* MED cãibra muscular; torcicolo; • *v* dar cãibra em.

crick.et ['krikit] *s* críquete, jogo de tacos e bola na grama ou terra; GIR jogo limpo; • *v* jogar críquete.

crime [kraim] *s* crime, delito.

crim.i.nal ['kriminl] *s* e *adj* criminoso, delinquente; • *adj* criminal; ~ **law**: direito penal.

crimp [krimp] *s* ondulação; plissagem; recrutador de homens para o serviço militar; • *v* encrespar, frisar; enrugar; torcer; preguear.

crin.ge [krindʒ] *s* adulação, adulador; servilismo; • *v* adular; bajular.

crin.kle [′kriŋkl] *s* sinuosidade; • *v* serpear, ondear; enrugar.

crip.ple [′kripl] *s* e *adj* coxo; estropiado; inválido; • *v* aleijar, estropiar; invalidar; coxear.

cri.sis [′kraisis] *s* crise.

crisp [krisp] *v* encaracolar; ondear, encrespar; • *adj* crespo, ondulado; firme, fresco; claro, nítido; revigorante; ~s: batatinhas fritas.

criss-cross [′kriskrɔs; EUA ′kriskrɔ:s] *s* desenho de linhas cruzadas; assinatura em cruz; palavras cruzadas; • *adj* riscado em linhas cruzadas; FIG rabugento; • *adv* em forma de cruz.

cri.te.ri.on [krai′tiəriən] *s* critério, norma, padrão.

crit.ic [′kritik] *s* crítico, censor.

crit.i.cal [′kritikl] *adj* crítico, severo.

crit.i.cize [′kritisaiz] *v* criticar, censurar.

cri.tique [kri′ti:k] *s* crítica, comentário crítico.

cro.chet [′krəuʃei; EUA krəu′ʃei] *s* crochê.

crock [krɔk] *s* pote, jarro; caco de louça; FIG caco (estar um caco, fatigado, sem forças); • *v* machucar.

crock.er.y [′krɔkəri] *s* louça.

croc.o.dile [′krɔkədail] *s* crocodilo.

croft [krɔft; EUA krɔ:ft] *s* quintal; quinta pequena; terreno cercado.

croft.er [′krɔftə(r)] *s* caseiro; arrendatário que cultiva sítio.

crone [krəun] *s* mulher idosa e encarquilhada.

cro.ny [′krəuni] *s* camarada; amigo velho.

crook [kruk] *s* gancho, croque; cajado de pastor; trapaceiro, ladrão; • *v* curvar.

crook.ed [′krukid] *adj* curvo, torcido; desonesto, fraudulento.

croon [kru:n] *s* canto monótono; • *v* cantar monotonamente; cantarolar.

croon.er [kru:nə(r)] *s* cantor de canções populares.

crop [krɔp] *s* colheita, ceifa; coleção; corte de cabelo (curto); papo de aves; chicote de montaria; • *v* colher os frutos; ceifar; cortar rente; aparecer; colher; semear.

crop.per [′krɔpə(r)] *s* cultivador; plantador; cortador; aparador.

cross [krɔs; EUA krɔ:s] *s* cruz; crucifixo; encruzilhada; tormento; aflição; contrariedade, revés; cruzamento de raças; • *v* cruzar; atravessar; apagar, cortar, eliminando com um X; fazer o sinal da cruz; cruzar-se; • *adj* atravessado; transversal; em cruz; oposto; mal-humorado; ~-entry: estorno.

cross.bones [′krɔsbəunz; EUA ′krɔ:sbəunz] *s* ossos postos em cruz simbolizando a morte.

cross.bred [′krɔsbred; EUA ′krɔ:sbred] *s* e *adj* mestiço; cruzado, híbrido.

cross.breed [′krɔsbri:d; EUA ′krɔ:sbri:d] *v* cruzar, fazer cruzamento de raças; mestiçar.

cross-eye [krɔsai] *s* estrabismo, vesgueira.

cross-eyed [′krɔsaid; EUA ′krɔ:said] *adj* vesgo, estrábico.

cross.ing [′krɔsiŋ; EUA ′krɔ:siŋ] *s* travessia; cruzamento, encruzilhada.

cross.patch [′krɔspæʃ; EUA ′krɔ:spæʃ] *s* resmungão, rabugento.

cross.piece [′krɔspi:s; EUA ′krɔ:spi:s] *s* travessa; travessão.

cross-pur.pose [krɔs′pə:pəsiz; EUA krɔ:s′pə:pəsiz] *s* contradição; propósito contrário.

cross.road [′krɔsrəud; EUA ′krɔ:srəud] *s* encruzilhada.

cross.wise [′krɔswaiz; EUA ′krɔ:swaiz] *adv* transversalmente; de través; ao contrário.

cross.word [′krɔswə:d; EUA ′krɔ:swə:d] *s* palavras cruzadas; *tb* ~ **puzzle**.

crotch [krɔtʃ] *s* forquilha, forqueta; bifurcação.

crotch.et [′krɔtʃit] *s* excentricidade, fantasia; pequeno gancho; peça em forma de gancho; MÚS semínima.

crouch [krautʃ] *v* abaixar-se; humilhar-se; agachar-se.

crou.pi.er [′kru:piei; EUA ′kru:piər] *s* crupiê, banqueiro de jogo.

crow [krəu] *s* corvo; gralha; nome de várias aves; canto do galo; grito de satisfação do nenê; • *v* cantar (o galo); vangloriar-se; gabar-se.

crowd [kraud] *s* multidão, turba; ajuntamento; população; • *v* amontoar, juntar; ajuntar; encher completamente; **two's company, three's a ~:** um é pouco, dois é bom, três é demais.

crowd.ed [ˈkraudid] *adj* abarrotado, repleto; compacto, cheio; comprimido.

crown [kraun] *s* coroa; diadema; soberania; moeda de cinco xelins; glória, apogeu; • *v* coroar; premiar.

cru.cial [ˈkruːʃl] *adj* em forma de cruz; crucial, decisivo; conclusivo.

cru.ci.fix [ˈkruːsifiks] *s* crucifixo.

cru.ci.fy [ˈkruːsifai] *v* crucificar; atormentar; afligir, mortificar.

crude [kruːd] *adj* cru; bruto; não refinado; vulgar.

cru.di.ty [ˈkruːditi] *s* crueza; dureza.

cru.el [kruəl] *adj* cruel, brutal; desumano; selvagem, bárbaro; aflitivo.

cru.el.ty [ˈkruəlti] *s* crueldade, ferocidade, desumanidade.

cruise [kruːz] *s* cruzeiro, viagem de recreio num navio; passeios marítimos; • *v* cruzar o mar.

crumb [krʌm] *s* miolo de pão; migalha; • *v* esmigalhar; triturar; fracionar.

crum.ble [ˈkrʌmbl] *s* substância em decomposição; • *v* esmigalhar.

crumb.y [ˈkrʌmbi] *adj* mole; brando; cheio de migalhas.

crum.pet [ˈkrʌmpit] *s* bolo doce.

crum.ple [ˈkrʌmpl] *v* amarrotar; entrar em colapso.

crunch [krʌntʃ] *s* mastigação ruidosa; • *v* trincar; mascar; condensar; esmagar, espremer; mastigar com ruído.

cru.sade [kruːˈseid] *s* cruzada; • (*against, for*) *v* tomar parte numa cruzada.

cru.sad.er [kruːˈseidər] *s* cruzado, aquele que faz parte de uma cruzada.

crush [krʌʃ] *s* esmagamento; compressão violenta; multidão; aglomeração; aperto; • *v* esmagar, apertar, espremer; **to have a ~ on:** estar enamorado de.

crust [krʌst] *s* casca, crosta; MED escara; GÍR atrevimento, ousadia; • *v* encodear; encrostar.

crutch [krʌtʃ] *s* muleta; apoio; descanso; • *v* apoiar; forquilhar; andar de muletas.

crux [krʌks] *s* cruz; embaraço; dificuldade; essência, ponto central.

cry [krai] *s* grito, brado, clamor; choro; proclamação; lamentação; pedido; • *v* gritar, chorar; bradar; apregoar, rogar; **to ~ over spilt milk:** chorar pelo leite derramado.

cry.ing [ˈkraiin] *adj* notório; evidente.

crypt [kript] *s* cripta.

cryp.tic [ˈkriptik] *adj* oculto, secreto; escondido; enigmático.

crys.tal.lize, crys.tal.lise [ˈkristəlaiz] *v* cristalizar; cobrir com açúcar.

cub [kʌb] *s* filhote de certos animais, como urso, lobo, leão e baleia; rapaz jovem e inexperiente; EUA repórter novato, foca.

Cu.ban [ˈkjuːbən] *s* e *adj* cubano.

cube [kjuːb] *s* cubo; • *v* cubar; elevar ao cubo; dar forma cúbica a; **~ root:** raiz cúbica.

cu.bic [ˈkjuːbik] *adj* cúbico; tridimensional; MAT do terceiro grau; da terceira potência.

cu.bi.cle [ˈkjuːbikl] *s* cubículo.

cub.ism [ˈkjuːbizəm] *s* cubismo, escola de arte moderna cujo tema é representado por formas geométricas.

cub.ist [ˈkjuːbist] *adj* cubista.

cu.bit [ˈkjuːbit] *s* cúbito, antiga medida de comprimento.

cuck.oo [ˈkuku] *s* cuco; o canto do cuco; GÍR maluco, doido; • *v* repetir monotonamente; • *adj* maluco; tolo; **~-clock:** relógio-cuco.

cu.cum.ber [ˈkjuːkʌmbə(r)] *s* pepino; pepineiro.

cud [kʌd] *s* bolo alimentar dos ruminantes; **to chew the ~:** remoer, ruminar um assunto.

cud.dle [ˈkʌdl] *s* afago, carinho; abraço; • *v* aconchegar-se; apertar-se; afagar; embalar; acarinhar, abraçar.

cudg.el [ˈkʌdʒl] *s* porrete; • *v* esbordoar.

cue [kju] *s* TEAT deixa; sugestão; taco de bilhar.

cuff [kʌf] *s* punho de manga; bainha de calça; bofetada, sopapo, murro; algema; • *v* esbofetear, socar, esmurrar.

cui.sine [kwi'zi:n] *s* cozinha, arte culinária.

cu.li.na.ry ['kʌlinəri; EUA 'kʌlineri] *adj* culinário.

cull [kʌl] *s* coisa sem préstimo; • *v* escolher, selecionar; eleger.

cul.mi.nate ['kʌlmineit] *v* culminar, atingir um fim, alcançar.

cul.pa.bil.i.ty [kʌlpə'biləti] *s* culpabilidade.

cul.pa.ble ['kʌlpəbəl] *adj* culpável.

cul.prit ['kʌlprit] *s* réu, culpado; acusado.

cult [kʌlt] *s* culto, ritual, seita.

cul.ti.va.ble ['kʌltivəbl] *adj* cultivável.

cul.tur.al ['kʌltʃərəl] *adj* cultural.

cul.ture ['kʌltʃə(r)] *s* cultura; educação; cultivo, amanho, trato; • *v* cultivar, amanhar; desenvolver, criar.

cum.ber.some ['kʌmbəsəm] *adj* incômodo, enfadonho, importuno; desajeitado, sem desenvoltura.

cum.in ['kʌmin] *s* cominho.

cu.mu.la.tion ['kju:mjələiʃn] *s* acumulação, acúmulo, amontoamento; pilha, monte.

cu.ne.i.form ['kju:nifɔ:m] *adj* cuneiforme, em forma de cunha.

cun.ning ['kʌniŋ] *s* destreza, astúcia, habilidade, ardil, manha.

cup [kʌp] *s* xícara, chávena; taça; bebida embriagante; • *v* dar de beber; **half a ~**: meia xícara.

cup.board ['kʌbəd] *s* armário de cozinha, guarda-louça.

Cu.pid ['kju:pid] *s* cupido.

cu.pid.i.ty [kju:'pidəti] *s* avareza, cobiça, ambição, cupidez.

cu.po.la ['kju:pələ] *s* ARQ cúpula.

cur [kə:(r)] *s* cão vira-lata; malandro, patife.

cur.a.ble ['kjuərəbl] *adj* curável.

cu.ra.tor.ship [kjuə'reitə(r)ʃip] *s* curadoria, curatela.

curd [kə:d] *s* coalho, requeijão; • *v* coalhar.

cur.dle ['kə:dl] *v* coalhar.

cure [kjuə(r)] *s* cura, tratamento, remédio; • *v* curar; tratar de uma pessoa; salgar; defumar; conservar; **~-all**: panaceia, planta imaginária a que os antigos atribuíam cura para todos os males.

cure.less ['kjuə(r)les] *adj* incurável.

cur.few ['kə:fju:] *s* toque de recolher.

cu.ri.os.i.ty [kjuəri'ɔsəti] *s* curiosidade; vontade de saber.

cu.ri.ous ['kjuəriəs] *adj* curioso; GÍR excêntrico; esquisito.

cu.ri.ous.ly ['kjuəriəsli] *adv* curiosamente.

curl [kə:l] *s* anel, caracol; friso; ondulação; sinuosidade; • *v* encaracolar; enrolar; frisar, ondular, ondear, torcer; anelar-se.

curl.ing ['kə:liŋ] *s* ondulação; nome de um jogo sobre o gelo.

curl.y ['kə:li] *adj* encaracolado.

cur.mudg.eon [kə:'mʌdʒən] *s* mal-humorado; rabugento.

cur.rant ['kʌrənt] *s* groselha; passa de corinto.

cur.ren.cy ['kʌrənsi] *s* circulação, curso; voga; COM valor corrente; crédito; moeda corrente; **~ paper**: papel-moeda.

cur.rent ['kʌrənt] *s* marcha, progressão; corrente; • *adj* corrente, comum, vulgar; circulante; atual.

cur.ric.u.lum [kə'rikjuləm] *s* currículo, curso; programa de estudos; **~ vitae**: currículo, EUA **résumé**; *pl* **curricula**.

curse [kə:s] *s* praga, maldição, imprecação; calamidade; anátema, excomunhão; • *v* amaldiçoar, maldizer; blasfemar; atormentar; anatematizar, excomungar.

curs.ed ['kə:sid] *adj* maldito, abominável, detestável, miserável; mau; malvado; execrável.

cur.sive ['kə:siv] *s* letra cursiva; • *adj* cursivo.

cur.so.ry ['kə:səri] *adj* apressado, feito às pressas, rápido, precipitado; descuidado.

curt [kə:t] *adj* curto, cortado; breve, conciso; abrupto; rude.

cur.tail [kə:'teil] *v* encurtar; reduzir; aparar.

cur.tain ['kə:tn] *s* cortina, cortinado; abrigo; resguardo, proteção; pano de boca de palco; • *v* ornamentar com cortinas; esconder, encobrir.

cur.va.ture [ˈkəːvətʃə(r); EUA ˈkəːvətʃuər] *s* curvatura, arqueamento.

curve [kəːv] *s* curva; flexão; volta; • *v* curvar; dobrar, encurvar; • *adj* curvado, curvo.

cush.ion [ˈkuʃn] *s* almofada; coxim; tabela de mesa de bilhar; • *v* proteger com almofadas; adornar com almofadas.

cusp [kʌsp] *s* ponta; cúspide; vértice duma curva.

cuss [kʌs] *s* maldição; • *v* amaldiçoar; maldizer.

cus.sed [ˈkʌsid] *adj* amaldiçoado; maldito; renitente.

cus.tard [ˈkʌstəd] *s* doce de creme.

cus.to.di.an [kʌˈstəudiən] *s* guarda, administrador.

cus.to.dy [ˈkʌstədi] *s* custódia, guarda, prisão; escolta; proteção, defesa; **to take into ~**: prender, encarcerar.

cus.tom [ˈkʌstəm] *s* costume, uso; hábito; freguesia, clientela.

cus.tom.ar.y [ˈkʌstəməri; EUA ˈkʌstəmeri] *adj* costumeiro, habitual.

cus.tom.er [ˈkʌstəmə(r)] *s* freguês, cliente.

cus.tom.house [ˈkʌstəmhaus] *s* alfândega, aduana.

cus.tom.ize, cus.tom.ise [ˈkʌstəmaiz] *v* fazer ou modificar de acordo com o comprador.

cus.toms [ˈkʌstəmz] *s* COM direitos alfandegários; alfândega.

cut [kʌt] *s* corte; abertura; ferida; talho; golpe; atalho; canal; pedaço cortado; incisão; • *v* (*pt* e *pp* **cut**) cortar, talhar; rachar; trinchar; ferir, mutilar, esculpir; separar; lapidar; chicotear; ofender; GÍR cabular, faltar às aulas; • *adj* cortado, fendido; interceptado; castrado; pronto; preparado; **~-out**: ELET interruptor; **to ~ down**: abater, derrubar; **to ~ off**: decepar; **to ~ out**: cortar, aparar; **to ~ up**: cortar em pedaços.

cute [kjuːt] *adj* perspicaz, inteligente; esperto; atrativo; bonito; EUA gracioso, delicado, lindo.

cu.ti.cle [ˈkjuːtikl] *s* cutícula; película.

cut.ler [ˈkʌtlə(r)] *s* cuteleiro.

cut.ler.y [ˈkʌtləri] *s* talheres; cutelaria.

cut.let [ˈkʌtlit] *s* costeleta; posta de carne.

cut.purse [ˈkʌtpəːs] *s* batedor de carteiras.

cut.ter [ˈkʌtə(r)] *s* cortador, talhador; instrumento cortante; EUA pequeno trenó.

cut-throat [ˈkʌtθrəut] *s* e *adj* assassino, matador; bárbaro.

cut.ting [ˈkʌtiŋ] *s* corte; incisão, talhe; • *adj* cortante; incisivo; áspero; sarcástico.

cy.ber.café [saibəˈkæfei] *veja* **café**.

cy.ber.netics [saibəˈnetiks] *s* cibernética.

cy.ber.space [saibəˈspeis] *s* ciberespaço, espaço cibernético, conjunto de pessoas, programas, *home pages*, *sites* e computadores que compõem a Internet.

cy.cle [ˈsaikl] *s* ciclo; período de tempo; época; bicicleta; • *v* andar de bicicleta.

cy.clic, cy.cli.cal [ˈsaiklik, ˈsaiklikl] *adj* cíclico; circular; em anel.

cy.cling [ˈsaikliŋ] *s* passeio de bicicleta; ciclismo.

cy.clist [ˈsaiklist] *s* ciclista.

cy.clone [ˈsaikləun] *s* ciclone.

cy.clops [ˈsaiklops] *s* MIT Ciclope, gigante de um único olho no centro da testa.

cyg.net [ˈsignit] *s* filhote de cisne.

cyl.in.der [ˈsilində(r)] *s* cilindro; rolo; tambor de máquina.

cy.lin.dri.cal [siˈlindrikl] *adj* cilíndrico.

cym.bal [ˈsimbl] *s* MÚS prato de bateria.

cyn.ic [ˈsinik] *s* cínico; sarcástico.

cyn.i.cal [ˈsinikl] *adj* cínico; cético, descrente.

cyn.i.cal.ly [ˈsinikli] *adv* cinicamente.

cyn.i.cism [ˈsinisizəm] *s* cinismo; sarcasmo.

cy.press [ˈsaiprəs] *s* cipreste.

Cyp.ri.ot [ˈsipriət] *s* e *adj* cipriota.

cyst [sist] *s* quisto, cisto.

czar [zaː(r)] *s* czar; tzar, título que se dava aos antigos imperadores da Rússia, equivalente a César, no antigo império romano.

Czech [tʃek] *s* tcheco; a língua tcheca.

D

d [di:] *s* quarta letra do alfabeto; (com maiúsc.) 500 em algarismos romanos.

dab [dæb] *s* pequena pancada, palmadinha; pequena quantidade; perito; • (*at, on*) *v* bater de leve em.

dab.ble [´dæbl] (*at, in*) *v* salpicar, molhar; umedecer; dedicar-se a alguma coisa como amador, como passatempo.

dachs.hund [´dækshund] *s* bassê, raça de cães com corpo comprido e patas curtas.

dad [dæd] *s* POP papai.

daddy [´dædi] *s* POP papai; **~-longlegs**: pernilongo.

dae.mon.ic [´di:manik] *adj* demoníaco, possesso; diabólico.

daf.fo.dil [´dæfədil] *s* narciso, flor de uma planta ornamental.

daft [dɔ:ft; EUA dæft] *adj* imbecil, tolo, pateta; louco.

daft.ly [´dɔ:ftli] *adv* loucamente; tolamente.

daft.ness [´dɔ:ftnis] *s* imbecilidade; idiotice; tolice.

dag.ger [´dægə(r)] *s* punhal; adaga; arma branca; TIP cruz (+); • *v* dar punhaladas; TIP marcar com uma cruz (+).

dahl.ia [´deiliə; EUA ´dæliə] *s* dália (flor).

dai.ly [´deili] *s* diário, jornal; POP faxineira, diarista; • *adj* diário; cotidiano; • *adv* diariamente; cotidianamente.

dain.ty [´deinti] *s* iguaria fina e deliciosa, guloseima; • *adj* delicado, delicioso.

dair.y [´deəri] *s* leiteria, queijaria; **~ cow**: vaca leiteira; **~ farm**: fazenda dedicada à produção de leite; **~ products**: laticínios.

dair.y.ing [´deəriŋ] *s* indústria e comércio de laticínios.

dair.y.man [´deərimæn] *s* leiteiro, vendedor de leite; queijeiro; *fem* **dairymaid**.

da.is [´dei is] *s* plataforma; tablado, palanque.

dai.sy [´deizi] *s* margarida; GÍR qualquer coisa muito boa; **~ chain**: INF encadeamento, impressão de um documento após o outro em processamento de palavras; **~ wheel**: margarida, roda plástica cuja ponta tem um caráter de impressão; **to push up daisies**: estar morto e enterrado.

dale [deil] *s* pequeno vale.

dal.li.ance [´dæliəns] *s* carícia; afago; divertimento.

dal.ly [´dæli] *v* demorar; perder tempo; gracejar.

dal.ma.tian [dæl´meiʃn] *s* dálmata.

dam [dæm] *s* represa, dique, barragem; açude; • *v* represar; tapar; bloquear.

dam.age [´dæmidʒ] *s* dano, prejuízo; perda; GÍR despesa; preço; • *v* prejudicar; danificar; estragar; **~s**: indenização.

dam.age.a.ble [´dæmidʒəbl] *adj* danoso.

dam.ag.ing [´dæmidʒiŋ] *adj* prejudicial.

dam.ask [´dæməsk] *s* damasco, tecido grosso de seda; • *v* adamascar; • *adj* adamascado.

dame [deim] *s* senhora; matrona; dama; EUA mulher.

damn [dæm] *s* maldição, praga; nada; • *v* condenar; amaldiçoar; desprezar; repro-

damn / data

var; • *interj* droga!, raios!, diabos! (expressão de descontentamento); **I don't care a ~**: não ligo a mínima; **I'll be ~ed if...**: que um raio me atinja se...

dam.na.ble [ˈdæmnəbl] *adj* condenável; execrável; abominável; detestável; infame.

dam.na.ble.ness [ˈdæmnəblnis] *s* execração; reprovação; abominação.

dam.na.tion [dæmˈneiʃn] *s* danação; condenação; maldição.

damned [dæmd] *adj* danado; condenado; amaldiçoado; detestável.

dam.ni.fy [ˈdæmnifai] *v* danificar; deteriorar; prejudicar; estragar; avariar.

damn.ing [ˈdæmiŋ] *adj* condenável; censurável.

damp [dæmp] *s* umidade; vapor; névoa; abatimento; depressão; • *v* umedecer, molhar; desencorajar; enfraquecer; desanimar; • *adj* úmido; molhado; desanimado; triste; desalentado; **to ~ down**: abafar; diminuir.

damp.ness [ˈdæmpnis] *s* umidade; névoa.

damp.er [ˈdæmpə(r)] *s* abafador, surdina (de piano); desanimador; regulador de fogão, de chaminé, etc.

dam.sel [ˈdæmzl] *s* senhorita, donzela, moça.

dam.sel.fly [ˈdæmzlflai] *s* libélula (inseto).

dance [dɔ:ns; EUA dæns] *s* dança, baile; • *v* dançar, bailar; saltar, pular; brincar; **~ hall**: salão de baile.

danc.er [ˈdɔ:nsə(r)] *s* dançarino, bailarino.

danc.ing [ˈdɔ:nsiŋ] *s* dança; • *adj* dançante.

dan.de.li.on [ˈdændilaiən] *s* dente-de-leão (planta silvestre).

dan.dy [ˈdændi] *s* homem que dá muita importância à aparência; • *adj* excelente, de primeira qualidade.

Dane [dein] *s* dinamarquês, nativo da Dinamarca.

dan.ger [ˈdeindʒə(r)] *s* perigo, risco; **to be in ~ of**: correr o risco de.

dan.ger.ous [ˈdeindʒərəs] *adj* perigoso; arriscado.

dan.gle [ˈdæŋgl] *s* balanço; • *v* balançar, agitar; oscilar.

Dan.ish [ˈdeiniʃ] *s* dinamarquês (língua); *adj* relativo à Dinamarca.

dank [dæŋk] *s* lugar úmido ou pantanoso.

dap.per [ˈdæpə(r)] *adj* vivo; ladino; esperto, ligeiro; veloz, ativo; asseado.

dare [deə(r)] *s* desafio; ousadia; • *v* ousar, atrever-se; desafiar, afrontar; ter coragem; **I ~ say**: suponho que sim.

dare.dev.il [deə(r)ˈdevl] *s* valente; louco; temerário; • *adj* intrépido; atrevido; audacioso.

dar.ing [ˈdeəriŋ] *s* audácia; bravura; intrepidez; coragem; • *adj* audaz; audacioso; ousado; atrevido.

dark [dɑ:k] *s* escuridão; mistério; • *adj* escuro; sombrio; moreno; secreto; obscuro; **after ~**: depois do anoitecer; **~ horse**: candidato desconhecido; vencedor inesperado; **~-room**: câmara escura; **in the ~**: no escuro, na ignorância; **to keep ~**: guardar segredo; *ant* light.

dark.en [ˈdɔ:kən] *v* escurecer; ofuscar; nublar.

dark.ness [ˈdɑ:knis] *s* escuridão; cegueira; obscuridade.

dark.some [ˈdɑ:ksʌm] *adj* sombrio; opaco; fosco; escuro.

dark.y [ˈdɑ:ki] *s* negro, mulato.

dar.ling [ˈdɑ:liŋ] *s* e *adj* querido, querida; amado.

darn [dɑ:n] *s* remendo; • *v* remendar; cerzir; maldizer.

dart [dɑ:t] *s* dardo, flecha; • *v* lançar; arremessar; precipitar; mover-se rapidamente; **~-board**: alvo; **~s**: jogo de arremesso de dardos.

dash [dæʃ] *s* pitada; borrifada; movimento repentino; corrida curta; colisão; pancada; choque; arremetida; vigor; travessão; traço (no código morse); • *v* quebrar; arremessar; colidir; frustrar; desanimar.

dash.board [ˈdæʃbɔ:d] *s* painel de instrumentos (de carro).

dash.ing [ˈdæʃiŋ] *adj* enérgico; elegante.

da.ta [ˈdeitə] *s pl* dados; **~ processing**: processamento de dados; **~ base/~ bank**: banco de dados.

date [deit] *s* data; época; POP encontro; encontro marcado; tâmara (fruta); • *v* datar; sair com alguém; namorar; marcar um encontro; tornar-se obsoleto; **to ~**: até agora; **to have a ~, to ~**: ter um encontro; **out of ~**: fora de moda; **up-to- ~**: atual, atualizado, moderno.

daub [dɔ:b] *s* argamassa; borrão; • *v* borrar; pintar toscamente.

daugh.ter [ˈdɔ:tə(r)] *s* filha; **~-in-law**: nora.

daunt [dɔ:nt] *v* atemorizar, assustar, intimidar; desanimar.

daunt.less [ˈdɔ:ntlis] *adj* intrépido, destemido.

dav.en.port [ˈdævnpɔ:t] *s* escrivaninha; EUA divã; poltrona; sofá-cama.

dav.it [ˈdævit] *s* NÁUT serviola, cada um dos paus colocados horizontalmente no bordo do navio para enrolar um cabo.

daw.dle [ˈdɔ:dl] *v* desperdiçar tempo; mover-se ou fazer algo lentamente.

daw.dler [ˈdɔ:dlə(r)] *s* folgado, preguiçoso, vadio; vagabundo.

dawn [dɔ:n] *s* alvorada, aurora; origem; • *v* amanhecer; alvorecer; surgir; **~ on**: tornar-se claro.

day [dei] *s* dia; **all ~ long**: o dia todo; **All Soul's ~**: Dia de Finados; **by ~**: de dia; **~ after ~**/ **~ by ~**/ **~ in, ~ out**: dia após dia; **~break**: raiar do dia; **~-dream**: devaneio; **~ off**: dia de folga; **~ school**: externato; **every other ~**: dia sim, dia não; **in broad ~light**: em plena luz do dia; **in the ~s of old**: antigamente; **once a ~**: uma vez ao dia; **the ~ after tomorrow**: depois de amanhã; **the ~ before yesterday**: anteontem; **the other ~**: outro dia, há dias; **to make someone's ~**: fazer alguém feliz; **Valentine's ~**: Dia dos Namorados (14/2).

day.break [ˈdeibreik] *s* alvorada; amanhecer.

day.dream.er [ˈdeidri:mər] *s* devaneador; sonhador.

day.light [ˈdeilait] *s* dia; luz do dia.

day.long [ˈdeilɔŋ] *adj* que dura o dia todo.

daze [deiz] *s* torpor; ofuscação; • *v* ofuscar; entorpecer, pasmar.

daz.zle [ˈdæzl] *s* deslumbramento; excesso de luz; • *v* deslumbrar; extasiar; ofuscar.

dea.con [ˈdi:kən] *s* diácono.

dead [ded] *adj* morto; inanimado; inerte; sem vida; exausto; inativo; exato; absoluto; • *adv* completamente; **~ beat**: POP morto de cansaço; **~ duck**: POP pessoa ou ideia que não tem chance de sobreviver; **~-end street**: rua sem saída; **~ heat**: empate; **~ house**: necrotério; **~ language**: língua morta; **~ letter**: carta não entregue; letra morta, lei nunca posta em prática; **~ loans**: COM bens imóveis; **~ march**: marcha fúnebre; **~ weight**: peso morto.

dead.en [ˈdedn] *v* amortecer; enfraquecer; paralisar.

dead.lock [ˈdedlɔk] *s* impasse, beco sem saída.

dead.line [ˈdedlain] *s* prazo final.

dead.ly [ˈdedli] *adj* mortal; fatal; implacável; • *adv* muito; muitíssimo; **~ poison**: veneno mortal; **The seven ~ sins**: Os sete pecados capitais.

deaf [def] *adj* surdo; insensível; **~-and-dumb**: surdo-mudo (ofensivo); **~ and dumb alphabet**: alfabeto de surdo-mudo; **~ mute**: surdo-mudo; **to turn a ~ ear**: fingir que não ouve.

deaf.en [ˈdefn] *v* ensurdecer; aturdir.

deaf.ness [ˈdefnis] *s* surdez.

deal [di:l] *s* acordo; quantidade; porção; negociação; transação; vez de dar cartas no jogo; • *v* (*pt* e *pp* **dealt**) negociar; lidar; tratar; distribuir; ser mão no jogo de cartas; **a good ~/a great ~**: muito; uma grande quantidade; **it's a ~!**: negócio fechado!; **to make a ~**: fechar um negócio; **to ~ with**: lidar com; tratar de.

deal.er [ˈdi:lə(r)] *s* negociante; distribuidor; o jogador que dá as cartas.

deal.ings [ˈdi:liŋz] *s pl* relações; transações.

dealt [delt] *pt* e *pp* de **deal**.

dean [di:n] *s* reitor; deão.

dear [diə(r)] *s* querido; bem-amado; estimado; • *adj* amado; querido; estimado; caro; • *adv* dispendioso; caro; **Dear Sir**: prezado, caro senhor; **oh, ~!**: meu Deus!

dearth / decimate

dearth [də:ø] *s* escassez; penúria; fome.
death [deø] *s* morte; óbito; extinção: **at ~'s door**: à beira da morte; **~-bed**: leito de morte; **~-blow**: golpe mortal; **~ certificate**: atestado de óbito; **~-duty**: imposto sobre herança; **~ penalty**: pena de morte; **~ rate**: taxa ou índice de mortalidade; **tired to ~**: muito cansado; **wounded to ~**: muito ferido.
death.less [ˈdeølis] *adj* imortal; eterno.
de.bar [diˈbɔ:(r)] (*from*) *v* excluir.
de.base [diˈbeis] *v* humilhar; desprezar; aviltar.
de.base.ment [diˈbeismənt] *s* humilhação; degradação; falsificação.
de.bat.a.ble [diˈbeitəbl] *adj* discutível.
de.bate [diˈbeit] *s* debate, discussão; contenda; • *v* debater.
de.bat.er [diˈbeitə(r)] *s* pessoa que debate.
de.bauch [diˈbɔ:tʃ] *s* deboche; devassidão.
de.bauch.er.y [diˈbɔ:tʃəri] *s* deboche; conduta imoral.
de.ben.ture [diˈbentʃə(r)] *s* debênture, título de dívida amortizável do Estado ou de empresas privadas.
de.bil.i.tate [diˈbiliteit] *v* debilitar.
de.bil.i.ty [diˈbiləti] *s* debilidade; fraqueza.
deb.it [ˈdebit] *s* débito, dívida; • *v* debitar.
deb.o.nair [debəˈneə(r)] *adj* cortês; delicado.
deb.o.nair.ness [debəˈneə(r)nis] *s* cortesia.
de.bouch [diˈbautʃ] *v* desembocar; desfilar militarmente.
de.bris [ˈdeibri]; EUA dəˈbri:] *s* escombros, restos, ruínas; entulho.
debt [det] *s* dívida; débito; obrigação, dever, compromisso.
debt.or [ˈdetər] *s* devedor.
de.bug [di:ˈbʌg] *v* INF depurar; eliminar problemas em um programa que contenha erros de programação ou vírus.
de.bunk [di:ˈbʌŋk] *v* GÍR desmascarar.
dé.but [ˈdeibju]; EUA diˈbju:] *s* estreia; • *v* estrear.
dec.ade [ˈdekeid] *s* década.
dec.a.dence [ˈdekədəns] *s* decadência; queda.
dec.a.dent [ˈdekədənt] *s* e *adj* decadente.

one hundred and two hundred and second 102

de.caf.fein.ate [di:ˈkæfi:neit] *adj* sem cafeína.
de.camp [diˈkæmp] *v* fugir; escapar.
de.cant [diˈkænt] *v* decantar; clarificar líquidos.
de.cant.er [diˈkæntər] *s* vasilhame para decantar licores; garrafa para servir vinhos, liquores, etc. à mesa.
de.cap.i.tate [diˈkæpiteit] *v* decapitar; degolar.
de.cap.i.ta.tion [dikæpiˈteiʃn] *s* degola; decapitação.
de.cay [diˈkei] *s* decadência; deterioração; ruína; cárie; • *v* decair, deteriorar; arruinar-se; corromper-se.
de.cease [diˈsi:s] *s* morte, óbito; • *v* morrer; falecer.
de.ceased [diˈsi:sid] *s* e *adj* falecido, morto.
de.ceit [diˈsi:t] *s* engano; fraude.
de.ceit.ful [diˈsi:tfl] *adj* ilusório; enganador; falso.
de.ceive [diˈsi:v] *v* enganar; iludir; decepcionar; desapontar.
de.cel.er.ate [di:ˈseləreit] *s* diminuição de velocidade; • *v* desacelerar; *ant* **accelerate**.
De.cem.ber [diˈsembə(r)] *s* dezembro; *abrev* **Dec**.
de.cen.cy [ˈdi:snsi] *s* decência, decoro; recato.
de.cent [ˈdi:snt] *adj* decente, respeitável; apropriado; *ant* **indecent**.
de.cent.ness [ˈdi:sntnis] *s* decência.
de.cen.tral.ize, de.cen.tral.ise [di:ˈsentrəlaiz] *v* descentralizar.
de.cep.tion [diˈsepʃn] *s* decepção; engano; fraude.
de.cep.tive [diˈseptiv] *adj* enganoso; mentiroso.
dec.i.bel [ˈdesibel] *s* decibel, unidade de medida da intensidade do som; *abrev* **db**.
de.cide [diˈsaid] (*on*) *v* decidir; solucionar, resolver.
de.cid.u.ous [diˈsidjuəs] *adj* transitório; passageiro; efêmero.
dec.i.mal [ˈdesiml] *s* e *adj* decimal; **~ fraction**: fração decimal; **~ point**: vírgula decimal.
dec.i.mate [ˈdesimeit] *v* dizimar.

de.ci.pher [di'saifə(r)] s decifração; • v decifrar; interpretar; • adj decifrável.

de.ci.sion [di'siʒn] s decisão; arbítrio; ant **indecision**.

de.ci.sive [di'saisiv] adj decisivo; ant **indecisive**.

deck [dek] s convés; tombadilho; EUA baralho; • v ataviar, ornar.

deck.chair ['dektʃeə(r)] s cadeira de lona, espreguiçadeira.

de.claim [di'kleim] v declamar.

dec.la.ma.tion [deklə'meiʃn] s declamação.

de.clam.a.to.ry [di'klæmətəri; EUA di'klæmətɔ:ri] adj declamatório.

dec.la.ra.tion [deklə'reiʃn] s declaração; confissão, depoimento.

de.clare [di'kleə(r)] v declarar; expressar; depor; proclamar.

de.clen.sion [di'klenʃn] s declive; pendor; deterioração.

dec.li.na.tion [dekli'neiʃn] s declinação; inclinação; renúncia.

de.cline [di'klain] s declínio, decadência; deterioração; declive; • v declinar, deteriorar; recuar; baixar.

de.code [di:'kəud] v traduzir um código, decodificar.

de.com.pose [di:kəm'pəuz] v decompor; desintegrar; apodrecer.

de.com.po.si.tion [di:kɔmpə'ziʃn] s decomposição; desintegração.

dé.cor ['deikɔ:(r); EUA dei'kɔ:r] s o cenário, decoração; ornamentação.

dec.o.rate ['dekəreit] (*with*) v decorar, ornamentar, enfeitar; condecorar.

dec.o.ra.tion [dekə'reiʃn] s decoração; condecoração.

dec.o.ra.tive ['dekərətiv; EUA 'dekəreitiv] adj decorativo, ornamental.

dec.o.rous ['dekərəs] adj decoroso.

de.coy ['di:kɔi] s chamariz; engodo; armadilha; • (*into*) v enganar; seduzir.

de.crease [di'kri:s] s decréscimo; • v decrescer, diminuir, reduzir; minguar; ant **increase**.

de.cree [di'kri:] s decreto; DIR decisão ou ordem judicial, sentença; • v decretar.

de.crep.it [di'krepit] adj decrépito.

de.cry [di'krai] v censurar com aspereza.

ded.i.cate ['dedikeit] adj dedicado; consagrado; • v dedicar; consagrar.

ded.i.ca.tee ['dedikeiti] s a pessoa que recebe uma dedicatória.

ded.i.ca.tion [dedi'keiʃn] s devotamento; dedicação; dedicatória.

ded.i.ca.to.ry [dedi'keitəri] adj dedicatório.

de.duce [di'dju:s; EUA di'du:s] (*from*) v deduzir, inferir; concluir.

de.duct [di'dʌkt] (*from*) v subtrair, deduzir; diminuir.

de.duc.tion [di'dʌkʃn] s dedução; inferência; abatimento.

deed [di:d] s ato; façanha, proeza; escritura; • v ceder; transferir.

deem [di:m] v julgar; supor; considerar.

deep [di:p] s profundeza; abismo; intensidade; fundo do mar; • adj profundo; fundo; sincero; mergulhado; grave; escuro; misterioso, secreto; absorto; • adv remotamente; profundamente; **~ freeze**: congelador; **~ mourning**: luto fechado; **in ~ water**: em sérios problemas, em maus lençóis; **~-sea**: submarino.

deep.en ['di:pən] v afundar; escurecer; aumentar; aprofundar.

deep.ly ['di:pli] adv profundamente.

deep.ness ['di:pnis] s profundidade; abismo; sagacidade; astúcia; perspicácia.

deer [diə(r)] s cervo, veado, nome comum dos cervídeos.

de.face [di'feis] v desfigurar; borrar; mutilar.

de.face.ment [di'feismənt] s estrago; mutilação; destruição; deterioração.

def.a.ma.tion [defə'meiʃn] s difamação, calúnia.

de.fame [di'feim] v difamar; desonrar.

de.fam.er [di'feimə(r)] s difamador.

de.fault [di'fɔ:lt] s falta; omissão; descuido; negligência; INF padrão, ações predefinidas no programa de origem do computador que são ativadas caso o usuário deixe de manifestar uma outra ação qualquer; • v faltar a um compromisso; **by ~**: à

default / deify

revelia; **~ drive**: *drive* padrão, lugar, em primeiro plano, onde o computador procura por informações, caso não lhe sejam dadas instruções específicas para procurá-las em outro *drive*; geralmente é o *drive* C, também chamado de disco rígido (*hard disk*, *winchester*, etc.).

de.feat [di'fi:t] *s* derrota; frustração; revogação; • *v* derrotar; anular.

def.e.cate ['defəkeit] *v* defecar; evacuar; depurar.

de.fect ['di:fekt] *s* defeito; imperfeição; deficiência; • (*from*, *to*) *v* desertar.

de.fec.tion [di'fekʃn] *s* traição; deserção; apostasia.

de.fec.tive [di'fektiv] *adj* defeituoso; GRAM defectivo.

de.fence, EUA **de.fense** [di'fens] *s* defesa; proteção; auxílio; • *v* defender; **in self ~**: em legítima defesa.

de.fence.less [di'fenslis] *adj* indefeso; desprotegido.

de.fend [di'fend] (*against*, *from*) *v* defender, proteger.

de.fend.ant [di'fendənt] *s* réu; acusado.

de.fend.er [di'fendə(r)] *s* defensor; protetor; advogado.

de.fen.sive [di'fensiv] *s* defensiva; • *adj* defensivo.

de.fer [di'fə:(r)] *v* adiar.

def.er.ence ['defərəns] *s* deferência; respeito; honra.

de.fi.ance [di'faiəns] *s* desafio, provocação; rebeldia, oposição; **in ~ of**: a despeito de.

de.fi.cien.cy [di'fiʃnsi] *s* deficiência; falha; defeito.

def.i.cit ['defisit] *s* déficit, insuficiência.

de.file [di'fail] *s* despenhadeiro; desfiladeiro; garganta, passagem estreita entre duas montanhas; • *v* sujar, contaminar; corromper; profanar.

de.fine [di'fain] *v* limitar; definir; descrever; determinar; explicar.

def.i.nite ['definət] *adj* definido; definitivo; preciso; exato; **~ article**: artigo definido.

def.i.nite.ly ['definətli] *adv* decididamente; determinadamente; sem falta.

def.i.ni.tion [defi'niʃn] *s* definição.

de.fin.i.tive [di'finətiv] *adj* definitivo; completo.

de.flate [di'fleit] *v* deflacionar; reduzir preços; esvaziar pneu, balão, etc.

de.flect [di'flekt] (*from*) *v* desviar.

de.flec.tion [di'flekʃn] *s* deflexão, movimento com que se abandona uma linha que se descrevia, para seguir outra.

de.flow.er [di:'flauə(r)] *v* desflorar; deflorar; desvirginar.

de.for.est.a.tion [difɔris'teiʃən] *s* desflorestamento.

de.form [di'fɔ:m] *v* deformar; desfigurar.

de.form.i.ty [di'fɔ:məti] *s* deformidade, deformação.

de.fraud [di'frɔ:d] *v* trapacear; defraudar; espoliar com fraude; lograr.

de.fray [di'frei] *v* custear, pagar os gastos, arcar com as despesas de.

de.frost [di:'frɔst]; EUA di:'frɔ:st] *v* descongelar.

deft [deft] *adj* esperto; destro; ágil.

deft.ness ['deftnis] *s* destreza; primor.

de.fy [di'fai] *v* desafiar, provocar; oferecer resistência.

de.gen.er.ate [di'dʒenəreit] *s* e *adj* degenerado; • (*into*) *v* degenerar, perder as qualidades primitivas.

de.grade [di'greid] *v* degradar; aviltar; deteriorar.

deg.ra.da.tion [degrə'deiʃn] *s* degradação; rebaixamento; perversidade; aviltamento.

de.gree [di'gri:] *s* grau; medida; estágio, classe; diploma; **~ by ~**: pouco a pouco; **first ~ murder**: assassinato em primeiro grau; **to a ~**: ao mais alto grau; **to some ~**: até certo ponto.

de.hu.man.ize [di:'hju:mənaiz] *v* desumanizar; embrutecer.

de.hy.drate [di:'haidreit] *v* desidratar.

de.i.fi.ca.tion [di:ifi'keiʃn] *s* deificação; divinização.

de.i.fy ['di:ifai] *v* deificar; divinizar.

de.ism ['di:izəm] *s* deísmo, sistema dos que creem em Deus, mas rejeitam toda revelação.

de.i.ty ['di:iti] *s* divindade.

de.ject [di'dʒekt] *v* abater, desanimar; prostrar.

de.ject.ed [di'dʒektid] *adj* abatido.

de.jec.tion [di'dʒekʃn] *s* depressão; abatimento; tristeza.

de.lay [di'lei] *s* demora, atraso; COM moratória; • *v* retardar; impedir; demorar; adiar.

de.lec.ta.ble [di'lektəbl] *adj* deleitável; aprazível.

de.lec.ta.tion [di:lek'teiʃn] *s* deleite; delícia; encanto.

del.e.ga.cy ['deligəsi] *s* delegacia; delegação.

del.e.gate ['deligət] *s* delegado; deputado; comissário; • *v* delegar; incumbir; comissionar; encarregar.

del.e.ga.tion [deli'geiʃn] *s* delegação.

de.lete [di'li:t] (*from*) *v* apagar, riscar; cancelar; INF tecla do computador que, ao ser pressionada, geralmente apaga arquivos, diretórios, etc. e é indicada pela abreviatura *Del*.

del.e.te.ri.ous [deli'tiəriəs] *adj* deletério, que destrói, que corrompe.

de.le.tion [di'li:ʃn] *s* apagamento; ato de riscar; anulação.

de.lib.er.ate [di'libərət] *adj* acautelado, ponderado, deliberado; hesitante; prudente; • (*on*, *upon*, *about*) *v* deliberar, ponderar.

del.i.ca.cy ['delikəsi] *s* delicadeza; guloseima.

del.i.cate ['delikət] *adj* delicado, sensível.

del.i.ca.tes.sen [delikə'tesn] *s pl* guloseimas; mercearia de produtos finos.

de.li.cious [di'liʃəs] *adj* delicioso, saboroso.

de.light [di'lait] *s* delícia; prazer; gozo; • *v* deleitar; ter prazer.

de.light.ful [di'laitfl] *adj* agradável, encantador.

de.lim.it [di:'limit] *v* delimitar.

de.lin.e.ate [di'linieit] *v* delinear, esboçar; descrever.

de.lin.quent [di'liŋkwənt] *s* e *adj* delinquente; culpado; faltoso; réu.

de.lir.i.ous [di'liriəs] *adj* delirante; excitado.

de.liv.er [di'livə(r)] *v* entregar; emitir; expor; pronunciar; comunicar; MED dar à luz; libertar, livrar; distribuir (cartas).

de.liv.er.y [di'livəri] *s* entrega; pronunciamento; parto; livramento; expedição; ~ **man**: entregador; ~ **note**: recibo de entrega; ~ **room**: sala de parto.

dell [del] *s* vale pequeno.

de.lude [di'lu:d] *v* enganar, iludir; frustrar.

del.uge ['delju:dʒ] *s* dilúvio; inundação; • *v* inundar; alagar.

de.lu.sion [di'lu:ʒn] *s* desilusão; embuste; fraude; engano.

de luxe [di'lʌks] *adj* de luxo (carro, etc.).

de.lu.sive [di'lu:siv] *adj* ilusório; sedutor; falso, irreal.

delve [delv] *v* cavar; examinar profundamente.

dem.a.gog.ic [demə'gɔgik] *adj* demagógico, concernente à demagogia.

dem.a.go.gy ['deməgɔgi] *s* demagogia, governo das facções populares; atitude política enganosa para iludir o povo.

de.mand [di'ma:nd; EUA di'mænd] *s* demanda, exigência; procura; necessidade; • *v* exigir; reclamar; necessitar; pedir; **in** ~: procurado; **law of supply and** ~: lei da oferta e da procura; **on** ~: sob encomenda.

de.mand.ing [di'ma:ndiŋ] *adj* exigente; "puxado" (trabalho).

de.mar.ca.tion [di:ma:'keiʃn] *s* demarcação.

de.mean [di'mi:n] *v* aviltar; comportar-se.

de.mean.our, EUA **de.mean.or** [di'mi:nə(r); di'mi:nər] *s* conduta, aviltamento; comportamento; procedimento.

de.ment.ed [di'mentid] *adj* demente, louco.

de.mer.it [di:'merit] *s* demérito; nota baixa; falta, culpa.

de.mesne [di'mein] *s* domínio; propriedade (de terra); região.

dem.i.god ['demigɔd] *s* semideus.

de.mise [di'maiz] *s* morte; falecimento; sucessão da coroa; transferência de propriedade (por *causa mortis*); • *v* legar; transferir; aforar.

dem.o ['deməu] *veja* **demonstration**.

de.mo.bil.ize [di:ˈməubəlaiz] *v* desmobilizar; debandar.

de.moc.ra.cy [diˈmɔkrəsi] *s* democracia, forma de governo em que a soberania deriva do povo e é exercida por ele; país em que existe essa forma de governo.

dem.o.crat [ˈdeməkræt] *s* democrata.

dem.o.crat.ic [deməˈkrætik] *adj* democrático; **The Democratic Party**: EUA Partido Democrático.

de.mol.ish [diˈmɔliʃ] *v* demolir; destruir.

de.mon [ˈdi:mən] *s* demônio.

dem.on.strate [ˈdemənstreit] *v* demonstrar; provar.

dem.on.stra.tion [demənˈstreiʃn] *s* demonstração; passeata, protesto; INF cópia de *software* não integral para que o usuário possa tomar conhecimento dos recursos existentes no programa e, a partir disso, adquirir o produto.

de.mon.stra.tive [diˈmɔnstrətiv] *adj* demonstrativo; **~ pronoun**: pronome demonstrativo.

de.mor.al.ize, de.mor.al.ise [diˈmɔrəlaiz] EUA diˈmɔ:rəlaiz] *v* desmoralizar; perverter; indisciplinar.

de.mote [di:ˈməut] *v* rebaixar; degradar; *ant* **promote**.

de.mo.tion [di:ˈməuʃn] *s* rebaixamento.

de.mur [diˈmə:(r)] *s* objeção; escrúpulo; • (*at*) *v* hesitar; objetar; vacilar; pôr dúvidas.

den [den] *s* toca, covil; retiro, recanto; esconderijo.

de.ni.al [diˈnaiəl] *s* negação; recusa.

den.i.grate [ˈdenigreit] *s* denegrir; difamar.

den.im [ˈdenim] *s* brim (roupa), jeans.

den.i.zen [ˈdenizn] *s* habitante, residente.

de.nom.i.nate [diˈnɔmineit] *v* denominar; chamar; designar.

de.nom.i.na.tion [dinɔmiˈneiʃn] *s* denominação; valor (dinheiro); seita.

de.note [diˈnəut] *v* denotar; significar; indicar.

de.nounce [diˈnauns] (*as*) *v* denunciar.

dense [dens] *adj* denso, espesso; estúpido; intenso, extremo; opaco.

den.si.ty [ˈdensəti] *s* densidade; intensidade; estupidez.

dent [dent] *s* cavidade; entalhe; sinal de pressão; • *v* entalhar; amassar levemente.

den.tal [ˈdentl] *adj* dental, dentário; **~ floss**: fio dental.

den.tist [ˈdentist] *s* dentista.

den.tist.ry [ˈdentistri] *s* odontologia.

den.ture [ˈdentʃə(r)] *s* dentadura (postiça).

de.ny [diˈnai] *v* negar; recusar.

de.o.dor.ant [di:ˈəudərənt] *s* e *adj* desodorante.

de.o.dor.ize, de.o.dor.ise [di:ˈəudəraiz] *v* desinfectar.

de.part [diˈpɔ:t] *v* partir; ir embora; morrer.

de.part.ed [diˈpɔ:tid] *s* e *adj* morto.

de.part.ment [diˈpɔ:tmənt] *s* departamento, seção; EUA ministério; **~ store**: loja de departamentos.

de.par.ture [diˈpɔ:tʃə(r)] *s* partida, saída; **a new ~**: uma nova orientação.

de.pend [diˈpend] (*on*) *v* depender de; contar com; confiar em.

de.pend.a.ble [diˈpendəbl] *adj* confiável, seguro.

de.pend.ence [diˈpendəns] *s* dependência; subordinação; DIR pendência.

de.pend.ent [diˈpendənt] *adj* dependente; subalterno.

de.pict [diˈpikt] *v* pintar; descrever.

de.plete [diˈpli:t] *v* esgotar.

de.plor.a.ble [diˈplɔ:rəbl] *adj* deplorável, lastimável.

de.plore [diˈplɔ:(r)] *v* lamentar; deplorar; lastimar.

de.ploy [diˈplɔi] *v* dispor em formação de combate.

de.port [diˈpɔ:t] *v* deportar; exilar.

de.port.ee [diˈpɔ:ti] *s* exilado; deportado.

de.pose [diˈpəuz] *v* depor, destituir, destronar.

de.pos.it [diˈpɔzit] *s* depósito; garantia; jazida; • *v* depositar; colocar com cuidado.

de.pos.i.tor [diˈpɔzitə(r)] *s* depositante.

de.pot [ˈdepəu]; EUA ˈdi:pəu] *s* armazém, depósito; EUA estação de trem, de ônibus.

de.prave [di′preiv] *v* depravar; viciar; corromper.

de.pre.ci.ate [di′pri:ʃieit] *v* depreciar; menosprezar; rebaixar; *ant* **appreciate**.

de.pre.ci.a.tion [dipri:ʃi′eiʃn] *s* depreciação; menosprezo.

de.press [di′pres] *v* deprimir; diminuir; enfraquecer; paralisar; acabrunhar; humilhar; desvalorizar.

de.pressed [di′presid] *adj* deprimido; humilhado; abatido.

de.press.ing [di′presiŋ] *adj* deprimente; desanimador; opressivo.

de.pres.sion [di′preʃn] *s* depressão; abatimento.

dep.ri.va.tion [depri′veiʃn] *s* privação; carência; perda.

de.prive [di′praiv] (*of*) *v* privar; despojar.

de.prived [di′praivid] *adj* desfavorecido, despojado.

depth [depø] *s* profundidade; complexidade; ~s: profundeza, **in** ~: a fundo, em profundidade.

dep.u.ta.tion [depju′teiʃn] *s* delegação; comissão.

dep.u.ty [′depjuti] *s* deputado; delegado; substituto, suplente.

de.rail [di′reil] *v* descarrilar.

de.range [di′reindʒ] *v* desarranjar; transtornar; desordenar; perturbar; enlouquecer.

der.e.lict [′derəlikt] *s* coisa ou pessoa abandonada; • *adj* abandonado; desleixado.

de.ride [di′raid] *v* zombar, ridicularizar.

de.ri.sion [di′riʒn] *s* menosprezo; escárnio.

de.ri.sive [di′raisiv] *adj* burlesco; ridículo.

de.ri.so.ry [di′raisəri] *adj* irrisório; ridículo.

der.i.va.tion [deri′veiʃn] *s* derivação; origem; descendência.

de.rive [di′raiv] (*from*) *v* derivar; originar; inferir; deduzir.

der.ma.tol.o.gy [də:mə′tɔlədʒi] *s* dermatologia.

der.o.gate [′derəgeit] *v* derrogar; desacreditar.

der.o.ga.tion [derə′geiʃn] *s* derrogação; anulação; menosprezo.

de.rog.a.to.ry [di′rɔgətri; EUA di′rɔgətɔ:ri] *adj* pejorativo, depreciativo.

der.rick [′derik] *s* guindaste para grandes pesos.

des.cant [′deskænt] *s* dissertação; comentário; MÚS canto; melodia; • *v* discorrer; dissertar.

de.scend [di′send] *v* descer; descender; transmitir por herança; *ant* **ascend**.

de.scen.dant [di′sendənt] *s* descendente.

de.scent [di′sent] *s* descida; descendência; transmissão por herança; *ant* **ascent**.

de.scribe [di′skraib] *v* descrever; traçar.

de.scrip.tion [di′skripʃn] *s* descrição; narração; tipo, variedade.

de.scry [di′skrai] *v* descobrir; avistar ao longe.

des.e.crate [′desikreit] *v* profanar; violar a santidade de.

des.ert [′dezət] *s* merecimento; mérito; virtude; deserto; • *adj* ermo, deserto; • *v* [di′zɜ:t] desertar; abandonar.

de.ser.tion [di′zə:ʃn] *s* deserção; fuga.

de.serve [di′zə:v] *v* merecer.

de.serv.ing [di′zə:viŋ] *adj* digno de, merecedor de.

des.ic.cate [′desikeit] *v* dessecar; secar; enxugar; • *adj* seco; enxuto.

de.sid.er.a.tum [dizidə′rɔ:təm] *s* desiderato; escopo; aspiração.

de.sign [di′zain] *s* projeto; desenho; esboço; • *v* projetar; desenhar; destinar; traçar; **by** ~: de propósito.

des.ig.nate [′dezigneit] *v* destinar; designar; especificar; indicar; nomear; • *adj* designado.

de.sign.er [di′zainə(r)] *s* desenhista; projetista; inventor.

de.sign.ing [di′zainiŋ] *s* ato de fazer projetos; desenho; • *adj* astuto; artificial.

de.sir.a.ble [di′zaiərəbl] *adj* desejável; conveniente; recomendável.

de.sire [di′zaiə(r)] *s* desejo; ânsia; • *v* desejar; pedir; solicitar.

de.sir.ous [di′zaiərəes] *adj* desejoso.

de.sist [di′zist] (*from*) *v* desistir; renunciar.

desk / detest

desk [desk] *s* escrivaninha, carteira escolar; recepção (hotel); caixa (banco); **~top**: INF mesa de trabalho; tela inicial (interface gráfica de usuário), abaixo da barra de menu, constante de janelas e ícones (atalhos) que possibilitam acesso rápido a alguns diretórios, arquivos, programas, etc.; **~ top publishing**: ART GRÁF e INF editoração eletrônica, combinação específica de textos e imagens que servem para criar e publicar jornais, livros, etc.

des.o.late ['desələt] *v* abandonar; despovoar; desolar; devastar; • *adj* desolado; triste; infeliz; solitário.

des.o.la.tion [desə'leiʃn] *s* desolação; consternação.

de.spair [di'speə(r)] *s* desespero; desesperança; • *v* desesperar; **out of ~**: desesperadamente.

des.per.ate ['despərət] *adj* desesperado.

des.per.ate.ly ['despərətli] *adv* desesperadamente.

des.pi.ca.ble [di'spikəbl] *adj* vil, desprezível.

de.spise [di'spaiz] *v* desprezar.

de.spite [di'spait] *s* despeito; insulto; desdém; • *prep* apesar de; não obstante; todavia.

de.spoil [di'spɔil] *v* privar de; espoliar.

de.spond [dis'pɒnd] *v* desanimar; desalentar.

de.spond.ent [dis'pɒndənt] *adj* desanimado; desalentado; abatido.

des.pot [despɒt] *s* déspota; opressor; tirano.

des.pot.ism ['despɒtizm] *s* despotismo, poder arbitrário; tirania.

des.sert [di'zə:t] *s* sobremesa; **~spoon**: colher de sobremesa.

des.ti.na.tion [desti'neiʃn] *s* destino; fim; direção.

des.tine ['destin] *v* destinar; predeterminar.

des.ti.ny ['destini] *s* destino; sorte.

des.ti.tute ['destitju:t; EUA 'destitu:t] *adj* destituído, necessitado; desamparado.

des.ti.tu.tion [desti'tju:ʃn; EUA desti'tu:ʃn] *s* destituição; falta; pobreza.

de.stroy [di'strɔi] *v* destruir; extinguir; aniquilar; invalidar.

de.stroy.er [di'strɔiər] *s* NÁUT destroier, contratorpedeiro.

de.struc.tion [di'strʌkʃn] *s* destruição.

de.struc.tive [di'strʌktiv] *adj* destrutivo.

des.ue.tude [di'sju:itju:d; EUA di'sju:itu:d] *s* desuso; dessuetude, cessação de um costume.

des.ul.to.ry ['desəltəri; EUA 'desəltɔ:ri] *adj* inconsistente; incoerente.

de.tach [di'tætʃ] (*from*) *v* separar; desligar.

de.tached [di'tætʃid] *adj* separado; imparcial; desligado.

de.tach.ment [di'tætʃmənt] *s* desinteresse; imparcialidade; separação; destacamento militar.

de.tail ['di:teil; EUA di'teil] *s* detalhe; particularidade; • *v* detalhar; pormenorizar; **in ~**: em detalhes.

de.tain [di'tein] *v* deter; reter.

de.tain.ment [di'teinmənt] *s* detenção.

de.tect [di'tekt] *v* detectar, descobrir, identificar, revelar.

de.tect.a.ble [di'tektəbl] *adj* detectável, que se pode descobrir.

de.tec.tion [di'tekʃn] *s* descoberta; revelação; descobrimento.

de.tec.tive [di'tektiv] *s* detetive; investigador; • *adj* que tem relação com investigação policial; **~ story**: história policial.

de.tec.tor [di'tektər] *s* descobridor; detector; **lying ~**: detector de mentiras, aparelho geralmente usado pela polícia para apurar alegações de algum suspeito de crime.

de.ten.tion [di'tenʃn] *s* detenção; custódia.

de.ter [di'tə:(r)] (*from*) *v* (*pt* e *pp* **deterred**) desencorajar; prender; prevenir.

de.ter.gent [di'tə:dʒənt] *s* e *adj* detergente.

de.te.ri.o.rate [di'tiəriəreit] *v* deteriorar; estragar(-se).

de.ter.mi.na.ble [ditə:mi'neibl] *adj* determinável.

de.ter.mi.na.tion [ditə:mi'neiʃn] *s* determinação, resolução; DIR decisão judicial.

de.ter.mine [di'tə:min] *v* determinar; concluir; decidir.

de.test [di'test] *v* detestar; odiar.

de.test.a.ble [di´testeibl] *adj* detestável.
de.throne [di:´ɵrəun] *v* destronar.
det.o.nate [´detəneit] *v* detonar, explodir.
de.tour [´di:tuə(r); EUA di´tuər] *s* volta, desvio; • *v* desviar-se.
de.tract [di´trækt] (*from*) *v* diminuir; depreciar.
det.ri.ment [´detrimənt] *s* detrimento; perda, prejuízo.
deuce [dju:s; EUA du:s] *s* duque, dois (nas cartas, dados, etc.); ESP iguais, no tênis, quando os dois jogadores estão com quarenta pontos; • *v* igualar o marcador no tênis.
de.val.u.ate [di:´væljueit] *v* desvalorizar.
de.val.u.a.tion [di:vælju´eiʃn] *s* desvalorização, depreciação.
dev.as.tate [´devəsteit] *v* devastar; assolar.
dev.as.tat.ing [´devəsteitiŋ] *adj* devastador; assolador.
de.vel.op [di´veləp] *v* desenvolver; produzir; evoluir; FOT revelar fotografias; **a ~ed country**: um país desenvolvido; **a ~ing country**: um país em desenvolvimento; **an under ~ed country**: um país subdesenvolvido.
de.vel.op.ment [di´veləpmənt] *s* desenvolvimento; progresso; crescimento; FOT revelação; **housing ~**: conjunto habitacional, EUA **housing estate**.
de.vi.ate [´di:vieit] (*from*) *v* desviar-se; afastar-se; divergir.
de.vi.a.tion [di:vi´eiʃn] *s* desvio ou erro causado por magnetismo; divergência.
de.vice [di´vais] *s* aparelho; projeto; divisa; emblema; *slogan*; estratagema; instrumento; INF qualquer equipamento (hard) que possa enviar ou receber dados, como um monitor, uma impressora, mouse, etc.; **to leave to one's own ~s**: entregue a si mesmo.
dev.il [´devl] *s* diabo; demônio; • *v* condimentar fortemente; importunar; atormentar; **between the ~ and the deep (blue) sea**: entre a cruz e a caldeirinha; **go to the ~!**: vá embora!; **to give the ~ his due**: dar a cada um o que é devido; **to go to the ~**: estar arruinado.
dev.il.ish [´devəliʃ] *adj* diabólico; infernal.

de.vi.ous [´di:viəs] *adj* divergente; errante; extraviado.
de.vise [di´vaiz] *s* legado; • *v* imaginar; inventar; projetar; planejar; criar; elaborar; DIR legar em testamento.
de.void [di´vɔid] *adj* destituído de, desprovido de.
de.volve [di´vɔlv] *v* transferir; entregar; transmitir.
de.vote [di´vəut] (*to*) *v* devotar; dedicar(-se); consagrar(-se).
de.vot.ed [di´vəutid] *adj* dedicado; devotado.
de.vo.tion [di´vəuʃn] *s* devoção; **~s**: orações.
de.vour [di´vauə(r)] *v* devorar; consumir.
de.vout [di´vaut] *adj* devoto, religioso.
dew [dju:; EUA du:] *s* orvalho, sereno; **~drop**: gota de orvalho.
dex.ter.i.ty [dek´sterəti] *s* destreza; aptidão.
di.a.be.tes [daiə´bi:tiz] *s* MED diabetes, doença causada pelo mau funcionamento do pâncreas, provocando redução da insulina.
di.a.be.tic [daiə´betik] *s* e *adj* diabético.
di.a.bol.i.cal [daiə´bɔlikl] *adj* diabólico, cruel; POP desagradável; de baixa qualidade.
di.ag.nose [´daiəgnəuz; EUA ´daiəgnəus] MED *v* diagnosticar, buscar o conhecimento da doença pelos sintomas apresentados.
di.ag.no.sis [daiəg´nəusis] *s* diagnóstico.
di.ag.o.nal [dai´ægənl] *s* e *adj* diagonal.
di.a.gram [´daiəgræm] *s* diagrama; gráfico; • *v* diagramar.
di.al [´daiəl] *s* mostrador de relógio, de rádio, de bússola; disco dos aparelhos telefônicos; • *v* discar, digitar o número de um telefone; sintonizar uma estação de rádio; **~ tone**: tom de discagem.
di.a.lect [´daiəlekt] *s* dialeto, variação da mesma língua falada numa região ou país.
di.a.logue, EUA di.a.log [´daiəlɔg; EUA ´daiəlɔ:g] *s* diálogo; • *v* dialogar, conversar.
di.am.e.ter [dai´æmitə(r)] *s* MAT diâmetro, linha que pode ser traçada numa circunferência qualquer, de um lado ao outro, atravessando o seu centro.
dia.mond [´daiəmənd] *s* diamante; brilhante; **~s**: ouros (naipe do baralho).

diaper / dilate

di.a.per [ˈdaiəpə(r)] s EUA fralda; • v colocar ou trocar fraldas.

di.a.phragm [ˈdaiəfræm] s diafragma.

di.ar.rhoe.a, EUA **di.ar.rhe.a** [daiəˈriə] s diarreia.

di.a.ry [ˈdaiəri] s diário; agenda.

dice [dais] s pl de dados; • v jogar dados; cortar vegetais, etc. em cubos; **no ~**: nada feito; **the ~ are cast**: os dados estão lançados; **to ~ with death**: brincar com a morte.

dick [dik] s GÍR detetive; GÍR pênis.

dic.tate [dikˈteit; EUA ˈdikteit] s máxima; ordem]; • v ditar; impor.

dic.ta.tion [dikˈteiʃn] s ditado; prescrição.

dic.ta.tor [dikˈteitə(r)] s ditador, aquele que reúne em si todos os poderes públicos; déspota.

dic.ta.tor.ship [dikˈteitə(r)ʃip] s ditadura.

dic.tion [ˈdikʃn] s dicção; expressão.

dic.tion.ar.y [ˈdikʃənri; EUA ˈdikʃəneri] s dicionário.

di.dac.tic [diˈdæktik; EUA daiˈdæktik] adj didático.

did [did] pt de **do**.

did.dle [ˈdidl] v trapacear; desperdiçar tempo.

did.dler [ˈdidlə(r)] s enganador.

die [dai] s furador; matriz; EUA dado (pl **dice**); • v morrer; expirar; parar; **~ hard**: duro de acabar; **the ~ is cast**: a sorte está lançada; **to be dying for**: ansiar, desejar muito; **to ~ away**: enfraquecer, diminuir; **to ~ off**: morrer um atrás do outro; **to ~ out**: desaparecer, tornar extinto.

die.hard [ˈdaihard] s reacionário.

die.sel [ˈdi:zl] s e adj dísel; **~ engine**: motor a dísel; **~ fuel/oil**: óleo dísel.

di.et [ˈdaiət] s dieta, regime; assembleia; • v fazer dieta; **to be on a ~**: estar de regime.

di.e.tet.ic, di.e.tet.ical [ˈdaiətetik, ˈdaiətetikl] adj dietético.

dif.fer [ˈdifə(r)] (from, in, with, about, on, over) v diferir; discordar; divergir.

dif.fer.ence [ˈdifrəns] s diferença; distinção; controvérsia.

dif.fer.ent [ˈdifrənt] adj diferente; desigual; distinto.

dif.fer.en.tial [difəˈrenʃl] s diferencial; • adj distinto; diferencial.

dif.fer.en.ti.ate [difəˈrenʃieit] v diferenciar; distinguir; MAT derivar.

dif.fi.cult [ˈdifikəlt] adj difícil; árduo.

dif.fi.cul.ty [ˈdifikəlti] s dificuldade; oposição; obstáculo.

dif.fi.dence [ˈdifidəns] s timidez; insegurança.

dif.fi.dent [ˈdifidənt] adj inseguro; tímido.

dif.fract [diˈfrækt] v difratar; desviar os raios luminosos.

dif.fuse [diˈfju:z] v difundir; irradiar; espalhar; propagar.

dig [dig] s escárnio; alfinetada; • v (pt e pp **dug**) escavar; cavar; averiguar; descobrir; cutucar; **~s**: POP quarto alugado; **to ~ out**: desenterrar; **to ~ up**: arrancar.

di.gest [ˈdaidʒest] s digesto, compilação de regras ou decisões judiciais; código de leis; • v digerir; assimilar; meditar; tolerar; classificar; condensar, resumir.

di.gest.i.ble [diˈdʒestəbl] adj digerível; digestivo.

di.ges.tion [diˈdʒestʃən] s digestão.

di.ges.tive [diˈdʒestiv] adj digestivo (sistema).

dig.it [ˈdidʒit] s dígito; algarismo, diz-se dos números de um a dez; dedo.

dig.it.al [ˈdidʒitl] adj digital; **~ clock/watch**: relógio digital.

dig.ni.fied [ˈdignifaid] adj honrado, sério.

dig.ni.fy [ˈdignifai] (by, with) v dignificar; exaltar.

dig.ni.tar.y [ˈdignitəri; EUA ˈdigniteri] s dignitário, indivíduo que exerce cargo elevado ou possui título proeminente.

dig.ni.ty [ˈdignəti] s dignidade; honradez.

di.graph [ˈdaigra:f; EUA ˈdaigræf] s GRAM dígrafo.

di.gress [daiˈgres] (from) v divagar.

di.gres.sion [daiˈgreʃn] s divagação; digressão.

dike [daik] s dique; represa; • v represar.

di.lap.i.date [dilæpiˈdeit] v dilapidar; arruinar.

di.lap.i.da.tion [dilæpiˈdeiʃn] s dilapidação; ruína.

di.late [daiˈleit] v dilatar; expandir(-se); ampliar.

di.lem.ma [di´lemə] *s* dilema.
dil.et.tante [dili´tænti] *v* diletante, aquele que cultiva as artes; amador.
dil.et.tant.ism [dili´tæntizm] *s* diletantismo.
dil.i.gent [´dilidʒənt] *adj* vivaz; aplicado.
di.lute [dai´lju:t; EUA dai´lu:t] (*with*) *v* diluir; dissolver; • *adj* diluído; fraco; atenuado.
dim [dim] *v* ofuscar; obscurecer; • *adj* escuro; obscuro; POP burro, estúpido; **to take a ~ of**: não colocar fé em.
dime [daim] *s* EUA moeda equivalente a um décimo de dólar; dez centavos; **a ~ a dozen**: em grande quantidade; **~ store**: loja de artigos baratos.
di.men.sion [di´menʃn] *s* dimensão.
di.min.ish [di´miniʃ] *v* diminuir; minorar.
di.min.u.tive [di´minjutiv] *s* diminutivo; • *adj* diminutivo; diminuto, minúsculo.
dim.ly [´dimli] *adv* obscuramente; vagamente.
dim.ness [´dimnis] *s* obscuridade; imprecisão.
dim.ple [´dimpl] *s* covinha (na face ou no queixo).
din [din] *s* estrondo, ruído contínuo; • *v* atordoar; fazer ruídos.
dine [dain] *v* jantar; oferecer jantar; **to ~ out**: jantar fora.
din.er [´dainə(r)] *s* EUA carro restaurante; vagão-restaurante; restaurante barato; comensal.
din.gle [´diŋgl] *s* vale estreito; desfiladeiro.
din.gy [´dindʒi] *adj* opaco; sujo.
din.ing-car [´dainiŋka:(r)] *s* vagão-restaurante.
din.ing-room [´dainiŋru:m] *s* sala de jantar.
din.ing-table [´dainiŋteibl] *s* mesa de jantar.
din.ner [´dinə(r)] *s* jantar; banquete; **~ jacket**: smoking.
di.no.saur [´dainəsɔr] *s* dinossauro.
dint [dint] *s* golpe; pancada; força; poder; • *v* pressionar, marcar; **by ~ of**: por meio de.
di.o.cese [´daiəsis] *s* diocese, jurisdição territorial administrada por um bispo.
dip [dip] *s* mergulho; banho de imersão; inclinação; CULIN molho; • (*in, into*) *v* imergir; mergulhar; inclinar; baixar; **to ~ into**: folhear, passar os olhos; lançar mão de.

diph.the.ri.a [dif´θiəriə] *s* difteria, doença infecciosa causada por um bacilo, geralmente atacando a garganta e o nariz.
diph.thong [´difθɔŋ] *s* ditongo, encontro de uma vogal e de uma semivogal na mesma sílaba.
di.plo.ma [di´pləumə] *s* diploma, título ou documento oficial em que se confere um cargo, honras, privilégios ou demonstra a conclusão de curso.
di.plo.ma.cy [di´pləuməsi] *s* diplomacia.
dip.lo.mat [´dipləmæt] *s* diplomata.
dip.per [´dipər(r)] *s* caneca; concha; **Big Dipper**: ASTRON Ursa Maior; **Little Dipper**: ASTRON Ursa Menor.
dire [´daiə(r)] *adj* horrendo; terrível; urgente; **in ~ straits**: em posição difícil.
di.rect [di´rekt] *adj* direto; franco; • *v* dirigir; controlar; gerenciar; mandar; • *adv* diretamente; **~ object**: GRAM objeto direto; **~ speech**: GRAM discurso direto.
di.rec.tion [di´rekʃn] *s* direção; curso; administração; diretoria; **~s**: instruções; **in the other ~**: na outra direção.
di.rec.tor [di´rektə(r)] *s* diretor; **board of ~s**: diretoria.
di.rec.to.ry [di´rektəri] *s* diretório; lista telefônica; catálogo; INF diretório, unidade de armazenamento que abriga divisões no disco rígido (C:) ou no flexível (A:), servindo para organizar todos os arquivos.
dire.ful [´daiə(r)ful] *adj* horrível; terrível.
dirge [də:dʒ] *s* canto fúnebre.
dir.i.gi.ble [´diridʒəbl] *s* dirigível; • *adj* manobrável.
dirk [də:k] *s* punhal escocês; • *v* apunhalar.
dirt [də:t] *s* sujeira; lama; imundície; vileza, baixeza; **~-cheap**: POP baratíssimo; **~ floor**: EUA chão de terra batida; **~-poor**: paupérrimo; **~ road**: estrada de terra; **~ track**: pista de terra (motocross).
dirt.y [´də:ti] *adj* sujo; sórdido; obsceno; inescrupuloso; hostil; **~ trick**: golpe sujo, trapaça; **~ word**: palavrão; **~ work**: trabalho que ninguém quer fazer; comportamento desonesto.

dis.a.bil.i.ty [disə'biləti] s inabilidade; incapacidade; deficiência.

dis.a.ble [dis'eibl] v inabilitar; incapacitar.

dis.a.bled [dis'eiblid] adj incapacitado; deficiente.

dis.a.ble.ment [dis'eiblmənt] s impotência; incapacidade; fraqueza; inabilitação.

dis.a.buse [disə'bju:z] (*of*) v desenganar; desiludir.

dis.ad.van.tage [disəd'va:ntidʒ; EUA disəd'væntidʒ] s desvantagem; **to be at a ~**: estar em desvantagem.

dis.af.fect [disə'fekt] v indispor; descontentar.

dis.af.fect.ed [disə'fektid] adj descontente.

dis.a.gree [disə'gri:] (*with*) v discordar; divergir.

dis.a.gree.a.ble [disə'gri:əbl] adj desagradável; discordante.

dis.a.gree.ment [disə'gri:mənt] s discordância, divergência; discussão.

dis.al.low [disə'lau] v desaprovar; rejeitar; censurar.

dis.al.low.a.ble [disə'lauəibl] adj negável; inadmissível; condenável.

dis.al.low.ance [disə'lauəns] s desaprovação; negação; proibição.

dis.ap.pear [disə'piə(r)] v desaparecer; extinguir-se; perder-se.

dis.ap.pear.ance [disə'piərəns] s desaparecimento.

dis.ap.point [disə'pɔint] v desapontar; malograr; frustrar.

dis.ap.point.ed [disə'pɔintid] adj desapontado.

dis.ap.point.ment [disə'pɔintmənt] s desapontamento.

dis.ap.prov.al [disə'pru:vl] s desaprovação, reprimenda.

dis.ap.prove [disə'pru:v] v desaprovar; condenar; rejeitar.

dis.ap.prov.ing.ly [disə'pru:viŋli] adv com reprovação.

dis.arm [dis'a:m] v desarmar.

dis.ar.ma.ment [dis'a:məmənt] s desarmamento; **nuclear ~**: desarmamento nuclear.

dis.ar.range [disə'reindʒ] v desarranjar; desordenar.

dis.ar.range.ment [disə'reindʒmənt] s desarranjo; desordem.

dis.ar.ray [disə'rei] s confusão; • v desordenar; despir.

dis.as.ter [di'za:stə(r); EUA di'zæstə(r)] s desastre; revés.

dis.as.trous [di'za:strəs; EUA di'zæstrəs] adj desastroso; malogrado; calamitoso.

dis.as.trous.ness [di'za:strəsnis] s desastre.

dis.a.vow [disə'vau] v negar; repudiar.

dis.a.vow.al [disə'vauəl] s negação; rejeição; repúdio.

dis.band [dis'bænd] v dispersar (tropas); debandar.

dis.bar [dis'bar] v DIR excluir um advogado do foro judicial.

dis.be.lieve [disbi'li:v] v desacreditar, duvidar; descrer; rejeitar.

dis.burse [dis'bə:s] v desembolsar; gastar; despender.

dis.burse.ment [dis'bə:smənt] s desembolso; gasto; despesa.

disc, EUA **disk** [disk] s disco; **~ operating system**: INF DOS, sistema operacional de disco, programa (software) desenvolvido especialmente para gerenciar todo o computador, na sua parte material (hardware) e na parte imaterial (programas, softwares), promovendo um perfeito entrosamento entre seus elementos; **floppy ~**: disco flexível de 3½ polegadas, magnetizado, mantendo a função de armazenador de dados, portátil; **hard ~**: disco rígido, material duro, com camada de óxido sobre alumínio, recoberto de material magnético, localizado dentro do gabinete que guarda o microprocessador, mantendo a função de armazenamento de dados.

disc.jockey [disk'dʒɔki] s disc-jóquei.

dis.card [di'ska:d] s descarte; • v descartar; livrar-se de.

dis.cern [di'sə:n] v discernir; reconhecer; discriminar.

dis.cern.ment [di´sə:nmənt] *s* discernimento; critério.

dis.cern.ing [di´sə:niŋ] *adj* sagaz; perspicaz.

dis.charge [´distʃa:dʒ] *s* descarregamento; DIR anulação, absolvição; quitação; descarga; demissão; • *v* descarregar; pagar; soltar, libertar; absolver; disparar, atirar.

dis.ci.ple [di´saipl] *s* discípulo; apóstolo; sequaz.

dis.ci.pline [´disiplin] *s* disciplina; educação; instrução; ordem; doutrina; • *v* disciplinar, ensinar; castigar.

dis.claim [dis´kleim] *v* renegar; desaprovar; renunciar.

dis.close [dis´kləuz] *v* revelar; expor.

dis.clo.sure [dis´kləuzə(r)] *s* declaração; revelação.

dis.co [´diskəu] *s* POP discoteca.

dis.col.our, EUA **dis.col.or** [dis´kʌlə(r)] *v* descorar, descolorar; desbotar.

dis.com.fit [dis´kʌmfit] *v* frustrar; confundir.

dis.com.fi.ture [dis´kʌmfitʃə(r)] *s* confusão; frustração.

dis.com.fort [dis´kʌmfət] *s* desconforto, incômodo; • *v* afligir; incomodar.

dis.com.pose [diskəm´pəuz] *v* desordenar; desarranjar.

dis.con.cert [diskən´sə:t] *v* desapontar; desconcertar; perturbar; fazer confusão ou desordem.

dis.con.nect [diskə´nekt] (*from*) *v* ELET e INF desconectar; desligar.

dis.con.nect.ed [diskə´nektid] *adj* separado; desconexo.

dis.con.so.late [dis´kɔnsələt] *adj* desconsolado; desolado.

dis.con.tent [diskən´tent] *s* descontentamento; • *v* descontentar; • *adj* descontente.

dis.con.tin.ue [diskən´tinju:] *v* interromper; suspender; descontinuar; cessar.

dis.cord [´diskɔ:d] *s* discórdia, desacordo; disputa, guerra; MÚS dissonância; • *v* discordar.

dis.cord.ance [di´skɔ:dəns] *s* discordância; desacordo.

dis.cord.ant [di´skɔ:dənt] *adj* discordante; divergente.

dis.co.theque [´diskətek] *s* discoteca.

dis.count [´diskaunt; dis´kaunt; EUA ´diskaunt] *s* desconto, abatimento, redução; • *v* descontar, deduzir, diminuir; **at a ~**: com desconto; obtido facilmente; **~ store/house**: loja em que as mercadorias são vendidas abaixo do preço de mercado.

dis.coun.te.nance [dis´kauntinəns] *s* desaprovação; • *v* desaprovar; desanimar.

dis.cour.age [di´skʌridʒ] *v* desanimar; desencorajar; *ant* encourage.

dis.cour.age.ment [di´skʌridʒmənt] *s* desânimo; abatimento.

dis.course [´diskɔ:s] *s* discurso; • (*on*, *upon*) *v* discursar; conversar, falar.

dis.cour.te.ous [dis´kə:tiəs] *adj* mal-educado; descortês; grosseiro.

dis.cov.er [di´skʌvə(r)] *v* descobrir; perceber; revelar.

dis.cov.er.y [di´skʌvəri] *s* descoberta.

dis.cred.it [dis´kredit] *s* descrédito; • *v* desacreditar.

dis.creet [di´skri:t] *adj* discreto.

dis.crep.an.cy [di´skrepənsi] *s* discrepância, divergência.

dis.crete [di´skri:t] *adj* separado; distinto; descontínuo.

dis.cre.tion [di´skreʃn] *s* discrição, prudência; **~ is the better part of valour**: é melhor ter cuidado e não arriscar-se.

dis.crim.i.nate [di´skriminet] (*between*, *from*, *against*) *v* discriminar, distinguir; discernir; • *adj* discriminado.

dis.crim.i.na.tion [diskrimi´neiʃn] *s* discriminação; discernimento.

dis.cur.sive [di´skə:siv] *adj* discursivo; racional.

dis.cus [´diskəs] *s* ESP disco.

dis.cuss [di´skʌs] (*with*) *v* discutir; debater.

dis.cus.sion [di´skʌʃn] *s* discussão.

dis.dain [dis´dein] *s* desdém, desprezo; • *v* desdenhar.

dis.ease [di´zi:z] *s* doença, moléstia, enfermidade.

dis.eased [di′zi:zd] *adj* doente, enfermo.
dis.em.bark [disim′ba:k] (*from*) *v* desembarcar, descarregar.
dis.em.bod.y [disim′bɔdi] *v* desencarnar; desincorporar.
dis.em.bow.el [disim′bauəl] *v* desentranhar.
dis.en.chant [disin′tʃa:nt; EUA disin′tʃænt] *v* desencantar; desiludir.
dis.en.gage [′disin′geidʒ] (*from*) *v* desobrigar; soltar; desunir.
dis.en.tan.gle [disin′tæŋgl] *v* desembaraçar; desenredar; desimpedir.
dis.es.tab.lish [disi′stæbliʃ] *v* abolir; separar a Igreja do Estado.
dis.fa.vour, EUA **dis.fa.vor** [dis′feivə(r)] *s* desfavor; descrédito; desprezo; • *v* desfavorecer; desacreditar; antipatizar-se com.
dis.fig.ure [dis′figə(r); EUA dis′figjər] *v* desfigurar; deformar.
dis.fig.ure.ment [dis′figə(r)mənt] *s* desfiguração.
dis.for.est [dis′fɔrist; EUA dis′fɔ:rist] *v* desflorestar.
dis.gorge [dis′gɔ:dʒ] *v* vomitar; expelir.
dis.grace [dis′greis] *s* desgraça; descrédito; vergonha; desonra; • *v* desgraçar; desfavorecer; desonrar.
dis.grace.ful [dis′greisfl] *adj* vergonhoso.
dis.grun.tled [dis′grʌntld] *adj* descontente, insatisfeito.
dis.guise [dis′gaiz] *s* disfarce; dissimulação; • *v* disfarçar, dissimular.
dis.gust [dis′gʌst] *s* desgosto; repugnância, asco; • *v* repugnar; desgostar.
dis.gust.ing [dis′gʌstiŋ] *adj* repugnante; desgostoso.
dish [diʃ] *s* prato; iguaria; travessa; louça; **~cloth**: pano de prato.
dis.heart.en [dis′ha:tn] *v* desanimar; desencorajar.
dis.hon.est [dis′ɔnist] *adj* desonesto, infiel, desleal.
dis.hon.es.ty [dis′ɔnisti] *s* desonestidade, deslealdade.
dis.hon.our, EUA **dis.hon.or** [dis′ɔnə(r)] *s* desonra; vergonha; insulto; • *v* desonrar; recusar-se a pagar um débito.

dis.hon.our.a.ble, EUA **dis.hon.or.a.ble** [dis′ɔnərəbl] *adj* desonroso; indecoroso.
dish.wash.er [′diʃwɔ:ʃər] *s* máquina de lavar louça.
dis.il.lu.sion [disi′lu:ʒn] *s* desilusão; • *v* desiludir.
dis.in.cline [disin′klain] *v* indispor; afastar.
dis.in.fect [disin′fekt] *v* desinfetar.
dis.in.fect.ant [disin′fektənt] *s* desinfetante.
dis.in.gen.u.ous [disin′dʒenjuəs] *adj* falso; dissimulado; fingido.
dis.in.her.it [disin′herit] *v* deserdar.
dis.in.te.grate [dis′intigreit] *v* desintegrar; desagregar.
dis.in.ter.est [dis′intrəst] *s* desinteresse; indiferença.
dis.in.ter.est.ed [dis′intrəstid] *adj* desinteressado; indiferente.
dis.joint [dis′dʒɔint] *v* desarticular; separar.
dis.joint.ed [dis′dʒɔintid] *adj* desarticulado; deslocado; incoerente.
dis.junct [dis′dʒʌŋkt] *adj* desunido; separado.
dis.junc.tion [dis′dʒʌŋkʃn] *s* disjunção.
dis.junc.tive [dis′dʒʌŋktiv] *s* GRAM disjuntiva; • *adj* disjuntivo.
disk [disk] *veja* **disc**.
dis.like [dis′laik] *s* aversão; antipatia; • *v* antipatizar-se; não gostar; detestar.
dis.lo.cate [′dislək;eit; EUA ′disləukeit] *v* deslocar.
dis.lo.ca.tion [′dislə′keiʃn; EUA ′disləu′keiʃn] *s* deslocamento.
dis.lodge [dis′lɔdʒ] (*from*) *v* desalojar.
dis.lodg.ment [dis′lɔdʒmənt] *s* desalojamento; despejo.
dis.loy.al [dis′lɔiəl] *adj* desleal; falso.
dis.loy.al.ty [dis′lɔiəlti] *s* deslealdade, infidelidade.
dis.mal [′dizməl] *adj* sombrio; lúgubre; desanimador; funesto.
dis.man.tle [dis′mæntl] *v* desmantelar; desguarnecer; desarmar (bomba).
dis.man.tle.ment [dis′mæntlmənt] *s* desmantelamento; desmembramento.

dis.may [dis′mei] *s* desânimo; perturbação; • *v* desanimar; consternar; espantar.

dis.mem.ber [dis′membə(r)] *v* desmembrar; desconjuntar.

dis.mem.ber.ment [dis′membə(r)mənt] *s* desmembramento.

dis.miss [dis′mis] (*from*) *v* dispensar; exonerar; demitir; rejeitar.

dis.miss.al [dis′misl] *s* demissão; destituição; exoneração.

dis.mount [dis′maunt] (*from*) *v* desmontar; desarmar; apear.

dis.o.be.di.ence [disə′bi:diəns] *s* desobediência; rebeldia.

dis.o.be.di.ent [disoˈbi:diənt] *adj* desobediente; rebelde.

dis.o.bey [disə′bei] *v* desobedecer.

dis.o.blige [disəˈblaidʒ] *v* desobrigar; desagradar; afrontar.

dis.or.der [dis′ɔ:də(r)] *s* desordem; confusão; doença, desordem física ou mental; • *v* desordenar; desorganizar; adoecer.

dis.or.dered [dis′ɔ:dərid] *adj* desordenado; confuso; doente.

dis.or.der.ly [dis′ɔ:dəli] *adj* desordenado; confuso; ~ **house**: bordel.

dis.or.gan.ize [dis′ɔ:gənaiz] *v* desorganizar; desordenar.

dis.o.ri.en.ta.tion [disɔ:ri:ən′teiʃən] *s* desorientação; desnorteamento; desconcerto.

dis.own [dis′əun] *v* rejeitar; renegar.

dis.par.age [di′spæridʒ] *v* deprimir; depreciar.

dis.pa.rate [′dispərət] *adj* desigual; diferente; discordante; díspar.

dis.par.i.ty [di′spærəti] *s* disparidade.

dis.pas.sion [di′spæʃn] *s* imparcialidade; indiferença.

dis.pas.sion.ate [di′spæʃənət] *adj* calmo; impassível; desapaixonado; frio; sereno.

dis.pas.sion.ate.ly [di′spæʃənətli] *adv* desapaixonadamente; imparcialmente.

dis.pas.sion.ate.ness [di′spæʃənətnis] *s* imparcialidade; serenidade.

dis.patch [di′spætʃ] *s* despacho; mensagem; • (*to*) *v* despachar, expedir; matar.

dis.pel [di′spel] *v* dissipar; dispersar.

dis.pen.sa.ble [di′spensəbl] *adj* dispensável; sem valor; *ant* **indispensable**.

dis.pen.sa.ry [di′spensəri] *s* dispensário, estabelecimento beneficente onde enfermos pobres são tratados gratuitamente.

dis.pen.sa.tion [dispen′seiʃn] *s* dispensa; distribuição.

dis.pense [di′spens] *v* dispensar; distribuir; MED aviar uma receita.

dis.perse [di′spə:s] *v* dispersar; espalhar; dissipar.

dis.per.sion [di′spə:ʃn; EUA di′spə:ʒn] *s* dispersão.

dis.per.sive [di′spə:siv] *adj* dispersivo.

dis.pir.it [di′spirit] *v* desanimar; abater.

dis.place [dis′pleis] *v* deslocar; destituir; substituir; demitir.

dis.place.a.ble [dis′pleisəbl] *adj* deslocável.

dis.place.ment [dis′pleismənt] *s* deslocação; destituição.

dis.play [di′splei] *s* mostra; apresentação; exposição; desfile; • *v* exibir, expor; espalhar; **on ~**: em exposição.

dis.please [dis′pliz] *v* desagradar.

dis.plea.sure [dis′pleʒə(r)] *s* desprazer; desconforto.

dis.port [di′spo:t] *s* divertimento; • *v* divertir; recrear; brincar.

dis.pos.a.ble [di′spəuzəbl] *adj* disponível.

dis.pos.al [di′spəuzl] *s* disposição; **at one's ~**: à disposição de alguém.

dis.pose [di′spəuz] *v* dispor(-se); pôr em ordem; ajustar; arranjar; preparar.

dis.po.si.tion [dispə′ziʃn] *s* disposição; aptidão.

dis.pos.sess [dispə′zes] (*of*) *v* desapropriar; espoliar.

dis.proof [dis′pru:f] *s* refutação; impugnação; contestação.

dis.pro.por.tion [disprə′pɔ:ʃn] *s* desproporção; falta de simetria; insuficiência.

dis.prove [dis′pru:v] *v* refutar; impugnar.

dis.put.a.ble [di′spju:təbl] *adj* discutível; questionável; *ant* **indisputable**.

disputation / dissolute

dis.pu.ta.tion [dispju:'teiʃn] *s* disputa; contenda; controvérsia; argumentação.

dis.pute [di'spju:t] *s* disputa; discussão; controvérsia; • (*about, over, with*) *v* disputar; discutir; contestar; opor; **in ~**: em questão.

dis.qual.i.fi.ca.tion [diskwɔlifi'keiʃn] *s* desqualificação; inabilitação.

dis.qual.i.fy [dis'kwɔlifai] (*for, from*) *v* desqualificar; inabilitar.

dis.qui.et [dis'kwaiət] *s* inquietação; ansiedade; • *v* inquietar; perturbar; incomodar; • *adj* inquieto.

dis.qui.si.tion [diskwi'ziʃn] *s* longo discurso (escrito ou falado).

dis.re.gard [disri'gɑ:d] *s* descuido, negligência; desconsideração; • *v* desdenhar; desconsiderar; menosprezar; negligenciar; desprezar; descuidar.

dis.re.gard.ful [disri'gɑ:dful] *adj* desatento; negligente.

dis.rel.ish [disri'liʃ] *s* aversão; desgosto; • *v* sentir aversão a; repugnar.

dis.re.pair [disri'peə(r)] *s* mau estado; desarranjo.

dis.rep.u.ta.ble.ness [dis'repjutəblnis] *s* descrédito; desonra.

dis.rep.u.ta.ble [dis'repjutəbl] *adj* que tem má reputação; não respeitável.

dis.re.pute [disri'pju:t] *s* desonra; descrédito; ignomínia.

dis.re.spect [disri'spekt] *s* desrespeito; • *v* desrespeitar; desconsiderar; desacatar.

dis.re.spect.ful [disri'spektful] *adj* desrespeitoso; irreverente; descortês.

dis.robe [dis'rəub] *v* despir.

dis.rupt [dis'rʌpt] *adj* rasgado; interrompido; • *v* interromper; causar desordem.

dis.rup.tive [dis'rʌptiv] *adj* rompedor; que causa dilaceração.

dis.sat.is.fac.tion [dissætis'fækʃn] *s* insatisfação; descontentamento.

dis.sat.is.fy [di'sætisfai] *v* descontentar; desagradar.

dis.sect [di'sekt] *v* dissecar; analisar, estudar minuciosamente.

dis.sec.tion [di'sekʃn] *s* dissecação.

dis.sem.blance [di'sembləns] *s* dissimulação; fingimento.

dis.sem.ble [di'sembl] *v* dissimular; disfarçar; fingir.

dis.sem.i.nate [di'semineit] *v* disseminar; divulgar; espalhar.

dis.sem.i.na.tion [disemi'neiʃn] *s* disseminação; propagação; divulgação.

dis.sen.sion [di'senʃn] *s* dissensão; divergência; contenda.

dis.sent [di'sent] *s* dissensão; dissidência; discórdia; • (*from*) *v* discordar; divergir; diferir; *ant* **assent**.

dis.ser.tate [disə'teiti] *v* dissertar.

dis.ser.ta.tion [disə'teiʃn] *s* dissertação, discurso; tese.

dis.serv.ice [dis'sə:vis] *s* desserviço; prejuízo.

dis.si.dence ['disidəns] *s* dissidência; discórdia.

dis.si.dent ['disidənt] *s* e *adj* dissidente.

dis.sim.i.lar [di'similə(r)] *adj* dessemelhante; diferente; diverso.

dis.sim.u.late [di'simjuleit] *v* fingir.

dis.sim.u.la.tion [disimju'leiʃn] *s* dissimulação; fingimento; hipocrisia.

dis.sim.u.la.tive [disimju'leitiv] *adj* dissimulador; falso; fingido.

dis.si.pate ['disipeit] *v* dissipar; dispersar.

dis.si.pat.ed ['disipeitid] *adj* esbanjador; pródigo; dissoluto.

dis.si.pa.tion [disi'peiʃn] *s* dissipação; desintegração; diversão.

dis.so.ci.a.ble [di'səuʃieiəbl] *adj* dissociável.

dis.so.ci.ate [di'səuʃieit] (*from*) *v* dissociar; desagregar; desunir; separar; decompor.

dis.so.ci.a.tion [disəusi'eiʃn] *s* dissociação; separação.

dis.so.lu.bil.i.ty [disalju'biləti] *s* dissolubilidade.

dis.sol.u.ble [di'saljubl] *adj* dissolúvel.

dis.sol.u.ble.ness [di'saljublnis] *s* dissolubilidade.

dis.so.lute ['disəlju:t; EUA 'disəlu:t] *adj* dissoluto, devasso; imoral.

dis.so.lute.ness ['disəlju:tnis] *s* libertinagem; devassidão.
dis.so.lu.tion [disə'lu:ʃn] *s* dissolução; desintegração; decomposição.
dis.solv.a.ble [di'zalvəbl] *adj* dissolúvel.
dis.solve [di'zalv] *v* dissolver; derreter; separar.
dis.so.nance ['disənəns] *s* dissonância; cacofonia; discordância; desacordo.
dis.so.nant ['disənənt] *adj* dissonante, desarmônico.
dis.suade [di'sweid] (*from*) *v* dissuadir.
dis.sua.sion [di'swei3n] *s* dissuasão.
dis.taff ['dista:f; EUA 'distæf] *s* roca de fiar; fuso; **on the ~ side**: do lado da família da mulher.
dis.tance ['distəns] *s* distância, intervalo; **at a ~**: à distância; **to keep one's ~**: manter-se a distância.
dis.tant ['distənt] *adj* distante; remoto; obscuro.
dis.taste [dis'teist] *s* desagrado, desgosto; repugnância; • *v* desgostar; aborrecer.
dis.taste.ful [dis'teistful] *adj* desagradável; de sabor ruim.
dis.tend [di'stend] *v* distender; dilatar; inflar.
dis.ten.si.ble [di'stensibl] *adj* dilatável.
dis.ten.sion [di'stenʃn] *s* distensão; dilatação.
dis.til, EUA **dis.till** [di'stil] *v* destilar.
dis.till.er.y [di'stiləri] *s* destilaria.
dis.tinct [di'stiŋkt] *adj* distinto, diferente; claro, nítido.
dis.tinc.tion [di'stiŋkʃn] *s* distinção.
dis.tinc.tive [di'stiŋktiv] *adj* distinto; notável.
dis.tin.guish [di'stiŋgwiʃ] (*from*, *between*) *v* distinguir; discernir; caracterizar; enaltecer.
dis.tin.guished [di'stiŋgwiʃid] *adj* famoso; distinto; *ant* **undistinguished**.
dis.tort [di'stɔ:t] *v* deturpar; adulterar; distorcer; deformar.
dis.tor.tion [di'stɔ:ʃn] *s* distorção; deformidade.
dis.tract [di'strækt] *v* distrair; entreter; desviar.
dis.trac.tion [di'strækʃn] *s* distração; abstração.

dis.train [di'strein] *v* embargar; penhorar.
dis.trait [di'strei] *adj* distraído.
dis.traught [di'strɔ:t] *adj* distraído; perturbado.
dis.tress [di'stres] *s* aflição, angústia; pobreza; perigo; • *v* afligir.
dis.tress.ed [di'stresid] *adj* infeliz; aflito.
dis.tress.ful [di'stresful] *adj* aflito.
dis.trib.ute [di'stribju:t] *v* distribuir; classificar.
dis.tri.bu.tion [distri'bju:ʃn] *s* distribuição; disposição.
dis.trib.u.tive [di'stribjutiv] *adj* distributivo.
dis.trict ['distrikt] *s* distrito; região; bairro; comarca; **~ attorney**: promotor de justiça.
dis.trust [dis'trʌst] *s* desconfiança; • *v* desconfiar de; temer.
dis.trust.ful [dis'trʌstful] *adj* desconfiado; receoso.
dis.trust.ful.ness [dis'trʌstfulnis] *s* desconfiança; suspeita; medo; receio.
dis.turb [di'stə:b] *v* perturbar; incomodar; transtornar; interromper.
dis.turb.ance [di'stə:bəns] *s* perturbação; distúrbio; motim.
dis.un.ion [dis'ju:niən] *s* desunião; separação; desacordo; desavença.
dis.u.nite [disju:'nait] *v* desunir; separar.
dis.use [dis'ju:s] *s* desuso; • *v* desusar; desacostumar.
ditch [ditʃ] *s* fosso; vala; trincheira; • *v* abrir, cavar fossos; abandonar; GÍR livrar-se, escapar.
dith.er ['diðə(r)] *s* tremor; estremecimento; • *v* estremecer; vacilar.
dit.to ['ditəu] *s* dito; duplicata; cópia; o mesmo; • *v* duplicar; • *adv* igualmente; como anteriormente; **~ mark**: aspas usadas para mostrar que uma palavra ou frase, em geral que está acima do sinal, é repetida.
dit.ty ['diti] *s* canção; cantiga; balada.
di.ur.nal [dai'ə:nl] *adj* diurno; cotidiano; diário.
di.va.gate ['daivəgeit] *v* divagar.
di.va.ga.tion [daivə'geiʃn] *s* divagação; digressão.

di.van [di´væn; EUA ´daivæn] *s* divã; sala de fumar.

dive [daiv] *s* mergulho; EUA espelunca; casa noturna de má reputação; • *v* mergulhar.

div.er [´daivər] *s* mergulhador.

di.verge [dai´və:dʒ] (*from*) *v* divergir; desviar.

di.ver.gence [dai´və:dʒəns] *s* divergência.

di.ver.gent [dai´və:dʒənt] *adj* divergente; contrário.

di.vers [´daivərz] *adj* diversos; vários.

di.verse [dai´və:s] *adj* diverso, diferente, distinto.

di.ver.si.fi.ca.tion [daivə:sifi´keiʃn] *s* diversificação; variedade.

di.ver.si.fy [dai´və:sifai] *v* diversificar; diferenciar.

di.ver.sion [dai´və:ʃn] *s* diversão; desvio; deflexão; divertimento.

di.ver.si.ty [dai´və:səti] *s* diversidade; variedade.

di.vert [dai´və:t] (*from, to*) *v* divertir; distrair; desviar.

di.vert.ing [dai´və:tiŋ] *adj* recreativo; divertido.

di.vide [di´vaid] *v* dividir; repartir; classificar.

div.i.dend [´dividend] *s* dividendo.

div.i.na.tion [divi´neiʃn] *s* adivinhação; intuição.

di.vine [di´vain] *s* clérigo; teólogo; • *v* adivinhar; prognosticar; vaticinar; • *adj* divino; sacro; sublime; **The D~**: Deus.

di.vin.er [di´vainə(r)] *s* adivinho; vaticinador.

div.ing [´daiviŋ] *s* mergulho; **~-board**: trampolim; **~ suit/dress**: roupa de mergulhador, escafandro.

di.vin.i.ty [di´vinəti] *s* divindade; atributo divino; teologia.

di.vi.sion [di´viʒn] *s* divisão; seção; separação.

di.vorce [di´vɔ:s] *s* divórcio; separação; • *v* divorciar; separar.

di.vor.cé [di´vɔrs] *s* divorciado.

di.vor.cee [divɔ:´si:] *s* divorciada.

di.vulge [dai´vʌldʒ] *v* divulgar; publicar.

di.vulg.er [dai´vʌldʒə(r)] *s* divulgador.

DIY [di: ai ´wai] *abrev de* **do-it-yourself**, faça você mesmo.

diz.zi.ness [´dizinis] *s* vertigem; tontura.

diz.zy [´dizi] *v* atordoar; aturdir; • *adj* atordoado; tonto; vertiginoso.

do [du:] *s* MÚS dó; • *v* (*pt* **did**, *pp* **done**) fazer; agir; proceder; executar; preparar; servir; comportar-se; • *v aux* usado em perguntas e negações (**what ~ you say?**: o que você diz?), como substituto do verbo principal (**do you speak English? Yes, I ~**: você fala inglês? Sim, eu falo) e para dar ênfase à frase (**I ~ believe he is innocent**: eu realmente acredito que ele é inocente); **~ and don't**: o que pode e o que não pode ser feito; **~ or die**: fazer o possível para ser bem-sucedido; **to ~ for**: servir para; cuidar de; **to ~ one's best**: fazer o possível; esmerar-se; **to ~ out**: fazer faxina; **to ~ out of**: enganar alguém; **to ~ over**: repetir; refazer; **to ~ way with**: abolir; matar; **to ~ without**: dispensar.

doc.ile [´dəusail; EUA ´dasl] *adj* dócil; obediente; brando.

do.cil.i.ty [dəu´siləti] *s* brandura; docilidade.

dock [dak] *s* doca; embarcadouro; banco dos réus; cotó; rabo de animal; rabicho; • *v* aportar; ancorar; cortar; encurtar; diminuir; abreviar; cortar cauda de animal.

dock.er [´dakə(r)] *s* estivador.

dock.yard [´dɔkjard] *s* estaleiro.

doc.tor [´daktə(r)] *s* doutor, médico; • *v* adulterar; tratar; **~'s office**: consultório médico; **family ~**: médico da família.

doc.tor.al [´daktə(r)əl] *adj* doutoral.

doc.tor.ate [´daktərət] *s* doutorado.

doc.tri.naire [daktri´neə(r)] *s* visionário; escolástico; • *adj* doutrinário; teórico.

doc.trine [´daktrin] *s* doutrina.

doc.u.ment [´dakjumənt] *s* documento; • *v* documentar.

doc.u.men.ta.ry [dakju´mentri] *s* e *adj* documentário.

doc.u.men.ta.tion [dakjumen´teiʃn] *s* documentação.

dod.der [´dadə(r)] *v* tremer.

dodge [dadʒ] *s* subterfúgio; artimanha; evasiva; artifício; • *v* esquivar-se; evitar; escapar; enganar.

dodg.er [′dadʒə(r)] s trapaceiro.

doe [dəu] s corça; fêmea de diversos animais, como antílope, coelho, veado, etc.

doff [daf; EUA dɔ:f] v tirar o chapéu em saudação; remover; livrar-se; deixar de lado.

dog [dag; EUA dɔ:g] s cão; cachorro; **~catcher**: homem da carrocinha; **~colar**: coleira; **~house**: canil; **~tooth**: dente canino; **to teach an old ~ new tricks**: ensinar papagaio velho a falar; **watch~**: cão-de-guarda.

dog.ged [′dagid; EUA ′dɔ:gid] adj teimoso; obstinado.

dog.ma [′dagmə; EUA ′dɔ:gmə] s dogma, pontos fundamentais e indiscutíveis de uma doutrina.

dog.mat.ic [dag′mætik; EUA dɔ:g′mætik] adj dogmático.

dog.mat.i.cal.ly [dag′mætikli] adv dogmaticamente.

doi.ly [′dɔili] s guardanapo decorativo.

do.ings [′du:iŋz] s pl ações; feitos.

do-it-your.self [du:itjər′self] s prática em que se constrói ou se conserta sozinho, em casa.

dole [dəul] s esmola; lamentação; aflição; • v distribuir, repartir com os pobres; **to go/be on the ~**: receber subsídio do governo por estar desempregado.

dole.ful [′dəulfl] adj doloroso, triste, lúgubre.

doll [dal] s boneca; garota; mulher bonita, mas pouco perspicaz; pessoa atraente fisicamente; pessoa generosa; **~'s house**: casa de bonecas.

dol.lar [′dalə(r)] s dólar; **~ day**: dia em que os preços de mercadorias são reduzidos a US$ 1 ou a um preço baixo.

dol.ly [′dali] s boneca; TV e CIN plataforma móvel usada para transportar câmera de TV ou de cinema.

do.lour, EUA **do.lor** [′dalə(r); EUA ′dəulə(r)] s dor; angústia.

dol.phin [′dalfin] s golfinho.

dolt [dəult] s tolo; pateta.

do.main [dəu′mein] s domínio; DIR bem de raiz, propriedade.

dome [dəum] s cúpula; abóbada.

do.mes.tic [də′mestik] s servo, criado; • adj doméstico, caseiro, familiar; nacional; **~ animal**: animal doméstico; **~ help**: empregado doméstico.

do.mes.ti.cate [də′mestikeit] v domesticar.

dom.i.cile [′damisail] s domicílio; casa; habitação.

dom.i.cil.i.ar.y [dami′siliəri] adj domiciliar.

dom.i.nant [′daminənt] s gene dominante; • adj dominante, predominante.

dom.i.nate [′damineit] v dominar; controlar.

dom.i.na.tion [dami′neiʃn] s dominação.

dom.i.neer [dami′niə(r)] (over) v dominar; governar arbitrariamente.

dom.i.neer.ing [dami′niə(r)iŋ] adj ditador, inclinado a governar arbitrariamente.

Do.min.i.can [də′minikən] s ou adj dominicano.

do.min.ion [də′miniən] s domínio.

dom.i.no [′daminəu] s dominó, jogo composto de 28 pedras numeradas duplamente; **~ effect**: efeito dominó, situação em que um evento ou ação causa várias, em geral indesejáveis, que acontecem uma após a outra.

don [dan] s título honorífico; senhor; BRIT professor universitário.

do.nate [dəu′neit; EUA ′dəuneit] (to) v doar; contribuir; dar.

do.na.tion [dəu′neiʃn] s doação.

done [dʌn] pp de **do**; adj feito; acabado; **~!**: OK, feito; **~ in**: exausto; **well ~**: bravo!; **well~**: bem passado (bife).

don.key [′daŋki] s burro, asno; imbecil, ignorante, estúpido; **~s years/ages**: muito tempo; **~ work**: trabalho repetitivo.

do.nor [′dəunə(r)] s doador.

doo.dle [′du:dl] s rabisco; garatuja; • v rabiscar.

doom [du:m] s condenação; destino; juízo final; sorte; morte; • v condenar.

Dooms.day [′du:mzdei] s RELIG dia do Julgamento Final.

door [dɔ:(r)] s porta; **back ~**: porta dos fundos; **front ~/entrance ~**: porta da frente, porta de entrada; **next ~**: casa vizinha; **out**

door / downgrade

of ~s: ao ar livre; **sliding ~**: porta de correr; **to show someone the ~**: mandar a pessoa sair; **to shut the ~ in someone's face**: recusar-se a ouvir ou lidar com alguém.

door.bell [ˈdɔrbel] s campainha.

door.knob [ˈdɔrnɔb] s maçaneta.

door.man [ˈdɔrmæn] s porteiro.

door.mat [ˈdɔrmæt] s capacho.

door.step [ˈdɔrstep] s degrau da porta.

door.way [ˈdɔrwei] s vão da porta.

dope [doup] s GÍR narcótico, entorpecente; pessoa estúpida; • v viciar, dopar.

do.pey [ˈdoupi] adj GÍR dopado; entorpecido; apático.

dor.mant [ˈdɔ:mənt] adj dormente, inativo.

dor.mi.to.ry [ˈdɔ:mitəri; EUA ˈdɔ:mitɔ:ri] s dormitório; EUA alojamento em universidades onde os estudantes podem morar.

dor.sal [ˈdɔ:sl] adj dorsal, relativo às costas, ao dorso.

dos.age [ˈdousidʒ] s dosagem; dose.

dose [dous] s dose; • v dosar; medicar; **like a ~ of salts**: muito fácil e rapidamente.

dos.si.er [ˈdosiei; EUA ˈdɔ:siei] s dossiê.

doss [dos] s GÍR cochilo; **~-house**: pensão de quinta categoria, albergue noturno para indigente; **to ~ down**: dormir sem conforto.

dot [dot] s ponto-final; ponto, pingo; pinta; • v pontilhar; pontear; colocar pingos; **on the ~**: em ponto.

dot.age [ˈdoutidʒ] s senilidade.

dote [dout] (on, upon) v amar intensamente; caducar.

dot.ted line [ˈdoutid lain] s linha pontilhada colocada no final de um documento para assinatura; **to sign on the ~**: concordar com os termos ou condições.

dot.ty [ˈdoti] adj maluco; excêntrico.

dou.ble [ˈdʌbl] s dobro; cópia; sósia; • adj dobrado; duplo; ambíguo; falso; • v dobrar; **~ agent**: agente duplo; **~ bass**: contrabaixo; **~ bed**: cama de casal; **~ chin**: queixo duplo; **~ click**: INF clique duplo, usado para ativar um programa ou selecionar um arquivo; **~-decker**: navio de dois conveses; ônibus de dois andares; sanduíche de duas camadas; **~-edged**: de dois gumes; FIG ambíguo; **~-faced**: hipócrita, que tem duas caras; **~ or quits**: o dobro ou nada; **~-park**: estacionar em fila dupla; **~ pneumonia**: pneumonia dupla; **~-talk**: embromação; **~ time**: pagamento em dobro feito a quem trabalha nos feriados e em finais de semana.

doubt [daut] s dúvida; suspeita; • v duvidar; suspeitar; **beyond a ~**: definitivamente; **in ~**: em dúvida; **no ~**: sem dúvida; **without ~**: sem dúvida.

doubt.ful [ˈdautfl] adj duvidoso; ambíguo; discutível.

doubt.less [ˈdautlis] adj seguro; certo; inquestionável; • adv indubitavelmente.

douche [du:ʃ] s ducha; • v tomar uma ducha.

dough [dou] s massa (de pão, de bolo); GÍR dinheiro; **~nut**: rosquinha doce em forma de anel; sonho.

dough.ty [ˈdauti] adj valente; bravo; destemido.

dough.y [ˈdoui] adj pastoso.

dour [duə(r)] adj severo; obstinado; árido.

douse [daus] v extinguir; apagar; mergulhar.

dove [dʌv; douv] s pombo; **~cot/~cote**: pombal.

dove.tail [ˈdʌvteil] s encaixe em forma de rabo de ave; • v encaixar.

dow.a.ger [ˈdauədʒə(r)] s viúva rica.

dow.dy [ˈdaudi] s mulher desalinhada; • adj mal vestido, desleixado; sujo.

down [daun] s penugem; duna; descida; revés; • v derrubar; vencer; derrotar; • adj descendente; abatido; • adv e prep embaixo; para baixo; debaixo; abaixo; **~-fallen**: prostrado; falido; **~-to-earth**: prático e honesto; **to break it ~**: derrubar, pôr abaixo (uma janela, porta, etc.); **to sit ~**: sentar-se; **ups and ~s**: altos e baixos.

down.cast [ˈdaunka:st; EUA ˈdaunkæst] adj descendente; inclinado; triste; deprimido.

down.fall [ˈdaunfɔ:l] s aguaceiro; nevada; FIG ruína; decadência.

down.grade [dauŋˈgreid] (to) v rebaixar (posição, cargo).

down.hill [daun'hil] *adv* em declive; em declínio.

down.load ['daunləud] *v* INF copiar um arquivo de um computador para outro, por exemplo, através da Internet.

down.pour ['daunpɔ:(r)] *s* aguaceiro.

down.right ['daunrait] *adv* completamente, inteiramente.

down.stairs [daun'steəz] *adv* no andar inferior; para baixo; escada abaixo; *ant* **upstairs**.

down.stream ['daunst'ri:m] *s* corrente abaixo.

down.town ['dauntaun] *s* centro da cidade; • *adj* central; • *adv* no centro da cidade.

down.ward, down.wards ['daunwəd, 'daunwədz] *adj* descendente; • *adv* para baixo; do passado para o presente; *ant* **upward**.

down.y ['dauni] *adj* felpudo; peludo; macio; suave.

dow.ry ['dauəri] *s* dote (de casamento).

doze [dəuz] *s* soneca; cochilo; • *v* cochilar.

doz.en ['dʌzn] *s* dúzia; **~ s of**: muitos, muitas.

doz.y ['dəuzi] *adj* sonolento; adormecido; BRIT estúpido.

drab [dræb] *s* cor pardacenta; monotonia; prostituta; • *adj* pardacento; monótono; • *v* prostituir-se; frequentar os prostíbulos.

drach.ma ['drækmə] *s* dracma, unidade monetária da Grécia.

draft [dra:ft; EUA dræft] *s* rascunho; corrente de ar; projeto; esboço; esquema; desenho; trago, drinque, gole; EUA alistamento; • *v* esboçar; rascunhar; redigir; delinear; traçar; desenhar; esculpir; EUA MIL alistar tropas; **~ beer**: chope.

drafts.man ['dra:ftsmən; EUA 'dræftsmən] *s* desenhista; *fem* **draftswoman**.

drag [dræg] *s* draga; entrave; tragada (cigarro); roupa de travesti; • *v* dragar; puxar; inserir; arrastar-se; GÍR pessoa chata; GÍR influência.

drag.on ['drægən] *s* dragão; soldado de cavalaria.

drag.on.fly ['drægənflai] *s* libélula.

dra.goon [drə'gu:n] *s* soldado de cavalaria; • *v* oprimir.

drain [drein] *s* dreno; • *v* dragar; drenar; escoar; **canon~**: cano de esgoto.

drain.board ['dreinbɔ:d] *s* escorredor de louça.

drake [dreik] *s* pato (macho).

dra.ma ['dra:mə] *s* peça teatral; drama.

dram.a.tize, dram.a.tise ['dræmətaiz] *v* dramatizar.

drank [dræŋk] *pt* de **drink**.

drape [dreip] *v* cobrir com pano; **~ s**: EUA cortinas.

drap.er ['dreipə(r)] *s* negociante de tecidos.

drap.er.y [d'reipəri] *s* comércio de tecidos.

dras.tic ['dræstik] *adj* drástico; forte; violento.

draught [dra:ft; EUA dræft] *s* corrente de ar; gole; desenho; **~s**: jogo de damas, EUA **checkers**.

draughts.man ['dra:ftsmən; EUA 'dræftsmən] *s* EUA desenhista; *fem* **draughtswoman**.

draw [drɔ:] *s* tração; sucção; loteria; atração; empate (jogo); • *v* (*pt* **drew**; *pp* **drawn**) puxar; atrair; aspirar; deduzir; desenhar; redigir; empatar (jogo); retirar (dinheiro da conta); ganhar; traçar; descrever; arrastar-se; **to ~ away**: afastar-se; **to ~ in**: desenhar; **to ~ on**: aproximar-se; vestir-se; **to ~ out**: remover; colocar em ordem; **to ~ the attention of**: chamar a atenção de.

draw.back ['drɔ:bæk] *s* desvantagem; inconveniente.

draw.bridge ['drɔ:bridʒ] *s* ponte elevadiça.

draw.er [drɔ:(r)] *s* desenhista; gaveta; COM sacador de uma letra; **long ~s**: cueca; ceroula; **chest of ~s**: cômoda.

draw.ing ['drɔ:iŋ] *s* desenho; esboço; plano; loteria, sorteio; **~-board**: prancheta de desenho; **~-pin**: percevejo de metal para prender papel, EUA **thumbtack**; **~-room**: sala de visitas, EUA **parlour**; sala de desenho; EUA cabina de luxo em trem.

drawl [drɔ:l] *s* balbuciação; • *v* gaguejar; balbuciar; arrastar as palavras.

drawn [drɔ:n] *pp* de **draw**.

dray / dromedary

dray [drei] *s* carreta.

dread [dred] *s* medo; temor; • *v* ter medo; recear; temer; • *adj* terrível; pavoroso.

dread.ful ['dredfl] *adj* terrível; tremendo; pavoroso.

dream [dri:m] *s* sonho; fantasia; imaginação; ilusão; • *v* (*pt* e *pp* **dreamt** ou **dreamed**) sonhar; imaginar; **~ team**: time dos sonhos, equipe de pessoas altamente competentes (equipe de basquete, de advogados, etc.).

dream.er ['dri:mər] *s* sonhador.

dream.land ['dri:mlænd] *s* país dos sonhos.

dreamt [dremt] *pt* e *pp* de **dream**.

dream.y ['dri:mi] *adj* relativo aos sonhos.

drear.i.ness ['driərinis] *s* tristeza; melancolia; pesar.

drear.y, drear ['driəri, driə(r)] *adj* triste; melancólico; enfadonho.

dredge [dredʒ] *s* draga; rede; • *v* dragar; limpar.

dregs [dregz] *s pl* sedimento; borra; escória; resto.

drench [drentʃ] *s* remédio para animais; aguaceiro; • *v* ensopar; molhar; dar bebida; dar água.

dress [dres] *s* vestido; roupa; traje; adorno; • *v* vestir(-se); pentear; adornar; aplicar remédio em ferimentos; temperar; alinhar (tropas); **to ~ down**: reprimir; vestir-se informalmente; **to ~ up**: vestir-se com elegância, a rigor.

dress.er ['dresə(r)] *s* camareiro; armário de cozinha; EUA toucador; penteadeira.

dress.ing ['dresiŋ] *s* ação de vestir; roupa; condimento, molho; curativo; **~-down**: reprimenda; **~-gown**: roupão, penhoar, EUA **bath-robe**; **~-room**: camarim; **~-table**: toucador; penteadeira; **to give someone a ~**: repreender alguém.

dress.mak.er ['dresmeikər] *s* costureira; modista.

dress.y ['dresi] *adj* elegante; chique; na moda.

drew [dru:] *pt* de **draw**.

drib.ble ['dribl] *s* baba; saliva; gota; pingo; ESP drible; • *v* babar; pingar; ESP driblar.

drib.let ['driblit] *s* pedaço; pequena quantidade; pequena dívida.

drift [drift] *s* violência; impulso; direção; broca; punção; monte de neve ou de areia que se forma pela ação do vento; tendência; significado; • *v* flutuar ou ser levado pelo vento, pelas ondas, etc., formar montes por ação do vento ou da água.

drill [dril] *s* arado; perfurador; broca; pua; exercícios físicos, treinamento; • *v* furar; brocar; sulcar; perfurar; exercitar estrategicamente; **electric ~**: furadeira elétrica.

drink [driŋk] *s* bebida, bebida alcoólica, trago; • *v* (*pt* **drank**; *pp* **drunk**) beber; embriagar; brindar.

drink.a.ble ['driŋkəbl] *adj* potável.

drink.er ['driŋkə(r)] *s* aquele que bebe; bêbado; dependente de bebida.

drip [drip] *s* gota, goteira; GÍR pessoa chata, entediante; • *v* pingar; gotejar.

drip-dry ['drip drai] *adj* que seca ao vento sem amarrotar, que não precisa passar.

drip.ping ['dripiŋ] *s* pingo; **~s**: gordura de assado.

drive [draiv] *s* passeio; rua; avenida; impulso; urgência; iniciativa; EUA campanha; • *v* (*pt* **drove**; *pp* **driven**) dirigir, guiar; forçar; induzir; arremessar.

driv.el, EUA **driv.el** ['drivl] *s* saliva; tolice; tagarelice; • *v* babar; dizer tolices; desperdiçar.

driv.en ['drivn] *pp* de **drive**.

driv.er ['draivə(r)] *s* motorista; cocheiro; maquinista de trem; **~'s license**: carteira de motorista.

drive.way ['draivwei] *s* entrada de autos em moradia.

driz.zle ['drizl] *s* chuvisco; garoa; • *v* garoar; chuviscar.

droll [drəul] *adj* cômico; hilariante; engraçado.

droll.er.y ['drəuləri] *s* brincadeira; comicidade.

drom.e.dar.y ['drɑmədəri] EUA ['drʌmədəri] *s* dromedário.

drone [drəun] s zangão; zumbido; pessoa ociosa; • v zumbir; parasitar; vadiar.

droop [dru:p] s desfalecimento; descaimento; • v enfraquecer; definhar; desfalecer; inclinar; cair; curvar; decair.

drop [drap] s pingo; gota; gole, drinque; queda; descida; **~s**: pastilha; • v derrubar; cair; denunciar; largar; gotejar; soltar; desistir; abandonar; renunciar; destilar; desprender; dar cria; **a ~ in the bucket/ocean**: uma gota no oceano; **~ a brick/clanger**: cometer uma gafe; **to ~ someone a line/note**: escrever um bilhete a alguém.

drop.per ['drɔpər] s conta-gotas.

dross [dras; EUA drɔ:s] s refugo; detrito.

drought [draut] s seca; aridez; estiagem; EUA **drouth**.

drought.y [drauti] adj seco; árido.

drove [drəuv] pt de **drive**.

drov.er ['drəuvə(r)] s criador de gado; boiadeiro.

drown [draun] v afogar(-se); inundar; abafar a voz ou o som.

drowse [drauz] v adormecer; cochilar.

drow.si.ness ['drauznis] s sonolência; entorpecimento.

drow.sy ['drauzi] adj sonolento; lento; adormecido; entorpecido.

drub [drʌb] v bater (com vara ou algo parecido).

drudge [drʌdʒ] s pessoa que faz trabalhos rotineiros e pesados; • v trabalhar intensa e rotineiramente.

drudg.er.y ['drʌdʒəri] s trabalho intenso, penoso.

drug [drʌg] s remédio; droga; medicamento; entorpecente; • v medicar; receitar.

drug.gist ['drʌgist] s EUA farmacêutico; BRIT **pharmacist**.

drug.store ['drʌgstɔr] s EUA farmácia; drogaria; BRIT **pharmacy**.

druid ['dru:id] s druida.

drum [drʌm] s tambor; bumbo; MED tímpano; • v tocar tambor.

drunk [drʌŋk] pp de **drink**; • s bebedeira; bêbado; • adj embriagado.

drunk.ard ['drʌŋkərd] s bêbado; ébrio; borracho.

drunk.en ['drʌŋkən] adj ébrio, bêbado.

dry [drai] adj seco; árido; indiferente; insípido; • v secar; enxugar; **~-clean**: lavar a seco; **~-cleaning**: lavagem a seco.

dry.er ['draiə(r)] s secador.

du.al ['dju:əl; EUA 'du:əl] adj dual, referente a dois; **~ carriageway**: estrada de pista dupla; **~ citizenship**: dupla nacionalidade.

du.al.ism ['dju:əlism] s dualismo.

du.al.ist ['dju:əlist] s dualista.

dub [dʌb] s pessoa inábil; • v outorgar honra; conferir título; apelidar; golpear; CIN e TV dublar; sonorizar.

du.bi.e.ty [dju:'baiəti; EUA du:'baiəti] s incerteza; dúvida.

du.bi.ous ['dju:biəs; EUA 'du:biəs] adj duvidoso; dúbio; indeciso.

duch.ess ['dʌtʃis] s duquesa.

duch.y ['dʌtʃi] s ducado.

duck [dʌk] s pato; mergulho; brim; lona; • v mergulhar; esquivar-se abaixando a cabeça; abaixar a cabeça; **it's ~ soup**: é fácil, é sopa.

duck.ling ['dʌkliŋ] s patinho.

duct [dʌkt] s conduto; tubo; canal.

duc.tile ['dʌktail; EUA 'dʌktl] adj dútil; maleável.

duc.til.i.ty [dʌk'tiləti] s maleabilidade; flexibilidade.

dudg.eon ['dʌdʒən] s mágoa; mau humor; raiva.

due [dju; EUA du:] s EUA mensalidade; • adj devido; vencido; adequado; próprio; exato; suficiente; • adv exatamente; **~ to**: devido a, em razão de; **in ~ course**: na hora certa.

dug [dʌg] pt e pp de **dug**; • s teta; mamilo (de animais).

duke [dju:k; EUA du:k] s duque.

dul.cet ['dʌlsit] adj doce; harmonioso.

dull [dʌl] adj vagaroso; insípido; monótono; melancólico; nebuloso; cego, sem corte.

dull.ard ['dʌləd] s estúpido; imbecil; obtuso.

dul.ly ['dʌli] *adv* lentamente; vagarosamente; negligentemente.

du.ly ['dju:li; EUA 'du:li] *adv* pontualmente; devidamente; em devido tempo.

dumb [dʌm] *adj* estúpido; mudo; calado; silencioso; **~-waiter**: aparador, mesa auxiliar, EUA elevador usado para levar comida de um andar para outro em residências, restaurantes, etc.

dumb.found [dʌm'faund] *v* embaraçar; confundir; emudecer.

dum-dum ['dʌmdʌm] *s* bala de revólver explosiva; pessoa estúpida.

dum.my ['dʌmi] *s* GÍR pessoa silenciosa; manequim; imitação, cópia; chupeta; • *adj* silencioso; falso; mudo; postiço.

dump [dʌmp] *s* tristeza; melancolia; depósito de lixo; • *v* derramar; despejar; ser dispensado, demitido; **~-cart/truck**: caminhão basculante.

dumps [dʌmps] *s* depressão; tristeza.

dump.y ['dʌmpi] *adj* troncudo; atarracado.

dun [dʌn] *s* credor inoportuno; • *v* cobrar com insistência; • *adj* pardo; castanho-escuro.

dunce [dʌns] *s* lerdo; tolo; ignorante.

dun.der.head ['dʌndəhed] *s* imbecil; tolo; estúpido.

dune [dju:n; EUA du:n] *s* duna.

dung [dʌŋ] *s* esterco; adubo; • *v* adubar; estercar.

dun.geon ['dʌndʒən] *s* masmorra; calabouço; estrutura principal de castelo antigo.

dunk [dʌŋk] *v* EUA embeber o pão, o bolo, etc. no café, no leite, antes de comer.

du.o.de.num [dju:ə'di:nəm; EUA du:ə'di:nəm] *s* duodeno.

dupe [dju:p; EUA du:p] *s* ingênuo; incauto; pateta; tolo; idiota; • *v* ludibriar; lograr.

du.plex ['dju:pleks; EUA 'du:pleks] *s* apartamento dúplex; • *adj* duplo.

du.pli.cate ['dju:plikət; EUA 'du:plikət] *s* duplicata; • *v* dobrar; copiar; duplicar; • *adj* duplicado; igual.

du.pli.ca.tion [dju:pli'keiʃn; EUA du:pli'keiʃn] *s* duplicação.

du.pli.ca.tor [dju:pli'keitə(r); EUA du:pli'keitə(r)] *s* máquina copiadora.

du.plic.i.ty [dju:'plisəti; EUA du:'plisəti] *s* duplicidade.

du.ra.bil.i.ty ['djuərə'biləti; EUA 'duərə'biləti] *s* durabilidade; estabilidade.

du.ra.ble ['djuərəbl; EUA 'duərəbl] *adj* duradouro; durável; **~ goods**: bens duráveis.

du.ra.ble.ness ['djuərəblnis] *s* duração.

du.ra.tion [dju'reiʃn; EUA du'reiʃn] *s* permanência; duração; estabilidade.

du.ress [dju'res; EUA du'res] *s* coação; prisão; aprisionamento.

dur.ing ['djuəriŋ; EUA 'duəriŋ] *prep* durante.

dusk [dʌsk] *s* poente; anoitecer; crepúsculo; • *v* obscurecer; escurecer; • *adj* sombrio; obscuro.

dusk.y ['dʌski] *adj* escuro; moreno; sombrio; melancólico.

dust [dʌst] *s* pó; poeira; cinzas; humilhação; • *v* limpar; espanar; varrer; **~-cart**: caminhão de lixo; **when the ~ has settled**: quando a poeira abaixar, quando a confusão terminar.

dust.bin ['dʌstbin] *s* lata de lixo; EUA **ashcan**.

dust.er ['dʌstər] *s* espanador.

dust.man ['dʌstmən] *s* lixeiro; EUA **garbage collector**.

dust.y ['dʌsti] *adj* empoeirado.

Dutch [dʌtʃ] *s* e *adj* holandês; **~treat**: festa onde os partícipes pagam suas despesas.

du.ti.ful ['dju:tifl; EUA 'du:tifl] *adj* submisso; respeitoso; obediente.

du.ty ['dju:ti; EUA 'du:ti] *s* obrigação; dever; imposto; tributo; **~-free**: isento de taxas; **on ~**: de plantão.

dwarf [dwɔ:f] *s* anão; **Snow White and the seven ~s**: Branca de Neve e os sete anões.

dwell [dwel] *v* (*pt* e *pp* **dwelt**) morar; habitar; residir; permanecer; demorar.

dwell.er ['dwelə(r)] *s* morador; habitante.

dwell.ing ['dweliŋ] *v* moradia; residência.

dwin.dle ['dwindl] *v* diminuir; decair; minguar; degenerar; reduzir-se.

dye [dai] *s* tinta; corante; tintura; • *v* colorir; tingir.
dy.er [´daiər] *s* tintureiro.
dy.ing [´daiŋ] *adj* moribundo; agonizante.
dy.nam.ic [dai´næmik] *s* dinâmico, que possui muita energia.
dy.na.mite [´dainəmait] *s* dinamite, explosivo de alta potência; • *v* dinamitar, explodir.
dy.na.mo [´dainəmou] *s* dínamo, gerador de energia elétrica.
dy.nas.ty [´dinəsti; EUA ´dainəsti] *s* dinastia; sucessão.
dys.en.ter.y [´disəntri; EUA ´disənteri] *s* disenteria; desarranjo intestinal.
dys.lex.ia [dis´leksiə] *s* MED dislexia, dificuldade em ler e entender as palavras.

E

e [i:] s quinta letra do alfabeto.
each [i:tʃ] adj cada; • pron cada; cada um; cada qual; **~ other**: reciprocamente, mutuamente, um ao outro.
ea.ger ['i:gə(r)] adj esperto; ativo; vivo; ávido; ansioso; **to be ~ to**: ter vontade de.
ea.ger.ly ['i:gə(r)li] adv avidamente; impetuosamente; ansiosamente.
ea.ger.ness ['i:gə(r)nis] s ânsia, ímpeto; avidez; impaciência.
ea.gle ['i:gl] s águia; **~eye**: olhos de águia.
ear [iə(r)] s orelha; audição; atenção; espiga (de milho, de trigo); **by ~**: de ouvido; **to be all ~s**: prestar muita atenção, ser todo ouvidos; **to bring about one's ~**: envolver-se na questão; **to give ~ to**: atender, dar ouvidos a; **to go in one ~ and out the other**: entrar por um ouvido e sair pelo outro; **to play by ~**: tocar de ouvido; **to turn a deaf ~**: recusar-se a ouvir.
ear.ache ['iəreik] s dor de orelha (nome antigo: dor de ouvido).
ear.drum ['iərdrʌm] s tímpano.
earl [ə:l] s conde.
earl.dom ['ə:ldəm] s condado.
ear.li.ness ['ə:linis] s precocidade; antecipação; madrugada.
ear.ly ['ə:li] adj precoce, adiantado; breve; temporão; matinal; relativo ao começo; • adv cedo, no começo; **~ bird**: pessoa que acorda cedo; **the ~ bird catches/gets the worm**: Deus ajuda quem cedo madruga.
ear.mark ['iərmark] s marca; sinal nas orelhas de um animal; • v fazer marca ou sinal na orelha; reservar dinheiro/tempo para determinado propósito.
earn [ə:n] v ganhar; conseguir; obter pelo trabalho; merecer; conquistar.
ear.nest ['ə:nist] s seriedade; sinal; penhor; garantia; • adj sério; grave; importante; **~ money**: sinal; **in ~**: a sério.
earn.ings ['ə:ninz] s pl salário; ganho; ordenado; lucros; **net ~s**: lucros líquidos.
ear.phone ['iərfoun] s fone de orelha (nome antigo: fone de ouvido).
ear.ring ['iəriŋ] s brinco.
earth [ə:ø] s (com maiúsc) Terra (planeta); chão; solo; terra; fio terra; • v ELET conectar à terra através de um fio; **to come back/down to ~**: parar de sonhar e voltar à realidade; **why on ~...?**: por que diabos...?
earth.en ['ə:øn] adj térreo; da terra; de terra; de barro.
earth.en.ware ['ə:ønweə(r)] s cerâmica; louça de barro.
earth.ling ['ə:øliŋ] s terráqueo.
earth.ly ['ə:øli] adj terreno; mundano; terrestre; possível.
earth.quake ['ə:økweik] s terremoto.
earth.wards, earth.ward ['ə:øwɔ:dz, 'ə:øwɔ:d] adv em direção ao solo ou à terra.
earth.worm ['ə:øwərm] s minhoca.
earth.y ['e:øi] adj terreno; térreo; da terra; realista, prático; grosseiro.

ease [i:z] *s* repouso; tranquilidade; sossego; comodidade; bem-estar; desembaraço; alívio; • *v* aliviar; facilitar; tranquilizar; suavizar; acalmar; repousar; **at ~**: à vontade; descansar (militar).

ea.sel [´i:zl] *s* cavalete (de pintor); sustentáculo de quadro-negro.

ease.ful [´i:zful] *adj* tranquilo.

eas.i.ly [´i:zili] *adv* facilmente; provavelmente; GÍR de longe.

eas.i.ness [´i:zinis] *s* facilidade.

east [´i:st] *s* Oriente; leste; nascente; • *adj* do leste, relativo ao leste; • *adv* em direção leste; **Far East**: Extremo Oriente; **Middle East**: Oriente Médio.

Easter [´i:stə(r)] *s* Páscoa; **~ egg**: ovo de Páscoa.

east.ern [´i:stən] *adj* oriental.

eas.y [´i:zi] *adj* fácil; tranquilo; sossegado; condescendente; liso; confortável; calmo; **easier said than done**: falar é fácil, fazer é que é difícil; **~ as pie**: muito fácil; **~ chair**: poltrona; **take it ~**: calma; não se preocupe.

eas.y.going [´i:zi´gəuiŋ] *adj* calmo, tranquilo; complacente.

eat [i:t] *v* (*pt* **ate** | *pp* **eaten**) comer; mastigar; consumir; roer; preocupar; incomodar; **to ~ in**: fazer uma refeição em casa; **to ~ into**: corroer; **to ~ one's words**: admitir ter falado algo errado; **to ~ out**: fazer uma refeição fora (restaurantes); **to ~ up**: devorar.

eat.able [´i:təbl] *s* comestíveis; • *adj* comestível.

eau-de-cologne [əu də kə´ləun] *s* água-de-colônia.

eaves [i:vz] *s* calha; beiral.

eaves.drop [´i:vzdrap] (*with*, *on*) *v* bisbilhotar.

eaves.drop.per [´i:vzdrapə(r)] *s* bisbilhoteiro.

ebb [eb] *s* maré baixa; vazante; refluxo; ruína; decadência; • *v* refluir (a maré); decair; arruinar-se.

e.bon.ics [´ebəniks] *s* o inglês falado entre os jovens afro-americanos.

eb.on.ize [´ebənaiz] *v* polir, imitando ébano.

eb.on.y [´ebəni] *s* ébano.

eb.ul.lience [i´bʌliəns] *s* ebulição; fervura; entusiasmo; ardor; excitação.

eb.ul.lient [i´bʌliənt] *adj* fervente; efervescente; FIG ardoroso; entusiasmado.

eb.ul.li.tion [ebəl´iʃn] *s* ebulição; efervescência; agitação.

ec.cen.tric [ik´sentrik] *adj* excêntrico; extravagante; exótico.

ec.cen.tric.i.ty [eksen´trisəti] *s* excentricidade, esquisitice.

ec.cle.si.as.tic [ikli:zi´æstik] *s* e *adj* eclesiástico.

ECG [i: si: ´dʒi:] *abrev de* eletrocardiograma; EUA **EKG**.

ech.e.lon [´eʃəlɔn] *s* MIL escalão; • *v* ecoar; repetir; ressoar.

ech.o [´ekəu] *s* eco; • *v* ecoar; ressoar; retumbar; imitar.

ec.lec.tic [i´klektik] *adj* eclético.

ec.lec.ti.cism [i´klektisizm] *s* ecletismo.

e.clipse [i´klips] *s* eclipse; obscuridade; sombra; • *v* eclipsar; apagar; nublar; obscurecer.

e.clip.tic [i´kliptik] *s* eclíptica, círculo máximo na esfera celeste que corresponde à volta aparente feita pelo Sol em torno da Terra; • *adj* eclíptico, relativo a eclipse.

e.col.o.gist [i:´kalədʒist] *s* ecologista.

e.col.o.gy [i:´kalədʒi] *s* ecologia, estudo dos seres vivos em relação ao meio ambiente.

ec.o.nom.ic [i:kə´namik; EUA ekə´namik] *adj* econômico (relativo à economia).

ec.o.nom.i.cal [i:kə´namikl; EUA ekə´namikl] *adj* regrado; moderado; poupado.

ec.o.nom.ics [i:kə´namiks; EUA ekə´namiks] *s* economia (ciência).

e.con.o.mist [i´kanəmist] *s* economista.

e.con.o.mize [i´kanəmaiz] *v* economizar, poupar.

e.con.o.my [i´kanəmi] *s* economia; • *adj* concebido para economizar dinheiro; **~ class**: classe econômica; **house hold ~**: economia doméstica.

ecosystem / effectuate

ec.o.sys.tem [´i:kəusistəm] *s* ecossistema, sistema formado pela interação dos organismos com o seu ambiente.

ec.sta.sy [´ekstəsi] *s* êxtase; enlevo; arrebatamento; exaltação; um tipo de droga.

ec.stat.ic [ik´stætik] *adj* extasiado; absorto; arrebatado; enlevado.

ec.to.plasm [´ektəplæzəm] *s* ectoplasma, segundo a crença espírita, plasma psíquico emanado de um médium; BIO porção periférica do citoplasma.

ec.u.men.ic [i:kju:´menik] *adj* ecumênico; universal; geral.

ec.ze.ma [´eksimə] *s* MED eczema, irritação na pele.

ed.dy [´edi] *s* remoinho; turbilhão; refluxo; • *v* remoinhar.

E.den [´i:dn] *s* Éden; paraíso.

edge [edʒ] *s* fio; gume; borda; canto; ponta; extremidade; corte; beira; orla; margem; ângulo; • *v* afiar; avançar lentamente; **~ city**: EUA área dos arredores de uma cidade onde há uma grande concentração de prédios de escritório, *shopping centers*, hotéis, etc.; **on ~**: nervoso; **to have the ~ on/over**: levar vantagem sobre.

edged [edʒid] *adj* pontudo; afiado; cortante; sarcástico.

edge.less [edʒlis] *adj* sem gume.

edge.ways, edge.wise [´edʒweis, ´edʒwais] *adv* lateralmente; de soslaio; do lado do gume.

edg.ing [´edʒiŋ] *s* bainha; extremidade.

edg.y [´edʒi:] *adj* cortante; irascível; nervoso; irritável.

ed.i.ble [´edibl] *s* comida; • *adj* comestível; *ant* **inedible**.

e.dict [´i:dikt] *s* édito; edital; citação; decreto; ordem.

ed.i.fi.ca.tion [edifi´keiʃn] *s* edificação; ensino; instrução moral.

ed.i.fice [´edifis] *s* edifício.

ed.i.fy [´edifai] *v* edificar; construir; instruir; doutrinar.

ed.i.fy.ing [´edifaiŋ] *adj* edificante; exemplar.

ed.it [´edit] *v* editar; publicar; fazer a revisão de; INF editar, modificar dados, textos, gráficos, etc. em um arquivo; **to ~ out**: remover, eliminar.

e.di.tion [i´diʃn] *s* edição; publicação.

ed.i.tor [´editə(r)] *s* editor; redator de uma publicação.

ed.i.to.ri.al [edi´tɔ:riəl] *s* e *adj* editorial.

ed.i.tor.ship [´editə(r)ʃip] *s* cargo e função de editor; cargo de redator; direção editorial.

ed.u.cate [´edʒukeit] *v* educar; instruir; ensinar.

ed.u.cat.ed [´edʒukeitid] *adj* educado; instruído; ensinado.

ed.u.ca.tion [edʒu´keiʃn] *s* educação; cultura; instrução; ensino.

ed.u.ca.tion.al [edʒu´keiʃənl] *adj* educacional; pedagógico.

ed.u.ca.tion.ist [edʒu´keiʃənist] *s* educador.

ed.u.ca.tor [´edʒukeitər] *s* educador; mestre; instrutor.

ed.u.tain.ment [edʒu´teimənt] *s* INF e EDUC software, livro, programa de televisão, etc. que é ao mesmo tempo educacional e de entretenimento.

EEC [i: i: ´si:] *abrev de* **E**uropean **E**conomic **C**ommunity, Comunidade Econômica Europeia – CEE.

eel [i:l] *s* enguia.

ee.rie [´iəri] *adj* estranho; assustador.

ef.fa.ce [i´feis] *v* riscar; apagar.

ef.fect [i´fekt] *s* efeito; ação; resultado; repercussão; eficácia; • *v* efetuar; realizar; **~s**: bens; **greenhouse ~**: efeito estufa; **in ~**: essencialmente; em operação; **side ~**: efeito colateral; **sound ~s**: efeitos sonoros; **to come into ~**: entrar em vigor; **to take into ~**: fazer efeito.

ef.fec.tive [i´fektiv] *s* MIL efetivo, soldados aptos para o serviço; • *adj* eficaz; útil; eficiente; *ant* **ineffective**.

ef.fec.tive.ness [i´fektivnis] *s* eficiência; eficácia.

ef.fec.tu.al [i´fektʃuəl] *adj* eficiente; eficaz.

ef.fec.tu.ate [i´fektʃueit] *v* efetuar; executar; realizar.

ef.fem.i.nate [iˈfeminət] *adj* delicado; efeminado.

ef.fer.vesce [efəˈves] *v* efervescer; mostrar entusiasmo, excitação.

ef.fer.ves.cence [efəˈvesns] *s* efervescência; excitação.

ef.fer.ves.cent [efəˈvessnt] *adj* efervescente; espumoso; entusiasmado.

ef.fete [iˈfiːt] *adj* decadente; impotente; estéril; gasto; cansado.

ef.fi.ca.cious [efiˈkeiʃəs] *adj* eficaz.

ef.fi.ca.cy [ˈefikəsi] *s* eficácia.

ef.fi.cien.cy [iˈfiʃnsi] *s* eficiência.

ef.fi.cient [iˈfiʃnt] *adj* eficiente; capaz; produtivo; *ant* **inefficient**.

ef.fi.gy [ˈefidʒi] *s* efígie, imagem.

ef.flo.res.cence [efləˈresns] *s* florescência; desabrochamento; MED erupção.

ef.flo.res.cent [efləˈresnt] *adj* QUÍM eflorescente.

ef.flu.ence [ˈefluːəns] *s* emanação; eflúvio; emissão.

ef.flu.ent [ˈefluənt] *s* e *adj* efluente.

ef.flux [ˈeflʌks] *s* eflúvio; exalação.

ef.fort [ˈefət] *s* esforço; tentativa; empenho; **to make an ~**: fazer um esforço, uma tentativa.

ef.fort.less [ˈefətlis] *adj* sem esforço.

ef.fron.ter.y [iˈfrʌntəri] *s* descaramento; arrogância; imprudência; desfaçatez.

ef.ful.gent [ifˈuldʒənt] *adj* brilhante; fulgurante; resplandecente.

ef.fuse [iˈfjuːs] *v* difundir; entornar; emanar; derramar; espalhar; • *adj* espalhado; derramado; difuso.

ef.fu.sion [iˈfjuːʒn] *s* efusão; expansão.

ef.fu.sive [iˈfjuːsiv] *adj* efusivo; caloroso.

ef.fu.sive.ness [iˈfjuːsivnes] *s* efusão; expansão.

eg [iː ˈdʒiː] *s abrev de* "exempli gratia", por exemplo.

egg [eg] *s* ovo; óvulo; • *v* preparar, misturando ovos; **boiled ~**: ovo cozido; **don't put all of your ~s in only one basket**: não coloque todos os seus ovos numa única cesta, por exemplo, não invista todo o seu capital numa única empresa; **~-shell**: casca de ovo; **~ yolk**: gema de ovo; **fried ~**: ovo estrelado; **the white of the ~**: clara de ovo; **to ~ on**: instigar; incitar; impelir; **to walk on ~s**: pisar em ovos, ir com cuidado.

egg.head [ˈeghed] *s* POP intelectual.

egg.plant [ˈegplænt] *s* EUA berinjela; BRIT **aubergine**.

ego [ˈegəu; EUA ˈiːgəu] *s* ego, eu (*pl* **egos**); **~ trip**: algo feito para satisfazer a vaidade.

e.go.ism [ˈegəuizəm; EUA ˈiːgəuizəm] *s* egoísmo.

e.go.ist [ˈegəuist] *s* egoísta.

e.go.tism [ˈegəutizəm; EUA ˈiːgəutizəm] *s* egotismo; egoísmo.

e.go.tist [ˈegəutist] *s* egotista, egoísta.

e.gress [ˈiːgres] *s* egressão; partida, saída; • *v* sair, partir.

e.gret [ˈiːgret] *s* garça pequena.

E.gyp.tian [iˈdʒipʃn] *s* e *adj* egípcio.

ei.der.down [ˈaidədaun] *s* edredom.

eight [eit] *s* e *num* oito; oito anos.

eight.een [eiˈtiːn] *s* e *num* dezoito; dezoito anos.

eight.eenth [eiˈtiːnθ] *s* e *num* décimo oitavo.

eighties [ˈeitis] *s pl* década de 1980.

eight.y [ˈeiti] *s* e *num* oitenta; oitenta anos.

ei.ther [ˈaiðə(r); EUA ˈiːðər] *adj* e *pron* um de dois; um ou outro; ambos; qualquer dos dois; • *conj* ou; ora; também não; também; de nenhum modo; **~... or**: ou...ou.

e.jac.u.late [iˈdʒækjuleit] *v* ejacular; proferir; bradar; falar com veemência.

e.jac.u.la.tion [idʒækjuˈleiʃn] *s* ejaculação; exclamação; interjeição.

e.ject [iˈdʒekt] *v* expelir; expulsar; desapossar; arremessar.

e.jec.tion [iˈdʒekʃn] *s* expulsão; exclusão.

e.jec.tor [iˈdʒektə(r)] *s* ejetor; expulsor; **~ seat**: assento ejetor.

eke [iːk] *v* suplementar; manter-se com dificuldade; • *adv* também; além do mais.

EKG [iː kei ˈdʒiː] *veja* **ECG**.

e.lab.o.rate [iˈlæbərət] *adj* elaborado; feito com esmero; feito com muito cuidado;

• *v* elaborar; trabalhar com esmero, com arte.

e.lab.o.rate.ly [i'læbərətli] *adv* primorosamente.

e.lab.o.rate.ness [i'læbərətnis] *s* esmero; primor; cuidado; bom trabalho.

e.lab.o.ra.tion [ilæbə'reiʃn] *s* elaboração.

e.lapse [i'læps] *s* lapso, período de tempo; • *v* passar; decorrer; transcorrer (relativamente ao tempo).

e.las.tic [i'læstik] *s* e *adj* elástico.

e.las.tic.i.ty [elæ'stisəti; EUA ilæ'stisəti] *s* elasticidade.

e.late [i'leit] *v* exaltar; excitar; entusiasmar; glorificar; • *adj* exaltado; orgulhoso.

e.la.tion [i'leiʃn] *s* exaltação; soberba; orgulho.

el.bow ['elbəu] *s* cotovelo, cúbito; ângulo; braço; volta; canto; esquina; • *v* acotovelar, cubitar; **at one's ~**: ao alcance, à mão.

eld.er ['eldə(r)] *s* ancião; chefe de uma tribo; • *adj* mais velho; mais idoso; mais antigo.

e.lect [i'lekt] *s* e *adj* eleito; escolhido; preferido; • *v* votar; eleger; nomear; escolher; preferir.

e.lec.tion [i'lekʃn] *s* eleição; votação; escolha; predestinação.

e.lec.tion.eer [ilekʃni:] *v* solicitar votos, fazer campanha eleitoral.

e.lec.tive [i'lektiv] *adj* eletivo; sujeito a escolha, opcional.

e.lec.tor [i'lektə(r)] *s* eleitor; votante.

e.lec.tor.al [i'lektərəl] *adj* eleitoral; **~ college**: colégio eleitoral.

e.lec.tor.ate [i'lektərət] *s* eleitorado.

e.lec.tric, e.lec.tri.cal [i'lektrik, i'lektrikl] *adj* elétrico; vivo, intenso; **~ chair**: cadeira elétrica; **~ field**: campo elétrico; **~ shock**: choque elétrico.

e.lec.tri.cian [ilek'triʃn] *s* eletricista.

e.lec.tric.i.ty [ilek'trisəti] *s* eletricidade.

e.lec.tri.fi.ca.tion [ilektrifi'keiʃn] *s* eletrificação; eletrização.

e.lec.tri.fy [i'lektrifai] *v* eletrificar; eletrizar; exaltar; entusiasmar.

e.lec.tro.car.di.o.gram [ilektrə'ka:diəugræm] *s* eletrocardiograma.

e.lec.tro.cute [i'lektrəkju:t] *v* eletrocutar; fulminar pela eletricidade.

e.lec.tro.cu.tion [ilektrə'kju:ʃn] *s* eletrocução.

e.lec.trode [i'lektrəud] *s* eletrodo, eletródio.

e.lec.trol.y.sis [ilek'trɔləsis] *s* eletrólise.

e.lec.tro.lyte [i'lektrəlait] *s* eletrólito.

e.lec.tro.mag.net.ic [ilektrəumæg'netik] *adj* eletromagnético; **~ waves**: ondas eletromagnéticas (raio X, rádio, etc.).

e.lec.tron [i'lektrɔn] *s* elétron.

e.lec.tron.ic [ilek'trɔnik] *adj* eletrônico; **~-mail (e-mail)**: INF correio eletrônico, envio de mensagens criadas e lidas por sistema que envolve computadores, modems, telefone, além de recepção e transmissão via satélite; **~-mail address**: endereço do correio eletrônico, números, letras e palavras que identificam um usuário de uma rede de computadores, conectados a telefones, via modem, local ou mundial, como a Internet, Network, etc.; **~ banking**: banco eletrônico.

e.lec.tron.ics [ilek'trɔniks] *s* eletrônica.

el.e.gance ['eligəns] *s* elegância; distinção.

el.e.gant ['eligənt] *adj* elegante; polido; distinto.

el.e.gy ['elədʒi] *s* elegia, composição consagrada ao luto e à tristeza.

el.e.ment ['elimənt] *s* elemento; célula; os quatro elementos da natureza: terra, água, fogo e ar.

el.e.men.tal [elim'entl] *adj* elementar; simples; rudimentar.

el.e.men.ta.ry [eli'mentri] *adj* elementar; primário; rudimentar; simples; **~ school**: EUA primário (do 1º ao 7º ano).

el.e.phant ['elifənt] *s* elefante.

el.e.phan.tine [eli'fæntain] *adj* elefantino; pesadão; desajeitado.

el.e.vate ['eliveit] *v* elevar; erguer; promover; encorajar; excitar; alegrar; animar.

el.e.vat.ed ['eliveitid] *s* ferrovia aérea; • *adj* elevado; alto; exaltado; nobre; sublime.

el.e.va.tion [eli'veiʃn] s elevação; altura; exaltação.
el.e.va.tor ['eliveitə(r)] s EUA elevador; ascensor; BRIT lift.
e.lev.en [i'levn] s e num onze.
e.lev.enth [i'levnθ] s e num décimo primeiro; **at the ~ hour**: no último momento.
elf [elf] s duende; gnomo.
elf.in ['elfin] s pequeno duende; • adj de duendes; maligno; travesso; misterioso.
e.lic.it [i'lisit] v tirar, extrair.
e.lide [i'laid] v elidir; suprimir; ignorar.
el.i.gi.bil.i.ty [elidʒə'biləti] s elegibilidade.
el.i.gi.ble ['elidʒəbl] adj elegível; preferível; conveniente.
e.lim.i.nate [i'limineit] (from) v eliminar; suprimir; expulsar; banir; matar.
e.lim.i.na.tion [ilimi'neiʃn] s eliminação; banimento.
e.li.sion [i'liʒn] s elisão.
e.lite [ei'li:t] s elite; a melhor parte; o escol.
e.lix.ir [i'liksə(r)] s elixir, bebida medicamentosa.
elk [elk] s ZOO alce.
el.lipse [i'lips] MAT elipse.
el.lip.sis [i'lipsis] s GRAM elipse, omissão de palavras que ficam subentendidas.
elm [elm] s olmo.
e.lo.cu.tion [elə'kju:ʃn] s elocução.
e.lon.gate ['i:lɔŋgeit; EUA i'lɔ:ŋgeit] v alongar(-se); prolongar.
e.lon.ga.tion [i:laŋ'geiʃn; EUA i:lɔ:ŋ'geiʃn] s prolongamento; extensão.
e.lope [i'ləup] (with) v evadir, fugir de casa (para casar).
e.lope.ment [i'ləupmənt] s fuga; evasão (para casar).
el.o.quence ['eləkwəns] s eloquência.
el.o.quent ['eləkwənt] adj eloquente; expressivo.
else [els] adj outro; • adv mais; além de; em lugar de; **nobody ~**: ninguém mais; **nothing ~**: nada mais; **somebody ~**: alguém mais; **something ~**: alguma coisa mais; **somewhere ~**: algum outro lugar; **what ~?**: que mais?; **who ~?**: quem mais?

else.where [els'weə(r); EUA els'kweər] adv em outra parte; alhures.
e.lu.ci.date [i'lu:sideit] v elucidar; esclarecer; explicar.
e.lu.ci.da.tion [ilu:si'deiʃn] s elucidação; explicação; esclarecimento.
e.lude [i'lu:d] v fugir; esquivar-se; escapar à memória.
e.lu.sive [i'lu:siv] adj ilusório; esquivo.
e.lu.sive.ness [i'lu:sivnes] s ilusão.
e.ma.ci.ate [i'meiʃieit] v emagrecer, definhar (por fome ou doença).
e.ma.ci.a.tion [imeisi'eiʃn] s emagrecimento, magreza (por fome ou doença).
em.a.nate ['emaneit] (from) v emanar; exaltar; desprender; proceder.
em.a.na.tion [emə'neiʃn] s emanação.
e.man.ci.pate [i'mænsipeit] (from) v emancipar; libertar; livrar; • adj emancipado.
e.man.ci.pa.tion [imænsi'peiʃn] s emancipação; alforria; libertação.
e.mas.cu.late [i'mæskjuleit] v castrar.
em.balm [im'ba:m] v embalsamar; conservar.
em.balm.ment [im'ba:mənt] s embalsamamento.
em.bank [im'bæŋk] v represar; proteger com dique; aterrar.
em.bank.ment [im'bæŋkmənt] s represa; dique; aterro.
em.bar.go [im'ba:gəu] s embargo; interdição; • v embargar; impedir.
em.bark [im'ba:k] v embarcar; **~ on**: iniciar (um investimento, uma carreira).
em.bar.ka.tion [emba:'keiʃn] s embarque.
em.bar.rass [im'bærəs] v embaraçar(-se); perturbar; dificultar.
em.bar.rass.ment [im'bærəsmənt] s embaraço; dificuldade; empecilho.
em.bas.sy ['embəsi] s embaixada.
em.bat.tle [im'bætl] v formar em batalha; fortificar.
em.bed [im'bed] v embutir; encaixar.
em.bel.lish [im'beliʃ] (with) v embelezar, enfeitar, adornar, ornamentar.
em.bel.lish.ment [im'beliʃmənt] s embelezamento, ornamentação; adorno; decoração.

ember / emphatic

em.ber ['embə(r)] *s* brasa; cinzas quentes.
em.bez.zle [im'bezl] *v* desfalcar; apropriar-se com fraude; usurpar.
em.bit.ter [im'bitə(r)] *v* amargar; azedar; entristecer.
em.bla.zon [im'bleizn] *v* adornar; ornar; guarnecer com brasões; celebrar.
em.blem ['embləm] *s* emblema; divisa; símbolo; insígnia; distintivo.
em.blem.at.ic [emblə'mætik] *adj* emblemático; simbólico.
em.bod.i.ment [im'badimənt] *s* incorporação; encarnação.
em.bod.y [im'bɔdi] *v* incorporar; corporificar; encarnar.
em.bold.en [im'bəuldən] *v* animar; encorajar.
em.bos.om [imb'uzəm] *v* pôr no seio; ocultar; esconder; proteger.
em.boss [im'bɔs] *v* gravar em relevo.
em.brace [im'breis] *s* abraço; • *v* abraçar; seguir (carreira).
em.brace.ment [im'breismənt] *s* abraço.
em.bra.sure [im'breiʒə(r)] *s* vão de porta ou de janela; canhoneira.
em.bro.ca.tion [embrə'keiʃn] *s* linimento, preparo aplicado em casos de dores musculares.
em.broi.der [im'brɔidə(r)] *v* bordar; enfeitar; embelezar.
em.broi.der.er [im'brɔidə(r)] *s* bordador; bordadeira.
em.broil [im'brɔil] *v* envolver-se (em uma discussão).
em.bry.o ['embriəu] *s* embrião; feto; rudimento; princípio; **in ~**: em desenvolvimento.
em.bry.ol.o.gy [embri'ɔlədʒi] *s* embriologia.
em.bry.on.ic [embri'ɔnik] *adj* embrionário.
e.mend [i'mend] *v* emendar; corrigir.
e.mend.a.ble [i'mendəbl] *adj* emendável; reparável; retificável.
e.men.da.tion [i:men'deiʃn] *s* emenda; correção.
em.er.ald ['emərəld] *s* esmeralda; cor de esmeralda.

e.merge [i'mə:dʒ] (*from*) *v* emergir; surgir; elevar.
e.mer.gence [i'mə:dʒəns] *s* aparição; emersão.
e.mer.gen.cy [i'mə:dʒənsi] *s* emergência; • *adj* de emergência, urgente; **~ exit**: saída de emergência; **~ light**: luz de emergência.
e.mer.gent [i'mə:dʒənt] *adj* emergente; inesperado.
e.mer.gent.ly [i'mə:dʒəntli] *adv* repentinamente.
em.er.y ['eməri] *s* esmeril; **~ board**: lixa de unha.
e.met.ic [i'metik] *s e adj* emético; vomitório.
em.i.grant ['emigrənt] *s e adj* emigrante.
em.i.grate ['emigreit] (*from, to*) emigrar.
em.i.gra.tion [emi'greiʃn] *s* emigração.
em.i.nence ['eminəns] *s* elevação; altura; excelência; eminência.
em.i.nent ['eminənt] *adj* eminente; ilustre; supremo; notável.
e.mir.ate [e'miəreit] *s* emirado.
em.is.sar.y ['emisəri] *s* emissário; mensageiro; espião; • *adj* enviado; relativo ao emissário.
e.mis.sion [i'miʃn] *s* emissão.
e.mit [i'mit] *v* emitir; lançar.
e.mol.lient [i'mɔliənt] *s e adj* emoliente.
e.mol.u.ment [i'mɔljumənt] *s* emolumento; lucro; gratificação; rendimento extra, fora do salário.
e.mo.tion [i'məuʃn] *s* emoção; comoção.
e.mo.tion.al [i'məuʃənl] *adj* emocional; sentimental.
e.mo.tion.al.ist [i'məuʃənlist] *adj* sentimentalista.
e.mo.tive [i'məutiv] *adj* emotivo.
em.pa.thy ['empəði] *s* empatia.
em.per.or ['empərə(r)] *s* imperador; *fem* **empress**.
em.pha.sis ['emfəsis] *s* ênfase; realce; *pl* **emphases**.
em.pha.size [em.pha.sise ['emfəsaiz] *v* acentuar; salientar; dar ênfase; realçar.
em.phat.ic [im'fætik] *adj* enfático; expressivo.

em.phy.se.ma [emfi'si:mə] *s* MED enfisema, infiltração de ar no tecido celular.

em.pire ['empaiə(r)] *s* império.

em.pir.ic [im'pirik] *adj* empírico, que não tem formação teórica, sendo apenas baseado na experiência.

em.place.ment [im'pleismənt] *s* colocação; MIL plataforma para canhões.

em.ploy [im'plɔi] *s* emprego; ocupação; negócio; • *v* empregar; ocupar.

em.ploy.a.ble [im'plɔiəbl] *adj* empregável; *ant* **unemployable**.

em.ploy.ee [im'plɔi:] *s* empregado.

em.ploy.er [im'plɔiə(r)] *s* empregador; patrão.

em.ploy.ment [im'plɔimənt] *s* emprego; função; ocupação; cargo; **~ office/agency**: agência de empregos; *ant* **unemployment**.

em.po.ri.um [im'pɔ:riəm] *s* empório; centro comercial.

em.pow.er [im'pauə(r)] *v* autorizar; habilitar; dar poderes a.

em.press ['empris] *s* imperatriz.

emp.ti.ness ['emptinis] *s* vazio; vácuo; nulidade; futilidade; ignorância; solidão.

emp.ty ['empti] *v* esvaziar; despejar; descarregar; • *adj* vazio; fútil; desocupado; estúpido; **~~handed**: de mãos abanando; **~~headed**: ignorante, cabeça vazia; **on an ~ stomach**: com o estômago vazio, em jejum.

EMT [i: em 'ti:] *abrev de* **E**mergency **M**edical **T**echnician, pessoa que é treinada para o atendimento médico de emergência em um acidente.

em.u.late ['emjuleit] *v* emular; igualar; imitar; competir; rivalizar.

em.u.la.tion [emju'leiʃn] *s* emulação; estímulo; concorrência; rivalidade.

e.mul.sion [i'mʌlʃn] *s* emulsão.

en.a.ble [i'neibl] *v* habilitar; capacitar; possibilitar; permitir; dar poderes a.

en.act [i'nækt] *v* estabelecer; decretar; executar; promulgar.

en.act.ment [i'næktmənt] *s* decreto; estatuto; ordem; lei; sanção; promulgação; legalização.

e.nam.el [i'næml] *s* esmalte (para metal, cerâmica; do dente); • *v* esmaltar.

en.am.or [i'næmə(r)] *v* enamorar; cativar; encantar.

en.am.or.ed [i'næmə(r)id] *adj* enamorado; encantado.

en.camp [in'kæmp] *v* acampar.

en.camp.ment [in'kæmpmənt] *s* acampamento; alojamento (especialmente militar).

en.case [in'keis] *v* encaixotar; encaixar; envolver.

en.chain [in'tʃein] *v* encadear; algemar; acorrentar.

en.chain.ment [in'tʃeinmənt] *s* encadeamento.

en.chant [in'tʃa:nt; EUA in'tʃænt] *v* encantar; seduzir; enfeitiçar.

en.chant.er [in'tʃa:ntə(r)] *s* encantador; sedutor; mágico; feiticeiro.

en.chant.ment [in'tʃa:ntmənt] *s* encantamento; encanto; fascinação; feitiço; magia.

en.chant.ress [in'tʃa:ntris] *s* feiticeira.

en.cir.cle [in'sə:kl] *v* cercar; abraçar; cingir; envolver; rodear.

en.close [in'kləuz] *v* incluir; anexar; fechar; rodear; conter.

en.closed [in'kləuzid] *adj* anexado; incluído; anexo.

en.clo.sure [in'kləuʒə(r)] *s* cercado; recinto fechado.

en.co.mi.um [in'kəumiəm] *s* louvor; elogio.

en.com.pass [in'kʌmpəs] *v* cercar; circundar; cingir; encerrar.

en.core ['ɔŋkɔ:(r)] *s* repetição; bis; • *v* repetir; bisar; • *interj* bis!

en.coun.ter [in'kauntə(r)] *s* encontro; choque; combate; • *v* encontrar inesperadamente; deparar, defrontar-se.

en.cour.age [in'kʌridʒ] *v* animar, encorajar, instigar, estimular; *ant* **discourage**.

en.cour.age.ment [in'kʌridʒmənt] *s* ânimo, encorajamento, instigação, fomento, estímulo.

en.cour.ag.er [in'kʌridʒə(r)] *s* encorajador, instigador, animador.

encouraging / enfranchise

en.cour.ag.ing [in´kʌridʒiŋ] *adj* animador; alentador.
en.croach [in´krəutʃ] (*on, upon*) *v* invadir; transgredir; usurpar.
en.croach.ment [in´krəutʃmənt] *s* usurpação; invasão.
en.crust [in´krʌst] *v* entalhar; incrustar.
en.cum.ber [in´kʌmbə(r)] (*with*) *v* estorvar; atrapalhar; onerar; obstruir.
en.cum.brance [in´kʌmbrəns] *s* estorvo; hipoteca.
en.cyc.li.cal [in´siklikl] *s* encíclica, carta papal sobre dogma ou disciplina; • *adj* encíclico.
en.cy.clo.pe.di.a, en.cy.clo.pae.di.a [insaiklə´pi:diə] *s* enciclopédia.
en.cy.clo.pe.dic, en.cy.clo.pae.dic [insaiklə´pi:dik] *adj* enciclopédico.
end [end] *s* fim; termo; limite; extremidade; término; final; conclusão; ponta; alvo; resultado; fragmento; morte; • *v* acabar; expirar; concluir; terminar; morrer; finalizar; matar; resultar; **at a loose ~**: sem ter o que fazer; **at an ~**: acabado; **~ user**: INF usuário final; **in the ~**: no fim; enfim; **no ~ of**: POP imenso; **the ~**: fim, final; **the ~ justifies the means**: o fim justifica os meios; **to make both ~s meet**: viver com os próprios meios, viver dentro do orçamento; **towards the ~**: próximo do fim.
en.dan.ger [in´deindʒə(r)] *v* comprometer; correr perigo; expor; arriscar; pôr em perigo; **~ed species**: espécie em extinção.
en.dan.ger.ing [in´deindʒə(r)iŋ] *adj* arriscado.
en.dear [in´diə(r)] *v* encantar; encarecer.
en.dear.ing [in´diə(r)iŋ] *adj* terno; carinhoso; afetuoso; amável.
en.dear.ment [in´diə(r)mənt] *s* meiguice; afeto; ternura; afago; carinho.
en.deav.our, EUA **en.deav.or** [in´devə(r)] *s* empenho; esforço; empreendimento; • *v* esforçar-se; empenhar-se.
en.dem.ic [en´demik] *adj* endêmico, relativo a enfermidade comum a certas localidades.
end.ing [´endiŋ] *s* fim; desenlace; termo; conclusão (em especial de um poema; de uma história); morte; GRAM desinência; terminação.
en.dive [´endiv; EUA ´endaiv] *s* endívia; escarola; chicória.
end.less [´endlis] *adj* interminável; eterno; infinito; perpétuo.
end.most [´endməust] *adj* o mais afastado.
en.dorse [in´dɔ:s] *v* endossar; abonar; rubricar; autenticar; sancionar; aprovar.
en.dorse.ment [end´ɔrsmənt] *s* endosso; visto; rubrica; sanção.
en.dow [in´dau] (*with*) *v* dotar; doar; beneficiar com algum dom.
en.dow.ment [in´daumənt] *s* doação; qualidade; dote; dom.
en.due [in´dju:; EUA in´du:] (*with*) *v* dotar; assumir.
en.dur.a.ble [in´djuərəbl] *adj* suportável; aturável; tolerável.
en.dur.ance [in´djuərəns; EUA in´duərəns] *s* resignação; resistência.
en.dure [in´djuə(r); EUA in´duər] *v* suportar; tolerar; aturar; durar; resistir.
en.dur.ing [in´djuə(r)iŋ] *adj* resistente; constante.
en.e.my [´enəmi] *s* inimigo; rival; adversário.
en.er.get.ic [enərdʒ´etik] *adj* energético; vigoroso; ativo; eficaz.
en.er.gize, en.er.gise [enərdʒ´ais] *v* excitar; dar vigor; dar energia.
en.er.gy [´enədʒi] *s* energia; atividade; vigor; força.
en.er.vate [´enəveit] *v* debilitar; derrotar; • *adj* enfraquecido; esgotado.
en.fee.ble [in´fi:bl] *v* enfraquecer; depauperar; debilitar.
en.fee.ble.ment [in´fi:blmənt] *s* enfraquecimento; debilidade; desfalecimento; fraqueza.
en.fold [in´fəuld] *v* envolver; incluir; embrulhar; abraçar.
en.force [in´fɔ:s] *v* forçar; compelir; obrigar.
en.force.ment [in´fɔ:smənt] *s* coação; força; violência.
en.fran.chise [in´fræntʃaiz] *v* liberar; emancipar; conceder direitos civis.

en.fran.chise.ment [in'fræntʃizmənt] *s* alforria; independência; emancipação; direito de cidadão.

en.gage [in'geidʒ] *v* empenhar; comprometer-se; contratar; atrair; ficar noivo; *ant* **disengage**.

en.gaged [in'geidʒid] *adj* ocupado; empenhado; comprometido.

en.gage.ment [in'geidʒmənt] *s* compromisso; ajuste; noivado; ~ **ring**: anel de noivado.

en.gag.ing [ing'eidʒiŋ] *adj* simpático; atraente; encantador.

en.gen.der [in'dʒendə(r)] *v* gerar; produzir; procriar.

en.gine ['endʒin] *s* máquina; motor; locomotiva; engenho; • *v* prover de máquinas; **~ driver**: maquinista; **~ house**: casa de máquinas.

en.gi.neer [endʒi'niə(r)] *s* engenheiro; EUA maquinista; • *v* executar; exercer a engenharia.

en.gi.neer.ing [endʒ'niəriŋ] *s* engenharia.

En.glish ['iŋgliʃ] *s* e *adj* inglês; • *v* verter para o inglês.

En.glish.man ['iŋgliʃmən] *s* inglês.

En.glish.wom.an ['iŋgliʃwumən] *s* inglesa.

en.graft [in'gra:ft; EUA in'græft] *v* enxertar; incorporar.

en.grave [in'greiv] *v* gravar; entalhar; cinzelar; esculpir.

en.grav.ing [in'greiviŋ] *s* gravação; pintura gravada; estampa; gravura.

en.gross [in'grəus] *v* monopolizar; absorver; passar a limpo; transcrever.

en.gulf [in'gʌlf] *v* engolfar; afundar; imergir.

en.hance [in'ha:ns; EUA in'hæns] *v* aumentar; elevar; melhorar; realçar.

e.nig.ma [i'nigmə] *s* enigma; mistério.

en.ig.mat.ic [enig'mætik] *adj* enigmático; misterioso; obscuro.

en.join [in'dʒɔin] *v* impor; intimidar; ordenar; proibir.

en.joy [in'dʒɔi] *v* gozar; aproveitar; deliciar; gostar; divertir; deleitar-se; desfrutar; usufruir.

en.joy.a.ble [in'dʒɔiəbl] *adj* desfrutável; agradável; divertido; *ant* **unenjoyable**.

en.joy.ment [in'dʒɔimənt] *s* gozo; prazer; deleite; alegria; divertimento.

en.kin.dle [in'kindl] *v* acender; inflamar.

en.large [in'la:dʒ] *v* aumentar; alargar; ampliar; engrandecer; dilatar; **to ~ on/upon**: detalhar.

en.large.ment [in'la:dʒmənt] *s* aumento; alargamento; dilatação; ampliação fotográfica.

en.light.en [in'laitn] *v* esclarecer; informar; instruir; ilustrar; iluminar; aclarar.

en.light.ened [in'laitnid] *adj* esclarecido; instruído.

en.light.en.ment [in'laitnmənt] *s* esclarecimento; ilustração; iluminação; cultura; sabedoria; (com maiúsc.) Iluminismo, movimento filosófico do século XVIII baseado na concepção de que a ciência e a razão podem melhorar a condição humana.

en.list [in'list] *v* alistar-se; recrutar; inscrever.

en.list.ment [in'listmənt] *s* alistamento; recrutamento.

en.liv.en [in'laivn] *v* animar; alentar; avivar; excitar; vivificar.

en.mesh [in'meʃ] *v* emaranhar; confundir.

en.mi.ty ['enməti] *s* inimizade; repugnância; antipatia; aversão.

en.no.ble [i'nəubl] *v* enobrecer; ilustrar.

en.no.ble.ment [i'nəublmənt] *s* enobrecimento.

en.nui [ɔn'wi:] *s* tédio; fastio; enfado; aborrecimento.

e.nor.mi.ty [i'nɔ:məti] *s* enormidade; demasia; excesso; insulto; ultraje.

e.nor.mous [i'nɔ:məs] *adj* enorme; imenso; excessivo; cruel; atroz.

e.nor.mous.ly [i'nɔ:məsli] *adv* excessivamente.

e.nor.mous.ness [i'nɔ:məsnis] *s* enormidade; imensidade.

e.nough [i'nʌf] *adj* suficiente; necessário; bastante; • *adv* suficientemente; assaz; • *interj* basta!, chega!; **to have ~ of**: estar farto de.

en.quire [in'kwaiə(r)] *v* inquirir; perguntar; indagar; informar-se; averiguar; pesquisar.

en.quir.y [in'kwaiəri] *s* indagação; averiguação; exame; sindicância; pesquisa.

en.rage [in'reidʒ] *v* enraivecer; enfurecer; irritar.

en.rap.ture [in'ræptʃə(r)] *v* extasiar; arrebatar; entusiasmar.

en.rich [in'ritʃ] *v* enriquecer; adornar.

en.rich.ment [in'ritʃmənt] *s* enriquecimento; ornamento; adorno.

en.rol, EUA en.roll [in'rəul] (*in*, *as*) *v* registrar; catalogar; inscrever; matricular-se.

en.rol.ment [in'rəulmənt] *s* registro; inscrição; matrícula.

en.sconce [in'skɔns] *v* instalar-se, aninhar-se; esconder, ocultar.

en.sem.ble [ɔn'sɔmbl] *s* conjunto; grupo; totalidade.

en.shrine [in'ʃrain] *v* guardar algo como relíquia.

en.shroud [in'ʃraud] *v* amortalhar; cobrir; encobrir; ocultar.

en.sign ['ensən] *s* insígnia, emblema, distintivo; bandeira; estandarte.

en.slave [in'sleiv] *v* escravizar; subjugar; avassalar.

en.slave.ment [in'sleivmənt] *s* escravidão.

en.snare [in'sneə(r)] *v* enganar; enlaçar.

en.sue [in'sju:; EUA in'su:] *v* seguir-se; resultar; advir, sobrevir.

en.sure [in'ʃuə(r)] *v* assegurar; pôr no seguro; garantir.

en.tail [in'teil] *s* vínculo, herança; • *v* implicar; comprometer; envolver; impor; substituir; vincular; causar; legar.

en.tan.gle [in'tæŋgl] (*in*, *with*) *v* envolver; embaraçar; confundir.

en.tan.gle.ment [in'tæŋglmənt] *s* enredo; embaraço; confusão; obstáculo.

en.ter ['entə(r)] *v* entrar; inscrever; ingressar; registrar; penetrar; iniciar; empreender; matricular-se; INF tecla do computador que, acionada, envia um determinado comando ao sistema utilizado, tecla chamada, às vezes, de *return*; **to ~ into**: participar de.

en.ter.prise ['entəpraiz] *s* empresa; empreendimento; empreitada; atividade.

en.ter.pris.ing [e'ntərpraiziŋ] *adj* audaz; empreendedor, enérgico; ousado; ativo.

en.ter.tain [entə'tein] *v* entreter; divertir; tomar em consideração; receber como hóspede, acolher; manter.

en.ter.tain.er [entə'teinə(r)] *s* artista, o que diverte.

en.ter.tain.ing [entə'teiniŋ] *adj* alegre; hospitaleiro; divertido; agradável.

en.ter.tain.ment [entə'teinmənt] *s* entretenimento; divertimento; acolhimento, recepção; espetáculo.

en.thral, EUA en.thrall [in'θrɔ:l] *v* dominar; escravizar; subjugar; sujeitar; submeter; cativar, fascinar.

en.throne [in'θrəun] *v* elevar ao trono.

en.thuse [in'θju:z; EUA in'θu:z] (*about*, *over*) *v* entusiasmar(-se); encorajar.

en.thu.si.asm [in'θju:ziæzəm; EUA in'θu: ziæzəm] *s* entusiasmo; fervor.

en.thu.si.ast [in'θju:ziæst; EUA in'θu:ziæstik] *s* entusiasta.

en.thu.si.as.tic [inθju:zi'æstik; EUA in'θu:ziæstik] *adj* entusiástico.

en.tice [in'tais] *v* incitar; desencaminhar; tentar; corromper; seduzir; instigar; atrair.

en.tire [in'taiə(r)] *adj* inteiro; íntegro.

en.tire.ly [in'taiərəli] *adv* inteiramente; plenamente; completamente.

en.tire.ty [in'taiərəti] *s* totalidade; inteireza; o conjunto; o todo.

en.ti.tle [in'taitl] *v* intitular; dar direito a; ter direito a; autorizar; habilitar.

en.ti.tled [in'taitld] *adj* habilitado; autorizado.

en.ti.ty ['entəti] *s* entidade; ser; ente.

en.tomb [in'tu:m] *v* enterrar; sepultar.

en.tomb.ment [in'tu:mmənt] *s* sepultamento; enterro.

en.tou.rage [ɔntu'ra:ʒ] *s* comitiva; meio ambiente.

en.trails ['entreilz] *s* entranhas; tripas; intestinos.

entrance / epistle

en.trance [´entrəns] s entrada; ingresso; vestíbulo; • v encantar; arrebatar; extasiar; fascinar.

en.trant [´entrənt] s noviço, estreante, principiante.

en.trap [in´træp] v apanhar no laço; embaraçar; lograr.

en.trap.ment [in´træpmənt] s laço; armadilha; cilada.

en.treat [in´tri:t] v rogar; implorar; solicitar.

en.treat.y [in´tri:ti] s súplica; solicitação; pedido; rogo.

en.trench [in´trentʃ] v entrincheirar; transpassar; invadir; penetrar.

en.trench.ment [in´trentʃmənt] s entrincheiramento; invasão; defesa.

en.tre.pre.neur [ɔntrəprə´nə:(r)] s empresário, empreendedor.

en.trust [in´trʌst] v incumbir; depositar; encarregar; confiar.

en.try [´entri] s entrada, ingresso; saguão; vestíbulo; porta de entrada; verbete; COM entrada; lançamento; **no ~**: entrada proibida.

en.twine [in´twain] (*in*, *round*) v enlaçar; entrelaçar; enroscar.

e.nu.mer.ate [i´nju:məreit] EUA i´nu: məreit] v enumerar; detalhar; pormenorizar; especificar.

e.nu.mer.a.tion [inju:mə´reiʃn; EUA inu:mə´reiʃn] s enumeração; relação; especificação; série; lista.

e.nun.ci.ate [i´nʌnsieit] v enunciar; declarar; expor; exprimir; pronunciar.

e.nun.ci.a.tion [inʌnsi´eiʃn] s enunciação; exposição; enumeração; declaração.

en.vel.op [in´veləp] (*in*) v envolver; cobrir.

en.ve.lope [´envələup] s envoltório; envelope.

en.ven.om [in´venəm] v envenenar; irritar.

en.vi.a.ble [´enviəbl] adj invejável; cobiçável; *ant* **unenviable**.

en.vi.ous [´enviəs] adj invejoso.

en.vi.ous.ness [´enviəsnis] s inveja.

en.vi.ron [in´vaiərən] v cercar; cingir; rodear; sitiar.

en.vi.ron.ment [in´vaiərənmənt] s ambiente; meio ambiente.

en.vi.ron.men.tal.ist [in´vaiərənməntəlist] s ambientalista.

en.vi.rons [in´vaiərənz] s arredores; arrabaldes; cercanias.

en.vis.age [in´vizidʒ] v prever; EUA **envision**.

en.voy [´envɔi] s enviado; emissário.

en.vy [´envi] s inveja; cobiça; rivalidade; • v invejar; cobiçar.

en.wrap [in´ræp] v envolver; enrolar; embrulhar.

en.zyme [´enzaim] s BIO enzima.

e.phem.er.al [i´femərəl] adj efêmero; de pouca duração; transitório.

ep.ic [´epik] s poema épico; epopeia; • adj épico.

ep.i.cen.tre, EUA ep.i.cen.ter [´episentə(r)] s GEOL epicentro, ponto de onde se originam os terremotos.

ep.i.cure [´epikjuə(r)] s epicurista, gastrônomo.

ep.i.dem.ic [epi´demik] s epidemia; praga; • adj epidêmico; contagioso.

ep.i.der.mic [epi´də:mik] adj epidérmico, relativo a pele.

ep.i.der.mis [epi´də:mis] s epiderme, a parte exterior da pele.

ep.i.glot.tis [epi´glɔtis] s MED epiglote, válvula que fecha a glote, na laringe, no momento da deglutição.

ep.i.gram [´epigræm] s epigrama, poema ou dito curto e sarcástico.

ep.i.lep.sy [´epilepsi] s MED epilepsia, doença cerebral que provoca convulsões.

ep.i.logue, EUA ep.i.log [´epilɔg; EUA ´epilɔ:g] s epílogo; conclusão.

e.piph.a.ny [i´pifəni] s epifania, aparição ou manifestação divina.

e.pis.co.pal [i´piskəpl] adj episcopal, que se refere a bispo.

ep.i.sode [´episəud] s episódio; ocorrência.

ep.i.sod.ic [epi´sɔdik] adj episódico.

e.pis.tle [i´pisl] s epístola; carta.

ep.i.taph ['epta:f; EUA 'eptæf] *s* epitáfio, breve elogio fúnebre.

ep.i.thet ['epiøet] *s* epíteto; título; cognome.

e.pit.o.me [i'pitəmi] *s* epítome; compêndio; resumo; sinopse.

e.pit.o.mize [i'pitəmaiz] *v* resumir; abreviar; sintetizar.

ep.och ['i:pɔk; EUA 'epək] *s* época; era; **~ making**: (marco) importante para ser considerado o início de uma nova era.

ep.och.al ['i:pɔkl] *adj* relativo a épocas; significativo, importante.

EPROM INF acrônimo de **E**rasable **P**rogrammable **R**ead-**O**nly **M**emory, memória de leitura programável e reutilizável que conserva seu conteúdo até que seja apagado por meio de luz ultravioleta.

EQ [i:'kju:] PSIC **E**motional **Q**uociente, quociente emocional, habilidade na manipulação das próprias emoções, vista como um fator de realização.

eq.ua.ble ['ekwəbl] *adj* igual; uniforme.

eq.ua.bly ['ekwəbli] *adv* igualmente; uniformemente.

e.qual ['i:kwəl] *s* igual; par; • *v* igualar; nivelar-se; • *adj* igual; semelhante; uniforme; imparcial; justo; capaz; **~ rights to everybody**: direitos iguais para todos; ~/ ~s **sign**: MAT símbolo de igualdade (=); *ant* **unequal**.

e.qual.i.za.tion [i:kwəlai'zeiʃn; EUA i:kwə li'zeiʃn] *s* uniformidade.

e.qual.ize, e.qual.ise ['i:kwəlaiz] *v* igualar; uniformizar.

e.qual.ly ['i:kwəli] *adv* igualmente; uniformemente.

e.qua.nim.i.ty [ekwə'nimətí] *s* equanimidade; serenidade.

e.quate [i'kweit] (*with*) *v* igualar; uniformizar.

e.qua.tion [i'kweiʃn] *s* equação; equilíbrio; igualdade.

e.qua.tor [i'kweitə(r)] *s* equador, círculo divisor dos hemisférios terrestres.

e.qua.to.ri.al [ekwə'tɔ:riəl] *adj* equatorial.

eq.uer.ry [i'kweri] *s* escudeiro; camarista.

e.ques.tri.an [i'kwestriən] *s* cavaleiro; • *adj* equestre.

e.qui.dis.tant [i:kwi'distənt] *adj* equidistante, que tem igual distância de um certo ponto.

e.qui.lat.er.al [i:kwi'lætərəl] *adj* equilateral, relativo aos lados iguais de um triângulo.

e.quil.i.brate [i:kwi'libreit] *v* equilibrar.

e.quil.i.brist [i:kwi'librist] *s* equilibrista.

e.qui.lib.ri.um [i:kwi'libriəm] *s* equilíbrio.

e.quine ['ekwain] *s* cavalo; • *adj* equino; hípico.

e.qui.noc.tial [i:kwi'nɔkʃl] *s* linha do equinócio; • *adj* equinocial.

e.qui.nox ['i:kwinɔks] *s* ASTRON equinócio, posição do Sol no equador celeste determinando a duração igualitária do dia e da noite no planeta Terra.

e.quip [i'kwip] (*with, for*) *v* equipar; aparelhar; abastecer; prover; munir.

e.quip.ment [i'kwipmənt] *s* equipamento, aparelhamento.

e.qui.poise ['ekwipɔiz] *s* equilíbrio; contrapeso; • *v* equilibrar.

eq.ui.ta.ble ['ekwitəbl] *adj* equitativo; justo; *ant* **inequitable**.

eq.ui.ta.ble.ness ['ekwitəblnis] *s* equidade; justiça; imparcialidade.

eq.ui.ty ['ekwəti] *s* equidade; justiça; retidão; *ant* **inequity**.

e.quiv.a.lence [i'kwivələns] *s* equivalência.

e.quiv.a.lent [i'kwivələnt] *adj* equivalente.

e.quiv.o.cal [i'kwivəkl] *adj* ambíguo; equívoco; duvidoso; obscuro; *ant* **unequivocal**.

e.quiv.o.cate [i'kwivəkeit] *v* equivocar-se; sofismar; mentir.

e.ra ['iərə] *s* era; período; época.

e.rad.i.ca.ble [i'rædikeiəbl] *adj* erradicável; extirpável; arrancável.

e.rad.i.cate [i'rædikeit] *v* erradicar; extirpar; desarraigar; arrancar; suprimir; destruir.

e.rad.i.ca.tion [irædi'keiʃn] *s* erradicação; extirpação.

e.rase [i'reiz; EUA i'reis] *v* apagar; deletar; GÍR EUA apagar, matar.

e.ras.er [i'reizə(r)] *s* apagador; borracha (para apagar).

e.ra.sure [i'reiʒə(r)] *s* rasura; palavra rasurada.

ere [eə(r)] *prep* antes de; antes que.

e.rect [i'rekt] *v* erigir; erguer; edificar; construir; • *adj* ereto; erguido; levantado.

e.rec.tile [i'rektail; EUA i'rektl] *adj* erétil, que é suscetível de ereção.

e.rec.tion [i'rekʃn] *s* ereção.

er.go ['ə:gəu] *adv* e *conj* logo; portanto; por conseguinte.

er.go.nom.ics [ə:gə'nɔmiks] *s* ergonomia.

er.mine [ə:'min] *s* arminho, mamífero de pele branca no inverno; pele desse animal.

e.rode [i'rəud] *v* roer; comer; corroer; desgastar-se.

e.ro.sion [i'rəuʒn] *s* erosão; corrosão; desgaste.

e.rot.ic [i'rɔtik] *adj* erótico; sensual.

e.rot.i.cism [i'rɔtisizəm] *s* erotismo; sensualidade.

err [ə:(r); EUA eər] *v* errar; enganar-se; pecar; transviar-se; **to ~ on the side of**: pecar por excesso de.

er.rand ['erənd] *s* diligência; incumbência.

er.rant ['erənt] *adj* errante; nômade.

er.rant.ry ['erəntri] *s* vida nômade.

er.ra.ta [ir'a:tə] *s pl* de **erratum**, errata, lista de erros e suas respectivas correções de uma publicação.

er.rat.ic [i'rætik] *adj* errático; errante; excêntrico.

er.ra.tum [e'ra:təm] *s* erro.

er.ro.ne.ous [i'rəuniəs] *adj* errôneo; irregular; errado; inexato; incorreto.

er.ror ['erə(r)] *s* erro; engano.

er.u.dite ['eru:dait] *adj* erudito; culto; instruído; sábio; douto.

er.u.di.tion [eru:'diʃn] *s* erudição; saber; instrução; cultura refinada.

e.rupt [i'rʌpt] *v* emergir; irromper.

e.rup.tion [i'rʌpʃn] *s* erupção; irrupção.

er.y.sip.e.las [eri'sipiləs] *s* MED erisipela, inflamação estreptocócica da pele.

es.ca.la.tor ['eskəleitə(r)] *s* escada rolante; BRIT **moving staircase**.

es.ca.pade [eskə'peid] *s* escapada; fuga.

es.cape [i'skeip] *s* fuga; evasão; escapamento; • (*from*) *v* escapar; escoar; fugir; INF abreviado como **Esc**, consta do teclado do computador e, quando pressionada, cancela qualquer comando que tenha sido dado por último.

es.cape.ment [i'skeipmənt] *s* escapamento; escape.

es.carp [i'ska:p] *s* escarpa; declive.

es.carp.ment [i'ska:pmənt] *s* escarpa; rampa escarpada.

es.cha.tol.o.gy [eskə'tɔlədʒi] *s* TEO escatologia, doutrina das coisas que acontecerão no fim do mundo.

es.chew [is'tʃu:] *v* evitar; fugir de; renunciar a.

es.cort ['eskɔ:t] *s* escolta; acompanhante; • (*to*) *v* escoltar; acompanhar.

Es.ki.mo ['eskiməu] *s* e *adj* esquimó.

e.soph.a.gus [i:'sɔfəgəs] *s* ANAT esôfago.

es.o.ter.ic [esəu'terik] *adj* esotérico; confidencial; secreto; que pertence a um círculo de pessoas que recebem doutrina secreta.

es.pe.cial [i'speʃl] *adj* especial; particular.

es.pe.cial.ly [i'speʃəli] *adv* especialmente.

Es.pe.ran.to [espə'ræntəu] *s* esperanto, língua mundial inventada pelo médico Luís Lázaro Zamenhof (1859-1917).

es.pi.o.nage ['espiəna:ʒ] *s* espionagem.

es.pla.nade [esplə'neid] *s* esplanada.

es.pous.al [i'spauzl] *s* cerimônia de casamento; esponsais; defesa de uma causa.

es.pouse [i'spauz] *v* abraçar (causa); desposar; casar.

es.prit [e'spri:] *s* espírito; graça.

es.py [i'spai] *v* avistar; ver a distância.

es.say ['esei] *s* ensaio literário; tentativa; esforço; • *v* ensaiar; experimentar; provar.

es.say.ist ['eseist] *s* ensaísta; autor de ensaios.

es.sence ['esns] *s* essência; perfume; extrato; **in ~**: essencialmente.

es.sen.tial [i'senʃl] *adj* essencial; primordial; indispensável.

essentially / evaluation

es.sen.tial.ly [i'senʃəli] *adv* essencialmente.

es.sen.ti.al.i.ty [i'senʃəliti] *s* essencialidade; aquilo que é essencial.

es.tab.lish [i'stæbliʃ] *v* estabelecer; fixar; estatuir; criar.

es.tab.lish.ment [i'stæbliʃmənt] *s* estabelecimento; casa comercial; **The Establishment**: POLÍT a classe dirigente.

es.tate [i'steit] *s* bens; classe; propriedade; patrimônio; **~ agent**: corretor de imóveis; **~-car**: AUT perua, EUA **station wagon**; **housing ~**: conjunto habitacional, BRIT **housing development**.

es.teem [i'sti:m] *s* estima; opinião; apreço; consideração; • *v* avaliar; estimar; considerar.

es.ti.ma.ble ['estiməbl] *adj* estimável; apreciável; considerável.

es.ti.mate ['estimət] *s* avaliação; opinião; orçamento; • (*at*) *v* avaliar; calcular; estimar; julgar; **rough ~**: orçamento aproximado.

es.ti.ma.tion [esti'meiʃn] *s* estima; estimativa; avaliação; orçamento.

es.trange [i'streindʒ] (*from*) *v* alienar; afastar; separar.

es.tu.ar.y ['estʃuəri]; EUA 'estʃueri] *s* estuário.

etch [etʃ] *v* ART gravar com água-forte.

etch.ing ['etʃiŋ] *s* gravura com água-forte.

e.ter.nal [i'tə:nl] *adj* eterno; perpétuo; imortal; perene.

e.ter.ni.ty [i'tə:nəti] *s* eternidade; perenidade.

e.ther ['i:ɵə(r)] *s* QUÍM éter; cosmo, espaço sideral.

e.the.re.al [i'ɵiəriəl] *adj* etéreo; sutil; sublime.

eth.i.cal ['eɵikl] *adj* ético.

eth.ics ['eɵiks] *s* ética, ramo filosófico que trata dos valores morais da conduta humana.

E.thi.o.pi.an [i:ɵiəupiən] *s* e *adj* etíope.

eth.nic ['eɵnik] *adj* étnico, que é concernente a um povo, a uma raça.

eth.nog.ra.phy [eɵ'nɔgrəfi] *s* etnografia, descrição dos povos, raça, costumes, religião, língua, etc.

eth.nol.o.gy [eɵ'nɔlədʒi] *s* etnologia, ciência que estuda a cultura dos povos naturais.

et.i.quette ['etiket] *s* etiqueta, regras de comportamento social adequado.

et.y.mol.o.gy [eti'mɔlədʒi] *s* etmologia, estudo da origem e formação das palavras de uma língua.

eu.ca.lyp.tus [ju:kə'liptəs] *s* eucalipto.

Eu.cha.rist ['ju:kərist] *s* eucaristia, sacramento da Igreja Católica segundo o qual o corpo e o sangue de Jesus Cristo estão presentes no pão e no vinho consagrados.

eu.cha.ris.tic ['ju:kəristik] *adj* eucarístico, relativo à eucaristia.

eu.gen.ic [ju:'dʒenik] *adj* eugênico, relativo à eugenia.

eu.gen.ics [ju:'dʒeniks] *s* eugenia, ciência pela qual se estuda a melhor maneira do aperfeiçoamento humano.

eu.lo.gist ['ju:lədʒist] *s* elogiador.

eu.lo.gis.tic [ju:lə'dʒistik] *adj* laudatório; elogioso.

eu.lo.gize ['ju:lədʒaiz] *v* elogiar; louvar.

eu.lo.gy ['ju:lədʒi] *s* elogio; louvor.

eu.nuch ['ju:nək] *s* eunuco, antigo escravo castrado que vigiava o harém.

eu.phe.mism ['ju:fəmizəm] *s* eufemismo, uso de palavras sinônimas que substituem outras, buscando amenizar o sentido.

eu.phe.mize ['ju:fəmaiz] *v* suavizar pelo uso de eufemismo.

eu.pho.ri.a [ju:'fɔ:riə] *s* euforia.

eu.re.ka [juə'ri:kə] *interj* eureca!

Eu.ro.pe.an [juərə'piən] *s* e *adj* europeu.

eu.tha.na.sia [ju:əə'neiziə; EUA ju:ɵə'neiʒə] *s* eutanásia.

e.vac.u.ate [i'vækjueit] *v* evacuar; esvaziar; desocupar.

e.vac.u.a.tion [ivækju'eiʃn] *s* evacuação; saída; desocupação.

e.vade [i'veid] *v* escapar a; evitar; fugir; evadir-se.

e.val.u.ate [i'væljueit] *v* avaliar; calcular.

e.val.u.a.tion [ivælju'eiʃn] *s* avaliação; estimativa.

ev.a.nes.cent [i:vəˈnesnt; EUA evəˈnesnt] *adj* evanescente; efêmero.

e.van.gel [iːˈvænˈdʒel] *s* Evangelho.

e.van.gel.i.cal [iːvænˈdʒelikl] *adj* evangélico.

e.van.gel.ist [iˈvændʒəlist] *s* evangelista.

e.van.ge.lize, e.van.ge.lise [iˈvændʒilaiz] *v* evangelizar; apostolar; converter ao cristianismo.

e.vap.o.rate [iˈvæpəreit] *v* evaporar(-se); dissipar; desaparecer.

e.vap.o.ra.tion [ivæpəˈreiʃn] *s* evaporação.

e.va.sion [iˈveiʒn] *s* evasão; evasiva.

e.va.sive [iˈveisiv] *adj* evasivo.

e.va.sive.ness [iˈveisivnis] *s* evasiva.

eve [i:v] *s* véspera; **Christmas ~**: véspera de Natal.

e.ven [ˈi:vn] *v* igualar; aplainar; nivelar; uniformizar; emparelhar; equilibrar; • *adj* plano; par; uniforme; igual; semelhante; no mesmo nível; justo; calmo; • *adv* igualmente; até mesmo; precisamente; exatamente; até; mesmo; ainda que; **~-handed**: imparcial; **~ more**: ainda mais; **~ if we have to walk all day**: ainda que tenhamos de andar o dia todo; **to get/be ~ with**: ajustar contas com.

eve.ning [ˈi:vniŋ] *s* o anoitecer; noite; tarde; • *adj* vespertino; **good ~**: boa noite.

e.vent [iˈvent] *s* evento, acontecimento; **at all ~s**: em todo caso; **in the ~ of**: no caso de.

e.vent.ful [iˈventfl] *adj* movimentado; cheio de incidentes; *ant* **uneventful**.

eve.n.tide [ˈi:vntaid] *s* o anoitecer; o crepúsculo.

e.ven.tu.al [iˈventʃuəl] *adj* consequente; final; resultante.

e.ven.tu.al.i.ty [iventʃuˈæləti] *s* eventualidade.

e.ven.tu.al.ly [iˈventʃuəli] *adv* consequentemente; finalmente.

ev.er [ˈevə(r)] *adv* sempre; continuamente; em qualquer tempo; já; nunca; jamais; **~ since**: desde então; **for ~**: para sempre; **hardly ~**: quase nunca.

ev.er.green [ˈevəgri:n] *s* sempre-viva, planta que se mantém sempre verde; • *adj* verdejante; sempre verde; perene.

ev.er.last.ing [evəˈla:stiŋ] *adj* perpétuo; eterno; durável.

ev.er.more [evəˈmɔ:(r)] *adv* eternamente; para sempre.

eve.ry [ˈevri] *adj* cada; cada um; todo; todos; toda; todas; **~ now and then**: de tempos em tempos; **~ other day**: dia sim, dia não.

eve.ry.bod.y [ˈevribɒdi] *pron* todo mundo; todos; **~ shouts, and nobody talks**: todo mundo grita e ninguém fala.

eve.ry.day [ˈevridei] *adj* diário; usual; cotidiano; comum.

eve.ry.one [ˈevriwʌn] *pron* todos; cada qual; **~ looks up, but no-one sees the sky**: todos erguem os olhos, mas ninguém vê o céu.

eve.ry.thing [ˈevriθiŋ] *pron* tudo; **and ~**: e assim por diante, etc.; **is ~ understood?**: ficou tudo entendido?

eve.ry.where [ˈevriweə(r)] *adv* em toda parte; por toda parte; em qualquer lugar; EUA **everyplace**.

e.vict [iˈvikt] (*from*) *v* desapossar; desalojar; despejar; excluir; expulsar.

e.vic.tion [iˈvikʃn] *s* DIR despejo; **~ order**: ordem de despejo.

ev.i.dence [ˈevidəns] *s* evidência; prova; declaração; testemunho; depoimento; • *v* provar; atestar; testemunhar; evidenciar.

ev.i.dent [ˈevidənt] *adj* notório; claro; óbvio; evidente.

ev.i.dent.ly [ˈevidəntli] *adv* evidentemente; inegavelmente; obviamente.

e.vil [ˈi:vl] *s* dano; prejuízo; mal; maldade; vício; moléstia; • *adj* mau; nocivo; perverso; infeliz; prejudicial; **~-eye**: mau-olhado; **~-doer**: malfeitor; **~-minded**: maligno, malicioso.

e.vince [iˈvins] *v* provar; mostrar; manifestar; revelar.

ev.o.ca.tion [i:vəuˈkeiʃn] *s* evocação.

e.voke [iˈvəuk] *v* evocar.

ev.o.lu.tion [i:vəˈlu:ʃn; EUA evəˈlu:ʃn] *s* evolução; desenvolvimento; MAT extração de raízes.

ev.o.lu.tion.ism [i:vəˈlu:ʃnizəm] *s* evolucionismo.

e.volve [iˈvɔlv] (*from*) *v* desenvolver.

ewe [ju:] *s* ovelha.

e.wer [ˈju:ə(r)] *s* jarro.

ex.ac.er.bate [igˈzæsəbeit] *v* exacerbar; exasperar; irritar; agravar.

ex.ac.er.ba.tion [igzæsəˈbeiʃn] *s* exacerbação; agravamento; irritação; provocação.

ex.act [igˈzækt] (*from*) *v* exigir pagamento total; obrigar; impor; • *adj* exato; certo; justo; rigoroso; preciso.

ex.ac.ting [igˈzæktiŋ] *adj* exigente, rigoroso.

ex.ac.ti.tude [igˈzæktitju:d; EUA igˈzæktitu:d] *s* exatidão; regularidade.

ex.ag.ger.ate [igˈzædʒəreit] *v* exagerar; ampliar.

ex.ag.ger.a.tion [igzædʒəˈreiʃn] *s* exagero.

ex.alt [igˈzɔ:lt] *v* exaltar; louvar; enaltecer; glorificar; elevar; incrementar; reforçar; intensificar.

ex.al.ta.tion [egzɔ:lˈteiʃn] *s* exaltação; glorificação; engrandecimento; intensificação.

ex.am [igˈzæm] *s* exame; prova.

ex.am.i.na.tion [igzæmiˈneiʃn] *s* exame; inquérito; investigação; análise.

ex.am.ine [igˈzæmin] *v* examinar; interrogar; inspecionar; investigar; analisar.

ex.am.ple [igˈza:mpl; EUA igˈzæmpl] *s* exemplo; modelo; cópia; amostra; • *v* exemplificar; **for ~**: por exemplo.

ex.as.per.ate [igˈzæspəreit] *v* exasperar(-se); irritar; agravar.

ex.as.per.a.tion [igzæspəˈreiʃn] *s* exasperação; agravamento; irritação.

ex.ca.vate [ˈekskəveit] *v* escavar; cavar; tornar oco.

ex.ca.va.tion [ekskəˈveiʃn] *s* escavação.

ex.ca.va.tor [ekskəˈveitə(r)] *s* escavadora.

ex.ceed [ikˈsi:d] *v* exceder(-se); sobrepujar; sobressair; avantajar-se; ultrapassar; preponderar.

ex.ceed.ing [ikˈsi:diŋ] *adj* excedente; excessivo.

ex.cel [ikˈsel] (*at, in*) *v* exceder; sobrepujar; superar.

ex.cel.lence [ˈeksələns] *s* excelência; mérito; eminência.

Ex.cel.len.cy [ˈeksələnsi] *s* Excelência, Eminência (título).

ex.cel.lent [ˈeksələnt] *adj* excelente; esplêndido.

ex.cept [ikˈsept] (*from*) *v* excetuar; excluir; opor-se; • *prep* exceto; afora; • *conj* a menos que; salvo; a não ser que.

ex.cept.ing [ikˈseptiŋ] *prep* exceto.

ex.cep.tion [ikˈsepʃn] *s* exceção; objeção; **to take ~**: objetar; impugnar; **there is an ~ to every rule**: toda regra tem exceção.

ex.cep.tion.al [ikˈsepʃənl] *adj* excepcional; superior; extraordinário; fora do comum.

ex.cep.tion.al.ly [ikˈsepʃənəli] *adv* excepcionalmente.

ex.cerpt [ˈeksə:pt] *s* excerto; seleção; extrato; • *v* escolher; extrair; selecionar.

ex.cess [ikˈses] *s* excesso; demasia.

ex.ces.sive [ikˈsesiv] *adj* excessivo; demasiado.

ex.ces.sive.ly [ikˈsesivli] *adv* excessivamente.

ex.change [iksˈtʃeindʒ] *s* troca; permuta; ágio; câmbio; • (*for, with*) *v* trocar; cambiar; permutar; **bill of ~**: letra de câmbio; **~ rate**: taxa de câmbio; **stock ~**: bolsa de valores; **telephone ~**: central telefônica.

ex.change.a.ble [iksˈtʃeindʒəbl] *adj* permutável; cambiável; trocável.

ex.changer [iksˈtʃeindʒə(r)] *s* cambista.

ex.cheq.uer [iksˈtʃekə(r)] *s* Tesouro Público; BRIT Ministério de Finanças.

ex.cise [ˈeksaiz] *s* imposto, taxa.

ex.cit.a.bil.i.ty [iksaitəˈbiləti] *s* excitabilidade.

ex.cit.a.ble [ikˈsaitəbl] *adj* excitável.

ex.cit.ant [ikˈsaitənt] *s* e *adj* estimulante; excitante.

ex.ci.ta.tion [ikˈsaitəʃn] *s* excitação.

ex.cite [ikˈsait] *v* excitar; provocar; estimular.

ex.cit.ed [ikˈsaitid] *adj* excitado; animado.
ex.cite.ment [ikˈsaitmənt] *s* excitamento; estimulação.
ex.cit.ing [ikˈsaitiŋ] *adj* excitante; emocionante; estimulante; *ant* **unexciting**.
ex.claim [ikˈskleim] (*at*) *v* exclamar; gritar; bradar.
ex.cla.ma.tion [eksklə'meiʃn] *s* exclamação; ~ **mark/point (!)**: ponto de exclamação.
ex.clam.a.to.ry [ikˈsklæmətri; EUA ikˈsklæmətɔ:ri] *adj* exclamatório.
ex.clude [ikˈsklu:d] (*from*) *v* excluir; afastar; *ant* **include**.
ex.clu.sion [ikˈsklu:ʒn] *s* exclusão.
ex.clu.sive [ikˈsklu:siv] *adj* exclusivo; seleto; restrito.
ex.clu.sive.ly [ikˈsklu:sivli] *adv* exclusivamente.
ex.com.mu.ni.cate [ekskəˈmju:nikeit] *s* e *adj* excomungado; • *v* excomungar; anatematizar.
ex.com.mu.ni.ca.tion [ekskəmju:niˈkeiʃn] *s* excomunhão, pena eclesiástica que exclui uma pessoa da comunidade religiosa.
ex.co.ri.ate [ekskˈɔrieit] *v* escoriar; arranhar; esfolar.
ex.co.ri.a.tion [ekskˈɔrieiʃn] *s* escoriação; arranhão; pilhagem; esfoladura.
ex.cre.ment [ˈekskrəmənt] *s* excremento; resíduos fecais.
ex.cres.cence [ikˈskresns] *s* excrescência; saliência.
ex.cres.cent [ikˈskresnt] *adj* excrescente; saliente; supérfluo.
ex.crete [ikˈskri:t] *v* excretar; expelir do corpo; evacuar.
ex.cre.tion [ikˈskri:ʃn] *s* excreção; evacuação.
ex.cru.ci.at.ing [ikˈskru:ʃieitiŋ] *adj* excruciante; doloroso; lancinante; mortificante; pungente.
ex.cru.ci.a.tion [ikˈskru:ʃieiʃn] *s* tortura; dor; tormento; martírio; pena; aflição; pesar.
ex.cul.pate [ˈekskʌlpeit] (*from*) *v* desculpar; perdoar; justificar.
ex.cul.pa.tion [ekskʌlˈpeiʃn] *s* desculpa; escusa; justificação; defesa.

ex.cur.sion [ikˈskə:ʃn; EUA ikˈskə:ʒn] *s* excursão; passeio.
ex.cus.a.ble [ikskjuˈzəbl] *adj* escusável; justificável; desculpável; *ant* **unexcusable**.
ex.cuse [ikˈskju:s] *s* escusa; desculpa; justificação; • *v* escusar; desculpar; perdoar; eximir; justificar; dispensar; ~ **me, please!**: com licença.
ex.e.cra.ble [ˈeksikrəbl] *adj* execrável; condenável; abominável; detestável.
ex-di.rec.to.ry [eks diˈrektəri] *adj* número que não figura na lista telefônica; EUA **unlisted**.
ex.e.crate [ˈeksikreit] *v* execrar; abominar; amaldiçoar; detestar; maldizer.
ex.e.cra.tion [eksiˈkreiʃn] *s* execração; maldição.
ex.ec.u.tant [igˈzekjutənt] *s* MÚS executante.
ex.e.cute [ˈeksikju:t] *v* executar; cumprir; realizar; matar.
ex.e.cu.tion [eksiˈkju:ʃn] *s* execução.
ex.ec.u.tive [igˈzekjutiv] *s* o poder executivo; executivo; administrador de empresa; • *adj* executivo.
ex.ec.u.tor [igˈzekjutə(r)] *s* testamenteiro.
ex.ec.u.to.ry [igˈzekjutəri] *adj* executivo.
ex.e.ge.sis [eksiˈdʒi:sis] *s* exegese, explicação autorizada dos textos bíblicos.
ex.em.plar [igzˈemplər] *s* exemplar; cópia; modelo.
ex.em.pla.ry [igˈzempləri] *s* exemplar; ilustrativo.
ex.em.pli.fi.ca.tion [igzempliˈfiˈkeiʃn] *s* exemplificação; exemplo; autenticação.
ex.em.pli.fy [igˈzemplifai] *v* exemplificar; autenticar.
ex.empt [igˈzempt] (*from*) *v* isentar; dispensar; eximir; • *adj* livre; desobrigado; isento.
ex.emp.tion [igˈzempʃn] *s* isenção; dispensa; imunidade.
ex.er.cise [ˈeksəsaiz] *s* exercício; atividade; • *v* exercitar; exercer; praticar.
ex.ert [igˈzə:t] *v* exercer; apurar; empenhar-se.

ex.er.tion [ig′zə:ʃn; EUA ig′zə:ʒn] *s* esforço; empenho; diligência.

ex.ha.la.tion [ekshə′leiʃn] *s* exalação; emanação.

ex.hale [eks′heil] *v* exalar; emitir; evaporar-se.

ex.haust [ig′zɔ:st] *s* descarga; emissão de gás; • *v* esgotar; cansar; exaurir; debilitar; depauperar; enfraquecer; empobrecer.

ex.haust.ing [ig′zɔ:stiŋ] *adj* extenuante; exaustivo; fatigante.

ex.haus.tion [ig′zɔ:stʃən] *s* exaustão, esgotamento.

ex.haust.ive [ig′zɔ:stiv] *adj* exaustivo; completo.

ex.haust.ive.ness [ig′zɔ:stivnis] *s* exaustão; enfraquecimento.

ex.hib.it [ig′zibit] *s* exposição; exibição; • *v* exibir; mostrar.

ex.hib.i.tion [eksi′biʃn] *s* exibição; apresentação; exposição.

ex.hib.i.tor [eksi′bitə(r)] *s* expositor.

ex.hil.a.rate [ig′ziləreit] *v* regozijar; alegrar; divertir; recrear.

ex.hil.a.ra.tion [igzilə′reiʃn] *s* alegria; jovialidade; animação; hilaridade; regozijo.

ex.hort [ig′zɔ:t] *v* exortar; incitar; aconselhar.

ex.hor.ta.tion [eksɔ:′teiʃn] *s* exortação; estímulo; conselho.

ex.hume [eks′hju:m; EUA ig′zu:m] *v* exumar; desenterrar.

ex.i.gen.cy, ex.i.gence [′eksidʒənsi, ′eksidzəns] *s* exigência; urgência; emergência.

ex.i.gent [′eksidʒənt] *adj* exigente; urgente.

ex.ig.u.ous [eg′zigjuəs] *adj* exíguo; escasso; minguado.

ex.ile [′eksail] *s* exílio; • (*to*) *v* exilar.

ex.ist [ig′zist] *v* existir; subsistir; viver.

ex.ist.ence [ig′zistəns] *s* existência; vida; ser; ente; entidade.

ex.is.ten.tial.ism [egzi′stenʃəlizəm] *s* existencialismo.

ex.is.tent [ig′zistənt] *adj* existente; *ant* **inexistent**.

ex.it [′eksit] *s* saída; partida; • *v* sair, partir.

ex.o.dus [′eksədəs] *s* êxodo.

ex.on.er.ate [ig′zɔnəreit] (*from*) *v* exonerar; isentar; desobrigar; livrar; inocentar; absolver.

ex.on.er.a.tion [igzɔnə′reiʃn] *s* exoneração; desculpa; absolvição; isenção.

ex.or.bi.tance [ig′zɔ:bitəns] *s* exorbitância; excesso; extravagância; demasia.

ex.or.bi.tant [ig′zɔ:bitənt] *adj* exorbitante; excessivo; demasiado; exagerado.

ex.or.cism [′eksɔ:sizəm] *s* exorcismo.

ex.or.cist [′eksɔ:sist] *s* exorcista.

ex.or.cize, ex.or.cise [′eksɔ:saiz] *v* exorcizar.

ex.ot.ic [ig′zɔtik] *adj* exótico; estranho; incomum.

ex.pand [ik′spænd] *v* expandir; alargar; difundir; espalhar.

ex.panse [ik′spæns] *s* expansão.

ex.pan.sion [ik′spænʃn] *s* expansão; imensidade; extensão; dilatação.

ex.pan.sive [ik′spænsiv] *adj* expansivo; comunicativo.

ex.pa.ti.ate [ik′speiʃieit] (*on*, *upon*) *v* dissertar; discorrer.

ex.pa.tri.ate [eks′pætriət; EUA eks′peitriət] *s e adj* exilado; • *v* expatriar(-se); exilar; banir.

ex.pect [ik′spekt] *v* contar com; esperar; aguardar.

ex.pect.ance [ik′spektənsi] *s* expectativa; esperança.

ex.pect.ant [ik′spektənt] *s e adj* aspirante; esperançoso; expectante; ~ **mother**: mulher grávida.

ex.pec.ta.tion [ekspek′teiʃn] *s* expectação; expectativa.

ex.pec.to.rate [ik′spektəreit] *v* expectorar; conveniência; vantagem; utilidade.

ex.pe.di.ence, ex.pe.di.en.cy [iks′pi:diəns, iks′pi:di:ənsi] *s* conveniência; utilidade.

ex.pe.di.ent [ik′spi:diənt] *s* expediente, meio; • *adj* útil; oportuno; conveniente.

ex.pe.dite [′ekspidait] *v* apressar; acelerar; despachar.

ex.pe.di.tion [ekspi′diʃn] *s* expedição.

expeditious / exquisite

ex.pe.di.tious [ekspi′diʃəs] *adj* expedito; pronto; rápido; diligente.

ex.pel [ik′spel] (*from*) *v* expelir; excluir; expulsar; banir.

ex.pend [ik′spend] (*in*, *on*) *v* despender; gastar; consumir.

ex.pend.i.ture [ik′spenditʃə(r)] *s* gasto; consumo; despesa.

ex.pense [ik′spens] *s* despesa; dispêndio; gasto; consumo; **at the ~ of**: à custa de.

ex.pen.sive [ik′spensiv] *adj* dispendioso; caro; **the most ~**: o mais caro.

ex.pe.ri.ence [ik′spiəriəns] *s* experiência; • *v* experimentar.

ex.per.i.ment [ik′sperimənt] *s* experiência; experimento; • (*on*, *with*) *v* experimentar.

ex.per.i.men.tal [iksperi′mentl] *adj* experimental.

ex.pert [′ekspə:t] *s* perito; técnico; especialista; • *adj* perito; destro; técnico; experimentado.

ex.per.tise [ekspə:′ti:z] *s* perícia.

ex.pi.ate [′ekspieit] *v* expiar; reparar danos.

ex.pi.a.tion [ekspi′eiʃn] *s* expiação; penitência; reparação de danos.

ex.pire [ik′spaiə(r)] *v* expirar; falecer; morrer; fenecer; cessar; terminar.

ex.pi.ry [ik′spaiəri] *s* expiração; fim.

ex.plain [ik′splein] *v* explicar; expor; explanar; esclarecer; elucidar.

ex.pla.na.tion [eksplə′neiʃn] *s* explanação; esclarecimento; explicação; exposição.

ex.plan.a.tor.y [ik′splænətri; EUA ik′splænətə:ri] *adj* explicativo.

ex.ple.tive [ik′spli:tiv; EUA ′ekspləẗiv] *s* e *adj* expletivo.

ex.pli.ca.ble [ek′splikəbl] *adj* explicável; *ant* **inexplicable**.

ex.pli.cate [′eksplikeit] *v* explicar; esclarecer.

ex.pli.ca.tion [′eksplikeiʃn] *s* explicação; esclarecimento.

ex.plic.it [ik′splisit] *adj* explícito; claro.

ex.plode [ik′spləud] *v* explodir; rejeitar; reprovar.

ex.ploit [′eksploit] *s* façanha, proeza; • *v* explorar; aproveitar-se.

ex.ploi.ta.tion [eksploi′teiʃn] *s* exploração.

ex.plo.ra.tion [eksplɔ:′reiʃn] *s* exploração; aproveitamento.

ex.plor.a.to.ry [ik′splɔrətri; EUA ik′splɔ:rətɔ:ri] *adj* exploratório.

ex.plore [ik′splɔ:(r)] *v* explorar; pesquisar; investigar; sondar.

ex.plor.er [ik′splɔ:rə(r)] *s* explorador; pesquisador.

ex.plo.sion [ik′spləuʒn] *s* explosão; detonação.

ex.plo.sive [ik′spləusiv] *s* e *adj* explosivo.

ex.po.nent [ik′spəunənt] *s* expoente; expositor; intérprete; representante.

ex.po.nen.tial [ikspə′nənʃl] *adj* MAT exponencial, que tem expoente invariável ou determinado.

ex.port [′ekspɔ:t] *s* exportação; • *v* exportar.

ex.por.ta.tion [ekspɔ:′teiʃn] *s* exportação.

ex.port.er [′ekspɔ:tə(r)] *s* exportador.

ex.pose [ik′spəuz] *s* exposição; explicação; interpretação; • (*to*) *v* expor; revelar; desmascarar.

ex.pos.i.tor [ik′spəuzitə(r)] *s* expositor.

ex.po.sure [ik′spəuʒə(r)] *s* exposição.

ex.pound [ik′spaund] (*on*, *to*) *v* expor; explicar; interpretar; esclarecer.

ex.press [ik′spres] *s* expresso (trem); mensagem expressa; • *v* expressar; declarar; • *adj* expresso; exato; preciso.

ex.pres.sion [ik′spreʃn] *s* expressão.

ex.pres.sive [ik′spresiv] *adj* expressivo.

ex.pres.sion.ism [ik′spreʃənizəm] *s* expressionismo.

ex.press.ly [ik′spresli] *adv* expressamente.

ex.pro.pri.ate [eks′prəuprieit] *v* expropriar; desapropriar.

ex.pro.pri.a.tion [eksprəupri′eiʃn] *s* expropriação; alienação.

ex.pul.sion [ik′spʌlʃn] *s* expulsão.

ex.punge [ik′spʌndʒ] (*from*) *v* apagar; riscar; anular; cancelar.

ex.pur.gate [′ekspəgeit] *v* expurgar; emendar.

ex.qui.site [′ekskwizit; EUA ek′skwizit] *s* janota, aquele que se veste com demasiado apuro; • *adj* primoroso; extraordinário; refinado; intenso; agudo.

ex.tant [ek'stænt; EUA 'ekstənt] *adj* existente; saliente.

ex.tem.po.ra.ne.ous [ekstempər'einjəs] *adj* extemporâneo; improvisado.

ex.tem.po.re [ek'stempəri] *adj* improvisado; • *adv* de improviso.

ex.tem.po.rise, ex.tem.po.rize [ik'stempəraiz] *v* improvisar.

ex.tend [ik'stend] *v* estender; prolongar; prorrogar; ampliar.

ex.ten.sion [ik'stenʃn] *s* extensão; amplitude; ramal (telefone); **~ lead**: extensão (fio elétrico).

ex.ten.sive [ik'stensiv] *adj* extenso; vasto; amplo; espaçoso.

ex.tent [ik'stent] *s* extensão; **to a certain ~**: até certo ponto.

ex.ten.u.ate [ik'stenjueit] *v* atenuar; minorar; diminuir; mitigar.

ex.ten.u.a.tion [ikstenju'eiʃn] *s* atenuação; diminuição; mitigação.

ex.te.ri.or [ik'stiəriə(r)] *s* exterior; • *adj* exterior; externo; de fora; *ant* **interior**.

ex.ter.mi.nate [ik'stə:mineit] *v* exterminar; destruir; eliminar; extirpar.

ex.ter.mi.na.tion [ikstə:mi'neiʃn] *s* extermínio; destruição; eliminação.

ex.ter.mi.na.tor [ik'stə:mineitə(r)] *s* exterminador; destruidor.

ex.ter.nal [ik'stə:nl] *adj* externo; exterior; estrangeiro; *ant* **internal**.

ex.ter.nal.i.ty [ek'stə:nəliti] *s* exterioridade.

ex.ter.nal.ly [ek'stə:nəli] *adv* exteriormente.

ex.tinct [ik'stiŋkt] *adj* extinto; suprimido; inativo; apagado; morto; abolido.

ex.tinc.tion [ik'stiŋkʃn] *s* extinção.

ex.tin.guish [ik'stiŋgwiʃ] *v* extinguir; aniquilar; apagar; obscurecer.

ex.tin.guish.a.ble [ik'stiŋgwiʃəbl] *adj* extinguível; apagável.

ex.tin.guish.er [ik'stiŋgwiʃər] *s* extintor.

ex.tin.guish.ment [ik'stiŋgwiʃmənt] *s* extinção; abolição; supressão.

ex.tir.pate ['ekstəpeit] *v* extirpar; arrancar; exterminar.

ex.tir.pa.tion [ekstə'peiʃn] *s* extirpação; destruição; exterminação.

ex.tir.pa.tor [ekstə'peitə(r)] *s* extirpador.

ex.tol [ik'stəu] *v* exaltar; louvar; enaltecer; glorificar.

ex.tort [ik'stɔ:t] (*from*) *v* extorquir; tirar a força.

ex.tor.tion [ik'stɔ:ʃn] *s* extorsão.

ex.tor.tion.ate [ik'stɔ:ʃənət] *adj* excessivo, exorbitante.

ex.tra ['ekstrə] *s* extra; figurante; • *adj* extra; adicional; extraordinário; **~ strong**: extraforte; **~ time**: FUT prorrogação.

ex.tract [ik'strækt] *s* extrato; resumo; • (*from*) *v* extrair.

ex.trac.tion [ik'strækʃn] *s* extração; origem; linhagem; progênie.

ex.trac.tor [ik'stræktə(r)] *s* extrator.

ex.tra.cur.ric.u.lar [ekstrəkə'rikjulə(r)] *adj* extracurricular.

ex.tra.dite ['ekstrədait] (*from, to*) *v* extraditar.

ex.tra.di.tion [ekstrə'diʃn] *s* extradição.

ex.tra.ju.di.cial [ekstrədʒu:'diʃl] *adj* extrajudicial.

ex.tra.ne.ous [ik'streiniəs] *adj* estranho; irrelevante.

ex.traor.di.nar.y [ik'strɔ:dnri; EUA ik'strɔ:dəneri] *adj* extraordinário; particular; especial; raro; singular.

ex.trap.o.late [iks'træpəleit] *v* extrapolar.

ex.trav.a.gance [ik'strævəgəns] *s* extravagância; loucura; excesso.

ex.trav.a.gant [ik'strævəgənt] *adj* extravagante; singular; exorbitante.

ex.treme [ik'stri:m] *s* extremo; • *adj* extremo; derradeiro.

ex.treme.ly [ik'stri:mli] *adv* extremamente.

ex.trem.ism [ik'stri:mizəm] *s* extremismo; radicalismo.

ex.trem.ist [ik'stri:mist] *s* extremista; radicalista.

ex.trem.i.ty [ik'stremətɪ] *s* extremidade.

ex.tri.cate [´ekstrikeit] (*from*) *v* desembaraçar; desenredar; aclarar; esclarecer.

ex.tri.ca.tion [ekstri´keiʃn] *s* desenredo; deslindamento; desembaraço; ação de desembaraçar.

ex.tro.ver.sion [ekstrə´və:ʃn; EUA ekstrə´və:ʒn] *s* extroversão.

ex.tro.vert [´ekstrəvə:t] *s* extrovertido.

ex.u.ber.ance [ig´zju:bərəns] *s* exuberância.

ex.u.ber.ant [ig´zju:bərənt; EUA ig´zu:bərənt] *adj* exuberante.

ex.ude [ig´zju:d; EUA ig´zu:d] *v* exsudar; transpirar; suar.

ex.ult [ig´zʌlt] (*in, at, over*) *v* exultar; triunfar; regozijar-se.

ex.ul.ta.tion [egzʌl´teiʃn] *s* exultação; alegria; júbilo.

eye [ai] *s* olho; olhar; visão; botão (flor); buraco de agulha; • *v* avistar; olhar; ver; parecer-se; observar; **an ~ for an ~**: olho por olho; **~-glasses**: óculos; **~-opener**: trago, gole de bebida tomado pela manhã; **~ shadow**: sombra para os olhos (produto de maquiagem); **~-shot**: alcance da vista; **~-wash**: colírio; **~-wink**: piscadela; **only have ~s for**: ter olhos apenas para; **to have ~s in the back of one head**: ver, observar tudo; **to keep an ~ on**: vigiar; **with the naked ~**: a olho nu.

eye.ball [´aibɔ:l] *s* globo ocular.

eye.brow [´aibrau] *s* sobrancelha.

eye.lash [´ailæʃ] *s* cílio; pestana.

eye.less [´ailis] *adj* cego; sem olhos.

eye.lid [´ailid] *s* pálpebra.

eye.sight [´aisait] *s* visão.

eye.wit.ness [ei´witnis] *s* testemunha ocular.

ey.rie, ey.ry [´aiəri:, ´eəri] *s* ninho de ave de rapina.

f [ef] *s* sexta letra do alfabeto; (com maiúsc.) *abrev de* Fahrenheit.

fa [fa:] *s* MÚS nota fá.

fa.ble ['feibl] *s* fábula; mito; mentira; • *v* fingir; enganar; redigir fábulas.

fab.ric ['fæbrik] *s* tecido, pano, trama; estrutura; construção; fabricação; ~ **softener**: amaciante (roupas).

fab.ri.cate ['fæbrikeit] *v* fabricar; construir; forjar.

fab.ri.ca.tion [fæbri'keiʃn] *s* fabricação; mentira.

fab.u.lous ['fæbjuləs] *adj* fabuloso; admirável; fingido; falso; hipócrita.

fa.çade [fə'sa:d] *s* fachada.

face [feis] *s* face; rosto; cara; careta; lado; aspecto; aparência; ar; • *v* enfrentar; fazer face a; afrontar; encarar; opor; forrar; **at ~ value**: ao pé da letra; **~-cloth**: toalha de enxugar o rosto, EUA **wash-cloth**; **~ powder**: pó de arroz; **~ to ~**: cara a cara; **~ value**: COM valor nominal de uma moeda ou papel de crédito; **in the ~ of**: apesar de; oposto a; **on the ~ of it**: a julgar pelas aparências, à primeira vista; **to ~ the music**: aguentar as consequências; **to make ~ at**: fazer caretas; **to put a good ~ on it**: dourar a pílula; **to save one's ~**: salvar as aparências.

face.less ['feislis] *adj* descarado.

fac.et ['fæsit] *s* faceta; • *v* facetar.

fa.ce.tious [fə'si:ʃəs] *adj* alegre; divertido; jovial; engraçado.

fa.cial ['feiʃl] *adj* facial.

fac.ile ['fæsail; EUA 'fæsl] *adj* fácil; superficial.

fa.cil.i.tate [fə'siliteit] *v* facilitar; simplificar; tornar fácil.

fa.cil.i.ty [fə'siloti] *s* facilidade; habilidade.

fac.ing ['feisiŋ] *s* revestimento.

fac.sim.i.le [fæk'sməli] *s* fac-símile.

fact [fækt] *s* fato; **as a matter of ~**: de fato, na verdade; **in ~**: na verdade; na realidade.

fac.tion ['fækʃn] *s* facção; dissensão; discórdia.

fac.ti.tious [fæk'tiʃes] *adj* factício, produzido ou imitado pela arte; artificial.

fac.tor ['fæktə(r)] *s* fator; causa; MAT fator, cada um dos termos da multiplicação aritmética.

fac.tor.ize, fac.tor.ise ['fæktəraiz] *v* MAT fatorar; decompor em fatores.

fac.to.ry ['fæktəri] *s* fábrica.

fac.tu.al ['fæktʃuəl] *adj* real, factual, baseado em fatos.

fac.ul.ty ['fækəlti] *s* faculdade; poder; talento; engenho; aptidão; eficiência; faculdade (como instituição); EUA corpo docente.

fad [fæd] *s* moda.

fade [feid] *v* murchar; descorar; desbotar; empalidecer; definhar; durar pouco; desaparecer.

fae.cal ['fi:kl] *adj* fecal; EUA **fecal**.

fae.ces ['fi:si:z] *s pl* fezes; EUA **feces**.

fag [fæg] *s* trabalho cansativo; GÍR BRIT calouro; GÍR EUA cigarro; GÍR homos-

fag / familiarize

sexual; • *v* labutar; cavar; fatigar; cansar; **~-end**: ponta de cigarro; sobra, resto.

fag.got ['fægət] *s* feixe; molho.

Fahr.en.heit ['færənhait] *s* escala de temperatura em que a água congela a 32° e ferve a 212°; • *adj* que se refere a essa escala.

fa.ience [fei'a:ns] *s* faiança, louça de barro ou esmaltada.

fail [feil] *v* fracassar; falir; desapontar; falhar; desvanecer; ser reprovado em exame.

fail.ing ['feiliŋ] *s* falta; defeito; fraqueza; • *prep* à falta de.

fail.ure ['feiljə(r)] *s* falência; fracasso; decadência.

fain [fein] *adj* resignado; bem disposto; contente; • *adv* de bom grado.

faint [feint] *s* desmaio; síncope; • *v* enfraquecer; desfalecer; desmaiar; decair; • *adj* fraco; abatido; desanimado.

fair [feə(r)] *s* feira; mercado; mulher; namorada; bem-amada; • *adj* claro; agradável; apropriado; justo; favorável; bom; • *adv* imparcialmente; cortesmente; plausivelmente; **~-haired**: louro; **~-minded**: imparcial, justo; **~ play**: jogo limpo; **~-spoken**: polido, educado; *ant* **unfair**.

fair.ish ['feəriʃ] *adj* razoável; regular; claro.

fair.ly ['feəli] *adv* razoavelmente; suficientemente; regularmente; favoravelmente.

fair.way ['feəwei] *s* curso de um rio navegável.

fair.y ['feəri] *s* fada; • *adj* referente a fadas; mágico; lendário; **~-tale**: conto de fadas.

fair.y.land ['feərilænd] *s* país das fadas; reino das fadas.

faith [feiθ] *s* fé; crença; confiança.

faith.ful ['feiθfl] *adj* fiel; exato; dedicado; leal; crente.

faith.ful.ly ['feiθfli] *adv* firmemente; devotadamente; fielmente; sinceramente.

faith.less ['feiθlis] *adj* infiel; desleal; incrédulo; sem fé.

fake [feik] *s* falsificação, fraude; • *v* mentir; enganar; fraudar.

fa.kir ['feikiə(r); EUA fə'kiə(r)] *s* faquir, monge que vive em ascetismo rigoroso.

fal.con ['fɔ:lkən; EUA 'fælkən] *s* falcão, espécie de ave; peça de artilharia de canhão antigo.

fall [fɔ:l] *s* queda; ruína; degradação; descida; baixa de preço; inclinação; catarata, cascata, cachoeira; EUA outono, BRIT **autumn**; • *v* (*pt* **fell**; *pp* **fallen**) cair; deixar-se cair; ruir; decair; descer; abaixar(-se); desmoronar; morrer; **~s**: quedas (d'água); **~ guy**: GÍR pato, bobalhão; bode expiatório; **to ~ back**: recuar; **to ~ back on/upon**: recorrer a; **to ~ down**: desapontar; cair; **to ~ flat**: falhar, não dar certo; **to ~ in love with**: apaixonar-se por; **to ~ off one's chair**: cair da cadeira, ficar surpreso; **to ~ out**: discutir, discordar; **to ~ through**: fracassar.

fal.la.cious [fə'leiʃəs] *adj* falaz; falacioso, ilusório; enganador.

fal.la.cy ['fæləsi] *s* falácia; sofisma; engano; logro.

fal.li.ble ['fæləbl] *adj* falível, que falha.

fal.low ['fæləu] *s* pousio, descanso temporário dado à terra cultivável; • *v* arrotear; lavrar; alqueirar; • *adj* descansado, relativo ao pousio; inativo.

false [fɔ:ls] *adj* falso; desleal; fingido; errôneo; artificial; postiço; MÚS desafinado; **~ alarm**: alarme falso; **~ bottom**: fundo falso; **~ teeth**: dentadura.

false.heart.ed ['fɔ:lsha:tid] *adj* traidor.

false.hood ['fɔ:lshud] *s* falsidade; mentira.

fals.ies ['fɔ:lsiz] *s* seios postiços.

fal.si.fi.ca.tion [fɔ:lsifi'keiʃn] *s* falsificação.

fal.si.fy ['fɔ:lsifai] *v* falsificar; forjar; mentir.

fal.ter ['fɔ:ltə(r)] *v* gaguejar; vacilar; hesitar; cambalear.

fame [feim] *s* fama; reputação; renome; • *v* afamar.

famed [feimd] *adj* famoso; afamado; célebre.

fa.mil.iar [fə'miliə(r)] *s* amigo íntimo; • *adj* familiar; íntimo; caseiro; *ant* **unfamiliar**.

fa.mil.i.ar.i.ty [fəmili'ærəti] *s* familiaridade; informalidade.

fa.mil.iar.ize [fə'miliəraiz] *v* familiarizar; habituar; acostumar.

family / fast

fam.i.ly ['fæməli] *s* família; **~ planning**: planejamento familiar; **~ tree**: árvore genealógica; **Holy ~**: Sagrada Família; **in the ~ way**: grávida.

fam.ine ['fæmin] *s* fome; carência; penúria.

fam.ish ['fæmiʃ] *v* estar com muita fome; morrer de fome.

fa.mous ['feiməs] *adj* famoso; célebre.

fa.mous.ness ['feiməsnis] *s* fama; popularidade; notoriedade.

fan [fæn] *s* ventilador; leque; ventoinha; admirador; torcedor; • *v* ventilar; soprar; abanar.

fa.nat.ic [fə'nætik] *s* e *adj* fanático; visionário.

fa.nat.i.cism [fə'nætisizəm] *s* fanatismo.

fan.ci.ful ['fænsifl] *adj* fantasioso.

fan.cy ['fænsi] *s* imaginação; fantasia; • *v* imaginar; ter gosto por; • *adj* imaginário; caprichoso; exorbitante; **~ ball**: baile à fantasia; **~-dress**: fantasia; **to take a ~ for**: tomar gosto por; **to take one's ~**: seduzir.

fan.fare ['fænfeə(r)] *s* fanfarra; som de trombeta.

fang [fæŋ] *s* dente canino; presa.

fan.tas.tic [fæn'tæstik] *adj* fantástico; maravilhoso; excelente; imaginário.

fan.ta.sy ['fæntəsi] *s* fantasia; capricho; imaginação.

fan.zine ['fænzini] *s* combinação de *fan* e *magazine*, revista especializada publicada por fãs de ficção científica, música, cinema, etc.

far [fa:(r)] *adj* distante; longe; remoto; afastado; • *adv* distante; longe; muito; em grande parte; **as ~ as**: até; **by ~**: de longe; **Far East**: Extremo Oriente; **~-fetched**: forçado, improvável; **how ~?**: até que ponto?; **so ~**: a que distância?; **so ~**: até agora; **so ~ so good**: até agora, tudo bem.

far.a.way ['fa:rəwei] *adj* remoto, distante; preocupado, pensativo.

farce [fa:s] *s* farsa.

fare [feə(r)] *s* tarifa; preço de passagem; comida; • *v* ser bem-sucedido; viajar; viver de; alimentar-se; **~ card**: bilhete (de metrô, por exemplo); **~ card machine**: máquina de emissão automática de bilhetes/passagens.

fare.well [feə'wel] *s* adeus; despedida; • *interj* adeus!

farm [fa:m] *s* fazenda; • *v* cultivar terras; arrendar, alugar terras.

farm.er ['fa:mə(r)] *s* fazendeiro; agricultor; lavrador.

farm.house ['fa:mhaus] *s* sede de fazenda; casa de quinta.

farm.ing ['fa:miŋ] *s* agricultura; lavoura; arrendamento.

farm.stead ['fa:msted] *s* fazenda com as suas construções.

farm.yard ['fa:mja:d] *s* pátio de fazenda.

far.ri.er ['færiə(r)] *s* ferrador.

fart [fa:t] *s* peido; • *v* soltar gases, peidar.

far.ther ['fa:ðə(r)] *adv* mais longe; por mais tempo; além.

far.ther.most ['fa:ðə(r) məust] *adj* o mais distante.

far.thest ['fa:ðist] *adv* o mais distante; o mais longe; maior distância.

far.thing ['fa:ðiŋ] *s* moeda inglesa, equivalente à quarta parte do *penny*.

fas.ci.nate ['fæsineit] *v* fascinar; cativar; encantar; seduzir.

fas.ci.na.tion [fæsi'neiʃn] *s* fascinação; atração; encanto.

fas.cism ['fæʃizəm] *s* fascismo, partido político extremo-nacionalista implantado na Itália sob a liderança de Benito Mussolini, que possuía como símbolo o feixe de varas dos antigos lictores romanos.

fas.cist ['fæʃist] *s* e *adj* fascista.

fash.ion ['fæʃn] *s* moda; maneira; modo; estilo; • *v* amoldar; adaptar; conformar; **in ~**: na moda; **out of ~**: fora de moda.

fash.ion.a.ble ['fæʃnəbl] *adj* da moda; da alta sociedade; *ant* **unfashionable**.

fast [fa:st; EUA fæst] *s* jejum; abstinência; NÁUT amarra; cabo; • *v* jejuar; • *adj* rápido; veloz; firme; seguro; estável; durável; fiel; leal; adiantado (relógio); • *adv* rapidamente; solidamente; firmemente; **as ~ as you can**: o mais depressa que puder; **~ food**: refeição rápida.

fas.ten ['fa:sn; EUA ˈfæsn] *v* atar; prender; fechar; *ant* **unfasten**.

fas.ten.ing ['fa:sniŋ] *s* atadura; nó; ligadura; gancho; trinco.

fas.tid.i.ous [fəˈstidiəs; EUA fæˈstidiəs] *adj* fastidioso.

fast.ness ['fa:stnis; EUA ˈfæstnis] *s* firmeza; solidez; pressa; velocidade.

fat [fæt] *s* gordura; banha; • *v* engordar; • *adj* gordo; obeso; oleoso; próspero; rico; FIG estúpido; **~ cat**: EUA pessoa muito rica que em geral financia campanhas eleitorais; **~ head**: estúpido.

fa.tal ['feitl] *adj* fatal; funesto; mortal; inevitável.

fa.tal.ism ['feitəlizəm] *s* fatalismo.

fa.tal.i.ty [fəˈtæləti] *s* fatalidade; morte por acidente; destino; desgraça.

fate [feit] *s* fado; destino; sorte; • *v* destinar.

fat.ed ['feitid] *adj* predestinado; fadado.

fate.ful ['feitfl] *adj* fatal; funesto; fatídico.

fa.ther ['fa:ðə(r)] *s* pai; padre; inventor; Deus; *v* originar, ser autor de; ser responsável por; assumir a paternidade de; **~s**: antepassados; **~-in-God**: padrinho (batismo); **~-in-law**: sogro; **Holy ~**: o Papa.

fa.ther.hood ['fa:ðə(r)hud] *s* paternidade.

fa.ther.land ['fa:ðə(r)lænd] *s* país natal; pátria.

fa.ther.ly ['fa:ðə(r)li] *adj* paternal; • *adv* paternalmente.

fath.om ['fæðəm] *s* NÁUT braça; • *v* medir a profundidade; compreender.

fath.om.less ['fæðəmlis] *adj* insondável; impenetrável.

fa.tigue [fəˈti:g] *s* fadiga; cansaço; • *v* fatigar; cansar.

fat.ten ['fætn] *v* engordar; nutrir; encorpar.

fat.ty ['fæti] *s* FAM gordinho; • *adj* gorduroso; oleoso.

fat.u.ous ['fætʃuəs] *adj* pretensioso; tolo.

fau.cet ['fɔ:sit] *s* EUA torneira; BRIT **tap**.

fault [fɔ:lt] *s* falta; culpa; erro; escassez; defeito; imperfeição; GEOL falha rochosa; • *v* culpar; errar.

fault.less ['fɔ:ltlis] *adj* irrepreensível; sem falhas.

fault.y ['fɔ:lti] *adj* defeituoso; imperfeito.

faun [fɔ:n] *s* fauno, divindade campestre dos antigos romanos.

fau.na ['fɔ:nə] *s* fauna, conjunto de animais próprios de uma região ou de uma era geológica.

fa.vour, EUA **fa.vor** ['feivə(r)] *s* favor; obséquio; proteção; • *v* favorecer; proteger; facilitar.

fa.vour.a.ble, EUA **fa.vor.a.ble** ['feivərəbl] *adj* favorável; propício.

fa.vour.ed, EUA **fa.vor.ed** ['feivərid] *adj* favorecido; protegido.

fa.vour.ite, EUA **fa.vor.ite** ['feivərit] *s* e *adj* favorito; predileto; **~ dish**: prato predileto.

fa.vour.it.ism, EUA **fa.vor.it.ism** ['feivəritizəm] *s* favoritismo.

fax [fæks] *s* fax; **~ modem**: INF periférico de um microcomputador que permite a comunicação remota com outros microcomputadores para a transmissão de dados.

fawn [fɔ:n] *s* veado novo; castanho-claro (cor); • (*on, upon*) *v* mostrar afeição (em geral diz-se do cachorro em relação ao dono).

FBI [ef bi: ˈai] sigla de **F**ederal **B**ureau of **I**nvestigation, órgão ligado ao Departamento de Justiça dos Estados Unidos que tem a tarefa de salvaguardar a segurança nacional.

fe.al.ty ['fi:əlti] *s* fidelidade; lealdade.

fear [fiə(r)] *s* medo; temor; apreensão; pavor; espanto; • *v* recear; temer; **in ~ of**: com medo de.

fear.ful ['fiə(r)fl] *adj* medroso; apavorante; pavoroso; apreensivo.

fear.less ['fiə(r)lis] *adj* destemido; audaz; impávido; intrépido.

fear.some ['fiəsəm] *adj* medroso; tímido.

fea.si.bil.i.ty [fi:zəˈbiləti] *s* possibilidade.

fea.si.ble ['fi:zəbl] *adj* possível; praticável; adequado.

feast [fi:st] *s* festa; banquete; • *v* regalar-se; banquetear; festejar.

feat [fi:t] *s* feito; façanha; proeza.

feath.er ['feðə(r)] *s* pena de ave; pluma; plumagem; gênero; espécie; • *v* emplumar; guarnecer de penas; **a ~ in one's cap**: motivo de orgulho.

feath.er.brain ['feðə(r)brein] *s* tolo, imbecil, cabeça de vento.

feath.er.weight ['feðə(r)weit] *s* ESP peso-pluma ou pena no pugilismo.

feath.er.y ['feðəri] *adj* coberto de penas; leve.

fea.ture ['fi:tʃə(r)] *s* traço; aspecto; feições; característica; filme principal; • *v* retratar; dar realce a; destacar.

fea.tures ['fi:tʃəris] *s* feições; rosto; semblante.

Feb.ru.ar.y ['februəri; EUA 'februeri] *s* fevereiro; *abrev* **Feb**.

fe.cal ['fi:kl] *veja* **faecal**.

fe.ces ['fi:si:z] *veja* **faeces**.

fe.cund ['fi:kənd; EUA 'fekənd] *adj* fecundo; prolífico; fértil.

fed [fed] *pt* e *pp* de **feed**.

fed.er.ate ['fedəreit] *v* federar; confederar-se.

fed.er.a.tion [fedə'reiʃn] *s* federação.

fee [fi:] *s* honorários; gorjeta; taxa; • *v* recompensar; remunerar.

fee.ble ['fi:bl] *adj* fraco; debilitado; **~-minded**: débil.

feed [fi:d] *s* alimento; ração; MEC alimentação de máquinas; • (*on, with*) *v* (*pt* e *pp* **fed**) alimentar; nutrir; comer.

feed.back ['fi:dbæk] *s* ELET realimentação; retorno, resposta.

feed.ing ['fi:diŋ] *s* alimentação; **~ bottle**: mamadeira.

feel [fi:l] *s* tato; percepção; • *v* (*pt* e *pp* **felt**) sentir(-se); perceber; **~-good**: POP EUA que tem a pretensão de dar a sensação de prazer e satisfação; **to get the ~ of**: acostumar-se.

feel.er ['fi:lə(r)] *s* tentáculo; antena de inseto.

feel.ing ['fi:liŋ] *s* sentimento; sensação; • *adj* sensível; terno; tocante; compassivo.

feign [fein] *v* fingir; dissimular; simular; inventar.

feint [feint] *s* fingimento; dissimulação; simulação; disfarce; • *v* despistar; dissimular; simular; fingir.

feld.spar ['feldspa:(r)] *s* feldspato, mineral duro e luminoso que forma a base das rochas ígneas.

fe.lic.i.tate [fə'lisiteit] (*on, upon*) *v* felicitar; congratular; cumprimentar.

fe.lic.i.ta.tion [fəlisi'teiʃn] *s* felicitação; congratulações; parabéns.

fe.lic.i.tous [fə'lisitəs] *adj* agradável; apropriado.

fe.lic.i.ty [fə'lisəti] *s* felicidade; graça; ventura.

fe.line ['fi:lain] *s* e *adj* felino.

fell [fel] *v* abater; derrubar; • *pt* de **fall**; • *adj* ferino; feroz; cruel; bárbaro; hediondo.

fel.low ['feləu] *s* companheiro; camarada; membro de sociedade; semelhante; sujeito; indivíduo; GÍR cara; **~-feeling**: empatia; **poor ~!**: coitado!

fel.low.ship ['feləuʃip] *s* sociedade; associação; camaradagem.

fel.on ['felən] *s* réu de crime capital; criminoso; • *adj* malvado; criminoso; perverso.

fe.lo.ni.ous [fi'ləuniəs] *adj* perverso; malvado; bárbaro; criminoso.

fel.o.ny ['feləni] *s* felonia; crime relativo à pena de morte; covardia.

felt [felt] *s* feltro; • *v* (*pt* e *pp* de **feel**) cobrir com feltro; estofar.

fe.male ['fi:meil] *s* fêmea; • *adj* relativo à fêmea; feminino.

fem.i.nine ['femənin] *adj* feminino.

fem.i.nin.i.ty [femə'ninəti] *s* feminilidade.

fem.i.nism ['feminizəm] *s* feminismo.

fe.mur ['fi:mə(r)] *s* ANAT fêmur.

fen [fen] *s* pântano; terra pantanosa; charco.

fence [fens] *s* cerca; receptador, comprador de objetos roubados; defesa; jogo de esgrima; • *v* cercar; fechar; **on the ~**: em cima do muro, neutro.

fenc.er ['fensə(r)] *s* esgrimista; qualidade de um cavalo em saltar bem cercas.

fenc.ing ['fensiŋ] *s* material para construir cercas; cerca; valado; esgrima.

fend [fend] *v* desviar; defender(-se).
fend.er ['fendə(r)] *s* guarda-fogo (de lareira); para-lama; limpa-trilhos; BRIT **mudguard, wing**.
fe.ral ['fiərəl] *adj* selvagem; feroz; silvestre.
fer.ment ['fə:ment] *s* fermento; levedura; agitação; • *v* fermentar; agitar.
fer.men.ta.tion [fə:men'teiʃn] *s* fermentação.
fern [fə:n] *s* BOT samambaia.
fe.ro.cious [fə'rəuʃəs] *adj* feroz; perverso; voraz.
fe.roc.i.ty [fə'rɔsəti] *s* ferocidade; crueldade.
fer.ret ['ferit] *s* furão, pequeno mamífero carnívoro; fio, fita de seda; • *v* indagar; investigar; caçar com furão.
Fer.ris wheel ['feris wi:l] *s* roda-gigante.
fer.rule ['feru:l; EUA 'ferəl] *s* virola; ponteira de ferro; ponteira de bengala.
fer.ry ['feri] *s* balsa; travessia em balsa; • *v* transpor; transportar por balsa ou barco.
fer.ry.boat ['feribəut] *s* balsa.
fer.tile ['fə:tail; EUA 'fə:tl] *adj* fértil; fecundo; *ant* **infertile**.
fer.til.i.ty [fə'tiləti] *s* fertilidade; fecundidade.
fer.ti.li.za.tion [fə:təlai'zeiʃn; EUA fə:təli'zeiʃn] *s* fertilização; fecundação.
fer.ti.lize, fer.ti.lise ['fə:təlaiz] *v* fertilizar; adubar; enriquecer.
fer.ti.liz.er ['fə:təlaizə(r)] *s* fertilizante; adubo.
fer.ule ['feru:l; EUA 'ferəl] *s* palmatória, férula; • *v* bater com a palmatória.
fer.ven.cy ['fə:vənsi] *s* fervor; ardor.
fer.vent ['fə:vənt] *adj* ardente; fervoroso; veemente; fogoso; apaixonado.
fer.vid ['fə:vid] *adj* férvido; ardente; abrasado; brilhante.
fer.vour, EUA fer.vor ['fə:və(r)] *s* fervor; ardor; devoção; veemência; entusiasmo.
fes.tal ['festl] *adj* festivo; cerimonioso; solene.
fes.ter ['festə(r)] *s* ferida; tumor; úlcera; • *v* ulcerar; inflamar; supurar.
fes.ti.val ['festivl] *s* festival; • *adj* festivo.
fes.tive ['festiv] *adj* alegre; festivo.
fes.tiv.i.ty [fə'stivəti] *s* festividade.
fes.toon [fe'stu:n] *s* festão; grinalda ornamental; • (*with*) *v* enfeitar com festão.
fetch [fetʃ] *v* buscar; trazer; conduzir; NÁUT rumar, mover-se.
fet.id ['fetid] *adj* fétido; mal cheiroso.
fet.ish ['fetiʃ] *s* fetiche; talismã.
fet.ish.ism ['fetiʃizm] *s* fetichismo, perversão que leva uma pessoa a amar determinada parte de uma pessoa ou um objeto por ela usado.
fet.ish.ist ['fetiʃist] *s* fetichista.
fet.ter ['fetə(r)] *s* grilhões; • *v* agrilhoar; acorrentar.
feud [fju:d] *s* feudo; rixa, disputa (entre famílias).
feu.dal ['fju:dl] *adj* feudal.
feu.dal.ism ['fju:dəlizəm] *s* feudalismo, regime político que vigorou na Idade Média.
fe.ver ['fi:və(r)] *s* febre; agitação; animação.
fe.ver.ish ['fi:vəriʃ] *adj* febril; ardente; exaltado.
few [fju:] *adj* e *pron* poucos; poucas; **a ~**: alguns; **~ and far between**: raro; **the ~**: a minoria.
few.er ['fjuə(r)] *adv* menos.
fez [fez] *s* fez, gorro usado pelos orientais, particularmente turcos e árabes.
fi.an.cé [fi'ɔnsei; EUA fi:a:n'sei] *s* noivo.
fi.an.cée [fi'ɔnsei; EUA fi:a:n'sei] *s* noiva.
fi.as.co [fi'æskəu] *s* fiasco; fracasso.
fi.at ['faiæt; EUA 'fi:ət] *s* ordem; mandado; decreto.
fib [fib] *s* mentira sem importância; • *v* contar mentiras.
fi.bre, EUA fi.ber ['faibə(r)] *s* fibra; filamento; força; caráter; essência; natureza; **~glass**: fibra de vidro; **~-optic cables**: cabos de fibra óptica.
fi.brous ['faibrəs] *adj* fibroso.
fib.u.la ['fibjulə] *s* MED fíbula.
fick.le ['fikl] *adj* inconstante; volúvel.
fic.tion ['fikʃn] *s* ficção; novela; fábula.
fic.ti.tious [fik'tiʃəs] *adj* fictício; fabuloso; falso; fantasioso.

fiddle / financier

fid.dle ['fidl] *s* violino; rabeca; • *v* tocar rabeca; violino; bater nervosamente os dedos; **~-faddle**: dizer tolices; **fit as a ~**: em boa forma; **to play second ~**: fazer um papel secundário.

fi.del.i.ty [fi'deləti] *s* fidelidade; lealdade; veracidade; **high ~**: alta-fidelidade (hi-fi).

fidg.et ['fidʒit] *s* inquietação; agitação; • *v* inquietar-se; incomodar; mexer-se; agitar-se.

field [fi:ld] *s* campo (de futebol, de batalha, de trabalho, etc.); **~-day**: um dia de grande excitação e atividade, EUA um dia dedicado ao esporte na escola; **~ glasses**: binóculos; **~ vision**: campo de visão.

fiend [fi:nd] *s* mau espírito; satã; demônio.

fiend.ish ['fi:ndiʃ] *adj* diabólico; endiabrado; satânico.

fierce [fiəs] *adj* feroz; selvagem; bárbaro; bravio; impetuoso; violento; desumano; cruel.

fier.y ['faiəri] *adj* fogoso; ardente; furioso.

fife [faif] *s* MÚS pífano, píffaro, instrumento parecido com a flauta; • *v* tocar pífano ou píffaro.

fif.teen [fif'ti:n] *s* e *num* quinze.

fif.teenth [fif'ti:nɵ] *num* décimo quinto.

fifth [fifɵ] *s* a quinta parte, dia cinco do mês; • *num* quinto.

fif.ti.es ['fiftis] *s* os anos cinquenta.

fif.ti.eth ['fiftəɵ] *s* a quinquagésima parte; • *num* quinquagésimo.

fif.ty ['fifti] *s* e *num* cinquenta; **to have ~~ chance**: ter 50% de chance.

fig [fig] *s* figueira; figo; **I don't care/give a ~ for**: não ligo a mínima para.

fight [fait] *s* luta; combate; • *v* (*pt* e *pp* **fought**) lutar; brigar; combater; guerrear; defender(-se); **to ~ fire**: combater fogo; **to ~ shy of**: evitar por desconfiança.

fight.er ['faitə(r)] *s* combatente; lutador; batalhador.

fig.ment ['figmənt] *s* fantasia; invenção.

fig.ur.a.tive ['figjərətiv] *adj* figurativo.

fig.ure ['figə(r); EUA 'figjər] *s* figura; contorno; emblema; cifra; número; • *v* figurar; formar; moldar; calcular; evidenciar; concluir.

fig.ured ['figərid] *adj* adornado com figuras; simbolizado; representado.

fil.a.ment ['filəmənt] *s* filamento.

fil.bert ['filbət] *s* avelã.

filch [filtʃ] *v* furtar, roubar.

filch.ing ['filtʃiŋ] *s* furto.

file [fail] *s* arquivo; fila; INF conjunto de informações que, por meio de comando específico, são alocadas à memória do computador, que as coloca numa pasta específica, devidamente nomeada e que poderá sofrer modificações ou impressões posteriores no ambiente gráfico; • *v* arquivar; MIL marchar em fila; **in single ~**: em fila única.

fil.i.al ['filiəl] *adj* filial.

fil.i.gree ['filigri:] *s* filigrana; • *adj* adornado de filigrana.

fill [fil] *s* suficiência; suprimento; • (*with*) *v* cumprir; executar; preencher; acumular; satisfazer; saciar; desempenhar um cargo; obturar (os dentes); **to ~ up**: encher completamente.

fil.let ['filit] *s* filé; fita; faixa; friso.

fill.ing ['fil iŋ] *s* recheio; suprimento; obturação; **~ station**: posto de combustível.

fil.ly ['fili] *s* potranca; égua nova; FAM jovem bonita e alegre.

film [film] *s* filme; película; membrana; pele fina; filamento delicado; • *v* filmar; cobrir com membrana ou película.

fil.ter ['filtə(r)] *s* filtro; purificador; • *v* filtrar; purificar; **~-tip**: cigarro de filtro.

filth [filɵ] *s* sujeira; imundície; lixo.

filth.y ['filɵi] *adj* imundo; sujo; obsceno.

fin [fin] *s* barbatana.

fi.nal ['fainl] *adj* final; último; decisivo; definitivo; conclusivo.

fi.nal.ist ['fainəlist] *s* finalista.

fi.nal.i.ty [fai'næləti] *s* finalidade; fim.

fi.nance ['fainæns; EUA fəi'næns] *s* finança; • *v* financiar.

fi.nan.cial [fai'nænʃl; EUA fi'nænʃl] *adj* financeiro; **~ year**: COM exercício financeiro.

fin.an.cier [fai'nænsiə(r); EUA finən'siər] *s* financista, financeiro; • *v* financiar.

finch [fintʃ] s pintassilgo, pequeno pássaro.
find [faind] s achado; descoberta; • v (pt e pp **found**) achar; encontrar; descobrir; julgar; decidir; **to ~ out**: descobrir.
find.ing [ˈfaindiŋ] s achado; descoberta; veredicto.
fine [fain] s multa; • v multar; purificar; clarificar; • adj fino; ótimo; excelente; delicado; puro; refinado; **~ arts**: belas-artes.
fin.er.y [ˈfainəri] s peças de vestuário luxuosas.
fi.nesse [fiˈnes] s astúcia; artifício; sutileza; diplomacia; habilidade; • v usar de artifícios.
fin.ger [ˈfiŋgə(r)] s dedo da mão; extensão ou largura de um dedo; GÍR espião; • v tocar; manejar com os dedos; dedilhar; manusear; furtar; **~-nail**: unha; **~-print**: impressão digital; **little ~**: dedo mínimo; **middle ~**: dedo médio; **ring ~**: dedo anular; **to be/feel all ~s and thumbs**: ser desajeitado; **to keep one's ~s crossed**: cruzar os dedos, esperando que algo dê certo.
fin.ger.ing [ˈfiŋgəriŋ] s manejo; MÚS dedilhado.
fin.ish [ˈfiniʃ] s fim; termo; conclusão; • v acabar; findar; terminar; completar; concluir; cessar; expirar; fenecer; morrer.
fin.ished [ˈfiniʃid] adj terminado; acabado; concluído; completo; ant **unfinished**.
fi.nite [ˈfainait] adj finito, que possui um limite final; ant **infinite**.
Finn [fin] s finlandês (habitante).
Finn.ish [ˈfiniʃ] s finlandês (língua); • adj finlandês.
fir [fə:(r)] s pinheiro; abeto.
fire [ˈfaiə(r)] s fogo; chama; incêndio; brilho; disparo (tiro); paixão; • (at) v atear fogo a; incendiar; inflamar; abrasar; explodir; atirar; animar; incitar; EUA demitir; **~ alarm**: alarme de incêndio; **~-brigade**: corpo de bombeiros, EUA **~ department**; **~ door**: porta corta-fogo; **~ engine**: carro de bombeiros; **~ escape**: escada de incêndio; **~ extinguisher**: extintor de incêndio; **to fight ~ with ~**: usar as mesmas armas do adversário; **~-fly**: vagalume;

~-hose: mangueira de incêndio; **to take ~**: incendiar-se.
fire.ball [ˈfaiə(r)bɔ:l] s bólide; meteoro.
fire.box [ˈfaiə(r)bɔks] s fornalha.
fire.man [ˈfaiə(r)mən] s bombeiro.
fire.place [ˈfaiə(r)pleis] s lareira.
fire.proof [ˈfaiə(r)pru:f] adj feito à prova de fogo.
fire.wood [ˈfaiə(r)wud] s lenha.
fire.work [ˈfaiə(r)wə:k] s fogo de artifício.
fir.ing [ˈfaiəriŋ] s combustível; **~-squad**: pelotão de execução.
fir.kin [ˈfə:kin] s barril.
firm [fə:m] s firma, estabelecimento, instituição; • adj firme; fixo; inflexível; estável.
fir.ma.ment [ˈfə:məmənt] s o firmamento; o céu.
first [fə:st] s o primeiro; • adj primeiro; principal; • adv em primeiro lugar; preferivelmente; **at ~ hand**: em primeira mão; **~ aid**: primeiros socorros; **~-born**: primogênito; **~-class**: primeira classe; **~ floor**: primeiro andar; **~ of all**: antes de tudo; **~ rate**: de primeiríssima qualidade; **love at ~ sight**: amor à primeira vista.
firth [fə:ø] s braço de mar; estuário.
fis.cal [ˈfiskl] s e adj fiscal.
fish [fiʃ] s peixe; • v pescar; buscar; procurar; **~ bone**: espinha de peixe; **~ farmer**: piscicultor; **~ hook**: anzol; **to feel like a ~ out of water**: sentir-se um peixe fora d'água.
fish.ball [ˈfiʃbɔ:l] s bolinho de peixe.
fish.er [ˈfiʃə(r)] s pescador.
fish.er.man [ˈfiʃə(r)mən] s pescador; barco de pesca.
fish.ing [ˈfiʃiŋ] s pesca; **~-line**: linha de pescar; **~-rod**: vara de pescar; **to go ~**: ir à pesca.
fish.mon.ger [ˈfiʃmʌŋgə(r)] s peixeiro; **~'s**: peixaria, EUA **fish store**.
fish.y [ˈfiʃi] adj piscoso; duvidoso; suspeito.
fis.sile [ˈfisail] EUA ˈfisl] adj fendível; separável.
fis.sion [ˈfiʃn] s separação; divisão; divisão celular; **nuclear ~**: fissão.

fissure / flatten

fis.sure ['fiʃə(r)] *s* fenda; racha; abertura; fissura.

fist [fist] *s* punho; mão cerrada.

fis.tu.la ['fistjulə] *s* fístula.

fit [fit] *s* desmaio; ataque; • *v* convir; equipar; ajustar-se; adequar-se; adaptar; preparar; acomodar-se a; • *adj* próprio, apropriado; em boas condições físicas; preparado; *ant* **unfit**.

fit.ful ['fitfl] *adj* espasmódico; agitado; irregular.

fit.ting ['fitiŋ] *s* ajuste; prova (de roupas); instalação; • *adj* próprio; adequado; conveniente; **~ room**: cabine.

five [faiv] *s* e *num* cinco.

fiv.er ['faivə(r)] *s* cédula de cinco libras ou de cinco dólares.

fix [fiks] *s* dificuldade; embaraço; apuro; dilema; • *v* fixar; prender; consertar; firmar; estabelecer; solidificar-se; pôr em ordem; fixar residência; **to ~ up**: consertar; arranjar.

fix.a.tion [fik'seiʃn] *s* fixação; firmeza; estabilidade.

fixed ['fiksid] *adj* fixado; fixo; estável; permanente; firme.

fix.i.ty ['fiksəti] *s* fixidez; estabilidade.

fix.ture ['fikstʃə(r)] *s* móvel fixo, peça fixa, instalações; ESP competição marcada.

fizz [fiz] *s* assobio; efervescência; crepitação; • *v* assobiar; zunir; efervescer.

fiz.zer ['fizə(r)] *s* assobiador.

fiz.zle ['fizl] *s* assobio; fiasco; malogro; • *v* assobiar; **to ~ out**: ser malsucedido.

flab.ber.gast ['flæbəgɑ:st; EUA 'flæbəgæst] *v* espantar; surpreender.

flab.by ['flæbi] *adj* frouxo; mole; fraco.

flac.cid ['flæksid] *adj* flácido; frouxo.

flac.cid.i.ty [flæk'sidəti] *s* flacidez; frouxidão.

flag [flæg] *s* bandeira; pavilhão; estandarte; • *v* afrouxar; derrear; cair; abater-se; fatigar-se; **~-day**: Dia da Bandeira.

flag.el.late ['flædʒəleit] *v* flagelar; açoitar.

flag.el.la.tion [flædʒə'leiʃn] *s* flagelação.

flag.ging ['flægiŋ] *adj* flácido; lânguido; frouxo.

flag.on ['flægən] *s* jarra; garrafa de mesa.

fla.grant ['fleigrənt] *adj* flagrante; escandaloso; notório.

flag.stone ['flægstoun] *s* laje.

flair [fleə(r)] *s* dom, talento, habilidade natural.

flake [fleik] *s* floco; escama; lasca; • *v* fazer flocos; lascar; laminar.

flame [fleim] *s* chama; brilho; paixão; ardor; • *v* chamejar; lançar chamas; arder.

flame.less ['fleimlis] *adj* sem chama; inócuo.

flam.ing ['fleimiŋ] *adj* flamejante; ardente; brilhante.

fla.min.go [flə'miŋgəu] *s* flamingo, ave pernalta de pescoço longo.

flank [flæŋk] *s* flanco, parte lateral de um corpo; • *v* flanquear.

flan.nel ['flænl] *s* flanela.

flap [flæp] *s* aba; orelha (de livro); borda; • *v* agitar; balançar; bater as asas; açoitar.

flap.jack ['flæpdʒæk] *s* panqueca.

flare [fleə(r)] *s* brilho; fulgor; chama; acesso de cólera; • *v* cintilar; inflamar-se; brilhar; **to ~ up**: encolerizar-se.

flash [flæʃ] *s* brilho; lampejo; centelha; relâmpago; lâmpada para fotos instantâneas; instante; inspiração; rápido comentário; • *v* relampejar; brilhar; reluzir.

flash.back ['flæʃbæk] *s* retrospecto; retorno a um passado saudoso; apresentação rápida de algo importante que ocorreu no passado.

flash.light ['flæʃlait] *s* FOT flash; EUA lanterna, BRIT **torch**.

flask [flɑ:sk; EUA flæsk] *s* frasco; garrafa; **thermos ~**: garrafa térmica.

flat [flæt] *s* plano; planície; planura; apartamento, EUA **apartment**; • *v* alisar; aplanar; • *adj* plano; liso; chato; furado (pneu); sem vida, sem brilho; monótono; raso; MÚS bemol; **~ feet**: pés chatos; **~ out**: a todo vapor; **to share a ~**: dividir um apartamento.

flat.ten ['flætn] *v* aplainar; achatar; prostrar; enfraquecer; deprimir.

flat.ter ['flætə(r)] (on) v lisonjear; gabar; elogiar; favorecer.

flat.ter.y ['flætəri] s lisonja; bajulação; adulação.

flat.u.lence ['flætjuləns] s flatulência, acumulação de gases em cavidade natural; FIG vaidade; presunção.

flat.u.lent ['flætjulənt] adj flatulento; FIG presunçoso; vaidoso.

flaunt [flɔ:nt] v ostentar; exibir-se.

flaut.ist ['flɔ:tist] s flautista; EUA **flutist**.

fla.vour, EUA **fla.vor** ['fleivə(r)] s sabor; gosto; • (with) v temperar; dar sabor a.

fla.vour.ed, EUA **fla.vor.ed** ['fleivərid] adj aromático; aromatizado; saboroso.

fla.vour.ing, EUA **fla.vor.ing** ['fleivəriŋ] s essência; condimento.

fla.vour.less, EUA **fla.vor.less** ['fleivə(r)lis] adj insípido.

flaw [flɔ:] s fenda; racha; falha; defeito; • v fender.

flaw.less ['flɔ:lis] adj inteiro; sem falha; sem fendas; perfeito.

flax [flæks] s linho, nome comum de diversas plantas de onde se extrai a fibra para fazer o tecido do mesmo nome.

flax.en ['flæksn] adj relativo ao linho.

flay [flei] v esfolar.

flea [fli:] s pulga; **~ market**: mercado de pulgas.

fleck [flek] s pinta; mancha; nódoa; • (with) v salpicar; manchar.

fledg.ling, fledge.ling ['fledʒliŋ] s ave recém-empenada; pessoa inexperiente; • adj inexperiente.

flee [fli:] v (pt e pp **fled**) fugir; escapar; evitar.

fleece [fli:s] s velo de carneiro; lã de carneiro; • v tosquiar; cobrar caro, explorar.

fleec.y [fli:si] adj lanzudo; análogo à lã.

fleet [fli:t] s frota, esquadra; armada; • adj ligeiro; veloz; • v passar com rapidez.

fleet.ing ['fli:tiŋ] adj passageiro; fugaz; transitório.

flesh [fleʃ] s carne; polpa de frutas; **~~fly**: mosca varejeira; **in the ~**: em pessoa, em carne e osso; **to lose ~**: emagrecer.

flesh.y ['fleʃi] adj carnudo; gordo.

flew [flu:] pt de **fly**.

flex [fleks] s fio flexível; flexão; • v dobrar, envergar, flexionar.

flex.i.bil.i.ty [fleksə'biləti] s flexibilidade.

flex.i.ble ['fleksəbl] adj flexível.

flick [flik] s chicotada; pancada rápida; piparote; GÍR filme; • v chicotear; sacudir.

flick.er ['flikə(r)] s luz ou chama bruxuleante; • v tremer, vacilar (luz).

fly.er, fli.er ['flaiə(r)] s voador; aviador.

flight [flait] s voo; bando (de aves); elevação de pensamento; lance de escada; **~ attendant**: comissário de bordo; **~ deck**: pista de aterragem, cabine de comando; **~ engineer**: engenheiro de bordo; **to take to ~**: fugir.

flight.y ['flaiti] adj inconstante; leviano; volátil.

flim.sy ['flimzi] s papel fino; • adj débil; fraco; frágil.

flinch [flintʃ] v acovardar-se, recolher-se, retrair-se (diante do perigo, do medo, etc.).

fling [fliŋ] s arremesso; coice; zombaria; • (pt e pp **flung**) v mover-se com rapidez ou com violência; lançar; arremessar(-se); zombar.

flint [flint] s pederneira; sílex; **~~glass**: cristal; vidro com base de chumbo.

flint.y ['flinti] adj duro; endurecido; cruel.

flip [flip] s sacudidela; piparote; • v dar um piparote; arremessar para o ar; movimentar rapidamente; **~~flop**: chinelo de dedo (de borracha).

flip.pant ['flipənt] adj loquaz; irreverente; impertinente; petulante.

flip.per ['flipə(r)] s barbatana; membro dos animais aquáticos; **~s**: pés de pato.

flirt [flə:t] s pessoa que flerta; namorico; • (with) v flertar; namoricar.

flir.ta.tion [flə:'teiʃn] s namoro; flerte; galanteio.

flit [flit] s movimento leve; • v bater as asas; passar rapidamente; voar.

float [fləut] s jangada; boia; salva-vidas; balsa; TRANS furgão; • v flutuar; boiar; deslizar sobre a água.

floating / flush

float.ing [ˈfləutiŋ] *adj* flutuante; móvel; inconstante; variável; circulante; ~ **capital**: capital circulante; ~ **population**: população flutuante.

flock [flɔk] *s* bando; multidão; rebanho; floco, floco de lã; • *v* reunir-se; juntar-se; congregar-se; andar aos bandos; estofar com lã.

floe [fləu] *s* porção de gelo que flutua.

flog [flɔg] *v* fustigar; chicotear; açoitar; bater.

flog.ging [ˈflɔgiŋ] *s* açoite; surra; sova.

flood [flʌd] *s* inundação; dilúvio; fluxo; maré; • *v* inundar; alagar.

flood.light [ˈflʌdlait] *s* holofote.

floor [flɔː(r)] *s* assoalho, chão, pavimento; andar; solo; recinto de Congresso ou Parlamento; • *v* assoalhar; pavimentar; derrubar; aterrar; **to ask for the** ~: pedir a palavra.

floor.ing [ˈflɔːriŋ] *s* chão; soalho, apetrechos para pavimentação.

flop [flɔp] *s* fracasso; malogro; • *v* bater, sacudir as asas; deixar(-se) cair de repente.

flop.py [ˈflɔpi] *adj* frouxo, bambo; ~ **disk**: disquete.

flo.ra [ˈflɔːrə] *s* BOT flora, conjunto de plantas de uma região.

flo.ri.cul.ture [ˈflɔːrikʌltʃə(r)] *s* floricultura.

flor.id [ˈflɔrid; EUA ˈflɔːrid] *adj* florido; rosado; corado.

flor.in [ˈflɔrin; EUA ˈflɔːrin] *s* florim (moeda).

flo.rist [ˈflɔrist; EUA ˈflɔːrist] *s* florista.

floss [flɔs; EUA flɔːs] *s* seda natural; **dental** ~: fio dental.

floss.y [ˈflɔsi] *adj* de seda; sedoso; elegante.

flot.sam [ˈflɔtsəm] *s* destroços de um navio naufragado; objetos flutuantes.

flounce [flauns] *s* debrum; franja; orla; mergulho; • *v* arremessar-se; guarnecer de franjas; mergulhar; debater-se.

floun.der [ˈflaundə(r)] *s* linguado, peixe muito apreciado no Atlântico Norte; • *v* tropeçar; debater-se; lutar.

flour [ˈflauə(r)] *s* farinha; • *v* moer; ~ **mill**: moinho.

flour.ish [ˈflʌriʃ] *s* enfeite; floreio; MÚS prelúdio; • *v* enfeitar, adornar; ser bem-sucedido, prosperar.

flout [flaut] *s* escárnio; insulto; zombaria; • *v* escarnecer; zombar; troçar.

flow [fləu] *s* fluxo; corrente; torrente; enchente; multidão; • *v* fluir; correr; provir, resultar.

flow.er [ˈflauə(r)] *s* flor; a melhor parte de alguma coisa; • *v* enfeitar com flores; florir; florescer; **~bed**: canteiro; ~ **shop**: floricultura.

flow.er.pot [ˈflauə(r)pɔt] *s* vaso para plantas.

flown [fləun] *pp* de **fly**.

flu [fluː] *s abrev de* influenza, gripe.

fluc.tu.ate [ˈflʌktʃueit] *v* flutuar; variar; ondear; oscilar.

fluc.tu.a.tion [flʌktʃuˈeiʃn] *s* flutuação; vacilação; hesitação.

flue [fluː] *s* cano de chaminé; cano de fornalha.

flu.en.cy [ˈfluːənsi] *s* fluência; eloquência; facilidade de linguagem.

flu.ent [ˈfluːənt] *adj* fluente; eloquente.

fluff [flʌf] *s* lanugem; penugem; felpa.

flu.id [ˈfluːid] *s* e *adj* fluido.

flu.id.i.ty [fluːˈidəti] *s* fluidez.

fluke [fluːk] *s* parte de uma âncora; ponta de arpão; ponta de flecha; golpe de sorte.

flume [fluːm] *s* canal; calha.

flung [flʌŋ] *pt* e *pp* de **fling**.

flunk [flʌŋk] *v* EUA ser reprovado em um exame.

flun.key, flun.ky [ˈflʌŋki] *s* lacaio; pessoa servil.

fluo.res.cence [flɔːˈresns] *s* fluorescência, propriedade de certos corpos de transformar a luz que refletem em radiações de maior comprimento de onda.

fluo.res.cent [fluəˈresnt] *adj* fluorescente.

fluor.ide [ˈfluəraid] *s* fluoreto.

flur.ry [ˈflʌri] *s* rajada de vento; nevada; • *v* confundir; embasbacar.

flush [flʌʃ] *s* rubor; inundação; jato de água; descarga (vaso sanitário); fluxo; • *v* corar;

flush / food

enrubescer; dar descarga; lavar; esguichar; animar; excitar.

flus.ter ['flʌstə(r)] *s* perturbação; confusão; agitação; • *v* confundir; aturdir; agitar.

flute [flu:t] *s* flauta; • *v* tocar flauta.

flut.ist ['flu:tist] *s* EUA flautista; BRIT **flautist**.

flut.ter ['flʌtə(r)] *s* confusão; tumulto; agitação; alvoroço; • *v* alvoroçar; esvoaçar; agitar(-se).

flu.vi.al ['flu:viəl] *adj* fluvial.

flux [flʌks] *s* fluxo; curso; QUÍM dissolvente; MED disenteria.

fly [flai] *s* mosca; voo; trajetória; coisa sem significância; cabriolé; • *v* (*pt* **flew**) *pp* **flown**) voar; viajar de avião; fugir; evadir-se; fazer voar; correr; precipitar; rebentar; **to ~ high**: ter grandes ambições.

fly.ing ['flaiiŋ] *s* voo; aviação; • *adj* voador; **~ boat**: hidroavião; **~ field**: campo de aviação; **~ saucer**: disco voador.

fly.over ['flaiəuvə(r)] *s* viaduto; EUA **overpass**.

fly.pa.per [flai'peipə(r)] *s* papel pega-mosca.

FM [ef 'em] RÁDIO *abrev de* frequency modulation, frequência modulada (*veja* **AM**).

foal [fəul] *s* potro; • *v* parir, dar cria (égua).

foam [fəum] *s* espuma; • *v* espumar.

foam.y ['fəumi] *adj* espumoso.

fob [fɔb] *s* bolso de colete onde se coloca o relógio; • *v* dissimular; enganar; lograr.

fo.cal ['fəukl] *adj* focal; **~ length**: distância focal.

fo.cus ['fəukəs] *s* foco; • *v* focalizar; pôr em foco; enfocar; **in ~**: em foco; **out of ~**: fora de foco.

fod.der ['fɔdə(r)] *s* forragem; • *v* dar forragem a.

foe [fəu] *s* inimigo; adversário.

fog [fɔg; EUA fɔ:g] *s* nevoeiro; névoa; cerração; neblina; confusão mental; perplexidade; • *v* enevoar-se; nublar; obscurecer; **~-bank**: banco de nevoeiro; **in a ~**: confuso.

fog.gy ['fɔgi] *adj* enevoado; cerrado com cortina de nevoeiro; vago; perplexo.

fo.gy, fo.gey ['fəugi] *s* aquele que é antiquado.

foi.ble ['fɔibl] *s* ponto fraco, o lado fraco de uma pessoa; parte inferior de uma espada.

foil [fɔil] *s* derrota, revés; folha delgada de metal; chapa de metal; folha de metal, de ouro ou de prata; • *v* derrotar; frustrar.

foist [fɔist] *v* introduzir subreptícia ou fraudulentamente.

fold [fəuld] *s* dobra; prega; envoltório; rebanho de ovelhas; congregação de fiéis; • *v* dobrar; embrulhar; envolver; abraçar.

fold.er ['fəuldə(r)] *s* dobrador; dobradeira; pasta de papéis.

fo.li.age ['fəuliidʒ] *s* folhagem.

folk [fəuk] *s* povo; raça; nação; gente; **~ song**: canção folclórica; **~s**: parentes.

folk.lore ['fəuklɔ:(r)] *s* folclore, conjunto de canções, poesias, contos, etc. que fazem parte da tradição de um povo.

folk.lor.ist ['fəuklɔ:rist] *s* folclorista.

fol.li.cle ['fɑ:likəl] *s* MED folículo; glândula.

fol.low ['fɔləu] *s* seguimento; perseguição; • *v* seguir; acompanhar; resultar; perseguir; obedecer; **as ~s**: a saber, como segue; **~-up**: circular; seguimento; **to ~ up**: seguir de perto, acompanhar.

fol.low.ing ['fɔləuiŋ] *s* séquito; comitiva; • *adj* seguinte; imediato; próximo.

fol.ly ['fɔli] *s* tolice; disparate; desatino; insensatez.

fo.ment [fəu'ment] *v* fomentar; provocar; instigar; excitar.

fo.men.ta.tion [fəumen'teiʃn] *s* fomentação; instigação; incitamento.

fond [fɔnd] *adj* amigo; afetuoso; **to be ~ of**: gostar de.

fon.dle ['fɔndl] *v* acariciar; afagar; acarinhar.

fond.ness ['fɔndnis] *s* afeto; afeição; ternura.

font [fɔnt] *s* pia batismal; fonte tipográfica; INF formato opcional de letras.

food [fu:d] *s* comida; alimento; **fast ~**: tipo de restaurante que faz e serve ou entrega comidas feitas rapidamente; **~ web**: cadeia alimentar; **~-stuff**: gêneros alimentícios; **junk ~**: comida pouco saudável servida em restaurantes *fast-food*.

fool / forefather

fool [fu:l] *s* tolo; pateta; imbecil; • *v* enganar; lograr; fazer-se de tolo; fingir; desperdiçar; divertir-se; **All ~s Day**: Primeiro de Abril (dia da mentira); **to ~ around**: perder tempo; vadiar; **to make a ~ of someone**: fazer alguém de bobo; **to play/act the ~**: bancar o bobo.

fool.er.y ['fu:ləri] *s* loucura; tolice.

fool.ish ['fu:liʃ] *adj* tolo, imbecil, tonto, bobo.

fool.ish.ness ['fu:liʃnis] *s* insensatez; tolice; loucura.

foot [fut] *s* pé; base; suporte; sopé; • *v* pisar; andar; dançar; responsabilizar-se por conta ou dívida; percorrer; **my ~!**: uma ova!; **on ~**: a pé.

foot.age ['futidʒ] *s* comprimento em pés; comprimento total de um filme, metragem.

foot.ball ['futbɔ:l] *s* futebol; **~ ground**: campo de futebol; **~ match**: BRIT partida de futebol; **~ player**: jogador de futebol.

foot.ball.er ['futbɔ:lə(r)] *s* jogador profissional de futebol.

foot.board ['futbɔ:d] *s* suporte para os pés.

foot.ing ['futiŋ] *s* pé; base; posição; ponto de apoio; piso.

foot.loose ['futlu:s] *adj* livre.

foot.mark ['futma:k] *s* pegada.

foot.note ['futnəut] *s* nota de rodapé.

foot.print ['futprint] *s* pegada.

foot.step ['futstep] *s* pegada; passo.

foot.wear ['futweə(r)] *s* meias e calçados.

fop [fɔp] *s* almofadinha; janota.

fop.pish ['fɔpiʃ] *adj* afetado; presumido; ridículo.

for [fə(r)] *prep* para; por; por causa de; durante; • *conj* porque; pois; **~ a while**: por algum tempo; **~ all**: apesar de; **~ all of us**: para todos nós; **~ how long?**: por quanto tempo?; **~ sale**: à venda; **what ~?**: para quê?

for.age ['fɔridʒ; EUA 'fɔ:rdʒ] *s* forragem; • *v* ir à procura de provisão; procurar.

for.as.much as [fɔ:rəz'mʌtʃəz] *conj* pois que; considerando que; visto que.

for.ay ['fɔrei; EUA 'fɔ:rei] *s* saque; pilhagem; • *(into) v* saquear.

for.bear [fɔ:'beə(r)] *v* (*pt* **forbore**; *pp* **forborne**) abster-se de; cessar; deixar de.

for.bear.ance [fɔ:'beərəns] *s* abstenção; indulgência; tolerância; paciência.

for.bear.ing [fɔ:'beəriŋ] *adj* indulgente; sofredor; tolerante; clemente.

for.bid [fə'bid] *v* (*pt* **forbade**; *pp* **forbidden**) proibir; vedar; **God ~**: Deus me livre!, Deus não permita!

for.bid.dance [fə'bidəns] *s* proibição.

for.bid.den [fə'bidən] *adj* proibido; interdito.

for.bid.ding [fə'bidiŋ] *adj* ameaçador; desagradável.

force [fɔ:s] *s* força; vigor; energia; poder; MIL força; tropas; • *v* forçar; obrigar; violentar; insistir; **by ~**: à força; **in ~**: em vigor.

forced [fɔ:sid] *adj* forçado; artificial.

force.ful ['fɔ:sfl] *adj* potente; vigoroso; poderoso.

for.ceps ['fɔ:seps] *s* fórceps, instrumento cirúrgico.

for.ci.ble ['fɔ:səbl] *adj* forte; enérgico; poderoso; potente; eficaz.

ford [fɔ:d] *s* vau, trecho de rio onde se pode passar a cavalo ou a pé.

fore [fɔ:(r)] *s* parte dianteira; • *adj* anterior; dianteiro; • *adv* anteriormente; adiante; diante; antes.

fore.arm ['fɔ:ra:m] *s* antebraço.

fore.bode [fɔ:'bəud] *v* prognosticar; vaticinar; predizer; pressagiar.

fore.bod.ing [fɔ:'bəudiŋ] *s* pressentimento.

fore.cast ['fɔ:ka:st; EUA 'fɔ:kæst] *s* previsão; plano; projeto; prognóstico; • *v* vaticinar; profetizar; prever.

fore.close [fɔ:'kləuz] *v* executar uma hipoteca.

fore.clo.sure [fɔ:'kləuzə(r)] *s* execução de hipoteca.

fore.court ['fɔ:kɔ:t] *s* átrio, adro.

fore.doom ['fɔ:(r)du:m] *s* destino; • *v* predestinar.

fore.fa.ther ['fɔ:fa:ðə(r)] *s* antepassado.

fore.fin.ger ['fɔ:fiŋgə(r)] *s* dedo indicador.

fore.foot ['fɔ:fut] *s* pata dianteira do animal.

fore.front ['fɔ:frʌnt] *s* dianteira; fachada; vanguarda.

fore.go [fɔ:'gəu] *v* (*pt* **forewent**; *pp* **foregone**) anteceder.

fore.go.ing [fɔ:'gəuiŋ] *adj* anterior; antecedente; precedente.

fore.gone ['fɔ:gɔn; EUA 'fɔ:gɔ:n] *adj* decidido anteriormente; **~ conclusion**: conclusão antecipada.

fore.hand.ed ['fɔ:hændid] *adj* EUA rico, endinheirado.

fore.head ['fɔrid; EUA 'fɔ:rid] *s* fronte; testa.

for.eign ['fɔrən; EUA 'fɔ:rən] *adj* estrangeiro; de fora; alheio; **~ Office**: Ministério das Relações Exteriores; **~ trade**: Comércio Exterior.

for.eign.er ['fɔrənə(r)] *s* estrangeiro; forasteiro.

fore.know ['fɔ:nou] *v* (*pt* **foreknew**; *pp* **foreknown**) prever; conhecer antecipadamente.

fore.leg ['fɔ:leg] *s* perna dianteira.

fore.lock ['fɔ:lɔk] *s* topete.

fore.man ['fɔ:mən] *s* capataz; feitor; primeiro jurado (tribunal); contramestre.

fore.mast ['fɔ:ma:st; EUA 'fɔ:mæst] *s* NÁUT mastro de proa.

fore.men.tion.ed ['fɔ:menʃnid] *adj* supracitado.

fore.most ['fɔ:məust] *adj* primeiro; o mais importante.

fore.name ['fɔ:neim] *s* prenome; nome de batismo.

fore.named ['fɔ:(r)neimid] *adj* supradito; mencionado acima.

fore.noon ['fɔ:nu:n] *s* manhã (perto do meio-dia).

fo.ren.sic [fə'rensik] *adj* forense.

fore.or.dain ['fɔ:rɔ:'dein] *v* ordenar de antemão; predestinar.

fore.paw ['fɔ:(r)pɔ:] *s* pata dianteira.

fore.run ['fɔ:(r)rʌn] *v* (*pt* **foreran**; *pp* **forerun**) anunciar; preceder; prevenir.

fore.run.ner ['fɔ:rʌnə(r)] *s* precursor; presságio.

fore.see [fɔ:'si:] *v* (*pt* **foresaw**; *pp* **foreseen**) prever; antecipar.

fore.shad.ow [fɔ:'ʃædəu] *v* predizer.

fore.shore ['fɔ:ʃɔ:(r)] *s* parte de uma praia não atingida pelas águas na vazante.

fore.sight ['fɔ:sait] *s* previsão; vaticínio.

fore.skin ['fɔ:skin] *s* MED prepúcio.

for.est ['fɔrist; EUA 'fɔ:rist] *s* floresta; selva; mata.

fore.stall [fɔ:'stɔ:l] *v* antecipar; prevenir.

for.est.er ['fɔristə(r)] *s* guarda-florestal.

for.est.ry ['fɔristri] *s* silvicultura.

fore.tell [fɔ:'tel] *v* (*pt* e *pp* **foretold**) predizer; antecipar; vaticinar.

fore.thought ['fɔ:θɔ:t] *s* previdência; previsão.

for.ev.er [fə'revə(r)] *adv* para sempre; eternamente.

for.ev.er.more [fə'revə(r)mɔ:(r)] *adv* para todo o sempre.

fore.word ['fɔ:wə:d] *s* prefácio; introdução.

fore.worn ['fɔ:(r)wɔ:n] *s* prevenir, precaver.

for.feit ['fɔ:fit] *s* multa; pena; penalidade; perda de direitos pelo não cumprimento de uma obrigação ou por crime; • *v* perder por confisco; • *adj* confiscado.

for.fei.ture ['fɔ:fitʃə(r)] *s* confisco; perda de direitos; multa.

for.gave [fə'geiv] *pt* de **forgive**.

forge [fɔ:dʒ] *s* forja; fornalha; oficina; • *v* moldar; forjar; imitar; falsificar.

forg.er ['fɔ:dʒə(r)] *s* falsificador; falsário.

forg.er.y ['fɔ:dʒəri] *s* falsificação.

for.get [fə'get] *v* (*pt* **forgot**; *pp* **forgotten**) esquecer; perder o interesse em; descuidar; desprezar; **~-me-not**: miosótis (flor).

for.get.ful [fə'getful] *adj* esquecido; negligente.

for.get.ful.ness [fə'getfulnis] *s* esquecimento; negligência.

for.give [fə'giv] *v* (*pt* **forgave**; *pp* **forgiven**) perdoar; absolver; remitir.

for.give.ness [fə'givnis] *s* perdão; remissão; absolvição; clemência.

forgiving / forum

for.giv.ing [fə'giviŋ] *adj* generoso; indulgente; clemente.

fork [fɔ:k] *s* garfo; forcado; forquilha; bifurcação; confluência de um rio; • *v* remover com forcado; bifurcar; **~-lift truck**: empilhadeira.

forked ['fɔ:kid] *adj* bifurcado.

for.lorn [fə'lɔ:n] *adj* infeliz; solitário; abandonado.

form [fɔ:m] *s* forma; figura; modelo; modo; formulário; cerimônia; molde; condição física e mental; banco comprido e sem encosto; ano (escolar), EUA **grade**; • *v* formar; fazer; criar.

for.mal ['fɔ:ml] *adj* formal; cerimonioso; solene; expresso; *ant* **informal**.

for.mal.ism ['fɔ:mlizəm] *s* formalismo.

for.mal.i.ty [fɔ:'mæləti] *s* formalidade; solenidade; cerimônia; etiqueta.

for.mat ['fɔ:mæt] *s* formato; INF trata-se de um comando de diversos aplicativos que serve para preparar o disco utilizado para posteriores gravações; além disso apaga todas as informações anteriores, dandonos conta da sua capacidade de armazenamento; um outro conceito dessa palavra está interligado a possibilidade de amoldarmos aquilo que se vai escrever, dando-nos a possibilidade de amoldarmos o trabalho quanto ao parágrafo, fontes, cores, etc.

for.ma.tion [fɔ:'meiʃn] *s* formação; disposição; arranjo.

form.a.tive ['fɔ:mətiv] *adj* formativo.

for.mer ['fɔ:mə(r)] *adj* anterior; antigo; precedente; primeiro (de dois mencionados).

for.mer.ly ['fɔ:mərli] *adv* antigamente; outrora.

for.mi.da.ble ['fɔ:midəbl] *adj* tremendo; pavoroso; horrível; impressionante.

form.less ['fɔrmlis] *adj* disforme.

for.mu.la ['fɔ:mjulə] *s* fórmula; receita.

for.mu.lar.y ['fɔ:mjuləri] *s* formulário.

for.mu.late ['fɔ:mjuleit] *v* formular; desenvolver.

for.mu.la.tion [fɔ:mju'leiʃn] *s* formulação.

for.ni.cate ['fɔ:nikeit] *v* fornicar, ato de manter relações sexuais fora do casamento.

for.ni.ca.tion [fɔ:ni'keiʃn] *s* fornicação.

for.sake [fə'seik] *v* (*pt* **forsook**; *pp* **forsaken**) deixar, abandonar, desertar, desamparar; renunciar; desistir; separar-se.

for.sooth [fɔ:'su:ə] *adv* certamente; deveras; com efeito.

for.swear [fɔ:'sweə(r)] *v* (*pt* **forswore**; *pp* **forsworn**) abjurar; renegar.

fort [fɔ:t] *s* forte.

for.te [fɔ:rtei; EUA fɔ:t] *s* forte; o ponto forte.

forth [fɔ:ə] *adv* adiante; para a frente; avante; diante; fora; para fora; **and so ~**: e assim por diante.

forth.com.ing [fɔ:ə'kʌmiŋ] *adj* próximo; futuro; vindouro; por vir, a chegar; disponível; sociável.

forth.with [fɔ:ə'wiə; EUA fɔ:ə'wið] *adv* em seguida; imediatamente.

for.ties ['fɔ:tiəs] *s* os anos 1940.

for.ti.eth ['fɔ:tiəə] *s a* quadragésima parte; • *num* quadragésimo.

for.ti.fi.ca.tion [fɔ:tifi'keiʃn] *s* fortificação.

for.ti.fy ['fɔ:tifai] *v* fortificar; fortalecer(-se); corroborar.

for.ti.tude ['fɔ:titju:d; EUA 'fɔ:titu:d] *s* fortaleza; força de ânimo; coragem; vigor.

fort.night ['fɔ:tnait] *s* quinzena; catorze dias; EUA **two weeks**.

FORTRAN ['fɔ:træn] acrônimo de **Formu**la **Tran**slator, linguagem de programação de alto nível usada principalmente para a resolução de problemas científicos e de engenharia.

for.tress ['fɔ:tris] *s* fortaleza; fortificação.

for.tu.i.tous [fɔ:'tju:itəs; EUA fɔ:'tu:itəs] *adj* fortuito; casual; eventual; ocasional.

for.tu.nate ['fɔ:tʃənət] *adj* afortunado; venturoso; *ant* **unfortunate**.

for.tune ['fɔ:tʃu:n] *s* fortuna; ventura; sorte; destino; **~-teller**: adivinho.

fort.y ['fɔ:ti] *s* e *num* quarenta.

fo.rum ['fɔ:rəm] *s* foro; fórum; praça pública na antiga Roma.

for.ward ['fɔ:wəd] s ESP atacante; • v aviar; enviar; transmitir; expedir; apressar; ativar; • adj adiantado; precoce; pronto; dianteiro; • adv para a frente; avante; **to come ~**: apresentar-se; **to go ~**: prosseguir; avançar; progredir.

fos.sil ['fɔsl] s fóssil; • adj fóssil, antiquado.

fos.sil.ize, fos.sil.ise ['fɔsəlaiz] v fossilizar.

fos.ter ['fɔstə(r); EUA 'fɔ:stə(r)] v adotar; criar; nutrir; animar; encorajar; **~-brother**: irmão de criação; **~-child**: filho ou filha de criação; **~-father**: pai adotivo; **~-mother**: mãe adotiva; **~-nurse**: ama de leite; **~-parent**: pai ou mãe de criação; **~-sister**: irmã de criação; **~-son**: filho adotivo.

fought [fɔ:t] pt e pp de **fight**.

foul [faul] s ESP golpe ilícito; violação de regras; • v colidir; abalroar; desonrar; • adj sujo; sórdido; desagradável; **~-mouthed**: boca-suja, desbocado; **play ~**: jogo sujo.

foul.ly ['fauli] adv vergonhosamente.

foul.ness ['faulnis] s impureza; torpeza.

found [faund] pt e pp de **find**; • v estabelecer; instituir; fundar; fundir.

foun.da.tion [faun'deiʃn] s fundação; estabelecimento; instituição; alicerce; princípio; base; doação.

found.er ['faundə(r)] s fundador.

foun.der ['faundə(r)] v naufragar; afundar; arruinar; ir a pique; fracassar.

found.ry ['faundri] s fundição.

fount [faunt] s fonte; TIP fonte, espécie de tipos.

foun.tain ['fauntin; EUA 'fauntn] s fonte; princípio; origem; **~-head**: manancial; nascente; **~-pen**: caneta-tinteiro.

four [fɔ:(r)] s e num quatro; **~ eyes**: quatro olhos, pessoa que usa óculos; **~-leaf clover**: trevo de quatro folhas.

four.score ['fɔ:(r)skɔ:(r)] s e num oitenta; octogenário.

four.teen [fɔ:'ti:n] s e num catorze.

four.teenth [fɔ:'ti:nə] s e num décimo quarto.

fourth [fɔ:θ] s a quarta parte; • num quarto.

fowl [faul] s ave; • v caçar aves.

fox [fɔks] s raposa; pessoa astuciosa; pessoa matreira; • v lograr.

fox.hound ['fɔkshaund] s cão de caça à raposa.

fox.y ['fɔksi] adj velhaco; astuto; castanho-avermelhado; GÍR tesão, atraente fisicamente.

foy.er ['fɔiei; EUA 'fɔiər] s local de espera; vestíbulo.

fra.cas ['fræka:; EUA 'freikəs] s desordem; rixa.

frac.tion ['frækʃn] s fração; fragmento.

frac.tion.al ['frækʃnl] adj fracionário.

frac.tion.ar.y ['frækʃnəri] adj fracionário.

frac.tious ['frækʃəs] adj rabugento; perverso.

frac.ture ['fræktʃə(r)] s fratura; ruptura; quebra; • v fraturar; quebrar.

frag.ile ['frædʒail; EUA 'frædʒəl] adj frágil; delicado; quebradiço.

fra.gil.i.ty [frə'dʒiləti] s fragilidade.

frag.ment ['frægmənt] s fragmento; pedaço; • v fragmentar.

frag.men.tar.y ['frægməntri; EUA 'frægmənteri] adj fragmentário, incompleto.

frag.men.ta.tion [frægmən'teiʃn] s fragmentação.

fra.grance [f'reigrəns] s fragrância; odor; aroma; perfume.

fra.grant ['freigrənt] adj fragrante; aromático; perfumado.

frail [freil] s cesto de junco; • adj frágil; quebradiço.

frame [freim] s estrutura; armação; esqueleto; caixilho; moldura; forma; • v forjar; enquadrar; moldar; compor; construir; idear.

frame-up ['freimʌp] s tramoia; conspiração; conluio.

frame.work ['freimwə:k] s armação; vigamento; estrutura.

franc [fræŋk] s franco, moeda de diversos países.

fran.chise ['fræntʃaiz] s franquia; direito de voto.

Franciscan / frequent

Fran.cis.can [fræn'siskən] *s e adj* RELIG franciscano, que pertence à Ordem de São Francisco.

frank [fræŋk] *v* franquear; despachar com livre porte; • *adj* franco; sincero.

fran.tic ['fræntik] *adj* frenético; colérico; furioso.

fra.ter.nal [frə'tə:nl] *adj* fraternal; fraterno.

fra.ter.ni.ty [frə'tə:nəti] *s* fraternidade; irmandade; confraria; sociedade; grêmio.

frat.er.nize, frat.er.nise ['frætənaiz] *v* fraternizar; confraternizar; irmanar.

frat.ri.cide ['frætrisaid] *s* fratricida, pessoa que mata seu irmão ou irmã.

fraud [frɔ:d] *s* fraude; engano; logro; impostor.

fraud.u.lence ['frɔ:djələns] *s* fraudulência; fraude; engano; logro.

fraud.u.lent ['frɔ:djələnt; EUA 'frɔ:dʒulənt] *adj* fraudulento; enganador; falso.

fraught [frɔ:t] *adj* carregado; cheio; repleto.

fray [frei] *s* rixa; combate, briga; desgaste em um pano, corda, etc.; • *v* desgastar.

fraz.zle ['fræzl] *s* farrapo; • *v* desgastar.

freak [fri:k] *s* capricho; entusiasta; monstruosidade, anomalia.

freak.ish ['fri:kiʃ] *adj* caprichoso; extravagante.

freck.le ['frekl] *s* sarda; • *v* tornar-se sardento.

free [fri:] *adj* livre; liberto; independente; franco; generoso; grátis, gratuito; vago; • *(from) v* libertar; livrar; resgatar; isentar; • *adv* gratuitamente; livremente; **for ~**: grátis; **~-for-all**: aberto a todos; **~ of charge**: sem custo; **~-hand**: de mãos livres; **~-handed**: liberal; **~-hearted**: franco, leal; **~ on board (FOB)**: entregue a bordo; **~ port**: porto livre; **~ speech**: liberdade de expressão; **to set ~**: pôr em liberdade.

free.dom ['fri:dəm] *s* liberdade; independência; facilidade.

free.hand ['fri:hænd] *adj e adv* à mão livre.

free.hold ['fri:həuld] *s* terra livre de encargos ou direitos senhoriais.

free.lance ['fri:la:ns; EUA 'fri:læns] *s* profissional que trabalha por conta própria sem vínculo empregatício.

free.ly ['fri:li] *adv* livremente; espontaneamente; gratuitamente.

free.man ['fri:mən] *s* homem livre; cidadão.

Free.ma.son ['fri:meisn] *s* Maçom, aquele que participa de uma sociedade secreta (discreta) chamada Maçonaria e que, voltada para o bem, busca a felicidade humana.

Free.ma.son.ry ['fri:meisnri] *s* Maçonaria, sociedade secreta (discreta) cuja finalidade é instruir seus membros, os quais são admitidos por convite e iniciados por meio de uma ritualística especial, para serem verdadeiros construtores sociais, visando o estabelecimento da paz mundial, aplicando em suas vidas uma elevada moral Cristã, além de permanentemente estarem em busca da verdade.

free.think.er [fri:'θiŋkə(r)] *s* livre-pensador.

free.way ['fri:wei] *s* EUA autoestrada.

free.will ['fri:wil] *s* livre-arbítrio.

freeze [fri:z] *v* (*pt* **froze**; *pp* **frozen**) gelar; congelar.

freez.er ['fri:zə(r)] *s* congelador; geladeira.

freez.ing ['fri:ziŋ] *adj* glacial; que congela; **~ point**: ponto de congelamento.

freight [freit] *s* carga; frete; • *v* carregar; transportar; fretar.

freight.er ['freitə(r)] *s* fretador; cargueiro.

freight.ing ['freitiŋ] *s* fretamento; frete.

French [frentʃ] *s e adj* francês; **~ bread**: pão francês; **~ fries**: batatas fritas; **to take ~ leave**: sair à francesa.

French.man ['frentʃmən] *s* francês.

French.woman ['frentʃwumən] *s* francesa.

fre.net.ic [frə'netik] *adj* frenético, excitado.

fren.zied ['frenzid] *adj* frenético; nervoso; colérico.

fren.zy ['frenzi] *s* frenesi; furor.

fre.quen.cy ['fri:kwənsi] *s* frequência; **~ modulation**: frequência modulada.

fre.quent [fri'kwent] *v* frequentar; • *adj* frequente; *ant* **infrequent**.

fresh [freʃ] *s* cheia; inundação; • *adj* fresco; novo; recém-chegado; atrevido; petulante; **~ water**: água doce.

fresh.en [ˈfreʃn] *v* refrescar(-se); avivar-se.

fresh.man [ˈfreʃmən] *s* principiante; novato; primeiranista.

fret [fret] *s* desgaste; irritação; • *v* desgastar; irritar; agitar(-se); aborrecer-se; preocupar-se; friccionar.

fret.ful [ˈfretfl] *adj* irritável.

fret.work [ˈfretwɜːk] *s* ARQ grega, ornato composto de linhas entrelaçadas.

fri.a.ble [ˈfraɪəbl] *adj* frágil; quebradiço.

fri.ar [ˈfraɪə(r)] *s* frade; frei.

fri.ar.y [ˈfraɪəri] *s* mosteiro; convento de frades.

fric.as.see [ˈfrɪkəsiː] *s* fricassê, guisado de carne, frango ou peixe.

fric.a.tive [ˈfrɪkətɪv] *s* GRAM consoante fricativa; • *adj* fricativo.

fric.tion [ˈfrɪkʃn] *s* fricção; atrito.

Fri.day [ˈfraɪdi] *s* sexta-feira; **Good-~**: Sexta-feira Santa ou da Paixão.

friend [frend] *s* amigo; companheiro; camarada; protetor; **~ in need**: amigo para momentos difíceis; **pen-~**: correspondente (em geral de outro país); **to make ~s**: fazer amigos.

friend.ly [ˈfrendli] *adj* amigável; camarada; amistoso; simpático; propício; • *adv* amigavelmente; amistosamente.

friend.ship [ˈfrendʃɪp] *s* amizade.

frieze [friːz] *s* friso; tecido frisado.

frig.ate [ˈfrɪgət] *s* NÁUT fragata.

fright [fraɪt] *s* espanto; medo; temor; susto; • *v* assustar; atemorizar.

fright.en [ˈfraɪtn] *v* assustar; espantar; alarmar.

fright.ful [ˈfraɪtfl] *adj* espantoso; medonho; terrível.

frig.id [ˈfrɪdʒɪd] *adj* frio; indiferente; insensível; frígida.

fri.gid.i.ty [frɪˈdʒɪdəti] *s* frigidez; frieza; indiferença.

frill [frɪl] *s* borda; orla; pregas; • *v* preguear.

fringe [frɪndʒ] *s* franja (de cabelo); EUA **bang**; orla; imagem; • *v* pôr franjas.

frisk [frɪsk] *s* pulo; salto; • *v* saltar; pular; brincar.

frisk.y [ˈfrɪski] *adj* alegre.

frit.ter [ˈfrɪtə(r)] *s* retalho; fragmento; • *v* picar; **to ~ away**: desperdiçar.

fri.vol.i.ty [frɪˈvɒləti] *s* frivolidade.

fri.vol.ous [ˈfrɪvələs] *adj* frívolo; banal.

frizz [frɪz] *s* cacho; anel; ondulação de cabelo; • *v* frisar; encrespar.

fro [frəʊ] *adv* forma abreviada de **from**; **to and ~**: de um lado para o outro.

frock [frɒk] *s* vestido; hábito; avental; roupa de operário; **~ coat**: sobrecasaca.

frog [frɒg; EUA frɔːg] *s* rã; alça; inflamação das tonsilas palatinas (nome antigo: amígdalas); **to have a ~ in one's throat**: ter pigarro.

frog.man [ˈfrɒgmən] *s* homem-rã.

frol.ic [ˈfrɒlɪk] *s* brincadeira; divertimento; travessura; • *v* pular; folgar; brincar; divertir-se; traquinar; • *adj* alegre; brincalhão; traquinas.

frol.ic.some [ˈfrɒlɪksəm] *adj* alegre; folgazão.

from [frəm; *strong form:* frɒm] *prep* de (origem); desde; a partir de; conforme; **apart ~**: salvo, exceto; **far ~**: longe de; **~ now on**: de agora em diante; **~ top to toe**: dos pés à cabeça.

frond [frɒnd] *s* fronde; folhagem.

front [frʌnt] *s* frente; frontispício; fronte; face; MIL frente de batalha; • *v* fazer frente a; afrontar; encarar; estar em frente; fazer frente; • *adj* dianteiro; precedente; **in ~ of**: em frente de.

front.age [ˈfrʌntɪdʒ] *s* fachada; frente.

fron.tal [ˈfrʌntl] *s* frontal; • *adj* dianteiro; anterior.

fron.tier [ˈfrʌntɪə(r); EUA frʌnˈtɪər] *s* fronteira; • *adj* fronteiro; limítrofe.

fron.tis.piece [ˈfrʌntɪspiːs] *s* frontispício; fachada.

frost [frɒst; EUA frɔːst] *s* geada; frio; fracasso; • *v* gear; congelar.

frost.y [ˈfrɒsti; EUA ˈfrɔːsti] *adj* congelado; gelado; indiferente.

froth [frɔø] s espuma; frivolidade.
froth.y [frɔøi] adj espumoso; fútil; frívolo.
frown [fraun] s franzimento das sobrancelhas; carranca; • v franzir as sobrancelhas; olhar de modo carrancudo.
froze [frouz] pt de **freeze**.
fro.zen [ˈfrouzn] pp de **freeze**.
frowz.y [ˈfrauzi] adj fétido; sujo; rançoso; desalinhado.
fru.gal [ˈfru:gl] adj frugal; comedido; sóbrio.
fruit [fru:t] s fruto; fruta; produto; • v frutificar.
fruit.er.er [ˈfru:tərə(r)] s negociante de frutas; **~s**ʼ: loja de frutas, EUA **fruit store**.
fruit.less [ˈfru:tlis] adj infrutífero; inútil.
fruit.y [ˈfru:ti] adj análogo a uma fruta, tanto na cor como no gosto.
frump [frʌmp] s velha rabugenta.
frus.trate [frʌˈstreit; EUA ˈfrʌstreit] v frustrar; malograr; inutilizar; anular.
frus.tra.tion [frʌˈstreiʃn] s frustração; malogro; derrota.
fry [frai] s fritura; fritada; peixinho; filhote; • v fritar; frigir.
fud.dle [ˈfʌdl] s bebedeira; • v embriagar; confundir.
fu.el [ˈfju:əl] s combustível; • v abastecer com combustível.
fu.gi.tive [ˈfju:dʒətiv] s fugitivo; foragido; • adj fugitivo; fugaz.
fugue [fju:g] s MÚS fuga, composição polifônica na qual se desenvolvem pequenos temas livres.
ful.crum [ˈfulkrəm] s fulcro, alicerce, sustentáculo.
ful.fil, EUA **fulfill** [fulˈfil] v cumprir; preencher; executar; efetuar.
ful.fil.ment, EUA **ful.fill.ment** [fulˈfilmənt] s cumprimento; execução.
full [ful] s o grau mais elevado; máximo; totalidade; • v engrossar; avolumar; • adj cheio; pleno; abundante; amplo; completo; • adv inteiramente; completamente; exatamente; ESP **~back**: zagueiro (no futebol); **~dress**: traje de rigor; **~grown**: maduro; adulto; **~length**: tamanho padrão; **~ moon**: lua cheia; **~ powers**: amplos poderes; **~scale**: tamanho natural; **~stop**: ponto final, EUA **period**; **~ time**: período integral.
ful.ly [ˈfuli] adv inteiramente; plenamente.
ful.mi.nate [ˈfʌlmineit; EUA ˈfulmineit] v fulminar; explodir; censurar.
ful.mi.na.tion [fʌlmiˈneiʃn] s fulminação; detonação.
full.ness, ful.ness [ˈfulnis] s plenitude; abundância; perfeição.
ful.some [ˈfulsəm] adj nojento; repugnante.
fum.ble [ˈfʌmbl] v tatear; manusear de forma atrapalhada.
fume [fju:m] s gás; vapor; emanação; • v defumar; incensar; enfurecer-se.
fumed [fju:md] adj defumado; esfumaçado; incensado.
fu.mi.gate [ˈfju:migeit] v defumar; fumigar.
fun [fʌn] s divertimento; brincadeira; graça; • v brincar; gracejar; **for ~**: por brincadeira; **to have ~**: divertir-se; **to make ~ of**: ridicularizar.
func.tion [ˈfʌŋkʃn] s função; cerimônia; • v funcionar.
func.tion.al [ˈfʌŋkʃənl] adj funcional; ant **nonfunctional**.
func.tion.ar.y [ˈfʌŋkʃənəri; EUA ˈfʌŋkʃəneri] s funcionário.
fund [fʌnd] s fundo; capital; riqueza; • v empregar capital; capitalizar.
fun.da.ment [ˈfʌndəˈment] s fundamento; nádegas.
fun.da.men.tal [fʌndəˈmentl] adj fundamental; essencial; básico.
fun.da.men.tal.ly [fʌndəˈmentəli] adv fundamentalmente; essencialmente.
fu.ner.al [ˈfju:nərəl] s funeral; enterro; **~ march**: marcha funeral.
fu.ne.re.al, fu.ne.ra.ry [fju:ˈniəriəl, fju:ˈniərəri] adj funerário, fúnebre.
fun.gous [ˈfʌŋgəs] adj fungoso.
fun.gus [ˈfʌŋgəs] s BOT fungo.
funk [fʌŋk] s mau cheiro; medo; embaraço; • v tremer de medo; fugir de medo.
funky [ˈfʌŋki] adj assustado; malcheiroso.
fun.nel [ˈfʌnl] s funil; tubo afunilado; chaminé.

fun.ny [ˈfʌni] *adj* engraçado; divertido; esquisito; bizarro; estranho.

fur [fə:(r)] *s* pele (de animal); casaco de peles; • *v* forrar de peles; cobrir-se de peles.

fur.bish [ˈfə:biʃ] *v* lustrar; polir.

fu.ri.ous [ˈfjuəriəs] *adj* furioso; colérico; raivoso; violento.

furl [fə:l] *v* NÁUT ferrar, recolher as velas; dobrar.

fur.long [ˈfə:lɔn; EUA ˈfə:lɔ:ŋ] *s* medida linear inglesa correspondente a 1/8 de milha (aproximadamente 201m).

fur.lough [ˈfə:ləu] *s* licença; baixa; • *v* conceder licença a.

fur.na.ce [ˈfə:nis] *s* fornalha.

fur.nish [ˈfə:niʃ] *v* fornecer; mobiliar; guarnecer; prover; equipar.

fur.ni.ture [ˈfə:nitʃə(r)] *s* mobília; arreios; equipagem; utensílios.

fur.row [ˈfʌrəu] *s* sulco; rego de arado; ruga; • *v* sulcar; entalhar; arar; enrugar.

fur.ther [ˈfə:ðə(r)] *v* adiantar; promover; • *adj* mais distante; adicional; suplementar; • *adv* mais; além disso; mais adiante; **till ~ orders** ou **till ~ notice**: até novas ordens, até segundo aviso.

fur.ther.ance [ˈfə:ðərəns] *s* promoção; favorecimento.

fur.ther.more [fə:ðəˈmɔ:(r)] *adv* além disso; outrossim; ademais.

fur.ther.most [ˈfə:ðəməust] *adj* o mais afastado.

fur.thest [ˈfə:ðist] *adj* e *adv* o mais distante; o mais remoto; extremo.

fur.tive [ˈfə:tiv] *adj* furtivo; dissimulado; oculto; secreto.

fu.ry [ˈfjuəri] *s* fúria; furor; paixão; frenesi; **like ~**: furiosamente.

fuse [fju:z] *s* fusível; rastilho; estopim; • *v* fundir; derreter; **to blow a ~**: explodir, perder a calma; **to have a short ~**: ter pavio curto, perder a calma facilmente.

fu.se.lage [ˈfju:zəla:ʒ] *s* fuselagem, a parte principal e mais resistente do avião.

fu.sion [ˈfju:ʒn] *s* fusão; reunião; liga; fundição.

fuss [fʌs] *s* estardalhaço; barulho; rebuliço; • *v* agitar; fazer espalhafato; exagerar; perturbar; inquietar-se.

fuss.y [ˈfʌsi] *adj* meticuloso, detalhista; nervoso.

fus.tian [ˈfʌstiən; EUA ˈfʌstʃən] *s* fustão; estilo bombástico; • *adj* feito de fustão; bombástico; pomposo.

fus.ty [ˈfʌsti] *adj* bolorento; mofado; rançoso; antiquado.

fu.tile [ˈfju:tail; EUA ˈfju:tl] *adj* fútil; frívolo; vão; inútil.

fu.til.i.ty [fju:ˈtiləti] *s* futilidade.

fu.ture [ˈfju:tʃə(r)] *s* e *adj* futuro; **in ~**: em futuro próximo.

fuzz [fʌz] *s* cotão, pelos de tecido; penugem; poeira muito fina; • *v* cobrir de cotão; levantar cotão.

G

g [dʒi:] *s* sétima letra do alfabeto inglês.
gab [gæb] *v* tagarelar; mexericar.
gab.ble [ˈgæbl] *s* tagarelice; palrice; • *v* balbuciar.
ga.ble [ˈgeibl] *s* cumeeira; espigão; empena.
gad [gæd] *s* cunha; • *(about)* *v* (*pt* e *pp* **gadded**;) vaguear; errar; • *interj* irra!
gad.a.bout [gædˈəbaut] *s* errante; farrista.
gadg.et [ˈgædʒit] *s* engenhoca; invento.
gaff [gæf] *s* gancho de ferro; arpão; • *v* arpoar.
gag [gæg] *s* mordaça; POP piada; • *v* amordaçar.
gai.e.ty [ˈgeiəti] *s* alegria; prazer; jovialidade; satisfação.
gai.ly [ˈgeili:] *adv* alegremente.
gain [gein] *s* benefício; ganho; proveito; lucro; • *v* ganhar; melhorar; lucrar; obter; enriquecer; conseguir.
gain.ful [ˈgeinful] *adj* lucrativo; proveitoso; remunerado; pago.
gain.say [geinˈsei] *v* (*pt* e *pp* **gainsaid**) contradizer; negar; disputar.
gait [geit] *s* modo de andar; EUA passo; velocidade no andar; • *v* treinar um cavalo na marcha.
ga.la [ˈgeilə, ˈgælə] *s* gala; pompa; • *adj* de gala; festivo; **~~day**: dia de festa; **~~dress**: vestido de festa.
gal.ax.y [ˈgælæksi] *s* galáxia, sistema estelar que se compõe de bilhões de estrelas, como a Via Láctea.
gale [geil] *s* rajada; ventania; tufão; tormenta; explosão de riso.
gall [gɔ:l] *s* fel; bílis; ódio; amargura; excrescência; escoriação; • *v* esfolar; escoriar; irritar-se; **~~bladder**: vesícula biliar.
gal.lant [ˈgælənt] *s* e *adj* galanteador; conquistador; • *v* galantear; cortejar.
gal.lant.ry [ˈgæləntri] *s* valentia; bravura; heroísmo; galanteio.
gal.le.on [ˈgæliən] *s* NÁUT galeão.
gal.ler.y [ˈgæləri] *s* galeria (de arte).
gal.ley [ˈgæli] *s* NÁUT galé; cozinha de navio.
Gal.lic [ˈgælik] *s* e *adj* gaulês, habitante da Gália; idioma dos antigos gauleses.
gal.li.cism [ˈgælisizəm] *s* galicismo, palavra, expressão ou construção própria da língua francesa.
gal.lon [ˈgælən] *s* galão (BRIT 4,546 litros; EUA 3,785 litros).
gal.lop [ˈgæləp] *s* galope; • *v* galopar; **at a ~**: rapidamente, de uma vez.
gal.lows [ˈgæləuz] *s* forca; patíbulo.
ga.losh [gəˈlɔʃ] *s* galocha; EUA **rubber**.
gal.va.nism [ˈgælvənizəm] *s* galvanismo, eletricidade produzida por meios químicos ou por contato de certos corpos; MED fenômenos elétricos nos músculos.
gal.va.nize, gal.va.nise [ˈgælvənaiz] *v* galvanizar, eletrizar por meio de pilha voltaica; FIG reanimar.
gam.bit [ˈgæmbit] *s* gambito, movimento de ataque do peão no jogo de xadrez para obter um avanço.

gam.ble ['gæmbl] *s* jogo de azar; loteria; • (*on*, *with*) *v* jogar por dinheiro em jogo de azar; apostar.

gam.bler ['gæmblə(r)] *s* jogador.

gam.bol ['gæmbl] *s* salto; cambalhota; pulo; travessura; • *v* traquinar; dar cambalhotas ou saltos.

game [geim] *s* jogo; competição; brincadeira; divertimento; caça; partida; • *v* jogar; • *adj* destemido; corajoso; valente; **~ of chance**: jogo de azar; **~ reserve**: reserva de caça.

gam.ma ['gæmə] *s* gama, terceira letra do alfabeto grego; terceiro numa série de itens; **~ rays**: raios gama.

gam.mon ['gæmən] *s* presunto defumado, EUA **ham**; mentira; • *v* fingir; enganar; zombar; troçar.

gam.ut ['gæmət] *s* MÚS gama; escala.

gan.der ['gændə(r)] *s* ganso macho.

gang [gæŋ] *s* bando; grupo; turma; quadrilha; multidão; GÍR gangue; • *v* atacar em grupo; **to ~ up on**: conspirar contra; **to ~ up with**: aliviar-se.

gang.er ['gæŋə(r)] *s* chefe de equipe; capataz.

gan.gli.on ['gæŋgliən] *s* MED gânglio, pequeno corpo que se encontra no trajeto dos nervos; corpo formado pelo entrelaçamento dos vasos linfáticos.

gan.grene ['gæŋgri:n] *s* gangrena; • *v* gangrenar.

gang.ster ['gæŋstə(r)] *s* bandido; salteador.

gang.way ['gæŋwei] *s* corredor; ala; passagem.

gaol [dʒeil] *s* cadeia, prisão; EUA **jail**.

gap [gæp] *s* brecha; lacuna.

gape [geip] *s* bocejo; brecha; abertura; fenda; • (*at*) *v* bocejar; ficar boquiaberto.

gap.ing ['geipiŋ] *adj* escancarado.

ga.rage ['gæra:ʒ; EUA gə'ra:ʒ] *s* garagem; oficina mecânica; • *v* pôr o carro na garagem.

garb [ga:b] *s* garbo; aparência; aspecto; ar; • *v* vestir.

gar.bage ['ga:bidʒ] *s* refugo; lixo; INF lixo, informação desnecessária; • *adj* de lixo; **~ can**: EUA lata de lixo, BRIT **dustbin**.

gar.ble ['ga:bl] *s* deturpação; • *v* deturpar; truncar; perverter.

gar.den ['ga:dn] *s* jardim; quintal; horta; • *v* jardinar.

gar.dens ['ga:dns] *s* parque público; **botanical ~**: jardim botânico; **zoological ~**: jardim zoológico.

gar.den.er ['ga:dnə(r)] *s* jardineiro.

gar.gle ['ga:gl] *s* gargarejo; • (*with*) *v* gargarejar.

gar.ish ['geəriʃ] *adj* brilhante; vistoso; berrante; extravagante.

gar.ish.ness ['geəriʃnis] *s* ostentação; pompa; extravagância.

gar.land ['ga:lənd] *s* grinalda; coroa; coletânea de poesias; • (*with*) *v* engrinaldar.

gar.lic ['ga:lik] *s* alho; **clove of ~**: dente de alho.

gar.ment ['ga:mənt] *s* traje; vestuário; • *v* vestir.

gar.ner ['ga:nə(r)] *s* celeiro; • *v* armazenar cereais, etc.

gar.net ['ga:nit] *s* granada, pedra preciosa.

gar.nish ['ga:niʃ] *s* guarnição; adorno; enfeite; • (*with*) *v* guarnecer; adornar.

gar.ret ['gærət] *s* sótão; água-furtada.

gar.ri.son ['gærisn] *s* MIL guarnição; • *v* MIL guarnecer; • *adj* fortificado.

gar.ru.lous ['gærələs] *adj* tagarela; gárrulo; palrador; loquaz.

gas [gæs] *s* gás; EUA gasolina; MED anestésico; GÍR tolice; • *v* tratar pela ação de um gás; envenenar pelo gás; GÍR dizer tolices; **~ chamber**: câmara de gás; **~ fire**: aquecedor a gás; **~-jet**: bico de gás; **~ mask**: máscara contra gás; **~ station**: EUA posto de gasolina, BRIT **petrol station**; **~ stove**: fogão a gás; **to ~ up**: encher o tanque de gasolina de um veículo; **to step on the ~**: apressar-se.

gas.e.ous ['gæsiəs] *adj* gasoso.

gash [gæʃ] *s* cutilada; corte profundo; • *v* cutilar; ferir gravemente.

gas.i.fi.ca.tion [gæsifi'keiʃn] s gaseificação.
gas.i.fy ['gæsifai] v gaseificar.
gas.ket ['gæskit] s gaxeta; arruela de vedação.
gas.o.line, gas.o.lene ['gæsəli:n] s gasolina; EUA **gas**.
gasp [ga:sp; EUA gæsp] s respiração ofegante; • (*at, with, in*) v ofegar; respirar convulsivamente; **at the last ~**: no último momento.
gas.sy ['gæsi] adj gasoso; GÍR tagarela.
gas.tric ['gæstrik] adj gástrico.
gas.tri.tis [gæ'straitis] s MED gastrite.
gas.tro.nom.ic [gæstrə'nɔmik] adj gastronômico.
gas.tron.o.my [gæ'strɔnəmi] s gastronomia, arte de cozinhar no sentido de proporcionar o melhor prazer a quem come.
gat [gat] s canal estreito, entre bancos de areia; GÍR EUA revólver.
gate [geit] s portão; entrada, porta (aeroporto); pórtico; • v privar, no sentido de deter um estudante; **~-crasher**: penetra, sem convite.
gate.keep.er ['geitki:pə(r)] s porteiro.
gate.way ['geitwei] s passagem; porta; INF meio de acesso, o *link* de conexão de computadores que faz a tradução entre dois tipos diferentes de redes.
gath.er ['gæðə(r)] s franzido; prega; • v apanhar; colher; reunir; inferir; deduzir; **to ~ round**: reunir-se em torno de; **to ~ together**: juntar-se.
gath.er.ing ['gæðəriŋ] s ajuntamento; reunião; concentração de pessoas.
gauche [gəuʃ] adj desajeitado; grosseiro.
gaud.y ['gɔ:di] adj pomposo; garrido; bizarro.
gauge [geidʒ] s calibre; diâmetro; bitola; calado; manômetro; • v medir; aferir; calibrar.
gaunt [gɔ:nt] adj magro; descarnado; frágil.
gaunt.let ['gɔ:ntlit] s manopla; luva comprida usada para proteger as mãos em certos esportes e em processos industriais; **to throw down/to pick up the ~**: lançar/aceitar o desafio.

gaunt.ness ['gɔ:ntnis] s magreza; fragilidade; fraqueza.
gauze [gɔ:z] s gaze.
gave [geiv] pt de **give**.
gav.el ['gævl] s EUA martelo usado por juízes ou leiloeiros.
gawk.y ['gɔ:ki] adj tolo; bobo; rude; desajeitado.
gay [gei] s GÍR homossexual; • adj de ou para homossexual; alegre; divertido; engalanado; enfeitado; bem-humorado; contente; GÍR homossexual.
gaze [geiz] s contemplação; • v encarar; fitar; contemplar; fixar.
GB [dʒi: 'bi:] abrev de **Great Britain**, Grã-Bretanha.
Gdns abrev de **Gardens**, jardim (nos nomes das ruas).
gear [giə(r)] s equipamento; engrenagem; acessório; adorno; roupa; • v engrenar; montar; armar; **~-box/~-case**: AUT caixa de mudança, caixa de câmbio; **~ lever/stick/change/shift**: alavanca de câmbio.
gee [dʒi:] interj GÍR EUA puxa!
gel.a.tine, EUA gel.a.tin [dʒelə'ti:n; EUA 'dʒelətin] s gelatina.
ge.lat.i.nous [dʒi'lætinəs] adj gelatinoso.
geld [geld] v castrar; capar; mutilar.
geld.er ['geldə(r)] s castrador.
geld.ing ['geldiŋ] s animal castrado, especialmente o cavalo.
gem [dʒem] s joia; pedra preciosa; • v adornar com pedras preciosas; cravejar.
Gem.i.ni ['dʒemini] s gêmeos, irmãos que nasceram do mesmo parto; ASTROL Gêmeos, o terceiro signo do zodíaco, correspondente às pessoas que nasceram de 21 de maio a 20 de junho.
gen.darme ['ʒɔndɑ:m] s policial.
gen.der ['dʒendə(r)] s gênero; • v gerar.
gene [dʒi:n] s gene.
gen.e.al.o.gist [dʒi:ni'ælədʒist] s genealogista, aquele que pratica a genealogia, examinando a extirpe, a linhagem de uma família.

gen.e.al.o.gy [dʒi:ni'ælədʒi] s genealogia, exposição e ramificação de uma família.

gen.er.al ['dʒenrəl] s MIL general; • adj geral; comum; universal; **as a ~ rule**: via de regra; **~ election**: eleições gerais; **~ practitioner (GP)**: clínico geral; **~ store**: armazém; **in ~**: em geral; **the ~ public**: o público em geral.

gen.er.al.i.ty [dʒenə'ræləti] s generalidade.

gen.er.al.i.za.tion [dʒenrəlai'zeiʃn; EUA dʒenrəli'zeiʃn] s generalização.

gen.er.al.ize, gen.er.al.ise ['dʒenrəlaiz] v generalizar.

gen.er.al.ly ['dʒenrəli] adv geralmente, comumente.

gen.er.al.ship ['dʒenrəlʃip] s generalato, Estado Maior militar.

gen.er.ate ['dʒenəreit] v gerar; produzir; causar.

gen.er.a.tion [dʒenə'reiʃn] s geração; **the ~ gap**: diferenças de atitude ou de comportamento entre pais e filhos, por exemplo.

gen.er.a.tive ['dʒenərətiv] adj generativo.

ge.ner.ic [dʒi'nerik] adj genérico.

gen.er.os.i.ty [dʒenə'rɔsəti] s generosidade; liberalidade.

gen.er.ous ['dʒenərəs] adj generoso; abundante.

gen.er.ous.ness ['dʒenərəsnis] s generosidade; liberalidade.

gen.e.sis ['dʒenəsis] s gênese; geração; origem; começo; criação; RELIG o primeiro Livro do Pentateuco no Antigo Testamento.

ge.net.ic [dʒi'netik] adj genético; **~ engineering**: engenharia genética; **the ~ code**: o código genético.

ge.net.ics [dʒi'netiks] s genética.

ge.ni.al ['dʒi:niəl] adj cordial; delicado; bem-disposto; generativo; nupcial.

ge.ni.al.i.ty [dʒi:ni'æləti] s cordialidade; jovialidade; amabilidade; delicadeza.

ge.nie ['dʒi:ni] s gênio; espírito com poderes estranhos.

gen.i.tals [d'ʒenitlz] s pl órgãos genitais.

gen.i.tive ['dʒenətiv] s GRAM genitivo, nas línguas que têm declinação, caso que indica posse, restrição e outras circunstâncias.

gen.ius ['dʒi:niəs] s gênio; capacidade; talento; divindade; entidade etérea.

gen.o.cide ['dʒenəsaid] s genocídio.

gen.re ['ʒa:nrə] s genro.

gen.teel [dʒen'ti:l] adj distinto; amável; gentil; cortês; elegante.

gen.tile ['dʒentail] s e adj gentio; idólatra; pagão.

gen.til.i.ty [dʒen'tiləti] s delicadeza; urbanidade; nobreza.

gen.tle ['dʒentl] adj brando; dócil; tranquilo; gentil; manso; benévolo.

gen.tle.folk ['dʒentlfəuk] s pessoa da alta sociedade.

gen.tle.man ['dʒentlmən] s cavalheiro; senhor.

gen.tle.man.ly ['dʒentlmənli] adj fidalgo; cavalheiresco; cortês.

gen.tle.ness ['dʒentlnis] s docilidade; doçura; brandura; delicadeza.

gen.tly ['dʒentli] adv suavemente; brandamente; aprazivelmente.

gen.try ['dʒentri] s família distinta; alta burguesia.

gents [dʒents] s banheiro público para homens; EUA **men's room**.

gen.u.flec.tion [dʒenhu'flekʃn] s genuflexão, ação de dobrar o joelho ou ajoelhar-se, geralmente em sinal religioso.

gen.u.ine ['dʒenjuin] adj genuíno; legítimo; verdadeiro.

gen.u.ine.ness ['dʒenjuinis] s autenticidade; veracidade.

ge.nus ['dʒi:nəs] s gênero, grupo de espécies que têm entre si certas analogias.

ge.o.cen.tric [dʒi:əu'sentrik] adj ASTROL geocêntrico, designativo do sistema que considerava o nosso planeta como o centro do universo.

ge.o.graph.i.cal [dʒi:ə'græfikl] adj geográfico.

ge.og.ra.phy [dʒi'ɔgrəfi] s geografia, ciência que trata da descrição da Terra, sua forma, seus acidentes físicos, climas, produções, populações, divisões políticas, etc.

ge.o.log.ic [dʒiələ'dʒik] adj geológico, concernente à geologia.
ge.ol.o.gist [dʒi'ɔlədʒist] s geólogo.
ge.ol.o.gy [dʒi'ɔlədʒi] s geologia, ciência que estuda a estrutura do nosso planeta, sua origem, natureza e transformações.
ge.o.met.ric [dʒiə'metrik] adj geométrico, pertencente às regras e princípios da geometria; ~ **progression**: progressão geométrica.
ge.om.e.try [dʒi'ɔmətri] s geometria, ciência que estuda as linhas, superfícies, volumes, etc.
ge.ra.ni.um [dʒi'reinjəm] s BOT gerânio, planta muito apreciada pela beleza de suas flores.
ge.ri.at.rics [dʒeri'ætriks] s geriatria.
germ [dʒə:m] s germe; embrião; semente; origem.
Ger.man ['dʒɔ:mən] s alemão; a língua alemã; • adj alemão; germano.
Ger.man.ic [dʒə'mænik] adj germânico; alemão.
ger.mi.cide ['dʒə:misaid] s germicida, substância que mata germes.
ger.mi.nate ['dʒə:mineit] v germinar; nascer; florescer; brotar.
ger.mi.na.tion [dʒə:mi'neiʃn] s germinação.
ger.und ['dʒerənd] s GRAM gerúndio.
ges.ta.tion [dʒe'steiʃn] s gestação; gravidez.
ges.tic.u.late [dʒe'stikjuleit] v gesticular.
ges.tic.u.la.tion [dʒestikju'leiʃn] s gesticulação.
ges.ture ['dʒestʃə(r)] s gesto; aceno.
get [get] v (pt got; pp gotten) obter; arranjar; conseguir; buscar; comprar; tomar; levar; apanhar; tornar-se; compreender; aprender; acertar; atingir; pegar; ganhar; adquirir; habituar-se; decorar; chegar; persuadir; receber; vencer; trazer; ~ **off!**, ~ **away!**, ~ **out!**, ~ **you!**: saia daqui!; **to ~ about**: andar um pouco; dar um pequeno passeio; espalhar-se; **to ~ ahead**: passar adiante; fazer progressos; **to ~ along**: progredir, avançar; estender-se; **to ~ at**: ir para; chegar a; **to ~ away**: ir-se; partir; retirar-se; **to ~ back**: voltar; recuperar; **to ~ better**: melhorar; **to ~ fat**: engordar; **to ~ home**: chegar a casa; **to ~ in**: entrar; **to ~ into**: entrar; vestir; **to ~ involved**: envolver-se; **to ~ married**: casar-se; **to ~ nowhere**: não dar em nada; **to ~ off**: desfazer; livrar-se; **to ~ out**: sair; tirar; arrancar; **to ~ out of sight**: sair; sumir; desaparecer de vista; **to ~ over**: superar; vencer obstáculos; **to ~ ready**: aprontar-se para; **to ~ round**: conseguir; **to ~ to**: comunicar-se; **to ~ seasick**: enjoar; **to ~ up**: subir; montar; levantar-se.
gey.ser ['gi:zə(r)] s gêiser, fonte de água quente.
ghast.ly ['ɡɑ:stli]; EUA ['ɡæstli] adj pálido; macabro; medonho; lívido; cadavérico.
gher.kin ['ɡə:kin] s pepino de conserva.
ghet.to ['ɡetəu] s gueto; ~ **blaster**: POP aparelho de som portátil em que geralmente se ouve no último volume, em público, música popular.
ghost [ɡəust] s fantasma; espectro; espírito; ~ **writer**: pessoa que escreve um livro em lugar de outra; **to give up the ~**: morrer.
ghost.like ['ɡəustlaik] adj lúgubre; fantasmagórico.
ghost.li.ness ['ɡəustlinis] s espiritualidade.
ghost.ly ['ɡəustli] adj espiritual; espectral.
gi.ant ['dʒaiənt] s gigante; • adj gigantesco; colossal; fem giantess; ~~**biller**: ESP jogador/esportista que derrota aquele que era considerado o mais forte.
gib.ber ['dʒibə(r)] s algaravia; • v algaraviar, falar incompreensivelmente.
gib.bet ['dʒibit] s forca; patíbulo; • v enforcar.
gib.bous ['dʒibəs] adj corcunda; corcovado.
gibe [dʒaib] s sarcasmo; escárnio; • v zombar; ralhar com.
gib.lets ['dʒiblits] s pl miúdos (de frango, pato, etc.).
gid.di.ness ['ɡidinis] s vertigem; tonteira; frivolidade; inconstância.
gid.dy ['ɡidi] adj atordoado; inconstante; vertiginoso; volúvel.

gift [gift] *s* doação; dádiva; oferta; dom; presente; • *v* presentear; doar; dotar; **don't look a ~ horse in the mouth**: a cavalo dado não se olham os dentes; **the ~ of the gab**: o dom da palavra.

gift.ed [ˈgiftid] *adj* dotado; prendado; talentoso.

gig [gig] *s* cabriolé; escaler; arpão.

gi.gan.tic [dʒaiˈgæntik] *adj* gigantesco; colossal.

gig.gle [ˈgigl] *s* riso hipócrita; • *v* rir furtivamente; dar risadinhas.

gild [gild] *v* (*pt* e *pp* **gilded** ou **gilt**) dourar; iluminar.

gill [gil] *s* guelra, brânquia (de peixe); medida de capacidade para líquidos (BRIT 0,148 l; EUA 0,118 l).

gim.let [ˈgimlit] *s* verruma; broca.

gim.mick [ˈgimik] *s* truqueto; macete; plano inteligente, frequentemente não muito honesto.

gin [dʒin] *s* armadilha; máquina para separar algodão; gim; • *v* apanhar no laço; descaroçar o algodão.

gin.ger [ˈdʒindʒə(r)] *s* gengibre; **~ ale/beer**: cerveja de gengibre.

gin.ger.bread [ˈdʒindʒə(r)bred] *s* pão ou biscoito de gengibre; **to take the gilt off the ~**: BRIT fazer algo que torne uma situação menos atrativa ou imprecisa.

gin.ger.ly [ˈdʒindʒəli] *adj* cauteloso; prudente; • *adv* cautelosamente.

ging.ham [ˈgiŋəm] *s* tecido fino de algodão.

gip.sy [ˈdʒipsi] *s* cigano; língua dos ciganos.

gi.raffe [dʒiˈraːf; EUA dʒiˈræf] *s* girafa.

gird [gəːd] *v* (*pt* e *pp* **girt**) ligar; cingir.

gird.er [ˈgəːdə(r)] *s* viga; trave.

gir.dle [ˈgəːdl] *s* cinto; cinturão; cinta; circunferência; • *v* cingir; circundar.

girl [gəːl] *s* moça; menina; **~ guide**: escoteira, bandeirante, EUA **~ scout**.

girl.friend [ˈgəːlfrend] *s* amiga; namorada.

girth [gəːθ] *s* circunferência; periferia; • *v* encilhar; cingir.

gist [dʒist] *s* fundamento; essência.

give [giv] *v* (*pt* **gave**; *pp* **given**) dar; ceder; conceder; oferecer; pronunciar; apresentar; **to ~ again**: restituir; **to ~ away**: trair; divulgar um segredo; conduzir ao altar; **to ~ back**: restituir; retirar-se; **to ~ in**: ceder; dar-se por vencido; **to ~ it away**: presentear; **to ~ off**: emitir; **to ~ out**: emitir; distribuir; publicar; **to ~ people first aid**: prestar primeiros socorros; **to ~ up**: desistir; ceder.

giv.en [ˈgivn] *adj* dado; inclinado; **~ name**: nome de batismo; **to be ~ to**: estar propenso a.

giv.er [ˈgivə(r)] *s* doador.

giz.zard [ˈgizəd] *s* moela de ave; canal alimentar dos crustáceos.

gla.cial [ˈgleisiəl; EUA ˈgleiʃl] *adj* glacial; gelado.

gla.cier [ˈglæsiə(r)] *s* geleira.

glad [glæd] *adj* feliz; satisfeito; alegre; contente; **~ rags**: POP BRIT roupa de festa.

glad.den [ˈglædn] *v* alegrar(-se); animar; contentar; encorajar.

glade [gleid] *s* clareira.

glad.ly [ˈglædli] *adv* alegremente; de bom grado.

glad.ness [ˈglædnis] *s* alegria; satisfação; prazer.

glad.some [ˈglædsʌm] *adj* alegre; jubiloso.

glam.our, EUA **glam.or** [ˈglæmə(r)] *s* feitiço; encanto; bruxaria; magia; fascinação.

glam.our.ous, EUA **glam.or.ous** [ˈglæmərəs] *adj* encantador; fascinante.

glance [glaːns; EUA glæns] *s* clarão; fulgor; vislumbre; olhar; olhadela; • *v* lançar um olhar; cintilar; luzir; brilhar; **at a ~**: num relance; **at first ~**: à primeira vista.

gland [glænd] *s* glande; glândula.

glan.du.lar [ˈglændjulə(r); EUA ˈglændʒulə(r)] *adj* glandular.

glare [gleə(r)] *s* brilho; claridade; deslumbramento; • (*at*) *v* brilhar; cintilar; encarar ostensivamente.

glar.ing [ˈgleəriŋ] *adj* brilhante; evidente; penetrante.

glass [glɑ:s; EUA glæs] *s* copo; taça; vidro; espelho; binóculo; ampulheta; • *v* espelhar; refletir; • *adj* de vidro; **~es**: óculos.

glass.house [ˈglɑ:shaus] *s* estufa para plantas; GÍR prisão militar.

glass.y [ˈglɑ:si] *adj* transparente; cristalino; vidrado (olhos).

glau.cous [ˈglɔ:kəs] *adj* glauco; verde-azulado.

glaze [gleiz] *s* lustro; verniz; • *v* guarnecer de vidros; vidrar; envidraçar; polir; lustrar.

gla.zier [ˈgleiziə(r); EUA ˈgleiʒə(r)] *s* vidraceiro; vidreiro.

gleam [gli:m] *s* fulgor; brilho; clarão; • *v* luzir; radiar; cintilar; resplandecer.

glean [gli:n] *v* recolher; juntar.

glee [gli:] *s* regozijo; alegria; canção.

glee.ful [ˈgli:fl] *adj* alegre; jubiloso.

glee.ful.ness [ˈgli:flnis] *s* alegria; prazer; júbilo.

glen [glen] *s* vale estreito.

glib [glib] *adj* fluente; escorregadio.

glide [glaid] *s* escorregadela; deslize; • *v* deslizar; passar de leve; escorregar; escoar; resvalar; AER planar.

glid.er [ˈglaidə(r)] *s* planador.

glim.mer [ˈglimə(r)] *s* vislumbre; luz fraca; • *v* brilhar fracamente.

glimpse [glimps] *s* relance; reflexo; luz fraca; vislumbre passageiro; • *v* entrever; vislumbrar.

glint [glint] *s* brilho; lampejo; fulgor; • *v* refletir; luzir.

glis.ten [ˈglisn] *s* cintilação; • (*with*) *v* cintilar; brilhar; luzir.

glit.ter [ˈglitə(r)] *v* brilhar; cintilar; reluzir.

gloat [gləut] *v* olhar sentindo-se bem com o mal alheio.

glo.bal [ˈgləubl] *adj* global, mundial; **~ warming**: aumento da temperatura da atmosfera terrestre, provocado pela ação de determinados gases, como o dióxido de carbono, que acabam por reter o calor do sol.

globe [gləub] *s* globo; esfera; o planeta Terra; • *v* arrendondar; **~trotter**: pessoa que percorre o globo como turista, ESP EUA seleção especial de basquetebol.

glob.u.lar [ˈglɔbjulə(r)] *adj* globular; esférico.

glob.ule [ˈglɔbju:l] *s* glóbulo.

gloom [glu:m] *s* obscuridade; melancolia; • *v* escurecer; entristecer.

gloom.y [ˈglu:mi] *adj* obscuro; tenebroso; triste; melancólico.

glo.ri.fi.ca.tion [glɔ:rifiˈkeiʃn] *s* glorificação; celebração.

glo.ri.fy [ˈglɔ:rifai] *v* glorificar; exaltar; celebrar.

glo.ri.ous [ˈglɔ:riəs] *adj* glorioso; esplêndido; belo; admirável.

glo.ry [ˈglɔ:ri] *s* glória; fama; renome; celebridade; • *v* jactar-se; gloriar-se.

gloss [glɔs] *s* lustro; brilho; verniz; polimento; nota explicativa; • *v* lustrar; polir; comentar; explicar; insinuar; **to ~ over**: atenuar.

glos.sa.ry [ˈglɔsəri] *s* glossário.

gloss.y [ˈglɔsi] *adj* brilhante; polido; acetinado; **~ magazine**: revista de luxo.

glot.tis [ˈglɔtis] *s* ANAT glote, abertura da laringe.

glove [glʌv] *s* luva; • *v* enluvar; **boxing ~**: luva de boxe; **~ compartment**: porta-luvas; **to fit like a ~**: cair como uma luva.

glow [gləu] *s* calor; ardor; rubor; animação; • (*with*) *v* animar-se; estar corado; inflamar-se; sentir calor; fosforecer; incandescer; **~-worm**: pirilampo, vaga-lume.

glow.er [ˈglauə(r)] *s* olhar ameaçador; • (*at*) *v* olhar com raiva.

glow.ing [ˈgləuiŋ] *adj* ardente; corado; inflamado; apaixonado; resplandecente.

glu.cose [ˈglu:kəus] *s* glicose, açúcar encontrado no sangue e nas frutas.

glue [glu:] *s* cola; grude; visco; • *v* colar; grudar.

glue.y [ˈglu:i] *adj* pegajoso; glutinoso; viscoso.

glut [glʌt] *s* fartura; excesso; superabundância; • *v* comer avidamente; fartar; devorar.

glu.ten [ˈglu:tən] *s* glúten, substância azotada que fica na farinha dos cereais quando se extrai destes o amido.

glu.ti.nous [ˈgluːtinəs; EUA ˈgluːtənəs] *adj* glutinoso; viscoso; pegajoso.

glut.ton [ˈglʌtn] *s* glutão; guloso.

glut.ton.ous [ˈglʌtənəs] *adj* glutão; voraz.

glut.ton.y [ˈglʌtəni] *s* gula.

glyc.er.in [ˈglisəriːn; EUA ˈglisərin] *s* glicerina, substância orgânica que se junta aos ácidos graxos para a formação da gordura.

gnash [næʃ] *v* ranger os dentes.

gnat [næt] *s* designação comum a vários tipos de mosquito.

gnaw [nɔː] (*at*) *v* roer; corroer; mortificar.

gnaw.ing [nɔːiŋ] *s* dor aguda no estômago; ação de roer.

gnome [nəum] *s* gnomo; diabrete; máxima; aforismo.

go [gəu] *s* moda; animação; tentativa; sucesso; vez; • *v* (*pt* **went**; *pp* **gone**) andar; partir; ir; dirigir-se; mover-se; trabalhar; funcionar; desaparecer; prosseguir; passar; tolerar; **~ straight ahead**: siga em frente; **on the ~**: em atividade; em funcionamento; **to ~ about**: iniciar; empreender; **to ~ abroad**: sair; partir; **to ~ after**: seguir; ir buscar; **to ~ against**: opor-se; contradizer; **to ~ along**: continuar; prosseguir; **to ~ ashore**: encalhar; **to ~ astray**: extraviar-se; desencaminhar; **to ~ back**: voltar; **to ~ backward**: retroceder; **to ~ beyond**: ir além do permitido; **to ~ by**: passar; **to ~ down**: baixar; descer; **to ~ far**: ir longe; **to ~ for**: ser bem-sucedido; **to ~ forth**: sair à luz; emanar; publicar-se; **to ~ forward**: prosseguir; avançar; **to ~ in**: entrar; **to ~ into**: entrar; participar de; investigar; **to ~ on**: continuar; perseverar; **to ~ off**: disparar; explodir; despedir-se; **to ~ out**: sair; deixar de funcionar; **to ~ through**: realizar; executar; conseguir; atravessar; **to ~ up**: subir; levantar-se.

goad [gəud] *s* aguilhão; ferrão; • (*into*) *v* aguilhoar; FIG incitar; estimular.

go-ahead [gəuəˈhed] *s* permissão; "luz verde"; • *adj* empreendedor.

goal [gəul] *s* meta; objetivo; fim; intento; ESP gol; **~ average**: média dos gols em um campeonato de futebol.

goal.keep.er [ˈgəulkiːpə(r)] *s* ESP arqueiro; goleiro (especialmente no futebol e no hóquei).

goat [gəut] *s* cabra; bode; **he-~/buck-~**: bode; **nanny-~/she-~**: cabrita; **to get someone's ~**: irritar alguém.

goat.ee [gəuˈtiː] *s* cavanhaque.

gob [gɔb] *s* pedaço; porção; bocado.

gob.bet [ˈgɔbit] *s* naco, pedaço.

gob.ble [ˈgɔbl] *v* engolir; tragar; fazer barulho; gorgorejar.

gob.bler [ˈgɔblə(r)] *s* glutão; peru.

gob.let [ˈgɔblit] *s* taça, copo para vinho.

God [gɔd] *s* Deus; **for ~'s sake!**: pelo amor de Deus!; **~ Almighty** ou **Almighty ~**: Deus Todo-Poderoso; **~ forbid!**: Deus nos livre!; **~ knows**: só Deus sabe; **~ willing**: se Deus quiser.

god.child [ˈgɔdtʃaild] *s* afilhado.

god.daugh.ter [ˈgɔddɔːtə(r)] *s* afilhada.

god.dess [ˈgɔdis] *s* deusa.

god.fa.ther [gɔdˈfɑːðə(r)] *s* padrinho (de batismo).

god.for.sak.en [ˈgɔdfəseikən, ˈgɔːdfərseikən] *s* miserável; desgraçado.

god.less [ˈgɔdlis] *s* herege; ateu; ímpio.

god.less.ness [ˈgɔdlisnis] *s* impiedade; ateísmo.

god.like [ˈgɔdlaik] *adj* divino.

god.moth.er [ˈgɔdmʌðə(r)] *s* madrinha (de batismo).

god.par.ent [ˈgɔdpeərənt] *s* padrinho; madrinha.

gog.gle [ˈgɔgl] *v* arregalar os olhos.

gog.gles [ˈgɔglz] *s pl* óculos de proteção.

go.ing [ˈgəuiŋ] *s* ida; partida.

goi.ter [ˈgɔitə(r)] *s* papo, bócio.

gold [gəuld] *s* ouro; dinheiro; riqueza; **as good as ~**: bem-comportado.

gold.en [ˈgəuldən] *adj* dourado; áureo; precioso; excelente; feliz; **~ opportunity**: oportunidade única; **~ wedding**: bodas de ouro.

gold.smith [ˈgəuldsmiθ] *s* ourives.

golf [gɔlf] *s* ESP golfe, jogo com bolas e inúmeros buracos num terreno de vasta extensão.

golf.er ['gɔlfə(r)] *s* jogador de golfe, golfista.
gon.do.la ['gɔndələ] *s* gôndola, barco a remo.
gone [gɔn; EUA gɔ:n] *pp* de **go**.
gong [gɔŋ] *s* gongo, espécie de sino.
good [gud] *s* proveito; vantagem; utilidade; • *adj* bom; excelente; benigno; virtuoso; útil; legítimo; vantajoso; propício; hábil; considerável; apropriado; • *adv* bem; **for ~**: definitivamente; **~ afternoon**: boa tarde!; **~ evening**: boa noite! (ao chegar); **~ Friday**: Sexta-Feira Santa; **~-looking**: de boa aparência; **~ luck!**: boa sorte!; **~ morning**: bom dia!; **~-natured**: afável; **~ night**: boa noite! (ao se despedir).
good.bye [gud'bai] *s* até logo; adeus.
good.ly ['gudli] *adj* belo; elegante; formoso; virtuoso; considerável; respeitável.
good.ness ['gudnis] *s* virtude; bondade; benevolência; fineza; graça; **my ~!**: meu Deus!
goods [gudz] *s* mercadorias; artigos.
good.will [gud'wil] *s* boa vontade; benevolência.
goose [gu:s] *s* ganso; ferro de alfaiate; bobo; **~ bumps**: pelos arrepiados.
goose.ber.ry ['guzbəri; EUA 'gu:sberi] *s* groselha.
gore [gɔ:(r)] *s* sangue coagulado; pano de enfeite triangular; • *v* picar.
gorge [gɔ:dʒ] *s* desfiladeiro; garganta; goela; • *v* engolir; saciar; fartar.
gor.geous ['gɔ:dʒəs] *adj* magnificente; grandioso.
go.ril.la [gə'rilə] *s* gorila, o maior macaco antropoide africano.
gor.mand.ize, gor.mand.ise ['gɔ:məndaiz] *v* comer avidamente.
gor.mand.iz.er ['gɔ:məndaizə(r)] *s* glutão.
gorm.less ['gɔ:mlis] *adj* POP estúpido, bobo; EUA **stupid**.
gor.y ['gɔ:ri] *adj* sangrento; ensanguentado.
gosh [gɔʃ] *interj* credo!
gos.ling ['gɔzliŋ] *s* gansinho; pessoa inexperiente.
go-slow ['gɔsləu] *s* operação tartaruga; EUA **slowdown**.

gos.pel ['gɔspl] *s* Evangelho; POP verdade; estilo de música popular religiosa.
gos.sa.mer ['gɔsəmə(r)] *s* tecido fino; teia de aranha.
gos.sip ['gɔsip] *s* prosa; tagarelice; mexerico; • *v* mexericar; tagarelar; **~ column**: coluna social (jornal); **~ columnist/~-writer**: colunista social (jornal).
got [gɔt] *pt* e *pp* de **get**.
goth.ic ['gɔθik] *adj* gótico, diz-se de um tipo de construção, também denominada ogival; nome de uma caligrafia usada a partir da Idade Média.
got.ten ['gɔtin] *pp* de **get**.
gourd [guəd] *s* cuia de beber; cabaça.
gov.ern ['gʌvn] *s* governo; • *v* governar; dominar; administrar; reger.
gov.ern.ess ['gʌvənis] *s* governanta; aia; instrutora.
gov.ern.ment ['gʌvənmənt] *s* governo; administração; autoridade; domínio.
gov.ern.men.tal [gʌvn'mentl] *adj* governamental.
gov.er.nor ['gʌvənə(r)] *s* governador; pai; patrão; diretor de penitenciária.
gown [gaun] *s* vestido; camisola; bata; toga; beca; batina; • *v* vestir-se de toga ou túnica.
GP [dʒi: 'pi] *abrev de* **G**eneral **P**ratitioner, MED clínico geral.
grab [græb] *s* garra; ato de agarrar; • *v* segurar; pegar; agarrar; apossar-se.
grace [greis] *s* graça; garbo; ação de graças; favor; graça divina; perdão; • (*with, by*) *v* favorecer; auxiliar; enfeitar.
grace.ful ['greisfl] *adj* elegante; gracioso.
grace.ful.ness ['greisflnis] *s* graça; elegância; delicadeza.
grace.less ['greislis] *adj* deselegante; desajeitado.
gra.cious ['greiʃəs] *adj* bondoso; benigno; amável; cortês.
gra.cious.ness ['greiʃəsnis] *s* cortesia; benevolência; gentileza; amabilidade.
gra.da.tion [grə'deiʃn; EUA grei'deiʃn] *s* gradação; classificação; classe; ordem; série.

grade [greid] *s* grau; nota escolar; classe; cruzamento de raças; EUA declive; rampa; ano escolar; • *v* graduar; classificar; nivelar; cruzar raças de animais; inclinar; **~ crossing**: EUA passagem de nível; **~ school**: EUA escola primária.

gra.di.ent [´greidiənt] *s* declive; rampa; grau de aumento ou diminuição.

grad.u.al [´grædʒuəl] *adj* gradual, que se faz por graus.

grad.u.ate [´grædʒuət] *s* bacharel; • (*from*) *v* graduar; regular; conferir grau a; diplomar-se; • *adj* graduado.

grad.u.a.tion [grædjuei´ʃən] *s* graduação; formatura.

graf.fi.ti [grə´fi:ti:] *s* pichação (no muro).

graft [grɔ:ft; EUA græft] *s* enxerto; suborno; • (*on*, *onto*) *v* enxertar; inserir; subornar.

grail [greil] *s* cálice; taça; gral.

grain [grein] *s* grão; semente; veio; • *v* granular.

gram, gramme [græm] *s* grama, unidade de massa.

gram.mar [´græmə(r)] *s* gramática.

gram.mat.i.cal [grə´mætikl] *adj* gramatical.

gram.o.phone [´græməfəun] *s* gramofone; fonógrafo; EUA **phonograph**.

gra.na.ry [´grænəri] *s* celeiro para grãos.

grand [grænd] *adj* grande; majestoso; grandioso; nobre; sublime; digno; EUA nota de mil dólares; **~ master**: grão-mestre; **~ piano**: piano de cauda; **~ stand**: arquibancada.

grand.aunt [´grændɑ:nt] *s* tia-avó.

grand.child [´grændtʃaild] *s* neto; neta.

grand.daugh.ter [´grænddɔ:tə(r)] *s* neta.

gran.dee [græn´di] *s* magnata.

gran.deur [´grændʒə(r)] *s* grandeza; magnificência.

grand.fa.ther [´grændfɑ:ðə(r)] *s* avô.

gran.dil.o.quent [græn´diləkwənt] *adj* grandiloquente.

grand.ma [´grænmɑ:] *s* vovó (tratamento carinhoso).

grand.moth.er [´grændmʌðə(r)] *s* avó.

grand.neph.ew [´grændnevju:] *s* sobrinho-neto.

grand.niece [´grændni:s] *s* sobrinha-neta.

grand.pa [´grænpɑ:] *s* vovô (tratamento carinhoso).

grand.par.ent [´grændpeərənt] *s* avô ou avó; **~s**: avós.

grand.son [´grændsʌn] *s* neto.

grand.un.cle [´grænd ʌŋkl] *s* tio-avô.

grange [greindʒ] *s* granja; associação de lavradores.

gran.ite [´grænit] *s* granito, espécie de rocha.

gran.ny [´græni] *s* avó; vovó; mulher idosa (tratamento carinhoso).

grant [grɑ:nt; EUA grænt] *s* concessão; outorga; donativo; mercê; privilégio; • *v* conceder; admitir; outorgar; **to take something/someone for ~ed**: dar por certo; não dar valor.

gran.u.lar [´grænjulə(r)] *adj* granular, em que há granulações.

gran.u.late [´grænjuleit] *v* granular.

grape [greip] *s* uva; parreira; **~ juice**: suco de uva.

grape.fruit [´greipfru:t] *s* toranja, variedade de laranja.

graph [grɑ:f; EUA græf] *s* MAT diagrama; gráfico; **~ paper**: papel milimetrado.

graph.ic [´græfik] *adj* gráfico.

graph.ol.o.gist [græ´fɑlədʒist] *s* grafólogo, aquele que pretende conhecer o caráter de uma pessoa pela sua escrita.

graph.ol.o.gy [græ´fɑlədʒi] *s* grafologia, ciência geral da escrita.

grap.nel [´græpnəl] *s* NÁUT âncora pequena; arpão de ferrar navios.

grap.ple [´græpl] *s* luta; combate; • (*with*) *v* lutar; agarrar; prender; amarrar.

grasp [grɑ:sp; EUA græsp] *s* ação de agarrar; posse; controle; compreensão; • (*at*) *v* agarrar; segurar; compreender; usurpar; tomar; apoderar-se.

grass [grɑ:s; EUA græs] *s* erva; relva; grama; pasto; GÍR maconha; • *v* gramar; pastar; **~ widow**: GÍR esposa de marido ausente; **to let the ~ grow under one's feet**: perder tempo; ser lento.

grasshopper / grew

grass.hop.per [ˈgraːʃɔpə(r)] s gafanhoto.
grate [greit] s grade; grelha de fogão; • v raspar; irritar.
grate.ful [ˈgreitfl] adj grato; agradecido; agradável; ant **ungrateful**.
grate.ful.ness [ˈgreitflnis] s gratidão; reconhecimento; agrado.
grat.i.fi.ca.tion [grætifiˈkeiʃn] s gratificação; prêmio; recompensa; satisfação; deleite; gozo.
grat.i.fy [ˈgrætifai] v satisfazer; agradar; contentar; gratificar; recompensar.
grat.is [ˈgreitis] adj e adv grátis; gratuito.
grat.i.tude [ˈgrætitjuːd; EUA ˈgrætituːd] s reconhecimento; gratidão; ant **ingratitude**.
gra.tu.i.tous [grəˈtjuːitəs; EUA grəˈtuːitəs] adj gratuito; gracioso; voluntário; espontâneo.
gra.tu.i.ty [grəˈtjuːəti] s propina; gorjeta; gratificação.
grave [greiv] s sepultura; fossa; tumba; sepulcro; acento grave; MÚS grave; tom baixo; • v (pt **graved**; pp **graven**) gravar; esculpir; • adj grave; sério; importante; **to have one foot in the ~**: estar com o pé na cova, estar morrendo; **to make someone turn over in his/her ~**: fazer alguém que já está morto se mexer no caixão, fazer algo que desagradaria a pessoa que morreu.
grave.dig.ger [ˈgreivdigə(r)] s coveiro.
grav.el [ˈgrævl] s cascalho; pedregulho; saibro; areia grossa; • v cobrir de areia ou de calcário; **~ quarry**: pedreira de cascalho.
grave.stone [ˈgreivstəun] s lápide.
grave.yard [ˈgreivjaːd] s cemitério.
grav.i.tate [ˈgræviteit] (to, towards) v gravitar.
grav.i.ta.tion [græviˈteiʃn] s gravitação; tendência; inclinação.
grav.i.ty [ˈgrævəti] s gravidade; importância.
gra.vy [ˈgreivi] s caldo de carne; molho.
gray [grei] veja **grey**.
graze [greiz] s pasto; escoriação; • v roçar; pastar; arranhar.
gra.zier [ˈgreiziə(r)] s criador de gado.
graz.ing [ˈgreiziŋ] s pastagem.

one hundred and seventy-eight
hundred and seventy-eighth **178**

grease [griːs] s gordura animal; graxa; lubrificante; • v engraxar; untar; engordurar; lubrificar; **to ~ someone's palm/hand**: molhar a mão de alguém, oferecer suborno.
greas.er [ˈgriːsə(r)] s lubrificador; azeitador.
greas.y [ˈgriːsi] adj gorduroso; oleoso; escorregadio; sujo.
great [greit] adj grande; ótimo; ilustre; notável; vasto; notório; **Great Bear**: Ursa Maior; **~ Britain**: Grã-Bretanha; **~~grand-daughter**: bisneta; **~~grandfather**: bisavô; **~~grandmother**: bisavó; **~~grandson**: bisneto.
great.coat [ˈgreitkəut] s sobretudo.
great.ness [ˈgreitnes] s grandeza; grandiosidade; magnitude; poder; majestade.
Gre.cian [ˈgriːʃn] veja **Greek**.
greed [griːd] s voracidade; sovinice; ambição desmedida; avareza.
greed.y [ˈgriːdi] adj avarento; ganancioso; voraz; guloso; insaciável.
Greek [griːk] s e adj grego.
green [griːn] s verde; prado; • adj verde; fresco; recente; novo; • v pintar de verde; cobrir de verde; **~s**: verduras; **~ light**: sinal verde, permissão.
green.back [ˈgriːnbæk] s EUA papel-moeda.
green.er.y [ˈgriːnəri] s horta; verdura.
green.gage [ˈgriːngeidʒ] s ameixa europeia, conhecida por "rainha cláudia".
green.grocer [ˈgriːngrəusə(r)] s verdureiro.
green.house [ˈgriːnhaus] s estufa; **~ effect**: efeito estufa.
green.ish [ˈgriːniʃ] adj esverdeado.
greet [griːt] v saudar; felicitar; cumprimentar.
greet.ing [ˈgriːtiŋ] s saudação; felicitação; cumprimento.
Gre.go.ri.an [griˈgɔːriən] adj gregoriano, diz-se do canto (cantochão) e do rito atribuídos ao papa Gregório I, visando à Celebração dos Ofícios e à Administração dos Sacramentos.
gre.nade [griˈneid] s granada, bomba que se lança com a mão.
grew [gruː] pt de **grow**.

grey, EUA **gray** [grei] s a cor cinza; • adj cinzento.
grid [grid] s grade de barras paralelas; grelha.
grid.i.ron ['graidaiən] s grelha; EUA campo de futebol, BRIT **football field**.
grief [gri:f] s pesar; dor; tristeza; aflição.
griev.ance ['gri:vns] s agravo; lesão; ofensa; injúria.
grieve [gri:v] (*for*) v entristecer; agravar; afligir(-se); lamentar(-se).
griev.ous ['gri:vəs] adj grave; penoso; aflitivo; doloroso.
grill [gril] s grelha; grelhado; • v grelhar; FIG torturar pelo calor; **~room**: restaurante especializado em grelhados.
grille [gril] s grade ou tela de ferro para portão, portas e janelas; AUT grade de radiador.
grim [grim] adj carrancudo; medonho; bárbaro.
grim.ace [gri'meis; EUA 'grimis] s careta; carranca; • v fazer caretas.
grime [graim] s sujeira; superfície suja; • v sujar.
grim.y ['graimi] adj sujo; porco.
grin [grin] s sorriso largo e forçado; • v fazer caretas; dar um sorriso largo e forçado.
grind [graind] s ação de afiar; ação de moer; trabalho pesado; aluno esforçado; • v (*pt* e *pp* **ground**) moer; triturar; amolar facas; polir; GÍR estudar intensamente.
grind.er ['graində(r)] s moedor; afiador; amolador; dente molar.
grip [grip] s aperto de mão; presa; garra; espasmo; dor súbita; valise; • v agarrar; segurar; **to come to ~s**: enfrentar.
gripe [graip] s cólica; aperto; agarramento; • v agarrar; apertar; aflingir; irritar.
gris.ly ['grizli] adj terrível; medonho; espantoso.
grist [grist] s grãos a serem moídos; GÍR porção; quantidade.
gris.tle ['grisl] s cartilagem; tendões.
grit [grit] s areia; saibro; • v cobrir de areia.
griz.zle ['grizl] s cor cinzenta; • v acinzentar; ficar grisalho; • adj cinza; grisalho.

griz.zled ['grizld] adj cinzento; grisalho.
griz.zly ['grizli] adj cinzento; grisalho; **~ bear**: urso pardo.
groan [grəun] s gemido; lamento; • v gemer; suspirar; rugir.
groats [grəuts] s aveia ou trigo batido.
gro.cer ['grəusə(r)] s merceeiro; vendeiro.
gro.cer.y ['grəusəri] s empório; armazém de gêneros alimentícios; mercearia; **groceries**: comestíveis.
grog [grɔg] s grogue, bebida alcoólica quente.
grog.gy ['grɔgi] adj grogue; cambaleante; **~shop**: bodega, taberna.
groin [grɔin] s virilha; ARQ ala; aresta.
groom [gru:m] s tratador de animais; cavalariço; noivo no dia do casamento.
groove [gru:v] s encaixe; entalhe; estria; sulco; • v sulcar; entalhar; estriar.
grope [grəup] v tatear; andar às apalpadelas.
gross [grəus] s grosa; • adj grosso; espesso; rude; grosseiro; **~ domestic product**: produto interno bruto (PIB); **~ profit**: COM lucro bruto.
gross.ly ['grəusli] adv grosseiramente; totalmente.
gross.ness ['grəusnis] s grosseria; densidade; espessura.
gro.tesque [grəu'tesk] adj grotesco; ridículo.
ground [graund] s terra; chão; solo; terreno; território; base; fundamento; motivo; causa; bens de raiz; sedimentos; • v fixar; estabelecer; basear; fundamentar; • *pt* e *pp* de **grind**; **~-floor**: térreo, EUA **first floor**; **~ water**: lençol freático.
ground.less ['graundlis] adj sem fundamento; infundado.
ground.ling ['graundliŋ] s planta rasteira; animal que vive junto à terra; pessoa vil; leitor sem gosto.
ground.work ['graundwə:k] s fundação; base; parte fundamental.
group [gru:p] s grupo; • v agrupar; ajuntar; reunir.
group.ing ['gru:piŋ] s agrupamento; série.
grouse [graus] s galo silvestre; • v lamentar-se.

grove [grəuv] *s* bosque; arvoredo.
grov.el [′grɔvl] *v* arrastar-se; rastejar; engatinhar.
grow [grəu] *v* (*pt* **grew**; *pp* **grown**) cultivar; plantar; crescer; medrar; tornar-se; progredir; enraizar-se; **to ~ old**: envelhecer; **to ~ on trees**: muito fácil de conseguir; **to ~ up**: tornar-se adulto, crescer.
growl [graul] *s* grunhido; resmungo; • *v* resmungar; bramir.
growl.er [′graulə(r)] *s* resmungão.
grown [grəun] *adj* crescido; • *pp* de **grow**; **~-up**: adulto.
growth [grəuθ] *s* crescimento; desenvolvimento.
grub [grʌb] *s* larva; GÍR comida; • *v* roçar; cavar; capinar; EUA GÍR comer.
grudge [grʌdʒ] *s* rancor; ressentimento; • *v* invejar; mostrar má vontade.
gru.el [′gru:əl] *s* papa; mingau.
gru.el.ling [′gru:əliŋ] *adj* árduo.
grue.some [′gru:səm] *adj* horrível; pavoroso.
gruff [grʌf] *adj* áspero; rude; carrancudo; grosseiro.
gruff.ness [′grʌfnis] *s* grosseria; aspereza.
grum.ble [′grʌmbl] *v* resmungar; murmurar; queixar-se.
grump.y [′grʌmpi] *adj* rabugento; queixoso; ríspido.
grunt [grʌnt] *s* grunhido; gemido; • *v* grunhir; resmungar; rosnar; gemer.
guar.an.tee [gærən′ti:] *s* garantia; fiança; • *v* garantir; responsabilizar-se.
guar.an.tor [gærən′tɔ:(r)] *s* fiador; abonador.
guar.an.ty [′gærənti] *s* garantia; fiança.
guard [ga:d] *s* guarda; vigilante; sentinela; guarda-freio, chefe de trem, EUA **conductor**; ESP defesa, defensor; • *v* guardar; vigiar; proteger; defender; **off ~**: desprevenido; **on ~**: de guarda, prevenido; **to stand ~**: montar guarda.
guard.ed [′ga:did] *adj* cauteloso; prevenido.
guard.i.an [′ga:diən] *s* tutor; curador.
guard.i.an.ship [′ga:diənʃip] *s* tutela; tutoria; proteção; curadoria.

guard.rail [′ga:dreil] *s* corrimão; anteparo (nas pistas).
gua.va [′gwa:və] *s* goiaba; **~-tree**: goiabeira.
guer.ril.la [gə′rilə] *s* guerrilha; guerrilheiro.
guess [ges] *s* suposição; palpite; conjetura; adivinhação; • (*at*) *v* conjecturar; avaliar; guiar; supor; adivinhar.
guess.work [′geswə:k] *s* suposição; adivinhação; conjetura.
guest [gest] *s* hóspede; convidado; visita; **be my ~**: fique à vontade; **~ of honor**: convidado de honra.
guf.faw [gə′fɔ:] *s* gargalhada.
guid.ance [′gaidns] *s* guia; direção.
guide [gaid] *s* guia; • *v* guiar; governar; dirigir; **~book**: guia para turistas; **~d missile**: míssil teleguiado.
guide.line [′gaidlain] *s* diretriz.
guild [gild] *s* guilda; corporação; associação.
guil.der [′gildə(r)] *s* florim, moeda de diversos países, em especial da Holanda.
guile [gail] *s* engano; fraude; logro; artifício.
guile.ful [′gailfl] *adj* astucioso; enganador; malicioso; insidioso.
guile.ful.ness [′gailflnis] *s* astúcia; logro; insídia.
guile.less [′gailis] *adj* ingênuo; franco; sincero.
guile.less.ness [′gailisnis] *s* ingenuidade; inocência.
guil.lo.tine [′giləti:n] *s* guilhotina; • *v* guilhotinar.
guilt [gilt] *s* culpa; delito; *ant* **innocence**.
guilt.i.ness [′giltnis] *s* culpabilidade; criminalidade.
guilt.less [′giltlis] *adj* inocente.
guilt.less.ness [′giltlisnis] *s* inocência.
guilt.y [′gilti] *adj* culpado; criminoso; *ant* **innocent**.
guin.ea-pig [′gini pig] *s* cobaia; porquinho-da-índia.
guise [gaiz] *s* modo; pretexto; maneira; aparência.
gui.tar [gi′ta:(r)] *s* guitarra; violão.
gulch [gʌltʃ] *s* EUA ravina.

gulf [gʌlf] *s* golfo; abismo; **~ Stream**: Corrente do Golfo, corrente oceânica quente, do golfo do México.

gull [gʌl] *s* gaivota; bobo, simplório; • *v* lograr; enganar; fraudar.

gul.let [ˈgʌlit] *s* garganta; esôfago; encanamento subterrâneo.

gul.li.bil.i.ty [gʌləˈbiləti] *s* credulidade; simplicidade.

gul.ly [ˈgʌli] *s* fosso; ravina; vala.

gulp [gʌlp] *s* trago; gole; • *v* tragar de um só gole; engolir com avidez.

gum [gʌm] *s* goma (bala, chiclé); grude; gengiva; • *v* grudar; colar; engomar.

gum.my [ˈgʌmi] *adj* gomoso; viscoso.

gump.tion [ˈgʌmpʃn] *s* bom-senso; perspicácia; sagacidade.

gun [gʌn] *s* arma de fogo; pistola; rajada; • *v* atirar com arma de fogo; **at gunpoint**: sob a mira de uma arma; **~-fire**: fogo de artilharia; **~-man**: EUA salteador; **~-runner**: contrabandista de armas; **~-stock**: coronha.

gun.boat [ˈgʌnbəut] *s* canhoneira.

gun.ner.y [ˈgʌnəri] *s* artilharia.

gun.pow.der [ˈgʌnpaudər] *s* pólvora.

gur.gle [ˈgəːgl] *s* golfada; • (*with*) *v* gorgulhar; borbulhar.

gush [gʌʃ] *s* jorro; entusiasmo; efusão; • *v* brotar; esguichar; jorrar.

gus.set [ˈgʌsit] *s* entretela.

gust [gʌst] *s* pé de vento; rajada; paixão; gosto; sabor.

gus.ta.tion [gʌˈsteiʃn] *s* ato de provar; gustação.

gust.ful [ˈgʌstfl] *adj* saboroso.

gust.i.ness [ˈgʌstnis] *s* caráter; estado tempestuoso.

gust.y [ˈgʌstiː] *adj* tempestuoso; violento; borrascoso.

gut [gʌt] *s* tripa; corda de tripa; • *v* esvaziar.

gut.ter [ˈgʌtə(r)] *s* calha; goteira; canal; • *v* instalar calhas ou canos.

gut.tur.al [ˈgʌtərəl] *s* som gutural; • *adj* gutural.

guy [gai] *s* EUA camarada; sujeito; indivíduo; GÍR cara; cabo; corda; GÍR pessoa ridícula; • *v* prender com cabo; ridicularizar; zombar.

guz.zle [ˈgʌzl] *v* beber ou comer em excesso.

guz.zler [ˈgʌzlə(r)] *s* ébrio; beberrão.

gym.na.si.um [dʒimˈneiziəm] *s* ginásio; salão para ginástica.

gym.nast [ˈdʒimnæst] *s* ginasta.

gym.nas.tic [dʒimˈnæstik] *adj* ginástico.

gym.nas.tics [dʒimˈnæstiks] *s* ginástica.

gy.nae.col.o.gist, EUA **gy.ne.col.o.gist** [gainiˈkɔlədʒist] *s* MED ginecologista.

gy.nae.col.o.gy, EUA **gy.ne.col.o.gy** [gainiˈkɔlədʒi] *s* MED ginecologia.

gyp [dʒip] *s* trapaça; vigarista; • *v* trapacear; roubar.

gyp.sum [ˈdʒipsəm] *s* gesso.

gyp.sy [ˈdʒipsi] *s* cigano.

gy.rate [dʒaiˈreit; EUA ˈdʒaireit] *adj* circular; • *v* girar; circular.

gy.ra.tion [dʒaiˈreiʃn] *s* giro; rotação; volta.

h [eitʃ] *s* oitava letra do alfabeto.

ha.be.as cor.pus [heibiəs ˈkɔːpəs] *s* DIR *habeas corpus*, expressão latina que define um instituto jurídico pelo qual é garantida, rigorosa e rapidamente, a liberdade individual de um cidadão dela privado ilegalmente.

hab.er.dash.er [ˈhæbədæʃə(r)] *s* comerciante que lida com loja de armarinhos; EUA comerciante que lida com loja de artigos de vestuário masculino.

hab.er.dash.er.y [ˈhæbəˈdæʃəri] *s* comércio de armarinho; EUA comércio de artigos para homens.

hab.it [ˈhæbit] *s* hábito; costume; **from force of ~**: por força do hábito.

hab.it.a.ble [ˈhæbitəbl] *adj* habitável; *ant* **uninhabitable**.

hab.i.ta.tion [hæbiˈteiʃn] *s* habitação; morada.

ha.bit.u.al [həˈbitʃuəl] *adj* habitual; costumeiro.

ha.bit.u.al.ly [həˈbitʃuəli] *adv* habitualmente.

ha.bit.u.ate [həˈbitʃueit] (*to*) *v* habituar(-se); acostumar(-se).

hack [hæk] *s* corte; entalhe; talho; chanfradura; brecha; picareta; cavalo cansado; mercenário; • *v* cortar; picar; despedaçar; entalhar.

hack.er [ˈhækə(r)] *s* INF pirata, pessoa muito habilitada em computação que consegue adentrar em qualquer sistema, via *modem* ou de outra maneira, descobrindo a senha de entrada (*password*), roubando, assim, informações confidenciais.

hack.ney [ˈhækni] *s* cavalo de aluguel; • *adj* assalariado.

hae.mo.phil.i.a, EUA **he.mo.phil.i.a** [ˈhiːməˈfiliə] *s* MED hemofilia, doença que afeta principalmente os homens e é caracterizada por hemorragias intensas e frequentes.

had [hæd] *pt* e *pp* de **have**.

had.dock [ˈhædək] *s* hadoque, espécie de peixe do Atlântico Norte.

Ha.des [ˈheidiːz] *s* hades; inferno.

hae.mo.glo.bin, EUA **he.mo.glo.bin** [hiːməˈgləubin] *s* MED hemoglobina, matéria que dá cor aos glóbulos vermelhos do sangue.

haem.or.rhage, EUA **hem.or.rhage** [ˈhemərɪdʒ] *s* MED hemorragia, extravasamento contínuo de sangue para fora dos vasos sanguíneos.

haem.or.rhoids, EUA **hem.or.rhoids** [ˈhemərɔidz] *s pl* MED hemorroidas, varizes nas veias do reto.

hag [hæg] *s* velha feia; bruxa; feiticeira.

hag.gard [ˈhægəd] *adj* pálido; abatido; magro; descarnado.

hag.gle [ˈhægl] (*over*, *about*) *v* regatear; pechinchar; **to ~ over**: discutir sobre.

hail [heil] *s* saraiva; granizo; saudação; • *v* saraivar; saudar; aclamar; • *interj* salve!

hair [heə(r)] *s* cabelo; pelo; crina; fibra; filamento; **~-raising**: de arrepiar os cabe los, horripilante; **~-spray**: vaporizador com um produto especial para fixar o cabelo; **to a ~**: exatamente; **to keep one's ~ on**: manter a calma; **to make one's ~ stand on end**: deixar (alguém) de cabelo em pé (horrorizado); **to split ~s**: procurar pelo em ovo.

hair.brush [ˈheəbrʌʃ] *s* escova para cabelo.
hair.cut [ˈheəkʌt] *s* corte de cabelo.
hair.do [ˈheədu:] *s* penteado.
hair.dress.er [ˈheədrəsə(r)] *s* cabeleireiro.
hair-dry.er [ˈheədraiə(r)] *s* secador de cabelo.
hair.less [ˈheə(r)lis] *s* calvo; pelado.
hair.pin [ˈheəpin] *s* grampo para cabelo; **~ bend**: curva fechada, EUA **~ curve**.
hair.y [ˈheəri] *adj* cabeludo; peludo; felpudo.
hake [heik] *s* badejo.
hale [heil] *adj* robusto; forte; são; • *v* arrastar; puxar com força.
half [ha:f; EUA hæf] *s* metade; • *adj* meio; • *adv* meio; quase; **at ~ mast**: a meio-pau (bandeira); **better ~**: a esposa; **by-~**: demais; **~ a dozen**: meia dúzia; **~-and-~**: mistura em partes iguais, meio a meio; **~ an hour**: meia hora; **~-back**: FUT jogador da linha média; **~-brother**: meio-irmão; **~-hourly**: a cada meia hora; **~-sister**: meia-irmã; **~-term**: meio período; **~-time**: ESP intervalo; **~-yearly**: semestral; **in ~**: pelo meio; **not ~**: nem me fale; *pl* **halves**.
half-baked [ˈha:fbeikt] *adj* mal assado; imaturo; mal planejado.
half-blood [ˈha:fblʌd] *s* meio-irmão, meia-irmã; mestiço.
half.way [ˈha:fwei] *adj* incompleto; • *adv* na metade do caminho.
hall [hɔ:l] *s* salão; corredor; vestíbulo; edifício público; universidade; átrio; antecâmara.
hall.mark [ˈhɔ:lma:k] *s* marca (para atestar qualidade); carimbo no ouro ou na prata.
hal.lo [həˈlou] *interj* olá!, alô!
hal.low [ˈhæləu] *v* santificar; consagrar; reverenciar.

Hal.low.e.en [hæləuˈi:n] *s* véspera do dia de Todos os Santos; dia das bruxas (31 de outubro).
Hal.low.mass [ˈhæləumas] *s* dia de Todos os Santos (primeiro de novembro).
hal.lu.ci.nate [həˈlu:sineit] *v* alucinar.
hal.lu.ci.na.tion [həlu:siˈneiʃn] *s* alucinação; ilusão.
hal.lu.ci.no.gen [həlu:siˈnɔdʒən] *s* alucinógeno, droga que produz alucinações.
ha.lo [ˈheiləu] *s* halo; auréola; • *v* areolar.
halt [hɔ:lt] *s* estacionamento; parada; • *v* mancar; coxear; parar; duvidar; vacilar; • *interj* alto!
hal.ter [ˈhɔ:ltə(r)] *s* cabresto; corda; • *v* encabrestar; amarrar com corda; enforcar.
halt.ing [ˈhɔ:ltiŋ] *adj* manco; coxo; vacilante; hesitante.
halve [ha:v; EUA hæv] *v* dividir pelo meio; reduzir pela metade.
ham [hæm] *s* presunto; pernil de porco; curva da perna; GÍR canastrão; radioamador.
ham.burg.er [ˈhæmbə:gə(r)] *s* sanduíche de carne moída, temperada e assada.
ham.let [ˈhæmlit] *s* aldeola; aldeia; lugarejo.
ham.mer [ˈhæmə(r)] *s* martelo; • *v* martelar; **to ~ home**: insistir; **to ~ out**: forjar.
ham.mock [ˈhæmək] *s* rede de dormir.
ham.per [ˈhæmpə(r)] *s* cesto grande; • *v* impedir; interferir.
hand [hænd] *s* mão; ajuda; controle; trabalhador; ponteiro (relógio); mobilidade; assinatura; marujo; • *v* dar; entregar; passar; transmitir; conduzir; guiar; • *adj* feito a mão; usado na mão; **at ~**: ao alcance; **by ~**: à mão; **~-cart**: carrinho de mão; **~-me-down**: roupa de segunda mão; **~s-off!**: tire a mão!; **~-organ**: realejo; **~s up**: mãos ao alto; **~-rail**: corrimão; **~ to ~**: corpo a corpo; **on ~**: à mão; em depósito; **on the other ~**: em outros termos; por outro lado.
hand.bag [ˈhændbæg] *s* bolsa de mão; EUA **pocketbook, purse**.
hand.ball [ˈhændbɔ:l] *s* ESP handebol, jogo de bola praticado com as mãos.

handbill / happy

hand.bill ['hændbil] *s* panfleto.
hand.book ['hændbuk] *s* manual; guia.
hand.brake ['hændbreik] *s* AUT freio de mão.
hand.cuff ['hændkʌf] *v* algemar.
hand.cuffs ['hændkʌfs] *s* algemas.
hand.ed ['hændid] *adj* que tem ou envolve as mãos; **left-~**: canhoto.
hand.ful ['hændful] *s* mão-cheia; punhado; pessoa insuportável.
hand.i.cap ['hændikæp] *s* desvantagem concedida a um competidor mais forte, em oposição à vantagem ao mais fraco; incapacidade física ou mental; • *v* dar vantagem numa corrida; igualar os lances.
hand.i.craft ['hændikra:ft; EUA 'hændikhræft] *s* trabalho manual; artesanato; mão-de-obra.
hand.i.work ['hændiwə:k] *s* trabalho manual.
hand.ker.chief ['hæŋkətʃif] *s* lenço.
han.dle ['hændl] *s* punho; cabo; manivela; alça; maçaneta; • *v* manejar; manipular; manobrar; negociar com.
han.dle.bars ['ha:ndlba:(z)] *s* guidom (de bicicleta).
hand-lens [hændlenz] *s* lupa.
han.dler ['hændlə(r)] *s* treinador de cachorros.
han.dling ['hændliŋ] *s* manobra; manejo; execução.
hand.made ['hændmeid] *adj* feito à mão.
hand.maid [hænd'meid] *s* criada; arrumadeira.
hand.shake ['hændʃeik] *s* aperto de mão.
hand.some ['hænsəm] *adj* belo; bonito; elegante; simpático; generoso.
hand.some.ness ['hænsəmnes] *s* beleza; elegância; formosura; generosidade.
hand.work ['hændwə:k] *s* trabalho manual.
hand.writ.ing ['hændraitiŋ] *s* escrita; caligrafia; manuscrito.
hand.writ.ten ['hændritn] *adj* escrito à mão.
hand.y ['hændi] *adj* à mão, acessível; jeitoso; destro; hábil; útil.
hang [hæŋ] *s* modo como algo pende; • *v* (*pt* e *pp* **hanged**) enforcar; (*pt* e *pp* **hung**) pendurar; prender; depender; hesitar; ~ **glider**: asa-delta; **to get the ~ of**: pegar o jeito; **to ~ about**: ficar à espera (sem fazer nada); pendurar-se em; assediar; **to ~ on**: esperar; perseverar; depender; **to ~ up**: desligar o telefone.
han.gar ['hæŋə(r)] *s* hangar, lugar fechado para guardar aviões; galpão.
hang.dog ['hæŋdɔg] *s* canalha, desprezível.
hang.er ['hæŋə(r)] *s* alça; cabide.
hang.man ['hæŋmən] *s* carrasco; enforcador.
hang.o.ver ['hæŋəuvə(r)] *s* GÍR ressaca, bebedeira.
han.ker ['hæŋkə(r)] (*after*, *for*) *v* ansiar; desejar fortemente.
han.ker.ing ['hæŋkə(r)iŋ] *s* desejo veemente; anseio; aspiração; **to have a ~ for**: ter vontade de.
han.ky ['hæŋki] *s* POP *abrev de* **handkerchief**, lenço.
han.som ['hænsəm] *s* cabriolé, carro de duas rodas e boleia atrás da capota.
hap ['hæp] *s* acaso; sorte; acidente; • *v* acontecer; ocorrer.
hap.haz.ard [hæp'hæzəd] *s* acidente; acaso; fortuna; sorte; • *adj* casual; fortuito; • *adv* casualmente.
hap.less ['hæplis] *adj* infeliz; desventurado; sem sorte.
hap.less.ness ['hæplisnes] *s* infelicidade; desgraça; falta de sorte.
hap.ly ['hæpli] *adv* por acaso; talvez; casualmente; acidentalmente.
hap.pen ['hæpən] *v* acontecer; sobrevir; suceder; ocorrer.
hap.pen.ing ['hæpəniŋ] *s* acontecimento; ocorrência.
hap.pi.ly ['hæpili] *adv* felizmente.
hap.pi.ness ['hæpinis] *s* felicidade; prazer; graça; ventura.
hap.py ['hæpi] *adj* feliz; alegre; afortunado; ditoso; venturoso; *ant* **unhappy**; ~ **anniversary**: feliz aniversário (de casamento); ~ **birthday**: feliz aniversário (nascimento); **~-go-lucky**: despreocupado; ~ **hour**: período de confraternização após o expediente de trabalho.

ha.rangue [hə'ræŋ] s arenga, discurso delongado; lengalenga; • v arengar.

ha.rass ['hærəs; EUA hə'ræs] v fustigar; aborrecer; importunar; perseguir.

ha.rass.ment ['hærəsment] s tormento; aborrecimento.

har.bin.ger ['ha:bindʒə(r)] s precursor; arauto; • v anunciar.

har.bour, EUA **har.bor** ['ha:bə(r)] s porto; ancoradouro; asilo; alojamento; • v abrigar; alojar; refugiar-se.

hard [ha:d] adj sólido; difícil; duro; vigoroso; rude; opressivo; endurecido; *ant* soft; • adv duramente; intensamente; firmemente; laboriosamente; **~-and-fast**: inflexível; **~-boiled**: ovo cozido; insensível, duro; **~ disk**: INF disco rígido, dispositivo interno do computador que armazena programas, arquivos, etc.; **~ up**: duro, sem dinheiro.

hard.back ['ha:dbæk] s livro encadernado; *veja* **paperback**.

hardcash [ha:dkæʃ] s dinheiro em espécie.

hard.en ['ha:dn] v endurecer; solidificar; enriquecer; robustecer; insensibilizar.

hard.ly ['ha:dli] adv raramente; mal; quase não.

hard.ness ['ha:dnis] s dureza; firmeza; solidez; severidade.

hard.ship ['ha:dʃip] s fadiga; opressão; miséria.

hard.ware ['ha:dweə(r)] s ferramenta; quinquilharia; INF é a parte sólida da complexa aparelhagem que forma um computador, chamada, às vezes, parte material, em oposição a *software*, que é sua parte imaterial, formando uma dualidade análoga ao ser humano (*hardware* = equipamento; *software* = programa).

hard.wood ['ha:dwud] s madeira-de-lei.

har.dy ['ha:di] s cinzel; talhadeira; • adj forte; robusto; vigoroso; ousado; corajoso.

hare [heə(r)] s lebre; • v correr rapidamente.

hare.brained ['heə(r)breeind] adj volúvel; inconstante.

hare.lip ['heəlip] s lábio leporino, fendido.

har.em ['ha:ri:m] s harém, cômodos especiais destinados às mulheres dos sultões, chamadas odaliscas, nos países árabes, especialmente nos que têm maioria islâmica.

har.i.cot ['hærikəu] s feijão (branco e pequeno).

hark [ha:k] (*at*) v ouvir com atenção; escutar atentamente; • *interj* ouça!

har.lot ['ha:lət] s meretriz; rameira.

harm [ha:m] s prejuízo; dano; ofensa; • v prejudicar; causar dano; ofender; **out of ~'s way**: em lugar seguro.

harm.ful ['ha:mfl] adj nocivo; prejudicial; perigoso.

harm.ful.ness ['ha:mflnes] s prejuízo; dano; maldade.

harm.less ['ha:mlis] adj inocente; inofensivo.

harm.less.ness ['ha:mlisnes] s inocência.

har.mon.ic [ha:'mɔnik] adj harmônico.

har.mo.ni.ous [ha:'məuniəs] adj harmonioso.

har.mo.ni.ous.ness [ha:'məuniəsnes] s harmonia.

har.mo.nize ['ha:mənaiz] (*with*) v harmonizar; conciliar; pôr-se de acordo.

har.mo.ny ['ha:məni] s MÚS harmonia; concórdia; concordância.

har.ness ['ha:nis] s arreios; armadura; • v arrear; selar; explorar.

harp [ha:p] s harpa; • v tocar harpa; **to ~ on (about)**: repisar, falar de novo.

harp.ist ['ha:pist] s harpista.

har.poon [ha:'pu:n] s arpão; fisga; • v arpoar.

harp.si.chord ['ha:psikɔ:d] s MÚS cravo.

har.py ['ha:pi] s harpia; chantagista.

har.ri.dan ['hæridən] s megera; bruxa; mulher velha.

har.row ['hærəu] s instrumento com grades para agricultura; • v gradar; torturar.

har.ry ['hæri] v assolar; saquear; destruir.

harsh [ha:ʃ] adj áspero, austero; intratável.

harsh.en ['ha:ʃn] *v* tornar áspero; tornar severo, cruel.

harsh.ness ['ha:ʃnis] *s* aspereza; severidade; dureza; autoridade.

hart [ha:t] *s* veado com mais de 5 anos de idade.

har.vest ['ha:vist] *s* colheita; • *v* fazer a colheita.

har.ves.ter ['ha:vistə(r)] *s* ceifeiro; máquina de ceifar.

has-been ['hæz bi:n] *s* pessoa decadente.

hash [hæʃ] *s* picado; fricassé; • *v* picar; retalhar.

hasp [ha:sp; EUA hæsp] *s* argola de cadeado; • *v* fechar com cadeado.

has.sock ['hæsək] *s* almofada usada para ajoelhar-se ou sentar-se.

haste [heist] *s* pressa; prontidão; presteza; precipitação; diligência; urgência; **in ~**: às pressas; **to make ~**: apressar-se.

has.ten ['heisn] *v* apressar.

hast.y ['heisti] *adj* apressado; precipitado; impetuoso.

hat [hæt] *s* chapéu; **~ in hand**: respeitosamente; **to pass the ~**: colher dinheiro numa plateia, passar o chapéu; **to take one's ~ off**: tirar o chapéu para, expressar admiração.

hatch [hætʃ] *s* ninhada; saída da casca; comporta; • *v* chocar; incubar.

hatch.et ['hætʃit] *s* machadinha.

hatch.way ['hætʃwei] *s* NÁUT escotilha.

hate [heit] *s* ódio; abominação; aversão; • *v* odiar; abominar; detestar; *ant* love.

hate.ful ['heitfl] *adj* detestável; reprovável.

haugh.ti.ness ['hɔ:tinis] *s* altivez; orgulho; arrogância.

haugh.ty ['hɔ:ti] *adj* orgulhoso; soberbo; insolente; arrogante.

haul [hɔ:l] *s* puxão; arrasto; • *v* puxar; rebocar; NÁUT mudar de curso.

haul.age ['hɔ:lidʒ] *s* transporte de mercadoria; frete.

haunch [hɔ:ntʃ] *s* anca; quadril.

haunt [hɔ:nt] *s* lugar frequentado habitualmente; • *v* assombrar; perseguir; visitar; frequentar.

haunt.ed ['hɔ:ntid] *adj* assombrado.

haut.boy ['həubɔi] *s* MÚS oboé.

hau.teur [əu'tə:(r)] *s* altivez; arrogância.

have [hæv] *v* (*pt* e *pp* **had**) ter; tomar; comer; beber; aceitar; possuir; permitir; querer; ter de; • *v aux* ter, haver; **I ~ it!**: já sei!; **to ~ done with**: acabar com; **to ~ it out (with)**: entender-se (com); **to ~ on**: estar usando; estar brincando.

ha.ven ['heivn] *s* porto; enseada; refúgio; abrigo.

hav.er.sack ['hævəsæk] *s* mochila.

hav.oc ['hævək] *s* destruição; estrago; devastação; • *v* arruinar; destruir; devastar; destroçar.

hawk [hɔ:k] *s* falcão; mascate; • *v* apregoar à venda.

haw.ser ['hɔ:zə(r)] *s* NÁUT espia; cabo; amarra.

hay [hei] *s* feno; forragem; • *v* fazer feno; **to make ~ while the sun shines**: aproveitar uma oportunidade.

haz.ard ['hæzəd] *s* azar; risco; perigo; acaso; jogo de azar; • *v* arriscar; aventurar-se.

haz.ard.ous ['hæzədəs] *adj* arriscado; perigoso; incerto.

haze [heiz] *s* nevoeiro; neblina; perturbação mental; obscuridade; • *v* atemorizar; espantar; nublar.

ha.zel ['heizl] *s* aveleira; • *adj* castanho.

ha.sel.nut ['heizlnʌt] *s* avelã.

ha.zy ['heizi] *adj* confuso; vago; nublado.

h-bomb ['eitʃ bɔm] *s* bomba de hidrogênio.

he [*strong or initial form*: hi:; *medial weak form*: i:] *s* homem; animal macho; • *pron* ele; **~-goat**: bode; **~-man**: homem viril.

head [hed] *s* cabeça; chefe; guia; cabeçalho; nascente de rio; cara (de moeda); intelecto; • *v* guiar; encabeçar; chefiar; governar; intitular; • *adj* principal; primeiro; chefe; **~-dress**: toucador; **~ louse**: piolho; **~ over heels**: completamente; de pernas para o ar;

~s or tails: cara ou coroa; **to lose one's ~**: perder a cabeça, descontrolar-se.

head.ache ['hedeik] *s* dor de cabeça; enxaqueca.

head.bang.er [hed'bæŋə(r)] *s* GÍR fã de música *heavy metal*; *veja* **metalhead**.

head.dress ['heddres] *s* penteado; toucado.

head.er ['hedə(r)] *s* FUT cabeçada.

head.hunt.er ['hedhʌntə(r)] *s* profissional de recursos humanos especializado na procura de executivos, especialmente para o preenchimento de vagas de posições de alto nível nas empresas.

head.light, head.lamp ['hedlait, 'hedlæmp] *s* AUT farol dianteiro.

head.line ['hedlain] *s* manchete; cabeçalho.

head.long ['hedlɔŋ; EUA 'hedlɔ:ŋ] *adj* precipitado; repentino; • *adv* precipitadamente; impetuosamente.

head.mas.ter [hed'ma:stə(r)] *s* diretor de escola; reitor; *fem* **headmistress**.

head.phones ['hedfəunz] *s pl* fones de ouvido para rádio, toca-fita, etc.

head.piece [hedpi:s] *s* capacete.

head.quar.ters [hed'kwɔ:təz] *s* comando; quartel-general; *abrev* **HQ**.

head.ship ['hedʃip] *s* autoridade; chefe.

head.stone ['hedstəun] *s* pedra fundamental; pedra angular; pedra tumular.

head.strong ['hedstrɔŋ; EUA 'hedstrɔ:ŋ] *s* teimoso; cabeçudo; indomável.

head.wait.er ['hedweitə(r)] *s* garçom-chefe.

head.work ['hedwə:k] *s* trabalho mental.

head.y ['hedi] *adj* intoxicante; excitante; impetuoso.

heal [hi:l] *v* curar; sarar; conciliar.

health [helθ] *s* saúde; sanidade; vitalidade; **your ~!**: à sua saúde!

health.ful ['helθfl] *adj* são; salubre.

health.ful.ness ['helθflnes] *s* salubridade; sanidade.

health.y ['helθi] *adj* são; sadio; saudável; *ant* **unhealthy**.

heap [hi:p] *s* monte; montão; pilha; acúmulo; aglomeração; multidão; • *v* amontoar; aglomerar; cumular.

hear [hiə(r)] *v* (*pt* e *pp* **heard**) ouvir; escutar; dar ouvidos; **~! ~!**: bravo!

hear.ing ['hiəriŋ] *s* audição; audiência; **~-aid**: aparelho de surdez.

heark.en ['ha:kən] *v* escutar atentamente.

hear.say ['hiəsei] *s* boato; rumor.

hearse [hə:s] *s* carro fúnebre; ataúde.

heart [ha:t] *s* coração; peito; interior; centro; coragem; ânimo; afeição; sensibilidade; **at ~**: fundamentalmente; na realidade; **by ~**: de cor; **have a ~!**: tenha dó!; **~ and soul**: de corpo e alma; **~ attack**: ataque cardíaco; **~-to-~**: franco; **to have one's ~ in one's mouth/boots**: estar com o coração na mão, estar assustado.

heart.ache ['ha:teik] *s* inquietação; angústia.

heart.beat ['ha:tbi:t] *s* batida cardíaca.

heart.break ['ha:tbreik] *s* mágoa.

heart.en ['ha:tn] *v* animar.

heart.felt ['ha:tfelt] *adj* sincero; profundamente sentido.

hearth [ha:θ] *s* lareira.

heart.less ['ha:tlis] *adj* cruel; desumano; insensível; covarde.

heart.y ['ha:ti] *adj* cordial; franco; sincero; robusto; substancial, abundante.

heat [hi:t] *s* calor; aquecimento; paixão; • *v* aquecer; esquentar; animar-se; agitar; **~ wave**: onda de calor; **to be on ~**, EUA **to be in ~**: estar no cio, quando a fêmea está em condições de se acasalar.

heat.er ['hi:tə(r)] *s* aquecedor; estufa; GÍR revólver.

heath [hi:θ] *s* mata; terreno baldio.

hea.then ['hi:ðn] *s* e *adj* pagão; idólatra; selvagem.

heat.ing ['hi:tiŋ] *s* aquecimento.

heave [hi:v] *s* elevação; náusea; esforço para vomitar; • *v* levantar; içar; suspender; vomitar; expectorar.

heav.en ['hevn] *s* céu; firmamento; **~ knows**: Deus é quem sabe; **~s/good ~s!**: céus!; **thanks ~s**: graças a Deus.

heav.en.ly ['hevnli] *adj* celestial; divino.

heav.i.ness ['hevnis] *s* peso; opressão; mágoa.

heavy / helpmate

heav.y ['hevi] *adj* pesado; oneroso; sério; profundo; triste; carregado; denso; maciço; árduo; *ant* **light**; ~ **industry**: indústria pesada; ~ **metal**: MÚS rock pesado.

heav.y.weight ['heviweit] *s* ESP peso-pesado (boxe); pessoa importante.

He.bra.ic [hi:'breiik] *adj* hebraico.

He.brew ['hi:bru:] *s* hebreu; judeu; • *adj* hebreu; hebraico.

heck.le ['hekl] *v* interpelar; apartear; importunar.

hec.tare ['hekteə(r)] *s* hectare, medida agrária equivalente a 10.000 metros quadrados.

hec.tor ['hektə(r)] *v* afrontar; fanfarronar; atormentar; perseguir.

hedge [hedʒ] *s* cerca viva; tapume; obstáculo; • *v* cercar.

hedge.hog ['hedʒhɔg; EUA 'hedʒhɔ:g] *s* ouriço; porco-espinho.

hedge.row ['hedʒrəu] *s* fileira de plantas numa cerca viva.

he.don.ism ['hi:dənizəm] *s* hedonismo, sistema que estabelece o prazer como sendo um objetivo fundamental.

he.don.ist ['hi:dənist] *s* hedonista, aquele que é partidário do hedonismo.

heed [hi:d] *s* cautela; cuidado; consideração; atenção; • *v* prestar atenção a; considerar; atentar; atender.

heed.ful ['hi:dfl] *adj* cuidadoso; precavido; atento; cauteloso.

heed.ful.ness ['hi:dflnis] *s* cautela; vigilância; atenção.

heed.less ['hi:dlis] *adj* descuidado; imprudente; insensato; negligente; distraído.

heed.less.ness ['hi:dlisnis] *s* desatenção; negligência; imprudência.

hee.haw ['hi:hɔ:] *s* zurro; orneio; • *v* zurrar.

heel [hi:l] *s* calcanhar; salto; • *v* colocar salto; **to cool one's ~s**: dar uma "gelada"; **to kick one's ~s**: ficar plantado esperando; **to ~ over**: NÁUT adernar; **to take to one's ~s**: dar no pé.

hef.ty ['hefti] *adj* pesado; poderoso; substancioso.

he.gem.o.ny ['hi:gemən i] *s* hegemonia; supremacia.

he.gi.ra ['hedʒirə; EUA hi'dʒaiərə] *s* hégira, data que marca o início do calendário islâmico, correspondente à fuga de Maomé, de Meca para Medina, no ano de 622 d.C.

heif.er ['hefə(r)] *s* vitela; novilho.

height [hait] *s* altura; altitude; elevação.

height.en ['haitn] *v* elevar; erguer; levantar; aumentar; intensificar.

hei.nous ['heinəs] *adj* atroz; odioso; horrível.

heir [eə(r)] *s* herdeiro; sucessor; *fem* **heiress**.

heir.loom ['eəlu:m] *s* herança; relíquia.

held [held] *pt* e *pp* de **hold**.

he.li.cop.ter ['helikɔptə(r)] *s* helicóptero.

he.li.o.trope ['hi:liətrəup] *s* heliotrópio, flor que se volta na direção do Sol.

hel.i.port ['helipɔ:t] *s* AER heliporto.

he.li.um ['hi:liəm] *s* QUÍM hélio, elemento simples cujo símbolo é He.

he.lix ['hi:liks] *s* espiral; ARQ voluta.

hell [hel] *s* inferno; caos; punição; **like ~**: muito.

Hel.len.ic [he'li:nik; EUA he'lenik] *s* e *adj* grego, helênico.

hell.ish ['heliʃ] *adj* infernal.

hel.lo [hə'ləu] *interj* alô!

helm [helm] *s* leme; governo; timão; direção; • *v* dirigir; governar; conduzir; guiar.

hel.met ['helmit] *s* elmo; capacete.

helms.man ['helmzmən] *s* timoneiro; piloto.

help [help] *s* ajuda, socorro, auxílio; remédio; recurso; ajudante; INF informações que socorrem o usuário que normalmente vêm introduzidas no programa que se está rodando; • *v* ajudar; socorrer; remediar; evitar; servir à mesa.

help.ful ['helpfl] *adj* proveitoso; útil; prestativo.

help.ing ['helpiŋ] *s* porção (de comida).

help.less ['helplis] *adj* desamparado; impossibilitado; impotente; irremediável; desvalido.

help.mate ['helpmeit] *s* ajudante; companheiro (cônjuge).

help.meet ['helpmi:t] *s* cooperador; companheiro; companheira; cara-metade; esposa.

helve [helv] *s* cabo de diversas ferramentas.

hem [hem] *s* bainha; debrum; orla; • *v* debruar; embainhar; **to ~ and haw**: gaguejar; hesitar ao falar.

he.ma.tol.o.gy ['hi:mə'tɔlədʒi] *s* hematologia, parte da histologia que estuda o sangue.

hem.i.sphere ['hemisfiə(r)] *s* hemisfério, metade de uma esfera.

hem.i.spher.i.cal ['hemisfirəkl] *adj* hemisférico, em forma de hemisfério.

hem.lock ['hemlɔk] *s* cicuta, planta extremamente venenosa; veneno que se extrai dessa planta.

he.mo.glo.bin [hi:mə'gləubin] *veja* **haemoglobin**.

he.mo.phil.i.a [hi:mə'filiə] *veja* **haemophilia**.

hem.or.rhage ['heməridʒ] *veja* **haemorrhage**.

hem.or.rhoids ['hemərɔidz] *veja* **haemorrhoids**.

hemp [hemp] *s* cânhamo, árvore que produz fibras.

hen [hen] *s* galinha; fêmea das aves em geral.

hence [hens] *adv* daqui; daí; consequentemente.

hence.forth, hence.for.ward ['hens'fɔ:ø, hens'fɔ:wəd] *adv* daqui em diante; de hoje em diante.

hench.man ['hentʃmən] *s* capanga; subordinado; partidário; valete; criado; pajem.

hen.peck.ed ['henpekt] *adj* dominado pela esposa.

hep.ta.gon ['heptəgən; EUA 'heptəgɔn] *s* heptágono, figura geométrica (polígono) de sete lados e sete ângulos.

her [*strong or initial form*: hə:(r); *medial weak form*: ə:(r)] *pron* seu; seus; sua; suas; dela; lhe; a ela; **we used to see ~ picture in the papers**: nós víamos sua foto nos jornais; **tell ~ to wait**: diga-lhe que espere.

her.ald ['herəld] *s* arauto; mensageiro; o que anuncia; • *v* anunciar; proclamar; apresentar.

her.ald.ry ['herəldri] *s* heráldica, arte ou ciência dos brasões.

herb [hə:b] *s* erva; planta.

her.ba.ceous [hə:'beiʃəs] *adj* herbáceo, concernente a erva.

herb.age [hə:'bidʒ] *s* ervas em geral; forragem verde para o gado; pastagem.

Her.cu.le.an [hə:kju'li:ən] *adj* hercúleo; gigantesco.

herd [hə:d] *s* bando; multidão; rebanho; manada; • *v* andar ou reunir em bandos.

herds.man ['hə:dsmən] *s* pastor; guarda de gado.

here [hiə(r)] *adv* aqui; neste lugar; **~ and now**: imediatamente; **~ and there**: aqui e ali; **~ goes**: lá vai; **~ you are**: aqui está; **~'s to**: à saúde de.

here.a.bout(s) ['hiərə'baut] *adv* por aqui; nos arredores.

here.af.ter [hiər'a:ftə(r); EUA hiər'æftə(r)] *adv* doravante; para o futuro.

here.by [hiə'bai] *adv* pela presente; por este meio.

her.e.dit.a.ment [heri'ditəmənt] *s* DIR herança; patrimônio.

he.red.i.tar.y [hi'reditri; EUA hi'rediteri] *adj* hereditário.

here.in ['hiəin] *adv* nisto; aqui dentro.

here.of ['hiəɔv] *adv* disto; a respeito disto.

here.on ['hiəɔn] *adv* sobre isto; a respeito disto.

her.e.sy ['herəsi] *s* heresia, doutrina oposta aos ditames da Igreja.

her.e.tic ['herətik] *s* herege, aquele que professa uma heresia; ateu.

he.ret.i.cal [hi'retikl] *adj* herético, relativo a heresia.

here.with [hiə'wið] *adv* com isto; junto, incluso.

her.it.a.ble ['heritəbl] *adj* que pode ser recebido por herança.

her.it.age ['heritidʒ] *s* herança; FIG patrimônio; **national ~**: patrimônio nacional.

her.maph.ro.dite [hə:'mæfrədait] *s* e *adj* hermafrodita, que tem os dois sexos.

her.met.ic [hə:'metik] *adj* hermético, completamente fechado, de maneira que não possa entrar o ar.

her.mit ['hə:mit] *s* eremita, pessoa que vive só em lugar despovoado, deserto.

her.mit.age ['hə:mitidʒ] *s* ermida; eremitério, sítio isolado onde vivem os eremitas.

her.ni.a ['hə:niə] *s* MED hérnia, protuberância que ocorre quando há um rompimento da proteção que envolve o intestino, com intumescência de parte desse órgão.

he.ro ['hiərəu] *s* herói; *fem* **heroine**.

he.ro.ic [hi'rəuik] *adj* heroico, valente, que denota heroísmo; também se refere a gênero literário, celebrando feitos de heróis.

her.o.ism ['herəuizm] *s* heroísmo.

her.o.in ['herəuin] *s* heroína (droga); **~ addict**: viciado em heroína.

her.on ['herən] *s* garça, ave pernalta e aquática.

her.ring ['heriŋ] *s* arenque, peixe marítimo de arribação.

hers [hə:z] *pron* o seu; os seus; a sua; as suas; dela.

her.self [hə:'self] *pron* ela mesma; ela própria; **by ~**: sozinha; só.

hes.i.ta.te ['hezi'teit] *v* hesitar; **don't ~ to phone**: não deixe de ligar (telefonar).

hes.i.ta.tion [hezi'teiʃn] *s* hesitação; indecisão; vacilação.

het.er.o.dox ['hetərədɔks] *adj* heterodoxo, que não é ortodoxo; RELIG aquilo que é oposto aos princípios de uma religião.

het.er.o.ge.ne.ous [hetərə'dʒi:niəs] *adj* heterogêneo, composto de partes de natureza diferente.

het.e.ro.sex.u.al [hetərə'sekʃuəl] *s* e *adj* heterossexual.

hew [hju:] *v* (*pt* **hewed**; *pp* **hewn**) cortar; talhar; desbastar; picar.

hex.a.gon ['heksəgən; EUA 'heksəgɔn] *s* hexágono, polígono de seis ângulos e seis lados.

hey [hei] *interj* ei!

hey.day ['hei dei] *s* auge, apogeu.

hi [hai] *interj* olá!

hi.a.tus [hai'eitəs] *s* hiato; lacuna; interrupção; brecha; fenda.

hi.ber.nate ['haibəneit] *v* hibernar.

hi.ber.na.tion [haibə'neiʃn] *s* hibernação, sono prolongado de certos animais no inverno.

hic.cup ['hikʌp] *s* soluço; • *v* soluçar.

hide [haid] *s* couro; pele; • (*from*) *v* (*pt* **hid**; *pp* **hid**, **hidden**) esconder; ocultar; encobrir; surrar; **~-and-seek**: esconde-esconde (brincadeira infantil).

hid.e.ous ['hidiəs] *adj* abominável; horrível.

hid.e.ous.ness ['hidiəsnis] *s* fealdade; espanto; horror.

hie [hai] *v* ativar; apressar-se.

hi.er.ar.chic.al [haiə'ra:kikl] *adj* hierárquico, que possui hierarquia.

hi.er.ar.chy ['haiəra:ki] *s* hierarquia, poderes eclesiásticos, militares e civis que mantêm uma subordinação sucessiva de uns sobre os outros componentes da mesma classe, categoria, gradação.

hi.er.o.glyph ['haiərəglif] *s* hieróglifo, escrita dos antigos sacerdotes egípcios.

hi-fi [hai 'fai] *s abrev de* **hi**gh **fi**delity, alta fidelidade.

high [hai] *s* número alto; elevado; EUA altura; • *adj* alto; elevado; grande; importante; eminente; MÚS agudo; poderoso; embriagado; • *adv* altamente; a grande altura; de preço excessivo; luxuosamente; **~ and low**: em todo lugar; **~er education**: ensino superior; **~ fidelity (hi-fi)**: alta fidelidade; **~ flying**: ambicioso; **~-handed**: arbitrário; **~ hat**: cartola; **~ life**: alta sociedade; **~ mass**: missa solene; **~-minded**: magnânimo; **~ school**: EUA escola secundária; **~ society**: alta sociedade; **~-tea**: BRIT chá servido com comestíveis; **~ tech**: alta tecnologia; **~ tide**: maré alta; **~ water**: maré cheia; **the ~ seas**: alto-mar.

high.ball ['haibɔ:l] *s* EUA uísque com soda e gelo picado.

high.brow ['haibrau] *s* e *adj* intelectual.

high.land.er ['hailəndə(r)] *s* montanhês, especialmente da Escócia.

high.light ['hailait] *s* auge; • *v* enfatizar.

high.light.ed ['hailaitid] *adj* iluminado; destacado.

high.ness ['hainis] *s* altura; sublimidade; (com maiúsc. e precedido de **Your**, **His** ou **Her**) alteza.

high.way ['haiwei] *s* estrada de rodagem; rodovia de alta velocidade.

hi.jack ['haidʒæk] *s* sequestro; • *v* sequestrar.

hi.jack.er ['haidʒækə(r)] *s* sequestrador.

hike [haik] *s* caminhada; • *v* fazer longas caminhadas, por prazer.

hik.er ['haikə(r)] *s* excursionista; quem faz extensos passeios a pé.

hi.lar.i.ous [hi'leəriəs] *adj* alegre; jovial.

hi.lar.i.ty [hi'lærəti] *s* hilaridade; jovialidade; alegria.

hill [hil] *s* colina; monte; • *v* amontoar; acumular.

hill.ock ['hilək] *s* pequena colina.

hill.side ['hilsaid] *s* encosta de morros.

hill.y ['hili] *adj* acidentado; cheio de colinas; montanhoso.

hilt [hilt] *s* punho; cabo; **to the ~**: completamente.

hilt.ed ['hiltid] *adj* que tem cabo.

him [him] *pron* o; lhe; a ele; **I'll find ~ this time!**: desta vez o encontrarei!

him.self [him'self] *pron* ele mesmo; ele próprio; se; a si mesmo; **by ~**: sozinho.

hind [haind] *s* camponês; corça; • *adj* posterior; traseiro.

hin.der ['hində(r)] (*from*) *v* impedir; embaraçar; retardar.

hin.drance ['hindrəns] *s* impedimento; obstáculo; estorvo; empecilho.

Hin.du [hin'du:; EUA ′hindu:] *s* hindu.

hinge [hindʒ] *s* dobradiça; • (*on, upon*) *v* depender de.

hint [hint] *s* insinuação; sugestão; • *v* sugerir; insinuar; dar a entender.

hip [hip] *s* anca; quadril; cadeiras.

hip-hop ['hiphop] *s* EUA GÍR cultura popular dos jovens negros urbanos; música *rap*.

hip.po.pot.a.mus [hipə′potəməs] *s* hipopótamo, grande mamífero paquiderme.

hip.pie ['hipi] *s* aquele que rejeita os preceitos de uma sociedade estabelecida a partir de padrões conservadores; integrante do movimento de mesmo nome da década de 1960.

hire ['haiə(r)] *s* aluguel; salário; • *v* alugar; assalariar; EUA contratar um empregado; **~-purchase (HP)**: compra a prestações.

hire.ling ['haiəliŋ] *s* e *adj* mercenário; venal.

hir.sute ['hə:sju:t; EUA ′hə:su:t] *adj* hirsuto; peludo; cabeludo.

his [*strong or initial form*: hiz; *medial weak form*: iz] *pron* seu; sua; seus; suas.

Hispan.ic [his′pænik] *adj* hispânico.

hiss [his] *s* assobio; silvo; vaia; • *v* assobiar; silvar; vaiar.

his.tol.o.gy [his′tolədʒi] *s* histologia, parte da fisiologia que tem por objetivo estudar a estrutura e composição microscópica dos tecidos orgânicos.

his.to.ri.an [hi′stɔ:riən] *s* historiador; cronista.

his.tor.ic, his.tor.i.cal [hi′stɔrik; EUA hi′stɔ:rik(l)] *adj* histórico, concernente à história.

his.to.ry ['histri] *s* história.

hit [hit] *s* golpe; pancada; • *v* (*pt* e *pp* **hit**) bater; chocar-se; acertar; atingir o alvo; alcançar; colidir; **to ~ someone where it hurts**: atingir o ponto mais fraco de alguém; **to ~ the bottle**: beber demais; **to ~ the jackpot**: ter muito sucesso; **to ~ the nail on the head**: acertar em cheio; **to ~ the roof/the ceiling**: subir pelas paredes, ficar furioso.

hitch [hitʃ] *s* nó; laço; obstáculo; problema; • *v* sacudir; enganchar; amarrar; atrelar; enroscar-se; **to ~ a lift**: pegar carona.

hitck.hike ['hitʃhaik] *v* pegar, pedir carona.

hitch.hik.er ['hitʃhaikə(r)] *s* aquele que viaja de carona.

hith.er ['hiðə(r)] *adj* e *adv* aquém de; até aqui; para cá; para aqui; **~ and thither**: aqui e acolá.

hith.er.to [hiðə′tu:] *adv* até agora; até aqui.

HIV [eitʃ ai ′vi] *abrev de* **H**uman **I**mmunodeficiency **V**irus, vírus da imunodeficiência humana.

hive / homesick

hive [haiv] *s* colmeia; enxame; • *v* enxamear.
hives [haivz] *s* urticária, erupção cutânea com pruridos.
ho [həu] *interj* olá!, alô!
hoar [hɔ:(r)] *adj* grisalho.
hoard [hɔ:d] *s* provisão; • *v* amontoar; acumular.
hoarse [hɔ:s] *adj* rouco.
hoarse.ness ['hɔ:snis] *s* rouquidão.
hoar.y ['hɔ:ri] *adj* grisalho.
hoax [həuks] *s* logro; burla; • *v* lograr; fraudar.
hob.ble ['hɔbl] *s* coxeadura; obstáculo; dificuldade; • *v* coxear; mancar; impedir.
hob.by ['hɔbi] *s* passatempo; **~-horse**: cavalinho de pau; FIG tema favorito.
hob.gob.lin ['hɔbgɔblin] *s* duende; espectro.
hob.nail ['hɔbneil] *s* cravo; prego.
ho.bo ['həubəu] *s* EUA vagabundo.
hock [hɔk] *s* vinho do Reno; • *v* penhorar; pôr no prego.
hock.ey ['hɔki] *s* ESP hóquei, jogo com onze oponentes, bola pequena e com o objetivo de enviá-la com o taco até a meta adversária.
ho.cus-po.cus [həukəs 'pəukəs] *s* truque; prestidigitador; • *v* burlar; pregar peças.
hod [hɔd] *s* coche; recipiente para carvão.
hoe [həu] *s* enxada; • *v* cavar; capinar.
hog [hɔg; EUA hɔ:g] *s* porco.
hog.gish [hɔgiʃ] *adj* porco; imundo; sujo.
hogs.head ['hɔgzhed; EUA 'hɔ:gzhed] *s* casco; barril.
hoist [hɔist] *s* guindaste; guincho; • *v* levantar; guindar; içar; alçar.
hold [həuld] *s* posse; • *v* (*pt* e *pp* **held**) segurar; conter; ocupar; considerar; mirar; concordar; manter; **to ~ back**: reter, deter; **to ~ off**: manter à distância; prevenir o avanço; **to ~ on**: continuar; esperar (ao telefone); **to ~ out**: oferecer; perdurar; **to ~ over**: adiar; **to ~ together**: manter unido; **to ~ up**: adiar; roubar, assaltar.
hold.all ['həuldɔ:l] *s* mochila; saco de viagem.
hold.er ['həuldə(r)] *s* detentor; portador.

hold.ing ['həuldiŋ] *s* posse; arrendamento; **~ company**: empresa que detém o controle acionário de outras.
hold.up ['həuldʌp] *s* assalto.
hole [həul] *s* buraco; cavidade; cova; • *v* cavar; esburacar; meter-se em um buraco; **to ~ up**: esconder-se.
hol.i.day ['hɔlədei] *s* feriado; férias; **~ camp**: colônia de férias; **~ season**: temporada de férias; **on ~**: de férias.
hol.i.day-mak.er ['hɔlədei'meikə(r)] *s* pessoa que está em férias.
ho.li.ness ['həulinis] *s* santidade.
hol.low ['hɔləu] *s* cavidade; vale; • (*out*) *v* perfurar; cavar; escavar; esvaziar; • *adj* oco; surdo; falso.
hol.o.caust ['hɔləkɔ:st] *s* holocausto.
hol.ster ['həulstə(r)] *s* coldre; porta-revólver.
ho.ly ['həuli] *adj* santo; sagrado; piedoso; **~ Family**: Sagrada Família; **~ Ghost**: Espírito Santo; **~ Orders**: ordens sacras; **~ water**: água benta; **~ Week**: Semana Santa; **~ Writ**: Sagrada Escritura.
hom.age ['hɔmidʒ] *s* homenagem; honraria; deferência; **to pay ~ to**: prestar homenagem a.
home [həum] *s* lar; casa; residência; • *adj* doméstico; caseiro; nativo; • *adv* para casa; em casa; **~ computer**: INF computador doméstico; **~ page**: INF primeira página de um site da Internet; é também empregado para designar o endereço desse site, por exemplo: **http://www.editorasaraiva.com.br**; **~ rule**: autonomia; **make yourself at ~**: sinta-se em casa.
home-made ['həummeid] *adj* feito em casa; caseiro.
home.land ['həumlænd] *s* terra natal.
home.less ['həumlis] *s* e *adj* sem lar; sem casa.
home.ly ['həumli] *adj* caseiro (comida); doméstico; EUA feio (pessoa).
ho.me.op.a.thy, ho.moe.op.a.thy [həumi'ɔpəθi] *s* homeopatia.
home.sick ['həumsik] *adj* nostálgico; com saudades da pátria ou do lar.

homesickness / horoscope

home.sick.ness ['həumsiknis] s nostalgia; saudades da pátria ou do lar.
home.stead ['həumsted] s propriedade rural.
home.work ['həumwə:k] s trabalho escolar para ser feito em casa; tarefa de casa.
hom.i.cid.al [hɔmi'saidl] adj homicida.
hom.i.cide ['hɔmisaid] s homicídio; assassinato; homicida.
hom.i.ly ['hɔmili] s homília, sermão sobre coisas religiosas.
hom.ing ['həumiŋ] adj que volta à pátria, a casa; **~-pigeon**: pombo-correio.
hom.i.ny ['hɔmini] s canjica.
ho.moe.op.a.thy [həumi'ɔpəθi] *veja* **homeopathy**.
ho.mo.ge.ne.i.ty [hɔmədʒi'ni:əti] s homogeneidade.
ho.mo.ge.ne.ous [hɔmə'dʒi:niəs] adj homogêneo.
hom.o.graph ['hɔməgra:f; EUA 'hɔməgræf] s GRAM homógrafo, palavra com a mesma grafia de outra, porém com significado diferente.
hom.o.nym ['hɔmənim] s homônimo, que ou aquele que tem o mesmo nome que o outro; GRAM diz-se das palavras que têm a mesma pronúncia, porém, com grafia e significados diferentes.
ho.mo.sex.u.al [hɔmə'sekʃuəl] s e adj homossexual.
hone [həun] s pedra de amolar ou afiar; • v afiar; amolar; lamentar-se; afligir-se.
hon.est ['ɔnist] adj honesto; sincero; franco; íntegro; *ant* **dishonest**.
hon.est.ly ['ɔnistli] adv honestamente; honradamente.
hon.es.ty ['ɔnisti] s honradez; probidade; *ant* **dishonesty**.
hon.ey ['hʌni] s mel; doçura; EUA GÍR querido; querida; meu bem; • v adoçar; falar com carinho; cobrir de mel; tornar doce; • adj doce; de mel.
hon.ey.bee ['hʌnibi:] s abelha.
hon.ey.comb ['hʌnikəum] s favo de mel.
hon.ey.moon ['hʌnimu:n] s lua de mel.
honk [hɔŋk] s grasnido; • v grasnar (pato selvagem).

hon.our, EUA **hon.or** ['ɔnə(r)] s honra; honestidade; fama; • v honrar; homenagear; glorificar; **to do the ~s**: fazer as honras.
hon.our.a.ble, EUA **hon.or.a.ble** ['ɔnərəbl] adj honroso; honrado; justo; honorífico.
hood [hud] s touca; capuz; dobra; EUA AUT capota de automóvel, capô, BRIT **bonnet**; • v encapuzar.
hood.wink ['hudwiŋk] v lograr; enganar.
hoof [hu:f] s casco de cavalo; • v andar devagar; andar a passos lentos.
hook [huk] s gancho; anzol; • v enganchar; dependurar; furtar; pescar; **by ~ or by crook**: custe o que custar; **by ~ or by wook**: por bem ou por mal; **~ and eye**: colchete.
hooked ['hukid] adj curvo; arqueado.
hoo.li.gan ['hu:ligən] s arruaceiro.
hoop [hu:p] s arco; aro; bambolê; anel; • v prender com arcos.
hoot [hu:t] s grito; vaia; o pio da coruja; • (*at*) v gritar; vaiar; piar (coruja).
hoo.ver ['hu:və(r)] s aspirador à base de vácuo para carpetes; • v passar o aspirador.
hop [hɔp] s salto; pulo; baile; BOT lúpulo; • v andar aos pulos; saltitar.
hope [həup] s esperança; confiança; expectativa; • (*for*) v esperar; ter confiança.
hope.ful ['həupfl] adj esperançoso.
hope.less ['həuplis] adj desesperançado; desamparado.
hop.per ['hɔpə(r)] s saltador; inseto que pula, como o gafanhoto.
hop.scotch ['hɔpskɔtʃ] s amarelinha (brincadeira infantil).
horde [hɔ:d] s horda; bando; clã; • v viver em hordas.
ho.ri.zon [hə'raizn] s horizonte, círculo máximo da esfera celeste.
hor.i.zon.tal [hɔri'zɔntl; EUA hɔ:ri'zɔntl] adj horizontal.
hor.mone ['hɔ:məun] s hormônio.
horn [hɔ:n] s chifre; corno; protuberância óssea.
hor.net ['hɔ:nit] s vespão.
horn.y ['hɔ:ni] adj córneo; caloso.
hor.o.scope ['hɔrəskəup; EUA 'hɔ:rəskəup] s horóscopo.

horrible / housemaid

hor.ri.ble [′hɔrəbl; EUA ′hɔ:rəbl] *adj* horrível; espantoso; atroz.

hor.rid [′hɔrid; EUA ′hɔ:rid] *adj* horrível.

hor.ri.fy [′hɔrifai; EUA ′hɔ:rifai] *v* horrorizar.

hor.ror [′hɔrə(r)] *s* horror, medo, pavor; ~ **film**: filme de terror; **to have ~ of**: detestar, ter pavor de.

horse [hɔ:s] *s* cavalo; cavalaria; **don't look a gift ~ in the mouth**: a cavalo dado não se olham os dentes; ~ **opera**: filme de faroeste; ~ **race**: corrida de cavalo; ~ **sense**: senso comum.

horse.hair [′hɔ:sheə(r)] *s* crina.

horse.laugh [′hɔ:sla:f] *s* gargalhada estrondosa.

horse.man [′hɔ:smən] *s* cavaleiro; soldado de cavalaria.

horse.man.ship [′hɔ:smənʃip] *s* equitação.

horse.play [′hɔ:splei] *s* brincadeira bruta.

horse.pow.er [′hɔ:spauə(r)] *s* cavalo-vapor (hp).

horse.shoe [′hɔ:sʃu:] *s* ferradura.

horse.wom.an [′hɔ:swumən] *s* amazona.

hor.ti.cul.ture [′hɔ:tikʌltʃə(r)] *s* horticultura, arte de cultivar hortas e jardins.

hose [həuz] *s* meias; mangueira; calções; • *v* puxar água com mangueira; **panty ~**: meia-calça.

ho.sier [′həuziə(r); EUA həuʒə(r)] *s* vendedor de meias, malhas, calções, etc.

ho.sier.y [′həuziəri] *s* fábrica de meias ou malhas.

hos.pice [′hɔspis] *s* hospedaria para viajantes; lugar de abrigo ou proteção para pessoas com doença terminal.

hos.pi.ta.ble [hɔ′spitəbl] *adj* hospitaleiro; *ant* **inhospitable**.

hos.pi.ta.ble.ness [hɔ′spitəblnis] *s* hospitalidade.

hos.pi.tal [′hɔspitl] *s* hospital.

host [həust] *s* hospedeiro; anfitrião; (com maiúsc.) Hóstia, o Corpo de Cristo; • *v* hospedar; receber; sediar.

hos.tage [′hɔstidʒ] *s* refém; garantia.

hos.tel [′hɔstl] *s* hospedaria; estalagem; residência de estudantes.

one hundred and ninety-four hundred and ninety-fourth **194**

hos.tile [′hɔstail; EUA ′hɔstl] *adj* hostil; inimigo; antagônico.

hos.til.i.ty [hɔ′stiləti] *s* hostilidade; inimizade.

hot [hɔt] *adj* quente; ardente; apimentado; fogoso; violento; ~ **air**: bazófia; ~**-blooded**: apaixonado, irascível; ~**dog**: cachorro-quente; ~**-head**: pessoa impetuosa; ~ **line**: ligação direta entre duas pessoas feita através do sistema de telecomunicações.

ho.tel [həu′tel] *s* hotel; hospedaria.

ho.tel.keep.er [həutel′ki:pə(r)] *s* hoteleiro.

hot.foot [′hɔtfut] *v* apressar-se; • *adv* a toda pressa.

hot.house [′hɔthaus] *s* estufa (para plantas).

hound [haund] *s* cão de caça; sabujo; • *v* caçar com cães.

hour [′auə(r)] *s* hora; tempo; ocasião; **at the eleventh ~**: na última hora; ~**-hand**: ponteiro de relógio.

hour.glass [′auə(r)gla:s] *s* ampulheta.

hour.ly [′auəli] *adj* feito de hora em hora; • *adv* a cada hora.

house [haus] *s* casa; moradia; residência; habitação; morada; lar; domicílio; casa comercial; casa de espetáculos; • *v* residir; alojar; hospedar; morar; ~**-agent**: corretor de imóveis, EUA **real-estate agent**; ~**-boat**: barco que serve como moradia; ~ **of Lords**: Câmara dos Lordes; ~ **of Commons**: Câmara dos Comuns, Parlamento Britânico; ~**-organ**: jornal de casa comercial.

house.break.er [haus′breikə(r)] *s* arrombador (ladrão).

house.break.ing [′hausbreikiŋ] *s* arrombamento.

house.coat [′hauskəut] *s* vestimenta longa de uma só peça, para uso dentro de casa.

house.hold [′haushəuld] *s* família; lar; • *adj* comum; familiar; ~ **electric appliance**: aparelho eletrodoméstico; ~ **word**: chavão.

house.hold.er [′haushəuldə(r)] *s* dono da casa; chefe de família.

house.keep.er [′hauski:pə(r)] *s* governanta.

house.maid [′hausmeid] *s* empregada doméstica.

house.man ['hausmən] *s* MED médico residente.
house.wife ['hʊswaif] *s* dona de casa; BRIT estojo de costura; *pl* **housewives**.
house.work ['hauswə:k] *s* trabalho doméstico; serviço doméstico.
hous.ing ['hauziŋ] *s* alojamento.
hov.el ['hɔvl; EUA 'hʌvl] *s* choça; cabana; galpão; • *v* abrigar-se.
hov.er ['hɔvə(r)] *v* hesitar; pairar.
hov.er.craft ['hɔvəkra:ft] *s* aerobarco.
how [hau] *adv* como; quão; de que modo; quanto; • *conj* como; ~ **about?**: que tal?; ~ **are you?**: como você está?; ~ **come?**: como assim?; ~ **long**: a quanto tempo; ~ **many**: quantos; ~ **much**: quanto.
how.be.it [hau'bi:it] *adv* não obstante; seja como for.
how.ev.er [hau'evə(r)] *adv* como quer que seja; • *conj* ainda que; todavia; contudo.
how.itz.er ['hauitsə(r)] *s* obus; morteiro.
howl [haul] *s* uivo; rugido; alarido; • *v* uivar.
hoy.den ['hɔidn] *s* moça atrevida; arrogante.
HTML [eitʃti:em'el] acrônimo de **H**yper-**T**ext **M**arkup **L**anguage, linguagem de programação utilizada para a criação de páginas da Internet.
hub [hʌb] *s* cubo da roda; centro; eixo.
hub.bub ['hʌbʌb] *s* algazarra; confusão.
huck.ster ['hʌkstə(r)] *s* vendedor de quinquilharias, miudezas ou produtos agrícolas.
hud.dle ['hʌdl] *s* amontoado de pessoas; • *v* amontoar.
hue [hju:] *s* cor; matiz.
huff [hʌf] *s* ressentimento; • *v* insultar; ofender.
huff.ish ['hʌfiʃ] *adj* arrogante; petulante.
huff.ish.ness ['hʌfiʃnis] *s* atrevimento; petulância; arrogância.
huff.y ['hʌfi] *adj* arrogante; insolente; sensível.
hug [hʌg] *s* abraço apertado; • *v* abraçar.
huge [hju:dʒ] *adj* enorme; colossal.
huge.ness ['hju:dʒnis] *s* enormidade; vastidão; imensidade.
hulk [hʌlk] *s* casco de navio; navio velho e sem uso; mastodonte.
hulk.ing ['hʌlkiŋ] *adj* desajeitado.
hull [hʌl] *s* casca de fruta; • *v* descascar.
hul.la.ba.loo [hʌləbə'lu:] *s* algazarra; tumulto; ruído.
hul.lo [hə'ləu] *interj* olá!
hum [hʌm] *v* sussurrar.
hu.man ['hju:mən] *adj* humano; ~ **being**: ser humano.
hu.mane [hju:'mein] *adj* humanitário; compassivo; *ant* **inhumane**.
hu.man.ism ['hju:mənizəm] *s* humanismo, doutrina dedicada ao estudo da ética e da natureza humana; doutrina renascentista que busca o retorno da cultura greco-romana.
hu.man.ist ['hju:mənist] *s* humanista, pessoa que se dedica ao estudo de humanidades.
hu.man.i.ta.ri.an [hju:mæni'teəriən] *s* e *adj* filantropo; compassivo; benevolente.
hu.man.i.ta.ri.an.ism [hju:mæni'teəriənizəm] *s* humanitarismo, doutrina filosófica e política que tudo subordina ao amor da humanidade; filantropia.
hu.man.i.ties [hju:'mænətis] *s pl* humanidades.
hu.man.i.ty [hju:'mænəti] *s* humanidade; o gênero humano.
hu.man.ize, hu.man.ise ['hju:mənaiz] *v* humanizar; suavizar.
hum.ble ['hʌmbl] *adj* humilde; simples; modesto; *ant* **proud**; • *v* humilhar.
hum.ble.ness ['hʌmblnis] *s* humildade.
hum.bug ['hʌmbʌg] *s* engano; embuste; • *v* lograr; enganar.
hum.drum ['hʌmdrʌm] *s* rotina, monotonia; • *adj* enfadonho; monótono.
hu.mid ['hju:mid] *adj* úmido.
hu.mid.i.ty [hju:'midəti] *s* umidade.
hu.mil.i.ate [hju:'milieit] *v* humilhar; rebaixar.
hu.mil.i.a.tion [hju:mili'eiʃn] *s* humilhação.
hu.mil.i.ty [hju:'miləti] *s* humildade; modéstia.
hum.ming-bird ['hʌmiŋbə:d] *s* beija-flor; colibri.
hum.mock ['hʌmək] *s* pequeno monte.

hu.mour, EUA **hu.mor** ['hju:mə(r)] *s* humor; disposição; índole; capricho; • *v* brincar; agradar; **good ~**: bom humor.

hu.mor.ist ['hju:mərist] *s* humorista.

hump [hʌmp] *s* corcunda; corcova; • *v* curvar; corcovar.

hump.back ['hʌmpbæk] *s* corcunda.

hunch [hʌntʃ] *s* palpite; corcova; corcunda; • *v* tornar-se corcunda; arquear.

hunch.back ['hʌntʃbæk] *s* corcunda.

hun.dred ['hʌndrəd] *s* cem; cento; centena; • *num* cem.

hung [hʌŋ] *pt* e *pp* de **hang**.

Hun.gar.i.an [hʌŋ'geəriən] *s* e *adj* húngaro.

hun.ger ['hʌŋgə(r)] *s* fome; • (*for, after*) *v* ter fome; ansiar por; ~ **strike**: greve de fome.

hun.gry ['hʌŋgri] *adj* esfomeado; faminto.

hunk [hʌŋk] *s* pedaço grande; naco.

hunt [hʌnt] *s* caça; caçada; associação de caçadores; • *v* caçar; perseguir.

hunt.er ['hʌntə(r)] *s* caçador; cão ou cavalo de caça; *fem* **huntress**.

hur.dle ['hə:dl] *s* barreira; obstáculo; corrida com barreiras; grade; • *v* fechar com cancelas ou cercas; saltar barreiras.

hur.dy-gur.dy ['hə:di gə:di] *s* realejo.

hurl [hə:l] *s* arremesso; • *v* arremessar.

hurl.y-burl.y ['hə:li bə:li] *s* tumulto; algazarra; confusão; • *adj* tumultuado.

hur.rah [hu'ra] *interj* viva!

hur.ri.cane ['hʌrikən; EUA 'hʌrikein] *s* furacão.

hur.ried ['hʌrid] *adj* apressado.

hur.ry ['hʌri] *s* pressa; • *v* apressar-se; acelerar; **to be in a ~**: ter pressa; estar com pressa; **~ up!**: apresse-se!

hurt [hə:t] *s* mal; prejuízo; dano; • *v* (*pp* e *pt* **hurt**) magoar; machucar; ferir; prejudicar; estragar; doer; • *adj* machucado, ferido; ofendido; danificado.

hurt.ful ['hə:tfl] *adj* prejudicial; nocivo.

hurt.ful.ness ['hə:tflnis] *s* dano; prejuízo; malefício.

hur.tle ['hə:tl] *v* arremessar-se com violência; esbarrar; chocar-se.

hurt.less ['hə:tlis] *adj* inofensivo; ileso.

hus.band ['hʌzbənd] *s* marido; esposo; • *v* economizar; poupar.

hus.band.ry ['hʌzbəndri] *s* lavoura; agricultura.

hush [hʌʃ] *s* silêncio; • *v* mandar calar; acalmar; • *interj* silêncio!; **to ~ up**: manter em segredo.

husk [hʌsk] *s* casca; • *v* descascar; debulhar.

husk.y ['hʌski] *s* homem robusto; • *adj* rouco; áspero; cascudo; robusto.

hus.sy ['hʌsi] *s* mulher leviana.

hus.tle ['hʌsl] *v* empurrar; atropelar; pressionar alguém a fazer algo; obter por meios ilícitos.

hus.tler ['hʌslə(r)] *s* pessoa enérgica.

hut [hʌt] *s* cabana; choupana; barraca; • *v* alojar em barraca.

hy.a.cin.th ['haiəsinθ] *s* jacinto.

hy.brid ['haibrid] *adj* híbrido, proveniente de espécies diferentes.

hy.dra ['haidrə] *s* hidra.

hy.drant ['haidrənt] *s* hidrante.

hy.draul.ics [hai'drɔ:liks] *s* hidráulica, ciência que estuda o uso da água para produzir energia.

hy.dro.e.lec.tric [haidrəui'lektrik] *adj* hidrelétrico.

hy.dro.gen ['haidrədʒən] *s* QUÍM hidrogênio, corpo simples designado pelo símbolo H; **~ bomb**: bomba de hidrogênio.

hy.drop.a.thy [hai'drɔpəθi] *s* hidropatia, tratamento das doenças com o uso de água.

hy.dro.plane ['haidrəplein] *s* hidroplano, hidroavião, avião com dispositivo para pousar e decolar sobre a água.

hy.e.na [hai'i:nə] *s* hiena, mamífero carnívoro da África e da Ásia.

hy.giene ['haidʒi:n] *s* higiene, ramo da ciência médica que estuda a preservação da saúde; ciência sanitária.

hy.gi.en.ic [hai'dʒi:nik; EUA haidʒi'enik] *adj* higiênico, sanitário.

hy.gi.en.ics [hai'dʒi:niks] *s* higiene; medicina preventiva.

hy.men ['haimən] *s* hímen.

hymn [him] *s* hino; • *v* celebrar com hinos; entoar hinos.
hym.nal [′himnəl] *s* livro de hinos.
hy.per.bo.la [hai′pə:bələ] *s* MAT hipérbole.
hy.per.bo.le [hai′pə:bəli] *s* hipérbole, exagero.
hy.per.link [hai′pə:liŋk] *s* INF hiperlink, chave de acesso para outros textos, páginas, arquivos a partir de um simples clique do *mouse*.
hy.per.mar.ket [′haipəma:kit] *s* hipermercado.
hy.per.me.di.a [hai′pə:′mi:diə] *s* INF hipermídia, chave de acesso para arquivos multimídia com sons, vídeos, realidade virtual.
hy.per.space [hai′pə:speis] *s* INF ciberespaço, conjunto de pessoas, programas, *homepages*, *sites* e computadores que compõem a Internet.
hy.per.ten.sion [haipə′tenʃn] *s* MED hipertensão.
hy.per.text [hai′pə:tekst] *s* INF hipertexto, texto que funciona como chave de acesso para outros textos ou arquivos.
hy.phen [′haifn] *s* hífen; traço de união; • *v* juntar por meio de hífen.
hyp.no.sis [hip′nəusis] *s* hipnose, uma indução artificial da consciência assemelhando-se ao sono, mas caracterizada pela resposta às sugestões do hipnotizador que resulta numa certeza sensorial, motora e de memória que podem ter ou não valor terapêutico.
hyp.no.tism [′hipnətizəm] *s* hipnotismo, teoria e prática da hipnose.
hyp.no.tize [′hipnətaiz] *v* hipnotizar, produzir sono hipnótico em alguém; dominar pelo poder da sugestão.
hy.po.chon.dri.a [haipə′kɔndriə] *s* hipocondria, ansiedade e preocupação exagerada com a saúde.
hy.poc.ri.sy [hi′pɔkrəsi] *s* hipocrisia, extrema falta de sinceridade.
hyp.o.crite [′hipəkrit] *s* hipócrita, pessoa que age falsamente ou faz falsas promessas.
hy.pot.e.nuse [hai′pɔtənju:z; EUA hai′pɔtnu:s] *s* hipotenusa.
hy.poth.e.sis [hai′pɔθəsis] *s* hipótese, ato de assumir como provisoriamente aceita, na base do raciocínio, uma experiência ou investigação.
hy.po.thet.i.cal [haipə′θetikl] *adj* hipotético; imaginário.
hys.ter.ics [hi′steriks] *s* histerismo; espasmo.
Hz *abrev de* **Hertz**.

i [ai] *s* nona letra do alfabeto; (com maiúsc.) numeral latino equivalente a um.

I [ai] *pron* eu.

I.be.ri.an [ai'biəriən] *s e adj* ibérico; ibero; **the ~ Peninsula**: a península Ibérica.

IBM [ai bi 'em] *abrev de* International Business Machines, uma das maiores empresas da área de computação.

ice [ais] *s* gelo; sorvete; GÍR diamante; • *v* gelar; cobrir com gelo; **~ age**: era glacial; **~-breaker**: quebra-gelo; navio quebra-gelo; **~ bucket**: balde de gelo; **~ cream**: sorvete; **~ cube**: cubo de gelo; **~ lolly**: picolé (sorvete), EUA **Popsicle**; **~ rink**: pista de gelo; **~-skate**: patim (para o gelo).

ice.berg ['aisbə:g] *s iceberg*, grande pedra de gelo polar flutuante.

ice.box ['aisbɔks] *s* EUA geladeira; refrigerador; BRIT **refrigerator**.

Ice.land.er ['aisləndə(r)] *s e adj* islandês.

ic.ing ['aisiŋ] *s* CULIN cobertura de açúcar misturado com clara de ovo para ornamentar bolos, doces, etc.; glacê.

i.con ['aikɔn] *s* ícone; imagem sagrada; INF figuras ou imagens que substituem os comandos de acesso aos programas, constituindo-se num atalho, bastando clicá-las com o *mouse*.

ICU [ai si: 'ju:] MED *abrev de* Intensive Care Unit, Unidade de Terapia Intensiva (UTI).

i.cy ['aisi] *adj* gélido; próprio do gelo; frio como gelo.

ID [ai 'di:] *abrev de* **I**dentity **C**ard, carteira de identidade.

i.de.a [ai'diə] *s* ideia; opinião.

i.de.al [ai'diəl] *s* ideal; • *adj* ideal; mental; perfeito; imaginário.

i.de.al.ism [ai'diəlizəm] *adj* idealismo, denominação geral dos sistemas éticos que tomam normas ideais como princípio de ação; tendência para o devaneio.

i.de.al.i.za.tion [aidiəlai'zeiʃn; EUA aidiəli'zeiʃn] *s* idealização.

i.de.al.ize, i.de.al.ise [ai'diəlaiz] *v* idealizar.

i.den.ti.cal [ai'dentikl] *adj* idêntico; **~ twins**: gêmeos idênticos.

i.den.ti.fi.ca.tion [aidentifi'keiʃn] *s* identificação; documento de identificação.

i.den.ti.fy [ai'dentifai] (*as, with*) *v* identificar.

i.den.ti.kit [ai'dentikit] *s* coleção de imagens, com diferentes características, que podem ser colocadas juntas para construir o rosto de uma pessoa, em especial uma que esteja sendo procurada pela polícia; **~ picture**: retrato falado.

i.den.ti.ty [ai'dentəti] *s* identidade; **~ card**: carteira de identidade; **~ crisis**: crise de identidade.

i.de.ol.o.gy [aidi'ɔlədʒi] *s* ideologia.

id.i.o.cy ['idiəsi] *s* idiotismo; imbecilidade; estupidez.

id.i.om ['idiəm] *s* idioma; linguagem; GRAM idiotismo.

id.i.o.mat.ic [idiə'mætik] *adj* idiomático, próprio do vernáculo.

idiot / imbalance

id.i.ot [′idiət] *s e adj* idiota; imbecil; estúpido.

i.dle [′aidl] *adj* desocupado; ocioso; fútil; frívolo; • *v* vadiar; estar ocioso; **to ~ something away**: desperdiçar (tempo).

i.dle.ness [′aidlnis] *s* indolência; ociosidade.

i.dol [′aidl] *s* ídolo, pessoa ou figura que desperta profundo respeito e admiração.

i.dol.a.ter [ai′dɔlətə(r)] *s* idólatra; *fem* **idolatress**.

i.dol.a.try [ai′dɔlətri] *s* idolatria.

i.dol.ize, i.dol.ise [′aidəlaiz] *v* idolatrar.

i.dyl [′idil; EUA ′aidl] *s* idílio, poema curto descrevendo cenas pastoris.

i.dyl.lic [i′dilik; EUA ai′dilik] *adj* idílico.

if [if] *conj* se, ainda que; quando; **~ I were you**: se eu fosse você; **~ only**: se pelo menos; **~ so**: assim.

ig.loo [′iglu:] *s* iglu.

ig.ne.ous [′igniəs] *adj* ígneo, incandescente.

ig.nite [ig′nait] *v* acender o fogo; inflamar.

ig.ni.tion [ig′niʃn] *s* ignição.

ig.no.ble [ig′nəubl] *adj* ignóbil; sem caráter; vil.

ig.no.min.i.ous [ignə′miniəs] *adj* ignominioso; vil; infame.

ig.no.min.y [′ignəmini] *s* ignomínia; infâmia; desonra.

ig.no.rance [′ignərəns] *s* ignorância, falta de conhecimento.

ig.no.rant [′ignərənt] *s e adj* ignorante.

ig.nore [ig′nɔ:(r)] *v* ignorar; não tomar conhecimento; rejeitar; desprezar.

ill [il] *s* mal; malícia; maldade; prejuízo; • *adj* doente; mau; ruim; maléfico; adverso; • *adv* mal; dificilmente; maldosamente; **~-advised**: imprudente; **~-bred**: mal-criado; **~-natured**: de má índole; **~-starred**: mal-afortunado; **~-tempered**: mal-humorado; **~-treat**: maltratar; **~-treatment**: maus-tratos; **~-will**: má vontade.

il.le.gal [i′li:gl] *adj* ilegal.

il.le.gal.i.ty [ili′gæliti] *s* ilegalidade.

il.leg.i.ble [i′ledʒəbl] *adj* ilegível.

il.le.git.i.ma.cy [ili′dʒitiməsi] *s* ilegitimidade.

il.le.git.i.mate [ili′dʒitimət] *adj* ilegítimo; bastardo.

il.lic.it [i′lisit] *adj* ilícito.

il.lim.it.a.ble [i′limitəbl] *adj* ilimitado; infinito.

il.lit.er.a.cy [i′litərəsi] *s* analfabetismo.

il.lit.er.ate [i′litərət] *adj* analfabeto; ignorante; inculto.

ill.ness [′ilnis] *s* doença; enfermidade; moléstia.

il.log.i.cal [i′lɔdʒikl] *adj* ilógico, absurdo.

il.log.i.cal.ness [i′lɔdʒiklnis] *s* falta de lógica; insensatez.

il.lu.mi.nate [i′lu:mineit] *v* iluminar.

il.lu.mi.na.tion [ilu:mi′neiʃn] *s* iluminação; instrução.

il.lu.sion [i′lu:ʒn] *s* ilusão; engano.

il.lu.sion.ism [i′lu:ʒnizəm] *s* ilusionismo.

il.lu.sion.ist [i′lu:ʒnist] *s* ilusionista; prestidigitador.

il.lus.trate [′iləstreit] *v* ilustrar; explicar; elucidar.

il.lus.tra.tion [ilə′streiʃn] *s* ilustração; explicação.

il.lus.tra.tor [′iləstreitə(r)] *s* ilustrador.

il.lus.tri.ous [i′lʌstriəs] *adj* ilustre; famoso; célebre; distinto.

ILO [ai el ′əu] *abrev de* International Labour Organization, Organização Internacional do Trabalho, OIT.

im.age [′imidʒ] *s* imagem; retrato; • *v* imaginar; **the very/living/spitting ~ (of somebody)**: a cara de; idêntico a alguém (he's the spitting ~ of Pelé): ele é a cara do Pelé).

im.age.ry [′imidʒəri] *s* imagens.

im.ag.i.na.ble [i′mædʒinəbl] *adj* imaginável; *ant* **unimaginable**.

im.ag.i.nar.y [i′mædʒinəri; EUA i′mædʒəneri] *adj* imaginário; ideal; quimérico.

im.ag.i.na.tion [imædʒi′neiʃn] *s* imaginação; fantasia; quimera.

im.ag.i.na.tive [i′mædʒinətiv; EUA i′mædʒəneitiv] *adj* imaginativo.

im.ag.ine [i′mædʒin] *v* imaginar; conceber; supor.

im.bal.ance [im′bæləns] *s* desequilíbrio.

imbecility / impassive

im.be.cil.i.ty [imbə'silətı] *s* imbecilidade.
im.bibe [im'baib] *v* embeber; absorver; ensopar.
im.bue [im'bju:] (*with*) *v* imbuir; tingir.
IMF [ai em 'ef] *abrev de* **I**nternational **M**onetary **F**und, Fundo Monetário Internacional, FMI.
im.i.ta.ble ['imitəbl] *adj* imitável.
im.i.tate ['imiteit] *v* imitar; copiar; simular.
im.i.ta.tion [imi'tei∫n] *s* imitação; cópia.
im.mac.u.late [i'mækjulət] *adj* imaculado; puro.
im.ma.nent ['imənənt] *adj* inerente; imanente.
im.ma.te.ri.al [imə'tiəriəl] *adj* imaterial; incorpóreo; impalpável.
im.ma.ture [imə'tjuə(r); EUA imə'tuər] *adj* imaturo; prematuro; precoce.
im.ma.ture.ness [imə'tjuənis] *s* imaturidade; precocidade.
im.me.di.ate [i'mi:diət] *adj* imediato; instantâneo.
im.me.di.ate.ly [i'mi:diətli] *adv* imediatamente; em seguida; • *conj* logo que.
im.me.mo.ri.al [imə'mɔ:riəl] *adj* imemorial.
im.mense [i'mens] *adj* imenso; ilimitado; enorme.
im.men.si.ty [i'mensəti] *s* imensidade; vastidão.
im.merse [i'mə:s] (*in*) *v* imergir; mergulhar.
im.mer.sion [i'mə:∫n; EUA i'mə:ʒn] *s* imersão.
im.mi.grant ['imigrənt] *s* imigrante.
im.mi.grate ['imigreit] *v* imigrar.
im.mi.gra.tion [imi'grei∫n] *s* imigração; ~ **authorities**: fiscais de imigração (equivalente à Polícia Federal brasileira).
im.mi.nence ['iminəns] *s* iminência; aquilo que está para acontecer.
im.mi.nent ['iminənt] *adj* iminente.
im.mo.bile [i'məubail; EUA i'məubl] *adj* imóvel; fixo.
im.mo.bil.i.ty [imə'biləti] *s* imobilidade.
im.mod.er.ate [i'mɔdərət] *adj* imoderado; excessivo; exagerado.
im.mod.est [i'mɔdist] *adj* imodesto; indecente.
im.mod.es.ty [i'mɔdisti] *s* imodéstia; indecência.
im.mo.late ['iməleit] *v* imolar; sacrificar.
im.mo.la.tion [imə'lei∫n] *s* imolação; sacrifício.
im.mor.al [i'mɔrəl; EUA i'mɔ:rəl] *adj* imoral; depravado.
im.mo.ral.i.ty [imə'ræləti] *s* imoralidade; depravação.
im.mor.tal [i'mɔ:tl] *adj* imortal; perene.
im.mor.tal.i.ty [imɔ:'tæləti] *s* imortalidade.
im.mor.tal.ize, im.mor.tal.ise [i'mɔ:tǝlaiz] *v* imortalizar.
im.mov.a.ble [i'mu:vəbl] *s* bens imóveis; • *adj* imóvel; imperturbável; impassível.
im.mune [i'mju:n] *adj* imune; livre; isento; ~ **system**: sistema imunológico.
im.mu.nize, im.mu.nise ['imjunaiz] *v* imunizar.
im.mu.ni.ty [i'mju:nəti] *s* imunidade; dispensa; isenção; ~ **diplomatic**: imunidade diplomática.
im.mure [i'mjuə(r)] *v* emparedar; encarcerar.
im.mu.ta.bil.i.ty [imju:tə'biləti] *s* imutabilidade, estabilidade; inalterabilidade.
im.mu.ta.ble [i'mju:təbl] *adj* imutável; invariável; inalterável.
imp [imp] *s* diabinho; criança levada.
im.pact ['impækt] *s* impacto; choque; colisão; • (*on*) *v* ter impacto; colidir; comprimir.
im.pair [im'peə(r)] *v* diminuir; debilitar; deteriorar.
im.pair.ment [im'peəmənt] *s* enfraquecimento; comprometimento; dano.
im.pan.el [im'pænl] *v* inscrever ou arrolar jurados.
im.part [im'pa:t] (*to*) *v* dar; conceder; comunicar; divulgar.
im.par.tial [im'pa:∫l] *adj* imparcial.
im.par.ti.al.i.ty [impa:∫i'æləti] *s* imparcialidade.
im.pass.a.ble [im'pa:səbl; EUA im'pæsəbl] *adj* insuperável; intransitável.
im.pas.sioned [im'pæ∫nd] *adj* apaixonado; ardente; excitado.
im.pas.sive [im'pæsiv] *adj* impassível; insensível; apático.

im.pas.sive.ness [im'pæsivnis] *s* impassibilidade; insensibilidade.
im.pa.tience [im'peiʃns] *s* impaciência.
im.pa.tient [im'peiʃnt] *adj* impaciente.
im.peach [im'pi:tʃ] *v* acusar; atacar; denunciar.
im.peach.ment [im'pi:tʃment] *s* acusação; impedimento.
im.pec.ca.ble [im'pekəbl] *adj* impecável.
im.pede [im'pi:d] *v* impedir; estorvar; entravar.
im.ped.i.ment [im'pedimənt] *s* impedimento; estorvo; embaraço.
im.pel [im'pel] (*to*) *v* impelir.
im.pend [im'pend] *v* estar iminente; ameaçar.
im.pen.e.tra.ble [im'penitrəbl] *adj* impenetrável.
im.per.a.tive [im'perətiv] *s* GRAM imperativo, modo verbal que ordena; • *adj* imperativo.
im.per.cep.ti.ble [impə'septəbl] *adj* imperceptível.
im.per.fect [im'pə:fikt] *s* GRAM imperfeito (verbo); • *adj* imperfeito.
im.per.fec.tion [impə'fekʃn] *s* imperfeição; incorreção.
im.pe.ri.al [im'piəriəl] *adj* imperial.
im.pe.ri.al.ism [im'piəriəlizəm] *s* imperialismo, forma de governo em que a nação é um império.
im.pe.ri.al.ist [im'piəriəlist] *s e adj* imperialista.
im.per.il [im'perəl] *v* arriscar; pôr em perigo.
im.pe.ri.ous [im'piəriəs] *adj* imperioso; déspota; arrogante.
im.per.me.a.ble [im'pə:miəbəl] *adj* impermeável, que não se deixa atravessar por água ou fluidos.
im.per.son.al [im'pə:sənl] *adj* impessoal, que não existe como pessoa.
im.per.son.ate [im'pə:səneit] *v* personificar; representar.
im.per.son.a.tion [impə:sə'neiʃn] *s* personificação.
im.per.ti.nence [im'pə:tinəns] *s* impertinência; insolência.

im.per.ti.nent [im'pə:tinənt] *adj* impertinente; insolente; atrevido.
im.per.turb.a.ble [impə'tə:bəbl] *adj* imperturbável; sereno.
im.per.vi.ous [im'pə:viəs] *adj* impenetrável; inacessível; impermeável.
im.pet.u.ous [im'petʃuəs] *adj* impetuoso; violento.
im.pet.u.ous.ness [im'petʃuəsnis] *s* impetuosidade; fúria; violência.
im.pe.tus ['impitəs] *s* ímpeto; impulso.
im.pi.e.ty [im'paiəti] *s* impiedade; irreverência.
im.pinge [im'pindʒ] (*on*, *upon*) *v* colidir; influenciar.
imp.ish ['impiʃ] *adj* travesso; endiabrado; traquinas.
im.plac.a.ble [im'plækəbl] *adj* inexorável; implacável.
im.plant [im'pla:nt; EUA im'plænt] (*in*, *into*) *v* implantar; fixar; introduzir.
im.plan.ta.tion [impla:n'teiʃn] *s* implantação, ato de implantar, de introduzir.
im.ple.ment ['implimənt] *s* instrumento; ferramenta; acessório.
im.pli.cate ['implikeit] (*in*) *v* implicar.
im.pli.ca.tion [impli'keiʃn] *s* implicação; **by ~**: por consequência.
im.plic.it [im'plisit] *adj* tácito; implícito.
im.plore [im'plɔ:(r)] *v* implorar; rogar.
im.plo.sion [im'pləuʒn] *s* implosão.
im.ply [im'plai] *v* implicar; sugerir.
im.po.lite [impə'lait] *adj* grosseiro; rude; descortês.
im.po.lite.ness [impə'laitnis] *s* incivilidade; grosseria; descortesia.
im.port [im'pɔ:t] *s* significação; importação; • (*from*) *v* significar; envolver; importar.
im.port.a.ble [im'pɔ:təbl] *adj* importável.
im.por.tance [im'pɔ:təns] *s* importância.
im.por.tant [im'pɔ:tənt] *adj* importante; *ant* **unimportant**.
im.por.ta.tion [impɔ:'teiʃn] *s* importação, introdução de mercadorias no país procedentes de um outro.
im.por.tu.nate [im'pɔ:tʃunət] *adj* inoportuno, feito fora de tempo ou fora de propósito.

im.por.tune [impə'tju:n] *v* importunar; enfadar; molestar.
im.pose [im'pəuz] (*on*, *upon*) *v* impor; impingir.
im.pos.ing [im'pəuziŋ] *adj* grandioso; majestoso; imponente.
im.po.si.tion [impə'ziʃn] *s* imposição; engano.
im.pos.si.bil.i.ty [impɔsə'biləti] *s* impossibilidade.
im.pos.si.ble [im'pɔsəbl] *adj* impossível; irrealizável.
im.pos.tor [im'pɔstə(r)] *s* impostor.
im.po.tent ['impətənt] *adj* impotente.
im.pound [im'pa:und] *v* encurralar; aprisionar; apossar-se de.
im.pov.er.ish [im'pɔvəriʃ] *v* empobrecer; acabar com os recursos.
im.prac.ti.ca.ble [im'præktikəbl] *adj* impraticável.
im.prac.ti.cal [im'præktikl] *adj* irrealizável; impraticável.
im.pre.ca.tion [impri'keiʃn] *s* maldição.
im.preg.na.ble [im'pregnəbl] *adj* invencível; inexpugnável.
im.preg.nate ['impregneit; EUA im'pregneit] *v* fecundar; impregnar.
im.press [im'pres] *s* impressão; marca; • *v* imprimir; estampar; marcar.
im.pres.sion [im'preʃn] *s* impressão.
im.pres.sion.a.ble [im'preʃənəbl] *adj* impressionável.
im.pres.sion.ism [im'preʃnizəm] *s* impressionismo, escola de pintura surgida na França por volta de 1870.
im.print [im'print] *s* impressão; marca; nome do editor numa publicação; • (*on*) *v* imprimir; marcar.
im.pris.on [im'prizn] *v* aprisionar; encarcerar.
im.pris.on.ment [im'prizənmənt] *s* encarceramento; prisão.
im.prob.a.ble [im'prɔbəbl] *adj* improvável; inverossímil.
im.prop.er [im'prɔpə(r)] *adj* impróprio; inconveniente.

im.prove [im'pru:v] *v* melhorar; aperfeiçoar; progredir.
im.prove.ment [im'pru:vment] *s* melhoramento; melhora; progresso.
im.prov.i.sa.tion [imprəvai'zeiʃn] *s* improvisação; improviso.
im.pro.vise ['imprəvaiz] *v* improvisar.
im.pru.dence [im'pru:dəns] *s* imprudência.
im.pru.dent [im'pru:dənt] *adj* imprudente.
im.pugn [im'pju:n] *v* impugnar; contestar; atacar.
im.pulse ['impʌls] *s* impulso; incentivo.
im.pul.sion [im'pʌlʃn] *s* impulso; ímpeto.
im.pu.ni.ty [im'pju:nəti] *s* impunidade.
im.pure [im'pjuə(r)] *adj* impuro.
im.pu.ri.ty [im'pjuərti] *s* impureza.
im.put.a.ble [im'pjutəbl] *adj* imputável, que se pode imputar, responsabilizar.
im.pu.ta.tion [impju'teiʃn] *s* imputação; acusação.
im.pute [im'pju:t] (*to*) *v* imputar; atribuir.
in [in] *prep* em; dentro de; de; • *adv* dentro; **~ for**: à espera; sob ameaça; **~s and outs**: meandros, pormenores; **~ short**: em resumo; **~ spite of**: apesar de; **~ that**: em que, pelo fato de que.
in.abil.i.ty [inə'biləti] *s* inabilidade; incapacidade.
in.ac.ces.si.ble [inæk'sesəbl] *adj* inacessível.
in.ac.cu.ra.cy [in'ækjərəsi] *s* inexatidão; engano; incorreção.
in.ac.cu.rate [in'ækjərət] *adj* inexato; incorreto; errôneo.
in.ac.tion [in'ækʃn] *s* inação; inércia.
in.ac.tive [in'æktiv] *adj* inativo; indolente.
in.ad.e.qua.cy [in'ædikwəsi] *s* inadequação; impropriedade.
in.ad.e.quate [in'ædikwət] *adj* inadequado; insuficiente.
in.ad.mis.si.ble [inəd'misəbl] *adj* inadmissível.
in.ad.vis.a.ble [inəd'vaizəbl] *adj* desaconselhável.
in.al.ien.a.ble [in'eiliənəbl] *adj* inalienável, que não se pode transmitir a outrem.
in.ane [i'nein] *s* vazio; • *adj* fútil; vazio.

in.an.i.mate [in'ænimət] *adj* inanimado, sem vida, sem ânimo.

in.a.ni.tion [inə'niʃn] *s* inanição; fraqueza.

in.ap.proach.a.ble [inə'prouʃəbl] *adj* inacessível; inabordável.

in.ap.pro.pri.ate [inə'proupriət] *adj* inapropriado; inadequado.

in.apt [in'æpt] *adj* inapto; impróprio; incapaz.

in.ar.tic.u.late [ina:'tikjulət] *adj* inarticulado.

in.as.much [inəz'mʌtʃ] *conj* porquanto; visto que; considerando que.

in.at.ten.tion [inə'tenʃn] *s* falta de atenção; distração.

in.at.ten.tive [inə'tentiv] *adj* desatento; descuidado.

in.au.di.bil.i.ty [inɔ:də'biləti] *s* falta de audição.

in.au.di.ble [in'ɔ:dəbl] *adj* inaudível, que não se pode ouvir.

in.au.gu.rate [i'nɔ:gjureit] *v* inaugurar; empossar; iniciar.

in.au.gu.ra.tion [inɔ:gju'reiʃn] *s* inauguração; fundação; EUA o dia da posse do Presidente da República.

in.aus.pi.cious [inɔ:'spiʃəs] *adj* não auspicioso; de mau agouro.

in.board ['inbɔ:d] *adj e adv* NÁUT a bordo, dentro do navio.

in.born, in.bred [in'bɔ:n, in'bred] *adj* inato; inerente; congênito.

in.breed.ing [in'bri:diŋ] *s* acasalamento de indivíduos ou raças aparentados.

Inc [Iŋk] EUA *abrev de* **In**corporated, associado, incorporado; normalmente aparece em nomes de empresas.

in.can.des.cent [inkæn'desnt] *adj* incandescente.

in.ca.pa.ble [in'keipəbl] *adj* inábil; incapaz.

in.ca.pac.i.tate [inkə'pæsiteit] (*for*) *v* incapacitar; inabilitar; desqualificar.

in.ca.pac.i.ta.tion [inkəpæsi'teiʃn] *s* inabilitação; desqualificação.

in.ca.pac.i.ty [inkə'pæsəti] *s* incapacidade; inabilidade.

in.car.cer.ate [in'ka:səreit] *v* encarcerar; aprisionar.

in.car.cer.a.tion [inka:sə'reiʃn] *s* encarceramento; prisão.

in.car.nate [in'ka:neit] (*in, as*) *v* encarnar. • *adj* encarnado.

in.car.na.tion [inka:'neiʃn] *s* encarnação; RELIG ato pelo qual o filho de Deus se fez homem.

in.cau.tious [in'kɔ:ʃəs] *adj* incauto; imprudente.

in.cen.di.ar.y [in'sendiəri; EUA in'sendieri] *s e adj* incendiário.

in.cense ['insens] *s* incenso; • *v* incensar; enraivecer.

in.cen.tive [in'sentiv] *s* incentivo; estímulo; *ant* **disincentive**.

in.cen.ti.vize [in'sentivaiz] *v* EUA dar incentivos.

in.cep.tion [in'sepʃn] *s* começo; princípio.

in.cep.tive [in'septiv] *adj* incipiente; inicial.

in.cer.ti.tude [in'sə:titju:d; EUA in'sə:titu:d] *s* incerteza; dúvida.

in.cest ['insest] *s* incesto, cópula ilícita entre parentes próximos.

in.ces.tu.ous [in'sestjuəs] *adj* incestuoso, que cometeu incesto.

inch [intʃ] *s* polegada (2,54 cm); **~ by ~**: aos poucos; **to within an ~ of**: estar muito perto de, a um passo de.

in.cho.ate [in'kəueit] *adj* começado; iniciado.

in.ci.dent ['insidənt] *s* incidente.

in.ci.dent.al ['insidəntl] *adj* não essencial; casual; **~ expenses**: despesas adicionais; **~ music**: música de fundo em programas de TV, filmes, etc.

in.cin.er.ate [in'sinəreit] *v* incinerar; reduzir a cinzas.

in.cin.er.a.tion [insinə'reiʃn] *s* incineração, ato ou efeito de reduzir a cinzas.

in.cip.i.ent [in'sipiənt] *adj* incipiente; principiante.

in.cise [in'saiz] (*in, into*) *v* cortar; talhar.

in.ci.sion [in'siʒn] *s* incisão; corte; talho.

in.ci.sive [in'saisiv] *adj* incisivo.

in.ci.sor [in'saizə(r)] *s* dente incisivo.

in.cite [in'sait] (*to*) *v* incitar; instigar; estimular.

in.ci.vil.i.ty [insi'vilətɪ] s incivilidade; descortesia.

in.clin.a.ble [in'klinəbl] adj inclinável, que se pode curvar.

in.cli.na.tion [inkli'nei∫n] s inclinação; declive.

in.cline [in'klain] s declive; inclinação; • v inclinar(-se); pender; estar propenso.

in.close [in'kləuz] veja **enclose**.

in.clo.sure [in'kləuʒə(r)] veja **enclosure**.

in.clude [in'klu:d] v incluir; conter; abranger; encerrar; *ant* exclude.

in.clud.ing [in'klu:diŋ] prep inclusive; ~ tip: gorjeta incluída.

in.clu.sion [in'klu:ʒn] s inclusão; *ant* **exclusion**.

in.clu.sive [in'klu:siv] adj inclusive.

in.co.her.ence [inkəu'hiərəns] s incoerência.

in.co.her.ent [inkəu'hiərənt] adj incoerente.

in.come ['iŋkʌm] s renda; receita; rendimento; ~ **support**: BRIT dinheiro pago pelo governo às pessoas com baixos rendimentos; ~ **tax**: imposto de renda.

in.com.men.su.ra.ble [inkə'men∫ərəbl] adj incomensurável, que não se pode medir.

in.com.men.su.rate [inkə'men∫ərət] adj incomensurável; impróprio; inadequado.

in.com.mode [inkə'məud] v incomodar; estorvar.

in.com.mo.di.ous [inkə'məudəs] adj incômodo, que incomoda, que importuna.

in.com.pa.ra.ble [in'kɔmprəbl] adj sem par; incomparável.

in.com.pat.i.ble [inkəm'pætibl] adj incompatível.

in.com.pat.i.bil.i.ty [inkəmpætə'biləti] s incompatibilidade.

in.com.pe.tence [in'kɔmpitəns] s incapacidade; inabilidade; incompetência.

in.com.pe.tent [in'kɔmpitənt] adj incompetente.

in.com.plete [inkəm'pli:t] adj incompleto; imperfeito; inacabado.

in.com.pre.hen.si.ble [inkɔmpri'hensəbl] adj incompreensível, que não se pode compreender; obscuro.

in.com.pre.hen.sion [inkɔmpri'hen∫n] s incompreensão, falta de compreensão, de entendimento.

in.con.ceiv.a.ble [inkən'si:vəbl] adj inconcebível; incrível; inacreditável.

in.con.clu.sive [inkən'klu:siv] adj inconsequente; inconcludente.

in.con.gru.i.ty [inkɔŋ'gru:əti] s incongruência; impropriedade.

in.con.gru.ous [in'kɔŋgruəs] adj incôngruo; impróprio.

in.con.se.quence [in'kɔnsikwəns] s inconsequência.

in.con.se.quent [in'kɔnsikwənt] adj inconsequente; incoerente.

in.con.sid.er.a.ble [inkən'sidrəbl] adj insignificante; sem importância.

in.con.sid.er.ate [inkən'sidərət] adj inconsiderado; irrefletido; desatencioso.

in.con.sist.en.cy [inkən'sistənsi] s inconsistência.

in.con.sist.ent [inkən'sistənt] adj inconsistente; *ant* **consistent**.

in.con.spic.u.ous [inkən'spikhuəs] adj inconspícuo; imperceptível.

in.con.stan.cy [in'kɔnstənsi] s inconstância; instabilidade.

in.con.stant [in'kɔnstənt] adj inconstante; instável; volúvel.

in.con.ti.nence [in'kɔntinəns] s incontinência.

in.con.ti.nent [in'kɔntinənt] EUA in'kɔn tənənt] adj incontinente.

in.con.tro.vert.i.ble [inkɔntrə'və:təbl] adj incontroverso; indubitável.

in.con.ven.ience [inkən'vi:niəns] s inconveniência; obstáculo; • v estorvar; incomodar.

in.con.ven.ient [inkən'vi:niənt] adj inadequado.

in.cor.po.rate [in'kɔ:pəreit] (*in*, *into*, *with*) v incorporar; • adj incorporado.

in.cor.po.rat.ed [in'kɔ:pəreitid] adj associado, incorporado; *abrev* **Inc.** ou **inc.**; ~ **company**: EUA sociedade anônima.

in.cor.po.ra.tion [inkɔ:pə'rei∫n] s incorporação; inclusão.

in.cor.po.re.al [inkɔ:'pɔ:riəl] adj incorpóreo.

in.cor.rect [inkəˈrekt] *adj* incorreto; inexato; errado.

in.cor.rect.ness [inkəˈrektnis] *s* incorreção; inexatidão.

in.cor.ri.gi.ble [inˈkɔridʒəbl; EUA inˈkɔ:ridʒəbl] *adj* incorrigível.

in.cor.rupt [inkəˈrʌpt] *adj* incorrupto; puro; são.

in.cor.rupt.i.ble [inkəˈrʌptəbl] *adj* incorruptível; justo; reto; íntegro.

in.crease [ˈiŋkri:s] *s* incremento; aumento; • *v* aumentar; intensificar; acrescer; **on the ~**: em elevação; *ant* **decrease**.

in.cred.i.ble [inˈkredəbl] *adj* inacreditável.

in.cre.du.li.ty [inkriˈdju:ləti; EUA inkriˈdu:ləti] *s* ceticismo; incredulidade.

in.cred.u.lous [inˈkredjuləs; EUA inˈkredʒu:ləs] *adj* incrédulo.

in.crim.i.nate [inˈkrimineit] *v* acusar; incriminar; inculcar.

in.crust [inˈkrʌst] *v* incrustar.

in.crus.ta.tion [inkrʌˈsteiʃn] *s* incrustação.

in.cu.bate [ˈiŋkjubeit] *v* incubar; chocar.

in.cu.ba.tion [inkjuˈbeiʃn] *s* incubação; MED espaço entre a aquisição de uma doença e a sua manifestação.

in.cu.bus [ˈiŋkjubəs] *s* íncubo; pesadelo.

in.cul.cate [ˈinkʌlkeit; EUA inˈkʌlkeit] *v* inculcar.

in.cul.pate [ˈinkʌlpeit; EUA inˈkʌlpeit] *v* inculpar; incriminar; acusar.

in.cum.ben.cy [inˈkʌmbənsi] *s* incumbência.

in.cum.bent [inˈkʌmbənt] *adj* obrigatório; que tem incumbência.

in.cur [inˈkə:(r)] *v* incorrer; expor-se a; contrair.

in.cur.a.ble [inˈkjuərəbl] *adj* incurável, que não tem cura.

in.cu.ri.ous [inˈkjuəriəs] *adj* indiferente.

in.cur.sion [inˈkə:ʃn; EUA inˈkə:ʒn] *s* incursão; invasão.

Ind *s abrev de* **Independent**, político/candidato independente ou sem partido.

in.debt.ed [inˈdetid] *adj* endividado; grato; reconhecido.

in.debt.ed.ness [inˈdetidnis] *s* dívida; gratidão; reconhecimento.

in.de.cent [inˈdi:snt] *adj* indecente; **~ assault**: BRIT atentado contra o pudor.

in.de.ci.sion [indiˈsiʒn] *s* indecisão; hesitação.

in.dec.o.rous [inˈdekərəs] *adj* indecoroso; vergonhoso.

in.deed [inˈdi:d] *adv* na verdade; de fato; realmente; • *interj* sim?, é mesmo?; **yes ~!**: claro que sim!

in.de.fat.i.ga.ble [indiˈfætigəbl] *adj* infatigável; incansável.

in.de.fen.si.ble [indiˈfensəbl] *adj* indefensável.

in.de.fin.a.ble [indiˈfainəbl] *adj* indefinível; inexplicável.

in.def.i.nite [inˈdefinət] *adj* indefinido, incerto; **~ article**: GRAM artigo indefinido.

in.def.i.nite.ness [inˈdefinətnis] *s* indefinibilidade.

in.del.i.ble [inˈdeləbl] *adj* indelével; indestrutível.

in.del.i.cate [inˈdelikət] *adj* indelicado; malcriado; incivil.

in.dem.ni.fi.ca.tion [indemnifiˈkeiʃn] *s* indenização; compensação; reparação.

in.dem.ni.fy [inˈdemnəfai] (*against, for*) *v* indenizar; compensar.

in.dem.ni.ty [inˈdemnəti] *s* indenização; anistia; isenção.

in.dent [inˈdent] *s* entalhe; abertura de parágrafo; encomenda de mercadoria; • *v* cortar, recortar; abrir parágrafo.

in.den.ta.tion [indenˈteiʃn] *s* recorte; corte.

in.den.ture [inˈdentʃə(r)] *s* contrato; ajuste; pacto.

in.de.pend.ence [indiˈpendəns] *s* liberdade; independência; **~ Day**: Dia da Independência (4 de julho de 1776, data da proclamação de independência das colônias americanas que se encontravam sob o jugo britânico).

in.de.pend.ent.ly [indiˈpendntli] *adv* independentemente.

in.de.scrib.a.ble [indiˈskraibəbl] *adj* extraordinário; indescritível.

in.de.ter.mi.nate [indiˈtə:minət] *adj* indefinido; indeterminado.

in.dex ['indeks] *s* índice (a- lista de nomes ou tópicos que aparece no final de um livro; b- comparativo de preços, etc.); MAT expoente; **cost of living ~**: índice de custo de vida; **~ card**: arquivo de fichas (nomes, filmes, livros) dispostas em ordem alfabética, EUA **~ catalog**; **~ finger**: dedo indicador; *pl* a- **indexes**, b- **indices**.

In.di.an ['indiən] *s* indiano; hindu, natural da Índia; índio; pele-vermelha.

in.dia.rub.ber [indiə'rʌbər] *s* borracha.

in.di.cate ['indikeit] *v* indicar; designar; mostrar.

in.di.ca.tion [indi'keiʃn] *s* indicação; indício; sinal.

in.dic.a.tive [in'dikətiv] *s* GRAM o modo indicativo; • *adj* designativo.

in.di.ca.tor ['indikeitə(r)] *s* indicador.

in.dict [in'dait] (*for*) *v* acusar; DIR levar aos tribunais.

in.dict.a.ble [in'daitəbl] *adj* DIR denunciável; processável.

in.dif.fer.ent [in'difrənt] *adj* apático; indiferente; imparcial.

in.di.gence [indi'dʒəns] *s* pobreza; indigência.

in.di.gest.ed [indi'dʒəstid] *adj* indigesto.

in.di.gest.i.ble [indi'dʒəstəbl] *adj* indigerível.

in.di.ges.tion [indi'dʒestʃən] *s* MED indigestão, perturbação das funções digestivas.

in.dig.nant [in'dignənt] *adj* irado; indignado.

in.dig.na.tion [indig'neiʃn] *s* indignação; ira.

in.dig.ni.ty [in'dignəti] *s* indignidade; afronta; injúria.

in.di.go ['indigəu] *s* anil; índigo.

in.di.rect [indi'rekt] *adj* indireto; **~ object**: GRAM objeto indireto; **~ speech**: GRAM discurso indireto.

in.dis.ci.pline [in'disiplin] *s* desobediência; indisciplina.

in.dis.creet [indi'skri:t] *adj* indiscreto.

in.dis.cre.tion [indi'skreʃn] *s* indiscrição; imprudência.

in.dis.crim.i.nate [indi'skriminət] *adj* indiscriminado.

in.dis.pen.sa.ble [indi'spensəbl] *adj* necessário; indispensável.

in.dis.pose [indi'spəuz] *v* indispor.

in.dis.pos.ed [indi'spəuzd] *adj* adoentado; indisposto.

in.dis.po.sit.ion [indispə'ziʃn] *s* indisposição; inimizade; incômodo.

in.dis.put.a.ble [indi'spju:təbl] *adj* incontestável; indisputável.

in.dis.sol.u.ble [indi'sɔljubl] *adj* inseparável; indissolúvel.

in.dis.tinct [indi'stiŋkt] *adj* indistinto; vago.

in.dis.tinc.tive [indi'stiŋktiv] *adj* indistinto.

in.dis.tin.guish.a.ble [indi'stiŋgwiʃəbl] *adj* indistinguível.

in.di.vid.u.al [indi'vidʒuəl] *s* pessoa; indivíduo; • *adj* individual; pessoal.

in.di.vid.u.al.i.ty [individʒu'æləti] *s* individualidade.

in.di.vis.i.ble [indi'vizəbl] *adj* indivisível, que não se pode dividir.

in.do.lent ['indələnt] *adj* indolente; preguiçoso; apático.

in.dom.i.ta.ble [in'dɔmitəbl] *adj* indômito; indomável.

in.door ['indɔ:(r)] *adj* interior; de casa; *ant* **outdoor**.

in.doors [in'dɔ:z] *adv* dentro; em lugar fechado; em casa; *ant* **outdoors**.

in.dorse [in'dɔ:s] *veja* **endorse**.

in.dorse.ment [in'dɔ:sment] *veja* **endorsement**.

in.du.bi.ta.ble [in'dju:bitəbl; EUA in'du:bitəbl] *adj* indubitável; sem dúvida.

in.duce [in'dju:s; EUA in'du:s] *v* induzir; persuadir; produzir.

in.duce.ment [in'dju:sment] *s* pretexto; motivo; persuasão; instigação.

in.duct [in'dʌkt] (*into*) *v* instalar; introduzir.

in.duc.tion [in'dʌkʃn] *s* indução; introdução.

in.duc.tive [in'dʌktiv] *adj* indutivo.

in.duc.tor [in'dʌktə(r)] *s* indutor, aquele que induz; instigador; FÍS circuito que produz a indução elétrica.

in.dulge [in'dʌldʒ] *v* condescender; satisfazer; regalar-se.

in.dul.gence [in'dʌldʒəns] *s* indulgência.

in.dul.gent [in′dʌldʒənt] *adj* indulgente; condescendente.

in.dus.tri.al [in′dʌstriəl] *adj* industrial; ~ **action**: interrupção do trabalho como forma de protesto; ~ **estate**: parque industrial; **the ~ Revolution**: Revolução Industrial.

in.dus.tri.al.ize, **in.dus.tri.al.ise** [in′dʌstriəlaiz] *v* industrializar.

in.dus.tri.ous [in′dʌstriəs] *adj* industrioso; hábil; diligente.

in.dus.try [′indəstri] *s* indústria; atividade; diligência.

in.e.bri.ate [i′ni:brieit] *s* ébrio; • *v* embriagar, tornar ébrio, bêbedo.

in.e.bri.a.tion [ini:bri′eiʃn] *s* embriaguez; bebedeira.

in.ef.fec.tive [ini′fektiv] *adj* ineficaz; inútil.

in.ef.fec.tive.ly [ini′fektivili] *adv* inutilmente; sem efeito.

in.ef.fec.tual [ini′fektʃuəl] *veja* **ineffective**.

in.e.las.tic [ini′læstik] *adj* não elástico; FIG inflexível.

in.e.le.gance [in′eligəns] *s* deselegância; inelegância.

in.e.le.gant [in′eligənt] *adj* deselegante; inelegante.

in.el.e.gi.ble [in′elidʒibl] *adj* inelegível.

in.ept [i′nept] *adj* inepto; inexperiente; incapaz.

in.e.qual.i.ty [ini′kwɔləti] *s* desigualdade; diversidade.

in.equit.a.ble [in′ekwitəbl] *adj* iníquo; injusto.

in.eq.ui.ty [in′ekwəti] *s* iniquidade; injustiça.

in.ert [i′nə:t] *adj* inerte; ocioso; inativo.

in.ert.ia [i′nə:tʃə] *s* inércia; ~ **reel seat belt**: cinto de segurança retrátil.

in.ert.ness [i′nə:tnis] *s* inércia; indolência.

in.est.i.ma.ble [in′estiməbl] *s* inapreciável; inestimável.

in.ev.i.ta.bil.i.ty [inevitə′biləti] *s* fatalidade; inevitabilidade.

in.ex.act [inig′zækt] *adj* inexato; errado; errôneo.

in.ex.cus.a.ble [inik′skju:zəbl] *adj* indesculpável; imperdoável.

in.ex.haust.i.ble [inig′zɔ:stəbl] *adj* inexaurível; inesgotável.

in.ex.o.ra.ble [in′eksərəbl] *adj* inflexível; inexorável.

in.ex.pe.di.ent [inik′spi:diənt] *adj* inconveniente; inoportuno; impróprio.

in.ex.pen.sive [inik′spensiv] *adj* não dispendioso; barato.

in.ex.pe.ri.ence [inik′spiəriəns] *s* imperícia; inabilidade; inexperiência.

in.ex.pe.ri.enced [inik′spiəriənsid] *adj* ingênuo; inábil; inexperiente.

in.ex.pert [in′ekspə:t] *adj* inábil; inexperiente.

in.ex.pres.sive [inik′spresiv] *adj* inexpressivo.

in.ex.tin.guish.a.ble [inik′stiŋgwiʃəbl] *adj* inextinguível.

in.ex.tri.ca.ble [inik′strikəbl] *adj* intrincado; emaranhado; inextricável.

in.fal.li.ble [in′fæləbl] *adj* indefectível; infalível.

in.fa.mous [′infəməs] *adj* ignóbil; vil; infame.

in.fa.my [′infəmi] *s* infâmia; vileza; desonra.

in.fan.cy [′infənsi] *s* infância; meninice.

in.fant [′infənt] *s* bebê; criança; DIR menor; • *adj* infantil; ~ **mortality**: mortalidade infantil; ~ **school**: BRIT pré-escola.

in.fan.ti.cide [in′fæntisaid] *s* infanticídio; infanticida.

in.fan.tile [′infəntail] *adj* infantil; pueril.

in.fan.ti.lism [in′fæntilizəm] *s* infantilismo, persistência anormal de características infantis na idade adulta.

in.fan.try [′infəntri] *s* infantaria, tropa militar a pé.

in.fat.u.ate [in′fætʃueit] *adj* apaixonado; • *v* apaixonar-se; perder a cabeça.

in.fat.u.a.tion [infætʃu′eiʃn] *s* paixão; desvairamento.

in.fect [in′fekt] (*with*) *v* infectar; infeccionar; perverter.

in.fec.tion [in′fekʃn] *s* infecção; corrupção; contágio.

in.fec.tious [in′fekʃəs] *adj* infeccioso; contagioso.

in.fer [inˈfə:(r)] (*from*) *v* inferir; deduzir.

in.fer.a.ble [inˈfə:rəbl] *adj* conclusivo, que encerra conclusão.

in.fer.ence [ˈinfərəns] *s* inferência; dedução; conclusão.

in.fer.en.tial [infəˈrenʃl] *adj* dedutivo; conclusivo.

in.fe.ri.or [inˈfiəriə(r)] *s* subalterno; • *adj* inferior; secundário.

in.fe.ri.or.i.ty [infiəriˈɔrəti; EUA infiəriˈɔ:rəti] *s* inferioridade; **~ complex**: complexo de inferioridade.

in.fer.nal [inˈfə:nl] *adj* infernal; diabólico.

in.fer.tile [inˈfə:tail; EUA inˈfə:tl] *adj* infértil; estéril.

in.fest [inˈfest] (*with*) *v* infestar; assolar.

in.fi.del [ˈinfidəl] *s* descrente; • *adj* desleal; infiel.

in.fi.del.i.ty [infiˈdeləti] *s* infidelidade; traição.

in.fil.trate [ˈinfiltreit] (*into*) *v* infiltrar-se.

in.fil.tra.tion [infilˈtreiʃn] *s* infiltração, ação de infiltrar-se.

in.fi.nite [ˈinfinət] *s* infinito; • *adj* infinito, ilimitado.

in.fi.ni.te.ness [ˈinfinətnis] *s* infinidade.

in.fin.i.tive [inˈfinətiv] *s* GRAM infinitivo.

in.firm [inˈfə:m] *adj* enfermo; fraco; doente.

in.fir.ma.ry [inˈfə:məri] *s* hospital; enfermaria.

in.fir.mi.ty [inˈfə:məti] *s* fragilidade; enfermidade; doença.

in.flame [inˈfleim] (*with*) *v* inflamar; exaltar(-se).

in.flam.ma.ble [inˈflæməbl] *adj* inflamável; *ant* **nonflammable**.

in.flam.ma.tion [infləˈmeiʃn] *s* inflamação; exaltação.

in.flam.ma.to.ry [inˈflæmətri; EUA inˈflæmətɔ:ri] *adj* excitante; inflamatório.

in.flate [inˈfleit] *v* inflar; encher-se de ar.

in.fla.tion [inˈfleiʃn] *s* inflação.

in.flect [inˈflekt] *v* inclinar; modular; variar; GRAM conjugar.

in.flec.tion [inˈflekʃn] *s* inflexão; modulação de voz; GRAM flexão.

in.flex.i.bil.i.ty [infleksəˈbiləti] *s* inflexibilidade.

in.flex.i.ble [inˈfleksəbl] *adj* inflexível.

in.flict [inˈflikt] (*on*, *upon*) *v* infligir; impor; cominar.

in.flic.tion [inˈflikʃn] *s* imposição; castigo; punição.

in.flow [ˈinfləu] *s* afluência; influxo.

in.flu.ence [ˈinfluəns] *s* influência; autoridade; • *v* influir; persuadir; **under the ~**: sob a influência (do álcool).

in.flu.en.tial [influˈenʃl] *s* pessoa influente; • *adj* influente.

in.flu.en.za [influˈenzə] *s* gripe; *abrev* **flu**.

in.flux [ˈinflʌks] *s* influxo; afluência.

in.fo [ˈinfəu] *s* POP informação.

in.form [inˈfɔ:m] (*of*, *about*) *v* informar; **to ~ against/on**: denunciar.

in.for.mal [inˈfɔ:ml] *adj* informal, sem cerimônia.

in.for.mal.i.ty [infɔ:ˈmæləti] *s* informalidade.

in.for.ma.tion [infəˈmeiʃn] *s* informação; **background ~**: informação explicativa que confirma a origem de algum acontecimento passado e que, às vezes, toma outro curso conceitual no presente; **~ highway**: infovia; **~ technology**: informática.

in.form.a.tive [inˈfɔ:mətiv] *adj* informativo; instrutivo; *ant* **uninformative**.

in.form.er [inˈfɔ:mə(r)] *s* delator; informante; relator.

in.frac.tion [inˈfrækʃn] *s* infração; transgressão; violação.

in.fra.red [infrəˈred] *adj* infravermelho.

in.fra.struc.ture [ˈinfrəstrʌktʃə(r)] *s* infração; transgressão; violação.

in.fre.quen.cy [inˈfri:kwənsi] *s* infrequência; raridade.

in.fre.quent [inˈfri:kwənt] *adj* não frequente; raro.

in.fringe [inˈfrindʒ] (*on*, *upon*) *v* infringir; transgredir.

in.fringe.ment [inˈfrindʒmənt] *s* infração; violação; transgressão.

in.fu.ri.ate [inˈfjuərieit] *v* encolerizar; enfurecer; irritar; • *adj* colérico; enfurecido; raivoso.

in.fuse [in'fju:z] *v* infundir; imbuir.
in.fu.sion [in'fju:ʒn] *s* infusão.
in.gen.ious [in'dʒi:niəs] *adj* inventivo; engenhoso; astuto; hábil.
in.gen.ious.ness [in'dʒi:niəsnis] *s* engenho; habilidade; astúcia.
in.ge.nu.i.ty [indʒi'nju:əti; EUA indʒi'nu:əti] *s* talento; engenho; habilidade.
in.gen.u.ous [in'dʒenjuəs] *adj* inocente; ingênuo; sincero.
in.gen.u.ous.ness [in'dʒenjuəsnis] *s* ingenuidade; inocência.
in.gest [in'dʒest] *v* engolir; ingerir.
in.glo.ri.ous [in'glɔ:riəs] *adj* inglório; obscuro; modesto.
in.got ['iŋgət] *s* lingote, barra de metal fundido.
in.gra.ti.ate [in'greiʃieit] (*with*) *v* insinuar-se, engraçar-se.
in.grat.i.tude [in'grætitju:d; EUA in'grætitu:d] *s* ingratidão.
in.gre.di.ent [in'gri:diənt] *s* ingrediente.
in.gress ['ingres] *s* ingresso; acesso; entrada.
in.grow.ing ['ingrəuiŋ] *adj* que cresce para dentro.
in.hab.it [in'hæbit] *v* habitar; residir; morar.
in.hab.it.a.ble [in'hæbitəbl] *adj* habitável; *ant* **uninhabitable**.
in.hab.i.tant [in'hæbitənt] *s* morador; habitante.
in.ha.la.tion [inhə'leiʃn] *s* aspiração; inalação.
in.hale [in'heil] *v* inalar; aspirar; *ant* **exhale**.
in.hal.er [in'heilə(r)] *s* inalador.
in.har.mo.ni.ous [inha:'məuniəs] *adj* dissonante; desafinado; inarmonioso.
in.her.ent [in'hiərənt] *adj* inerente; imanente; natural.
in.her.it [in'herit] (*from*) *v* suceder como herdeiro; herdar.
in.her.it.ance [in'heritəns] *s* patrimônio; herança.
in.hib.it [in'hibit] *v* inibir; vedar; proibir.
in.hi.bi.tion [inhi'biʃn] *s* inibição.
in.hos.pi.ta.ble [inhɔ'spitəbl] *adj* inóspito; inospitaleiro.

in-house [in'haus] *adj* existindo ou acontecendo dentro de uma empresa ou uma organização.
in.hu.man [in'hju:mən] *adj* desumano; cruel; inumano.
in.hu.man.i.ty [inhju:'mænəti] *s* crueldade; desumanidade.
in.im.i.cal [i'nimikl] *adj* inimigo; hostil; adverso.
in.im.i.ta.ble [i'nimitəbl] *adj* inimitável, que não se pode imitar.
in.iq.ui.tous [i'nikwitəs] *adj* iníquo; mau; perverso.
in.iq.ui.ty [i'nikwəti] *s* iniquidade; maldade; injustiça.
in.i.tial [i'niʃl] *s* letra inicial; • *v* assinar somente com as iniciais do nome; • *adj* principiante; inicial.
in.i.ti.ate [i'niʃieit] *v* iniciar; • *adj* iniciado; começado.
in.i.ti.a.tion [iniʃi'eiʃn] *s* iniciação, cerimonial de aceitação numa sociedade esotérica; ação ou efeito de iniciar.
in.i.ti.a.tive [i'niʃətiv] *s* iniciativa; • *adj* inicial; preliminar.
in.ject [in'dʒekt] (*with*, *into*) *v* injetar; introduzir.
in.ju.di.cious [indʒu:'diʃəs] *adj* imprudente; leviano.
in.junc.tion [in'dʒʌŋkʃn] *s* ordem; mandado; injunção.
in.jure ['indʒə(r)] *v* prejudicar; machucar; ofender; lesar.
in.ju.ri.ous [in'dʒuəriəs] *adj* prejudicial; nocivo; ofensivo; injusto.
in.ju.ry ['indʒəri] *s* dano; ferimento; injustiça; **~ time**: ESP tempo adicionado no final de um jogo de futebol, de hóquei, etc., devido à interrupção durante a partida, por atendimento médico a um jogador, por exemplo.
in.jus.tice [in'dʒʌstis] *s* injustiça, falta de justiça; iniquidade.
ink [iŋk] *s* tinta (para escrever); • *v* aplicar tinta; **~-jet printer**: INF impressora a jato de tinta; **to ~ something in**: escrever à tinta sobre algo já escrito a lápis.

inkling / insecure

ink.ling ['iŋkliŋ] *s* insinuação; ideia, noção.

ink.pot, ink.well ['iŋkpɔt, 'iŋkwel] *s* tinteiro.

ink.y ['iŋki] *adj* manchado de tinta; preto, escuro.

in.laid [in'leid] *adj* marchetado; incrustado.

in.land ['inlənd] *adj* interior; • *adv* no interior, para o interior; ~ **Revenue**: BRIT receita federal, fisco.

in-laws ['in lɔ:z] *s pl* familiares de um dos cônjuges; parentes por afinidade; sogros.

in.lay [in'lei] *v* (*pt* e *pp* **inlaid**) incrustar; embutir.

in.let ['inlet] *s* angra; enseada.

in.mate ['inmeit] *s* recluso, interno (de hospital, prisão, etc.).

in.most ['inməust] *adj* interior; recôndito; íntimo; *ant* **outmost**.

inn [in] *s* estalagem; hotel; hospedaria; pousada.

in.nate [i'neit] *adj* inato; próprio; congênito; inerente.

in.ner ['inə(r)] *adj* interior; íntimo; secreto; ~ **city**: centro da cidade; ~ **Light**: a indelével presença de Deus na alma de cada homem, que permite distiguir o certo do errado; ~ **tube**: câmara de ar.

in.ner.most ['inə(r)məust] *adj* íntimo; recôndito; interior.

in.nings ['iniŋz] *s* ESP turno; **he's had a good ~**: ele aproveitou bem a vida.

in.no.cence ['inəsns] *s* inocência.

in.no.cent ['inəsənt] *s* e *adj* inocente.

in.noc.u.ous [i'nɔkjuəs] *adj* inócuo; inofensivo.

in.no.vate ['inəveit] *v* inovar, renovar.

in.no.va.tion [inə'veiʃn] *s* inovação; novidade.

in.nu.en.do [inju:'endəu] *s* insinuação; alusão; indireta.

in.nu.mer.a.ble [i'nju:mərəbl; EUA i'nu:mərəbl] *adj* inumerável, que não se pode contar.

in.oc.u.late [i'nɔkjuleit] (*with*, *against*) *v* MED inocular.

in.oc.u.la.tion [inɔkju'leiʃn] *s* inoculação.

in.of.fen.sive [inə'fensiv] *adj* inofensivo; inócuo.

in.op.er.a.tive [in'ɔpərətiv] *adj* ineficaz; inoperante; inoperativo.

in.or.di.nate [in'ɔ:dinət] *adj* desordenado; excessivo; irregular.

in.or.gan.ic [inɔ:'gænik] *adj* inorgânico.

in-pa.tient ['in peiʃnt] *s* doente internado em hospital.

in.put ['input] *s* entrada; MEC energia fornecida a um motor; INF entrada, informações que alimentam o computador no sentido de que possa produzir algum tipo de resultado (*output*).

in.quest ['inkwest] *s* inquérito judicial; sindicância.

in.quire [in'kwaiə(r)] (*about*, *into*) *v* indagar; informar-se; investigar.

in.quir.er [in'kwaiərə(r)] *s* inquiridor; examinador; averiguador.

in.quir.y [in'kwaiəri; EUA 'inkwəri] *s* inquérito; pesquisa; pergunta; ~ **desk**: balcão de informações.

in.qui.si.tion ['inkwi'ziʃn] *s* inquisição; inquérito judicial; **The ~**: O Tribunal da Inquisição.

in.quis.i.tive [in'kwizətiv] *adj* curioso; indiscreto; perguntador.

in.quis.i.tor [in'kwizitə(r)] *s* inquiridor; investigador.

in.road ['inrəud] *s* incursão; usurpação; invasão; **to make ~s into/on something**: consumir parte de.

in.sane [in'sein] *adj* insano; demente.

in.san.i.ty [in'sænəti] *s* insanidade; demência.

in.sa.tia.ble [in'seiʃəbl] *adj* insaciável; sôfrego.

in.sa.ti.ate [in'seiʃiət] *adj* insaciável.

in.scribe [in'skraib] *v* inscrever; gravar; fazer uma dedicatória.

in.scrip.tion [in'skripʃn] *s* inscrição; dedicatória.

in.sect ['insekt] *s* inseto, animal desprovido de esqueleto, pernas articuladas com o tórax e que respira por traqueias.

in.sec.ti.cide [in'sektisaid] *s* inseticida.

in.se.cure [insi'kjuə(r)] *adj* incerto; em perigo; arriscado.

in.sem.i.nate [in'semineit] *v* semear; fecundar.

in.se.mi.na.tion [insemi'neiʃn] *s* inseminação; **artificial ~**: inseminação artificial.

in.sen.sate [in'senseit] *adj* insensato; imprudente.

in.sen.si.bil.i.ty [insensə'biləti] *s* insensibilidade; apatia.

in.sen.si.ble [in'sensəbl] *adj* insensível; apático.

in.sep.a.ra.ble [in'seprəbl] *adj* inseparável.

in.sert [in'sə:t] (*in*, *into*) *v* inserir; introduzir.

in.ser.tion [in'sə:ʃn] *s* inserção.

in.shore [in'ʃɔ:(r)] *adj* costeiro; • *adv* na costa; perto da costa.

in.side [in'said] *s* o interior; o conteúdo; • *adj* interno; • *adv* e *prep* dentro, para dentro; **~ out**: pelo avesso, de trás para frente, de dentro para fora; **~ lane**: AUT BRIT pista da esquerda, EUA pista da direita.

in.sid.i.ous [in'sidiəs] *adj* pérfido; insidioso.

in.sight ['insait] *s* discernimento intelectual; intuição.

in.sig.nif.i.cance [insig'nifikəns] *s* insignificância.

in.sig.nif.i.cant [insig'nifikənt] *adj* insignificante, que não tem importância.

in.sin.cere [insin'siə(r)] *adj* hipócrita; insincero; fingido; desleal.

in.sin.cer.i.ty [insin'serəti] *s* falta de sinceridade; dissimulação.

in.sin.u.ate [in'sinjueit] *v* insinuar(-se).

in.sin.u.a.tion [insinju'eiʃn] *s* insinuação; indireta.

in.sip.id [in'sipid] *adj* insípido; monótono; desinteressante.

in.sist [in'sist] (*on*, *upon*) *v* insistir; persistir.

in.sist.ence [in'sistəns] *s* insistência.

in.so.lence ['insələns] *s* insolência, falta de respeito.

in.so.lent ['insələnt] *s* e *adj* insolente; atrevido.

in.sol.u.ble [in'sɔljubl] *adj* insolúvel, que não se desfaz.

in.solv.a.ble [in'sɔlvəbl] *adj* insolúvel.

in.sol.ven.cy [in'sɔlvənsi] *s* insolvência; falência.

in.sol.vent [in'sɔlvənt] *adj* insolvente, que não tem meios para pagar o que deve.

in.som.ni.a [in'sɔmniə] *s* insônia.

in.so.much [insəu'mʌtʃ] *adv* a tal ponto que; de sorte que; de tal modo que.

in.spect [in'spekt] *v* inspecionar; examinar; fiscalizar.

in.spec.tion [in'spekʃn] *s* inspeção; exame; fiscalização.

in.spec.tor [in'spektə(r)] *s* inspetor.

in.spi.ra.tion [inspə'reiʃn] *s* inspiração, ato ou efeito de inspirar; entusiasmo poético.

in.spire [in'spaiə(r)] *v* inspirar; respirar; aspirar.

in.spir.ing [in'spaiəriŋ] *adj* inspirador.

in.sta.bil.i.ty [instə'biləti] *s* instabilidade.

in.sta.ble [in'stəbl] *adj* instável.

in.stall, EUA **in.stal** [in'stɔ:l] *v* instalar; dar posse.

in.stal.la.tion [instə'leiʃn] *s* instalação.

in.stal.ment, EUA **in.stall.ment** [in'stɔ:lmənt] *s* instalação; prazo; prestação.

in.stance ['instəns] *s* exemplo; urgência; instância; • *v* mencionar; alegar; exemplificar; **for ~**: por exemplo; **in the first ~**: em primeiro lugar.

in.stant ['instənt] *s* instante; momento; • *adj* instante; **(as) the ~ as**: logo que, no instante em que; **~ coffee**: café solúvel.

in.stan.ta.ne.ous [instən'teiniəs] *adj* instantâneo, que se realiza num momento.

in.stant.ly ['instəntli] *adv* imediatamente.

in.stead [in'sted] *adv* em vez; em lugar de; **~ of**: em vez de.

in.step ['instep] *s* tarso; peito do pé.

in.sti.gate ['instigeit] *v* instigar; inculcar; incitar.

in.sti.ga.tion [insti'geiʃn] *s* instigação; excitamento; incitamento.

in.stil, EUA **in.still** [in'stil] (*in*, *into*) *v* instilar; inculcar.

in.stinct ['instiŋkt] *s* instinto; aptidão natural; • *adj* animado.

in.stinc.tive [in'stiŋktiv] *adj* instintivo; espontâneo; natural.

in.sti.tute ['institju:t; EUA 'institu:t] s instituto; estabelecimento; • v instituir.

in.sti.tu.tion [insti'tju:ʃn; EUA insti'tu:ʃn] s instituição.

in.sti.tu.tion.al [insti'tju:ʃənl] adj institucional; elementar.

in.struct [in'strʌkt] v instruir; informar; dar instruções a.

in.struc.tion [in'strʌkʃn] s instrução; ensino; educação.

in.struc.tion.al [in'strʌkʃənl] adj relativo a instrução.

in.struc.tive [in'strʌktiv] adj instrutivo, que instrui; próprio para instruir.

in.struc.tor [in'strʌktə(r)] s mestre; instrutor.

in.stru.ment ['instrəmənt] s instrumento; meio; agente; **~ panel**: painel de instrumento; **string ~**: instrumento de cordas; **percussion ~**: instrumento de percussão; **wind ~**: instrumento de sopro.

in.stru.men.tal [instru'mentl] adj instrumental; ferramenta.

in.stru.men.tal.ist [instru'mentəlist] s MÚS instrumentalista.

in.stru.men.ta.tion [instrumen'teiʃn] s instrumentação.

in.sub.or.di.nate [insə'bɔ:dinət] adj insubordinado; indisciplinado.

in.sub.or.di.na.tion [insəbɔ:di'neiʃn] s insubordinação; revolta; indisciplina.

in.sub.stan.tial [insəb'stænʃl] adj insubstancial, que não é substancial.

in.suf.fer.a.ble [in'sʌfrəbl] adj intolerável.

in.suf.fi.cien.cy [insə'fiʃnsi] s incapacidade; insuficiência.

in.suf.fi.cient [insə'fiʃnt] adj insuficiente.

in.su.late ['insjuleit; EUA 'insəleit] (*from*, *against*) v isolar; fazer isolamento (eletricidade).

in.su.lat.ing tape ['insjuleitiŋ 'teip] s ELET fita isolante.

in.su.la.tion [insju'leiʃn; EUA insə'leiʃn] s isolamento; separação; material isolante.

in.su.la.tor [insju'leitə(r)] s ELET isolador, que isola; corpo que interrompe ou dificulta a comunicação da eletricidade.

in.su.lin ['insjulin; EUA 'insəlin] s insulina.

in.sult [in'sʌlt] s insulto; ofensa; • v insultar; ofender; afrontar.

in.su.per.a.ble [in'sju:prəbl; EUA in'su:prəbl] adj insuperável; invencível.

in.sup.port.a.ble [insə'pɔ:təbl] adj intolerável; insuportável.

in.sur.ance [in'ʃuərəns] s seguro; **~ agent**: corretor de seguros; **~ company**: companhia de seguros; **~ policy**: apólice de seguros.

in.sure [in'ʃuə(r)] (*against*) v segurar; garantir; pôr no seguro.

in.sured [in'ʃuəd] s segurado, aquele que paga o prêmio num contrato de seguro.

in.sur.er [in'ʃuərə(r)] s segurador, aquele que se obriga, num contrato de seguro, a pagar eventuais sinistros.

in.sur.gent [in'sə:dʒənt] adj rebelde; revoltoso; insurgente.

in.sur.rec.tion [insə'rekʃn] s insurreição; levante; revolta.

in.tact [in'tækt] adj intacto; íntegro; ileso.

in.take ['inteik] s admissão; entrada; ingestão (comida).

in.tan.gi.bil.i.ty [intændʒə'biləti] s intangibilidade.

in.tan.gi.ble [in'tændʒəbl] adj impalpável; intangível.

in.te.ger ['intidʒə(r)] s totalidade; número inteiro.

in.te.gral ['intigrəl] adj integral, completo.

in.te.grate ['intigreit] (*with*, *into*) v integrar; completar.

in.te.gra.tion [inti'greiʃn] s integração.

in.teg.ri.ty [in'tegrəti] s integridade; retidão; inteireza.

in.tel.lect ['intəlekt] s intelecto; pessoa inteligente; entendimento.

in.tel.lec.tu.al [intə'lektʃuəl] s e adj intelectual; **~ property**: DIR propriedade intelectual.

in.tel.lec.tu.al.ism [intə'lektʃuəlizəm] s intelectualismo, classe dos intelectuais; predomínio do intelectual em prejuízo das realidades práticas.

in.tel.li.gence [in'telidʒəns] s inteligência; **~ quotient**: quociente de inteligência; **~ Service**: Serviço de Informações; **~ test**: teste de inteligência.

in.tel.li.gent [in'telidʒənt] adj inteligente.

in.tel.li.gi.ble [in'telidʒəbl] adj inteligível, que é fácil de ser entendido; *ant* **unintelligible**.

in.tem.per.ance [in'tempərəns] s intemperança; beber, comer em excesso.

in.tem.per.ate [in'tempərət] adj intemperante; desmedido.

in.tend [in'tend] v tencionar; pretender.

in.tend.ed [in'tendid] s noivo; noiva; • adj prometido; intencional.

in.tense [in'tens] adj intenso; ardente.

in.ten.si.fi.ca.tion [intensifi'keiʃn] s intensificação.

in.ten.si.fy [in'tensifai] v reforçar; intensificar.

in.ten.sive [in'tensiv] adj intensivo; **~ care**: tratamento intensivo.

in.tent [in'tent] s intento; objetivo; intenção; propósito; **to all ~s and purposes**: para todos os efeitos.

in.ten.tion [in'tenʃn] s intenção; propósito; intento.

in.ten.tion.al [in'tenʃənl] adj intencional; deliberado; *ant* **unintentional**.

in.ter [in'tə:(r)] v enterrar; sepultar; *ant* **disinter**.

in.ter.ac.tion [intər'ækʃən] s ação recíproca; interação.

in.ter.breed [intə'bri:d] v (pt e pp **interbred**) cruzar (raças); criar (híbridos).

in.ter.cede [intə'si:d] (with, for) v interceder; intervir.

in.ter.cept [intə'sept] v interceptar; interromper.

in.ter.cep.tion [intə'sepʃn] s intercepção.

in.ter.change [intə'tʃeindʒ] s intercâmbio; permuta; trevo rodoviário; • (with) v permutar; cambiar.

in.ter.change.a.ble [intə'tʃeindʒəbl] adj permutável.

in.ter.com ['intəkəm] s sistema de intercomunicação; interfone.

in.ter.com.mu.ni.cate [intəkə'mju:nikeit] v comunicar-se; intercomunicar.

in.ter.com.mu.ni.ca.tion [intəkəmju:ni'keiʃn] s intercomunicação, comunicação recíproca.

in.ter.course ['intəkɔ:s] s intercurso; comércio; relações comerciais; relações sexuais.

in.ter.dict [intə'dikt] s interdito; • v interditar; proibir; vetar.

in.ter.dic.tion [intə'dikʃn] s interdição; proibição.

in.ter.est ['intrəst] s interesse; lucro; participação nos lucros; juros; • v interessar; **~ rate**: taxa de juros.

in.ter.est-free ['intrəst fri] adj sem juros.

in.ter.est.ing ['intristiŋ] adj atraente; interessante.

in.ter.face ['intəfeis] s INF interface, conexão que se verifica entre o computador, seus diversos dispositivos e o usuário.

in.ter.fere [intə'fiə(r)] (in, between) v intervir; interferir.

in.ter.fer.ence [intə'fiərəns] s interferência.

in.ter.ga.lac.tic [intəgə'læktik] adj intergaláctico.

in.te.ri.or [in'tiəriə(r)] s interior; • adj interno; interior; **~ decorator**: decorador; **~ designer**: arquiteto de interiores.

in.ter.ject [intə'dʒekt] v interpor-se.

in.ter.jec.tion [intə'dʒekʃn] s intervenção; GRAM interjeição.

in.ter.lace [intə'leis] (with) v entrelaçar; misturar.

in.ter.lace.ment [intə'leismənt] s entrelaçamento; mistura.

in.ter.lard [intə'la:d] (with) v mesclar.

in.ter.link [intə'liŋk] v encadear; ligar; unir.

in.ter.lock [intə'lɔk] v encadear(-se), entrelaçar(-se).

in.ter.loc.u.tor [intə'lɔkjutə(r)] s interlocutor.

in.ter.lude ['intəlu:d] s MÚS interlúdio; TEAT farsa; intervalo.

in.ter.me.di.ar.y [intə'mi:diəri; EUA intə'mi:dieri] s e adj intermediário.

in.ter.me.di.ate [intə'mi:diət] v servir de intermediário; • adj intermediário.

in.ter.ment [in'tə:mənt] *s* enterro; funeral.
in.ter.mi.na.ble [in'tə:minəbl] *adj* interminável; ilimitado.
in.ter.min.gle [intə'miŋgl] *v* entremear; misturar-se.
in.ter.mis.sion [intə'miʃn] *s* intermissão; pausa.
in.ter.mit [intə'mit] *v* interromper, descontinuar.
in.ter.mit.tent [intə'mitnt] *adj* intermitente, que para por intervalos.
in.tern [in'tə:n] *s* e *adj* interno.
in.ter.nal [in'tə:nl] *adj* interno; interior; doméstico; intrínseco; *ant* **external**.
in.ter.na.tion.al [intə'næʃnəl] *adj* internacional.
in.ter.na.tion.al.i.ty [intonæʃ'nɔliti] *s* internacionalidade.
in.ter.na.tion.al.ize, in.ter.na.tion.al.ise [intə'næʃnəlaiz] *v* internacionalizar.
in.ter.ne.cine [intə'ni:sain] *adj* destrutivo; exterminador.
in.tern.ee [intə:'ni:] *s* pessoa que foi internada.
in.ter.net ['intənet] *s* INF Internet, rede mundial de comunicação eletrônica, via computadores, em que os usuários se encontram interligados, podendo se comunicar e trocar informações e arquivos.
in.tern.ment [in'tə:nmənt] *s* internação; internamento.
in.ter.plan.e.tar.y [intə'plænitri; EUA intə'plæniteri] *s* interplanetário, que está situado entre planetas.
in.ter.po.late [in'tə:pəleit] *v* intercalar; interpolar; inserir.
in.ter.pose [intə'pəuz] (*between*) *v* interpor; interferir; intrometer-se.
in.ter.po.si.tion [intəpə'ziʃn] *s* intervenção; interposição.
in.ter.pret [in'tə:prit] (*as*) *v* interpretar; explicar; esclarecer.
in.ter.pre.ta.tion [intə:pri'teiʃn] *s* interpretação; explicação; esclarecimento.
in.ter.pret.er [in'tə:pritə(r)] *s* intérprete, aquele que interpreta; pessoa que serve de tradutor entre pessoas que falam línguas diferentes.
in.ter.ro.gate [in'terəgeit] *v* interrogar.
in.ter.ro.ga.tion [intərə'geiʃn] *s* interrogação; ~ **mark/point**: ponto de interrogação.
in.ter.rog.a.tive [intə'rɔgətiv] *adj* interrogativo.
in.ter.rupt [intə'rʌpt] *v* interromper.
in.ter.rupt.er [intə'rʌptə(r)] *s* interruptor.
in.ter.rup.tion [intə'rʌpʃn] *s* interrupção; intervalo; pausa.
in.ter.sect [intə'sekt] *v* entrecortar; cortar; cruzar.
in.ter.sec.tion [intə'sekʃn] *s* interseção; cruzamento de estrada.
in.ter.sperse [intə'spə:s] *v* espalhar; entremear; difundir.
in.ter.val ['intəvl] *s* intervalo; interstício; pausa; **at** ~**s**: de tempos em tempos.
in.ter.vene [intə'vi:n] *v* intervir; interpor-se.
in.ter.ven.tion [intə'venʃn] *s* intervenção; interposição; mediação.
in.ter.view ['intəvju:] *s* conferência; entrevista; • *v* entrevistar; conferenciar.
in.ter.viewee [intəvju:'i] *s* entrevistado.
in.ter.viewer ['intəvju:ə(r)] *s* entrevistador.
in.ter.weave [intə'wi:v] (*with*) *v* (*pt* **interwove**; *pp* **interwoven**) entrelaçar; enlaçar; entremear.
in.tes.tate [in'testeit] *s* pessoa que morreu sem testamento.
in.tes.tine [in'testin] *s* intestino; • *adj* interno; interior.
in.ti.ma.cy ['intiməsi] *s* familiaridade; intimidade.
in.ti.mate ['intimət] *s* amigo íntimo; confidente; • *v* dar a entender; sugerir; insinuar; • *adj* íntimo; pessoal.
in.tim.i.date [in'timideit] *v* intimidar; amedrontar; desencorajar.
in.tim.i.da.tion [intimi'deiʃn] *s* intimidação.
in.to ['intə; *strong form*: 'intu:] *prep* em; para dentro de; até o interior.
in.tol.er.a.ble [in'tɔlərəbl] *adj* insuportável; intolerável.
in.tol.er.ance [in'tɔlərəns] *s* intolerância.

in.tol.er.ant [in′tɔlərənt] *adj* intolerante.

in.to.na.tion [intə′neiʃn] *s* entonação; entoação; modulação da voz.

in.tox.i.cate [in′tɔksikeit] *v* intoxicar; envenenar; embriagar.

in.tox.i.ca.tion [intɔksi′keiʃn] *s* embriaguez; êxtase; MED intoxicação.

in.trac.ta.ble [in′træktəbl] *adj* intratável; obstinado; indócil.

intra.net [′intrənet] *s* INF intranet, rede de computadores com o propósito de compartilhar informações e recursos da informática (*softwares*, impressoras, etc.) entre os funcionários de uma empresa ou organização.

in.tran.si.gent [in′trænsidʒənt] *s* intransigente; • *adj* intolerante; intransigente.

in.tran.si.tive [in′trænsətiv] *adj* GRAM intransitivo (verbo).

in.tra-uter.ine de.vice [intrəju:tərain di′vais] *s* dispositivo intrauterino (DIU); *abrev* **IUD**.

in-tray [′in trei] *s* bandeja de acrílico ou de madeira, em geral, destinada à entrada de correspondências e que fica nas mesas dos funcionários que trabalham em escritórios.

in.trep.id [in′trepid] *adj* audaz; intrépido; arrojado.

in.tre.pid.i.ty [intri′pidəti] *s* intrepidez; coragem; valentia.

in.tri.ca.cy [′intrikəsi] *s* complicação.

in.tri.cate [′intrikət] *adj* intricado; confuso; embaraçado.

in.trigue [in′tri:g] *s* intriga; enredo; trama; caso amoroso secreto; • *v* intrigar; tramar; ter um caso amoroso secreto.

in.trin.sic [in′trinsik; EUA in′trinzik] *adj* inerente; intrínseco.

in.tro.duce [intrə′dju:s; EUA intrə′du:s] *v* introduzir; apresentar; estabelecer.

in.tro.duc.tion [intrə′dʌkʃn] *s* introdução; apresentação.

in.tro.duc.to.ry [intrə′dʌktəri] *adj* preliminar; introdutório.

in.tro.spec.tion [intrə′spekʃn] *s* introspecção, observação dos fenômenos psíquicos da própria consciência.

in.tro.spec.tive [intrə′spektiv] *adj* introspectivo.

in.tro.vert [intrə′və:t] *s* pessoa introvertida; • *adj* introvertido; tímido.

in.trude [in′tru:d] (*into, on, upon*) *v* introduzir à força; intrometer-se; impor.

in.trud.er [in′tru:də(r)] *s* intruso.

in.tru.sion [in′tru:ʒn] *s* intrusão; usurpação; invasão.

in.tru.sive [in′tru:siv] *adj* intruso; impertinente; inoportuno.

in.tu.i.tion [intju:′iʃn; EUA intu:′iʃn] *s* intuição; pressentimento.

in.tu.i.tive [in′tju:itiv; EUA in′tu:itiv] *adj* intuitivo.

in.tu.mes.cence [intju:′mesns; EUA intu:′mesns] *s* tumor; intumescência.

in.un.date [′inʌndeit] (*with*) *v* inundar; alagar.

in.un.da.tion [inʌn′deiʃn] *s* inundação.

in.ure [i′njuə(r)] (*to*) *v* acostumar; habituar.

in.ure.ment [i′njuə(r)ment] *s* costume; prática; hábito.

in.vade [in′veid] *v* invadir.

in.va.lid [in′vælid] *s* inválido; • *v* tornar-se inválido; MIL dar baixa por invalidez; • *adj* nulo; inválido; doente.

in.val.i.date [in′vælideit] *v* invalidar; inutilizar; anular.

in.val.i.da.tion [invæli′deiʃn] *s* invalidação; anulação.

in.val.u.a.ble [in′væljuəbl] *adj* inestimável; incalculável.

in.va.sion [in′veiʒn] *s* invasão.

in.vec.tive [in′vektiv] *s* invectiva; denúncia; • *adj* invectivo, denunciatório.

in.veigh [in′vei] (*against*) *v* injuriar.

in.vei.gle [in′veigl] (*into*) *v* seduzir; enganar; engodar.

in.vent [in′vent] *v* inventar; idear.

in.ven.tion [in′venʃn] *s* invenção.

in.ven.tive [in′ventiv] *adj* inventivo; engenhoso.

in.ven.tor [in′ventə(r)] *s* inventor; criador.

in.ven.to.ry ['invəntri; EUA 'invəntɔ:ri] *s* inventário; balanço.

in.verse [in'və:s] *adj* inverso; invertido.

in.verse.ly [in'və:sli] *adv* inversamente.

in.ver.sion [in'və:ʃn; EUA in'və:ʒn] *s* inversão.

in.vert [in'və:t] *v* inverter.

in.vert.ed com.mas [in'və:tid 'kɔmas] *s pl* BRIT aspas.

in.ver.te.brate [in'və:tibreit] *s e adj* invertebrado.

in.vest [in'vest] (*in*) *v* investir; conferir; outorgar.

in.ves.ti.gate [in'vestigeit] *v* investigar; analisar; averiguar.

in.ves.ti.ga.tion [investi'geiʃn] *s* investigação.

in.ves.ti.ga.tor [investi'geitə(r)] *s* investigador.

in.vest.ment [in'vestmənt] *s* investimento.

in.ves.tor [in'vestə(r)] *s* FIN investidor.

in.vet.er.ate [in'vetərət] *adj* inveterado; antigo; arraigado.

in.vid.i.ous [in'vidiəs] *adj* invejoso; odioso.

in.vi.gi.late [in'vidʒileit] *v* vigiar; EUA **proctor**.

in.vi.gi.la.tion [invidʒi'leiʃn] *s* vigilância.

in.vi.gi.la.tor [invidʒi'leitə(r)] *s* vigilante; EUA **proctor**.

in.vig.or.ate [in'vigəreit] *v* vigorar; fortalecer; fortificar.

in.vin.ci.bil.i.ty [invinsə'biləti] *s* insuperabilidade; invencibilidade.

in.vin.ci.ble [in'vinsəbl] *adj* insuperável; invencível.

in.vi.o.la.ble [in'vaiələbl] *adj* inviolável, que não se pode violar.

in.vi.o.late [in'vaiələt] *adj* inviolado; intacto; íntegro.

in.vis.i.ble [in'vizəbl] *adj* invisível; **~ ink**: tinta invisível.

in.vi.ta.tion [invi'teiʃn] *s* solicitação; convite; **by ~ only**: estritamente mediante convite.

in.vite [in'vait] (*to*) *v* convidar.

in.vit.ing [in'vaitiŋ] *adj* convidativo; tentador; atraente.

in.vo.ca.tion [invə'keiʃn] *s* invocação.

in.voice ['invɔis] *s* fatura; remessa; • *v* faturar.

in.voke [in'vəuk] *v* invocar; implorar; chamar.

in.vol.un.tar.y [in'vɔləntri; EUA in'vɔlənteri] *adj* involuntário, inconsciente.

in.volve [in'vɔlv] (*in*, *with*) *v* envolver; incluir; implicar; **to get ~d**: envolver-se.

in.vul.ner.a.ble [in'vʌlnərəbl] *adj* invulnerável.

in.ward ['inwəd] *s* o interior; • *adj* interno; interior; íntimo; • *adv* interiormente; para dentro.

in.wards ['inwəd(z)] *adv* para dentro; *ant* **outwards**.

i.o.dine ['aiədi:n; EUA 'aiədain] *s* QUÍM iodo.

i.on ['aiən] *s* FÍS íon, átomo ou radical com carga elétrica.

i.o.ta [ai'əutə] *s* nona letra do alfabeto grego; ponto; quantidade diminuta.

IOU [ai əu 'ju:] *s* forma reduzida de **I owe you**, vale (quantia em dinheiro).

IQ [ai 'kju:] *abrev de* **I**ntelligence **Q**uotient, Quociente de Inteligência (Q.I.).

IRA [ai ɔ:r 'ei] *abrev de* **I**rish **R**epublican **A**rmy, Exército Republicano Irlandês.

i.ras.ci.ble [i'ræsəbl] *adj* irascível; irritável.

i.rate [ai'reit] *adj* encolerizado; enfurecido; irado.

ire ['aiə(r)] *s* ira; fúria; cólera.

i.rid.i.um [i'ridiəm] *s* QUÍM irídio.

i.ris ['aiəris] *s* ANAT íris; BOT lírio.

I.rish ['aiəriʃ] *s e adj* irlandês.

irk [ə:k] *v* enfadar; cansar; molestar.

irk.some ['ə:ksəm] *adj* penoso; enfadonho; incômodo.

i.ron ['aiən; EUA 'aiərn] *s* ferro; • *v* passar a ferro; • *adj* férreo; indômito; **The ~ Age**: a Idade do Ferro (história); **the ~ Curtain**: a Cortina de Ferro (Leste Europeu); **to have several ~s in the fire**: ter muitos interesses, muitas atividades ao mesmo tempo.

i.ron.i.cal [ai'rɔnikl] *adj* irônico; sarcástico.

i.ron.ing ['aiəniŋ] *s* roupa para passar.

i.ron.ing-board ['aiəniŋbɔ:d] *s* tábua de passar roupa.

i.ron.mon.ger [ˈaiənmʌŋgə(r)] *s* ferrageiro, ferreiro.

i.ron.works [ˈaiənwəːks] *s* fundição; ferraria; forja.

i.ro.ny [ˈaiərəni] *s* ironia; zombaria; sarcasmo.

ir.ra.di.ate [iˈreidieit] *v* irradiar; iluminar; aclarar.

ir.ra.di.a.tion [iˈreidieitʃn] *s* irradiação; brilho.

ir.ra.tion.al [iˈræʃnl] *adj* irracional; ilógico.

ir.re.cov.er.a.ble [iriˈkʌvərəbl] *adj* irreparável; irremediável.

ir.re.duc.i.ble [iriˈdjuːsəbl; EUA iriˈduːsəbl] *adj* irredutível.

ir.ref.u.ta.ble [iriˈfjuːtəbl] *adj* irrefutável; evidente; inegável.

ir.reg.u.lar [iˈregjulə(r)] *adj* irregular.

ir.reg.u.lar.i.ty [iregjuˈlærəti] *s* irregularidade.

ir.rel.e.vance, ir.rel.e.van.cy [iˈreləvəns, iˈreləvənsi] *s* irrelevância.

ir.rel.e.vant [iˈreləvənt] *adj* impertinente; inaplicável; impróprio.

ir.re.li.gious [iriˈlidʒəs] *adj* irreligioso; descrente; ateu.

ir.re.me.di.a.ble [iriˈmiːdiəbl] *adj* irremediável; inevitável; incurável.

ir.re.mov.a.ble [iriˈmuːvəbl] *adj* fixo; irremovível.

ir.rep.a.ra.ble [iˈrepərəbl] *adj* irremediável; irreparável.

ir.re.press.i.ble [iriˈpresəbl] *adj* indomável; irreprimível.

ir.re.proach.a.ble [iriˈprəutʃəbl] *adj* irrepreensível; impecável.

ir.re.sist.i.ble [iriˈzistəbl] *adj* irresistível.

ir.res.o.lute [iˈrezəluːt] *adj* irresoluto; vacilante; indeciso.

ir.re.spec.tive [iriˈspektiv] *adj* independente de; sem consideração.

ir.re.spon.si.bil.i.ty [iriˈspɔnsəˈbiləti] *s* irresponsabilidade.

ir.re.spon.si.ble [iriˈspɔnsəbl] *adj* irresponsável.

ir.re.triev.a.ble [iriˈtriːvəbl] *adj* irremediável; irreparável.

ir.rev.er.ence [iˈrevərəns] *s* irreverência.

ir.rev.er.ent [iˈrevərənt] *adj* irreverente.

ir.re.vers.i.ble [iriˈvəːsəbl] *adj* irreversível; irrevogável.

ir.rev.o.ca.ble [iˈrevəkəbl] *adj* irrevogável.

ir.ri.gate [ˈirigeit] *v* irrigar; aguar; banhar; regar.

ir.ri.ga.tion [iriˈgeiʃn] *s* irrigação.

ir.ri.ta.bil.i.ty [iritəˈbiləti] *s* irritabilidade.

ir.ri.ta.ble [ˈiritəbl] *adj* irritável; irascível; colérico.

ir.ri.tant [ˈiritənt] *s e adj* irritante.

ir.ri.tate [ˈiriteit] *v* irritar.

ir.ri.ta.tion [iriˈteiʃn] *s* irritação.

ir.rup.tion [iˈrʌpʃn] *s* irrupção.

ISBN [ai es biː ˈen] *s abrev de* **I**nternational **S**tandard **B**ook **N**umber, sistema internacional padronizado de numeração e identificação de um determinado título de livro ou *software*.

Is.lam [izˈlaːm; EUA ˈislaːm] *s* Islamismo, religião fundada por Maomé.

Is.lam.ic [izˈlaːmik] *adj* islâmico.

is.land [ˈailənd] *s* ilha.

is.land.er [ˈailəndə(r)] *s* insular; ilhéu.

isle [ail] *s* ilhota; ilha.

is.let [ˈailit] *s* ilhota.

i.so.late [ˈaiseleit] (*from*) *v* isolar; separar.

is.sue [ˈiʃuː] *s* emissão; distribuição; expedição; questão; número (de publicação, periódico, etc.); assunto; • *v* emitir; publicar; **at ~**: em disputa, em litígio; **to take ~ with**: discutir com.

isth.mus [ˈisməs] *s* istmo, faixa estreita de terra que une uma península a um continente, dois continentes entre si ou duas porções de continente.

IT [aiˈtiː] INF *abrev de* **I**nformation **T**echnology, Tecnologia da Informação; TI.

it [it] *pron* o; a; lhe; ele; ela; isto; isso.

I.tal.ian [iˈtæljən] *s e adj* italiano.

i.tal.ic [iˈtælik] *s* TIP itálico, espécie de letra; • *adj* itálico; italiano.

i.tal.i.cize [i'tælisaiz] *v* grifar; imprimir em itálico.

itch [itʃ] *s* comichão; prurido; • *v* coçar; prurir; desejar ardentemente.

i.tin.er.ant [ai'tinərənt] *s* e *adj* ambulante; errante; itinerante.

its [its] *pron* seu; sua; seus; suas.

it.self [it'self] *pron* ele próprio, ela própria; ele mesmo, ela mesma; se; si mesmo; **by ~**: sozinho, sozinha; automaticamente.

IUD [ai ju: 'di:] MED *abrev de* **I**ntra-**U**terine (contraceptive) **D**evice, Dispositivo Intrauterino (DIU).

i.vo.ry ['aivəri] *s* marfim; • *adj* de marfim.

IVF [ai vi: 'ef] MED *abrev de* **i**n **v**itro **f**ertilization, fertilização *in vitro*.

i.vy ['aivi] *s* sempre-verde; planta trepadeira e rasteira.

J

j [dʒei] *s* décima letra do alfabeto.
jab [dʒæb] *s* estocada; soco; golpe; *v* bater; socar; espetar.
jab.ber [ˈdʒæbə(r)] *s* tagarelice; confusão de vozes; • *v* tagarelar; palrar.
jack [dʒæk] *s* macaco (mecânico); valete (no jogo de baralho); lugar para plugar fios elétricos; GÍR cara; GÍR dinheiro; **~-in-the-box**: caixinha de surpresas; **the Union ~**: bandeira nacional da Grã-Bretanha; **to ~ off**: masturbar-se; **to ~ something in**: deixar, abandonar; **to ~ up**: levantar (o carro, por exemplo) com macaco.
jack.al [ˈdʒækɔːl] EUA ˈdʒækl] *s* chacal, quadrúpede carniceiro; pessoa que explora outrem.
jack.ass [ˈdʒækæs] *s* asno (animal); burro; tolo; estúpido; ignorante.
jack.boot [ˈdʒækbuːt] *s* bota de montaria.
jack.daw [ˈdʒækdɔː] *s* gralha, nome comum de diversas aves.
jack.et [ˈdʒækɪt] *s* jaqueta; blusão; casaco; casca de batata; • *v* vestir-se com uma jaqueta.
jack.pot [ˈdʒækpɒt] *s* sorte grande em loteria.
ja.cuz.zia® [dʒəˈkuːzi] *s* banheira de hidromassagem.
jade [dʒeɪd] *s* jade, pedra de cor verde ou branca; cavalo magro; mulher indiscreta e rude; • *v* cansar; fatigar; desanimar.
jag [dʒæg] *s* recorte; carga; bebedeira; • *v* recortar; entalhar; dentear.
jag.ged [ˈdʒægɪd] *adj* recortado; denteado; irregular.
jag.uar [ˈdʒægjʊə(r)] *s* jaguar, a maior onça sul-americana.
jail [dʒeɪl] *s* cárcere; prisão; cadeia; BRIT **gaol**; **~-bird**: presidiário.
jail.er [ˈdʒeɪlə(r)] *s* carcereiro, guarda de prisão; BRIT **gaoler**.
ja.lopy [dʒəˈlɒpi] *s* GÍR calhambeque, lata velha; automóvel em péssimas condições.
jam [dʒæm] *s* geleia; compota; EUA **jelly**; aperto; apuro; congestionamento; • *v* apertar; espremer; RÁDIO interferir; **~-packed**: lotado, abarrotado (estádio); **~ session**: encontro de um grupo de músicos, em geral de jazz, para tocar para o seu próprio divertimento; **to be in ~/to get into a ~**: ficar em situação difícil; **to ~ on**: apertar; **to ~ one's brakes on**: POP pôr o pé no freio.
jamb [dʒæm] *s* umbral (de janela, de porta).
jam.bo.ree [dʒæmbəˈriː] *s* congresso de escoteiros ou de bandeirantes; grande festa; celebração.
jan.gle [ˈdʒæŋgl] *s* disputa; ruídos, sons discordantes; • *v* discutir; brigar.
jan.i.tor [ˈdʒænɪtə(r)] *s* bedel; servente; EUA ARC porteiro; zelador de edifício.
Jan.u.ar.y [ˈdʒænjʊəri] EUA ˈdʒænjuːeri] *s* janeiro; *abrev* **Jan**.
ja.pan [dʒəˈpæn] *v* envernizar; engraxar.
Jap.a.nese [dʒæpəˈniːz] *s* e *adj* japonês.
jape [dʒeɪp] *s* gracejo; zombaria; • *v* gracejar; lograr.

jar [dʒa:(r)] *s* jarro; pote; vibração; discussão; • *v* vibrar; tremer.

jar.gon [ˈdʒa:gən] *s* jargão.

jas.mine [ˈdʒæsmin] *s* jasmim, flor perfumada e medicinal.

jas.per [ˈdʒæsp2(r)] *s* jaspe, variedade de quartzo.

jaun.dice [ˈdʒɔ:ndis] *s* MED icterícia, doença hepática.

jaunt [dʒɔ:nt] *s* excursão; passeio; • *v* passear; excursionar.

jaunt.i.ness [ˈdʒɔ:ntinis] *s* garbo; graça; ligeireza.

jaunt.y [ˈdʒɔ:nti] *adj* airoso; garboso.

Jav.a.nese [ˈdʒɔ:vəni:z] *s* e *adj* javanês, que é natural da ilha de Java.

jaw [dʒɔ:] *s* mandíbula; maxila; GÍR bate-papo; ~**breaker**: palavra de pronúncia difícil; trava-língua.

jaw.bone [ˈdʒɔ:bəun] *s* osso maxilar.

jazz [dʒæz] *s* música criada pelos afro-americanos cuja tônica é a execução improvisada; **and all that ~**: e coisas similares; ~ **band**: orquestra especializada em jazz.

jeal.ous [ˈdʒeləs] *adj* ciumento; zeloso; invejoso; desconfiado.

jeal.ous.y [ˈdʒeləsi] *s* ciúme.

jeans [dʒi:nz] *s* brim, fustão de algodão; calça tecida desse tecido.

jeep [dʒi:p] *s* jipe (automóvel).

jeer [dʒi2(r)] *s* zombaria; escárnio; • (*at*) *v* zombar; escarnecer; gracejar.

je.june [dʒiˈdʒu:n] *adj* insípido; infantil; imaturo.

jel.lied [ˈdʒelid] *adj* gelatinoso; coberto de geleia.

jel.ly [ˈdʒeli] *s* EUA geleia; BRIT **jam**.

jel.ly.fish [ˈdʒelifiʃ] *s* medusa, água-viva.

jem.my [ˈdʒemi] *s* pé de cabra; EUA **jimmy**.

jeop.ard.ize, **jeop.ard.ise** [ˈdʒepədaiz] *v* arriscar; pôr em perigo.

jeop.ard.y [ˈdʒepədi] *s* perigo; risco.

jer.e.mi.ad [dʒeriˈmaiæd] *s* choradeira; lamúria.

jerk [dʒə:k] *s* safanão; sacudida; movimento abrupto; GÍR tolo, bobo; • *v* sacudir; arremessar; **to ~ off**: masturbar-se.

jerk.y [ˈdʒə:ki] *adj* espasmódico; GÍR tolo, ridículo.

jer.ry-built [ˈdʒeribilt] *adj* construído às pressas, sem cuidado.

jer.sey [ˈdʒə:zi] *s* suéter; pulôver; jérsei, malha (indústria têxtil).

jest [dʒest] *s* gracejo; zombaria; • (*with*, *about*) *v* brincar; fazer pilhéria.

jest.er [ˈdʒest2(r)] *s* gracejador; bobo; palhaço.

jes.u.it [ˈdʒezjuit; EUA ˈdʒeʒuit] *s* jesuíta, membro da sociedade religiosa chamada Companhia de Jesus, fundada em 1534 na Idade Média por Inácio de Loyola (l491-1556).

Je.sus [ˈdʒi:zəs] *s* e *interj* Jesus.

jet [dʒet] *s* jato; esguicho; AER avião a jato; azeviche; • *v* arremessar; jorrar; lançar; ~ **lag**: cansaço devido a diferença de fuso horário; ~**plane**: avião a jato; **the ~ set**: grupo de pessoas badaladas devido ao sucesso, à riqueza ou ao ambiente de moda.

jet.sam [ˈdʒetsəm] *s* NÁUT carga lançada ao mar, tornando o navio mais leve.

jet.ty [ˈdʒeti] *s* cais; ARQ saliência.

Jew [dʒu:] *s* judeu; *fem* **Jewess**.

jew.el [ˈdʒu:əl] *s* joia; pedra preciosa; • *v* adornar com joias.

jew.el.ler, EUA **jew.el.er** [ˈdʒu:əl2(r)] *s* joalheiro; lapidário.

jew.ell.ry, EUA **jew.el.ry** [ˈdʒu:əlri] *s* pedraria; joalheria.

Jew.ish [ˈdʒu:iʃ] *adj* judaico.

jib [dʒib] *s* NÁUT bujarrona, vela de formato triangular.

jif.fy [ˈdʒifi] *s* GÍR instante; momento.

jig [dʒig] *s* jiga, dança italiana; • *v* dançar a jiga.

jig.gle [ˈdʒigl] *v* sacudir; ir e vir.

jig.saw [ˈdʒigsɔ:] *s* quebra-cabeças; *tb* **jigsaw puzzle**.

jilt [dʒilt] *s* mulher que termina o namoro/noivado; • *v* acabar um namoro/noivado.

jim.my [ˈdʒimi] *veja* **jemmy**.

jim.jams [ˈdʒimdʒæmz] *s* delirium tremens, estado de delírio mental extremo provocado por abuso de álcool.

jin.gle [ˈdʒiŋgl] *s* tinido; correspondência de som nas rimas; MÚS canção publicitária; • *v* tinir; soar; rimar.

jin.go.ism [ˈdʒiŋgəuizəm] *s* jacobinismo, chauvinismo; nacionalismo exagerado.

jinx [dʒiŋks] *s* indivíduo ou objeto que traz azar; • *v* trazer má sorte.

job [dʒɔb] *s* emprego; serviço; trabalho; ocupação; INF tarefa que o computador deve fazer sempre que comandado; • *v* trabalhar de empreitada; fazer bico; **~ for the boys**: cargos reservados para amigos; **on the ~**: em atividade; **to give something up as a bad ~**: dar algo como perdido.

job.ber [ˈdʒɔbə(r)] *s* corretor; revendedor; intermediário.

jock.ey [ˈdʒɔki] *s* jóquei; • (*into*) *v* persuadir.

jo.cose [dʒəuˈkəus] *adj* jocoso; alegre.

joc.u.lar [ˈdʒɔkjulə(r)] *adj* jocoso; divertido.

joc.und [ˈdʒɔkənd] *adj* jovial; alegre; prazeroso.

jog [dʒɔg] *s* sacudidela; • *v* mover-se vagarosamente; tocar de leve.

jog.ging [ˈdʒɔgiŋ] *s* corrida; **to go ~**: correr lenta e regularmente por um longo período, em especial para a prática de exercícios físicos.

jog.gle [ˈdʒɔgl] *s* sacudidela; • *v* sacudir de leve; empurrar.

join [dʒɔin] *s* junção; INF associação, termo que se utiliza quando há uma referência cruzada entre dois arquivos; • (*to, in*) *v* unir; juntar; associar-se com; reunir; aderir; **to ~ up**: alistar-se (exército).

join.er [ˈdʒɔinə(r)] *s* marceneiro.

join.er.y [ˈdʒɔinəri] *s* marcenaria.

joint [dʒɔint] *s* junta; articulação; nó; união; encaixe; • *adj* junto; unido; associado; • *v* juntar; ligar; **~ account**: conta bancária conjunta; **~-stock company**: sociedade anônima; **~ venture**: empreendimento comercial comum entre duas ou mais empresas.

joist [dʒɔist] *s* viga; trave; barrote.

joke [dʒəuk] *s* gracejo; piada; • (*about, with*) *v* gracejar; caçoar; pilheriar; **dirty ~**: piada suja; **it's no ~**: não é brincadeira; **to play a ~ on**: pregar uma peça em.

jok.er [ˈdʒəukə(r)] *s* gracejador; brincalhão; curinga (baralho); **to have a ~ in the pack**: ter cartas na manga.

jok.ing [ˈdʒəukiŋ] *s* gracejo; brincadeira; **~ apart/aside**: fora de brincadeira; **you must be ~**: você deve estar brincando.

jol.ly [ˈdʒɔli] *adj* jovial; alegre.

jolt [dʒəult] *s* balanço; sacudidela; • *v* sacudir; solavancar.

joss-stick [ˈdʒɔstik] *s* bastão de incenso.

jos.tle [ˈdʒɔsl] *v* empurrar; impelir; apertar.

jot [dʒɔt] *s* pequena parcela; • *v* anotar; resumir.

joule [dʒu:l] *s* FÍS joule, unidade de medida de energia ou trabalho.

jour.nal [ˈdʒə:nl] *s* jornal; periódico (muitas vezes somente com cunho científico); CONT livro-diário.

jour.nal.ese [dʒə:nəˈli:z] *s* linguagem jornalística, mormente sensacionalista.

jour.nal.ism [ˈdʒə:nəlizəm] *s* jornalismo.

jour.nal.ist [ˈdʒə:nlist] *s* jornalista.

jour.ney [ˈdʒə:ni] *s* viagem; jornada; • *v* viajar.

jour.ney.man [ˈdʒə:nimən] *s* operário.

joust [dʒaust] *s* torneio; justa.

JP [dʒei ˈpi:] *abrev de* Justice of the Peace, juiz de paz.

jo.vi.al [ˈdʒəuviəl] *adj* jovial; alegre.

jowl [dʒaul] *s* bochecha; papada.

joy [dʒɔi] *s* prazer; alegria; • *v* alegrar-se; exultar; regozijar-se.

joy.ful [ˈdʒɔifl] *adj* alegre; contente.

joy.ful.ness [ˈdʒɔiflnis] *s* alegria; júbilo.

joy.less [ˈdʒɔilis] *adj* triste; melancólico.

joy.less.ness [ˈdʒɔilisnis] *s* tristeza; amargura.

joy.ous [ˈdʒɔiəs] *adj* alegre; jubiloso.

joy.ride [ˈdʒɔiraid] *s* POP uma volta rápida e excitante com um carro pego sem a autorização do seu proprietário.

joystick / jurisprudence

joy.stick ['dʒɔistik] s INF dispositivo de controle que move o cursor na tela do computador; AER manche, alavanca de controle; controle de direção ou movimento usado em videogames.

ju.bi.lant ['dʒu:bilənt] adj jubilante; triunfante.

ju.bi.la.tion [dʒu:bi'leiʃn] s júbilo; regozijo.

ju.bi.lee ['dʒu:bili:] s jubileu, quinquagésimo aniversário de um fato.

Ju.da.ism ['dʒu:deiizəm; EUA 'dʒu:diizəm] s Judaísmo, a religião professada pelos Judeus com base fundamental no Antigo Testamento (a Torá).

judge [dʒʌdʒ] s juiz; árbitro; perito; • v julgar; decidir; sentenciar; **~-advocate**: promotor de justiça em tempo de guerra.

judge.ment, judg.ment ['dʒʌdʒmənt] s juízo; sentença judiciária; bom senso; opinião; **~ Day**: Dia do Juízo Final.

ju.di.ca.ture ['dʒu:dikətʃə(r)] s judicatura; tribunal; magistratura.

ju.di.cial [dʒu:'diʃl] adj judicial; crítico; judicioso.

ju.di.ci.ar.y [dʒu:'diʃəri; EUA dʒu:'diʃieri] s poder judiciário; magistratura; • adj judiciário, judicial.

ju.di.cious [dʒu:'diʃəs] adj judicioso; sensato; discreto.

jug [dʒʌg] s jarro; cântaro; EUA **pitcher**; GÍR prisão; • v GÍR colocar na cadeia.

jug.ger.naut ['dʒʌgənɔ:t] s jamanta (caminhão).

jug.gle ['dʒʌgl] s prestidigitação; trapaça; • v enganar; lograr; fazer malabarismos.

jug.gler ['dʒʌglə(r)] s prestidigitador; trapaceiro.

Ju.go.slav ['ju:gəuslɑ:v] s iugoslavo.

juice [dʒu:s] s sumo; suco; caldo; GÍR gasolina (esp. BRIT).

juic.y ['dʒu:si] adj suculento; sumarento.

juke.box ['dʒu:k bɔks] s toca-discos encontrado em bares e cafés que funciona mediante a colocação de moedas.

Ju.ly [dʒu:'lai] s julho; abrev **Jul**.

jum.ble ['dʒʌmbl] s confusão; baralhada; • v misturar; confundir; atrapalhar; complicar.

jum.bo ['dʒʌmbəu] s pessoa ou coisa enorme; • adj muito grande, enorme.

jump [dʒʌmp] s salto; pulo; • v pular; saltar; **to ~ down someone's throat**: repreender alguém com firmeza; **to ~ in**: entrar no carro com um salto; **to ~ the gun**: precipitar-se; **to ~ the queue**: furar a fila; **to ~ to it**: apressar-se.

jump.er ['dʒʌmpə(r)] s EUA jardineira (roupa); BRIT **pinafore dress**.

jump.y ['dʒʌmpi] adj nervoso; excitado.

junc.tion ['dʒʌŋkʃn] s junção; entroncamento de estrada de ferro.

junc.ture ['dʒʌŋktʃə(r)] s junção; união; junta; momento crítico; conjuntura.

June [dʒu:n] s junho; abrev **Jun**.

jun.gle ['dʒʌŋgl] s selva; mato; floresta.

jun.ior ['dʒu:niə(r)] s pessoa mais moça; subalterno; EUA estudante do penúltimo ano de um colégio ou faculdade; • adj mais novo; abrev **Jnr**, **Jr**; **~ college**: EUA universidade que oferece dois anos de estudo; **~ school**: BRIT escola para crianças de 7 a 11 anos de idade.

junk [dʒʌŋk] s sucata; lixo; junco, pequena embarcação; **~ food**: comida calórica e de pouco valor nutritivo; **~ mail**: correspondência comercial e de propaganda enviada sem solicitação.

jun.ket ['dʒʌŋkit] s excursão; viagem feita à custa do governo; espécie de coalhada; • v banquetear; regalar-se.

jun.ket.ing ['dʒʌŋkitiŋ] s festança; banquete.

junk.ie ['dʒʌŋki] s GÍR drogado.

ju.ras.sic [dʒuə'ræsik] s jurássico, diz-se de um dos terrenos da era secundária ou mezosoica.

ju.rid.i.cal [dʒuə'ridikl] adj jurídico; judicial.

ju.ris.con.sult [dʒuəris'konsult] s jurisconsulto; jurista.

ju.ris.dic.tion [dʒuəris'dikʃn] s jurisdição; competência.

ju.ris.pru.dence [dʒuəris'pru:dns] s jurisprudência, doutrina que se estabelece em razão das decisões emanadas por autoridades competentes ao interpretar os textos obscuros da lei, ou ao dar soluções para casos não previstos na legislação.

ju.rist [ˈdʒuərist] *s* jurista; advogado; jurisconsulto.

ju.ror [ˈdʒuərə(r)] *s* jurado, membro do tribunal do júri; aquele que prestou juramento.

ju.ry [ˈdʒuəri] *s* júri, conjunto de cidadãos escolhidos para julgarem uma causa num tribunal.

ju.ry.man [ˈdʒuərimən] *s* jurado.

just [dʒʌst] *adj* justo; imparcial; reto; legítimo; • *adv* justamente; apenas; exatamente; simplesmente; somente; **~ a minute**: um momento; **~ about**: quase; **~ after**: logo após; **~ as**: no momento em que; **~ as well that**: ainda bem que; **~ by**: aqui perto; **~ like**: assim como; **~ now**: agora mesmo; **~ on**: exatamente; **to have ~**: acabar de.

jus.tice [ˈdʒʌstis] *s* justiça; retidão; direito; **~ of the Peace (JP)**: juiz de paz; **to do ~ to someone**: fazer justiça a.

jus.ti.fi.a.ble [dʒʌstiˈfaiəbl] *adj* justificável; *ant* **unjustifiable**.

jus.ti.fi.ca.tion [dʒʌstifiˈkeiʃn] *s* justificação.

jus.ti.fi.ed [ˈdʒʌstifaid] *adj* justificado, que possui justificação.

jus.ti.fy [ˈdʒʌstifai] *s* INF comando que permite que o computador faça um alinhamento de texto automaticamente; • *v* justificar; defender; absolver; perdoar; **the end justifies the means**: o fim justifica os meios.

jut [dʒʌt] *s* projeção; saliência; • *v* fazer saliência; projetar-se.

jute [dʒu:t] *s* juta, planta de onde se extrai fibra têxtil para confecção de tecidos.

ju.ve.nes.cence [ˈdʒu:vənəsəns] *s* rejuvenescimento.

ju.ve.nes.cent [ˈdʒu:vənəsənt] *adj* rejuvenescente, que possibilita retorno à juventude.

ju.ve.nile [ˈdʒu:vənail] *s* jovem; • *adj* juvenil; jovem.

ju.ve.nil.i.ty [dʒu:vəˈnilit] *s* juventude; mocidade; vivacidade.

jux.ta.pose [dʒʌkstəˈpəuz] *v* justapor; sobrepor.

jux.ta.po.si.tion [dʒʌkstəpəˈziʃn] *s* justaposição; superposição.

k [kei] s décima primeira letra do alfabeto; (com maiúsc.) QUÍM símbolo do potássio; INF sigla de kilobyte (1024 bytes).

kai.ser [´keizə(r)] s palavra alemã que significa imperador.

kale [keil] s couve; GÍR dinheiro.

ka.lei.do.scope [kə´laidəskəup] s calidoscópio, aparelho óptico que oferece múltiplas imagens coloridas e simétricas.

kan.ga.roo [kæŋgə´ru:] s canguru, nome de diversos animais com as pernas traseiras muito desenvolvidas, encontrados especialmente na Austrália.

kara.o.ke [kərao´ki] s dispositivo especial, instalado em casas de diversão e bares, que contém gravações de acompanhamento musical, possibilitando a colocação da voz e o canto de qualquer pessoa sobre uma trilha sonora.

ka.ra.te [kə´ra:ti] s ESP caratê, estilo de luta ou autodefesa difundido pelos japoneses.

kar.ma [´ka:mə] v RELIG carma, princípio originado no budismo e adotado por diversas religiões, segundo o qual a alma humana perpassa por diversas encarnações, em consonância com a lei de causa e efeito, visando um aperfeiçoamento ético e moral que a levará ao Nirvana.

kay.ak [´kaiæk] s caiaque, pequeno barco feito com pele de foca pelos esquimós ou industrialmente para a prática de esporte.

keel [ki:l] s NÁUT quilha; barco; **on an even ~**: firme, estável; **to ~ over**: desmaiar.

keen [ki:n] adj afiado; astuto; vivo; ardente; entusiasta; ávido; penetrante; **as ~ as mustard**: BRIT POP extremamente ávido ou entusiasmado.

keen.ness [´ki:nnis] s agudeza; desejo ardente; vivacidade.

keep [ki:p] s proteção; forte; sustento; • v (pt e pp **kept**) guardar; conservar; manter; **~ calm**: tenha calma; **~ quiet**: fique calado; **~ out**: mantenha-se afastado; **to ~ a holiday**: guardar os dias santos; **to ~ at**: persistir; **to ~ away**: manter distância; **to ~ back**: reter; **to ~ down**: controlar, não deixar crescer; **to ~ on**: persistir; **to ~ one's distance**: manter-se a distância; **to ~ one's head**: manter-se calmo em uma situação difícil; **to ~ one's shirt on/to ~ one's hair on**: permanecer calmo; **to ~ up**: continuar, perseverar.

keep.er [´ki:pə(r)] s guarda; protetor; guardião.

keep.ing [´ki:piŋ] s guarda; custódia; sustento; harmonia.

keep.sake [´ki:pseik] s dádiva; lembrança; presente.

keg [keg] s barril pequeno; barrica, especialmente de cerveja; **~ beer**: BRIT chope.

kelp [kelp] s alga marinha.

ken [ken] s alcance da vista; alcance dos conhecimentos; • v conhecer; ver ao longe; reconhecer.

ken.nel [´kenl] s casa do cachorro; EUA **doghouse**; **~s**: canil.

kept [kept] *pt* e *pp* de **keep**.
kerb [kə:b] *s* meio-fio; EUA **curb**.
ker.chief [ˈkə:tʃif] *s* lenço de cabeça.
ker.nel [ˈkə:nl] *s* semente; caroço; cerne, âmago.
ker.o.sene [ˈkerəsi:n] *s* querosene, produto derivado do petróleo.
ketch [ketʃ] *s* chalupa, pequena embarcação de um só mastro.
ketch.up [ˈketʃəp] *s* molho de tomates.
ket.tle [ˈketl] *s* caldeira; chaleira.
ket.tle.drum [ˈketldrʌm] *s* timbale, tambor de metal com pele esticada onde se toca.
key [ki:] *s* chave; clave; tecla; teclado; gabarito; cais; recife; INF os botões do teclado; senha que codifica ou decodifica arquivos; • *v* colocar; INF digitar; **~ money**: luvas, dinheiro pago pelo inquilino ao proprietário quando da assinatura do contrato de locação; **~ed up**: tenso; **~ring**: chaveiro.
key.board [ˈki:bɔ:d] *s* INF e MÚS teclado.
key.board.er [ˈki:bɔ:də(r)] *s* INF digitador.
key.hole [ˈki:həu] *s* buraco de fechadura.
key.note [ˈki:nəut] *s* tônica, linha mestra (livro, fala, etc.).
key.pad [ˈki:pæd] *s* INF pequeno teclado numérico presente em telefones, calculadoras ou como parte integrante do teclado do computador.
key.stone [ˈki:stəun] *s* pedra angular.
kg [kei ˈdʒi:] *abrev* de **k**ilogram, quilograma.
khak.i [ˈka:ki] *s* cáqui, cor de barro (vestimenta); • *adj* de cor cáqui.
kha.lif [kaˈli:f] *s* califa, título das autoridades civis e religiosas dos maometanos.
khan [ka:n] *s* cã, soberano em certas regiões da Ásia.
kick [kik] *s* pontapé; chute; coice; • *v* chutar; dar pontapés; **~-off**: ESP chute que dá início a uma partida de futebol; **~-start**: momento em que se dá a partida numa motocicleta com o movimento dos pés sobre uma alavanca; a alavanca de partida; **to ~ about/around**: maltratar.

kid [kid] *s* garoto; criança; cabrito; pele ou carne de cabrito; • *v* brincar; GÍR enganar.
kid.nap [ˈkidnæp] *s* rapto; sequestro; • *v* (*pt* e *pp* **kidnapped**, EUA **kidnaped**) raptar; sequestrar.
kid.nap.per [ˈkidnæpə(r)] *s* raptor; sequestrador.
kid.nap.ping [ˈkidnæpiŋ] *s* rapto; sequestro.
kid.ney [ˈkidni] *s* MED rim; temperamento; disposição; **~-bean**: feijão-roxo; **~ machine**: aparelho para hemodiálise; **~-skin**: pelica.
kill [kil] *s* matança; • *v* matar; executar; aniquilar; pôr fim a; neutralizar; **to ~ off**: exterminar; **to ~ time**: matar o tempo; **to ~ two birds with one stone**: matar dois coelhos com uma cajadada só.
kill.er [ˈkilə(r)] *s* assassino; matador.
kill.ing [ˈkiliŋ] *s* assassinato; matança; caçada; **to make a ~**: obter sucesso financeiro.
kill.joy [ˈkildʒɔi] *s* desmancha-prazeres.
kiln [kiln] *s* forno.
kil.o.gram, **kil.o.gramme** [ˈkiləgræm] *s* quilograma (kg), medida equivalente a mil gramas.
kil.o.li.tre, EUA **kil.o.li.ter** [ˈkiləli:tə(r)] *s* quilolitro.
kil.o.me.tre, EUA **kil.o.me.ter** [ˈkiləmi:tə(r)] *s* quilômetro (km), medida de distância equivalente a mil metros.
kilt [kilt] *s* saiote escocês; • *v* franzir; arregaçar.
ki.mo.no [kiˈməunəu; EUA kiˈməunə] *s* quimono, roupão usado por homens e mulheres especialmente no Japão.
kin [kin] *s* parentesco; parente; • *adj* aparentado; consanguíneo; **next of ~**: parente mais próximo.
kind [kaind] *s* gênero; espécie; casta; natureza; maneira; • *adj* afável; amável; benévolo; gentil; **in ~**: em espécie (pagamento em produtos, gêneros alimentícios ou serviço, mas não em dinheiro); **~-hearted**: bondoso; **~ of**: um pouco, de certa forma; **what ~ of music do you like?**: que tipo de música você prefere?

kin.der.gar.ten ['kindəga:tn] *s* jardim de infância.

kin.dle ['kindl] *v* acender; atear; inflamar-se; excitar.

kind.li.ness ['kaindlinis] *s* bondade; benevolência; boa índole.

kin.dling ['kindliŋ] *s* material usado para acender o fogo, como gravetos, folhas secas, etc.

kind.ly ['kaindli] *adj* benigno; amável; bondoso; • *adv* gentilmente.

kind.ness ['kaindnis] *s* amabilidade; bondade; benevolência.

kin.dred ['kindrid] *s* parentesco; afinidade; • *adj* aparentado; parente; congênere.

ki.net.ic [ki'netik] *adj* cinético; cinemático, relativo ao movimento mecânico.

king [kiŋ] *s* rei; majestade; **~-size(d)**: de tamanho grande.

king.dom ['kiŋdəm] *s* reino; império; **~ come**: o além.

king.fish.er ['kiŋfiʃə(r)] *s* martim-pescador, tipo de pássaro que se alimenta de peixe.

king.ly ['kiŋli] *adj* real, que pertence ou tem relação com o rei.

king.pin ['kiŋpin] *s* pessoa ou coisa fundamental para o sucesso.

king.ship ['kiŋʃip] *s* majestade; realeza.

kink [kiŋk] *s* dobra; prega; volta; • *v* dobrar.

kins.folk ['kinzfouk] *s* parentesco.

kin.ship ['kinʃip] *s* parentesco; afinidade.

kins.man ['kinmən] *s* parente consaguíneo; *fem* **kinswoman**.

ki.osk ['ki:ɔsk] *s* quiosque; banca (de jornal, de revistas, etc.).

kip.per ['kipə(r)] *s* arenque defumado.

kirk [kə:k] *s* ESC igreja.

kirsch [kiəʃ] *s* aguardente de cerejas.

kiss [kis] *s* beijo; • *v* beijar; **~ of life**: respiração boca a boca.

kit [kit] *s* conjunto de equipamentos ou utensílios; estojo que serve para abrigar diversos tipos de produtos; animal pequeno; **~-bag**: mochila.

kitch.en ['kitʃin] *s* cozinha; **~ garden**: horta; **~ implements**: utensílios de cozinha.

kitch.en.ette ['kitʃinet] *s* pequena copa-cozinha.

kite [kait] *s* papagaio, pipa (de papel).

kit.ten ['kitn] *s* gatinho; **to have ~s**: BRIT estar muito ansioso.

kit.ten.ish ['kitniʃ] *adj* travesso; jocoso.

kit.ty ['kiti] *s* gatinho (em linguagem infantil); aposta no jogo de pôquer; vaquinha, montante em dinheiro coletado junto a várias pessoas para atender a um objetivo comum.

klep.to.ma.ni.a [kleptə'meiniə] *s* cleptomania, estado mórbido caracterizado pelo desejo incontido de roubar.

knack [næk] *s* jeito; destreza; habilidade.

knap.sack ['næpsæk] *s* mochila.

knave [neiv] *s* pessoa desonesta; valete (baralho); criado.

knav.er.y ['neivəri] *s* velhacaria; patifaria.

knav.ish ['neiviʃ] *adj* velhaco; tratante; patife.

knead [ni:d] *v* amassar.

knee [ni:] *s* joelho; curva; • *v* ajoelhar; cair de joelhos; **~-deep**: na altura do joelho; **~-high**: da altura dos joelhos.

knee.cap ['ni:kæp] *s* patela (nome antigo: rótula).

kneel [ni:l] (*on*) *v* (*pp* e *pt* **knelt**) ajoelhar-se.

knell [nel] *s* dobre de sinos; • *v* dobrar os sinos.

knew [nju:; EUA nu:] *pt* de **know**.

knick.er.bock.ers, EUA **knick.ers** ['nikəbakez, 'nikəz] *s* calcinha (peça íntima).

knick.knack ['nik næk] *s* badulaque, bugiganga.

knife [naif] *s* faca; navalha; punhal; • *v* apunhalar; esfaquear; *pl* **knives**.

knight [nait] *s* cavaleiro; cavalo (no jogo de xadrez); • *v* conferir título de nobreza; nomear cavaleiro; **like a ~ through butter**: sem encontrar resistência ou dificuldade.

knight.hood ['naithud] *s* dignidade de cavaleiro; cavalaria.

knight.ly [′naitli] *adj* cavalheiresco.

knit [nit] *v* (*pt* e *pp* **knit** ou **knitted**) tricotar; unir; enlaçar.

knit.ting [′nitiŋ] *s* tricô; **~needle**: agulha de tricô.

knob [nɔb] *s* maçaneta; puxador (de gaveta); protuberância; botão (de rádio, TV, etc.).

knob.by [′nɔbi] *adj* protuberante; cheio de saliências.

knock [nɔk] *s* pancada; golpe; toque; • *v* bater; socar; bater à porta; **to ~ down**: destruir, demolir; **to ~ off**: abaixar o preço, dar desconto; GÍR roubar; **to ~ out**: pôr a nocaute (no boxe); vencer, eliminar o adversário.

knock.down [′nɔkdaun] *s* ESP soco levado por um boxeador, de outro, que o faz cair na lona ligeiramente tonto; • *adj* irresistível.

knock.out [′nɔkaut] *s* ESP nocaute, soco que faz o adversário desmaiar.

knoll [nəul] *s* colina; morro; • *v* tinir; retinir; tocar.

knot [nɔt] *s* nó; laço; dificuldade; problema; nó de madeira; • *v* (*pt* e *pp* **knotted**) enlaçar; dar nós.

knot.ty [′nɔti] *adj* nodoso; embaraçoso.

know [nəu] *v* (*pt* **knew**; *pp* **known**) conhecer; saber; compreender; reconhecer; **in the ~**: bem-informado; **~all**: sabe-tudo, EUA **know-it-all**; **~how**: prática; experiência; conhecimento técnico; **~nothing**: ignorante; **I want to ~**: quero saber; **the right to ~**: o direito de saber; **to ~ a thing or two**: saber muito; **to ~ backwards**: saber de trás para frente; **to ~ one's mind**: saber o que se quer.

know.ing [′nəuiŋ] *adj* instruído; hábil; sagaz.

knowl.edge [′nɔlidʒ] *s* saber; ciência; conhecimento; erudição; inteligência; **general ~**: conhecimentos gerais; **to the best of my ~**: pelo que sei.

known [nəun] *pp* de **know**; • *adj* sabido; reconhecido.

knuck.le [′nʌkl] *s* articulação; junta; nó dos dedos.

kop.je [′kɔpi] *s* pequena colina.

Ko.ran [kə′ra:n; EUA kə′ræn] *s* Alcorão; Corão, livro sagrado do Islamismo.

ko.re.an [kə′riən] *s* e *adj* coreano.

ko.sher [′kəuʃə(r)] *adj* preparado (em geral alimentos) segundo a lei dos judeus.

kow.tow [′kau′tau] *v* bajular.

kryp.ton [′kriptɔn] *s* elemento gasoso presente em pequena quantidade na atmosfera; planeta imaginário de onde surgiu o *Superman*.

ku.dos [′kju:dɔs] *s* fama; glória; crédito.

L

l [el] *s* décima segunda letra do alfabeto; (com maiúsc.) cinquenta, em algarismo romano; libra esterlina.

la [la:] *s* MÚS lá.

LA [el 'ei] *s abrev de* **L**os **A**ngeles.

laa.ger ['la:gə(r)] *s* acampamento militar (na África do Sul); • *v* acampar.

la.bel ['leibl] *s* rótulo; etiqueta; • *v* (*pt e pp* **labelled**, EUA **labeled**) rotular; classificar; etiquetar.

la.bi.al ['leibiəl] *s* GRAM fonema labial; *adj* labial.

lab.o.ra.to.ry [lə'bɔrətri; EUA 'læbrətɔ:ri] *s* laboratório, local onde se fazem experiências científicas.

la.bo.ri.ous [lə'bɔ:riəs] *adj* trabalhoso; difícil; penoso; árduo.

la.bour, EUA **la.bor** ['leibə(r)] *s* trabalho; lida; mão de obra; MED trabalho de parto; BRIT Partido Trabalhista; • *v* trabalhar; labutar; elaborar; **~ Day**: Dia do Trabalho; **~ Union**: sindicato, EUA **Trade Union**.

la.bour.er, EUA **la.bor.er** ['leibərə(r)] *s* operário; trabalhador.

lab.y.rinth ['læbərinθ] *s* labirinto; MED cavidade interior da orelha.

lace [leis] *s* cordão; laço; fita; • *v* atar, prender, amarrar; guarnecer de rendas.

lac.er.ate ['læsəreit] *v* lacerar; dilacerar; rasgar; • *adj* lacerado; dilacerado; rasgado.

lac.er.a.tion [læsə'reiʃn] *s* laceração.

lach.ry.mal ['lækriml] *adj* lacrimal, concernente às lágrimas; MED designativo da glândula que produz lágrimas.

lack [læk] *s* falta; carência; ausência; privação; • *v* carecer; necessitar; precisar.

lack.a.dai.si.cal [lækə'deizikl] *adj* preguiçoso; indiferente.

lack.ey ['læki] *s* lacaio; servidor; pajem; • *v* servir de lacaio.

la.con.ic [lə'kɔnik] *adj* lacônico; conciso; breve; resumido.

lac.quer ['lækə(r)] *s* laca; verniz; • *v* lacar; pintar com laca.

lac.tic ['læktik] *adj* láctico, que provém do leite.

lac.y ['leisi] *adj* rendado; feito de renda.

lad ['læd] *s* moço; rapaz.

lad.der ['lædə(r)] *s* escada de mão; fio corrido em meia, EUA **run**.

lad.die ['lædi] *s* rapazinho; mocinho.

lade [leid] *s* canal de rio; carga; • *v* (*pt e pp* **laden**) carregar.

lad.en ['leidn] *adj* carregado.

lad.ing ['leidŋ] *s* carregamento; carga; frete.

la.dle ['leidl] *s* concha (para servir sopa, etc.); • *v* servir com a concha.

la.dy ['leidi] *s* senhora; dona de casa; dama; esposa; **a young ~**: uma menina; **~-Day**: anunciação de Nossa Senhora (25 de março); **~-killer**: galanteador; **Our ~**: Nossa Senhora; **the ladies**, EUA **the ladie's room**: banheiro público feminino.

la.dy.bird [ˈleidibəːd] *s* escaravelho; joaninha; EUA **ladybug**.
la.dy.like [ˈleidilaik] *adj* próprio de uma dama; elegante; distinto.
la.dy.ship [ˈleidiʃip] *s* (com Her, Your, etc.) senhoria.
lag [læg] *s* atraso; retardamento; intervalo; • (*behind*) *v* andar morosamente.
lag.gard [ˈlægəd] *s* e *adj* vagaroso; tardio; retardatário.
lag.ging [ˈlægiŋ] *s* cobertura; revestimento.
la.goon [ləˈguːn] *s* lagoa; laguna.
la.ic [ˈleik] *s* e *adj* laico; leigo; secular.
laid [leid] *pt* e *pp* de **lay**.
lain [lein] *pp* de **lie**.
lake [leik] *s* lago; lagoa; laca; goma-laca.
la.ma [ˈlɔːmə] *s* lama, sacerdote lamaico no Tibete.
lamb [læm] *s* cordeiro; carne de cordeiro; pessoa inocente; • *v* ato de parir uma ovelha.
lam.bent [ˈlæmbənt] *adj* ligeiro; caprichoso; que toca delicadamente; suavemente luminoso.
lamb.skin [ˈlæmskin] *s* pele de cordeiro; pelica.
lame [leim] *adj* coxo; imperfeito; inadequado; • *v* aleijar; mancar.
la.ment [ləˈment] *s* lamento; queixa; • (*over*) *v* lamentar; queixar-se.
la.men.ta.ble [ˈlæməntəbl] *adj* lamentável; deplorável.
lam.en.ta.tion [læmenˈteiʃn] *s* lamentação; lamento; pranto; queixume.
lamp [læmp] *s* lâmpada; lampião; lanterna; **~-post**: posto de iluminação.
lamp.shade [ˈlæmpʃeid] *s* abajur, quebra-luz.
lam.poon [læmˈpuːn] *s* pasquim, jornal extremamente satírico; • *v* difamar; satirizar; escrever para pasquins.
lam.prey [ˈlæmpri] *s* lampreia, espécie de peixe comestível.
LAN [læn] INF *abrev de* **L**ocal **A**rea **N**etwork, rede local.
lance [laːns; EUA læns] *s* lança; lanceta; • *v* lancetar, ferir com lança.
lan.cet [ˈlaːnsit; EUA ˈlænsit] *s* MED lanceta; bisturi.
land [lænd] *s* terra; terreno; região; continente; • *v* desembarcar; aterrissar; aterrar; **~ mine**: mina terrestre; **to see how the ~ lies**: sondar o terreno.
land.hold.er [ˈlændhəuldə(r)] *s* proprietário rural; fazendeiro.
land.ing [ˈlændiŋ] *s* desembarque; pouso; aterrissagem; patamar (de escada); **~-gear**: trem de aterrissagem; **~-stage**: plataforma de desembarque.
land.la.dy [ˈlændleidi] *s* proprietária; senhoria.
land.lord [ˈlændlɔːd] *s* dono de terras; fazendeiro.
land.mark [ˈlændmɑːk] *s* limite; baliza; marco; ponto de referência.
land.scape [ˈlændskeip] *s* paisagem; painel; panorama; **~ gardener/~ architect**: paisagista; **~ gardening**: paisagismo.
land.slide [ˈlændslaid] *s* eleição em que um dos candidatos tem vitória esmagadora; desmoronamento; desabamento.
lands.man [ˈlændsmən] *s* MIL soldado que serve em terra.
land.slip [ˈlændslip] *s* pequeno desmoronamento.
land.ward [ˈlændwəd] *adv* em direção à terra; para a terra.
lane [lein] *s* beco; viela; travessa.
lan.guage [ˈlæŋgwidʒ] *s* língua; linguagem; fala; idioma; INF linguagem de programação ou de máquina, é a língua que o computador compreende para que possa realizar as inúmeras tarefas que lhe são solicitadas e que forma, enfim, o programa executado; pode ser de alto nível quando é bem próxima da própria linguagem humana; ou de baixo nível, quando o seu entendimento rápido não é feito pelo computador. Todo *software* é feito numa dessas linguagens; **bad ~**: palavrão; **to speak/talk the same ~**: FIG falar a mesma língua (entender-se com outra pessoa).

languid / late

lan.guid ['læŋgwid] *adj* lânguido; débil; fraco; desfalecido.

lan.guid.ness ['læŋgwidnis] *s* languidez; abatimento; prostração; cansaço.

lan.guish ['læŋgwiʃ] *v* desfalecer; consumir-se.

lan.guor ['læŋgə(r)] *s* langor; abatimento.

lan.guor.ous ['læŋgərəs] *adj* langoroso; débil; fraco; frouxo.

lank [læŋk] *adj* magro; liso (cabelo).

lank.y ['læŋki] *adj* alto e magro.

lan.tern ['læntən] *s* lanterna; farol; claraboia.

lan.yard ['lænjəd] *s* NÁUT corda que prende os toldos às bordas dos escaleres.

lap [læp] *s* recobrimento; bainha; dobra; regaço; colo; cobrança; volta completa (em uma pista); • *v* dobrar; enrolar; embrulhar; encobrir; lamber; **in the ~ of the gods**: incerteza gerada por má sorte ou fatores fora de controle; **in the ~ of luxury**: luxo do luxo; **~ dog**: cão de estimação.

lap.top ['læptɔp] *s* INF computador pequeno e portátil.

la.pel [lə'pel] *s* lapela, parte voltada para fora na parte superior dos paletós, volteando o colarinho.

lap.i.dar.y ['læpidəri; EUA 'læpideri] *s* lapidário; • *adj* lapidário; tumular.

lapse [læps] *s* lapso; descuido; queda; intervalo; lapso de tempo; • *v* cair; declinar; cometer lapso; decair; DIR caducar; prescrever.

lar.board ['la:bɔ:d] *s* NÁUT bombordo, lado esquerdo do navio, no sentido da popa à proa.

lar.ce.ny ['la:səni] *s* furto; apropriação indébita.

lard [la:d] *s* toicinho; banha de porco; • *v* lardear; engordurar.

lar.der ['la:də(r)] *s* despensa, lugar com armário apropriado para guardar gêneros alimentícios e objetos domésticos.

large [la:dʒ] *adj* grande; volumoso; espaçoso; *ant* **small**; • *adv* NÁUT com o vento; **at ~**: à vontade, à solta; em geral; **by and ~**: em geral; **~ intestine**: intestino grosso; **~-hearted**: generoso; **~-minded**: de ideias avançadas.

large.ness ['la:dʒnis] *s* grandeza; tamanho; extensão; liberalidade.

lar.i.at ['læriət] *s* laço; corda para animais.

lark [la:k] *s* calhandra, cotovia; brincadeira, travessura, peça; • (*about*, *around*) *v* dizer gracinhas; pregar peça.

lark.spur ['la:kspə:(r)] *s* BOT espora, espécie de planta.

lar.yn.gi.tis [lærin'dʒaitis] *s* laringite.

lar.yn.gol.o.gy [lærin'gɔlədʒi] *s* laringologia, estudo das doenças da laringe.

lar.ynx ['læriŋks] *s* MED laringe, parte do aparelho respiratório; *pl* **larynxes**.

las.civ.i.ous [lə'siviəs] *adj* lascivo; obsceno.

las.civ.i.ous.ness [lə'siviəsnis] *s* lascívia; luxúria.

la.ser ['leizə(r)] *s* lêiser, fonte luminosa para a produção de feixe de luz cromática, bastante condensada e de grande intensidade; **~ disc**: disco a lêiser; **~ printer**: impressora a lêiser.

lash [læʃ] *s* chicotada; chicote; mecha; pestana; • *v* açoitar; chicotear; fustigar; satirizar.

lass [læs] *s* moça; namorada.

las.sie ['læsi] *s* mocinha, garota.

las.si.tude ['læsitju:d; EUA 'læsitu:d] *s* lassidão; cansaço; fraqueza.

las.so [læ'su:] *s* laço; • *v* laçar; apanhar com laço; *pl* **lasso(e)s**.

last [la:st; EUA læst] *s* fim; extremidade; o último; • *v* durar; permanecer; conservar-se; • *adj* último; passado; • *adv* por último; enfim; **at ~**: finalmente; enfim; **~ but not least**: por último, mas não menos importante; **the ~ but one**: o penúltimo.

last.ing ['la:stiŋ] *adj* durável; duradoro; constante; fixo.

last.ly ['la:stli, 'læstli] *adv* por fim; finalmente.

latch [lætʃ] *s* trinco; fecho; fechadura; • *v* fechar com ferrolho.

late [leit] *adj* tardio; atrasado; demorado; recente; • *adv* tarde; fora de hora; **of ~**: ultimamente.

latecomer / laxity

late.com.er [ˈleitkʌmə(r)] s pessoa que chega tarde aos compromissos.

late.ly [ˈleitli] adv recentemente; ultimamente.

la.tent [ˈleitnt] adj latente; oculto; secreto.

lat.er [ˈleitər] adj posterior; subsequente; mais tardio; mais tarde; • adv mais tarde; **at the ~**: o mais tardar.

lat.est [ˈleitist] adj e adv último; mais recente; mais moderno.

la.tex [ˈleiteks] s látex.

lath [la:ø; EUA læø] s ripa; sarrafo; • v cobrir com sarrafos.

lathe [leið] s torno.

lath.er [ˈla:ðə(r); EUA ˈlæðə(r)] s espuma.

Lat.in [ˈlætin; EUA ˈlætn] s latim, língua falada pelos habitantes do Lácio, mais tarde adotada pelo Império Romano; • adj latino, relativo ao latim; **~ America**: América Latina; **~-American**: latino-americano.

lat.in.ism [ˈlætinizm] s latinismo, palavras, expressões, ditos próprios do Latim.

lat.i.tude [ˈlætitju:d; EUA ˈlætitu:d] s latitude, distância do equador a qualquer ponto da Terra, medida em graus sobre o meridiano que passa por esse lugar; FIG amplitude; largueza.

la.trine [ləˈtri:n] s latrina.

lat.ter [ˈlætə(r)] adj final; o último de dois; este; o mais recente; **~-day**: moderno, recente; ant **former**.

lat.ter.ly [ˈlætəli] adv recentemente; há pouco tempo.

lat.tice [ˈlætis] s treliça; gelosia.

laud [lɔ:d] s louvor; elogio; • v louvar; elogiar.

laud.a.ble [ˈlɔ:dəbl] adj louvável; digno de aprovação.

laud.a.to.ry [ˈlɔ:dətəri; EUA ˈlɔ:dətɔ:ri] adj que encerra louvor.

laugh [la:f; EUA læf] s riso; risada; gargalhada; • (at) v rir; zombar; escarnecer; **to have the last ~**: rir por último; **to ~ in someone's face**: rir de alguém, mostrar desdém; **to ~ it off**: dar risadas sobre o ocorrido; **to ~ on the other side of one's face**: ficar desapontado (depois de algo dar errado).

laugh.a.ble [ˈla:fəbl] adj engraçado; ridículo.

laugh.ter [ˈla:ftə(r)] s risada; riso.

launch [lɔ:ntʃ] s NÁUT lancha; lançamento; • v lançar; **~ pad/~ing pad**: plataforma de lançamento.

laun.der.ette, laun.drette [lɔ:nˈdret] s lavanderia automática.

laun.dress [ˈlɔ:ndris] s lavadeira.

laun.dry [ˈlɔ:ndri] s lavanderia; lavagem de roupa; roupa para lavar.

lau.re.ate [ˈlɔriət; EUA ˈlɔ:riət] v laurear; aplaudir; festejar; • adj laureado.

lau.rel [ˈlɔrəl; EUA ˈlɔ:rəl] s louro (planta); laurel; triunfo.

lav.a.to.ry [ˈlævətri; EUA ˈlævətɔ:ri] s lavatório; pia; banheiro; **~ paper**: papel higiênico.

lav.en.der [ˈlævəndə(r)] s alfazema; lavanda.

lav.ish [ˈlæviʃ] adj pródigo; esbanjador; • (on, upon) v esbanjar; gastar.

law [lɔ:] s lei; regra; direito; estatuto; constituição; decreto; édito; mandamentos; foro; tribunal; **~-breaker**: transgressor de leis; **~ court**: tribunal de justiça; **to be a ~ into oneself**: fazer o que der na telha, seguir as próprias ideias; **to go to ~**: recorrer à Justiça; **to take the ~ into one's own hand**: fazer justiça com as próprias mãos.

law.ful [ˈlɔ:fl] adj legal; legítimo; estabelecido por lei.

law.less [ˈlɔ:lis] adj ilegal; ilegítimo; não sujeito a leis.

lawn [lɔ:n] s relva; gramado; cambraia de linho; **~-mower**: cortador de grama.

law.yer [ˈlɔ:jə(r)] s advogado; jurisconsulto; legista.

lax [læks] adj lasso; frouxo; vago.

lax.a.tive [ˈlæksətiv] s laxante; purgante; • adj laxativo, laxante.

lax.i.ty [ˈlæksiti] s relaxamento; lassidão; frouxidão.

lay / leaseholder

lay [lei] *s* situação; disposição; balada; GÍR parceiro sexual; • *v* (*pt* e *pp* **laid**) pôr; colocar; depositar; derrubar; estender; apostar; GÍR ter relações sexuais; • *adj* leigo; secular; **to ~ about/for**: atacar; **to ~ off**: dispensar, em geral temporariamente; **to ~ up**: acumular; **to ~ waste**: assolar; devastar.

lay.a.bout ['leiəbaut] *s* vagabundo.

lay-by ['leibai] *s* BRIT área de estacionamento para veículos em estradas; EUA **rest shop**; *pl* **lay-bys**.

lay.er ['leiə(r)] *s* camada; estrato; leito; • *v* arrumar em camadas.

lay.man ['leimæn] *s* leigo; laico; profano.

lay.out ['leiaut] *s* plano; planejamento; esboço; plano de ação; ART GRÁF leiaute.

laze [leiz] *v* viver ociosamente; esbanjar o tempo.

lazi.ness ['leizinis] *s* preguiça; indolência; ociosidade.

la.zy ['leizi] *adj* preguiçoso; vadio; indolente.

lea [li:] *s* prado; campina; pastagem.

lead [led] *s* chefia; direção; comando; mão no jogo; notícia principal numa matéria de jornal, de programas, etc.; guia; • *v* (*pt* e *pp* **led**) conduzir; comandar; guiar; liderar; ser mão no jogo; **to ~ off**: começar; **to ~ someone a (merry) dance**: causar aborrecimentos a alguém; **to ~ someone by the nose**: ter controle total sobre alguém; **to ~ to**: resultar; **to ~ up to**: preparar o caminho; **to take the ~**: tomar a liderança.

lead [li:d] *s* chumbo; grafite; • *v* moldar com chumbo; • *adj* de chumbo; **~-free**: sem adição de chumbo (gasolina).

lead.en ['ledn] *adj* de chumbo; chumbado; cor de chumbo.

lead.er ['li:də(r)] *s* condutor; guia; chefe; cavalo dianteiro; JORN editorial, EUA **lead story**.

lead.er.ship ['li:dəʃip] *s* direção; chefia; liderança.

lead.ing ['li:diŋ] *s* direção; condução; • *adj* principal; condutor; dirigente; TEAT protagonista; **~ article**: JORN editorial, principal artigo de um jornal escrito pelo editor ou pelo corpo editorial.

leaf [li:f] *s* folha (de planta, de livro); tábua de mesa elástica; *pl* **leaves**; • *v* cobrir-se de folhas; desfolhar; EUA folhear livro; **to turn over a new ~**: virar a página, recomeçar.

leaf.let ['li:flit] *s* folhinha; folheto informativo, panfleto; • *v* distribuir panfletos.

leaf.y ['li:fi] *adj* frondoso, cheio de folhas.

league [li:g] *s* liga; aliança; união; associação; légua (equivalente a 3 milhas ou 4.800 m); • *v* ligar-se; associar-se; **in ~**: aliados.

leagu.er ['li:gə(r)] *s* confederado; associado; aliado.

leak [li:k] *s* fenda; abertura; buraco; • *v* derramar; gotejar; escapar; vazar.

leak.age ['li:kidʒ] *s* escoamento; escape; escapamento.

leak.y ['li:ki] *adj* vazante; mal vedado.

lean [li:n] *s* repouso; inclinação; • *v* (*pt* e *pp* **leant** ou **leaned**) pender; inclinar; apoiar; firmar; • *adj* magro; econômico; **to ~ on/upon**: depender.

lean.ing ['li:niŋ] *s* tendência; inclinação.

leap [li:p] *s* salto; pulo; • *v* (*pt* e *pp* **leapt** ou **leaped**) saltar; pular; **by ~s and bounds**: aos trancos e barrancos; **~-frog**: pula-sela (brincadeira infantil); **~ in the dark**: um tiro no escuro; **~-year**: ano bissexto.

learn [lə:n] *v* (*pt* e *pp* **learnt** ou **learned**) aprender; instruir-se; **to ~ by heart**: decorar.

learn.ed ['lə:nid] *adj* sábio; douto; erudito; versado.

learn.er ['lərnər] *s* aprendiz; calouro; novato.

learn.ing ['lərniŋ] *s* ciência; saber; conhecimentos; estudo.

lease [li:s] *s* arrendamento; escritura de arrendamento; posse; • *v* arrendar; alugar; **a new ~ on life**: chance de melhorar a situação, de viver melhor.

lease.hold ['li:shəuld] *s* arrendamento.

lease.hold.er ['li:shəuldə(r)] *s* arrendatário; locatário.

leash [li:ʃ] s correia; • v atar; ligar; atrelar.
least [li:st] s o mínimo; o menor; • adj mínimo; menor; • adv menos; no menor grau; **at ~**: pelo menos; **not in the ~**: de modo algum; **to say the ~**: para dizer o mínimo.
leath.er [ˈleðə(r)] s pele de animal; couro; • v curtir peles; aplicar couro; • adj de couro; coberto de couro.
leath.er.y [ˈleðəri] adj semelhante ao couro.
leave [li:v] s licença; permissão; autorização; despedida; • v (pt e pp **left**) deixar; abandonar; legar; sair; partir; no ~: MIL de licença; **to ~ alone**: deixar em paz; **to ~ off**: parar, desistir; **to ~ out**: deixar de incluir; **to take ~**: despedir-se.
leav.en [ˈlevn] s levedura; fermento; • v fermentar; levedar.
lech.er.ous [ˈletʃərəs] adj luxurioso; libidinoso; lascivo.
lech.er.y [ˈletʃəri] s luxúria; perversão.
lec.ture [ˈlektʃə(r)] s palestra; discurso; • (on, about) v fazer uma preleção; dar palestra.
lec.tur.er [ˈlektʃərə(r)] s preletor; conferencista; EUA professor universitário em tempo parcial.
led [led] pt e pp de **lead**.
ledge [ledʒ] s recife; proeminência.
ledg.er [ˈledʒə(r)] s COM livro razão; laje sepulcral.
lee [li:] s NÁUT sotavento; abrigo; resguardo; • adj a sotavento.
leech [li:tʃ] s sanguessuga; ventosa; • v aplicar sanguessugas; tratar; curar.
leek [li:k] s alho-poró.
leer [liə(r)] s olhar malicioso; olhar de soslaio; • v olhar de soslaio; olhar maliciosamente.
lee.way [ˈli:wei] s NÁUT deriva; declinação da rota; tempo de reserva; margem de tempo.
left [left] s esquerda; o lado esquerdo; • pt e pp de **leave**; • adj esquerdo; **~-hand**: do lado esquerdo; **~-handed**: canhoto; **~ wing**: POLÍT esquerda; ant **right**.

left.ward [ˈleftwəd] adv para a esquerda; para o lado esquerdo; ant **rightward**.
leg [leg] s perna; pata de animais; pé de mesa; suporte; perna de compasso; cano de bota; **to pull someone's ~**: fazer alguém de bobo.
leg.a.cy [ˈlegəsi] s legado; herança.
le.gal [ˈli:gl] adj legal; legítimo; lícito.
le.gal.ism [ˈli:glizəm] s legalismo, observância da lei.
le.gal.i.ty [li:ˈgæləti] s legalidade.
le.gal.ise, le.gal.ize [ˈli:gəlaiz] v legalizar; autenticar; legitimar.
leg.ate [ˈlegit] s legado; delegado; embaixador; emissário.
leg.a.tee [legəˈti:] s legatário, que recebeu legado.
le.ga.tion [liˈgeiʃn] s legação; embaixada.
leg.end [ˈledʒənd] s lenda; legenda; inscrição; história.
leg.end.ar.y [ˈledʒəndri; EUA ˈledʒənderi] s coleção de lendas; • adj lendário; fabuloso.
leg.ging [ˈlegin] s perneira; polainas.
leg.gy [ˈlegi] adj de pernas compridas e finas.
leg.i.bil.i.ty [ledʒəˈbiləti] s legibilidade.
leg.i.ble [ˈledʒəbl] adj legível; ant **illegible**.
le.gion [ˈli:dʒən] s legião; multidão.
le.gion.ar.y [ˈlidʒənəri; EUA ˈlidʒəneri] s e adj legionário.
leg.is.late [ˈledʒisleit] (for, against) v legislar.
leg.is.la.tion [ledʒisˈleiʃn] s legislação.
leg.is.la.tive [ˈledʒislətiv; EUA ˈledʒisleitiv] adj legislativo, relativo ao poder de legislar.
leg.is.la.tor [ˈledʒisleitə(r)] s legislador.
leg.is.la.ture [ˈledʒisleitʃə(r)] s legislatura.
le.gist [ˈledʒist] s legista; especialista em leis.
le.git.i.ma.cy [liˈdʒitiməsi] s legitimidade, qualidade do que é legítimo.
le.git.i.mate [liˈdʒitimət] adj legitimado; legítimo; genuíno; ant **illegitimate**.
lei.sure [ˈleʒə(r); EUA ˈli:ʒər] s lazer; ócio; descanso; **at ~**: livre, desocupado; **~ centre**: centro de lazer, EUA **health club**.
lei.sured [ˈleʒəd; EUA ˈli:ʒərd] adj desocupado; ocioso.

lem.on ['lemən] *s* limão.

lem.on.ade [lemə'neid] *s* limonada.

lend [lend] *v* (*pt* e *pp* **lent**) emprestar; **~-lease**: FIN empréstimo e arrendamento; **to ~ a hand**: ajudar; dar uma mão; **to ~ an ear**: prestar ouvidos.

length [leŋθ] *s* comprimento; extensão; duração; grau de alcance; **at ~**: por fim; em conclusão; **to go any ~s**: não medir esforços.

length.en ['leŋθən] *v* alongar; prolongar; *ant* **shorten**.

length.y ['leŋθi] *adj* longo; prolongado; prolixo.

le.ni.ence, le.ni.en.cy ['li:niəns, 'li:niənsi] *s* brandura; doçura; indulgência.

le.ni.ent ['li:nient] *adj* indulgente; brando; calmo; clemente.

lens [lenz] *s* lente; objetiva; MED cristalino.

lent [lent] *pt* e *pp* de **lend**.

Lent [lent] *s* RELIG Quaresma, quarenta dias após a quarta-feira de Cinzas até a Páscoa.

lent.en ['lentən] *adj* quaresmal, relativo à Quaresma.

len.til ['lentl] *s* lentilha, grão de uma planta leguminosa.

le.o.nine ['liənain] *adj* leonino.

leop.ard ['lepəd] *s* leopardo, mamífero carnívoro da família dos felídeos.

lep.er ['lepə(r)] *s* MED leproso; lázaro.

lep.ro.sy ['leprəsi] *s* MED lepra, infecção provocada pelo bacilo de Hansen.

lep.rous ['leprəs] *adj* leproso, que está com lepra.

les.bian ['lezbiən] *s* e *adj* lésbica.

le.sion ['li:ʒn] *s* lesão; dano; ferimento; ferida.

less [les] *adj* menor; menos; inferior; • *adv* em menor grau; menos; • *prep* menos; **~ and ~**: cada vez menos; **nothing ~ than**: nada menos que; *ant* **more**.

les.see [le'si:] *s* arrendatário; inquilino.

less.en ['lesn] *v* diminuir; reduzir; rebaixar.

les.son ['lesn] *s* lição.

les.sor ['lesɔ:(r)] *s* senhorio; arrendador.

lest [lest] *conj* a fim de que não; para que não; com receio de que.

let [let] *s* estorvo; obstáculo; impedimento; • *v* (*pt* e *pp* **let**) deixar; permitir; alugar; **to ~ alone**: deixar em paz, não incomodar; **to ~ down**: decepcionar; deixar cair; **to ~ go**: deixar ir; **to ~ in**: deixar entrar; permitir; **to ~ know**: fazer saber; **to ~ loose**: soltar; largar; **to ~ on**: revelar; fingir; **to ~ up**: diminuir; parar.

let.down ['letdaun] *s* decepção, desapontamento.

le.thal ['li:θl] *adj* letal; mortal.

le.thar.gic [li'θɑ:dʒik] *adj* letárgico, relativo à letargia.

leth.ar.gy ['leθədʒi] *s* letargia; apatia; indiferença.

let.ter ['letə(r)] *s* letra; carta; tipo de letra; pergaminho; • *v* estampar letras; fazer letreiros; **~-bomb**: carta-bomba; **~-box**: caixa de correio, EUA **mailbox**.

let.tered ['letəd] *adj* letrado, erudito; culto; marcado com letras; *ant* **unlettered**.

let.ter.head ['letərhed] *s* cabeçalho; papel timbrado.

let.ter.ing ['letəriŋ] *s* ART GRÁF o processo de escrever e desenhar letras; estilo das letras.

let.tuce ['letis] *s* alface.

leu.kae.mia, EUA **leu.ke.mia** [lu:'ki:miə] *s* leucemia.

lev.ee ['levi] *s* dique; represa; recepção de pessoas importantes.

lev.el ['levl] *s* nível; plano; superfície plana; planície; • *v* nivelar; aplainar; adaptar; • *adj* plano; liso; **~ crossing**: passagem de nível; **on the ~**: honesto.

lev.er ['li:və(r); EUA 'levər] *s* MEC alavanca; pé de cabra; • *v* servir-se de alavanca.

lev.er.age ['li:vəidʒ] *s* força; poder da alavanca; FIG supremacia.

lev.er.et ['levərit] *s* lebre pequena, mamífero roedor.

lev.i.tate ['leviteit] *v* suspender; levitar; fazer flutuar ou boiar.

lev.i.ta.tion [levi′teiʃn] *s* levitação; suspensão de um corpo.

lev.i.ty [′levəti] *s* leveza; leviandade; inconstância.

lev.y [′levi] *s* leva de tropas; coleta; cobrança; recrutamento; • (*on, upon*) *v* recrutar; lançar impostos; penhorar.

lewd [lju:d; EUA lu:d] *adj* lascivo; indecente.

lex.i.cog.ra.pher [leksi′kɔgrəfə(r)] *s* lexicógrafo.

lex.i.con [′leksikən; EUA ′leksikɔn] *s* léxico; dicionário.

li.a.bil.i.ty [laiə′biləti] *s* responsabilidade; POP desvantagem; COM compromissos; passivo.

li.a.ble [′laiəbl] *adj* sujeito; ~ **to**: suscetível.

li.ar [′laiə(r)] *s* mentiroso; embusteiro.

li.ai.son [li′eizn; EUA ′liəzɔn] *s* ligação, contato.

lib [lib] *abrev de* **lib**eration, liberação; **women's ~**: (movimento) de liberação da mulher.

li.ba.tion [lai′beiʃn] *s* libação; ato de beber para comemorar algo.

li.bel [′laibl] *s* libelo; calúnia; difamação; • *v* difamar por escrito; processar.

li.bel.ler [′laiblə(r)] *s* difamador; que faz libelos difamatórios.

li.bel.lous, EUA **li.bel.ous** [′laibləs] *adj* acusatório; difamatório.

lib.er.al [′libərəl] *adj* liberal; generoso.

lib.er.al.i.ty [libə′ræləti] *s* liberalidade; generosidade.

lib.er.ate [′libəreit] (*from*) *v* libertar; livrar; soltar; emancipar.

lib.er.a.tion [libə′reiʃn] *s* libertação; liberdade; soltura.

lib.er.ty [′libəti] *s* liberdade; permissão; licença; **at ~**: em liberdade; **to set ~**: pôr em liberdade; **to take the ~ of**: tomar a liberdade de.

li.bi.d.i.nous [li′bidinəs] *adj* libidinoso; imoral; lascivo.

li.bra [′li:brə] *s* moeda de diversos países; unidade de peso; (com maiúsc.)ASTRON a sétima constelação do Zodíaco; ASTROL Balança, o sétimo signo do Zodíaco, correspondente às pessoas nascidas entre 23 de setembro e 22 de outubro.

li.brar.i.an [lai′breəriən] *s* bibliotecário.

li.brar.y [′laibrəri] *s* biblioteca.

li.cence, EUA **li.cense** [′laisns] *s* licença; permissão; privilégio; autorização; • *v* licenciar; autorizar; permitir; **driving ~**: carteira de motorista, EUA **driver's license**; **~ plates**: placas de carro.

li.cen.tious [lai′senʃəs] *adj* licencioso; libertino.

lic.it [′lisit] *adj* lícito; permitido.

lick [lik] *s* lambedura; pancada; pincelada; • *v* lamber; derrotar; esmurrar; **a ~ of paint**: uma mão de tinta.

lic.o.rice [′likəris] *s* alcaçuz, raiz adocicada que se utiliza como remédio.

lid [lid] *s* tampa; cobertura; pálpebra.

lid.less [′lidlis] *adj* destampado; com as pálpebras abertas.

lie [lai] *s* mentira; • *v* (*pt* e *pp* **lied**) mentir; **~ detector**: detector de mentiras.

lie [lai] *v* (*pt* **lay**; *pp* **lain**) deitar-se; estar situado; ficar; jazer; **to ~ about**: passar o tempo sem fazer nada; **to ~ in**: dormir até tarde, EUA **to sleep in**; **to ~ low**: esconder-se; **to ~ up**: ficar na cama até tarde.

liege, liege.man [li:dʒ, ′li:dʒmən] *s* senhor feudal; vassalo; • *adj* feudal.

lien [liən] *s* hipoteca; direito de retenção; penhora.

lieu [lu:] *s* lugar; **in ~ of**: em lugar de.

lieu.ten.ant [lef′tenənt; EUA lu:′tenənt] *s* MIL tenente; *abrev* **Lt.** ou **Lieut.**; capitão-tenente; **~ colonel**: tenente-coronel.

life [laif] *s* vida; duração; existência; ser; biografia; ardor; movimento; **a matter of ~-and-death**: um caso de vida ou morte; **early ~**: a mocidade; **for ~**: por toda a vida; **~-care/~-insurance**: seguro de vida; **~ expectancy**: esperança de vida; **~-jacket**: colete salva-vidas; **~ sentence**: prisão perpétua; **~size**: de tamanho natural; **~ style**: estilo de vida; **to the ~**: exatamente; *pl* **lives**.

life.belt ['laifbelt] *s* salva-vidas; EUA **life preserver**.

life.boat ['laifbout] *s* bote salva-vida.

life.bu.oy ['laifbɔ:] *s* boia salva-vidas.

life.less ['laiflis] *adj* morto; inanimado; sem vida; desabitado.

life.like ['laiflaik] *adj* semelhante à vida.

life.long ['laiflɔŋ] *adj* que dura toda a vida; vitalício.

lif.er ['laifə(r)] *v* GÍR condenado a prisão perpétua.

life.time ['laiftaim] *s* duração da vida; existência; **the chance of a ~**: oportunidade única.

lift [lift] *s* levantamento; ato de levantar; elevador, EUA **elevator**; condução grátis, carona; • *v* levantar(-se), erguer(-se); sublevar; içar; **~-off**: decolagem; **to give a ~**: dar carona.

lig.a.ment ['ligəmənt] *s* ligamento; tira; atadura.

light [lait] *s* luz; claridade; clarão; inteligência; aurora; dia; ponto de vista; • *v* (*pt e pp* **lit**) acender; iluminar; alumiar; • *adj* claro; brilhante; leve; suave; **in the ~ of**: levando em consideração; **~ at the end of the tunnel**: uma luz no fim do túnel; **~-headed**: tonto; **~-hearted**: despreocupado; **~-pen**: INF dispositivo eletrônico, parecido com uma caneta, que permite a passagem de dados para o computador; **~-year**: ASTRON ano-luz; **the speed of ~**: a velocidade da luz; **to make ~ of**: não levar a sério.

light.en ['laitn] *v* alumiar; esclarecer; relampejar.

light.er ['laitə(r)] *s* acendedor; isqueiro; • *adj* mais leve; mais claro; mais ligeiro.

light.house ['laithaus] *s* farol; torre de farol.

light.ing ['laitiŋ] *s* iluminação artificial; luz artificial.

light.ly ['laitli] *adv* ligeiramente; levemente; sem razão.

light.ning ['laitniŋ] *s* relâmpago; **~ conductor**, EUA **~ rod**: para-raios; **like ~**: como um relâmpago.

light.weight ['laitweit] *adj* leve; peso-leve (no boxe).

lig.ne.ous ['ligniəs] *adj* lígneo, da natureza da madeira.

like [laik] *adj* semelhante; análogo; parecido; igual; • *v* gostar de; achar bom; querer; • *adv* e *prep* do mesmo modo; como; **as you ~**: como quiser; **to feel ~**: estar disposto a.

like.li.hood ['laiklihud] *s* probabilidade.

like.ly ['laikli] *adj* provável; verossímil; • *adv* provavelmente; com probabilidade.

like-mind.ed [laik 'maindid] *adj* da mesma opinião; de sentimentos idênticos.

lik.en ['laikən] (*to*) *v* assemelhar; comparar.

like.ness ['laiknis] *s* semelhança.

like.wise ['laikwaiz] *adv* da mesma forma; do mesmo modo; também.

lik.ing ['laikiŋ] *s* inclinação; simpatia; gosto.

li.lac ['lailək] *s* lilás; cor de lilás; • *adj* de cor lilás.

lil.y ['lili] *s* lírio, planta de flores perfumadas e alvas; • *adj* branco e puro como o lírio; **~-livered**: covarde.

limb [lim] *s* membro (humano ou de animais); galho de árvore.

lim.ber ['limbə(r)] (*up*) *v* ESP fazer aquecimento.

lime [laim] *s* cal; visco; lodo; lima (fruta); • *v* caiar; cobrir de visco; apanhar com laço.

lime.light ['laimlait] *s* evidência; **to be in the ~**: estar em evidência.

lim.it ['limit] *s* limite; marco; termo; • *v* limitar; confinar; restringir.

lim.it.a.ble ['limitəbl] *adj* limitável; restringível.

lim.it.less ['limitlis] *adj* ilimitado; indefinido.

lim.ou.sine ['liməzi:n] *s* limusine.

limp [limp] *s* coxeadura; manqueira; • *v* coxear; mancar; • *adj* mole, brando.

lim.pid ['limpid] *adj* límpido; transparente.

lim.pid.i.ty [lim'pidəti] *s* limpidez; clareza; transparência.

line [lain] *s* linha; traço; fila, EUA **queue**; cabo; limite; contorno; ruga; ramo de negócio; cartinha; • *v* forrar; guarnecer; alinhar; delinear; estar em linha; **all along the ~**: em toda a parte; desde o começo; **down the ~**: completamente; **~-up**: formação (de pessoas, objeto, etc.); **on the ~**: em risco; **the end of the ~**: FIG o fim da linha.

lin.e.age [′liniidʒ] *s* linhagem; estirpe; raça.

lin.e.al [′liniəl] *adj* linear; hereditário.

lin.e.a.ment [′liniəmənt] *s* lineamento; feição; traço.

line.man [′lainmən] *s* guarda-linha telegráfico; instalador de linhas.

lin.en [′linin] *s* linho; pano de linho; roupa branca; • *adj* de linho; **wash your dirty ~ at home**: roupa suja se lava em casa.

lin.er [′lainə(r)] *s* forro; aeronave ou navio de uma linha aérea ou de navegação.

lines.man [′lainzmən] *s* juiz de linha em diversos esportes.

lin.ger [′liŋgə(r)] *v* demorar; tardar; dilatar.

lin.ge.rie [′lænʒəri; EUA la:ndʒə′rei] *s* lingerie, roupa íntima de senhoras.

lin.ger.ing [′liŋgəriŋ] *adj* vagaroso; demorado; indolente.

lin.go [′liŋgəu] *s* gíria; calão; algaravia.

lin.guist [′liŋgwist] *s* poliglota; linguista.

lin.guis.tics [liŋ′gwistiks] *s* linguística, estudo científico da linguagem.

lin.i.ment [′linimənt] *s* linimento, substância oleosa própria para massagens.

lin.ing [′lainiŋ] *s* forro; revestimento.

link [liŋk] *s* elo; argola; enlace; archote; ligação; • *v* ligar; encadear; unir; INF interligar dois computadores através de um modem, cabo ou rede; texto ou imagem de um site que remete para outros textos e outras imagens da mesma ou de outras páginas de sites na Internet.

lin.net [′linit] *s* pintarroxo, espécie de pássaro.

Lin.o.type [′lainəutaip] *s* linotipo, máquina de fundir os caracteres tipográficos por inteiro.

lin.seed [′linsi:d] *s* linhaça, semente do linho.

lin.tel [′lintl] *s* caixilho; verga de porta ou de janela.

li.on [′laiən] *s* leão; celebridade; herói.

li.on.ise, li.on.ize [′laiənaiz] *v* tratar como uma celebridade.

lip [lip] *s* beiço; lábio; bordo; extremidade; • *v* beijar; tocar com os lábios; **to pay ~ service to**: prestar homenagem da boca para fora (falsamente).

lip.read [′lipri:d] *v* ler os lábios.

lip.stick [′lipstik] *s* batom, cosmético próprio para colorir os lábios.

liq.ue.fac.tion [likwi′fækʃn] *s* liquefação, passagem de um gás para o estado líquido.

liq.ue.fy [′likwifai] *v* liquefazer-se; derreter(-se).

li.queur [li′kjuə(r); EUA li′kə:r] *s* licor.

liq.uid [′likwid] *s* líquido; bebida; beberagem; • *adj* líquido; límpido; claro; fluente.

liq.ui.date [′likwideit] *v* liquidar; saldar.

liq.ui.da.tion [likwi′deiʃn] *s* liquidação, falência.

li.quid.iz.er [′likwidaizə(r)] *s* liquidificador; EUA **blender**.

liq.uor [′likə(r)] *s* bebida alcoólica.

lisp [lisp] *s* ceceio; murmúrio; • *v* cecear; murmurar; balbuciar.

list [list] *s* lista; rol; relação; • *v* listar; catalogar; tabelar.

lis.ten [′lisn] (*to*) *v* escutar.

list.less [′listlis] *adj* negligente; descuidado; indiferente.

lit [lit] *pt* e *pp* de **light**.

lit.a.ny [′litəni] *s* ladainha, oração e súplica à Virgem.

lit.er.a.cy [′litərəsi] *s* aptidão para as letras.

li.ter [′li:tə(r)] *veja* **litre**.

lit.er.al [′litərəl] *adj* literal; ao pé da letra.

lit.er.al.ly [′litərəli] *adv* literalmente, letra por letra.

lit.er.ar.y [′litərəri; EUA ′litəreri] *adj* literário.

lit.er.ate [′litərət] *s* e *adj* literato; douto; letrado; erudito; *ant* **illiterate**.

lit.er.a.ture [′litrətʃə(r); EUA ′litrətʃuər] *s* literatura; obras literárias; erudição.

lithe [laið] *adj* brando; macio; flexível.

lithium / lock

lith.i.um ['liəiəm] s lítio, elemento que se designa pelo símbolo Li e tem número atômico 3.

lith.o.graph ['liəəgra:f; EUA 'liəəgræf] s litografia, arte de reproduzir sobre o papel, por impressão, aquilo que se desenhou sobre uma pedra ou chapa de zinco ou alumínio; • v litografar.

lith.o.sphere ['liəəsfiə(r)] s litosfera, a parte sólida do globo terrestre.

lit.i.gant ['litigənt] s e adj litigante.

lit.i.gate ['litigeit] v pleitear; contestar; demandar.

lit.i.ga.tion [liti'geiʃn] s litígio; contenda; pleito.

li.ti.gious [li'tidʒəs] adj litigioso; litigante; trapaceiro.

li.tre, EUA li.ter ['li:tə(r)] s litro, unidade de medida de capacidade.

lit.ter ['litə(r)] s liteira; ninhada de animais; confusão; desordem; lixo; • v ato de o animal parir; promover desordens.

lit.tle ['litl] adj pouco; limitado; pequeno; breve; • adv escassamente; pouco; ~ **by** ~: pouco a pouco; ~ **finger**: dedo mínimo, EUA **pinkie**; **to make** ~ **of**: não dar importância.

lit.to.ral ['litərəl] s litoral; • adj litorâneo.

lit.ur.gy ['litədʒi] s liturgia, a ordem e as cerimônias estabelecidas no ritual da Igreja; as formas consagradas das orações.

liv.a.ble ['livəbl] adj habitável; tolerável.

live [liv] v morar; habitar; viver; • [laiv] adj vivo; ardente; **to ~ and learn**: viver e aprender; **to ~ and let ~**: ser tolerante; **to ~ it up**: viver de forma extravagante; **to ~ up to**: agir de acordo com; viver à altura de.

live.li.hood ['laivlihud] s meio de vida; subsistência; sustento.

live.long ['livlɔŋ; EUA 'laivlɔ:ŋ] adj todo; inteiro.

live.ly ['laivli] adj vivo; animado; espirituoso; vigoroso; enérgico; • adv vivamente; vigorosamente.

liv.er ['livə(r)] s ANAT fígado.

liv.er.y ['livəri] s libré; farda, uniforme; posse; investidura.

liv.id ['livid] adj lívido; pálido.

liv.ing ['liviŋ] s modo de vida; subsistência; • adj vivo; evidente; manifesto; ~ **room**: sala de estar.

liz.ard ['lizəd] s lagarto.

load [ləud] s carga; • v carregar (veículos, arma de fogo); INF transferir (carregar) dados armazenados no disco rígido para a memória RAM do computador.

load.ing ['ləudiŋ] s carga; ação de carregar.

load.stone ['ləudstən] s pedra-ímã; magnetita.

loaf [ləuf] s pão (filão); • v vadiar.

loaf.er ['ləufər] s preguiçoso; malandro; EUA **bum**.

loan [ləun] s empréstimo; o valor ou o objeto emprestado; • v EUA emprestar.

loath [ləuθ] adj contrário; de má vontade.

loathe [ləuð] v detestar; odiar.

loath.ful ['ləuθfl] adj aborrecido; enfastiado.

loath.ing ['ləuðiŋ] s aborrecimento; tédio; repugnância.

loath.ly ['ləuðli] adj detestável; nauseabundo; • adv contra vontade.

loath.some ['ləuðsəm] adj repugnante; asqueroso; aborrecível.

lob.by ['lɔbi] s vestíbulo; corredor; antecâmara; grupo que tenta influir na votação de leis de seu interesse.

lobe [ləub] s lóbulo da orelha.

lob.ster ['lɔbstə(r)] s lagosta.

lo.cal ['ləukl] adj local, referente a determinado lugar; ~ **anaesthetic**: anestesia local; ~ **call**: ligação telefônica local; ~ **time**: hora local.

lo.cal.i.ty [ləu'kæləti] s localidade, lugar determinado.

lo.cal.ize, lo.cal.ise ['ləukəlaiz] v localizar; determinar o local de; limitar.

lo.cate [ləu'keit; EUA 'ləukeit] v colocar; situar; estabelecer.

lo.ca.tion [ləu'keiʃn] s locação; localidade.

lock [lɔk] s fechadura; fecho; cadeado; comporta; • v fechar à chave; trancar; ~**, stock**

and barrel: completamente, tudo; **under ~ and key**: fechado a sete chaves.

lock.er ['lɔkə(r)] s compartimento com chave usado para guardar roupas ou objetos, como em escolas, clubes, etc.; **~-room**: sala onde se encontram esses compartimentos.

lock.et ['lɔkit] s medalhão.

lock.out ['lɔkaut] s greve dos empregadores.

lock.smith ['lɔksmiθ] s serralheiro, que trabalha em obras de ferro.

lock.up ['lɔkʌp] s calabouço; prisão.

lo.co.mo.tion [ləukə'məuʃn] s locomoção, ação de transportar de um lugar para outro.

lo.co.mo.tive [ləukə'məutiv] s locomotiva; • adj locomotivo; locomotor.

lo.cust ['ləukəst] s locusta; gafanhoto.

lo.cu.tion [lə'kju:ʃn] s locução.

lode [ləud] s filão; veio.

lodge [lɔdʒ] s casa pequena (zelador, porteiro, etc.); casa para temporada; covil; guarita; • v alojar; hospedar(-se).

lodge.ment ['lɔdʒmənt] s alojamento; amontoamento.

lodg.er ['lɔdʒər] s hóspede; inquilino.

lodg.ing ['lɔdʒiŋ] s pousada; hospedaria; **~ house**: hospedaria, EUA **rooming house**.

loft [lɔft; EUA lɔ:ft] s sótão; parte superior do celeiro.

loft.y ['lɔfti; EUA 'lɔ:fti] adj elevado; alto; sublime; excelso.

log [lɔg; EUA lɔ:g] s acha para lenha; tronco; tora; barquilha; AER e NÁUT diário de bordo.

log.a.rithm ['lɔgəriðəm; EUA 'lɔ:gəriðəm] s MAT logaritmo, expoente da potência a que é preciso elevar um número, chamado base, para achar um número dado.

log.book ['lɔgbuk] s diário de bordo.

log.ger.head ['lɔgərhed] s tonto; imbecil; grande tartaruga marinha; **at ~s**: em desacordo.

log.ic ['lɔdʒik] s lógica; coerência.

log.i.cal ['lɔdʒikl] adj lógico; coerente; ant **illogical**.

lo.gi.cian [lə'dʒiʃn] s homem versado em lógica.

lo.gis.tics [lə'dʒistiks] s logística.

lo.go ['ləugəu] s ART GRÁF logotipo.

loin [lɔin] s lombo.

loin.cloth ['lɔinklɑ:ø] s tanga.

loi.ter ['lɔitə(r)] v demorar-se; tardar; perder tempo.

loll [lɔl] v recostar-se; refestelar-se; espreguiçar-se.

lol.li.pop ['lɔlipɔp] s pirulito; EUA **sucker**; **~ man/woman**: POP BRIT pessoa que carrega uma placa com os dizeres "Stop! Children crossing"(Pare! Travessia de crianças), para alertar os motoristas diante das escolas.

Lon.don.er ['lʌndənə(r)] s londrino; que mora em Londres.

lone [ləun] adj solitário; só; sozinho.

lone.li.ness ['ləunlinis] s solidão; isolamento.

lone.ly ['ləunli] adj solitário; só; deserto.

lone.some ['ləunsəm] adj solitário; só; isolado.

long [lɔŋ; EUA lɔ:ŋ] v cobiçar; ansiar por; • adj longo; comprido; vagaroso; • adv longamente; demoradamente; **as ~ as**: enquanto; desde que; **before ~**: em breve; **how ~?**: quanto tempo?; **in the ~ run**: no fim das contas; **~ after**: muito depois; **~ ago**: há muito tempo; **~ distance**: telefonema interurbano; **~-distance**: de longa distância; **~-life**: longa vida (leite, bateria); **~-playing record (LP)/vinyl album**: long-play, elepê ou disco de vinil; **~-range**: de longo alcance (mísseis, etc.); a longo prazo; **~-sighted**: que enxerga mal à distância, hipermétrope, EUA **far-sighted**; **~-sightedness**: hipermetropia, EUA **far-sighted**; **~-suffering**: com paciência de santo; **~-term**: a longo prazo; **~-wave (LW)**: ondas longas (rádio); **so ~!**: até logo!; **so ~ as**: pelo tempo que.

lon.gev.i.ty [lɔn'dʒevəti] s longevidade.

long.hand ['lɔ:ŋhænd] s escrita por extenso; escrita comum.

long.ing ['lɔŋiŋ] s anseio; desejo ardente.

long.ish ['lɔŋiʃ] adj um pouco longo.

lon.gi.tude ['lɔndʒitju:d; EUA 'lɔndʒitu:d] *s* longitude, distância entre o primeiro meridiano (Greenwich) e o meridiano do lugar considerado, medida em graus, minutos e segundos (°/ '/ ").

long.ways ['lɔŋweiz; EUA 'lɔːŋweiz] *adv* de comprido.

loo [lu:] *s* POP banheiro; toalete.

look [luk] *s* olhar; espiada; aspecto; fisionomia; • *v* olhar; observar; contemplar; parecer; considerar; prestar atenção; **to ~ about to**: procurar; **to ~ after**: cuidar de; **to ~ around**: procurar; **to ~ back**: olhar para trás, relembrar; **to ~ down**: baixar os olhos; **to ~ for**: procurar; **to ~ forward**: aguardar ansiosamente; **to ~ into**: informar-se de; **to ~ like**: parecer-se; **to ~ on/upon**: considerar; **to ~ on the bright side of things**: ver o lado bom das coisas; **to ~ out**: tomar cuidado; **to ~ over**: examinar; **to ~ someone in the eye/face**: olhar diretamente e sem medo; **to ~ someone up and down**: olhar de cima a baixo; **to ~ up**: levantar a vista; visitar alguém; melhorar; procurar uma palavra no dicionário.

loom [lu:m] *s* tear; braço do remo; miragem; • *v* assomar; aparecer; luzir; reluzir.

loon.y ['lu:ni] *s* bobo; tolo; paspalhão; **~-bin**: manicômio, casa de lunático.

loop [lu:p] *s* laço; volta; laçada; alça; • *v* pôr presilha; dar voltas.

loose [lu:s] *v* soltar; desatar; afrouxar; aliviar; • *adj* solto; destacado; frouxo; **at a ~ end**: sem saber o que fazer; **~-leaf**: de folhas soltas (caderno); **to break ~**: escapar da prisão; **to keep/stay ~**: ficar calmo.

loos.en ['lu:sn] *v* desprender; soltar; afrouxar.

loot [lu:t] *s* saque; pilhagem; • *v* saquear; pilhar.

lop [lɔp] *s* ramos; galhos; • *v* podar; desbastar.

lope [ləup] *s* trote largo; • *v* galopar.

lo.qua.cious [lə'kweiʃəs] *adj* loquaz; palrador; conversador.

lord [lɔːd] *s* lorde; senhor; dono; monarca; (com maiúsc.) Deus; Criador; • *interj* oh, Deus!; **~'s day**: domingo; **House of ~s**: Câmara dos Lordes, no Parlamento inglês.

lord.ly ['lɔːdli] *adj* altivo; orgulhoso; fidalgo; senhoril.

lord.ship ['lɔːdʃip] *s* poder; domínio; propriedade de um fidalgo; título de fidalgo.

lore [lɔː(r)] *s* ciência; saber; erudição; doutrina.

lorn [lɔːn] *adj* abandonado.

lor.ry ['lɔri; EUA 'lɔːri] *s* caminhão de carga; EUA **truck**; **~-driver**: caminhoneiro.

lose [lu:z] *v* (*pt* e *pp* **lost**) perder; arruinar; desperdiçar; **to ~ one's heart**: apaixonar-se; **to ~ one's temper**: perder a calma; **to ~ sight of**: perder de vista.

loss [lɔs; EUA lɔːs] *s* perda; dano; quebra; desperdício.

lost [lɔst; EUA lɔːst] *pt* e *pp* de **lose**; • *adj* perdido; desperdiçado; desorientado; desaparecido; **I'm ~**: estou perdido; **get ~!**: sai fora!

lot [lɔt] *s* lote; grande porção; sorte; sorteio; fortuna; destino; ventura; • *v* lotear; repartir; **a ~ of /lots of**: muito, muitos, uma porção; **by ~**: à sorte; **thanks a ~**: muito obrigado.

lo.tion ['ləuʃn] *s* loção.

lot.te.ry ['lɔtəri] *s* loteria.

lo.tus ['ləutəs] *s* lótus, loto, espécie de planta.

loud [laud] *adj* ruidoso; estrondoso; barulhento; escandaloso; vistoso; • *adv* ruidosamente; **~ hailer**: megafone, EUA **bull-horn**.

loud.speak.er [laud'spiːkə(r)] *s* alto-falante.

lounge [laundʒ] *s* sala de espera; saguão; sofá; espreguiçadeira; • *v* vaguear; vadiar.

loung.er ['laundʒə(r)] *s* vadio; ocioso.

louse [laus] *s* piolho; *pl* **lice**.

lout [laut] *s* estúpido; bruto.

lov.a.ble ['lʌvəbl] *adj* amável; digno de ser amado.

love [lʌv] *s* amor; afeição; amizade; • *v* amar; gostar de; adorar; estar enamorado; **~ affair**: caso de amor; **~-hate relationship**: relação de amor e ódio; **~-letter**: carta de amor; **not for ~ or money**: nada no mundo; **to be in ~ with**: estar

apaixonado por; **to fall in ~ with**: apaixonar-se por; **to make ~ to**: ter relações sexuais com; fazer amor; *ant* hate.
love.ly [ˈlʌvli] *adj* amável; agradável; simpático; fascinante.
lov.er [ˈlʌvə(r)] *s* amante.
love.sick [ˈlʌvsik] *adj* perdido de amor.
lov.ing [ˈlʌviŋ] *adj* afetuoso; amoroso; terno.
low [ləu] *s* balido; mugido; • *adj* baixo; pequeno; fraco; humilde; moderado; • *adv* baixo; • *v* balir; mugir; **~ gear**: AUT primeira marcha; **~ tide**: maré baixa; *ant* high.
low.er [ˈləuə(r)] *adj* inferior; mais baixo; • *v* baixar; abaixar; diminuir.
low.ly [ˈləuli] *adj* baixo; humilde; • *adv* humildemente; modestamente.
loy.al [ˈlɔiəl] *adj* leal; fiel.
loy.al.ty [ˈlɔiəlti] *s* lealdade; fidelidade.
loz.enge [ˈlɔzindʒ] *s* losango; pastilha.
LP [el ˈpi:] *abrev de* **l**ong-**p**laying (record), elepê.
LSD [el es ˈdi:] *abrev de* **l**ysergic **a**cid **d**iethylamide, poderosa droga, alucinógeno.
lu.bri.cant [ˈlu:brikənt] *s e adj* lubrificante.
lu.bri.cate [ˈlu:brikeit] *v* lubrificar; azeitar; amaciar.
lu.cid [ˈlu:sid] *adj* lúcido; brilhante; transparente.
lu.cid.i.ty, lu.cid.ness [lu:ˈsidəti, ˈlu:sidnis] *s* lucidez; claridade.
luck [lʌk] *s* fortuna; acaso; sorte; ventura; **good ~**: boa sorte.
luck.less [ˈlʌklis] *adj* sem sorte; infeliz.
luck.y [ˈlʌki] *adj* afortunado; sortudo; propício; venturoso.
lu.cra.tive [ˈlu:krətiv] *adj* lucrativo.
lu.di.crous [ˈlu:dikrəs] *adj* burlesco; cômico; ridículo.
lug [lʌg] *s* alça; asa; ato de puxar; • *v* arrastar; içar; puxar.
lug.gage [ˈlʌgidʒ] *s* bagagem; EUA **baggage**.
lu.gu.bri.ous [ləˈgu:briəs] *adj* lúgubre; triste; funerário.
luke.warm [lu:kˈwɔ:m] *adj* morno; tépido; FIG insensível; indiferente; frio.

lull [lʌl] *s* calmaria; murmúrio; • *v* embalar; acalmar.
lull.a.by [ˈlʌləbai] *s* canção de ninar.
lum.ba.go [lʌmˈbeigəu] *s* lumbago, dor forte na região lombar.
lum.bar [ˈlʌmbə(r)] *adj* lombar; dorsal.
lum.ber [ˈlʌmbə(r)] *s* madeira; madeiramento; trastes; • *v* amontoar; cortar madeira; marchar pesadamente.
lum.ber.jack [ˈlʌmbərdʒæk] *s* EUA e CAN lenhador.
lum.ber.man [ˈlʌmbərmən] *s* madeireiro.
lu.mi.nar.y [ˈlu:minəri; EUA ˈlu:mineri] *s* astro; corpo luminoso.
lump [lʌmp] *s* massa informe; protuberância; bocado; • *v* amontoar; aglomerar(-se); **~ sum**: quantia total.
lump.ish [ˈlʌmpiʃ] *adj* pesado; grosseiro; estúpido.
lump.y [ˈlʌmpi] *adj* grumoso; granuloso.
lu.na.cy [ˈlu:nəsi] *s* loucura; demência; insânia.
lu.na.tic [ˈlu:nətik] *s e adj* lunático; alienado.
lunch [lʌntʃ] *s* almoço; • *v* almoçar; merendar; **~-hour**: hora de almoço.
lunch.eon [ˈlʌntʃən] *s* almoço (formal); **~ voucher (LV)**: vale-refeição, EUA **meal ticket**.
lung [lʌŋ] *s* pulmão, cada um dos dois órgãos de respiração dos seres.
lunge [lʌndʒ] *s* investida; bote; • (*at, towards*) *v* dar botes; investir.
lure [luə(r)] *s* engodo; armadilha; isca; • *v* engodar; atrair.
lu.rid [ˈluərid] *adj* lúgubre; sombrio; fúnebre; pálido.
lurk [lə:k] *v* emboscar(-se).
lush [lʌʃ] *adj* suculento; viçoso.
Lu.si.ta.ni.an [lusiˈteiniən] *s e adj* lusitano.
lust [lʌst] *s* desejo ardente; cobiça; luxúria; • (*after, for*) *v* cobiçar; desejar.
lus.tre, EUA **lus.ter** [ˈlʌstər] *s* brilho; fulgor; candelabro.
lust.ful [ˈlʌstfl] *adj* cobiçoso; sensual; devasso.

lus.trous [ˈlʌstrəs] *adj* lustroso; brilhante.
lust.y [ˈlʌsti] *adj* forte; robusto; entusiasmado.
lute [lu:t] *s* alaúde; luto, espécie de massa para vedar; • *v* vedar com luto.
lux.u.ri.ant [lʌgˈʒuəriənt] *adj* luxuriante; viçoso; exuberante.
lux.u.ri.ous [lʌgˈʒuəriəs] *adj* luxurioso; exuberante; voluptuoso.
lux.u.ry [ˈlʌkʃəri] *s* luxo; suntuosidade; luxúria; prazer.
LW [el ˈdʌblju:] RÁDIO *abrev de* long wave, ondas longas.

ly.ce.um [laiˈsi:əm] *s* liceu, estabelecimento de ensino.
lye [lai] *s* lixívia, solução alcalina extraída das cinzas.
ly.ing [ˈlaiiŋ] *s* mentira; engano; • *adj* falso; mentiroso.
lynch [lintʃ] *v* linchar.
lynx [liŋks] *s* lince, mamífero felino.
lyre [ˈlaiə(r)] *s* lira, instrumento musical.
lyr.ic [ˈlirik] *s* poema lírico; canção lírica; • *adj* lírico, diz-se do canto e da poesia maviosa que revela paixão.

M

m [em] *s* décima terceira letra do alfabeto; (com maiúsc.) mil em algarismo romano.

MA [ma:] *abrev de* Master of Arts, licenciado em Letras; EUA **AM**.

ma'am [mæm] *s* contração de **madam**, senhora; EUA empregado como uma maneira polida de se dirigir a uma mulher.

mac [mæc] *abrev de* INF **Mac**kintosh.

mac.a.ro.ni [mækə'reuni] *s* macarrão, massa de farinha de trigo plasmada em diversos formatos.

ma.caw [mə'kɔ:] *s* ZOO arara, ave da família dos psitacídeos.

mace [meis] *s* maça; clava.

mac.er.ate ['mæsəreit] *v* macerar; mortificar.

ma.chine [mə'ʃi:n] *s* máquina; engenho; instrumento; • *v* trabalhar com máquinas; fazer à máquina; costurar à máquina; **~ gun**: metralhadora; **~ language**: INF linguagem de máquina.

ma.chin.er.y [mə'ʃi:nəri] *s* maquinaria; conjunto de máquinas de uma indústria; mecanismo.

ma.chin.ist [mə'ʃi:nist] *s* mecânico, pessoa especializada em máquinas.

ma.chis.mo [mə'tʃizməu] *s* machismo.

mack.in.tosh ['mækintɔʃ] *s* BRIT capa ou casaco impermeável (para chuva).

mac.ro.bi.ot.ics [mækrəoubaiə'tiks] *s* macrobiótica.

mad [mæd] *adj* louco; doido; **~ as a hatter**: doido de pedra.

mad.am ['mædəm] *s* senhora.

mad.cap ['mædkæp] *s* e *adj* maluco; doidivanas; estouvado.

mad.den ['mædn] *v* enlouquecer; enfurecer; encolerizar.

made [meid] *pt* e *pp* de **make**; • *adj* feito; fabricado; artificial; **~-to-measure**: feito sob medida.

mad.house ['mædhaus] *s* manicômio; hospício.

mad.ly ['mædli] *adv* loucamente; furiosamente.

mad.man ['mædmən] *s* louco; doido; maníaco; *fem* **madwoman**.

mad.ness ['mædnis] *s* loucura; raiva; fúria.

ma.don.na [mə'dɔnə] *s* madona.

mael.strom ['meilstrəm] *s* estado de violenta confusão.

maes.tro ['maistrəu] *s* maestro; *pl* **maestroes**.

mag [mæg] *abrev de* **mag**azine, revista.

mag.a.zine ['mægəzi:n] *s* revista; depósito (de munição); paiol.

mag.got ['mægət] *s* larva de inseto.

mag.ic ['mædʒik] *s* magia; mágica; • *adj* mágico; feiticeiro; **like ~**: como num passe de mágica; **~ carpet**: tapete mágico (histórias infantis).

mag.i.cal ['mædʒikl] *adj* mágico; encantador; sedutor.

ma.gi.cian [mə'dʒiʃn] *s* mágico; prestidigitador.

mag.is.te.ri.al [mædʒi'stiəriəl] *adj* de magistrado ou magistratura; ditatorial; autoritário.

magistracy / majority

mag.is.tra.cy ['mædʒɪstrəsi] s magistratura.

mag.is.trate ['mædʒɪstreɪt] s magistrado, funcionário público que exerce autoridade delegada pelo poder central.

mag.na.nim.i.ty [mægnə'nɪməti] s magnanimidade; nobreza; generosidade.

mag.nan.i.mous [mæg'nænɪməs] adj magnânimo; generoso; nobre.

mag.nate ['mægneɪt] s magnata, pessoa importante, ilustre.

mag.ne.si.um [mæg'ni:zɪəm] s QUÍM magnésio.

mag.net ['mægnɪt] s ímã; minério de ferro.

mag.net.ic [mæg'netɪk] adj magnético; ~ **disk**: disco magnético; ~ **field**: campo magnético; ~ **tape**: fita magnética.

mag.net.ism ['mægnɪtɪzəm] s magnetismo, propriedade de atrair.

mag.net.ize, mag.net.ise ['mægnɪtaɪz] v magnetizar.

mag.ni.fi.ca.tion [mægnəfə'keɪʃən] s ampliação; aumento; elevação.

mag.nif.i.cence [mæg'nɪfɪsns] s magnificência; grandeza; suntuosidade.

mag.nif.i.cent [mæg'nɪfɪsnt] adj magnificente; esplendoroso; pomposo.

mag.ni.fi.er ['mægnɪfaɪə(r)] s ampliador; lente de aumento.

mag.ni.fy ['mægnɪfaɪ] v aumentar; exaltar; ampliar; engrandecer; glorificar.

mag.ni.fy.ing-glass ['mægnɪfaɪɪŋglɑ:s] s lente de aumento.

mag.ni.tude ['mægnɪtju:d; EUA 'mægnɪtu:d] s magnitude; grandeza; extensão.

mag.pie ['mægpaɪ] s pega, espécie de ave que imita a voz humana.

ma.hog.a.ny [mə'hɒgəni] s mogno, espécie de madeira.

maid [meɪd] s empregada doméstica; criada; ~ **of honour**/ EUA **honor**: dama de honra; madrinha (de casamento); **old** ~: pej solteirona.

maid.en ['meɪdn] s donzela; • adj inaugural (viagem); ~ **name**: nome de solteira.

maid.en.hood ['meɪdnhʊd] s virgindade; pureza.

mail [meɪl] s mala postal; correio; correspondência; • v enviar; remeter; expedir pela mala postal; **by** ~: pelo correio; ~ **order**: sistema de compra e venda de mercadorias pelo correio.

mail.bag ['meɪlbæg] s mala postal; mala do correio.

mail.box ['meɪlbɒks] s EUA caixa do correio; INF caixa de entrada de mensagens.

mail.ing list ['meɪlɪŋ lɪst] s lista de clientes, de consumidores, etc., destinada ao envio de convite, panfleto promocional, etc., através do correio.

mail.man ['meɪlmæn] s EUA carteiro; BRIT **postman**.

maim [meɪm] s mutilação; deformidade; • v mutilar; cortar.

main [meɪn] s força; o principal; o essencial; • adj principal; essencial; **in the** ~: em geral, essencialmente; ~ **drag**: POP (esp EUA) rua principal de uma cidade.

main.frame ['meɪnfreɪm] s INF computador multiusuário de grande porte, utilizado em grandes empresas.

main.land ['meɪnlænd] s continente; terra firme.

main.ly ['meɪnli] adv principalmente.

main.tain [meɪn'teɪn] v manter; defender; sustentar.

main.tain.a.ble [meɪn'teɪnəbl] adj defensável; suportável.

main.te.nance ['meɪntənəns] s manutenção; sustento.

maize [meɪz] s milho; EUA **corn**.

ma.jes.tic, ma.jes.tic.al [mə'dʒestɪk, mə'dʒestɪkl] adj majestoso; sublime; grandioso.

maj.es.ty ['mædʒəsti] s majestade; pompa; grandeza; **His/Her** ~: Sua Majestade.

ma.jor ['meɪdʒə(r)] s major; maioridade; • adj maior; principal; *ant* **minor**.

ma.jor.i.ty [mə'dʒɒrəti; EUA mə'dʒɔ:rəti] s maioridade; maioria absoluta; *ant* **minority**.

make [meik] *s* forma; feitio; estrutura; companheiro; • *v* (*pt* e *pp* **made**) fazer; fabricar; produzir; construir; estabelecer; ganhar; resultar; **to ~ over**: transformar; **~‑up**: maquilagem; composição; prova de recuperação (escola); **to ~ a wish**: fazer um pedido; **to ~ believe**: fingir, imaginar; **to ~ much of**: dar muita importância a; **to ~ sure**: assegurar; **to ~ up**: acabar; concluir; maquilar-se.

make-be.lieve [m'eikbi:li:v] *s* pretexto; ficção; embuste; • *adj* falso; imaginário.

mak.er ['meikə(r)] *s* autor; fabricante; criador; construtor.

make.shift ['meikʃift] *s* paliativo; substituto; • *adj* provisório; temporário.

make.weight ['meikweit] *s* contrapeso, peso adicional para contrabalanceamento.

mak.ing ['meikiŋ] *s* manufatura; trabalho; fabrico; composição; **in the ~**: em desenvolvimento.

mal.a.droit ['mælədrɔit] *adj* desastrado; inábil.

mal.a.dy ['mælədi] *s* MED doença.

ma.laise [mæ'leiz] *s* MED mal-estar; indisposição.

ma.lar.i.a [mə'leəriə] *s* malária, infecção causada por picada de mosquito.

mal.con.tent ['mælkəntent] *s* e *adj* descontente; insatisfeito.

male [meil] *s* macho; varão; • *adj* masculino; varonil.

mal.e.dic.tion [mæli'dikʃn] *s* maldição; praga; execração.

mal.e.fac.tor ['mælifæktə(r)] *s* malfeitor; desordeiro; criminoso.

ma.lev.o.lence [mə'levəlns] *s* malevolência; aversão; ódio.

ma.lev.o.lent [mə'levəlnt] *adj* malevolente.

mal.ice ['mælis] *s* malícia; maldade; JUR má-fé, dolo.

ma.li.cious [mə'liʃəs] *adj* maldoso; rancoroso.

ma.lign [mə'lain] *v* difamar; • *adj* maligno; daninho.

ma.lig.ni.ty [mə'lignəti] *s* malignidade; maldade; malícia.

ma.lin.ger [mə'liŋgə(r)] *v* fingir-se doente a fim de não trabalhar.

mall [mɔ:l] *s* EUA grande área coberta com grande variedade de lojas ou rua destinada ao comércio e fechada ao trânsito.

mal.lard ['mæla:d; EUA 'mæləid] *s* pato selvagem.

mal.le.a.ble ['mæliəbl] *adj* maleável; dúctil; flexível.

mal.let ['mælit] *s* malho; maço; malhete usado pela presidência de assembleias, etc.

mal.low ['mæləu] *s* malva, planta medicinal.

mal.nu.tri.tion [mælnju:'triʃn; EUA mælnu:'triʃn] *s* subnutrição.

mal.o.dor.ous [mæl'eudərəs] *adj* mal cheiroso; fétido; desagradável.

mal.prac.tice [mæl'præktis] *s* abuso; mau procedimento; negligência.

malt [mɔ:lt] *s* malte, cevada seca própria para fazer cerveja.

mal.treat [mæl'tri:t] *v* maltratar; brutalizar.

mal.treat.ment [mæl'tri:tmənt] *s* maus-tratos.

ma.ma [mə'ma:; EUA 'ma:mə] *s* mamãe.

mam.mal ['mæml] *s* mamífero.

mam.moth ['mæməθ] *s* mamute; • *adj* enorme; gigante; colossal.

mam.my ['mæmi] *s* mamãe em linguagem infantil; EUA mãe preta.

man [mæn] *s* homem; criado; servo; *pl* **men**; • *v* tripular; fortificar; equipar; **really great, ~!**: muito bom, cara!

man.a.cle ['mænəkl] *s* algema; • *v* algemar.

man.age ['mænidʒ] *v* gerir; controlar; conseguir.

man.age.a.ble ['mænidʒəbl] *adj* fácil de lidar; *ant* **unmanageable**.

man.age.ment ['mænidʒmənt] *s* manejo; direção; governo; gerência.

man.ag.er ['mænidʒə(r)] *s* administrador; gerente; FUT técnico.

man.a.ge.ri.al [mæni'dʒiəriəl] *adj* administrativo; relativo à gerência.

man.date ['mændeit] *s* mandato.

man.da.to.ry ['mændətri; EUA 'mændətɔ:ri] *s* mandatário; • *adj* obrigatório.

man.di.ble ['mændibl] *s* mandíbula, maxilar inferior.

man.do.lin ['mændəlin] *s* bandolim.

man.drake ['mændreik] *s* mandrágora, planta narcotizante usada em feitiçaria na Idade Média.

man.drill ['mændril] *s* mandril, espécie de macaco.

mane [mein] *s* juba; crina.

ma.neu.ver [mə'nu:və(r)] *veja* **manoeuver**.

man.ful ['mænfl] *adj* viril; robusto; varonil; animoso.

man.ga.nese ['mæŋgəni:z] *s* manganês.

mange [meindʒ] *s* sarna; rabugem.

man.ger ['meindʒə(r)] *s* manjedoura.

man.gle ['mæŋgl] *s* calandra, máquina de passar roupa; • *v* passar roupa; mutilar.

man.go ['mæŋgəu] *s* manga (fruta).

man.hole ['mænhoul] *s* abertura para subterrâneo.

man.hood ['mænhud] *s* natureza humana; humanidade; virilidade.

ma.ni.a ['meiniə] *s* mania; loucura.

ma.ni.ac ['meiniæk] *s e adj* maníaco; maluco; louco.

ma.ni.a.cal [mə'naiəkl] *adj* maníaco; doido; maluco.

man.i.cure ['mænikjuə(r)] *s* manicuro; • *v* tratar das mãos.

man.i.fest ['mænifest] *s* manifesto; declaração; • *v* manifestar; demonstrar; • *adj* manifesto; evidente.

man.i.fes.ta.tion [mænife'steiʃn] *s* manifestação; demonstração.

man.i.fes.to [mæni'festəu] *s* manifesto; protesto público; declaração.

man.i.fold ['mænifəuld] *v* tirar cópias com; • *adj* numerosos; múltiplos; diversos.

man.i.kin ['mænikin] *s* manequim; anão.

ma.ni.oc ['mæniɔk] *s* mandioca.

ma.nip.u.late [mə'nipjuleit] *v* manipular; manejar.

man.kind [mæn'kaind] *s* humanidade; espécie humana; gênero humano.

man.like ['mænlaik] *adj* varonil; másculo.

man.ly ['mænli] *adj* varonil; másculo, viril.

man.ner ['mænə(r)] *s* maneira; modo; espécie; porte; educação; **in a ~ of speaking**: por assim dizer; **not by any ~ of means**: de jeito nenhum; **to the ~ born**: nascido/feito para.

man.ner.ism ['mænərizəm] *s* maneirismo.

man.ner.ly ['mænəli] *adj* delicado; cortês.

man.nish ['mæniʃ] *adj* masculino; viril.

ma.noeu.vre, EUA **ma.neu.ver** [mə'nu:və(r)] *s* manobra; • *v* manobrar; **to ~ somebody into doing something**: persuadir alguém a fazer algo.

man.sion ['mænʃn] *s* mansão.

man.slaugh.ter ['mænslɔ:tər] *s* DIR homicídio culposo.

man.tis ['mæntis] *s* louva-a-deus.

man.tle ['mæntl] *s* manto; camada externa; capa; • *v* cobrir; tapar; disfarçar.

man.u.al ['mænjuəl] *s e adj* manual.

man.u.fac.ture [mænju'fæktʃə(r)] *s* manufatura; indústria; • *v* manufaturar; fabricar; **~d goods**: produtos industrializados.

ma.nure [mə'njuə(r)] *s* adubo; estrume; • *v* adubar; estercar; fertilizar.

man.u.script ['mænjuskript] *s* manuscrito.

man.y ['meni] *s* grande número; • *adj* muitos; muitas; diversos; **a good/great ~**: em grande número; **as ~ as**: tantos quantos; **how ~?**: quantos?; **so ~**: tantos; **too ~**: demasiado; *ant* few.

map [mæp] *s* mapa; carta geográfica; • *v* traçar; delinear; **off the ~**: fora do mapa; **on the ~**: no mapa, em evidência.

map.ping ['mæpiŋ] *s* cartografia, arte de compor cartas geográficas; INF processo usado para converter dados de um formato para outro.

mar [ma:(r)] *v* estragar; desfigurar.

mar.a.thon ['mærəθən; EUA 'mærəθɔn] *s* maratona; **~ runner**: maratonista.

ma.raud [mə'rɔ:d] *v* pilhar; saquear.

mar.ble ['ma:bl] *s* mármore; bolinha de gude; • *adj* de mármore.

march [ma:tʃ] s marcha; progresso; (com maiúsc.) março, terceiro mês do ano; *abrev* **Mar.**; • *v* marchar; caminhar; **on the ~**: em marcha.

mar.chion.ess [ma:ʃəˈnes] s marquesa.

mare [ˈmeə(r)] s égua, fêmea do cavalo.

mar.ga.rine [ma:dʒəˈri:n; EUA ˈma:rdʒərin] s margarina.

mar.gin [ˈma:dʒin] s margem; extremidade; • *v* marginar; **profit ~**: margem de lucro.

ma.ri.jua.na, ma.ri.hua.na [mæriˈwa:nə] s maconha.

mar.i.nate [ˈmærineit] *v* marinar.

ma.rine [məˈri:n] s fuzileiro naval; • *adj* marítimo; naval.

mar.i.ner [ˈmærinə(r)] s marinheiro.

mar.it.al [ˈmæritl] *adj* marital, relativo ao marido; conjugal; **~ status**: estado civil.

mar.i.time [ˈmæritaim] *adj* marítimo.

mark [ma:k] s marca; símbolo; nota escolar; distinção; meta; • *v* marcar; notar; observar; **to ~ down**: reduzir o preço; dar nota baixa; **to ~ time**: marcar passo; **to ~ up**: aumentar o preço de; **trade ~**: marca da empresa.

mark.er [ˈma:kə(r)] s marcador.

mar.ket [ˈma:kit] s mercado; feira; bazar; **~ garden**: BRIT horta, EUA **truck farm**; **~ leader**: líder de mercado; **~ rate**: preço de venda; **~ research**: pesquisa de mercado; **on the ~**: à venda.

mar.ket.ing [ˈma:kitiŋ] s compra ou venda no mercado.

mark.ing [ˈma:kiŋ] s marca.

mark.up [ˈma:rkʌp] s alta de preço; remarcação de preços.

mar.ma.lade [ˈma:məleid] s geleia de frutas cítricas.

ma.roon [məˈru:n] s a cor castanha; a cor marrom; • *v* abandonar numa ilha deserta; • *adj* castanho; marrom.

mar.quee [ma:ˈki:] s tenda ou toldo usado em eventos públicos ou sociais; EUA entrada coberta de hotéis, cinemas, teatros, etc.

mar.quis [ˈma:kwis] s marquês, título de nobreza.

mar.riage [ˈmæridʒ] s casamento; matrimônio; **~ bureau**: escritório/empresa especializada em marcar encontros entre pessoas que querem se casar; **~ certificate**: certidão de casamento.

mar.ried [ˈmærid] *pt* e *pp* de **marry**; • *adj* casado; conjugal; **to get ~**: casar-se.

mar.row [ˈmærəu] s tutano; medula; essência; substância; abóbora, EUA **squash**.

mar.ry [ˈmæri] *v* casar(-se); unir; desposar.

Mars [ma:z] s Marte, o quarto planeta do nosso sistema solar.

marsh [ma:ʃ] s pântano; lodaçal.

mar.shal [ˈma:ʃl] s marechal; mestre de cerimônias; EUA xerife, chefe de polícia ou do corpo de bombeiros; • *v* ordenar; conduzir.

marsh.mal.low [ˈma:rʃmelou] s tipo de cobertura doce utilizada em doces, sorvetes, etc.

marsh.y [ˈma:rʃi] *adj* pantanoso; doentio.

mar.ten [ˈma:tin; EUA ˈma:tn] s ZOO marta (animal); pele de marta.

mar.tial [ˈma:ʃl] *adj* marcial; militar; belicoso; **~ arts**: artes marciais.

Mar.tian [ˈma:ʃn] s e *adj* marciano.

mar.tyr [ˈma:tə(r)] s mártir; • *v* martirizar; atormentar.

mar.tyr.dom [ˈma:tədəm] s martírio; tormento.

mar.vel [ˈma:vl] s maravilha; prodígio; • (*at*) *v* maravilhar(-se); pasmar.

mar.vel.lous, EUA **mar.ve.lous** [ˈma:vələs] *adj* maravilhoso; surpreendente.

Marx.ism [ˈma:ksizəm] s FILOS marxismo.

Marx.ist [ˈma:ksist] s FILOS marxista.

mas.cot [ˈmæskət] s mascote.

mas.cu.line [ˈmæskjulin] s gênero masculino; • *adj* masculino; varonil.

mash [mæʃ] s massa; • *v* amassar; misturar; **~ed potatoes**: purê de batatas.

mask [ma:sk; EUA mæsk] s máscara; disfarce; • *v* mascarar; dissimular; encobrir.

ma.son [ˈmeisn] s (com maiúsc.) maçom, aquele que pertence à Maçonaria; pedreiro.

Ma.son.ic [mə'sa:nik] *adj* maçônico, que faz parte da Maçonaria.

ma.son.ry ['meisnri] *s* (com maiúsc.) Maçonaria, entidade discreta que acolhe membros por convite especial, desejando que eles venham a ser construtores sociais; ofício de pedreiro; alvenaria.

mas.quer.ade [ma:skə'reid; EUA mæskə'reid] *s* disfarce; baile de máscaras; • (*as*) *v* mascarar-se; disfarçar-se.

mass [mæs] *s* Missa; massa; • *v* celebrar Missa; juntar(-se), concentrar(-se); **~ market**: mercado de consumo em massa; **~ media**: meios de comunicação de massa.

mas.sa.cre ['mæsəkə(r)] *s* massacre; extermínio; • *v* massacrar.

mas.sage ['mæsa:ʒ; EUA mə'sa:ʒ] *s* massagem; • *v* fazer massagem.

mas.seur [mæ'sə:(r)] *s* massagista.

mas.sive ['mæsiv] *adj* maciço; compacto; sólido.

mast [ma:st; EUA mæst] *s* mastro; • *v* mastrear.

mas.ter ['ma:stə(r); EUA 'mæstə(r)] *s* mestre; professor; • *v* dominar; conhecer a fundo; **head ~**: diretor; reitor; **~ key**: chave-mestra; **~ of Arts/Science**: mestrado em Artes/Ciências; **~ of Ceremonies (MC)**: mestre de cerimônias.

mas.ter.ful ['ma:stəfl; EUA 'mæstəfl] *adj* altivo; impetuoso.

mas.ter.ly ['ma:stəli; EUA 'mæstəli] *adj* primoroso, magistral; • *adv* magistralmente.

mas.ter.piece ['mæstərpi:s] *s* obra-prima.

mas.ter.y ['ma:stəri; EUA 'mæstəri] *s* superioridade; domínio; supremacia.

mas.ti.cate ['mæstikeit] *v* mastigar; mascar; triturar.

mas.ti.ca.tion [mæsti'keiʃn] *s* mastigação; trituração.

mas.tiff ['mæstif] *s* mastim, cão para guarda do gado.

mas.tur.bate ['mæstəbeit] *v* masturbar(-se).

mas.tur.ba.tion [mæstə'beiʃn] *s* masturbação.

mat [mæt] *s* esteira; tapete; capacho; • *adj* opaco; fosco.

match [mætʃ] *s* companheiro; casamento; jogo, partida; competidor; fósforo; • (*with*) *v* emparelhar; corresponder; casar; igualar; combinar; **it doesn't ~**: não combina.

match.box ['mætʃba:ks] *s* caixa de fósforos.

match.less ['mætʃlis] *adj* incomparável; inigualável.

mate [meit] *s* companheiro; camarada; cônjuge; macho ou fêmea entre animais; xeque-mate no jogo de xadrez; • *v* igualar; casar; emparelhar.

ma.te.ri.al [mə'tiəriəl] *s* material; tecido; • *adj* material; físico; corpóreo; **raw ~**: matéria-prima.

ma.te.ri.al.ism [mə'tiəriəlizəm] *s* materialismo, concepção filosófica que reduz tudo, inclusive o homem, à condição de matéria, opondo-se radicalmente ao espiritualismo.

ma.te.ri.a.list [mətiəriə'list] *s* materialista, pessoa que adota o materialismo.

ma.te.ri.al.i.ty [mə'tiəriəliti] *s* materialidade.

ma.te.ri.al.ize, ma.te.ri.al.ise [mə'tiəriəlais] *v* materializar; dar corpo.

ma.ter.nal [mə'tə:nl] *adj* maternal; materno.

ma.ter.ni.ty [mə'tə:nəti] *s* maternidade; estado ou qualidade de mãe.

math [mæθ] *s* forma abreviada para matemática.

math.e.mat.i.cal [mæθə'mætikl] *adj* matemático, relativo à matemática.

math.e.ma.ti.cian [mæθəmə'tiʃn] *s* matemático, aquele que é versado em matemática.

math.e.mat.ics [mæθə'mætiks] *s* matemática, ciência que trata dos fenômenos numéricos de forma lógica.

mat.ri.cide ['mætrisaid] *s* matricídio, crime em que se mata a própria mãe.

ma.tric.u.late [mə'trikjuleit] *v* matricular(-se).

ma.tric.u.la.tion [mətrikju'leiʃn] *s* matrícula.

mat.ri.mo.ni.al [mætri'məuniəl] *adj* matrimonial, relativo ao casamento.

mat.ri.mo.ny ['mætriməni; EUA 'mætriməuni] *s* matrimônio; casamento; núpcias.

ma.trix ['meitriks] *s* matriz; molde.

ma.tron ['meitrən] *s* matrona; mãe de família; enfermeira-chefe.

mat.ter ['mætə(r)] *s* matéria; substância; questão; assunto; importância; • *v* importar; supurar; interessar; **as a ~ of fact**: na verdade, de fato; **for that ~**: quanto a isso; **it does not ~**: não importa; **~-of-fact**: prático; **no ~**: não importa; **what's the ~?**: qual é o problema?; o que aconteceu?

mat.tress ['mætris] *s* colchão.

mat.u.rate ['mætjureit] *v* amadurecer.

mat.u.ra.tion [mætju'reiʃn] *s* maturação.

ma.ture [mə'tjuə(r); EUA mə'tuə(r)] *adj* maduro; completo; acabado; • *v* madurar; amadurecer; *ant* **immature**.

ma.tu.ri.ty [mə'tjuərəti; EUA mə'tuərəti] *s* maturidade; madureza.

maud.lin ['mɔ:dlin] *adj* embriagado; FIG sentimental.

maul [mɔ:l] *v* lacerar; espancar; maltratar; FIG malhar.

maun.der ['mɔ:ndə(r)] (*on*, *about*) *v* resmungar; andar vagarosamente.

maw [mɔ:] *s* bucho; papo; moela; ventre; estômago de animais.

mawk.ish ['mɔ:kiʃ] *adj* sentimental, piegas.

max.im ['mæksim] *s* máxima; preceito; regra; aforismo; axioma.

max.i.mize, max.i.mise ['mæksimaiz] *v* maximizar; INF ampliar uma janela de programa de modo que ela ocupe toda a tela do monitor.

May [mei] *s* maio, quinto mês do ano; **~ Day**: Primeiro de Maio, dia do trabalhador.

may [mei] *v* (*pt* e *pp* **might**) poder; ser possível ou provável; ter permissão para.

may.be ['meibi:] *adv* talvez; quiçá; porventura; **~ some other day**: talvez noutro dia.

may.day ['meidei] *s* sinal internacional de alarme, enviado por aviões e navios.

may.on.naise [meiə'neiz; EUA 'meiəneiz] *s* maionese.

may.or [meə(r); EUA 'meiər] *s* prefeito, eleito de quatro em quatro anos nos EUA e anualmente na Grã-Bretanha.

maze [meiz] *s* labirinto; enredo; confusão; • *v* confundir; hesitar.

MBA [em bi 'ei] *abrev de* **M**aster **B**usiness **A**dministration, mestrado em Administração Comercial.

MD [em 'di:] *abrev de* **D**octor in **M**edicine, doutor em Medicina.

me [mi:] *pron* me; mim; **dear ~!**: valha-me Deus!

mead [mi:d] *s* hidromel, espécie de bebida; POES prado; campina.

mead.ow ['medəu] *s* prado; pasto; campina; **~ rue**: arruda, espécie de planta.

mea.gre, EUA mea.ger ['mi:gə(r)] *adj* magro; insuficiente; escasso; estéril.

meal [mi:l] *s* refeição; farinha; **~-ticket**: EUA vale-refeição, BRIT **luncheon voucher (LV)**; **~s-on-wheels**: serviço de entrega de refeições, para pessoas idosas ou adoentadas, em suas próprias residências; **to make a ~ of (something)**: fazer um cavalo de batalha.

meal.y ['mi:li] *adj* farináceo, que tem a natureza ou aspecto de farinha.

mean [mi:n] *s* meios; recursos; expediente; • *v* (*pt* e *pp* **meant**) destinar; tencionar; querer dizer; significar; • *adj* baixo; vil; sovina; abjeto; mediano; intermediário; **by all ~s**: certamente; **by ~s of**: por meio de, através; **by no ~s**: de jeito nenhum; **what do you ~?**: o que você quer dizer?

me.an.der [mi'ændə(r)] *s* meandro; labirinto; • *v* correr tortuosamente.

mean.ing ['mi:niŋ] *s* propósito; significado; sentido; acepção; • *adj* significativo; expressivo; **what's the ~ of all this?**: que significa tudo isto?

mean.ing.ful ['mi:niŋfl] *adj* significativo.

mean.ing.less ['mi:niŋlis] *adj* sem sentido; sem significação.

mean.ly [mi:nli] *adv* vilmente; mesquinhamente.

mean.time ['mi:ntaim] *adv* entretanto; entrementes; **in the ~**: nesse meio tempo.

mean.while ['mi:nwail] *adv* enquanto; entrementes.

mea.sles ['mi:zlz] *s* MED sarampo, doença que se caracteriza por erupções cutâneas.

mea.sly ['mi:zli] *adj* atacado de sarampo; desprezível.

meas.ur.a.ble ['meʒərəbl] *adj* mensurável.

meas.ure ['meʒə(r)] *s* medida; medição; cadência; modo; grau; proporção; quantidade; projeto de lei; • *v* medir; graduar; regular; **beyond ~**: sem limite; **for good ~**: de quebra; **in some ~**: em grande parte; **made to ~**: feito sob medida.

meas.ure.ment ['meʒərmənt] *s* medição; graduação; medida.

meat [mi:t] *s* carne; alimento; comida.

meat.ball ['mi:tbɔ:l] *s* almôndega.

meat.y ['mi:ti] *adj* carnudo; nutritivo.

me.chan.ic [mi'kænik] *s* mecânico; artífice; operário.

me.chan.i.cal [mi'kænikl] *adj* mecânico; da mecânica; **~ engineer**: engenheiro mecânico; **~ engineering**: engenharia mecânica.

me.chan.ics [mi'kæniks] *s* mecânica; ciência das máquinas.

mech.a.nize, mech.a.nise ['mekənaiz] *v* mecanizar, tornar mecânico.

med.al ['medl] *s* medalha.

me.dal.lion [mi'dæliən] *s* medalhão, grande medalha.

med.al.list ['medəlist] *s* gravador de medalhas; pessoa condecorada.

med.dle ['medl] (*in*, *with*) *v* intrometer-se em; meter-se em.

med.dle.some ['medlsəm] *adj* intrometido; intruso; curioso.

me.di.a ['mi:diə] *s* mídia, conjunto dos meios de comunicação (jornais, revistas, rádio, televisão, internet, etc.) para atingir o público; veiculação de anúncios; **mass ~**: meios de comunicação de massa.

me.di.al ['mi:diəl] *adj* médio; medial.

me.di.an ['mi:diən] *adj* mediano; do meio.

me.di.ate ['mi:dieit] (*between*, *in*) *v* mediar; servir de mediador; • *adj* intermediado.

me.di.a.tion [mi:di'eiʃn] *s* mediação; intervenção; intercessão.

me.di.a.tor ['mi:dieitə(r)] *s* mediador.

med.i.cal ['medikl] *s* exame médico; • *adj* de médico; medicinal; sanitário; **~ officy (MO)**: clínico geral que trabalha em empresa, EUA **medical examiner**.

me.dic.a.ment [mi'dikəmənt] *s* medicamento; remédio.

med.i.cate ['medikeit] *v* medicar.

med.i.ca.tion [medi'keiʃn] *s* medicação, ação de medicar.

med.i.cine ['medsn; EUA 'medisn] *s* medicina; remédio; medicamento.

me.di.e.val, EUA **me.di.ae.val** [medi'i:vl; EUA mi:d'i:vl] *adj* medieval.

me.di.o.cre [mi:di'əukə(r)] *adj* medíocre.

me.di.oc.ri.ty [mi:di'ɔkrəti] *s* mediocridade; medianidade; trivialidade.

med.i.tate ['mediteit] (*on*, *upon*) *v* meditar; cogitar; ponderar.

med.i.ta.tion [medi'teiʃn] *s* meditação; cogitação.

med.i.ta.tive ['meditətiv; EUA 'mediteitiv] *adj* meditativo; contemplativo.

me.di.um ['mi:diəm] *s* meio; meio-termo; RELIG médium; • *adj* médio; moderado; **~, rare or well-done?**: ao ponto, malpassado ou bem passado?; **~-sized**: de tamanho médio.

med.ley ['medli] *s* mistura; miscelânea; • *adj* confuso; misturado.

meek [mi:k] *adj* afável; meigo; manso.

meet [mi:t] *s* ponto de reunião; encontro; • *v* (*pt* e *pp* **met**) encontrar; reunir-se; satisfazer; **to ~ with**: experimentar, passar por.

meet.ing ['mi:tiŋ] *s* encontro; reunião; comício.

meg.a.byte ['megəbait] *s* INF megabyte (MB), unidade de memória de computador igual a 1.048.576 bytes.

meg.a.hertz ['megəhe:ts] *s* megahertz (MHz), medida de frequência de rádio igual a um milhão de Hertz.

meg.a.phone ['megəfəun] *s* megafone.

mel.an.cho.li.a [melən'kəuliə] *s* melancolia; profunda tristeza.
mel.an.chol.ic [melən'kɔlik] *adj* melancólico; triste; aflitivo.
mel.an.chol.y ['melənkɔli] *s* melancolia; tristeza; • *adj* melancólico.
mel.lif.lu.ous [me'lifluəs] *adj* melífluo; doce; harmonioso.
mel.low ['meləu] *v* amadurecer; abrandar; amolecer; • *adj* maduro; sazonado; de paladar delicado; tenro; suave; melodioso; meio embriagado.
me.lo.di.ous [mi'ləudiəs] *adj* melodioso; doce; suave.
mel.o.dy ['melədi] *s* melodia; canção.
mel.on ['melən] *s* melão, espécie de fruta.
melt [melt] *s* substância derretida; derretimento; • *v* (*pt* **melted**; *pp* **melted** ou **molten**) derreter; dissolver; fundir; **to ~ into tears**: debulhar-se em lágrimas.
melt.ing ['meltiŋ] *s* fundição; fusão; • *adj* que se derrete; **~ point**: ponto de fusão; **~-pot**: região, local ou situação onde se encontra um grande número de pessoas de diferentes raças e culturas.
mem.ber ['membə(r)] *s* membro; representante; pênis.
mem.ber.ship ['membəʃip] *s* sociedade; confraria; irmandade; **~ card**: carteira de sócio.
mem.oir ['memwa:(r)] *s* biografia; **~s**: memória.
mem.o.ra.ble ['memərəbl] *adj* memorável; que se pode rememorar.
me.mo.ri.al [mi'mɔ:riəl] *s* memorial; nota; • *adj* comemorativo; **~ Day**: EUA Memorial dos Mortos, homenagem para os que morreram em todas as guerras.
mem.o.rize, mem.o.rise ['meməraiz] *v* decorar; recordar.
mem.o.ry ['meməri] *s* memória; lembrança; recordação; **in ~ of**: em memória de.
men [men] *s pl* de **man**, homens.
men.ace ['menəs] *s* ameaça; • *v* ameaçar; intimidar.
me.nage [mei'na:ʒ] *s* economia doméstica; administração da casa.

mend [mend] *s* emenda; melhoria; • *v* consertar; restabelecer-se; remendar; **on the ~**: em recuperação; **to ~ one's fences**: reabilitar-se de erros passados.
men.da.cious [men'deiʃəs] *adj* mentiroso; falso.
men.dac.i.ty [men'dæsəti] *s* mentira; embuste.
men.di.can.cy ['mændikəns] *s* mendicância, ação de mendigar.
men.di.cant ['mændikənt] *s* e *adj* mendigo; pedinte.
mend.ing ['mendiŋ] *s* conserto (de roupas, etc.).
me.ni.al ['mi:niəl] *s* criado; lacaio; • *adj* doméstico; servil; subalterno.
men.in.gi.tis [menin'dʒaitis] *s* MED meningite.
men.o.pause ['menəpɔ:z] *s* menopausa.
men.ses ['mensi:z] *s* menstruação.
men.stru.al ['menstruəl] *adj* menstrual, relativo à menstruação.
men.stru.ate ['menstrueit] *v* menstruar, ter fluxo menstrual.
men.stru.a.tion [menstru'eiʃn] *s* menstruação; regras; fluxo.
men.sur.a.ble ['mensjurəbl] *adj* mensurável, que se pode medir.
men.su.ra.tion [mensju'reiʃn] *s* mensuração; medida; medição.
men.tal ['mentl] *adj* mental; intelectual.
men.tal.i.ty [men'tæləti] *s* mentalidade, conjunto das faculdades intelectuais de uma pessoa.
men.thol ['menθɔl] *s* mentol.
men.tho.lat.ed ['menθəleitid] *adj* mentolado.
men.tion ['menʃn] *s* menção; alusão; • *v* mencionar; aludir; **don't ~ it**: não há de quê; **not to ~**: sem falar em, além de.
men.tor ['mentɔ:(r)] *s* mentor; guia; conselheiro.
men.u ['menju:] *s* menu; cardápio; INF uma lista de comandos disponíveis em um programa que ficam potencialmente no vídeo, à disposição do usuário e que, por intermédio do *mouse* ou via teclado, podem ser acionados.

me.ow, mi.aow [mi'au] *s* miado; • *v* miar.

mer.can.tile ['mə:kəntail] *adj* mercantil; comercial.

mer.ce.nar.y ['mə:sinəri; EUA 'mə:sineri] *s* mercenário, que vai à guerra por recompensa monetária; • *adj* mercenário; venal.

mer.chan.dise ['mə:tʃəndaiz] *s* mercadoria; • *v* negociar; comerciar.

mer.chan.dis.ing ['mə:tʃəndaiziŋ] *s* atividade de vender ou promover mercadorias; produtos (livro, camiseta, etc.) associados a um filme, a um programa de televisão ou a uma estrela (ator, músico).

mer.chant ['mə:tʃənt] *s* negociante, comerciante; • *adj* mercantil; comercial; **~ marine**: marinha mercante; **~ ship**: navio mercante.

mer.ci.ful ['mə:sifl] *adj* misericordioso; clemente; compassivo.

mer.ci.less ['mə:silis] *adj* impiedoso; desalmado; cruel.

mer.cu.ry ['mə:kjuri] *s* QUÍM mercúrio; (com maiúsc.) ASTRON Mercúrio, primeiro planeta do nosso sistema solar.

mer.cy ['mə:si] *s* clemência; piedade; **at the ~ of**: à mercê de; **~ killing**: eutanásia.

mere [miə(r)] *adj* mero; simples; puro.

mere.ly ['miərli] *adv* meramente; simplesmente.

mer.e.tri.cious [meri'triʃəs] *adj* meretrício; vulgar; falso.

merge [mə:dʒ] (*into*, *with*) *v* amalgamar; unir; fundir.

merg.er ['mə:dʒə(r)] *s* fusão de duas ou mais empresas.

me.rid.i.an [mə'ridiən] *s* meridiano.

me.ringue [mə'ræŋ] *s* CULIN suspiro; merengue, doce de clara de ovos.

mer.it ['merit] *s* mérito; merecimento; • *v* merecer.

mer.maid ['mə:meid] *s* sereia, ser mitológico, metade peixe, metade mulher.

mer.ry ['meri] *adj* alegre; jovial; feliz; **~ Christmas**: Feliz Natal; **~-go-round**: carrossel, EUA **carousel**.

mesh [meʃ] *s* malha; rede; laço; • (*with*) *v* enredar-se; emaranhar-se; apanhar com rede.

mes.mer.ism ['mezmərizəm] *s* mesmerismo, doutrina de Mesmer sobre o magnetismo animal, hoje mais conhecido como hipnotismo.

mes.mer.ize, mes.mer.ise ['mezməraiz] *v* hipnotizar.

mess [mes] *s* bagunça; excremento (de cachorro, gato); estado de dificuldade ou confusão; roupas e cabelos desarrumados em uma pessoa; • (*with*) *v* fuçar; remexer; perder tempo à toa; **to ~ about/around**: amolar; intrometer-se (em negócios alheios) para atrapalhar.

mes.sage ['mesidʒ] *s* mensagem; recado; comunicação; **to deliver a ~**: dar um recado; **~ box**: INF caixa de mensagem, uma pequena janela ou quadrado que aparece na tela do micro, contendo recados sobre o programa que está sendo usado; **to get the ~**: compreender.

mes.sen.ger ['mesindʒə(r)] *s* mensageiro.

Mes.si.ah [mi'saiə] *s* RELIG o Messias; o Cristo.

mess.y ['mesi] *adj* desordenado; desarranjado; atravancado.

met [met] *pt* e *pp* de **meet**.

me.tab.o.lism [mi'tæbəlizəm] *s* MED metabolismo, conjunto de transformações físicas, químicas e biológicas que provocam a assimilação e desassimilação das substâncias necessárias à vida.

met.al ['metl] *s* metal; liga; substância; • *v* cobrir ou revestir de metal.

me.tal.lic [mi'tælik] *adj* metálico.

met.al.lur.gy [mi'tælədʒi; EUA 'metələ:rdʒi] *s* metalurgia, arte de retirar metais da terra e purificá-los.

met.a.mor.pho.sis [metə'mɔ:fəsis] *s* metamorfose.

met.a.phor ['metəfə(r)] *s* metáfora, emprego de palavras no sentido figurado, baseando-se na analogia.

me.te.or ['mi:tiə(r)] *s* meteoro; estrela cadente.

meteorology / migratory

me.te.or.ol.o.gy [mi:tə'rɔlədʒi] s meteorologia, ciência dos fenômenos atmosféricos.

meth.od ['meθəd] s método; regra; ordem.

Meth.od.ism ['meθədiʒəm] s RELIG Metodismo.

Meth.od.ist ['meθədist] s RELIG metodista, que pertence ao Metodismo.

meth.o.dol.o.gy [meθə'dɔlədʒi] s metodologia.

me.tic.u.lous [mi'tikjuləs] adj meticuloso; cuidadoso; sistemático.

me.ton.y.my [mito'nəmi] s metonímia, alteração do sentido natural das palavras.

me.tre, me.ter ['mi:tə(r)] s metro, sistema de medida; medidor; contador; POES métrica.

me.trop.o.lis [mə'trɔpəlis] s metrópole.

met.tle ['metl] s valor; coragem; vivacidade.

mew [mju:] s miado; • v miar.

Mex.i.can ['meksikən] s e adj mexicano.

mi [mi:] s MÚS mi, terceira nota na escala musical.

mice [mais] s pl de mouse, camundongos.

mi.cro ['maikrəu] s INF abrev de microcomputer, microcomputador; • adj extremamente pequeno.

mi.crobe ['maikrəub] s micróbio.

mi.cro.bi.ol.o.gy [maikrəubai'ɔlədʒi] s microbiologia.

mi.cro.chip ['maikrəutʃip] s INF chip/microchip, pequeno componente de silício ou material similar contendo um circuito eletrônico complexo.

mi.cro.com.put.er [maikrəukəm'pju:te(r)] s INF microcomputador.

mi.cro.cosm ['maikrəukɔzəm] s microcosmo; in ~: em pequena escala.

mi.cro.e.lec.tron.ics [maikrəuilek'trɔniks] s microeletrônica.

mi.cro.fi.ber ['maikrəfaibə(r)] s microfibra.

mi.cro.fiche ['maikrəufi:ʃ] s microficha.

mi.cro.film ['maikrəufilm] s microfilme.

mi.cro.or.gan.ism [maikrəu'ɔ:gənizəm] s micro-organismo.

mi.cro.phone ['maikrəfəun] s microfone.

mi.cro.proc.es.sor [maikrəu'prəusesə(r)] s INF microprocessador.

mi.cro.scope ['maikrəskəup] s microscópio.

mi.cro.wave ['maikrəuweiv] s micro-onda; forno de micro-ondas; ~ oven: forno de micro-ondas; • v cozinhar em forno de micro-ondas.

mid [mid] adj meio; médio; intermediário.

mid.day [mid'dei] s meio-dia.

mid.dle ['midl] adj do meio; central; médio; intermediário; in the ~ of: no meio de; ~ age: meia-idade; ~-aged: de meia-idade; ~ class: classe média; ~ finger: dedo médio; ~-of-the-road: moderado; ~ school: escola para crianças entre 9 e 13 anos; ~-seized: de tamanho médio; The ~ Ages: Idade Média; The ~ East: Oriente Médio.

mid.dle.man ['midlmæn] s intermediário.

mid.dling ['midliŋ] adj médio; mediano; regular; medíocre.

midge [midʒ] s mosquito; anão.

midg.et ['midʒit] s anão; pigmeu.

mid.land ['midlənd] s interior de um país; região central.

mid.night ['midnait] s meia-noite; • adj escuro.

mid.riff ['midrif] s diafragma.

midst [midst] s meio; centro; seio; • prep entre; in the ~ of: no meio de.

mid.sum.mer [mid'sʌmə(r)] s solstício do verão; ~'s Day: dia de São João, 24 de junho.

mid.way [mid'wei] s meio caminho; • adj situado na metade do caminho.

mid.wife ['midwaif] s parteira; pl midwives; • v ajudar no parto.

mien [mi:n] s ar; semblante.

might [mait] s poder; força; • pt e pp de may; • v ser possível ou provável.

might.i.ly ['maitili] adv poderosamente.

might.y ['maiti] adj forte; poderoso; importante; eficaz.

mi.graine ['mi:grein] s enxaqueca.

mi.grate [mai'greit; EUA 'maigreit] (from, to) v migrar, mudar de uma região para outra.

mi.gra.tion [mai'greiʃn] s migração.

mi.gra.to.ry ['maigrətri; EUA 'maigrətɔ:ri] adj migratório.

mike [maik] *s* microfone.

milch [miltʃ] *adj* lácteo; de leite.

mild [maild] *adj* suave; doce; ameno; brando; macio; indulgente.

mild.ly [ˈmaildli] *adv* pacificamente; suavemente.

mile [mail] *s* milha, medida de comprimento (1.609 metros).

mile.age [ˈmailidʒ] *s* milhagem, contagem de milhas.

mile.stone [ˈmailstoun] *s* marco de uma distância a outra em milhas.

mil.i.tan.cy [ˈmilitənsi] *s* militância; guerra; combate.

mil.i.tant [ˈmilitənt] *adj* militante; combatente.

mil.i.tar.y [ˈmilitri; EUA ˈmiliteri] *adj* militar; bélico; marcial; **~ academy**: academia militar; **~ police**: polícia militar.

mil.i.tate [ˈmiliteit] *(against)* *v* militar; pesar (contra); combater.

milk [milk] *s* leite; suco leitoso de algumas plantas; • *v* ordenhar; interceptar (dinheiro, informações, etc.); **dried ~**: leite em pó; **~ tooth**: dente de leite, EUA **baby tooth**; **~ Way**: Via Láctea.

milk.er [ˈmilkə(r)] *s* ordenhador, que tira leite.

milk.man [ˈmilkmən] *s* leiteiro, que vende leite.

milk shake [ˈmilkʃeik] *s* leite batido com sorvete.

milk.y [ˈmilki] *adj* lácteo; suave; doce.

mill [mil] *s* moinho; fábrica; • *v* moer; triturar; esmagar.

mil.le.na.ry [mileˈneəri] *s* milênio; milhar; • *adj* milenário, milenar.

mil.li.gram [ˈmiligræm] *s* miligrama, milésima parte do grama (mg).

mil.li.tre, EUA **mil.li.li.ter** [ˈmiliˈli:tər] *s* mililitro, milésima parte do litro (ml).

mil.li.me.tre, EUA **mil.li.me.ter** [ˈmiliˈmi:tər] *s* milímetro, milésima parte do metro (mm).

mil.li.ner [ˈmilinə(r)] *s* chapeleira; modista de chapéus para mulher.

mil.lion [ˈmiliən] *s* milhão, mil vezes mil; **one chance in a ~**: pouquíssimas chances.

mil.lionth [ˈmiliənθ] *s e adj* milionésimo.

mi.lord [miˈlɔ:d] *s* milorde, nome com o qual alguém dirige a palavra a um nobre inglês.

milt [milt] *s* esperma de peixe.

mime [maim] *s* show de mímica; mímica; farsa.

mim.ic [ˈmimik] *v* arremedar; imitar; • *adj* mímico; burlesco; grotesco.

mince [mins] *v* picar; pronunciar por partes; medir as palavras no falar; andar com afetação; **not to ~ matters/one's words**: falar sem rodeios, ir direto ao assunto.

mince.meat [ˈminsmi:t] *s* mistura de frutas picadas e especiarias usada para rechear tortas.

mind [maind] *s* mente; inteligência; vontade; cabeça; ânimo; gosto; opinião; memória; • *v* prestar atenção a; cuidar de; importar-se; notar; desconfiar de; **I don't ~**: não me importo; **~ your own business!**: cuide de sua vida!; **never ~!**: não tem importância!; **to bear in ~**: ter em mente; **to change one's ~**: mudar de ideia; **to make up one's ~**: resolver-se; decidir-se; **to my ~**: na minha opinião; **what's on your ~?**: o que você está pensando (agora)?

mind.ed [ˈmaindid] *adj* propenso; inclinado; disposto; **absent- ~**: distraído.

mind.ful [ˈmaindfl] *adj* atento; cuidadoso; diligente.

mine [main] *s* mina; jazida; mina explosiva; • *v* minar; destruir; explorar minas; • *pron* meu; minha; meus; minhas; **this car is ~**: este carro é meu.

min.er.al.o.gy [minəˈrælədʒi] *s* mineralogia, ciência que trata dos minérios.

min.gle [ˈmiŋgl] *(with)* *v* misturar; juntar.

min.gy [ˈmindʒi] *adj* FAM sovina; mesquinho.

mini [ˈmini] *s* minissaia; mini®, espécie de carro pequeno.

min.i.a.ture [ˈminitʃə(r)] *s* miniatura; **in ~**: em miniatura.

min.im ['minim] s MÚS mínima; EUA **half note**; • adj menor; mínimo.

min.i.mize, min.i.mise ['minimaiz] v diminuir; encurtar; atenuar.

min.i.se.ries [mini'siəri:z] s TV (esp EUA) minissérie.

min.i.skirt ['miniskərt] s minissaia.

min.is.ter ['ministə(r)] s ministro; sacerdote; • (to) v prover; dar; servir; celebrar missa; ministrar.

min.is.tra.tion [mini'streiʃn] s ministério; funções eclesiásticas.

min.is.try ['ministri] s ministério; clero; cargo.

min.i.tow.er [mini'tauə(r)] s INF minitorre (microcomputador).

mink [miŋk] s visão, espécie de marta; pele desse animal.

mi.nor ['mainə(r)] s menor de idade; • adj menor; inferior; ant **major**.

mi.nor.i.ty [mai'nɔrəti; EUA mai'nɔ:rəti] s minoria; menoridade; ~ **groups**: grupo minoritário; ant **majority**.

min.ster ['minstə(r)] s mosteiro; catedral.

min.strel ['minstrəl] s menestrel; trovador; cantor.

mint [mint] s hortelã; menta; bala de hortelã; casa da moeda; fábrica; mina; • v cunhar moeda; inventar; forjar; **in ~ condition**: novo, em perfeitas condições.

mi.nus ['mainəs] s MAT sinal de menos (-) usado na subtração ou para indicar número negativo; • prep menos; sem; ant **plus**.

mi.nus.cule ['minəskju:l] s letra minúscula; • adj minúsculo; pequeno.

min.ute ['minit] s minuto; nota; • v anotar; rascunhar; • adj diminuto; detalhista; preciso; exato; ~ **hand**: o ponteiro dos minutos (relógio); **the ~ that**: assim que.

mir.a.cle ['mirəkl] s milagre; maravilha; **to work a ~**: operar um milagre.

mi.rac.u.lous [mi'rækjuləs] adj miraculoso; maravilhoso.

mi.rage ['mira:ʒ; EUA mi'ra:ʒ] s miragem; ilusão; visão.

mire ['maiə(r)] s atoleiro; lama; lodo; • v atolar-se; enlamear.

mir.ror ['mirə(r)] s espelho; modelo; • v espelhar; refletir.

mirth [mə:θ] s alegria; regozijo; contentamento.

mis.ad.ven.ture [misəd'ventʃə(r)] s infortúnio; desgraça; revés.

mis.al.li.ance [misə'laiəns] s casamento não desejado; união imprópria.

mis.ap.ply [misə'plai] v aplicar mal; fazer mau uso de.

mis.ap.pre.hend [misæpri'hend] v compreender mal; não perceber.

mis.ap.pre.hen.sion [misæpr'henʃən] s mal-entendido; engano; erro.

mis.ap.pro.pri.ate [misə'prəuprieit] v malversar; obter por fraude.

mis.ap.pro.pri.a.tion [misəprəupri'eiʃn] s apropriação indébita.

mis.be.got.ten [misbi'gɔtn] adj bastardo; ilegítimo.

mis.be.have [misbi'heiv] v comportar-se mal; conduzir-se mal.

mis.be.hav.iour, EUA **mis.be.hav.ior** [misbi'heiviə(r)] s mau comportamento.

mis.be.lief [misbi'li:f] s falsa crença; descrença.

mis.cal.cu.late [mis'kælkjuleit] v calcular mal; calcular erroneamente.

mis.call [mis'kɔ:l] v chamar pelo nome errado.

mis.car.riage [mis'kæridʒ] s aborto; malogro; fracasso; extravio.

mis.car.ry [mis'kæri] v abortar; malograr; extraviar.

mis.cel.la.ne.ous [misə'leiniəs] adj misturado; misto.

mis.cel.la.ny [mi'seləni; EUA 'misəleini] s miscelânea; mistura.

mis.chance [mis'tʃa:ns; EUA mis'tʃæns] s infortúnio; desgraça; malogro.

mis.chief ['mistʃif] s mal; prejuízo; travessura.

mis.chie.vous ['mistʃivəs] adj malévolo; nocivo; desordeiro.

mis.con.cep.tion [miskən'sepʃn] s opinião errônea; noção errada.

misconduct / misty

mis.con.duct [mis'kɔndʌkt] *s* má conduta; • *v* conduzir mal; administrar mal.

mis.con.struc.tion [miskən'strʌkʃn] *s* interpretação errônea.

mis.con.strue [miskən'stru:] *v* interpretar mal.

mis.count [mis'ka:unt] *s* contagem errônea; • *v* contar errado.

mis.deed [mis'di:d] *s* delito; culpa; má ação.

mis.de.mean.our, EUA **mis.de.mean.or** [misdi'mi:nə(r)] *s* pequena contravenção; má conduta.

mi.ser ['maizə(r)] *s* usurário; avarento; avaro.

mis.er.a.ble ['mizrəbl] *adj* desgraçado; infeliz; desditoso.

mi.ser.ly ['maizəli] *adj* avaro; avarento.

mis.er.y ['mizəri] *s* miséria; desdita; infortúnio.

mis.fit ['misfit] *s* aquilo que se encaixa mal, que não assenta bem; • *v* não ajustar bem.

mis.for.tune [mis'fɔ:tʃu:n] *s* infortúnio; desventura; má sorte.

mis.give [mis'giv] *v* inspirar receios a; estar receoso.

mis.giv.ing [mis'giviŋ] *s* dúvida; desconfiança.

mis.guid.ance [mis'gaidəns] *s* direção errônea; desvio; erro.

mis.guide [mis'gaid] *v* extraviar; desencaminhar.

mis.guid.ed [mis'gaidid] *adj* desencaminhado.

mis.han.dle [mis'hændl] *v* manejar mal; tratar mal; dirigir mal.

mis.hap ['mishæp] *s* desgraça; infortúnio; contratempo.

mis.in.for.ma.tion [misinfə'meiʃn] *s* informação errônea ou falsa.

mis.in.ter.pret [misin'tə:prit] *v* interpretar mal; não entender corretamente.

mis.judge [mis'dʒʌdʒ] *v* julgar mal; fazer mau juízo de.

mis.judge.ment, **mis.judg.ment** [mis'dʒʌdʒmənt] *s* juízo falso; opinião errônea.

mis.lay [mis'lei] (*pt* e *pp* **mislaid**) *v* pôr em lugar errado; pôr onde não se lembra.

mis.lead [mis'li:d] (*into*) *v* (*pt* e *pp* **misled**) desencaminhar; enganar; induzir em erro.

mis.man.age [mis'mænidʒ] *v* manejar mal; gerir mal.

mis.place [mis'pleis] *v* colocar fora de lugar.

mis.print [mis'print] *s* erro tipográfico; • *v* cometer erros tipográficos.

mis.pro.nounce [misprə'nauns] *v* pronunciar incorretamente.

mis.rep.re.sent [misrepri'zent] *v* deturpar; representar ou apresentar mal ou incorretamente.

mis.rule [mis'ru:l] *s* mau governo; desordem; confusão.

miss [mis] *s* erro; engano; senhorita; • *v* faltar; perder; omitir; achar falta de; ter saudades de; **to be ~ing**: estar desaparecido; **to ~ the boat**: perder uma oportunidade.

mis.shap.en [mis'ʃeipən] *adj* disforme; deformado.

mis.sile ['misail; EUA 'misl] *s* projétil; míssil; **guided ~**: míssil teleguiado.

miss.ing ['misiŋ] *adj* desaparecido; extraviado; ausente; perdido.

mis.sion ['miʃn] *s* missão.

mis.sion.ar.y ['miʃənri; EUA 'miʃəneri] *s* e *adj* missionário.

mis.sive ['misiv] *s* missiva; carta.

mis.spend [mis'spend] *v* gastar mal; dissipar; esbanjar.

mis.state [mis'steit] *v* expor mal.

mist [mist] *s* neblina; névoa; nevoeiro.

mis.take [mi'steik] *s* engano; erro; • *v* (*pt* **mistook**; *pp* **mistaken**) compreender mal; equivocar-se; tomar por engano; **and no ~**: sem dúvida; **by ~**: por engano; **to make a ~**: errar; cometer erro.

mis.tak.en [mis'teikən] *adj* errado; errôneo; enganado.

mis.ter ['mistə(r)] *s* senhor, título de tratamento (Mr.).

mis.tress ['mistris] *s* mestra; ama; patroa; dona de casa; amada; amante.

mis.trust [mis'trʌst] *s* desconfiança; • *v* desconfiar; recear; duvidar.

mist.y ['misti] *adj* enevoado; obscuro; nublado.

mis.un.der.stand [misʌndəˈstænd] *v* (*pt* e *pp* **misunderstood**) entender errado; equivocar-se.

mis.un.der.stand.ing [ˈmisʌndərˈstændiŋ] *s* mal-entendido; equívoco.

mis.use [misˈju:z] *s* aplicação errônea; • *v* empregar mal; maltratar.

mit.i.gate [ˈmitigeit] *v* mitigar; acalmar; atenuar.

mit.i.ga.tion [mitiˈgeiʃn] *s* mitigação; consolo; alívio.

mi.tre, EUA **mi.ter** [ˈmaitə(r)] *s* RELIG mitra, barrete cônico que as autoridades religiosas põem na cabeça em certas solenidades.

mix [miks] *s* mistura; • (*with*) *v* misturar; baralhar; juntar.

mixed [mikst] *s* misturado; misto; ligado.

mix.er [ˈmiksə(r)] *s* misturador; batedeira.

mix.ture [ˈmikstʃə(r)] *s* mistura; misto; mescla.

moan [məun] *s* lamentação; lamúria; • *v* lamentar; gemer.

moat [məut] *s* fosso.

mob [mɔb] *s* motim; turba; multidão; • *v* provocar um motim.

mo.bile [ˈməubail; EUA ˈməubl] *adj* movediço; móvel; inconstante.

mo.bil.i.ty [məuˈbiləti] *s* mobilidade; volubilidade.

mo.bi.li.za.tion [məubilaiˈzeiʃn; EUA məubiliˈzeiʃn] *s* mobilização, ação ou efeito de mobilizar.

mo.bil.ize [ˈməubilaiz] *v* mobilizar, dar movimento.

mock [mɔk] (*at*) *v* zombar de; ridicularizar; imitar; • *adj* falso; fingido.

mock.er.y [ˈmɔkəri] *s* escárnio; zombaria.

mo.dal.i.ty [məuˈdæliti] *s* modalidade, modo de ser.

mode [məud] *s* modo; maneira; método; estilo.

mod.el [ˈmɔdl] *s* modelo; amostra; • *v* modelar; fazer um molde.

mo.dem [ˈməudem] *s* INF modem.

mod.er.ate [ˈmɔdərət] *v* moderar; acalmar; temperar; conter-se; • *adj* moderado; medíocre; calmo; parco; módico.

mod.er.a.tion [mɔdəˈreiʃn] *s* moderação; temperança; calma.

mod.ern [ˈmɔdn] *adj* moderno; recente.

mod.ern.ism [ˈmɔdənizəm] *s* modernismo.

mod.er.ni.ty [məˈdə:nəti] *s* novidade; modernidade.

mod.ern.ize, mod.ern.ise [ˈmɔdənaiz] *v* modernizar; tornar atual.

mod.est [ˈmɔdist] *adj* modesto; moderado; humilde.

mod.es.ty [ˈmɔdisti] *s* modéstia; recato; humildade.

mod.i.fi.ca.tion [mɔdifiˈkeiʃn] *s* modificação; alteração; mudança.

mod.i.fy [ˈmɔdifai] *v* modificar; alterar; variar.

mod.u.late [ˈmɔdju:leit; EUA ˈmɔdʒu:leit] *v* modular; variar o tom; cantar com harmonia.

mod.u.la.tion [mɔdju:ˈleiʃn; EUA mɔdʒu:ˈleiʃn] *s* modulação, ação ou efeito de modular.

moist [mɔist] *adj* úmido; molhado.

mois.ten [ˈmɔisn] *v* umedecer, tornar úmido.

mole [məul] *s* ZOO toupeira; mancha congênita na pele; muralha; dique.

mol.e.cule [ˈmɔlikju:l] *s* molécula; partícula.

mo.lest [məˈlest] *v* molestar; perturbar; incomodar.

mol.li.fy [ˈmɔlifai] *v* abrandar; aliviar; suavizar.

mol.lusc, EUA **mol.lusk** [ˈmɔlesk] *s* molusco, animal desprovido de vértebras e articulações que se desenvolve numa concha.

mol.ten [ˈməultən] *pp* de **melt**; • *adj* fundido; derretido; vasado.

mom [ma:m] *s* EUA mãe (tratamento carinhoso).

mo.ment [ˈməumənt] *s* momento; instante; importância; **at the last ~**: na última hora; **at the ~**: agora; **for the ~**: por enquanto; **the ~ that**: logo que.

momentary / morality

mo.men.tar.y ['məumntri; EUA 'məumənteri] *adj* passageiro; momentâneo.

mo.men.tous [mə'mentəs] *adj* momentoso; grave; importante.

mon.arch ['mɔnək] *s* monarca; rei.

mon.ar.chism ['mɔnəkizəm] *s* monarquismo, sistema político dos monarquistas.

mon.ar.chy ['mɔnəki] *s* monarquia, forma de governo político que possui um só governante, o monarca.

mon.as.ter.y ['mɔnəstri; EUA 'mɔnəsteri] *s* mosteiro; convento.

Mon.day ['mʌndi] *s* segunda-feira.

mon.ey ['mʌni] *s* dinheiro; moeda; riqueza; **~-bag**: bolsa para dinheiro; **~-box**: BRIT cofrinho; **~-grubber**: avarento; **~-lender**: agiota; **~ for jam/for old rope**: dinheiro ganho fácil; **to be rolling in ~**: estar nadando em dinheiro.

mon.eyed ['mʌnid] *adj* endinheirado.

mon.grel ['mʌŋgrəl] *s* cão vira-lata; • *adj* mestiço; híbrido.

mon.i.tor ['mɔnitə(r)] *s* monitor.

monk [mʌŋk] *s* monge; frade.

monk.er.y ['mʌŋkəri] *s* vida monástica; mosteiro.

mon.key ['mʌŋki] *s* macaco; • *v* brincar; imitar.

mo.nog.a.mist ['mɔnəgamist] *s* monógamo, que tem uma só esposa.

mo.nog.a.my [mə'nɔgəmi] *s* monogamia.

mon.o.logue, EUA mon.o.log ['mɔnəlɔg; EUA 'mɔnəlɔ:g] *s* TEAT monólogo.

mo.nop.o.lize, mo.nhop.o.lise [mə'nɔpəlaiz] *v* monopolizar, explorar de modo abusivo, vendendo sem concorrência.

mo.nop.o.ly [mə'nɔpəli] *s* monopólio.

mon.o.syl.lab.ic [mɔnəsi'læbik] *adj* monossilábico, que tem uma só sílaba.

mon.o.syl.la.ble ['mɔnəsiləbl] *s* monossílabo, que tem uma única sílaba.

mo.not.o.nous [mə'nɔtənəs] *adj* monótono; enfadonho.

mon.ster ['mɔnstə(r)] *s* monstro; • *adj* monstruoso.

mon.strance ['mɔnstrəns] *s* ostensório, custódia, onde se expõe a Hóstia.

mon.strous ['mɔnstrəs] *adj* monstruoso; pavoroso; disforme; imenso.

month [mʌnθ] *s* mês, uma das doze partes em que se divide o ano.

month.ly ['mʌnθli] *s* publicação mensal; • *adj* mensal; • *adv* mensalmente; **monthlies**: regras, menstruação.

mon.u.ment ['mɔnju:mənt] *s* monumento; lápide sepulcral.

mon.u.men.tal [mɔnju'mentl] *adj* monumental; grandioso.

moo [mu:] *s* mugido; • *v* mugir.

mood [mu:d] *s* ânimo; humor; disposição; modo.

mood.y ['mu:di] *adj* de lua, que muda de humor rapidamente; mal-humorado.

moon [mu:n] *s* lua; fase lunar; • (*about, around*) *v* vaguear; andar sem destino; **once in a blue ~**: uma vez na vida, outra na morte; **over the ~**: muito alegre.

moon.light ['mu:nlait] *s* luar.

moon.lit ['mu:nlit] *adj* iluminado pela Lua.

moon.shine ['mu:nʃain] *s* luar; disparate; desatino; tolice.

moon.y ['mu:ni] *adj* simplório; lunar; claro como a lua.

moor [muə(r)] *s* matagal; (com maiúsc.) mouro; • *v* atracar; aportar; ancorar.

moose [mu:s] *s* alce, mamífero de chifres; *pl* **moose**.

moot [mu:t] *v* discutir; debater.

mop [mɔp] *s* esfregão; • *v* esfregar; limpar com esfregão.

mope [məup] *s* indivíduo aborrecido; • *v* desanimar; definhar; entristecer.

mo.ped ['məuped] *s* bicicleta motorizada.

mor.al ['mɔrəl; EUA 'mɔ:rəl] *s* moralidade; *adj* moral; ético; digno.

mor.al.ize, mor.al.ise ['mɔrəlaiz] *v* moralizar; pregar moral.

mor.al.ism ['mɔrəlizm] *s* moralismo.

mo.ral.i.ty [mə'ræləti] *s* moralidade; retidão; dignidade; honradez; *ant* **immorality**.

mo.rass [mə'ræs] *s* pântano; lamaçal; charco.
mor.bid ['mɔ:bid] *adj* mórbido, que causa doença; sinistro.
more [mɔ:(r)] *s* maior quantidade; • *adj* adicional; extra; mais; em maior quantidade; • *adv* mais; em maior número; além de; *ant* **less**; **~ and ~**: cada vez mais; **~ or less**: mais ou menos; **never ~**: nunca mais; **no ~!**: basta!; **once ~**: mais uma vez.
more.o.ver [mɔ:'rəuvə(r)] *adv* além disso.
morn [mɔ:n] *s* POES manhã.
morn.ing ['mɔ:niŋ] *s* manhã; alvorada; • *adj* matutino; matinal.
Mo.roc.can [mə'rɔkən] *s* e *adj* marroquino.
mo.ron ['mɔ:rɔn] *s* retardado mental; pessoa estúpida.
mo.rose [mə'rəus] *adj* melancólico; triste.
mor.pheme ['mɔ:fi:m] *s* morfema.
mor.phine ['mɔ:fi:n] *s* morfina, alcaloide de propriedades narcóticas que se extrai do ópio.
morph.ing ['mɔ:fiŋ] *s* INF metamorfose técnica de animação em que uma imagem se funde na outra.
mor.phol.o.gy [mɔ:'fɔlədʒi] *s* GRAM morfologia, estudo dos aspectos formais das palavras.
mor.row ['mɔrəu; EUA 'mɔ:rəu] *s* amanhã.
morse [mɔ:s] *s* sistema telegráfico em códigos; **~ code**: alfabeto Morse.
mor.sel ['mɔ:sl] *s* bocado; pedaço.
mor.tal ['mɔ:tl] *s* ser humano; • *adj* mortal; fatal; humano; *ant* **immortal**.
mor.tal.i.ty [mɔ:'tæləti] *s* mortalidade; **infant ~**: mortalidade infantil; *ant* **immortality**.
mort.gage ['mɔ:gidʒ] *s* hipoteca; • *v* hipotecar.
mor.ti.cian [mɔ:'tiʃn] *s* EUA agente funerário; BRIT **undertaker**.
mor.ti.fi.ca.tion [mɔ:tifi'keiʃn] *s* mortificação, ação ou efeito de mortificar-se.
mor.ti.fy ['mɔ:tifai] *v* mortificar; atormentar; gangrenar.

mor.tise ['mɔ:tis] *s* entalhe; encaixe (de madeira); • *v* entalhar.
mor.tu.ar.y ['mɔ:tʃəri; EUA 'mɔ:tʃueri] *s* necrotério; cemitério; • *adj* mortuário; fúnebre.
mo.sa.ic [məu'zeiik] *s* e *adj* mosaico.
Mos.lem ['mɔzləm] *s* e *adj* muçulmano; islamita.
mosque [mɔsk] *s* mesquita, templo muçulmano.
moss [mɔs; EUA mɔ:s] *s* musgo; • *v* cobrir de musgo.
moss.y ['mɔsi] *adj* musgoso.
most [məust] *s* o maior número; a maioria; a maior parte; *ant* **least**; **at the ~**: no máximo; **the ~**: o mais; **to make the ~ of**: tirar o máximo proveito de.
most.ly ['məustli:] *adv* na maior parte das vezes; principalmente.
mote [məut] *s* partícula de pó; cisco.
moth [mɔθ; EUA mɔ:θ] *s* mariposa; traça.
moth.er ['mʌðə(r)] *s* mãe; genitora; madre; causa; • *adj* materno; natural; **every ~'s son**: todos sem exceção; **~-board**: INF placa mãe, circuito principal de onde parte a conexão da maioria dos dispositivos do computador; **~-in-God**: madrinha (batismo); **~-in-law**: sogra; **~ Nature**: Mãe Natureza; **~ tongue**: língua materna; **step-~**: madrasta.
moth.er.hood ['mʌðəhud] *s* maternidade, estado ou qualidade de mãe; estabelecimento para parturientes.
mo.tif [məu'ti:f] *s* motivo; assunto; tema.
mo.tion ['məuʃn] *s* movimento; gesto; moção; proposta; impulso; • (*to*, *at*) *v* fazer sinal; propor; aconselhar; **~ picture**: filme; **slow ~**: câmara lenta.
mo.tion.less ['məuʃnlis] *adj* imóvel; parado.
mo.tive ['məutiv] *s* motivo; causa; ideia; • *adj* motriz; motor.
mot.ley ['mɔtli] *s* mescla de cores; traje de várias cores; • *adj* matizado; mesclado.
mo.tor ['məutə(r)] *s* motor, máquina motriz; • *v* guiar ou viajar de automóvel; **~-boat**: lancha a motor; **~ scooter**: EUA lambreta, BRIT **scooter**.

mo.tor.cy.cle ['məutəsaikl] *s* motocicleta.

mo.tor.ist ['məutəist] *s* motorista.

mo.tor.ize, mo.tor.ise ['məutəraiz] *v* motorizar; mecanizar.

mot.tle ['mɔtl] *v* matizar.

mot.to ['mɔtəu] *s* lema, filosofia de vida.

mould, EUA **mold** [məuld] *s* mofo, bolor; fôrma, molde; • *v* moldar; modelar.

mount [maunt] *s* monte; morro; • *v* montar; subir; somar; trepar.

moun.tain ['mauntin; EUA 'mauntn] *s* montanha; **~ lion**: puma; **to make a ~ out of a molehill**: fazer tempestade em copo d'água.

moun.tain.eer [maunti'niə(r)] *s* montanhês; alpinista.

moun.tain.eer.ing [maunti'niəriŋ] *s* montanhismo, alpinismo.

moun.tain.ous ['mauntinəs; EUA 'mauntənəs] *adj* montanhoso.

mourn [mɔ:n] (*for, over*) *v* chorar; lamentar-se; deplorar; prantear.

mourn.er ['mɔ:nə(r)] *s* o que está de luto; aquele que recebe pêsames.

mourn.ful ['mɔ:nfl] *adj* triste; melancólico; choroso.

mourn.ing ['mɔ:niŋ] *s* dor; lamentação; luto; **in ~**: de luto.

mouse [maus] *s* camundongo; rato; *pl* **mice**; INF dispositivo manual apontador que possibilita enviar comandos por meio de movimentação e pressionamento de botões, mantendo, na tela, uma visualização permanente do cursor que se movimenta concomitantemente.

mous.er ['mauzə(r)] *s* animal que caça ratos.

mous.tache, EUA **mus.tache** [mə'sta:ʃ; EUA 'mʌstæʃ] *s* bigode.

mouth [mauθ] *s* boca; entrada; • *v* mastigar; comer; vociferar; **~-organ**: gaita.

mouth.ful ['mauθfl] *s* bocado; pedaço.

mouth.piece ['mauθpi:s] *s* bocal; embocadura.

mov.a.ble ['mu:vəbl] *adj* móvel.

move [mu:v] *s* movimento; proposta; manobra; ação; mudança; INF comando que em muitos *softwares* tem a função de transferir objetos ou textos de um lugar para outro; • *v* mover; mexer-se; pôr-se a caminho; mudar-se; comover; **not to ~ a muscle**: ficar parado; **on ~**: em movimento; **to ~ heaven and earth**: mover céus e terras; **to ~ off**: partir.

move.ment ['mu:vmənt] *s* movimento; marcha; evolução.

mov.ie ['mu:vi] *s* EUA filme; fita de cinema.

mov.ies ['mu:vis] *s* EUA cinema.

mov.ing ['mu:viŋ] *adj* motriz; comovente; **~ staircase**: escada rolante.

mow [məu] *s* celeiro; • *v* (*pt* **mowed**; *pp* **mowed** ou **mown**) ceifar; segar; **to ~ somebody down**: matar pessoas em larga escala.

mow.er ['məuə(r)] *s* cortador de grama (máquina ou pessoa).

mph [em pi:'eitʃ] *abrev de* **m**iles **p**er **h**our, milhas por hora.

Mr ['mistə(r)] *abrev de* mister, senhor.

Mrs ['misiz] *abrev de* mistress, senhora.

Ms [miz] título usado antes do nome de uma mulher sem que se distinga se ela é casada ou solteira.

much [mʌtʃ] *adj e adv* muito; excessivamente; assaz; quase; **as ~ as**: tanto como; **how ~?**: quanto?; **~ more**: muito mais; **not so ~ as**: nem sequer; **too ~**: demais; excessivo; **very ~**: muitíssimo.

much.ness ['mʌtʃnis] *s* quantidade; grandeza; **much of a ~**: muito parecidos.

muck [mʌk] *s* adubo; estrume; • *v* estercar; adubar.

muck.y ['mʌki] *adj* imundo; sujo.

mu.cous ['mju:kəs] *adj* mucoso, que produz ou segrega muco.

mu.cus ['mju:kəs] *s* muco, substância viscosa segregada pelas glândulas mucosas; mucosidade.

mud [mʌd] *s* lama; lodo; • *v* enlamear; **to throw ~ at**: caluniar.

mud.dle ['mʌdl] *s* desordem; confusão; • *v* bagunçar; embotar; entontecer; **to ~ along/through**: avançar.

mud.dy ['mʌdi] *adj* turvo; lamacento; lodoso; obscuro; • *v* enlamear; sujar; confundir.

mud.guard ['mʌdga:d] *s* para-lama (bicicleta, carro, etc.).

muf.fin ['mʌfin] *s* CULIN tipo de bolo.

muf.fle ['mʌfl] *v* cobrir; agasalhar.

muf.fler ['mʌflə(r)] *s* cachecol; EUA AUT silenciador.

mug [mʌg] *s* caneca; GÍR cara, rosto; BRIT GÍR tolo; simplório.

mug.gy ['mʌgi] *adj* úmido e abafado.

mul.ber.ry ['mʌlbri; EUA 'mʌlberi] *s* amora; amoreira.

mulch [mʌltʃ] *s* estrume para proteger as raízes de plantas; • *v* cobrir as plantas com estrume para a sua proteção.

mulct [mʌlkt] *s* multa; penalidade; • *v* multar.

mule [mju:l] *s* mula; máquina de fiar algodão.

mul.ish ['mju:liʃ] *adj* cabeçudo; obstinado.

mul.ti.far.i.ous [mʌlti'feəriəs] *adj* variado.

mul.ti.form ['mʌltifɔ:m] *adj* multiforme, que tem múltiplas formas.

mul.ti.me.di.a [mʌlti'mi:di:ə] *s* INF multimídia.

mul.ti.ple ['mʌltipl] *s* e *adj* múltiplo.

mul.ti.pli.ca.tion [mʌltipli'keiʃn] *s* multiplicação, ação de multiplicar.

mul.ti.plic.i.ty [mʌlti'plisəti] *s* multiplicidade, grande quantidade.

mul.ti.pli.er ['mʌltiplaiə(r)] *s* multiplicador.

mul.ti.ply ['mʌltiplai] (*by*) *v* multiplicar, aumentar.

mul.ti.tude ['mʌltitju:d; EUA 'mʌltitud] *s* multidão; chusma; legião.

mul.ti.tu.di.nous [mʌlti'tju:dinəs; EUA 'mʌlti'tu:dənəs] *adj* numeroso; em grande quantidade.

mum [mʌm] *s* cerveja doce e forte; BRIT mãe, EUA **mom**; • *adj* silencioso; calado; • *interj* silêncio!; **~'s the word**: é segredo, não diga nada sobre isso; **to keep ~**: ficar em silêncio.

mum.ble ['mʌmbl] *v* resmungar; murmurar.

mum.mi.fy ['mʌmifai] *v* mumificar.

mum.my ['mʌmi] *s* mamãe (infantil); múmia, cadáver embalsamado.

mumps [mʌmps] *s* MED caxumba, inflamação infecciosa das parótidas.

munch [mʌntʃ] *v* mastigar; mascar.

mun.dane [mʌn'dein] *adj* mundano, banal; terreno, material.

mu.ni.ci.pal [mju:'nisipl] *adj* municipal.

mu.nif.i.cence [mju:'nifisns] *s* liberalidade; munificência; generosidade.

mu.nif.i.cent [mju:'nifisnt] *adj* munificente; generoso; liberal.

mu.ni.ment [mju:'nimənt] *s* título ou escritura de propriedade.

mu.ni.tion [mju:'niʃn] *s* munição; • *v* municiar; equipar.

mur.der ['mə:də(r)] *s* assassínio; assassinato; homicídio; • *v* assassinar; mutilar.

mur.der.er ['mə:dərə(r)] *s* assassino; homicida; criminoso; *fem* **murderess**.

mur.der.ous ['mə:dərəs] *adj* cruel; homicida; sanguinário.

mur.mur ['mə:mə(r)] *s* murmúrio; lamento; • (*at, against*) *v* murmurar; queixar-se.

mus.cle ['mʌsl] *s* músculo; força muscular.

mus.cu.lar ['mʌskjulə(r)] *adj* muscular; vigoroso.

muse [mju:z] *s* musa; inspiração; • (*over, on*) *v* meditar.

mu.se.um [mju:'ziəm] *s* museu.

mush [mʌʃ] *s* papa; mistura; muito sentimental (romance, peça, novela, etc.).

mush.room ['mʌʃrum; EUA 'mʌʃru:m] *s* cogumelo; • *v* espalhar-se; **~ cloud**: nuvem que se forma no ar após uma explosão nuclear.

mush.y ['mʌʃi] *s* piegas; sentimental.

mu.sic ['mju:zik] *s* música; **~-hall**: salão para concertos musicais.

mu.si.cal ['mju:zikl] *adj* musical; melodioso.

mu.si.cian [mju:'ziʃn] *s* músico, que pratica a arte musical.

musk [mʌsk] *s* almíscar, substância aromática.

mus.ket ['mʌskit] *s* mosquete, arma de fogo semelhante à espingarda.

musketeer / myth

mus.ket.eer [mʌski'tiə(r)] s mosqueteiro, antigo soldado armado de mosquete.

mus.ket.ry ['mʌskitri] s grupo de mosqueteiros.

musk.y ['mʌski:] adj almiscarado, que tem o perfume de almíscar.

Mus.lim ['muzlim; EUA 'mʌzləm] s islamita; muçulmano.

mus.lin ['mʌzlin] s musselina, espécie de tecido.

muss [mʌs] s desordem; confusão; • v desordenar.

mus.sel ['mʌsl] s ZOO mexilhão, molusco do mar.

Mus.sul.man ['mʌsəlmən] s e adj muçulmano.

must [mʌst] s sumo de uva; • v aux dever; ser obrigado a; ter de; **it ~ be**: deve ser (conclusão).

mus.tache ['mʌstæʃ] veja **moustache**.

mus.tang ['mʌstæŋ] s pequeno cavalo selvagem americano.

mus.tard ['mʌstəd] s mostarda, produto usado como condimento; **~ gas**: gás mostarda, gás venenoso que queima a pele.

mus.ter ['mʌstə(r)] s MIL revista; rol; lista; chamada; • v passar em revista; reunir; fazer a chamada.

mus.ty ['mʌsti] adj rançoso; mofado; bolorento; antiquado.

mu.ta.ble ['mju:təbl] adj mutável; variável.

mu.tate [mju:'teit] v mudar; alterar; transformar.

mu.ta.tion [mju:'teiʃn] s mutação; mudança; variação.

mute [mju:t] s mudo; letra muda; MÚS surdina; • adj mudo; silencioso; calado.

mu.ti.late ['mju:tileit] v mutilar; cortar.

mu.ti.la.tion [mju:ti'leiʃn] s mutilação, ação ou efeito de mutilar.

mu.ti.neer [mju:ti'niə(r)] s rebelde; amotinado.

mu.ti.nous ['mju:tinəs] adj amotinador; rebelde.

mu.ti.ny ['mju:tini] s motim; insurreição; sedição; • v amotinar-se; revoltar-se.

mut.ter ['mʌtə(r)] s murmúrio; resmungo; • v murmurar; resmungar.

mut.ton ['mʌtn] s carne de carneiro; **dead as ~**: completamente morto.

mu.tu.al ['mju:tʃuəl] adj mútuo; recíproco; comum; em conjunto; **~ terms**: condições mútuas.

mu.tu.al.i.ty ['mju:tʃuəliti] s mutualidade; reciprocidade.

muz.zle ['mʌzl] s focinho; focinheira; • v fazer calar; colocar focinheira.

muz.zy ['mʌzi] adj confuso; distraído; embriagado.

MW [em'dʌblju:] sigla de **M**edium **W**ave, ondas médias; sigla de **m**egawatts.

my [mai] pron meu; minha; meus; minhas; **on ~ own**: sozinho.

my.col.o.gy [mai'kɔləʒi] s ciência ou estudo dos fungos.

my.o.pi.a [mai'əupiə] s miopia, imperfeição visual que permite ver objetos com perfeição apenas a pequena distância.

my.op.ic [mai'ɔpik] adj míope.

myrrh [mə:(r)] s mirra, planta que fornece uma resina que serve para produzir incenso e perfume.

my.self [mai'self] pron eu próprio; eu mesmo; a mim mesmo; **by ~**: sozinho.

mys.te.ri.ous [mi'stiəriəs] adj misterioso; enigmático; obscuro.

mys.ter.y ['mistəri] s mistério; enigma; mister.

mys.tic ['mistik] adj místico; enigmático; secreto; misterioso.

mys.ti.cism ['mistisizəm] s misticismo, contemplação espiritual.

mys.ti.fy ['mistifai] v mistificar; ofuscar; confundir; tornar misterioso.

myth [miθ] s mito, fábula que relata a história dos deuses, heróis e semideuses da antiguidade pagã; quimera; utopia.

myth.ical [´miθikl] *adj* mítico; lendário; fabuloso.

myth.o.log.ical [miθə´lɔdʒikl] *adj* mitológico, relativo à mitologia.

my.thol.o.gist [mi´θɔlədʒist] *s* mitologista; mitólogo, pessoa versada em mitologia.

my.thol.o.gy [mi´θɔlədʒi] *s* mitologia; mito; lenda.

N

n [en] *s* décima quarta letra do alfabeto.
N [en] *abrev de* **N**orth, **N**orthern, Norte, do Norte; EUA **NO**.
NA [en 'ei] EUA *abrev de* **N**arcotics **A**nonymous, Narcóticos Anônimos.
NAAFI ['næfi] BRIT *abrev de* **N**avy, **A**rmy and **A**ir **F**orce **I**nstitutes, organização responsável pelas lojas e cantinas do exército britânico, na Inglaterra e no exterior; **a ~ canteen**: uma cantina da NAAFI.
nab [næb] *v* (*pt* e *pp* **nabbed**) apanhar subitamente; agarrar; prender.
na.cre ['neikə(r)] *s* madrepérola.
na.dir ['neidiə(r)] *s* ASTRON ponto no céu oposto ao Zênite; o ponto mais baixo.
nag [næg] *s* cavalo, principalmente quando está velho; • (*at*) *v* (*pt* e *pp* **nagged**) importunar; atormentar.
nail [neil] *s* unha; prego; • *v* pregar; cravejar; encravar; **a ~ in someone's coffin**: algo ruim que levará a pessoa à ruína ou à morte; **~ file**: lixa para unhas; **~ scissors**: tesoura de unhas; **~ varnish**: esmalte de unhas, EUA **polish**; **on the ~**: na hora, imediatamente; **to hit the ~ on the head**: acertar em cheio.
na.ive, na.ïve [nai'i:v] *adj* crédulo; ingênuo; natural.
na.ked ['neikid] *adj* nu; despido; descoberto; puro; simples; indefeso; **the ~ eye**: a olho nu.
na.ked.ness ['neikidnes] *s* nudez; evidência; simplicidade.

name [neim] *s* nome; título; fama; crédito; reputação; • *v* nomear; mencionar; dar nome a; **in ~ only**: só de nome; **in the ~ of**: em nome de; **the ~ of the game**: a qualidade do objeto mais importante; **you ~ it**: o que desejar.
name.less ['neimlis] *adj* sem nome; anônimo; desconhecido.
name.ly ['neimli] *adv* isto é, a saber.
name.plate ['neimpleit] *s* placa com o nome de um profissional ou empresa afixada na porta.
name.sake ['neimseik] *s* homônimo, que, ou aquele que tem o mesmo nome de outra pessoa.
nan.ny ['næni] *s* ama-seca; babá; **~-goat**: cabra.
nap [næp] *s* sono rápido; soneca; pelo (de pano); • *v* dormir a sesta; cochilar; **to take a ~**: tirar um cochilo.
nape [neip] *s* nuca, parte posterior do pescoço.
nap.kin ['næpkin] *s* guardanapo; fralda.
nap.py ['næpi] *s* fralda; EUA **diaper**.
nar.cis.sism ['na:sisizəm] *s* narcisismo.
nar.cis.sus [na:'sisəs] *s* BOT narciso (planta); *pl* **narcissuses** ou **narcissi**.
nar.cot.ic [na:'kɔtik] *s* e *adj* narcótico.
nar.rate [nə'reit] *v* narrar; relatar; contar.
nar.ra.tion [nə'reiʃn] *s* narração; relatório.
nar.ra.tive ['nærətiv] *s* narrativa; narração; relato; • *adj* narrativo.

nar.ra.tor ['nærətə(r)] *s* narrador, que, ou aquele que narra.

nar.row ['nærəu] *s* desfiladeiro; • *v* estreitar; encolher; diminuir; • *adj* estreito; apertado; escasso; curto; **~-minded**: intolerante.

nar.row.ly ['nærəuli] *adv* por um triz.

NASA ['næsə] *abrev de* **N**ational **A**eronautics and **S**pace **A**dministration, Aeronáutica Nacional e Administração Espacial, organização americana que controla as viagens espaciais e o estudo do espaço.

na.sal ['neizl] *s* som ou letra nasal; • *adj* nasal.

na.sal.ize ['neizəlaiz] *v* nasalar; nasalizar; tornar nasal.

nas.cent ['næsnt] *adj* nascente.

nas.ty ['na:sti; EUA 'næ:sti] *adj* sujo; imundo; indecente; desonesto.

na.tal ['neitl] *adj* natal, que se refere ao nascimento ou ao local de nascimento.

na.tion ['neiʃn] *s* nação; país; povo.

na.tion.al ['næʃnəl] *adj* nacional; patriótico; público; **~ anthem**: hino nacional; **~ park**: parque nacional; **~ service**: serviço militar.

na.tion.al.ism ['næʃnəlizəm] *s* nacionalismo.

na.tion.al.i.ty [næʃə'næləti] *s* nacionalidade; nação; patriotismo.

na.tion.al.i.za.tion, na.tion.al.i.sa.tion [næʃnəlai'zeiʃn; EUA næʃnəli'zeiʃn] *s* nacionalização, ato ou efeito de nacionalizar.

na.tion.al.ize, na.tion.al.ise ['næʃnəlaiz] *v* nacionalizar; naturalizar; tornar nacional.

na.tive ['neitiv] *s* nativo; natural; indígena; • *adj* nativo; natalício; natural; original; pátrio.

na.tiv.i.ty [nə'tiviti] *s* nascimento; (com maiúsc.) RELIG nascimento de Jesus.

NATO [nə'təu] *abrev de* **N**orth **A**tlantic **T**reaty **O**rganization, OTAN, Organização do Tratado do Atlântico Norte. Tratado de ajuda militar firmado entre vários países da Europa, os Estados Unidos e o Canadá.

nat.ty ['næti] *adj* elegante; garboso; fino.

nat.u.ral ['nætʃrəl] *adj* natural; verdadeiro; genuíno; comum; **~ gas**: gás natural; **~ language processing**: INF processamento de linguagem natural, isto é, uma linguagem humana processada pelo computador, diferente da comum, que é chamada linguagem de máquina; **~ reserve**: reserva natural; **~ resources**: recursos naturais; **~ selection**: seleção natural.

nat.u.ral.ism ['nætʃrəlizəm] *s* FIL naturalismo, doutrina que atribui tudo à natureza.

nat.u.ral.i.za.tion [nætʃrəlai'zeiʃn; EUA nætʃrəli'zeiʃn] *s* naturalização; adaptação; aclimatação.

nat.u.ral.ize, nat.u.ral.ise ['nætʃrəlaiz] *v* naturalizar(-se).

nat.u.ral.ly ['nætʃrəli] *adv* naturalmente, é claro.

na.ture ['neitʃə(r)] *s* natureza; caráter; gênero; classe; espécie; **~ reserve**: reserva natural; **by ~**: por natureza; **good-~**: bondade; **ill-~**: maldade; **to let ~ take its course**: deixar as coisas acontecerem.

na.tur.ism ['neitʃərizəm] *veja* **nudism**.

naught [nɔ:t] *s* nada; zero; • *adj* sem valor; inútil.

naugh.ti.ness ['nɔ:tines] *s* desobediência; travessura.

naugh.ty ['nɔ:ti] *adj* mau; malcriado; desobediente; perverso; travesso; indecente.

nau.seous ['nɔ:siəs; EUA 'nɔ:ʃəs] *adj* repugnante; nauseabundo; asqueroso.

nau.ti.cal ['nɔ:tikl] *adj* náutico; **~ mile/sea mile**: milha náutica (equivalente a cerca de 1852m).

na.val ['neivl] *adj* naval; da marinha.

nave [neiv] *s* RELIG a parte da igreja entre o átrio e o santuário.

na.vel ['neivl] *s* umbigo; centro; parte de dentro; **~ string**: cordão umbilical.

nav.i.ga.ble ['nævigəbl] *adj* navegável, que se pode percorrer com navio ou barco.

nav.i.gate ['nævigeit] *v* navegar; dirigir uma embarcação.

nav.i.ga.tion [nævi'geiʃn] *s* navegação; INF ação de um usuário de computador, buscando, no vídeo, pela movimentação do mouse ou teclado, dados, arquivos, programas, etc., ajustando-os segundo suas conveniências.

nav.i.ga.tor [nævi'geitə(r)] *s* navegador.

navy / neocolonialism

na.vy ['neivi] *s* marinha; **~-blue**: azul-marinho.
nay [nei] *s* desmentido; voto contrário; • *adv* não; não só isso, mais que isso.
Na.zi ['na:tsi] *s* e *adj* nazista, membro do Partido Nacional-Socialista fundado por Hitler; racista.
Na.zism ['na:tsizəm] *s* nazismo.
NE [en 'i:] *abrev de* **North-East, North-Eastern**, nordeste, do nordeste.
near [niə(r)] *v* aproximar(-se) de; • *adj* próximo; contíguo; íntimo; • *adv* cerca; perto; quase; • *prep* perto de; próximo a; junto a; **a ~ friend**: amigo íntimo; **quite ~**: muito perto; **~-sighted**: EUA míope, BRIT **short-sighted**; **to draw ~**: aproximar-se.
near.by [niə'bai] *adj* e *adv* próximo; vizinho; contíguo; adjacente.
near.ly ['niəli] *adv* quase; perto; intimamente; proximamente.
neat [ni:t] *s* gado; • *adj* limpo; asseado; esmerado.
nec.es.sar.y ['nesəsəri; EUA 'nesəseri] *s* o necessário; o essencial; • *adj* necessário; *ant* **unnecessary**.
ne.ces.si.tate [ni'sesiteit] *v* tornar necessário; obrigar.
ne.ces.si.tous [ni'sesitəs] *adj* necessitado; pobre.
ne.ces.si.ty [ni'sesəti] *s* necessidade; carência.
neck [nek] *s* pescoço; colo; gargalo; colarinho; **~ and ~**: emparelhado (cavalos em uma corrida); **to set in the ~**: ser punido severamente).
neck.lace ['neklis] *s* colar.
neck.tie ['nektai] *s* EUA gravata; BRIT **tie**.
need [ni:d] *s* necessidade; falta; carência; urgência; miséria; • *v* necessitar; precisar; **if ~ be**: se for preciso.
need.ful ['ni:dful] *adj* necessário; indispensável; preciso.
nee.dle ['ni:dl] *s* agulha; obelisco; **search for a ~ in a haystack**: procurar agulha em palheiro.
need.less ['ni:dlis] *adj* desnecessário; **~ to say**: é claro.
nee.dle.work ['ni:dlwərk] *s* trabalho de costura.

needs [ni:dz] *adv* necessariamente; indispensavelmente.
need.y ['ni:di] *adj* necessitado; indigente; pobre.
ne.far.i.ous [ni'feəriəs] *adj* nefando; abominável.
ne.ga.tion [ni'geiʃn] *s* negação; negativa.
neg.a.tive ['negətiv] *s* negativa; denegação; • *v* negar; desaprovar; opor-se; votar contra; • *adj* negativo; *ant* **affirmative, positive**.
ne.glect [ni'glekt] *s* negligência; descuido; • *v* negligenciar; descuidar de; esquecer.
ne.glect.ful [ni'glektfl] *adj* negligente; descuidado.
neg.li.gence ['neglidʒəns] *s* negligência; descuido.
neg.li.gent ['neglidʒənt] *adj* negligente; descuidado.
ne.go.ti.a.ble [ni'gəuʃiəbl] *adj* negociável, que se pode negociar, comercializar.
ne.go.ti.ate [ni'gəuʃieit] (*with, for*) *v* tratar; negociar; entrar em negociações.
ne.go.ti.a.tion [nigəuʃi'eiʃn] *s* negociação; transação.
ne.go.ti.a.tor [ni'gəuʃieitə(r)] *s* negociador; negociante.
Ne.gress ['ni:gres] *s* negra (tratamento ofensivo).
Ne.gro ['ni:grəu] *s* negro (tratamento ofensivo).
neigh [nei] *s* relincho; • *v* relinchar.
neigh.bour, EUA **neigh.bor** ['neibə(r)] *s* vizinho; amigo; • *v* aproximar; ser vizinho de; • *adj* vizinho; próximo.
neigh.bour.hood, EUA **neigh.bor.hood** ['neibəhud] *s* bairro; vizinhança; proximidade; arredores.
neigh.bour.ing, EUA **neigh.bor.ing** ['neibəriŋ] *adj* próximo; adjacente; vizinho.
neigh.bour.ly, EUA **neigh.bor.ly** ['neibəli:] *adj* cortês; atencioso.
nei.ther ['naiðə(r); EUA 'ni:ðə(r)] *adj* nenhum dos dois; • *conj* nem; também não; **~ ... nor**: nem ... nem.
neo.co.lo.nial.ism [ni:əukə'ləuniəlzəm] *s* neocolonialismo.

ne.ol.o.gism [niːˈɔlədʒizəm] *s* neologismo, palavra nova formada no seio da língua ou importada de língua estrangeira.

ne.on [ˈniːɔn] *s* néon.

neph.ew [ˈnevjuː; EUA ˈnefjuː] *s* sobrinho; *fem* **niece**.

Nep.tu.ne [ˈneptjuːn; EUA ˈneptuːn] *s* Netuno.

nerve [nəːv] *s* nervo; tendão; nervosismo; coragem; sangue-frio; • *v* revigorar; animar; reforçar; **~-cell**: célula nervosa; **~-centre**: centro nervoso, EUA **~-center**; **~-racking**: extremamente irritante.

nerve.less [ˈnəːvlis] *adj* abatido; sem força; inerte.

nerv.ous [ˈnəːvəs] *adj* nervoso; excitado; vigoroso; **~ breakdown**: esgotamento nervoso; **~ system**: sistema nervoso.

nest [nest] *s* ninho; • *v* aninhar; alojar-se; colocar objetos uns dentro dos outros; **~ egg**: pé-de-meia (poupança).

nes.tle [ˈnesl] *v* aninhar-se; abrigar; acariciar; afagar.

nest.ling [ˈnestliŋ] *s* filhote de passarinho; pinto.

net [net] *s* rede; malha; • *v* prender na rede; lançar à rede; • *adj* limpo; puro; líquido; livre de despesa; **~ weight**: peso líquido.

net.ball [ˈnetbɔl] *s* espécie de basquetebol feminino.

neth.er [ˈneðə(r)] *adj* inferior.

neth.er.most [ˈneðəməust] *adj* o mais baixo; o mais profundo.

net.ting [ˈnetiŋ] *s* rede; renda; malha.

net.tle [ˈnetl] *s* urtiga, planta que produz prurido e ardor; • *v* irritar; exasperar.

net.work [ˈnetwəːk] *s* completo sistema de estradas, vias, canais; um grupo fechado e interligado de pessoas, empresas, organizações; um grupo de estações de rádio, TV, etc. ligadas para a emissão de um mesmo programa ao mesmo tempo; INF rede, sistema de interligação de computadores autônomos, visando transferência de informações.

net.work.ing [ˈnetwəːkiŋ] *s* INF sistema pelo qual pessoas em diferentes locais se encontram ligadas por uma rede de computadores.

neu.ral.gia [njuəˈrældʒə; EUA nuəˈrældʒə] *s* MED nevralgia, dor aguda no trajeto de algum nervo.

neu.ral.gic [njuːˈrældʒik] *adj* MED nevrálgico, relativo à nevralgia.

neu.ro.sis [njuəˈrəusis; EUA nuəˈrəusis] *s* MED neurose.

neu.rot.ic [njuəˈrɔtik; EUA nuəˈrɔtik] *adj* neurótico.

neu.ter [ˈnjuːtə(r)] *adj* neutro; assexuado.

neu.tral [ˈnjuːtrəl; EUA ˈnuːtrəl] *s* AUT ponto morto; neutro; • *adj* neutro; indiferente.

neu.tral.ize, neu.tral.ise [ˈnjuːtrəlaiz; EUA ˈnuːtrəlaiz] *v* neutralizar.

neu.tron [ˈnjuːtrɔn; EUA ˈnuːtrɔn] *s* FÍS nêutron.

nev.er [ˈnevə(r)] *adv* nunca; jamais; em tempo algum; **~ again**: nunca mais; **~ mind**: não importa; não se preocupe.

nev.er.more [nevəˈmɔː(r)] *adv* jamais; nunca mais.

nev.er.the.less [nevəðəˈles] *adv* contudo; não obstante; todavia.

new [njuː; EUA nuː] *adj* novo; moderno; diferente; **~ Age**: Nova Era, movimento cultural que rejeita os valores da moderna sociedade de consumo ocidental e prega a consciência dos valores espirituais; **~ deal**: novas condições sociais; **~ wave**: movimento que introduziu novos estilos no campo das artes, música, etc.; **the ~ Testament**: o Novo Testamento.

new.born [ˈnjuːbɔːn] *adj* recém-nascido.

new.com.er [ˈnjuːkʌmə(r)] *s* recém-chegado; recém-aparecido; recém-vindo.

new.ly [ˈnjuːliː] *adv* recentemente; novamente; há pouco; **~-weds**: recém-casados.

news [njuːz; EUA nuːz] *s* notícia; novidade; informação; **~ agency**: agência de notícias; **~-stand**: banca de jornal.

news.a.gent [ˈnjuːzeidʒənt; EUA ˈnuːzeidʒənt] *s* jornaleiro; EUA **newsdealer**.

news.boy [ˈnjuːzbɔi; EUA ˈnuːzbɔi] *s* jornaleiro.

newscast / NO

news.cast ['nju:zka:st; EUA 'nu:zka:st] s RÁDIO, TV noticiário, telejornal.

news.cast.er ['nju:zka:stə(r); EUA 'nu:zka:stə(r)] s RÁDIO, TV apresentador de noticiário.

news.deal.er ['nju:zdi:lə(r); EUA 'nu:zdi:lə(r)] s EUA jornaleiro; BRIT **newsagent**.

news.flash ['nju:zflæʃ; EUA 'nu:zflæʃ] s interrupção na programação de rádio ou de televisão para noticiar algum fato relevante.

news.letter ['nju:zletə(r); EUA 'nu:zletə(r)] s boletim informativo impresso e enviado com regularidade.

news.pa.per ['nju:zpeipə(r); EUA 'nu:zpeipə(r)] s jornal; diário; gazeta; periódico.

news.pa.per.man ['nju:zpeipərmæn; EUA 'nu:zpeipərmæn] s EUA jornalista; BRIT **pressman**, **journalist**; *fem* **newspaperwoman**.

next [nekst] *adj* seguinte; próximo; vizinho; • *adv* logo; a seguir; imediatamente depois; • *prep* junto a; ao lado de; **~, please!**: próximo, por favor!; **~ door**: na casa ao lado; vizinho; **~ of kin**: parentes mais próximos; **the ~ day**: o dia seguinte.

nex.us ['neksəs] s nexo; vínculo; união.

nib [nib] s bico da pena; ponta.

nib.ble ['nibl] s mordedura; dentada; • (*at*, *on*) *v* morder; roer; mordiscar.

nice [nais] *adj* bom; ótimo; fino; elegante; simpático.

ni.ce.ty ['naisəti] s finura; gentileza; delicadeza; argúcia; **to a ~**: exatamente.

niche [nitʃ] s nicho.

nick [nik] s talho; corte; entalhe; • *v* entalhar; acertar no alvo; recortar; **in the ~ of time**: na hora H, na hora certa.

nick.el ['nikl] s níquel; EUA moeda de cinco centavos.

nick.name ['nikneim] s apelido; alcunha; • *v* apelidar; alcunhar.

nic.o.tine ['nikəti:n] s nicotina.

niece [ni:s] s sobrinha, filha de irmão ou irmã; *masc* **nephew**.

nig.gard ['nigəd] s e *adj* mesquinho; sórdido; avaro; avarento.

nig.gle ['nigl] (*at*) *v* zombar; escarnecer; (*about*, *over*) esbanjar tempo com tolices.

nigh [nai] *adj* próximo; vizinho; • *prep* e *adv* perto de; junto a.

night [nait] s noite; obscuridade; trevas; **at ~/by ~**: à noite; **~ and day**: noite e dia, incessantemente; **to make a ~ of it**: ter uma noitada.

night.club ['naitklʌb] s clube noturno.

night.fall ['naitfɔ:l] s anoitecer, crepúsculo.

night.gown ['naitgaun] s camisola de dormir.

night.in.gale ['naitiŋgeil; EUA 'naitŋgeil] s rouxinol, pássaro migratório do velho mundo, notável pelo seu canto mavioso.

night.ly ['naitli] *adj* noturno; • *adv* de noite.

night.mare ['naitmeə(r)] s pesadelo, sensação que oprime e sufoca durante o sono.

nil [nil] s nulo; nada; zero.

nim.ble ['nimbl] *adj* ágil; leve; ligeiro.

nine [nain] s e *num* nove; **~ days' wonder**: fogo de palha, entusiasmo passageiro; **~ times out of ten**: quase sempre; **~ to five**: horário de expediente em escritório.

nine.teen [nain'ti:n] s e *num* dezenove.

nine.ties [nain'ti:z] s *pl* década de 1990.

nine.ty ['nainti] s e *num* noventa.

nin.ny ['nini] s tolo; palerma; basbaque.

ninth [nainθ] s e *adj* nono; a nona parte.

nip [nip] s dentada; pedaço; bocado; trago; • (*at*) *v* (*pt* e *pp* **nipped**) morder; mordiscar; podar; picar; dar um pulo até; **to ~ in the bud**: cortar pela raiz.

nip.per ['nipə(r)] s pinça.

nip.ping ['nipiŋ] *adj* penetrante; mordaz; satírico.

nip.ple ['nipl] s mamilo; EUA bico de mamadeira, chupeta.

nip.py ['nipi] *adj* frio; picante; ácido; mordaz; ágil.

nit [nit] s lêndea, ovo de piolho.

ni.trate ['naitreit] s nitrato.

ni.tro.gen ['naitrədʒən] s QUÍM nitrogênio; **~ dioxide**: dióxido de nitrogênio.

ni.trous ['naitrəs] *adj* nitroso.

nix [niks] s GÍR nada; ninguém.

NO [nəu] *abrev de* **North**; **Northern**, Norte; do Norte.

no [nəu] *s* voto negativo; não; • *adj* nenhum; nenhuma; • *adv* não; **~ more**: nada mais; **~ one**: ninguém; **~ longer**: não mais.

nob [nɔb] *s* GÍR cabeça; nobre.

nob.ble [´nɔbl] *v* enganar; lograr.

No.bel Prize [nəubel ´praiz] *s* prêmio Nobel, prêmio dado todos os anos àqueles que se destacaram em Ciências, Medicina, Literatura e na luta pela paz.

no.bil.i.ty [nəu´biləti] *s* nobreza; grandeza; aristocracia.

no.ble [´nəubl] *s* nobre; aristocrata; • *adj* nobre; ilustre; fidalgo.

no.ble.man [´nəublmən] *s* nobre; fidalgo.

no.ble.wom.an [´nəublwumən] *s* mulher nobre; fidalga.

no.bod.y [´nəubədi] *s* pessoa insignificante; • *pron* ninguém.

noc.turne [´nɔktə:n] *s* noturno.

nod [nɔd] *s* sinal; saudação; aceno; • *v* (*pt* e *pp* **nodded**) acenar com a cabeça, em sinal de assentimento; **to ~ off**: cair no sono.

node [nəud] *s* nódulo; nó; protuberância.

No.el [nəu´el] *s* POES Natal.

no.how [´nəuhau] *adv* de modo algum; de nenhum modo.

noise [nɔiz] *s* barulho; ruído; • (*about*, *around*) *v* fazer barulho; propalar boato.

noise.less [´nɔizlis] *adj* silencioso; sossegado; tranquilo.

nois.y [´nɔizi] *adj* ruidoso; clamoroso; estrepitoso.

no.mad [´nəumæd] *s* e *adj* nômade.

no.men.cla.ture [nə´menklətʃə(r); EUA ´nəumənkleitʃər] *s* nomenclatura.

nom.i.nate [´nɔmineit] (*for*, *as*) *v* nomear; designar; propor como candidato.

nom.i.na.tion [nɔmi´neiʃn] *s* nomeação; designação como candidato.

nom.i.nee [nɔmi´ni:] *s* nomeado; candidato lançado.

non [nɔn] *pref* não; **~-verbal language**: linguagem não verbal.

nonce [nɔns] *s* tempo presente; ocasião.

non.cha.lance [´nɔnʃələns] *s* descuido; relaxamento; indolência; despreocupação.

non.cha.lant [´nɔnʃələnt] *adj* indiferente; desleixado; indolente; despreocupado.

none [nʌn] *adv* não, de modo algum; de nenhum modo; • *pron* nenhum; ninguém; nada.

non.en.ti.ty [nɔ´nentəti] *s* o nada; coisa, pessoa sem importância.

non.fic.tion [nɔn´fikʃən] *s* não ficção (livros).

non.pa.reil [nɔn pə´reil] EUA nɔn pə´rel] *s* pessoa ou coisa de grande mérito; • *adj* incomparável; sem par; sem rival.

non.plus [nɔn´plʌs] *s* confusão; perplexidade; • *v* confundir; embaraçar.

non.pro.fit [´na:np´ra:fət] *adj* sem fins lucrativos (organização).

non.sense [´nɔnsns; EUA ´nɔnsens] *s* contrassenso; tolice; absurdo.

non.sen.si.cal [nɔn´sensikl] *adj* absurdo; disparatado; ridículo.

non.stop [´nɔnstɔp] *adj* e *adv* sem parar; AVI sem escala.

noo.dle [´nu:dl] *s* simplório; tolo, bobo; macarrão.

nook [nuk] *s* canto; recanto; esconderijo.

noon [nu:n] *s* meio-dia; apogeu.

noon.day [´nu:ndei] *s* meio-dia; • *adj* meridional; relativo ao meio-dia.

noose [nu:s] *s* nó corredício; laço; • *v* apanhar em laço.

nope [nəup] *adv* GÍR não.

nor [nɔ:(r)] *conj* nem; tampouco; **~ can I**: eu também não posso.

norm [nɔ:m] *s* norma; regra; modelo; lei.

nor.mal [´nɔ:ml] *adj* normal; regular.

nor.mal.i.ty [nɔ:´mæləti] *s* normalidade; regularidade.

nor.mal.i.za.tion [nɔ:məlai´zeiʃn; EUA nɔ:məli´zeiʃn] *s* normalização; regularização.

nor.mal.ize, nor.mal.ise [´nɔ:məlaiz] *v* normalizar; regularizar.

nor.mal.ly [´nɔ:məli] *adv* normalmente.

north [nɔ:θ] *s* norte; setentrião; • *adj* setentrional; boreal; • *adv* para o norte; **the ~ Pole**: o Polo Norte.

north.east [nɔ:θ ´i:st] *s* nordeste.

north.east.ern [nɔ:θ´i:stən] *adj* do nordeste.

north.ern [´nɔ:ðən] *adj* setentrional; do norte.

north.ward ['nɔːøwəd] *adv* rumo ao setentrião; para o norte.

north.west ['nɔːøwest] *s* Noroeste.

Nor.we.gian [nɔːˈwiːdʒən] *s e adj* norueguês.

nose [nəuz] *s* nariz; focinho; olfato; sagacidade; • *v* cheirar; **to pay through the ~**: pagar os olhos da cara; **under someone's ~**: debaixo do nariz, nas barbas de.

nose.band ['nəuzbænd] *s* focinheira para animais.

nos.tril ['nɔstrəl] *s* narina.

nos.y ['nəuzi] *adj* curioso; intrometido.

not [nɔt] *adv* não; **~ at all**: de nenhum modo; não há de quê; **~ yet**: ainda não.

no.ta.bil.i.ty [nəutəˈbilətɪ] *s* notabilidade; importância; valor.

no.ta.ble ['nəutəbl] *adj* notável; atento; vigilante; cuidadoso.

no.ta.ry ['nəutəri] *s* notário; tabelião.

no.ta.tion [nəuˈteiʃn] *s* notação.

notch [nɔtʃ] *s* entalhe; encaixe; corte; • *v* entalhar; fazer cortes.

note [nəut] *s* nota; marca; sinal; conhecimento; observação; tom; nota musical; • *v* notar; observar; reparar; tomar nota.

note.book ['nəutbuk] *s* caderno; agenda; INF computador portátil.

not.ed ['nəutid] *adj* notável; insigne; ilustre; conhecido.

note.less ['nəutlis] *adj* obscuro; desconhecido; pouco notável.

noth.ing ['nʌθiŋ] *s* nada; coisa nenhuma; zero; • *adv* de modo algum; nada; • *pron* nada; **for ~**: de graça; à toa; **~ to do with**: nada a ver com.

no.tice ['nəutis] *s* nota; observação; comunicação; cortesia; • *v* notar; olhar; observar; **at short ~**: em cima da hora; **~-board**: quadro de avisos, mural, EUA **bulletin board**.

no.tice.a.ble ['nəutisəbl] *adj* digno de atenção; perceptível.

no.ti.fi.ca.tion [nəutifiˈkeiʃn] *s* notificação; aviso; advertência.

no.ti.fy ['nəutifai] *v* notificar; avisar; participar.

no.tion ['nəuʃn] *s* noção; ideia; opinião.

no.tion.al ['nəuʃənl] *adj* imaginário; ideal; quimérico.

no.to.ri.e.ty [nəutəˈraiəti] *s* notoriedade; evidência.

no.to.ri.ous [nəuˈtɔːriəs] *adj* notório; conhecido por atuação incorreta.

not.pad ['nəutpæd] *s* bloco de anotações.

not.pa.per ['nəutpeipə(r)] *s* papel de carta.

not.with.stand.ing [nɔtwiəˈstændiŋ] *prep* e *adv* apesar de; • *conj* embora.

nought [nɔːt] *s* POES nada; MAT zero; **~s and crosses**: jogo da velha, EUA **ticktack-toe**.

noun [naun] *s* GRAM nome; substantivo.

nour.ish ['nʌriʃ] *v* nutrir; alimentar; sustentar; alentar.

nour.ish.ment ['nʌriʃmənt] *s* alimento; alimentação; nutrição.

nous [naus] *s* inteligência; valor; senso comum; intelecto.

nov.el ['nɔvl] *s* romance; ficção; • *adj* novo; moderno; original.

nov.el.ist ['nɔvlist] *s* romancista.

nov.el.ty ['nɔvlti] *s* novidade; inovação.

No.vem.ber [nəuˈvembə(r)] *s* novembro, o décimo primeiro mês do ano; *abrev* **Nov**.

nov.ice ['nɔvis] *s* noviço; novato; principiante.

no.vi.ti.ate [nəˈviʃiət] *s* noviço.

now [nau] *s* o presente; o momento atual; • *adv* agora; ora; já; imediatamente; **from ~ on**: de hoje em diante; **just ~**: agora mesmo; **~ and then/~ and again**: às vezes; **right ~**: imediatamente.

now.a.days ['nauədeiz] *adv* hoje em dia; presentemente; atualmente.

no way ['nouwei] *adv* de nenhum modo.

no.where ['nəuweə(r); EUA 'nəuhweər] *adv* em nenhum lugar; em parte alguma.

no.wise ['nouwaiz] *adv* de forma alguma; de maneira nenhuma.

nox.ious ['nɔkʃəs] *adj* nocivo; pernicioso; insalubre.

noz.zle ['nɔzl] *s* bico; agulheta de mangueira.

nu.cle.ar ['njuːkliə(r); EUA 'nuːkliə(r)] *adj* nuclear; **~ energy/~ power**: energia nuclear.

nu.cle.us [´nju:kliəs; EUA ´nu:kliəs] *s* núcleo; centro; cerne.

nude [nju:d; EUA nu:d] *adj* nu; despido; nulo.

nudge [nʌdʒ] *s* cubitada, cotovelada; • *v* tocar de leve; avisar com o cotovelo.

nud.ism [´nju:dizəm] *s* nudismo.

nu.di.ty [´nju:dəti; EUA ´nu:dəti] *s* nudez.

nu.ga.to.ry [´nju:gətəri; EUA ´nu:gətɔ:ri] *adj* ineficaz; inútil; vão; nulo.

nug.get [´nʌgit] *s* pepita; pedra contendo ouro.

nui.sance [´nju:sns; EUA ´nu:sns] *s* incômodo; moléstia; dano; indecência.

null [nʌl] *adj* nulo; inválido; inútil; vão.

nul.li.fi.ca.tion [nʌlifi´keiʃn] *s* anulação; invalidação.

nul.li.fy [´nʌlifai] *v* anular; nulificar; invalidar.

nul.li.ty [´nʌləti] *s* nulidade; DIR anulação de um ato.

numb [nʌm] *adj* entorpecido; paralisado; tolhido; • *v* amortecer; entorpecer.

num.ber [´nʌmbə(r)] *s* número; • *v* numerar; contar; importar em; **~~plate**: placa/matrícula de automóvel, EUA **license plate**; **what's your phone ~?**: qual é o número do seu telefone?

num.ber.less [´nʌmbə(r)lis] *adj* inumerável; inúmero.

nu.mer.a.ble [´nju:mərəbl; EUA ´nu:mərəbl] *adj* numerável.

nu.mer.al [´nju:mərəl; EUA ´nu:mərəl] *s* número; algarismo; • *adj* numeral; numérico.

nu.mer.a.tion [´nju:mə´reiʃn; EUA ´nu:mə´reiʃn] *s* numeração, ato de numerar.

nu.mer.a.tor [´nju:məreitə(r); EUA ´nu:məreitə(r)] *s* numerador.

nu.mer.ous [´nju:mərəs; EUA ´nu:mərəs] *adj* numeroso; copioso; abundante.

nu.mis.mat.ics [nju:miz´mætiks; EUA nu:miz´mætiks] *s* numismática, ciência que trata de medalhas e moedas.

num.skull [´nʌmskʌl] *s* parvo; néscio; tolo; bobo.

nun [nʌn] *s* monja; religiosa; freira.

nun.ner.y [´nʌnəri] *s* convento de freiras.

nup.tial [´nʌpʃl] *adj* nupcial; conjugal; **~s**: casamento; núpcias; bodas.

nurse [nə:s] *s* ama; aia; enfermeira; enfermeiro; • *v* cuidar de; pajear; servir de enfermeira a; criar; embalar.

nurse.maid [´nə:smeid] *s* ama-seca; pajem; aia.

nurs.er.y [´nə:səri] *s* creche; berçário; quarto de crianças; viveiro.

nur.ture [´nə:tʃə(r)] *s* alimentação; criação; • *v* nutrir; educar.

nut [nʌt] *s* noz; avelã; porca de parafuso.

nut.crack.ers, EUA **nut.crak.er** [´nʌtkrækər] *s* quebra-nozes.

nut.meg [´nʌtmeg] *s* noz-moscada.

nu.tri.ent [´nju:triənt; EUA ´nu:triənt] *s* alimento nutritivo; • *adj* nutriente.

nu.tri.ment [´nju:trimənt; EUA ´nu:trimənt] *s* alimento; sustento.

nu.tri.tion [nju:´triʃn; EUA nu:´triʃn] *s* nutrição; alimentação; alimento.

nu.tri.tious [nju:´triʃəs; EUA nu:´triʃəs] *adj* alimentício; nutritivo; substancioso.

nu.tri.tive [´nju:tritiv; EUA ´nu:tritiv] *adj* nutritivo.

nut.shell [´nʌtʃel] *s* casca de noz ou avelã; **in a ~**: sucintamente, em poucas palavras.

nut.ty [´nʌti] *adj* abundante em nozes; que tem sabor de nozes; GÍR amalucado; aloprado.

nuz.zle [´nʌzl] (*against*) *v* focinhar; revolver a terra com o focinho.

NW [en´dʌblju:] *abrev de* **Northwest**, **Northwestern**, Noroeste, do Noroeste.

ny.lon [´nailən] *s* náilon; • *adj* de náilon; **~s**: meia feminina de náilon.

nymph [nimf] *s* ninfa.

nym.pho.ma.ni.ac [nimf´meiniæk] *s* ninfomaníaca.

O

o [əu] *s* décima quinta letra do alfabeto.
oaf [əuf] *s* imbecil; estúpido.
oak [əuk] *s* carvalho; madeira de carvalho.
oak.en [ˈəukən] *adj* de carvalho; feito de carvalho.
oar [ɔ:(r)] *s* remo; • *v* remar; **to put/stick one's ~ in**: meter a colher, intrometer-se.
oars.man [ˈɔ:zmən] *s* remador, aquele que rema.
OAS [əu ei ˈes] *abrev* de **Organization of American States**, Organização dos Estados Americanos (OEA).
o.a.sis [əuˈeisis] *s* oásis, lugar no deserto onde há água e árvores.
oats [əuts] *s pl* aveia, planta gramínea cujo grão possui propriedades nutritivas.
oath [əuθ] *s* juramento; anátema; praga; **to be on/under ~**: DIR estar sob juramento.
oat.meal [ˈəutmi:l] *s* mingau ou farinha de aveia.
ob.du.ra.cy [ˈɔbdjuərəsi; EUA ˈɔbdərəsi] *s* inflexibilidade; obstinação; perversidade.
ob.du.rate [ˈɔbdjuərət; EUA ˈɔbdərət] *adj* endurecido; obstinado.
o.be.di.ence [əˈbi:diəns] *s* obediência; sujeição; *ant* **disobedience**.
o.be.di.ent [əˈbi:diənt] *adj* obediente; submisso; dócil; *ant* **disobedient**.
ob.e.lisk [ˈɔbəlisk] *s* obelisco, monumento quadrangular em forma de agulha, elevado sobre um pedestal e feito de uma só pedra.
o.bese [əuˈbi:s] *adj* obeso; gordo.

o.be.si.ty [əuˈbi:səti] *s* obesidade; gordura.
o.bey [əˈbei] *v* obedecer; sujeitar-se a; acatar; *ant* **disobey**.
ob.fus.cate [ˈɔbfəskeit] *v* ofuscar; cegar; obscurecer.
o.bit.u.ar.y [əˈbitʃuəri; EUA əˈbitʃueri] *s* obituário; nota necrológica.
ob.ject [ˈɔbdʒikt] *s* objeto; coisa; assunto; matéria; desígnio; intento; • (*to*) *v* objetar; opor-se a.
ob.jec.tion [əbˈdʒekʃn] *s* objeção; oposição.
ob.jec.tive [əbˈdʒektiv] *s* lente de objetiva; objetivo; • *adj* objetivo.
ob.jec.tiv.i.ty [ɔbdʒekˈtivəti] *s* objetividade, qualidade de objetivo; existência real.
ob.la.tion [əˈbleiʃn] *s* oblação; oferenda.
ob.li.gate [ˈɔbligeit] *v* obrigar; forçar.
ob.li.ga.tion [ɔbliˈgeiʃn] *s* obrigação; dever.
obl.ig.a.to.ry [əˈbligətri; EUA əˈbligətɔ:ri] *adj* obrigatório; compulsório.
o.blige [əˈblaidʒ] *v* obrigar; constranger; forçar.
o.blig.ing [əˈblaidʒiŋ] *adj* atencioso; prestativo; cortês.
o.blique [əˈbli:k] *adj* oblíquo; inclinado; indireto; evasivo; insidioso.
ob.liq.ui.ty [əˈblikwəti] *s* obliquidade; inclinação.
ob.lit.er.ate [əˈblitəreit] *v* obliterar; suprimir; apagar.
ob.lit.er.a.tion [əblitəˈreiʃn] *s* obliteração; extinção.

ob.long ['ɔblɔŋ; EUA 'ɔblɔ:ŋ] s retângulo; • adj oblongo, que é mais comprido do que largo; retangular.

ob.lo.quy ['ɔbləkwi] s infâmia; censura; difamação.

ob.nox.ious [əb'nɔkʃəs] adj muito desagradável, ofensivo.

o.boe ['əubəu] s MÚS oboé, instrumento de sopro.

o.bo.ist ['əubəuist] s tocador de oboé.

ob.scene [əb'si:n] adj obsceno; imoral; indecente.

ob.scen.i.ty [əb'senəti] s obscenidade; indescência.

ob.scure [əb'skjuə(r)] adj obscuro; confuso; enigmático; • v obscurecer; ofuscar; ocultar-se.

ob.scu.ri.ty [əb'skjuərəti] s obscuridade; escuridão.

ob.se.qui.ous [əb'si:kwiəs] adj obsequioso; servil; adulador.

ob.serv.a.ble [əb'zə:vəbl] adj observável; perceptível.

ob.serv.ance [əb'zə:vəns] s observância; cumprimento.

ob.serv.ant [əb'zə:vənt] adj observador; acatador; *ant* **unobservant**.

ob.ser.va.tion [ɔbzə'veiʃn] s observação; experiência; **under ~**: sob observação.

ob.serv.a.to.ry [əb'zə:vətri; EUA əb'zə:vətɔ:ri] s observatório, ponto elevado de onde se fazem observações meteorológicas ou astronômicas.

ob.serve [əb'zə:v] v observar; notar; cumprir.

ob.serv.er [əb'zə:vər] s observador.

ob.ses.sion [əb'seʃn] s obsessão.

ob.so.lete ['ɔbsəli:t] adj obsoleto; antiquado.

ob.sta.cle ['ɔbstəkl] s obstáculo; dificuldade; **~ race**: corrida de obstáculos.

ob.ste.tri.cian [ɔbsti'triʃn] s obstetriz.

ob.stet.rics [ɔbs'tetriks] s obstetrícia, parte da medicina que trata da gravidez e do parto.

ob.sti.na.cy ['ɔbstinəsi] s obstinação; teimosia; insistência.

ob.sti.nate ['ɔbstinət] adj obstinado; teimoso; tenaz.

ob.struct [əb'strʌkt] v obstruir.

ob.struc.tion [əb'strʌkʃn] s obstrução; impedimento; obstáculo.

ob.tain [əb'tein] v obter; alcançar.

ob.tain.a.ble [əb'teinəbl] adj que se pode obter; *ant* **unobtainable**.

ob.trude [əb'tru:d] v impor; ser importuno; apresentar à força.

ob.tru.sive [əb'tru:siv] adj inoportuno; *ant* **unobtrusive**.

ob.tuse [əb'tju:s; EUA əb'tu:s] s obtuso; bronco; lerdo; embotado.

ob.vi.ate ['ɔbvieit] v obviar; prevenir; precaver.

ob.vi.ous ['ɔbviəs] adj óbvio; manifesto; evidente.

ob.vi.ous.ness ['ɔbviəsnes] s evidência; clareza.

oc.ca.sion [ə'keiʒn] s ocasião; oportunidade; • v ocasionar; causar; **on ~**: ocasionalmente, às vezes.

oc.ca.sion.al [ə'keiʒənl] adj ocasional; casual; acidental.

Oc.ci.dent ['ɔksidənt] s Ocidente; oeste; poente; civilização ocidental.

oc.ci.den.tal [ɔksi'dentl] adj ocidental, relativo ao ocidente; natural ou habitante do Ocidente.

oc.cult [ɔ'kʌlt; EUA ə'kʌlt] adj oculto; secreto.

oc.cul.ta.tion [ɔ'kʌlteiʃn] s ocultação; desaparecimento.

oc.cult.ism [ɔ'kʌltizm] s ocultismo, doutrina, princípios ou prática de coisas misteriosas, sobrenaturais, ou que não se explicam pelas leis naturais.

oc.cu.pan.cy ['ɔkjupənsi] s ocupação; posse.

oc.cu.pant ['ɔkjupənt] s ocupante; inquilino; morador.

oc.cu.pa.tion [ɔkju'peiʃn] s ocupação; trabalho; emprego.

oc.cu.py ['ɔkjupai] v ocupar; empregar; habitar.

oc.cur [ə'kə:(r)] v ocorrer; acontecer; suceder.

oc.cur.rence [ə'kʌrəns] s ocorrência; acontecimento; incidente.

ocean / old

o.cean ['əuʃn] s oceano; imensidão; ~s of: grande quantidade de.

o.ce.an.ic [əuʃi'ænik] adj oceânico.

o.ce.an.og.ra.phy [əuʃə'nogrəfi] s oceanografia.

o.ce.an.og.ra.pher [əuʃə'nogrəfə(r)] s oceanógrafo.

OCR [əu si: 'a:(r)] INF abrev de Optical Character Recognition, reconhecimento óptico de caracteres, transformando imagem em texto.

o'clock [ə'klɔk,ə'kla:k] adv hora, horas; it's two ~: são duas horas.

Oc.to.ber [ɔk'təubə(r)] s outubro; abrev Oct.

oc.to.ge.nar.i.an [ɔktədʒi'neəriən] s octogenário, pessoa que tem de 80 a 89 anos.

oc.to.pus ['ɔktəpəs] s polvo.

oc.u.lar ['ɔkjulə(r)] adj ocular; visual.

oc.u.list ['ɔkjulist] s oculista; oftalmologista.

odd [ɔd] adj singular; excêntrico; curioso; estranho; extraordinário; ímpar; ~s and ends: retalhos; coisas sem valor; ~ jobs: trabalhos ocasionais; ~ job man: faz-tudo.

odd.i.ty ['ɔditi] s singularidade; originalidade.

odd.ment ['ɔdmənt] s coisa supérflua; sobras; coisa ocasional.

odds [ɔdz] s probabilidade, vantagem; at ~: em desacordo; ~ and ends: bugigangas; to make no ~: não ter importância.

ode [əud] s ode, composição poética que se divide em estrofes semelhantes entre si, tanto pelo número como pela medida dos versos.

o.di.ous ['əudiəs] adj odioso; detestável; desagradável.

o.dor.if.er.ous [əudə'rifərəs] adj odorífero; aromático; cheiroso.

o.dour, EUA o.dor ['əudə(r)] s odor; aroma; perfume.

Oe.di.pux com.plex ['i:dipəs kompleks] s PSIC complexo de Édipo.

oe.soph.a.gus [i:'sɔfəgəs] s esôfago; EUA esophagus.

of [əv; ɔv] prep de; in spite ~: apesar de; instead ~: em vez de; ~ course! claro! ~ the: do; da; dos; das.

two hundred and seventy-four
two hundred and seventy-fourth 274

off [ɔf] adj desocupado; livre; desligado; • adv longe; fora; ao largo; • prep de; fora de; ~-hand: desinteressado; de imediato; to let ~: perdoar; to put ~: adiar; to take ~: tirar; to show ~: exibir.

of.fal ['ɔfl] s miúdos; sobra; refugo; sobejo.

of.fend [ə'fend] v ofender; magoar; desagradar; pecar.

of.fence, EUA of.fense [ə'fens] s ofensa; ultraje; pecado.

of.fend.er [ə'fendər] s infrator; transgressor; delinquente.

of.fen.sive [ə'fensiv] s ataque; ofensiva; • adj ofensivo; ultrajante; ant inoffensive.

of.fer ['ɔfə(r)] s oferta; convite; • (to) v oferecer(-se).

of.fer.ing ['ɔfəriŋ] s oferta; oferenda.

off.hand [ɔf 'hænd] adj improvisado; seco; bruto; negligente; • adv de improviso.

of.fice ['ɔfis] s escritório; repartição; ofício; ~-boy: auxiliar, mensageiro.

of.fi.cer ['ɔfisə(r)] s servidor; policial; MIL oficial; • v mandar.

of.fi.cial [ə'fiʃl] s servidor público; • adj oficial; autorizado; ant unofficial.

of.fi.ci.ate [ə'fiʃieit] (at) v oficiar; exercer.

of.fi.cious [ə'fiʃəs] adj intrometido.

off.line ['ɔflain] adj INF desconectado; desligado.

off.shore [ɔf'ʃɔ:(r)] adj costeiro.

off.side [ɔf 'said] adj FUT impedido.

off.spring ['ɔfspriŋ] s geração; descendência; prole; produto.

oft.en [ɔfn] adj frequente; • adv frequentemente; how ~?: quantas vezes?; too ~: muitas vezes.

oil [ɔil] s óleo; azeite; petróleo; • v azeitar; olear; untar; ~ painting: pintura/quadro a óleo; ~ well: poço de petróleo.

oil.field ['ɔilfi:ld] s campo petrolífero.

oil.y ['ɔili] adj oleoso; gorduroso.

okay, o.k. [əu'kei] s aprovação; • adj, adv e interj certo; aprovado; tudo bem.

o.kra ['əukrə] s quiabo.

old [əuld] adj velho; idoso; antigo; how ~ are you?: quantos anos você tem?; of ~:

de tempos remotos; **~ age**: velhice; **~-fashioned**: antiquado; fora de moda; como antigamente; **to grow ~**: envelhecer.

old.en ['əuldən] *adj* velho; antigo.

old.ish ['əuldiʃ] *adj* meio idoso.

ol.i.gar.chy ['ɔligɑ:ki] *s* oligarquia, governo exercido por um pequeno número de pessoas.

ol.ive ['ɔliv] *s* azeitona; oliveira; • *adj* de cor azeitona.

o.lym.pic [ə'limpik] *adj* olímpico; **~ Games**: Jogos Olímpicos.

om.buds.man ['ɔmbudzmən] *s* ombudsman, em alguns países, funcionário do governo responsável por investigar as reclamações do povo contra órgãos administrativos; pessoa encarregada de verificar as falhas de uma empresa.

om.e.let, om.e.lette ['ɔmlət] *s* omelete.

o.men ['əumen] *s* presságio; agouro; prognóstico.

om.i.nous ['ɔminəs] *adj* ominoso; sinistro; nefasto.

o.mis.sion [ə'miʃn] *s* omissão; descuido.

o.mit [ə'mit] *v* omitir.

om.nip.o.tent [ɔm'nipotənt] *s* (com maiúsc.) Deus; • *adj* onipotente, que pode tudo.

om.ni.pres.ent ['ɔmni'prezənt] *adj* onipresente, que está em todos os lugares.

om.nis.ci.ent [ɔm'niʃənt] *adj* onisciente, que tudo sabe.

on [ɔn] *prep* em; sobre; a; na; no; • *adv* em cima; progressivamente; adiante; sucessivamente; **and so ~**: e assim por diante; **come ~!**: venha!; **go ~!**: prossiga!; **~ my own**: sozinho; **~ the other hand**: por outro lado.

once [wʌns] *adv* uma vez; um dia; outrora; antigamente; uma só vez; **at ~**: de repente; duma só vez; **~ again/~ more**: uma vez mais; **~ in a while**: de vez em quando; **~ upon a time**: era uma vez.

on.com.ing ['ɔnkʌmiŋ] *adj* que se aproxima pela frente (luzes de um automóvel).

one [wʌn] *s* o número um; • *pron* um; algum; alguém; aquele; aquela; se; • *adj* um; uma; um tal; um certo; **at ~**: de acordo; **no ~**: ninguém; **~-off**: único; **~-way**: mão única; **~-way ticket**: bilhete de ida.

on.er.ous ['ɔnərəs] *adj* oneroso; pesado; opressivo.

one.self [wʌn'self] *pron* si mesmo; si próprio; se; a si mesmo.

one.sid.ed [wʌn'saidid] *adj* parcial; desigual; unilateral.

on.go.ing ['ɔn gəuiŋ] *adj* progressivo.

on.ion ['ʌniən] *s* cebola.

on.line [ɔn'lain] *adj* INF conectado; ligado.

on.look.er [ɔn'lukə(r)] *s* espectador.

on.ly ['əunli] *adj* único; só; • *adv* só; somente; • *conj* mas; apenas; exceto.

on.rush ['ɔnrʌʃ] *s* investida; arremetida.

on.set ['ɔnset] *s* ataque; investida; começo; princípio.

on.slaught ['ɔnslɔ:t] *s* ataque violento; assalto furioso.

onto [ɔn'tə] *prep* para cima de.

on.tol.o.gy [ɔn'tɔlədʒi] *s* ontologia, ciência que investiga a natureza do ser em geral e suas propriedades transcendentais.

on.wards, EUA **on.ward** ['ɔnwədz] *adv* para diante, para a frente; **from this time ~**: de agora em diante.

ooze [u:z] *v* vasar; exsudar; gotejar.

o.pac.i.ty [əu'pæsəti] *s* opacidade, qualidade de opaco.

o.pal ['əupl] *s* opala, pedra preciosa de cor leitosa e azulada.

o.paque [əu'peik] *adj* opaco; sem brilho; obscuro.

OPEC ['əupek] *abrev de* Organization of Petroleum Exporting Countries, Organização dos Países Exportadores de Petróleo (OPEP).

o.pen ['əupən] *s* lugar descoberto; • *adj* aberto; exposto; sincero; franco; • *v* abrir; revelar; começar; inaugurar; **in the ~ air**: ao ar livre; **~-handed**: liberal; gastador; **~-minded**: liberal, aberto; **the ~ sea**: alto-mar; **~ to**: sujeito a; livre para; **to ~ out**: abrir(-se); **to ~ up**: desobstruir.

o.pen.er [ˈəupənə(r)] *s* abridor (de latas).

o.pen.ing [ˈəupəniŋ] *s* abertura; orifício; inauguração; começo; oportunidade; • *adj* introdutório; inicial.

o.pen.ly [ˈoupənli:] *adv* claramente; abertamente.

op.er.a [ˈɔprə] *s* ópera, drama musicado e cantado; o teatro onde são levados os dramas musicados.

op.er.ate [ˈɔpəreit] *v* operar (cirurgia); funcionar.

op.er.ating [ˈɔpəreitiŋ] *adj* operacional; ~ **table**: mesa de operações (hospital); ~ **theatre**: sala de operações (hospital).

op.er.a.tion [ɔpəˈreiʃn] *s* operação; funcionamento.

op.er.a.tive [ˈɔpərətiv; EUA ˈɔpəreitiv] *s* operário; trabalhador; artífice; • *adj* operativo.

op.er.a.tor [ˈɔpəreitə(r)] *s* operador (de máquina); telefonista.

oph.thal.mol.o.gist [ɔfœlˈmɔlədʒist] *s* oftalmologista.

o.pine [əˈpain] *v* opinar; julgar.

o.pin.ion [əˈpiniən] *s* parecer; opinião; julgamento; ~ **pull**: pesquisa.

o.pi.um [ˈəupiəm] *s* ópio, suco espesso e concreto de propriedades altamente narcóticas.

o.pos.sum [əˈpɔsəm] *s* gambá.

op.po.nent [əˈpəunənt] *adj* oponente; adversário.

op.por.tune [ˈɔpətjuːn; EUA ˈɔpətuːn] *adj* oportuno; favorável; *ant* **inopportune**.

op.por.tu.ni.ty [ɔpəˈtjuːnəti; EUA ɔpəˈtuːnəti] *s* oportunidade; ocasião.

op.pose [əˈpəuz] *v* opor(-se); objetar.

op.posed [əˈpəuzd] *adj* oposto; contrário.

op.po.site [ˈɔpəzit] *s* antagonista; • *adj* oposto; contrário.

op.po.si.tion [ɔpəˈziʃn] *s* oposição.

op.press [əˈpres] *v* oprimir; tiranizar; comprimir.

op.pres.sion [əˈpreʃn] *s* opressão.

op.pres.sive [əˈpresiv] *adj* opressivo; cruel; desumano.

op.pro.bri.ous [əˈprəubriəs] *adj* ignominioso; infamante; ultrajante.

op.tic [ˈɔptik] *s* vista; • *adj* óptico.

op.ti.cal [ˈɔptikl] *adj* óptico, concernente à visão; ~ **fibre**: fibra óptica.

op.ti.cian [ɔpˈtiʃn] *s* óptico; oculista, especialista em óptica ou comerciante de instrumentos ópticos.

op.tics [ˈɔptiks] *s* óptica, parte da física que trata da luz e dos fenômenos da visão.

op.ti.mism [ˈɔptimizəm] *s* otimismo, tendência a ver tudo pelo lado positivo, pelo lado bom; *ant* **pessimism**.

op.ti.mist [ˈɔptimist] *s* otimista, pessoa que tem a tendência de ver o bem em tudo; *ant* **pessimist**.

op.tion [ˈɔpʃn] *s* opção; escolha.

op.tion.al [ˈɔpʃənl] *adj* facultativo; opcional; ~ **extras**: acessórios opcionais; *ant* **compulsory**, **obligatory**.

op.u.lence [ˈɔpjuləns] *s* opulência; fartura; abundância.

op.u.lent [ˈɔpjulənt] *adj* opulento; rico; abundante.

o.pus [ˈəupəs] *s* obra (musical, literária).

or [ɔː(r)] *conj* ou; ou então; do contrário; quer; seja.

or.a.cle [ˈɔrəkl; EUA ˈɔːrəkl] *s* oráculo.

o.rac.u.lar [əˈrækjulə(r)] *adj* oracular.

or.ange [ˈɔrindʒ; EUA ˈɔːrindʒ] *s* laranja; • *adj* alaranjado; de laranja; ~ **juice**: suco de laranja; ~**-tree**: laranjeira.

or.ange.ade [ɔrindʒˈeid; EUA ɔːrindʒˈeid] *s* laranjada.

or.ange.ry [ˈɔrindʒri] *s* laranjal.

o.rang.u.tan [ˈɔːræŋuːˈtæn] *s* orangotango, grande macaco antropomorfo.

o.rate [ɔːˈreit] *v* discursar.

o.ra.tion [ɔːˈreiʃn] *s* oração; discurso.

or.a.tor [ˈɔrətə(r); EUA ˈɔːrətə(r)] *s* orador, aquele que sabe falar em público, que conhece as regras da oratória.

or.a.to.ry [ˈɔrətri; EUA ˈɔːrətɔːri] *s* oratória; eloquência; oratório de igreja.

orb [ɔːb] *s* orbe; globo; esfera; • *v* cercar; rodear.

or.bit [ˈɔːbit] *s* órbita, caminho percorrido por um corpo celeste em virtude de seu movimento próprio; MED cavidade ocular.

or.chard [ˈɔ:tʃəd] *s* pomar, terreno que possui árvores frutíferas plantadas.

or.ches.tra [ˈɔ:kistrə] *s* orquestra, conjunto de músicos que tocam seus instrumentos ao mesmo tempo de maneira harmoniosa.

or.ches.trate [ˈɔ:kistreit] *v* orquestrar, adaptar uma obra musical aos diversos instrumentos de uma orquestra.

or.ches.tra.tion [ɔ:kiˈstreiʃn] *s* orquestração; instrumentação.

or.chid [ˈɔ:kid] *s* orquídea.

or.dain [ɔ:ˈdein] *v* ordenar; prescrever; decretar.

or.de.al [ɔ:ˈdi:l] *s* prova de fogo; provação.

or.der [ˈɔ:də(r)] *s* ordem; regra; encomenda; sociedade; condecoração; • *v* ordenar; arrumar; **in ~ to**: com o fim de; para; **made to ~**: feito por encomenda; **out of ~**: sem funcionar; quebrado; **to call to ~**: chamar à ordem; **to ~ a pizza**: pedir uma *pizza*.

or.der.ly [ˈɔ:dəli] *s* MIL sentinela; • *adj* ordenado; metódico; • *adv* regularmente; metodicamente.

or.di.nance [ˈɔ:dinəns] *s* ordenança; mandato; lei; estatuto.

or.di.nar.y [ˈɔ:dinri; EUA ˈɔ:rdəneri] *adj* ordinário; habitual; comum; vulgar; corrente; **out of the ~**: extraordinário.

or.di.na.tion [ɔ:diˈneiʃn; EUA ɔ:dnˈeiʃn] *s* arranjo; ordenação.

or.dure [ˈɔ:djuə(r); EUA ˈɔ:dʒər] *s* imundície; excremento.

o.re [ɔ:(r)] *s* minério, o mineral tal como se extrai da mina.

or.gan [ˈɔ:gən] *s* órgão (do corpo; instrumento musical).

or.gan.ic [ɔ:ˈgænik] *adj* orgânico; constitutivo; fundamental; *ant* **inorganic**.

or.gan.ism [ˈɔ:gənizəm] *s* organismo; estrutura orgânica.

or.gan.i.za.tion [ɔ:gənaiˈzeiʃn; EUA ɔ:gəniˈzeiʃn] *s* organização; organismo; sociedade; **~ chart**: organograma.

or.gan.ize [ˈɔ:gənaiz] *v* organizar(-se); dispor; constituir.

or.gan.iz.er [ˈɔ:gənaizər] *s* organizador.

or.gasm [ˈɔ:gæzəm] *s* orgasmo, clímax do ato sexual.

or.gy [ˈɔ:dʒi] *s* orgia.

O.ri.ent [ˈɔ:riənt] *s* Oriente; leste; este; • *adj* nascente; oriental.

o.ri.en.tal [ɔ:riˈentl] *s* e *adj* oriental.

o.ri.en.tate [ˈɔ:riənteit] *v* orientar(-se).

o.ri.en.ta.tion [ɔ:rienˈteiʃn] *s* orientação; direção.

or.i.fice [ˈɔrifis; EUA ˈɔ:rifis] *s* orifício; buraco; boca.

or.i.gin [ˈɔridʒin; EUA ˈɔ:rədʒin] *s* origem; causa; raiz; nascimento; descendência; **country of ~**: país de origem.

o.rig.i.nal [əˈridʒənl] *s* original; protótipo; • *adj* original; *ant* **unoriginal**.

o.rig.i.nal.i.ty [əridʒəˈnæləti] *s* originalidade, qualidade de original.

o.rig.i.nate [əˈridʒineit] *v* originar(-se).

or.na.ment [ˈɔ:nəmənt] *s* ornamento; enfeite; adorno; decoração; insígnia; • (*with*) *v* ornamentar; embelezar.

or.na.men.tal [ɔ:nəˈmentl] *adj* ornamental, relativo a ornamento.

or.nate [ɔ:ˈneit] *adj* ornado; adornado; embelezado.

or.ni.thol.o.gy [ɔ:niˈθɔlədʒi] *s* ornitologia, parte da zoologia que se dedica às aves.

or.phan [ˈɔ:fn] *s* e *adj* órfão; órfã; • *v* deixar órfão.

or.phan.age [ˈɔ:fnidʒ] *s* orfandade; orfanato.

or.tho.dox [ˈɔ:θədɔks] *adj* ortodoxo; correto; **~ Church**: Igreja Ortodoxa.

or.tho.dox.y [ˈɔ:θədɔksi] *s* ortodoxia, qualidade de ortodoxo; cumprimento fiel e exato de uma doutrina religiosa.

or.tho.graph.ic, or.tho.graph.i.cal [ɔ:ˈθɔgræfik, ɔ:ˈθɔgræfikl] *adj* ortográfico, relativo à ortografia.

or.thog.ra.phy [ɔ:ˈθɔgrəfi] *s* ortografia, escrita correta.

or.tho.pe.dic, or.tho.pae.dic [ɔ:θəˈpi:dik] *adj* MED ortopédico, relativo à ortopedia.

or.tho.pe.dics, or.tho.pae.dics [ɔrθouˈpi:diks] *s* MED ortopedia.

os.cil.late [ˈɔsileit] (*between*) *v* oscilar; vibrar.

os.cil.la.tion [ɔsi'leiʃn] *s* oscilação; balanço; vibração.

os.cil.la.tor [ɔsi'leitə(r)] *s* oscilador, o que oscila.

o.sier ['əuziə(r); EUA 'əuʒər] *s* vime; vimeiro.

os.se.ous ['ɔsiəs] *adj* ósseo, concernente ao osso.

os.si.fy ['ɔsifai] *v* (*pt* e *pp* **ossified**) ossificar(-se); tornar-se rígido.

os.ten.si.ble [ɔ'stensəbl] *adj* ostensível; manifesto.

os.ten.ta.tion [ɔsten'teiʃn] *s* ostentação; pompa; alarde.

os.ten.ta.tious [ɔsten'teiʃəs] *adj* ostentoso; faustoso; magnificente.

os.te.o.po.ro.sis [ɔstiəupə'rəusis] *s* MED osteoporose.

os.tra.cism ['ɔstrəsizəm] *s* ostracismo; banimento.

os.tra.cize, os.tra.cise ['ɔstrəsaiz] *v* banir; condenar ao ostracismo.

os.trich ['ɔstritʃ] *s* avestruz.

oth.er ['ʌðə(r)] *adj* e *pron* outro; outra; outros; outras; • *adv* de outra forma; **every ~ day**: dia sim, dia não; **the ~ day**: o outro dia.

oth.er.wise ['ʌðəwaiz] *adj* outro; diferente; • *adv* de outro modo; aliás.

o.ti.ose ['əuʃiəus] *adj* negligente; ocioso; vadio.

ot.ter ['ɔtə(r)] *s* lontra.

OU [əu 'ju:] *abrev de* BRIT **O**pen **U**niversity, Universidade Aberta.

ouch [autʃ] *interj* ai!, ui!

ought [ɔ:t] *s* zero; nada; • *v* dever, ter obrigação de; • *adv* algo; alguma coisa.

ounce [auns] *s* onça, espécie de animal; medida de peso (1 oz = 28,349 gramas).

our [a(r), 'auə(r)] *pron* nosso; nossa; nossos; nossas; **~ Father**: Padre-Nosso; **~ Lady**: Nossa Senhora; **~ Lord**: Deus.

ours [az, 'auəz] *pron* o nosso; a nossa; os nossos; as nossas.

our.selves [a'selvz, auə'selvz] *pron* nós mesmos.

oust [aust] (*from*) *v* tirar; desalojar; despedir; jogar fora.

out [aut] *v* expulsar; • *adv* e *prep* fora; fora de; • *interj* fora!; **get ~**!: sai!, rua!, fora daqui!; **~ of**: fora de; **~-of-date**: desatualizado; **~-of-the-way**: remoto; **to check ~**: fechar a diária num hotel; **to find ~**: descobrir.

out.bal.ance [aut'bæləns] *v* preponderar; imperar.

out.bid [aut'bid] *v* cobrir um lance de leilão.

out.break ['autbreik] *s* erupção; revolta.

out.build.ing ['autbildiŋ] *s* construção exterior; dependência exterior.

out.burst ['autbə:st] *s* erupção; explosão.

out.cast ['autka:st; EUA 'autkæst] *s* pária; • *adj* expulso; banido; exilado.

out.class [aut'kla:s; EUA aut'klæs] *v* exceder; sobrepujar.

out.come ['autkʌm] *s* consequência; resultado; êxito; efeito.

out.cry ['autkrai] *s* clamor; algazarra; gritaria.

out.do [aut'du:] *v* (*pt* **outdid**; *pp* **outdone**) exceder; ultrapassar.

out.door ['autdɔ:(r)] *adj* ao ar livre; de fora; exterior; em ambiente aberto; *ant* **indoor**.

out.doors [aut'dɔ:z] *s* o campo; o ar livre; • *adv* ao ar livre; fora de casa; *ant* **indoors**.

out.er ['autə(r)] *adj* exterior; externo.

out.er.most ['autəməust] *adj* extremo; o mais externo; *ant* **innermost**.

out.fall ['autfɔ:l] *s* desembocadura.

out.fit ['autfit] *s* equipamentos; armamentos; vestuário.

out.flow ['autfləu] *s* efusão; fluxo; jorro.

out.go ['autgəu] *s* gasto; despesa; • *v* exceder; sobrepujar.

out.go.ing ['autgəuiŋ] *s* ida; • *adj* simpático, extrovertido; que está saindo.

out.grow [aut'grəu] *v* (*pt* **outgrew**; *pp* **outgrown**) crescer em demasia; passar da idade de.

out.growth ['autgrəuθ] *s* crescimento excessivo; resultado; consequência.

out.ing ['autiŋ] *s* passeio; excursão.

out.land.ish [aut'lændiʃ] *adj* grotesco; estrangeiro; ridículo.

out.last [aut'la:st; EUA aut'læst] *v* exceder em duração; sobreviver.

out.law ['autlɔ:] *s* proscrito; banido; • *v* banir; culpar; incriminar.

out.lay ['autlei] (*on, for*) *v* (*pt* e *pp* **outlaid**) despender; gastar.

out.let ['autlet] *s* passagem; saída; ponto de venda (comércio); EUA tomada.

out.line ['autlain] *s* esboço; perfil; contorno; • *v* esboçar; delinear.

out.live [aut'liv] *v* sobreviver, continuar a ser, a existir depois de outra coisa.

out.look ['autluk] *s* ponto de vista; perspectiva; vista; panorama.

out.ly.ing ['autlaiiŋ] *adj* afastado; exterior; remoto.

out.ma.noeu.vre, EUA **out.ma.neu.ver** [autmə'nu:və(r)] *v* passar a perna em.

out.most ['autməust] *adj* extremo; mais exterior.

out.num.ber [aut'nʌmbə(r)] *v* exceder em número.

out.post ['autpəust] *s* posto avançado.

out.pour ['autpɔr] *v* jorrar; esguichar.

out.pour.ing ['autpɔ:riŋ] *s* emanação; expansão; jorro.

out.put ['autput] *s* produção; rendimento; INF saída, resultado do trabalho fornecido ao computador, em forma de som, caracteres no vídeo ou pela impressão em papel, etc.

out.rage ['autreidʒ] *s* ultraje; violência; transgressão; • *v* ultrajar; injuriar.

out.ra.geous [aut'reidʒəs] *adj* ultrajante; injurioso; excessivo.

out.ride [aut'raid] *v* (*pt* **outrode**; *pp* **outridden**) ultrapassar a cavalo.

out.right ['autrait] *adv* imediatamente; logo; francamente; completamente.

out.run [aut'rʌn] *v* (*pt* **outran**; *pp* **outrun**) correr mais que; ganhar.

out.set ['autset] *s* princípio, começo.

out.side [aut'said] *s* fora; lado de fora; aparência; • *adj* externo; exterior; do lado de fora; • *adv* exteriormente; • *prep* fora de; além de; **~ lane**: AUT BRIT pista da direita, EUA pista da esquerda; *ant* **inside**.

out.sid.er [aut'saidə(r)] *s* estranho; forasteiro.

out.size ['autsaiz] *adj* extragrande (tamanho de roupa).

out.skirt ['autskə:t] *s* bordo; orla; limite; arredores, subúrbio.

out.spoken [aut'spəukən] *adj* franco; sincero; leal.

out.stand.ing [aut'stændiŋ] *adj* distinto; pendente.

out.stretch [autst'retʃ] *v* estender; alargar; esticar; distender.

out.strip [aut'strip] *v* avançar; passar à frente; exceder.

out.ward ['autwəd] *s* exterior; aparência; • *adj* exterior; externo; • *adv* exteriormente; para o exterior.

out.wit [aut'wit] *v* exceder em astúcia; ser mais esperto que.

out.worn [aut'wɔ:n] *adj* gasto pelo uso; desgastado.

o.va.ry ['əuvəri] *s* ovário, nome de cada uma das glândulas situadas de cada lado do útero da mulher e das fêmeas dos animais em geral, onde se formam os óvulos destinados à fecundação.

o.va.tion [əu'veiʃn] *s* ovação, aclamação pública.

ov.en ['ʌvn] *s* forno.

ov.en.bird ['ʌvnbe:d, 'ʌvnbe:rd] *s* joão-de-barro.

o.ver ['əuvə(r)] *s* sobra; excesso; • *adj* superior; excessivo; • *adv* sobre; em cima; defronte; através de; • *prep* em cima de; além de; durante; **all ~**: por todos os lados; **all ~ the world**: mundo inteiro; **it's all ~**: acabou-se; **~ and above**: além disso; **~ and ~**: repetidamente; **~ here**: aqui; **~ there**: lá.

o.ver.act [əuvər'ækt] *v* exagerar.

o.ver.all [əuvər'ɔ:l] *adj* que abrange tudo; completo; • *adv* por toda parte; completamente.

o.ver.alls ['əuvərɔ:lz] *s* macacão de operário; avental.

o.ver.bal.ance [əuvə'bæləns] *v* exceder; preponderar; sobrepujar.

o.ver.bear [əuvə'beə(r)] *v* (*pt* **overbore**; *pp* **overborne**) dominar; prevalecer.

o.ver.bear.ing [əuvər'beəriŋ] *adj* despótico; altivo; dominante.

o.ver.book [əuvə'buk] *v* fazer reservas em excesso.

o.ver.bur.den [əuvə'bə:dn] *s* sobrecarga; • (*with*) *v* sobrecarregar.

o.ver.cast [əuvə'ka:st; EUA əuvə'kæst] *adj* com nuvens; encoberto; • *v* escurecer; enevoar; cobrir de nuvens.

o.ver.charge [əuvə'tʃa:dʒ] *s* cobrança excessiva; • *v* exagerar no preço; carregar no preço.

o.ver.cloud [ouvərk'laud] *v* cobrir de nuvens; obscurecer; entristecer.

o.ver.coat ['ouvərkout] *s* sobretudo; capote.

o.ver.come [ouvərk'ʌm] *v* (*pt* **overcame**; *pp* **overcome**) vencer obstáculos; conquistar; superar.

o.ver.cook.ed ['ouvərkukd] *adj* cozido em excesso.

o.ver.crowd [əuvə'kraud] (*with*) *v* encher em extremo; superlotar.

o.ver.do [əuvə'du:] *v* (*pt* **overdid**; *pp* **overdone**) exceder; exagerar.

o.ver.dose [əuvə'dəus] *s* overdose.

o.ver.draw [əuvə'drɔ:] *v* (*pt* **overdrew**; *pp* **overdrawn**) sacar a descoberto.

o.ver.dress [əuvə'dres] *v* vestir-se com esmero; ser elegante em demasia.

o.ver.due [əuvə'dju:; EUA əuvə'du:] *adj* vencido e não pago; em atraso.

o.ver.flow [əuvə'fləu] *s* inundação; cheia; • *v* transbordar; inundar.

o.ver.grow [ouvərgr'ou] *v* (*pt* **overgrew**; *pp* **overgrown**) crescer em excesso.

o.ver.hang [əuvə'hæŋ] *s* saliência; projeção; • *v* (*pt* e *pp* **overhung**) pender sobre.

o.ver.haul [əuvə'hɔ:l] *v* rever, examinar e consertar se necessário (carro, por exemplo); ultrapassar.

o.ver.head [əuvə'hed] *adj* elevado; • *adv* em cima; no alto; por cima.

o.ver.joy [ouvərd'ʒoi] *v* arrebatar(-se); enlevar-se.

o.ver.joy.ed [əuvə'dʒɔid] *adj* pleno de alegria.

o.ver.land ['əuvəlænd] *adv* por terra; em terra.

o.ver.lap [əuvə'læp] *s* envoltório; • *v* sobrepor; encobrir; envolver.

o.ver.lay [əuvə'lei] *s* revestimento; • (*with*) *v* sobrepor; cobrir.

o.ver.load [əuvə'ləud] *s* sobrecarga; • (*with*) *v* sobrecarregar.

o.ver.look [əuvə'luk] *v* ver de lugar mais alto; vigiar; deixar passar; perdoar.

o.ver.mas.ter [əuvə'ma:stə(r); EUA əuvə'mæstə(r)] *v* dominar; exercer o controle sobre.

o.ver.match [əuvə'mætʃ] *v* superar.

o.ver.much [əuvə'mʌtʃ] *adj* e *adv* excessivo; demasiado; muito; demais.

o.ver.night [əuvə'nait] *adj* noturno; • *adv* durante a noite; da noite para o dia.

o.ver.pass ['əuvəpa:s; EUA 'əuvəpæs] *s* viaduto; EUA passagem superior; • *v* EUA atravessar; transpor; menosprezar.

o.ver.pow.er [əuvə'pauə(r)] *v* domar; vencer; subjugar.

o.ver.rule [əuvə'ru:l] *v* rejeitar; ganhar; predominar.

o.ver.run [əuvə'rʌn] *v* (*pt* **overran**; *pp* **overrun**) invadir; infestar.

o.ver.seas [əuvə'si:(z)] *adj* e *adv* ultramarino; de além-mar.

o.ver.see [əuvə'si:] *v* (*pt* **oversaw**; *pp* **overseen**) vigiar; inspecionar.

o.ver.se.er ['əuvəsiə(r)] *s* inspetor; capataz; superintendente.

o.ver.shad.ow [əuvə'ʃædəu] *v* sombrear; sobrepujar; ultrapassar.

o.ver.shoot [əuvə'ʃu:t] *v* (*pt* e *pp* **overshot**) exceder o alvo; ultrapassar os limites.

o.ver.sight [ə'uvəsait] *s* descuido; inadvertência; vigilância.

o.ver.sleep [əuvə'sli:p] *v* acordar tarde; dormir em demasia.

o.ver.state [əuvə'steit] *v* exagerar; ampliar; aumentar; *ant* **understate**.

o.ver.state.ment ['əuvəsteitmənt] *s* exagero, ato de exagerar.

o.ver.step [əuvə'step] *v* exceder(-se); ultrapassar.

o.ver.stock [əuvə'stɔk] (*with*) *v* abarrotar; armazenar em excesso.

o.ver.take [əuvəˈteik] *v* (*pt* **overtook**; *pp* **overtaken**) ultrapassar; ser surpreendido.

o.ver.throw [əuvəˈərəu] *s* derrota; ruína; • *v* (*pt* **overthrew**; *pp* **overthrown**) demolir; derrubar; derrotar.

o.ver.time [ˈəuvətaim] *s* hora extra; • *adj* e *adv* fora do horário.

o.ver.top [əuvəˈtap, əuvərˈtɑːp] *v* exceder; sobressair; superar.

o.ver.turn [əuvəˈtəːn] *v* subverter; destruir; derrubar.

o.ver.weight [ˈəuvəweit] *s* excesso de peso; • *v* exceder em peso; • *adj* acima do peso; *ant* **underweight**.

o.ver.whelm [əuvərˈwelm] *v* esmagar.

o.ver.whelm.ing [ouvərˈwelmiŋ] *adj* esmagador, que esmaga.

o.ver.whelm.ing.ly [ouvərˈwelmiŋli] *adv* esmagadoramente.

o.ver.wri.te [ouvərˈrait] *v* (*pt* **overwrote**; *pp* **overwritten**) INF gravar informações em um arquivo, destruindo as lá existentes.

o.vip.a.rous [əuˈvipərəs] *adj* ovíparo, que põe ovos.

ov.u.la.tion [əuvuˈleiʃn] *s* ovulação.

ov.ule [ˈəuvjuli] *s* óvulo, célula sexual feminina que, fecundada, se transforma em pequeno ovo.

owe [əu] (*to*, *for*) *v* ser devedor de; dever dinheiro ou favores; **how much do I ~ you?**: quanto devo a você?

ow.ing [ˈəuiŋ] *adj* devido; **~ to**: devido a.

owl [aul] *s* coruja; pessoa que dorme tarde da noite.

own [əun] *adj* próprio; • *v* possuir; admitir; reconhecer; **I'm my ~ boss**: sou meu próprio patrão; **on one's ~**: independentemente; sozinho.

own.er [ˈəunə(r)] *s* dono; proprietário.

own.er.ship [ˈəunəʃip] *s* propriedade; direito de posse; domínio.

ox [ɔks] *s* boi; *pl* **oxen**.

ox.y.gen [ˈɔksidʒən] *s* oxigênio; **~ mask**: máscara de oxigênio.

ox.y.gen.ate [ˈɔksidʒəneit] *v* oxigenar, combinar com o oxigênio; oxidar.

ox.y.gen.a.tion [ˈɔksidʒəneiʃn] *s* oxigenação, ato ou efeito de oxigenar.

ox.y.tone [ˈɔksitən] *s* vocábulo oxítono; • *adj* GRAM oxítono.

oys.ter [ˈɔistə(r)] *s* ostra, molusco marítimo comestível.

o.zone [ˈəuzəun] *s* QUÍM ozônio, gás que é uma modificação do oxigênio; **~ layer**: camada de ozônio.

P

p [pi:] *s* décima sexta letra do alfabeto.
pace [peis] *s* passo; passada; • *v* andar de maneira compassada; medir os passos; **to keep ~ with**: manter-se atualizado com; **to set the ~**: dar o andamento; dar o tom; **to show one's ~s**: mostrar o que sabe.
pace.mak.er [ˈpeismeikə(r)] *s* MED marca-passo.
pach.y.derm [ˈpækidə:m] *s* paquiderme.
pa.cif.ic [pəˈsifik] *s* (com maiúsc.) o oceano Pacífico; • *adj* pacífico; quieto; tranquilo.
pac.i.fi.ca.tion [pæsifiˈkeiʃn] *s* pacificação; apaziguamento.
pac.i.fi.er [ˈpæsifaiər] *s* pacificador, aquele que apazigua; EUA chupeta, BRIT **dummy**.
pac.i.fism [ˈpæsəfizm] *s* pacifismo.
pac.i.fist [ˈpæsəfəst] *s* pacifista, aquele que busca a paz universal.
pac.i.fy [ˈpæsifai] *v* pacificar; acalmar; aplacar; apaziguar.
pack [pæk] *s* pacote; embrulho; matilha; bando; • *v* empacotar; embrulhar; acondicionar; **~-animal**: animal de carga; **~ of cards**: baralho de cartas; **~ of cigarettes**: maço de cigarros.
pack.age [ˈpækidʒ] *s* embalagem; pacote; acordo; **~ holiday**: pacote de férias; **~ tour**: pacote de viagem.
pack.et [ˈpækit] *s* pacote; embrulho; • *v* embrulhar; empacotar.
pack.ing [ˈpækiŋ] *s* embalagem; acondicionamento; **~ case**: caixa de embalagem; caixote.
pact [pækt] *s* pacto; ajuste; acordo; tratado.
pad [pæd] *s* almofada; qualquer sustentáculo almofadado; • *v* acolchoar; almofadar; **elbow ~**: protetor de cotovelo; **knee ~**: joelheira.
pad.ding [ˈpædiŋ] *s* enchimento; chumaço, porção de algodão, penas, etc.
pad.dle [ˈpædl] *s* pá de remo; INF dispositivo de entrada que permite a movimentação de um objeto para a esquerda, direita, etc., no vídeo, usado para jogos no computador como um *joystick*; • *v* remar; **~ steamer**: barco a vapor movimentado por uma roda de pás.
pad.dler [ˈpædlər] *s* remador, diz-se daquele que rema.
pad.dock [ˈpædək] *s* área cercada com pequena pastagem para cavalos; pequeno lugar para guardar cavalos.
pad.dy [ˈpædi] *s* arrozal; ataque de mau humor.
pad.lock [ˈpædlɔk] *s* cadeado; • *v* fechar a cadeado.
pae.di.at.rics, EUA **pe.di.at.rics** [pi:diˈætriks] *s* MED pediatria.
pae.di.at.ric, EUA **pe.di.at.ric** [pi:diˈætrik] *adj* MED pediátrico.
pae.di.a.tri.cian, EUA **pe.di.a.tri.cian** [pi:diəˈtriʃn] *s* MED pediatra.
pae.do.phil.i.a, EUA **pe.do.phil.i.a** [ˈpi:dəufiliə] *s* pedofilia.
pa.gan [ˈpeigən] *s* e *adj* pagão; infiel; profano.

pa.gan.ism ['peigənizm] *s* paganismo, religião profana pela qual se adoram os deuses.

page [peidʒ] *s* página; pajem; ajudante; mensageiro; criado; • *v* mandar chamar.

pag.eant ['pædʒənt] *s* espetáculo; pompa; cortejo cívico.

pag.eant.ry ['pædʒəntri] *s* pompa; fausto; ostentação.

pag.er ['peidʒə(r)] *s* pequeno aparelho de telecomunicações que recebe mensagens, em geral solicitando ao usuário que entre em contato tão logo quanto possível; informações da Internet e *e-mails*, através de sinais de rádio.

pag.i.nate ['pædʒineit] *v* paginar, numerar ordenadamente as páginas de um livro, etc.

paid [peid] *pt* e *pp* de **pay**.

pail [peil] *s* balde.

pain [pein] *s* dor; tormento; • *v* afligir; causar pena a; atormentar; **a ~ in the neck**: pessoa chata, irritante; **on/under ~ of**: sob pena de.

pain.kill.er ['peinkilə(r)] *s* analgésico.

pained [peind] *adj* dolorido; doloroso; aflitivo.

pain.ful ['peinfl] *adj* doloroso; aflitivo; penoso; trabalhoso; árduo.

pain.less ['peinlis] *adj* sem dor; sem trabalho; fácil.

pains.tak.ing ['peinzteikiŋ] *adj* laborioso; diligente; cuidadoso.

paint [peint] *s* tinta; pintura; INF pincel; programa específico para desenhos e pinturas desenvolvido pela Microsoft; • *v* pintar(-se); descrever; colorir.

paint.brush ['peintbrʌʃ] *s* pincel; brocha; INF programa para desenhos e pinturas da Microsoft substituído pelo *paint*.

paint.er ['peintə(r)] *s* pintor.

pair [peə(r)] *s* par; parelha; dupla; • *v* emparelhar; igualar; casar.

pa.ja.mas [pə'dʒa:məz] *veja* **pyjamas**.

pal [pæl] *s* companheiro; camarada; sócio.

pal.ace ['pælis] *s* palácio, habitação de nobres e presidentes de repúblicas.

pal.at.a.ble ['pælətəbl] *adj* gostoso; saboroso; de apurado sabor; *ant* **unpalatable**.

pal.ate ['pælət] *s* paladar; palato, céu da boca.

pa.la.tial [pə'leiʃl] *adj* majestoso; suntuoso; magnífico.

pa.lav.er [pə'la:və(r); EUA pə'lævə(r)] *s* lisonja; conferência; conversação; • *v* adular; lisonjear; palavrear.

pale [peil] *v* encerrar; cercar; empalidecer; • *adj* pálido; amarelado; lívido; claro; descorado.

pa.lae.on.to.lo.gy, EUA pa.le.on.tol.o.gy [pæliən'tɔlədʒi; EUA peiliən'tɔlədʒi] *s* paleontologia, ciência que tem por objeto o estudo dos animais e vegetais fósseis.

pal.ette ['pælit] *s* paleta (de pintura).

pal.ish ['peiliʃ] *adj* um pouco pálido.

pall [pɔ:l] *s* pano mortuário; mortalha; • (*on, upon*) *v* tornar insípido; enjoar; enfastiar.

pal.li.ate ['pælieit] *v* aliviar; abrandar; suavizar.

pal.li.a.tive ['pæliətiv] *s* e *adj* paliativo, que serve para atenuar um mal sem resolvê-lo.

pal.lid ['pælid] *adj* pálido; lívido; descorado.

pal.lor ['pælə(r)] *s* palidez, qualidade ou estado de pálido.

palm [pa:m] *s* palma da mão; palmo, medida; palmeira (planta); • *v* segurar com a palma da mão; esconder na palma da mão; **~ Sunday**: Domingo de Ramos; **~-tree**: palmeira; **to have someone in the ~ of one's hand**: ter alguém na palma da mão.

palm.ist ['pa:mist] *s* quiromante.

palm.ist.ry ['pa:mistri] *s* quiromancia.

palm.y ['pa:mi] *adj* florescente; próspero; repleto de palmeiras.

pal.pa.ble ['pælpəbl] *adj* palpável; claro; óbvio; evidente; *ant* **impalpable**.

pal.pate ['pælpəti] *v* apalpar; examinar pelo tato.

pal.pi.tate ['pælpiteit] *v* palpitar; pulsar; latejar.

pal.pi.ta.tion [pælpi'teiʃn] *s* palpitação; pulsação irregular.

pal.sy ['pɔ:lzi] *s* paralisia; apatia; marasmo; • *v* paralisar.

pal.try ['pɔ:ltri] *adj* vil; miserável; mesquinho.

pam.per ['pæmpə(r)] *v* mimar, paparicar.

pamphlet / Paraguayan

pam.phlet [ˈpæmflit] *s* panfleto; folheto; impresso de publicidade.

pam.phlet.eer [pæmfləˈtiə(r)] *s* panfletário.

pan [pæn] *s* panela; • *v* CIN fazer uma tomada panorâmica; **frying-~**: frigideira, EUA **fry-pan**; **to ~ out**: ter bom resultado.

pan.a.ce.a [pænəˈsiə] *s* panaceia, planta imaginária que já foi considerada, pelos alquimistas, como o remédio para todos os males.

pan.cake [ˈpænkeik] *s* CULIN panqueca.

pan.cre.as [ˈpæŋkriəs] *s* pâncreas.

pan.dem.ic [pænˈdemik] *s* MED pandêmico, epidemia geral localizada; • *adj* epidêmico.

pane [pein] *s* vidro de janela, vidraça.

pan.e.gyr.ic [pæniˈdʒirik] *s* panegírico, discurso em louvor de alguém; apologia.

pan.e.gyr.ist [pæniˈdʒirist] *s* panegirista, aquele que faz panegírico.

pan.el [ˈpænl] *s* painel; caixilho; almofada de porta; lista oficial de jurados; júri; banca.

pang [pæŋ] *s* dor; agonia.

pan.ic [ˈpænik] *s* pânico; terror; **~-stricken**: em pânico.

pan.ick.y [ˈpæniki] *adj* apavorado.

pan.sy [ˈpænzi] *s* amor-perfeito, espécie de flor.

pant [pænt] *s* palpitação; ânsia; • *v* palpitar; suspirar; ofegar; **to ~ for**: desejar fortemente.

pan.ta.loon [pæntəˈlu:n] *s* arlequim; bobo; calça comprida.

pan.the.ism [ˈpænθiizəm] *s* FILOS panteísmo, teoria segundo a qual Deus é o conjunto de todas as coisas que existem.

pan.the.ist [ˈpænθiist] *s* panteísta, pessoa partidária do panteísmo.

pan.ther [ˈpænθə(r)] *s* pantera, quadrúpede felino, feroz e carnívoro.

pant.ies [ˈpæntiz] *s* calcinha feminina.

pant.i.hose, pant.y.hoze [ˈpæntihəuz] *s* EUA meia-calça; BRIT **tights**.

pan.to.mime [ˈpæntəmaim] *s* pantomima, arte de exprimir pensamentos, ideias e sentimentos por meio de gestos.

pan.try [ˈpæntri] *s* despensa, lugar próprio para guardar produtos alimentícios e outros objetos caseiros.

pants [pænts] *s* cueca; ceroulas; EUA calças, BRIT **trousers**.

pap [pæp] *s* teta; mama; peito; papa; mingau.

pa.pa [pəˈpa:; EUA ˈpa:pə] *s* papai.

pa.pa.cy [ˈpeipəsi] *s* papado; pontificado papal.

pa.pal [ˈpeipl] *adj* papal; pontifical.

pa.pa.ya [pəˈpaiə] *s* papaia, tipo de mamão; BRIT **pawpaw**.

pa.per [ˈpeipə(r)] *s* papel; jornal; ensaio; COM ordem de pagamento; • (*in, with*) *v* cobrir de papel; empapelar; **~ clip**: clipe; **~ knife**: corta-papel; **~ handkerchief**: lenço de papel; **~ sculpture**: origami.

pa.per.back [ˈpeipəbæk] *s* livro de capa mole; brochura.

pa.per.boy [ˈpeipə(r)bɔi] *s* menino que entrega jornais nas casas das pessoas; *fem* **papergirl**.

pa.py.rus [pəˈpaiərəs] *s* papiro, planta com larga folha que possibilitava a feitura de documentos escritos, desenhos, etc., principalmente no antigo Egito.

par [pa:(r)] *s* igualdade; paridade; **at ~**: ao par; **below ~**: abaixo do par; abaixo do normal.

par.a.ble [ˈpærəbl] *s* parábola.

pa.rab.o.la [pəˈræbələ] *s* MAT parábola, curva geométrica.

par.a.chute [ˈpærəʃu:t] *s* paraquedas; **~ jump**: salto de paraquedas.

par.a.chut.ist [ˈpærəʃu:tist] *s* paraquedista.

pa.rade [pəˈreid] *s* parada; desfile.

par.a.digm [ˈpærədaim] *s* GRAM paradigma; modelo.

par.a.dise [ˈpærədais] *s* paraíso; Céu; Éden; RELIG lugar prazeroso onde Deus colocou Adão e Eva, inicialmente.

par.a.dox [ˈpærədɔks] *s* paradoxo; contradição.

par.af.fin [ˈpærəfin] *s* querosene; EUA **kerosene**.

par.a.gon [ˈpærəgən] *s* modelo, paradigma.

par.a.graph [ˈpærəgra:f; EUA ˈpærəgræ:f] *s* parágrafo; alínea; • *v* dividir em parágrafos.

Par.a.guay.an [ˈpærəˈgwaiən] *s* e *adj* paraguaio.

par.a.keet ['pæræki:t] *s* periquito, ave da família dos papagaios (psitacídeos).

par.al.lel ['pærəlel] *s* linha paralela; comparação; • *v* ser paralelo; confrontar; • *adj* paralelo; similar; semelhante.

par.a.lyse, EUA **par.a.lyze** ['pærəlaiz] *v* paralisar, impedir qualquer movimento.

pa.ral.y.sis [pə'ræləsis] *s* paralisia; *pl* **paralyses**.

par.a.lyt.ic [pærə'litik] *s* e *adj* paralítico.

par.a.mount ['pærəmaunt] *adj* soberano; principal; superior; supremo.

par.a.noi.a ['pærənɔiə] *s* paranoia.

par.a.noid, par.a.noiac ['pærənɔid, 'pærənɔiæk] *s* paranoico.

par.a.pet ['pærəpit] *s* parapeito; muro fortificado; varanda.

par.a.ple.gic [pærə'pli:dʒik] *s* paraplégico.

par.a.psy.chol.o.gy [pærəsai'kɔlədʒi] *s* parapsicologia, ciência que estuda certos fenômenos não habituais da mente humana, como a clarividência, a telepatia, a precognição.

par.a.site ['pærəsait] *s* parasita, que se nutre do sangue de alguém ou algo semelhante.

par.a.sol ['pærəsɔl; EUA 'pærəsɔ:l] *s* sombrinha; guarda-sol.

par.cel ['pa:sl] *s* parcela; porção; pacote; • *v* parcelar; repartir; dividir em partes; acondicionar em pacotes.

parch [pa:tʃ] *v* ressecar.

parch.ment ['pa:tʃmənt] *s* pergaminho, documento feito em pele de carneiro curtida.

par.don ['pa:dn] *s* perdão; graça; absolvição; • *v* perdoar; agraciar; remir; **I beg your ~/~ me**: desculpe-me.

par.don.a.ble ['pa:dnəbl] *adj* perdoável, que se pode perdoar; *ant* **unpardonable**.

pare [peə(r)] *v* aparar; cortar; **to ~ the nails**: cortar as unhas.

par.ent ['peərənt] *s* pai; mãe; genitor; autor; gerador; origem; • *adj* paterno ou materno; **~ company**: matriz (empresa); **~~ teacher association (PTA)**: associação de pais e mestres (APM).

par.ent.age ['peərəntidʒ] *s* parentesco; ascendência.

pa.ren.tal [pə'rentl] *adj* paternal ou maternal.

pa.ren.the.sis [pə'renθəsis] *s* parêntese.

par.ent.hood ['peərənthud] *s* paternidade; maternidade.

par.ish ['pæriʃ] *s* paróquia; • *adj* paroquial.

pa.rish.ion.er [pə'riʃənə(r)] *s* paroquiano, que pertence a determinada paróquia.

par.i.ty ['pærəti] *s* paridade; semelhança; igualdade.

park [pa:k] *s* parque; campina; ponto de estacionamento; EUA campo para esportes; • *v* estacionar um carro.

park.ing ['pa:kiŋ] *s* estacionamento de veículos; **no ~**: proibido estacionar; **~ lot**: EUA estacionamento, BRIT **car park**; **~ meter**: parquímetro.

park.way ['pa:kwei] *s* EUA rodovia arborizada.

par.lance ['pa:ləns] *s* conversação; linguagem; debate.

par.ley ['pa:li] *s* conferência; discussão; • (*with*) *v* parlamentar; falar; conferenciar.

par.lia.ment ['pa:ləmənt] *s* parlamento; corte; câmara.

par.lia.men.ta.ry [pa:lə'mentri] *adj* parlamentar; do parlamento.

par.lour, EUA **par.lor** ['pa:lə(r)] *s* sala de visitas; salão comercial; **beauty ~**: salão de beleza.

par.o.dy ['pærədi] *s* paródia; caricatura; • *v* parodiar; imitar.

par.ox.ysm ['pærəksizəm] *s* paroxismo, a maior intensidade de uma dor, de um sentimento.

par.ri.cide ['pærisaid] *s* parricida, pessoa que mata o pai, a mãe ou um ascendente; parricídio.

par.rot ['pærət] *s* papagaio (ave).

par.ry ['pæri] *s* movimento defensivo; defesa; • *v* defender-se.

parse [pa:z; EUA pa:rs] *v* GRAM analisar uma palavra ou sentença.

par.si.mo.ni.ous [pa:si'məuniəs] *adj* parcimonioso; econômico; escasso.

par.si.mo.ny ['pa:siməni; EUA 'pa:siməuni] *s* parcimônia; economia; moderação.

pars.ley ['pa:sli] *s* salsa, planta utilizada como condimento.

par.son ['pa:sn] *s* pastor; clérigo; sacerdote; pároco.

par.son.age ['pa:snidʒ] *s* presbitério; curato.

part [pa:t] *s* parte; quota; fração; • *v* dividir; separar; apartar; partir; morrer; **for my ~**: quanto a mim; **for the most ~**: geralmente, na maior parte; **in ~**: em parte; **~ and parcel**: parte integrante; **to take ~**: participar; tomar parte.

par.take [pa:'teik] *s* participante; cúmplice; • *v* (*pt* **partook**; *pp* **partaken**) participar; compartilhar de.

par.tial ['pa:ʃl] *adj* parcial, que é parte de um todo.

par.ti.al.i.ty [pa:ʃi'æləti] *s* parcialidade; gosto; predileção; *ant* **impartiality**.

par.tic.i.pant [pa:'tisipənt] *s* e *adj* participante.

par.tic.i.pate [pa:'tisipeit] (*in, of*) *v* participar; compartilhar de.

par.tic.i.pa.tion [pa:tisi'peiʃn] *s* participação; porção; quinhão; parte.

par.ti.ci.ple ['pa:tisipl] *s* GRAM particípio, forma nominal do verbo que exprime ação, qualidade e estado.

par.ti.cle ['pa:tikl] *s* partícula; porção; pequena quantidade.

par.tic.u.lar [pə'tikjulə(r)] *s* particularidade; circunstância; pormenor; • *adj* particular; privado; individual; específico; **in ~**: em especial.

par.tic.u.lar.i.ty [pətikju'lærəti] *s* particularidade.

par.tic.u.lar.ize, **par.tic.u.lar.ise** [pətikju'læraiz] *v* particularizar; pormenorizar; detalhar.

part.ing ['pa:tiŋ] *s* separação; despedida; bifurcação.

par.ti.san [pa:ti'zæn; EUA 'pa:rtizn] *s* partidário; sequaz; prosélito.

par.ti.tion [pa:'tiʃn] *s* separação; divisão; partilha; • (*into*) *v* separar; dividir; repartir.

part.ly ['pa:tli] *adv* em parte, parcialmente.

part.ner ['pa:tnə(r)] *s* sócio; par (numa dança); parceiro (no jogo); companheiro; • *v* associar-se com.

part.ner.ship ['pa:tnəʃip] *s* parceria; companheirismo; associação.

par.took [pa:'tuk] *pt* de **partake**.

par.tridge ['pa:tridʒ] *s* perdiz, ave cujo macho é o perdigão.

part-time ['pa:'t taim] *adj* de meio expediente.

par.tu.ri.tion [pa:tju'riʃn; EUA pa:tʃu'riʃn] *s* parto, ato de parir, de dar à luz.

par.ty ['pa:ti] *s* partido político; reunião festiva; festa; grupo.

pass [pa:s; EUA pæs] *s* passagem; caminho; desfiladeiro; salvo-conduto; • *v* passar; mover-se; passar por um lugar; ser aprovado; **to bring to ~**: efetuar; **to ~ away**: dissipar; morrer; **to ~ up**: rejeitar (oportunidade).

pass.a.ble ['pa:səbl; EUA 'pæsəbl] *adj* passável; tolerável, aceitável; *ant* **impassable**.

pas.sage ['pæsidʒ] *s* passagem; passo; travessia; acontecimento.

pas.ser-by [pa:səby] *s* transeunte.

pas.sen.ger ['pæsindʒə(r)] *s* passageiro.

pass.ing ['pa:siŋ; EUA 'pæsiŋ] *s* passo; passagem; passamento; morte; • *adj* passageiro; transitório; momentâneo; **in ~**: de passagem.

pas.sion ['pæʃn] *s* paixão; ira; cólera.

pas.sion.fruit ['pæʃnfru:t] *s* maracujá.

pas.sion.ate ['pæʃənət] *adj* apaixonado; arrebatado; intenso.

pas.sive ['pæsiv] *s* GRAM voz passiva; • *adj* passivo; inerte; quieto.

pas.siv.i.ty [pæ'sivəti] *s* passividade; calma.

pass.port ['pa:spɔ:t; EUA 'pæspɔ:t] *s* passaporte, documento que autoriza uma pessoa a transitar de um país para outro.

pass.word ['pa:swɜ:d] *s* senha; INF palavra necessária que precisa ser digitada com antecedência para que se possa ter acesso a um programa, a um arquivo, etc.

past [pa:st; EUA pæst] *s* o passado; GRAM tempo pretérito; • *adj* passado; decorrido; último;

paste [peist] *s* pasta; massa; cola; goma; • *v* pregar; colar; INF colar, ação de copiar determinado texto, desenho, etc., transferindo-o para outro lugar que se queira.

paste.board ['peistbɔ:d] *s* papelão.

pas.teur.i.za.tion [pæstʃərai'zeiʃn; EUA pæstʃəri'zeiʃn] *s* pasteurização, ação de elevar a temperatura do leite até 70 °C, esfriando-a rapidamente.

pas.teur.ize ['pæstʃəraiz] *v* pasteurizar; esterilizar.

pas.time ['pa:staim; EUA 'pæstaim] *s* passatempo.

pas.try ['peistri] *s* massa; pastel.

pas.ture ['pa:stʃə(r); EUA 'pæstʃə(r)] *s* pasto; • *v* pastar.

past.y ['peisti] *adj* pastoso; pálido.

pat [pæt] *s* pancadinha; • *v* bater de leve; afagar; • *adj* exato; próprio; oportuno; • *adv* oportunamente; de modo conveniente.

patch [pætʃ] *s* remendo; emplastro; esparadrapo; • *v* remendar; consertar.

patch.work ['pætʃwə:k] *s* colcha de retalhos.

pate [peit] *s* GÍR cabeça; cachola; crânio.

pat.ent ['peitnt; EUA 'pætnt] *s* patente; privilégio; • *adj* patenteado; patente; manifesto; • *v* patentear; privilegiar.

pa.ter.ni.ty [pə'tə:nəti] *s* paternidade.

path [pa:ø; EUA pæø] *s* caminho; vereda; INF caminho, instrução detalhada e específica que se digita no teclado do computador para acessar determinados aplicativos.

pa.thet.ic [pə'øetik] *adj* patético; sentimental; enternecedor.

path.find.er ['pa:øfaində(r)] *s* explorador; pioneiro.

path.o.log.ic [pəøɔlədʒik] *adj* patológico, concernente à patologia.

pa.thol.o.gy [pə'øɔlədʒi] *s* patologia, parte da medicina que trata da origem, natureza e sintomas das doenças.

pa.thos ['peiøɔs] *s* sentimento; compaixão.

path.way ['pa:øwei] *s* caminho; atalho.

pa.tience ['peiʃns] *s* paciência; conformidade; resignação.

pa.tient ['peiʃnt] *s* paciente; • *adj* paciente; tolerante; *ant* **impatient**.

pa.tri.arch ['peitria:k; EUA 'pætria:k] *s* patriarca, chefe de família.

pa.tri.arch.ate ['peitria:keit] *s* patriarcado, dignidade ou jurisdição de patriarca.

pa.tri.cian [pə'triʃn] *s* nobre; aristocrata; • *adj* nobre; aristocrático.

pat.ri.mo.ny ['pætriməni; EUA 'pætriməuni] *s* patrimônio, herança paterna.

pa.tri.ot ['pætriət; EUA 'peitriət] *s* patriota, pessoa que ama e luta pela sua pátria.

pa.tri.ot.ic [pætri'ɔtik] *adj* patriótico, concernente a patriota.

pa.tri.ot.ism ['pætriətizəm] *s* patriotismo, qualidade de patriota.

pa.trol [pə'trəul] *s* patrulha; ronda; vigilância; • *v* patrulhar; rondar; vigiar.

pa.trol.man [pə'trəulmən] *s* vigilante, aquele que faz ronda em patrulhas.

pa.tron ['peitrən] *s* patrono; patrocinador; freguês.

pa.tron.age ['pætrənidʒ; EUA 'peitrənidʒ] *s* patrocínio.

pa.tron.ize, pa.tron.ise ['pætrənaiz; EUA 'peitrənaiz] *v* patrocinar.

pat.ten ['pætn] *s* coturno.

pat.ter ['pætə(r)] *s* murmuração; tagarelice; barulho leve e contínuo; • *v* tamborilar; bater leve e continuamente.

pat.tern ['pætn] *s* modelo; norma; espécime; padrão; molde; • *v* imitar; copiar; modelar.

pat.ty ['pæti] *s* torta; pastel; empada.

pau.ci.ty ['pɔ:səti] *s* exiguidade; escassez; insuficiência.

paunch ['pɔ:ntʃ] *s* pança; barriga; abdômen.

paunch.y ['pɔ:ntʃi] *adj* barrigudo; pançudo.

pau.per ['pɔ:pə(r)] *s* pobre; indigente; paupérrimo.

pause [pɔ:z] *s* pausa; interrupção; • *v* pausar; deter-se.

pave [peiv] *v* calçar ruas; pavimentar; **to ~ the way for**: preparar o terreno para.

pave.ment ['peivmənt] *s* pavimento; piso; calçada, EUA **sidewalk**.

pavilion / peel

pa.vil.ion [pə'viliən] *s* pavilhão; barraca; tenda; estandarte.

pav.ing ['peiviŋ] *s* pavimento; piso.

paw [pɔ:] *s* garra; pata; • (*at*) *v* dar patadas; raspar o chão com a pata.

pawk.y ['pɔ:ki] *adj* astuto; manhoso.

pawn [pɔ:n] *s* penhor; peão (no jogo de xadrez); • *v* penhorar; empenhar.

pawn.brok.er ['pɔ:nbrəukə(r)] *s* agiota; corretor de penhores.

pawn.shop ['pɔ:nʃɔp] *s* casa de penhores.

paw.paw [pə'pɔ:; EUA 'pɔ:pɔ:] *s* BRIT papaia, tipo de mamão; EUA **papaya**.

pay [pei] *s* soldo; salário; recompensa; • (*for,to*) *v* (*pt* e *pp* **paid**) pagar; **~packet**: envelope de pagamento; **~ phone**: telefone público; **to ~ attention**: prestar atenção; **to ~ homage**: prestar homenagem; **to ~ in cash**: pagar à vista; **to ~ up**: liquidar; saldar.

pay.a.ble ['peiəbl] *adj* pagável; descontável; amortizável.

pay.ee [pei'i:] *s* pessoa que possui direito de crédito; sacador.

pay.er ['peiə(r)] *s* sacado, pessoa que tem responsabilidade de pagar.

pay.ment ['peimənt] *s* pagamento; prêmio.

PC [pi: 'si:] *abrev de* **p**ersonal **c**omputer, computador pessoal.

pea [pi:] *s* ervilha; **as like as two ~s**: exatamente iguais.

peace [pi:s] *s* paz; calma; tranquilidade; concórdia; **at ~**: em paz; **to keep the ~**: não perturbar a paz pública; **to make ~**: fazer as pazes.

peace.a.ble ['pi:səbl] *adj* pacífico; tranquilo; sossegado.

peace.ful ['pi:sfl] *adj* pacífico; sossegado; calmo.

peace.mak.er ['pi:smeikə(r)] *s* pacificador.

peach [pi:tʃ] *s* pêssego; pessoa ou coisa admirada.

pea.cock ['pi:kɔk] *s* pavão (ave emplumada).

peak [pi:k] *s* pico; cume; ponta.

peak.ed ['pi:kid] *adj* pontiagudo; GÍR magrelo; enfermiço.

peal [pi:l] *s* repique intenso de sinos; • *v* ressoar; retinir; **~ of laugher**: gargalhada.

pea.nut ['pi:nʌt] *s* amendoim; **~ butter**: pasta de amendoim.

pear [peə(r)] *s* pera.

pearl [pə:l] *s* pérola.

peas.ant ['peznt] *s* aldeão; camponês; • *adj* rústico; campestre.

peas.ant.ry ['pezntri] *s* gente do campo; camponeses.

peat [pi:t] *s* carvão fóssil.

peb.ble ['pebl] *s* seixo; cascalho; pedregulho.

peck [pek] *s* medida; quantidade; • (*at*) *v* picar; espicaçar; bicar.

peck.ish ['pekiʃ] *adj* GÍR esfomeado; faminto; irritadiço.

pec.u.la.tion [pekju'leiʃn] *s* DIR peculato, roubo de dinheiro por pessoa que o administra.

pe.cu.liar [pi'kju:liə(r)] *adj* peculiar; privativo; específico; singular; distinto.

pe.cu.li.ar.i.ty [pikju:li'ærəti] *s* peculiaridade; particularidade; singularidade.

pe.cu.ni.ar.y [pi'kju:niəri; EUA pi'kju:nieri] *adj* pecuniário; monetário.

ped.a.gog.ic ['pədəgɔdʒik] *adj* pedagógico, relativo à pedagogia.

ped.a.gogue ['pədəgɔg] *s* pedagogo.

ped.a.go.gy ['pədəgɔdʒi] *s* pedagogia, ciência da instrução, do ensino e da educação.

ped.al ['pedl] *s* pedal; • *v* pedalar; • *adj* relativo ao pé ou aos pedais; **~ bin**: lata de lixo com pedal.

ped.ant ['pednt] *adj* pedante, pessoa que se dá ares de sábio.

ped.ant.ry ['pedntri] *s* pedantismo, qualidade de pedante.

ped.dle ['pedl] *v* vender pelas ruas; mascatear.

pe.des.tri.an [pi'destriən] *s* pedestre; transeunte; • *adj* pedestre; vulgar; **~ crossing**: faixa de pedestre, EUA **crosswalk**.

ped.i.gree ['pedigri:] *s* árvore genealógica; casta; linhagem de animais.

peek [pi:k] (*at*) *v* espiar; espreitar; espionar.

peel [pi:l] *s* casca; pele; • *v* descascar.

peel.er ['pi:lə(r)] s descascador.

peep [pi:p] s relance; olhadela; pio, piado de pássaro; • (*at*) v piar; surgir; aparecer; olhar de esguelha.

peep.er ['pi:pə(r)] s espreitador, aquele que espia; GÍR olho.

peer [pi:ə(r)] s par; companheiro; amigo da mesma idade, *status*, etc.; • v espiar; espreitar; olhar atentamente.

peer.age ['piərid3] s nobreza.

peer.less ['pi:əlis] adj incomparável; sem igual.

pee.vish ['pi:viʃ] adj mal-humorado; rabugento.

peg [peg] s cavilha; estaca; pretexto; prendedor de roupa; • v fixar com pregos; pendurar roupa no varal.

pe.jo.ra.tive [pi'd3ɔrətiv; EUA pi'd3ɔ:rətiv] adj pejorativo; depreciativo; que tem sentido torpe.

pel.i.can ['pelikən] s pelicano, ave aquática.

pel.let ['pelit] s bolinha; bala.

pel.lu.cid [pe'lu:sid] adj transparente; claro; translúcido.

pelt [pelt] s pele de animal abatido; • v chover forte, chover a cântaros; arremessar; correr a toda velocidade.

pel.vic ['pelvik] adj pélvico, relativo à pelve.

pel.vis ['pelvis] s pelve, cavidade óssea da bacia.

pen [pen] s pena de escrever; caneta; escritor; curral; GÍR penitenciária; • v (*pt* e *pp* **penned**) encurralar; **~friend**: correspondente (geralmente de outro país); **~name**: nome fictício, pseudônimo.

pe.nal.ize, pe.nal.ise ['pi:nəlaiz] v penalizar; punir; declarar culpado.

pen.al.ty ['penlti] s pena; penalidade; multa; FUT pênalti, punição com tiro livre ao gol.

pen.ance ['penəns] s penitência; mortificação.

pen.cil ['pensl] s lápis; pincel; • v pintar; desenhar, riscar; **~shapener**: apontador de lápis.

pend.ant ['pendənt] s pendente; pingente.

pen.den.cy ['pendənsi] s pendência.

pend.ent ['pendənt] adj pendente; suspenso.

pen.du.lous ['pendjuləs; EUA 'pend3uləs] adj pendente; pendurado.

pen.e.tra.ble ['penitrəbl] adj penetrável, que se infiltra, que penetra.

pen.e.trate ['penitreit] (*into*, *through*) v penetrar em; introduzir-se; perceber.

pen.e.tra.tion [peni'treiʃn] s penetração; perspicácia; discernimento.

pen.guin ['pengwin] s pinguim, ave das regiões gélidas do polo sul.

pen.i.cil.lin [peni'silin] s penicilina.

pen.in.su.la [pə'ninsjulə; EUA pə'ninsələ] s península.

pen.in.su.lar [pə'ninsjulə(r)] adj peninsular, concernente a península.

pe.nis ['pi:nis] s pênis.

pen.i.ten.tia.ry [peni'tenʃəri] s penitenciária; presídio; • *adj* penitenciário; penal.

pen.knife ['pennaif] s canivete, pequena faca de bolso; *pl* **penknives**.

pen.nant ['penənt] s bandeirola; flâmula; estandarte; bandeira.

pen.ny ['peni] s pêni, moeda inglesa, 12ª parte do xelim; EUA centavo do dólar; **a ~ for your thoughts**: um centavo por seu pensamento; **pretty ~**: muito dinheiro, "uma nota preta"; **the ~ has dropped**: a ficha caiu, o significado foi compreendido; **to turn an honest ~**: ganhar dinheiro honestamente.

pen.sion ['penʃn] s pensão; renda; aposentadoria; • (*off*) v reformar; aposentar; jubilar.

pen.sion.er ['penʃionə(r)] s o que recebe uma pensão.

pen.sive ['pensiv] adj pensativo; reflexivo.

pen.ta.gon ['pentəgən; EUA 'pentəgɔn] s pentágono.

pent.house ['penthaus] s apartamento de cobertura; sótão; alpendre.

pen.u.ry ['penjuəri] s penúria; miséria; pobreza.

peo.ple ['pi:pl] s povo; nação; gente; pessoas; • v povoar; colonizar; **common ~**: a plebe; **young ~**: a mocidade.

pep.per ['pepə(r)] s pimenta; pimenteira; • v apimentar; **black ~**: pimenta-do-reino.

pep.per.mint ['pepəmint] s hortelã.

pep.per.y ['pepəri] *adj* apimentado; irascível; colérico.

pep.tic ['peptik] *adj* digestivo, que facilita a digestão.

per.am.bu.late [pə'ræmbjuleit] *v* perambular; percorrer a pé.

per.am.bu.la.tion [pəræmbju'leiʃn] *s* perambulação.

per.am.bu.la.tor [pə'ræmbjuleitə(r)] *s* aquele que percorre; carrinho de criança.

per.ceiv.a.ble [pə'si:vəbl] *adj* visível; perceptível.

per.ceive [pə'si:v] *v* perceber; notar.

per.cent.age [pə'sentidʒ] *s* percentagem; porcentagem.

per.cep.ti.ble [pə'septəbl] *adj* perceptível; palpável; visível; *ant* **imperceptible**.

per.cep.tion [pə'sepʃn] *s* percepção; noção; ideia.

per.cep.tive [pə'septiv] *adj* perceptivo, que pode perceber.

perch [pə:tʃ] *s* perca; poleiro; • (*on*, *upon*) *v* empoleirar; pousar.

per.cip.i.ent [pə'sipiənt] *s* que tem percepção; • *adj* sensitivo; perceptivo.

per.co.late ['pə:kəleit] *v* coar; filtrar; peneirar.

per.co.la.tor ['pə:kəleitə(r)] *s* filtro; coador.

per.cus.sion [pə'kʌʃn] *s* percussão; colisão; choque.

per.cus.sion.ist [pə'kʌʃnist] *s* percussionista.

per.di.tion [pə'diʃn] *s* perdição; ruína.

per.e.gri.nate [perigri'neit] *v* peregrinar; migrar; viajar.

per.e.gri.na.tion [perigri'neiʃn] *s* peregrinação, caminhada longa, geralmente para observar lugares onde algo extraordinário ocorreu.

per.e.grine [perigri'ni] *s* falcão peregrino; • *adj* peregrino; estrangeiro.

per.emp.to.ry [pə'remptəri; EUA 'peræmptɔ:ri] *adj* peremptório; decisivo; dogmático.

per.en.ni.al [pə'reniəl] *adj* perene; incessante; contínuo.

per.fect ['pə:fikt] *v* aperfeiçoar; • *adj* perfeito; acabado; completo.

per.fect.i.ble ['pə:fiktibl] *adj* suscetível de aperfeiçoamento.

per.fec.tion [pə'fekʃn] *s* perfeição, máximo grau de excelência a que uma pessoa ou coisa pode chegar.

per.fec.tion.ist [pə'fekʃnist] *s* perfeccionista.

per.fid.i.ous [pə'fidiəs] *adj* pérfido; falso; desleal.

per.fi.dy ['pə:fidi] *s* perfídia; deslealdade.

per.fo.rate ['pə:fəreit] *v* perfurar; brocar; furar; • *adj* perfurado.

per.force [pə'fɔ:s] *adv* por força; necessariamente.

per.form [pə'fɔ:m] *v* fazer; executar; cumprir.

per.for.mance [pə'fɔ:məns] *s* execução; desempenho; atuação (ator, música, etc.).

per.form.er [pə'fɔ:mə(r)] *s* intérprete; ator; músico; acrobata.

per.fume ['pə:fju:m] *s* perfume; fragrância; aroma; • (*with*) *v* perfumar, aromatizar.

per.haps [pə'hæps] *adv* talvez; porventura; ~ **so**: é possível que sim.

per.il ['pərəl] *s* perigo; risco; • *v* (*pt* e *pp* **periled** ou **perilled**) expor(-se) ao perigo; arriscar(-se).

per.il.ous ['pərələs] *adj* perigoso; arriscado.

pe.rim.e.ter [pə'rimitə(r)] *s* perímetro, comprimento de uma circunferência.

pe.ri.od ['piəriəd] *s* período; era; fase; menstruação; ponto-final; ~ **pains**: cólica menstrual.

pe.ri.od.ic [piəri'ɔdik] *adj* periódico, que se repete com intervalos regulares.

pe.ri.o.dic.i.ty [piəriə'disiti] *s* periodicidade.

pe.riph.er.y [pə'rifəri] *s* periferia.

pe.riph.ra.sis [pə'rifrəsis] *s* perífrase, rodeio de palavras.

per.ish ['periʃ] *v* perecer; acabar; sucumbir.

per.ish.a.ble ['periʃəbl] *adj* perecível; frágil.

per.jure ['pə:dʒə(r)] *v* perjurar, jurar falso.

per.ju.ry ['pə:dʒəri] *s* perjúrio, ato ou efeito de perjurar.

perk [pə:k] (*up*) *v* animar(-se); empertigar-se.

perk.y ['pə:ki] *adj* vivo; alegre.

per.ma.nence ['pə:mənəns] *s* permanência; constância; perseverança.

per.ma.nent ['pə:mənənt] *adj* permanente; firme; imutável.

per.me.a.ble [′pə:miəbl] *adj* permeável, que se pode penetrar; *ant* **impermeable**.

per.me.ate [′pə:mieit] (*into, through*) *v* permear; passar; atravessar.

per.mis.si.ble [pə′misəbl] *adj* permissível; admissível.

per.mis.sion [pə′miʃn] *s* permissão; licença; aquiescência.

per.mis.sive [pə′misiv] *adj* permissivo; tolerado; permitido.

per.mit [pə′mit] *s* permissão; licença; • *v* permitir; consentir; autorizar.

per.mu.ta.tion [pə:mju:′teiʃn] *s* permuta; troca.

per.mute [pə′mju:t] *v* permutar; trocar.

per.ni.cious [pə′niʃəs] *adj* pernicioso; perigoso; funesto; fatal.

per.o.ra.tion [perə′reiʃn] *s* peroração, parte final de um discurso.

per.pen.dic.u.lar [pə:pən′dikjulə(r)] *s* perpendicular, linha que cai formando com outra, ou com uma superfície, dois ângulos de 90°; • *adj* perpendicular.

per.pe.trate [′pə:pitreit] *v* perpetrar; perfazer; realizar.

per.pet.u.al [pə′petʃuəl] *adj* perpétuo; perene; permanente.

per.pet.u.ate [pə′petʃueit] *v* perpetuar; eternizar.

per.pe.tu.i.ty [pə:pi′tju:iti; EUA pə:pi′tu:əti] *s* perpetuidade, duração perpétua; **in ~**: para sempre.

per.plex [pə′pleks] *v* embaraçar.

per.plexed [pə′pleksid] *adj* perplexo; confuso.

per.qui.site [′pə:kwizit] *s* gratificação.

per.se.cute [′pə:sikju:t] *v* perseguir; atormentar.

per.se.cu.tion [pə:si′kju:ʃn] *s* perseguição; opressão.

per.se.ver.ance [pə:si′viərəns] *s* perseverança; persistência.

per.se.vere [pə:si′viə(r)] (*at, with*) *v* perseverar; manter-se firme.

Per.sian [′pə:ʃn; EUA ′pə:rʒn] *s* e *adj* persa.

per.si.flage [′pə:sifla:ʒ] *s* troça; zombaria; caçoada.

per.sim.mon [pə′simən] *s* caqui; caquizeiro.

per.sist [pə′sist] *v* persistir; insistir; continuar.

per.sist.ence [pə′sistəns] *s* persistência; constância; obstinação.

per.sist.ent [pə′sistənt] *adj* persistente; perseverante.

per.son [′pə:sn] *s* pessoa; indivíduo; pessoa gramatical; **in ~**: em pessoa; **to have a ~ on**: ludibriar alguém.

per.son.age [′pə:sənidʒ] *s* personagem; pessoa importante.

per.son.al [′pə:sənəl] *adj* pessoal; particular; privado; **~ computer**: INF computador pessoal; **~ pronoun**: pronome pessoal.

per.son.al.i.ty [′pə:sə′næləti] *s* personalidade, qualidade do que é pessoal; **~ cult**: culto à personalidade.

per.son.al.ly [′pə:sənəli] *adv* pessoalmente.

per.son.i.fi.ca.tion [pəsɔnifi′keiʃn] *s* personificação.

per.son.i.fy [pə′sɔnifai] *v* personificar; personalizar.

per.son.nel [pə:sə′nel] *s* pessoal, grupo de funcionários.

per.spec.tive [pə′spektiv] *s* perspectiva, arte de representar num plano os objetos, transmitindo a impressão de tridimensionalidade e profundidade; aspecto dos objetos vistos de longe.

per.spi.ca.cious [pə:spi′keiʃəs] *adj* perspicaz; sagaz; esclarecido.

per.spi.ra.tion [pə:spə′reiʃn] *s* transpiração; suor.

per.spire [pə′paiə(r)] *v* transpirar; suar.

per.suade [pə′sweid] (*into, out of*) *v* persuadir; convencer.

per.sua.sion [pə′sweiʒn] *s* persuasão; crença; credo.

per.sua.sive [pə′sweisiv] *adj* persuasivo, que convence.

pert [pə:t] *adj* atrevido; petulante; audaz.

per.tain [pə′tein] (*to*) *v* pertencer a; referir-se a.

per.ti.nence [′pə:tinəns] *s* pertinência; relação; conexão.

per.ti.nent [′pə:tinənt; EUA ′pə:tənənt] *adj* pertinente; relevante; relativo a; pertencente a; *ant* **irrelevant**.

perturb / philosopher

per.turb [pəˈtə:b] *v* perturbar; inquietar; irritar.

per.tur.ba.tion [pə:təˈbeiʃn] *s* perturbação; desordem; desvio; confusão.

pe.ruse [pəˈru:z] *v* ler cuidadosamente; ler atentamente.

Pe.ru.vi.an [pəˈru:viən] *s e adj* peruano.

per.vade [pəˈveid] *v* espalhar; impregnar.

per.verse [pəˈvə:s] *adj* obstinado no erro; do contra.

per.ver.sion [pəˈvə:ʃn; EUA pəˈvə:ʒn] *s* perversão.

per.ver.si.ty [pəˈvə:səti] *s* obstinação; perversidade, qualidade de perverso.

per.vert [pəˈvə:t] *v* perverter; corromper; depravar.

pes.si.mism [ˈpesimizəm] *s* pessimismo, disposição daqueles que tendem a ver tudo pelo lado negativo, pelo pior lado das coisas; *ant* **optimism**.

pes.si.mis.tic [pesiˈmistik] *adj* pessimista, concernente ao pessimismo; *ant* **optimistic**.

pest [pest] *s* peste; epidemia; praga.

pes.ter [ˈpestə(r)] (*for, with*) *v* atormentar; irritar; confundir.

pes.ti.cide [ˈpestisaid] *s* pesticida.

pes.ti.lence [ˈpestiləns] *s* pestilência; praga; peste.

pes.ti.lent [ˈpestilənt] *adj* pestilento; pernicioso; importuno; contagioso.

pes.tle [ˈpesl] *s* mão de pilão; • *v* triturar; moer no pilão.

pet [pet] *s* animal de estimação; • *v* animar; • *adj* mimado; **~ name**: apelido carinhoso.

pet.al [ˈpetl] *s* pétala, cada uma das partes que formam a corola da flor.

pe.ti.tion [piˈtiʃn] *s* petição; requerimento; • (*for, against*) *v* peticionar; solicitar; requerer.

pet.ri.fy [ˈpetrifai] *v* petrificar; ficar paralisado de medo.

pet.rol [ˈpətrəl] *s* gasolina; EUA **gasoline, gas**; **~ station**: posto de gasolina, EUA **filling station, gas station**.

pe.tro.le.um [piˈtrəuliəm] *s* petróleo; **~ jelly**: vaselina.

pe.trol.o.gy [piˈtrɔlədʒi] *s* petrologia, estudo do crescimento e decadência das rochas.

pet.ti.coat [ˈpetikəut] *s* anágua.

pet.tish [ˈpetiʃ] *adj* nervoso; mal-humorado.

pet.ty [ˈpeti] *adj* pequeno; mesquinho; insignificante; inferior.

pet.u.lant [ˈpetjulənt; EUA ˈpetʃulənt] *adj* irritado; de mau humor.

pew [pju:] *s* banco comprido de igreja.

phal.anx [ˈfælæŋks] *s* falange; *pl* **phalanxes** ou **phalanges**.

phan.tasm [ˈfæntæzəm] *s* fantasma; espectro.

phan.tom [ˈfæntəm] *s* fantasma; espectro; ilusão.

pha.raoh [ˈfeəˈrəu] *s* faraó.

phar.ma.cist [ˈfa:məsist] *s* farmacêutico, profissão daquele que prepara cientificamente os medicamentos e os vende.

phar.ma.col.o.gy [fa:məˈkɔlədʒi] *s* farmacologia, ciência dos medicamentos e suas aplicações.

phar.ma.cy [ˈfa:məsi] *s* farmácia.

phar.ynx [ˈfæriŋks] *s* MED faringe, conduto musculoso e membranoso que se situa entre a boca e o esôfago.

phase [feiz] *s* fase; aspecto; • *v* escalonar; **to ~ something in/out**: introduzir/retirar algo por etapa.

PhD [pi: eitʃˈdi:] *abrev de* **D**octor of **Ph**ilosophy, doutorado.

pheas.ant [ˈfeznt] *s* faisão, ave galinácea.

phe.nom.e.nal [fiˈnɔminl] *adj* fenomenal; admirável; espantoso.

phe.nom.e.non [fiˈnɔminən] *s* fenômeno.

phi.al [ˈfaiəl] *s* frasco de vidro.

phil.an.throp.ic [filənˈørɔpik] *adj* filantrópico, relativo à filantropia.

phil.an.thro.py [fiˈlænərəpi] *s* filantropia, amor à humanidade; altruísmo.

phi.lol.o.gist [fiˈlɔlədʒist] *s* filólogo, aquele que é versado em filologia.

phi.lol.o.gy [fiˈlɔlədʒi] *s* filologia, estudo da origem e da evolução de uma língua com base em antigos escritos.

phi.los.o.pher [fiˈlɔsəfə(r)] *s* filósofo.

philosophize / picket

phi.los.o.phize, phi.los.o.phise [fi'lɔsəfaiz] *v* filosofar, refletir ou argumentar sobre assuntos filosóficos.

phi.los.o.phy [fi'lɔsəfi] *s* filosofia.

phlegm [flem] *s* muco; fleuma; impassibilidade.

phleg.mat.ic [fleg'mætik] *adj* fleumático; frio; indiferente.

pho.bi.a ['fəubiə] *s* fobia.

phone [fəun] *s* telefone; • *v* telefonar; ~ **book**: lista telefônica; ~ **booth**: cabine telefônica; ~ **call**: telefonema; ~-**in**: programa no rádio ou na televisão em que o ouvinte ou telespectador participa através do telefone, com perguntas, comentários, etc., EUA **call-in**.

pho.neme ['fəuni:m] *s* fonema.

pho.net.ic [fə'netik] *adj* fonético.

pho.net.ics [fə'netiks] *s* fonética, ciência dos sons de uma língua.

pho.no.graph ['fəunəgra:f; EUA 'fəunəgræf] *s* vitrola.

pho.nol.o.gy [fə'nɔlədʒi] *s* fonologia, ciência que estuda os fonemas de uma língua.

phos.phate ['fɔsfeit] *s* QUÍM fosfato, sal formado pela combinação do ácido fosfórico com uma base.

phos.pho.res.cence [fɔsfə'resns] *s* fosforescência, propriedade de certos corpos que brilham no escuro.

phos.pho.res.cent [fɔsfə'resnt] *adj* fosforescente, que tem a propriedade da fosforescência.

phos.pho.rus ['fɔsfərəs] *s* QUÍM fósforo.

pho.to ['fəutəu] *s* fotografia.

pho.to.cop.i.er ['fəutəukɔpiə(r)] *s* fotocopiadora.

pho.to.cop.y ['fəutəukɔpi] *s* fotocópia; xerox; • *v* fotocopiar.

pho.to.graph ['fəutəgra:f; EUA 'fəutəgræf] *s* fotografia; • *v* fotografar.

pho.tog.ra.pher ['fəutəgra:fə(r)] *s* fotógrafo.

pho.to.graph.ic [fəutə'græfik] *adj* fotográfico; ~ **memory**: FIG memória fotográfica.

pho.to.gra.phy [fə'tɔgrəfi] *s* fotografia; arte fotográfica.

pho.to.syn.the.sis [fəutəu'sinəəsis] *s* fotossíntese.

phrase [freiz] *s* frase, sentença; dito; • *v* exprimir; expressar; ~ **book**: livro de expressões idiomáticas.

phra.se.ol.o.gy [freizi'ɔlədʒi] *s* fraseologia, parte da gramática que trata da construção das frases.

phys.ic ['fizik] *s* remédio; purgante.

phys.i.cal ['fizikl] *adj* físico; material; corpóreo; ~ **characteristics**: características físicas; ~ **Education**: educação física.

phy.si.cian [fi'ziʃn] *s* médico, aquele que é formado em medicina.

phys.i.cist ['fizisist] *s* físico; **nuclear** ~: físico nuclear.

phys.ics ['fiziks] *s* física, ciência que investiga as propriedades gerais da matéria, suas leis e seus fenômenos.

phys.i.o.log.ical [fiziə'lɔdʒikl] *adj* fisiológico, que se refere a fisiologia.

phys.i.ol.o.gy [fizi'ɔlədʒi] *s* fisiologia, parte da biologia.

phys.i.og.no.my [fizi'ɔnəmi; EUA fizi 'ɔgnəumi] *s* fisionomia.

phys.i.o.ther.a.py [fiziəu'θerəpi] *s* fisioterapia.

phy.sique [fi'zi:k] *s* físico, aparência física.

pi.an.ist ['piənist] *s* MÚS pianista, aquele que toca piano.

pi.a.no ['pjɑ:nəu] *s* piano, instrumento musical de cordas e teclado que produz o som pela percussão; • *adv* lentamente; vagarosamente.

pick [pik] *s* picareta; o melhor, a nata; • *v* pegar; colher; apanhar; escolher; palitar; **to ~ and choose**: escolher com demasiado cuidado; **to ~ off**: abater um por um; **to ~ on**: escolher como vítima; **to ~ one's way/ steps**: andar com cuidado; **to ~ someone/ something to pieces**: achar defeitos em alguém ou algo; **to ~ up**: recolher; pegar; atender o telefone; buscar (alguém em algum lugar); **to ~ up speed**: acelerar.

pick.er ['pikə(r)] *s* apanhador; colhedor.

pick.et ['pikit] *s* estaca; piquete (greve); • *v* rodear com estacas; fazer greve.

pickle / pinkie

pick.le ['pikl] s conserva; picles; • v pôr em salmoura.

pick.pock.et ['pikpɔkt] s batedor de carteiras; ladrão; • v bater a carteira.

pic.nic ['piknik] s piquenique; • v fazer piquenique.

pic.ture ['piktʃə(r)] s pintura; imagem; quadro; ilustração; filme cinematográfico; foto; • v pintar; representar; descrever; **to take a ~ of someone**: tirar uma foto de alguém.

pic.tur.esque [piktʃə'resk] adj pitoresco.

pie [pai] s torta; pastel; empada.

piece [pi:s] s pedaço; peça; parte; peça de teatro; • v remendar; acrescentar; unir; juntar; ajustar-se; **~ of advice**: conselho; **~ of cake**: fácil de fazer; **to go to ~**: quebrar; despedaçar; descontrolar-se.

piece.meal ['pi:smi:l] adv em pedaços; gradualmente; pouco a pouco.

pied [paid] adj pintado com diversas cores.

pier [piə(r)] s pilar; cais; embarcadouro.

pierce [piəs] v furar; transpassar; abrir passagem.

pierc.er ['piəsə(r)] s aquele que faz os furos no corpo do cliente para a colocação dos *piercings*.

pierc.ing ['piəsiŋ] s anel, brinco, etc. usados para adornar o corpo (língua, umbigo, nariz, etc.); • adj agudo; cortante.

pi.e.ty ['paiəti] s religiosidade; devoção; *ant* **impiety**.

pif.fle ['pifl] s tolice; futilidade; • v dizer tolices.

pig [pig] s leitão; porco; • v parir (a porca); **a ~ in a poke**: algo que se compra sem se ver; **~s might fly**: algo quase impossível de acontecer.

pi.geon ['pidʒən] s pombo; ingênuo; simplório.

pi.geon.hole ['pidʒənhəul] s local em que os pombos ficam; escaninho.

pig.ger.y ['piəəri] s chiqueiro; lugar imundo.

pig.gish ['pigiʃ] adj voraz; sujo; imundo.

pig.gy ['pigi] s leitão; porquinho; **~ bank**: cofrinho em formato de porco.

pig.ment ['pigmənt] s pigmento; coloração; cor.

piked ['paikid] adj pontiagudo; pontudo.

pi.las.ter [pi'læstə(r)] s ARQ pilastra; coluna.

pil.chard ['piltʃəd] s sardinha.

pile [pail] s pilha; estaca; pira; edifício; lanugem; • (on) v empilhar; pôr estacas; **to ~ up**: empilhar.

piles [pailz] s pl MED hemorroidas.

pil.fer ['pilfə(r)] v furtar; surripiar.

pil.grim ['pilgrim] s peregrino; romeiro.

pil.grim.age ['pilgrimidʒ] s peregrinação, grande caminhada com sentido religioso; romaria.

pill [pil] s pílula.

pil.lage ['pilidʒ] s pilhagem; saque; roubo; • v pilhar; saquear.

pil.lar ['pilə(r)] s pilar; coluna.

pil.lo.ry ['piləri] s pelourinho, lugar público próprio para castigo dos criminosos.

pil.low ['piləu] s travesseiro; almofada.

pil.low.case ['piləukeis] s fronha.

pi.lot ['pailət] s piloto; guia.

pim.ple ['pimpl] s empola; borbulha; espinha.

PIN [pin] *abrev de* **p**ersonal **i**dentification **n**umber, número de identificação pessoal.

pin [pin] s alfinete; broche; prego; • v prender com alfinetes; **to ~ something on someone**: imputar uma acusação a alguém.

pin.ball ['pinbɔ:l] s fliperama.

pin.cers ['pinsəz] s pinça; tenaz; torquês.

pinch [pintʃ] s beliscão; aperto; dor; dificuldade; apuro; GÍR furto; • v beliscar; agarrar; apertar; privar; atormentar; GÍR furtar.

pinch.beck ['pintʃbek] s ouropel, lâmina fina de latão, imitando ouro; ouro falso; FIG falso brilho; aparência enganosa.

pine [pain] s pinheiro; pinho; • v consumir-se.

pine.ap.ple ['painæpl] s abacaxi.

ping [piŋ] s silvo; sibilo; • v sibilar.

ping-pong ['piŋpɔŋ] s pingue-pongue.

pin.ion ['piniən] s asa; roda dentada.

pink [piŋk] s cor-de-rosa; cravo (flor); modelo; perfeição; • v furar; picotar; • adj rosa (cor); **in the ~**: em saúde perfeita, muito bem.

pink.ie, pink.y ['piŋki] s EUA dedo mínimo.

pin.na.cle ['pinəkl] s auge; apogeu; torre; • v elevar; guarnecer de torres.

pint [paint] s quartilho, medida de capacidade.

pi.o.neer [paiə'niə(r)] s pioneiro; descobridor; • v ser pioneiro.

pi.ous ['paiəs] adj pio; devoto; religioso.

pip [pip] s semente; pontos nas cartas, nas peças de dominó e nos dados que indicam valores.

pipe [paip] s cachimbo; tubo; cano; gaita de foles; • v canalizar.

piped mu.sic ['paipidmju:sik] s música "enlatada", tocada em supermercados, etc.

pipe.line ['paiplain] s duto; aqueduto; oleoduto; gaseoduto.

pip.er ['paipə(r)] s flautista; tocador de gaita.

pi.pette [pi'pet] s pipeta, tubo especial de laboratórios, para líquidos.

pip.ing ['paipiŋ] s tubulação; canalização; som de flauta; • adj sibilante.

pi.quant ['pi:kənt] adj picante; mordaz; áspero; satírico.

pique [pi:k] s ressentimento; • v irritar; ferir o orgulho de.

pi.ra.cy ['pairəsi] s pirataria, ação de roubar, extorquir.

pi.rate ['pairət] s pirata, corsário; • v piratear; pilhar; furtar; ~ **radio**: rádio pirata.

piss [pis] s urina; • v urinar, POP mijar.

pis.tol ['pistl] s pistola; • v disparar (pistola).

pis.ton ['pistən] s pistão; êmbolo.

pit [pit] s buraco; fosso; mina; caroço de certas frutas; • v encerrar num buraco; marcar com furinhos; opor; competir; ~ **stop**: AUT parada nos boxes durante uma corrida de carros; **the ~s**: AUT os boxes.

pitch [pitʃ] s ESP campo; MÚS tom; grau; intensidade; arremesso, lance; piche, breu; • v lançar, arremessar; entoar; cair de cabeça; **~-back**: escuro como o breu; **~ed battle**: batalha campal.

pitch.er ['pitʃə(r)] s jarro; cântaro; EUA ESP arremessador (beisebol).

pit.e.ous ['pitiəs] adj lastimável; lamentável.

pit.fall ['pitfɔ:l] s armadilha; engodo.

pith [piθ] s BOT medula; FIG energia; vigor; parte essencial; • v matar, extraindo a medula; sugar a seiva de uma planta.

pit.i.a.ble ['pitiəbl] adj lastimável, digno de pena.

pit.i.ful ['pitifl] adj lastimável; lamentável; comovente.

pit.i.less ['pitilis] adj desapiedado; cruel; desumano.

pit.tance ['pitns] s porção; pequeno rendimento, ninharia.

pit.y ['piti] s piedade; compaixão; • v compadecer-se de; ter pena; **for ~'s sake**: por piedade, por favor; **it's a ~!**: é uma pena!; **what a ~!**: que pena!

piv.ot ['pivət] s pivô; eixo; • (on) v girar sobre um eixo; FIG depender de.

pix.el ['piksl] s INF cada um dos pontos em uma tela de computador, que, reunidos, formam a imagem que nela aparece.

pix.ie ['piksi] s fada; duende.

piz.za ['pi:tsə] s pizza.

plac.ard ['plækɑ:d] s cartaz; anúncio; • v anunciar por meio de cartazes; afixar cartazes.

pla.cate [plə'keit; EUA 'pleikeit] v aplacar; pacificar; acalmar.

place [pleis] s lugar; espaço; posição; emprego; • v pôr; colocar; **in ~ of**: em vez de; **in the first ~**: em primeiro lugar; a seguir; **~ in the sun**: lugar ao sol, posição favorável; **~ of birth**: lugar de nascimento; **to give ~ to**: dar preferência a; **to take ~**: realizar-se; acontecer.

plac.id ['plæsid] adj plácido; sereno; sossegado; calmo.

pla.gia.rism ['pleidʒərizəm] s plágio, imitação de obra alheia.

pla.gia.rize, pla.gia.rise ['pleidʒəraiz] v plagiar, imitar trabalho alheio, apresentando-o como seu.

plague [pleig] s praga; peste; flagelo; • v infectar; flagelar; FIG atormentar.

pla.guy ['pleigi] adj molesto; importuno; maligno.

plaid [plæd] s manta escocesa em xadrez.

plain [plein] *s* campina; plano; planície; • *v* chorar; lamentar; queixar-se; • *adj* liso; plano; singelo; simples; sem graça; sincero; evidente; **as ~ as day/as a pikestaff/as the nose on your face**: óbvio, evidente; **in ~ clothes**: à paisana (polícia); **~ chocolate**: chocolate amargo.

plain.ness ['pleinis] *s* superfície plana; simplicidade; evidência.

plaint [pleint] *s* queixa; lamento; queixume.

plait [plæt] *s* prega; dobra; trança (de cabelo), EUA **braid**; • *v* fazer pregas; dobrar; trançar.

plan [plæn] *s* plano; projeto; esboço; • (*for, on*) *v* projetar; desenhar ou elaborar plantas.

plane [plein] *s* plano; superfície plana; nível; aeroplano; • *v* aplainar; • *adj* plano.

plan.et ['plænit] *s* planeta, astro que não possui luz própria.

plan.e.tar.i.um [plæni'teəriəm] *s* planetário.

plank [plæŋk] *s* prancha; tábua; • *v* assoalhar.

plan.ner ['plænə(r)] *s* planejador; **town ~**: urbanista, EUA **city planner**.

plan.ning ['plæniŋ] *s* planejamento.

plant [pla:nt; EUA plænt] *s* BOT planta; fábrica; maquinaria; policial infiltrado; • *v* plantar; fundar; fixar; instalar.

plan.ta.tion [plæn'teiʃn] *s* plantação.

plant.er ['pla:ntə(r)] *s* plantador; colono; lavrador.

plas.ter ['pla:stə(r)] *s* emplastro; estuque; reboco; • *v* emplastrar; rebocar uma parede; **sticking ~**: esparadrapo.

plas.tic ['plæstik] *s* e *adj* plástico; **~ bag**: sacola plástica; **~ surgery**: cirurgia plástica.

plate [pleit] *s* prato; chapa; lâmina; folha de metal; • (*with*) *v* chapear; blindar; **license-~**: placa de automóvel.

plat.form ['plætfɔ:m] *s* plataforma; palanque.

plat.ing ['pleitiŋ] *s* chapeado; conjunto de chapas.

plat.i.num ['plætinəm] *s* platina.

plat.i.tude ['plætitju:d; EUA 'plætitu:d] *s* clichê, chavão.

Pla.ton.ic [plə'tɔnik] *adj* platônico, indivíduo partidário do platonismo; casto; desligado de interesses materiais.

pla.toon [plə'tu:n] *s* MIL pelotão.

plat.ter ['plætə(r)] *s* travessa; disco (de gravação).

plau.si.ble ['plɔ:zəbl] *adj* plausível; louvável.

play [plei] *s* jogo; brinquedo; brincadeira; divertimento; peça teatral; • (*with*) *v* jogar; brincar; tocar instrumentos; representar; interpretar; bancar; **fair ~**: jogo limpo; **~ on words**: trocadilho; **to ~ back**: repetir; **to ~ down**: minimizar; **to ~ on**: usar, tirar proveito de; **to ~ the fool**: bancar o bobo; **to ~ the game**: agir de acordo com as regras; **to ~ tricks on**: pregar uma peça em; **to ~ up**: estar com defeito (carro, TV, etc.); dar trabalho.

play.boy ['pleibɔi] *s* playboy.

play.er ['pleiə(r)] *s* jogador; ator; músico; **CD ~**: tocador de disco a lêiser.

play.ful ['pleifl] *adj* brincalhão; travesso.

play.ground ['pleigraund] *s* parque de diversão; espaço para recreio.

play.house ['pleihaus] *s* teatro; sala de espetáculos.

play.ing-card ['plein ka:d] *s* carta de baralho.

play.wright ['pleirait] *s* dramaturgo; autor.

plea [pli:] *s* processo; alegação; demanda.

plead [pli:d] (*for*) *v* (*pt* e *pp* **pleaded**; EUA **pled**) pleitear; demandar; sustentar; justificar; **to ~ not guilty**: declarar-se inocente.

plead.ing ['pli:diŋ] *s* alegação; defesa; demanda.

pleas.ant ['pleznt] *adj* agradável; ameno; grato.

please ['pli:z] *v* agradar; satisfazer; gostar; **as you ~**: como quiser; **~!**: por favor.

pleas.ing ['pli:ziŋ] *adj* agradável; amável; alegre.

pleas.ur.a.ble ['pleʒərəbl] *adj* agradável; divertido; alegre.

pleas.ure ['pleʒə(r)] *s* prazer; encanto; agrado; satisfação; gozo; **it's a ~**: não tem de quê; **with ~**: com muito prazer; *ant* **displeasure**.

pledge [pledʒ] *s* promessa; penhor; caução; fiança; brinde à saúde de; • *v* penhorar; prometer; empenhar; beber à saúde de.

ple.na.ry ['pli:nəri] *adj* pleno; completo; inteiro.

plen.i.tude ['plenitju:d; EUA 'plenitu:d] *s* plenitude; totalidade.

plen.ti.ful ['plentifl] *adj* copioso; abundante; fértil.

plen.ty ['plenti] *s* abundância; fartura; • *adj* abundante; • *adv* bastante; **in ~**: em abundância; suficiente.

ple.o.nasm ['pliənæzəm] *s* GRAM pleonasmo, redundância de termos.

pleth.o.ra ['pleəərə] *s* superabundância de seiva; excesso.

pli.a.ble ['plaiəbl] *adj* dobradiço; flexível.

pli.ant ['plaiənt] *adj* flexível; maleável.

pli.ers ['plaiəz] *s* alicate; tenaz.

plight [plait] *s* penhor; promessa; situação difícil; • *v* penhorar; empenhar.

plod [plɔd] *v* labutar; andar com dificuldade.

plop [plɔp] *s* som de um objeto ao cair na água; • *v* fazer barulho de algo caindo na água.

plot [plɔt] *s* conluio; trama; enredo; • (*against*) *v* tramar; conspirar.

plot.ter ['plɔtə(r)] *s* conspirador; maquinador; INF plotter, plotadora.

plough [plau] *s* arado; charrua; • *v* lavrar; arar; EUA **plow**.

plough.man ['plaumən] *s* lavrador; EUA **plowman**.

pluck [plʌk] *s* coragem; resolução; • *v* arrancar; depenar; colher; dedilhar.

pluck.y ['plʌki] *adj* valente; corajoso; valoroso.

plug [plʌg] *s* rolha; tabaco torcido; tomada; • *v* arrolhar; tapar; fazer propaganda de algo/alguém; **~-and-play**: INF capacidade de conectar um dispositivo (*scanner, mouse*, etc.) em um computador e este reconhecê-lo automaticamente; **~-in**: INF programa auxiliar que altera, conserta ou complementa outro programa; LIT livro, em geral infantil ou juvenil, em que determinados elementos (um personagem, um cenário, etc.) "saltam" da página; *ant* **unplug**.

plum [plʌm] *s* ameixa.

plum.age ['plu:midʒ] *s* plumagem.

plumb [plʌm] *s* prumo; fio de prumo; • *v* chumbar; soldar; examinar com cuidado; sondar; pôr a prumo; • *adj* vertical; • *adv* perpendicularmente; a prumo; exatamente.

plumb.er ['plʌmə(r)] *s* encanador.

plumb.ing ['plʌmiŋ] *s* serviço de encanador; encanamento.

plume [plu:m] *s* pluma; pena; orgulho; • *v* jactar-se; adornar com plumas.

plumed ['plu:mid] *adj* plumoso; emplumado.

plum.met ['plʌmit] *s* prumo; sonda; contrapeso.

plump [plʌmp] *s* bando; grupo; aglomerado; • *v* engordar; cair pesadamente; • *adj* gordo; • *adv* repentinamente; diretamente.

plun.der ['plʌndə(r)] *s* saque; pilhagem; roubo; • (*from*) *v* saquear; pilhar.

plunge [plʌndʒ] *s* mergulho; imersão; • *v* mergulhar; afundar; submergir; lançar, impelir; **to take the ~**: topar a parada.

plu.per.fect [plu:'pə:fikt] *s* e *adj* GRAM mais-que-perfeito.

plu.ral ['pluərəl] *s* e *adj* GRAM plural.

plu.ral.i.ty [pluə'ræləti] *s* pluralidade; EUA o maior número de votos.

plus [plʌs] *s* quantidade positiva; MAT o sinal de mais (+); • *adj* mais; adicional; MAT positivo; • *prep* mais; • *adv* além de; *ant* **minus**.

plush [plʌʃ] *s* pelúcia; tecido macio.

plush.y ['plʌʃi] *adj* felpudo, cheio de pelos macios.

Plu.to ['plu:təu] *s* Plutão, um planeta anão do nosso sistema solar.

plu.toc.ra.cy [plu:'tɔkrəsi] *s* plutocracia, governo pelos mais ricos.

plu.to.crat.ic [plu:tə'krætik] *adj* plutocrático, relativo à plutocracia.

plu.to.ni.um [plu:'təuniəm] *s* plutônio.

ply [plai] *s* fio; espessura; • *v* usar ativamente; trabalhar ativamente; insistir.

ply.wood ['plaiwud] *s* madeira compensada.

p.m. [pi 'em] *abrev* de **p**ost **m**eridiem, depois do meio-dia; EUA **P.M.**

pneu.mat.ic [nju:'mætik; EUA nu:'mætik] *s* pneu, pneumático; • *adj* AUT pneumático.

pneu.mo.nia [nju:'məuniə; EUA nu:'məuniə] s pneumonia, inflamação pulmonar.

PO [pi: 'əu] *abrev de* **P**ost **O**ffice, correio; **~ box**: *abrev de* **P**ost **O**ffice **box**, caixa postal.

poach [pəutʃ] *v* cozer em água quente; caçar ou pescar onde é proibido.

poach.er ['pəutʃə(r)] s caçador ilegal.

pock [pɔk] s pústula; varíola.

pock.et ['pɔkit] s bolso; receptáculo; cavidade; • *v* pôr no bolso; embolsar; **~ book**: livro de bolso; **~ knife**: canivete; **~ money**: mesada; **to have someone in one's ~**: ter total influência sobre alguém; **to have something in one's ~**: estar certo da vitória.

pock.et.book ['pɔkitbuk] s carteira (de dinheiro).

pod [pɔd] s vagem.

po.di.um ['pəudiəm] s pódio.

po.em ['pəuim] s poema; poesia.

po.et ['pəuit] s poeta; *fem* **poetess**.

po.et.ry ['pəuitri] s poesia.

po.grom ['pɔgrəm; EUA pə'grɔm] s massacre (de judeus).

poign.ant ['pɔinjənt] *adj* pungente; doloroso; comovente.

point [pɔint] s ponta; ponto; bico; momento; motivo; objetivo; ponto-final; • *v* apontar; aguçar; dirigir; indicar; chamar a atenção; salientar; **~ of view**: ponto de vista; **to make a ~**: fazer questão de; **to ~ the finger at**: acusar; **to strain a ~**: fazer uma exceção.

point-blank [pɔint 'blæŋk] *adj* direto; categórico; claro; horizontal; • *adv* categoricamente; diretamente; **at ~ range**: à queima roupa.

point.ed ['pɔintid] *adj* pontiagudo; aguçado; relevante.

point.er ['pɔintə(r)] s indicador; ponteiro; perdigueiro (cão).

point.less ['pɔintlis] *adj* obtuso; sem ponta; irrelevante.

poise [pɔiz] s equilíbrio; • *v* equilibrar.

poi.son ['pɔizn] s veneno; tóxico; • *v* intoxicar; envenenar.

poi.son.ing ['pɔizniŋ] s envenenamento; intoxicação.

poi.son.ous ['pɔizənəs] *adj* venenoso; tóxico.

poke [pəuk] s impulso; empurrão; bolsa; saco; • *v* empurrar; atiçar; andar às apalpadelas; **to ~ about**: espionar; **to ~ fun at**: zombar de; **to ~ one's nose into something**: meter o nariz onde não é chamado.

pok.er ['pəukə(r)] s pôquer, jogo de cartas; atiçador de fogo.

pok.y ['pəuki] *adj* lento; estúpido; pequeno.

po.lar.i.ty [pə'lærəti] s polaridade.

pole [pəul] s polo; estaca; vara; mastro; • *v* impelir um barco com uma vara; **negative ~**: polo negativo; **positive ~**: polo positivo.

Pole [pəul] s polonês.

pole.axe ['pəulæks] s machadinha, pequeno machado leve.

pole.cat ['pəulkæt] s doninha, pequeno mamífero carnívoro.

po.lem.ic [pə'lemik] s polêmica; • *adj* polêmico; controverso.

po.lem.ics [pə'lemiks] s polêmica, debate oral.

po.lice [pə'li:s] s polícia; departamento de polícia; • *v* policiar; vigiar; **~ car**: rádio-patrulha; **~ station**: delegacia.

po.lice.man [pə'li:smən] s policial; oficial de polícia; *pl* **policemen**.

po.lice.wom.an [pə'li:swumən] s policial (feminino); *pl* **policewomen**.

pol.i.cy ['pɔləsi] s política; ação política; prudência; astúcia.

Po.lish ['pəuliʃ] s e *adj* polonês.

pol.ish ['pɔliʃ] s polimento; • *v* polir; lustrar; engraxar.

po.lite [pə'lait] *adj* polido; delicado; cortês; fino e elegante; *ant* **impolite**, **rude**.

po.lite.ly [pə'laitli] *adv* delicadamente; cortesmente.

pol.i.tic ['pɔlətik] *adj* político; sagaz; hábil; ladino.

pol.i.ti.cian [pɔli'tiʃn] s político; estadista.

pol.i.tics ['pɔlətiks] s política.

pol.i.ty ['pɔləti] s forma política; sociedade política.

poll [pəul] *s* pesquisa de opinião; cabeça; lista; rol; eleição; apuração; escrutínio; • *v* tosquiar; votar; fazer pesquisa de opinião pública.

pol.lard [′pɔləd] *s* árvore podada; • *v* podar árvores.

pol.len [′pɔlən] *s* BOT pólen.

pol.ling [′pəuliŋ] *s* votação; apuração; ~ **day**: dia de votação.

pol.lute [pə′lu:t] *v* poluir; manchar; desonrar.

pol.lu.tion [pə′lu:ʃn] *s* poluição.

po.lo [′pəuləu] *s* ESP polo; **water** ~: polo aquático.

pol.y.es.ter [pɔli′estə(r)] *s* poliéster.

po.lyg.a.mous [pə′ligəməs] *adj* polígamo, que vive em poligamia.

po.lyg.a.my [pə′ligəmi] *s* poligamia, matrimônio de um homem com várias mulheres ou de uma mulher com vários homens.

pol.y.glot [′pɔliglɔt] *s e adj* poliglota, que fala vários idiomas.

pol.y.sil.la.ble [′pɔlisiləbl] *s* polissílabo.

po.made [pə′ma:d; EUA pəu′meid] *s* brilhantina.

pome.gran.ate [′pɔmigrænit] *s* romã; romãzeira.

pom.mel [′pɔml] *s* punho de espada.

pomp [pɔmp] *s* pompa; esplendor; fausto.

pom.pos.i.ty [pɔm′pɔsəti] *s* pompa; ostentação.

pomp.ous [′pɔmpəs] *adj* pomposo.

pond [pɔnd] *s* tanque; reservatório de água; • *v* fazer um tanque; fazer um lago.

pon.der [′pɔndə(r)] (*on*, *over*) *v* ponderar; meditar; refletir.

pon.der.a.ble [′pɔndərəbl] *adj* ponderável, que se pode pesar.

pon.der.ous [′pɔndərəs] *adj* grave; ponderado; veemente.

pon.tiff [′pɔntif] *s* pontífice, dignitário eclesiástico; o Papa.

pon.tif.i.cate [pɔn′tifikət] *s* pontificado, exercício de pontífice; • (*about*, *on*) *v* pontificar.

po.ny [′pəuni] *s* pônei, pequeno cavalo.

po.ny.tail [′pəuniteil] *s* rabo de cavalo (cabelo).

poo.dle [′pu:dl] *s* poodle, raça de cachorro.

pool [pu:l] *s* pequeno lago; piscina; jogo de bilhar; fusão de interesses; • *v* conciliar interesses; **swimming** ~: piscina.

poop [pu:p] *s* NÁUT popa, parte posterior do navio oposta à proa.

poor [puə(r)] *adj* pobre; necessitado; escasso; incompleto; infeliz; humilde.

pop [pɔp] *s* estalo; detonação; estouro; ruído; MÚS pop; • *v* estalar; atirar (arma); disparar; ~ **music**: música popular.

pop.corn [′pɔpkɔ:n] *s* milho de pipoca, pipoca estourada.

Pope [pəup] *s* Papa, o Sumo Pontífice.

po.per.y [′pəupəri] *s* catolicismo.

pop.ish [′pəupiʃ] *adj* católico.

pop.lin [′pɔplin] *s* popeline, tecido fino e leve.

pop.py [′pɔpi] *s* BOT papoula, planta da qual se extrai o ópio.

pop.u.lace [′pɔpjuləs] *s* plebe; povo.

pop.u.lar [′pɔpjulə(r)] *adj* popular; do povo; *ant* **unpopular**.

pop.u.lar.i.ty [pɔpju′lærəti] *s* popularidade, qualidade de popular; *ant* **unpopularity**.

pop.u.lar.ize, pop.u.lar.ise [′pɔpjuləraiz] *v* popularizar.

pop.u.late [′pɔpjuleit] *v* povoar; habitar.

pop.u.la.tion [pɔpju′leiʃn] *s* população, conjunto dos habitantes de um país, região, lugar; ~ **explosion**: explosão demográfica.

pop.u.lous [′pɔpjuləs] *adj* populoso, muito povoado.

por.ce.lain [′pɔ:səlin] *s* porcelana; louça refinada.

porch [pɔ:tʃ] *s* pórtico; átrio; vestíbulo; varanda, EUA **verandah**.

por.cu.pine [′pɔ:kjupain] *s* porco-espinho; ouriço.

pore [pɔ:(r)] *s* poro; • (*over*) *v* estudar atentamente.

pork [pɔ:k] *s* carne de porco.

pork.y [′pɔ:ki] *adj* porcino; gordo.

por.nog.ra.phy [pɔ:′nɔgrəfi] *s* pornografia.

po.ros.i.ty [pɔ:′rɔsəti] *s* porosidade, qualidade de poroso.

po.rous [′pɔ:rəs] *adj* poroso, que tem poros.

por.poise ['pɔ:pəs] *s* toninha; boto.

por.ridge ['pɔrɪdʒ; EUA 'pɔ:rɪdʒ] *s* mingau; papa (de aveia, de farinha).

por.rin.ger ['pɔrɪndʒə(r); EUA 'pɔ:rɪndʒə(r)] *s* tigela, xícara grande sem asa.

port [pɔ:t] *s* porto; baía; INF porta.

port.a.ble ['pɔ:təbl] *adj* portátil; manual.

por.tal ['pɔ:tl] *s* portal.

por.tend [pɔ:'tend] *v* prognosticar; pressagiar; vaticinar.

por.tent ['pɔ:tent] *s* presságio; vaticínio.

por.ten.tous [pɔ:'tentəs] *adj* prodigioso; portentoso.

por.ter ['pɔ:tə(r)] *s* porteiro; portador; carregador.

por.tion ['pɔ:ʃn] *s* porção; quinhão; • (*out*) *v* dotar; repartir.

port.ly ['pɔ:tlɪ] *adj* corpulento; gordo.

por.trait ['pɔ:trɪt] *s* retrato; pintura.

por.tray [pɔ:'treɪ] *v* retratar; descrever; pintar.

por.tray.al [pɔ:'treɪəl] *s* retrato; pintura; descrição; desenho.

por.tray.er [pɔ:'treɪə(r)] *s* pintor; desenhista; retratista.

Por.tu.guese [pɔ: tju'gi:z] *s* e *adj* português.

pose [pəʊz] *s* pose; postura; • (*for*, *as*) *v* posar; **to ~ as**: fazer-se passar por.

pos.er ['pəʊzə(r)] *s* pergunta embaraçosa; FIG "abacaxi".

po.seur [pəʊ'zə(r)] *s* posudo.

po.si.tion [pə'zɪʃn] *s* posição social; colocação; categoria.

pos.i.tive ['pɒzətɪv] *adj* positivo; categórico; imperativo; **I'm ~**: tenho certeza absoluta; *ant* **negative**.

pos.i.tiv.ism ['pɒzɪtɪvɪzəm] *s* certeza; FIL positivismo, sistema filosófico que rejeita todas as noções "a priori" para só admitir os princípios conhecidos pela observação imediata e pela experiência.

pos.i.tiv.ist ['pɒzətɪvɪst] *s* positivista, partidário do positivismo.

pos.sess [pə'zes] *v* possuir; ter; apoderar-se de.

pos.sessed [pə'zesɪd] *adj* possesso; possuído por entidade etérea.

pos.ses.sion [pə'zeʃn] *s* possessão; domínio; posse.

pos.ses.sive [pə'zesɪv] *s* GRAM o caso possessivo; • *adj* possessivo.

pos.si.bil.i.ty [pɒsə'bɪlətɪ] *s* possibilidade.

pos.si.ble ['pɒsəbl] *adj* possível; **as far as ~**: na medida do possível; **quite ~**: inteiramente possível.

pos.si.bly ['pɒsəblɪ] *adv* possivelmente; provavelmente.

post [pəʊst] *s* poste; pilar; correio; correspondência; posto; emprego; mensageiro; cargo; • *v* lançar; registrar; informar; colocar no correio; • *adv* rapidamente; **~ card**: cartão-postal; **~ meridiem (p.m.)**: após o meio-dia; **~ office (PO)**: correio; **~ office box (PO box)**: caixa postal.

post.age ['pəʊstɪdʒ] *s* porte; franquia postal.

post.al ['pəʊstl] *adj* postal; **~ card**: cartão-postal.

post.box ['pəʊstbɒks] *s* caixa de correio.

post.code ['pəʊstkəʊd] *s* código postal (CEP).

post.er ['pəʊstə(r)] *s* cartaz; pôster.

pos.ter.i.ty [pɒ'sterətɪ] *s* posteridade; as gerações futuras.

post.grad.u.ate [pəʊst'grædjuət] *s* pós-graduado.

post.hu.mous ['pɒstjʊməs] *adj* póstumo.

post.man ['pəʊstmən] *s* carteiro; EUA **mailman**.

post.mark ['pəʊstmɑ:k] *s* carimbo do correio; • *v* carimbar.

post.mas.ter ['pəʊstmɑ:stə(r); EUA 'pəʊstmæ:stə(r)] *s* agente do correio.

post.pone [pə'spəʊn] (*until*, *to*) *v* pospor; adiar; transferir.

post.pone.ment [pə'spəʊnmənt] *s* transferência; adiamento.

post.script ['pəʊsskrɪpt] *s* pós-escrito, do latim "postscriptum", pequenas observações acrescidas às cartas, no seu final; *abrev* **P.S.**

pos.tu.late ['pɒstjʊleɪt; EUA 'pɒstʃʊleɪt] *s* postulado, princípio reconhecido, mas não demonstrado; • *v* solicitar.

pos.ture ['pɒstʃə(r)] *s* postura; posição; • *v* colocar em posição.

po.sy ['pəʊzɪ] *s* pequeno buquê de flores.

pot [pɔt] *s* panela; pote; jarro; aposta conjunta; GÍR maconha; • *v* colocar em potes, vasos, etc.; conservar alimentos em vasilhames.

po.ta.ble [ˈpoutəbl] *s* qualquer bebida; • *adj* potável.

pot.ash [ˈpɔtæʃ] *s* QUÍM potassa; carbonato de potássio.

po.tas.si.um [pəˈtæsiəm] *s* potássio.

po.ta.tion [pouˈteiʃn] *s* bebida; gole; trago.

po.ta.to [pəˈteitəu] *s* batata, tubérculo comestível; **~ crisps**: batata frita, EUA **chips**.

pot.bel.ly [ˈpɔtbeli] *s* pança; barrigudo.

po.ten.cy [ˈpoutnsi] *s* potência; força; autoridade.

po.tent [ˈpoutnt] *adj* potente; forte; poderoso.

po.ten.tate [ˈpoutnteit] *s* potentado; soberano.

po.ten.tial [pəˈtenʃl] *s* potencial; potência; • *adj* potencial; possível; virtual; eficaz.

po.ten.ti.al.i.ty [pətenʃiˈæləti] *s* potencialidade; possibilidade.

po.tion [ˈpouʃn] *s* poção, medicamento líquido para se beber.

pot.sherd [ˈpɔtʃə:d] *s* caco, fragmento de louça.

pot.ted [ˈpɔtid] *adj* em conserva; FIG resumido.

pot.ter [ˈpɔtə(r)] *s* oleiro; ceramista.

pot.ter.y [ˈpɔtəri] *s* olaria; cerâmica.

pot.ty [ˈpɔti] *s* penico; • *adj* doido.

pouch [pautʃ] *s* saco; bolsa; cartucheira; • *v* embolsar; engolir; tragar.

poul.ter.er [ˈpəultərə(r)] *s* vendedor de aves.

poul.tice [ˈpəultis] *s* emplastro; cataplasma; • *v* aplicar um cataplasma.

poul.try [ˈpəultri] *s* aves domésticas; **~ farmer**: avicultor.

pounce [pauns] *s* garra; pó de carvão; • *(on) v* lançar-se sobre; precipitar-se.

pound [paund] *s* libra; curral; canil; depósito (de carros); • *v* moer; amassar.

pound.age [ˈpaundidʒ] *s* porcentagem por libra.

pour [pɔ:(r)] *s* temporal; chuvarada; • *v* derramar; espalhar; chover a cântaros; despejar; servir (chá).

pout [paut] *s* beicinho; amuo; • *v* fazer beicinho; embirrar.

pout.er [ˈpautə(r)] *s* pessoa amuada, malhumorada.

pov.er.ty [ˈpɔvəti] *s* pobreza; indigência.

pow.der [ˈpaudə(r)] *s* pó; polvilho; talco; pólvora; • *v* pulverizar; empoar; **baking ~**: fermento em pó; **~ed milk**: leite em pó; **soap ~**: sabão em pó.

pow.er [ˈpauə(r)] *s* poder; força; energia; potência; autoridade; **~ cut**: blecaute; **~ line**: fio de alta tensão; **~ point**: BRIT tomada; **~ station**: central elétrica; **~ steering**: direção hidráulica.

pow.er.ful [ˈpauəfl] *adj* poderoso; potente; forte.

pow.er.house [ˈpauəhaus] *s* usina elétrica; casa das máquinas; poço de energia; **a ~ of ideas**: um poço de ideias.

pox [pɔks] *s* pústula; doença venérea; sífilis.

prac.ti.ca.ble [ˈpræktikəbl] *adj* praticável; viável; *ant* **impracticable**.

prac.ti.cal [ˈpræktikl] *adj* prático.

prac.ti.cal.ly [ˈpræktikəli] *adv* praticamente; virtualmente.

prac.tice [ˈpræktis] *s* prática; experiência; • *v* praticar; exercer; **in ~**: na prática; **out of ~**: destreinado.

prac.tic.ing [ˈpræktisiŋ] *adj* RELIG praticante; assumido (homossexual); que exerce a profissão.

prag.mat.ic [prægˈmætik] *adj* pragmático; prático.

prag.ma.tism [ˈprægmətizəm] *s* pragmatismo, doutrina segundo a qual o verdadeiro é o útil, isto é, a verdade é depreendida da utilidade prática de uma ideia.

prai.rie [ˈpreəri] *s* pradaria; campina; planície.

praise [preiz] *s* louvor; elogio; mérito; abono; • *v* louvar; elogiar.

praise.wor.thi.ness [ˈpreizwə:ðinis] *s* valor; merecimento.

praise.wor.thy [ˈpreizwə:ði] *adj* louvável; meritório.

pram [præm] *s* carrinho de bebê.

prance [pra:ns; EUA præns] *v* empinar-se; saracotear.
prank [præŋk] *v* ornar; enfeitar; adornar.
prank.ish [ˈpræŋkiʃ] *adj* travesso; brincalhão.
prate [preit] *s* tagarelice; loquacidade; • (*about*) *v* tagarelar.
prat.tle [ˈprætl] *s* murmúrio; tagarelice; • (*about*) *v* tagarelar; murmurar.
prawn [prɔ:n] *s* camarão grande.
pray [prei] (*for, to*) *v* rezar; rogar; orar.
pray.er [ˈpreə(r)] *s* o que pede; aquele que reza; oração; prece; reza; **~ book**: livro de orações, missal.
pray.er.ful [ˈpreəfl] *adj* devoto; piedoso.
pray.ing man.tis [preəiŋˈmæntis] *s* louva-a-deus.
preach [pri:tʃ] (*to*) *v* pregar; fazer sermões.
preach.er [ˈpri:tʃə(r)] *s* pregador; que faz sermão.
pre.am.ble [pri:ˈæmbl] *s* preâmbulo; introdução.
pre.ar.range [pri:əˈreindʒ] *v* predispor, dispor com antecedência.
pre.car.i.ous [priˈkeəriəs] *adj* precário; incerto; duvidoso; perigoso.
pre.cau.tion [priˈkɔ:ʃn] *s* precaução; reserva; cuidado.
pre.cede [priˈsi:d] *v* preceder; anteceder; antepor.
prec.e.dence [ˈpresidəns] *s* precedência; prioridade.
prec.e.dent [ˈpresidənt] *s* precedente; antecedente; exemplo; • *adj* precedente; antecedente; anterior.
pre.cept [ˈpri:sept] *s* preceito; mandamento; regra; máxima.
pre.ces.sion [priˈseʃn] *s* precedência; ASTRON precessão, movimento retrógrado dos pontos equinociais, razão pela qual existe a anticipação, todos os anos, das estações.
pre.ci.os.i.ty [preʃiˈɔsəti] *s* preciosismo, na fala e na escrita.
pre.cious [ˈpreʃəs] *adj* precioso; estimado; valioso; querido; amado.
prec.i.pice [ˈpresipis] *s* precipício; despenhadeiro.
pre.cip.i.tance [ˈpresipitəns] *s* precipitação.
pre.cip.i.tate [priˈsipiteit] *v* precipitar(-se); • *adj* precipitado; imprudente.
pre.cip.i.ta.tion [prisipiˈteiʃn] *s* precipitação; anticipação.
pre.cip.i.tous [priˈsipitəs] *adj* íngreme; que tem precipícios.
pre.cise [priˈsais] *adj* preciso; exato; definitivo.
pre.cise.ly [priˈsaisli] *adv* precisamente; exatamente.
pre.ci.sion [priˈsiʒn] *s* precisão; exatidão; justeza; *ant* **imprecision**.
pre.clude [priˈklu:d] (*from*) *v* impedir; excluir.
pre.co.cious [priˈkəuʃəs] *adj* precoce; prematuro; adiantado.
pre.cog.ni.tion [pri:kɔgˈniʃn] *s* precognição, pré-conhecimento.
pre.con.ceive [pri:kənˈsi:v] *v* preconceber; conceber com antecedência.
pre.con.cep.tion [pri:kənˈsepʃn] *s* preconceito; opinião antecipada.
pre.cur.sor [priˈkə:sə(r)] *s* precursor; predecessor.
pred.a.to.ry [ˈpredətri; EUA ˈpredətɔ:ri] *adj* predatório; voraz.
pred.e.ces.sor [ˈpri:disesə(r); EUA ˈpredisesə(r)] *s* predecessor; antecessor.
pre.des.ti.nate [pri:ˈdestineit] *v* predestinar; • *adj* predestinado.
pre.des.ti.na.tion [pri:destiˈneiʃn] *s* predestinação, ato ou efeito de predestinar.
pre.de.ter.mi.na.tion [pri:ditə:miˈneiʃn] *s* predeterminação, ação ou efeito de predeterminar.
pre.de.ter.mine [pri:diˈtə:min] *v* predeterminar, determinar antecipadamente.
pre.dic.a.ment [priˈdikəmənt] *s* apuro; situação difícil.
pred.i.cate [ˈpredikət] *s* GRAM predicado, aquilo que numa oração se declara do sujeito; • *v* afirmar; basear.
pre.dict [priˈdikt] *v* profetizar; predizer.
pre.di.lec.tion [pri:diˈlekʃn; EUA predlˈekʃn] *s* predileção; preferência.

pre.dis.pose [pri:di´spəuz] *v* predispor, dispor antecipadamente.

pre.dom.i.nance [pri´dɔminəns] *s* predominância; supremacia.

pre.dom.i.nant [pri´dɔminənt] *adj* predominante; prepotente; influente.

pre.dom.i.nate [pri´dɔmineit] (*over*) *v* predominar; prevalecer; influir.

pre.em.i.nence [pri:´eminəns] *s* preeminência; superioridade.

pre.em.i.nent [pri:´eminənt] *adj* preeminente; supremo.

pre.empt [pri:´empt] *v* adquirir ou apropriar-se de antemão.

pre.emp.tion [pri:´empʃn] *s* preempção, direito de opção.

pre.ex.ist [pri:ig´zist] *v* preexistir.

pref.ace [´prefis] *s* prefácio; introdução; • *v* prefaciar.

pref.a.to.ry [´prefətri; EUA ´prefətɔ:ri] *adj* preliminar; preambular.

pre.fab.ri.cat.ed [pri:´fæbrikeitid] *adj* pré-fabricado.

pre.fer [pri´fə:(r)] (*to*) *v* preferir; eleger.

pref.er.a.ble [´prefrəbl] *adj* preferível, que pode ou deve ser preferido.

pref.er.ence [´prefrəns] *s* preferência; predileção; primazia.

pref.er.en.tial [prefə´renʃl] *adj* preferencial, que tem preferência.

pre.fer.ment [pri´fə:mənt] *s* promoção; elevação.

pre.fix [´pri:fiks] *s* prefixo; • *v* prefixar, fixar antecipadamente.

preg.na.ble [´pregnəbl] *adj* expugnável; vencível; superável.

preg.nan.cy [´pregnənsi] *s* gravidez.

preg.nant [´pregnənt] *adj* grávida; prenhe; fértil.

pre.heat [pri:´hit] *v* preaquecer.

pre.hen.sile [pri:´hensail; EUA pri:´hensl] *adj* capaz de agarrar; tenaz.

pre.his.tor.ic [pri:hi´stɔrik; EUA pri:hi´stɔ:rik] *adj* pré-histórico, relativo à pré-história.

pre.judge [pri:´dʒʌdʒ] *v* prejulgar; conjeturar; condenar antecipadamente.

prej.u.dice [´predʒudis] *s* preconceito; dano; prejuízo; • (*against, in favour of*) *v* predispor; prejudicar; causar dano.

prej.u.di.cial [predʒu´diʃl] *adj* prejudicial; daninho; nocivo.

prel.ate [´prelət] *s* prelado, título de bispo e de outras autoridades eclesiásticas.

pre.lim.i.nar.y [pri´liminəri; EUA pri´liminəri] *s* preliminar; • *adj* preliminar; preparatório; introdutório.

prel.ude [´prelju:d] *s* prelúdio; • *v* preceder.

pre.med.i.tate [pri:´mediteit] *v* premeditar.

pre.med.i.ta.tion [pri:medi´teiʃn] *s* premeditação, ação ou efeito de premeditar.

pre.men.stru.al [pri:´menstrəl] *adj* pré-menstrual; **~ tension**: tensão pré-menstrual.

pre.mi.er [´premiə(r); EUA ´pri:mə(r)] *s* primeiro-ministro; • *adj* primeiro; principal.

pre.mière [´premieə(r); EUA ´pri:miə(r)] *s* estreia.

prem.ise [´premis] *s* premissa; instalação; • *v* explicar; expor antecipadamente.

pre.mi.um [´pri:miəm] *s* prêmio; recompensa; **~ deal**: COM oferta especial; **~ gasoline**: EUA gasolina azul, gasolina aditivada.

pre.mo.ni.tion [pri:mə´niʃn] *s* premonição; presságio; pressentimento.

pre.oc.cu.pa.tion [pri:ɔkju´peiʃn] *s* preocupação.

pre.oc.cu.pied [pri:ɔkju´paid] *adj* preocupado; previamente ocupado.

pre.oc.cu.py [pri:´ɔkjupai] *v* preocupar; ocupar primeiro.

pre.pack.age [pri:´pækidʒ] *adj* embalado para venda ao consumidor.

prep.a.ra.tion [prepə´reiʃn] *s* preparação; preparativo.

prep.ar.a.tive [prepə´reitiv] *s* preparativo; • *adj* preparatório.

pre.par.a.to.ry [pri´pærətri; EUA pri´pærətɔ:ri] *adj* preparatório; prévio.

pre.pare [pri´peə(r)] (*for*) *v* preparar; aprontar.

pre.pay [pri:´pei] *v* (*pt* e *pp* **prepaid**) pagar adiantamente.

pre.pon.der.ance [pri´pɔndərəns] *s* preponderância; predomínio; prepotência.

pre.pon.der.ant [pri'pɔndərənt] *adj* preponderante, que prepondera.

pre.pon.der.ate [pri'pɔndəreit] (*over*) *v* sobrepujar; predominar; prevalecer.

pre.pon.der.a.tion [pri'pɔndəreiʃn] *s* predomínio; preponderância.

prep.o.si.tion [prepə'ziʃn] *s* GRAM preposição, palavra invariável que liga dois termos da oração, etc.

pre.pos.i.tive [prepə'zitiv] *adj* prepositivo; que vai adiante.

pre.pos.sess [pri:pə'zes] *v* causar boa impressão; ter a posse anterior.

pre.pos.ses.sion [pri:pə'zeʃn] *s* impressão a favor; ocupação prévia.

pre.pos.ter.ous [pri'pɔstərəs] *adj* absurdo; ridículo; importuno.

pre.rog.a.tive [pri'rɔgətiv] *s* prerrogativa; privilégio; • *adj* privilegiado.

pres.age ['presidʒ] *s* presságio; pressentimento; prognóstico; • *v* pressagiar; profetizar; predizer.

pres.by.ter ['prezbitə(r)] *s* presbítero.

pres.by.te.ri.an [prezbi'tiəriən] *s* e *adj* presbiteriano.

pres.by.ter.y ['prezbitri; EUA 'prezbiteri] *s* presbitério, residência paroquial.

pre.school [pri:'sku:l] *s* jardim de infância; pré-escola; • *adj* pré-escolar.

pre.sci.ence [pri'saiəns] *s* presciência; conhecimento do futuro; previsão.

pre.scribe [pri'skraib] (*for*) *v* prescrever; receitar.

pre.script ['pri:skript] *s* prescrição; regra; preceito.

pre.scrip.tion [pri'skripʃn] *s* prescrição; receita médica.

pre.scrip.tive [pri'skriptiv] *adj* prescritivo; prescrito.

pres.ence ['prezns] *s* presença; **~ of mind**: presença de espírito; *ant* **absence**.

pres.ent ['preznt] *s* o presente; o tempo atual; GRAM tempo presente; presente, oferta; • *v* apresentar; presentear; • *adj* presente; vigente; corrente; **at ~**: imediatamente; **for the ~**: por enquanto; **up to the ~**: até o momento; *ant* **absent**.

pres.en.ta.tion [preznˈteiʃn; EUA pri:zenˈteiʃn] *s* apresentação; exibição.

pre.sent.er ['prezntə(r)] *s* BRIT apresentador (de TV, de rádio).

pre.sen.ti.ment [pri'zentimənt] *s* pressentimento; pronúncio.

pres.ent.ly ['prezntli] *adv* imediatamente; presentemente; daqui a pouco; logo.

pre.sent.ment [pri'zentimənt] *s* apresentação; representação; denúncia; acusação.

pres.er.va.tion [prezə'veiʃn] *s* preservação; resguardo.

pre.ser.va.tive [pri'zə:vətiv] *s* e *adj* preservativo; profilático; preventivo.

pre.serve [pri'zə:v] *s* conserva; compota; • (*from*) *v* preservar; proteger; conservar.

pre.side [pri'zaid] (*at*, *over*) *v* presidir; dirigir; superintender.

pres.i.den.cy ['prezidənsi] *s* presidência; governo.

pres.i.dent ['prezidənt] *s* presidente.

pres.i.den.tial [prezi'denʃl] *adj* presidencial, que se refere ou pertence ao presidente.

press [pres] *s* prensa; imprensa; multidão; aperto; urgência; • *v* apertar; exigir pressa; pressionar; passar a ferro; **~ conference**: entrevista coletiva; **~ release**: comunicado à imprensa; **to ~ on**: forçar.

press.ing ['presiŋ] *adj* urgente; importante.

press.man ['presmən] *s* repórter; impressor.

pres.sure ['preʃə(r)] *s* pressão; urgência; **blood ~**: pressão sanguínea; **~ cooker**: panela de pressão.

pres.ti.dig.i.ta.tion [prestidid3i'teiʃn] *s* prestidigitação; ilusionismo.

pres.ti.dig.i.ta.tor [presti'didʒiteitə(r)] *s* prestidigitador, que faz prestidigitação.

pres.tige [pre'sti:ʒ] *s* prestígio; reputação; influência.

pre.sum.a.ble [pri'zju:məbl; EUA pri'zu:məbl] *adj* presumível; provável.

pre.sume [pri'zju:m; EUA pri'zu:m] *v* presumir; abusar de.

pre.sump.tion [pri'zʌmpʃn] *s* presunção; conjetura; suspeita.

pre.sump.tive [pri'zʌmptiv] *adj* presumível; suposto; presumido.

pre.sump.tu.ous [pri'zʌmptʃuəs] *adj* presunçoso; vaidoso; arrogante; insolente.

pre.sup.pose [pri:sə'pəuz] *v* pressupor; presumir.

pre.sup.po.si.tion [pri:sʌpə'ziʃn] *s* pressuposição; conjetura.

pre.tence, EUA **pre.tense** [pri'tens] *s* pretexto; pretensão; máscara; simulação.

pre.tend [pri'tend] *v* pretextar; fingir; simular.

pre.tend.er [pri'tendə(r)] *s* impostor; embusteiro.

pre.ten.sion [pri'tenʃn] *s* pretexto; simulação; pretensão.

pre.ten.tious [pri'tenʃəs] *adj* pretensioso; afetado, cheio de ostentação.

pret.er.ite ['pretərit] *s* e *adj* pretérito; passado.

pre.ter.nat.u.ral [pri:tə'nætʃrəl] *adj* sobrenatural; extraordinário.

pre.text [pri:tekst] *s* pretexto; fingimento; dissimulação.

pret.ty ['priti] *adj* bonito; mimoso; elegante; garboso; • *adv* um pouco; bastante; **~ much/well/nearly**: quase.

pre.vail [pri'veil] *v* prevalecer; sobrepujar.

pre.vail.ing [pri'veiliŋ] *adj* predominante; eficaz.

prev.a.lence ['prəvələns] *s* predomínio; preponderância; domínio.

prev.a.lent ['prəvələnt] *adj* predominante; eficaz; preponderante.

pre.var.i.cate [pri'værikeit] *v* tergiversar; mentir.

pre.var.i.ca.tion [priværi'keiʃn] *s* falsidade; engano.

pre.vent [pri'vent] (*from*) *v* evitar; impedir.

pre.ven.tion [pri'venʃn] *s* prevenção; impedimento.

pre.ven.tive [pri'ventiv] *adj* preventivo; profilático.

pre.view ['pri:vju:] *s* pré-estreia (de filme); FIG antecipação.

pre.vi.ous ['pri:viəs] *adj* prévio; antecipado; anterior.

pre.vi.sion [pri:'viʒn] *s* previsão; profecia.

prey [prei] *s* presa; depredação; • (*on*, *upon*) *v* caçar; devorar; FIG viver à custa de.

price [prais] *s* preço; valor; prêmio; • *v* avaliar; fixar preço; **a ~ on someone's head**: pôr a cabeça de alguém a prêmio; **at any ~**: custe o que custar.

price.less ['praislis] *adj* inestimável.

prick [prik] *s* pontada; picada; dor aguda; alfinetada; • (*with*, *on*) *v* picar; ferroar; ferrar um cavalo; **to ~ up its ears**: ficar atento.

prick.le ['prikl] *s* espinho; ferrão; comichão.

pride [praid] *s* orgulho; vaidade; • (*on*, *upon*) *v* orgulhar-se; vangloriar-se.

priest ['pri:st] *s* padre; sacerdote.

priest.hood ['pri:sthud] *s* sacerdócio; clero.

priest.ly ['pri:stli] *adj* sacerdotal; clerical; eclesiástico.

prig [prig] *s* pessoa presunçosa.

prim [prim] *adj* afetado; empertigado; • *v* afetar.

pri.ma.cy ['praiməsi] *s* primazia; superioridade; precedência.

pri.mal ['praiml] *adj* original; primeiro; principal.

pri.ma.ry ['praiməri; EUA 'praimeri] *s* EUA eleição primária; • *adj* principal; primário; primeiro; **~ colour**: cor primária; **~ school**: BRIT escola para crianças de 5 a 11 anos de idade.

pri.mate ['praimeit] *s* primaz, prelado hierarquicamente superior aos bispos e arcebispos; ZOO primata.

prime [praim] *s* primórdio; auge; a flor da idade; aurora; amanhecer; princípio; MAT número primo; • *v* estar preparado; aparelhar; carregar; dar uma mão de tinta; • *adj* primeiro; primitivo; principal; seleto; **~ Minister**: primeiro-ministro.

prim.er ['praimə(r)] *s* cápsula de cartucho; cartilha.

pri.me.val [prai'mi:vl] *adj* primitivo; original; primário; primeiro.

prim.i.tive ['primitiv] *adj* primitivo; primordial; originário.

pri.mor.di.al [prai'mɔ:diəl] *adj* primordial; primitivo.

prim.rose ['primrəuz] *s* primavera, prímula, espécie de flor; • *adj* de cor amarela.

prince [prins] *s* príncipe, primogênito do rei.

prince.dom ['prinsdəm] *s* principado, lugar cujo soberano é um príncipe.

prin.cess [prin'ses] *s* princesa.

prin.ci.pal ['prinsəpl] *s* chefe; líder; capital; DIR constituinte; • *adj* principal, capital; fundamental; essencial.

prin.ci.pal.i.ty [prinsi'pæləti] *s* principado.

prin.ci.ple ['prinsəpl] *s* princípio; fundamento; motivo; **in ~**: em essência; **on ~**: por princípio.

print [print] *s* impressão; estampa; tipo de imprensa; • *v* imprimir; escrever com letras de forma; **finger ~**: impressão digital; **out of ~**: esgotado.

print.er ['printə(r)] *s* impressor; tipógrafo; impressora (máquina).

print.ing ['printiŋ] *s* impressão; tipografia; impresso.

print.out ['printaut] *s* cópia impressa.

pri.or ['praiə(r)] *s* RELIG prior; • *adj* anterior; prévio; **~ to**: antes de.

pri.or.i.ty [prai'ɔrəti; EUA prai'ɔ:rəti] *s* prioridade; precedência.

prism ['prizəm] *s* prisma, cristal com duas faces planas inclinadas, que decompõem a luz.

pris.mat.ic [priz'mætik] *adj* prismático, relativo ao prisma.

pris.on ['prizn] *s* prisão; cárcere; **~ camp**: campo de prisioneiros.

pris.on.er ['priznə(r)] *s* prisioneiro; preso; **~ of war**: prisioneiro de guerra.

pris.tine [pristi:n] *adj* pristino; primitivo.

pri.va.cy ['privəsi; EUA 'praivəsi] *s* retiro; privacidade; solidão.

pri.vate ['praivit] *adj* privado; secreto; particular; solitário; reservado; **in ~**: secretamente; **~ detective/eye**: detetive particular.

pri.va.tion [prai'veiʃn] *s* privação; escassez; carência.

priv.i.lege ['privəlidʒ] *s* privilégio; graça; imunidade; • *v* privilegiar; eximir.

priv.y ['privi] *s* DIR interessados; • *adj* privado; secreto; íntimo.

prize [praiz] *s* prêmio; recompensa; • *v* prezar; valorizar.

pro [prəu] *s* voto a favor; • *adv* por; a favor de; para; **the ~s and cons**: os prós e os contras.

prob.a.bil.i.ty [prɔbə'biləti] *s* probabilidade; possibilidade; *ant* **improbability**.

prob.a.ble ['prɔbəbl] *adj* provável; plausível; possível; *ant* **improbable**.

pro.bate ['prəubeit] *s* DIR homologação, aprovação de testamento; • *v* homologar, aprovar testamento.

pro.ba.tion [prə'beiʃn; EUA prəu'beiʃn] *s* prova; exame; provação.

pro.ba.tion.er [prə'beiʃnə(r)] *s* candidato; noviço; aprendiz; aspirante.

probe [prəub] *s* sonda; • (*into*) *v* sondar; explorar.

pro.bi.ty ['prəubəti] *s* probidade; honradez; honestidade.

prob.lem ['prɔbləm] *s* problema; questão; **no ~**: não tem problema; **what's the ~?**: qual é o problema?

prob.lem.at.ic [prɔblə'mætik] *adj* problemático, relativo a problema; duvidoso.

pro.ce.dure [prə'si:dʒə(r)] *s* procedimento; processo.

pro.ceed [prə'si:d] (*to, with*) *v* proceder; encaminhar; processar.

pro.ceed.ing [prə'si:diŋ] *s* procedimento; processo; conduta.

pro.ceeds ['prəusi:dz] *s pl* produtos; ganhos, rendas.

proc.ess ['preuses; EUA 'prɔses] *s* tratamento; curso; processo; • *v* processar; **in ~**: em andamento; **in ~ of time**: no decurso da.

pro.ces.sion [prə'seʃn] *s* marcha; andamento; procissão; **funeral ~**: cortejo fúnebre.

pro.claim [prə'kleim] *v* proclamar; professar.

proc.la.ma.tion [prɔklə'meiʃn] *s* proclamação; edital.

pro.cliv.i.ty [prə'klivəti] *s* propensão; tendência; predisposição.

pro.cras.ti.nate [prəu'kræstineit] *v* procrastinar; adiar; pospor.

pro.cras.ti.na.tion [prəukræsti'neiʃn] *s* procrastinação; delonga; demora; adiamento.

pro.cre.a.tion [prəukri'eiʃn] *s* procriação; germinação; geração.

proc.tor ['prɔktə(r)] *s* inspetor de colégio.

proc.u.ra.tion ['prɔkjureiʃn] *s* DIR procuração, poder de representação concedido a outra pessoa, por escrito.

proc.u.ra.tor ['prɔkjureitə(r)] *s* DIR procurador, aquele que tem o poder de representar outra pessoa.

pro.cure [prə'kjuə(r)] *(for)* *v* obter; conseguir.

prod [prɔd] *s* instrumento pontiagudo; picada; cutucão; • *v* picar; aguilhoar; cutucar.

prod.i.gal ['prɔdigl] *adj* pródigo; perdulário; abundante.

prod.i.gal.i.ty [prɔdi'gæləti] *s* prodigalidade, qualidade de pródigo.

pro.di.gious [prə'didʒəs] *s* prodigioso; maravilhoso; extraordinário.

prod.i.gy ['prɔdidʒi] *s* prodígio; maravilha.

pro.duce [prə'dju:s; EUA prə'du:s] *s* produto; produção; • *v* produzir; prolongar; exibir; mostrar.

pro.duc.er [prə'dju:sə(r)] *s* produtor (de cinema, agrícola); TEAT diretor.

prod.uct ['prɔdʌkt] *s* produto; resultado; rendimento.

pro.duc.tion [prə'dʌkʃn] *s* produção; produto; composição; apresentação.

pro.duc.tive [prə'dʌktiv] *adj* produtivo; fértil; lucrativo; *ant* **unproductive**.

prof.a.na.tion [prɔfə'neiʃn] *s* profanação, ato ou efeito de profanar.

pro.fane [prə'fein; EUA prəu'fein] *adj* profano; não sagrado; • *v* profanar; violar.

pro.fess [prə'fes] *v* professar; exercer; declarar; proclamar.

pro.fessed [prə'fesid] *adj* manifesto; declarado.

pro.fes.sion [prə'feʃn] *s* profissão; mister; ofício.

pro.fes.sion.al [prə'feʃnəl] *s* e *adj* profissional.

pro.fes.sor [prə'fesə(r)] *s* professor universitário; EUA **teacher**.

prof.fer ['prɔfə(r)] *s* oferecimento; proposta; • *(to)* *v* oferecer; propor.

pro.fi.cien.cy [prə'fiʃənsi] *s* proficiência; talento; capacidade.

pro.fi.cient [prə'fiʃənt] *adj* proficiente; perito; hábil.

pro.file ['prəufail] *s* perfil; contorno; • *v* desenhar o perfil de; **high ~**: destaque; **low ~**: fora de circulação.

prof.it ['prɔfit] *s* lucro; • *(by, from)* *v* aproveitar; lucrar; **~ and loss**: perdas e ganhos; **~ margin**: margem de lucro.

prof.it.a.ble ['prɔfitəbl] *adj* proveitoso; produtivo; *ant* **unprofitable**.

prof.i.teer [prɔfi'tiə(r)] *s* explorador; que ganha abusivamente.

prof.li.ga.cy ['prɔfligəsi] *s* desregramento; libertinagem; depravação.

prof.li.gate ['prɔfligət] *s* e *adj* desregrado; libertino; imoral.

pro.found [prə'faund] *s* profundidade; • *adj* profundo; fundo; extremo; intenso.

pro.fuse [prə'fju:s] *adj* profuso; copioso; intenso.

pro.fu.sion [prə'fju:ʒn] *s* profusão; abundância; prodigalidade; desperdício.

pro.gen.i.tor [prəu'dʒənitə(r)] *s* progenitor, aquele que procria.

prog.e.ny ['prɔdʒəni] *s* progênie; prole; descendência.

prog.nos.tic [prɔg'nɔstik] *s* e *adj* prognóstico.

prog.nos.ti.cate [prɔg'nɔstikeit] *v* prognosticar; vaticinar.

pro.gramme, EUA pro.gram ['prəugræm] *s* programa; plano; projeto; • *v* programar.

pro.gram.ming, EUA pro.gram.ing ['prəugræmiŋ] *s* programação; **~ language**: INF linguagem de programação.

prog.ress ['prəugres; EUA 'prɔgres] *s* progresso; avanço; melhora; • *v* melhorar; progredir; avançar; **in ~**: em andamento; **~ report**: MED boletim médico.

pro.gres.sion [prə'greʃn] s progressão; marcha; sequência.

pro.gres.sive [prə'gresiv] adj progressivo, que progride.

pro.hib.it [prə'hibit; EUA prəu'hibit] (*from*) v proibir; tolher; obstar.

pro.hi.bi.tion [prəui'biʃn] s proibição; interdição; impedimento.

pro.hib.i.tive [prə'hibətiv; EUA prəu'hibətiv] adj proibitivo.

proj.ect ['prɔdʒəkt] s projeto; plano; traçado; • v projetar; inventar; lançar(-se).

pro.jec.tion [prə'dʒekʃn] s projeção; ação ou efeito de projetar-se.

pro.jec.tor [prə'dʒektə(r)] s ÓPT projetor.

pro.le.tar.i.an [prəulə'teəriən] s proletário, indivíduo que vive do seu salário; operário.

pro.lif.ic [prə'lifik] adj prolífico; produtivo; fecundo.

pro.lix ['prəuliks; EUA prəu'liks] adj prolixo.

pro.lix.i.ty [prəu'liksəti] s prolixidade.

pro.log, pro.logue ['prəulɔg; EUA 'prəulɔ:g] s prólogo; introdução; prefácio.

pro.long [prə'lɔŋ; EUA prə'lɔ:ŋ] v prolongar; alongar; dilatar.

pro.lon.ga.tion [prəulɔŋ'geiʃn; EUA prəulɔ:ŋ'geiʃn] s prolongamento; prorrogação; continuação.

prom.e.nade [prɔmə'na:d; EUA prɔmə'neid] s passeio; EUA baile; • v passear; dar um passeio.

prom.i.nence ['prɔminəns] s eminência; importância; distinção.

prom.i.nent ['prɔminənt] adj proeminente; eminente; conspícuo; saliente.

pro.mis.cu.i.ty [prɔmi'skju:əti] s promiscuidade; mistura; confusão.

pro.mis.cu.ous [prə'miskjuəs] adj promíscuo; confuso; misturado.

prom.ise ['prɔmis] s promessa; compromisso; • (*to*) v prometer.

pro.mote [prə'məut] (*to*) v promover.

pro.mot.er [prə'məutə(r)] s promotor; patrocinador; partidário.

pro.mo.tion [prə'məuʃn] s promoção; incentivo.

prompt [prɔmpt] s INF pronto, símbolo indicativo que aparece no vídeo indicando que o computador já está preparado para receber algum tipo de comando; • v impelir; sugerir; levar a; TEAT servir de ponto (pessoa que diz as falas aos artistas); • adj pronto; imediato; pontual; rápido; • adv pontualmente.

prompt.er ['prɔmptə(r)] s TEAT ponto, aquele que fica escondido relembrando as falas aos atores.

promp.ti.tude ['prɔmptitju:d; EUA 'prɔmptitu:d] s prontidão; pontualidade; exatidão.

prom.ul.gate ['prɔmlgeit] v promulgar; tornar público; anunciar.

prom.ul.ga.tion [prɔml'geiʃn] s promulgação, ação de tornar público.

prone [prəun] adj propenso, inclinado; deitado, debruçado.

prong [prɔŋ; EUA prɔ:ŋ] s dente de garfo; ponta.

pro.noun [prəunaun] s GRAM pronome, palavra que substitui o substantivo.

pro.nounce [prə'nauns] v pronunciar; declarar; DIR dar sentença.

pro.nounced [prə'naunsid] adj pronunciado; acentuado; marcado.

pro.nounce.ment [prə'naunsmənt] s declaração ou proclamação formal.

proof [pru:f] s prova; teor alcoólico; evidência; • adj à prova de.

prop [prɔp] s apoio; suporte; escora; • v apoiar; suportar; suster; manter; sustentar.

prop.a.gate ['prɔpəgeit] v espalhar; propagar(-se); reproduzir(-se).

prop.a.ga.tion [prɔpə'geiʃn] s propagação; transmissão; multiplicação.

pro.pel [prə'pel] v impelir; propelir; propulsar.

pro.pel.ler [prə'pelə(r)] s motor; propulsor, aquilo que proporciona movimento a certos mecanismos; hélice.

pro.pen.si.ty [prə'pensəti] s propensão; inclinação; vocação.

prop.er ['prɔpə(r)] adj próprio; devido; justo; adequado; correto.

prop.er.ly ['prɔpəli] *adv* propriamente; exatamente; adequadamente.

prop.er.ty ['prɔpəti] *s* propriedade; coisa possuída; bens; **personal ~**: bens móveis; **real ~**: bens imóveis.

proph.e.cy ['prɔfəsi] *s* profecia; presságio; vaticínio.

proph.e.sy ['prɔfisai] *v* profetizar, predizer.

proph.et ['prɔfit] *s* profeta.

pro.pi.ti.ate [prə'piʃieit] *v* conciliar; favorecer.

pro.pi.tious [prə'piʃəs] *adj* benéfico; auspicioso.

pro.por.tion [prə'pɔ:ʃn] *s* proporção; relação; • (*to*) *v* proporcionar; ajustar; *ant* **disproportion**.

pro.por.tion.ate [prə'pɔ:ʃənət] *adj* simétrico; harmônico; proporcional; *ant* **disproportionate**.

pro.pose [prə'pəuz] *v* propor; pedir em casamento.

prop.o.si.tion [prɔpə'ziʃn] *s* proposição; oferta; proposta.

pro.pound [prə'paund] *v* propor.

pro.pri.e.ty [prə'praiəti] *s* propriedade; conveniência.

pro.pul.sion [prə'pʌlʃn] *s* propulsão, ação ou efeito de propulsar.

pro.ro.ga.tion [prəurə'geiʃn] *s* prorrogação; adiamento; prolongação.

pro.rogue [prəu'rəug] *v* prorrogar.

pro.sa.ic [prə'zeiik] *adj* prosaico; trivial.

pro.scribe [prə'skraib; EUA prəu'skraib] *v* proscrever; interdizer; denunciar.

pro.scrip.tion [prə'skripʃn; EUA prəu'skripʃn] *s* proscrição; proibição.

prose [prəuz] *s* prosa; • *v* escrever em prosa; • *adj* prosaico.

pros.e.cute ['prɔsikju:t] (*for*) *v* prosseguir; executar; processar.

pros.e.cu.tion [prɔsi'kju:ʃn] *s* instauração de processo; prosseguimento.

pros.e.cu.tor [prɔsi'kju:tə(r)] *s* promotor; **public ~**: promotor público.

pros.e.lyte ['prɔsəlait] *s* prosélito; adepto.

pro.sod.ic ['prɔsədik] *adj* prosódico, concernente à prosódia.

pros.o.dy ['prɔsədi] *s* prosódia, estudo da pronúncia correta das palavras.

pros.pect ['prɔspekt] *s* perspectiva; vista; • (*for*) *v* garimpar; explorar.

pro.spec.tive [prə'spektiv] *adj* previdente; antecipado.

pro.spec.tus [prə'spektəs] *s* prospecto, propaganda.

pros.per ['prɔspə(r)] *v* prosperar; progredir.

pros.per.i.ty [prɔ'sperəti] *s* prosperidade; ventura; felicidade.

pros.per.ous ['prɔspərəs] *adj* próspero.

pros.tate ['prɔsteit] *s* próstata, glândula do sexo masculino que envolve parte da uretra.

pros.ti.tute ['prɔstitju:t; EUA 'prɔstitu:t] *s* prostituta; **male ~**: prostituto.

pros.ti.tu.tion [prɔsti'tju:ʃn; EUA prɔsti'tu:ʃn] *s* prostituição.

pros.trate ['prɔstreit] *adj* prostrado; abatido; humilhado; • *v* prostrar; derrubar; debilitar.

pros.tra.tion [prɔ'streiʃn] *s* prostração; abatimento; fraqueza.

pros.y ['prəuzi] *adj* prosaico; sem graça; insípido.

pro.tag.o.nist [prə'tægənist] *s* protagonista, personagem principal.

pro.tect [prə'tekt] (*against, from*) *v* proteger; defender.

pro.tec.tion [prə'tekʃn] *s* proteção; amparo; apoio; auxílio.

pro.tec.tive [prə'tektiv] *adj* protetor; defensor.

pro.tec.tor [prə'tektə(r)] *s* protetor; defensor; patrono; tutor.

pro.te.in ['prəuti:n] *s* proteína, substância orgânica nitrogenada, componente essencial das células dos seres vivos.

pro.test ['prəutest] *s* protesto; • *v* protestar; **~ march**: passeata; **under ~**: sob protesto.

Prot.es.tant ['prɔtistənt] *s* e *adj* protestante.

prot.es.ta.tion [prɔte'steiʃn] *s* protesto; juramento; declaração solene.

pro.to.col ['prəutəkɔl; EUA 'prəutəkɔ:l] *s* protocolo.

pro.ton ['prəutɒn] *s* próton, partícula positiva do núcleo do átomo.

pro.to.plasm ['prəutəplæʒəm] *s* protoplasma, substância granulosa que constitui a matéria-prima dos organismos vivos.

pro.to.type ['prəutətaip] *s* protótipo, exemplar mais exato, mais perfeito.

pro.tu.ber.ance [prə'tju:bərəns; EUA prəu'tu:bərəns] *s* protuberância; proeminência.

pro.tu.ber.ant [prə'tju:bərənt; EUA prəu'tu:bərənt] *adj* protuberante; intumescido; inchado.

proud [praud] *adj* orgulhoso; soberbo.

prove [pru:v] *v* (*pt* **proved**; *pp* **proved, proven**) provar; demonstrar; evidenciar.

prov.erb ['prɔvə:b] *s* provérbio; adágio.

pro.vide [prə'vaid] (*for*) *v* prover; fornecer; providenciar; munir; estipular.

pro.vid.ed [prə'vaidid] *conj* contanto que; com a condição de.

prov.i.dence ['prɔvidəns] *s* providência; economia; prudência.

prov.i.dent ['prɔvidənt] *adj* previdente; econômico; prudente; *ant* **improvident**.

pro.vid.er [prə'vaidə(r)] *s* provisor; provedor.

prov.ince ['prɔvins] *s* província.

pro.vi.sion [prə'viʒn] *s* provisão; abastecimento; cláusula; • (*for*) *v* prover; abastecer.

pro.vi.sion.al [prə'viʒənl] *adj* provisional; temporário; provisório.

pro.vi.so [prə'vaizəu] *s* condição; item; cláusula.

prov.o.ca.tion [prɔvə'keiʃn] *s* provocação.

pro.voc.a.tive [prə'vɔkətiv] *adj* provocante; excitante; provocativo.

pro.voke [prə'vəuk] (*into, to*) *v* provocar; irritar; exasperar; excitar.

pro.vost ['prɔvəst; EUA 'prəuvəst] *s* reitor; superintendente.

prow [prau] *s* NÁUT proa, parte da frente do navio.

prow.ess ['prauis] *s* proeza; ânimo; façanha.

prowl [praul] *v* rondar procurando presa ou saque.

prowl.er ['praulə(r)] *s* gatuno; larápio; ladrão.

prox.i.mate ['prɔksimət] *adj* próximo; imediato; seguinte.

prox.im.i.ty [prɔk'simət i] *s* proximidade.

prox.y ['prɔksi] *s* mandatário; procurador; substituto; delegado; procuração; **by ~**: por procuração.

pru.dence ['pru:dns] *s* prudência; cautela; ponderação.

pru.dent ['pru:dnt] *adj* prudente; precavido; prevenido; *ant* **imprudent**.

prud.er.y ['pru:dəri] *s* afetação; falsa modéstia.

prune [pru:n] *s* ameixa seca; • *v* podar; desramar; aparar.

pru.ri.ent ['pruəriənt] *adj* sensual.

pry [prai] (*into*) *v* intrometer-se.

psalm [sa:m] *s* RELIG salmo, cântico de louvor a Deus.

pseu.do.nym ['sju:dənim; EUA 'su:dənim] *s* pseudônimo, nome fictício.

psy.chi.a.trist [sai'kaiətrist] *s* psiquiatra.

psy.chi.a.try [sai'kaiətri] *s* psiquiatria.

psy.chic ['saikik] *adj* psíquico, relativo a psique.

psy.cho.a.nal.y.sis [saikəuə'næləsis] *s* psicoanálise.

psy.cho.an.al.ist [saikəuə'nælist] *s* psicanalista.

psy.cho.log.ical [saikə'lɔdʒikl] *adj* psicológico, concernente à psicologia.

psy.chol.o.gist [sai'kɔlədʒist] *s* psicólogo, especialista em psicologia.

psy.chol.o.gy [sai'kɔlədʒi] *s* psicologia, ciência que cuida dos fenômenos psíquicos, do comportamento humano.

psy.cho.sis [sai'kəusis] *s* psicose; *pl* **psychoses**.

psy.cho.ther.a.py [saikəu'θerəpi] *s* psicoterapia.

pub [pʌb] *s abrev de* **pub**lic house, bar típico inglês.

pu.ber.ty ['pju:bəti] *s* puberdade, época da vida humana em que os indivíduos ficam aptos a procriar.

pub.lic ['pʌblik] *s* o público; o povo; • *adj* público; geral; conhecido; **in ~**: em público; ~ **holiday**: feriado; ~ **opinion**: opinião pública; ~ **relations**: relações públicas; **to be ~ knowledge**: ser de conhecimento público.

pub.li.can [′pʌblikən] s taverneiro (na Inglaterra).

pub.li.ca.tion [pʌbli′keiʃn] s publicação; promulgação; jornal; revista.

pub.lic.i.ty [pʌb′lisəti] s publicidade.

pub.li.cize, pub.li.cise [′pʌblisaiz] v dar publicidade a; divulgar.

pub.lish [′pʌbliʃ] v publicar; editar; promulgar.

pub.lish.er [′pʌbliʃə(r)] s editor; editora.

pub.lish.ing [′pʌbliʃiŋ] s a indústria editorial.

puck.er [′pʌkə(r)] v enrugar; franzir.

pud.ding [′pudiŋ] s pudim, iguaria doce de consistência cremosa.

pud.dle [′pʌdl] s poça.

pudg.y [′pʌdʒi] adj rechonchudo; atarracado; gorducho.

pu.er.ile [′pjuərail; EUA ′pjuərəl] adj pueril; infantil; ingênuo.

pu.er.il.i.ty [pjuə′riləti] s puerilidade, ato pueril; dito de criança.

Puer.to Ri.can [′pwə:təu ′ri:kən] s e adj porto-riquenho.

puff [pʌf] s sopro; aragem; baforada; elogio exagerado; • v bafejar; soltar baforadas; inchar; gabar-se.

pu.gi.lism [′pju:dʒilizəm] s ESP pugilismo; pugilato; boxe.

pu.gi.list [′pju:dʒilist] s pugilista, aquele que pratica o pugilismo.

puke [pju:k] s GÍR vômito; • v vomitar.

pull [pul] s puxão; remada; • v puxar; arrancar; remar; **to ~ in**: apertar; **to ~ one's leg**: fazer troça de alguém; **to ~ strings**: mexer os "pauzinhos", usar de influência para conseguir os objetivos.

pul.ley [′puli] s polia; roldana.

Pull.man [′pulmən] s carro-dormitório.

pull.o.ver [′puləuvə(r)] s pulôver.

pul.lu.late [′pʌljuleit] v pulular; germinar; brotar.

pul.lu.la.tion [pʌljulei′ʃn] s pululação; germinação.

pul.mo.nar.y [′pʌlmənəri; EUA ′pʌlməneri] adj pulmonar.

pulp [pʌlp] s polpa; medula; pasta; massa; • v reduzir a pasta ou a polpa.

pul.pit [′pulpit] s púlpito de Igreja.

pul.sate [pʌl′seit; EUA ′pʌlseit] (with) v pulsar; bater; palpitar.

pul.sa.tion [pʌl′seiʃn] s pulsação; batimento cardíaco; palpitação.

pulse [pʌls] s pulsação; batimento; grãos leguminosos; • (through, with) v pulsar; bater; palpitar.

pul.ver.ize, pul.ver.ise [′pʌlvəraiz] v pulverizar, reduzir a pó.

pum.ice [′pʌmis] s pedra-pomes; • v alisar, amaciar com pedra-pomes.

pump [pʌmp] s bomba de sucção (de água, ar, etc.); • v bombear (água, ar, etc.); sondar; obter uma confissão mediante perguntas astuciosas.

pump.kin [′pʌmpkin] s abóbora; jerimum.

pun [pʌn] s trocadilho, jogo de palavras; • (on, upon) v fazer trocadilhos.

punch [pʌntʃ] s furador; murro; ponche (bebida); • (in, on) v furar; perfurar; bater; golpear; esmurrar.

punc.til.i.o [pʌŋk′tiliəu] s exatidão; meticulosidade; escrúpulo.

punc.til.i.ous [pʌŋk′tiliəs] adj pontual; exato; escrupuloso.

punc.tu.al [′pʌŋktʃuəl] adj pontual.

punc.tu.al.i.ty [pʌŋktʃu′æləti] s pontualidade.

punc.tu.a.tion [pʌŋktʃu′eiʃn] s pontuação, ação ou efeito de pontuar.

punc.ture [′pʌŋktʃə(r)] s furo; punção; • v furar; perfurar.

pun.gent [′pʌndʒənt] adj pungente; mordaz; ferino; cáustico.

pun.ish [′pʌniʃ] (for) v punir; surrar; castigar.

pun.ish.ment [′pʌniʃmənt] s castigo; pena; punição.

pu.ni.tive [′pju:nitiv] adj punitivo.

punk [pʌŋk] s punk.

pun.ster [′pʌnstə(r)] s aquele que faz trocadilhos.

punt [pʌnt] *s* barcaça; barca; • *v* conduzir em balsa ou catraia.

pu.ny ['pju:ni] *adj* pequeno; insignificante; débil; fraco.

pup [pʌp] *s* cachorro pequeno; filhote; • *v* ZOO dar cria, parir.

pu.pil ['pju:pl] *s* aluno; pupila, menina dos olhos.

pup.pet ['pʌpit] *s* marionete; fantoche; **~ show**: teatro de marionetes.

pup.py ['pʌpi] *s* cachorro pequeno.

pur.chase ['pə:tʃəs] *s* compra; aquisição; • *v* comprar; adquirir; ganhar; obter.

pure [pjuə(r)] *adj* puro; genuíno; legítimo; inocente; simples.

pur.ga.tion [pə:'geiʃn] *s* purgação; limpeza; purificação; purga.

pur.ga.tive ['pə:gətiv] *s* purgante; • *adj* purgativo, que limpa.

pur.ga.to.ry ['pə:gətri; EUA 'pə:gətɔ:ri] *s* purgatório; • *adj* purgatório; purificador.

purge [pə:dʒ] *s* purga; purgação; purgante; • *v* purgar; purificar; desobstruir.

pu.ri.fy ['pjuərifai] *v* purificar; limpar.

Pu.ri.tan ['pjuəritən] *s* puritano, relativo ao Puritanismo.

Pu.ri.tan.ism ['pjuəritənizəm] *s* RELIG Puritanismo, ramo do Protestantismo que se desligou, nos séculos XVI e XVII, do Anglicanismo, na Inglaterra.

pu.ri.ty ['pjuərəti] *s* pureza; inocência; *ant* **impurity**.

pur.loin [pə:'lɔin] *v* furtar.

pur.ple ['pə:pl] *s* púrpura; roxo; dignidade real; • *adj* purpúreo; régio; • *v* tornar-se púrpuro.

pur.port ['pə:pət] *s* significado; conteúdo; alvo; • *v* dar a entender; propor-se a.

pur.pose ['pə:pəs] *s* propósito; razão; finalidade; • *v* tencionar; propor-se; **on ~**: de propósito.

pur.pose.ly ['pə:pəsli] *adv* de propósito; expressamente; resolutamente.

purr [pə:(r)] *s* o ronronar do gato; • *v* ronronar.

purse [pə:s] *s* bolsa; prêmio em dinheiro; • *v* embolsar.

pur.su.ance [pə'sju:əns; EUA pə'su:əns] *s* cumprimento; **in ~ of**: no cumprimento de.

pur.sue [pə'sju:; EUA pə'su:] *v* perseguir; seguir; continuar.

pur.suit [pə'sju:t; EUA pə'su:t] *s* perseguição; caça; ocupação.

pur.vey [pə'vei] (*to*) *v* prover; abastecer; fornecer.

pur.vey.ance [pə'veiəns] *s* abastecimento; provisão.

pur.view ['pə:vju:] *s* esfera, limite de uma disposição legal.

push [puʃ] *s* empurrão; arremetida; ataque; • *v* empurrar; impelir; **to ~ ahead/forward/on**: continuar; avançar; **to ~ along**: partir; **to ~ for**: exigir; **to ~ in**: interromper rudemente; **to ~ off**: GÍR sair, ir embora; **to ~ up the daisies**: estar morto e enterrado.

push.er ['puʃə(r)] *s* GÍR vendedor de drogas.

push.ing ['puʃiŋ] *adj* empreendedor; ativo; vigoroso.

pu.sil.lan.i.mous [pju:si'lænimɘs] *adj* pusilânime; covarde; medroso.

puss [pus] *s* bichano; gatinho; menina.

pus.tule ['pʌstju:l; EUA 'pʌstʃu:l] *s* pústula, tumor que tem líquido purulento.

put [put] *s* lançamento; emergência; • *v* (*pt* e *pp* **put**) pôr; colocar; depositar; propor; inserir; calcular; **~ up your hands!**: mãos ao alto!; **to ~ about**: espalhar; **to ~ back**: atrasar; **to ~ down**: controlar; humilhar; tomar nota; **to ~ forward**: sugerir; adiantar; **to ~ in**: colocar; **to ~ off**: adiar; **to ~ on**: vestir-se; **to ~ out**: apagar; **to ~ together**: juntar, reunir.

pu.tre.fac.tion [pju:tri'fækʃn] *s* putrefação; decomposição.

pu.tre.fy ['pju:trifai] *v* putrefazer; putrificar; apodrecer; decompor-se.

pu.trid ['pju:trid] *adj* pútrido; apodrecido.

puz.zle ['pʌzl] *s* adivinhação; enigma; quebra-cabeça; • *v* confundir; embaraçar; deixar perplexo; deixar intrigado; **crossword ~**: palavras cruzadas.

pyg.my, pig.my ['pigmi] *s e adj* pigmeu.
pyr.a.mid ['pirəmid] *s* pirâmide.
py.ro.tech.nic [pairə'teknik] *adj* pirotécnico, relativo à pirotécnica.

py.ro.tech.nics [pairə'tekniks] *s* pirotécnica, arte de fabricar e de utilizar fogos de artifício.
py.thon ['paiøn] *s* píton, espécie de jiboia.

Q

q [kju:] *s* décima sétima letra do alfabeto.
quack [kwæk] *s* grasnido (pato); charlatão (médico); • *v* grasnar.
quack.er.y ['kwækəri] *s* charlatanismo, qualidade de charlatão; impostura.
quad.ran.gle ['kwɔdræŋgl] *s* quadrilátero; pátio; recinto quadrangular.
quad.rant ['kwɔdrənt] *s* quadrante, quarta parte de uma circunferência.
quad.ru.ped ['kwɔdrupid] *s* e *adj* quadrúpede, que tem quatro pés.
quad.ru.ple ['kwɔdru:pl] *s* e *adj* quádruplo; • *v* quadruplicar.
quad.ru.plet ['kwɔdru:plet] *s* quadrigêmeo.
quad.ru.pli.cate [kwɔ'dru:plikət] *v* quadruplicar(-se); • *adj* quadruplicado.
quaff [kwa:f] *s* trago; • *v* esvaziar; sorver; tragar.
quaff.er ['kwa:fə(r)] *s* beberrão; ébrio.
quail [kweil] *s* codorniz; • (*with, at*) *v* desanimar; coalhar; acovardar-se.
quaint [kweint] *adj* singular; curioso.
quaint.ness ['kweintnis] *s* elegância; singularidade; curiosidade.
quake [kweik] *s* tremor; estremecimento; • (*with, at*) *v* tremer; abalar.
Quak.er ['kweikə(r)] *s* RELIG Quacre, membro de uma seita religiosa.
qual.i.fi.ca.tion [kwɔlifi'keiʃn] *s* qualificação; habilitação; **what are your ~s?**: quais são suas habilitações?
qual.i.fied ['kwɔlifaid] *adj* apto; capaz; modificado; idôneo.
qual.i.fi.er ['kwɔlifaiə(r)] *s* qualificador; GRAM qualificativo.
qual.i.fy ['kwɔlifai] (*as, for*) *v* qualificar; limitar; particularizar; habilitar.
qual.i.ty ['kwɔləti] *s* qualidade; **letter ~**: INF qualidade de carta; **~ control**: controle de qualidade.
qualm [kwɔ:m] *s* enjoo; náusea; desfalecimento; desmaio; escrúpulo; dúvida.
quan.da.ry ['kwɔndəri] *s* dúvida; incerteza; embaraço; dificuldade.
quango ['kwæŋgəu] BRIT *abrev de* **qu**asi **a**utonomous **n**on-**g**overnmental **o**rganization, organização que atua com independência, mas com o apoio do governo.
quan.ti.fy ['kwɔntəfai] *v* quantificar.
quan.ti.ty ['kwɔntəti] *s* quantidade; soma; **in ~**: em quantidade.
quan.tum ['kwantəm] *s* FÍS quantum; **~ theory**: teoria quântica.
quar.an.tine ['kwɔrənti:n; EUA 'kwɔ:rənti:n] *s* quarentena; • *v* pôr ou determinar quarentena.
quark ['kwa:k] *s* FÍS quark.
quar.rel ['kwɔrəl; EUA 'kwɔ:rəl] *s* briga; altercação; discussão; • (*about, over, with*) *v* altercar; discutir; disputar; contender.
quar.rel.some ['kwɔrəlsəm] *adj* brigão.
quar.ry ['kwɔri; EUA 'kwɔ:ri] *s* caça; presa; pedreira.
quart [kwɔ:t] *s* quarto, medida de capacidade; **to put a ~ into a pint pot**: tentar fazer algo que é impossível.

quar.ter ['kwɔ:tə(r)] s quarto; a quarta parte; moeda de 25 centavos; trimestre; bairro; • v dividir em quartos; esquartejar; alojar; hospedar; **a ~ of an hour**: quinze minutos; **at close ~s**: no mano a mano; **it's a ~ to four**: são quinze para as quatro (horas), EUA it's a ~ of four; **it's a ~ past five**: são cinco e quinze (horas), EUA it's a ~ **after five**; ~-**final**: ESP quarta de final.

quar.ter.deck ['kwɔ:tədek] s NÁUT tombadilho superior.

quar.ter.ly ['kwɔ:təli] s publicação trimestral; • adj trimestral; • adv trimestralmente.

quar.ter.mas.ter ['kwɔ:təma:stə(r)] s NÁUT contramestre.

quar.tet [kwɔ:'tet] s MÚS quarteto; **string ~**: quarteto de cordas.

quartz [kwɔ:ts] s quartzo, cristal de rocha.

qua.sar ['kweiza:(r)] s ASTRON quasar.

quash [kwɔʃ] v esmagar; achatar; sufocar; invalidar; anular.

quat.er.nar.y ['kwætənari] s período quaternário; • adj quaternário.

quat.rain ['kwɔtrein] s quarteto; quadra.

qua.ver ['kweivə(r)] s trilo; gorjeio; MÚS colcheia; EUA **eighth note**; • v tremer; vibrar; tremular.

quay [ki:] s cais; doca; molhe; desembarcadouro.

quea.sy ['kwi:zi] adj enjoativo; que dá náuseas.

queen [kwi:n] s rainha; dama (nos jogos de cartas); • v reinar; transformar em rainha (no jogo de xadrez); ~ **bee**: abelha-rainha; ~ **consort**: esposa do rei em exercício; ~ **mother**: rainha-mãe.

queen.ly ['kwi:nli] adj de rainha; próprio de rainha.

queer [kwiə(r)] adj original; excêntrico; raro; • v pôr alguém em má situação.

quell [kwel] v esmagar; dominar; aliviar; aplacar.

quench [kwentʃ] (with) v saciar; extinguir; debelar; abafar; esfriar o ferro.

quer.u.lous ['kwerulǝs] adj queixoso; lamuriante.

quer.u.lous.ness ['kwerulǝsnis] s lamúria; queixume.

que.ry ['kwiǝri] s pergunta; dúvida; o ponto de interrogação (?); • v interrogar; indagar; inquirir; duvidar de; pôr ponto de interrogação.

quest [kwest] s busca; pesquisa; procura; investigação; • v investigar; buscar; indagar; pesquisar; **in ~ of**: ir em busca de.

ques.tion ['kwestʃǝn] s pergunta; questão; assunto; problema; controvérsia; debate; • v interrogar; perguntar; duvidar; desconfiar de; opor-se a; **beyond ~**: sem dúvida; **in ~**: em questão; **out of ~**: fora de cogitação; ~ **mark**: ponto de interrogação; **to ask a ~**: fazer uma pergunta.

ques.tion.a.ble ['kwestʃǝnǝbl] adj duvidoso; questionável; contestável.

ques.tion.naire [kwestʃǝ'neǝ(r)] s questionário.

ques.tion.er ['kwestʃǝnǝ(r)] s inquiridor; perguntador; interrogador.

ques.tion.ing ['kwestʃǝniŋ] s exame; interrogatório; • adj interrogador.

queue [kju:] s fila; trança; rabicho; • v formar fila; **to jump the ~**: furar a fila.

quib.ble ['kwibl] s evasiva; sofisma; • v sofismar; usar de evasivas; tergiversar.

quick [kwik] adj rápido; veloz; ligeiro; vivo; esperto; • adv velozmente; agilmente; ~-**witted**: sutil, sagaz.

quick.en ['kwikǝn] v vivificar; animar(-se); apressar(-se); acelerar.

quick.ly ['kwikli] adv rapidamente; prontamente; vivamente.

quick.ness ['kwiknis] s ligeireza; presteza; rapidez.

quick.sand ['kwiksænd] s areia movediça.

quick.sil.ver ['kwiksilvǝ(r)] s mercúrio.

quid [kwid] s pedaço de fumo para mascar; GÍR libra esterlina.

qui.es.cence [kwi'esns] s quietude; imobilidade; descanso; repouso.

qui.es.cent [kwi'esnt] adj inativo; mudo; imóvel.

qui.et ['kwaiət] *s* quietude; sossego; descanso; calma; • *v* acalmar; fazer calar; tranquilizar; • *adj* calado; sossegado; calmo; pacífico; sereno; **on the ~**: na surdina, na moita.

qui.et.ly ['kwaiətli] *adv* calmamente; serenamente; tranquilamente.

quill [kwil] *s* pena de ave; pena para escrever; espinho; • *v* franzir; enrugar; depenar.

quilt [kwilt] *s* colcha; acolchoado; • *v* acolchoar; **continental ~**: edredom.

quilt.ing ['kwiltiŋ] *s* acolchoamento; ação de estofar.

quince [kwins] *s* marmelo; marmeleiro.

quin.tes.sence [kwin'tesns] *s* FILOS quintessência, referência a um quinto elemento que, juntamente com os quatro elementos da antiguidade, ar, água, terra e fogo, forma a dualidade humana (corpo e alma).

quin.tet [kwin'tet] *s* MÚS quinteto, composição para cinco vozes ou instrumentos; o conjunto de cinco vozes ou instrumentos.

quip [kwip] *s* sarcasmo; zombaria; ironia; • *v* ironizar.

quire ['kwaiə(r)] *s* coro de igreja; conjunto de 24 folhas.

quirk [kwə:k] *s* maneirismo; cacoete; desvio; volta ou curva fechada; evasiva; rodeio; subterfúgio; • *v* estriar; acanalar; moldar.

quis.ling ['kwizliŋ] *s* traidor.

quit [kwit] *v* (*pt* e *pp* **quit/quitted**) deixar de; abandonar; parar; demitir-se; soltar; desistir.

quite [kwait] *adv* completamente; totalmente; inteiramente; bastante.

quit.tance ['kwitns] *s* quitação; pagamento; recibo; recompensa.

quiv.er ['kwivə(r)] *s* aljava; • *v* tremer; arrepiar; estremecer.

quix.ot.ic [kwik'sɔtik] *adj* quixotesco; aventureiro.

quiz [kwiz] *s* programa de perguntas; EUA teste/exame escrito informal dado aos estudantes; • *v* fazer perguntas; **~ master** ou **question-master**: animador de programa de perguntas; *pl* **quizzes**.

quiz.zi.cal ['kwizikl] *adj* zombador; motejador; excêntrico; estranho.

quoit [kɔit; EUA kwɔit] *s* malha (no jogo de malha); **~s**: jogo de malha.

quo.ta ['kwəutə] *s* cota; contingente.

quot.a.ble ['kwəutəbl] *adj* citável, que pode, deve ou merece ser citado.

quo.ta.tion [kwəu'teiʃn] *s* citação; cotação de preços; orçamento; **~ marks**: aspas (informalmente se usa **quotes**), BRIT **inverted commas**.

quote [kwəut] *s* citação; • (*from*) *v* citar; cotar preços; **~s**: aspas; **in ~s**: entre aspas.

quo.tid.i.an [kwəu'tidiən] *adj* cotidiano; diário.

quo.tient ['kwəuʃnt] *s* MAT quociente, o resultado de uma divisão.

r [a:(r)] *s* décima oitava letra do alfabeto.
rab.bi [ˈræbai] *s* RELIG rabino.
rab.bit [ˈræbit] *s* coelho.
rab.ble [ˈræbl] *s* multidão; ralé; turba; gentalha.
rab.id [ˈræbid] *adj* que tem raiva; furioso; feroz; fanático.
ra.bies [ˈreibi:z] *s* raiva.
race [reis] *s* raça humana; corrida; canal; • *v* correr velozmente; acelerar.
rac.er [ˈreisə(r)] *s* corredor; cavalo de corridas; carro de corridas.
race.course [ˈreiskɔ:s] *s* hipódromo; EUA **racetrack**.
race.horse [ˈreishɔ:s] *s* cavalo de corrida.
ra.ci.al [ˈreiʃl] *adj* racial.
rac.ing [ˈreisiŋ] *s* corrida; • *adj* de corrida; ~ **car**: carro de corrida, EUA **race car**; ~ **driver**: piloto de corrida, EUA **race car driver**.
ra.cism [ˈreisizəm] *s* racismo.
rack [ræk] *s* prateleira; estante; tortura; suplício; instrumento de tortura; dor; angústia; • (*with*, *by*) *v* torturar; atormentar.
rack.et [ˈrækit] *s* raquete; algazarra.
rac.y [ˈreisi] *adj* espirituoso; picante.
ra.di.ance [ˈreidiəns] *s* brilho; fulgor; resplendor.
ra.di.ant [ˈreidiənt] *s* foco irradiador; objeto radiante; • *adj* radiante; fulgurante; brilhante.
ra.di.ate [ˈreidieit] *v* irradiar; cintilar; radiar.
ra.di.a.tion [reidiˈeiʃn] *s* radiação; irradiação; ~ **sickness**: intoxicação radioativa.
ra.di.a.tor [ˈreidieitə(r)] *s* AUT radiador.
rad.i.cal [ˈrædikl] *s* radical, extremista; • *adj* radical; essencial; fundamental; original.
ra.di.o [ˈreidiəu] *s* rádio; • *v* (*pt e pp* **radioed**) transmitir por rádio; comunicar por rádio; **on the ~**: no rádio; ~ **car**: carro equipado com rádio transmissor; **~-controlled**: controlado a distância através de ondas de rádio (carrinho, avião, etc. por controle remoto); ~ **station**: estação de rádio; ~ **taxi**: rádio-táxi; ~ **telescope**: rádio telescópio; ~ **waves**: ondas de rádio.
ra.di.o.ac.tive [reidiəuˈæktiv] *adj* radioativo.
ra.di.o.ac.tiv.i.ty [reidiəuækˈtiviti] *s* radioatividade.
ra.di.o.gra.phy [reidiˈɔgrəfi] *s* radiografia.
ra.di.ol.o.gy [reidiˈɔlʤi] *s* radiologia.
ra.di.o.ther.a.py [reidiəuˈθerəpi] *s* radioterapia.
rad.ish [ˈrædiʃ] *s* rabanete.
ra.di.um [ˈreidiəm] *s* QUÍM rádio.
ra.di.us [ˈreidiəs] *s* MAT raio.
RAF [ræf] *abrev de* BRIT Royal Air Force.
raf.fle [ˈræfl] *s* rifa; sorteio; • *v* rifar; sortear.
raft [ra:ft; EUA ræft] *s* jangada; balsa; • *v* transportar ou construir jangadas.
raft.er [ˈra:ftə(r); EUA ˈræftə(r)] *s* viga; barrote.
rag [ræg] *s* trapo; farrapo, • *v* incomodar.
rag.a.muf.fin [ˈrægəmʌfin] *s* maltrapilho; criança suja e maltrapilha.

rage [reidʒ] s raiva; fúria; entusiasmo; • (*about, against, at*) v enfurecer-se; assolar; devastar.

rag.ged ['rægid] adj esfarrapado; roto; áspero.

rag.time ['rægtaim] s EUA dança e música sincopada.

raid [reid] s ataque, invasão surpresa; • v invadir de surpresa.

raid.er ['reidə(r)] s invasor.

rail [reil] s trilho de ferrovia; barra; grade; corrimão; • v fechar com uma grade.

rail.ing ['reiliŋ] s parapeito; balaustrada.

rail.ler.y ['reiləri] s caçoada; zombaria; mofa.

rail.road ['reilrəud] s EUA via férrea; • v EUA transportar por via férrea.

rail.way ['reilwei] s via férrea; EUA **railroad**.

rail.way.man ['reilweimən] s ferroviário; EUA **railroader**.

rain [rein] s chuva; • v chover; derramar copiosamente; **(come) ~ or shine**: chova ou faça sol; ~ **forest**: floresta tropical; **to ~ cats and dogs**: chover a cântaros.

rain.bow ['reinbəu] s arco-íris.

rain.coat ['reinkəut] s casaco impermeável.

rain.fall ['reinfɔːl] s aguaceiro.

rain.proof ['reinpruːf] v impermeabilizar; • adj à prova de chuva; impermeável.

rain.wa.ter ['reinwɔːtə(r)] s água da chuva.

rain.y ['reini] adj chuvoso; **for a ~ day**: para um momento de necessidade.

raise [reiz] s EUA aumento de salário; • v levantar; sublevar; edificar; erigir; acumular; suscitar; evocar; criar; cultivar; **to ~ a point**: fazer uma observação; **to ~ an outcry**: armar um barulho; **to ~ one's eyebrows**: causar surpresa, dúvida, desaprovação; **to ~ the curtain**: TEAT levantar o pano.

rai.sin ['reizn] s uva-passa; uva-seca.

rake [reik] s ancinho; rodo; • v raspar; limpar com ancinho; remexer.

rake-off ['reikɔf] s lucro ilícito; propina; comissão ilegítima.

rak.ish ['reikiʃ] adj devasso; libertino.

ral.ly ['ræli] s reunião; comício; recuperação; rali, corrida de carros em estradas; jogada em série até que um dos competidores consiga marcar o ponto; • v reunir; zombar de; reanimar-se.

ram [ræm] s carneiro; • v calcar; enterrar; **to ~ something down someone's throat**: forçar para que uma ideia ou plano sejam aceitos.

RAM [ræm] *abrev de* INF **R**andom **A**ccess **M**emory, memória de acesso aleatório.

ram.ble ['ræmbl] s passeio; • (*through, among*) v passear; percorrer; vagar.

ram.bling ['ræmbliŋ] adj errante; sem nexo.

ram.i.fi.ca.tion [ræmifi'keiʃən] s ramificação.

ram.i.fy ['ræmifai] v ramificar-se.

ramp [ræmp] s rampa; declive; • v pular.

ram.page [ræm'peidʒ] s agitação; alvoroço; • v fazer alvoroço.

ram.pa.geous [ræm'peidʒəs] adj turbulento, agitado.

ramp.ant ['ræmpənt] adj exuberante; excessivo.

ram.part ['ræmpaːt] s baluarte; muro; muralha; • v fortificar.

ran [ræn] pt de **run**.

ranch [raːntʃ; EUA ræntʃ] s fazenda; granja; rancho; • v ter ou trabalhar em rancho.

ranch.er ['raːntʃə(r)] s rancheiro.

ran.cid ['rænsid] adj rançoso; desagradável; repugnante.

ran.cid.i.ty ['rænsidit] s ranço.

ran.cour, EUA **rancor** ['ræŋkə(r)] s rancor; ódio.

ran.cor.ous ['ræŋkərəs] adj rancoroso; vingativo.

ran.dom ['rændəm] s fortuito; aleatório, feito ao acaso; **at ~**: aleatoriamente, ao acaso; ~ **Access Memory (RAM)**: INF memória de acesso aleatório, memória que se pode modificar, escrever ou ler, e que ficará no computador, se houver o salvamento prévio.

rang [ræŋ] pt de **ring**.

range [reindʒ] s fila; fileira; série; classe; alcance; extensão; • v alinhar; dispor; classificar; percorrer; costear; **at close ~**: à queima-roupa; ~ **of mountains**: cordilheira.

rang.er ['reɪndʒə(r)] s guarda florestal.
rank [ræŋk] s fila; fileira; classe; ordem; grau; graduação; • v ordenar, dispor em ordem; classificar; enfileirar.
rank.ing ['ræŋkɪŋ] s posição.
ran.kle ['ræŋkl] v irritar-se; amargurar.
ran.sack ['rænsæk; EUA ræn'sæk] v saquear; esquadrinhar; revistar com minúcias.
ran.som ['rænsəm] s resgate; preço de um resgate; • v resgatar; **to hold somebody to ~**: prender alguém como refém.
rant [rænt] s linguagem extravagante; • v falar com extravagância.
rap [ræp] s pancada; batida na porta; ninharia; MÚS tipo de música com ritmo forte onde as palavras são faladas com muita rapidez; • v bater; criticar; arrebatar; extasiar.
ra.pa.cious [rə'peɪʃəs] adj rapace; voraz.
rape [reɪp] s estupro; • v estuprar; violentar.
rap.id ['ræpɪd] adj rápido; veloz; ligeiro.
ra.pid.i.ty [rə'pɪdətɪ] s rapidez; velocidade.
ra.pi.er ['reɪpɪə(r)] s florete; espadim de esgrima.
rap.ine ['ræpaɪn; EUA 'ræpɪn] s roubo; saque.
rap.port [ræ'pɔ:(r)] s afinidade, harmonia.
rapt [ræpt] adj extasiado; enlevado.
rap.ture ['ræptʃə(r)] s arroubo; enlevo; êxtase.
rap.tur.ous ['ræptʃərəs] adj arrebatador; sedutor; encantador.
rare [reə(r)] adj raro; escasso; notável; CULIN mal passado; **medium, ~ or well-done?**: ao ponto, malpassado ou bem passado?
rar.e.fy ['reərɪfaɪ] v rarefazer-se.
ras.cal ['ra:skl; EUA 'ræskl] s tratante; velhaco; biltre; patife.
ras.cal.i.ty [ra:'skəlɪtɪ] s patifaria; velhacaria.
ras.cal.ly ['ra:skəlɪ] adj ignóbil; baixo; vil; velhaco.
rash [ræʃ] s erupção; borbulha; • adj arrojado; ousado; irrefletido.
rash.er ['ræʃə(r)] s fatia de toucinho.
rasp [ra:sp; EUA ræsp] s grosa; lima; • v raspar com algo áspero; limar com grosa.
rasp.ber.ry ['ra:zbərɪ] s framboesa.

rasp.ing ['ra:spɪŋ] s raspagem; limalha; • adj áspero.
rat [ræt] s rato; traidor.
rate [reɪt] s proporção; preço; nível; taxa; índice; • v avaliar; classificar; repreender; **at any ~**: em todo caso; **at the ~ of**: à razão de; **first-~**: de primeira classe.
rath.er ['ra:ðə(r); EUA 'ræðə(r)] adv antes; bastante; de preferência a; um tanto; ao contrário; ou melhor; **~ than**: em vez de.
rat.i.fi.ca.tion [rætɪfɪ'keɪʃn] s ratificação, aprovação.
rat.i.fy ['rætɪfaɪ] v ratificar; aprovar; confirmar.
rat.ing ['reɪtɪŋ] s classe; avaliação.
ra.tion ['ræʃn] s ração; • (to) v racionar.
ra.tion.al ['ræʃnəl] adj racional; ant **irrational**.
ra.tion.al.i.ty [ræʃə'nælətɪ] s racionalidade; raciocínio.
ra.tion.al.ize, ra.tion.al.ise ['ræʃnəlaɪz] v raciocinar; ponderar; refletir.
rat.tle ['rætl] s estrondo; barulho; chocalho; guizo; tagarelice; • v ressoar; agitar com estampidos; atordoar.
rat.tle.snake ['rætlsneɪk] s cascavel (cobra).
rat.tle.trap ['rætltræp] s calhambeque.
rat.tling ['rætlɪŋ] adj alegre; vivo; retumbante.
rau.cous ['rɔ:kəs] adj rouco, estridente.
rav.age ['rævɪdʒ] s destruição; devastação; ruína; • v assolar; devastar.
rave [reɪv] (about, against, at) v delirar; divagar.
rav.el ['rævl] v desfiar; misturar; emaranhar.
ra.ven ['reɪvn] s corvo; • v apresar; rapinar; devorar.
rav.en.ing ['rævənɪŋ] adj rapace; voraz.
rav.en.ous ['rævənəs] adj voraz; ávido; esfomeado.
rav.ing ['reɪvɪŋ] s delírio; alucinação; • adj alucinado; delirante.
rav.ish ['rævɪʃ] v arrebatar; estuprar; raptar.
rav.ish.ing ['rævɪʃɪŋ] adj encantador; arrebatador.
raw [rɔ:] adj cru; natural; **in the ~**: ao natural; nu; **~ material**: matéria-prima.

raw.hide ['rɔ:haid] s couro cru; chicote de couro cru.

ray [rei] s raio (de luz, radiação ou calor); • v irradiar; cintilar.

raze [reiz] v arrasar; derrubar.

ra.zor ['reizə(r)] s navalha; **~ blade**: lâmina de barbear; **~-edge**: o fio da navalha.

reach [ri:tʃ] s extensão; alcance; • v estender; tocar; alcançar; atingir.

re.act [ri'ækt] (*to, against, with, on*) v reagir.

re.ac.tion [ri'ækʃn] s reação.

re.ac.tion.ar.y [ri'ækʃənri; EUA ri'ækʃəneri] s e adj POLÍT reacionário.

re.ac.tor [ri'æktə(r)] s reator; **nuclear ~**: reator nuclear.

read [ri:d] v (*pt* e *pp* **read**) ler; decifrar; interpretar; compreender; **~-only-memory (ROM)**: INF memória somente de leitura, trata-se de uma memória do computador que não pode ser mudada (editada) regularmente, apenas sendo lida; **to ~ between the line**: ler nas entrelinhas.

read.a.ble ['ri:dəbl] adj legível.

read.er ['ri:də(r)] s leitor; livro de leitura; BRIT professor adjunto (em universidade); **proof-~**: revisor; **publisher's ~**: parecerista, pessoa contratada por uma editora para ler e analisar determinada obra com o intuito de dar subsídios ao editor, que, diante desses dados, entre outros, optará pela publicação ou não da obra.

read.ing ['ri:diŋ] s leitura; • adj de leitura; **~ room**: sala de leitura.

re.ad.just [ri:ə'dʒʌst] v reajustar.

re.ad.just.ment [ri:ə'dʒʌstment] s reajustamento, ato ou efeito de reajustar.

re.ad.mis.sion [ri:əd'miʃn] s readmissão; admitir novamente.

read.y ['redi] adj pronto; preparado; disposto; rápido; vivo; tendente; **at the ~**: pronto; **~-made**: feito; pronto; **~ money/~ cash**: dinheiro vivo; **to get ~**: preparar-se, aprontar-se.

re.al ['riəl] adj real; autêntico; positivo; sincero; **for ~**: de verdade; **~ estate/property**: bens imóveis; **~ time**: INF em tempo real.

re.al.ism ['riəlizəm] s realismo.

re.al.is.tic [riə'listik] s realista; *ant* **unrealistic**.

re.al.i.ty [ri'æləti] s realidade.

re.al.i.za.tion [riəlai'zeiʃn; EUA riəli'zeiʃn] s realização, percepção.

re.al.ize, re.al.ise ['riəlaiz] v compreender; perceber; imaginar.

re.al.ly ['riəli] adv realmente; na verdade; deveras.

realm [relm] s reino; região; domínio.

reap [ri:p] v ceifar; colher.

reap.er ['ri:pə(r)] s ceifeiro; ceifeira, máquina de ceifar.

re.ap.pear [ri:ə'piə(r)] v reaparecer.

rear [riə(r)] s retaguarda; traseira; • v elevar; educar; empinar-se; levantar-se; • adj traseiro; posterior; **~-view mirror**: espelho retrovisor (automóvel).

rea.son ['ri:zn] s razão; motivo; causa; • v raciocinar; discutir; **by ~ of**: em razão de.

rea.son.a.ble ['ri:znəbl] adj razoável; moderado; módico; *ant* **unreasonable**.

rea.son.ing ['ri:zəniŋ] s raciocínio; argumento.

re.bate ['ri:beit] s desconto; dedução; • v abater; diminuir; deduzir.

reb.el ['rebl] s rebelde; revoltoso; • adj rebelde; • (*against*) v revoltar-se; rebelar-se.

re.bel.lion [ri'beliən] s rebelião; motim.

re.bel.lious [ri'beliəs] adj rebelde; insubordinado.

re.birth [ri:'bɜ:θ] s renascimento; renascença.

re.bound [ri'baund] s repercussão; ricochete; • (*on, upon*) v ricochetear; ressoar; repercutir.

re.buff [ri'bʌf] s recusa; resistência; • v repelir; rejeitar.

re.buke [ri'bju:k] s repreensão; • (*for*) v repreender; reprovar.

re.but [ri'bʌt] v replicar; repelir.

re.but.tal [ri'bʌtl] s refutação; réplica.

re.cal.ci.trant [ri'kælsitrənt] adj recalcitrante; teimoso; obstinado.

re.call [ri´kɔ:l] s chamada para voltar; recordação; • v retratar-se; lembrar-se; mandar voltar.

re.cant [ri´kænt] v retratar-se; desdizer-se.

re.ca.pit.u.late [ri:kə´pitʃuleit] v recapitular.

re.ca.pit.u.la.tion [ri:kəpitʃu´leiʃn] s recapitulação; resumo.

re.cap.ture [ri:´kæptʃə(r)] s recaptura; retomada; • v recapturar.

re.cast [ri:´ka:st; EUA ri:´kæst] v reformar; remodelar.

re.cede [ri´si:d] (*from*) v retirar-se; desistir; retroceder.

re.ceipt [ri´si:t] s recibo; recebimento; • v passar recibo; **to acknowledge ~ of**: acusar o recebimento de.

re.ceiv.a.ble [ri´si:vəbl] *adj* aceitável; receptível.

re.ceive [ri´si:v] v receber; experimentar.

re.ceiv.er [ri´si:və(r)] s recebedor; destinatário; fone; RÁDIO e TV receptor.

re.cent [´ri:snt] *adj* recente; moderno; novo.

re.cent.ly [´ri:sntli] *adv* recentemente.

re.cep.ta.cle [ri´septəkl] s receptáculo; recipiente.

re.cep.tion [ri´sepʃn] s recepção; recebimento; acolhimento; **~ room**: sala de recepção.

re.cep.tion.ist [ri´sepʃnist] s recepcionista.

re.cep.tive [ri´septiv] *adj* receptivo.

re.cess [ri´ses; EUA ´ri:ses] s recesso; intervalo; retirada.

re.ces.sion [ri´seʃn] s recessão; retirada; restituição.

re.charge [ri:´tʃa:dʒ] s recarregar.

rec.i.pe [´resəpi] s receita.

re.cip.i.ent [ri´sipiənt] s receptor; recebedor.

re.cip.ro.cal [ri´siprəkl] *adj* recíproco; mútuo.

re.cip.ro.cate [ri´siprəkeit] v reciprocar; retribuir.

re.cit.al [ri´saitl] s exposição; narração; MÚS concerto; recital.

rec.i.ta.tion [resi´teiʃn] s recitação; declamação.

re.cite [ri´sait] v recitar; narrar.

reck [´rek] v importar-se; ter cuidado com.

reck.less [´reklis] *adj* negligente; descuidado.

reck.on [´rekən] v contar; calcular; pensar; julgar; **to ~ on**: esperar; contar com; **to ~ with**: lidar com; **to ~ without**: desconsiderar.

reck.on.ing [´rekəniŋ] s conta; cálculo; FIG ajuste de contas; **the day of ~**: o dia do Juízo Final.

re.claim [ri´kleim] v reformar; recuperar; reabilitar.

re.cline [ri´klain] v pender; reclinar-se.

re.cluse [ri´klu:s] s recluso; eremita; • *adj* recluso; solitário.

rec.og.ni.tion [rekəg´niʃn] s reconhecimento.

rec.og.niz.a.ble [´rekəgnaizəbl] *adj* reconhecível, que se pode reconhecer.

rec.og.nize, rec.og.nise [´rekəgnaiz] v reconhecer; admitir.

re.coil [ri´kɔil] s recuo; coice (de arma de fogo); temor; repugnância; • (*from*) v recuar; retirar-se; dar coice (arma de fogo).

re.col.lect [rekə´lekt] v lembrar-se; recordar-se de.

rec.om.mend [rekə´mend] v recomendar; aconselhar.

rec.om.mend.a.ble [rekə´mendəbl] *adj* recomendável.

rec.om.pense [´rekəmpens] s recompensa; indenização; • (*for*) v recompensar; indenizar.

rec.on.cil.a.ble [´rekənsailəbl] *adj* reconciliável.

rec.on.cile [´rekənsail] (*with*) v reconciliar; conciliar; concordar.

rec.on.dite [´rekəndait] *adj* recôndito; profundo; secreto.

re.con.noi.tre, EUA **re.con.noi.ter** [re:kə´nɔitə(r)] v MIL reconhecer.

re.con.sid.er [ri:kən´sidə(r)] v reconsiderar; rever.

re.con.sti.tute [ri:´kɔnstitju:t] v reconstituir; reorganizar.

re.con.struct [ri:kən´strʌkt] v reconstruir; restabelecer.

re.cord [´rekɔ:d; EUA ´rekərd] s registro; MÚS disco; ficha pessoal; arquivos; memória; ESP recorde; MÚS gravação em fita

record / redundant

magnética; • *v* registrar; anotar; arquivar; gravar; **off the ~**: confidencial; **~-breaker**: pessoa ou coisa que quebra um recorde; **~ed delivery letter**: BRIT carta registrada; **~ player**: toca-discos.

re.cord.er [ri'kɔ:də(r)] *s* arquivista; juiz municipal; gravador.

re.cord.ing [ri'kɔ:diŋ] *s* gravação (música, vídeo, etc.); **~ studio**: estúdio de gravação.

re.count [ri'kaunt] *v* recontar.

re.course [ri'kɔ:s] *s* recurso; auxílio; refúgio.

re-cov.er [ri:'kʌvə(r)] *v* revestir (sofá, cadeira, etc.).

re.cov.er [ri'kʌvə(r)] *v* recobrir; recobrar; convalescer; recuperar(-se); restabelecer-se.

re.cov.er.y [ri'kʌvəri] *s* restabelecimento; recuperação.

re-cre.ate [ri:kri'eit] *v* recriar; divertir-se.

rec.re.a.tion [rekri'eiʃn] *s* recreação; recreio.

re.crim.i.nate [ri'krimineit] (*against*) *v* recriminar; acusar.

re.cruit [ri'kru:t] *s* novato; recruta; • *v* recrutar; refazer-se; restabelecer-se.

rec.tan.gu.lar [rek'tæŋgjulə(r)] *adj* retangular.

rec.ti.fy ['rektifai] *v* retificar; corrigir; destilar.

rec.ti.lin.e.ar [rekti'liniə(r)] *adj* retilíneo, em forma de linha reta.

rec.ti.tude ['rektitju:d; EUA 'rektitu:d] *s* retidão; integridade.

rec.tor ['rektə(r)] *s* reitor; pároco; cura; pastor.

rec.to.ry ['rektəri] *s* reitoria; presbitério.

re.cum.bent [ri'kʌmbənt] *adj* reclinado.

re.cu.per.ate [ri'ku:pəreit] *v* recuperar-se; convalescer.

re.cur [ri'kə:(r)] *v* ocorrer novamente; recorrer.

re.cur.rent [ri'kʌrənt] *adj* periódico.

re.cy.cle [ri:'saikl] *v* reciclar (papel, vidro, latas, etc.).

re.cy.cla.ble [ri:'saikləbl] *v* reciclável.

red [red] *s* cor vermelha; cor de sangue; • *adj* vermelho; rubro; FIG comunista; **~ alert**: alerta vermelho (situação de emergência); **~ card**: FUT cartão vermelho; **~ cross**: Cruz Vermelha; **~ light**: sinal vermelho, luz vermelha dos semáforos de ruas e avenidas; **~ neck**: EUA caipira sulista de etnia branca e conservador; **~ tape**: burocracia; **~ wine**: vinho tinto; **the ~ Sea**: o Mar Vermelho.

red.den ['redn] *v* corar; incandescer; enrubecer.

red.dish ['rediʃ] *adj* avermelhado.

re.dec.o.rate [ri:'dekəreit] *v* redecorar.

re.deem [ri'di:m] *v* remir; redimir; resgatar; compensar; cumprir uma promessa.

re.deem.er [ri'di:mə(r)] *s* redentor; (com maiúsc.) Jesus Cristo.

re.demp.tion [ri'dempʃn] *s* redenção; resgate.

re.de.ve.lop [ri:di'veləp] *v* renovar; reavivar; revitalizar.

re.de.ve.lop.ment [ri:di'veləpmənt] *s* renovação; revitalização.

re.do [ri:'du:] *v* (*pt* **redid**; *pp* **redone**) refazer.

re.dis.trib.ute [ri:di'stribju:t] *v* redistribuir.

re.dis.tri.bu.tion [ri:distri'bju:ʃn] *s* redistribuição.

red.o.lent ['redələnt] *adj* fragrante; cheiroso.

re.dou.ble [ri'dʌbl] *v* redobrar; repetir; duplicar.

re.doubt [ri'daut] *s* reduto; refúgio.

re.doubt.a.ble [ri'dautəbl] *adj* formidável; terrível; respeitável.

re.dound [ri'daund] (*to*) *v* redundar; resultar.

re.dress [ri'dres] *s* reparação; correção; alívio; • *v* reparar; consolar; aliviar; desagravar; **~ the balance**: restabelecer o equilíbrio.

red.skin ['redskin] *s* pele-vermelha (expressão datada e ofensiva), índio norte-americano.

re.duce [ri'dju:s; EUA ri'du:s] (*from*, *to*) *v* diminuir; transformar; emagrecer; degradar.

re.duc.tion [ri'dʌkʃn] *s* redução; diminuição; *ant* **enlargement**.

re.dun.dan.cy [ri'dʌndənsi] *s* redundância; BRIT demissão (trabalho).

re.dun.dant [ri'dʌndənt] *adj* redundante; pleonástico; BRIT desempregado; **to be made ~**: ficar desempregado.

re.du.pli.cate [ri'dju:plikeit; EUA ri'du:plikeit] *v* reduplicar; repetir.

re.du.pli.ca.tion [ridju:pli'keiʃn] *s* reduplicação; repetição.

reed [ri:d] *s* cana; caniço; flecha; MÚS palheta de instrumento de sopro.

reed.y ['ri:di] *adj* coberto de colmo; cheio de canas; feito de junco.

re-ed.u.cate [ri'edʒukeit] *v* reeducar.

re-ed.u.ca.tion [ri:edʒu'keitʃn] *s* reeducação.

reef [ri:f] *s* recife.

reek [ri:k] *s* fumo; vapor; exalação; • (*of, with*) *v* exalar; lançar vapores; fumegar; cheirar forte.

reel [ri:l] *s* rolo de filme; carretel; bobina; • *v* cambalear; vacilar; enrolar; bobinar; rodar.

re-e.lect [ri:i'lekt] *v* reeleger; tornar a eleger.

re-e.lec.tion [ri:i'lektʃn] *s* reeleição.

re-en.ter [ri'entə(r)] *v* reentrar, entrar novamente.

re.fec.to.ry [ri'fektəri] *s* refeitório.

re.fer [ri'fə:(r)] (*to*) *v* referir(-se); recorrer a, consultar.

ref.er.ee [refə'ri:] *s* árbitro; juiz; • *v* arbitrar; FUT apitar.

ref.er.ence ['refrəns] *s* referência; alusão; menção; observação; ~ **book**: obra de referência (enciclopédia, dicionário, etc.).

re.fill [ri:'fil] *s* refil; carga nova (caneta, etc.); • *v* reencher; tornar a encher.

re.fine [ri'fain] *v* refinar; polir; educar.

re.fined [ri'faind] *adj* refinado; purificado; cortês; distinto; *ant* **unrefined**.

re.fine.ment [ri'fainmənt] *s* refinamento.

re.fin.er.y [ri'fainəri] *s* refinaria.

re.fit [ri:'fit] *v* consertar de novo; reaparelhar; rearmar.

re.flate [ri:'fleit] *v* inflar novamente; ECON reflacionar (estimular a economia aumentando a oferta de moeda, dinheiro em circulação, gerando novos empregos e negócios).

re.fla.tion [ri:'fleiʃn] *s* ECON reflação.

re.flect [ri'flekt] *v* refletir; ponderar; ~ **sud**: EUA olho de gato (nas estradas).

re.flec.tion [ri'flekʃn] *s* reflexão; reflexo; meditação; consideração.

re.flec.tive [ri'flektiv] *adj* reflectivo; meditativo.

re.flex ['ri:fleks] *s* reflexo; • *adj* reflexo; reflexivo.

re.flex.ive [ri'fleksiv] *adj* reflexivo.

re.form [ri'fɔ:m] *s* reforma; • *v* reformar.

re.for.mat [ri:fɔ:'mæt] *v* INF reformatar.

ref.or.ma.tion [ri:fɔ:'meiʃn] *s* reforma.

re.form.a.to.ry [ri'fɔ:mətri; EUA ri'fɔ:mətɔ:ri] *s* EUA reformatório; casa de correção; • *adj* reformatório.

re.form.er [ri'fɔ:mə(r)] *s* reformador.

re.fract [ri'frækt] *v* refratar; refranger.

re.frac.tion [ri'frækʃn] *s* refração.

re.frac.to.ry [ri'fræktəri] *adj* desobediente; indócil.

re.frain [ri'frein] *s* refrão; estribilho; • (*from*) *v* refrear; abster-se de; reter.

re.fresh [ri'freʃ] *v* restaurar; reparar as forças.

re.fresh.er course [ri'freʃə(r) kɔ:(r)s] *s* BRIT curso de reciclagem.

re.fresh.ing [ri'freʃiŋ] *adj* refrescante; reanimador.

re.fresh.ment [ri'freʃmənt] *s* lanche; revigoramento; ~**s**: comida vendida em locais públicos.

re.frig.er.ate [ri'fridʒəreit] *v* refrigerar; refrescar.

re.frig.er.a.tor [ri'fridʒəreitə(r)] *s* refrigerador; geladeira.

re.fu.el [ri:'fju:əl] *v* (*pt* e *pp* **refuelled**, EUA **refueled**) reabastecer.

ref.uge ['refju:dʒ] *s* refúgio; abrigo; subterfúgio; • *v* abrigar; proteger.

ref.u.gee [refju'dʒi] *s* refugiado; asilado; ~ **camp**: campo de refugiados.

re.ful.gence [ri'fʌldʒəns] *s* refulgência; esplendor; brilho.

re.ful.gent [ri'fʌldʒənt] *adj* refulgente; brilhante.

re.fund [ri'fʌnd] *s* reembolso; • (*to*) *v* reembolsar; restituir.

re.fus.al [ri'fju:zl] *s* recusa; direito de opção.

re.fuse ['rifju:s] *s* refugo; sobra; resíduo; lixo; • *v* recusar; rejeitar; • *adj* rejeitado; de refugo; imprestável; ~ **bin**: lata de lixo;

~ **collector**: lixeiro, gari; ~ **tip**: depósito de lixo.

re.fut.a.ble [ri'fju:təbl] *adj* refutável, que se pode refutar.

ref.u.ta.tion [refju:'teiʃn] *s* refutação, ação ou efeito do que se pode refutar.

re.fute [ri'fju:t] *v* refutar; contestar; rebater.

re.gain [ri'gein] *v* tornar a ganhar; recobrar.

re.gal ['ri:gl] *adj* real; régio.

re.gale [ri'geil] (*with*) *v* recrear; entreter(-se).

re.gard [ri'ga:d] *s* consideração; respeito; estima; • *v* considerar; olhar; **as ~s**: a respeito de; **in ~ to/of**: quanto a; **~s**: recomendações, cumprimentos; **with kindest ~s/kind ~s/best ~s**: cordialmente.

re.gard.less [ri'ga:dlis] *adj* desatento; indiferente; descuidado.

re.gen.cy ['ri:dʒənsi] *s* regência.

re.gen.er.ate [ri'dʒenəreit] *v* regenerar(-se); • *adj* regenerado; renascido; renovado.

re.gen.er.a.tion [ridʒenə'reiʃn] *s* regeneração.

re.gent ['ri:dʒənt] *s* regente; governador; • *adj* regente; reinante.

reg.gae ['regei] *s* MÚS estilo de música que mistura blues e rock.

re.gion ['ri:dʒən] *s* região; território; distrito.

reg.is.ter ['redʒistə(r)] *s* registro; arquivo; • *v* registrar; indicar.

reg.is.ter.ed ['redʒistərid] *adj* registrado; matriculado; inscrito; **~ trade mark**: marca registrada (®).

reg.is.tra.tion [redʒi'streiʃn] *s* registro; inscrição.

reg.is.try ['redʒistri] *s* registro; arquivo.

reg.nant ['regnənt] *adj* reinante; dominante.

re.gress [ri'gres] *s* regresso; volta; • *v* regressar; retornar.

re.gres.sion [ri'greʃn] *s* regressão; regresso.

re.gret [ri'gret] *s* arrependimento; pesar; sentimento; dor; • *v* lamentar; sentir; arrepender-se; **with ~**: com pesar.

re.gret.ful [ri'gretfl] *adj* arrependido; pesaroso.

re.gret.ta.ble [ri'gretəbl] *adj* lastimável.

re.group [ri:'gru:p] *v* reagrupar.

reg.u.lar ['regjulə(r)] *s* MIL soldado de linha; cliente habitual; • *adj* regular; metódico; uniforme.

reg.u.lar.ize, reg.u.lar.ise ['regjuləraiz] *v* regularizar, tornar regular.

reg.u.late ['regjuleit] *v* regular; ordenar.

reg.u.la.tion [regju'leiʃn] *s* regulamento.

re.gur.gi.tate [ri'gə:dʒiteit] *v* regurgitar.

re.ha.bil.i.tate [ri:ə'biliteit] *v* reabilitar.

re.ha.bil.i.ta.tion [ri:əbili'teiʃn] *s* reabilitação, ação de reabilitar.

re.hears.al [ri'hə:sl] *s* narração; ensaio.

re.hearse [ri'hə:s] *v* narrar; ensaiar.

reign [rein] *s* reino; reinado; soberania; • (*over*) *v* reinar; imperar.

re.im.burse [ri:im'bə:s] (*to, for*) *v* reembolsar; indenizar.

re.im.burse.ment [ri:im'bə:smənt] *s* reembolso; indenização.

rein [rein] *s* rédea; • *v* governar; refrear; **to give free ~ to somebody**: FIG dar completa liberdade de ação ou de expressão a alguém (dar carta branca a alguém).

re.in.force [ri:in'fɔ:s] *v* fortificar; reforçar.

re.in.force.ment [ri:in'fɔ:smənt] *s* reforço.

re.in.state [ri:in'steit] (*as, in*) *v* reintegrar; restabelecer; repor.

re.in.te.grate [ri:in'tegreit] *v* reintegrar.

re.is.sue [ri:'iʒu:] *s* relançamento; • *v* reeditar (livro); relançar (filme).

re.it.er.ate [ri:'itəreit] *v* reiterar; repetir.

re.it.er.a.tion [ri:itə'reiʃn] *s* reiteração; repetição.

re.ject ['ri:dʒekt] *v* rejeitar; recusar.

re.jec.tion [ri'dʒekʃn] *s* rejeição; recusa; exclusão.

re.joice [ri'dʒɔis] (*at, over*) *v* regozijar-se; alegrar-se; divertir-se.

re.join [ri'dʒɔin] *v* ajuntar novamente; reunir; DIR replicar.

re.ju.ve.nate [ri:'dʒu:vəneit] *v* remoçar; rejuvenescer.

re.ju.ve.na.tion [ridʒu:və'neiʃn] *s* rejuvenescimento.

re.lapse [ri'læps] *s* recaída; reincidência; • (*into*) *v* recair; reincidir.

re.late [ri'leit] *v* relatar; referir-se; narrar; relacionar.

re.lat.ed [ri'leitid] *adj* aparentado com; aliado; conexo.

re.la.tion [ri'leiʃn] *s* relação; afinidade; parentesco; **in/with ~ to**: em relação a; **international ~s**: relações internacionais.

re.la.tion.ship [ri'leiʃnʃip] *s* parentesco; relacionamento.

rel.a.tive ['relətiv] *s* parente; GRAM pronome relativo; • *adj* relativo; referente; concernente; *ant* **absolute**.

rel.a.tiv.i.ty [relə'tivəti] *s* FÍS relatividade.

re.lax [ri'læks] *v* relaxar; afrouxar; soltar; largar.

re.lax.a.tion [ri:læk'seiʃn] *s* afrouxamento; relaxamento; recreio.

re.lax.ed [ri:'læksid] *adj* relaxado, descontraído.

re.lay ['ri:lei] *s* corrida de revezamento (natação, atletismo, etc.); muda (de cavalos, de cães); substituição; ELET relé; RÁDIO retransmissão; • *v* repor; mudar animais; RÁDIO retransmitir.

re.lease [ri'li:s] *s* liberação; desobrigação; lançamento (livro, filme, disco, etc.); • (*from*) *v* soltar; liberar; livrar; lançar (livro, filme, disco, etc.).

re.lent [ri'lent] *v* abrandar-se; enternecer-se.

re.lent.less [ri'lentlis] *adj* empedernido; implacável.

rel.e.vance ['reləvəns] *s* relação; pertinência; importância.

rel.e.vant ['reləvənt] *adj* relevante; aplicável; apropriado; *ant* **irrelevant**.

re.li.a.bil.i.ty [rilaiə'biləti] *s* confiança; credibilidade.

re.li.a.ble [ri'laiəbl] *adj* de confiança; seguro; *ant* **unreliable**.

rel.ic ['relik] *s* relíquia.

re.lief [ri'li:f] *s* alívio; realce; ART e GEOG relevo; **high ~**: alto-relevo; **low ~**: baixo-relevo.

re.lieve [ri'li:v] *v* aliviar; realçar; ressaltar.

re.li.gion [ri'lidʒən] *s* religião.

re.li.gious [ri'lidʒəs] *adj* religioso; devoto; *ant* **irreligious**.

re.lin.quish [ri'liŋkwiʃ] *v* abandonar; renunciar a.

rel.ish ['reliʃ] *s* prazer, satisfação; gosto; sabor; gulodice; • *v* saborear; ter bom gosto.

re.load [ri:'ləud] *v* recarregar (arma, câmara fotográfica, etc.).

re.lo.cate [ri: ləu'keit] *v* deslocar.

re.luc.tance [ri'lʌktəns] *s* relutância; objeção; resistência.

re.luc.tant [ri'lʌktənt] *adj* relutante; hesitante; renitente.

re.ly [ri'lai] (*on, upon*) *v* confiar em; contar com.

re.main [ri'mein] *v* ficar; permanecer; **I ~, yours faithfully**: BRIT subscrevo-me, atenciosamente (em correspondência).

re.main.der [ri'meində(r)] *s* resto; restante; saldo.

re.mains [ri'meinz] *s pl* restos; sobras; restos mortais.

re.make [ri:'meik] *v* (*pt* e *pp* **remade**) refazer.

re.mand [ri'ma:nd; EUA ri'mænd] *v* reenviar; retornar; **to ~ in custody**: manter sob custódia.

re.mark [ri'ma:k] *s* observação; anotação; advertência; nota; • *v* observar; notar; comentar.

re.mark.a.ble [ri'ma:kəbl] *adj* notável; extraordinário; invulgar; *ant* **unremarkable**.

re.mar.ry [ri:'mæri] *v* casar(-se) de novo; tornar a casar-se.

re.me.di.a.ble [ri'mi:diəbl] *adj* remediável, reparável; *ant* **irremediable**.

rem.e.dy ['remədi] *s* remédio; medicamento; • *v* remediar; reparar.

re.mem.ber [ri'membə(r)] *v* lembrar-se; recordar; ter em mente.

re.mem.brance [ri'membrəns] *s* lembrança; recordação.

re.mind [ri'maind] (*of*) *v* lembrar; fazer lembrar.

rem.i.nis.cence [remi'nisns] *s* reminiscência; lembrança.

rem.i.nis.cent [remi'nisnt] *adj* recordativo; rememorativo.

re.miss [ri'mis] *adj* remisso; lento; desleixado; despreocupado.

remission / repeat

re.mis.sion [ri'miʃn] *s* remissão; indulto; perdão.

re.mit [ri'mit] *v* remeter dinheiro ou cheque; perdoar; soltar; reduzir.

re.mit.tance [ri'mitəns] *s* remessa; dinheiro que se remete.

re.mix [ri:'miks] *v* regravar (uma música, por exemplo, combinando uma previamente gravada com outros sons, vozes, etc.); • *adj* regravada (música).

rem.nant ['remnənt] *s* remanescente; resto; retalho.

re.mod.el [ri:'mɔdl] *v* remodelar; refazer.

re.mon.strance [ri'mɔnstrəns] *s* queixa; protesto; censura; objeção.

re.mon.strate ['remənstreit] *v* censurar; protestar.

re.morse [ri'mɔ:s] *s* remorso; arrependimento.

re.morse.ful [ri'mɔ:sfl] *adj* cheio de remorsos; arrependido.

re.morse.less [ri'mɔ:slis] *adj* sem remorsos; impenitente; cruel; desumano.

re.mote [ri'məut] *adj* remoto; afastado; retirado; isolado; alheio; **~ control**: controle remoto.

re.mote.ly [ri'məutli] *adv* remotamente.

re.mov.al [ri'mu:vəl] *s* remoção; retirada; afastamento; demissão.

re.move [ri'mu:v] *s* remoção; • (*from, to*) *v* remover; retirar; transferir-se; mudar-se; demitir.

re.mu.ner.ate [ri'mju:nəreit] (*for*) *v* remunerar; recompensar.

re.mu.ner.a.tion [rimju:nə'reiʃn] *s* remuneração; recompensa.

re.mu.ner.a.tive [ri'mju:nəreitiv]; EUA ri'mju:nəreitəv] *adj* remuneratório; lucrativo.

Re.nais.sance, Re.nas.cence [ri'neisns; EUA 'renəsɑ:ns] *s* Renascença; Renascimento.

re.name [ri:'neim] *v* renomear.

rend [rend] *v* (*pt* e *pp* **rent**) rasgar; despedaçar; arrancar.

ren.der ['rendə(r)] *v* prestar (auxílio ou favor); apresentar; dar; restituir; traduzir; executar.

ren.der.ing ['rendəriŋ] *s* tradução; versão; interpretação.

ren.dez.vous ['rɔndivu:] *s* encontro marcado; • (*with*) *v* encontrar-se.

ren.e.gade ['renigeid] *s* renegado; desertor.

re.new [ri'nju:; EUA ri'nu:] *v* renovar; reiterar; refazer.

re.new.al [ri'nju:əl; EUA ri'nu:əl] *s* renovação.

re.nounce [ri'nauns] *v* renunciar; rejeitar publicamente.

re.nounce.ment [ri'naunsmənt] *s* renúncia.

ren.o.vate ['renəveit] *v* renovar; restaurar; reformar.

re.nown [ri'naun] *s* renome; fama; celebridade.

re.nowned [ri'naund] *adj* famoso; célebre; insigne.

rent [rent] *s* aluguel; arrendamento; fenda; • (*from*) *v* alugar; arrendar; • *pt* e *pp* de **rend**.

re.nun.ci.a.tion [rinʌnsi'eiʃn] *s* renúncia.

re.o.pen [ri:'əupən] *v* reabrir.

re.or.gan.i.za.tion [ri: ɔ:gənai'zeiʃn] *s* reorganização.

re.or.gan.ize, re.or.gan.ise [ri:'ɔ:gənaiz] *v* reorganizar.

re.pair [ri'peə(r)] *s* reparo; restauração; • *v* reparar; consertar; dirigir-se; indenizar; **under ~**: em obras.

rep.a.ra.tion [repə'reiʃn] *s* reparação; indenização.

rep.ar.tee [repɑ:'ti:] *s* réplica; resposta.

re.past [ri'pɑ:st; EUA ri'pæst] *s* refeição; alimento; **a light ~**: refeição leve.

re.pa.tri.ate [ri:'pætrieit; EUA ri'peitrieit] (*to*) *v* repatriar.

re.pay [ri'pei] *v* (*pt* e *pp* **repaid**) reembolsar; indenizar; efetuar um pagamento.

re.pay.a.ble [ri'peiəbl] *adj* reembolsável.

re.pay.ment [ri:'peimənt] *s* reembolso; devolução.

re.peal [ri'pi:l] *s* revogação; anulação; • *v* revogar; anular.

re.peat [ri'pi:t] *s* repetição; MÚS estribilho; • *v* repetir.

re.peat.er [ri'pi:tə(r)] *s* repetidor; arma de repetição.

re.pel [ri'pel] *v* repelir; rebater; rechaçar.

re.pel.lent [ri'pelənt] *s* repelente; • *adj* repelente; repulsivo.

re.pent [ri'pent] *v* arrepender-se.

re.pent.ance [ri'pentəns] *s* arrependimento; contrição.

re.pent.ant [ri'pentənt] *adj* arrependido; contrito; pesaroso.

re.per.cus.sion [ri:pə'kʌʃn] *s* repercussão.

rep.e.ti.tion [repi'tiʃn] *s* repetição.

re.pine [ri'pain] (*against*, *at*) *v* lamentar-se; queixar-se.

re.place [ri'pleis] *v* repor; restabelecer; substituir.

re.place.ment [ri'pleismənt] *s* reposição; reembolso; substituição.

re.play [ri:'plei] *v* tocar de novo.

re.plen.ish [ri'pleniʃ] (*with*) *v* reabastecer; encher.

re.plete [ri'pli:t] *adj* repleto; cheio; recheado.

re.ple.tion [ri'pli:ʃn] *s* plenitude; exuberância.

re.ply [ri'plai] *s* resposta; réplica; • (*to*) *v* responder; replicar; **in ~ to**: em resposta a; **~ coupon**: cartão-resposta.

re.port [ri'pɔ:t] *s* relatório; boletim (escola); reportagem; boato; rumor; • *v* referir; relatar; informar; fazer uma reportagem; **~ card**: EUA boletim escolar.

re.port.er [ri'pɔ:tə(r)] *s* repórter.

re.pose [ri'pəuz] *s* repouso; descanso; tranquilidade; • *v* repousar.

re.pos.i.tor.y [ri'pɔzətri; EUA ri'pɔzətɔ:ri] *s* repositório, local onde se guardam determinados objetos (armazéns, museus) ou dados (pessoa, livro, caderno que possui uma grande quantidade de informações).

rep.re.hend [repri'hend] *v* repreender; ralhar; censurar.

rep.re.hen.si.ble [repri'hensəbl] *adj* repreensível; censurável.

rep.re.sent [repri'zent] *v* representar; descrever; interpretar.

rep.re.sen.ta.tion [reprizen'teiʃn] *s* representação; imagem.

rep.re.sent.a.tive [repri'zentətiv] *s* representante; delegado; • *adj* representativo.

re.press [ri'pres] *v* reprimir.

re.pres.sion [ri'preʃn] *s* repressão.

re.prieve [ri'pri:v] *s* DIR suspensão temporária de uma pena; • *v* suspender uma sentença criminal.

rep.ri.mand ['reprima:nd; EUA 'reprimænd] *s* reprimenda; repreensão; • *v* repreender; reprovar com severidade.

re.print [ri:'print] *s* reimpressão; reedição; • *v* reimprimir; reeditar.

re.pris.al [ri'praizl] *s* represália; vingança; desforra.

re.proach [ri'prəutʃ] *s* censura; opróbrio; • *v* reprovar; censurar.

re.proach.ful [ri'prəutʃfl] *adj* injurioso; ultrajante; condenatório.

rep.ro.bate ['reprəbeit] *v* reprovar; condenar; rejeitar.

rep.ro.ba.tion [reprə'beiʃn] *s* condenação; reprovação.

re.pro.duce [ri:prə'dju:s; EUA ri:prə'du:s] *v* reproduzir.

re.pro.duc.tion [ri:prə'dʌkʃn] *s* reprodução; cópia.

re.proof [ri'pru:f] *s* reprovação; censura.

re.prove [ri'pru:v] (*for*) *v* censurar; exprobrar.

rep.tile ['reptail; EUA 'reptl] *s* réptil; pessoa vil; • *adj* réptil; vil; abjeto.

rep.til.i.an [rep'tiliən] *s* e *adj* réptil.

re.pub.lic [ri'pʌblik] *s* república.

re.pub.li.can [ri'pʌblikən] *s* republicano; **the ~ Party**: EUA Partido Republicano.

re.pu.di.ate [ri'pju:dieit] *v* repudiar; repelir; rejeitar.

re.pu.di.a.tion [ripju:di'eiʃn] *s* repúdio; rejeição; renúncia.

re.pug.nance, re.pug.nan.cy [ri'pʌgnəns] *s* repugnância; aversão; oposição.

re.pug.nant [ri'pʌgnənt] *adj* repugnante; oposto a; contrário.

re.pulse [ri'pʌls] *s* repulsa; rejeição; recusa; • *v* repelir; recusar.

re.pul.sion [ri'pʌlʃn] *s* repulsão; repugnância; *ant* **attraction**.

repulsive / resound

re.pul.sive [ri'pʌlsi:v] *adj* repulsivo; abjeto; vil.

rep.u.ta.ble ['repjutəbl] *adj* honrado; estimável; honroso; *ant* **disreputable**.

rep.u.ta.tion [repju'teiʃn] *s* reputação; crédito; fama; notoriedade.

re.pute [ri'pju:t] *s* fama; reputação; • *v* reputar; considerar.

re.quest [ri'kwest] *s* pedido; requisição; • *v* pedir; solicitar.

re.quire [ri'kwaiə(r)] *v* precisar; requerer; exigir.

re.quire.ment [ri'kwaiəmənt] *s* requerimento; petição; exigência.

req.ui.site ['rekwizit] *s* coisa indispensável; requisito; • *adj* necessário; indispensável.

req.ui.si.tion [rekwi'ziʃn] *s* requisição; pedido; solicitação; • *v* requisitar.

re.quite [ri'kwait] (*with*) *v* recompensar; devolver; pagar na mesma moeda.

re-route [ri:'ru:t] *v* desviar (tráfego, trem, etc.).

re.run [ri:'rʌn] *s* reexibição; • *v* (*pt* **reran**; *pp* **rerun**) reexibir (filme, programa de TV); correr novamente (corrida).

re.sale [ri:'seil] *s* revenda.

re.scind [ri'sind] *v* DIR rescindir; anular; cassar.

res.cue ['reskju:] *s* socorro; libertação; livramento; • (*from*) *v* livrar; socorrer.

re.search [ri'sə:tʃ; EUA 'ri:sə:tʃ] *s* pesquisa; busca; investigação; • (*in, into, on*) *v* pesquisar; investigar.

re.search.er [ri'sə:tʃə(r)] *s* investigador; pesquisador.

re.sell [ri:'sel] *v* (*pt* e *pp* **resold**) vender de novo.

re.sem.blance [ri'zembləns] *s* semelhança; parecença; analogia.

re.sem.ble [ri'zembl] *v* assemelhar-se a; parecer-se com.

re.sent [ri'zent] *v* ressentir-se; indignar-se com.

re.sent.ful [ri'zentfl] *adj* ressentido; vingativo; rancoroso.

re.sent.ment [ri'zentmənt] *s* ressentimento.

res.er.va.tion [rezə'veiʃn] *s* reserva; restrição; EUA reserva indígena.

re.serve [ri'zə:v] *s* reserva; • (*for*) *v* reservar; conservar.

re.served [ri'zə:vd] *adj* reservado; calado; discreto.

re.serv.ist [ri'zə:vist] *s* reservista.

re.ser.voir ['rezəvwɑ:(r)] *s* reservatório.

re.set [ri:'set] *s* nova disposição; recolocação; • *v* recolocar; retomar; INF restabelecer; desligar e ligar um computador.

re.side [ri'zaid] *v* residir; habitar; morar.

res.i.dence ['rezidəns] *s* residência; morada; habitação; **in ~**: residente.

res.i.dent ['rezidənt] *s* e *adj* residente; morador; hóspede.

res.i.due ['rezidju:; EUA 'rezidu:] *s* resíduo; resto; sobra; remanescente.

re.sign [ri'zain] (*from*) *v* resignar(-se); demitir-se.

res.ig.na.tion [rezig'neiʃn] *s* resignação; demissão; renúncia.

re.signed [ri'zaind] *adj* resignado; conformado; demitido.

re.sil.ience [ri'ziliəns] *s* poder de recuperação; elasticidade.

res.in ['rezin; EUA 'rezn] *s* resina.

re.sist [ri'zist] *v* resistir a; opor-se a.

re.sist.ance [ri'zistəns] *s* resistência; oposição; obstáculo.

re.sist.ant [ri'zistənt] *adj* resistente.

re.sist.i.ble [ri'zistəbl] *adj* resistível.

res.o.lute ['rezəlu:t] *adj* resoluto; decidido; firme; *ant* **irresolute**.

res.o.lu.tion [rezə'lu:ʃn] *s* resolução; solução; INF número de *pixels* de um monitor de computador.

re.solve [ri'zɔlv] *s* resolução; determinação; acordo; • *v* resolver; decidir.

res.o.nance ['rezənəns] *s* ressonância.

res.o.nant ['rezənənt] *adj* ressonante; retumbante.

re.sort [ri'zɔ:t] *s* recurso; lugar de reunião; estação de veraneio; • (*to*) *v* dirigir-se a; recorrer; frequentar; **in the last ~**: em último caso.

re.sound [ri'zaund] (*with*) *v* ressoar; retinir; ter fama; ecoar.

re.source [ri'sɔ:s; EUA 'ri:sɔ:rs] *s* recurso; meio; expediente; **natural ~s**: recursos naturais.

re.spect [ri'spekt] *s* respeito; veneração; • *v* respeitar; referir-se a; **in ~ of**: a respeito de; **~s**: cumprimentos; homenagens; **with ~ to**: com respeito a; *ant* **disrespect**.

re.spect.a.ble [ri'spektəbl] *adj* respeitável; honroso; venerável.

re.spect.ful [ri'spektfl] *adj* respeitoso; *ant* **disrespectful**.

re.spect.ing [ri'spektiŋ] *prep* quanto a; com respeito a; relativamente a.

re.spec.tive [ri'spektiv] *adj* respectivo; particular; individual.

res.pi.ra.tion [respə'reiʃn] *s* respiração.

re.spire [ri'spaiə(r)] *v* respirar.

res.pite ['respait; EUA 'respit] *s* descanso; pausa; folga; suspensão; • *v* prorrogar; adiar a execução de uma sentença.

re.splend.ence [ri'splendəns] *s* resplendor; brilho; fulgor.

re.splend.ent [ri'splendənt] *adj* resplendente; brilhante.

re.spond [ri'spɔnd] *v* responder; corresponder.

re.sponse [ri'spɔns] *s* resposta; reação; réplica; responso.

re.spon.si.bil.i.ty [rispɔnsə'biləti] *s* responsabilidade; *ant* **irresponsibility**.

re.spon.si.ble [ri'spɔnsəbl] *adj* responsável; *ant* **irresponsible**.

re.spon.sive [ri'spɔnsiv] *adj* responsivo, receptivo.

rest [rest] *s* repouso; descanso; tranquilidade; apoio; sustentáculo; resto; restante; os outros; MÚS pausa; • *v* descansar; repousar; apoiar; **at ~**: em descanso; **for the ~**: quanto ao mais; **~ home**: casa de repouso; **~ room**: EUA banheiro público; **to take a ~**: descansar.

re.start [ri:'sta:t] *v* recomeçar; reiniciar.

res.tau.rant ['restrɔnt; EUA 'restərənt] *s* restaurante.

rest.ful ['restfl] *adj* sossegado; tranquilo; quieto.

res.ti.tu.tion [resti'tju:ʃn; EUA resti'tu:ʃn] *s* restituição; devolução; indenização.

res.tive ['restiv] *adj* obstinado; teimoso; impaciente.

rest.less ['restlis] *adj* inquieto; incessante; insaciável.

re.stock [ri:'stɔk] *v* reabastecer.

res.to.ra.tion [restə'reiʃn] *s* restauração.

re.store [ri'stɔ:(r)] *v* restaurar; reconstruir; devolver.

re.stor.er [ri'stɔ:rə(r)] *s* restaurador.

re.strain [ri'strein] (*from*) *v* refrear; restringir; limitar.

re.straint [ris'treint] *s* restrição; limitação; controle.

re.strict [ri'strikt] *v* restringir; limitar.

re.stric.tion [ri'strikʃn] *s* restrição; limitação.

re.stric.tive [ri'striktiv] *adj* restritivo; limitado.

rest room [rest 'ru:m] *s* EUA banheiro público (em hotéis, restaurantes, etc.).

re.sult [ri'zʌlt] *s* resultado; efeito; consequência; • *v* resultar.

re.sult.ant [ri'zʌltənt] *adj* resultante.

re.sume [ri'zju:m; EUA ri'zu:m] *v* retomar; reiniciar; reassumir.

ré.su.mé ['rezju:mei; EUA rezu'mei] *s* resumo; sumário; EUA *curriculum vitae*, currículo.

re.sump.tion [ri'zʌmpʃn] *s* reassunção; reinício; recobro.

res.ur.rect [rezə'rekt] *v* ressuscitar.

res.ur.rec.tion [rezə'rekʃn] *s* ressurreição.

re.sus.ci.tate [ri'sʌsiteit] *v* ressuscitar.

re.tail ['ri:teil] *s* retalho; venda a varejo; • *v* vender a varejo; **~ outlet**: ponto de venda; **~ price index**: (similar ao) índice de preços ao consumidor.

re.tail.er ['ri:teilə(r)] *s* varejista.

re.tain [ri'tein] *v* reter; conservar; contratar.

re.take [ri:'teik] *v* (*pt* **retook**; *pp* **retaken**) retomar; recobrar.

re.tal.i.ate [ri'tælieit] (*against*) *v* retaliar; revidar.

re.tard [ri'ta:d] *s* demora; atraso; delonga; • *v* retardar; protelar; demorar.

re.tar.da.tion [ri:tɑ:ˈdeiʃn] *s* retardação; demora.

retch [retʃ] *v* fazer esforço para vomitar.

re.ten.tion [riˈtenʃn] *s* retenção.

re.ten.tive [riˈtentiv] *adj* retentor.

ret.i.cent [ˈretisnt] *adj* reticente; reservado.

re.tic.u.late [riˈtikjuleit] *adj* reticulado; reticular.

ret.i.na [ˈretinə] *s* retina; *pl* **retinas** ou **retinae**.

ret.i.nue [ˈretinju:; EUA ˈretənu:] *s* comitiva; séquito; cortejo.

re.tire [riˈtaiə(r)] *v* retirar-se; aposentar-se; recolher-se ao leito; reformar-se.

re.tired [riˈtaiəd] *adj* aposentado.

re.tire.ment [riˈtaiəmənt] *s* aposentadoria.

re.tir.ing [riˈtaiəriŋ] *adj* retraído; tímido.

re.tort [riˈtɔ:t] *s* destilador; réplica; • *v* replicar; repelir.

re.touch [ri:ˈtʌtʃ] *s* retoque (fotografia, pintura); última demão; • *v* retocar.

re.trace [ri:ˈtreis] *v* retraçar; remontar; retroceder.

re.tract [riˈtrækt] *v* retratar; recuar; voltar.

re.trac.tion [riˈtrækʃn] *s* retração.

re.treat [riˈtri:t] *s* retiro; retirada; retraimento; • (*from*, *to*) *v* retirar-se; recuar.

re.trench [riˈtrentʃ] *v* economizar; poupar.

re.trench.ment [riˈtrentʃmənt] *s* diminuição; redução; economia.

ret.ri.bu.tion [retriˈbju:ʃn] *s* desforra; castigo divino.

re.trieve [riˈtri:v] *v* recuperar; reaver; recobrar; restabelecer; INF recuperar.

re.triev.er [riˈtri:və(r)] *s* cão de caça.

re.tro.ac.tive [retrouˈæktiv] *adj* retroativo.

ret.ro.grade [ˈretrəgreid] *adj* retrógrado; • *v* retroceder.

ret.ro.spect [retrəˈspekt] *s* retrospecto; **in ~**: retrospectivamente.

ret.ro.spec.tion [retrəˈspekʃn] *s* retrospecção.

ret.ro.spec.tive [retrəˈspektiv] *adj* retrospectivo; DIR retroativo.

re.turn [riˈtə:n] *s* volta; regresso; reposição; reembolso; rendimento; • *v* restituir; voltar; responder; **in ~ for**: em troca de; **~ game/~ match**: ESP revanche; **~ ticket**: bilhete de ida e volta, EUA **round-trip ticket**.

re.turn.a.ble [riˈtə:nəbl] *adj* restituível; *ant* **nonreturnable**.

re.un.ion [ri:ˈju:niən] *s* reunião.

re.u.ni.fy [ri:ˈju:nifai] *v* reunificar.

re.u.ni.fi.ca.tion [ri:ju:nifiˈkaiʃn] *s* reunificação.

re.u.nite [ri:ju:ˈnait] (*with*) *v* reunir(-se).

rev [rev] *s* POP AUTO rotação; **~ up**: acelerar.

re.val.ue [ri:ˈvælju:] *v* reavaliar.

re.val.u.a.tion [ri:vælju:ˈeiʃən] *s* reavaliação.

re.vamp [ri:ˈvæmp] *v* POP modernizar.

re.veal [riˈvi:l] *v* revelar.

rev.el [ˈrevl] *s* prazer; brincadeira; folia; • *v* divertir-se; festejar.

rev.e.la.tion [revəˈleiʃn] *s* revelação.

rev.el.ry [ˈrevlri] *s* festança; folia; orgia.

re.venge [riˈvendʒ] *s* vingança; desforra; EUA revanche; • *v* vingar-se; desforrar-se.

re.venge.ful [riˈvendʒfl] *adj* vingativo.

rev.e.nue [ˈrevənju:; EUA ˈrevənu:] *s* renda; receita; rendimento.

re.ver.ber.ate [riˈvə:bəreit] *v* reverberar; repercutir; retinir; ecoar.

re.ver.ber.a.tion [rivə:bəˈreiʃn] *s* reverberação; repercussão; eco.

re.vere [riˈviə(r)] *v* reverenciar; venerar; respeitar.

rev.er.ence [ˈrevərəns] *s* reverência; respeito; veneração; • *v* reverenciar; respeitar; honrar; saudar respeitosamente.

rev.er.end [ˈrevərənd] *s* reverendo; • *adj* reverendo.

rev.er.ent [ˈrevərənt] *adj* reverente; submisso; que reverencia; *ant* **irreverent**.

rev.er.en.tial [revəˈrenʃl] *adj* reverencial; digno de honra; respeitoso.

rev.er.ie [ˈrevəri] *s* devaneio; sonho; arroubo.

re.verse [riˈvə:s] *s* reverso; inverso; verso; contrário; • *v* inverter; engrenar marcha à ré; • *adj* oposto; reverso; **in ~**: de trás para frente; **~ gear**: marcha à ré.

re.vers.i.ble [riˈvə:səbl] *adj* reversível.

re.ver.sion [riˈvə:ʃn; EUA riˈvə:ʒn] *s* reversão.

re.vert [riˈvə:t] (*to*) *v* reverter; retroceder.

re.view [riˈvju:] *s* revista; revisão; crítica; • *v* rever; revisar; passar em revista; criticar.

re.view.er [ri'vju:ə(r)] *s* crítico (livros, filmes, etc.); revisor.
re.vile [ri'vail] *v* injuriar; insultar.
re.vise [ri'vaiz] *s* revisão; • *v* rever; revisar.
re.vi.sion [ri'viʒn] *s* revisão.
re.vi.tal.ize, re.vi.tal.ise [ri:'vaitəlaiz] *v* revitalizar.
re.vi.tal.i.za.tion, re.vi.tal.i.sa.tion [ri:vaitəlai'zeiʃn] *s* revitalização.
re.viv.al [ri'vaivl] *s* revivificação; restauração; renovação; despertar; TEAT reestreia.
re.vive [ri'vaiv] *v* ressuscitar; reviver.
re.viv.i.fy [ri:'vivifai] *v* revivificar; reviver.
rev.o.ca.ble ['revəkəbl] *adj* revogável.
rev.o.ca.tion [revə'keiʃn] *s* revogação; anulação.
re.voke [ri'vəuk] *v* revogar; anular; renunciar.
re.volt [ri'vəult] *s* rebelião; revolta; • (*against*) *v* revoltar-se.
re.volt.ing [ri'vəultiŋ] *adj* revoltante; repugnante.
rev.o.lu.tion [revə'lu:ʃn] *s* revolução; giro; volta; ciclo.
rev.o.lu.tion.ar.y [revə'lu:ʃənəri; EUA revə'lu:ʃneri] *s* e *adj* revolucionário.
rev.o.lu.tion.ize, rev.o.lu.tion.ise [revə'lu:ʃnaiz] *v* revolucionar; amotinar.
re.volve [ri'vɔlv] *v* virar; girar; pensar em.
re.volv.er [ri'vɔlvə(r)] *s* revólver.
re.volv.ing [ri'vɔlviŋ] *adj* giratório; rotativo; **~-chair**: cadeira giratória; **~ door**: porta giratória.
re.vue [ri'vju:] *s* TEAT revista.
re.ward [ri:'wɔ:d] *s* recompensa; prêmio; • (*for*, *with*) *v* recompensar; premiar.
re.wind [ri:'waind] *v* (*pt* e *pp* **rewound**) dar corda em (relógio); rebobinar (fita cassete, fita de vídeo).
re.write [ri:'rait] *v* (*pt* **rewrote**; *pp* **rewritten**) reescrever.
rhap.so.dy ['ræpsədi] *s* MÚS rapsódia.
rhet.o.ric ['retərik] *s* retórica.
rheu.ma.tic [ru:'mætik] *s* e *adj* reumático.
rheu.ma.tism ['ru:mətizəm] *s* reumatismo.
rhi.noc.er.os [rai'nɔsərəs] *s* rinoceronte; *pl* **rhinoceroses** (ou invariável).

rhyme [raim] *s* rima; • *v* rimar; versejar; **without ~ or reason**: sem pé nem cabeça.
rhythm ['riðəm] *s* ritmo; cadência; **~ and blues (R and B)**: tipo de música baseada no blues.
rib [rib] *s* costela; faixa; friso; nervura das folhas; vareta de guarda-chuva; • *v* (*pt* e *pp* **ribbed**) caçoar de.
rib.ald ['ribld] *adj* grosseiro; vulgar.
rib.ald.ry ['ribldri] *s* grosseria.
rib.bon ['ribən] *s* fita; laço; • *v* ornar, enfeitar com fita; **in ~s**: em tiras.
rice [rais] *s* arroz.
rich [ritʃ] *adj* rico; opulento; suntuoso; valioso; fértil; saboroso; divertido.
rich.es ['ritʃiz] *s pl* riquezas; bens.
rich.ness ['ritʃnis] *s* riqueza; fertilidade; opulência.
rick [rik] *s* pilha; monte de feno.
rick.ets ['rikits] *s* raquitismo.
rick.et.y ['rikəti] *adj* raquítico; instável; fraco.
rid [rid] *v* (*pt* e *pp* **rid**) livrar; desembaraçar; **to get ~ of**: livrar-se de.
rid.dance ['ridns] *s* livramento; desembaraço; **good ~!**: que alívio!
rid.dle ['ridl] *s* enigma; • *v* falar de maneira enigmática.
ride [raid] *s* passeio de carro, de bicicleta, a cavalo, etc.; • *v* (*pt* **rode**; *pp* **ridden**) cavalgar; montar; pedalar; viajar em qualquer veículo.
rid.er ['raidə(r)] *s* cavaleiro; jóquei; ciclista; viajante; passageiro.
ridge [ridʒ] *s* espinhaço; cume; cordilheira; • *v* sulcar.
rid.i.cule ['ridikju:l] *s* ridículo; zombaria; mofa; • *v* ridicularizar; escarnecer de; zombar de.
ri.dic.u.lous [ri'dikjuləs] *adj* ridículo; cômico; burlesco.
rid.ing ['raidiŋ] *s* equitação.
rife [raif] *adj* corrente; comum; numeroso; abundante.
ri.fle ['raifl] *s* fuzil; rifle; • *v* pilhar; roubar.
rift [rift] *s* fenda; racha; brecha; • *v* fender (-se); rachar(-se).

rig [rig] *s* aparelho, equipamento; • *v* (*pt* e *pp* **rigged**) aparelhar, equipar.

right [rait] *s* lado direito; o certo; direito; prerrogativa; privilégio; • *v* endireitar-se; • *adj* direito; certo; correto; honesto; verdadeiro; reto; • *adv* à direita, diretamente; justamente; em linha reta; **are you all ~?**: você está bem?; **on the ~**: à direita; **~ away**: imediatamente; **~-handed**: destro; **~-wings**: POLÍT de direita; **you're ~**: você está certo.

right.eous ['raitʃəs] *adj* direito; justo; reto; probo; virtuoso.

right.eous.ness ['raitʃəsnis] *s* retidão; honestidade; justiça; probidade.

right.ful ['raitfl] *adj* legítimo; justo; reto; equitativo.

right.ly ['raitli] *adv* exatamente; com justiça.

rig.id ['ridʒid] *adj* rígido; rigoroso; severo.

ri.gid.i.ty [ri'dʒidəti] *s* rigidez; rigor.

rig.our, rig.or ['rigə(r)] *s* rigor; severidade; dureza; inflexibilidade; calafrio.

rig.or.ous ['rigərəs] *adj* rigoroso; duro; inflexível; severo.

rile [rail] *v* POP irritar.

rim [rim] *s* borda; extremidade; aro.

rime [raim] *s* rima; geada; • *v* gelar; gear.

rind [raind] *s* casca; crosta; pele.

ring [riŋ] *s* anel; argola; aro; círculo; toque (de sino, campainha, etc.); ESP ringue; • *v* (*pt* e *pp* **ringed**) cercar; pôr um anel; encaracolar; mover-se em círculo; (*pt* **rang**; *pp* **rung**) tocar, repicar sinos, campainhas, telefone; soar; zumbir os ouvidos; telefonar; **~ road**: estrada perimetral.

ring.worm ['riŋwə:m] *s* erupção cutânea.

rink [riŋk] *s* pista de patinação.

rinse [rins] *v* lavar; enxaguar.

ri.ot ['raiət] *s* tumulto; confusão; motim; revolta; • *v* fazer distúrbios; meter-se em orgias; **to run ~**: fazer excessos; vagar; errar.

ri.ot.ous ['raiətəs] *adj* turbulento; amotinador; devasso.

rip [rip] *s* ruptura; rasgão; • *v* rasgar-se; fender; dilacerar; despedaçar; **~-off**: POP roubalheira.

ripe [raip] *adj* maduro; sazonado; acabado; oportuno; preparado.

rip.en ['raipən] *v* amadurecer; tornar-se oportuno.

rip.ple ['ripl] *s* ondulação; onda; • *v* ondular; agitar de leve as ondas de um lago, etc.; ondear.

rise [raiz] *s* levantamento; elevação; subida; ascensão; alta; encarecimento; origem; • *v* (*pt* **rose**; *pp* **risen**) levantar-se; subir; elevar-se; erguer-se; aumentar; originar-se; **~ and fall**: fluxo e refluxo; **to give ~ to**: dar lugar a; causar.

ris.er ['raizə(r)] *s* o que se levanta de uma queda; degrau de escada; **early ~**: madrugador.

ris.i.ble ['rizəbl] *adj* risível; ridículo.

ris.ing ['raiziŋ] *s* ato de levantar; ascensão; subida; • *adj* que se eleva ou sobe; nascente; levante; crescente; próspero.

risk [risk] *s* risco; perigo; acaso; • *v* arriscar(-se); aventurar; **at ~**: em perigo; **to ~ one's neck**: arriscar-se.

risk.y ['riski] *adj* arriscado; perigoso; imprudente; temerário.

rite [rait] *s* rito; cerimônia.

rit.u.al ['ritʃuəl] *s* cerimonial; praxe; ritual; • *adj* ritual.

ri.val ['raivl] *s* rival; antagonista; • *v* rivalizar; competir.

ri.val.ry ['raivlri] *s* rivalidade; competição.

riv.er ['rivə(r)] *s* rio; • *adj* fluvial.

riv.er.bed ['rivəbed] *s* leito do rio.

riv.er.side ['rivəsaid] *s* margem de rio; extensão marginal de um rio.

riv.et ['rivit] *s* rebite; arrebite; prego rebitado; • *v* rebitar; fixar com rebites; pregar.

riv.u.let ['rivjulit] *s* regato; arroio; riacho.

roach [rəutʃ] *s* barata (inseto).

road [rəud] *s* estrada; **on the ~**: a caminho; em viagem; **~-block**: barricada; **~-map**: mapa das estradas.

road.house ['rəudhaus] *s* estalagem; hospedaria.

road.side ['rəudsaid] *s* margem da estrada; acostamento.

road.way ['rəudwei] *s* rodovia; estrada.
roam [rəum] *v* vagar; percorrer.
roar [rɔ:(r)] *s* rugido; estrondo; grito; • *v* rugir; vociferar; fazer barulho.
roar.ing ['rɔ:riŋ] *s* rugido; bramido; • *adj* que ruge; que ronca; completo.
roast [rəust] *s* carne assada; assado; • *v* assar; tostar; • *adj* assado; tostado; **~-beef**: rosbife.
rob [rɔb] *v* assaltar; saquear; pilhar.
rob.ber ['rɔbə(r)] *s* ladrão; salteador; assaltante; **bank ~**: assaltante de banco.
rob.ber.y ['rɔbəri] *s* roubo; saque; pilhagem.
robe [rəub] *s* veste; túnica; roupão; • *v* vestir uma túnica, um roupão.
ro.bot ['rəubɔt] *s* robô.
ro.bot.ics ['rəubɔtks] *s* robótica.
ro.bust [rəu'bʌst] *adj* robusto; vigoroso; forte.
rock [rɔk] *s* rocha; rochedo; pedra; MÚS roque; • *v* balançar; agitar; embalar; **on the ~s**: com gelo (bebida); em crise (casamento); **~ concert**: MÚS concerto de *rock*.
rock.et ['rɔkit] *s* foguete.
rock.ing-chair ['rɔkiŋtʃeə(r)] *s* cadeira de balanço.
rock.y ['rɔki] *adj* pedregoso; empedrado; endurecido; POP instável.
rod [rɔd] *s* vara; vareta.
rode [rəud] *pt* de **ride**.
roe [rəu] *s* ova (de peixe).
rogue [rəug] *s* vadio; velhaco; vagabundo.
ro.guer.y ['rəugəri] *s* velhacaria; vadiagem; malícia.
ro.guish ['rəugiʃ] *adj* velhaco; maldoso; folgazão; travesso.
role [rəul] *s* TEAT papel.
roll [rəul] *s* rolo; lista; rufo do tambor; • *v* rolar; rodar; enrolar; revirar; envolver; rufar o tambor; retumbar; **to ~ over**: virar-se ao contrário; **to ~ up**: aparecer.
roll.er ['rəulə(r)] *s* rolo; cilindro; **~ coaster**: montanha-russa.
roll.ing ['rəuliŋ] *adj* ondulante; **to be ~ in money**: nadar em dinheiro.

ROM [rɔm] *abrev de* INF **R**eady-**O**nly **M**emory, memória somente de leitura.
Ro.man ['rəumən] *s* e *adj* romano; **~ numerals**: algarismos romanos.
Ro.ma.ni.an [ru:'meiniən] *s* e *adj* romeno.
ro.mance [rəu'mæns] *s* romance; conto; namoro; • *v* fantasiar; romancear.
ro.manc.er [rəu'mænsə(r)] *s* romancista.
ro.man.tic [rəu'mæntik] *adj* romântico; sentimental; fabuloso; imaginário.
Rom.a.ny ['rɔməni] *s* cigano; gitano; • *adj* dos ciganos.
romp [rɔmp] *v* brincar ruidosamente.
rood [ru:d] *s* cruz; crucifixo.
roof [ru:f] *s* telhado; abóbada; teto; habitação; abrigo; • *v* abrigar; cobrir com telhas; **~ of the mouth**: céu da boca.
rook [ruk] *s* gralha (pássaro); ESP torre (xadrez); • *v* lograr; trapacear; enganar.
room [ru:m] *s* quarto; sala; espaço; • *v* alojar; **bath~**: banheiro; **bed~**: dormitório; **double ~**: quarto de casal; **single ~**: quarto de solteiro; **to make ~**: abrir espaço.
room.y ['ru:mi] *adj* espaçoso; amplo; vasto.
roost [ru:st] *s* poleiro; lugar de descanso; • *v* empoleirar; **to rule the ~**: dominar.
roost.er ['ru:stə(r)] *s* EUA galo; BRIT **cock**.
root [ru:t] *s* raiz; origem; base; MÚS nota tônica; • *v* arraigar-se; **~ directory**: INF diretório raiz, o primeiro diretório de um disco que se ramifica com subdiretórios; no DOS o símbolo do diretório raiz é a barra invertida (\); **square ~**: raiz quadrada; **to ~ for**: EUA GÍR torcer por; **to ~ out**: erradicar.
rope [rəup] *s* corda; laço; • *v* amarrar; laçar; **to know the ~s**: estar por dentro (do assunto).
ro.sa.ry ['rəuzəri] *s* rosário; coroa de rosas.
rose [rəuz] *s* rosa; cor-de-rosa; • *pt* de **rise**; • *adj* cor-de-rosa; **~-bush**: roseira; **to give someone enough ~ to hang himself/herself**: dar corda para a pessoa se enforcar, deixar a pessoa se dar mal.
rose.bud ['rəuzbʌd] *s* botão de rosa.
ro.se.ate ['rəuziət] *adj* rosado; róseo.

rose.mar.y ['rəuzməri; EUA 'rəuzmeri] *s* BOT alecrim.

ros.ter ['rɔstə(r)] *s* MIL lista de oficiais e soldados; escala.

ros.y ['rəuzi] *adj* rosado; róseo; otimista.

rot [rɔt] *s* podridão; putrefação; asneira; • *v* apodrecer; decompor.

ro.ta.ry ['rəutəri] *adj* giratório; rotativo.

ro.tate [rəu'teit; EUA 'rəuteit] *adj* em forma de roda; • *v* girar; dar voltas.

ro.ta.tion [rəu'teiʃn] *s* rotação; movimento rotativo; volta; **in ~**: alternadamente.

rote [rəut] *s* rotina; **by ~**: de cor.

rot.ten ['rɔtn] *adj* podre; corrompido; **to feel ~**: estar doente; **to get ~**: apodrecer.

ro.tund [rəu'tʌnd] *adj* redondo; rotundo; esférico.

rou.ble ['ru:bl] *s* rublo, moeda da Rússia e de outros países.

rough [rʌf] *adj* rude; áspero; tosco; tempestuoso; duro; severo; mal-acabado; ríspido; insolente; aproximado; • *v* tornar (-se) tosco, áspero; **~ paper**: rascunho; **to ~ it**: levar uma vida dura.

rough.ness ['rʌfnis] *s* aspereza; brutalidade.

rou.lette [ru:'let] *s* roleta.

round [raund] *s* círculo; roda; esfera; giro; rodada; • *adj* redondo; arredondado; esférico; circular; cilíndrico; cheio; • *v* andar em torno de; • *adv* em roda de; ao redor de; **~ of applause**: salva de palmas; **~ trip**: viagem de ida e volta.

round.a.bout ['raundəbaut] *s* carrossel; rotatória; • *adj* indireto.

round.ed ['raundid] *adj* curvo; arredondado.

rouse [rauz] (*from, out of*) *v* acordar; despertar.

rous.ing ['rauziŋ] *adj* excitante; vigoroso; extraordinário.

rout [raut] *s* derrota; tumulto; confusão; • *v* derrotar; pôr em fuga.

route [ru:t] *s* caminho; rumo; rota; itinerário; percurso.

rou.tine [ru:'ti:n] *s* rotina; hábito.

rove [rəuv] *s* passeio; • *v* andar sem rumo; vagar.

row [rəu] *s* fila; fileira; passeio de barco; contenda; tumulto; algazarra; • *v* remar; armar um tumulto; repreender.

row.dy.ism ['raudiizəm] *s* tumulto; desordem; turbulência.

roy.al ['rɔiəl] *adj* real; régio; majestoso; excelente; superior.

roy.al.ist ['rɔiəlist] *s* realista, adepto do realismo.

roy.al.ty ['rɔiəlti] *s* realeza; dignidade real; COM direitos de patente; direito de autor.

RTF [a:(r) ti: 'ef] *abrev de* INF **R**ich **T**ext **F**ormat, formato de arquivo que permite a troca de arquivos de texto entre diferentes processadores de texto em diferentes sistemas operacionais.

rub [rʌb] *s* fricção; atrito; polimento; • *v* esfregar; friccionar; lustrar; polir; **~ band**: elástico; **to ~ shoulders**: estar ombro a ombro.

rub.ber ['rʌbə(r)] *s* borracha; preservativo masculino; • *adj* de borracha.

rub.bish ['rʌbiʃ] *s* lixo; refugo; asneiras; **~ dump**: lixeira.

rub.ble ['rʌbl] *s* cascalho; seixo; entulho.

ru.by ['ru:bi] *s* rubi; • *adj* de cor rubi.

ruck [rʌk] *s* prega; vinco; • *v* vincar.

ruck.sack ['rʌksæk] *s* mochila; EUA *tb* **backpack**.

ruc.tion ['rʌkʃən] *s* algazarra; tumulto.

rud.der ['rʌdə(r)] *s* direção; leme.

rud.dy ['rʌdi] *adj* vermelho; rubro.

rude [ru:d] *adj* rude; grosseiro.

ru.di.ment ['ru:dimənt] *s* rudimento.

ru.di.men.ta.ry [ru:di'mentri] *adj* rudimentar; elementar.

rue [ru:] *s* arrependimento; pesar; arruda; • *v* lastimar; ter pesar; arrepender-se.

rue.ful ['ru:fl] *adj* triste; pesaroso; lúgubre; lamentável.

ruf.fi.an ['rʌfiən] *s* rufião; arruaceiro; • *adj* brutal; desalmado.

ruf.fle ['rʌfl] *s* rufar de tambor; • *v* franzir; amarrotar; arrepiar-se; perturbar(-se).

rug [rʌg] *s* tapete; manta.

rug.ged ['rʌgid] *adj* rude; áspero.

ru.in [ˈruːin] *s* ruína; queda; perdição; • *v* arruinar; reduzir à míngua.

ru.in.a.tion [ruːiˈneiʃn] *s* ruína; perdição; destruição.

ru.in.ous [ˈruːinəs] *adj* ruinoso; pernicioso; prejudicial.

rule [ruːl] *s* regra; estatuto; preceito; governo; poder; autoridade; • *v* governar; regular; pautar; **as a ~**: por via de regra.

rul.er [ˈruːlə(r)] *s* soberano; regente; governador; legislador; régua.

rul.ing [ˈruːliŋ] *s* decisão; parecer; • *adj* predominante; dominante.

rum [rʌm] *s* rum; • *adj* estranho; singular.

rum.ble [ˈrʌmbl] *s* rumor; ruído; estrondo; • *v* retumbar; ralhar.

ru.mi.nant [ˈruːminənt] *s* ruminante; • *adj* ruminante; pensativo.

ru.mi.nate [ˈruːmineit] *v* ruminar; meditar; refletir.

ru.mi.na.tion [ruːmiˈneiʃn] *s* ruminação; reflexão; meditação.

rum.mage [ˈrʌmidʒ] *s* busca minuciosa; procura; • *v* remexer; esquadrinhar.

ru.mour, EUA **ru.mor** [ˈruːmə(r)] *s* rumor; boato; • *v* divulgar; espalhar boatos.

rump [rʌmp] *s* anca; garupa; traseiro; nádegas.

rum.ple [ˈrʌmpl] *s* prega; dobra; vinco; • *v* amarrotar; enrugar.

rum.pus [ˈrʌmpəs] *s* balbúrdia; rebuliço; motim; distúrbio.

run [rʌn] *s* corrida; curso; viagem; • *v* (*pt* **ran**; *pp* **run**) correr; fugir; controlar; passar; escorrer; correr o fio (de meia); administrar; **in the long ~**: por fim, no final das contas; **to ~ across**: encontrar por acaso; **to ~ after**: perseguir; **to ~ away**: fugir; **to ~ back**: voltar depressa; **to ~ fast**: correr velozmente; **to ~ into**: entrar precipitadamente; chocar-se com; **to ~ on**: continuar, falar sem parar; **to ~ out of**: esgotar; **to ~ over**: atropelar; **to ~ up**: subir correndo; **to ~ upon**: versar sobre.

run.a.way [ˈrʌnəwei] *s* e *adj* fugitivo; desertor; sequestro.

rung [rʌŋ] *s* degrau de escada; vareta grande; caverna; • *pt* e *pp* de **ring**.

run.ner [ˈrʌnə(r)] *s* corredor; mensageiro; corretor.

run.ning [ˈrʌniŋ] *s* direção; controle; corrida; • *adj* corrente.

rup.ture [ˈrʌptʃə(r)] *s* ruptura; rompimento; MED hérnia; • *v* quebrar-se; romper-se.

ru.ral [ˈruərəl] *adj* rural; rústico; campestre.

ruse [ruːz] *s* ardil; astúcia; manha; artimanha.

rush [rʌʃ] *s* ímpeto; pressa; carga; choque; investida; arremetida; fúria; precipitação; • *v* apressar-se; fazer com urgência; lançar-se; arremessar-se; **~ hour**: hora do *rush*, de maior movimento.

rus.set [ˈrʌsit] *s* cor avermelhada; • *adj* avermelhado.

Rus.sian [ˈrʌʃn] *s* e *adj* russo.

rust [rʌst] *s* ferrugem; • *v* enferrujar.

rus.tic [ˈrʌstik] *s* campônio; sertanejo; • *adj* rústico; campestre.

rus.tle [ˈrʌsl] *s* murmúrio; sussurro; ruído; • *v* sussurrar; roçar.

rust.y [ˈrʌsti] *adj* enferrujado.

rut [rʌt] *s* sulco; rotina; ZOO animal que está no cio; • *v* fazer sulcos.

rye [rai] *s* centeio.

S

s [es] *s* décima nona letra do alfabeto.
Sab.bath [´sæbəө] *s* sabá, dia de descanso dos judeus.
sa.ble [´seibl] *s* zibelina ou marta; pele de marta; • *adj* negro; sombrio.
sab.o.tage [´sæbəta:3] *s* sabotagem; • *v* sabotar.
sa.bre, EUA sa.ber [´seibə(r)] *s* sabre usado pela cavalaria.
sac.cha.rin [´sækərin] *s* sacarina.
sac.cha.rine [´sækəri:n] *adj* sacarino, muito doce.
sac.er.do.tal [sæsə´dəutl] *adj* sacerdotal.
sack [sæk] *s* saco; saca; bata (roupa); saque; pilhagem; • *v* ensacar; saquear; pilhar; **~ race**: corrida de sacos; **to give the ~**: despedir alguém.
sac.ra.ment [´sækrəmənt] *s* sacramento; **The ~**: a Eucaristia.
sac.ra.men.tal [sækrə´mentl] *adj* sacramental.
sa.cred [´seikrid] *adj* sagrado; sacro; santo; inviolável.
sac.ri.fice [´sækrifais] *s* sacrifício; oferta solene; • *v* sacrificar; imolar.
sac.ri.lege [´sækrilid3] *s* sacrilégio; profanação.
sac.ri.le.gious [´sækri´lid3əs] *adj* sacrílego; profano.
sac.ris.tan [´sækristən] *s* sacristão.
sac.ris.ty [´sækristi] *s* sacristia, sala onde são feitos os preparativos para os ofícios religiosos.
sad [sæd] *adj* triste; pesaroso; sombrio; melancólico; circunspecto; *ant* **happy**.
sad.den [´sædn] *v* entristecer(-se).
sad.dle [´sædl] *s* sela; selim; • *v* selar; pôr carga sobre a sela; **in the ~**: no controle.
sad.dle.bag [´sædlbæg] *s* alforje.
sad.dler.y [´sædləri] *s* selaria, trabalhos de seleiro.
sa.dism [´seidizm] *s* sadismo.
sad.ness [´sædnis] *s* tristeza; melancolia; abatimento.
sa.do.mas.o.chism [seidəu´mæsəkizəm] *s* sadomasoquismo.
sa.do.mas.o.chist [seidəu´mæsəkist] *s* sadomasoquista.
sae [es ei ´i:] *abrev de* BRIT stamped addressed envelop, envelope selado e sobrescritado; **enclose ~ for reply**: anexo envelope selado e sobrescritado para resposta.
sa.fa.ri [sə´fari:] *s* safári.
safe [seif] *s* cofre; • *adj* salvo; seguro; incólume; ileso; intacto; **on the ~ side**: por via das dúvidas; **~ and sound**: são e salvo; **~ conduct**: salvo-conduto; passaporte; **~ deposit box**: caixa-forte; **~ house**: esconderijo secreto e seguro; **the ~ period**: período em que a mulher não corre risco de ficar grávida; **~ sex**: sexo seguro (através do uso da camisinha, por exemplo); **to play ~**: não correr riscos; *ant* **unsafe**.
safe.guard [´seifga:d] *s* salvaguarda; proteção; • *v* (*from*, *against*) proteger.

safe.keep.ing [seif'ki:piŋ] s custódia; proteção; guarda.
safe.ty ['seifti] s segurança; **~ belt**: cinto de segurança, **~-catch**: dispositivo de segurança, trava de segurança (armas, equipamentos); **~ glass**: vidro de segurança (parabrisa de automóvel).
saf.fron ['sæfrən] s açafrão.
sag [sæg] s inclinação; dobra; curvatura; • v vergar; curvar; pender.
sa.ga.cious [sə'geiʃəs] adj sagaz; perspicaz; astuto.
sage [seidʒ] s sábio; salva, planta medicinal; • adj sábio; prudente.
Sa.git.tar.i.us [sædʒi'teəriəs] s ASTROL Sagitário.
said [sed] pt e pp de **say**.
sail [seil] s vela (de navio); • v navegar; velejar; viajar por mar.
sail.boat ['seilbəut] s veleiro, barco a vela, muito rápido; BRIT **sailing-boat**.
sail.ing ['seiliŋ] s navegação; **~-boat**: barco a vela.
sail.or ['seilə(r)] s marinheiro; navegante.
saint [seint] s santo; santa.
sake [seik] s causa; fim; motivo; propósito; **for God's ~**: pelo amor de Deus; **for the ~ of**: pelo bem de.
sal.a.ble ['seiləbl] adj vendável; vendível.
sa.la.cious [sə'leiʃəs] adj lascivo; obsceno; impudico.
sal.ad ['sæləd] s salada; **~ dressing**: molho para salada; **to dress a ~**: temperar uma salada.
sal.a.man.der ['sæləmændə(r)] s salamandra, anfíbio semelhante ao lagarto.
sal.a.ried ['sælərid] adj assalariado.
sal.a.ry ['sæləri] s salário; ordenado.
sale [seil] s venda; leilão; mercado; liquidação; **for ~**: à venda; **on ~**: à venda; em liquidação.
sales.man ['seilzmən] s vendedor; fem **saleswoman**.
sa.li.ence ['seiliəns] s saliência; proeminência.
sa.li.ent ['seiliənt] s ângulo saliente; • adj saliente.

sa.line ['seilain; EUA 'seili:n] s solução salina; • adj salino.
sa.li.va [sə'laivə] s saliva, secreção das glândulas salivares.
sal.low ['sæləu] adj amarelado; pálido; descorado.
sal.ly ['sæli] s investida; • v sair de uma posição de defesa para uma de ataque.
salm.on ['sæmən] s salmão (peixe); • adj de cor salmão.
sa.loon [sə'lu:n] s salão; bar; **~ car**: AUT carro sedã, EUA **sedan**.
sal.si.fy ['sælsifai] s barba-de-bode (planta).
salt [sɔ:lt] s sal; • v salgar; • adj salgado; **not to be worth one's ~**: não servir para nada; **~ cellar**: saleiro, EUA **salt-shaker**; **~-water**: de água salgada.
SALT [sɔ:lt] abrev de **S**trategic **A**rms Limitation **T**alks, Tratado Estratégico de Limitação de Armas.
salt.less ['sɔ:ltlis] adj insípido; insosso.
sa.lu.bri.ous [sə'lu:briəs] adj salubre; saudável.
sal.u.tar.y ['sæljutri; EUA 'sæljuteri] adj salutar; saudável.
sal.u.ta.tion [sælju:'teiʃn] s saudação.
sa.lute [sə'lu:t] s saudação; MIL continência; salva; • v saudar.
sal.vage ['sælvidʒ] s salvamento.
sal.va.tion [sæl'veiʃn] s salvação; redenção; **~ Army**: Exército da Salvação.
salve [sælv; EUA sæv] s unguento; pomada; emplastro; • v aplicar ou curar com unguento.
sal.ver ['sælvə(r)] s bandeja de prata.
same [seim] adj e pron mesmo, mesma, mesmos, mesmas; **all the ~**: não obstante; **at the ~**: ainda assim; **at the ~ time**: ao mesmo tempo; **in the ~ boat**: no mesmo barco, na mesma situação; **just the ~**: apesar de tudo.
same.ness ['seimnis] s identidade; semelhança.
sam.ple ['sa:mpl; EUA 'sæmpl] s amostra; modelo; exemplo; • v dar amostra; experimentar; **free ~**: amostra grátis.

sam.pler ['sa:mplə(r); EUA 'sæmplə(r)] s aquele que dá amostras; amostra.

sanc.ti.fy ['sæŋktifai] v santificar, tornar santo.

sanc.tion ['sæŋkʃn] s sanção; confirmação; • v sancionar; aprovar.

sanc.ti.ty ['sæŋktəti] s santidade.

sanc.tu.ar.y ['sæŋktʃuəri; EUA 'sæŋktʃueri] s santuário; templo; altar; abrigo.

sanc.tum ['sæŋktəm] s lugar sagrado; FAM sala reservada para orar e meditar.

sand [sænd] s areia; • v cobrir de areia; ~ **castle**: castelo de areia.

san.dal ['sændl] s sandália; alparcata.

sand.bank ['sændbæŋk] s banco de areia.

sand.box ['sændbɔks] s EUA caixa de areia (para as crianças brincarem nos parques); BRIT **sandpit**.

sand.pa.per ['sændpeipə(r)] s lixa; • v lixar.

sand.storm ['sændstɔ:m] s tempestade de areia.

sand.wich ['sænwidʒ; EUA 'sænwitʃ] s sanduíche; • v fazer sanduíche; colocar o recheio entre duas camadas; **~board**: homem sanduíche (cartaz ambulante).

sand.y ['sændi] adj arenoso; ruivo.

sane [sein] adj de mente sã; sensato; sadio; ant **insane**.

sang [sæŋ] pt de **sing**.

san.gui.nar.y ['sæŋgwinəri; EUA 'sæŋgwineri] adj sanguinário; cruel.

san.guine ['sæŋgwin] adj esperançoso.

san.i.tar.y ['sænitri; EUA 'sæniteri] adj sanitário; salubre; ~ **towel**: absorvente higiênico, usado pelas mulheres principalmente a menstruação, EUA **napkin**.

san.i.ta.tion [sæni'teiʃn] s higiene; asseio; saneamento.

san.i.ty ['sænəti] s sanidade; razão; ant **insanity**.

sank [sæŋk] pt de **sink**.

San.ta Claus ['sæntə klɔ:z] s Papai Noel.

sap [sæp] s seiva; fluido vital; • v solapar; escavar.

sa.pi.ent ['seipiənt] adj sapiente; sábio.

sap.ling ['sæpliŋ] s árvore nova; um jovem.

sap.phire ['sæfaiə(r)] s safira, pedra preciosa de cor azul.

sar.casm ['sa:kæzəm] s sarcasmo; ironia.

sar.cas.tic [sa:'kæstik] adj sarcástico.

sar.coph.a.gus [sa:'kɔfəgəs] s sarcófago; pl **sarcophagi**.

sar.dine [sa:'di:n] s sardinha; **like ~ (in a can)**: como sardinha em lata, apertado.

sash [sæʃ] s caixilho de janela; cinto; faixa.

Sa.tan ['seitn] s demônio.

sa.tan.ic [sə'tænik; EUA sei'tænik] adj satânico; diabólico.

sat [sæt] pt e pp de **sit**.

sate [seit] (with) v saciar; fartar.

sat.el.lite ['sætəlait] s satélite, corpo celeste que gira em torno de um planeta.

sa.ti.ate ['seiʃieit] v saciar; satisfazer.

sa.ti.e.ty [sə'taiəti] s saciedade.

sat.in ['sætin; EUA 'sætn] s cetim; • adj de cetim; acetinado.

sat.ire ['sætaiə(r)] s sátira, composição literária que objetiva censurar ou ridicularizar defeitos ou vícios.

sa.tir.ic ['sætirik] adj satírico, relativo à sátira.

sat.i.rist ['sætirist] s escritor satírico que usa a ironia e o sarcasmo.

sat.i.rize, sat.i.rise ['sætəraiz] v satirizar.

sat.is.fac.tion [sætis'fækʃn] s satisfação; compensação; confirmação; ant **dissatisfaction**.

sat.is.fac.to.ry [sætis'fæktəri] adj satisfatório, que satisfaz; ant **unsatisfactory**.

sat.is.fy ['sætisfai] v satisfazer; bastar; contentar; convencer; pagar; ant **dissatisfy**.

sat.u.rate ['sætʃəreit] (with) v saturar, encher completamente.

sat.u.ra.tion [sætʃə'reiʃən] s saturação, ação ou efeito de saturar.

Sat.ur.day ['sætədi] s sábado, o sétimo dia da semana.

Sat.urn ['sætən] s Saturno.

sat.ur.nine ['sætənain] adj taciturno; triste.

sa.tyr ['sætə(r)] s sátiro, na mitologia grega é o deus dos bosques e das florestas; libertino; devasso.

sauce [sɔ:s] s molho; atrevimento; • v temperar com molho; dizer insolências a.

sauce.pan ['sɔ:spən; EUA 'sɔ:spæn] s caçarola, panela de cabo.

sau.cer ['sɔ:sə(r)] s pires; **flying ~**: disco voador.

sau.cy ['sɔ:si] adj insolente; petulante.

saun.ter ['sɔ:ntə(r)] v perambular; vaguear; vadiar.

sau.sage ['sɔsidʒ; EUA 'sɔ:sidʒ] s salsicha; linguiça; chouriço.

sav.age ['sævidʒ] s selvagem; • v atacar ferozmente; • adj selvagem; feroz; bárbaro; inculto.

sa.vant ['sævənt; EUA sæ'va:nt] s sábio, que tem conhecimentos profundos; erudito.

save [seiv] (*from, for*) v salvar; poupar; economizar; • *conj* a não ser que; • *prep* exceto; salvo; **God ~ the Queen!**: Deus salve a Rainha!; **to ~ one's skin/neck/bacon**: salvar a própria pele, escapar de um perigo.

sav.ing ['seiviŋ] s salvação; salvamento; economia; • adj econômico; **~s bank**: caixa econômica.

sav.iour, EUA **sav.ior** ['seiviə(r)] s salvador, pessoa que salva a vida de outrem; **The ~**: Jesus Cristo.

sa.vour, EUA **sa.vor** ['seivə(r)] s sabor; gosto; • v saborear; provar; sentir.

sa.vour.y, EUA **sa.vor.y** ['seivəri] s prato saboroso que é servido após a refeição principal; • adj interessante; saboroso; gostoso.

sa.voy [sə'vɔi] s repolho crespo.

sav.vy ['sævi] s habilidade e conhecimento.

saw [sɔ:] s serra; provérbio; • *pt* de **see**; • v (*pt* sawed; *pp* sawn) serrar.

sax, sax.o.phone [sæks, 'sæksəfəun] s MÚS saxofone, instrumento de sopro e de metal, com chaves e embocadura.

sax.o.phon.ist [sæk'səfəunist] s MÚS saxofonista.

say [sei] s fala; palavra; discurso; • v (*pt* e *pp* said) dizer; falar; recitar; contar; **~ what?**: EUA GÍR o que foi que você disse?; **that is to ~**: isto é; **to ~ over again**: repetir.

say.ing ['seiiŋ] s ditado; provérbio.

scab [skæb] s crosta de ferida; fura-greve.

scab.rous ['skeibrəs; EUA 'skæbrəs] adj áspero; obsceno.

scaf.fold ['skæfəuld] s andaime; tablado; cadafalso; • v fazer andaimes, tablados, cadafalsos, etc.

scaf.fold.ing ['skæfəldiŋ] s andaime; armação; tablado.

scald [skɔ:ld] s escaldadura; queimadura; • v escaldar.

scald.ing ['skɔ:ldiŋ] adj escaldante.

scale [skeil] s balança; escama; proporção; escala; • v pesar; graduar; descascar-se; **~s**: balança.

scalp [skælp] s couro cabeludo; • v escalpar.

scam [skæm] s golpe; "armação".

scamp [skæmp] s velhaco; patife; • v trabalhar negligentemente.

scamp.er ['skæmpə(r)] s fuga precipitada; • v fugir.

scan [skæn] s INF varredura, comando que permite uma verificação geral do disco rígido ou de um disquete, buscando erros que possam eventualmente existir nos arquivos, pastas, diretórios, etc., corrigindo-os automaticamente; ação de leitura, feita pelo computador, de códigos de barra, textos, imagens, introduzidos por um dispositivo especial chamado *scanner*; • v examinar; esquadrinhar.

scan.dal ['skændl] s escândalo; calúnia; maledicência; • v difamar; injuriar.

scan.dal.ize, scan.dal.ise ['skændəlaiz] v escandalizar.

scan.dal.ous ['skændələs] adj escandaloso; difamatório; vergonhoso.

Scan.di.na.vi.an [skændi'neiviən] adj escandinavo.

scan.ner ['skænə(r)] s INF *scanner*, dispositivo periférico de um computador, capaz de capturar uma imagem e transferir os seus dados para serem armazenados e trabalhados no computador; MED dispositivo usado pelos médicos para registrar uma imagem do interior do corpo do paciente.

scant [skænt] adj escasso; raro; limitado; deficiente; • adv escassamente.

scant.y ['skænti] *adj* escasso; limitado; exíguo; restrito.

scape.goat ['skeipgəut] *s* bode expiatório; EUA **fall guy**.

scap.u.la ['skæpjulə] *s* MED omoplata; espádua.

scar [ska:(r)] *s* cicatriz; • *v* marcar com cicatrizes.

scar.ab ['skærəb] *s* escaravelho.

scarce [skeəs] *adj* raro; escassso; incomum.

scarce.ly ['skeəsli] *adv* escassamente; mal; dificilmente.

scare [skeə(r)] *s* susto; sobressalto; • *v* assustar(-se); atemorizar; amedrontar.

scare.crow ['skeəkrəu] *s* espantalho.

scarf [ska:f] *s* cachecol.

scar.let ['ska:lət] *s* e *adj* escarlate; ~ **fever**: MED escarlatina.

scat.ter ['skætə(r)] *v* espalhar; dispersar.

scat.ter.ing ['skætəriŋ] *adj* disperso; espalhado.

scav.en.ger ['skævindʒə(r)] *s* animal que se nutre de carniça; pessoa que procura comida no lixo.

scene [si:n] *s* cena; cenário; **behind the ~s**: secretamente; nos bastidores.

scen.er.y ['si:nəri] *s* cenário; paisagem.

scent [sent] *s* cheiro; perfume; rastro; • *v* perfumar; cheirar.

scep.tic, EUA **skep.tic** ['skeptik] *adj* cético, relativo ao ceticismo.

scep.ti.cism, EUA **skep.ti.cism** ['skeptisizəm] *s* FILOS ceticismo, doutrina segundo a qual o homem não pode atingir a verdade absoluta.

scep.tre, EUA **scep.ter** ['septə(r)] *s* cetro.

sched.ule ['ʃdju:l; EUA 'skedʒul] *s* lista; catálogo; horário; agenda; • *v* planejar; programar.

scheme [ski:m] *s* esquema; projeto; esboço; traçado; trama; • (*for*, *against*) *v* projetar; planejar; maquinar.

schism ['sizəm] *s* cisma, separação de uma comunidade, de uma religião, de um partido político, etc.

schis.mat.ic [siz'mætik] *adj* cismático, concernente a cisma.

schiz.o.phre.ni.a [skitsəu'fri:niə] *s* esquizofrenia.

schiz.o.phren.ic [skitsəu'frenik] *adj* esquizofrênico.

schol.ar ['skɔlə(r)] *s* aluno; estudante; sábio; erudito.

schol.ar.ship ['skɔləʃip] *s* saber; erudição; bolsa de estudos.

scho.las.tic [skə'læstik] *adj* escolástico.

school [sku:l] *s* escola; cardume de peixes; • (*in*) *v* educar; instruir; adestrar; repreender; **high-~**: escola secundária; ~ **age**: idade escolar; ~ **report**: boletim escolar.

school.ing ['sku:liŋ] *s* ensino; instrução.

school.mas.ter ['sku:lma:stə(r)] *s* professor.

schoon.er ['sku:nə(r)] *s* escuna; copo grande para cerveja.

sci.ence ['saiəns] *s* ciência; saber; erudição; ~ **fiction (sci-fi)**: ficção científica.

sci.en.tif.ic [saiən'tifik] *adj* científico.

sci.en.tist ['saiəntist] *s* cientista.

sci-fi ['saifai] *abrev de* **sci**ence **fi**ction, ficção científica.

scin.til.la [sin'tilə] *s* centelha; chispa; partícula.

scin.til.late ['sintileit; EUA 'sintəleit] *v* cintilar; faiscar.

scin.til.la.tion [sinti'leiʃn; EUA sintl'eiʃn] *s* cintilação; fulguração.

sci.on ['saiən] *s* broto; descendente.

scis.sors ['sizəz] *s* tesoura.

scoff [skɔf; EUA skɔ:f] *s* escárnio; zombaria; • (*at*) *v* escarnecer; zombar de; BRIT engolir.

scold [skəuld] *s* pessoa faladora ou rabugenta; • *v* repreender; ralhar.

scoop [sku:p] *s* pá; colher grande; utensílio usado para pegar sorvete de massa; cratera; negócios com lucro; furo jornalístico; • *v* pegar com colher; dar um furo jornalístico.

scoot [sku:t] *v* fugir precipitadamente; safar-se.

scoot.er ['sku:tə(r)] *s* motoneta, pequena motocicleta.

scope [skəup] *s* escopo; âmbito; fim; esfera; alcance; extensão; oportunidade.

scorch [skɔ:tʃ] *s* queimadura leve; • *v* crestar(-se); chamuscar(-se); criticar severamente.

score [skɔ:(r)] *s* incisão; risco; conta; escore, número de pontos em jogos; MÚS partitura; • *v* marcar pontos; MÚS orquestrar; lançar em conta; **on that ~**: a esse respeito; **~ draw**: FUT empate.

score.board [ˈskɔ:bɔ:d] *s* ESP placar; marcador.

scor.er [ˈskɔ:rə(r)] *s* marcador; contador dos pontos em um jogo; autor de gols.

scorn [skɔ:n] *s* desdém; escárnio; • *v* desprezar; escarnecer.

scorn.ful [ˈskɔ:nfl] *adj* desdenhoso; escarnecedor.

Scor.pi.o [ˈskɔ:piəu] *s* ASTROL Escorpião.

scor.pi.on [ˈskɔ:piən] *s* escorpião.

Scotch [skɒtʃ] *s* escocês; uísque escocês.

Scot.tish, Scots [ˈskɒtiʃ, skɒts] *s* e *adj* escocês.

scoun.drel [ˈskaundrəl] *s* e *adj* velhaco; biltre; tratante.

scour [ˈskauə(r)] *v* esfregar; branquear; polir.

scour.er [ˈskaurə(r)] *s* esponja de aço.

scourge [skə:dʒ] *s* chicote; açoite; castigo; • *v* flagelar; chicotear; castigar.

scout [skaut] *s* escoteiro; explorador; batedor; reconhecimento; • *v* procurar; fazer reconhecimento.

scout.ing [ˈskautiŋ] *s* atividades dos escoteiros.

scowl [skaul] *s* carranca; • *(at)* *v* fazer carranca.

scrab.ble [ˈskræbl] *v* mover-se procurando algo.

scrag [skræg] *s* pessoa ou animal magro; • *v* matar por enforcamento.

scrag.gy [ˈskrægi] *adj* muito magro.

scram.ble [ˈskræmbl] *s* escalada; esforço; diligência; competição renhida; • *v* engatinhar; esforçar-se para alcançar um objeto; lutar; competir.

scrap [skræp] *s* bocado; fragmento; resto; luta; discussão; • *v* despojar material velho; lutar; discutir.

scrap.book [ˈskræpbuk] *s* livro de recortes.

scrape [skreip] *s* embaraço; dificuldade; arranhão; ruído de raspar; • *v* raspar; arranhar; apagar; tocar mal (um instrumento).

scrap.er [ˈskreipə(r)] *s* raspador; raspadeira.

scratch [skrætʃ] *s* arranhão; risca; unhada; • *v* arranhar; coçar; riscar; rabiscar; **~ pad**: EUA bloco de rascunho; **to be up to ~**: estar à altura; **to start from ~**: partir do zero.

scrawl [skrɔ:l] *s* escrita ilegível; rabiscos; • *v* rabiscar; escrever mal.

scream [skri:m] *s* guincho; pio; grito; • *v* dar gritos agudos; gritar.

screech [skri:tʃ] *s* guincho; grito agudo; • *v* guinchar; soltar gritos agudos.

screen [skri:n] *s* biombo; grade; tela (de cinema, televisão, computador); • *(from)* *v* abrigar; defender; proteger; esconder; CIN exibir um filme.

screen.play [ˈskri:nplei] *s* roteiro cinematográfico; falas de um filme.

screw [skru:] *s* parafuso; rosca; hélice; torcedura; BRIT GÍR salário; • *v* parafusar; atarraxar; apertar; **to have a ~ loose**: ter um parafuso solto, agir estranhamente.

screw.driv.er [ˈskru:draivə(r)] *s* chave de fenda; **Phillips ~**: chave de fenda Phillips.

scrib.ble [ˈskribl] *s* garatuja; rabisco; • *v* rabiscar; escrever apressadamente.

scribe [skraib] *s* copista; escriba; • *v* escrever; riscar.

scrim.mage [ˈskrimidʒ] *s* briga.

scrip [skrip] *s* bolsa; alforje; certificado provisório.

script [skript] *s* manuscrito; TV, CIN, TEAT roteiro de uma peça, novela, filme, etc.

scrip.ture [ˈskriptʃə(r)] *s* a Sagrada Escritura.

script.writ.er [ˈskriptraitə(r)] *s* TV, CIN, TEAT roteirista.

scroll [skrəul] *s* rolo de papel ou de pergaminho; espiral; • *v* INF mover uma tela de computador, para cima ou para baixo, para que o conteúdo do arquivo possa ser visto na sua totalidade; **~ bar**: INF barra de rolagem.

scrooge [skru:dʒ] *s* pão-duro, miserável.

scro.tum [ˈskrəutəm] *s* escroto, bolsa escrotal que envolve os testículos; *pl* **scrotums** ou **scrota**.

scrub / seasonable

scrub [skrʌb] *s* matagal; limpeza; • *v* esfregar; lavar com uma escova; • *adj* desprezível; abjeto.

scrub.by [ˈskrʌbi] *adj* com vegetação de cerrado; insignificante, sem importância.

scruff [skrʌf] *s* nuca, cangote; **by the ~ of the neck**: pelo cangote.

scrunch [skrʌntʃ] *v* trincar; mascar; esmagar.

scru.ple [ˈskru:pl] *s* escrúpulo; pequena quantidade; • *v* ter escrúpulos; hesitar; duvidar.

scru.pu.lous [ˈskru:pjuləs] *adj* escrupuloso; consciencioso; *ant* **unscrupulous**.

scru.ti.nize, scru.ti.nise [ˈskru:tinaiz]; EUA ˈskru:tənaiz] *v* examinar; observar cuidadosamente; investigar.

scru.ti.ny [ˈskru:tini]; EUA ˈskru:təni] *s* investigação; exame.

scu.ba-div.ing [ˈsku:bə ˈdaiviŋ] *s* ESP mergulho (com tanque de oxigênio).

scud [skʌd] *s* fuga precipitada; nuvens soltas impelidas pelo vento; • *v* fugir, correr apressadamente.

scuf.fle [ˈskʌfl] *s* briga; rixa; tumulto; • *v* bater-se; lutar contra.

scull [skʌl] *s* barquinho; remo pequeno e leve; • *v* remar; impelir um barco com remos.

scul.ler.y [ˈskʌləri] *s* copa (cozinha).

scul.lion [ˈskʌliən] *s* ajudante de cozinha.

sculpt [skʌlpt] *v* esculpir; gravar.

sculp.tor [ˈskʌlptə(r)] *s* escultor, artista que faz esculturas.

sculp.ture [ˈskʌlptʃə(r)] *s* escultura; • *v* esculpir; entalhar; cinzelar; gravar.

scum [skʌm] *s* espuma; escuma; pessoa vil, mesquinha.

scurf [skɜ:f] *s* caspa; descamação de pele.

scur.ril.i.ty [ˈskʌriliti] *s* linguagem grosseira.

scur.ril.ous [ˈskʌriləs] *adj* indecente; insolente; grosseiro.

scur.ry [ˈskʌri] *s* fuga precipitada; • *v* fugir precipitadamente.

scur.vy [ˈskɜ:vi] *s* MED escorbuto; • *adj* vil; miserável; desprezível.

scut [skʌt] *s* cauda pequena; rabinho.

three hundred and forty-two
three hundred and forty-second 342

scut.tle [ˈskʌtl] *s* escotilha; cesto; corrida acelerada; passo apressado; • *v* fazer rombos para afundar um navio; apressar-se.

scythe [saið] *s* foice; • *v* ceifar; segar.

SE [es ˈi:] *abrev de* **South-East, South-Eastern**, sudeste.

sea [si:] *s* mar; oceano; • *adj* marítimo; naval; **at ~**: no mar, dentro de um barco, etc.; confuso; **~ bed**: fundo do mar; **~ breeze**: brisa marítima; **~ dog**: velho marinheiro; **~ horse**: cavalo-marinho; **~ level**: nível do mar; **~ lion**: leão-marinho; **~shell**: concha; **~ wall**: quebra-mar.

sea.far.ing [ˈsi:feəriŋ] *adj* marítimo; de profissão marítima.

sea.food [ˈsi:fu:d] *s* frutos do mar.

sea.go.ing [ˈsi:gəuiŋ] *adj* de alto-mar; marítimo.

sea.gull [ˈsi:gʌl] *s* gaivota.

seal [si:l] *s* selo, lacre; carimbo; foca; pele de foca; • *v* lacrar; chancelar; afixar (selo ou rubrica) sobre; fechar com lacre; estabelecer; selar; caçar focas.

seam [si:m] *s* costura; junta; ruga; cicatriz; veio; • *v* costurar; coser; cerzir; juntar; marcar com cicatriz.

sea.man [ˈsi:mən] *s* marinheiro; marujo.

seam.stress [ˈsemstris] *s* costureira, mulher que costura por profissão.

se.ance, sé.ance [ˈseiɔns] *s* sessão espírita.

sea.plane [ˈsi:plein] *s* hidroavião, avião com dispositivos (flutuadores) para pousar na água.

search [sɜ:tʃ] *s* busca; procura; pesquisa; exame; • *(for) v* procurar; pesquisar; dar busca; investigar; **~ and replace**: busca e troca.

search.ing [ˈsɜ:tʃiŋ] *adj* investigador; curioso; penetrante, agudo.

sea.shore [ˈsi:ʃɔ:(r)] *s* litoral; costa; praia.

sea.sick.ness [ˈsi:siknis] *s* enjoo do mar.

sea.son [ˈsi:zn] *s* estação do ano; época; momento propício; • *v* amadurecer; temperar; **in ~**: da estação (frutas); **out of ~**: fora de estação; fora de moda.

sea.son.a.ble [ˈsi:znəbl] *adj* oportuno; conveniente; favorável.

sea.son.ing ['si:zəniŋ] *s* condimento; tempero.

seat [si:t] *s* assento; banco ou lugar de um veículo; cadeira; • *v* assentar; estabelecer; sentar; **~ belt**: cinto de segurança.

se.cede [si'si:d] (*from*) *v* separar-se, deixar um grupo ou organização.

se.ces.sion [si'seʃn] *s* secessão; separação; cisão.

se.clude [si'klu:d] *v* separar; excluir; segregar.

se.clu.sion [si'klu:ʒn] *s* afastamento; separação; segregação.

sec.ond ['sekənd] *s* segundo; padrinho (no boxe); auxiliar; • *v* ajudar; • *adj* segundo; inferior; outro; **~-class**: de segunda classe; **~ hand**: ponteiro do relógio que marca os segundos; **~ name**: sobrenome; **~-rate**: de segunda categoria.

sec.ond.ar.y ['sekəndri; EUA 'sekənderi] *adj* secundário; subordinado; de segunda ordem.

se.cre.cy ['si:krəsi] *s* segredo; retiro; sigilo; reserva.

se.cret ['si:krit] *s* segredo; • *adj* secreto; oculto; recôndito; **in ~**: em segredo; **~ agent**: agente secreto; **~ ballot**: votação secreta; **~ police**: polícia secreta; **~ service**: serviço secreto; **to keep a ~**: guardar um segredo.

sec.re.tar.y ['sekrətri; EUA 'sekrəteri] *s* secretário; escrivaninha.

se.crete [si'kri:t] *v* guardar segredo; ocultar; BIO, MED secretar.

se.cre.tion [si'kri:ʃən] *s* secreção.

se.cre.tive ['si:krətiv] *adj* reservado; calado.

sect [sekt] *s* seita.

sec.tar.i.an [sek'teəriən] *s e adj* sectário; partidário.

sec.tar.i.an.ism [sek'teəriənizm] *s* sectarismo.

sec.tion ['sekʃn] *s* seção; divisão.

sec.tion.al ['sekʃənl] *adj* local; regional.

sec.u.lar ['sekjulə(r)] *s e adj* secular; temporal; mundano.

sec.u.lar.i.ty ['sekjuləriti] *s* secularidade; apego às coisas do mundo.

se.cure [si'kjuə(r)] *adj* seguro; em segurança; salvo; crente; confiante; • *v* pôr em segurança; resguardar; garantir; obter a posse de.

se.cu.ri.ty [si'kjuərəti] *s* segurança; proteção; garantia; penhor.

se.date [si'deit] *adj* calmo; sossegado; tranquilo.

sed.a.tive ['sedətiv] *s e adj* sedativo; calmante.

sed.en.tar.y ['sednətri; EUA 'sednəteri] *adj* sedentário; inativo, acomodado.

sed.i.ment ['sedimənt] *s* sedimento.

se.di.tion [si'diʃn] *s* sedição; tumulto; revolta.

se.di.tious [si'diʃəs] *adj* sedicioso; rebelde; insurreto.

se.duce [si'dju:s; EUA si'du:s] *v* seduzir; corromper.

sed.u.lous ['sedjuləs; EUA 'sedʒuləs] *adj* assíduo; aplicado; diligente.

see [si:] *s* Sé; sede episcopal; • *v* (*pt* **saw**; *pp* **seen**) ver; enxergar; compreender; considerar; consultar; visitar; frequentar; **let me ~**: vejamos, vamos ver; **~ you!**: até logo!; **~ you soon!**: até logo!; **~ you later!**: até mais tarde!; **~ you tomorrow!**: até amanhã!; **to ~ about a thing**: investigar.

seed [si:d] *s* semente; origem; • *v* semear; brotar.

seed.er ['si:də(r)] *s* semeador, aquele que semeia.

seed.y ['si:di] *adj* cheio de sementes; gasto; usado.

see.ing ['si:iŋ] *conj* uma vez que.

seek [si:k] (*after*, *for*) *v* (*pt e pp* **sought**) procurar; buscar; tentar.

seem [si:m] *v* parecer; aparentar.

seem.ly ['si:mli] *adj* decoroso; conveniente; • *adv* convenientemente; decentemente.

se.er [siə(r)] *s* vidente; profeta.

see.saw ['si:sɔ:] *s* gangorra; EUA **teeter-totter**; • *v* balançar em gangorra; • *adj* de balanço alternado.

seethe [si:ð] (*with*) *v* ferver; estar furioso ou agitado.

seg.ment ['segmənt] *s* segmento; secção.

seg.re.gate ['segrigeit] *v* segregar; isolar, separar.

segregation / sensationalism

seg.re.ga.tion [segri'geiʃn] *s* segregação; separação; *ant* **integration**.

seis.mic ['saizmik] *adj* sísmico.

seis.mo.graph ['saizməgra:f; EUA 'saizməgræ:f] *s* sismógrafo, aparelho para medir os tremores da terra.

seis.mol.o.gy [saiz'mɔlədʒi] *s* sismologia, ciência que estuda os fenômenos terrestres.

seize [si:z] *v* agarrar; apoderar-se de; prender; confiscar.

seiz.ing ['si:ziŋ] *s* tomada de posse; penhora.

sei.zure ['si:ʒə(r)] *s* tomada; captura; apreensão.

sel.dom ['seldəm] *adj* raro; • *adv* raramente; **she ~ speaks Spanish**: ela raramente fala espanhol.

se.lect [si'lekt] *adj* seleto; escolhido; • *(from, for) v* escolher; selecionar.

se.lec.tion [si'lekʃn] *s* seleção; escolha.

self [self] *s* eu; indivíduo; pessoa; • *adj* e *pron* se; mesmo; próprio; **~-abased**: humilhado pela própria consciência; **~-acting**: automático; **~-adhesive**: autoadesivo; **~-assurance**: autoconfiança; **~-conceit**: autoconceito; **~-confidence**: autoconfiança; **~-control**: autocontrole; **~-defence**: autodefesa, EUA **defense**; **~-denial**: abnegação; **~-destruction**: autodestruição; **~-determination**: autodeterminação; **~-discipline**: autodisciplina; **~-employed**: autônomo (empregado); **~-esteem**: autoestima; **~-governing**: autônomo (governo); **~-help**: esforço pessoal; **~-importance**: altivez; **~-made man**: homem que se faz por conta própria; **~-portrait**: autorretrato; **~-respect**: amor próprio; **~-service**: autosserviço; **~-taught**: autodidata.

self.ish ['selfiʃ] *adj* egoísta; vaidoso; interesseiro; *ant* **unselfish**.

self.ish.ness ['selfiʃnis] *s* egoísmo.

self.same ['selfseim] *adj* mesmo; idêntico.

sell [sel] *(for, to) v (pt e pp* **sold**) vender; negociar; **to ~ one's soul (to the devil)**: vender a alma ao diabo, agir desonestamente para conseguir dinheiro; **to ~ off**: liquidar.

three hundred and forty-four
three hundred and forty-fourth **344**

sell.er ['selə(r)] *s* vendedor.

sel.lo.tape ['seləteip] *s* BRIT fita adesiva.

sel.vage ['selvidʒ] *s* orla dum tecido; ourela.

se.man.tics [sə'mæntiks] *s* semântica, ciência que estuda o significado das palavras e as mudanças sofridas no seu significado ao longo do tempo.

sem.a.phore ['seməfɔ:(r)] *s* semáforo, aparelho sinalizador do trânsito.

sem.blance ['sembləns] *s* aspecto; aparência.

se.men ['si:mən] *s* sêmen.

se.mes.ter [si'mestə(r)] *s* semestre.

sem.i.cir.cle ['semisə:kl] *s* semicírculo.

sem.i.co.lon [semi'kəulən; EUA 'semikəulən] *s* ponto e vírgula (;).

sem.i.con.duc.tor [semikən'dʌktə(r)] *s* semicondutor.

sem.i.fi.nal [semi'fainl] *s* ESP semifinal.

sem.i.nar ['semina:(r)] *s* grupo de estudantes que seguem um curso especial.

sem.i.nar.y ['seminəri; EUA 'semineri] *s* seminário, estabelecimento de ensino que habilita para o estudo eclesiástico.

se.mi.ot.ics [semi'ɔtiks] *s* semiótica.

se.mi.tone ['semitəun] *s* MÚS semitom, EUA **half-tone**.

sem.i-vow.el ['semivauəl] *s* semivogal.

Sen.ate ['senit] *s* Senado, câmara alta nos países que têm duas casas legislativas.

sen.a.tor ['senətə(r)] *s* senador, membro do Senado.

send [send] *v (pt e pp* **sent**) mandar; enviar; **to ~ away**: expedir (carta, etc.); **to ~ away for**: encomendar; **to ~ back**: devolver; **to ~ by the post/EUA to ~ by mail**: enviar pelo correio; **to ~ for**: encomendar; mandar buscar; **to ~ in**: entregar; **to ~ off**: ESP expulsar; **to ~ out**: emitir; distribuir; **to ~ up**: parodiar; EUA POP mandar prender.

send.er ['sendə(r)] *s* remetente.

se.nile ['si:nail] *adj* senil; caduco.

se.nil.i.ty [si'niləti] *s* senilidade; velhice.

sen.sa.tion [sen'seiʃn] *s* sensação; excitação.

sen.sa.tion.al [sen'seiʃənl] *adj* sensacional, que produz grande sensação.

sen.sa.tion.al.ism [sen'seiʃənəlizm] *s* sensacionalismo, exploração de notícias e fa-

tos sensacionais, divulgados com o fito de escandalizar ou chocar a opinião pública.
sense [sens] *s* senso; sentido; inteligência; razão; sentimento; significado; • *v* perceber; **common ~**: bom senso; **to make ~**: fazer sentido.
sense.less [′senslis] *adj* insensato; sem sentido.
sen.si.bil.i.ty [sensə′biləti] *s* sensibilidade; susceptibilidade.
sen.si.ble [′sensəbl] *adj* razoável; sensato; sensível (que se pode sentir facilmente).
sen.si.tive [′sensətiv] *adj* sensitivo; sensível; impressionável.
sen.sor [′sensə(r)] *s* sensor.
sen.su.al [′senʃuəl] *adj* sensual; lascivo; carnal.
sen.su.al.i.ty [senʃu′æləti] *s* sensualidade; volúpia.
sen.su.ous [′senʃuəs] *adj* sensual; sensitivo.
sent [sent] *pt* e *pp* de **send**.
sen.tence [′sentəns] *s* sentença; decisão; opinião; máxima; • *v* sentenciar; condenar.
sen.ten.tious [sen′tenʃəs] *adj* sentencioso.
sen.ti.ment [′sentimənt] *s* sentimento; opinião; parecer.
sen.ti.men.tal [senti′mentl] *adj* sentimental; sensível; terno.
sen.ti.men.tal.ism [senti′mentəlizm] *s* sentimentalismo; sensibilidade.
sen.ti.nel [′sentinl] *s* sentinela, guarda.
sen.try [′sentri] *s* sentinela; guarda; vigia.
sep.a.ra.bil.i.ty [seprə′biləti] *s* separabilidade; divisibilidade.
sep.a.ra.ble [′sepərəbl] *adj* separável; divisível; *ant* **inseparable**.
sep.a.rate [′seprət] *v* separar; distinguir; dividir; • *adj* separado; desunido; distinto.
sep.a.ra.tion [sepə′reiʃn] *s* separação; divisão.
sep.a.ra.tism [′sepərətizəm] *s* separatismo.
sep.a.ra.tist [′sepərətist] *s* separatista.
Sep.tem.ber [sep′tembə(r)] *s* setembro, o nono mês do ano; *abrev* **Sept.**
sep.tic [′septik] *adj* séptico; relativo à putrefação de tecidos orgânicos; **~ tank**: fossa séptica.

se.pul.chral [si′pʌlkrəl] *adj* sepulcral; sombrio.
sep.ul.chre, EUA **sep.ul.cher** [′seplkə(r)] *s* sepulcro; túmulo; • *v* sepultar; enterrar.
sep.ul.ture [′sepltʃuə(r)] *s* túmulo; jazigo; sepultura.
se.quel [′si:kwəl] *s* resultado; consequência; continuação (de livro, filme); sequela.
se.quence [′si:kwəns] *s* sequência; continuação; série.
se.quen.tial [si′kwenʃl] *adj* seguinte; sequencial.
se.ques.trate, **se.ques.ter** [si′kwestreit si′kwestə(r)] *v* sequestrar; apoderar-se de; confiscar.
se.ques.tra.tion [si:kwe′streiʃn] *s* sequestro; embargo; confisco.
se.raph.ic [se′ræfik] *adj* seráfico; angélico; sublime.
ser.e.nade [serə′neid] *s* MÚS serenata, composição melodiosa e simples, pequeno concerto musical noturno e ao ar livre; seresta.
se.rene [si′ri:n] *adj* sereno; calmo; plácido; tranquilo.
se.ren.i.ty [si′renəti] *s* serenidade; sossego; paz.
serf [sə:f] *s* servo; escravo.
serge [sə:dʒ] *s* sarja.
ser.geant [′sa:dʒənt] *s* sargento, militar do Exército e da Aeronáutica de graduação superior à do cabo.
se.ri.al [′siəriəl] *s* publicação periódica; folhetim; TV seriado; • *adj* disposto ou publicado em série; sucessivo; INF serial (interface); **~ killer**: matador em série; **~ number**: número de série.
se.ries [′siəri:z] *s* série; sucessão de coisas ou fatos da mesma natureza, classificados em consonância com a mesma lei.
ser.if [′serif] *s* ART GRÁF serifa.
se.ri.ous [′siəriəs] *adj* sério; circunspecto; grave; solene; importante.
se.ri.ous.ly [′siəriəsli] *adv* a sério; **to take somebody ~**: levar alguém a sério.
ser.mon [′sə:mən] *s* sermão.
ser.pent [′sə:pənt] *s* serpente; FIG pessoa má.
ser.pen.tine [′sə:pəntain; EUA ′sə:pəntin] *adj* serpentino; sinuoso; tortuoso.

se.rum ['siərəm] *s* soro.

serv.ant ['sə:vənt] *s* criado; servo; servidor.

serve [sə:v] *v* servir; servir à mesa; estar ao serviço de; ser suficiente; exercer um cargo; pagar; compensar; fornecer; **~ you right!**: bem feito!

serv.er ['sə:və(r)] *s* servidor; INF servidor, computador central que controla toda a rede de informática de uma empresa, isto é, dentre inúmeros outros computadores, chamados de terminais, cada um com uma função específica, é o computador-mestre.

serv.ice ['sə:vis] *s* serviço; préstimo; utilidade; cerimônia religiosa; AUT revisão; baixela; **at your ~**: às suas ordens; **~ area**: posto de gasolina, em estrada, com restaurante; **~ change**: serviço (igual aos 10% acrescidos na conta de um restaurante); **~ station**: posto de gasolina; **to be of ~**: ser útil.

serv.ice.a.ble ['sə:visəbl] *adj* útil; proveitoso.

ser.vi.ette [sə:vi'et] *s* guardanapo (principalmente BRIT).

ser.vile ['sə:vail; EUA 'sə:vl] *adj* servil; adulador.

ser.vi.tude ['sə:vitju:d; EUA 'sə:vitu:d] *s* servidão; escravidão.

ses.a.me ['sesəmi] *s* BOT sésamo; gergelim.

ses.sion ['seʃn] *s* sessão; audiência.

set [set] *s* grupo; série; postura; direção; tendência; lugar próprio para filmagem; aparelho; coleção; ESP partida, disputa, jogo; • *v (pt e pp set)* pôr; colocar; arrumar; fixar(-se); plantar; montar; apresentar; preparar; endireitar; conformar; endurecer; congelar-se; acertar o relógio; ART GRÁF e MÚS compor; • *adj* resolvido; determinado; fixo; estabelecido; sólido; firme; equipado; pronto; **~ of teeth**: dentadura; **~ square**: esquadro; **television ~**: aparelho de TV; **to ~ about**: começar; **to ~ aside**: pôr à parte; anular; **to ~ back**: recuar; fazer retroceder; **to ~ free**: libertar; **to ~ in**: principiar; **to ~ off**: partir; embelezar; explodir; **to ~ on**: incitar; atacar; **to ~ up**: erigir; levantar.

set.tee [se'ti:] *s* sofá.

set.ter ['setə(r)] *s* cão perdigueiro usado na caça.

set.ting ['setiŋ] *s* colocação; disposição; estabelecimento.

set.tle ['setl] *v* fixar(-se); estabelecer(-se); fixar residência; pôr em ordem; regular; dispor; colocar; decidir; acalmar; saldar, liquidar um débito; **to ~ down**: estabelecer-se; fixar-se; **to ~ upon**: decidir; escolher.

set.tle.ment ['setlmənt] *s* estabelecimento; fixação; ajuste; acordo; dote; depósito; povoado.

set.tler ['setlə(r)] *s* colonizador.

sev.en ['sevn] *s* e *num* sete.

sev.en.teen [sevn'ti:n] *s* e *num* dezessete.

sev.en.ty ['sevnti] *s* e *num* setenta.

sev.er ['sevə(r)] *v* separar; dividir; romper; cortar; desfazer.

sev.er.al ['sevrəl] *adj* vários; diversos; alguns; diferente; distinto; **~ times**: várias vezes.

se.vere [si'viə(r)] *adj* severo; rigoroso; austero.

se.ver.i.ty [si'verəti] *s* severidade; austeridade; rigor.

sew [səu] *v (pt* **sewed**; *pp* **sewed** ou **sewn**) costurar; cerzir; coser.

sew.age ['sju:idʒ; EUA 'su:idʒ] *s* detritos; conteúdo dos esgotos; **~ farm**: local onde os detritos são tratados, visando a produção de adubo; **~ works**: local onde o esgoto é tratado para que a água limpa possa voltar para os rios.

sew.er ['sju:ə(r); EUA 'su:ə(r)] *s* alfaiate; costureiro; cano de esgoto.

sew.ing ['səuiŋ] *s* costura; trabalho de costura; **~ machine**: máquina de costura.

sex [seks] *s* sexo; **female ~**: sexo feminino; **male ~**: sexo masculino; **~ abuse**: abuso sexual; **~ act**: ato sexual; **~ appeal**: atração sexual; **~ symbol**: símbolo sexual; **to have ~ with somebody**: ter relações sexuais com alguém.

sex.less ['sekslis] *adj* assexual; neutro.

sex.ol.o.gy [sek'sɔlədʒi] *s* sexologia.

sex.ol.o.gist [sek'sɔlədʒist] *s* sexólogo.

sex.tant ['sekstənt] s sextante, aparelho com que se mede a altura dos astros, especialmente do Sol, usado em navegação marítima e aérea.

sex.tet [seks'tet] s MÚS sexteto, composição para seis vozes ou seis instrumentos.

sex.u.al ['sekʃuəl] adj sexual, relativo a cada um dos dois sexos; ~ **intercourse**: relação sexual.

sex.u.al.i.ty [sekʃu'æləti] s sexualidade, qualidade do que é sexual.

sex.y ['seksi] adj sensual.

shab.by ['ʃæbi] adj gasto; sujo; sórdido; vil; mesquinho.

shack [ʃæk] s barraca.

shack.le ['ʃækl] s algemas; • v algemar.

shade [ʃeid] s sombra; gradação de cor; • v sombrear; escurecer; esconder; proteger da luz ou dos raios solares; matizar; sombrear (em pintura); **in the ~**: à sombra.

shad.ing ['ʃeidiŋ] s sombreado.

shad.ow ['ʃædəu] s sombra; abrigo; proteção; fantasma; reflexo de espelho; • v sombrear; escurecer; nublar; ter mudança gradual numa cor; **there is not a ~ of doubt that she is guilty**: sem sombra de dúvida, ela é culpada; **without a ~ of doubt**: sem sombra de dúvida.

shad.ow.y ['ʃædəui] adj escuro; sombrio; irreal.

shad.y ['ʃeidi] adj que dá sombra.

shaft [ʃa:ft; EUA ʃæft] s eixo; haste; cabo; raio.

shag.gy ['ʃægi] adj peludo; felpudo.

shah [ʃa:] s xá, título de soberano persa.

shake [ʃeik] s sacudidela; meneio; aperto de mão; • v (pt **shook**; pp **shaken**) sacudir; abalar; agitar; titubear; tremer; apertar a mão; desembaraçar-se de; **~-up**: reorganização; mudança profunda; **to ~ a leg**: apressar-se; **to ~ hands**: dar um aperto de mão; **to ~ one's head**: balançar a cabeça dizendo não; **to ~ up**: modificar profundamente.

shak.y ['ʃeiki] adj trêmulo; vacilante.

shall [ʃl; ʃæl] v aux (pt **should**) serve para a formação do futuro nas primeiras pessoas e para indicar sugestão; ~ **I help you?**: posso ajudá-lo?; **we ~ go to Europe next year**: iremos à Europa no ano que vem.

shal.low ['ʃæləu] adj baixo; superficial; pouco profundo.

sham [ʃæm] s falsa aparência; fingimento; fraude; • v simular; fingir; enganar; • adj dissimulado.

sham.ble ['ʃæmbl] s passo vacilante; • v caminhar arrastando os pés.

sham.bles ['ʃæmblz] s desordem; confusão.

shame [ʃeim] s vergonha; pudor; desonra; • v desonrar; envergonhar-se; **what a ~!**: que vergonha!

shame.faced [ʃeim'feist] adj envergonhado.

shame.ful ['ʃeimfl] adj vergonhoso; indecente; indecoroso.

shame.less ['ʃeimlis] adj sem-vergonha; descarado; impudico.

sham.my ['ʃæmi] s camurça.

sham.poo [ʃæm'pu:] s xampu.

shank [ʃæŋk] s perna; haste; cabo.

shan.ty ['ʃænti] s cabana; barracão; **~ town**: favela.

shape [ʃeip] s forma; contorno; aspecto; fantasma; molde; • v (pt e pp **shaped**) formar; modelar; regular; moldar; adaptar.

-shaped ['ʃeipid] suf ter uma forma específica, por exemplo, **heart~**: no formato de um coração; **pear~**: em forma de pera.

shape.less ['ʃeiplis] adj informe; disforme.

shape.ly ['ʃeipli] adj benfeito, bem proporcionado.

share [ʃeə(r)] s parte; quota; • (with, among, between) v compartilhar; dividir; repartir; distribuir; ter parte em; **to ~ a flat**: dividir um apartamento.

share.hold.er ['ʃeəhəuldə(r)] s acionista, pessoa que possui ações de empresas.

share.ware ['ʃeəweə(r)] s INF software distribuído livremente, pela Internet, por exemplo, mas com um prazo determinado de acesso. Depois desse período, o usuário é obrigado a efetuar um pagamento, para ter direito a reativá-lo, obter a versão integral e eventuais atualizações.

shark [ʃa:k] s tubarão; tratante; velhaco; gatuno; • v lograr; roubar; trapacear.

sharp [ʃa:p] *s* agulha fina e comprida; MÚS sustenido; som agudo; • *v* MÚS elevar meio tom; • *adj* afiado; agudo; pontiagudo; fino; perspicaz; vivo; nítido; mordaz; severo; intenso; MÚS marcado com um sustenido; • *adv* pontualmente; exatamente.

sharp.en [′ʃa:pən] *v* amolar; afiar; aguçar.

sharp.en.er [′ʃa:pnə(r)] *s* apontador de lápis.

shat.ter [′ʃætə(r)] *v* quebrar; esmigalhar; destruir.

shave [ʃeiv] *s* ato de barbear; • *v* roçar; aplainar; raspar; barbear(-se).

shav.er [′ʃeivə(r)] *s* barbeiro; aparelho de barbear; espertalhão; interesseiro; garoto.

shav.ing [′ʃeiviŋ] *s* ato de barbear, de raspar; **~-brush**: pincel de barba; **~ cream**: creme de barbear.

shawl [ʃɔ:l] *s* xale; manta.

she [ʃi:] *pron* ela; **~-goat**: cabra.

sheaf [ʃi:f] *s* feixe; maço.

shear [ʃiə(r)] *s* tosquiadela; tosquia; • *v* (*pt* **shore**; *pp* **shorn**) tosquiar; tosar; podar; ceifar (o trigo).

shears [ʃiəz] *s* tesouras grandes, próprias para tosquiar.

sheath [ʃi:ø] *s* bainha; vagem; preservativo masculino.

sheathe [ʃi:ð] *v* embainhar a espada; revestir.

shed [ʃed] *v* (*pt* e *pp* **shed**) espalhar; derramar.

sheen [ʃi:n] *s* brilho; luz; reflexo; resplendor.

sheep [ʃi:p] *s* carneiro; ovelha; pele de carneiro; pessoa dócil, submissa.

sheep.dog [′ʃi:pdɔg] *s* cão pastor.

sheep.ish [′ʃi:piʃ] *adj* tímido; acanhado; envergonhado.

sheer [ʃiə(r)] *adj* puro; completo; fino; perpendicular; • *v* desviar-se; afastar-se; • *adv* completamente; a prumo.

sheet [ʃi:t] *s* lençol; folha de papel; camada fina; lâmina de metal; • *v* envolver em lençóis; estender em folhas.

shelf [ʃelf] *s* prateleira; estante; banco de areia.

shell [ʃel] *s* casco; casca (noz, ovo, etc.); concha; • *v* descascar; bombardear; mudar a pele.

shel.ter [′ʃeltə(r)] *s* abrigo; asilo; proteção; amparo; • (*from*) *v* abrigar; proteger; **to take ~**: refugiar-se.

shelve [ʃelv] *v* desprezar; pôr em prateleira; inclinar-se.

shelv.ing [′ʃelviŋ] *s* ato de pôr em, ou equipar com prateleira.

shep.herd [′ʃepəd] *s* pastor; • *v* cuidar; proteger; guiar.

shep.herd.ess [ʃepə′des; EUA ′ʃepərdəs] *s* pastora.

sher.bet [′ʃə:bət] *s* BRIT espécie de refresco gelado.

sherd [ʃə:d] *s* caco; fragmento de louça, de barro.

sher.iff [′ʃerif] *s* xerife.

sher.ry [′ʃeri] *s* xerez, vinho fabricado na Andaluzia (Espanha).

shield [ʃi:ld] *s* escudo; proteção; blindagem; amparo; • (*from*) *v* defender; proteger.

shift [ʃift] *s* expediente; mudança; turno de operários; • *v* mudar; mover; desviar; alterar; **~ key**: INF tecla de maiúsculas no teclado de um computador.

shift.less [′ʃiftlis] *adj* preguiçoso.

shift.y [′ʃifti] *adj* velhaco; desonesto.

shil.ling [′ʃiliŋ] *s* xêlim, moeda inglesa do valor de 12 pence, já extinta (atualmente a moeda inglesa é dividida em 100 pence).

shin [ʃin] *s* canela; tíbia; • *v* trepar, subir em árvore, etc., agarrando-se com os braços e as pernas.

shine [ʃain] *s* brilho; resplendor; • *v* (*pt* e *pp* **shone**) brilhar; luzir; distinguir-se; lustrar.

shin.gle [′ʃiŋgl] *s* seixos; ripa; letreiro de escritório; corte de cabelo curto para mulheres; • *v* cobrir de ripas; cortar o cabelo bem curto.

shin.ing [′ʃainiŋ] *adj* brilhante; lustroso.

shin.y [′ʃaini] *adj* lustroso.

ship [ʃip] *s* navio; barco; nave; avião; • *v* embarcar; despachar; expedir; receber a bordo.

ship.mas.ter [′ʃipmastə(r)] *s* capitão de navio.

ship.mate [′ʃipmeit] *s* companheiro de navio.

ship.ment [ˈʃipmənt] s embarque; ato de embarcar mercadoria; carregamento.

ship.ping [ˈʃipiŋ] s esquadra; navios.

ship.wreck [ˈʃiprek] s naufrágio marítimo; ruína; • v naufragar.

ship.yard [ˈʃipja:d] s estaleiro (de navios, barcos, etc.).

shire [ˈʃaiə(r)] s condado, divisão territorial na Inglaterra.

shirk [ʃə:k] v esquivar-se; evitar; fazer-se de preguiçoso.

shirt [ʃə:t] s camisa.

shiv.er [ˈʃivə(r)] s pedaço; fragmento; tremor de frio; • v quebrar; lascar; tremer.

shiv.er.y [ˈʃivəri] adj friorento; febril.

shoal [ʃəul] s baixio; banco de areia; cardume; bando; multidão; • v juntar-se; • adj pouco fundo.

shock [ʃɔk] s choque; colisão; impacto; comoção; acervo; paralisia; • v dar choque; chocar; abalar; ~ **absorber**: AUT amortecedor; ~ **treatment/~ therapy**: tratamento de choque (elétrico); ~**troops**: tropa de choque (polícia); ~ **wave**: movimento de deslocamento de ar causado, por exemplo, por uma explosão.

shock.ing [ˈʃɔkiŋ] adj chocante; repulsivo; repugnante; ofensivo.

shod.dy [ˈʃɔdi] s imitação de lã; coisa inferior; • adj de má qualidade.

shoe [ʃu:] s sapato; ferradura; • v (pt e pp **shod**) calçar; ferrar; **suede ~s**: sapato de camurça; **tennis ~**: tênis.

shoe.mak.er [ˈʃu:meikə(r)] s sapateiro; fabricante de sapatos.

shoe.shine [ˈʃu:ʃain] s ato de engraxar sapatos; ~ **boy**: engraxate.

shone [ʃɔn; EUA ʃəun] pt e pp de **shine**.

shook [ʃuk] pt de **shake**.

shoot [ʃu:t] s tiro; • (at) v (pt e pp **shot**) atirar; dar tiros; arremessar; filmar; brotar; caçar; lançar.

shop [ʃɔp] s loja; EUA **store**; estabelecimento; oficina; • v fazer compras; ~ **assistant**: BRIT vendedor, EUA **salesclerk**.

shop.keep.er [ˈʃɔpki:pə(r)] s lojista; comerciante; EUA **storekeeper**.

shop.ping [ˈʃɔpiŋ] s compras; ato de fazer compras; ~ **center**: centro de compras.

shore [ʃɔ:(r)] s praia; litoral; costa; escora; • v escorar; suster.

shor.ing [ˈʃɔriŋ] s escoramento, ato de colocar estacas.

short [ʃɔ:t] adj curto; baixo; breve; escasso; • adv brevemente; **in ~**: em resumo; ~ **circuit**: curto-circuito; ~ **wave**: RÁDIO onda curta.

short.age [ˈʃɔ:tidʒ] s deficiência; falta; escassez.

short.com.ing [ˈʃɔ:tkʌmiŋ] s negligência; deficiência; falta.

short.en [ˈʃɔ:tn] v encurtar; diminuir; abreviar; ant **lengthen**.

short.en.ing [ˈʃɔ:tniŋ] s encurtamento; abreviação.

short.hand [ˈʃɔ:thænd] s estenografia; EUA **stenography**; ~ **typist**: estenógrafo, EUA **stenographer**.

short.sight.ed [ʃɔ:tˈsaitəd] adj míope.

shot [ʃɔt] s tiro de arma de fogo; alcance de uma arma; atirador; tentativa; • pt e pp de **shoot**; **like a ~**: rápido, sem pensar; ~ **in the dark**: palpite.

should [ʃud; ʃəd] v aux exprime condição; dever; **you ~ see a doctor**: você deveria ir ao médico.

shoul.der [ˈʃəuldə(r)] s ombro; ~ **to ~**: lado a lado.

shout [ʃaut] s brado; grito; berro; • (at) v gritar; berrar; aclamar.

shout.ing [ˈʃautiŋ] s gritaria; ovação; aclamação; • adj que grita.

shove [ʃʌv] s empurrão; impulso; • v empurrar.

shov.el [ˈʃʌvl] s pá; • v juntar com a pá; escavar.

show [ʃəu] s exibição; exposição; mostra; • v (pt **showed**; pp **shown**) mostrar; exibir; demonstrar; explicar; guiar; ~ **business/showbiz**: o mundo dos negócios relacionados ao entretenimento (TV, rádio, cinema, teatro, etc.); ~ **jumping**: hipismo; **to**

show / sidewalk

~ off: ostentar; exibir-se; **to ~ one's teeth**: agir ameaçadoramente.

show.case [ˈʃəukeis] *s* vitrina.

show.er [ˈʃauə(r)] *s* aguaceiro; chuveiro; • *v* tomar ducha ou banho; chover a cântaros.

show.ing [ˈʃəuiŋ] *s* exibição (de filme).

show.man [ˈʃaumən] *s* artista.

shown [ˈʃaun] *pp* de **show**.

show.room [ˈʃaurum] *s* sala onde mercadorias são expostas para venda.

show.y [ˈʃəui] *adj* pomposo; vistoso.

shred [ʃred] *s* pedaço; tira estreita; fragmento; • *v* (*pt* e *pp* **shred**) cortar em tiras; retalhar; picar.

shrew [ʃruː] *s* megera, mulher de mau gênio.

shrewd [ʃruːd] *adj* perspicaz; astuto; inteligente.

shriek [ʃriːk] *s* grito agudo; guincho; • *v* gritar; emitir som agudo.

shrift [ʃrift] *s* confissão; imposição de pena.

shrimp [ʃrimp] *s* camarão; homem sem valor.

shrine [ʃrain] *s* relicário; santuário.

shrink [ʃriŋk] *s* psicanalista (pejorativo); • *v* (*pt* **shrank**; *pp* **shrunk**) encolher-se; enrugar-se; sucumbir; contrair-se; recuar; diminuir; **~-wrapped**: embalado a vácuo (livro, comida, etc.); **to ~-wrap**: embalar a vácuo.

shrink.age [ˈʃriŋkidʒ] *s* encolhimento; contração; redução; diminuição.

shrive [ʃraiv] *v* (*pt* **shrived** ou **shriven**; *pp* **shrived** ou **shrove**) aplicar penas; confessar.

shroud [ʃraud] *s* mortalha; abrigo; • *v* abrigar-se; refugiar-se.

shrub [ʃrʌb] *s* arbusto; pequena árvore.

shrug [ʃrʌg] *s* encolhimento de ombros; • *v* sacudir ou levantar os ombros; dar de ombros.

shrunk [ʃrʌŋk] *pp* de **shrink**.

shud.der [ˈʃʌdə(r)] *s* tremor; frêmito; arrepio de medo; • *v* estremecer; tremer de medo.

shuf.fle [ˈʃʌfl] *s* ato de embaralhar cartas; ato de arrastar os pés; • *v* baralhar; misturar; arrastar-se.

shun [ʃʌn] *v* evitar; desviar-se de.

shunt [ʃʌnt] *s* desvio; • *v* desviar-se; mudar de linha.

shut [ʃʌt] *v* (*pt* e *pp* **shut**) fechar(-se); excluir; • *adj* fechado; **~ up!**: cale a boca!; **to ~ down**: fechar, encerrar suas atividades (loja, fábrica, etc.); parar (o funcionamento de uma máquina); **to ~ off**: excluir; impedir a entrada; **to ~ out**: excluir; deixar o cais; **to ~ up**: calar-se; aprisionar; encurralar.

shut.down [ˈʃʌtdaun] *s* paralisação (de uma fábrica, usina, etc.) temporária ou permanente.

shut.ter [ˈʃʌtə(r)] *s* veneziana; obturador de máquina fotográfica.

shut.tle [ˈʃʌtl] *s* ônibus espacial; **~ service**: ponte aérea.

shut.tle.cock [ˈʃʌtlkɔk] *s* peteca.

shy [ʃai] *v* recuar; desviar-se; assustar-se; • *adj* tímido; acanhado; reservado.

shy.ness [ˈʃainis] *s* acanhamento; timidez.

Si.a.mese [saiəˈmiːz] *s* siamês (povo, língua); • *adj* do Sião (atual Tailândia); **~ cat**: gato siamês; **~ twins**: irmãos siameses; *pl* **Siamese**.

Si.cil.ian [siˈsiliən] *s* e *adj* siciliano.

sick [sik] *adj* doente; adoentado; enjoado; **to be ~**: vomitar; **to be ~ of**: FIG estar cheio.

sick.en [ˈsikən] *v* adoecer; aborrecer.

sick.ish [ˈsikiʃ] *adj* adoentado.

sick.le [ˈsikl] *s* foice.

sick.ly [ˈsikli] *adj* adoentado; fraco; débil; • *adv* debilmente.

sick.ness [ˈsiknis] *s* doença; enfermidade; enjoo.

sick.room [ˈsikrum] *s* enfermaria.

side [said] *s* lado; lateral; declive; • *v* tomar partido de alguém; • *adj* lateral; secundário; **~ by ~**: lado a lado.

side.board [ˈsaidbɔːd] *s* aparador, móvel destinado à guarda de aparelhos de jantar.

side.long [ˈsaidlɔŋ] *adj* lateral; • *adv* lateralmente.

si.de.re.al [saiˈdiəriəl] *adj* sideral; astral; estelar.

side.walk [ˈsaidwɔːk] *s* calçada; BRIT **pavement**.

side.ways ['saidweiz] *adv* obliquamente; de lado.

sid.ing ['saidiŋ] *s* desvio, via lateral nas estradas de ferro.

si.dle ['saidl] *v* mover-se de lado; caminhar de lado.

siege [si:dʒ] *s* sítio; cerco; assédio; **~ economy**: economia de guerra.

sieve [siv] *s* peneira.

sift [sift] *v* peneirar; examinar com detalhe.

sigh [sai] *v* suspirar; lamentar.

sight [sait] *s* vista; visão; cena; mira de arma de fogo; • *v* ver; avistar; fazer pontaria; **at first ~**: à primeira vista; **at ~**: à vista; **out of ~**: fora da vista.

sign [sain] *s* sinal; aviso; indício; símbolo; vestígio; • *v* assinar; rubricar; fazer sinais; **~ language**: mímica.

sig.nal ['signəl] *s* sinal; aviso; • *v* fazer sinais a; indicar; • *adj* notável; memorável.

sig.nal.ize, sig.nal.ise ['signəlaiz] *v* particularizar; distinguir.

sig.na.to.ry ['signətri; EUA 'signətɔ:ri] *s* e *adj* signatário; assinante.

sig.na.ture ['signətʃə(r)] *s* assinatura.

sig.net ['signit] *s* selo; carimbo.

sig.nif.i.cance [sig'nifikəns] *s* significação; importância; *ant* **insignificance**.

sig.nif.i.cant [sig'nifikənt] *adj* significativo; decisivo; importante; *ant* **insignificant**.

sig.ni.fi.ca.tion [signifi'keiʃn] *s* significado; sentido.

sig.ni.fy ['signifai] *v* significar; querer dizer; importar; indicar; assinalar.

si.lence ['sailəns] *s* silêncio; • *v* impor silêncio; acalmar.

si.lent ['sailənt] *adj* silencioso; calado; tranquilo; muda (letra).

sil.i.con ['silikən] *s* QUÍM silício.

sil.i.cone ['silikəun] *s* QUÍM silicone.

silk [silk] *s* seda; • *adj* de seda.

silk.en ['silkən] *adj* de seda; macio; sedoso.

silk.worm ['silkwə:m] *s* bicho-da-seda.

silk.y ['silki] *adj* de seda; sedoso; macio.

sill [sil] *s* peitoril de janela; soleira da porta.

sil.ly ['sili] *s* bobo; tolo.

silt [silt] *s* lodo; depósito sedimentar; • (*up*) *v* obstruir com lodo.

sil.ver ['silvə(r)] *s* prata; moeda de prata; cor de prata; • *v* pratear; • *adj* argênteo; **~ medal**: medalha de prata; **~-wedding**: bodas de prata.

sil.ver.ware ['silvəweə(r)] *s* prataria; artigos de prata.

sil.ver.y ['silvəri] *adj* como prata; prateado.

sim.i.an ['simiən] *s* mono; bugio; macaco; • *adj* de mono; simiesco.

sim.i.lar ['similə(r)] *adj* similar; semelhante.

sim.i.lar.i.ty [simə'lærəti] *s* semelhança; conformidade.

sim.mer ['simə(r)] *v* deixar fervendo.

sim.per ['simpə(r)] *s* sorriso afetado; • *v* sorrir de maneira tola.

sim.ple ['simpl] *s* pessoa estúpida, simplória; • *adj* simples; inocente; tolo; **the ~ truth**: a pura verdade.

sim.ple.ton ['simpltən] *s* simplório; pateta.

sim.plic.i.ty [sim'plisəti] *s* simplicidade; clareza; singeleza; sinceridade.

sim.pli.fy ['simplifai] *v* simplificar, tornar simples ou mais inteligível.

sim.ply ['simpli] *adv* simplesmente; meramente.

sim.u.la.crum [simju:'leikrəm] *s* simulacro; representação.

sim.u.late ['simju:leit] *v* simular; fingir; falsificar.

sim.u.la.tion [simju:'leiʃn] *s* simulação; fingimento.

si.mul.ta.ne.ous [siml'teiniəs; EUA saiml'teiniəs] *adj* simultâneo, ao mesmo tempo.

sin [sin] *s* pecado; culpa; • (*against*) *v* pecar.

since [sins] *adv* e *prep* desde; desde então; • *conj* desde que; uma vez que; **we've been waiting ~ seven o'clock**: nós estamos esperando desde as sete horas.

sin.cere [sin'siə(r)] *adj* sincero; leal; franco; verdadeiro.

sin.cere.ly [sin'siəli] *adv* sinceramente; **yours ~/~ yours**: atenciosamente (usado em final de cartas).

sincerity / sketch

sin.cer.i.ty [sin'serəti] *s* sinceridade; franqueza.

sin.ew ['si:nju:] *s* tendão; energia; • *v* fortalecer; ligar com tendões.

sin.ew.y ['si:nju:i] *adj* forte; vigoroso; duro; resistente.

sin.ful ['sinful] *adj* pecador; pecaminoso.

sing [siŋ] *v* (*pt* **sang**, *pp* **sung**) cantar; celebrar em canto ou verso.

sing.er ['siŋə(r)] *s* cantor; cantora.

sin.gle ['siŋgl] *adj* simples; individual; só; solteiro; único; • (*out*) *v* escolher; distinguir; destacar; separar; **in ~ file**: em fila indiana; **~-handed**: só; sem ajuda; **~ room**: quarto de solteiro.

sin.gle.ness ['siŋglnis] *s* simplicidade; singularidade; solidão.

sin.glet ['siŋglit] *s* camiseta, camisa sem manga.

sing.song ['siŋsɔŋ] *s* maneira cantada de falar; ocasião informal em que um grupo de pessoas se reúne para cantar canções em conjunto; • *adj* cantado.

sin.gu.lar ['siŋgjulə(r)] *adj* singular; único; extraordinário.

sin.gu.lar.i.ty [siŋgju'lærəti] *s* singularidade; particularidade.

sin.is.ter ['sinistə(r)] *adj* sinistro; funesto; pernicioso.

sink [siŋk] *s* cano de esgoto; fundo do porão; pia; latrina; • *v* (*pt* **sank** ou **sunk**; *pp* **sunk**) afundar; sucumbir; diminuir; baixar; escavar; deprimir; humilhar.

sin.ner ['sinə(r)] *s* pecador; pecadora.

sin.u.ous ['sinjuəs] *adj* sinuoso; tortuoso; curvo.

si.nus ['sainəs] *s* MED seio; cavidade; abscesso; fístula.

sip [sip] *s* sorvo; gole; • *v* bebericar.

si.phon ['saifən] *s* sifão; • *v* extrair líquidos por meio de sifão.

Sir [sə:(r)] *s* senhor; título de respeito.

sire ['saiə(r)] *s* genitor; pai; progenitor; • *v* procriar (principalmente cavalos).

si.ren ['saiərən] *s* sirene; sereia.

sis.ter ['sistə(r)] *s* irmã; freira; **~-in-law**: cunhada.

sis.ter.hood ['sistəhud] *s* RELIG irmandade.

sit [sit] *v* (*pt* e *pp* **sat**) sentar; empoleirar; chocar (ovos); posar; velar; assentar; **~ down**: sente-se; **to ~ idle**: estar ocioso; **to ~ well**: ficar bem uma coisa com outra.

site [sait] *s* local; lugar; INF endereço na Internet onde se encontram dispostas as páginas de textos, gráficos, sons, vídeos, etc. com informações sobre uma empresa, escola, instituição governamental, etc.

sit.ting ['sitiŋ] *s* ato de sentar; assento; sessão; audiência; pose para fotografia; • *adj* sentado; em sessão; em conselho; empoleirada (ave).

sit.u.ate ['sitjueit] *v* situar; colocar.

sit.u.at.ed ['sitʃueitid] *adj* situado; colocado.

sit.u.a.tion [sitʃu'eiʃn] *s* situação; ocupação.

six [siks] *s* e *num* seis; **at ~es and sevens**: confuso; indeciso.

six.teen [sik'sti:n] *s* e *num* dezesseis.

six.ty ['siksti] *s* e *num* sessenta.

size [saiz] *s* tamanho; medida; cola; • (*up*) *v* medir; classificar; colar.

siz.zle ['sizl] *s* chiado; sibilo; • *v* chiar.

skate [skeit] *s* patim; ZOO arraia; • *v* patinar.

skate.board ['skeitbɔ:d] *s* skate ou esqueite, pequena prancha de madeira ou outros materiais, com rodinhas em uma das faces, sobre a qual o esportista se equilibra, direcionando-a e impulsionando-a com os pés.

skate.board.er ['skeitbɔ:də(r)] *s* ESP *skatista* ou esqueitista.

skate.board.ing ['skeitbɔ:diŋ] *s* ESP prova na qual o *skatista* realiza diversos tipos de manobra com o *skate*.

skat.er ['skeitə(r)] *s* patinador.

skat.ing ['skeitiŋ] *s* ESP ação de patinar; **~ rink**: pista de patinação.

skel.e.ton ['skelitn] *s* esqueleto; esboço; estrutura.

skep.tic ['skeptik] *veja* **sceptic**.

skep.ti.cism ['skeptisizm] *veja* **scepticism**.

sketch [sketʃ] *s* croqui; esboço; desenho gráfico; • *v* esboçar; desenhar; traçar.

sketch.y [´sketʃi] *adj* esboçado; incompleto.

skew [skju:] *s* desvio; olhar estrábico; • *adj* oblíquo; esguelhado (olhar).

ski [ski:] *s* esqui; • *v* esquiar; **~ jump**: pista de saltos de esqui; competição esportiva de saltos de esqui.

skid [skid] *s* calço de roda; AER trem de aterrissagem; • *v* derrapar.

skiff [skif] *s* esquife, tipo de barco de remos.

skil.ful, EUA **skill.ful** [´skilfl] *adj* hábil; destro; habilidoso.

skill [skil] *s* perícia; habilidade; destreza.

skilled [skild] *adj* perito; destro; hábil; *ant* **unskilled**.

skil.let [´skilit] *s* caçarola; frigideira.

skim [skim] *s* escuma; escumadeira; • *v* escumar; desnatar; roçar; folhear (um livro); **~ milk/skimmed milk**: leite desnatado.

skim.mer [´skimə(r)] *s* escumadeira.

skimp [skimp] *v* usar menos do que é necessário.

skimp.y [´skimpi] *adj* insuficiente; escasso.

skin [skin] *s* pele; couro; • *v* tirar a pele; esfolar; cicatrizar; **by the ~ of my teeth**: por um triz; **~ and bone**: carne e osso, magro; **to get under someone's ~**: perturbar ou excitar alguém.

skin.flint [´skinflint] *s* sovina; avarento.

skin.ny [´skini] *adj* magro.

skip [skip] *s* salto; pulo; • *v* saltar; pular; saltar uma página, linha, etc.

skip.per [´skipə(r)] *s* capitão de pequeno barco de pesca; líder de equipe esportiva.

skip.ping rope [´skipiəŋrəup] *s* BRIT corda (de pular); EUA **jump rope** ou **skip rope**.

skir.mish [´skə:miʃ] *s* rixa; conflito; • *v* conflitar.

skirt [skə:t] *s* saia; • *v* orlar; ladear; costear; **a loose ~**: uma saia larga; **a tight ~**: uma saia justa.

skit [skit] *s* peça humorística.

skit.tish [´skitiʃ] *adj* leviano; frívolo.

skulk [skʌlk] *v* fugir sorrateiramente; ocultar-se; sair de fininho.

skull [skʌl] *s* crânio.

skunk [skʌŋk] *s* gambá; EUA **polecat**; FIG cafajeste.

sky [skai] *s* céu; firmamento; **~-blue**: azul-celeste (cor); **~ward**: em direção ao céu; **the ~ is the limit**: o céu é o limite.

sky.lark [´skaila:k] *s* cotovia.

sky.light [´skailait] *s* claraboia.

sky.line [´skailain] *s* linha do horizonte.

sky.scrap.er [´skaiskreipə(r)] *s* arranha-céu.

slab [slæb] *s* fatia grossa; prancha; laje; • *v* cortar em tábuas ou pranchas.

slack [slæk] *s* parte bamba de uma corda; pó de carvão; pausa; • *v* afrouxar; diminuir; abrandar; • *adj* bambo; fraco; lento.

slag [slæg] *s* escória.

slake [sleik] *v* satisfazer (a sede).

slam [slæm] *s* ato de bater uma porta com força; estrondo; • *v* fechar uma porta violentamente, produzindo estrondo.

slan.der [´sla:ndə(r); EUA ´slændə(r)] *s* calúnia; difamação; • *v* caluniar; maldizer.

slan.der.ous [´sla:ndərəs] *adj* calunioso; difamatório.

slang [slæŋ] *s* gíria; calão; jargão.

slant [sla:nt; EUA slænt] *s* obliquidade; ladeira; inclinação; • *v* enviesar; inclinar; obliquar.

slap [slæp] *s* bofetada; palmada; tapa; • *v* esbofetear.

slash [slæʃ] *s* corte; talho; entalhe; golpe ao acaso; • *v* cortar; retalhar; criticar severamente.

slat [slæt] *s* lasca; fragmento de madeira; ripa.

slate [sleit] *s* ardósia; • *v* cobrir com ardósia; FIG criticar com veemência.

slat.tern [´slætən] *s* mulher negligente; mulher devassa.

slat.y [´slæti] *adj* como ardósia.

slaugh.ter [´slɔ:tə(r)] *s* matança; carnificina; • *v* trucidar; matar; massacrar.

slaugh.ter.house [´slɔ:təhaus] *s* matadouro.

slave [sleiv] *s* escravo; servo; • *v* trabalhar como escravo; labutar; **~ labour**: trabalho escravo.

slav.er [´slævə(r)] *s* traficante de escravos; navio negreiro; baba; • *v* babar(-se).

slav.er.y [´sleivəri] *s* escravidão; escravatura.

slav.ish [´sleiviʃ] *adj* de escravo; servil.

slay / slum

slay [slei] *v* (*pt* **slew**; *pp* **slain**) matar; assassinar; (de modo violento).

slay.er [ˈsleiə(r)] *s* matador; assassino.

sled, sledge [sled, sledʒ] *s* trenó.

sledge.ham.mer [ˈsledʒhæmə(r)] *s* malho; marreta.

sleek [sli:k] *v* alisar; amaciar; polir; • *adj* liso; macio; polido; suave.

sleep [sli:p] *s* sono; repouso; • *v* (*pt* e *pp* **slept**) dormir; adormecer; **to ~ like a log**: dormir como uma pedra.

sleep.ing [ˈsli:piŋ] *adj* adormecido; **~ bag**: saco de dormir; **~-pill**: pílula para dormir.

sleep.less.ness [ˈsli:plisnis] *s* insônia.

sleep.walk.er [ˈsli:pwɔ:kə(r)] *s* sonâmbulo.

sleep.y [ˈsli:pi] *adj* sonolento; com sono; preguiçoso.

sleet [sli:t] *s* granizo; • *v* chover granizo.

sleeve [sli:v] *s* manga de camisa; **to have/keep something up one's ~**: FIG ter uma carta na manga.

slen.der [ˈslendə(r)] *adj* delgado; esbelto; elegante.

slept [slept] *pt* e *pp* de **sleep**.

slice [slais] *s* fatia; • *v* retalhar; cortar em fatias.

slide [slaid] *s* ato de deslizar; superfície escorregadia; chapa de projeção; • *v* (*pt* e *pp* **slid**) resvalar; deslizar; escorregar; **~ projetor**: projetor de diapositivos.

slight [slait] *s* desprezo; desfeita; • *v* desleixar; desprezar; desconsiderar; • *adj* leve; delicado; fraco; **to make ~ of**: fazer pouco caso de.

slim [slim] *adj* esbelto; esguio; delgado.

slime [slaim] *s* lodo; limo; substância viscosa.

slim.y [ˈslaimi] *adj* coberto com lodo; trapaceiro.

sling [sliŋ] *s* funda; tipoia; estilingue; bodoque; • *v* (*pt* e *pp* **slung**) pôr em tipoia; alçar; lançar com estilingue; **to ~ mud at**: dizer coisas injustas e prejudiciais (principalmente a um oponente político).

slink [sliŋk] *s* animal nascido de parto prematuro; • *v* (*pt* e *pp* **slunk**) escapulir-se; esquivar-se.

slip [slip] *s* escorregadela; engano; deslize; tira de papel; • *v* escorregar; pôr e tirar a roupa facilmente; escapulir; deixar escapar; errar; fugir da memória.

slip.per [ˈslipə(r)] *s* chinelo.

slip.per.y [ˈslipəri] *adj* escorregadio; incerto.

slit [slit] *s* fenda; racha; • *v* (*pt* e *pp* **slit**) rachar; fender; fazer incisão.

slob.ber [ˈslɔbə(r)] *s* baba; • *v* babar; dizer baboseiras.

slo.gan [ˈsləugən] *s* grito de guerra; frase para propaganda; lema.

sloop [slu:p] *s* NÁUT chalupa.

slop [slɔp] *s* líquido derramado; • *v* derramar; verter; entornar.

slope [sləup] *s* declive; inclinação; • *v* inclinar(-se); enviesar.

slop.py [ˈslɔpi] *adj* lamacento; molhado; sujo.

slosh [slɔʃ] *s* lama; neve derretida; • *v* enlamear.

slot [slɔt] *s* fenda; ranhura; pista; **~-machine**: caça-níqueis.

sloth [sləuθ] *s* indolência; preguiça; ZOO bicho-preguiça.

slouch [slautʃ] *s* postura desleixada; • *v* mover-se ou ficar com a postura desleixada.

slough [slau; slu:] *s* lamaçal; brejo; pântano; pele de cobra; • (*off*) *v* mudar a pele das cobras.

slow [sləu] *adj* vagaroso; demorado; indolente; atrasado (relógio); • *v* diminuir a velocidade; **~ motion**: TV, CIN câmara lenta.

slow.ly [ˈsləuli] *adv* vagarosamente; lentamente.

slug [slʌg] *s* bloco de chumbo; GÍR preguiçoso; lesma; bala de arma de fogo.

slug.gard [ˈslʌgəd] *s* indolente; preguiçoso.

slug.gish [ˈslʌgiʃ] *adj* indolente; inerte; sem energia.

sluice [slu:s] *s* dique; eclusa; represa; comporta.

slum [slʌm] *s* bairro pobre; favela; • *v* visitar os bairros pobres.

slum.ber [ˈslʌmbə(r)] *s* soneca; cochilo; • *v* adormecer; cochilar.

slump [slʌmp] *s* fracasso; baixa repentina; • *v* afundar-se; cair de repente.

slung [slʌŋ] *pt* e *pp* de **sling**.

slunk [slʌŋk] *pt* e *pp* de **slink**.

slur [slə:(r)] *s* pronúncia incompreensível; estigma; MÚS modulação; • *v* pronunciar indistintamente; insultar.

slush [slʌʃ] *s* neve derretida; lama; lodo; graxa lubrificante.

sly [slai] *adj* manhoso; astuto; dissimulado.

smack [smæk] *s* sabor; gosto; aroma; beijoca com estalo; palmada; • *v* produzir estalo com um beijo; dar palmada.

small [smɔ:l] *adj* pequeno; baixo; **in the ~ hours**: na madrugada; **~ ads**: BRIT POP classificados; **~ talk**: conversa fiada; **the ~ screen**: a televisão.

small.pox [ˈsmɔ:lpɒks] *s* MED varíola.

smart [sma:t] *s* dor aguda; aflição; • *v* sofrer; pungir; arder; doer; • *adj* vivo; esperto; sagaz; elegante; **~ card**: cartão plástico contendo informações armazenadas eletronicamente.

smart.en [ˈsma:tn] (*up*) *v* tornar garboso; embelezar; adornar.

smash [smæʃ] *s* quebra; estrondo; rompimento; falência; • *v* despedaçar; quebrar; falir.

smash.er [ˈsmæʃə(r)] *s* o que despedaça, esmaga, achata.

smear [smiə(r)] *s* sujeira de gordura; borrão; • *v* espalhar; lambuzar; sujar.

smell [smel] *s* cheiro; aroma; perfume; olfato; • *v* (*pt* e *pp* **smelled** ou **smelt**) cheirar; descobrir; **to ~ a rat**: suspeitar.

smelt [smelt] *v* fundir; derreter; refinar por fusão.

smile [smail] *s* sorriso; • *v* sorrir; **all ~s**: de aparência muito feliz.

smirch [smə:tʃ] *s* sujeira; mancha; degradação; • *v* sujar; manchar; desacreditar.

smirk [smə:k] *s* sorriso afetado ou forçado; • *v* sorrir com afetação.

smite [smait] *v* (*pt* **smote**; *pp* **smitten**) atingir; afetar; bater; golpear; castigar.

smith [smiθ] *s* ferreiro; forjador.

smith.er.y [ˈsmiθəri] *s* forja; ferraria; profissão de ferreiro.

smog [smɒg] *s* combinação de fumaça (**smoke**) e nevoeiro (**fog**).

smoke [sməuk] *s* fumaça; • *v* fumar; defumar; fumegar; **~-free**: lugar onde não é permitido fumar; **~ screen**: cortina de fumaça; **where there's ~ there's fire**: onde há fumaça há fogo.

smok.er [ˈsməukə(r)] *s* fumante; *ant* **non-smoker**.

smok.ing [ˈsməukiŋ] *s* ato de fumar; **no ~**: é proibido fumar.

smok.y [ˈsməuki] *adj* fumegante; cheio de fumaça; defumado.

smooth [smu:ð] *s* ato de alisar; ato de polir; • *v* alisar; aplainar; suavizar; abrandar; • *adj* liso; macio; suave; polido; calmo.

smoth.er [ˈsmʌðə(r)] *s* nuvem de fumaça, de poeira; • (*with,in*) *v* abafar; sufocar; extinguir.

smoul.der, EUA **smol.der** [ˈsməuldə(r)] *v* queimar lentamente; estar latente.

smudge [smʌdʒ] *s* borrão; mancha; nódoa; fogo com fumaça para espantar os insetos; • *v* borrar; lambuzar; sujar.

smug [smʌg] *s* e *adj* presunçoso, cheio de si.

smug.gle [ˈsmʌgl] *v* contrabandear.

smug.gler [ˈsmʌglə(r)] *s* contrabandista.

smut [smʌt] *s* negror produzido pela fuligem; obscenidade.

smut.ty [ˈsmʌti] *adj* ofensivo; rude.

snack [snæk] *s* refeição leve; merenda; quinhão; • *v* lanchar; **~ bar**: lanchonete.

snag [snæg] *s* dificuldade; obstáculo; saliência; empecilho.

snail [sneil] *s* caracol; caramujo; FIG lesma; **at a ~'s pace**: muito lentamente, em passo de tartaruga.

snake [sneik] *s* cobra; serpente; pessoa falsa; **a ~ in the grass**: um amigo falso.

snap [snæp] *s* ruptura; estalo; estrépito; foto instantânea; • *v* quebrar subitamente; estalar; rachar; agarrar; fotografar; segurar.

snap.py [ˈsnæpi] *adj* POP vivo; rápido; **make it ~/look~**: POP vai rápido.

snap.shot [´snæpʃɔ:t] *s* foto instantânea.

snare [sneə(r)] *s* laço; armadilha; cilada; ardil.

snarl [sna:l] *s* rosnadura; • *v* rosnar; ralhar; resmungar.

snatch [snætʃ] *s* bocado; roubo; • *v* agarrar; pegar; roubar; **~ at something**: tentar pegar algo com as mãos; **~ something away (from something)**: arrancar; arrebentar.

sneak [sni:k] *s* dedo-duro; patife; • *v* introduzir-se, agir furtivamente; delatar; **~ thief**: arrombador (ladrão).

sneak.er [´sni:kə(r)] *s* EUA tênis de lona; alpargatas; BRIT **plimsoll** ou **pump**.

sneak.ing [´sni:kiŋ] *adj* secreto.

sneak.y [´sni:ki] *adj* baixo; vil; furtivo.

sneer [sniə(r)] *s* olhar de escárnio; riso zombeteiro; • *v* zombar.

sneeze [sni:z] *s* espirro; • *v* espirrar.

snick [snik] *s* corte; entalhe; • *v* cortar; entalhar.

sniff [snif] *s* aspiração; fungada; • *v* aspirar; fungar; cheirar; **~er-dog**: cão farejador (de explosivos, drogas).

snig.ger [´snigə(r)] *s* riso abafado; • *v* rir sorrateiramente ou sem motivo.

snip [snip] *s* ato de cortar; apara; retalho; • *v* cortar; aparar.

snipe [snaip] *s* tiro de tocaia; • (*at*) *v* atirar às escondidas.

snip.er [´snipə(r)] *s* franco-atirador.

sniv.el [´snivl] *v* choramingar; pingar do nariz.

snob [snɔb] *s* esnobe; pretensioso; presunçoso.

snook.er [´snukə(r)] *s* **snooker**, sinuca.

snooze [snu:z] *s* sesta; soneca; • *v* tirar uma soneca; cochilar.

snore [snɔ:(r)] *s* ronco; • *v* roncar.

snor.kel [´snɔ:kl, ´snɔ:rkl] *s* tubo usado para respirar quando se mergulha; • *v* mergulhar com o uso desse tubo.

snort [snɔ:t] *s* resfôlego; • *v* resfolegar; bufar.

snout [snaut] *s* focinho; tromba de animal.

snow [snəu] *s* neve; • *v* nevar.

snow.ball [´snəubɔ:l] *s* bola de neve; • *v* atirar bola de neve; FIG aumentar com rapidez.

snow.bound [´snəubaund] *adj* bloqueado pela neve.

snow.fall [´snəufɔ:l] *s* nevada; queda brusca de neve.

snow.flake [´snəufleik] *s* floco de neve.

snow.man [´snəumæn] *s* boneco de neve.

snow.plough [´snəuplau], EUA **snow.plow** *s* veículo ou dispositivo para limpar a neve de rodovias e estradas de ferro.

snow.storm [´snəustɔ:m] *s* nevasca; tempestade de neve.

snow.y [´snəui] *adj* nevado; imaculado.

snub [snʌb] *s* menosprezo; injúria; afronta; • *v* menosprezar; censurar; repreender.

snuff [snʌf] *s* rapé; tabaco em pó; • *v* aspirar; cheirar; fungar.

snuf.fle [´snʌfl] *s* som fanhoso; • *v* ser fanhoso; fungar.

snug [snʌg] *adj* abrigado; agasalhado; cômodo; aconchegante.

snug.ger.y [´snʌgəri] *s* quarto pequeno e aconchegante; retiro.

snug.gle [´snʌgl] *v* aninhar-se; aconchegar-se.

so [səu] *adv* assim; deste modo; dessa forma; dessa maneira; portanto; também; da mesma forma; bem; por conseguinte; então; • *conj* a fim de que; **and ~ on**: e assim por diante; **~ do I**: eu também; **~ far**: até aqui; **~ many**: tantos; **~ much**: tanto; **~ much as**: tanto como; **~ to speak**: por assim dizer; **~ what?**: e daí?

soak [səuk] *s* encharcado; bebedeira; beberrão; • *v* molhar; embeber; ensopar; mergulhar; saturar; beber demais.

so-and-so [səu ənd səu] *s* fulano.

soap [səup] *s* sabão; sabonete; • *v* ensaboar; **~ opera**: RÁDIO, TV novela; **~ powder**: sabão em pó.

soap.y [´səupi] *adj* coberto de sabão.

soar [sɔ:(r)] *v* esvoaçar; elevar-se; planar; voar.

sob [sɔb] *s* soluço; • *v* soluçar.

so.ber [´səubə(r)] *v* sossegar; tornar-se moderado; • *adj* sóbrio; moderado; sensato; prudente; modesto.

soc.cer [´sɔkə(r)] *s* BRIT futebol.

sociability / solvency

so.cia.bil.i.ty [sou∫ə'biləti] *s* sociabilidade.
so.cia.ble ['sou∫əbl] *adj* sociável; comunicativo; afável; *ant* **unsociable**.
so.cial ['sou∫l] *adj* social; amável.
so.cial.ism ['sou∫əlizəm] *s* socialismo.
so.cial.ist ['sou∫əlist] *s* socialista.
so.cial.ite ['sou∫əlait] *s* pessoa bem relacionada, que participa das festas mais badaladas da alta sociedade.
so.ci.e.ty [sə'saiəti] *s* sociedade; comunidade.
so.ci.ol.o.gist [sousi'olədʒist] *s* sociólogo.
so.ci.ol.o.gy [sousi'olədʒi] *s* sociologia, ciência que trata da origem e evolução da sociedade humana e dos fenômenos sociais, do progresso da civilização e das leis da sociedade.
sock [sok] *s* meia curta; soco; golpe; • *v* dar socos; esmurrar.
sock.et ['sokit] *s* bocal; soquete de lâmpada; órbita do olho; alvéolo do dente.
sod [sod] *s* torrão; gramado; turfa; • *v* cobrir com relva.
sod.den ['sodn] *v* encharcar; embriagar; • *adj* molhado; empapado; encharcado.
so.di.um ['soudiəm] *s* sódio.
so.fa ['soufə] *s* sofá; **~ bed**: sofá-cama.
soft [soft; EUA so:ft] *adj* mole; amolecido; brando; suave; maleável; ameno; **~-boiled**: ovo quente (com a gema mole); **~-hearted**: bondoso.
soft.ball ['softbo:l] *s* ESP jogo similar ao basquete.
soft.en ['sofn; EUA 'so:fn] *v* amolecer; abrandar; suavizar.
soft.ware ['softweə(r)] *s* INF programa de computador; *software*.
soft.y ['softi] *s* indivíduo muito sentimental.
sog.gy ['sogi] *adj* encharcado; ensopado.
soil [soil] *s* solo; terra; região; país; mancha; sujeira; • *v* manchar(-se); sujar(-se).
so.journ ['sodʒən; EUA sou'dʒə:rn] *s* residência temporária; estada; • *v* residir temporariamente.
sol.ace ['solis] *s* conforto; alívio; • *v* confortar; consolar.
so.lar ['soulə(r)] *adj* solar; **~ system**: sistema solar.

sold [sould] *pt* e *pp* de **sell**.
sol.der ['soldə(r)] *s* solda; • *v* soldar.
sol.dier ['souldʒə(r)] *s* soldado; militar; • (on) *v* FIG batalhar, lutar; **~ of fortune**: soldado mercenário.
sole [soul] *s* planta do pé; sola do sapato; linguado (peixe); • *v* pôr solas; solar; • *adj* só; único; exclusivo.
sol.e.cism ['solisizəm] *s* GRAM solecismo, erro gramatical.
sol.emn ['soləm] *adj* solene; majestoso; sério.
so.lem.ni.ty [sə'lemnəti] *s* solenidade; seriedade.
sol.em.nize, **sol.em.nise** ['soləmnaiz] *v* celebrar com solenidade.
so.lic.it [sə'lisit] (for) *v* solicitar; pedir; apelar.
so.lic.i.ta.tion [səlisi'tei∫n] *s* solicitação; pedido; requerimento.
so.lic.i.tude [səlisi'tju:d; EUA səlisi'tu:d] *s* solicitude; apreensão; ansiedade.
sol.id ['solid] *adj* sólido; firme; seguro; compacto.
sol.i.dar.i.ty [soli'dærəti] *s* solidariedade; fraternidade.
so.lid.i.fi.ca.tion [səlidifi'kei∫n] *s* solidificação.
so.lid.i.fy [sə'lidifai] *v* solidificar; unir de fato.
so.lil.o.quize, **so.lil.o.quise** [sə'liləkwaiz] *v* monologar.
so.lil.o.quy [sə'liləkwi] *s* solilóquio; monólogo.
sol.i.taire [soli'teə(r); EUA 'soliteə(r)] *s* solitário, joia em que há uma só pedra engastada; paciência (jogo de cartas).
sol.i.tar.y ['solitri; EUA 'soliteri] *s* solitário; recluso; ermitão; • *adj* solitário; retirado.
sol.i.tude ['solitju:d; EUA 'solitu:d] *s* solidão; lugar despovoado.
sol.u.bil.i.ty [solju'biləti] *s* solubilidade, qualidade do que é solúvel.
sol.u.ble ['soljubl] *adj* solúvel, que se pode solver ou dissolver; *ant* **insoluble**.
so.lu.tion [sə'lu:∫n] *s* solução; explicação.
solv.a.ble ['solvəbl] *adj* solúvel.
solve [solv] *v* resolver; esclarecer; decifrar.
sol.ven.cy ['solvənsi] *s* solvência; solvabilidade.

sol.vent ['sɔlvənt] *s* solvente; • *adj* solvente; que dissolve; *ant* **insolvent**.

som.bre, EUA **som.ber** ['sɔmbə(r)] *adj* sombrio; obscuro; melancólico.

some [sʌm; *weak form* səm] *adj* e *pron* algum; alguma; alguns; algumas; uns; umas; um pouco de; uma parte de; **would you like ~ tea?**: gostaria de um pouco de chá?

some.bod.y ['sʌmbədi] *s* e *pron* alguém; **~ else**: outra pessoa; **~'s waiting for me**: alguém está esperando por mim.

some.how ['sʌmhau] *adv* de alguma forma; seja como for.

some.one ['sʌmwʌn] *pron* alguém; **I can hear ~ in the kitchen**: posso ouvir alguém na cozinha; **~ else**: alguém mais.

som.er.sault ['sʌməsɔ:lt] *s* salto mortal; cambalhota.

some.thing ['sʌmθiŋ] *s* e *pron* alguma coisa; qualquer coisa; • *adv* algo; um tanto; **we'll buy ~ else**: compraremos outra coisa.

some.time ['sʌmtaim] *adv* outrora; antigamente; em outra ocasião.

some.times ['sʌmtaimz] *adv* às vezes; de vez em quando.

some.what ['sʌmwɔt; EUA 'sʌmhwɔt] *adv* um tanto; algo.

some.where ['sʌmweə(r); EUA 'sʌmhweər] *adv* algures; em algum lugar; **we'll go ~ else**: iremos a outro lugar.

som.nam.bu.lism [sɔm'næmbjulizəm] *s* sonambulismo.

som.no.lence ['sɔmnələns] *s* sonolência.

som.no.lent ['sɔmnələnt] *adj* sonolento.

son [sʌn] *s* filho; **~-in-law**: genro.

song [sɔŋ; EUA sɔ:ŋ] *s* canto; canção; cantiga.

song.book ['sɔŋbuk] *s* livro que traz uma coleção de músicas, com letra e partitura.

son.net ['sɔnit] *s* soneto, composição poética formada por catorze versos, em dois quartetos e dois tercetos (italiano) ou três quartetos e um dístico (inglês), que é menos usada.

son.ny ['sʌni] *s* filhinho; meu filho.

so.nor.i.ty [sə'nɔrəti; EUA sə'nɔ:rəti] *s* sonoridade, qualidade sonora.

so.no.rous [sə'nɔ:rəs] *adj* sonoro; harmonioso.

soon [su:n] *adv* cedo; em breve; depressa; prontamente; de boa vontade; **as ~ as possible**: o quanto antes; **~er or later**: mais cedo ou mais tarde.

soot [sut] *s* fuligem; • *v* cobrir de fuligem.

soothe [su:ø] *v* acalmar; afagar; aliviar.

sooth.say ['su:øsei] *v* profetizar; predizer, adivinhar.

sop [sɔp] *s* pão embebido em sopa; suborno; • *v* umedecer; ensopar.

soph.ism ['sɔfizəm] *s* sofisma, argumento falso usado com a intenção de enganar.

soph.ist ['sɔfist] *s* sofista, filósofo, pensador, pessoa que argumenta com clareza, porém de maneira falaciosa.

so.phis.tic ['sɔfistik] *adj* sofístico; capcioso.

so.phis.ti.cat.ed [sə'fistikeitid] *adj* sofisticado.

sor.bet, **sher.bet** ['sɔ:bi, 'ʃə:bət] *s* sorvete (feito sem leite, substituído por suco de frutas).

sor.cer.er ['sɔ:sərə(r)] *s* feiticeiro; mágico.

sor.cer.y ['sɔ:səri] *s* feitiçaria; bruxaria; magia.

sor.did ['sɔ:did] *adj* sórdido; vil; mesquinho; nojento.

sore [sɔ:(r)] *s* chaga; desgosto; • *adj* dolorido; doloroso; sensível; triste; • *adv* dolorosamente; **a ~ throat**: garganta inflamada.

sor.row ['sɔrəu] *s* pena; tristeza; infortúnio; • (*over, at, for*) *v* entristecer-se; afligir-se.

sor.row.ful ['sɔrəufl] *adj* pesaroso; aflito; lastimoso.

sor.ry ['sɔri] *adj* triste; pesaroso; miserável; **I'm ~**: sinto muito; **~!**: desculpe.

sort [sɔ:t] *s* espécie; sorte; maneira; classe; forma; • *v* classificar; sortir; combinar com; associar-se a.

sot [sɔt] *s* ébrio.

sough [sʌf; EUA sau] *s* zunido; murmúrio; sussurro.

sought [sɔ:t] *pt* e *pp* de **seek**.

soul [səul] *s* alma; espírito; **All ~'s day**: dia de Finados; **not a ~**: ninguém, nenhuma

pessoa; **~ music**: música popular de origem afro-americana.

soul.less [ˈsəullis] *adj* desalmado, pessoa cruel, desumana.

sound [saund] *s* som; ruído; estreito; braço de mar; • *v* soar; ecoar; sondar; parecer; • *adj* são; sadio; forte; sensato; • *adv* profundamente; **~ effects**: efeitos sonoros.

soup [su:p] *s* sopa; caldo; **from ~ to nuts**: EUA do começo ao fim; **in the ~**: BRIT POP em apuros.

sour [sauə(r)] *adj* azedo; ácido; mal-humorado; • *v* azedar.

source [sɔ:s] *s* fonte; manancial; origem.

souse [saus] *v* deixar em conserva; ensopar.

south [sauθ] *s* sul; • *adj* meridional; do sul.

south.east [sauθˈi:st] *s* e *adj* sudeste.

south.east.ern [sauθˈi:stən] *adj* do sudeste.

south.ern [ˈsʌθən] *adj* meridional; sulino; do sul.

south.ward, south.wards [ˈsauθwəd, ˈsauθwədz] *adv* para o sul.

south.west [sauθˈwest] *s* sudoeste; • *adj* de sudoeste; • *adv* para sudoeste.

south.west.ern [sauθˈwestən] *adj* do sudoeste.

sov.er.eign [ˈsɔvrin] *s* soberano; monarca; rei; • *adj* soberano; muito eficaz.

sov.er.eign.ty [ˈsɔvrənti] *s* soberania, poder máximo, autoridade.

sow [sau] *s* porca; lingote de chumbo; • *v* (*pt* **sowed**; *pp* **sown** ou **sowed**) semear; disseminar; espalhar; fazer a sementeira.

soya, soy [sɔiə, sɔi] *s* soja; feijão-soja (leguminosa); **~ sauce**: molho de soja.

space [speis] *s* espaço; área; distância; extensão; intervalo; • *v* espaçar; **~-bar**: barra de espaço (do teclado de um computador); **~ station**: estação espacial.

spa.cious [ˈspeiʃəs] *adj* espaçoso; vasto; amplo.

space.craft, space.ship [ˈspeiskra:ft, ˈspeiʃip] *s* nave espacial.

spade [speid] *s* pá; enxada; **~s**: espadas (naipe).

span [spæn] *s* palmo, medida de nove polegadas; período; pequeno intervalo; • *v* medir aos palmos; atravessar.

span.gle [ˈspæŋgl] *s* lantejoula; • (*with*) *v* ornar com lantejoulas; brilhar; cintilar.

Span.iard [ˈspæniəd] *s* espanhol, natural ou residente na Espanha.

Span.ish [ˈspæniʃ] *s* espanhol (língua); • *adj* espanhol.

spank [spæŋk] *s* palmada; • *v* dar palmadas.

span.ner [ˈspænə(r)] *s* chave inglesa.

spar [spa:(r)] *v* treinar ou lutar boxe.

spare [speə(r)] *adj* econômico; magro; livre; vago; • *v* economizar; poupar; conceder; **~ time**: horário de lazer; **~ tyre**/EUA **~ tire**: estepe, pneu sobressalente; **~ wheel**: roda sobressalente.

spar.ing [ˈspeəriŋ] *adj* econômico; frugal.

spark [spa:k] *s* faísca; chispa; centelha; • *v* lançar faísca.

spar.kle [ˈspa:kl] *s* centelha; fagulha pequena; • *v* cintilar; luzir; brilhar; faiscar.

spar.kling [ˈspa:kliŋ] *adj* cintilante; espumante.

spar.row [ˈspærəu] *s* pardal.

sparse [spa:s] *adj* disperso; espalhado.

spasm [ˈspæzəm] *s* espasmo, ação convulsiva ou esforço do corpo e da mente, especialmente sendo anormal ou temporária.

spat [spæt] *s* palmada; briga momentânea; polaina curta; • *v* dar palmada; questionar; discutir.

spa.tial [ˈspeiʃl] *adj* espacial; do espaço.

spat.ter [ˈspætə(r)] *s* salpico; respingo; • *v* salpicar; respingar.

spawn [spɔ:n] *s* ovas; • *v* gerar; dar origem a; desovar.

speak [spi:k] *v* (*pt* **spoke**; *pp* **spoken**) falar; dizer; pronunciar; revelar; declarar; **so to ~**: por assim dizer; **to ~ about**: falar a respeito de; **to ~ for**: falar em nome de; **to ~ one's mind**: dizer o que pensa.

speak.er [ˈspi:kə(r)] *s* orador; RÁDIO locutor.

speak.er.phone [ˈspi:kə(r) faun] *s* EUA telefone que pode ser usado a distância, pois possui microfone e alto-falante.

spear / spinach

spear [spiə(r)] s lança; arpão; folha de erva; • v espetar com a lança.

spear.head [ˈspiəhed] s ponta de lança.

spear.mint [ˈspiəmint] s hortelã.

spe.cial [ˈspeʃl] adj especial; privativo; distinto.

spe.cial.ism [ˈspeʃlizm] s especialidade.

spe.cial.ist [ˈspeʃəlist] s especialista.

spe.cial.ize, spe.cial.ise [ˈspeʃəlaiz] v especializar-se.

spe.cif.ic [spəˈsifik] adj específico; exclusivo; preciso.

spec.i.fi.ca.tion [spesifiˈkeiʃn] s especificação.

spec.i.fy [ˈspesifai] v especificar; descrever.

spec.i.men [ˈspesimin] s espécime; exemplar.

spe.cious [ˈspi:ʃəs] adj especioso, que parece ser verdadeiro, mas não é.

speck [spek] s nódoa; mácula; mancha; • v mosquear; manchar; salpicar.

spec.ta.cle [ˈspektəkl] s espetáculo; exibição; ~s: óculos.

spec.tac.u.lar [spekˈtækjulə(r)] adj espetacular.

spec.ta.tor [spekˈteitə(r)] s espectador.

spec.tre, EUA spec.ter [ˈspektə(r)] s espectro; aparição.

spec.tro.scope [ˈspektrəskəup] s espectroscópio.

spec.tros.co.py [ˈspektrəskəupi] s espectroscopia.

spec.trum [ˈspektrəm] s espectro, imagem resultante da decomposição da luz solar, através de um prisma, projetando as cores do arco-íris.

spec.u.late [ˈspekjuleit] (about, on) v analisar; refletir; meditar; especular.

spec.u.la.tion [spekjuˈleiʃn] s especulação; suposição; meditação.

spec.u.la.tive [ˈspekjulətiv; EUA ˈspekjuleitiv] adj especulativo; teórico.

speech [spi:tʃ] s palavra; fala; conversação; linguagem; discurso; conferência.

speech.less [ˈspi:tʃlis] adj mudo; sem fala; interdito.

speed [spi:d] s velocidade; • v (pt e pp sped) apressar(-se); acelerar; ~ing: excesso de velocidade; **the ~ of light**: a velocidade da luz.

speed.om.e.ter [spi:ˈdɔmitə(r)] s velocímetro.

speed.way [ˈspi:dwei] s BRIT ESP corrida de motocicleta em pista especial.

speed.y [ˈspi:di] adj rápido; ligeiro; apressado.

spe.le.ol.o.gy [spi:liˈɔlədʒi] s espeleologia.

spell [spel] s turno; vez; encanto; fascinação; feitiço; • v soletrar; escrever; significar.

spell.bind [ˈspelbaind] v fascinar; enfeitiçar; encantar.

spell.bound [ˈspelbaund] adj encantado; enfeitiçado; fascinado.

spell.ing [ˈspeliŋ] s soletração; ortografia.

spen.cer [ˈspensə(r)] s tipo de jaqueta curta; jaleco, para homens e mulheres.

spend [spend] (on) v (pt e pp spent) gastar; dispender; passar tempo ou uma temporada; empregar.

spent [spent] pt e pp de **spend**; • adj gasto; exausto; sem força.

sperm [spə:m] s esperma; espermatozoide; **~ bank**: banco de esperma.

spew [spju:] v vômito; • v vomitar; lançar.

sphere [sfiə(r)] s esfera; globo; orbe; astro.

spher.i.cal [ˈsferikl] adj esférico; redondo; celeste.

sphinx [sfiŋks] s esfinge; pl **sphinxes** ou **sphinges**.

spice [spais] s especiaria; condimento; • v temperar; dar sabor a uma comida.

spic.y [ˈspaisi] adj temperado; picante; aromático; de especiarias.

spi.der [ˈspaidə(r)] s aranha; **~' web**: teia de aranha.

spike [spaik] s espiga; prego; • v encravar; pregar.

spik.y [ˈspaiki] adj agressivo; pontiagudo.

spill [spil] s tombo; queda; derramamento; • v (pt e pp **spilled** ou **spilt**) derramar; entornar.

spin [spin] s giro; volta; rodopio; passeio de automóvel, de bicicleta; • v (pt **span** ou **spun**; pp **spun**) fiar; entrançar; girar; rodar como pião.

spin.ach [ˈspinidʒ; EUA ˈspinitʃ] s espinafre, planta cultivada em hortas, colhida uma vez por ano, utilizada como alimento.

spin.dle ['spindl] s fuso.
spine [spain] s espinha; coluna vertebral.
spin.ner ['spinə(r)] s fiandeiro; tecelão.
spin.ster ['spinstə(r)] s solteirona; donzela.
spire ['spaiə(r)] s espiral; ápice; agulha de torre; ponta de igreja.
spi.ral ['spaiərəl] s espiral.
spir.it ['spirit] s espírito; alma; gênio; temperamento; coragem; talento; • v animar; arrebatar em segredo; **high ~**: bom humor.
spir.it.ed ['spiritid] adj animado; vivo; ardente.
spir.it.u.al ['spiritʃuəl] adj espiritual; religioso; eclesiástico.
spir.it.u.al.ism ['spiritʃuəlizm] s espiritualismo.
spir.it.u.al.i.ty [spiritʃu'æləti] s espiritualidade.
spir.it.u.ous ['spiritjuəs; EUA 'spiritʃuəs] adj alcoólico; destilado.
spit [spit] s cuspe; saliva; espeto para assar; restinga; • (at, on) v (pt e pp **spit**) cuspir; espetar.
spite [spait] s despeito; rancor; malevolência; • v perseguir; contrariar; irritar; **in ~ of**: a despeito de.
spite.ful ['spaitfl] adj malvado; rancoroso; despeitado.
spit.tle ['spitl] s cuspe; saliva.
spit.toon [spi'tu:n] s escarradeira; EUA **cuspidor**.
splash [splæʃ] s borrifo; salpico (de lama); • v salpicar; enlamear; **to make a ~**: causar furor.
splash.y ['splæʃi] adj enlameado; cheio de lama.
splat.ter ['splætə(r)] s salpico; • v espargir; salpicar.
splay [splei] v abrir; alargar.
spleen [spli:n] s baço; desânimo; rancor.
spleen.ful ['spli:nfl] adj rabugento; mal-humorado.
splen.did ['splendid] adj esplêndido; brilhante; magnífico; excelente.
splen.dour, EUA **splen.dor** ['splendə(r)] s esplendor; magnificência; brilho; fulgor.

sple.net.ic [spli'netik] s e adj mal-humorado; rabugento.
splice [splais] s união de dois cabos ou pontas de corda; • (to, into) v unir; juntar.
splint [splint] s lasca; tala; • v lascar; pôr em talas.
splin.ter ['splintə(r)] s lasca; fragmento; estilhaço; • v lascar; estilhaçar-se.
split [split] s fenda; racha; separação; rompimento; • v (pt e pp **split**) fender; rachar; • adj rachado; rompido; fendido.
splotch [splɔtʃ] s mancha; nódoa; borrão; • v manchar; borrar.
spoil [spɔil] s despojos; roubo; saque; • v (pt e pp **spoiled** ou **spoilt**) roubar; pilhar; mimar; estragar; **~ed brats**: crianças malcriadas e mimadas.
spoil.er ['spɔilə(r)] s espoliador; saqueador.
spoke [spəuk] s raio (de roda, de leme); degrau de escada; • pt de **speak**.
spokes.per.son ['spəukspe:sn] s porta-voz.
sponge [spʌndʒ] s esponja; pessoa que vive à custa de outrem; • v limpar; embeber; enxugar com uma esponja; viver à custa alheia; **~ cake**: pão de ló.
spon.sor ['spɔnsə(r)] s patrocinador; • v patrocinar.
spon.ta.ne.i.ty [spɔntə'ni:əti] s espontaneidade, qualidade de espontâneo; naturalidade.
spon.ta.ne.ous [spɔn'teiniəs] adj espontâneo; voluntário.
spoof [spu:f] s burla; imitação; logro; • v lograr; enganar; burlar.
spook [spu:k] s fantasma; assombração; espião; • v assustar(-se).
spool [spu:l] s carretel; • v enrolar em novelos.
spoon [spu:n] s colher; • v namorar com uma colher; namorar; **born with a silver ~ in the mouth**: nascido em berço de ouro; **ta.ble~**: colher de sopa.
spoon.ful ['spu:nfl] s colherada; colher cheia.
spoor [spuə(r)] s rastro ou trilha de animal; • v seguir o rastro.
spo.rad.ic [spə'rædik] adj esporádico; ocasional; isolado.

sport [spɔ:t] *s* desporto; esporte; passatempo; diversão; • *v* ostentar; divertir-se.

sport.ing [´spɔ:tiŋ] *adj* esportista; esportivo; de desporto.

sports.cast [´spɔ:tska:st] *s* EUA TV, RÁDIO emissão de notícias ou eventos esportivos.

sports.cast.er [´spɔ:tska:stə(r)] *s* EUA TV, RÁDIO apresentador de notícias e eventos esportivos.

sports.man [´spɔ:tsmən] *s* desportista; esportista; atleta; *fem* **sportswoman**.

sports.wear [´spɔ:tsweə(r)] *s* roupas esportivas.

spot [spɔt] *s* mancha; nódoa; salpico; lugar; • *v* manchar; descobrir; notar; **on the ~**: imediatamente; **tight ~**: situação difícil.

spot.ty [´spɔti] *adj* manchado; maculado; sujo; borrado.

spouse [spauz; EUA spaus] *s* cônjuge.

spout [spaut] *s* cano; tubo; bica; • *v* esguichar; jorrar; declamar.

sprain [sprein] *s* torcedura; mau jeito; • *v* torcer; deslocar.

sprawl [sprɔ:l] *s* espreguiçamento; • *v* espalhar(-se); estender o corpo com cuidado; espreguiçar-se.

spray [sprei] *s* ramo de flores; jato; borrifo; pulverizador; • *v* borrifar; **hair-~**: borrifador com produto para cabelo.

spread [spred] *s* extensão; expansão; propagação; difusão; • *v* (*pt* e *pp* **spread**) estender; espalhar; difundir; divulgar.

sprig [sprig] *s* rebento; broto.

spring [spriŋ] *s* salto; fonte; nascente; primavera; mola; • *v* (*pt* **sprang, sprung**; *pp* **sprung**) saltar; brotar; nascer; **~ roll**: CULIN rolinho primavera (chinês).

spring.board [´spriŋbɔ:d] *s* trampolim.

spring.time [´spriŋtaim] *s* primavera.

spring.y [´spriŋi] *adj* elástico; ágil.

sprin.kle [´spriŋkl] *s* borrifo; chuvisco; • *v* borrifar; aspergir; chuviscar.

sprin.kler [´spriŋklə(r)] *s* regador de jardim; **~ system**: sistema de combate ao fogo, em edificações, através de um dispositivo (*sprinkler*) que borrifa água automaticamente quando há um aumento da temperatura ambiente causado pelo fogo.

sprint [sprint] *s* corrida de velocidade; • *v* correr a toda velocidade.

sprite [sprait] *s* espírito; duende; fada.

sprock.et [´sprɔkit] *s* MEC dente de roda.

sprout [spraut] *s* renovo; rebento; • *v* germinar; brotar; **Brussels ~**: couve-de-bruxelas.

spry [sprai] *adj* ligeiro; leve; ativo; vivo.

spud [spʌd] *s* GÍR batata.

spume [spju:m] *s* espuma; efervescência; • *v* espumar.

spun [spʌn] *pt* e *pp* de **spin**.

spunk [spʌŋk] *s* coragem; brio; isca.

spunk.y [´spʌŋki] *adj* brioso; corajoso.

spur [spə:(r)] *s* espora; • *v* esporear; estimular; andar depressa (a cavalo); apressar-se; **on the ~ of the moment**: impulsivamente; de repente.

spu.ri.ous [´spjuəriəs] *adj* espúrio; ilegítimo; adulterado.

spurn [spə:n] *s* desdém; desprezo; • *v* desprezar; rejeitar com desdém.

spurt [spə:t] *s* jorro; esguicho; esforço repentino; • *v* esguichar; fazer esforço repentino.

sput.ter [´spʌtə(r)] *v* cuspir falando; balbuciar.

spy [spai] *s* espião; • (*on, upon*) *v* espionar; avistar; enxergar; espreitar.

Sq [es ´kju:] *abrev de* **Sq**uare, praça.

sq [es ´kju:] *abrev de* **sq**uare, quadrado (em medidas).

squab [skwɔb] *s* pessoa gorda e atarracada; almofada; ave pequena; • *adj* atarracado; implume.

squab.ble [´skwɔbl] *s* questão; rixa; altercação; • *v* discutir; altercar.

squad [´skwɔd] *s* esquadra (time, seção de polícia, etc.); **~ car**: viatura de polícia.

squad.ron [´skwɔdrən] *s* esquadrão; uma parte da esquadra; batalhão.

squal.id [´skwɔlid] *adj* esquálido; miserável; imundo.

squall [skwɔ:l] *s* pé de vento com neve ou chuva; borrasca; aguaceiro; • *v* soltar gritos agudos.

squan.der [ˈskwɒndə(r)] (on) v dissipar; esbanjar.

square [skweə(r)] s quadrado; quadra; praça; • v quadrar; ajustar; equilibrar; elevar ao quadrado; • adj quadrado; honesto; **on the ~**: honesto; **~ root**: raiz quadrada.

squash [skwɒʃ] s ESP *squash*, jogo praticado por dois jogadores, com raquetes e bolinha, numa quadra fechada por quatro paredes; abóbora; polpa; BRIT suco de frutas; • v esmagar; espremer; achatar; **lemon ~**: limonada; **orange ~**: laranjada.

squash.y [ˈskwɒʃi] adj lamacento; mole como massa ou polpa.

squat [skwɒt] s agachamento; • v acocorar-se; • adj acocorado; agachado.

squeak [skwi:k] s grito agudo e repentino; chiado; • v gritar de maneira aguda; chiar.

squeal [skwi:l] s grito agudo e prolongado; • v soltar um grito agudo; GÍR trair; denunciar.

squeam.ish [ˈskwi:miʃ] adj delicado; melindroso.

squeeze [skwi:z] s aperto; pressão; abraço; • v apertar; comprimir; espremer; abraçar fortemente; extorquir.

squeez.er [ˈskwi:zə(r)] s espremedor; **orange ~**: espremedor de laranja.

squelch [skweltʃ] s ruído de esmagamento; • v esmagar; ficar esmagado.

squib [skwib] s busca-pé; sátira; • v lançar busca-pés; satirizar; escrever em pasquins.

squid [skwid] s lula.

squig.gle [ˈskwigl] s curva pequena e irregular; rabisco; • v rabiscar.

squint [skwint] s ato de olhar de soslaio; estrabismo; • v ter o olhar vesgo; • adj vesgo; estrábico.

squirm [skwə:m] s torcedura; torção; • v torcer; retorcer.

squir.rel [ˈskwirəl] s esquilo; pele de esquilo.

squirt [skwə:t] s seringa; esguichadela; • v esguichar.

Sr abrev de **Se**nior; RELIG **S**ister, irmã.

Sta abrev de **Sta**tion, estação (principalmente em mapas).

stab [stæb] s golpe; punhalada; • v apunhalar; ferir; injuriar; ofender; **a ~ in the back**: uma punhalada nas costas, traição.

sta.bil.i.ty [stəˈbiləti] s estabilidade; firmeza; solidez; *ant* **instability**.

sta.ble [ˈsteibl] s estábulo; cavalariça; • v ocupar um estábulo; viver em cavalariça; • adj estável; firme.

stack [stæk] s pilha (de trigo, de feno); estante de livros; • v empilhar; amontoar.

staff [sta:f; EUA stæf] s estafe, pessoal; corpo administrativo; bastão; pau de bandeira; pauta musical; • v prover de pessoal.

stag [stæg] s veado adulto; macho de vários animais; **~-night/~-party**: despedida de solteiro.

stage [steidʒ] s estrado; tablado; palco; fase; etapa; • v pôr em cena; exibir no palco; **to go on the ~**: seguir a carreira teatral; **to ~-manage**: organizar um evento; **to set the ~ for something**: fazer algo possível ou fácil.

stag.ger [ˈstægə(r)] s vacilação; cambaleio; • v cambalear; vacilar; hesitar.

stag.ing [ˈsteidʒiŋ] s encenação; andaime; tablado.

stag.nant [ˈstægnənt] adj estagnado; paralisado.

stag.y, stage.y [ˈsteidʒi] adj teatral; pomposo.

staid [steid] adj grave; sério; sóbrio; sereno; sossegado.

stain [stein] s mácula; nódoa; mancha; • v manchar; macular; enodoar; tingir.

stain.less [ˈsteinlis] adj imaculado; limpo; sem manchas.

stair [steə(r)] s degrau; **~s**: escadas.

stair.case, stair.way [ˈsteəkeis, ˈsteəwei] s escada.

stake [steik] s estaca; poste; aposta; • v apoiar com estacas; escorar; arriscar no jogo; apostar; **at ~**: em jogo.

sta.lac.tite [ˈstæləktait; EUA stəˈlæktait] s estalactite.

sta.lag.mite [ˈstæləgmait; EUA stəˈlægmait] s estalagmite.

stale [steil] adj velho; antigo; passado; gasto; • v tornar deteriorado.

stale.mate ['steilmeit] s posição no jogo de xadrez em que não há como fazer um lance sequer com o rei, em todos os sentidos possíveis de movimentação, sem que ele fique em xeque, provocando, assim, um empate forçado.

stalk [stɔ:k] s talo; maneira afetada de andar; • v caçar à espreita; perseguir.

stall [stɔ:l] s estábulo; lugar no coro da igreja; • v encurralar; enguiçar.

stal.lion ['stæliən] s garanhão, cavalo não castrado.

stal.wart ['stɔ:lwət] s pessoa robusta; • adj forte; rijo; robusto; valente; destemido.

stam.i.na ['stæminə] s força moral, capacidade de resistência à dor e à tortura.

stam.mer ['stæmə(r)] s gagueira; • v gaguejar.

stamp [stæmp] s selo; cunho; impressão; marca; carimbo; prensa; • v estampar; cunhar; selar; carimbar; bater com os pés no chão; **~ addressed envelope** (abrev **sae**), envelope selado e sobrescritado; **to ~ out**: extinguir.

stam.pede [stæm'pi:d] s estouro (de animais); corrida, debandada; • v debandar.

stance [stæns] s lugar; postura; posição.

stanch [sta:ntʃ; EUA stæntʃ] adj EUA fiel; • v estancar; vedar.

stan.chion ['sta:nʃən; EUA 'stæntʃən] s escora; suporte; • v escorar.

stand [stænd] s lugar; local; posto; pedestal; palanque; estande; mesinha; resistência; barraca; banca; • v (pt e pp **stood**) estar em pé; ficar de pé; suportar; resistir a; manter-se; permanecer; achar-se; **~-alone**: que opera ou é capaz de funcionar independentemente; **~-by**: pessoa ou coisa disponível para uma substituição ou emergências; **on ~-by**: a postos; de prontidão; de plantão; **~-in**: substituto; dublê; **to ~ aside**: ficar de lado; manter-se alheio; **to ~ by**: estar a postos; apoiar; **to ~ for**: representar; significar (siglas); **to ~ off**: conservar-se à distância; **to ~ up**: levantar(-se).

stand.ard ['stændəd] s modelo; norma; padrão; estandarte; • adj padrão; típico; normal; oficial; **~ of living**: padrão de vida.

stand.ard.ize, stand.ard.ise ['stændədaiz] v estandardizar; padronizar; uniformizar.

stand.ing ['stændiŋ] s lugar; posição social ou moral; reputação; duração; • adj ereto; de pé; erguido; permanente; **~ ovation**: TEAT aclamação do público, em pé; **~ room**: lugares em pé.

stand.point ['stændpɔint] s ponto de vista.

stand.still ['stændstil] s pausa; parada; paralisação.

stan.za ['stænzə] s estrofe.

sta.ple ['steipl] s produto principal de uma região; grampo de metal; • v grampear; **~ goods**: gêneros principais de consumo.

sta.pler ['steiplə(r)] s grampeador.

star [sta:(r)] s estrela; astro; insígnia; asterisco; TV, CIN astro, estrela, atores consagrados; • v estrelar; brilhar; **~ sign**: signo do zodíaco; **the ~s and Stripes**: a bandeira nacional dos Estados Unidos.

star.board ['sta:bəd] s NÁUT estibordo; • adj de estibordo.

starch [sta:tʃ] s amido; goma; • v engomar; tornar razoavelmente rígido.

starch.y ['sta:tʃi] adj engomado; afetado; formal.

stare [steə(r)] s olhar fixo; • (at) v fitar; encarar.

star.fish ['sta:fiʃ] s estrela-do-mar.

stark [sta:k] adj forte; rígido; completo; absoluto; contrastante; **~ naked**: completamente nu.

star.light ['sta:lait] s luz das estrelas.

star.ling ['sta:liŋ] s estorninho, pássaro de plumagem preta.

star.ry ['sta:ri] adj estrelado; relativo a estrela.

start [sta:t] s começo; impulso; arrancada; partida; • v pôr-se em marcha ou movimento; partir; dar início ou nova direção a; principiar; começar.

start.er ['sta:tə(r)] s iniciador; dispositivo que inicia o movimento de uma máquina; aquele que, ou dispositivo que sinaliza o começo de uma prova, etc.

start.ing-point ['sta:tiŋ pɔint] s ponto de partida.

startle / stepchild

star.tle ['sta:tl] *v* espantar; sobressaltar(-se).

star.tling ['sta:tliŋ] *adj* assustador; surpreendente; aterrador.

star.va.tion [sta:'veiʃən] *s* inanição; fome; definhamento; estado de completa desnutrição.

starve [sta:v] *v* morrer de fome; definhar.

state [steit] *s* estado; condição; situação; classe; • *v* declarar; relatar; expor; afirmar; fixar; **in a ~**: com a mente abalada; sujo, desarrumado; **~-of-the-art**: TECNOL estado da arte (uso do mais moderno e avançado método ou técnica).

state.ment ['steitmənt] *s* declaração; relato; **~ of account**: extrato de conta.

states.man, states.wom.an ['steitsmən, 'steitswuman] *s* homem/mulher de estado; político; estadista.

stat.ic ['stætik] *s* estática, eletricidade atmosférica; • *adj* estático, parado, imóvel.

sta.tion ['steiʃn] *s* posto; posição, classe social; estação; **~-wagon**: EUA AUT perua, BRIT **estate car**.

sta.tion.a.ry ['steiʃənri; EUA 'steiʃəneri] *adj* estacionário; imutável; imóvel.

sta.tion.er ['steiʃnə(r)] *s* dono de papelaria; **~'s shop**: papelaria.

sta.tion.er.y ['steiʃənri; EUA 'steiʃəneri] *s* papelaria; artigos de escritório.

sta.tis.tics [stə'tistiks] *s* estatística.

stat.ue ['stætʃu:] *s* estátua.

stat.ure ['stætʃə(r)] *s* estatura; tamanho.

sta.tus ['steitəs] *s status*; categoria; prestígio.

stat.u.to.ry ['stætʃutri; EUA 'stætʃuto:ri] *adj* legal.

stave [steiv] *s* bastão; POES estrofe; verso; • *v* prover ou guarnecer de aduelas; quebrar; despedaçar.

stay [stei] *s* estada; escora; • *v* parar; ficar; permanecer; esperar; **~ put**: ficar no lugar.

stead [sted] *s* lugar; **to stand in good ~**: ajudar; prestar auxílio; ser útil.

stead.fast ['stedfa:st; EUA 'stedfæst] *adj* firme; resoluto; constante.

stead.y ['stedi] *adj* firme; seguro; sólido; resistente; • *v* firmar; fixar; *ant* **unsteady**.

steak [steik] *s* bife.

steal [sti:l] *s* roubo; furto; • *v* (*pt* **stole**; *pp* **stolen**) furtar; roubar; plagiar.

stealth.y ['stelθi] *adj* clandestino; oculto; secreto.

steam [sti:m] *s* vapor; fumaça; • *v* evaporar; mover a vapor; **by ~**: a vapor; **~ iron**: ferro a vapor.

steam.boat ['sti:mbəut] *s* barco a vapor.

steam.er ['sti:mə(r)] *s* barco ou navio a vapor.

steam.ship ['sti:mʃip] *s* navio a vapor.

steed [sti:d] *s* cavalo de batalha; corcel.

steel [sti:l] *s* aço; lâmina de aço; folha de aço; • *adj* de aço; **nerves of ~**: nervos de aço; **~ band**: banda de músicos com instrumentos feitos de tambores de óleo vazios.

steep [sti:p] *s* abismo; precipício; • *v* mergulhar; imergir; ensopar; • *adj* escarpado; excessivo; difícil.

stee.ple ['sti:pl] *s* torre de igreja, campanário.

steer [stiə(r)] *s* novilho; bezerro; • *v* governar (leme, direção); dirigir.

steer.age ['stiəridʒ] *s* direção; governo; alojamento inferior, de terceira classe.

stel.lar ['stelə(r)] *adj* astral; relativo às estrelas.

stem [stem] *s* talo; haste; pedúnculo; NÁUT proa; GRAM raiz; • *v* opor-se; repelir; deter; resistir.

stench [stentʃ] *s* mau cheiro; fedor.

sten.cil ['stensl] *s* estêncil, papel especial que serve, após gravado com o que se deseja, para reproduzir inúmeras cópias; • *v* reproduzir com estêncil.

ste.nog.ra.pher [stə'nɔgrəfə(r)] *s* estenógrafo; BRIT **shorthand typist**.

ste.no.gra.phy [stə'nɔgrəfi] *s* estenografia; BRIT **shorthand**.

step [step] *s* passo; passada; marcha; degrau; passo de dança; • *v* andar; marchar; dar passos; caminhar; **~ by ~**: passo a passo; **to ~ back**: retroceder; **to ~ in**: intervir; **to ~ out**: sair.

step.broth.er ['stepbrʌðə(r)] *s* meio-irmão, filho do padrasto ou da madrasta.

step.child ['steptʃaild] *s* enteado; enteada; *pl* **stepchildren**.

stepdaughter / stockholder

step.daugh.ter ['stepdɔ:tə(r)] *s* enteada.

step.fa.ther ['stepfa:øə(r)] *s* padrasto.

step.moth.er ['stepmʌøə(r)] *s* madrasta.

step.sis.ter ['stepsistə(r)] *s* filha do padrasto ou da madrasta.

step.son ['stepsʌn] *s* enteado.

ster.e.o.scope ['steriəskəup] *s* estereoscópio.

ster.e.o.type ['steriətaip] *v* estereotipar.

ster.ile ['sterail; EUA 'sterəl] *adj* estéril; infecundo.

ster.i.lize, ster.i.lise ['sterəlaiz] *v* esterilizar; desinfetar.

ster.ling ['stə:liŋ] *s* libra esterlina; • *adj* puro; genuíno; de bom quilate.

stern [stə:n] *s* NÁUT popa; ré; • *adj* severo; austero; duro; rígido; inflexível.

steth.o.scope ['steəəskəup] *s* estetoscópio.

ste.ve.dore ['sti:vədɔ:(r)] *s* estivador, aquele que trabalha em estiva, descarregando ou carregando navios.

stew [stju:; EUA stu:] *s* guisado; ensopado; agitação mental; ansiedade; • *v* cozer a fogo lento; **to ~ in one's (own) juice**: sofrer as consequências de suas ações.

stew.ard ['stjuəd; EUA 'stu:əd] *s* mordomo; comissário de bordo; administrador; **air ~ess** aeromoça, comissária de bordo.

stick [stik] *s* pau; bastão; bengala; graveto; • *v* (*pt* e *pp* **stuck**) furar; apunhalar; afixar; colar; pregar; hesitar; **to ~ at**: trabalhar duro; **to ~ by**: reiterar; apoiar; **to ~ together**: ser leal; **to ~ up**: assaltar; levantar os braços; **to ~ with it**: persistir.

stick.er ['stikə(r)] *s* adesivo.

stick.y ['stiki] *adj* viscoso; adesivo; aderente.

stiff [stif] *s* GÍR cadáver; pessoa formal; • *adj* duro; teso; firme; obstinado; severo; **~ neck**: torcicolo.

stiff.en ['stifn] *v* entesar; endurecer; obstinar-se.

sti.fle ['staifl] *v* sufocar; abafar.

stig.ma ['stigmə] *s* estigma.

stig.ma.tize, stig.ma.tise ['stigmətaiz] *v* estigmatizar; marcar.

stile [stail] *s* degrau (em cerca); catraca (de ônibus, cinema, etc.).

still [stil] *s* silêncio; sossego; destilaria de bebidas; alambique; • *v* acalmar; abrandar; apaziguar; destilar; • *adj* calmo, tranquilo; • *adv* ainda; sempre; até agora; • *conj* todavia; entretanto; contudo; **~ life**: ART natureza-morta.

still.y ['stili] *adj* calmo; silencioso.

stim.u.lant ['stimjulənt] *s* e *adj* estimulante.

stim.u.late ['stimjuleit] *v* estimular; excitar.

stim.u.lus ['stimjuləs] *s* estímulo.

sting [stiŋ] *s* ferrão; picada; dor aguda; • *v* (*pt* e *pp* **stung**) picar; aferroar; afligir.

stin.gy ['stindʒi] *adj* mesquinho; sovina; avaro.

stink [stiŋk] *s* fedor; mau cheiro; • *v* (*pt* **stank** ou **stunk**; *pp* **stunk**) ter mau cheiro.

stint [stint] *s* restrição; limite; • *v* restringir; limitar; economizar.

sti.pend ['staipend] *s* estipêndio; salário.

stip.ple ['stipl] *s* gravura ou desenho ponteado; • *v* desenhar ou pintar com pontos; pontuar.

stip.u.late ['stipjuleit] *v* estipular; fazer estipulações.

stip.u.la.tion [stipju'leiʃn] *s* estipulação; ajuste; contrato.

stir [stə:(r)] *s* tumulto; rebuliço; agitação; excitação; atividade; • *v* mexer; agitar; comover.

stir.rup ['stirəp] *s* estribo.

stitch [stitʃ] *s* ponto de costura; • *v* coser; dar pontos; **a ~ in time saves nine**: é melhor prevenir do que remediar.

stock [stɔk] *s* tronco; cepo; estirpe; ECON capital, ações; provisão; estoque; matéria-prima; caldo (de carne, galinha, etc.); • *v* fornecer; prover; sortir; armazenar; **~ Exchange**: Bolsa de Valores.

stock.ade [stɔ'keid] *s* estacada; paliçada; • *v* cercar visando defesa; fortificar com paliçada.

stock.brok.er ['stɔkbrəukə(r)] *s* corretor de Bolsa de Valores.

stock.hold.er ['stɔkhəuldə(r)] *s* acionista; BRIT shareholder.

stock.ing ['stɔkiŋ] *s* meias, especialmente de senhoras; meias longas.

stodg.y ['stɔdʒi] *adj* enfadonho, sem interesse.

Sto.ic ['stəuik] *adj* estoico; impassível.

Sto.i.cism ['stəuisizəm] *s* estoicismo, doutrina do grego Zenão (terceiro século a. C.), que prega a paciência e a calma.

stok.er ['stəukə(r)] *s* foguista, aquele que alimenta a fornalha.

stole [stəul] *s* estola, faixa estreita usada em volta do pescoço pelos celebrantes nos serviços religiosos e também pelas mulheres, como adorno; • *pt* de **steal**.

sto.len ['stəuln] *pp* de **steal**.

stol.id ['stɔlid] *adj* parvo; impassível.

stom.ach ['stʌmək] *s* estômago; desejo; • *v* tolerar; suportar.

stom.ach-ache ['stʌməkeik] *s* dor de estômago.

stone [stəun] *s* pedra; pedra preciosa; caroço de frutas; cálculo biliar; • *v* apedrejar; lapidar; **~ Age**: Idade da Pedra; **to leave no ~ unturned**: não deixar pedra sobre pedra.

stone.ma.son ['stəunmeisn] *s* pedreiro.

ston.y ['stəuni] *adj* pedregoso; cheio de pedras; insensível; duro.

stool [stu:l] *s* banco; sanitário; privada; evacuação.

stoop [stu:p] *s* inclinação; condescendência; submissão; • *v* abaixar-se; inclinar-se; submeter-se.

stop [stɔp] *s* suspensão; parada; pausa; GRAM ponto-final; • *v* parar; deter; impedir; fechar; tapar; obturar; hospedar-se; ~!: basta!, chega!; **full ~**: ponto-final; **~-watch**: cronômetro.

stop.page ['stɔpidʒ] *s* impedimento; obstáculo; parada.

stor.age ['stɔ:ridʒ] *s* armazenagem; preço de armazenamento.

store [stɔ:(r)] *s* loja; armazém; depósito; abundância; • *v* fornecer; abastecer; armazenar.

store. keep.er ['stɔ:ki:pə(r)] *s* lojista; COM fiel de armazém.

stork [stɔ:k] *s* cegonha.

storm [stɔ:m] *s* tempestade; tumulto; assalto; • *v* assaltar; enraivecer-se.

storm.y ['stɔ:mi] *adj* tempestuoso; violento; turbulento.

sto.ry ['stɔ:ri] *s* história; conto; narrativa; andar de construção; pavimento de casa; **~-book**: livro de histórias para crianças; **the same old ~**: sempre a mesma história.

sto.ry.tell.er ['stɔ:ritelə(r)] *s* contador de histórias.

stout [staut] *s* cerveja preta; • *adj* forte; vigoroso; intrépido.

stove [stəuv] *s* fogão; fogareiro; estufa.

stow [stəu] *v* arrumar; armazenar; pôr em ordem.

stow.age ['stəuidʒ] *s* armazenamento.

stow.a.way ['stəuəwei] *s* passageiro clandestino.

strad.dle ['strædl] *s* posição de quem está com as pernas bem abertas, escarranchado; • *v* andar com as pernas abertas.

strag.gle ['strægl] *v* afastar-se; perambular; vagar.

straight [streit] *s* reta; • *adj* direito; reto; franco; honesto; • *adv* diretamente; imediatamente; em linha reta; honestamente.

straight.en ['streitn] *v* endireitar; pôr em ordem.

straight.way [streit'wei] *adv* logo; já; imediatamente.

strain [strein] *s* esforço; tensão; raça; linhagem; distensão, entorse; • *v* forçar; exagerar; esticar; filtrar; coar; deslocar; distender.

strain.er ['streinə(r)] *s* coador; filtro.

strait [streit] *s* desfiladeiro; garganta; dificuldade; apuro; • *adj* estreito; rigoroso; estrito.

strait.en ['streitn] *v* estreitar; pôr em apuros; limitar.

strait.jack.et ['streitdʒækit] *s* camisa de força.

strange [streindʒ] *adj* estranho; singular; raro; inexperiente.

stran.ger ['streindʒə(r)] *s* estranho; estrangeiro; intruso.

stran.gle ['stræŋgl] *v* estrangular; sufocar.

strap [stræp] *s* correia; tira; alça; presilha; • *v* apertar com correia.

stra.te.gic [strəˈtiːdʒik] *adj* estratégico.
strat.e.gy [ˈstrætədʒi] *s* estratégia.
strat.i.fi.ca.tion [strætifiˈkeiʃn] *s* estratificação.
strat.i.fy [ˈstrætifai] *v* estratificar.
strat.o.sphere [ˈstrætəsfiə(r)] *s* estratosfera.
straw [strɔː] *s* palha.
straw.ber.ry [ˈstrɔːbri; EUA ˈstrɔːberi] *s* morango; morangueiro.
stray [strei] *s* animal perdido; • (*from*) *v* extraviar-se; vagar; • *adj* extraviado; desgarrado.
streak [striːk] *s* risca; listra; indício; vestígio; raio de luz; • *v* listrar; riscar.
stream [striːm] *s* corrente; arroio; • *v* correr; fluir.
stream.er [ˈstriːmə(r)] *s* flâmula; fita; aurora Boreal.
stream.line [ˈstriːmlain] *adj* aerodinâmico.
street [striːt] *s* rua.
strength [streŋθ] *s* força; vigor físico; energia; **on the ~ of**: devido a, sob influência de.
strength.en [ˈstreŋən] *v* fortificar; fortalecer; robustecer.
stren.u.ous [ˈstrenjuəs] *adj* corajoso; enérgico; tenaz.
stress [stres] *s* força; pressão; estresse; tensão; importância; ênfase; GRAM acento tônico; • *v* dar ênfase a; acentuar.
stretch [stretʃ] *s* tensão; dilatação; trecho; ato de esticar; • *v* estender(-se); estirar; esticar; exagerar; **to ~ one's legs**: esticar as pernas, andar depois de um longo tempo sentado.
stretch.er [ˈstretʃə(r)] *s* padiola; maca.
strew [struː] *v* (*pt* **strewed**; *pp* **strewed** ou **strewn**) espalhar; derramar; polvilhar.
strick.en [ˈstrikən] *adj* acometido por; atacado de; ferido.
strict [strikt] *adj* estrito; exato; estreito; restrito; severo; rigoroso.
stride [straid] *v* (*pt* **strode**; *pp* **stridden**) transpor a passos largos.
strife [straif] *s* luta; contenda; discussão.
strike [straik] *s* ataque; greve; achado; • *v* (*pt* e *pp* **struck**) bater; ferir; achar; cunhar; fazer greve; surgir de repente; chocar-se; atingir; topar com.

strick.er [ˈstraikə(r)] *s* grevista; aquele que bate.
strik.ing [ˈstraikiŋ] *adj* espantoso; extraordinário; notável.
string [striŋ] *s* cordão; fio; barbante; corda de instrumento musical; série; fila; • *v* (*pt* e *pp* **strung**) amarrar com barbante; MÚS encordoar; **~ bean**: vagem; **~ quartet**: quarteto de cordas; **to pull ~s**: mexer os pauzinhos, usar de influência.
strin.gent [ˈstrindʒənt] *adj* rigoroso; severo; meticuloso.
strip [strip] *s* tira; faixa estreita; • (*off, from, of*) *v* despojar; despir; saquear; descascar.
stripe [straip] *s* listra; gênero; tipo; chicotada; • *v* riscar.
strip.tease [ˈstriptiːz] *s* striptease, *show,* em geral feminino, em que a dançarina tira as roupas aos poucos e de forma sensual.
strive [straiv] (*for, against, after*) *v* (*pt* **strove**; *pp* **striven**) esforçar-se; disputar; competir.
stroke [strəuk] *s* golpe; tacada (no bilhar, no tênis); pincelada; ataque; **heart ~**: ataque cardíaco.
stroll [strəul] *s* excursão; giro; volta; • *v* passear; vaguear.
strong [stroŋ; EUA strɔːŋ] *adj* forte; vigoroso; capaz.
strong.hold [ˈstroŋhəuld] *s* forte; fortaleza.
struc.tur.al [ˈstrʌktʃərəl] *adj* estrutural, referente a estrutura.
struc.ture [ˈstrʌktʃə(r)] *s* estrutura; disposição; organização; constituição.
strug.gle [ˈstrʌgl] *s* luta; esforço; disputa; • (*with*) *v* lutar; debater; brigar.
strum [strʌm] *v* MÚS dedilhar.
strum.pet [ˈstrʌmpit] *s* prostituta.
strut [strʌt] *s* andar altivo; escora; suporte; • *v* emproar-se; empertigar-se.
stub [stʌb] *s* toco; fragmento; resto; ponta.
stub.born [ˈstʌbən] *adj* obstinado; teimoso; persistente.
stub.by [ˈstʌbi] *adj* atarracado; curto e grosso.
stud [stʌd] *s* tacha; prego.
stu.dent [ˈstjuːdnt; EUA ˈstuːdnt] *s* estudante; aluno.

stud.ied ['stʌdid] *adj* estudado; calculado; premeditado.

stu.di.o ['stjudiəu; EUA 'stu:diəu] *s* RÁDIO, TV, CIN, FOT estúdio; **~ flat**/EUA **~ apartment**: *flat* pequeno.

stu.di.ous ['stju:diəs; EUA 'stu:dies] *adj* estudioso; aplicado; estudado.

stud.y ['stʌdi] *s* estudo; • *v* (*pt* e *pp* **studied**) estudar; examinar.

stuff [stʌf] *s* matéria; material; tolice; ninharia; • (*with*) *v* encher; estofar.

stuff.ing ['stʌfiŋ] *s* enchimento; recheio; matéria para estofos.

stuff.y ['stʌfi] *adj* mal ventilado; abafado.

stul.ti.fy ['stʌltifai] *v* ensandecer; embasbacar.

stum.ble ['stʌmbl] *s* tropeção; erro; • *v* tropeçar; encontrar por acaso.

stump [stʌmp] *s* cepo; toco; ponta; resto; • *v* fazer discurso político.

stun [stʌn] *s* golpe que atordoa; • *v* estontear; aturdir.

stung [stʌŋ] *pt* e *pp* de **sting**.

stunk [stʌŋk] *pt* e *pp* de **stink**.

stun.ning ['stʌniŋ] *adj* notável; estonteante; surpreendente; assombroso.

stunt [stʌnt] *s* impedimento no progresso de; • *v* tolher; atrofiar; **~ man/woman**: dublê, homem/mulher que substitui ator/atriz em cenas especiais.

stu.pe.fac.tion [stju:pi'fækʃn; EUA stu:pi'fækʃn] *s* estupefação; estupor; espanto.

stu.pe.fy ['stju:pifai; EUA 'stu: pifai] *v* pasmar; entorpecer; espantar.

stu.pen.dous [stju:'pendəs; EUA stu:'pendəs] *adj* enorme; colossal; prodigioso.

stu.pid ['stju:pid; EUA 'stu:pid] *adj* estúpido; imbecil; enfadonho.

stur.dy ['stə:di] *adj* forte; sadio; robusto; vigoroso; resoluto.

stur.geon ['stə:dʒən] *s* esturjão, peixe cujas ovas constituem o caviar, prato dos mais refinados da cozinha internacional.

stut.ter ['stʌtə(r)] *s* gaguez; • *v* gaguejar; titubear.

sty [stai] *s* chiqueiro; pocilga; terçol.

style [stail] *s* estilo; modo; • *v* nomear; chamar; apelidar; intitular.

styl.ish ['stailiʃ] *adj* elegante; moderno; na moda.

styl.ist ['stailist] *s* estilista; pessoa que se dedica à moda.

sub [sʌb] *s* submarino; • prefixo com significado de inferior, abaixo.

sub.con.scious [sʌb'kɔnʃəs] *adj* subconsciente.

sub.due [səb'dju:; EUA səb'du:] *v* subjugar; submeter; amansar.

sub.ject ['sʌbdʒikt] *s* assunto; tema; matéria; texto; tese; • *v* sujeitar; submeter; expor; • *adj* sujeito; subordinado.

sub.jec.tion [səb'dʒekʃn] *s* sujeição; obediência; dependência; submissão.

sub.jec.tive [səb'dʒektiv] *adj* subjetivo.

sub.join [sʌb'dʒɔin] (*to*) *v* ajuntar; anexar; acrescentar.

sub.ju.gate ['sʌbdʒugeit] *v* subjugar; submeter; dominar.

sub.junc.tive [səb'dʒʌŋktiv] *s* GRAM modo subjuntivo; • *adj* subjuntivo.

sub.lease [sʌb'li:s] *s* sublocação; • *v* sublocar.

sub.let [sʌb'let] *v* (*pt* e *pp* **sublet**) sublocar.

sub.li.mate ['sʌblimeit] *v* sublimar; elevar; • *adj* sublimado.

sub.lime [sə'blaim] *v* sublimar; exaltar; • *adj* sublime.

sub.ma.rine [sʌbmə'ri:n; EUA 'sʌbməri:n] *s* e *adj* submarino.

sub.merge [səb'mə:dʒ] *v* submergir; imergir; afundar.

sub.mis.sion [səb'miʃn] *s* submissão; obediência.

sub.mit [səb'mit] *v* submeter; sujeitar-se.

sub.or.di.nate [sə'bɔ:dinət; EUA sə'bɔ:dənət] *s* e *adj* subordinado; subalterno; • *v* subordinar.

sub.scribe [səb'skraib] *v* subscrever; endossar; fazer assinatura.

sub.scrib.er [səb'skraibə(r)] *s* subscritor; assinante.

sub.script ['sʌbskript] *adj* subscrito; escrito; firmado.

sub.scrip.tion [səb'skripʃn] *s* subscrição; assinatura.
sub.se.quence ['sʌbsikwəns] *s* subsequência.
sub.se.quent ['sʌbsikwənt] *adj* subsequente.
sub.ser.vi.ent [səb'sə:viənt] *adj* subserviente.
sub.side [səb'said] *v* acalmar-se; assentar; baixar.
sub.sid.i.ar.y [səb'sidiəri; EUA səb'sidieri] *s e adj* subsidiário.
sub.si.dy ['sʌbsədi] *s* subsídio; ajuda; subvenção.
sub.sist [səb'sist] (*on*) *v* sustentar-se; subsistir; viver.
sub.sist.ence [səb'sistəns] *s* subsistência; sustento; manutenção.
sub.soil ['sʌbsɔil] *s* subsolo; **~ water**: água do subsolo.
sub.stance ['sʌbstəns] *s* substância; matéria.
sub.stan.tial [səb'stænʃl] *adj* substancial; verdadeiro; real.
sub.stan.tive ['sʌbstəntiv] *s* GRAM substantivo; nome.
sub.sti.tute ['sʌbstitju:t; EUA 'sʌbstitu:t] *s e adj* substituto; suplente; • *v* substituir.
sub.struc.ture ['sʌbstrʌktʃə(r)] *s* estrutura; base; alicerce.
sub.ter.fuge ['sʌbtəfju:dʒ] *s* subterfúgio; pretexto.
sub.ter.ra.ne.an [sʌbtə'reiniən] *adj* subterrâneo.
sub.ti.tle ['sʌbtaitl] *s* subtítulo; CIN legenda.
sub.tle ['sʌtl] *adj* sutil; delicado; fino; astuto; engenhoso.
sub.tract [səb'trækt] (*from*) *v* subtrair; tirar; deduzir; diminuir.
sub.trac.tion [səb'trækʃn] *s* subtração.
sub.trop.i.cal [sʌb'trɒpikl] *adj* subtropical.
sub.urb ['sʌbə:b] *s* subúrbio; arrabalde.
sub.ven.tion [səb'venʃn] *s* subvenção; subsídio; auxílio pecuniário.
sub.ver.sive [səb've:siv] *s e adj* subversivo.
sub.vert [sʌb'və:t] *v* subverter; corromper; arruinar.
sub.way ['sʌbwei] *s* caminho subterrâneo; EUA metrô, BRIT **underground**.
suc.ceed [sək'si:d] (*in*) *v* suceder(-se); sair-se bem.

suc.cess [sək'ses] *s* êxito; triunfo; sucesso.
suc.cess.ful [sək'sesfl] *adj* bem-sucedido; auspicioso; **to be ~**: ter êxito; ser bem sucedido; sair-se bem; *ant* **unsuccessful**.
suc.ces.sion [sək'seʃn] *s* sucessão; linhagem; sequência.
suc.ces.sive [sək'sesiv] *adj* sucessivo.
suc.ces.sor [sək'sesə(r)] *s* sucessor; herdeiro.
suc.cinct [sək'siŋkt] *adj* sucinto; conciso; resumido.
suc.cu.lent ['sʌkjulənt] *adj* suculento.
suc.cumb [sə'kʌm] *v* sucumbir.
such [sʌtʃ] *adj* tal; tais; semelhante; • *pron* tal; tais; **~ as**: tal como; **~ and ~**: tais e tais.
suck [sʌk] *s* sucção; mamada; chupada; • *v* sugar; chupar; mamar.
suck.er ['sʌkə(r)] *s* chupador; GÍR otário, pessoa ingênua.
suck.le ['sʌkl] *v* amamentar; criar; nutrir; mamar.
suck.ling ['sʌkliŋ] *s* criança de peito; animal que ainda mama.
suc.tion ['sʌkʃn] *s* sucção; aspiração.
sud.den ['sʌdn] *adj* repentino; súbito; inesperado; **all of a ~**: de repente.
suds [sʌdz] *s* água com sabão e espuma.
sue [sju:; EUA su:] *v* DIR demandar; processar; pleitear; acionar em Juízo.
su.et ['su:it] *s* gordura; sebo.
su.et.y ['su:iti] *adj* seboso; gorduroso.
suf.fer ['sʌfə(r)] (*for*) *v* sofrer; tolerar; aguentar; padecer.
suf.fer.ance ['sʌfərəns] *s* sofrimento; dor; paciência; tolerância.
suf.fer.ing ['sʌfəriŋ] *s* sofrimento; dor; padecimento.
suf.fice [sə'fais] (*for*) *v* bastar; satisfazer a; ser suficiente.
suf.fi.cien.cy [sə'fiʃnsi] *s* suficiência.
suf.fi.cient [sə'fiʃnt] *adj* suficiente; competente.
suf.fix ['sʌfiks] *s* GRAM sufixo; • *v* acrescentar sufixo.
suf.fo.cate ['sʌfəkeit] *v* sufocar; asfixiar.
suf.frage ['sʌfridʒ] *s* sufrágio; voto; direito de voto.

suf.fuse [sə'fju:z] *v* difundir; espalhar sobre.

sug.ar ['ʃugə(r)] *s* açúcar; FIG doçura; querido; querida; amorzinho; • *v* açucarar; adoçar; **~ beet**: beterraba; **brown ~**: açúcar mascavo; **~ candy**: caramelo; **~ cane**: cana-de-açúcar; **~-hump**: cubo de açúcar (para adoçar uma xícara de café, chá, etc.).

sug.gest [sə'dʒest; EUA səg'dʒest] *v* sugerir; insinuar; indicar.

sug.ges.tion [sə'dʒestʃən; EUA səg'dʒestʃən] *s* sugestão; alvitre; instigação.

sug.ges.tive [sə'dʒestiv; EUA səg'dʒestiv] *adj* sugestivo.

su.i.cid.al [sju:i'saidl] *adj* suicida; de suicídio.

su.i.cide ['sju:isaid] *s* suicídio; suicida.

suit [su:t] *s* traje; terno; petição; jogo, conjunto; demanda; ação; galanteio; naipe; • *v* adaptar; ajustar-se; agradar a.

suit.a.ble ['su:təbl] *adj* conveniente; adequado; apropriado; *ant* **unsuitable**.

suit.case ['su:tkeis] *s* mala; valise.

suite [swi:t] *s* suíte, dormitório com banheiro anexo e exclusivo; MÚS suíte, série de composições instrumentais de construção binária.

suit.or ['su:tə(r)] *s* noivo, pretendente ao casamento.

sulk [sʌlk] *s* mau humor; aborrecimento; zanga; • *v* estar de mau humor; zangar.

sulk.y ['sʌlki] *adj* rabugento; amuado; zangado.

sul.len ['sʌlən] *adj* mal-humorado; rabugento; sombrio.

sul.ly ['sʌli] *s* mancha de sujeira, mácula; • *v* sujar; manchar.

sul.phur, EUA **sul.fur** ['sʌlfə(r)] *s* enxofre.

sul.tan ['sʌltən] *s* sultão.

sul.try ['sʌltri] *adj* muito abafado; sufocante.

sum [sʌm] *s* soma; total; quantia; • *v* somar; adicionar; **in ~**: em suma; **to ~ up**: resumir.

sum.ma.rize, **sum.ma.rise** ['sʌməraiz] *v* resumir; compendiar.

sum.ma.ry ['sʌməri] *s* sumário; resumo; • *adj* sumário; curto; resumido.

sum.mer ['sʌmə(r)] *s* verão; estio.

sum.mer.time ['sʌmə:taim] *s* a estação do verão.

sum.mit ['sʌmit] *s* cume; ápice; topo.

sum.mon ['sʌmən] *v* apelar; citar; notificar; convocar.

sum.mons ['sʌmənz] *s* convocação; intimação; citação.

sump [sʌmp] *s* reservatório; tanque; depósito; recipiente.

sump.tu.ous ['sʌmptʃuəs] *adj* suntuoso; luxuoso; magnífico.

sun [sʌn] *s* sol; luz ou calor do sol; brilho; • *v* aquecer, expor ao sol.

sun.beam ['sʌnbi:m] *s* raio de sol.

sun.burn ['sʌnbə:n] *s* queimadura produzida pelos raios solares.

Sun.day ['sʌndi] *s* domingo; • *adj* domingueiro; dominical.

sun.der ['sʌndə(r)] *v* separar; dividir.

sun.dry ['sʌndri] *adj* vários; diversos; variados.

sun.flow.er ['sʌnflauə(r)] *s* girassol.

sung [sʌŋ] *pp* de **sing**.

sun.glass.es ['sʌngla:siz] *s pl* óculos escuros.

sunk [sʌŋk] *pt* e *pp* de **sink**.

sun.light ['sʌnlait] *s* luz do sol.

sun.ny ['sʌni] *adj* ensolarado; brilhante como o Sol; alegre; risonho; feliz.

sun.rise ['sʌnraiz] *s* o nascer do Sol.

sun.set ['sʌnset] *s* o pôr do sol.

sun.shade ['sʌnʃeid] *s* sombrinha; parassol.

sun.shine ['sʌnʃain] *s* brilho do sol; calor.

sun.stroke ['sʌnstrəuk] *s* insolação.

sup [sʌp] *s* gole; trago; • *v* cear; beber aos goles.

su.per.a.ble [su:'pərəbl] *adj* superável.

su.per.a.bun.dant [su:pərə'bʌndənt] *adj* superabundante.

su.per.an.nu.ate [su:pər'ænhueit] *v* aposentar por idade.

su.perb [su:'pə:b] *adj* soberbo; elegante; majestoso.

su.per.cil.i.ous [su:pə'siliəs] *adj* altivo; arrogante; desdenhoso; orgulhoso.

su.per.fi.cial [su:pə'fiʃl] *adj* superficial, que está na superfície.

superficies / surge

su.per.fi.ci.es [su:pəˈfiʃi:z] *s* superfície; área superficial.

su.per.flu.ous [suːˈpəːfluəs] *adj* supérfluo.

su.per.im.pose [su:pərimˈpəuz] *v* sobrepor.

su.per.in.tend [su:pərinˈtend] *v* superintender; dirigir; controlar; fiscalizar.

su.per.in.tend.en.cy [su:pərinˈtendənsi] *s* superintendência; direção.

su.per.in.tend.ent [su:pərinˈtendənt] *s* superintendente; diretor.

su.pe.ri.or [suːˈpiəriə(r)] *s* superior; • *adj* superior; melhor.

su.pe.ri.or.i.ty [su:piəriˈorəti; EUA su:piəriˈɔ:rəti] *s* superioridade.

su.per.la.tive [suːˈpəːlətiv] *adj* superlativo; supremo.

su.per.man [ˈsuːpəmæn] *s* super-homem.

su.per.mar.ket [ˈsuːpəmaːkit] *s* supermercado.

su.per.nat.u.ral [suːpəˈnætʃreəl] *s* e *adj* sobrenatural.

su.per.pow.er [ˈsuːpəpauə(r)] *s* POLÍT superpotência.

su.per.sede [suːpəˈsiːd] *v* substituir o lugar de outrem.

su.per.son.ic [suːpəˈsonik] *s* supersônico.

su.per.star [ˈsuːpəstaː(r)] *s* ator, cantor, jogador, etc. muito famoso.

su.per.sti.tion [suːpəˈstiʃn] *s* superstição; crendice.

su.per.sti.tious [suːpəˈstiʃəs] *adj* supersticioso.

su.per.store [ˈsuːpəstɔː(r)] *s* hipermercado.

su.per.struc.ture [ˈsuːpəstrʌktʃə(r)] *s* superestrutura, construção acima da terra.

su.per.vise [ˈsuːpəvaiz] *v* supervisionar; inspecionar.

su.per.vi.sion [suːpəˈviʒn] *s* supervisão; inspeção.

su.pine [ˈsuːpain; EUA suˈpain] *adj* supino; deitado de costas; recostado.

sup.per [ˈsʌpə(r)] *s* ceia; **The Last ~**: A Última Ceia.

sup.plant [səˈplaːnt; EUA səˈplænt] *v* suplantar; substituir.

sup.ple [ˈsʌpl] *v* tornar(-se) flexível; • *adj* brando; maleável; flexível.

sup.ple.ment [ˈsʌplimənt] *s* suplemento; acréscimo; • *(by, with) v* acrescentar; suprir.

sup.pli.ant [ˈsʌpliənt] *s* e *adj* suplicante; requerente; impetrante.

sup.pli.cate [ˈsʌplikeit] *v* suplicar; implorar.

sup.ply [səˈplai] *s* suprimento; provisão; abastecimento; • *v* suprir; fornecer; completar; **~ and demand**: ECON oferta e procura.

sup.port [səˈpɔːt] *s* sustento; apoio; sustentáculo; • *v* sustentar; suportar; apoiar; ESP torcer por.

sup.port.a.ble [səˈpɔːtəbl] *adj* suportável; tolerável; sustentável; *ant* **insupportable**.

sup.port.er [səˈpɔːtə(r)] *s* sustentáculo; defensor; partidário; patrocinador; ESP torcedor.

sup.pose [səˈpəuz] *v* supor; imaginar; conjeturar.

sup.po.si.tion [sʌpəˈziʃn] *s* suposição; conjetura.

sup.press [səˈpres] *v* suprimir; reprimir.

sup.pres.sion [səˈpreʃn] *s* supressão; repressão.

su.prem.a.cy [suˈpreməsi] *s* supremacia; domínio.

su.preme [suːˈpriːm] *adj* supremo.

sur.charge [ˈsəːtʃaːd] *s* sobrecarga; sobretaxa; • *v* sobrecarregar.

sure [ʃuə(r)] *adj* certo; seguro; infalível; • *adv* naturalmente; certamente; **for ~**: com certeza; **~!**: certo!, claro!, sem dúvida!; **to be ~**: estar certo de; não ter dúvida; **to make ~**: assegurar.

sur.e.ty [ˈʃuərəti; EUA ˈʃuərti] *s* segurança; confiança; garantia; certeza.

surf [səːf] *s* rebentação; onda; espuma (das ondas); • *v* surfar (nas ondas do mar ou na Internet), praticar o surfe.

surf.board [ˈsəːfbɔːd] *s* prancha de surfe.

surf.er [ˈsəːfə(r)] *s* surfista.

sur.face [ˈsəːfis] *s* superfície; aparência exterior; • *v* nivelar; alisar; vir à superfície.

sur.feit [ˈsəːfit] *s* fartura; excesso; indigestão; • *(with) v* fartar; saciar.

surf.ing [ˈsəːfiŋ] *s* ESP surfe.

surge [səːdʒ] *s* onda; • *v* encrespar-se; encapelar-se.

sur.geon ['sə:dʒən] s cirurgião.
sur.ger.y ['sə:dʒəri] s cirurgia; sala de cirurgia; BRIT consultório médico.
sur.gi.cal ['sə:dʒikl] adj cirúrgico, relativo a cirurgia.
sur.ly ['sə:li] adj grosseiro; impertinente; mal-humorado.
sur.mise [sə'maiz] s desconfiança; suspeita; conjetura; • v conjeturar; supor; pressentir.
sur.mount [sə'maunt] v superar; vencer; sobrepujar.
sur.name ['sə:neim] s sobrenome; apelido; • v apelidar.
sur.pass [sə'pa:s; EUA sə'pæs] v exceder; superar.
sur.pass.ing [sə'pa:siŋ] adj superior; transcendente.
sur.plice ['sə:plis] s sobrepeliz, vestimenta usada em ofícios religiosos.
sur.plus ['sə:pləs] s excesso; sobra.
sur.prise [sə'praiz] s surpresa; • v surpreender; **to take someone by ~**: pegar alguém de surpresa.
sur.pris.ing [sə'praiziŋ] adj surpreendente; inesperado.
sur.re.al.ism [sə'ri:əlizəm] s ART, LIT surrealismo.
sur.re.al.ist [sə'ri:əlist] s ART, LIT surrealista.
sur.ren.der [sə'rendə(r)] s rendição; entrega; renúncia; • v entregar(-se); render(-se); ceder.
sur.ro.gate ['sʌrəgeit] s DIR subrogado; substituto.
sur.round [sə'raund] v rodear; circundar; cercar.
sur.round.ings [sə'raundiŋs] s pl arredores; cercanias.
sur.vey [sə'vei] s levantamento; pesquisa; exame; inspeção; • v fazer um levantamento; pesquisar; inspecionar; examinar.
sur.vey.or [sə'veiə(r)] s agrimensor; superintendente; inspetor.
sur.viv.al [sə'vaivl] s sobrevivência.
sur.vive [sə'vaiv] (on) v sobreviver; permanecer vivo.

sur.vi.vor [sə'vaivə(r)] s sobrevivente.
sus.cep.ti.bil.i.ty [səsepti'biləti] s suscetibilidade; sensibilidade.
sus.cep.ti.ble [sə'septəbl] adj suscetível; sensível; melindroso.
sus.pect [sə'spekt] s pessoa suspeita; • v suspeitar; desconfiar.
sus.pend [sə'spend] v suspender; pendurar.
sus.pend.ers [sə'spendəz] s pl suspensórios.
sus.pense [sə'spens] s dúvida; indecisão; incerteza; suspensão.
sus.pen.sion [sə'spenʃn] s suspensão.
sus.pen.sive [sə'spensiv] adj suspensivo; duvidoso.
sus.pi.cion [sə'spiʃn] s suspeita; desconfiança; pequenina porção de um ingrediente.
sus.pi.cious [sə'spiʃəs] adj suspeito; receoso; desconfiado.
sus.tain [sə'stein] v sustentar; sofrer; manter.
sus.te.nance ['sʌstinəns] s sustento; sustentação; sustentáculo; subsistência.
sus.ten.ta.tion ['sʌstintaiʃn] s sustentação; manutenção; • **bridge**: ponte pêncil.
SW abrev de RÁDIO short wave, ondas curtas; **S**outh-**W**est, sudoeste; **S**outh-**W**estern, do sudoeste.
swab [swɔb] s esfregão; • v esfregar; limpar.
swag.ger ['swægə(r)] s maneiras insolentes; bravata; • v mostrar-se insolente; bazofiar; jactar-se.
swag.ger.ing ['swægəriŋ] s fanfarronada.
swain [swein] s jovem camponês; jovem namorado.
swal.low ['swɔləu] s ZOO andorinha; trago; bocado; • v engolir; tragar; **to ~ one's words**: engolir as próprias palavras, ter de admitir o erro.
swam [swæm] pt de **swim**.
swamp [swɔmp] s pântano; brejo; • v submergir; inundar-se.
swan [swɔn] s cisne.
swank [swæŋk] adj elegante; exibicionista.
swap [swɔp] s troca; permuta; • v trocar; permutar.
sward [swɔ:d] s erva rasteira e fina; campo coberto de relva.

swarm / symbolize

swarm [swɔ:m] *s* multidão; enxame; • *v* aglomerar-se.

swarth.y [′swɔ:θi] *adj* moreno; escuro.

sway [swei] *s* agitação; balanço; preponderância; influência; • *v* flutuar; vacilar; governar; dominar; influir.

swear [sweə(r)] *v* (*pt* **swore**; *pp* **sworn**) jurar; prometer; blasfemar; ~ **word**: palavrão.

sweat [swet] *s* suor; • *v* (*pt* e *pp* **sweat**) suar.

sweat.er [′swetə(r)] *s* suéter, blusa grossa de lã; o que transpira demasiadamente; patrão que explora os empregados.

sweat.shop [′swetʃɔp] *s* fábricas que exploram trabalhadores.

Swede [swi:d] *s* sueco; sueca.

Swed.ish [′swi:diʃ] *s* o idioma sueco; • *adj* sueco.

sweep [swi:p] *s* varrida; movimento circular; limpeza; • *v* (*pt* e *pp* **swept**) varrer; arrebatar; limpar; marchar majestosamente.

sweep.stake [′swi:psteik] *s* loteria; jogo de apostas em corridas de cavalos.

sweet [swi:t] *s* doçura; doce; querido; • *adj* doce; suave; melodioso; fresco; agradável; delicado; ~ **potato**: batata-doce.

sweet.en [′swi:tn] *v* adoçar; açucarar.

sweet.heart [′swi:tha:t] *s* namorado; namorada; querido; querida; amante.

sweet.ish [′swi:tiʃ] *adj* adocicado.

swell [swel] *s* aumento de volume; inchaço; • *v* (*pt* **swelled**; *pp* **swollen**) inchar(-se); intumescer; aumentar; • *adj* elegante; magnífico.

swell.ing [′sweliŋ] *s* inchaço; tumor; protuberância.

swel.ter [′sweltə(r)] *v* sufocar; abafar (de calor); suar.

swerve [swə:v] *s* desvio; mudança súbita de direção; • *v* afastar-se; desviar.

swift [swift] *s* gavião; • *adj* veloz; ágil; rápido.

swig [swig] *s* gole; trago; • *v* beber demasiadamente.

swill [swil] *v* beber excessivamente; enxaguar.

swim [swim] *s* natação; nado; • *v* (*pt* **swam** *pp* **swum**) nadar; boiar; **to** ~ **with/against the tide**: nadar a favor/contra a maré.

swim.mer [′swimə(r)] *s* nadador.

swim.ming [′swimiŋ] *s* natação; • *adj* natatório; ~ **pool/~-bath**: piscina.

swim.suit [′swimsu:t] *s* maiô; calção de banho.

swin.dle [′swindl] *s* logro; trapaça; • *v* enganar; trapacear; defraudar.

swine [swain] *s* porco; suíno.

swing [swiŋ] *s* balanço; andar gingado; • *v* (*pt* e *pp* **swung**) balançar; oscilar; pender; gingar.

swin.ish [′swiniʃ] *adj* desagradável; difícil de lidar.

swipe [swaip] *s* golpe; pancada forte; • *v* dar pancada violenta.

swirl [swə:l] *s* redemoinho; movimento giratório; • *v* rodar; girar; dar voltas.

Swiss [swis] *s* e *adj* suíço.

switch [switʃ] *s* mudança; vara; chibata; interruptor elétrico; • *v* mudar; chicotear; **to** ~ **on/off**: ligar/desligar.

switch.back [′switʃbæk] *s* BRIT montanha-russa.

swiv.el [′swivl] *s* eixo; • *v* girar sobre um eixo.

swoon [swu:n] *s* desmaio; síncope; • *v* desmaiar; desfalecer.

swoop [swu:p] *s* golpe repentino; • *v* atacar; lançar-se sobre.

sword [sɔ:d] *s* espada; sabre; arma branca.

sword.fish [′sɔ:dfiʃ] *s* peixe-espada.

swords.man [′sɔ:dzmən] *s* esgrimista.

swore [swɔ:(r)] *pt* de **swear**.

sworn [swɔ:n] *pp* de **swear**.

swum [swʌm] *pp* de **swim**.

syl.lab.ic [si′læbik] *adj* silábico.

syl.la.ble [′siləbl] *s* sílaba; • *v* articular.

syl.la.bus [′siləbəs] *s* resumo; sumário; roteiro.

syl.van [′silvən] *adj* silvestre; rústico.

sym.bol [′simbl] *s* símbolo; figura; emblema.

sym.bol.ic, **sym.bol.i.cal** [sim′bɔlik, sim′bɔlikl] *adj* simbólico; figurativo.

sym.bol.ism [′simbəlizəm] *s* simbolismo.

sym.bol.ize, **sym.bol.ise** [′simbəlaiz] *v* simbolizar.

sym.met.ric, sym.met.ri.cal [si′metrik, si′metrikl] *adj* simétrico; *ant* **asymmetric**.

sym.me.try [′simətri] *s* simetria; harmonia; proporção; *ant* **asymmetry**.

sym.pa.thet.ic [simpə′øetik] *adj* solidário; compassivo; harmonioso.

sym.pa.thize, sym.pa.thise [′simpəøaiz] *v* compadecer-se; condoer-se.

sym.pa.thy [′simpəøi] *s* compaixão; solidariedade.

sym.phon.ic [sim′fɔnik] *adj* sinfônico.

sym.pho.ny [′simfəni] *s* sinfonia; harmonia; melodia.

sym.po.si.um [sim′pəuziəm] *s* simpósio; *pl* **symposia**.

symp.tom [′simptəm] *s* sintoma; sinal; indício.

syn.a.gogue [′sinəgɔg] *s* sinagoga.

syn.chro.nize, syn.chro.nise [′siŋkrənaiz] (*with*) *v* sincronizar; ter ou conservar analogia; ser simultâneo.

syn.chro.nous [′siŋkrənəs] *adj* síncrono; sincrônico; simultâneo.

syn.co.pate [′siŋkəpeit] *v* sincopar.

syn.di.cate [′sindikət] *s* sindicato; • *v* sindicar.

syn.drome [′sindrəum] *s* síndrome.

syn.od [′sinəd] *s* sínodo, assembleia de sacerdotes.

syn.o.nym [′sinənim] *s* sinônimo.

sy.nop.sis [si′nɔpsis] *s* sinopse, resumo; *pl* **synopses**.

syn.op.tic [si′nɔptik] *adj* sinótico; resumido.

syn.tax [′sintæks] *s* sintaxe, parte da gramática que trata das sentenças e suas construções.

syn.the.sis [′sinøəsis] *s* síntese, combinação de partes ou elementos para uma nova fórmula.

syn.the.size, syn.the.sise [′sinøəsaiz] *v* sintetizar, produzir pela síntese.

syn.thet.ic [sin′øetik] *adj* sintético; resumido.

syph.i.lis [′sifilis] *s* MED sífilis, infecção venérea e crônica transmitida principalmente por contato sexual.

syph.i.lit.ic [sifi′litik] *adj* sifilítico, relacionado ou afetado pela sífilis.

sy.ringe [si′rindʒ] *s* seringa, pequena bomba, de plástico ou vidro, que serve para injetar medicamentos em pacientes.

syr.up [′sirəp] *s* xarope; calda.

sys.op [′sisɔp] *s* INF *abrev de* **sys**tem **op**erator, operador de sistema, que é o "cabeça" controlador das operações do sistema.

sys.tem [′sistəm] *s* sistema; processo; método; **nervous ~**: sistema nervoso.

sys.tem.at.ic [sistə′mætik] *adj* sistemático, de acordo com um plano.

sys.tem.a.tize, sys.tem.a.tise [′sistəmətaiz] *v* sistematizar; reduzir a sistema.

sys.tems anal.y.sis [′sistəms æ′nələsis] *s* INF análise de sistemas.

sys.tems an.a.lyst [′sistəms æ′nələst] *s* INF analista de sistemas.

T

t [ti:] *s* vigésima letra do alfabeto.

tab [tæb] *s* lingueta; alça; etiqueta; aba; EUA POP conta; INF tecla tabuladora.

tab.by ['tæbi] *s* espécie de seda ondeada; gato malhado; • *adj* malhado.

tab.er.na.cle ['tæbənækl] *s* tabernáculo, templo portátil cuja disposição Deus confiou a Moisés, para abrigar as Tábuas da Lei, ou Arca da Aliança e que posteriormente serviu como base de construção para o templo de Salomão e, como consequência, os templos Católicos.

ta.ble ['teibl] *s* mesa; tabela; índice; • *v* pôr na mesa; apresentar para discussão; **at ~**: à mesa; **~ of contents**: índice das matérias; **to turn the ~s**: FIG virar a mesa, reverter a situação.

ta.ble.land ['teibllænd] *s* planalto.

ta.ble.spoon ['teiblspu:n] *s* colher de sopa.

tab.let ['tæblit] *s* tabuleta; placa; painel; comprimido.

ta.ble.ware ['teiblweə(r)] *s* baixela.

tab.loid ['tæbloid] *s* tabloide; jornal sem expressão, jornaleco; imprensa marrom.

ta.boo [təˈbu:; EUA tæˈbu:] *s* tabu; proibição; • *v* proibir; vedar.

tab.u.late ['tæbjuleit] *v* dispor em quadros.

ta.chyg.ra.phy ['tækgrafi] *s* taquigrafia, técnica de escrita por sinais.

tac.it ['tæsit] *adj* tácito; implícito.

tac.i.turn ['tæsitə:n] *adj* taciturno; calado; silencioso.

tack [tæk] *s* tacha; • *v* pregar com tachas.

tack.le ['tækl] *s* roldana; guindaste; equipamento; atacar; enfrentar.

tact [tækt] *s* tato; jeito; tino.

tac.tic ['tæktik] *adj* tático; estratégico.

tac.ti.cian [tækˈtiʃn] *s* tático; estrategista.

tac.tics ['tæktiks] *s* tática; estratégia.

tad.pole ['tædpəu] *s* girino.

taf.fy ['tæfi] *s* EUA caramelo.

tag [tæg] *s* etiqueta; ponta; chavão; • *v* fixar uma presilha ou etiqueta a; juntar.

tail [teil] *s* rabo; cauda; cabo; • *v* prender à cauda; pender como cauda; puxar pela cauda; **~-light**: lanterna traseira vermelha (dos veículos), EUA **tail-lamp**; **~-made**: feito sob medida; **with one's ~ between one's legs**: com o rabo entre as pernas.

tai.lor ['teilə(r)] *s* alfaiate.

taint [teint] *s* mancha; mácula; infecção; • *v* infeccionar; infectar; manchar.

take [teik] *s* CIN tomada; • *v* (*pt* took; *pp* taken) tomar; pegar; segurar; aceitar; considerar; levar; **~ it easy**: calma; **to ~aback**: surpreender; embaraçar; **to ~ care**: tomar conta de, cuidar, **to ~ part**: participar, tomar parte; **to ~ place**: suceder; **to ~ the lead**: tomar a liderança; **to ~ to**: afeiçoar-se por alguém.

take-off ['teikɔf] *s* AER decolagem.

tak.ing ['teikiŋ] *s* tomada; captura; • *adj* fascinante; atraente.

talc, tal.cum pow.der [tælk, 'tælkəm paudə(r)] *s* talco.

tale [teil] *s* conto; fábula; narrativa; história.

tal.ent ['tælənt] *s* talento; gênio; engenho; talento, moeda antiga.

tal.ent.ed ['tæləntid] *adj* talentoso, hábil.

talk [tɔ:k] *s* conversa; conversação; discurso; • *v* falar; conversar; dizer; narrar; ~ **show**: EUA programa de televisão ou de rádio em que pessoas, em especial as bem conhecidas, são convidadas para falar, de modo informal, sobre vários assuntos, BRIT **chat show**; **to ~ up**: falar claro.

talk.a.tive ['tɔ:kətiv] *adj* falador; conversador; tagarela.

tall [tɔ:l] *adj* alto; elevado; excessivo.

tall.boy ['tɔ:lbɔi] *s* cômoda; EUA **highboy**.

tal.low ['tæləu] *s* sebo; • *v* ensebar; engordurar.

tal.ly ['tæli] *s* contagem; marcação; • (*with*) *v* corresponder; condizer; calcular.

tal.on ['tælən] *s* garra.

tam.bour ['tæmbuə(r)] *s* tambor; tamborim; caixilho de madeira para bordar.

tam.bou.rine [tæmbə'ri:n] *s* MÚS pandeiro; tamborim; tamboril.

tame [teim] *adj* dócil; manso; domesticado; desanimado; abatido; • *v* amansar; cativar; domar; submeter.

tam.er ['teimə(r)] *s* domador de animais.

tam.per ['tæmpə(r)] *v* mexer em; intrometer-se; adulterar.

tam.pon ['tæmpən] *s* absorvente interno; ob®.

tan [tæn] *s* cor parda; bronzeado; • *v* curtir; ficar ou tornar bronzeado; • *adj* crestado; trigueiro.

tan.dem ['tændəm] *s* carro de dois cavalos; bicicleta com dois selins; • *adv* um atrás do outro; **in ~**: um após o outro; ao mesmo tempo.

tang [tæŋ] *s* som agudo; cheiro ou gosto forte.

tan.gent ['tændʒənt] *s* tangente.

tan.ge.rine [tændʒə'ri:n; EUA 'tændʒəri:n] *s* tangerina.

tan.gi.ble ['tændʒəbl] *adj* tangível; palpável; *ant* **intangible**.

tan.gle ['tæŋgl] *s* enredo; confusão; emaranhado; alga comestível; • *v* emaranhar; entrelaçar; **to ~ with**: discutir.

tank [tæŋk] *s* tanque; cisterna.

tan.ner ['tænə(r)] *s* curtidor, pessoa que curte couro.

tan.ner.y ['tænəri] *s* curtume, estabelecimento onde se curtem couros.

tan.ta.lize, tan.ta.lise ['tæntəlaiz] *v* atormentar.

tan.ta.mount ['tæntəmaunt] *adj* equivalente; igual.

tap [tæp] *s* punção; cânula (tubo para vários instrumentos cirúrgicos); torneira, EUA **faucet**; pancada leve; • (*on*) *v* bater de leve; dar tapas; grampear (telefone); **on ~**: disponível.

tape [teip] *s* cadarço; fita (filme, gravação); • *v* colar; prender; gravar; ~ **deck**: gravador; ~-**measure**: fita métrica; ~-**recorder**: gravador; ~-**recording**: gravação; **to ~-record**: gravar.

tap.er ['teipə(r)] *s* círio (vela fina e comprida); afilamento; • *v* afilar-se; terminar em ponta.

tap.es.try ['tæpistri] *s* tapete bordado; tapeçaria.

tape.worm ['teipwɔ:m] *s* tênia, solitária.

ta.pir ['teipə(r)] *s* ZOO anta.

tar [ta:(r)] *s* QUÍM alcatrão.

tar.dy ['ta:di] *adj* vagaroso; moroso; lento.

tar.get ['ta:git] *s* alvo; mira; meta; • (*on*, *at*) *v* mirar.

tar.iff ['tærif] *s* tarifa; preço de serviço.

tarn [ta:n] *s* lago entre montanhas.

tar.nish ['ta:niʃ] *s* mancha; nódoa; opacidade; • *v* descorar; perder o brilho.

tar.ry ['ta:ri] *v* retardar; tardar; permanecer no mesmo lugar.

tart [ta:t] *s* torta; GÍR prostituta; • *adj* ácido; picante; azedo; mordaz.

tar.tar ['ta:tə(r)] *s* tártaro (dentes); ~ **sauce**: CULIN molho tártaro.

task [ta:sk; EUA tæsk] *s* tarefa; empreitada; ~ **force**: MIL força-tarefa; • *v* dar uma tarefa a.

tas.sel ['tæsl] *s* borla, trabalho com fios dourados ou de outras cores que ficam pendurados.

taste / teeter-totter

taste [teist] *s* gosto; sabor; paladar; prova; amostra; • *v* provar alimento ou bebida; saborear.

taste.ful ['teistfl] *adj* gostoso; saboroso; de bom gosto.

taste.less ['teistlis] *adj* insípido; insosso; sem gosto.

tast.y ['teisti] *adj* gostoso; saboroso; gracioso.

tat.ter ['tætə(r)] *s* farrapo; trapo; • *v* estraçalhar; reduzir a farrapos; **in ~**: destruído; arruinado.

tat.tered ['tætəd] *adj* esfarrapado; andrajoso.

tat.tle ['tætl] *v* tagarelar; palrar; mexericar.

tat.tler ['tætlə(r)] *s* tagarela; palrador; que fala muito.

tat.too [tə'tu:; EUA tæ'tu:] *s* tatuagem; MIL toque de recolher; • *v* tatuar.

taught [tɔ:t] *pt* e *pp* de **teach**.

taunt [tɔ:nt] *s* mofa; zombaria; • *v* insultar; ridicularizar; zombar.

Tau.rus ['tɔ:rəs] *s* ASTROL Touro.

tau.tol.o.gy [tɔ:'tɔlədʒi] *s* tautologia.

tav.ern ['tævən] *s* taberna; estalagem; botequim.

taw.dry ['tɔ:dri] *adj* extravagante; espalhafatoso.

taw.ny ['tɔ:ni] *adj* trigueiro; moreno.

tax [tæks] *s* taxa; encargo; imposto; • *v* taxar; acusar; **~-free**: sem imposto.

tax.a.tion [tæk'seiʃn] *s* taxação; tributação.

tax.i, tax.i.cab ['tæksi, 'tæksikæb] *s* táxi; • *v* AER taxiar (avião na pista); **~-driver**: motorista de táxi; **~ rank/~ stand**: ponto de táxi.

tax.i.der.mist ['tæksidə:mist] *s* taxidermista, empalhador de animais vertebrados.

tax.i.der.my ['tæksidə:mi] *s* taxidermia, arte ou técnica de empalhar animais.

tax.i.me.ter ['tæksimi:tə(r)] *s* taxímetro, aparelho que mede quanto deve ser pago pela corrida de táxi.

tea [ti:] *s* chá; **not for all the ~ in China**: de jeito nenhum; **~-bag**: saquinho de chá; **~-shop**: casa de chá; **~-time**: hora do chá.

teach [ti:tʃ] *v* (*pt* e *pp* **taught**) ensinar; treinar; instruir; **to ~ one's grandmother to suck eggs**: ensinar o padre-nosso ao vigário.

teach.er ['ti:tʃə(r)] *s* professor; instrutor; mestre.

teach.ing ['ti:tʃiŋ] *s* ensino; instrução; magistério.

tea.cup ['ti:kʌp] *s* xícara de chá.

team [ti:m] *s* parelha, junta; bando; equipe; • *v* juntar numa equipe; **~work**: trabalho de equipe.

tea.pot ['ti:pɔt] *s* bule de chá; **tempest in a ~**: tempestade em copo d'água.

tear [tiə(r)] *s* lágrima; choro; pranto; • *v* (*pt* **tore**; *pp* **torn**) rasgar; despedaçar; dilacerar; arrancar; **in ~s**: em prantos; **~-gas**: gás lacrimogêneo.

tear.ful ['tiəfl] *adj* lacrimoso; choroso; dilacerante.

tease [ti:z] *s* arrelia; enfado; aborrecimento; • *v* atormentar; importunar; caçoar de.

tea.sel ['ti:zl] *s* BOT cardo, planta espinhosa.

teas.er ['ti:zə(r)] *s* importuno; aborrecedor.

tea.spoon ['ti:spu:n] *s* colher de chá.

teat [ti:t] *s* teta; mamilo; bico de mamadeira; EUA **nipple**.

tech.ni.cal ['teknikl] *adj* técnico.

tech.ni.cian [tek'niʃn] *s* técnico; prático; perito.

tech.no ['teknɔ] *s* MÚS *techno*, gênero musical eletrônico.

tech.no.crat ['teknəkræt] *s* tecnocrata.

tech.nol.o.gy [tek'nɔlədʒi] *s* tecnologia.

ted.dy ['tedi] *s* ursinho de pelúcia.

te.di.ous ['ti:diəs] *adj* tedioso; enfadonho; maçante; monótono.

te.di.um ['ti:diəm] *s* tédio.

tee [ti:] *s* qualquer coisa em forma de "T"; ESP base elevada de certos jogos.

teem [ti:m] *v* gerar; abundar; chover muito.

teem.ing ['ti:miŋ] *adj* abundante; prolífico; fértil.

teen.age ['ti:neidʒ] *adj* adolescente; **~ problems**: problemas de adolescente, EUA POP **teen**.

teen.ag.er ['ti:neidʒə(r)] *s* adolescente.

teens [ti:nz] *s pl* adolescência.

tee.shirt, T-shirt ['tiʃə:t] *s* camiseta.

tee.ter-tot.ter ['ti:tə(r) 'tɑtə(r)] *s* EUA gangorra; BRIT **see-saw**.

teeth [ti:ø] *s* (*pl* de **tooth**) dentes; poder; • *v* nascer os dentes.

teeth.ing [′ti:øiŋ] *s* dentição.

tee.to.tal [ti:′təutl; EUA ′ti:təutl] *adj* completo; total; abstêmio.

tee.to.tal.ism [ti:′təutlizm] *s* abstinência de bebidas alcoólicas.

tee.to.tal.ler, EUA **tee.to.tal.er** [′ti:′təutlə(r)] *s* abstêmio, pessoa que não toma bebida alcoólica e prega a abstinência.

TEFL [ti:i:ef:′el] *abrev de* **t**eaching of **E**nglish as a **f**oreign **l**anguage, ensino do inglês como língua estrangeira.

te.le.com.mu.ni.ca.tions [telikəmju:ni′keiʃnz] *s pl* telecomunicações.

tel.e.gram [′teligræm] *s* telegrama, mensagem transmitida a distância pelo sistema Morse de telegrafia.

tel.e.graph [′teligra:f; EUA ′teligræf] *s* telégrafo, aparelho usado para transmitir comunicações a distância; • *v* telegrafar.

tel.e.graph.ic [teli′græfik] *adj* telegráfico; resumido; lacônico.

te.leg.ra.phy [ti′legrəfi] *s* telegrafia, a arte de construir telégrafos e fazer uso deles.

te.lep.a.thy [ti′lepəθi] *s* telepatia.

tel.e.phone, phone [′telifəun, fəun] *s* telefone; • *v* telefonar; ~ **directory/book**: lista telefônica; ~ **box/booth/kiosk**: cabine telefônica, orelhão; ~ **call**: chamada telefônica; ~ **number**: número de telefone.

te.leph.o.nist [tə′lefənist] *s* telefonista.

te.leph.o.ny [tə′lefəni] *s* telefonia.

tele.promp.ter [′teliprɔmptə(r)] *s* TV ponto mecânico.

tel.e.scope [′teliskəup] *s* telescópio.

tel.e.scop.ic [teli′skɔpik] *adj* telescópico.

tel.e.text [′telitekst] *s* teletexto.

tel.e.vi.sion [′teliviʒn] *s* televisão; ~ **set**: aparelho de televisão.

tell [tel] *v* (*pt* e *pp* **told**) dizer; contar; informar; explicar; revelar; distinguir; discernir; ordenar.

tell.er [′telə(r)] *s* narrador; relator; EUA caixa de banco.

tell.ing [′teliŋ] *adj* eficaz; significante.

tell.tale [′təlteil] *s* mexeriqueiro; caluniador; • *adj* revelador.

tel.ly [′teli] *s* BRIT POP televisão.

te.mer.i.ty [ti′merəti] *s* temeridade; ousadia.

tem.per [′tempə(r)] *s* têmpera; temperamento; gênio; calma; • *v* temperar; modelar; misturar; **in a bad ~**: de mau humor; **out of ~**: zangado; **to lose one's ~**: perder a calma.

tem.per.a.ment [′temprəmənt] *s* temperamento; compleição; moderação.

tem.per.a.men.tal [temprə′mentl] *adj* genioso; impetuoso; temperamental.

tem.per.ance [′tempərəns] *s* temperança; sobriedade.

tem.per.ate [′tempərət] *adj* temperado; moderado; sóbrio; brando; ameno.

tem.per.a.ture [′temprətʃə(r); EUA ′tempərtʃuər] *s* temperatura.

tem.pest [′tempist] *s* tempestade; tormenta; tumulto.

tem.pes.tu.ous [tem′pestʃuəs] *adj* tempestuoso; violento.

tem.plate [′templeit] *s* molde.

tem.ple [′templ] *s* templo; basílica; igreja.

tem.po.rar.y [′tempərəri; EUA ′tempəreri] *adj* temporário; transitório; provisório.

tem.po.rize, tem.po.rise [′tempəraiz] *v* ganhar tempo.

tempt [tempt] *v* tentar; atrair; seduzir.

temp.ta.tion [temp′teiʃn] *s* tentação; atração pelo que é proibido.

tempt.er [′temptə(r)] *s* tentador; o que tenta.

tempt.ing [′temptiŋ] *adj* tentador; atraente; sedutor.

ten [ten] *s* e *num* dez; **to be ~ in a penny**: ser muito comum, de pouco valor.

ten.a.ble [′tenəbl] *adj* defensável; sustentável; *ant* **untenable**.

te.na.cious [ti′neiʃəs] *adj* tenaz; firme; persistente.

ten.an.cy [′tenənsi] *s* locação; inquilinato; arrendamento.

ten.ant [′tenənt] *s* inquilino; locatário; arrendatário.

tend [tend] *v* cuidar de; tratar de; estar atento; acompanhar; contribuir para; servir a; tender.

ten.den.cy [ˈtendənsi] s tendência; propensão; inclinação.

ten.der [ˈtendə(r)] s oferta; proposta; • v oferecer; propor; • adj tenro; mole; sensível.

ten.der.ly [ˈtəndəli] adv ternamente, delicadamente.

ten.don [ˈtendən] s MED tendão, cordão fibroso branco localizado onde terminam os músculos e se ligam aos ossos.

ten.e.ment [ˈtenəmənt] s cortiço; habitação coletiva.

ten.nis [ˈtenis] s tênis; **~ court**: quadra de tênis.

tense [tens] s GRAM tempo, flexão verbal; • adj tenso; esticado.

ten.sion [ˈtenʃn] s tensão; rigidez.

tent [tent] s tenda; barraca; • v acampar.

ten.ta.cle [ˈtentəkl] s tentáculo, órgão de preensão e movimentação de alguns invertebrados.

ten.ta.tive [ˈtentətiv] adj provisório.

tenth [tenθ] s e num décimo.

ten.u.ous [ˈtenjuəs] adj tênue; delgado; frágil.

tep.id [ˈtepid] adj tépido, ligeiramente aquecido; morno.

term [tə:m] s termo; palavra; limite; prazo; • v nomear; designar; **in the long ~**: a longo prazo; **in short ~**: a curto prazo; **to come to ~s**: chegar a um acordo.

ter.ma.gant [ˈtə:məgənt] s mulher colérica; • adj turbulento; inquieto.

ter.mi.nal [ˈtə:minl] s terminal (INF, estação ferroviária, aeroporto); • adj terminal; fatal.

ter.mi.nate [ˈtə:mineit] v terminar; concluir.

ter.mi.na.tion [tə:miˈneiʃn] s terminação; término; conclusão; remate; **~ of pregnancy**: interrupção da gravidez.

ter.mi.nol.o.gy [tə:miˈnɔlədʒi] s terminologia, tratado de termos técnicos, de ciência ou arte.

ter.mite [ˈtə:mait] s térmita, cupim.

ter.race [ˈterəs] s terraço; balcão; varanda larga.

ter.res.tri.al [tiˈrestriəl] adj terrestre; mundano.

ter.ri.ble [ˈterəbl] adj terrível; horrível; espantoso; tremendo; grave.

ter.rif.ic [təˈrifik] adj impressionante; excelente.

ter.ri.fy [ˈterifai] v terrificar; apavorar; amedrontar.

ter.ri.to.ry [ˈteritri; EUA ˈterətɔ:ri] s território; praça; zona.

ter.ror [ˈterə(r)] s pavor, terror.

ter.ror.ist [ˈterərist] s terrorista.

ter.ror.ize, ter.ror.ise [ˈterəraiz] v aterrorizar; horrorizar.

terse [tə:s] adj conciso, breve.

test [test] s teste; exame; prova; ensaio; experiência; • v examinar; experimentar; submeter a uma prova; **~ drive**: teste de direção para experimentar um carro novo, com o intuito de comprá-lo; **~ pilot**: piloto de prova; **~-tube**: proveta; **~-tube baby**: bebê de proveta.

tes.ta.ment [ˈtestəmənt] s DIR testamento.

tes.ta.men.ta.ry [testəˈmentri] adj testamentário.

tes.ta.tor [teˈsteitə(r); EUA ˈtesteitər] s testador.

tes.ti.cle [ˈtestikl] s testículo.

tes.ti.fy [ˈtestifai] (against, for, to) v depor; testemunhar; atestar; declarar.

tes.ti.mo.ni.al [testiˈməuniəl] s certidão; certificado; atestado; • adj de testemunho; comprovável; testemunhável.

tes.ti.mo.ny [ˈtestiməni; EUA ˈtestiməuni] s testemunho; depoimento.

tes.ty [ˈtesti] adj colérico; irritável.

tet.a.nus [ˈtetənəs] s MED tétano, doença que se caracteriza pela rigidez muscular.

teth.er [ˈteðə(r)] s cabresto; peia; • v pear; travar.

text [tekst] s texto; tópico; tema; INF **~ editor**: editor de texto, um programa que permite que você modifique (edite) arquivos de texto; processador de palavras.

text.book [ˈtekstbuk] s manual; livro didático.

tex.tile [ˈtekstail] s e adj têxtil.

tex.ture [ˈtekstʃə(r)] s textura; contextura.

than [øən] *conj* e *prep* do que; que; **Bill drives better ~ you**: Bill dirige melhor do que você.

thank [øæŋk] *s* agradecimentos; graças; • (*for*) *v* agradecer; **~ Goodness!**: Graças a Deus!; **~ you/~s**: obrigado; **~s to**: graças a.

thank.ful [ˈøæŋkfl] *adj* agradecido; grato.

thank.less [ˈøæŋklis] *adj* ingrato; mal-agradecido.

thanks [øæŋks] *s pl* agradecimentos; • *interj* obrigado!; **~ a million**: muitíssimo obrigado.

thanks.giv.ing [ˈøæŋksgiviŋ] *s* Ação de Graças; **~ Day**: EUA Dia de Ação de Graças.

thank-you [øæŋkju; EUA øæŋkjə] *s* agradecimento; **~ letters**: cartas de agradecimento.

that [øæt] *pron* esse; essa; isso; aquele; aquela; aquilo; • *conj* que; para que; a fim de que; • *adv* tão; de tal modo; em tal proporção; **~'s it**: é isso; **~ is**: isto é.

thatch [øætʃ] *s* colmo; • *v* cobrir de colmo (caule de gramíneas).

thaw [øɔ:] *s* degelo; • *v* degelar; derreter.

the [øə (antes de consoantes); øi (antes de vogais)] *art* o; a; os; as; • *adv* quanto mais... mais; **~ more he eats ~ fatter he gets**: quanto mais ele come, mais ele engorda; **~ sooner ~ better**: quanto mais cedo melhor; **who's got ~ key?**: quem tem a chave?

the.a.tre, EUA **the.a.ter** [ˈøiətə(r)] *s* teatro.

the.at.ri.cal [øiˈætrikl] *adj* teatral.

theft [øeft] *s* furto; roubo.

their [øeə(r)] *pron* seu; seus; sua; suas; deles; delas.

theirs [øeəz] *pron* (o, a) seu, sua; (os, as) seus, suas; o(s) dele(s), a(s) dela(s).

the.ism [ˈøi:izəm] *s* teísmo, doutrina que prega a existência e ação providencial de Deus.

them [øəm] *pron* os; as; lhes; a eles; a elas; **I asked ~ about the job**: perguntei-lhes sobre o emprego.

theme [øi:m] *s* tema; tese; assunto; matéria.

them.selves [øəmˈselvz] *pron* se; a si mesmos; eles, elas mesmas.

then [øen] *adj* daquele tempo; daquela época; que existia; • *adv* então; naquele tempo; em seguida; portanto; **now and ~**: de vez em quando.

thence [øens] *adv* daí; dali; de lá; portanto; por essa razão.

thence.forth [øensˈfɔ:ø] *adv* desde então.

thence.for.ward [øensˈfɔ:wəd] *adv* dali em diante; desde então.

the.oc.ra.cy [øiˈɔkrəsi] *s* teocracia, governo exercido por sacerdotes.

the.o.lo.gian [øiˈɔlədʒiən] *s* teólogo.

the.ol.o.gy [øiˈɔlədʒi] *s* teologia, ciência que estuda a religião e as coisas divinas.

the.o.rem [ˈøiərəm] *s* teorema, proposição que, para ser evidente, precisa ser demonstrada.

the.o.ret.ic [øiəˈretik] *adj* teórico; especulativo; hipotético.

the.o.rist [ˈøiərist] *s* teorista; autor de teorias.

the.o.ry [ˈøiəri] *s* teoria.

the.os.o.phy [øi:ˈɔsəfi] *s* teosofia, ciência religiosa que tem por objetivo a união com Deus.

ther.a.peu.tic [øerəˈpju:tik] *adj* terapêutico; de qualidades curativas.

ther.a.peu.tics [øerəˈpju:tik(s)] *s* terapêutica.

ther.a.pist [ˈøerəpist] *s* terapeuta.

ther.a.py [ˈøerəpi] *s* terapia.

there [øeə(r)] *adv* aí; ali; lá; acolá; • *interj* eis, olha!; **~ to be**: haver; **~ you are**: aqui está; **to get ~**: chegar lá, ter sucesso.

there.a.bouts [ˈøeərəbaut(s)] *adv* por aí; perto; aproximadamente; EUA *tb* **thereabout**.

there.af.ter [øeərˈa:ftə(r); EUA øeərˈæftə(r)] *adv* depois disso; desde então.

there.by [øeəˈbai] *adv* por aí; com referência a isso; desse modo.

there.fore [ˈøeəfɔ:(r)] *adv* por isso; por conseguinte; por essa razão.

there.in [øeərˈin] *adv* ali; lá; então; nisso; nisto.

there.of [øeərˈɔv] *adv* disto; disso; daquilo.

there.on [eərˈɔn] *adv* nisto; nisso; naquilo.

ther.mal [ˈøə:ml] *adj* térmico, concernente ao calor.

ther.mom.e.ter [øə'mɔmitə(r)] *s* termômetro, instrumento com o qual se mede a temperatura do corpo.

ther.mos ['øə:məs] *s* garrafa térmica.

the.sau.rus [øi'sɔ:rəs] *s* tesouro; léxico; dicionário de sinônimos; enciclopédia.

these [ðiːz] *adj* e *pron* estes; estas.

the.sis ['øiːsis] *s* tese.

they [ðei] *pron* eles; elas; **~ invited me for an interview**: eles me convidaram para uma entrevista.

thick [øik] *adj* grosso; denso; espesso; coberto; íntimo; familiar; • *adv* densamente; **as ~ as thieves**: muito amigos.

thick.en ['øikən] *v* engrossar; densificar; aumentar.

thick.et ['øikit] *s* bosque; moita; mato.

thick.ness ['øiknis] *s* espessura; grossura.

thief [øiːf] *s* ladrão; gatuno; *pl* **thieves**.

thieve [øiːv] *v* roubar; furtar.

thiev.er.y ['øiːvəri] *s* roubo; furto.

thiev.ish [øiːviʃ] *adj* inclinado ao roubo; furtivo; secreto; matreiro.

thigh [øai] *s* coxa.

thigh.bone ['øaibəun] *s* fêmur.

thim.ble ['øimbl] *s* dedal, proteção que se usa no dedo, polegar ou médio, para empurrar a agulha de costura.

thin [øin] *v* emagrecer; afinar; definhar; • *adj* magro; fino; franzino; leve.

thine [ðain] *pron* (o, os) teu; teus; (a, as) tua; tuas.

thing [øiŋ] *s* coisa; objeto; matéria; negócio; coisa; **a ~ of the past**: coisa do passado; **to make a ~ of**: dar muita importância.

think [øiŋk] (*about*) *v* (*pt* e *pp* **thought**) pensar; julgar; achar; imaginar; crer; **to ~ big**: pensar grande, sonhar alto; **to ~ over**: pensar bem; **to ~ twice**: pensar duas vezes, pensar bem; **to ~ up**: elaborar; inventar.

think.er ['øiŋkə(r)] *s* pensador; filósofo.

think.ing ['øiŋkiŋ] *s* pensamento; meditação; **way of ~**: modo de pensar.

third [øə:d] *s* e *num* terceiro; **~ dimension**: terceira dimensão; **~ person**: GRAM terceira pessoa; **~ World**: Terceiro Mundo.

thirst [øə:st] *s* sede; ânsia; desejo; • *v* ter sede; ambicionar.

thirst.y ['øə:sti] *adj* sequioso; sedento; com sede.

thir.teen [øə:'tiːn] *s* e *num* treze.

thir.ty ['øə:ti] *s* e *num* trinta.

this [ðis] *adj* e *pron* este; esta; isto.

this.tle ['øisl] *s* cardo, tipo de planta.

thith.er ['ðiðə(r)] *adv* para lá; naquela direção.

thong [øɔŋ]; EUA øɔ:ŋ] *s* correia; tira.

tho.rax ['øɔ:ræks] *s* tórax; peito.

thorn [øɔ:n] *s* espinho; FIG tormento; **a ~ in one's flesh**: FIG uma pedra no sapato.

thorn.y ['øɔ:ni] *adj* espinhoso; penoso; incômodo.

thor.ough ['øʌrə]; EUA 'øʌrəu] *adj* inteiro; completo; meticuloso.

thor.ough.bred ['øʌrəbred] *s* animal de puro sangue; • *adj* de puro sangue.

thor.ough.fare ['øʌrəfeə(r)] *s* via pública; estrada; passagem.

thor.ough.go.ing [øʌrə'gəuiŋ] *adj* completo; cabal; extremo.

those [ðəuz] *adj* e *pron* esses; essas; aqueles; aquelas; os; as; **what are all ~ pieces of rubber for?**: para que são esses pedaços de borracha?

though [ðəu] *conj* não obstante; conquanto; posto que; **as ~**: como se; **even ~**: muito embora.

thought [øɔ:t] *s* pensamento; meditação; opinião; juízo; • *pt* e *pp* de **think**.

thought.ful ['øɔ:tfl] *adj* pensativo; atencioso; cuidadoso.

thought.less ['øɔ:tlis] *adj* irrefletido; descuidado; imprevidente.

thou.sand ['øauznd] *s* e *num* mil; **~s (of)**: milhares de.

thrash [øræʃ] *v* debulhar; sovar; espancar.

thread [øred] *s* linha; fio; rosca; • *v* enfiar a linha na agulha; atravessar; trespassar.

threat [øret] *s* ameaça; promessa de castigo; **under ~**: sob ameaça.

threat.en ['øretn] (*with*) *v* ameaçar; assustar.

three [øriː] *s* e *num* três.

three-D, 3-D [ɵri:'di:] *s* tridimensional.
three-di.men.sion.al [ɵri: dai'menʃənəl] *adj* tridimensional.
three-quar.ters [ɵri:'kwɔ:tə(r)s] *s pl* três-quartos.
thresh.old ['ɵreʃhəuld] *s* limiar; soleira; estreia.
threw [ɵru:] *pt* de **throw**.
thrice [ɵrais] *adv* três vezes.
thrift [ɵrift] *s* economia; parcimônia.
thrift.y ['ɵrifti] *adj* econômico; próspero.
thrill [ɵril] *s* estremecimento; • *v* estremecer; palpitar; emocionar.
thril.ler ['ɵrilə(r)] *thriller*, romance, peça teatral ou filme que envolve suspense.
thrill.ing ['ɵriliŋ] *adj* comovente; vibrante; emocionante.
thrive [ɵraiv] *v* (*pt* **thrived**, **throve**; *pp* **thrived**) prosperar; enriquecer-se; crescer forte; ser bem-sucedido.
throat [ɵrəut] *s* garganta; **a sore ~**: garganta inflamada.
throb [ɵrɔb] *s* pulsação; palpitação; • *v* bater; pulsar; palpitar.
throne [ɵrəun] *s* trono; • *v* entronar; entronizar.
throng [ɵrɔŋ; EUA ɵrɔːŋ] *s* multidão; aglomerado; • *v* correr em multidão; atropelar-se.
throt.tle ['ɵrɔtl] *s* garganta; traqueia; • *v* estrangular; asfixiar-se.
through [ɵru:] *adj* completo; contínuo; direto; • *prep* através de; devido a; por causa de; • *adv* de lado a lado; até o fim; por meio de; completamente; EUA POP *tb* **thru; Monday ~ Friday:** EUA de segunda a sexta; **~ and ~:** completamente; em todos os sentidos.
through.out [ɵru:'aut] *prep* de uma a outra extremidade; através de; • *adv* por toda a parte; inteiramente.
throve [ɵrəuv] *pt* de **thrive**.
throw [ɵrəu] *s* lanço; arremesso; movimento brusco; impulso; risco; • *v* (*pt* **threw**; *pp* **thrown**) atirar; lançar; arremessar; **to ~ something (back) in someone's face**: FIG jogar algo na cara de alguém; **to ~ up**: vomitar.

thrush [ɵrʌʃ] *s* tordo, pássaro canoro; MED afta, "sapinho".
thrust [ɵrʌst] *s* bote; arremetida; empurrão; empuxo; • *v* (*pt* e *pp* **thrust**) empurrar; arrombar; forçar; apunhalar.
thud [ɵʌd] *s* baque; ruído surdo.
thug [ɵʌg] *s* assassino; matador.
thumb [ɵʌm] *s* dedo polegar; • *v* manusear; folhear (livro); **all ~s:** atrapalhado; **under someone's ~:** sob o controle de alguém.
thumb.tack ['ɵʌmtæk] *s* EUA tachinha, percevejo, BRIT **drawing-pin**.
thump [ɵʌmp] *s* murro; soco; • *v* dar um murro; golpear.
thun.der ['ɵʌndə(r)] *s* trovão; estrondo; • *v* trovejar; retumbar; reboar.
thun.der.bolt ['ɵʌndəbəult] *s* raio.
thun.der.ing ['ɵʌndəriŋ] *adj* estrondoso; excessivo.
Thurs.day ['ɵəːzdi] *s* quinta-feira; *abrev* **Thur.**
thus [ðʌs] *adv* assim; desta forma; por conseguinte.
thwart [ɵwɔːt] *s* banco de remador; • *v* atravessar; contrariar; •*adj* transversal; atravessado.
thwart.ing ['ɵwɔːtiŋ] *adj* contrário; oposto; perverso.
thy.roid ['ɵairɔid] *s* tiroide, tireoide, glândula de secreção interna que se localiza na parte superior e anterior da laringe.
tick [tik] *s* toque leve; crédito; tique-taque do relógio; marca de conferência (√), EUA **check**; bater como um relógio; conferir marcando com um sinal em forma de "v".
tick.er tape ['tikəteip] *s* fita de papel com informações provenientes de uma impressora automática; EUA chuva de papel picado (em celebrações).
tick.et ['tikit] *s* bilhete; etiqueta; rótulo; multa; passagem; • *v* marcar; etiquetar; rotular.
tick.le ['tikl] *s* cócega; • *v* fazer cócegas; lisonjear; divertir.
tick.lish ['tikliʃ] *adj* cocegento; melindroso; difícil.

tick-tack-toe [tik tæk 'təu] *s* EUA jogo da velha; BRIT **noughts and crosses**.

tide [taid] *s* maré; corrente; fluxo; • *v* ir com a maré; **high ~**: maré cheia; **low ~**: maré baixa; **to swim with the ~**: nadar conforme a maré.

ti.dy ['taidi] *v* arrumar; assear; • *adj* asseado; limpo; em ordem; POP belo.

tie [tai] *s* laço; nó; gravata; EUA empate; • *v* atar; ligar; amarrar; sujeitar; empatar; **to ~ in with**: relacionar-se com; **~-break/~-breaker**: ESP maneira de decidir uma partida (de tênis, por exemplo) quando o placar está empatado.

tiff [tif] *s* discussão leve.

ti.ger ['taigə(r)] *s* tigre; *fem* **tigress**.

tight [tait] *adj* apertado; difícil; avarento; conciso; firme; embriagado; **~ spot**: situação difícil; **to hold ~**: segurar firme; **to ~ one's belt**: FIG apertar o cinto.

tight.en ['taitn] *v* apertar; estreitar; tornar rijo.

tile [tail] *s* telha; ladrilho; azulejo; • *v* entelhar; ladrilhar.

till [til] *s* caixa para guardar dinheiro (registradora); • *v* cultivar; lavrar; • *prep* e *conj* até; até que; **~ soon**: até breve; **~ tomorrow**: até amanhã.

till.age ['tilidʒ] *s* lavoura; cultivo da terra.

tilt [tilt] *s* ladeira; inclinação; • *v* inclinar(-se); pender.

tim.ber ['timbə(r)] *s* madeira para construção; vigamento; EUA **lumber**; • *v* guarnecer de madeira.

time [taim] *s* tempo; época; hora; momento; vez; • *v* cronometrar; sincronizar; **at ~**: às vezes; **at the same ~**: ao mesmo tempo; **for the ~ being**: por enquanto; **from ~ to ~**: às vezes; **in ~**: em tempo; **nine ~s out of ten**: quase sempre; **on ~**: pontualmente; **once upon a ~**: era uma vez; **spare ~**: horário de lazer; **~ after ~**: repetidamente; **~ bomb**: bomba-relógio; **~ zone**: fuso horário; **to kill ~**: FIG matar o tempo; **what ~ is it?**: que horas são?

time.keep.er ['taimki:pə(r)] *s* cronômetro, marcador de tempo; cronometrista.

time.ly ['taimli] *adj* oportuno; convenien-te; a propósito.

time.piece ['taimpi:s] *s* cronômetro; relógio.

tim.er ['taimə(r)] *s* cronometrista; cronômetro.

tim.id ['timid] *adj* tímido; acanhado; medroso.

tim.ing ['taimiŋ] *s* momento oportuno.

tim.or.ous ['timərəs] *adj* medroso.

tin [tin] *s* estanho; lata, EUA **can**; • *v* enlatar; **~ foil**: papel alumínio; **~ opener**: abridor de latas.

tinc.ture ['tiŋktʃə(r)] *s* tintura; cor.

tin.der ['tində(r)] *s* mecha, pavio.

ting [tiŋ] *s* tinido; • *v* tinir; tilintar.

tinge [tindʒ] *s* cor; matiz; gosto; sabor; • *v* tingir; colorir.

tin.gle ['tiŋgl] (*with*) *v* estremecer.

tin.ker ['tiŋkə(r)] *s* funileiro; • *v* consertar.

tin.kle ['tiŋkl] *v* zunir; tinir; soar.

tint [tint] *s* matiz; cor; • *v* tingir; matizar.

ti.ny ['taini] *adj* minúsculo; pequenino; ínfimo.

tip [tip] *s* ponta; ponteira; pancada leve; gorjeta; dica; palpite; • *v* dar gorjetas; formar ou guarnecer uma extremidade; dar conselho; pender; cair; bater de leve; **on the ~ of one's tongue**: FIG na ponta da língua; **the ~ of the iceberg**: FIG a ponta do *iceberg*.

tip.ple ['tipl] *s* bebida; licor; • *v* beber com frequência; embebedar-se.

tip.ster ['tipstə(r)] *s* informante de apostas (corrida de cavalo, bolsa, etc.).

tip.sy ['tipsi] *adj* levemente embriagado.

tip.toe ['tiptəu] *s* ponta do pé; • *v* andar na ponta dos pés.

tip.top ['tip'tɔp] *s* auge; cume; topo; • *adj* supremo; excelente.

tire ['taiə(r)] *s* EUA pneu; BRIT **tyre**; • *v* cansar; fatigar.

tired ['taiəd] *adj* cansado; fatigado; aborrecido.

tire.less ['taiəlis] *adj* incansável; infatigável.

tire.some ['taiəsəm] *adj* fatigante; aborrecido; cansativo.

tis.sue ['tiʃu:] *s* BIO tecido; papel de seda; encadeamento.

tit [tit] s GÍR teta; **~ for tat**: olho por olho.
ti.tan.ic [tai'tænik] adj titânico; hercúleo; gigantesco.
ti.ta.ni.um [teiniəm] s QUÍM titânio (Ti).
tit.bit, EUA tid.bit ['titbit] s gulodice; petisco.
ti.tle ['taitl] s título; • v intitular.
ti.tled ['taitld] adj titulado; intitulado.
tit.ter ['titə(r)] s riso abafado; • v rir à surdina.
tit.tle ['titl] s pingo; nada.
tiz.zy, tizz ['tizi, tiz] s nervosismo; **to be in a ~**: estar muito nervoso.
TNT [ti:en'ti:] abrev de **trini**trotoluene (poderoso explosivo).
to [usual form before consonants: tə; before vowels: tu or tu:; strong form or finally: tu:] prep a; para; em; até; para com; por; • adv em direção a; para diante.
toad [təud] s sapo.
toad.stool ['təudstu:l] s cogumelo venenoso.
toad.y ['təudi] s adulador; bajulador; puxa-saco; • v adular; bajular.
toast [təust] s torrada; brinde (saúde) • v brindar à mesa; torrar ao fogo.
toast.er ['təustə(r)] s torradeira.
to.bac.co [tə'bækəu] s tabaco; fumo.
to.bog.gan [tə'bɔgən] s tobogã, espécie de trenó para deslizar na neve; rampa de deslizar; • v deslizar em tobogã.
to.day [tə'dei] s hoje; • adv hoje; na época atual.
tod.dle ['tɔdl] s andar vacilante; • v andar como um bebê.
to-do [tə'du:] s alvoroço; escarcéu.
toe [təu] s dedo do pé; • v tocar com a ponta do pé; pisar; **to ~ the line**: andar na linha.
tof.fee ['tɔfi; EUA 'tɔ:fi] s caramelo; bala de caramelo; EUA **taffy**; **~-apple**: maçã do amor (caramelizada).
to.geth.er [tə'geðə(r)] adv juntamente; em companhia de; simultaneamente.
toil [tɔil] s trabalho pesado; fadiga; laço; cilada; • v trabalhar duro.
toi.let ['tɔilit] s toalete; vaso sanitário; **~ paper**: papel higiênico; **~-roll**: rolo de papel higiênico.

to.ken ['təukən] s sinal; símbolo; marca; lembrança; • v marcar; simbolizar; fazer saber; **by the same ~**: FIG pela mesma razão.
told [təuld] pt e pp de **tell**.
tol.er.a.ble ['tɔlərəbl] adj tolerável; suportável; aceitável.
tol.er.ance ['tɔlərəns] s tolerância; complacência.
tol.er.ant ['tɔlərənt] adj tolerante; paciente.
tol.er.ate ['tɔləreit] v tolerar; suportar.
tol.er.a.tion [tɔlə'reiʃn] s tolerância.
toll [təul] s dobre de sinos; pedágio; taxa; • v tocar os sinos; badalar; **~ bridge**: ponte com pedágio.
to.ma.to [tə'ma:təu; EUA tə'meitəu] s tomate.
tomb [tu:m] s túmulo; sepultura; • v sepultar; enterrar.
tomb.stone ['tu:mstəun] s lápide.
tom.cat ['tɔmkæt] s gato; felídeo.
tome [təum] s tomo; volume; livro.
tom.fool [tɔm'fu:l] s tolo; palerma.
to.mor.row [tə'mɔrəu] s amanhã; o dia de amanhã; • adv amanhã.
ton [tʌn] s tonelada (ton), 1.000kg (EUA 907kg, BRIT 1.016kg).
to.nal.i.ty [təu'næləti] s tonalidade.
tone [təun] s tom; som; entonação; timbre; • v entoar; mudar o tom.
tongue [tʌŋ] s língua; idioma; lingueta.
ton.ic ['tɔnik] s tônico, revigorante; • adj tônico.
to.night [tə'nait] adv hoje à noite.
ton.nage ['tʌnidʒ] s tonelada.
ton.sil ['tɔnsl] s amígdala.
ton.sil.li.tis [tɔnsi'laitis] s MED amigdalite.
too [tu:] adv demais; demasiado; também; igualmente; **it's ~ sweet**: está doce demais.
took [tuk] pt de **take**.
tool [tu:l] s ferramenta; instrumento; • v talhar; modelar.
tooth [tu:ø] s dente; pl **teeth**; • v dentear; colocar dentes; **~ decay**: cárie dentária; **with ~ and nail**: com todas as forças.
tooth.ache ['tu:øeik] s dor de dente.
tooth.brush ['tu:øbrʌʃ] s escova de dente.

toothpaste / towards

tooth.paste ['tu:øpeist] *s* pasta de dente; dentifrício.

tooth.pick ['tu:øpik] *s* palito para limpar os dentes.

tooth.some ['tu:øsəm] *adj* gostoso; saboroso.

tooth.y ['tu:øi] *adj* dentado; dentuço.

top [tɔp] *s* cume; alto; cimo; topo; pico; tampa; copa da árvore; primeiro; melhor; • *v* dominar; cobrir; elevar-se; encimar; encabeçar; coroar; • *adj* superior; mais elevado; **from ~ to toe**: da cabeça aos pés; **the ~ ten**: MÚS os/as dez mais; **~ secret**: ultrassecreto.

to.paz ['təupæz] *s* topázio, pedra preciosa.

top.ic ['tɔpik] *s* tópico; assunto; ponto; matéria.

top.less ['tɔplis] *adj topless*, com o peito nu.

top.most ['tɔpməust] *adj* o mais alto; superior.

to.pog.ra.pher [tə'pɔgrəfə(r)] *s* topógrafo, que é perito em topografia.

to.pog.ra.phy [tə'pɔgrəfi] *s* topografia, descrição pormenorizada de lugares ou a arte de representar, em um mapa, os aspectos físicos de um determinado lugar.

top.ple ['tɔpl] *v* desabar; cair.

top.sy.tur.vy [tɔpsi'tə:vi] *adj* virado de cima para baixo; • *adv* de pernas para o ar; às avessas.

torch [tɔ:tʃ] *s* tocha; archote; facho; lanterna, EUA **flashlight**.

tore [tɔ:(r)] *pt* de **tear**.

tor.ment ['tɔ:ment] *s* tormento; suplício; sofrimento; • *v* atormentar; torturar; irritar.

tor.pe.do [tɔ:'pi:dəu] *s* torpedo; • *v* torpedear.

tor.pid ['tɔ:pid] *adj* adormecido; dormente; entorpecido; apático.

tor.rent ['tɔrənt]; EUA ['tɔ:rənt] *s* torrente; corrente.

tor.rid ['tɔrid] *adj* tórrido; ardente.

tor.sion ['tɔ:ʃn] *s* torção; torcedura.

tor.toise ['tɔ:təs] *s* cágado; tartaruga terrestre.

tor.tu.ous ['tɔ:tʃuəs] *adj* tortuoso; sinuoso.

tor.ture ['tɔ:tʃə(r)] *s* tortura; tormento; • *v* torturar; atormentar; irritar.

tor.tur.er ['tɔ:tʃərə(r)] *s* carrasco; torturador.

toss [tɔs; EUA tɔ:s] *s* lance; arremesso; • *v* lançar; atirar para o ar; jogar; lograr; arremessar; misturar; **to ~ off**: beber de um trago.

tot [tɔt] *s* criança; soma de uma coluna; gole de bebida alcoólica.

to.tal ['təutl] *s* total; soma; • *v* somar; totalizar; • *adj* total; cabal.

to.tal.i.ty [təu'tæləti] *s* soma; totalidade.

to.tal.i.tar.i.an [təutæli'teəriən] *adj* totalitário.

tot.ter ['tɔtə(r)] *v* vacilar; cambalear; oscilar.

tot.ter.y ['tɔtəri] *adj* cambaleante; vacilante; hesitante.

tou.can ['tu:kæn] *s* ZOO tucano, ave com grande bico.

touch [tʌtʃ] *s* toque; tato; contato; • *v* tocar; apalpar; comover; mencionar; referir-se a; GÍR morder, pedir dinheiro; **to get in ~**: contatar; **to lose ~**: perder contato; **to ~ down**: aterrissar (avião).

touch.down ['tʌtʃdaun] *s* aterrissagem; amerissagem (na água); FUT EUA *touchdown*, quando a bola, no futebol americano, é colocada atrás da linha de gol.

touch.ing ['tʌtʃiŋ] *adj* tocante; comovente; • *prep* no tocante a; relativo a; concernente a.

touch.stone ['tʌtʃstəun] *s* pedra de toque; exame.

touch.y ['tʌtʃi] *adj* irascível; melindroso; sensível.

tough [tʌf] *s* durão; violento; • *adj* duro; rijo; resistente; severo; agressivo.

tough.en ['tʌfn] *v* enrijecer; endurecer.

tour [tuə(r)] *s* jornada; passeio; giro; • *v* viajar; dar um giro.

tour.ism ['tuərizəm] *s* turismo.

tour.ist ['tuərist] *s* turista.

tou.sle ['tauzl] *v* desarranjar; desordenar.

tout [taut] *s* cambista; angariador; agenciador; • *v* agenciar.

tow [təu] *s* reboque; • *v* rebocar.

to.wards, EUA **to.ward** [tə'wɔ:dz; EUA tə'wɔ:(r)d] *prep* para; voltado para; acerca de; com respeito a.

tow.el ['tauəl] *s* toalha.
tow.er ['tauə(r)] *s* torre; fortaleza; • *v* elevar-se.
tow.er.ing ['tauəriŋ] *adj* elevado; alto; violento.
town [taun] *s* cidade; **to go to ~**: POP perder a cabeça.
tox.ic ['tɔksik] *adj* tóxico.
tox.i.col.o.gy [tɔksi'kɔlədʒi] *s* toxicologia, tratado dos tóxicos.
toy [tɔi] *s* brinquedo; ninharia; • *v* brincar; divertir-se; galantear.
trace [treis] *s* traço; rasto; sinal; pista; vestígio; trilha; pegada; • *v* seguir o rastro de; traçar; esboçar.
tra.che.a [trə'kiə; EUA 'treikiə] *s* MED traqueia, canal que liga a laringe aos brônquios.
tra.che.ot.o.my [træki'ɔtəmi; EUA treiki'ɔtəmi] *s* MED traqueotomia, incisão na traqueia.
trac.ing ['treisiŋ] *s* decalque; **~-paper**: papel vegetal.
track [træk] *s* pegada; rasto; pista; trilha; • *v* seguir o rastro de.
tract [trækt] *s* região; área; extensão; panfleto.
trac.ta.ble ['træktəbl] *adj* tratável; dócil; meigo.
trac.tion ['trækʃn] *s* tração.
trac.tor ['træktə(r)] *s* trator.
trade [treid] *s* comércio; negócio; permuta; tráfico; ocupação; arte; navegação; • *v* negociar; traficar; permutar.
trade.mark ['treidma:k] *s* marca registrada.
trad.er ['treidə(r)] *s* negociante; comerciante; navio mercante.
tra.di.tion [trə'diʃn] *s* tradição, usos e costumes transmitidos de geração para geração.
tra.duce [trə'dju:s; EUA trə'du:s] *v* caluniar; difamar.
traf.fic ['træfik] *s* tráfego; tráfico; comércio; transporte; • *v* comerciar; traficar; **~ jam**: congestionamento; **~ light/~ signal**: semáforo.
traf.fick.er ['træfikə(r)] *s* traficante.
trag.e.dy ['trædʒədi] *s* tragédia, acontecimento funesto.
trag.ic ['trædʒik] *adj* trágico.

trail [treil] *s* pista; rasto; • *v* arrastar; seguir a pista.
trail.er ['treilə(r)] *s* reboque; CIN trecho de um filme com intuito promocional.
train [trein] *s* trem; comboio; séquito; cortejo; • *v* treinar; educar.
train.ee [trei'ni] *s* estagiário.
train.er ['treinə(r)] *s* instrutor; treinador; tênis (calçado), EUA **sneaker**.
train.ing ['treiniŋ] *s* treino; exercício; instrução.
trait [treit] *s* característica pessoal; feição.
trai.tor ['treitə(r)] *s* traidor.
trai.tor.ous ['treitərəs] *adj* traidor; pérfido.
tra.jec.to.ry [trə'dʒektəri] *s* trajetória; itinerário.
tram [træm] *s* bonde; EUA **trolley**.
tramp [træmp] *s* caminhada; ruído feito com os pés; vagabundo, vadio; • *v* vagar; caminhar; perambular; pisar.
tram.ple ['træmpl] *v* pisar; calcar.
trance [tra:ns; EUA træns] *s* transe; letargia.
tran.quil ['træŋkwil] *adj* tranquilo, calmo.
tran.quil.iz.er, tran.quil.lis.er ['træŋkwilaizə(r)] *s* tranquilizante.
trans.act [træn'zækt] *v* realizar um negócio; manejar.
trans.ac.tion [træn'zækʃn] *s* transação; operação; negócio.
tran.scend [træn'send] *v* transcender; sobrepujar; exceder.
tran.scend.ence [træn'sendəns] *s* transcendência.
tran.scend.ent [træn'sendənt] *adj* transcendente; excelente.
tran.scen.den.tal [trænsen'dentl] *adj* FILOS transcendental, que se refere à razão pura.
tran.scribe [træn'skraib] *v* transcrever; copiar.
tran.script ['trænskript] *s* transcrição; cópia.
tran.scrip.tion [træn'skripʃn] *s* transcrição.
trans.fer ['trænsfə:(r)] *s* transferência; decalcomania; • (*from*, *to*) *v* transferir; transmitir; remover; reproduzir; **to ~ the charges**: ligar a cobrar (telefone).
trans.fer.ence ['trænsfərəns; EUA træns'fə:rəns] *s* transferência; transmissão.

trans.fig.ure [træns′figə(r); EUA træns′figjə(r)] v transfigurar; transformar.

trans.fix [træns′fiks] (*with*) v perfurar; trespassar.

trans.form [træns′fɔːm] (*into*) v transformar(-se); modificar.

trans.for.ma.tion [trænsfə′meiʃn] s transformação; modificação.

trans.form.er [træns′fɔːmə(r)] s ELET transformador.

trans.fuse [træns′fjuːz] v transmitir; fazer transfusão.

trans.fu.sion [træns′fjuːʒn] s transfusão.

trans.gress [trænz′gres] v transgredir; infringir; exceder; pecar.

trans.gres.sion [trænz′greʃn] s transgressão; violação; ofensa; pecado.

tran.sient [′trænziənt; EUA ′trænʃnt] *adj* transitório; passageiro; breve; de pouca duração.

tran.sis.tor [træn′zistə(r)] s transistor.

tran.sit [′trænsit] s trânsito.

tran.si.tion [træn′ziʃn] s transição; mudança; passagem.

tran.si.tive [′trænsətiv] *adj* transitivo; GRAM transitivo.

tran.si.to.ry [′trænsitri; EUA ′trænsitɔːri] *adj* transitório; provisório; passageiro.

trans.late [trænz′leit] (*from, into*) v traduzir; transferir; remover.

trans.la.tion [trænz′leiʃn] s tradução.

trans.la.tor [trænz′leitə(r)] s tradutor.

trans.lu.cent [trænz′luːsnt] *adj* translúcido; transparente.

trans.mi.gra.tion [trænzmai′greiʃn] s transmigração.

trans.mis.sion [trænz′miʃn] s transmissão.

trans.mit [trænz′mit] v transmitir; propagar.

trans.mit.ter [trænz′mitə(r)] s transmissor, que transmite; aparelho que transmite.

trans.mu.ta.tion [trænzmjuː′teiʃn] s transmutação; conversão; transformação.

trans.mute [trænz′mjuːt] (*into*) v transmutar; transformar; alterar.

tran.som [′trænsəm] s trave da bandeira da porta; viga; pranchão.

trans.par.en.cy [træns′pærənsi] s transparência.

trans.par.ent [træns′pærənt] *adj* transparente.

tran.spi.ra.tion [trænspi′reiʃn] s transpiração.

tran.spire [træn′spaiə(r)] v transpirar; exalar; divulgar(-se); propalar(-se); acontecer.

trans.plant [træns′plaːnt; EUA træns′plænt] s transplante; (*from, to*) v transplantar.

trans.port [′trænspɔːt] s transporte; arrebatamento; êxtase; • v transportar; exilar.

trans.por.ta.tion [trænspɔː′teiʃn] s transporte; deportação; exílio.

trans.pose [træn′spəuz] v transpor; mudar de lugar.

trans.po.si.tion [trænspə′ziʃn] s transposição.

trans.verse [′trænzvəːs] *adj* transversal; atravessado.

trap [træp] s laço; armadilha; ratoeira; cilada; • v apanhar no laço; prender.

tra.peze [trə′piːz] s trapézio.

tra.pe.zi.um [trə′piːziəm] s MAT trapézio.

trap.pings [′træpiŋz] s arreios; enfeites; adornos.

trash [træʃ] s refugo; lixo; escória; imundície; gente vil; • v destruir; danificar; sujar; impedir; ~ **can**: EUA lata de lixo.

trash.y [′træʃi] *adj* desprezível; vil; inútil; de baixa qualidade.

trav.el [′trævl] s viagem; peregrinação; jornada; • v viajar; ~ **agency**: agência de viagens; ~ **agent**: agente de viagem.

trav.el.ler, EUA **trav.el.er** [′trævlə(r)] s viajante; caminhante; **~'s cheque**: cheque de viagem.

trav.el.ling, EUA **trav.el.ing** [′trævliŋ] s viagem.

tra.verse [′trævəːs; EUA trə′vəːs] v atravessar; obstruir; examinar; • *adj* atravessado; oblíquo.

trav.es.ty [′trævəsti] s dissimulação; • v disfarçar; fingir.

trawl [trɔːl] s rede de arrasto; • v pescar com rede de arrasto.

tray [trei] s tabuleiro; bandeja.

treach.er.ous [′tretʃərəs] *adj* pérfido; insidioso; traiçoeiro.

treach.er.y ['tretʃəri] s traição; perfídia; insídia.

tread [tred] s passo; passada; • v (pt **trod**; pp **trodden**) pisar; andar; **to ~ on someone's heels**: seguir alguém de perto.

trea.dle ['tredl] s pedal, instrumento acionado com o pé; • v pedalar.

trea.son ['tri:zn] s traição; deslealdade; perfídia.

treas.ure ['treʒə(r)] s tesouro; riqueza; • v acumular riqueza; dar grande valia a.

treas.ur.er ['treʒərə(r)] s tesoureiro, encarregado da tesouraria.

treas.ur.y ['treʒəri] s tesouraria; erário; fazenda; tesouro.

treat [tri:t] s comida, bebida, etc. paga por alguém; • v tratar; negociar; lidar com.

trea.tise ['tri:tiz]; EUA 'tri:tis] s tratado; discurso.

treat.ment ['tri:tmənt] s tratamento; trato.

trea.ty ['tri:ti] s negociação; convênio; ajuste.

tre.ble ['trebl] s MÚS soprano; • v triplicar; • adj triplo; triplicado.

tree [tri:] s árvore; • v abrigar-se numa árvore.

tre.foil ['trefɔil] s trevo (planta); trifólio.

trem.ble ['trembl] s tremor; tremedeira; • v tremer; estremecer.

tre.men.dous [tri'mendəs] adj tremendo; formidável; terrível.

trem.or ['tremə(r)] s tremor; **earth ~**: tremor de terra.

trem.u.lous ['tremjuləs] adj trêmulo; vacilante.

trench [trentʃ] s trincheira; vala; • v abrir valetas; cavar; fazer trincheiras.

trench.ant ['trentʃənt] adj trinchante; cortante; agudo.

trend [trend] s inclinação; tendência; • v tender; dirigir-se; inclinar-se.

tres.pass ['trespəs] s violação; ofensa; • (on) v usurpar; invadir; pecar; ofender.

tress [tres] s trança; cacho; anel de cabelo.

tres.tle ['tresl] s cavalete.

tri.ad ['traiæd] s tríade; trio; trindade.

tri.al ['traiəl] s julgamento; sofrimento; provação; experiência; **~ and error**: tentativa e erro.

tri.an.gle ['traiæŋgl] s triângulo.

tri.an.gu.lar [trai'æŋgjulə(r)] adj triangular.

tribe [traib] s tribo.

trib.u.la.tion [tribju'leiʃn] s tribulação; aflição; infortúnio.

trib.ute ['tribju:t] s tributo; imposto; taxa.

trice [trais] s instante; momento; • v içar; guindar; **in a ~**: em um momento.

trick [trik] s truque; artifício; farsa; astúcia; fraude; engano; manha; travessura; • v lograr; pregar uma peça; trapacear no jogo; **to play a ~ on**: pregar uma peça em.

trick.er.y ['trikəri] s trapaça; velhacaria; fraude.

trick.le ['trikl] s gota; pingo d'água; • v escoar; pingar.

tri.co.lour, EUA tri.co.lor ['trikələ(r)] s bandeira de três cores; • adj tricolor.

tri.cy.cle ['traisikl] s triciclo, veículo com três rodas.

tried [traid] adj experimentado; ensaiado.

tri.er ['traiə(r)] s experimentador; ensaiador; provador.

tri.fle ['traifl] s ninharia; bagatela; • v divertir-se, não levar a sério; vadiar; dissipar.

tri.fling ['traifliŋ] adj frívolo; insignificante.

trig.ger ['trigə(r)] s gatilho (de arma de fogo).

trig.o.nom.e.try [trigə'nɔmətri] s MAT trigonometria, ciência que estuda o cálculo dos ângulos e lado dos triângulos, a partir de outros elementos conhecidos.

trill [tril] s trinado; vibração; gorjeio; • v trinar; vibrar a voz.

tril.o.gy ['trilədʒi] s trilogia, peça literária ou científica dividida em três partes, cuja matéria está intimamente relacionada.

trim [trim] s corte; poda; enfeite; arrumação; garbo; • v endireitar; arranjar; ornar; enfeitar; aparar; podar; • adj enfeitado; composto; **in ~**: em ordem.

trin.i.ty ['trinəti] s trindade.

trin.ket ['triŋkit] s ninharia; bugiganga; berloque.

trip [trip] s excursão; pequena viagem; tropeção; topada; • v dar rasteiras em; tropeçar; errar; enganar-se; dançar.

tri.ple ['tripl] *adj* triplo, composto de três partes; • *v* triplicar.

tri.pod ['traipɔd] *s* tripé.

trip.per ['tripə(r)] *s* turista; viajante.

trite [trait] *adj* trivial; corriqueiro; sem originalidade.

tri.umph ['traiʌmf] *s* triunfo; vitória; • (*over*) *v* triunfar; vencer.

triv.i.al ['triviəl] *adj* trivial; banal; vulgar; comum.

triv.i.al.i.ty [trivi'æləti] *s* trivialidade; banalidade.

trod [trɔd] *pt* de **tread**.

trod.den ['trɔdn] *pp* de **tread**.

troll [troul] *s* canção com diversas estrofes; • *v* cantar em grupo; pescar com anzol.

trol.ley ['trɔli] *s* carrinho; **luggage ~**: carrinho para malas (no aeroporto), EUA **baggage cart**; **supermarket ~**: carrinho de supermercado, EUA **shopping cart**; **tea ~**: carrinho de chá (em casas, hotéis, etc.).

trom.bone [trɔm'bəun] *s* MÚS trombone.

troop [tru:p] *s* tropa; companhia militar; bando; companhia; • *v* correr aos bandos; marchar em tropa.

tro.phy ['trəufi] *s* troféu, insígnia de uma vitória.

trop.ic ['trɔpik] *s* trópico, cada um dos dois círculos menores do globo terrestre, paralelos à linha do equador.

trop.i.cal ['trɔpikl] *adj* tropical, relativo aos trópicos.

trot [trɔt] *s* trote; • *v* trotar.

troth [trəuθ; EUA trɔ:ø] *s* verdade; fé; fidelidade.

trou.ble ['trʌbl] *s* problema; perturbação; aflição; • *v* importunar; perturbar; **to be in ~**: estar em apuros.

trou.ble.some ['trʌblsəm] *adj* importuno; que causa problemas.

trou.blous ['trʌbləs] *adj* turbulento; impaciente; problemático.

trough [trɔf; EUA trɔ:f] *s* tina; gamela.

trou.sers ['trauzəz] *s* calças; EUA **pants**.

trous.seau ['tru:səu] *s* enxoval de noiva.

trout [traut] *s* truta (peixe).

trow.el ['trauəl] *s* colher de pedreiro; • *v* rebocar; estucar.

tru.an.cy ['truənsi] *s* vadiagem; malandragem.

tru.ant ['tru:ənt] *s e adj* vadio; gazeador; **to play ~**: cabular; gazear.

truce [tru:s] *s* armistício; pausa; trégua.

truck [trʌk] *s* carrinho de mão; EUA caminhão, BRIT **lorry**; • *v* transportar em caminhão; trocar.

truc.u.lent ['trʌkjulənt] *adj* truculento; cruel; atroz.

trudge [trʌdʒ] *v* caminhar com esforço, penosamente.

true [tru:] *adj* verdadeiro; autêntico; genuíno; puro; fiel; sincero; constante; leal; • *adv* verdadeiramente; **it is ~**: é verdade; **to come ~**: tornar-se realidade.

truf.fle ['trʌfl] *s* trufa (cogumelo comestível; tipo de doce).

tru.ism ['tru:izəm] *s* truísmo; evidência; verdade clara.

tru.ly ['tru:li] *adv* verdadeiramente; sinceramente; exatamente.

trump [trʌmp] *s* trunfo; • *v* jogar trunfo.

trump.er.y ['trʌmpəri] *adj* atraente, vistoso, mas sem valor.

trum.pet ['trʌmpit] *s* trombeta; trompa; clarim; • *v* proclamar; tocar trombeta; exaltar as virtudes de.

trun.cate [trʌŋ'keit; EUA 'trʌŋkeit] *v* truncar.

trun.cheon ['trʌntʃən] *s* clava; bastão; cassetete, EUA **nightstick**.

trunk [trʌŋk] *s* tronco; baú; mala; tromba de elefante; **~s**: calção de banho; **~ call**: chamada telefônica interurbana.

trust [trʌst] *s* confiança; fé; truste; • *v* confiar em; dar crédito a.

trust.ful ['trʌstfl] *adj* confiante; honesto; leal.

trust.wor.thy ['trʌstwɔ:øi] *adj* de confiança.

trust.y ['trʌsti] *adj* fiel; leal; seguro; firme; resoluto.

truth [tru:ø] *s* verdade; veracidade; realidade; **in ~**: na verdade.

try [trai] *s* prova; ensaio; experiência; tentativa; • *v* tentar; julgar; experimentar; **to ~ for**: candidatar-se; **to ~ on**: provar (roupas).

tsar, tzar, czar [za:(r)] *s* czar.
T-shirt, tee shirt [′tiʃe:t] *s* camiseta.
tub [tʌb] *s* tina; cuba; pote; • *v* pôr numa tina; banhar.
tu.ba [′tju:bə] *s* MÚS tuba.
tub.by [′tʌbi] *adj* corpulento; gordo.
tube [tju:b; EUA tu:b] *s* tubo; bisnaga; POP metrô.
tu.ber.cu.lo.sis [tju:bə:kju′ləusis; EUA tu:bə:kju′ləusis] *s* tuberculose, doença pulmonar produzida pelo bacilo de Koch.
tuck [tʌk] *s* dobra; prega; • *v* dobrar; pôr (blusa, camisa) para dentro da calça; guardar bem; fazer pregas em.
Tues.day [′tju:zdi; EUA ′tu:zdi] *s* terça-feira; *abrev* **Tues.**
tuft [tʌft] *s* penacho; borla; ramalhete; • *v* enfeitar.
tug [tʌg] *s* ato de puxar com força; • *v* puxar, arrastar com esforço; **~-of-war**: cabo de guerra.
tu.i.tion [tju:′iʃn; EUA tu:′iʃn] *s* instrução; ensino; educação.
tu.lip [′tju:lip; EUA ′tu:lip] *s* tulipa.
tum.ble [′tʌmbl] *s* tombo; confusão; desordem; • *v* cair; dar cambalhotas; derrubar; **~-drier**: máquina de secar roupa.
tum.brel [′tʌmbrəl] *s* carroça; carreta.
tu.mes.cent [tju:′mesnt; EUA tu:′mesnt] *adj* intumescente; túmido; inchado.
tu.mid [′tju:mid; EUA ′tu:mid] *adj* túmido; inchado; intumescido.
tu.mour, EUA tu.mor [′tju:mə(r); EUA ′tu:mə(r)] *s* tumor.
tu.mult [′tju:mʌlt; EUA ′tu:mʌlt] *s* tumulto; motim; desordem.
tu.na, tu.na fish [′tju:nə; EUA ′tu:nəfiʃ] *s* atum.
tune [tju:n; EUA tu:n] *s* melodia; • *v* MÚS afinar instrumento; **in ~**: afinado; **out of ~**: desafinado.
tune.ful [′tju:nfl] *adj* melodioso; afinado.
tune.less [′tju:nlis] *adj* dissonante; desarmônico; discordante.
tun.er [′tju:nə(r)] *s* afinador; sintonizador.
tung.sten [′tʌŋstən] *s* tungstênio (W).
tu.nic [′tju:nik; EUA ′tu:nik] *s* túnica, veste comprida.

Tu.ni.sian [tju:′niziən] *s e adj* tunisiano.
tun.nel [′tʌnl] *s* túnel; funil; • *v* construir um túnel; **~ vision**: visão bitolada, bitolamento.
tun.ny [′tʌni] *s* atum, peixe que se usa em conserva.
tur.ban [′tə:bən] *s* turbante.
tur.bid [′tə:bid] *adj* lodoso; turvo; turvado.
tur.bine [′tu:bain] *s* turbina.
tur.bu.lence, tur.bu.len.cy [′tə:bjuləns] *s* turbulência.
tur.bu.lent [′tə:bjulənt] *adj* turbulento; desordeiro; confuso.
turd [tə:d] *s* GÍR merda.
tu.reen [tju′ri:n; EUA tu′ri:n] *s* terrina, vasilha de louça para sopa.
turf [tə:f] *s* turfa; gramado; • *v* cobrir com relva.
turf.man [′tə:fmən] *s* turfista, amante de corridas de cavalos.
tur.gid [′tə:dʒid] *adj* túrgido; inchado.
Turk [tə:k] *s* turco, habitante ou nativo da Turquia.
tur.key [′tə:ki] *s* peru.
Turk.ish [′tə:kiʃ] *s* a língua turca; • *adj* turco.
tur.moil [′tə:mɔil] *s* tumulto; perturbação; **in ~**: em ebulição.
turn [tə:n] *s* volta; giro; inclinação; virada; curva; direção; vez; mudança; forma; • *v* virar; girar; converter; transformar(-se); dobrar; virar do avesso; **to ~ away**: mandar embora; afastar-se; **to ~ back**: voltar; **~ down**: baixar; **to ~ into**: transformar; **to ~ off**: desligar; **to ~ on**: ligar; **to ~ over**: capotar; **to ~ round**: virar-se; **~ up**: subir; **~-out**: comparecimento.
turn.a.bout [′tə:nəbaut] *s* reviravolta.
turn.coat [′tə:nkəut] *s* desertor; vira-casaca.
turn.ing [′tə:niŋ] *s* esquina.
tur.nip [′tə:nip] *s* nabo.
turn.key [′tə:nki:] *s* carcereiro, encarregado das chaves de uma prisão.
tur.ret [′tʌrit] *s* torre; torre blindada.
tur.tle [′tə:tl] *s* tartaruga (marinha).
tusk [tʌsk] *s* presa de animais.
tus.sle [′tʌsl] *s* contenda; luta; briga; • (*with*) *v* lutar; brigar.

tus.sock ['tʌsək] s tufo de grama.

tu.te.lage ['tju:tilidʒ; EUA 'tu:tilidʒ] s tutela; tutoria; proteção.

tu.te.lar.y ['tju:tiləri; EUA 'tu:tələri] adj tutelar.

tu.tor ['tju:tə(r); EUA 'tu:tə(r)] s professor particular; mestre; instrutor; DIR tutor; • v instruir; educar; treinar; DIR tutelar; proteger como tutor.

TV [ti:'vi:] abrev de **t**elevision, televisão.

twad.dle ['twɔdl] s bisbilhotice; disparates; • v tagarelar; mexericar.

twang [twæŋ] s som agudo; som fanhoso; v ressoar; zunir.

tweed [twi:d] s pano de lã de várias cores.

tweez.ers ['twi:zəz] s pl pinças; tenazes.

twelve [twelv] s e num doze.

twen.ty ['twenti] s e num vinte.

twice [twais] adv duas vezes; duplamente.

twid.dle ['twidl] s giro; volta; • v fazer girar.

twig [twig] s rebento; broto; • v observar; avistar; compreender.

twi.light ['twailait] s crepúsculo; noitinha; • adj crepuscular; obscuro; sombrio.

twin [twin] s gêmeo.

twine [twain] s fio; barbante; • v torcer; enroscar; entrelaçar; serpear.

twinge [twindʒ] s dor aguda; aflição; • v arder; picar; latejar.

twin.kle ['twiŋkl] s cintilação; brilho; piscadela; • v brilhar; cintilar; piscar.

twin.kling ['twiŋkliŋ] s instante; **in the ~ of an eye**: num piscar de olhos.

twirl [twə:l] s volta; giro; rotação; • v girar; voltear.

twist [twist] s fio; torcedura; giro; • v torcer; girar; entrelaçar.

twit [twit] v censurar; ridicularizar.

twitch [twitʃ] s puxão; • v puxar; contrair-se.

twit.ter ['twitə(r)] s chilro; trinado; • v chilrear; pipilar; tagarelar.

two [tu:] s e num dois; **~'s company, three's a crowd**: um é pouco, dois é bom, três é demais.

two.some ['tu:səm] s par.

type [taip] s tipo; modelo; padrão; gênero; • v datilografar; imprimir.

type.face ['taipfeis] s ART GRÁF tipo, letra.

type.script ['taipskript] s texto datilografado.

type.write ['taipraitə] v pt (**typewrote**; pp **typewritten**) datilografar.

type.writ.er ['taipraitə(r)] s máquina de escrever.

type.writ.ten ['taipritn] adj datilografado.

ty.phoon [tai'fu:n] s tufão; furacão.

ty.phus ['taifəs] s MED tifo, doença infecciosa.

typ.i.cal ['tipikl] adj típico; simbólico; característico.

typ.i.fy ['tipifai] v tipificar; representar; simbolizar.

typ.ing ['taipiŋ] s datilografia.

typ.ist ['taipist] s datilógrafo.

ty.pog.ra.pher [tai'pɔgrəfə(r)] s ART GRÁF tipógrafo.

ty.po.graph.ic [taipə'græfik] adj tipográfico.

ty.pog.ra.phy [tai'pɔgrəfi] s tipografia, a arte de imprimir; estabelecimento tipográfico.

ty.ran.ni.cal [ti'rænikl] adj tirânico; despótico; bárbaro.

tyr.an.nize, tyr.an.nise ['tirənaiz] v tiranizar, governar de maneira injusta e cruel.

ty.rant ['taiərənt] s tirano; déspota; aquele que tiraniza.

ty.re, EUA **ti.re** ['taiə(r)] s pneu.

ty.ro ['taiərəu] s principiante; novato.

U

u [ju:] *s* vigésima primeira letra do alfabeto.
UAE [ju:ei´i:] *abrev de* United Arab Emirates, Emirados Árabes Unidos.
ubiq.ui.tous [ju:´bikwitəs] *adj* ubíquo, onipresente.
ubiq.ui.ty [ju:´bikwəti] *s* ubiquidade, onipresença.
ud.der [´ʌdə(r)] *s* úbere, teta de vaca.
UEFA [ju:´eifa] *abrev de* Union of European Football Associations, União dos Times de Futebol da Europa.
UFH [ju:ef ´eitʃ] *abrev de* RÁDIO Ultra-High Frequency, Frequência Ultra-Alta.
UFO [´ju:fəu] *abrev de* Unidentified Flying Object, Objeto Voador Não Identificado (OVNI).
ufol.o.gy [ju:´fɔladʒi] *s* ufologia.
ug.li.ness [´ʌglinis] *s* feiura.
ug.ly [´ʌgli] *adj* feio; medonho; perigoso.
UHT [ju:eitʃ´ti:] *abrev de* Ultra Heat Treated; **~ milk**: leite longa vida.
UK [ju:´kei] *abrev de* United Kingdom, Grã-Bretanha.
ul.cer [´ʌlsə(r)] *s* úlcera; chaga; ferida; **mouth ~**: afta.
ul.cer.ate [´ʌlsəreit] *v* ulcerar(-se).
ul.cer.a.tion [ʌlsə´reiʃn] *s* chaga; ferida; ulceração.
ul.ti.mate [´ʌltimət] *adj* último; derradeiro; definitivo; fundamental.
ul.tra.son.ic [ʌltrə´sɔnik] *adj* ultrassônico.
ul.tra.sound [´ʌltrəsaund] *s* ultrassom.
ul.tra.vi.o.let [ʌltrə´vaiələt] *adj* ultravioleta.
ul.u.late [´ju:ljuleit] *v* ulular; uivar.
um.bil.i.cal cord [ʌmbilikl ´kɔ:d] *s* cordão umbilical.
um.bil.i.cus [ʌmbi´likəs] *s* umbigo.
um.brel.la [ʌm´brelə] *s* guarda-chuva.
um.pire [´ʌmpaiə(r)] *s* árbitro; • *v* arbitrar.
UN [ju: ´en] *abrev de* United Nations (ONU).
un.a.ble [ʌn´eibl] *adj* incapaz.
un.a.bridged [ʌnə´bridʒd] *adj* não abreviado; não resumido; completo.
un.ac.cent.ed [ʌnə´ksentid] *adj* GRAM átono; não acentuado.
un.ac.cept.a.ble [ʌnək´septəbl] *adj* inaceitável; inadmissível.
un.ac.count.a.ble [ʌnə´kauntəbl] *adj* inexplicável.
un.ad.vised [ʌnəd´vaizd] *adj* imprudente.
un.af.fect.ed [ʌnə´fektid] *adj* franco; não afetado; ingênuo.
un.aid.ed [ʌn´eidid] *adj* por si só, sem ajuda.
un.al.ter.a.ble [ʌn´ɔ:ltərəbl] *adj* inalterável; imutável.
un-A.mer.i.can [ʌnə´merikən] *adj* antiamericano.
u.na.nim.i.ty [ju:nə´nimiti] *s* unanimidade.
u.nan.i.mous [ju:´næniməs] *adj* unânime.
un.an.swer.a.ble [ʌn´a:nsərəbl; EUA ʌn´æ:nsərəbl] *adj* irrespondível; irrefutável; incontestável.
un.ap.proach.a.ble [ʌnə´prəutʃəbl] *adj* inacessível; inabordável.

un.apt [ʌnˈæpt] *adj* inapto; incapaz.
un.armed [ʌnˈa:md] *adj* desarmado.
un.a.shamed [ʌnəˈʃeimd] *adj* desavergonhado; sem-vergonha; descarado.
un.as.sum.ing [ʌnəˈsju:miŋ; EUA ʌnəˈsu:miŋ] *adj* modesto; despretensioso.
un.at.tached [ʌnəˈtætʃt] *adj* desligado; separado; independente.
un.at.tend.ed [ʌnəˈtendid] *adj* só; desacompanhado.
un.au.tho.rized [ʌnˈɔ:θəraizd] *adj* não autorizado.
un.avail.a.ble [ʌnəˈveiləbl] *adj* inalcançável; indisponível.
un.a.ware [ʌnəˈweə(r)] *adj* inconsciente; **to be ~ of**: ignorar.
un.bear.a.ble [ʌnˈbeərəbl] *adj* insuportável; intolerável.
un.beat.a.ble [ʌnˈbi:təbl] *adj* invencível; sem igual.
un.beat.en [ʌnˈbi:tn] *adj* invicto.
un.be.lief [ʌnbiˈli:f] *s* descrença; incredulidade.
un.be.liev.a.ble [ʌnbiˈli:vəbl] *adj* incrível; inacreditável.
un.be.liev.er [ʌnbiˈli:və(r)] *adj* ateu.
un.bend [ʌnˈbend] *v* (*pt* e *pp* **unbent**) endireitar(-se); descurvar; descansar; afrouxar-se.
un.bend.ing [ʌnˈbendiŋ] *adj* intransigente; firme.
un.bid.den [ʌnˈbidn] *adj* espontâneo; inesperado.
un.bind [ʌnˈbaind] *v* (*pt* e *pp* **unbound**) desatar; soltar; desligar.
un.born [ʌnˈbɔ:n] *adj* futuro; nascituro; que está para nascer.
un.bos.om [ʌnˈbuzəm] (*to*) *v* revelar; confessar.
un.but.ton [ʌnˈbʌtn] *v* desabotoar.
un.can.ny [ʌnˈkæni] *adj* sobrenatural; misterioso.
un.ceas.ing [ʌnˈsi:siŋ] *adj* incessante; ininterrupto.
un.cer.tain [ʌnˈsə:tn] *adj* incerto; duvidoso; indeciso; **in no ~ terms**: clara e vigorosamente.

un.cer.tain.ty [ʌnˈsə:tnti] *s* incerteza; dúvida.
un.check.ed [ʌnˈtʃekt] *adj* desenfreado; desembaraçado; sem checar.
un.chris.tian [ʌnˈkristʃən] *adj* anticristão; pagão.
un.civ.il [ʌnˈsivl] *adj* incivil; rude; descortês.
un.cle [ˈʌŋkl] *s* tio; **~ Sam**: os Estados Unidos.
un.clean [ʌnˈkli:n] *adj* sujo; imundo; obsceno.
un.coil [ʌnˈkɔil] *v* desenrolar; desdobrar; estender.
un.com.fort.a.ble [ʌnˈkʌmftəbl; EUA ʌnˈkʌmfərtbl] *adj* desconfortável; incômodo; penoso; desagradável.
un.com.mon [ʌnˈkɔmən] *adj* incomum; extraordinário.
un.com.pro.mis.ing [ʌnˈkɔmprəmaiziŋ] *adj* intransigente; irreconciliável.
un.con.cerned [ʌnkənˈsə:nd] *adj* negligente; indiferente; apático; insensível.
un.con.di.tion.al [ʌnkənˈdiʃnl] *adj* incondicional; absoluto.
un.con.scion.a.ble [ʌnˈkɔʃənəbl] *adj* irracional; exorbitante.
un.con.scious [ʌnˈkɔnʃəs] *adj* inconsciente; **the ~**: o inconsciente.
un.con.sid.er.ed [ʌnkənˈsidəd] *adj* irrefletido; insignificante.
un.con.sti.tu.tion.al [ʌnkɔnstiˈtju:ʃnl] *adj* DIR inconstitucional.
un.con.ven.tion.al [ʌnkənˈvenʃnl] *adj* inconvencional; heterodoxo.
un.cork [ʌnˈkɔ:k] *v* desarrolhar, tirar a rolha de.
un.count.a.ble [ʌnˈkautəbl] *adj* incontável.
un.couth [ʌnˈku:θ] *adj* tosco; grosseiro; rude; inculto.
un.cov.er [ʌnˈkʌvə(r)] *v* descobrir(-se); destampar.
unc.tion [ˈʌŋkʃn] *s* unção; unguento.
un.cut [ʌnˈkʌt] *adj* inteiriço; não cortado.
un.daunt.ed [ʌnˈdɔ:ntid] *adj* ousado; intrépido.
un.de.cid.ed [ʌndiˈsaidid] *adj* indeciso; indeterminado.
un.de.fined [ʌndiˈfaind] *adj* indefinido.

undelivered / undesirable

un.de.liv.ered [ˌʌndɪˈlɪvəd] *adj* não entregue.

un.de.ni.a.ble [ˌʌndɪˈnaɪəbl] *adj* inegável; incontestável.

un.der [ˈʌndə(r)] *adj* inferior; subordinado; • *adv* e *prep* sob; debaixo; embaixo; por baixo; ~ **age**: menor de idade; ~ **threat**: ameaçado.

un.der.car.riage [ˈʌndəkærɪdʒ] *s* BRIT AER trem de aterrissagem.

un.der.clothes [ˈʌndəkləʊðz] *s* roupa íntima.

un.der.coat [ˈʌndəkəʊt] *s* primeira mão (de pintura).

un.der.cov.er [ˌʌndəkˈʌvə(r)] *adj* secreto; clandestino.

un.der.de.vel.oped [ˌʌndədɪˈvɛləpt] *adj* subdesenvolvido.

un.der.done [ˌʌndəˈdʌn] *adj* CULIN malpassado; meio cru; *ant* **overdone**.

un.der.es.ti.mate [ˌʌndərˈɛstɪmeɪt] *v* subestimar.

un.der.foot [ˌʌndəˈfʊt] *adv* sob os pés.

un.der.gar.ment [ˈʌndəgɑːmənt] *s* roupa de baixo; roupa íntima.

un.der.go [ˌʌndəˈgəʊ] *v* (*pt* **underwent**; *pp* **undergone**) sofrer; sujeitar-se a; passar por.

un.der.grad.u.ate [ˌʌndəˈgrædjuət] *s* universitário.

un.der.ground [ˈʌndəgraʊnd] *s* subterrâneo; metrô, EUA **subway**; • *adj* subterrâneo; secreto; clandestino.

un.der.hand [ˈʌndəhænd] *adj* secreto; clandestino; • *adv* clandestinamente; secretamente.

un.der.hand.ed [ˌʌndəˈhænd(ɪd)] *adj* secreto; clandestino.

un.der.line [ˌʌndəˈlaɪn] *s* sublinha; • *v* sublinhar; INF em informática é o atributo que se aplica ao texto, fazendo-o sublinhado; enfatizar.

un.der.men.tioned [ˌʌndəˈmɛnʃnd] *adj* abaixo-mencionado.

un.der.neath [ˌʌndəˈniːə] *adv* e *prep* debaixo; por baixo; abaixo.

un.der.pants [ˈʌndəpænts] *s* cueca; EUA **undershorts**.

un.der.score [ˌʌndəˈskɔː(r)] *v* sublinhar; enfatizar.

un.der.sec.re.tar.y [ˌʌndəˈsɛkrətri; EUA ˌʌndəˈsɛkrəteri] *s* subsecretário.

un.der.shirt [ˈʌndəʃɜːt] *s* EUA camiseta, camisa sem mangas que se usa por baixo de outra camisa.

un.der.shorts [ˈʌndəʃɔːts] *s* EUA cueca, BRIT **underpants**.

un.der.side [ˈʌndəsaɪd] *s* lado de baixo; face inferior.

un.der.sign [ˌʌndəˈsaɪn] *v* subscrever; assinar; firmar.

un.der.signed [ˈʌndəsaɪnd] *s* e *adj* abaixo-assinado

un.der.stand [ˌʌndəˈstænd] *v* (*pt* e *pp* **understood**) entender; compreender; saber.

un.der.stand.a.ble [ˌʌndəˈstændəbl] *adj* compreensível; inteligível.

un.der.stand.ing [ˌʌndəˈstændɪŋ] *s* compreensão; entendimento; • *adj* compreensivo.

un.der.stood [ˌʌndəˈstʊd] *pt* e *pp* de **understand**; • *adj* entendido; implícito.

un.der.take [ˌʌndəˈteɪk] *v* (*pt* **undertook**; *pp* **undertaken**) empreender; contratar.

un.der.tak.er [ˈʌndəteɪkə(r)] *s* agente funerário.

un.der.tak.ing [ˈʌndəteɪkɪŋ] *s* empreendimento; empreitada; serviço funerário.

un.der.tone [ˈʌndətəʊn] *adj* e *adv* a meia-voz.

un.der.took [ˌʌndəˈtʊk] *pt* de **undertake**.

un.der.tow [ˈʌndətəʊ] *s* ressaca, recuo das ondas; fluxo e refluxo.

un.der.val.ue [ˌʌndəˈvæljuː] *v* subestimar.

un.der.wa.ter [ˌʌndəˈwɔːtə(r)] *adj* subaquático; • *adv* sob a água.

un.der.wear [ˈʌndəweə(r)] *s* roupa de baixo.

un.der.went [ˌʌndəˈwɛnt] *pt* de **undergo**.

un.der.world [ˈʌndəwɜːld] *s* submundo, mundo do crime.

un.der.write [ˌʌndəˈraɪt] *v* (*pt* **underwrote**; *pp* **underwritten**) subscrever; garantir; fazer seguro.

un.der.writ.er [ˈʌndəraɪtə(r)] *s* agente de seguro; segurador.

un.de.sir.a.ble [ˌʌndɪˈzaɪərəbl] *adj* indesejável; inconveniente.

un.de.vel.oped [ʌndi'veləpt] *adj* não desenvolvido.

un.did [ʌn'did] *pt* de **undo**.

un.dies ['ʌndiz] *s* POP roupa íntima.

un.dis.guised [ʌndis'gaizd] *adj* franco; simples; sem disfarce.

un.dis.put.ed [ʌndi'spju:tid] *adj* incontestável; evidente; incontroverso.

un.dis.tin.guished [ʌndis'tiŋgwiʃt] *adj* indistinto, mal definido.

un.dis.turb.ed [ʌndis'tə:bd] *adj* impassível; tranquilo; sereno.

un.di.vid.ed [ʌndi'vaidid] *adj* indiviso; inteiro.

un.do [ʌn'du:] *v* (*pt* **undid**, *pp* **undone**) desfazer; desmanchar; desatar; arruinar.

un.do.ing [ʌn'du:iŋ] *s* ruína; destruição; arrasamento.

un.done [ʌn'dʌn] *pp* de **undo**; • *adj* desfeito; invalidado; arruinado.

un.doubt.ed [ʌn'dautid] *adj* indubitável; evidente; certo.

un.dress [ʌn'dres] *v* despir(-se), tirar a roupa.

un.due [ʌn'dju:; EUA ʌn'du:] *adj* indevido; ilegal; excessivo.

un.du.late ['ʌndjuleit; EUA 'ʌndʒuleit] *v* ondular; ondear.

un.du.la.tion [ʌndju'leiʃn; EUA ʌndʒu'leiʃn] *s* ondulação, movimento semelhante ao da onda.

un.du.ly [ʌn'dju:li] *adv* ilegalmente; indevidamente; irregularmente.

un.dy.ing [ʌn'daiiŋ] *adj* imortal; perene; eterno.

un.earth [ʌn'ə:θ] *v* desenterrar; descobrir; revelar.

un.eas.y [ʌn'i:zi] *adj* penoso; desassossegado; inquieto; enfadonho.

un.ed.u.cat.ed [ʌn'edʒukeitid] *adj* inculto; rude; sem educação.

un.em.ployed [ʌnim'plɔid] *adj* desempregado; ocioso; desocupado; **the ~**: os desempregados.

un.em.ploy.ment [ʌnim'plɔimənt] *s* desemprego; **~ benefit**/EUA **~ compensation**: seguro-desemprego.

un.end.ing [ʌn'endiŋ] *adj* infinito; eterno.

un.e.qual [ʌn'i:kwəl] *adj* desigual; irregular.

un.e.qualled, EUA **un.e.qualed** [ʌn'i:kwəld] *adj* inigualável; sem igual.

un.e.quiv.o.cal [ʌni'kwivəkl] *adj* inequívoco; claro.

un.err.ing [ʌn'ə:riŋ] *adj* infalível; que não erra.

Unesco [ju: 'neskəu] *abrev de* United Nations Educational, Scientific and Cultural Organization, Organização das Nações Unidas para a Educação, Ciência e Cultura.

un.e.ven [ʌn'i:vn] *adj* desigual, desnivelado.

un.e.vent.ful [ʌni'ventful] *adj* calmo; sossegado; tranquilo.

un.ex.cep.tion.a.ble [ʌnik'sepʃənəbl] *adj* irrepreensível; irrecusável; perfeito.

un.ex.cep.tion.al [ʌnik'sepʃənl] *adj* usual; corrente; banal; trivial.

un.ex.cit.ing [ʌnik'saitiŋ] *adj* monótono.

un.ex.pect.ed [ʌnik'spektid] *adj* inesperado; imprevisto.

un.fair [ʌn'feə(r)] *adj* injusto; desleal; infiel.

un.faith.ful [ʌn'feiθful] *adj* infiel.

un.fas.ten [ʌn'fa:sn] *v* desparafusar; desabotoar; soltar; desligar.

un.fa.vour.a.ble, EUA **un.fa.vor.a.ble** [ʌn'feivərəbl] *adj* desfavorável; adverso; desvantajoso.

un.feel.ing [ʌn'fi:liŋ] *adj* insensível; cruel.

un.fet.ter [ʌn'fetə(r)] *v* soltar; libertar.

un.fin.ished [ʌn'finiʃt] *adj* não acabado; incompleto; imperfeito.

un.fit [ʌn'fit] *adj* incapaz; inadequado; • *v* inabilitar; incapacitar.

un.flag.ging [ʌn'flægiŋ] *adj* incansável; persistente.

un.fledged [ʌn'fledʒd] *adj* implume; imaturo.

un.flinch.ing [ʌn'flintʃiŋ] *adj* firme; resoluto.

un.fold [ʌn'fəuld] *v* revelar(-se); desenvolver(-se); realizar(-se); esclarecer; denunciar.

un.fore.seen [ʌnfɔ:'si:n] *adj* imprevisto; inesperado.

un.for.get.ta.ble [ʌnfə'getəbl] *adj* inesquecível.

un.for.mat.ted [ʌnˈfɔːmætid] *adj* INF não formatado (disco rígido, disquete, texto).
un.for.tu.nate [ʌnˈfɔːtʃunət] *adj* infortunado; infeliz.
un.found.ed [ʌnˈfaundid] *adj* infundado; falso.
un.friend.ly [ʌnˈfrendli] *adj* hostil; antipático; • *adv* hostilmente.
un.fruit.ful [ʌnˈfruːtfl] *adj* estéril; infrutífero.
un.furl [ʌnˈfəːl] *v* desfraldar, soltar ao vento; tremular a bandeira.
un.gov.ern.a.ble [ʌnˈgʌvənəbl] *adj* ingovernável, que não se pode governar.
un.gra.cious [ʌnˈgreiʃəs] *adj* desagradável, que não é agradável.
un.grate.ful [ʌnˈgreitfl] *adj* ingrato; desagradável.
un.guard.ed [ʌnˈgaːdid] *adj* desguarnecido; descuidado; sem proteção.
un.hap.py [ʌnˈhæpi] *adj* infeliz; desgraçado.
un.harm.ed [ʌnˈhaːmd] *adj* incólume; são e salvo.
un.health.y [ʌnˈhelθi] *adj* insalubre; doentio.
un.help.ful [ʌnˈhelpful] *adj* imprestável; inútil.
un.hes.i.tat.ing [ʌnˈheziteitiŋ] *adj* resoluto; decidido.
un.hinge [ʌnˈhindʒ] *v* desmontar; desarranjar.
un.holy [ʌnˈhəuli] *adj* ímpio; profano; não sagrado.
un.hurt [ʌnˈhəːt] *adj* ileso.
Unicef [ˈjuːnisef] *abrev de* United Nations International Children's Emergency Fund, Fundo das Nações Unidas para a Infância.
u.ni.corn [ˈjuːnikɔːn] *s* unicórnio.
un.i.den.ti.fied [ʌnaiˈdentifaid] *adj* não identificado.
u.ni.form [ˈjuːnifɔːm] *s* uniforme; • *adj* uniforme; igual.
u.ni.form.i.ty [juːniˈfɔːməti] *s* uniformidade; homogeneidade.
u.ni.fy [ˈjuːnifai] *v* unificar; uniformizar.
un.i.mag.in.able [ʌniˈmædʒinəbl] *adj* inimaginável; inconcebível.

un.im.pair.ed [ʌnimˈpeəd] *adj* intacto; ileso; inteiro; inalterado.
un.im.peach.a.ble [ʌnimˈpiːtʃəbl] *adj* irrepreensível; impecável.
un.im.por.tant [ʌnimˈpɔːtant] *adj* sem importância.
un.i.pres.sed [ʌnimˈprest] *adj* indiferente.
un.in.hab.i.ta.ble [ʌniˈhæbitibl] *adj* inabitável, que não pode ser habitado.
un.in.jur.ed [ʌnˈindʒəd] *adj* ileso; intacto.
un.in.tel.li.gent [ʌninˈtelidʒənt] *adj* estúpido; ignorante.
un.in.tel.li.gi.ble [ʌninˈtelidʒəbl] *adj* ininteligível; incompreensível.
un.in.ter.est.ed [ʌnˈintrəstid] *adj* desinteressado; indiferente.
un.in.ter.est.ing [ʌnˈintrəstiŋ] *adj* desinteressante; insípido.
un.in.ter.rupt.ed [ʌnintəˈrʌptid] *adj* ininterrupto; não interrompido.
un.in.vit.ed [ʌninˈvaitid] *adj* não convidado.
un.ion [ˈjuːniən] *s* união; aliança; sindicato de empregados; ~ **Jack**: pavilhão do Reino Unido.
u.nique [juːˈniːk] *adj* único; raro; singular.
u.ni.sex [juːˈniseks] *adj* unissex.
u.ni.son [ˈjuːnisn] *s* unissonância; harmonia; **in ~**: em harmonia.
u.nit [ˈjuːnit] *s* unidade; grupo; **production ~**: unidade de produção.
u.nite [juːˈnait] *v* unir(-se); aliar(-se); reunir.
u.nit.ed [juːˈnaitid] *adj* unido; reunido; junto; ~ **Arab Emirates**: Emirados Árabes Unidos; ~ **Kingdom**: Reino Unido; ~ **Nations**: Nações Unidas; ~ **price**: preço unitário; ~ **States of America**: Estados Unidos da América; ~ **trust**: BRIT fundo de investimento.
u.ni.ty [ˈjuːnəti] *s* unidade; união; concórdia.
u.ni.ver.sal [juːniˈvəːsl] *adj* universal; ~ **heir**: herdeiro universal.
u.ni.verse [ˈjuːnivəːs] *s* universo.
u.ni.ver.si.ty [juːniˈvəːsəti] *s* universidade; *abrev* **Univ.**
un.just [ʌnˈdʒʌst] *adj* injusto.
un.kempt [ʌnˈkempt] *adj* despenteado; inculto; áspero.

unkind / unrecognizable

un.kind [ʌn'kaind] *adj* indelicado; descortês; grosseiro.

un.know.ing [ʌn'nəuiŋ] *adj* ignorante.

un.known [ʌn'nəun] *adj* ignorado; desconhecido; incógnito; estranho; **~ quantity**: MAT e FIG incógnita.

un.law.ful [ʌn'lɔ:ful] *adj* ilegal; ilegítimo.

un.learn.ed [ʌn'lə:nid] *adj* iletrado; ignorante.

un.leav.ened [ʌn'levnd] *adj* ázimo, que não tem fermento.

un.less [ən'les] *conj* a menos que; a não ser que; salvo se.

un.let.tered [ʌn'letəd] *adj* iletrado; ignorante.

un.like [ʌn'laik] *adj* diferente; desigual; não parecido.

un.like.ly [ʌn'laikli] *adj* improvável.

un.lim.it.ed [ʌn'limitid] *adj* ilimitado; irrestrito.

un.list.ed [ʌn'listid] *adj* FIN não cotado na Bolsa de Valores; **an ~ number**: EUA número que não consta na lista telefônica.

un.load [ʌn'ləud] *v* descarregar; aliviar; exonerar.

un.lock [ʌn'lɔk] *v* abrir; destrancar; desferrolhar.

un.loose [ʌn'lu:s] *v* desatar(-se); afrouxar; desfazer(-se).

un.love.ly [ʌn'lʌvli] *adj* não amável; desagradável.

un.lucky [ʌn'lʌki] *adj* infeliz; azarado; que dá azar.

un.mar.ried [ʌn'mærid] *adj* solteiro.

un.mer.ci.ful [ʌn'mə:siful] *adj* impiedoso; cruel; inexorável.

un.mind.ful [ʌn'maindful] *adj* descuidado; esquecido; negligente.

un.mis.tak.a.ble [ʌnmi'steikəbl] *adj* manifesto; claro; evidente; óbvio.

un.moved [ʌn'mu:vd] *adj* impassível.

un.nat.u.ral [ʌn'nætʃrəl] *adj* contrário à natureza; artificial; forçado.

un.nec.es.sar.y [ʌn'nesəsri; EUA ʌn'nesəseri] *adj* desnecessário; dispensável; supérfluo.

un.nerve [ʌn'nə:v] *v* tirar a coragem; enfraquecer.

un.num.bered [ʌn'nʌmbəd] *adj* inumerável, que não se pode contar.

UNO ['ju:nəu] *abrev de* **U**nited **N**ations **O**rganization, Organização das Nações Unidas (ONU).

un.ob.ser.vant [ʌnəb'zə:vənt] *adj* desatento.

un.ob.tru.sive [ʌnəb'tru:siv] *adj* discreto; recatado; modesto.

un.open.ed [ʌn'əupənd] *adj* fechado; não aberto.

un.pack [ʌn'pæk] *v* desenfardar (as malas); desembrulhar.

un.paid [ʌn'peid] *adj* a pagar; não pago; não remunerado.

un.pa.tri.ot.ic [ʌnpætri'ɔtik] *adj* antipatriota; antipatriótico.

un.pick [ʌn'pik] *v* desfazer; descoser.

un.pleas.ant [ʌn'pleznt] *adj* desagradável; enfadonho; aborrecido.

un.pleas.ant.ness [ʌn'plezntnis] *s* desagrado; enfado; aborrecimento.

un.plug [ʌn'plʌg] *v* desligar.

un.pre.pared [ʌnpri'peəd] *adj* despreparado; improvisado (discurso).

un.pre.ten.tious [ʌnpri'tenʃəs] *adj* despretensioso; modesto.

un.pro.duc.tive [ʌnprə'dʌktiv] *adj* improdutivo.

un.prof.it.a.ble [ʌn'prɔfitəbl] *adj* inútil; inaproveitável.

un.pun.ish.ed [ʌn'pʌniʃt] *adj* impune, que escapou à punição.

un.qual.i.fied [ʌn'kwɔlifaid] *adj* inábil; incompetente; completo.

un.ques.tion.a.ble [ʌn'kwestʃənəbl] *adj* indiscutível; inquestionável.

un.rav.ell, EUA **un.rav.el** [ʌn'rævl] *v* desenredar; desfiar; desemaranhar; esclarecer.

un.read [ʌn'red] *adj* não lido; ignorante.

un.re.al [ʌn'riəl] *adj* irreal; fantasioso; falso.

un.rea.son [ʌn'ri:zn] *s* tolice; absurdo; insanidade.

un.rea.son.a.ble [ʌn'ri:znəbl] *adj* desarrazoado; exorbitante.

un.rec.og.niz.a.ble [ʌnrekəg'naizəbl] *adj* irreconhecível.

un.re.fined [ʌnrə'faind] *adj* não refinado; inculto; impolido.

un.re.lat.ed [ʌnri'leitid] *adj* sem relação; sem parentesco.

un.re.lent.ing [ʌnri'lentiŋ] *adj* implacável; duro; inflexível.

un.re.li.a.ble [ʌnri'laiəbl] *adj* inexato; duvidoso; em que não se pode confiar.

un.re.mit.ting [ʌnri'mitiŋ] *adj* persistente; contínuo; incessante.

un.re.pen.tant [ʌnri'pentənt] *adj* impenitente, não arrependido; obstinado no erro ou no crime.

un.re.quit.ed [ʌnri'kwaitid] *adj* não correspondido; ~ **love**: amor não correspondido.

un.re.served [ʌnri'zə:vd] *adj* não reservado (lugar); total (admiração).

un.rest [ʌn'rest] *s* inquietação; desassossego; inquietude; POLÍT distúrbios.

un.re.strain.ed [ʌnri'streind] *adj* desenfreado; livre; impedido.

un.re.strict.ed [ʌnri'striktid] *adj* irrestrito.

un.ripe [ʌn'raip] *adj* verde, não maduro.

un.ru.ly [ʌn'ru:li] *adj* indômito; desenfreado; indisciplinado.

un.safe [ʌn'seif] *adj* perigoso; arriscado; ~ **to drink**: não potável.

un.sa.vour.y, EUA **un.sa.vory** [ʌn'seivəri] *adj* insípido; sem sabor; desagradável.

un.say [ʌn'sei] *v* (*pt* e *pp* **unsaid**) desdizer; retratar-se.

un.screw [ʌn'skru:] *v* desparafusar; desenroscar; desatarrachar.

un.scru.pu.lous [ʌn'skru:pjuləs] *adj* inescrupuloso; sem moral.

un.seat [ʌn'si:t] *v* tirar do lugar.

un.see.ing [ʌn'si:iŋ] *adj* cego, que não vê.

un.seem.ly [ʌn'si:mli] *adj* inapropriado.

un.seen [ʌn'si:n] *adj* invisível; oculto; despercebido.

un.self.ish [ʌn'selfiʃ] *adj* generoso; desinteressado.

un.set.tle [ʌn'setl] *v* alterar; perturbar.

un.set.tled [ʌn'setld] *adj* variável; inconstante; indeciso.

un.shav.en [ʌn'ʃeivn] *adj* com a barba por fazer.

un.skil.ful [ʌn'skilfl] *adj* inábil; inexperiente.

un.so.cia.ble [ʌn'səuʃəbl] *adj* insociável; antissocial; intratável.

un.so.cial [ʌn'səuʃl] *adj* fora do horário normal.

un.sound [ʌn'saund] *adj* doente; em mau estado; pouco firme.

un.speak.a.ble [ʌn'spi:kəbl] *adj* inexprimível; inefável.

un.sta.ble [ʌn'steibl] *adj* instável; variável.

un.stead.y [ʌn'stedi] *adj* inconstante; irresoluto.

un.stud.ied [ʌn'stʌdid] *adj* não estudado; improvisado.

un.sub.stan.tial [ʌnsəb'stænʃl] *adj* imaterial; impalpável.

un.suc.cess.ful [ʌnsək'sesful] *adj* malsucedido.

un.suit.a.ble [ʌn'su:təbl] *adj* impróprio; desproporcionado.

un.sus.pect.ed [ʌnsə'spektəd] *adj* insuspeito, que merece confiança.

un.sus.pect.ing [ʌnsə'spektiŋ] *adj* confiante; ingênuo.

un.sweet.ened [ʌn'sui:tənd] *adj* sem açúcar.

un.sym.pa.thet.ic [ʌnsimpə'θetik] *adj* pouco simpático; antipático; ~ **to**: indiferente.

un.tan.gle [ʌn'tæŋgl] *v* desembaraçar; desenredar.

un.tapped [ʌn'tæpt] *adj* inexplorado.

un.taxed [ʌn'tækst] *adj* isento de impostos.

un.ten.a.ble [ʌn'tenəbl] *adj* indefensável; insustentável.

un.think.ing [ʌn'θiŋkiŋ] *adj* irrefletido.

un.ti.dy [ʌn'taidi] *adj* desarranjado; sujo; negligente.

un.tie [ʌn'tai] *v* desatar; desamarrar; soltar; afrouxar.

un.til [ən'til] *conj* até que; • *prep* até.

un.time.ly [ʌn'taimli] *adj* antes do tempo; prematuro; inoportuno.

un.to ['ʌntu:] *prep* a; para; até.

un.touch.a.ble [ʌn'tʌtʃəbl] *adj* intocável; inatacável.

un.touch.ed [ʌn'tʌtʃt] *adj* intacto; ileso; ~ **by**: indiferente a.

un.to.ward [ˌʌntəˈwɔːd; EUA ʌnˈtɔːrd] *adj* indesejado; desagradável.

un.trans.lat.a.ble [ˌʌntrænsˈleitəbl] *adj* intraduzível, que não se pode traduzir.

un.true [ʌnˈtruː] *adj* não verídico; inverossímil; falso.

un.trust.wor.thy [ʌnˈtrʌstwəːøi] *adj* indigno de confiança.

un.truth [ʌnˈtruːø] *s* falsidade; mentira.

un.truth.ful [ʌnˈtruːøfl] *adj* falso, inverídico; desleal.

un.u.su.al [ʌnˈjuːʒl] *adj* raro; incomum; desusado; estranho.

un.ut.ter.a.ble [ʌnˈʌtərəbl] *adj* inexprimível; inenarrável.

un.war.rant.ed [ʌnˈwɔrəntid] *adj* incerto; não garantido; não autorizado.

un.war.y [ʌnˈweəri] *adj* incauto; desprevenido.

un.well [ʌnˈwel] *adj* indisposto; adoentado.

un.wel.come [ʌnˈwelkəm] *adj* inoportuno; indesejável; desagradável.

un.whole.some [ʌnˈhəulsəm] *adj* insalubre; doentio.

un.wind [ʌnˈwaind] *v* (*pt* e *pp* **unwound**) relaxar após período de árduo trabalho; desenrolar.

un.wise [ʌnˈwaiz] *adj* imprudente; ignorante; insensato.

un.wit.ting [ʌnˈwitiŋ] *adj* inconsciente; despercebido.

un.wont.ed [ʌnˈwəuntid] *adj* invulgar; pouco comum.

un.wor.thy [ʌnˈwəːði] *adj* indigno; desonroso; vil.

un.wrap [ʌnˈræp] *v* desembrulhar; desenrolar; abrir.

un.writ.ten [ʌnˈritn] *adj* verbal; não escrito.

un.yield.ing [ʌnˈjiːldiŋ] *adj* inflexível; tenaz; inabalável.

un.zip [ʌnˈzip] *v* abrir.

up [ʌp] *s* o alto; subida; prosperidade; • *v* levantar-se; • *adj* ascendente; • *adv* em cima; em posição vertical; • *prep* acima; para cima; sobre; **it's ~ to you**: você decide; **this side ~**: este lado para cima; **time's ~**: o tempo acabou; **~ and down**: para cima e para baixo; **~s and downs**: altos e baixos; **~ to**: até; conforme; segundo; **~ to now**: até agora; **what's ~?**: POP que há?

up.braid [ʌpˈbreid] *v* censurar; repreender; afrontar; ultrajar.

up.date [ʌpˈdeit] *v* atualizar; tornar moderno.

up.grade [ʌpˈgreid] *s* elevação; subida; aclive; • *v* elevar o nível de qualidade; promover (no emprego); INF atualizar uma versão de *software* ou de *hardware*.

up.hold [ˈʌpˈhəuld] *v* (*pt* e *pp* **upheld**) levantar; elevar; sustentar.

up.hol.ster [ʌpˈhəulstə(r)] *v* acolchoar; estofar.

up.land [ˈʌplənd] *s* terreno elevado; região montanhosa; • *adj* montanhoso; elevado.

up.lift [ʌpˈlift] *s* elevação; • *v* levantar; elevar; erguer.

up-mar.ket [ʌpˈmaːkit] *adj* requintado (produto); EUA **classy**.

up.on [əˈpɒn] *prep* sobre; em cima de; próximo de; **once ~ a time**: era uma vez.

up.per [ˈʌpə(r)] *s* parte superior de um calçado; • *adj* superior; mais alto ou elevado; de cima; **~ case**: maiúscula (letra); **the ~ class**: a classe alta; **~ memory**: INF memória alta, porção de memória não utilizada pelo DOS na execução do programa.

up.per.most [ˈʌpəməust] *adj* o mais alto ou elevado.

up.raise [ʌpˈreiz] *v* levantar; erguer.

up.right [ˈʌprait] *adj* honesto; direito; ereto; vertical; de pé; • *adv* verticalmente.

up.rise [ˈʌpraiz] *s* subida; • *v* levantar; surgir.

up.ris.ing [ˈʌpraiziŋ] *s* ato de levantar-se; revolta, motim.

up.roar [ˈʌprɔː(r)] *s* tumulto; algazarra; barulho.

up.roar.i.ous [ʌpˈrɔːriəs] *adj* ruidoso; tumultuoso.

up.set [ʌpˈset] *s* transtorno; desarranjo; indisposição; • *v* (*pt* e *pp* **upset**) derrubar; entornar; chatear; entristecer; desapontar; • *adj* contrariado; aborrecido.

up.shot [ˈʌpʃɒt] *s* resultado; remate; conclusão.

up.side [ˈʌpsaid] *s* a parte superior; **~ down**: de pernas para o ar, de cabeça para baixo.

up.stairs [ʌpˈsteəz] *s* o andar superior; • *adj* pertencente a um pavimento ou andar superior; • *adv* no andar superior.

up.start [ˈʌpstɑ:t] *s* novo-rico, pessoa que chega ao poder vindo de uma posição humilde; • *v* elevar-se subitamente; levantar-se.

up.take [ˈʌpteik] *s* compreensão, entendimento.

up-to-date [ʌp tə ˈdeit] *adj* moderno; atualizado.

up-to-the-minute [ʌptəəəˈminit] *adj* moderno; atualizado; **~ technology**: tecnologia de última geração.

up.ward [ˈʌpwəd] *adj* dirigido para cima; levantado; • *adv* para cima; mais; além; *ant* downward.

u.ra.ni.um [juˈreiniəm] *s* QUÍM urânio.

U.ra.nus [juˈreinəs] *s* Urano, o sétimo planeta do nosso sistema solar.

ur.ban [ˈə:bən] *adj* urbano; da cidade.

ur.ban.i.za.tion [ə:bənaiˈzeiʃən] *s* urbanização.

ur.chin [ˈə:tʃin] *s* moleque; menino travesso.

urge [ə:dʒ] *s* impulso; desejo; • *v* urgir; insistir; acentuar; impelir; empurrar.

ur.gen.cy [ˈə:dʒənsi] *s* urgência.

ur.gent [ˈə:dʒənt] *adj* urgente; insistente.

u.ri.nal [ˈjuərinl] *s* urinol, vaso ou lugar próprio para se urinar.

u.ri.nate [ˈjuərineit] *v* urinar; POP mijar.

u.rine [ˈjuərin] *s* urina.

urn [ə:n] *s* urna; vaso; cântaro.

U.ru.guay.an [juərəˈgwaiən] *s* e *adj* uruguaio.

us [*weak form*: əs; *strong form*: ʌs] *pron* nos; nós.

US [ju:ˈes] *abrev de* United States, Estados Unidos.

USA [ju:esˈei] *abrev de* United States of America, Estados Unidos da América.

us.age [ˈju:zidʒ; EUA ˈju:sidʒ] *s* uso; costume; hábito; procedimento; prática.

use [ju:s] *s* uso; costume; hábito; • *v* usar; utilizar; acostumar-se; habituar; **in ~**: em uso; **it's no ~**: é inútil; **out of ~**: fora de uso.

used [ju:st] *adj* usado, de segunda mão; **~ to**: acostumado a.

use.ful [ˈju:sful] *adj* útil; proveitoso; lucrativo.

use.ful.ness [ˈju:sfəlnis] *s* utilidade; vantagem; lucro.

use.less [ˈju:slis] *adj* inútil.

us.er [ˈju:zə(r)] *s* INF usuário (de computador); **~-friendly**: amigável; de fácil utilização.

ush.er [ˈʌʃə(r)] *s* porteiro; lanterninho; escudeiro; • *v* introduzir; anunciar.

u.su.al [ˈju:ʒl] *adj* usual; frequente; habitual; **as ~**: como de costume.

u.su.al.ly [ˈju:ʒəli] *adv* usualmente; *abrev* **usu.**

u.surp [ju:ˈzə:p] *v* usurpar; apoderar-se de.

u.sur.pa.tion [ju:zə:ˈpeiʃn] *s* usurpação.

u.ten.sil [ju:ˈtensl] *s* utensílio; instrumento.

u.ter.us [ˈju:tərəs] *s* útero.

u.til.i.ty [ju:ˈtiləti] *s* utilidade; proveito; **~ room**: copa.

u.til.i.za.tion [ju:tilaiˈzeiʃən] *s* utilização, ato ou efeito de utilizar.

u.ti.lize, u.ti.lise [ˈju:tilaiz; EUA ˈju:təlaiz] *v* utilizar; aproveitar; tirar proveito de.

ut.most [ˈʌtməust] *adj* extremo; derradeiro; máximo.

U.to.pi.a [ju:ˈtəupiə] *s* utopia.

U.to.pi.an [ju:ˈtəupiən] *adj* utópico.

ut.ter [ˈʌtə(r)] *v* proferir; pronunciar; revelar; • *adj* total; completo.

ut.ter.ance [ˈʌtərəns] *s* elocução; articulação.

U-turn [ˈju:tə:n] *s* retorno; FIG reviravolta.

u.vu.la [ˈju:vjulə] *s* úvula, campainha.

V

v [vi:] *s* vigésima segunda letra do alfabeto.
va.can.cy [ˈvəikənsi] *s* vaga; vacância; vácuo; lacuna.
va.cant [ˈveikənt] *adj* vago; livre; desocupado; **~ lot**: terreno baldio.
va.cate [vəˈkeit; EUA ˈveikeit] *v* vagar.
va.ca.tion [vəˈkeiʃn; EUA veiˈkeiʃn] *s* férias; descanso; • *v* gozar férias; **on ~**: em férias; **to take a ~**: tirar férias; **~ course**: curso de férias.
vac.ci.na.tion [væksiˈneiʃn] *s* vacinação.
vac.ci.nate [ˈvæksineit; EUA ˈvæksəneit] (*against*) *v* vacinar.
vac.cine [ˈvæksi:n; EUA vækˈsi:n] *s* vacina.
vac.il.late [ˈvæsileit] (*between*) *v* vacilar; hesitar.
va.cu.i.ty [vəˈkju:əti] *s* vacuidade; vácuo; estupidez.
vac.u.ous [ˈvækjuəs] *adj* vazio; estúpido.
vac.u.um [ˈvækjuəm] *s* vácuo; **~ cleaner**: aspirador de pó; **~ flask**/EUA **~ bottle**: garrafa térmica; **~-packed**: embalado a vácuo (especialmente alimentos); *pl* **vacuums**.
vag.a.bond [ˈvægəbɒnd] *s e adj* vagabundo; vadio.
va.gar.y [ˈveigəri] *s* excentricidade; capricho; veneta.
va.gi.na [vəˈdzainə] *s* vagina; *pl* **vaginas**.
va.gran.cy [ˈveigrənsi] *s* vadiagem; ociosidade.
va.grant [ˈveigrənt] *s e adj* vagabundo; vadio; errante.

vague [veig] *adj* vago; incerto; impreciso.
vain [vein] *adj* vaidoso; fútil; vão; **in ~**: em vão; inutilmente.
val.e.dic.tion [væliˈdikʃn] *s* adeus; despedida.
val.e.dic.to.ry [væliˈdiktəri] *adj* de despedida.
val.en.tine [ˈvæləntain] *s* cartão do dia dos namorados; *tb* **valentine card**; **~'s Day**: dia dos namorados.
val.et [ˈvælit] *s* valete; criado; pajem; • *v* pajear; servir como pajem; **~ parking**: estacionamento com manobrista; **~ service**: lavagem a seco; limpeza completa (para automóveis).
val.iant [ˈvæliənt] *adj* valente; corajoso.
val.id [ˈvælid] *adj* válido; poderoso; eficaz; *ant* **invalid**.
val.i.date [ˈvælideit] *v* validar, tornar válido.
va.lid.i.ty [vəˈlidəti] *s* validade.
val.our, EUA **val.or** [ˈvælə(r)] *s* brio; coragem.
val.u.a.ble [ˈvæljuəbl] *adj* valioso; precioso; útil.
val.u.a.tion [væljuˈeiʃn] *s* avaliação; apreciação.
val.ue [ˈvælju:] *s* valor; preço; mérito; • (*at*) *v* avaliar; estimar; taxar; **~ added tax (VAT)**: BRIT imposto sobre circulação de mercadorias.
val.u.er [ˈvæljuə(r)] *s* avaliador.
valve [vælv] *s* válvula.
vam.pire [ˈvæmpaiə(r)] *s* vampiro.

van [væn**]** s AUT van; caminhão (fechado); furgão.
van.dal ['vændl**]** s bárbaro; vândalo.
van.dal.ism ['vændəlizəm**]** s vandalismo; destruição.
van.guard ['vænga:d**]** s MIL vanguarda, dianteira do exército.
va.nil.la [və'nilə**]** s baunilha.
van.ish ['væniʃ**]** v desaparecer; dissipar-se.
van.i.ty ['vænəti**]** s vaidade; orgulho; penteadeira.
van.quish ['væŋkwiʃ**]** v vencer; conquistar; domar.
vap.id ['væpid**]** adj insípido.
va.pour, EUA va.por ['veipə(r)**]** s vapor; • v evaporar; gabar-se.
va.por.ize ['veipəraiz**]** v vaporizar; evaporar-se.
var.i.a.ble ['veəriəbl**]** s quantidade variável; • adj variável; inconstante.
var.i.ance ['veəriəns**]** s divergência; discórdia.
var.i.a.tion [veəri'eiʃn**]** s variação; mudança; alteração.
va.ri.e.ty [və'raiəti**]** s variedade; diversidade; sortimento.
var.i.ous ['veəriəs**]** adj vários; variado; diverso, variável.
var.nish ['va:niʃ**]** s verniz; • v envernizar; lustrar.
var.y ['veəri**]** (in, from) v variar; diferir; desviar.
vase [va:z; EUA veis**]** s vaso.
vas.e.line ['væsəli:n**]** s vaselina.
va.sec.to.my [və'sektəmi**]** s MED vasectomia.
vas.sal ['væsl**]** s vassalo.
vast [va:st; EUA væst**]** adj vasto.
vat [væt**]** s tina; tanque; tonel; • v pôr em tinas.
VAT [vi: ei 'ti, væt**]** abrev de BRIT Value Added Tax, equivalente ao ICM, Imposto sobre Circulação de Mercadorias.
vault [vɔ:lt**]** s ARQ abóbada; catacumba; adega; • v abobadar; arquear; saltar.
vaunt [vɔ:nt**]** v gabar-se; exibir ostentação.
VC [vi: 'si**]** abrev de Vice-Chancellor, vice-chanceler; Victoria Cross, distinção militar; Vice-Chairman, vice-presidente.

VCR [vi: si: 'a:(r)**]** abrev de Video Cassette Recorder, aparelho de videocassete.
veal [vi:l**]** s carne de vitela.
veep [vi:p**]** s EUA POP vice; vice-presidente.
veer [viə(r)**]** v virar; mudar de rumo (subitamente).
veg [vedʒ**]** s BRIT POP vegetal ou vegetais.
veg.e.ta.ble ['vedʒtəbl**]** s vegetal, legume, verdura; • adj vegetal; planta.
veg.e.tar.i.an [vedʒi'teəriən**]** s e adj vegetariano.
veg.e.tate ['vedʒəteit**]** v vegetar.
veg.e.ta.tion [vedʒi'teiʃn**]** s vegetação.
ve.he.mence ['vi:əməns**]** s veemência; ímpeto.
ve.he.ment ['vi:əmənt**]** adj veemente; impetuoso.
ve.hi.cle ['vi:ikl**]** s veículo.
veil [veil**]** s véu; capa; • v velar; cobrir; disfarçar; ocultar.
vein [vein**]** s veia; veio; filão.
ve.loc.i.ty [vi'lɔsəti**]** s velocidade; celeridade; rapidez.
vel.vet ['velvit**]** s veludo; • adj de veludo; aveludado.
vel.vet.y ['velviti**]** adj aveludado; macio.
ve.nal ['vi:nl**]** adj venal; mercenário.
vend.ing-ma.chine ['vendiŋ məʃi:n**]** s máquina automática de venda de cigarros, bebidas, etc.
vend.or ['vendə(r)**]** s vendedor; **street ~**: camelô.
ve.neer [və'niə(r)**]** s folheado; • v revestir de folha de madeira, fórmica; chapear.
ven.er.a.ble ['venərəbl**]** adj venerável; respeitável.
ven.er.ate ['venəreit**]** v venerar; respeitar.
ven.er.a.tion [venə'reiʃn**]** s veneração; respeito.
ve.ne.re.al [vi'niəriəl**]** adj relativo às doenças transmissíveis pelo contato sexual; **~ disease**: doença venérea.
Ve.ne.tian [və'ni:ʃn**]** s e adj veneziano.
Ven.e.zue.lan [vene'zweilən**]** s e adj venezuelano.

venge.ance ['vendʒəns] *s* vingança; desforra; **with a ~**: com mais intensidade do que se esperava ou desejava; pra valer.

venge.ful ['vendʒfl] *adj* vingativo; vingador.

ve.ni.al ['vi:niəl] *adj* venial; perdoável.

ven.i.son ['venizn] *s* carne de veado.

ven.om ['venəm] *s* veneno; rancor; maldade; peçonha.

ven.om.ous ['venəməs] *adj* venenoso; peçonhento; rancoroso.

ve.nous ['vi:nəs] *adj* venoso, que se refere ou pertence às veias.

vent [vent] *s* saída; passagem; • (*on*) *v* dar saída a; desafogar; desabafar.

ven.ti.late ['ventileit; EUA 'ventəleit] *v* ventilar; examinar; arejar.

ven.ti.la.tion [venti'leiʃn; EUA ventə'leiʃn] *s* ventilação; arejamento.

ven.ti.la.tor ['ventileitə(r); EUA 'ventəleitə(r)] *s* ventilador.

ven.tril.o.quist [ven'triləkwist] *s* ventríloquo, pessoa que fala sem mover os lábios, de tal maneira que a voz parece vir de outra pessoa ou coisa.

ven.tril.o.quism [ven'triləkwizəm] *s* ventriloquismo; ventriloquia.

ven.ture ['ventʃə(r)] *s* aventura; risco; • *v* expor-se; aventurar-se; arriscar-se; **at a ~**: ao acaso.

ven.tur.er ['ventʃə(r)] *s* aventureiro.

ven.ture.some ['ventʃəsəm] *adj* aventureiro; ousado; atrevido; arriscado.

ven.ue ['venju:] *s* local onde foi cometido um crime.

Ve.nus ['vi:nəs] *s* Vênus, o segundo planeta do nosso sistema solar.

ve.ra.cious [və'reiʃəs] *adj* verídico; verdadeiro.

ve.rac.i.ty [və'ræsəti] *s* veracidade; verdade.

ve.ran.da, ve.ran.dah [və'rændə] *s* varanda; EUA **porch**.

verb [və:b] *s* GRAM verbo.

ver.ba.tim [ve:'beitim] *adj* e *adv* literalmente; palavra por palavra.

ver.bose [və:'bəus] *adj* verboso; loquaz; prolixo.

ver.dant ['və:dnt] *adj* verde; verdejante; inexperiente.

ver.dict ['və:dikt] *s* veredicto; juízo; opinião.

verge [və:dʒ] *s* borda; margem; limite; extremidade; • *v* tender; pender ou inclinar-se a; **to ~ on**: aproximar-se.

ve.ri.fi.ca.tion [verifi'keiʃn] *s* verificação.

ver.i.fy ['verifai] *v* verificar; autenticar; confirmar; provar.

ver.i.ta.ble ['veritəbl] *adj* verdadeiro; real; autêntico.

ver.i.ty ['verəti] *s* verdade; realidade.

ver.mouth ['və:məθ] *s* vermute.

ver.nac.u.lar [və'nækjulə(r)] *s* idioma, vernáculo; • *adj* vernáculo.

ver.sa.tile ['və:sətail; EUA 'və:sətl] *adj* versátil; mutável.

verse [və:s] *s* verso; estrofe; poesia; • *v* versificar.

versed [və:st] *adj* versado; perito; experimentado; **~ in**: versado em; conhecedor de.

ver.si.fi.ca.tion [ve:sifi'keiʃn] *s* versificação; metrificação.

ver.si.fy ['və:sifai] *v* versificar; fazer versos.

ver.sion ['və:ʃn; EUA 'və:ʒn] *s* versão; tradução.

ver.sus ['və:səs] *prep* contra, *versus*; *abrev* **v, vs.**

ver.te.brate ['və:tibreit] *s* e *adj* vertebrado.

ver.ti.cal ['və:tikl] *s* e *adj* vertical.

ver.tig.i.nous [və:'tidʒinəs] *adj* vertiginoso; estonteante.

ver.ti.go ['və:tigəu] *s* vertigem.

ver.y ['veri] *adj* simples; verdadeiro; mesmo; próprio; • *adv* muito; bastante; **the ~ best**: o melhor; **~ much**: muitíssimo.

ves.i.cle ['vesikl] *s* vesícula, cavidade ou bexiga onde se concentra um líquido orgânico.

ves.sel ['vesl] *s* vaso sanguíneo; navio; embarcação; recipiente (copo, xícara, etc.).

vest [vest] *s* camiseta; EUA colete; • (*in*, *with*) *v* empossar; investir; incumbir a.

ves.tige ['vestidʒ] *s* vestígio.

vest.ment ['vestmənt] *s* vestimenta; vestuário.

ves.try ['vestri] *s* sacristia, lugar anexo à igreja onde se guardam os paramentos do culto e outros objetos e onde se faz a preparação para a missa.

vet [vet] *s* BRIT veterinário; *tb* **veterinary surgeon.**

vet.er.an ['vetərən] *s* e *adj* veterano.

vet.er.i.nar.i.an [vətri'neəriən] *s* EUA veterinário.

vet.er.i.nar.y ['vetrinri; EUA 'vetərineri] *adj* relativo à veterinária; **~ surgeon**: veterinário.

vex [veks] *v* atormentar; irritar-se; zangar; disputar.

vex.a.tion [vek'seiʃn] *s* opressão; tormento; irritação.

vex.a.tious [vek'seiʃəs] *adj* irritante; penoso; incômodo.

VHF [vi: eitʃ 'ef] *abrev de* **v**ery **h**igh **f**requency, frequência muito alta.

vi.a.ble ['vaiəbl] *adj* viável; hábil para viver.

vi.a.duct ['vaiədʌkt] *s* viaduto.

vi.al ['vaiəl] *s* frasco; ampulheta.

vi.brant ['vaibrənt] *adj* vibrante.

vi.brate [vai'breit; EUA 'vaibreit] *v* vibrar; oscilar; agitar; balançar.

vi.bra.tion [vai'breiʃn] *s* vibração; oscilação.

vic.ar ['vikə(r)] *s* vigário; cura.

vice [vais] *s* vício; defeito; mácula; maldade; torno (mecânico), EUA **vise**; • *pref* substituto; vice; • *prep* em lugar de.

vi.ce ver.sa [vais 'veːsə, vaisi 'veːsə] *adv* vice-versa.

vi.cin.i.ty [vi'sinəti] *s* vizinhança; adjacência; proximidade; **in the ~ of**: aproximadamente.

vi.cious ['viʃəs] *adj* vicioso; corrompido; viciado; **~ circle**: círculo vicioso.

vic.tim ['viktim] *s* vítima, pessoa sacrificada aos interesses ou paixões de outrem.

vic.tim.ize, vic.tim.ise ['viktimaiz] *v* vitimar; enganar.

vic.to.ri.ous [vik'tɔːriəs] *adj* vitorioso; triunfante.

vic.to.ry ['viktəri] *s* vitória; triunfo; *ant* **defeat**.

vict.ual ['vitl] *v* fornecer víveres; abastecer.

video ['vidiəu] *s* vídeo; INF tela onde aparecem todas as imagens que demonstram as opções de comando para o computador, texto, etc., bem como as imagens de todas as funções do computador; **~ camera**: câmera de vídeo; **~ cassette recorder (VCR)**: videocassete; **~ game**: videogame.

video.tape ['vidiəuteip] *s* videoteipe.

vie [vai] (*with*) *v* (*pt* **vied**; *pp* **vying**) disputar contra; rivalizar; competir; desafiar.

Viet.nam.esse [vjetnəˈmiːz] *s* e *adj* vietnamita.

view [vjuː] *s* vista; paisagem; panorama; modo de ver; • *v* ver; observar; contemplar; considerar; investigar; **in my ~**: em minha opinião; **in ~ of**: em vista de, em razão de; **on ~**: em exibição; **with a ~ to**: com a intenção de.

view.da.ta ['vjuːdeitə] *s* BRIT teletexto.

view.er ['vjuːə(r)] *s* observador; espectador; TV telespectador; visor.

view.find.er ['vjuːfaində(r)] *s* visor (de câmera fotográfica).

view.less ['vjuːlis] *adj* invisível.

view.point ['vjuːpɔint] *s* ponto de vista.

vig.il ['vidʒil] *s* vigília.

vig.i.lance ['vidʒiləns] *s* vigilância.

vig.i.lant ['vidʒilənt] *adj* vigilante; atento; cauteloso.

vig.our, EUA **vig.or** ['vigə(r)] *s* vigor; força; poder; energia; vitalidade.

vig.or.ous ['vigərəs] *adj* vigoroso; enérgico; forte.

vile [vail] *adj* vil; desprezível; indigno.

vil.i.fy ['vilifai] *v* (*pt* e *pp* **vilified**) aviltar; difamar.

vil.lage ['vilidʒ] *s* vila; aldeia; povoação; • *adj* de aldeia.

vil.lag.er ['vilidʒə(r)] *s* aldeão; aldeã.

vil.lain ['vilən] *s* vilão; pessoa vil; bandido.

vil.lain.ous ['vilənəs] *adj* vil; infame; abjeto.

vim [vim] *s* energia; força; vigor.

vin.di.cate ['vindikeit] *v* justificar; defender; sustentar.

vin.di.ca.tion [vindi'keiʃn] *s* justificação; defesa.

vin.dic.tive [vin'diktiv] *adj* vingativo, que tem gênio ou disposição para vingar.

vine [vain] *s* videira, parreira; trepadeira.

vin.e.gar ['vinigə(r)] *s* vinagre.

vine.yard ['vinjəd] *s* vinha, terreno com plantação de videiras.

vi.o.late ['vaiəleit] *v* violar; ultrajar; profanar; transgredir; desonrar.

vi.o.la.tion [vaiə'leiʃn] *s* violação; transgressão; desonra.

vi.o.lence ['vaiələns] *s* violência; fúria.

vi.o.lent ['vaiələnt] *adj* violento; veemente; impetuoso.

vi.o.let ['vaiələt] *s* violeta (cor, flor); • *adj* de cor violeta.

vi.o.lin [vaiə'lin] *s* violino.

vi.o.lin.ist [vaiə'linist] *s* MÚS violinista.

VIP [vi ai: 'pi:] *abrev de* **v**ery **i**mportant **p**erson, pessoa muito importante.

vi.per ['vaipə(r)] *s* víbora; pessoa de mau gênio.

vir.gin ['və:dʒin] *s* virgem; donzela; • *adj* virginal; puro.

vir.gin.i.ty [və:'dʒiniti] *s* virgindade; pureza.

vir.ile ['virail; EUA 'virəl] *adj* viril; varonil; másculo.

vi.ril.i.ty [vi'riləti] *s* virilidade; masculinidade.

vir.tu.al ['ve:tʃuəl] *adj* INF virtual; **~ reality**: realidade virtual.

vir.tue ['və:tʃu:] *s* virtude; mérito; valor; **by/in ~ of**: em virtude de, devido a.

vir.tu.ous ['və:tʃuəs] *adj* virtuoso; casto; puro.

vir.u.lence ['virulens] *s* virulência; malignidade.

vir.u.lent ['virulənt] *adj* virulento; venenoso.

vi.rus ['vaiərəs] *s* vírus, germe patogênico que produz inúmeras doenças; INF programa específico que tem o objetivo de alterar ou destruir outros programas.

vi.sa ['vi:zə] *s* visto (passaporte).

vis.age ['vizidʒ] *s* semblante; aspecto; rosto.

vis.cer.a ['visərə] *s* entranha; vísceras.

vis.cos.i.ty [vis'kɔsəti] *s* viscosidade.

vis.count ['vaikaunt] *s* visconde, título de nobreza superior ao de barão e inferior ao de conde.

vis.cous, vis.cid ['viskəs, 'visid] *adj* viscoso; pegajoso.

vise [vais] *s* EUA torno mecânico; BRIT **vice**.

vis.i.bil.i.ty [vizə'biləti] *s* visibilidade.

vis.i.ble ['vizəbl] *adj* visível; claro; evidente.

vi.sion ['viʒn] *s* visão; • *v* visionar; imaginar.

vi.sion.ar.y ['viʒənəri; EUA 'viʒəneri] *s* visionário; utopista; • *adj* visionário; imaginativo.

vis.it ['vizit] *s* visita; • *v* visitar; infligir; frequentar; **to pay a ~ to**: fazer uma visita a.

vis.it.ant ['vizitənt] *s* visitante; visita.

vis.it.a.tion [vizi'teiʃn] *s* visita; inspeção; recompensa.

vis.i.tor ['vizitə(r)] *s* visitante; visita.

vi.sor ['vaizə(r)] *s* viseira; máscara.

vis.u.al ['viʒuəl] *adj* visual; **~ aid**: meio visual utilizado principalmente no ensino; **~ display unit (VDU)**: terminal de vídeo, monitor.

vis.u.al.ize, vis.u.al.ise ['viʒuəlaiz] *v* visualizar; imaginar.

vi.tal ['vaitl] *adj* vital; essencial; capital; fundamental.

vi.tal.i.ty [vai'tæləti] *s* vitalidade; vigor; ânimo.

vi.ta.min ['vitəmin; EUA 'vaitəmin] *s* vitamina, palavra que designa várias substâncias benéficas à saúde, em termos de nutrição.

vi.ti.ate ['viʃieit] *v* viciar; arruinar; DIR invalidar um documento.

vit.i.cul.ture ['vitikʌltʃə(r)] *s* viticultura, cultura de vinhas.

vit.re.ous ['vitriəs] *adj* vítreo.

vit.ri.fy ['vitrifai] *v* vitrificar(-se).

vi.tu.per.a.tion [vitju:pə'reiʃn; EUA vaitu:pə'reiʃn] *s* vituperação; censura; exprobração.

vi.va.cious [vi'veiʃəs] *adj* vivaz; vivo; animado.

viv.id ['vivid] *adj* vívido; intenso.

vi.vip.a.rous [vi'vipərəs; EUA vai'vipərəs] *adj* vivíparo, diz-se do animal que gera os filhos, por oposição a ovíparo.

vix.en ['viksn] *s* fêmea de raposa; mulher alcoviteira, megera.

vo.cab.u.lar.y [və'kæbjuləri; EUA və'kæbjuleri] *s* vocabulário, lista de palavras de uma língua; glossário.

vo.cal ['vəukl] *adj* vocal; oral; ~ **cords**: cordas vocais.

vo.cal.ist ['vəukəlist] *s* vocalista; cantor.

vo.ca.tion [vəu'keiʃn] *s* vocação; posto; ofício.

voc.a.tive ['vɔkətiv] *s* e *adj* GRAM vocativo.

vo.cif.er.ate [və'sifəreit; EUA vəu'sifəreit] *v* vociferar; bramar; berrar.

vo.cif.er.ous [və'sifərəs; EUA vəu'sifəreit] *adj* vociferante; barulhento.

vogue [vəug] *s* voga; moda.

voice [vɔis] *s* voz; opinião; • *v* anunciar; proclamar; vociferar; **with one ~**: unanimemente.

voice.less ['vɔislis] *adj* sem voz; mudo.

void [vɔid] *s* vácuo; • *v* tornar vago; evacuar; esvaziar; anular; invalidar; • *adj* vazio; desocupado.

vol.a.tile ['vɔlətail; EUA 'vɔlətl] *adj* volátil; inconstante.

vol.ca.no [vɔl'keinəu] *s* vulcão, abertura na superfície terrestre de onde são expelidos vapores, lavas, cinzas, fogo, etc.

vo.li.tion [və'liʃn; EUA vəu'liʃn] *s* volição; vontade.

vol.ley ['vɔli] *s* descarga; rajada; salva de artilharia; • *v* MIL dar salva com descarga.

vol.ley.ball ['vɔlibɔ:l] *s* ESP voleibol.

volt.age ['vəultidʒ] *s* ELET voltagem.

vol.u.ble ['vɔljubl] *adj* tagarela; prolixo.

vol.ume ['vɔlju:m; EUA 'vɔljəm] *s* volume; tomo; livro.

vo.lu.mi.nous [və'lju:minəs] *adj* volumoso; extenso; grosso.

vol.un.tar.y ['vɔləntri; EUA 'vɔlənteri] *adj* voluntário; espontâneo; *ant* **involuntary**.

vol.un.teer [vɔlən'tiə(r)] *s* e *adj* voluntário; • (*for*) *v* alistar-se; oferecer-se.

vo.lup.tu.ous [və'lʌptʃuəs] *adj* voluptuoso; sensual.

vom.it ['vɔmit] *s* vômito; • *v* vomitar.

voo.doo ['vu:du:] *s* vodu, crenças e práticas mágicas usadas como forma de religião.

vo.ra.cious [və'reiʃəs] *adj* voraz; ávido; devorador.

vote [vəut] *s* voto; escrutínio; • (*for, against, on*) *v* votar em; eleger; deliberar; ~ **of confidence**: voto de confiança; ~ **of thanks**: agradecimento.

vot.er ['vəutə(r)] *s* votante; eleitor.

vouch [vautʃ] *s* garantia; testemunho; • (*for*) *v* atestar; garantir; certificar; responder por.

vouch.er ['vautʃə(r)] *s* fiador; prova; testemunho; vale; comprovante.

vouch.safe [vautʃ'seif] *v* conceder; outorgar, permitir; dignar-se.

vow [vau] *s* voto; promessa; • *v* jurar; prometer.

vow.el ['vauəl] *s* GRAM vogal.

voy.age ['vɔiidʒ] *s* viagem; • *v* viajar.

voy.ag.er ['vɔiədʒə(r)] *s* viajante.

VP [vi: 'pi] *abrev de* Vice-President, vice-presidente.

vul.can.ize, vul.can.ise ['vʌlkənaiz] *v* vulcanizar, sujeitar (a borracha) à vulcanização.

vul.gar ['vʌlgə(r)] *adj* vulgar; comum; grosseiro.

vul.gar.i.ty [vʌl'gærəti] *s* vulgaridade.

vul.gar.ize, vul.gar.ise ['vʌlgəraiz] *v* vulgarizar; popularizar.

vul.ner.a.ble ['vʌlnərəbl] *adj* vulnerável, suscetível de ser ferido.

vul.ture ['vʌltʃə(r)] *s* abutre, ave de rapina carnívora.

vul.va ['vʌlvə] *s* vulva, parte externa do aparelho genital da mulher.

vy.ing ['vaiiŋ] *pp* de **vie**.

W

w [ˈdʌblju:] s vigésima terceira letra do alfabeto; em português é usada como símbolo (química, física ou na informática) e em nomes próprios e deles derivados.

W [ˈdʌblju:] *abrev de* ELET **watt**; **West**; **Western**.

wad [wɔd] s chumaço; bola de papel; maço; • v acolchoar; enchumaçar.

wad.ding [ˈwɔdiŋ] s enchimento; chumaço.

wad.dle [ˈwɔdl] s bamboleio; • v bambolear-se; balançar; gingar.

wade [weid] v passar a vau; andar custosamente; EUA brincar na água.

wa.fer [ˈweifə(r)] s tipo de biscoito.

waf.fle [ˈwɔfl] s CULIN espécie de panqueca leve; em geral apreciada com mel, glucose de milho, etc.

waft [wɔft; EUA wæft] s ato de flutuar; • v flutuar; boiar.

wag [wæg] s sacudidela; balanço; abano; • v agitar; sacudir; remexer; oscilar; abanar.

wage [weidʒ] s salário; • v empreender; empenhar-se; levar avante; **minimum ~**: salário-mínimo; **~ claim**: reivindicação salarial; **~ earner**: assalariado; **~ freeze**: congelamento de salários; **~-tax**: imposto sobre o salário.

wager [ˈweidʒə(r)] s aposta; • v apostar; arriscar no jogo.

wag.gish [ˈweidʒiʃ] adj divertido; brincalhão; malicioso; jocoso.

wag.gle [ˈwægl] v sacudir; agitar.

wag.on, wag.gon [ˈwægən] s vagão aberto (para transporte de mercadorias); EUA **freight-car**; carroça; • v transportar em vagão.

wail [weil] s lamento; queixume; • v lamentar; prantear; lastimar.

wain.scot [ˈweinskət] s lambris; • v revestir de lambris.

waist [weist] s cintura.

waist.coat [ˈweiskəut; EUA ˈweskət] s colete masculino; EUA **vest**.

wait [weit] s espera; • (*for*, *until*) v esperar; servir; atender; **to ~ on, upon**: servir à mesa; **~ and see**: espere para ver.

wait.er [ˈweitə(r)] s garçom; bandeja; *fem* **waitress**.

wait.ing [ˈweitiŋ] s ato de esperar; **~-list**: lista de espera; **~ room**: sala de espera.

wait.ress [ˈweitris] s garçonete.

waive [weiv] v desistir de; renunciar a.

wake [weik] s vigília; velório; • v (*pt* **woke** ou **waked**; *pp* **woken** ou **waked**) despertar; acordar; velar; **~ up!**: acorde!

wake.ful [ˈweikfl] adj vigilante; desperto; alerta.

walk [wɔːk] s passeio; caminhada; • v andar; passear a pé; **to take a ~**: dar um passeio; **to ~ away**: afastar-se de; **to ~ out**: sair de repente (zangado); **to ~ out**: entrar em greve; **to ~ over**: ganhar facilmente; tratar mal; **to ~ tall**: portar-se com altivez.

walk.er [ˈwɔːkə(r)] s caminhante.

walk.ie-talk.ie [wɔːkiˈtɔːki] s transmissor-receptor portátil.

walk.ing ['wɔːkiŋ] *s* andar; caminhada; passeio; **~-stick**: bengala.
wall [wɔːl] *s* muro; parede; • *v* murar; emparedar; **the ~s have ears**: as paredes têm ouvidos; **to go to the ~**: falir.
wal.let ['wɔlit] *s* carteira de bolso.
wal.lop ['wɔləp] *s* pancada; golpe; • *v* ferver; surrar; bater.
wal.low ['wɔləu] *s* chafurdice; • *v* rolar, chafurdar.
wall.pa.per ['wɔːlpeipə(r)] *s* papel de parede.
Wall Street ['wɔːl strit] *s* EUA centro financeiro e Bolsa de Valores da cidade de Nova York.
wal.ly ['wɔli] *s* babaca, bobo.
wal.nut ['wɔːlnʌt] *s* noz; madeira da nogueira; nogueira.
wal.rus ['wɔːlrəs] *s* morsa, mamífero anfíbio.
waltz [wɔːls; EUA wɔːlts] *s* valsa; • (*round*) *v* valsar, dançar ao som da valsa.
wan [wɔn] *pt* de **win**; • *adj* lívido; pálido; descorado.
wand [wɔnd] *s* vara; batuta; bastão.
wan.der ['wɔndə(r)] *s* ato de vagar; • *v* desviar-se; vagar, perambular.
wan.der.er ['wɔndərə(r)] *s* caminhante; peregrino.
wan.der.ing ['wɔndəriŋ] *s* peregrinação; • *adj* errante; inconstante.
wane [wein] *s* decadência; míngua; quarto minguante da Lua; • *v* declinar; minguar, enfraquecer; diminuir; **on the ~**: em declínio.
wank [wæŋk] *s* BRIT GÍR o ato de se masturbar; • *v* masturbar-se.
wan.na ['wɔnə] *abrev de* POP **want to**, querer.
want [wɔnt; EUA wɔːnt] *s* desejo, necessidade; carência; escassez; • *v* querer; desejar; precisar; necessitar; **in ~ of**: com necessidade de.
want.ing ['wɔntiŋ] *adj* que falta; que escassela; • *prep* sem.
wan.ton ['wɔntən; EUA 'wɔːntən] *s* pessoa libertina, devassa; • *v* agir de forma libertina; • *adj* libertino; petulante.
war [wɔː(r)] *s* guerra; luta; • *v* guerrear; combater; **~ crime**: crime de guerra; **~ criminal**: criminoso de guerra; **~ cry**: grito de guerra; **~ memorial**: monumento aos mortos; **~ of nerves**: guerra de nervos.
war.ble ['wɔːbl] *s* gorjeio; trinado; • *v* gorjear; trinar; modular.
ward [wɔːd] *s* enfermaria; ala; seção; guarda; • (*off*) *v* proteger; cuidar de.
war.den ['wɔːdn] *s* guarda, vigia; EUA diretor de presídio.
ward.robe ['wɔːdrəub] *s* guarda-roupa; vestuário.
ware [weə(r)] *s* mercadoria; artigos de comércio.
ware.house ['weəhaus] *s* armazém; depósito; • *v* armazenar; abastecer.
war.fare ['wɔːfeə(r)] *s* guerra, conflito armado.
war.head ['wɔːhed] *s* ogiva.
war.like ['wɔːlaik] *adj* marcial; belicoso; hostil.
warm [wɔːm] *adj* quente; tépido; cordial; • *v* aquecer; esquentar; animar; **~-blooded**: de sangue quente; **~-hearted**: afetuoso.
warm.ly ['wɔːmli] *adv* afetuosamente; calorosamente.
warm-up ['wɔːmʌp] *s* ESP aquecimento.
warn [wɔːn] (*of*, *against*) *v* avisar; prevenir; advertir; admoestar.
warn.ing ['wɔːniŋ] *s* admoestação; advertência; aviso; **~ light**: luz de advertência; **~ triangle**: AUT triângulo (de advertência, quando o carro está avariado).
warp [wɔːp] *s* empenamento, encurvamento; • *v* desviar; arquear; empenar a madeira; rebocar um barco.
war.rant ['wɔrənt; EUA 'wɔːrənt] *s* garantia; autorização; mandado; • *v* garantir; afiançar; justificar; autorizar.
war.ran.tee [wɔrən'tiː; EUA wɔːrən'tiː] *s* DIR afiançado.
war.rant.er ['wɔrəntə(r)] *s* DIR fiador.
war.ran.ty ['wɔrənti; EUA 'wɔːrənti] *s* DIR fiança; garantia; penhor.
war.ri.or ['wɔriə(r); EUA 'wɔːriə(r)] *s* guerreiro; soldado experimentado.
war.ship ['wɔːʃip] *s* navio de guerra.
wart [wɔːt] *s* verruga.

wary / way — four hundred and ten / four hundred and tenth **410**

war.y ['weəri] *adj* prudente; previdente; cauteloso.

wash [wɔʃ; EUA wɔːʃ] *s* lavagem; ato de lavar; roupa lavada; • *v* lavar; **to ~ one's dirty linen (in public)**: FIG lavar a roupa suja, falar em público tudo o que se pensa; **to ~ one's hand of**: FIG lavar as mãos, não se responsabilizar; **~-out**: desbotado.

wash.a.ble ['wɔʃəbl] *adj* lavável.

wash.er ['wɔʃə(r); EUA 'wɔːʃə(r)] *s* arruela; máquina de lavar.

wash.ing ['wɔʃiŋ; EUA 'wɔːʃiŋ] *s* lavagem; roupa lavada; **to do the ~**: lavar roupa; **~ machine**: máquina de lavar roupa; **~ powder**: BRIT sabão em pó.

wash.y ['wɔʃi; EUA 'wɔːʃi] *adj* aguado; fraco.

wasp [wɔsp; EUA wɔːsp] *s* vespa.

WASP [wɔsp] *abrev de* EUA POP **W**hite **A**nglo-**S**axon **P**rotestant, apelido pejorativo da classe dominante nos Estados Unidos.

wasp.ish ['wɔspiʃ] *adj* rabugento; impertinente; intratável.

wast.age ['weistidʒ] *s* quebra; desperdício; desgaste; **natural ~**: desgaste natural.

waste [weist] *s* desgaste; desperdício; • *v* desperdiçar; dissipar; esbanjar; • *adj* arruinado; supérfluo; **~paper basket**: cesta de papéis; lata de lixo, EUA **wastebasket**, **waste-bin**; **~ products**: resíduos (industriais).

waste.bas.ket [weist'baskti] *s* EUA cesta de papéis.

waste.ful ['weistifl] *adj* devastador; gastador; pródigo.

wast.ing ['weistiŋ] *adj* que gasta; que consome; debilitante.

watch [wɔtʃ] *s* relógio de pulso; vigília; guarda; • *v* assistir, ver; observar; velar; espreitar; vigiar; **on the ~**: alerta; **to ~ for**: esperar; **to ~ out**: tomar cuidado; **~ it!**: cuidado!; **~strap**: pulseira de relógio, EUA **watchband**.

watch.dog ['wɔtʃdɔg] *s* cão de guarda.

watch.er ['wɔtʃə(r)] *s* guarda; vigia; sentinela.

watch.ful ['wɔtʃfl] *adj* atento; vigilante; cauteloso.

watch.mak.er ['wɔtʃmeikə(r)] *s* relojoeiro.

watch.man ['wɔtʃmən] *s* vigia.

watch.word ['wɔtʃwəːd] *s* lema; divisa; *slogan*.

wa.ter ['wɔːtə(r)] *s* água; chuva; maré; • *v* regar; banhar; molhar; • *adj* de água; aquático; **in deep ~**: em situação precária; em apuros; **~ bottle**: cantil, EUA **canteen**; **~ closet**: (w.c.) latrina, privada, banheiro; **~ colour**: aquarela, EUA **~color**; **~-cooled**: refrigerado a água; **~ ice**: sorvete de frutas à base de água; **~ gate**: comporta; **~ polo**: polo aquático; **~ wheel**: turbina.

wa.ter.cress ['wɔːtəkres] *s* agrião.

wa.ter.fall ['wɔːtəfɔːl] *s* cachoeira, queda-d'água.

wa.ter.ish ['wɔːtəriʃ] *adj* aguado; úmido; molhado.

wa.ter.less ['wɔːtəlis] *adj* sem água; seco; árido.

wa.ter.logged ['wɔːtəlɔgd; EUA 'wɔːtəlɔːgd] *adj* encharcado de água; alagado; ensopado.

wa.ter.mel.on ['wɔːtəmelən] *s* melancia.

wa.ter.proof ['wɔːtəpruːf] *s* capa impermeável; • *v* impermeabilizar; • *adj* impermeável.

wa.ter.y ['wɔːtəri] *adj* aquoso; líquido; aguado.

watt [wɔt] *s* watt, unidade de consumo de energia elétrica; *abrev* **w**.

wave [weiv] *s* onda, vaga; aceno; gesto que se faz com a mão; • *(at) v* ondular; ondear; acenar com as mãos.

wa.ver ['weivə(r)] *v* ondear; ondular; oscilar.

wav.y ['weivi] *adj* ondulatório; ondulado; flutuante.

wax [wæks] *s* cera; cerume; • *v* encerar; crescer; engrandecer.

wax.en ['wæksn] *adj* pálido; revestido de cera; feito de cera.

wax.works ['wækswəːks] *s pl* museu de cera.

way [wei] *s* via; caminho; passagem; curso; modo; **by the ~**: por falar nisso; **in every ~**: sob todos os aspectos; **in some ~s**: sob certos aspectos; **no ~**: de jeito nenhum;

out of the ~: afastado; desviado; fora do comum; **to give ~**: ceder; **which ~?**: de que modo?, de que lado?; **~ station**: estação secundária de estrada de ferro.

way.far.er ['weifeərə(r)] *s* transeunte; pedestre; caminhante.

way.lay [wei'lei] *v* (*pt* e *pp* **waylaid**) emboscar; surpreender.

way.side ['weisaid] *s* beira da estrada; **to fall by the ~**: FIG desistir; corromper-se.

way.ward ['weiwəd] *adj* travesso; impertinente; instável; caprichoso.

WC [dʌblju:'si:] *abrev de* water-closet, privada, banheiro.

we [wi:] *pron* nós.

weak [wi:k] *adj* fraco; débil; frágil; inábil.

weak.en ['wi:kən] *v* enfraquecer; debilitar; atenuar.

weak.ly ['wi:kli] *adj* fraco; enfermo; doentio.

weak.ness ['wi:knis] *s* fraqueza; debilidade.

wealth [welθ] *s* riqueza; fortuna; prosperidade.

wealth.y ['welθi] *adj* opulento; rico; abastado.

wean [wi:n] *v* desmamar; separar; desacostumar.

weap.on ['wepən] *s* arma; armamento.

wear [weə(r)] *s* uso; gasto; desgaste; moda; • *v* (*pt* **wore**; *pp* **worn**) usar; desgastar(-se); vestir; trajar; passar o tempo; **to ~ the trousers**: estar no comando, mandar.

wear.ing ['weəniŋ] *adj* fatigante; exaustivo; de uso.

wea.ry ['wiəri] *v* cansar(-se); fatigar-se; aborrecer(-se); • *adj* cansado; aborrecido.

wea.sel ['wi:zl] *s* ZOO doninha; fuinha.

weath.er ['weðə(r)] *s* estado atmosférico; tempo; clima; • *v* resistir a; **~ forecast**: previsão do tempo; **~ report**: boletim meteorológico.

weath.er.man ['weəəmæn] *s* meteorologista.

weath.er.proof ['weəəpru:f] *adj* impermeável.

weave [wi:v] *s* ato de tecer; tecido; trama; • *v* (*pp* **wove**; *pp* **woven**) tecer; trançar; entrelaçar.

weav.er ['wi:və(r)] *s* tecelão; fiandeiro.

weav.ing ['wi:viŋ] *s* tecelagem.

web [web] *s* tecido fino; teia; enredo; rolo de papel contínuo; INF rede.

web.mas.ter ['webma:stə(r)] *s* INF profissional que cria e administra o conteúdo de um site na Internet, muitas vezes com capacitação técnica em relação aos *softwares* e *hardwares* empregados.

wed [wed] *v* casar com; desposar; contrair matrimônio; (com maiúsc.) *abrev de* **Wed**nesday, quarta-feira.

wed.ding ['wediŋ] *s* casamento; núpcias; bodas; **diamond ~**: bodas de diamante; **golden ~**: bodas de ouro; **silver ~**: bodas de prata; **~ dress**: vestido de noiva; **~ ring**: aliança de casamento.

wedge [wedʒ] *s* calço; cunha; • *v* pôr calço.

wed.lock ['wedlɔk] *s* vida matrimonial; matrimônio.

Wednes.day ['wenzdi] *s* quarta-feira.

wee [wi:] *adj* pequenino; pequerrucho.

weed [wi:d] *s* erva daninha; roupa de luto; • *v* capinar; limpar.

weed.y ['wi:di] *adj* coberto de ervas daninhas; sem préstimo.

week [wi:k] *s* semana.

week.day ['wi:kdei] *s* dia da semana; dia útil.

week.end [wi:k'end] *s* fim de semana.

week.ly ['wi:kli] *s* semanário; • *adj* semanal; • *adv* semanalmente.

weep [wi:p] *s* choro; • *v* (*pt* e *pp* **wept**) chorar; lamentar.

weep.er ['wi:pə(r)] *s* o que chora ou se lamenta; sinal de luto.

weep.ing ['wi:piŋŋ] *adj* choroso, que pranteia.

weft [weft] *s* trama; tecido.

weigh [wei] *v* pesar; calcular a importância de; considerar.

weight [weit] *s* peso; importância; **gross ~**: peso bruto; **net ~**: peso líquido.

weight.y ['weiti] *adj* pesado; importante.

weir [wiə(r)] *s* açude; represa; dique.

weird [wiəd] *s* destino; sorte; sina; • *adj* sobrenatural; misterioso; estranho.

wel.come ['welkəm] *s* boa-vinda; saudação; • *v* acolher; dar boas-vindas a; • *adj* bem-vindo; agradável; • *interj* seja bem-vindo; **you're ~**: de nada.

weld [weld] *s* solda; soldadura; • *v* soldar; caldear; ser soldado, unido solidamente.

wel.fare ['welfeə(r)] *s* bem-estar; ventura; saúde.

well [wel] *s* poço; • *v* emanar; brotar; nascer; esguichar; • *adj* bom; gozando boa saúde; • *adv* bem; devidamente; • *interj* ora!; bem!; **as ~**: também; **as ~ as**: assim como; **~-advised**: prudente; **~ and truly**: completamente; **~-being**: bem-estar; **~-bred**: bem-educado; **~-done**: CULIN bem passado; **~ done!**: bravo!, muito bem!; **~-found**: apropriado; oportuno; **~-informed**: bem informado; **~-intentioned**: bem-intencionado; **~-spoken**: bem falante; **~-to-do**: abastado; **~-wisher**: simpatizante; admirador.

well.born ['welbɔ:n] *adj* de boa família.

welsh rare.bit [welʃ 'reəbit] *s* torradas com queijo derretido.

wen [wen] *s* quisto sebáceo.

wend [wend] *v* passar; ir.

went [went] *pt* de **go**.

wept [wept] *pt* e *pp* de **weep**.

were.wolf ['wiəwulf] *s* lobisomem; *pl* **werewolves**.

west [west] *s* oeste; *abrev* **W**; poente; ocidente; • *adj* ocidental; do oeste; • *adv* para o oeste.

west.er.ly ['westəli] *adj* ocidental; • *adv* em direção do ocidente.

west.ern ['westən] *s* CIN, LIT bangue-bangue, filme passado no Oeste dos Estados Unidos; • *adj* do oeste; ocidental.

wet [wet] *s* umidade; • *v* molhar; umedecer; • *adj* úmido; molhado; **~ blanket**: FIG desmancha-prazeres; **~ suit**: roupa de mergulho.

whale [weil; EUA hweil] *s* baleia.

whale.bone ['weilbəun] *s* barbatana.

whal.er ['weilə(r)] *s* baleeiro, navio usado para pesca da baleia.

whal.ing ['weiliŋ] *s* pesca da baleia.

wharf [wɔ:f; EUA hwɔ:rf] *s* cais; desembarcadouro.

what [wɒt; EUA hwɒt] *adj* e *pron* que; o que; aquilo, aquele ou aquela que, aqueles ou aquelas que; qualquer; • *conj* que; • *adv* em que; de que maneira; **so ~?**: e daí?; **~ about...**: e quanto a...; **~ a beauty!**: que beleza; **~ else?**: o que mais?; **~ for**: por que; para quê?; **~ if**: e se.

what.ev.er, what.soev.er [wɒt'evə(r); wɒtsəu'evə(r)] *adj* e *pron* tudo aquilo que; seja o que for; todo que.

wheat [wi:t] *s* trigo; **to separate the ~ from the chaff**: separar o joio do trigo.

wheat.en ['wi:tn] *adj* de trigo.

wheel [wi:l] *s* roda; volante; bicicleta; leme; • *v* rodar; girar.

wheel.bar.row ['wi:lbærəu] *s* carrinho de mão (em construções).

wheel.chair ['wi:ltʃeə(r)] *s* cadeira de rodas.

wheeze [wi:z] *s* respiração ofegante; • *v* resfolegar; respirar com dificuldade.

whelp [welp] *s* filhote de animais; • *v* dar cria.

when [wen] *adv*, *conj* e *pron* quando; no momento em que; **since ~**: desde quando; **till ~**: até quando.

whence [wens] *adv* de onde.

when.ev.er [wen'evə(r)] *adv* e *conj* sempre que; quando; todas as vezes que.

where [weə(r)] *adv*, *conj* e *pron* onde; em que lugar; para onde.

where.a.bouts [weərə'bauts] *s* paradeiro; • *adv* onde; • *conj* perto; próximo.

where.as [weər'æz] *conj* enquanto.

where.by [weə'bai] *adv* por meio de; como; por onde.

where.fore ['weəfɔ:(r)] *s* causa; motivo; • *adv* para que; por que.

where.ev.er [weə'evə(r)] *adv* em qualquer parte ou lugar; sempre que.

whet [wet] *s* estimulante; • *v* afiar; excitar; estimular.

wheth.er ['weðə(r)] *conj* se; ou; • *pron* qual dos dois.

which [witʃ] *pron* que; o/a qual; os/as quais; qual; cujo, cujos; cuja, cujas; **~ is the best**

way to get there?: qual o melhor caminho para chegar lá?

which.ev.er [witʃ'evə(r)] *adj* e *pron* qualquer; um ou outro.

whiff [wif] *s* cheiro; baforada; brisa; sopro; bafejo.

while [wail] *s* espaço de tempo; • *v* passar as horas distraindo-se; **for a ~**: por um momento; **it's not worth ~**: não vale a pena; **once in a ~**: de vez em quando; **~ ago**: há poucos momentos.

whim [wim] *s* capricho.

whim.per ['wimpə(r)] *s* queixume; lamúria; • *v* choramingar; lamuriar-se.

whim.si.cal ['wimzikl] *adj* caprichoso; excêntrico.

whine [wain] *v* lamuriar-se; ganir.

whip [wip] *s* chicote; chibata; açoite; cocheiro; • *v* chicotear; açoitar; mover(-se) rapidamente; alinhavar uma costura.

whip.ping ['wipiŋ] *s* açoite; flagelação; **~ boy**: FIG bode expiatório.

whirl [wə:l] *s* volta; giro; remoinho; turbilhão; • *v* voltear; girar rapidamente; rodopiar.

whirl.wind ['wə:lwind] *s* redemoinho; furacão.

whisky, whis.key ['wiski] *s* uísque.

whis.per ['wispə(r)] *s* murmúrio; sussurro; • *v* sussurrar; cochichar.

whis.tle ['wisl] *s* assobio; silvo; sibilo; apito; • *v* assobiar; apitar; sibilar; silvar.

whit [wit] *s* porção mínima; **not a ~**: absolutamente nada.

white [wait] *s* branco; brancura; clara de ovo; o branco do olho; pessoa branca; • *v* branquear; caiar; • *adj* branco; inocente; puro; **~ House**: Casa Branca, residência do Presidente dos EUA; **~ lie**: mentira leve.

whit.en ['waitn] *v* branquear; alvejar; tornar-se branco.

whi.ten.ing ['waitniŋ] *s* branqueamento; alvejamento.

Whit.sun ['witsn] *adj* RELIG relativo a Pentecostes.

whit.tle ['witl] *v* modelar com uma faca; aparar.

who [hu:] *pron* que; quem; o/a qual; os/quais; aquele, aqueles, aquela, aquelas,

~ else?: quem mais?; **~ is she?**: quem é ela?

WHO [dʌblju: eitʃ 'əu] *abrev de* World Health Organization, Organização Mundial de Saúde (OMS).

who.dun.nit, who.dun.it [hu:'dnit] *s* POP peça, romance ou filme policial.

who.ev.er [hu:'evə(r)] *pron* quem quer que; seja quem for; qualquer.

whole [həul] *s* o todo; a totalidade; • *adj* todo; total; inteiro; **~-wheat bread**: pão de trigo integral.

whole.meal ['həulmi:l] *s* BRIT farinha integral; **~ bread**: pão integral.

whole.sale ['həulseil] *s* venda por atacado; • *adj* por atacado.

whole.sal.er ['həulseilə(r)] *s* atacadista.

whole.some ['həulsəm] *adj* saudável; salutar; são; benéfico.

whole.wheat ['həulwi:t] *adj* integral (farinha, pão).

whom [hu:m] *pron* a quem; quem; que; o/a qual; **by ~**: por quem; **for ~**: para quem; **from ~**: de quem.

whoop [hu:p] *s* algazarra; grito de guerra; pio da coruja; • *v* berrar; vaiar; apupar; piar como a coruja.

whoops [wups] *interj* POP opa!

whore [hɔ:(r)] *s* PEJ prostituta, puta.

whose [hu:z] *pron* cujo; cuja; cujos; cujas; de quem.

why [wai] *adv* por quê; por que razão; • *interj* caramba!; ora!

wick [wik] *s* mecha; pavio.

wick.ed ['wikid] *adj* perverso; mau; nocivo; ruim.

wick.er ['wikə(r)] *s* vime; trabalho de vime; • *adj* de vime.

wick.et ['wikit] *s* postigo; portinhola; cancela.

wide [waid] *adj* largo; amplo; vasto; • *adv* longe; ao longe; extensamente; **far and ~**: em toda a extensão; **~ open**: bem aberto; escancarado; **~-angle lens**: FOT lente grande angular; **~-eyed**: de olhos arregalados; **~-ranging**: abrangente.

wid.en ['waidn] *v* estender(-se); alargar; dilatar.

wide.spread ['waidspred] *adj* amplo; muito difundido.

wid.ow ['widəu] *s* viúva; • *v* enviuvar; despojar.

wid.ow.er ['widəuə(r)] *s* viúvo.

wid.ow.hood ['widəuhud] *s* viuvez, estado de viúvo ou viúva.

width [witθ] *s* largura; amplitude; extensão.

wield [wi:ld] *v* manejar; exercer.

wife [waif] *s* mulher, esposa; *pl* **wives**.

wig [wig] *s* peruca; • *v* repreender; ralhar.

wig.ging ['wigiŋ] *s* censura; repreensão; descompostura.

wild [waild] *adj* selvagem; inculto; primitivo; feroz; bravo; ~ **boar**: javali, porco selvagem.

wild.cat ['waildkæt] *s* gato selvagem; lince.

wild.life ['waildlaif] *s* vida selvagem.

wil.ful, EUA **will.ful** ['wilful] *adj* teimoso; premeditado (crime).

will [*weak form*: l; *strong form*: wil] *s* vontade; inclinação; escolha; • *v aux* GRAM auxiliar usado na formação do futuro dos verbos; • *v* (*pt e pp* **would**) querer; desejar; legar; **at** ~: à vontade; **free** ~: livre-arbítrio.

will.ing ['wiliŋ] *adj* desejoso; disposto; inclinado; pronto.

wil.low ['wiləu] *s* salgueiro.

wilt [wilt] *v* definhar; murchar; esmorecer.

wil.y ['waili] *adj* astuto; velhaco; manhoso.

wim.ple ['wimpl] *s* touca de freira; • *v* velar; cobrir com véu.

win [win] *v* (*pt e pp* **won**) ganhar; vencer.

wince [wins] *s* retraimento; • *v* retrair-se.

winch [wintʃ] *s* guincho.

win.ches.ter ['wintʃestə(r)] *s* INF *winchester*; disco rígido.

wind [wind] *s* vento; brisa; aragem; ventania; instrumento de sopro; faro de caça; gases (flatulência); • *v* arejar; tomar alento; ventar.

wind [waind] *s* torcedura; enroscamento; curvatura; volta; • *v* (*pt e pp* **wound**) serpentear; girar; enroscar; enlaçar-se.

wind [waind] *v* (*pt e pp* **wound** ou **winded**) tocar instrumento de sopro; buzinar; ~ **instrument**: MÚS instrumento de sopro; ~ **tunnel**: túnel aerodinâmico.

wind.lass ['windləs] *s* molinete; • *v* içar com molinete.

wind.mill ['windmil] *s* moinho de vento.

win.dow ['windəu] *s* janela; INF janela, caixa que se abre na tela de um computador, após um comando, demonstrando inúmeras opções ao usuário ou dando algum tipo de advertência; • *v* guarnecer de janelas; expor numa vitrina.

wind.screen ['windskri:n] *s* AUT parabrisa; EUA **windshield**; ~ **wiper**: limpador de parabrisa.

wind.surf ['windsəf] *v* ESP praticar windsurfe.

wind.surf.er ['windsə:fə(r)] *s* ESP prancha de windsurfe.

wind.surf.ing ['windsə:fiŋ] *s* ESP prática de uma espécie de surfe com uma prancha que possui uma vela.

wind.ward ['windwəd] *s* barlavento, do lado do vento; • *adj* de barlavento; • *adv* a barlavento.

wind.y ['windi] *adj* ventoso; pomposo; oco.

wine [wain] *s* vinho; **red** ~: vinho tinto; ~ **cellar**: adega; ~ **vinegar**: vinagre de vinho.

wing [wiŋ] *s* asa; ala; voo; FUT ponta; MIL flanco; • *v* pôr ou dar asas a; voar; **to take** ~: levantar voo; partir.

wing.ed ['wiŋgd] *adj* alado; rápido; veloz.

wink [wiŋk] *s* piscadela; cochilo; soneca; • *v* pestanejar; piscar; fazer sinal piscando.

win.ner ['winə(r)] *s* vencedor; ganhador.

win.ning ['winiŋ] *s* ganho; lucro; • *adj* atraente; sedutor; vitorioso.

win.now ['winəu] *v* joeirar, separar o joio do trigo; peneirar; examinar; separar.

win.ter ['wintə(r)] *s* inverno; • *v* invernar; • *adj* invernoso; hibernal.

win.try ['wintri] *adj* de inverno; hibernal; frio; gélido.

wipe [waip] *s* ato de limpar; • *v* limpar; enxugar.

wire ['waiə(r)] *s* arame; fio elétrico; telégrafo; • *v* ligar ou cercar com arame; instalar fios elétricos; telegrafar; **to pull ~s**: exercer influência.

wire.less ['waiəlis] *s* radiotelegrafia; radiotelefonia; **~ telegraph**: radiotelegrafia; telégrafo sem fio.

wir.y ['wairi] *adj* magro, mas musculoso; de arame.

wis.dom ['wizdəm] *s* sabedoria; saber; juízo; discernimento; prudência; **~ tooth**: dente do siso.

wise [waiz] *s* maneira de agir; modo; maneira; • *adj* sábio; douto; prudente; sensato; discreto.

wise.crack ['waizkræk] *s* piada.

wish [wiʃ] *s* desejo; vontade; • *v* desejar; querer; **to ~ for**: almejar; desejar muito.

wish.ful ['wiʃfl] *adj* desejoso; ansioso; ávido.

wisp [wisp] *s* punhado; fio; fiapo; feixe.

wist.ful ['wistfl] *adj* ansioso; pensativo; atento.

wit [wit] *s* inteligência; aptidão; destreza; imaginação; humor; • *v* saber.

witch [witʃ] *s* bruxa; feiticeira; • *v* enfeitiçar; **~doctor**: pajé; **~-hunt**: caça às bruxas.

witch.craft ['witʃkra:ft] *s* bruxaria.

with [wið] *prep* com; **~ pleasure**: com prazer.

with.draw [wið'drɔ:] *v* (*pt* **withdrew**; *pp* **withdrawn**) retirar; separar; tirar.

with.er ['wiðə(r)] *v* murchar; secar; definhar; mirrar.

with.hold [wið'həuld] *v* (*pt* e *pp* **withheld**) reter; deter; impedir; negar; recusar.

with.in [wi'ðin] *adv* e *prep* dentro; em; no interior; na parte de dentro.

with.out [wi'ðaut] *adv* e *prep* sem; destituído; fora de; exteriormente.

wit.less ['witlis] *adj* néscio; imbecil; sem graça.

wit.ness ['witnis] *s* testemunha; testemunho; • *v* DIR testemunhar; depor; atestar; presenciar.

wit.ti.cism ['witisizəm] *s* dito espirituoso; chiste.

wit.ty ['witi] *adj* engenhoso; divertida; mordaz.

wiz.ard ['wizəd] *s* feiticeiro; mago; • *adj* encantador; mágico.

wiz.ard.ry ['wizədri] *s* feitiçaria; magia; prestidigitação.

woe [wəu] *s* dor; pena; desgraça.

woke [wəuk] *pt* de **wake**.

woken ['wəukən] *pp* de **wake**.

wold [wəuld] *s* planície; descampado.

wolf [wulf] *s* lobo; pessoa cruel; conquistador; **a ~ in sheep's clothing**: pessoa que parece amiga, mas não é; **to cry ~**: dar alarme falso; *pl* **wolves**.

wo.man ['wumən] *s* mulher; • *adj* feminino; *pl* **women**.

wo.man.hood ['wumənhud] *s* estado; condição de mulher; sexo feminino.

wo.man.ish ['wuməniʃ] *adj* feminino.

wo.man.ly ['wumənli] *adj* feminino; • *adv* ao modo das mulheres.

womb [wu:m] *s* útero; ventre.

won [wʌn] *pt* e *pp* de **win**.

won.der ['wʌndə(r)] *s* admiração; espanto; maravilha; • *v* admirar(-se); estranhar; perguntar-se; duvidar; **no ~**: não é de admirar; **what a ~!**: que maravilha.

won.der.ful ['wʌndəfl] *adj* admirável; magnífico; estupendo; prodigioso.

won.der.ment ['wʌndəmənt] *s* admiração.

won.drous ['wʌndrəs] *adj* maravilhoso; extraordinário; notável.

wont [wəunt; EUA wɔ:nt] *s* uso; hábito; costume; • *v* acostumar; estar acostumado.

woo [wu:] *v* cortejar; solicitar.

wood [wud] *s* madeira; pau; lenha; bosque; floresta; • *v* fornecer lenha ou madeira; prover-se de lenha.

wood.cut ['wudkʌt] *s* ART xilografia; gravura em madeira.

wood.cut.ter ['wudkʌtə(r)] *s* lenhador, aquele que corta ou racha lenha.

wood.ed ['wudid] *adj* coberto de mato; arborizado.

wood.en ['wudən] *adj* de madeira.

wood.land ['wudlənd] *s* floresta, mata.

wood.peck.er ['wudpekə(r)] *s* pica-pau.

wood.y ['wudi] *adj* pleno de árvores; de madeira; silvestre.

woof [wu:f] *s* trama, em tecelagem; tecido.
wool [wul] *s* lã; lanugem.
wool.en ['wulən] *s* tecido de lã; • *adj* de lã; lanoso.
word [wə:d] *s* palavra; vocábulo; ordem; sinal; INF um programa específico para processamento de palavras; • *v* redigir; escrever; **in other ~s**: em outras palavras; **to keep one's ~**: cumprir a palavra; **~ for ~**: palavra por palavra; **~ processor**: INF processador de texto.
word.ing ['wə:diŋ] *s* enunciação; redação; expressão; dicção.
word.less ['wə:dlis] *adj* silencioso; calado.
word.y ['wə:di] *adj* verbal; prolixo; falador.
work [wə:k] *s* trabalho; ocupação; obra; tarefa; emprego; • (*at, on*) *v* trabalhar; lavrar; bordar; funcionar; operar, produzir; **to ~ on**; influenciar; **to ~ out**: calcular; dar certo; decidir; **to ~ up**: elaborar; **to be at ~**: estar ocupado; **~ force**: força de trabalho.
work.a.ble ['wə:kəbl] *adj* viável; em condições de funcionar ou trabalhar.
work.a.day ['wə:kədei] *adj* de todos os dias; rotineiro; laborioso.
work.a.hol.ic [wə:kə'həlik] *s* viciado em trabalho (combinação de **work+alcoholic**).
work.er ['wə:kə(r)] *s* trabalhador; operário; artífice; **office ~**: empregado de escritório.
work.ing ['wə:kiŋ] *s* obra; trabalho; movimento; • *adj* trabalhador; **the ~ class**: a classe operária; o proletariado.
work.man ['wə:kmən] *s* trabalhador; artífice; *fem* **workwoman**.
work.man.ly ['wə:kmənli] *adj* primoroso; bem-acabado.
work.man.ship ['wə:kmənʃip] *s* mão de obra; trabalho; artefato; manufatura.
work.shop ['wə:kʃɔp] *s* oficina; fábrica; seminário, determinado momento destinado à prática da troca de conhecimentos e de experiências.
work.wo.man ['wə:kwumən] *s* operária; costureira.
world [wə:ld] *s* mundo; universo; sociedade; gente; terra; globo; **for all the ~**: por nada deste mundo; **the ~ Cup**: FUT a Copa do Mundo; **~wide**: mundial; universal; **~ wide web**: INF rede mundial (Internet).
worm [wə:m] *s* verme; minhoca; pessoa vil ou desprezível; rosca de parafuso; • *v* insinuar(-se); introduzir(-se); arrastar-se.
worm.y ['wə:mi] *adj* bichento; carunchoso; rastejante.
worn ['wə:n] *pp* de **wear**; • *adj* gasto.
wor.ried ['wʌrid] *adj* inquieto; apreensivo; aflito; incomodado.
wor.ry ['wʌri] *s* incômodo; inquietação; tormento; • *v* (*pt* e *pp* **worried**) afligir-se; preocupar-se; aborrecer; despedaçar a dentadas.
worse [wə:s] *s* o pior; • *adj* pior; • *adv* pior; **~ and ~**: de mal a pior.
wor.ship ['wə:ʃip] *s* adoração; veneração; culto; • *v* adorar; venerar.
wor.ship.ful ['wə:ʃipfl] *adj* adorável; venerável; respeitável.
worst [wə:st] *v* vencer; derrotar; • *adj* péssimo; o pior; • *adv* o pior possível; pessimamente.
wors.ted ['wustid] *s* lã fiada; • *adj* feito de lã fiada.
worth [wə:θ] *s* mérito; valor; importância; custo; preço; • *adj* que vale; que merece; digno; **to be ~**: valer.
worth.less ['wə:θlis] *adj* indigno; desprezível.
woth.while ['wə:θwail] *adj* importante; interessante; que vale a pena.
wor.thy ['wə:ði] *adj* digno; merecedor.
would [wud] *v aux* usado a) no relato de uma ação futura no discurso direto: *He said he would go away*; b) em orações condicionais: *If I won the prize, I would travel all over the world*; c) em hipóteses passadas que não aconteceram: *If she had studied more to the test, she would have passed*; d) para fazer um pedido, uma oferta, um convite: *Would you please close the door?*; **~ rather**: preferir.
wound [wu:nd] *s* ferida; ferimento; • *v* ferir.

wound [wau:nd] *pt* e *pp* de **wind**.

wrack [ræk] *s* naufrágio; ruína.

wran.gle [ˈræŋgl] *s* altercação; disputa; contenda; • *v* altercar-se; contender; discutir.

wran.gler [ˈræŋglə(r)] *s* altercador; disputador.

wrap [ræp] *s* agasalho; • *v* (*pt* e *pp* **wrapped**) envolver; embrulhar; encerrar; cobrir.

wrap.per [ˈræpə(r)] *s* envoltório; BRIT capa (de livro); ~ **paper**: papel de embrulho.

wrath [rɔø; EUA ræø] *s* ira; raiva; cólera; indignação.

wrath.ful [ˈrɔøfl] *adj* irado; furioso; raivoso.

wreak [ri:k] *v* vingar; infligir; desafogar.

wreath [ri:ø] *s* grinalda; coroa de flores; nuvem.

wreathe [ri:ð] *v* coroar; entrelaçar; enroscar-se; engrinaldar.

wreck [rek] *s* naufrágio; ruína; alga marinha; destroços de um naufrágio. • *v* destruir; naufragar; arruinar.

wreck.age [ˈrekidʒ] *s* naufrágio; recuperados de naufrágio.

wrench [rentʃ] *s* torção; distorção; puxão; chave de parafuso; • *v* arrancar; torcer.

wrest [rest] *s* impulso; • (*from, out of*) *v* arrancar à força.

wres.tle [ˈresl] (*with*) *v* brigar; lutar; combater.

wres.tler [ˈreslə(r)] *s* lutador.

wres.tling [ˈrestliŋ] *s* ESP luta livre.

wretch [retʃ] *s* desgraçado; infeliz; miserável.

wretch.ed [ˈretʃid] *adj* infeliz; desditoso; vil; abjeto; indigno.

wrig.gle [ˈrigl] *s* movimento em zigue-zague; • *v* serpear; remexer-se; enroscar.

wring [riŋ] *v* espremedura; torcedura; aperto; • *v* (*pt* e *pp* **wrung**) torcer; espremer; arrancar.

wrin.kle [ˈriŋkl] *s* ruga; vinco; prega; • *v* franzir; enrugar.

wrist [rist] *s* pulso; punho; munheca; ~**watch**: relógio de pulso.

writ [rit] *s* DIR ordem; citação; mandado; **Holy ~**: a Sagrada Escritura.

write [rait] *v* (*pt* **wrote**; *pp* **written**) escrever; redigir; compor; **to ~ back**: responder uma carta; **to ~ down**: anotar; **to ~ out**: escrever por extenso; passar a limpo.

writ.er [ˈraitə(r)] *s* escritor.

write-up [ˈraitʌp] *s* crítica.

writ.ing [ˈraitiŋ] *s* escrito; manuscrito; **in one's own ~**: do seu próprio punho; ~ **desk**: escrivaninha.

wrong [rɔŋ; EUA rɔ:ŋ] *s* injustiça; mal; dano; • *v* prejudicar; lesar; fazer mal; tratar com injustiça, • *adj* errado; injusto; errôneo; irregular; inoportuno; • *adv* mal; injustamente; às avessas; **to be ~**: não ter razão.

wrong.ful [ˈrɔŋfl] *adj* injusto; falso; iníquo.

wrong.head.ed [ˈrɔŋhedid] *adj* teimoso; obstinado.

wrought [rɔ:t] *adj* lavrado; manufaturado.

wrung [rʌŋ] *pt* e *pp* de **wring**.

wry.ness [ˈrainis] *s* posição de esguelha; contorção.

WYSIWYG [ˈwiziwig] *abrev de* INF **What You See Is What You Get**, o que aparece na tela do computador é exatamente o que sairá na impressora.

x [eks] *s* vigésima quarta letra do alfabeto; MAT símbolo de incógnita em álgebra; MAT símbolo, no sistema de coordenadas, da abscissa (X-axis); (com maiúsc.) número romano igual a dez.

xe.non [ˈzenən] *s* xenônio, gás inerte existente na atmosfera em pequena quantidade.

xen.o.pho.bi.a [zenəˈfəubiə] *s* xenofobia, aversão aos estrangeiros ou ao que não é nacional.

Xe.rox [ˈziərɔks] *s* (marca registrada) sistema de cópia por meio de xerografia; • *v* xerografar, copiar por xerografia.

XL [eks ˈel] *abrev de* E**x**tra **L**arge, extragrande.

Xmas [ˈkrisməs] *s abrev de* Christmas, Natal.

x-ray [ˈeks rei] *s* raio X; • *v* fotografar, examinar ou tratar por meio de raio X; • *adj* radiográfico; radiológico.

xy.lo.phone [ˈzailəfəun] *s* MÚS xilofone, instrumento musical.

Y

y [wai] s vigésima quinta letra do alfabeto, usada na língua portuguesa muitas vezes para representar símbolos químicos, etc., com pronúncia análoga ao **I**; MAT em álgebra, representa uma das incógnitas.

yacht [jɔt] s iate; • v dirigir um iate.

yacht.ing [ˈjɔtiŋ] s ESP iatismo.

yachts.man [ˈjɔtsmən] s ESP iatista; fem **yachtswoman**.

yak [jæk] s iaque, espécie de búfalo.

Yan.kee [ˈjæŋki] s cidadão norte-americano.

yap [jæp] s latido; ganido; • v ladrar; ganir.

yard [ja:d] s pátio; jarda (914,4 milímetros); • v encurralar.

yard.stick [ˈja:dstik] s FIG padrão; critério.

yarn [ja:n] s fio de lã, algodão, etc.; conto, história inverossímil.

yawl [jɔ:l] s iole, tipo de embarcação a vela.

yawn [jɔ:n] s bocejo; • v bocejar.

yd abrev de **yard**, jarda (medida).

ye [ji:] pron você, vocês.

yea [jei] s sim; afirmação; • adj sim; certamente; **the ~s and nays**: os votos pró e contra.

yeah [jeə] adv POP sim.

year [jə:(r); EUA jiər] s ano; **car of the ~**: carro do ano; **happy new ~**: feliz ano-novo; **leap ~**: ano bissexto; **~ after ~**: ano após ano; **~ by ~**: ano a ano; **~ in, ~ out**: entra ano, sai ano; **the ~ dot**/EUA **the ~ one**: há muito tempo.

year.book [ˈjiəbuk] s anuário; EUA livro contendo fotografias da turma da escola ou da universidade.

year.ly [ˈjə:li] adj anual; • adv anualmente; todos os anos.

yearn [jə:n] (for) v aspirar a; suspirar por; almejar.

yearn.ing [ˈjə:niŋ] s saudade; aspiração.

yeast [ji:st] s fermento; levedura; • v fermentar; **~ powder**: fermento em pó.

yell [jel] s uivo; brado; grito; • (at) v urrar; berrar; gritar.

yel.low [ˈjeləu] s cor amarela; gema de ovo; • adj amarelo; **~ card**: ESP cartão amarelo; **~ fever/~ jack**: febre amarela; **~ Pages**: Páginas Amarelas (lista telefônica).

yel.low.ish [ˈjeləuiʃ] adj amarelado.

yelp [jelp] s latido; uivo; • v uivar; ladrar; latir.

yen [jen] s iene, unidade monetária do Japão.

yeo.man [ˈjəumən] s fazendeiro que trabalha em suas próprias terras.

yes [jes] adv sim; certamente; ant **no**; **~-man**: bajulador.

yes.ter.day [ˈjestədi] s e adv ontem; **the day before ~**: anteontem.

yet [jet] adv ainda; já; todavia; até agora; ao mesmo; até; **as ~**: até agora; **not ~**: ainda não.

yid.dish [ˈjidiʃ] s iídiche, língua falada nos guetos judeus, derivada do alemão e do hebraico.

yield [ji:ld] s rendimento; produção; • v produzir; render(-se); desistir; ceder.

yield.ing [ˈji:ldiŋ] adj submisso; flexível; produtivo.

yo.ga [´jəugə] *s* ioga, ginástica meditativa que visa a harmonização do homem, microcosmo, com o universo, macrocosmo.

yo.gi [´jəugi] *s* professor ou *expert* em ioga; *pl* **yogis**.

yo.gurt, yo.ghurt, yo.ghourt [´jɔgət; EUA ´jəugərt] *s* iogurte.

yoke [jəuk] *s* jugo; junta, parelha; • *v* pôr no jugo; conter; unir; ligar.

yo.kel [´jəukl] *s* caipira; camponês.

yolk [jəuk] *s* gema de ovo.

yon, yon.der [jan, ´jandə(r)] *pron* aquele, aquela, aqueles, aquelas; • *adv* além; acolá.

yore [jɔ:(r)] *adv* outrora; antigamente.

you [ju:] *pron* você; vós; tu; ti; **~ and yours**: você e os seus (familiares e amigos íntimos).

you'd [ju:d] *forma abrev de* **you had**; **you would**.

you'll [ju:l] *forma abrev de* **you will**; **you shall**.

young [jʌŋ] *s* a juventude; a mocidade; • *adj* jovem; moço; novo; *ant* **old**.

young.ster [´jʌŋstə(r)] *s* jovem; rapaz; adolescente.

your [jɔ:(r); EUA juər] *adj* teu, tua, teus, tuas; seu, sua, seus, suas; vosso, vossa, vossos, vossas.

yours [jɔ:z; EUA juərz] *pron* (o) teu, (a) tua, (os) teus, (as) tuas; (o) seu, (a) sua, (os) seus, (as) suas; (o) vosso, (a) vossa, (os) vossos, (as) vossas.

your.self [jɔ:´self; EUA juər´self] *pron* você mesmo; **by ~**: sozinho, sem ajuda; *pl* **yourselves**.

youth [ju:ə] *s* juventude; mocidade; jovem.

youth.ful [ju:əfl] *adj* vigoroso; juvenil; alegre.

youth.ful.ness [´ju:əflnis] *s* juventude; mocidade.

you've [ju:v] *forma abrev de* **you have**.

yowl [jaul] *s* uivo; • *v* uivar.

yo.yo [´jəujəu] *s* ioiô.

yr *abrev de* **year**, ano, *pl* **yrs**.

yule [ju:l] *s* Natal.

yup.pie, yup.py [´jʌpi] *s* POP yuppie, jovem ambicioso que ganha altos salários.

z

z [zed; EUA zi:] *s* vigésima sexta letra do alfabeto; MAT em álgebra, uma das incógnitas que representa uma terceira quantidade.

za.ny [ˈzeini] *s* cômico; palhaço.

zap [zæp] *v* POP matar ou deixar alguém inconsciente; INF apagar; TV trocar de canal rapidamente.

zeal [zi:l] *s* entusiasmo; fanatismo.

zeal.ot [ˈzelət] *s* entusiasta; fanático.

zeal.ot.ry [ˈzelətri] *s* paixão política ou religiosa extrema; fanatismo.

zeal.ous [ˈzeləs] *adj* entusiasta; fanático.

ze.bra [ˈzi:brə] *s* zebra; ~ **crossing**: BRIT faixa de pedestre.

ze.bu [ˈzi:bju:] *s* zebu.

ze.nith [ˈzeniθ; EUA ˈzi:niθ] *s* zênite, ponto em que uma vertical imaginária encontraria a esfera celeste, acima do observador; cimo; cume; auge.

Zep.pe.lin [ˈzepəlin] *s* aeronave dirigível.

ze.ro [ˈziərəu] *s* zero.

zest [zest] *s* gosto; sabor; casquinha de limão ou laranja usada para dar sabor à comida; • *v* temperar bem a comida.

zig.zag [ˈzigzæg] *s* zigue-zague.

zinc [ziŋk] *s* QUÍM zinco.

zi.on.ism [ˈzaiənizm] *s* sionismo, movimento político concebido originalmente em prol do estabelecimento de um estado judeu independente e, atualmente, visando o desenvolvimento do Estado de Israel.

zi.on.ist [ˈzaiənist] *s* e *adj* sionista.

zip, zip.per [zip, ˈzipə(r)] *s* zíper, fecho ecler, fecho dentado que se utiliza em roupas, bolsas, etc.; POP vigor; • *v* fechar o fecho ecler.

zip code [ˈzip kəud] *s* EUA código postal; BRIT **postcode**.

zith.er [ˈziðə(r)] *s* MÚS cítara.

zo.di.ac [ˈzəudiæk] *s* ASTRON zodíaco.

zom.bie [ˈzɔmbi] *s* zumbi; GÍR pessoa tonta, sem objetividade.

zone [zəun] *s* zona; faixa; cinta; região; ponto; lugar.

zoo [zu:] *s* zoológico.

zo.o.log.ic, zo.o.log.i.cal [zəuəˈlɔdʒik, zəuəˈlɔdʒikl] *adj* zoológico, relativo à zoologia.

zo.ol.o.gist [zəuˈɔlədʒist] *s* zóologo, zoologista, aquele que é versado em zoologia.

zo.ol.o.gy [zəuˈɔlədʒi] *s* zoologia.

zoom [zu:m] *s* zumbido; • *v* zumbir, zunir; TV, CIN, FOT aproximar ou afastar o objeto/pessoa da câmera com o uso de lentes especiais.

zuc.chi.ni [zu:ˈki:ni] *s* EUA abobrinha.

A

a *s* the first letter of the Portuguese alphabet; • *prep* to, at, in, on, by, of; • *pron* him, her, it; • *art* the, a, an.

à *art* mais *prep* contracted form that shows an article joining with a preposition.

a.ba *s* tails (de camisa); brim (de chapéu).

a.ba.ca.te *s* avocado.

a.ba.ca.xi *s* pineapple; POP difficult affair.

a.ba.de *s* abbot.

a.ba.des.sa *s* abbess.

a.ba.di.a *s* abbey.

a.ba.fa.do *adj* sultry, airless, stuffy, oppressive.

a.ba.far *v* to suffocate, to stifle; to muffle (som); to cover up (assunto); GÍR to make it big.

a.bai.xar *v* to lower, to pull down, to turn down (som); **~-se**: to bend down; **~ a crista**: FIG to humble oneself.

a.bai.xo *adv* down, below.

a.bai.xo-as.si.na.do *s* petition.

a.ba.jur *s* lamshade (cúpula); table lamp (luminária).

a.ba.la.do *adj* shaken, upset, loose.

a.ba.lan.çar *v* to swing, to balance, to rush on.

a.ba.lar *v* to upset, to shake; FIG to shock, to affect; **~-se**: to be shocked.

a.ba.li.za.do *adj* marked out, renowed, distinguished.

a.ba.li.zar *v* to survey, to estimate, to measure.

a.ba.lo *s* disturbance, shake, trouble; shock; **~ sísmico**: earth tremor.

a.bal.ro.a.men.to *s* clash, collision.

a.ba.nar *v* to shake, to stir up, to fan (com leque); to wag (rabo).

a.ban.do.na.do *adj* abandoned, left, deserted, forsaken.

a.ban.do.nar *v* to give up, to abandon, to leave, to cast off.

a.ban.do.no *s* desertion, abandonment, destitution; neglect (estado de).

a.ba.no *s* fly-flap, fan, fire-fan.

a.bar.ca.dor *s* monopolist.

a.bar.car *v* to include, to embrace, to contain, to monopolize.

a.bar.ro.ta.do *adj* crowded, packed (lotado).

a.bar.ro.tar *v* to stuff, to glut.

a.bas.ta.do *adj* millionaire, rich, wealthy.

a.bas.tan.ça *s* abundance, plenty.

a.bas.te.cer *v* to provide, to supply; to fuel (motor); to fill up (gasolina); to refuel (aeronave).

a.bas.te.ci.men.to *s* stock, provisions, supplies; refuelling (de avião, automóvel).

a.ba.te *s* reduction, abatement (preço); slaughter (gado).

a.ba.ter *v* to reduce (preço), to lessen, to abate; to slaughter (gado); to shoot down (avião).

a.ba.ti.men.to *s* depression, abatement, allowance, reduction (de preço); **com ~**: cut-rate.

a.bau.la.do *adj* bulgy, convex.

a.bau.lar *v* to arch, to make convex.

abdicação / abrilhantar

ab.di.ca.ção *s* abdication, renunciation.
ab.di.car *v* to renounce, to abandon, to abdicate.
ab.do.me *s* abdomen.
ab.dô.men *veja* **abdome**.
a.be.ce.dá.rio *s* alphabet, abecedary.
a.bei.rar *v* to draw near, to approach.
a.be.lha *s* bee.
a.be.lhu.do *adj* indiscreet, curious.
a.ben.ço.a.do *adj* blessed, holy.
a.ben.ço.ar *v* to wish well, to bless, to praise.
a.ber.ra.ção *s* aberrance, error.
a.ber.ta.men.te *adv* frankly, openly.
a.ber.to *adj* open, frank; clear (céu); green (sinal); on (gás); ~ **a todos**: free-for-all.
a.ber.tu.ra *s* aperture (fotografia), opening, hole; MÚS overture.
a.bi.car *v* to reach, to draw near, to approach.
a.bis.ma.do *adj* astonished.
a.bis.mar *v* to astonish.
a.bis.mo *s* chasm, abyss, depths.
ab.je.ção *s* degradation, abjecteness, abjection.
ab.je.to *adj* sneaky, vile, abject, mean.
ab.ju.di.car *v* to abjudicate, to evict, to oust.
ab.ju.ra.ção *s* abjuration.
ab.ju.rar *v* to forswear, to forsake an error, to abjure.
a.bla.ção *s* cutting off, removal, ablation.
a.bla.ti.vo *s e adj* ablative.
a.blu.ção *s* ablution.
ab.ne.ga.ção *s* self-sacrifice, abnegation, self-denial.
ab.ne.gar *v* to renounce, to abnegate.
a.bó.ba.da *s* vault, arched roof.
a.bo.ba.do *adj* stupid, silly, foolish.
a.bó.bo.ra *s* pumpkin.
a.bo.bri.nha *s* courgette, EUA zucchini.
a.bo.ca.nhar *v* to bite, to snap with his teeth.
a.bo.car *v* to take with the mouth, to catch.
a.bo.li.ção *s* extinction, suppression, abolition.
a.bo.lir *v* to annul, to abolish.
a.bo.mi.na.ção *s* repulsion, abomination, abhorrence.
a.bo.mi.nar *v* to detest, to hate, to abominate, to abhor.

a.bo.na.do *adj* with trust, creditable; rich, wealthy.
a.bo.nar *v* to declare good or true, to answer for, to guarantee, to warrant, to justify (trabalho).
a.bo.no *s* advance-money, bonus, allowance of money.
a.bor.da.gem *s* abordage, boarding, approach.
a.bor.dar *v* to approach (pessoa), to board (embarcação), to broach (assunto).
a.bor.re.cer *v* to bore, to abhor, to annoy, to bother.
a.bor.re.ci.men.to *s* aversion, boredom, dislike, tediousness, trouble.
a.bor.tar *v* to fail, to abort, to miscarry.
a.bor.to *s* miscarriage, abortion.
a.bo.to.a.du.ra *s* cufflink.
a.bo.to.ar *v* to button up.
a.bra.ço *s* embrace, hug; squeeze; **com um ~ (em correspondência)**: with best wishes.
a.bra.çar *v* to embrace, to clasp, to hug, to hold.
a.bran.dar *v* to assuage, to soften, to mollify.
a.bran.ger *v* to comprise, to include, to contain.
a.bra.sa.do *adj* burning, excited, inflamed.
a.bra.sar *v* to set on fire, to burn.
a.bra.si.lei.rar *v* to perform in Brazilian mood, to grow like a Brazilian fashion.
a.bra.si.vo *s* abrasive.
a.bre.vi.a.ção *s* abridgement, shortening, abbreviation.
a.bre.vi.ar *v* to shorten, to abbreviate.
a.bre.vi.a.tu.ra *s* abbreviation.
a.bri.dor *s* engraver, opener; ~ **de lata**: tin, can opener; ~ **de garrafa**: bottle opener.
a.bri.gar *v* to cover, to shelter, to protect, to take cover.
a.bri.go *s* protection, shelter, cover, defense.
a.bril *s* April, the fourth month of the year.
a.bri.lhan.tar *v* to polish, to brighten, to embellish.

a.brir *v* to turn on, to open, to unfold; ~ **caminho**: to fight one's way; ~ **fogo**: to open fire; ~ **mão de**: to abdicate; ~ **o jogo**: to give the show away; ~ **o zíper**: to unzip; ~ **parágrafo**: to indent; ~**-se**: to open; to open up (desabafar).

ab.ro.ga.ção *s* repeal, abrogation.

ab.ro.gar *v* to repeal, to abrogate, to abolish, to annul.

a.bro.lho *s* thorn, thistle, difficulties, troubles; ~**s**: NÁUT rocks.

ab.rup.ção *s* fracture, abruption.

a.brup.to *adj* very steep, rugged, sudden, abrupt.

a.bru.ta.lha.do *adj* rude, coarse.

abs.ces.so *s* abscess.

ab.so.lu.ta.men.te *adv* wholly, absolutely, completely.

ab.so.lu.tis.mo *s* absolutism.

ab.so.lu.to *adj* complete, absolute.

ab.sol.ver *v* to acquit, to absolve.

ab.sol.vi.ção *s* acquittal, absolution.

ab.sor.to *adj* amazed, absorbed.

ab.sor.ven.te *s* absorvent.

ab.sor.ver *v* to consume, to absorb, to exhaust.

abs.tê.mio *adj* abstemious.

abs.ten.ção *s* abstention.

abs.ter, abs.ter-se *v* to restrain, to abstain, to refrain, to keep back.

abs.ti.nên.cia *s* temperance, abstinence, self-denial.

abs.tra.ção *s* abstraction; absence of mind; abstract.

abs.tra.ir *v* to separate, to abstract, to remove, to leave aside.

abs.tra.to *s e adj* abstract.

ab.sur.do *adj* nonsensical, absurd.

a.bun.dân.cia *s* plenty, abundance.

a.bun.dan.te *adj* plentiful, abundant.

a.bun.dar *v* to abound in, to be rich in.

a.bur.gue.sar *v* to become bourgeois.

a.bu.sar *v* to abuse, to revile.

a.bu.so *s* misuse, abuse, violation.

a.bu.tre *s* vulture.

a.ca.ba.do *adj* faultless, complete, finished.

a.ca.bar *v* to end, to finish, to complete, to accomplish.

a.ca.bru.nha.do *adj* downcast.

a.ca.bru.nhar *v* to depress, to distress.

a.ca.dei.rar-se *v* to sit down on a chair.

a.ca.de.mia *s* literary society, academy; gym (ginástica).

a.ca.dê.mi.co *s e adj* academician, student, scholar, academic.

a.ça.frão *s* saffron.

a.ca.len.ta.dor *adj* warming, lulling.

a.ca.len.tar *v* to rock gently, to lull.

a.ca.len.to *s* lullaby, lulling.

a.cal.mar *v* to calm, to appease, to pacify; ~**-se**: to calm down.

a.ca.lo.ra.do *adj* heated, angry, excited.

a.ca.lo.rar *v* to stir up, to warm.

a.ca.ma.do *adj* lying in bed.

a.çam.bar.car *v* to buy up, to monopolize.

a.cam.pa.men.to *s* camp, camping, encampment.

a.cam.par *v* to camp.

a.ca.nha.do *adj* timid, bashful, shy.

a.ca.nha.men.to *s* shyness, timidity.

a.ca.nhar *v* to make short, to ashame; ~**-se**: to be shy.

a.can.to.nar *v* to billet, to quarter, to place in a corner.

a.ção *s* action, activity; COM share; DIR lawsuit; ~ **de Graças (dia de)**: Thanksgiving (day).

a.ca.re.ar *v* to face, to confront.

a.ca.ri.ci.a.dor *adj* caressing.

a.ca.ri.ciar *v* to fondle, to caress, to cherish.

á.ca.ro *s* mite.

a.car.re.tar *v* to cart, to transport, to cause, to convey.

a.ca.sa.lar-se *v* to mate, to couple, to join.

a.ca.so *s* luck, sort, chance, fortune, hazard; **ao** ~: at random; **por** ~: by chance.

a.ca.ta.men.to *s* esteem, respect, reverence, deference.

a.ca.tar *v* to revere, to respect, to accept.

a.cau.te.la.do *adj* prudent, cautious.

a.cau.te.lar *v* to take care, to caution, to beware of.

aceder / açodado

a.ce.der v to agree to, to accede.
a.cé.fa.lo adj acephalous, without head.
a.cei.ta.ção s acceptation, acceptance, approbation.
a.cei.tar v to agree to, to accept.
a.cei.to adj acceptable, admitted.
a.ce.le.ra.ção s haste, acceleration.
a.ce.le.ra.dor s accelerator.
a.ce.le.rar v to quicken, to accelerate.
a.cém s foreribs, loin.
a.ce.nar v to beckon, to make a sign, to call attention.
a.cen.de.dor s lamp-lighter.
a.cen.der v to set on fire, to light; ~-se: to light up; to flare up.
a.ce.no s beckon, nodding.
a.cen.to s stress, tone, accent; ~ **ortográfico**: accent mark.
a.cen.tu.a.ção s accent, accentuation.
a.cep.ção s meaning, acceptance.
a.cer.bar v to embitter, to acerbate, to exacerbate.
a.cer.bo adj tart, harsh, sharp, bitter, cruel.
a.cer.ca adv about, near, nearly, concerning.
a.cer.car v place near, to approach.
a.cer.car-se v to bring near, to draw near.
a.cer.ta.do adj proper, right, correct, exact.
a.cer.tar v to hit the mark (o alvo), to be right (ter razão), to set right (pergunta); to make (acordo); to arrange (encontro); ~ **em cheio**: to hit the nail on the head.
a.cer.vo s collection (museu); DIR estate.
a.ce.so adj alight, lighted, lit; excited (excitado).
a.ces.si.bi.li.da.de s accessibility.
a.ces.sí.vel adj approachable, accessible.
a.ces.so s admittance, access, fit; MED attack.
a.ces.só.rio adj additional, accessory.
a.ce.ti.na.do adj satin-like, glossy.
a.ce.ti.nar v to soften, to make satin-like.
a.ce.to.na s nail varnish remover (para unhas), acetone.
a.cha.car v to fall ill, to sicken, to assault, to rob.
a.cha.co.so adj sickly.
a.cha.que s ailment, habitual pain.
a.char v to find, to hit upon, to come across.
a.cha.ta.do adj flat, squashed.
a.cha.tar v to make flat, to flatten, to squash.
a.che.gar v to draw near, to approach, to bring near.
a.chin.ca.lha.ção s mockery, humiliation.
a.chin.ca.lhar v to mock at, to ridicule.
a.ci.den.ta.do adj rough, irregular, uneven (terreno); broken.
a.ci.den.tal adj casual, accidental, unexpected.
a.ci.den.tal.men.te adv accidentally.
a.ci.den.tar v to produce irregularities in, to produce accident.
a.ci.den.te s accident.
á.ci.do s e adj acid, sour, tart.
a.ci.ma adv up, above.
a.cin.te s spite, malice, provocation, something done to offend someone.
a.cin.to.so adj purposeful, provocative.
a.cin.zen.ta.do adj grayish.
a.ci.o.nar v to bring into action, to operate; DIR to sue.
a.ci.o.nis.ta s shareholder, stockholder.
a.cir.ra.do adj stired up.
a.cir.rar v to irritate, to stir up.
a.cla.ma.ção s cheers, applause, acclamation.
a.cla.mar v to applaud, to cheer, to acclaim.
a.cla.ra.ção s explanation, clarification.
a.cla.rar v to clarify, to make clear, to explain.
a.cli.ma.ção, a.cli.ma.ta.ção s acclimatization, acclimation.
a.cli.mar, a.cli.ma.tar v to acclimatize, to acclimate.
a.cli.ve s e adj acclivity, steep hillside; acclivitous, steep.
ac.ne s acne.
a.ço s steel; ~ **inoxidável**: stainless steel.
a.co.ber.tar v to disguise, to cover, to conceal, to protect.
a.co.bre.a.do adj coppery, made by copperish.
a.co.bre.ar v to set copperin.
a.co.co.ra.men.to s squatting.
a.co.co.ra.do adj squatted.
a.co.co.rar-se v to crouch, to squat.
a.ço.da.do adj hasty, hurried.

a.ço.da.men.to s haste, incitement, hurry, hastiness.
a.ço.dar v to incite, to hurry, to hasten.
a.coi.ma.dor s punisher.
a.coi.mar v to fine, to impute, to punish, to reproach.
a.coi.ta.men.to s lashing, scourging.
a.çoi.ta.dor s scourger, lasher.
a.coi.tar v to protect, to shelter, to keep.
a.çoi.tar v to whip, to scourge, to flog, to lash.
a.çoi.te s scourge, whip.
a.co.lá adv over there, there, over yonder.
a.col.cho.a.do adj quilted.
a.col.cho.ar v to quilt, to upholster.
a.co.lhe.dor adj hospitable, welcoming.
a.co.lher v to admit, to welcome, to receive, to shelter, to protect.
a.co.lhi.da, a.co.lhi.men.to s shelter, reception, welcome.
a.co.me.ter v to attack, to undertake, to assault.
a.co.me.ti.da, a.co.me.ti.men.to s attack, assault, sudden attack, attempt; fit.
a.co.mo.da.ção, a.co.mo.da.men.to s settlement, accommodation, arrangement.
a.co.mo.dar v to arrange, to accommodate, to adapt, to fit in with; **~-se**: to settle down.
a.com.pa.nha.men.to s MÚS attendance, accompaniment; CULIN side dish.
a.com.pa.nhar v to escort, to keep company, to accompany, to wait upon.
a.con.che.ga.do adj snug, cosy, tucked in; kept.
a.con.che.gar v to shelter, to bring near.
a.con.di.ci.o.na.men.to s wrapping, packing.
a.con.di.ci.o.nar v to arrange, to pack, to wrap.
a.con.se.lhar v to consult, to advise, to counsel.
a.con.te.cer v to occur, to happen, to come about, to come to pass.
a.con.te.ci.men.to s incident, event, occurrence.
a.co.pla.men.to s engagement, connection, coupling.
a.cor.da.do adj awake.
a.cór.dão s DIR superior sentence, judgement.

a.cor.dar v to awake, to wake, to awaken, to waken; to agree.
a.cor.de s MÚS chord, accord, harmony.
a.cor.de.ão s MÚS accordion; **~ de teclado**: piano-accordion.
a.cor.do s accord, agreement.
a.cor.ren.ta.men.to s fettering, linking (barco, navio), chaining.
a.cor.ren.tar v to link, to put in fetters, to chain.
a.cor.rer v to help, to run to aid, to give aid rapidly.
a.cor.ti.nar v to put curtains in a window.
a.cos.sar v to vex, to harass, to pursue.
a.cos.ta.men.to s hard shoulder, EUA berm.
a.cos.tar v to coast along, to join.
a.cos.tu.ma.do adj accustomed, used to, used.
a.cos.tu.mar v to get accustomed, to accustom.
a.co.to.ve.lar v to jostle, to elbow, to nudge.
a.çou.gue s butcher's, butcher shop.
a.çou.guei.ro s butcher.
a.co.var.da.do adj cowardly.
a.co.var.dar v to intimidate, to fright or frighten.
a.co.var.da.men.to s cowardice.
a.cre s acre; • adj pungent, bitter, tart.
a.cre.di.tar v to put faith in, to believe, to warrant, to trust.
a.cres.cen.tar v to increase, to augment, to add.
a.cres.cer v to grow, to add, to increase.
a.crés.ci.mo s addition, increase, rise.
a.crí.li.co s acrylic.
a.cro.ba.ci.a s acrobatics.
a.cro.má.ti.co adj achromatic: without colour.
a.crô.ni.mo s acronym, word made up from the first letters of other words (NASA – National Aeronautics and Space Administration).
a.crós.ti.co s acrostic: said of a noun formed by a composition from another word or noun that breed a new meaning.
ac.ta veja **ata**.
a.cu.ar v to go at, to drive against a wall.
a.çú.car s sugar.
a.çu.ca.rar v to sweeten, to sugar.

açucareiro / adipose

a.çu.ca.rei.ro *s* sugar manufacturer; sugar-basin, EUA sugar-bowl.
a.çu.ce.na *s* white lily, lily.
a.çu.de *s* weir, sluice, dam; construction to bear a lot of water.
a.cu.dir *v* to respond, to go to help, to aid, to run for aid.
a.cui.da.de *adj* sharpness, perspicacity, acuteness.
a.çu.la.dor *s* instigator.
a.çu.la.men.to *s* provocation, instigation, setting on.
a.çu.lar *v* to provoke, to set on, to instigate.
a.cu.mu.la.ção *s* accumulation.
a.cu.mu.la.dor *s* battery, accumulator.
a.cu.mu.lar *v* store up, to reap up, to accumulate, to amass.
a.cu.mu.la.ti.vo *adj* accumulative.
a.cu.pun.tu.ra *s* acupuncture.
a.cu.ra.do *adj* accurate, exact.
a.cu.rar *v* to improve, to perfect.
a.cu.sa.ção *s* accusation, imputation, charge.
a.cu.sa.do *s* e *adj* defendant, accused.
a.cu.sa.dor *s* e *adj* plaintiff, accuser; accusing.
a.cu.sar *v* to reveal, to accuse; ~ **o recebimento de (carta):** to acknowledge.
a.cu.sá.vel *adj* accusable.
a.cús.ti.ca *s* acoustics: accordance about sound; good echo.
a.da.ga *s* dagger.
a.da.gi.al *adj* proverbial.
a.dá.gio *s* adage; said about the slowly musical movement.
a.dap.ta.bi.li.da.de *s* adaptability.
a.dap.ta.ção *s* adaptation.
a.dap.tar-se *v* to fit, to shape, to adapt, to suit.
a.de.ga *s* wine-cellar, cellar.
a.del.ga.ça.do *adj* slender, thin, diluted.
a.del.ga.çar *v* to thin down, to make thin, to tapper off.
a.de.mais *adv* besides.
a.den.ção *s* DIR revogation, ademption.
a.den.da *s* appendix, addition.
a.den.sa.do *adj* thickened.
a.den.sar *v* to condense.
a.den.tro *adv* indoors, inside.

a.dep.to *s* adherent, follower, partisan, supporter.
a.de.qua.ção *s* fitness, adequacy, adequateness.
a.de.qua.da.men.te *adv* properly.
a.de.qua.do *adj* appropriate, suitable, fit, adequate.
a.de.quar-se *v* to adapt, to shape.
a.de.re.çar *v* to trim up, to adorn.
a.de.re.ço *s* adornment, ornament, finery.
a.de.rên.cia *s* adhesion, adherence, attachment.
a.de.ren.te *adj* adhering, adherent, adhesive.
a.de.rir *v* to join, to adhere.
a.der.nar *v* to heel over, to turn over.
a.de.são *s* support, adhesion, adherence, following.
a.de.si.vo *s* e *adj* sticking plaster, adhesive tape; adhesive; sticker.
a.des.tra.ção *s* training.
a.des.tra.do *adj* skilled, trained, skilful.
a.des.tra.men.to *veja* **adestração**.
a.des.trar *v* to instruct, to train, to teach.
a.deus *interj* so long! goodbye! (esta interjeição é formada pela contração de God be with you); farewell.
a.di.a.men.to *s* postponement.
a.di.an.ta.do *adj* advanced, fast.
a.di.an.ta.men.to *s* advance, advancement, improvement; the money which is given to a employee before the normal payment for labor.
a.di.an.tar *v* to progress, to advance, to put on, to forward.
a.di.an.te *adv* forward, onward, ahead, further.
a.di.ar *v* to delay, to adjourn, to postpone, to put off.
a.di.ção *s* supplement, addition, sum.
a.di.ci.o.nar *v* to add, to join, to add up.
a.dic.to *adj* attached, addicted, inclined, devoted.
a.di.do *s* e *adj* attaché; adjoined.
a.dim.ple.men.to *s* completeness.
a.di.po.se *s* obesity.

a.di.ta.men.to *s* increase, supplement, addition.
a.di.tar *v* to adjoin, to add.
a.di.ti.vo *s* additive: said about the oil wich is generally used in a motor.
a.di.vi.nha.ção *s* guessing, fortune-telling, riddle.
a.di.vi.nho *s* guesser, fortune-teller, soothsayer.
ad.ja.cên.cia *s* adjacency.
ad.ja.cen.te *adj* adjacent, next.
ad.je.ti.va.do *adj* qualified.
ad.je.ti.var *v* to qualify, to be used adjectively.
ad.je.ti.vo *s* adjective.
ad.ju.di.ca.ção *s* DIR adjudgement, adjudication.
ad.ju.di.car *v* to award, to adjudicate, to adjudge.
ad.jun.to *s* assistant, joined, adjunct.
ad.ju.ra.ção *s* adjuration.
ad.ju.rar *v* to adjure, to swear.
ad.mi.nis.tra.ção *s* management, administration.
ad.mi.nis.tra.dor *s* manager.
ad.mi.nis.trar *v* to govern, to administer, to manage.
ad.mi.nis.tra.ti.vo *adj* administrative.
ad.mi.ra.ção *s* admiration, wonder.
ad.mi.ra.do *adj* surprised.
ad.mi.ra.dor *s* admirer.
ad.mi.rar *v* to admire, to be astonished at.
ad.mi.rá.vel *adv* wonderful, admirable.
ad.mis.são *s* admittance, admission.
ad.mi.tir *v* to receive, to admit.
ad.mo.es.ta.ção *s* warning, admonition.
ad.mo.es.ta.dor *s* admonisher.
ad.mo.es.tar *v* to reprove, to admonish.
a.do.be *s* adobe.
a.do.çan.te *s* sweetener.
a.do.çar *v* to sweeten.
a.do.ci.ca.do *adj* sweetish.
a.do.e.cer *v* to fall ill, to become ill.
a.doi.da.do *adj* crazy, mad, foolish.
a.doi.dar *v* to madden, to make mad, to foolish.
a.do.les.cên.cia *s* adolescence.

a.do.les.cen.te *s e adj* adolescent, teenage, teenager, youth.
a.do.ra.ção *s* worship, adoration.
a.do.rar *v* to worship, to adore.
a.dor.me.cer *v* to sleep, to fall asleep, to lull, to sleep.
a.dor.me.ci.men.to *s* sleepiness, drowsiness.
a.dor.nar *v* to ornament, to decorate, to adorn, to embellish.
a.dor.no *s* ornament, adornment.
a.do.ta.do *adj* adopted.
a.do.tar *v* to adopt.
a.do.ti.vo *adj* adoptive.
ad.qui.rir *v* to obtain, to get, to acquire, to come by, to gain, to buy.
ad.qui.rí.vel *adj* acquirable.
a.dre.de *adv* purposely, deliberately, intentionally.
a.dro *s* open space in front of a church, churchyard, church square.
ads.cri.to *adj* adscript, enlisted.
ads.tri.ção *s* adstringency.
ads.trin.gen.te *adj* adstringent.
ads.trin.gir *v* to astrict, to tigthen, to adstrict.
ads.tri.to *adj* astricted, astringed, tight.
a.du.a.na *s* custom-house.
a.du.a.nei.ro *s* custom-house officer.
a.du.ba.ção *s* fertilization, manuring.
a.du.bar *v* to manure, to season.
a.du.bo *s* manure, fertilizer.
a.du.la.ção *s* flattering, adulation.
a.du.la.dor *s* fawner, flatterer.
a.du.lar *v* to toady, to flatter, to fawn up.
a.dúl.te.ra *s* adulteress.
a.dul.te.ra.do *adj* adultered.
a.dul.te.rar *v* to commit adultery; to adulterate.
a.dul.té.rio *s* adultery.
a.dúl.te.ro *s* adulterer.
a.dul.to *adj* grown-up, adult.
a.dum.brar *v* to adumbrate.
a.du.na.do *adj* joined, assembled, united.
a.du.nar *v* to join, to assemble, to unite.
a.dus.tão *s* burning-up, cauterization.

a.du.zir *v* to put forward, to adduce, bring forward.
ad.ven.tí.cio *s* foreigner, newcomer.
ad.ven.to *s* advent, coming.
ad.vér.bio *s* adverb.
ad.ver.sá.rio *s* opponent, adversary.
ad.ver.so *adj* contrary, adverse.
ad.ver.tên.cia *s* warning.
ad.ver.tir *v* to warn, to advise.
ad.vir *v* to come upon.
ad.vo.ca.cia *s* advocateship, advocacy.
ad.vo.ga.do *s* lawyer, attorney.
a.é.reo *adj* aerial; overhead; **espaço ~**: air space.
a.e.ro.di.nâ.mi.co *adj* aerodynamic; streamlined.
a.e.ró.dro.mo *s* airport.
a.e.ro.mo.ça *s* air hostess; flight stewardess, air-girl.
a.e.ro.mo.ço *s* flight steward.
a.e.ro.náu.ti.ca *s* aeronautics (ciência); air force (força aérea).
a.e.ro.na.ve *s* airship, aircraft.
a.e.ro.pla.no *s* airplane.
a.e.ro.por.to *s* airport.
a.e.ros.sol *s* aerosol.
a.e.ro.via *s* airway.
a.fã *s* eagerness, anxiety.
a.fa.bi.li.da.de *s* affability.
a.fa.gar *v* to caress, to fondle.
a.fa.go *s* caress.
a.fa.ma.do *adj* famous, celebrated.
a.fa.mar *v* to make famous.
a.fa.nar *v* to steal.
a.fas.ta.do *adj* far away, remote, distant.
a.fas.ta.men.to *s* removal, distance.
a.fas.tar *v* to drive away, to remove.
a.fá.vel *adj* courteous, affable.
a.fa.ze.res *s* affairs, business; **~ domésticos**: household chores.
a.fec.ção *s* disease, affection.
a.fei.ção *s* fondness, inclination.
a.fei.ço.a.do *adj* fond of.
a.fei.ço.ar *v* to shape, to fashion.
a.fei.to *adj* used to, accustomed to.
a.fe.mi.na.do *adj* effeminate.

a.fe.ren.te *adj* afferent.
a.fe.ri.ção *s* checking.
a.fe.ri.do *adj* gauged.
a.fe.rir *v* to compare, to gauge.
a.fer.ra.men.to *s* attachment.
a.fer.rar *v* to graple, to hold, to cast anchor.
a.fer.ro.lhar *v* to bolt.
a.fer.ven.tar *v* to parboil.
a.fer.vo.ra.do *adj* fervent; passionate.
a.fe.ta.ção *s* affectation.
a.fe.ta.do *adj* affected.
a.fe.tar *v* to pretend, to affect.
a.fe.ti.vo *adj* affective.
a.fe.to *adj* love, affection, fondness.
a.fi.a.ção *s* sharpening.
a.fi.a.do *adj* sharp, sharpened.
a.fi.a.dor *s* grinder, whetstone; sharpener.
a.fi.an.ça.do *adj* warranted.
a.fi.an.çar *v* to stand bail, to bail, to guarantee, to warrant.
a.fi.ar *v* to whet, to sharpen, to grind.
a.fi.ci.o.na.do *s* amateur.
a.fi.gu.rar *v* to shape, to figure.
a.fi.la.do *adj* thin, slender, slim.
a.fi.lar *v* to sharpen, to make point.
a.fi.lha.ção *s* affiliation.
a.fi.lha.da *s* goddaughter.
a.fi.lha.do *s* godson.
a.fi.li.ar *v* to join, to admit, to affiliate.
a fim de *loc prep* so as to, so that, in order to.
a.fim *s* relative, relation; • *adj* alike.
a.fi.na.ção *s* refinement, tuning.
a.fi.nal *adv* after all, at last; **~ de contas**: all in all, on balance.
a.fi.nar *v* to adjust, to tune up.
a.fin.co *s* perseverance, tenacity.
a.fi.ni.da.de *s* relationship, affinity.
a.fir.ma.ção *s* assertion, affirmation.
a.fir.mar *v* to assert, to confirm, to affirm.
a.fir.ma.ti.va *s* affirmation.
a.fir.ma.ti.vo *adj* positive, affirmative.
a.fi.ve.la.do *adj* buckled.
a.fi.ve.lar *v* to buckle.
a.fi.xa.ção *s* affixing, affixation.
a.fi.xar *v* to stick, to affix, to post.
a.fli.ção *s* sorrow, affliction, grief.

afligir / agrado

a.fli.gir *v* to cause pain, to afflict.
a.fli.ti.vo *adj* distressing, afflictive.
a.fli.to *adj* distressed, afflicted.
a.flo.rar *v* to level, to crop out.
a.flu.ên.cia *s* plenty, abundance.
a.flu.en.te *adj* affluent, flowing.
a.flu.ir *v* to flow into, to run into.
a.flu.xo *s* affluxion, afflux.
a.fo.ba.ção *s* bustle, hurry, excited activity.
a.fo.bar *v* to upset, to bustle, to become flustered.
a.fo.ci.nhar *v* to root, to sink, to strike with the snout.
a.fo.far *v* to make fluffy.
a.fo.gar *v* to drown, to suffocate.
a.fo.gue.ar *v* to make blush, to inflame.
a.foi.to *adj* daring, bold.
a.fo.lhar *v* to shoot out leaves.
a.fo.ra *prep* except, besides, apart from.
a.for.mo.se.a.dor *s* embellisher, beautifier.
a.for.qui.lha.do *adj* forked.
a.for.rar *v* to save, to free.
a.for.tu.na.do *adj* lucky, happy, fortunate.
a.fran.ce.sar *v* to gallicize.
a.fre.gue.sar *v* to get customers, to make a customer.
a.fri.ca.no *s e adj* African.
a.fro.di.sí.a.co *s* aphrodisiac.
a.fron.ta *s* offense, outrage, affront.
a.fron.tar *v* to insult, to affront.
a.frou.xa.men.to *s* slackening.
a.frou.xar *v* to loosen, to slacken.
af.ta *s* thrush, aphta.
a.fu.gen.tar *v* to banish, to drive away.
a.fu.mar *v* to fill with smoke, to darken.
a.fun.dar *v* to deepen, to sink.
a.fu.ni.la.do *adj* funnel-shaped.
a.fu.ni.lar *v* to make like funnel.
a.fu.são *s* affusion.
a.ga.char-se *v* to squat, to crouch.
á.ga.pe *v* banquet at the end of some fraternal societies; ceremonial dinner.
a.ga.ro.ta.do *adj* roguish.
a.ga.ro.tar-se *v* to become boyish.
a.gar.ra.do *adj* caught.
a.gar.rar *v* to seize, to grasp, to catch.
a.ga.sa.lha.do *adj* snug, cosy, sheltered, covered.
a.ga.sa.lha.dor *adj* kind, obliging.
a.ga.sa.lhar *v* to shelter, to entertain, to lodge.
a.ga.sa.lho *s* hospitality, shelter, warm clothes.
a.gas.ta.di.ço *adj* peevish, fretful.
a.gas.tar-se *v* to become irritated, to tiff.
a.gên.cia *s* agency, office; ~ **de correio**: post office; ~ **de viagens**: travel agency.
a.gen.ciar *v* to manage, to solicit, to negotiate.
a.gen.da *s* notebook, agenda.
a.gen.te *s* agent, broker.
a.gi.gan.ta.do *adj* gigantic.
a.gi.gan.tar-se *v* to grow much higher.
á.gil *adj* active, agile, nimble.
á.gio *s* interest, usury.
a.gi.o.ta *s* stock-jobber, moneylender.
a.gi.o.ta.gem *s* usury, agiotage, stockjobbing.
a.gi.o.tar *v* to speculate.
a.gir *v* to work, to act.
a.gi.ta.ção *s* excitement, agitation.
a.gi.ta.do *adj* agitated, restless, disturbed.
a.gi.tar *v* to perturb, to agitate, to disturb.
a.glo.me.ra.ção *s* agglomeration.
a.glo.me.ra.do *s* cluster, agglomeration; • *adj* agglomerated.
a.glo.me.rar *v* to heap up, to agglomerate.
a.glu.ti.nar *v* to glue together, to agglutinate.
ag.nós.ti.co *adj* agnostic.
a.go.nia *s* anguish, agony.
a.go.ni.a.do *adj* distressed, anxious.
a.go.ni.zar *v* to be dying, to agonize.
a.go.ra *adv* now, at this moment, at present.
a.gos.to *s* August, the eigth month of the year.
a.gou.ro *s* omen, augury.
a.gra.ci.ar *v* to decorate with, to award.
a.gra.dar *v* to please, to gratify.
a.gra.dá.vel *adj* agreeable, pleasant, enjoyable; ~ **de ler**: readable.
a.gra.de.cer *v* to be grateful for, to thank.
a.gra.de.ci.do *adj* thankful, grateful.
a.gra.do *s* liking, pleasure, kindness.

A

a.grá.rio *adj* agrarian.
a.gra.var *v* to aggravate, to aggrieve.
a.gra.vo *s* offence, injury; DIR appeal.
a.gre.dir *v* to assault, to attack.
a.gre.ga.ção *s* aggregation.
a.gre.gar *v* to associate, to add, to amass, to aggregate.
a.gre.mi.a.ção *s* flock, club, association.
a.gre.mi.ar *v* to associate.
a.gres.são *s* attack, aggression.
a.gres.te *adj* rough, rural, rustic, wild.
a.gri.ão *s* watercress.
a.gri.cul.tor *v* farmer, agriculturist.
a.gri.cul.tu.ra *s* farming, agriculture.
a.gri.do.ce *adj* bittersweet.
a.gri.men.sor *s* land surveyor.
a.gro.no.mi.a *s* agronomy.
a.gro.pe.cu.á.ria *s* concerning about a farm that breeds cows and bears agricultural products.
a.gros.sei.ra.do *adj* very rough.
a.gru.pa.men.to *s* gathering, grouping.
a.gru.par *v* to group, to claster.
a.gru.ra *s* sourness, difficulty.
á.gua *s* water; **~ benta**: holy water; **~-de-colônia**: eau-de-cologne; **~ doce**: fresh water; **~ gasosa**: soda water; **~ mineral**: mineral water; **~ salgada**: salt water; **~ sanitária**: household bleach; **~ tônica**: tonic; **~s passadas**: bygones; **~s territoriais**: territorial waters; **dar ~ na boca**: to be mouthwatering; **ir por ~ abaixo**: to go down the drain.
a.gua.cei.ro *s* squall, heavy shower.
a.gua.dei.ro *s* water-carrier.
a.gua.do *adj* watery, watered.
a.guar *v* to dilute, to water.
a.guar.dar *v* to expect, to wait.
a.guar.den.te *s* brandy, white rum.
á.gua-vi.va *s* jellyfish.
a.gu.ça.do *adj* sharpened.
a.gu.çar *v* to excite, to sharpen.
a.gu.de.za *s* acuteness, sharpeness, perspicacity, smartness.
a.gu.do *adj* acute, sharp, keen.
a.guen.tar *v* to tolerate, to support, to sustain, to put up with, to stand.
á.guia *s* eagle; FIG a very smart person.
a.gu.lhas *s* needle; **~ de tricô**: knitting needle.
a.gu.lhei.ro *s* needle-case.
ai *interj* oh! alas! dear me!
aí *adv* there, in this place, in that place, over there.
ai.a *s* nursemaid, nanny, chambermaid, governess.
ai.dé.ti.co *s* PEJ person who suffers from aids.
aids *s* *abrev de* Acquired Immunological Deficiency Syndrome.
a.in.da *adv* yet, still, even.
ai.po *s* celery.
a.jar.di.nar *v* to make into a garden.
a.jei.tar *v* to arrange, to adapt, to adjust.
a.joe.lha.do *adj* on one's knees.
a.joe.lhar *v* to kneel, to kneel down.
a.ju.da *s* assistance, help, aid.
a.ju.dan.te *s* assistant, helper, aider.
a.ju.dar *v* to help, to assist, to aid.
a.ju.i.za.do *adj* discreet, wise, sensible.
a.ju.i.zar *v* to estimate, to judge.
a.jun.ta.men.to *s* assembly, crowd, gathering.
a.jun.tar *v* to join, to add, to assemble, to unite.
a.ju.ra.men.ta.do *adj* sworn.
a.ju.ra.men.tar *v* to swear.
a.jus.tar *v* to adjust, to fit, to fix.
a.jus.te *s* settlement, accord, adjustment.
a.la *s* row, file, tier.
a.la.do *adj* winged.
a.la.ga.di.ço *adj* swamp.
a.la.ga.do *s* lagoon; • *adj* waterloggish.
a.la.ga.men.to *s* inundation, overflow.
a.la.gar *v* to flood, to inundate.
a.lam.bi.que *s* alembic, retort, still.
a.lam.bra.do *s* wall of wire, wire's fence.
a.lam.brar *v* to fence with wire.
a.la.me.da *s* street, alley.
a.lar *v* NÁUT to haul, to take flight.
a.la.ran.ja.do *s* orange-shaped, orange-coloured.
a.lar.de *s* ostentation, boasting.

a.lar.de.a.dor *s* boaster.
a.lar.de.ar *v* to brag, to boast.
a.lar.ga.men.to *s* enlargement.
a.lar.gar *v* to widen, to extend.
a.la.ri.do *s* out-cry, shout, great noise.
a.lar.man.te *adj* alarming.
a.lar.mar *v* to alert, to alarm
a.lar.me *s* alert, alarm.
a.lar.mis.ta *s* alarmist.
a.las.tra.men.to *s* spreading.
a.las.trar *v* to scatter, to spread, to strew.
a.la.ú.de *s* MÚS lute.
a.la.van.ca *s* lever, crowbar.
a.la.zão *s* said about lineage of horses.
al.ba.troz *s* albatross.
al.ber.gue *s* shelter, hospice, lodging-house.
al.bi.nis.mo *s* BIO lack of pigments in the skin, in the eyes and in the hair, giving a totally white coloration to the human being.
ál.bum *s* scrapbook, snaps-book, album.
al.ça *s* handle, sights.
al.ca.cho.fra *s* artichoke.
al.ca.çuz *s* liquorice plant.
al.ça.da *s* competence, jurisdiction.
ál.ca.li *s* alkali.
al.can.ça.do *adj* caught, reached.
al.can.çar *s* to reach, to arrive at, to attain.
al.can.ce *s* competence, reach, power.
al.ça.pão *s* trapdoor.
al.ca.par.ra *s* caper.
al.çar *v* to lift up, to raise, to rise up.
al.ca.te.ia *s* gang, pack of wolves.
al.ce *s* moose, elk.
ál.co.ol *s* alcohol.
al.co.ó.la.tra *s* alcoholic.
al.co.rão, co.rão *s* koran: islamic divine book.
al.co.va *s* alcove, bedroom, hiding-place.
al.co.vi.tar *v* to pander, to gossip.
al.co.vi.tei.ro *s* panderer.
al.cu.nha *s* nickname.
al.cu.nhar *v* to give a nickname to.
al.de.ão *s* villager, peasant.
al.dei.a *s* borough, village.
al.de.o.la, al.de.o.ta *s* hamlet, small village.
al.dra.va *s* door-knocker.
al.dra.var *v* to knock with a latch.

a.le.a.tó.rio *s* aleatory, aleatoric.
a.le.crim *s* rosemary.
a.le.ga.ção *s* argument, allegation.
a.le.gar *v* to adduce, to allege, to claim.
a.le.go.ria *s* allegory.
a.le.grar *v* to cheer up, to gladden, to make happy.
a.le.gre *adj* cheerful, lively, merry, happy.
a.le.gri.a *s* cheerfulness, merriment, happiness.
a.le.gro *s* MÚS allegro: musical rhythm.
a.lei.jar *v* to disable, to maim, to cripple.
a.lei.ta.men.to *s* nursing, suckling.
a.lei.tar *v* to feed on milk, to suckle.
a.le.lui.a *s* hallelujah.
a.lém *adv* beyond, further; **~ disso**: besides, furthermore; **~-mar**: overseas.
a.le.mão *s* e *adj* German.
a.len.tar *v* to comfort, to encourage.
a.len.ta.do *adj* brave, bold, encouraged, courageous.
a.len.tar *v* to encourage, stimulate.
a.ler.gi.a *s* alergy.
a.ler.ta *s* alert, alarm; • *adv* vigilantly, on the alert.
al.fa.be.to *s* alphabet.
al.fa.ce *s* lettuce.
al.fai.a *s* ornament, household equipment.
al.fai.a.ta.ria *s* tailor's shop.
al.fân.de.ga *s* custom-house.
al.far.rá.bio *s* old book.
al.far.ra.bis.ta *s* second-hand bookseller.
al.fa.ze.ma *s* perfumed water, lavender.
al.fe.res *s* second lieutenant; ancient official in Brazilian arm.
al.fi.ne.ta.da *s* prick; FIG dig.
al.fi.ne.te *s* pin; **~ de segurança**: safety pin.
al.for.jar *v* to fill a bag with food, provisions, etc.
al.for.je *s* bag, saddle-bag.
al.for.ria *s* freedom's letter.
al.ga *s* alga.
al.ga.ra.via *s* Arabic language, gibberish.
al.ga.ris.mo *s* symbol for a number, numeral, figure.
al.ga.zar.ra *s* tumult, hubbub, outcry, clamour.

álgebra / altaneiro

ál.ge.bra *s* algebra.
al.ge.ma *s* manacles, handcuffs.
al.ge.mar *v* to hundcuff, to fetter.
al.gi.bei.ra *s* back-pocket.
al.go *pron* something.
al.go.dão *s* cotton; **~-doce**: candy floss, cotton candy.
al.go.do.al *s* cotton plantation.
al.go.do.ei.ro *s* cotton plant.
al.go.rit.mia *s* INF algoritmia.
al.goz *s* executioner, hangman.
al.guém *pron* someone, somebody, anybody, anyone, one.
al.gum *adj* e *pron* some, any.
al.gu.res *adv* somewhere.
a.lhe.io *adj* another's, somebody else's.
a.lho *s* garlic; **~-porró**: leek.
al.hu.res *adv* elsewhere.
a.li *adv* there, over there, in this place, in that place.
a.li.a.do *s* e *adj* ally, allied.
a.li.an.ça *s* wedding-ring, alliance.
a.li.ar *v* to join, to ally, to associate.
a.li.ás *adv* on the other hand, besides, moreover, otherwise.
á.li.bi *s* alibi, justification.
a.li.ca.te *s* pliers, ticked-punch; **~ de unhas**: nail clippers.
a.li.cer.çar *v* to build foundation of, base.
a.li.cer.ce *s* foundation, base.
a.li.cia.men.to *s* enticement, allurement, seduction.
a.li.ciar *v* to entice, to seduce, to allure.
a.lie.na.bi.li.da.de *s* alienability.
a.lie.na.ção *s* PSIC alienation, insanity; DIR transfer.
a.lie.na.do *adj* insane, alienated; transferred.
a.lie.ní.ge.na *s* foreigner, allien.
a.li.gei.rar *v* to speed up, to ease, to ligthen.
a.li.ja.men.to *s* jettisoning.
a.li.jar *v* to ligthen, to throw overboard.
a.li.men.ta.ção *s* nutrition, alimentation, food.
a.li.men.tar *v* to feed, to nourish.
a.li.men.to *s* food, nourishment.
a.lí.nea *s* sub-paragraph.
a.li.nha.men.to *s* alignment, ranging.
a.li.nhar *v* to line up, to align.
a.li.nha.var *v* to tack, to baste.
a.li.sa.do *adj* polished, smoothed.
a.li.sar *v* to level, to plane, to smooth.
a.lí.sios *s* wind from tropical zone.
a.lis.ta.men.to *s* enlistment, enrolment.
a.lis.tar *v* to enlist, to recruit, to join up, to enrol.
a.li.te.ra.ção *s* alliteration.
a.li.viar *v* to lighten, to alleviate, to soften.
a.lí.vio *s* relief, alleviation.
al.ma *s* soul, spirit, intellect.
al.ma.ço *s* foolscap.
al.ma.na.que *s* almanac.
al.mei.rão *s* bot-wild, a kind of chicory.
al.me.jar *v* to long for, to crave.
al.mi.ran.te *s* admiral.
al.mís.car *s* musk.
al.mo.çar *v* to have lunch, to lunch.
al.mo.ço *s* lunch, luncheon.
al.mo.fa.da *s* pad, pillow (travesseiro), cushion.
al.mo.fa.riz *s* basin, mortar.
al.môn.de.ga *s* meatball.
al.mo.xa.ri.fa.do *s* stock room.
al.mo.xa.ri.fe *s* stock keeper, stock clerk.
a.lô *interj* hi! hello!
a.lo.cu.ção *s* allocution, address.
a.lo.ja.men.to *s* accommodation, lodging.
a.lo.jar *v* to lodge, to billet.
a.lon.ga.men.to *s* lengthening, prolongation.
a.lon.gar *v* to prolongate, to lengthen.
al.pen.dre *s* porch, shed, EUA piazza.
al.pi.nis.mo *s* mountaineering, mountain climbing, alpinism.
al.pi.nis.ta *s* mountaineer, alpinist, mountain climber.
al.pis.te *s* birdseed.
al.que.bra.do *adj* weakened, worn-out, exhausted.
al.que.brar *v* to weaken, to stoop, to become bent.
al.qui.mia *s* alchemy.
al.ta *s* rise, increase; discharge.
al.ta.nei.ro *adj* haughty, arrogant, towering.

al.tar *s* altar.

al.ta-ro.da *s* high life society.

al.tear *v* to raise, to heighten.

al.te.ra.ção *s* alteration, change, tumult.

al.te.ra.do *adj* altered, changed.

al.te.rar *v* to alter, to change, to modify, to disturb, to falsify.

al.ter.ca.ção *s* quarrel, altercation.

al.ter.car *v* to quarrel, to altercate.

al.ter.nar *v* to take turns, to alternate.

al.ter.na.ti.va *s* option, alternative.

al.te.za *s* highness, elevation, excellence.

al.ti.bai.xos *s* ups and downs, uneven places.

al.tís.si.mo *s* very high; God.

al.ti.tu.de *s* altitude.

al.ti.vo *adj* haughty, arrogant.

al.to *s* top, height, halt; • *adj* high, tall, loft, loud; • *adv* loudly, openly, plainly; • *interj* halt! **~-mar**: the light sea; **os ~s e baixos**: the ups and downs.

al.to-fa.lan.te *s* loudspeaker.

al.to-for.no *s* blast furnace.

al.to-re.le.vo *s* high relief.

al.tru.ís.mo *s* altruism, selflessness.

al.tu.ra *s* height, stature, altitude.

a.lua.do *adj* foolish, lunatic.

a.lu.ci.na.ção *s* hallucination, delusion.

a.lu.ci.na.do *adj* out of one's sense, hallucinated, foolish.

a.lu.ci.nar *v* to hallucinate.

a.lu.dir *v* to refer, to allude, to mention.

a.lu.gar *v* to hire, to rent, to let, to lease.

a.lu.guel *s* rental, hire, rent.

a.lu.mi.ar *v* to give light to, to illuminate, to light, to enlighten.

a.lu.mí.nio *s* aluminium, EUA aluminum.

a.lu.no *s* student, pupil, apprentice.

a.lu.são *s* reference, allusion, hint.

a.lu.si.vo *adj* allusive.

al.va.rá *s* licence, warrant, certificate, charter.

al.ve.jan.te *adj* bleach, whitener.

al.ve.jar *v* to whiten; to aim at (visar).

al.ve.na.ria *s* masonry, brick-work.

al.véo.lo *s* alveolus.

al.vis.sa.rei.ro *s* person who gives good news; • *adj* auspicious, prosperous.

al.vi.trar *v* to suggest, to propose.

al.vi.tre *s* hint, suggestion, pointer.

al.vo *s* target, goal; • *adj* white.

al.vo.ra.da *s* dawn.

al.vo.ro.ça.do *adj* agitated, stired up, anxious.

al.vo.ro.çar *v* to stir up, to excite, to agitate, to disturb.

al.vo.ro.ço *s* riot, disturbance, commotion, excitement.

al.vu.ra *s* purity, whiteness.

a.ma *s* nurse, governess, nanny; **~ de leite**: wet-nurse.

a.ma.bi.li.da.de *s* affability, kindness, amiability, friendliness.

a.ma.ca.ca.do *adj* monkeyish.

a.ma.ci.an.te *s* conditioner (de roupa).

a.ma.ci.ar *v* to soften, to smooth.

a.ma.da *s* darling, sweetheart.

a.ma.do *s* sweetheart; • *adj* beloved.

a.ma.dor *s* amateur; • *adj* not professional, unskillful.

a.ma.do.ris.mo *s* amateurism.

a.ma.dri.nhar *v* to be godmother to.

a.ma.du.re.cer *v* to mature, to ripen.

â.ma.go *s* core, heart, pith.

a.mai.nar *v* to furl, to relax, to abate, to lessen.

a.mal.di.ço.ado *adj* damned, cursed.

a.mal.di.ço.ar *v* to execrate, to curse.

a.mál.ga.ma *s* amalgam.

a.ma.lu.ca.do *adj* unsound, shaky, insane, doffy, daft.

a.ma.lu.car *v* to become crazy.

a.ma.men.tar *v* to suckle, to nurse.

a.man.ce.bar-se *v* to take a mistress, a concubine.

a.ma.nei.rar-se *v* to become affected.

a.ma.nhã *s* e *adv* tomorrow.

a.ma.nhe.cer *s* dawn; • *v* to dawn.

a.man.sar *v* to pacify, to tame.

a.man.te *s* lover, mistress (adultério).

a.man.tei.ga.do *adj* buttery.

a.mar *v* to love.

a.ma.re.la.do *adj* yellowish.

a.ma.re.le.cer *v* to become yellow.

a.ma.re.lo *s* e *adj* yellow.

a.mar.gar *v* to embitter, to make bitter.

a.mar.go *s* bitterness; *adj* bitter.
a.mar.gor *s* bitterness.
a.mar.gu.ra *s* affliction, grief; bitterness.
a.mar.gu.ra.do *adj* painful, afflicted.
a.mar.ra *s* hawser, cable.
a.mar.ra.ção *s* anchorage.
a.mar.ra.do *adj* moored, tied.
a.mar.rar *v* to tie; NÁUT to moor; ~ **a cara**: to frown.
a.mar.ro.tar *v* to wrinkle, to crumple.
a.ma-se.ca *s* nanny, nursery maid, drynurse.
a.má.sia *s* concubine, mistress.
a.mas.sar *v* to knead, to mix.
a.má.vel *adj* kind, pleasant, likeable.
a.ma.zo.na *s* amazon.
âm.bar *s* amber.
am.bi.ção *s* aspiration, ambition.
am.bi.cio.nar *v* to covet, to seek eargerly.
am.bi.cio.so *adj* aspiring, ambitious.
am.bi.en.te *s* surroundings, atmosphere.
am.bi.gui.da.de *s* ambiguity, double meaning.
am.bí.guo *adj* ambiguous, doubtful.
âm.bi.to *s* circuit, ambit, scope, sphere of action.
am.bos *pron* both.
am.bu.lân.cia *s* ambulance.
am.bu.lan.te *adj* itinerant, strolling, shifting.
a.mea.ça *s* menace, threat.
a.mea.çar *v* to threaten, to menace.
a.mea.ço *s* threat, menace; sympton of a disease.
a.me.a.lhar *v* to hoard up, to economize, to save money.
a.me.dron.ta.do *adj* afraid, scared, frightened.
a.me.dron.tar *v* to scare, to frighten, to bully, to intimidate.
a.mei.xa *s* plum; ~ **seca**: prune.
a.mei.xei.ra *s* plum-tree.
a.mém *interj* amen.
a.mên.doa *s* almond.
a.men.do.im *s* peanut.
a.me.ni.da.de *s* pleasanteness, amenity.

a.me.ni.na.do *adj* boyish.
a.me.ni.zar *v* to make pleasant, to calm down.
a.me.no *adj* agreeable, pleasant, pleasing, delightful.
a.me.ri.ca.ni.zar *v* to grow like American people; americanize.
a.me.ri.ca.no *s* e *adj* American.
a.mes.qui.nhar *v* to disparage, to belittle.
a.mes.trar *v* to train, to teach.
a.me.tis.ta *s* amethyst.
a.míg.da.la *s* tonsil.
a.mi.ga *s* mistress, concubine, female friend.
a.mi.gar-se *v* to live in concubinage.
a.mi.gá.vel *adj* friendly, amicable.
a.mi.go *s* friend; • *adj* fond, friendly.
a.mis.to.so *adj* friendly, cordial.
a.mi.ú.de *adv* often, frequently.
a.mi.za.de *s* amity, friendship.
a.mo *s* landlord, master.
a.mo.fi.nar *v* to torment, to harass, to vex.
a.mo.la.ção *s* grinding, annoying.
a.mo.la.do *adj* sharp.
a.mo.la.dor *s* sharpener, harasser.
a.mo.lar *v* to sharpen, to grind, to annoy.
a.mol.dar *v* to mould, to adapt, to fashion.
a.mo.le.cer *v* to melt, to soften.
a.mô.nia *s* ammonia.
a.mon.to.ar *v* to accumulate, to heap up, to pile up.
a.mor *s* love, fondness, affection.
a.mo.ra *s* blackberry, mulberry.
a.mor.da.çar *v* to muzzle, to gag, to silence.
a.mor.na.do *adj* tepid, warm.
a.mor.nar *v* to make warm.
a.mor-per.fei.to *s* pansy.
a.mor-pró.prio *s* self-steem.
a.mor.ta.lhar *v* to shroud, to lay out.
a.mor.te.ce.dor *s* shock-absorber.
a.mor.ti.za.ção *s* payment off, amortization.
a.mos.tra *v* specimen, sample.
a.mo.ti.nar *v* to mutiny, to incite to rebellion.
am.pa.ra.do *adj* supported, sheltered.
am.pa.rar *v* to shelter, to protect, to support.
am.pli.a.ção *s* enlargement, amplification.
am.pli.ar *v* to enlarge, to amplify.
am.pli.dão *s* vastness, amplitude.

am.pli.tu.de s magnitude, amplitude, largeness.
am.plo adj ample, extensive.
am.po.la s ampoule, ampule.
am.pu.lhe.ta s sandglass.
am.pu.ta.do adj amputated.
am.pu.tar v to amputate, to cut off (buy surgery).
a.mu.a.do adj sulky.
a.mu.le.to s talisman, amulet.
a.mu.rar, a.mu.ra.lhar v aboard, to haul.
a.nã s woman dwarf.
a.na.cro.nis.mo s anachronism.
a.ná.gua s petticoat.
a.nais s chronicles, annals.
a.nal.fa.be.to s illiterate.
a.nal.gé.si.co s e adj analgesic.
a.na.li.sar v to parse, to analyse.
a.na.lo.gi.a s analogy.
a.ná.lo.go adj similar, analogous.
a.na.nás s pineapple.
a.não s dwarf, midget.
a.nar.quia s lawlessness, anarchy.
a.nar.quis.ta s anarchyst.
a.ná.te.ma s anathema.
a.na.te.mi.zar v to excommunicate, to anathematize, to denunciate.
a.na.tô.mi.co s anatomical, anatomic.
an.ciã s e adj old woman.
an.cião s e adj old man; ancient.
an.ci.nho s rake.
ân.co.ra s anchor, lever.
an.co.ra.dou.ro s harbour, harbor, anchorage.
an.da.dor s walker.
an.dai.me s scaffold.
an.da.men.to s walking, running.
an.dar s floor (de edifício); walk, gait (jeito de); • v to pace, to walk, to go, to move; to motor (andar de automóvel) ~ **de um lado para o outro**: to pace up and down; ~ **na linha**: to go straight.
an.da.ri.lho s tramp.
an.do.ri.nha s swallow.
a.ne.do.ta s anecdote, joke.
a.ne.mi.a s anaemia, EUA anemia.
a.nes.te.si.a s anaesthesia, EUA anesthesia.

a.ne.xar v to annex, to join.
a.ne.xo adj joined, annexed.
an.fí.bio s amphibian.
an.ga.ria.ção s allurement.
an.ga.riar v to attract, to entice, to solicit, to angle for.
an.ge.li.cal adj angelical, pure, lovely.
an.glo-sa.xão s e adj Anglo-saxon.
an.go.la.no s e adj Angolan.
an.gra s creek, small bay, inlet.
an.gu.lar adj angular.
ân.gu.lo s corner, angle.
an.gús.tia s anxiety, affliction.
an.gus.tiar v to worry, to afflict.
a.nil s anil, indigo.
a.ni.ma.ção s bustle, liveliness, animation.
a.ni.ma.dor adj animating.
a.ni.mal s e adj animal; ~ **de estimação**: pet.
a.ni.mar v to enliven, to animate, to encourage.
a.ni.mo.si.da.de s animosity.
a.ni.qui.lar v to destroy, to annihilate.
a.nis.tiar v to amnesty.
a.ni.ver.sa.ri.an.te s person having a birthday.
a.ni.ver.sá.rio s birthday; aniversary.
an.jo s angel.
a.no s year; ~ **bissexto**: leap year; ~**-luz**: light year.
a.noi.te.cer s to grow dark.
a.no.ma.lia s anomaly, irregularity.
a.no.ni.ma.to s anonymity.
a.nor.mal adj abnormal, deviant.
a.no.ta.ção s note, annotation.
an.sei.o s ardent desire, longing.
an.si.e.da.de s anxiety, anguish.
an.ta.go.nis.mo s antagonism, hostility.
an.ta.nho s long ago.
an.te.bra.ço s forearm.
an.te.ce.dên.cia s antecedence.
an.te.ce.der v to antecede, to precede.
an.te.ci.pa.ção s anticipation.
an.te.ci.pa.do adj in advance.
an.te.go.zar v to foretaste.
an.te.mão adv beforehand, previously.
an.te.na s antenna.

antenome / apatia

an.te.no.me *s* title before a proper name.
an.te.on.tem *adv* the day before yesterday.
an.te.pas.sa.do *adj* forefather, ancestor.
an.te.pas.to *s* dish that comes before a principal meal, appetizer.
an.te.por *v* to put before, to set before, to prefer.
an.te.ri.or *adj* former, previous.
an.te.ri.or.i.da.de *s* priority, precedence.
an.te.ri.or.men.te *adv* previously, before.
an.tes *adv* before.
an.tes.sa.la *s* ante-chamber.
an.te.ver *v* to foresee.
an.ti.a.é.reo *s* antiaircraft.
an.ti.bi.ó.ti.co *s* e *adj* antibiotic.
an.ti.con.cep.cio.nal *s* e *adj* contraceptive.
an.ti.cor.po *s* antibody.
an.tí.do.to *s* antidote.
an.ti.ga.men.te *adv* in the past, formerly, in ancient days.
an.tí.ge.no *s* antigen, antigene.
an.ti.go *adj* ancient, old, former, antique.
an.ti.gui.da.de *s* antiquity, ancient times, seniority.
an.tí.lo.pe *s* antelope.
an.ti.pa.tia *s* aversion, dislike, antiphaty.
an.ti.pá.ti.co *adj* disagreeable, unpleasant, displeasing, antipathetic.
an.ti.qua.do *adj* out of date, antiquated.
an.ti.quá.rio *s* antiquary.
an.tí.te.se *s* antithesis, oposition side.
an.to.lo.gi.a *s* anthology.
an.tô.ni.mo *s* antonym; *adj* antonymous.
an.tro *s* cavern, cave, hangout.
an.tro.po.lo.gi.a *s* anthropology.
a.nu.al *s* yearly, annual.
a.nu.á.rio *s* yearbook.
a.nu.ên.cia *s* approval, assent.
a.nu.ir *v* to assent, to agree.
a.nu.la.ção *s* cancellation, annulment.
a.nu.lar *v* to cancel; to annul.
a.nun.ci.a.ção *s* annunciation.
a.nun.ci.an.te *v* announcer, advertiser.
a.nun.ciar *v* to proclaim, to advertise, to announce.

a.nún.cio *s* advertisement (propaganda), notice.
â.nus *s* anus.
a.nu.vi.ar *v* to darken, to become cloudy.
an.ver.so *s* obverse, the side of a coin with a head.
an.zol *s* fishhook.
ao *prep* mais *art* contracted form: preposition at, in, on, etc. plus an article, a, an, the.
a.on.de *adv* to what place, whither, where.
a.pa.dri.nhar *v* to act as a godfather.
a.pa.ga.do *adj* put out, extinguished.
a.pa.ga.dor *s* eraser, extinguisher.
a.pa.gar *v* to put out (fogo); to switch off (luz).
a.pai.xo.na.do *adj* passionate, in love.
a.pai.xo.nar *v* to fall in love, to inspire passion.
a.pa.la.vrar *v* to bind by word.
a.pal.par *v* to touch, to feel.
a.pa.ná.gio *s* prerogative, attribute, appanage.
a.pa.nha *s* harvest, gathering.
a.pa.nha.do *adj* summary, take up.
a.pa.nhar *v* to catch, to pick up, to grasp, to seize.
a.pa.rar *v* to pare, to clip.
a.pa.ras *s* parings, shreds.
a.pa.ra.to *s* display, pageantry, pomp.
a.pa.re.cer *v* to turn up, to appear, to show up.
a.pa.re.lha.gem *s* equipment, apparatus.
a.pa.re.lho *s* apparatus; set; ~ **de som**: stereo.
a.pa.rên.cia *s* aspect, appearance.
a.pa.ren.tar *v* to affect, to feign, to pretend, to enter a family.
a.pa.ren.te *adj* visible, apparent, feigned.
a.pa.ri.ção *s* vision, apparition, ghost.
a.par.ta.men.to *s* flat, EUA apartment.
a.par.tar *v* to separate, to divide.
a.par.te *s* interruption, remark, aside.
a.par.te.ar *v* to interrupt with asides, to heckle.
a.pas.cen.tar *v* to graze, to pasture, to feed, to shepherd.
a.pa.ti.a *s* apathy, indifference, lack of emotion.

a.pá.tri.da *s* a person who does not have a country.
a.pa.vo.rar *v* to terrify, to make somebody frightened.
a.pa.zi.guar *v* to pacify, to appease, to calm.
a.pe.ar *v* to set down, to dismount, to bring down.
a.pe.dre.jar *v* to throw stones on somebody.
a.pe.gar-se *v* to attach oneself, to cling to.
a.pe.go *s* fondness, affection.
a.pe.lar *v* to appeal, to have recourse to.
a.pe.li.dar *v* to name, to nickname.
a.pe.lo *s* appeal, appeling.
a.pe.nas *adv* just, only.
a.pên.di.ce *s* appendix, appendage.
a.pen.so *adj* attached, appendant.
a.per.ce.ber *v* to perceive, to prepare, to provide, to supply.
a.per.ce.bi.men.to *s* equipment, perception, preparation.
a.per.fei.ço.ar *v* to improve, to perfect.
a.pe.ri.ti.vo *s* appetizer.
a.per.tão *s* pressure, squeeze.
a.per.tar *v* to clamp; to tighten; to squeeze; to fasten (cinto de segurança); **~-se**: to tighten one's belt; **~ a mão de alguém**: to shake hands with someone.
a.per.to *s* pressure, oppression.
a.pe.sar de *loc prep* in spite of, despite.
a.pe.te.cer *v* to desire, to have a taste for.
a.pe.ti.to.so *adj* appetizing, savoury.
a.pi.á.rio *s* apiary.
á.pi.ce *s* apex, top.
a.pi.e.dar-se *v* to pity, to take pity on.
a.pi.nhar *v* to heap up, to crowd.
a.pi.to *s* whistle, hooter.
a.pla.car *v* to pacify, to calm, to appease.
a.plai.na.do *adj* levelling, planning.
a.plai.nar *v* to level, to plane.
a.pla.nar *v* to smooth, to remove.
a.plau.dir *v* to clap, to applaud.
a.plau.so *s* applause.
a.pli.ca.do *adj* hard-working.
a.pli.car *v* to apply, to put on, to lay on.
a.po.ca.lip.se *s* apocalypse: book of revelation.

a.po.de.rar-se *v* to lay hold of, to gain possession of.
a.po.dre.cer *v* to make rotten, to corrupt.
a.po.geu *s* summit, apogee.
a.poi.ar *v* to suport, to back up.
a.pó.li.ce *s* bond, policy.
a.po.lo.gia *s* defence, apology.
a.pó.lo.go *s* fable, apologue.
a.pon.tar *v* to point out, to aim, to indicate.
a.po.quen.tar *v* to worry, to vex, to importune.
a.por *v* to add, to appose, to apply.
a.pós *prep* e *adv* after; afterwards.
a.po.sen.tar *v* to retire, to lodge, to pension off.
a.po.sen.to *s* room, apartment.
a.pos.sar *v* to take possession of.
a.pos.ta *s* bet, wager.
a.pos.to *s* sentence in apposition.
a.pós.to.lo *s* apostle, adept.
a.pós.tro.fo *s* apostrophe.
a.pra.za.men.to *s* appointment, assignation.
a.pra.zar *v* to arrange, to fix, to appoint.
a.pra.zí.vel *adj* pleasant, charming, pleasing.
a.pre.ci.ar *v* to appreciate, to estimate.
a.pre.ço *s* estimation, consideration.
a.pre.en.der *v* to apprehend, to seize.
a.pre.en.são *s* apprehension, fear, dread; capture, arrest.
a.pre.go.ar *v* to proclaim, to cry.
a.pren.der *v* to learn.
a.pren.diz *s* apprentice, beginner.
a.pre.sen.tar *v* to introduce, to present, to show.
a.pres.sa.do *adj* hurried, hasty, in a hurry.
a.pres.tar *v* to equip, to fit out.
a.pri.mo.ra.do *adj* nice, perfect, excellent.
a.pri.mo.rar *v* to improve, to excel in.
a.pris.co *s* sheepfold.
a.pri.si.o.nar *v* to capture, to imprision.
a.pro.fun.dar *v* to deepen, to make deeper.
a.pron.tar *v* to prepare, to get ready.
a.pro.pri.a.ção *s* appropriation.
a.pro.pri.a.do *adj* suitable, appropriate.
a.pro.pri.ar *v* to adapt, to appropriate.

aprovação / arquiduque

a.pro.va.ção *s* approbation, approval; O.K., okay.
a.pro.var *v* to approve, to pass.
a.pro.vei.tar *v* to profit by, to make use of.
a.pro.xi.ma.ção *s* approach, approximation.
a.pro.xi.mar *v* to draw near, to approach.
a.pru.mar *v* to plumb, to put upright.
ap.ti.dão *s* ability, aptness, aptitude, adequacy; fitness, capacity.
ap.to *adj* able, capable, apt, competent.
a.pu.nha.lar *v* to stab.
a.pu.par *v* to hoot, to hiss at.
a.pu.rar *v* to clear up, to purify.
a.pu.ro *s* refinement, elegance.
a.qua.re.la *s* watercolour, watercolor.
a.quá.rio *s* aquarium, fish bowl.
a.quá.ti.co *adj* aquatic.
a.que.ce.dor *s* heater.
a.que.cer *v* to warm, to heat, to stir up.
a.que.le *adj* e *pron* that, that one.
a.quém *adv* e *prep* on this side, below, less.
a.qui *adv* here, in this place.
a.qui.es.cên.cia *s* consent, compliance, agreement.
a.qui.es.cer *v* to comply (with).
a.qui.e.tar *v* to pacify, to quiet.
a.qui.lo *pron dem* that.
a.qui.si.ção *s* acquisition, loanword.
ar *s* air, wind, atmosphere; **ao ~ livre**: in the open air; **aparelho de ~ condicionado**: air-conditioner; **poluição do ~**: air pollution; **sistema de ~ condicionado**: air-conditioning.
á.ra.be *s* Arab, Arabian; • *adj* Arabic (idioma), Arabian.
a.ra.do *s* plow, plough.
a.ra.me *s* wire; GÍR money; **~ farpado**: barbedwire.
a.ra.nha *s* spider.
a.rar *v* to plow, to plough.
ar.bi.tra.gem *s* expert opinion, arbitration.
ar.bi.trá.rio *adj* arbitrary, despotic.
ar.bí.trio *s* opinion, decision, will.
ár.bi.tro *s* arbiter, referee.
ar.bus.to *s* bush, shrub.
ar.ca *s* ark, coffer, chest.

ar.ca.da *s* arcade, arch.
ar.ca.ís.mo *s* archaism.
ar.ce.bis.po *s* archbishop.
ar.co *s* arch, bow.
ar.co-í.ris *s* rainbow.
ar.der *v* to burn, to blaze.
ar.dil *s* stratagem, trick.
ár.duo *adj* hard, arduous.
á.rea *s* area, surface.
a.re.ia *s* sand.
a.re.jar *v* to air, to get some fresh air.
a.res.ta *s* awn, edge.
ar.far *v* to pant; NÁUT to pitch.
ar.ga.mas.sa *s* mortar.
ar.ge.li.no *s* e *adj* Algerian.
ar.gen.ti.no *s* e *adj* Argentinian.
ar.gi.la *s* clay, argil.
ar.go.la *s* ring, hoop, rig.
ar.gú.cia *s* astuteness, mental sharpness.
ar.guir *v* to accuse, to reprehend.
ar.gu.men.ta.ção *s* argumentation.
ar.gu.men.tar *v* to argue, to discuss.
a.ri.dez *s* aridity.
a.ris.to.cra.ci.a *s* aristocracy.
a.rit.mé.ti.ca *s* e *adj* arithmetic.
ar.le.quim *s* harlequim, buffoon.
ar.ma *s* arm, weapon; **~ de fogo**: gun, firearm.
ar.ma.ção *s* preparation, framework.
ar.ma.da *s* army, fleet.
ar.ma.di.lha *s* snare, trap, pitfall.
ar.ma.du.ra *s* armour, EUA armor.
ar.ma.men.to *s* arming, armament.
ar.má.rio *s* cupbord, chest.
ar.ma.zém *s* store, shop, warehouse.
ar.mê.nio *s* e *adj* Armenian.
ar.mis.tí.cio *s* truce, armistice.
a.ro *s* ring, hoop.
a.ro.ma *s* scent, fragrance.
ar.pão *s* harpoon.
ar.quei.ro *s* archer.
ar.que.jar *v* to puff, to pant, to gasp.
ar.que.o.lo.gi.a *s* archaeology, archeology.
ar.que.ó.lo.go *s* archaeologist.
ar.qué.ti.po *s* archetype.
ar.qui.du.que *s* archduke.

ar.qui.pé.la.go s archipelago.
ar.qui.te.to s architect.
ar.qui.te.tu.ra s architecture.
ar.qui.var v to file, to place in archives.
ar.ra.bal.des s outskirts, suburbs, environs.
ar.rai.al s small village, encampment, hamlet.
ar.rai.ga.do adj fixed, rooted, ingrained, deep-rooted.
ar.rai.gar v to take root, to fix, to root, to settle down.
ar.ran.ca.da s sudden pull, impulse, dash.
ar.ran.car v to pull, to pull out, to draw out.
ar.ra.nha-céu s skyscraper.
ar.ra.nhar v to scratch; scrape, to thrum (um instrumento musical).
ar.ran.jar v arrange, tidy up, to set in order; to get, to obtain.
ar.ra.sar v to demolish, to raze.
ar.ras.ta.do adj dragged, drawling.
ar.ras.tar v to drag, to haul.
ar.ra.zo.a.do s speech, plea; • adj just, reasonable.
ar.re.ba.nhar v to assemble in flocks, to collect.
ar.re.ba.tar v to carry off, to snatch.
ar.re.bi.ta.do adj perky, turned-up.
ar.re.ca.dar v to collect, to take possession of.
ar.re.di.o adj strayed, solitary.
ar.re.don.dar v to round up (quantia); to make round off (ângulo).
ar.re.do.res s outskirts, surroundings.
ar.re.fe.cer v to cool, to lose energy.
ar.re.ga.çar v to turn up, to tuck up.
ar.re.ga.nhar v to grin, to slip, to burst open.
ar.rei.o s harness, adornment.
ar.re.li.a s worry, trouble.
ar.re.ma.tar v to conclude, to buy at auction.
ar.re.mes.sar v to throw, to cast away.
ar.re.mes.so s attack, throwing.
ar.ren.da.men.to s lease, renting, letting.
ar.ren.dar v to lease, to let, to rent.
ar.re.pen.der-se v to repent, to regret.
ar.re.pen.di.men.to s repentance, regret.
ar.re.pi.ar v to horrify, to cause horror.
ar.re.pi.o s chill, shiver.

ar.res.to s confiscation, arrest.
ar.ri.bar v to come to land, to put into port.
ar.ri.mo s support, aid, protection.
ar.ris.car v to risk, to hazard.
ar.ro.gân.cia s haughtiness, arrogance.
ar.ro.gar-se v to arrogate, to usurp.
ar.roi.o s brook, stream.
ar.ro.ja.do adj daring, fearless.
ar.ro.jar v to hurl, to drag.
ar.rom.ba.men.to s act of breaking down.
ar.rom.bar v to break down.
ar.ros.tar v to face, to brave.
ar.ro.tar v to belch; FIG to boast.
ar.roz s rice.
ar.ru.a.ça s tumult, riot.
ar.ru.e.la s washer.
ar.ru.i.nar v to ruin, to demolish.
ar.rui.va.do adj reddish.
ar.ru.lho s cooing, lullaby.
ar.ru.mar v to put in order, to arrange.
ar.sê.ni.co s arsenic.
ar.te s art, skill, craft; **belas-~s**: fine arts; **galeria de ~**: art gallery; **obra de ~**: work of arts.
ar.te.lho s ankle.
ar.té.ria s artery.
ar.te.sa.na.to s craftwork, handicraft.
ar.te.são s craftsman; workman.
ar.ti.cu.lar v to articulate, to put together.
ar.tí.fi.ce s craftsman.
ar.ti.fi.ci.al adj artificial things that are unnatural.
ar.ti.fí.cio s trick, device, artifice, craft.
ar.ti.go s article, product.
ar.ti.ma.nha s fraud, stratagem, trick, snare.
ar.tis.ta s artist.
ar.vo.rar v to lift up, to set oneself up as, to hoist.
ár.vo.re s tree, shaft, axle, spindle.
ás s ace; the first card in the pack of cards; • adj first rate, superior.
a.sa s wing, handle; **~-delta**: hang-glider.
as.cen.dên.cia s origin, ascendency.
as.cen.sor s lift, EUA elevator.
as.cen.so.ris.ta s liftman.
as.co s aversion, loathing.

asfalto / aterrissagem

as.fal.to s asphalt.
a.si.á.ti.co s e adj Asiatic.
a.si.la.do adj cared for.
a.si.lo s asylum, refuge.
as.ma s asthma.
as.nei.ra s nonsense, stupid remark.
as.par.go s asparagus.
as.pas s inverted commas, quotation marks.
as.pec.to s expression, aspect.
ás.pe.ro adj rough, severe, harsh.
as.pi.ra.dor s suction pipe, aspirator.
as.pi.rar v to inhale, to suck, to aspirate.
as.pi.ri.na s aspirin.
as.sa.do s roasted.
as.sa.la.ri.ar v to hire, to pay salary to.
as.sal.tar v to storm, to assault.
as.sa.nhar v to excite, to provoke, to incite.
as.sar s to burn, to roast.
as.sas.si.nar v to murder, to kill.
as.sas.si.na.to s murder.
as.sas.si.no s assassin.
as.saz adv enough, sufficiently.
as.se.a.do adj clean, tidy, neat.
as.se.cla s partisan, adept, follower.
as.se.di.ar v to harass, to importune.
as.se.gu.rar v to ensure, to assert, to make sure.
as.sei.o s cleanliness, neatness.
as.sem.ble.ia s meeting (comercial), assembly (política).
as.se.me.lhar-se v to make similar, to resemble.
as.se.nho.re.ar-se v to take possession of.
as.sen.tar v to seat, to place, to fix.
as.sen.ti.men.to s consent, assent.
as.sen.to s seat.
as.ses.sor s adviser, assessor.
as.se.ve.rar v to affirm, to declare solemny.
as.si.dui.da.de s perseverance, diligence, assiduity.
as.sí.duo adj frequent, constant.
as.sim adv thus, so, like this.
as.si.mi.lar v to assimilate.
as.si.na.do adj signed, subscribed.
as.si.na.lar v to mark, to signalize.
as.si.nar v to subscribe, to appoint, to assign.
as.si.na.tu.ra s signing, signature, subscription.
as.sis.tên.cia s audience, attendance, presence.
as.sis.tir v to stand by, to be present; to watch; to help, to aid.
as.so.bi.ar v to hoot (at), to whistle.
as.so.ci.a.ção s society, association.
as.su.mir v to assume, to take over.
as.sun.to s subject, theme, topic.
as.sus.tar v to frighten.
as.te.ris.co s asterisk.
as.tro s star.
as.tro.lo.gi.a s astrology.
as.tro.nau.ta s astronaut.
as.tro.náu.ti.ca s astronautics.
as.tro.no.mi.a s astronomy.
as.trô.no.mo s astronomer.
as.tú.cia s slyness, cunning.
a.ta s record of a meeting.
a.ta.ca.dis.ta s wholesaler.
a.ta.car v to attack, to lace up.
a.ta.lai.a s guard, watch-tower, sentinel.
a.ta.lho s short cut, bypath, byway.
a.ta.que s assault, attack.
a.tar v to tie, to fasten.
a.ta.re.fa.do adj busy.
a.ta.re.far v to overwork.
a.ta.ú.de s coffin, casket.
a.ta.vi.ar v to dress out, to trim, to adorn.
a.ta.za.nar v to molest, to disturb, to annoy.
a.té prep till, until, up to, as far as.
a.te.ar v to light, to inflame, to stir up.
a.te.ís.mo s atheism.
a.te.li.ê s studio.
a.ten.ção s attention, kindness.
a.ten.der v to pay attention, to attend, to answer (telefone).
a.ten.ta.do s criminal attack, outrage.
a.ten.tar v to mind, to consider carefully; to attack.
a.te.nu.a.ção s diminution, attenuation.
a.te.nu.ar v to attenuate, to weaken.
a.ter.rar v to frigthen, to terrify; to land.
a.ter.ris.sa.gem s landing.

a.ter.ris.sar *v* to land an airplane.
a.ter.ro.ri.zar *v* to terrify, to intimidate, to alarm.
a.tes.ta.do *s* certificate, testimonial.
a.tes.tar *v* to declare, to certify.
a.ti.nar *v* to hit on, to guess.
a.tin.gir *v* to reach, to attain.
a.ti.ra.do *adj* bold, saucy, daring.
a.ti.rar *v* to shoot, to fire; to throw.
a.ti.tu.de *s* posture, position, attitude.
a.ti.var *v* activate.
a.ti.vi.da.de *s* activity.
a.tlas *s* atlas.
a.tle.ta *s* athlete.
at.mos.fe.ra *s* atmosphere.
a.to *s* act, action.
a.to.lei.ro *s* swamp, deep miry place.
á.to.mo *s* atom.
a.tô.ni.to *adj* amazed, aghast, astonished; **ficar** ~: to be taken aback.
a.tor *s* actor.
a.tor.do.a.men.to *s* stupefaction.
a.tor.men.tar *v* to torture, to torment.
a.tra.ção *s* appeal, attraction.
a.tra.car *v* to moor, to land, to dock.
a.tra.en.te *adj* charming, attractive.
a.trai.ço.ar *v* to betray.
a.tra.ir *v* to allure, to attract.
a.tra.pa.lhar *v* to confound.
a.trás *adv* behind, back, ago.
a.tra.sa.do *adj* backward, late, delayed.
a.tra.sar-se *v* to be late.
a.tra.vés *prep* across, through.
a.tra.ves.sar *v* to pass through, to cross.
a.tre.lar *v* to link, to harness.
a.tre.vi.men.to *s* boldness, daring, pertness.
a.tri.bu.i.ção *s* competence, attribution.
a.tri.bu.to *s* attribute.
á.trio *s* hall, vestibule.
a.tri.to *s* friction, attrition.
a.triz *s* actress.
a.tro.ci.da.de *s* outrage, atrocity.
a.tro.pe.lar *v* to trample, to knock down, to run over.
a.troz *s* atrocious, grievous.
a.tu.al *adj* present, current.
a.tu.a.li.zar *v* to update.
a.tum *s* tuna (fish).
a.tur.ar *v* to support, to bear, to endure.
a.tur.dir *v* to make dizzy, to amaze.
au.dá.cia *s* audacity, courage.
au.di.ção *s* audition.
au.di.ên.cia *s* chamber, audience, session.
au.dio.li.vro *s* audiobook.
au.di.tó.rio *s* auditorium.
au.ge *s* pinnacle, summit, apogee.
au.gu.rar *v* to presage, to augur.
au.la *s* class, lecture; **sala de** ~: lecture-room, classroom.
au.men.tar *v* to add (to), to enlarge, to increase.
au.ra *s* gale, aura, gentle breeze.
au.ro.ra *s* aurora, dawn; ~ **boreal**: aurora borealis.
au.sên.cia *s* absence, lack.
aus.pí.cio *s* patronage, auspice, prediction.
aus.te.ro *adj* stern, severe.
aus.tra.li.a.no *s* e *adj* Australian.
aus.trí.a.co *s* e *adj* Austrian.
au.tar.qui.a *s* autarchy.
au.ten.ti.car *v* to attest, to notarize.
au.to *s* document, official report.
au.to.bi.o.gra.fi.a *s* autobiography.
au.to.bi.o.grá.fi.co *adj* autobiographic.
au.to.cra.ci.a *s* autocracy.
au.to.gra.far *v* to autograph.
au.to.má.ti.co *adj* automatic.
au.tô.ma.to *s* e *adj* automaton.
au.to.mó.vel *s* car, automobile.
au.tô.no.mo *s* free, autonomous.
au.tóp.sia *s* autopsy.
au.tor *s* author, creator, discoverer; DIR plaintiff.
au.to.ri.da.de *s* authority.
au.to.ri.zar *v* to empower, to authorize.
au.tor.re.tra.to *s* self-portrait.
au.xi.li.ar *s* assistant; • *v* to assist, to help, to aid; • *adj* auxiliary.
a.va.li.a.ção *s* valuation, estimation.
a.van.çar *v* to move forward.
a.van.ço *s* advance, progress.
a.ve *s* bird, fowl.

aveia / azulejo

a.vei.a *s* oat.
a.ve.lã *s* hazelnut.
a.ve.ni.da *s* avenue.
a.ven.tal *s* apron.
a.ven.tu.rar *v* to risk, to dare, to hazzard, to venture.
a.ve.ri.gua.ção *s* inquiry, inquest, discovery.
a.ve.ri.guar *v* to inquire (into), to investigate.
a.ver.são *s* dislike, aversion.
a.ves.so *adj* adverse, contrary.
a.ves.truz *s* ostrich.
a.vi.a.men.to *s* preparation, execution, completion.
a.vi.ão *s* aircraft, aeroplane, EUA airplane.
a.vi.dez *s* voracity, greediness.
a.vil.tar *v* to vilify, to debase, to degrade.
a.vi.sar *v* to inform, to warn.
a.vi.so *s* notice, warning, advice.
a.vis.tar *v* to catch sight of.
a.vi.zi.nhar *v* to bring close to, to approach, to draw near to.

a.vó *s* grandmother, grandmamma.
a.vô *s* grandfather, grandpapa.
a.vo.car *v* to draw to oneself, to evoke.
a.vós *s pl* grandparents.
a.vul.so *adj* detached, separate.
a.vul.ta.do *adj* large, bulky.
a.vul.tar *v* to bulke large, to spread.
a.xi.la *s* armpit, axill.
a.zar *s* bad luck, disgrace.
a.ze.do *adj* sour, acid, tart.
a.zei.te *s* oil, olive-oil.
a.zei.to.na *s* olive.
a.zia *s* heart-burn, stomach acidity.
á.zi.mo *adj* azymous (bred without ferment).
a.zul *adj* blue, indigo blue; **~-marinho**: navy.
a.zu.lar *v* to colour with indigo blue, to blue.
a.zu.le.jo *s* tile; ornamental tile, glazed tile.

B

b *s* second letter of the Portuguese alphabet; QUÍM symbol of the element Boro.
ba.ba *s* slaver, dropping spittle.
ba.bá *s* nanny; nursemaid; ~ **eletrônica**: baby alarm.
ba.ba.ca *adj* fool.
ba.ba.çu *s* babassu nut.
ba.ba.do *s* flounce, frill; • *adj* slobbery, slavered.
ba.ba.dor *s* bib (used by a young baby).
ba.bão *s* driveller; • *adj* slavering; foolish.
ba.bar *v* to smear with saliva, to slaver, EUA to drool.
ba.bau! *interj* gone!
ba.bel *s* babel tower; FIG tumult, bedlam.
ba.bi.lô.ni.co *adj* Babylonian.
ba.bo.sa *s* aloes.
ba.bo.sei.ra *s* silliness, nonsense.
ba.bo.so *adj* spoony, drivelling, silly.
baby-sitter *s* baby-sitter, sitter.
ba.ca.lhau *s* codfish, cod.
ba.ca.lho.a.da *s* dish made with codfish, potatoes, etc.
ba.ca.na *adj* GÍR smart person; a rich man; a handsome boy; first rate; great.
ba.ca.nal *s* orgy; MIT party celebrated with wine drunk by women called **bacchantes**.
ba.can.te *s* bacchante; a dissolute woman; priestess of Bacchus.
ba.ca.rá *s* baccarat: kind of card's game; a cardgame.
ba.cha.rel *s* bachelor; law school degree, graduate of law.
ba.cha.re.la.do *s* bachelor's degree; bachelorship.
ba.cha.re.lar-se *v* to receive the bachelor's degree.
ba.ci.a *s* basin; bowl (vaso sanitário); MED the pelvic cavity, pelvis; hip.
ba.ci.a.da *s* basinful.
ba.ci.li.for.me *adj* bacilliform.
ba.ci.lo *s* bacillus: name given to a great number of bacteria; ~ **ácido resistente**: acid fast bacillus.
ba.ci.ne.te re.nal *s* MED pelvis of the ureter.
ba.ço *s* MED spleen; • *adj* dull.
bacon *s* bacon.
bac.té.ria *s* bacterium: micro-organism with only one cell; germ; ~**s**: bacteria.
bac.te.ri.a.no *adj* bacterial.
bá.cu.lo *s* staff; RELIG crosier, crozier.
ba.da.la.da *s* clang; stroke of a bell.
ba.da.lar *v* to ring, to set bells clanging, to tinkle.
ba.da.lo *s* bell clapper.
ba.de.jo *s* a kind of codfish; several kinds of fish.
ba.der.na *s* revelry, tumult.
ba.du.la.que *s* trash, baubles, trinket; cheap metal's adorning; ~**s** (**coisas sem valor**): GÍR junk.
ba.fa.fá *s* dispute, uproar, tumult, riot.
ba.fe.jar *v* to breath gently, to exhale.
ba.fe.jo *s* puff, a light breeze.
ba.fo *s* breath, exhalation.

bafômetro / balbuciante 24

ba.fô.me.tro s breath analyser.
ba.fo.ra.da s puff; whiff.
ba.ga s berry; drop perspiration.
ba.ga.cei.ra s brandy.
ba.ga.ço s bagasse, pomace, husks of fruits; **estar um ~**: to be run down.
ba.ga.ge.i.ro s luggage-rack.
ba.ga.gem s luggage, EUA baggage.
ba.ga.te.la s bauble, bagatelle, trifle.
ba.go s grain, grape; grapelike fruit; MED GÍR testicle.
ba.gre s catfish, bagre; common name of several kinds of fish.
ba.gu.lho s trash; GÍR ugly woman.
ba.gun.ça s state of confusion: mess; **que ~**: FIG what a mess!
ba.gun.cei.ro s jumbler, troublesome, messer; • adj messy.
bai.a s stall in a stable, for horses.
ba.í.a s bay, harbor, harbour, inlet.
bai.a.no s e adj native of Bahia, born in Bahia; pertaining to Bahia state.
bai.ão s popular dance of Brazil; Brazilian folk music, song and dance.
bai.la s in the expression; **trazer à ~**: to bring/come up a subject for discussion.
bai.la.do s dance, ballet, ball.
bai.lar v to dance.
bai.la.ri.no s dancer; ballet dancer.
bai.le s dance, ball.
ba.i.nha s sheath (de arma); scabbard of a sword; hem (de vestido).
bai.o.ne.ta s bayonet.
bair.ris.mo s the pride of belonging to some special district.
bair.ris.ta s sympathy of an inhabitant for the development of his district.
bair.ro s district of a city, EUA neighborhood, section.
bai.ta adj GÍR big, large, huge.
bai.xa s decrease, fall of price; low area; casualty (de guerra); discharge (dispensa); **~-mar**: low tide.
bai.xa.da s lowland.
bai.xar v to come down, to lower, to take down; INF to download.

bai.xa.ri.a s sordidness.
bai.xe.la s tableware, table service.
bai.xe.za s vileness; meanness, lowness, baseness.
bai.xi.nho s e adj short; • adv softly, in a low voice (falar); secretly.
bai.xi.o s shoal, sandbank.
bai.xo adj low; short, small; quiet, soft (voz); • adv low (falar); **~-relevo**: low-relief, bas-relief; **para ~**: down; **estar por ~**: to be in bad shape or dire straits.
bai.xo.te s a person rather short.
ba.ju.la.ção s adulation, flattery, toadyism.
ba.ju.la.dor s fawner, flatterer; • adj fawning.
ba.ju.lar v to toady, to curry favour with, to flatter, to fawn.
ba.la s bullet (de revólver); candy, sweet (doce); **~ de canhão**: shell; **~ perdida**: lost shot, random bullet.
ba.la.ço s gunshot; big shot, large shot, large ball.
ba.la.da s ballad; pop song.
ba.lai.o s straw basket; hamper.
ba.la.lai.ca s MÚS balalaika, musical instrument; a Russian guitar.
ba.lan.ça s balance, pair of scales; ASTROL libra; **~ comercial**: balance of trade; **~ de pagamentos**: balance of payments.
ba.lan.çar-se v to swing (no ar), to rock (numa cadeira), to roll (num navio).
ba.lan.ce.a.men.to s swinging, balancing.
ba.lan.ce.te s balance; COM financial statement.
ba.lan.ço s swinging, shaking (de navio); rolling (num navio); COM balance sheet; take stock, stock taking.
ba.lan.gan.dã s trinket, knick-knack; bauble.
ba.lão s balloon; fib.
ba.lar s to bleat.
ba.las.tro s ballast.
ba.la.us.tra.da s banisters, balustrade.
ba.la.ús.tre s baluster; FIG report of any meeting.
bal.bu.ci.a.ção s stammering.
bal.bu.ci.an.te adj confused.

bal.bu.ci.ar s to stutter, to babble.
bal.búr.dia s disorder, noise.
bal.cão s balcony (de residência); counter (de loja); worktop (de cozinha); desk (de informações).
bal.co.nis.ta s salesclerk, shop assistant.
bal.dar v to frustrate.
bal.de s pail, EUA bucket.
bal.de.a.ção s trans-shipment, EUA transfer.
bal.de.ar v to change from one underground to another, EUA to transfer from one subway or train to another.
bal.di.o s fallow ground; • *adj* fallow; **terreno ~**: vacant lot, wasteland, waste ground.
ba.le.ar v to shoot, hiting with a bullet.
ba.lei.a s whale.
ba.le.la v lie, false report, fib.
ba.li.do s bleat.
ba.lir v to bleat.
ba.lís.ti.ca s ballistics.
ba.li.za s landmark, seamark; ESP goal.
ba.li.zar v to set up a landmark; to mark out.
bal.ne.á.rio s bathing place, balneary.
ba.lo.fo *adj* puffy up; plump.
bal.sa s ferry-boat, raft.
bál.sa.mo s balsam, balm.
ba.lu.ar.te s bastion, defence.
bal.za.qui.a.na s woman who is about thirty years old; • *adj* referring to such a woman.
bam.ba *adj* GÍR expert rowdy, EUA cracker jack, sharp.
bam.be.ar v to weaken, to become slack.
bam.bo *adj* slack; limp (pernas); wobly (mesa).
bam.bo.lei.o s waddling, swinging.
bam.bu s bamboo.
bam.bu.al s bamboo plantation.
ba.nal *adj* banal, commonplace, trivial, common.
ba.na.li.da.de s banality, triviality, commonplace.
ba.na.na s banana.
ba.na.na.da s sweet made of bananas and sugar.
ba.na.nei.ra s banana tree.

ban.ca s lawyer's office; game of chance; **quebrar a ~**: FIG to breake the bank, to burst the bank; **~ de jornal**: bookstall; EUA newsstand, newspaper stand; **~ examinadora**: examining board.
ban.ca.da s bench, delegation, congressional bloc; worktop (de cozinha).
ban.car v to hold the bank, to bank; to finance; to pretend.
ban.cá.rio s e *adj* bank clerk, banking, bank teller, bank employee.
ban.car.ro.ta s bankruptcy, failure; FIG break.
ban.co s bench (no parque); bank (comércio); stool (de cozinha); saddle (de bicicleta); seat (de automóvel); **~ de areia**: sandbank; **~ de olhos**: eye bank; **~ de coral**: coral reef; **~ de dados**: INF database; **~ de sangue**: blood bank; **~ agrícola**: farm bank; **~ de depósito**: trust company; **~ rural**: country bank; **~ central**: bank of issue.
ban.da s side, ribbon.
ban.da.gem s bandage.
ban.da.lhei.ra s vileness.
ban.de.ar v to rat, to desert one's party.
ban.dei.ra s banner, flag; **dar ~**: POP to give oneself away.
ban.dei.ran.te s native of the state of São Paulo; member of exploratory expeditions in the 16th, 17th and 18th centuries.
ban.dei.ri.nha s ESP line referee, linesman; little flag.
ban.de.ja s tray, salver.
ban.di.do s bandit.
ban.di.tis.mo s banditry, brigandage.
ban.do s group, gang, band.
ban.do.lei.ro s robber, highway man.
ban.do.lim s mandolim, a musical instrument.
ban.ga.lô s bungalow.
ban.gue-ban.gue s POP western.
ban.gue.la s toothless, a person to whom are missing some teeth.
ba.nha s fat, lard.
ba.nha.do s swamp land; • *adj* watered.

ba.nhar-se *v* to bathe.
ba.nhei.ra *s* bathtub; **~ de hidromassagem**: jacuzzi.
ba.nhei.ro *s* bathroom.
ba.nhis.ta *s* bather.
ba.nho *s* bath; bathe, dip (no mar); **~ de espuma**: bubble bath; **~ de lama**: mud bath; **~ de sol**: sunbathing; **~-maria**: double boiler (utensílio); water bath (processo); **tomar ~**: to have a bath, to have a shower (de chuveiro); **tomar um ~ de loja**: to go on a shopping spree.
ba.ni.men.to *s* deportation, banishment.
ba.nir *v* to expatriate, to banish.
ban.quei.ro *s* banker.
ban.que.ta *s* small bench; foot-stool; stool.
ban.que.te *s* banquet.
ban.zé *s* disturbance, riot.
ba.que *s* fall (queda), thud; setback (contratempo).
bar *s* bar, saloon.
ba.ra.fun.da *s* confusion; racket (barulho).
ba.ra.lhar *v* to shuffle; FIG to mix up, to confuse.
ba.ra.lho *s* pack of cards, EUA deck of cards.
ba.rão *s* baron.
ba.ra.ta *s* cockroach.
ba.ra.te.a.men.to *s* reduction, cheapning.
ba.ra.te.ar *v* to cheapen, to sell cheap.
ba.ra.tei.ro *adj* cheap.
ba.ra.ti.nar *v* to fluster, to ratle.
ba.ra.to *adj* inexpensive; cheap; • *adv* cheaply; **um ~**: GÍR great.
bar.ba *s* beard; **fazer a ~**: to shave; **pôr as ~s de molho**: let it be a warning to you.
bar.ba.da *s* GÍR sure thing; pushover.
bar.ban.te *s* string; twine.
bar.ba.ri.da.de *s* barbarity, cruelty; nonsense (disparate); POP fortune (muito dinheiro); **que ~**: good heavens!
bar.bá.ri.e *s* barbarism, barbary.
bár.ba.ro *s* barbarian; • *adj* barbarous; great.
bar.ba.ta.na *s* fin (de peixe); whalebone (de baleia).
bar.be.ar *v* to shave.
bar.be.a.ri.a *s* barber's shop.

bar.bei.ra.gem *s* bad way of driving an automobile.
bar.bei.ro *s* barber, barber's, barber shop (loja); GÍR bad driver.
bar.bi.cha *s* goatee, sparse beard.
bar.bi.tú.ri.co *s* barbituric.
bar.bu.do *s* full-bearded.
bar.ca *s* ferry-boat, barge.
bar.ca.ça *s* large barge, scow.
bar.co *s* boat, ship; **~ a motor**: motor boat; **~ a remo**: rowing boat, EUA rowboat; **~ a vela**: sailing boat, EUA sailboat; **~ salva-vidas**: life boat.
bar.do *s* bard, poet.
bar.ga.nha *s* bargain, exchange, EUA dicker.
bar.ga.nhar *v* to bargain, to exchange.
bá.rio *s* QUÍM barium.
ba.rí.to.no *s* baritone, barytone.
bar.la.ven.to *s* windward, luff.
ba.rô.me.tro *s* barometer, EUA glass.
ba.ro.ne.sa *s* baroness.
bar.quei.ro *s* boatman, ferryman.
bar.ra *s* bar (de chocolate, de metal, etc.), beam, steering bar; hem line (de saia, etc.); tablet (de sabão); slash, stroke (sinal gráfico); lever (alavanca); POP situation; **~ de ouro**: ingot; **forçar a ~**: force the issue; **segurar a ~**: hold out.
bar.ra.ca *s* hut (de madeira), shanty; stall (banca); tent; booth (em feira).
bar.ra.cão *s* wooden shack, bunkhouse, shed.
bar.ra.co *s* shanty, wood shack.
bar.ra.cu.da *s* barracuda (sphyraena barracuda): a fish of two metres long, the same as bicuda.
bar.ra.do *adj* deceived; barred.
bar.ra.gem *s* dam, barrage.
bar.ran.co *s* ravine, steep bank.
bar.ran.co.so *adj* full of ravines.
bar.rar *v* to obstruct.
bar.rei.ra *s* barrier; obstacle.
bar.rei.ro *s* clay-pit.
bar.re.la *s* lye solution.
bar.ren.to *adj* muddy, loamy.
bar.re.te *s* nightcap.
bar.ri.ca *s* cask, barrel.

barricada / be-a-bá

bar.ri.ca.da s barricade.
bar.ri.car v to barricade.
bar.ri.ga s belly; stomach; ~ **da perna**: calf; **dor de** ~: stomach-ache; **estar de** ~: to be pregnant.
bar.ri.ga.da s bellyful.
bar.ri.gu.do adj pot-bellied.
bar.ri.guei.ra s saddle girth, cinch.
bar.ril s barrel, cask.
bar.ro s mud (lama); clay (argila).
bar.ro.co s e adj baroque.
ba.ru.lhei.ra s racket, dim.
ba.ru.lhen.to adj noisy.
ba.ru.lho s uproar, noise.
bas.ba.que s idiot, rubberneck.
bas.cu.lan.te s bascule.
ba.se s base, support, foundation; basis; ~ **aérea**: air base; ~ **naval**: naval base; ~ **do pescoço**: root of the neck; **na** ~ **de**: based on.
ba.se.ar v to base, to establish.
bá.si.co adj basic.
ba.si.fi.car v QUÍM to basify.
ba.si.lar adj fundamental, basilar.
ba.sí.li.ca s basilica: main church; principal temple.
bas.que.te veja **basquetebol**.
bas.que.te.bol s basketball.
bas.ta! interj stop! it's enough! shut up!
bas.tan.te adj enough; quite a lot of; • adv enough; fairly; quite.
bas.tão s slapstick; stick; baton.
bas.tar v to suffice, to be enough.
bas.tar.do s e adj bastard.
bas.ti.ão s bastion, bulwark.
bas.ti.dor s embroidery frame; **~es**: wings (teatro); **nos ~es**: FIG behind the scenes.
ba.ta.lha s battle, combat, fight.
ba.ta.lha.dor s fighter.
ba.ta.lhão s battalion.
ba.ta.lhar v to battle; to fight hard (esforçar-se).
ba.ta.ta s potato; **~-doce**: sweet potato, yam; ~ **frita**: chips, EUA French fries; **~-inglesa**: common white potato.

ba.te-bo.ca s row, altercation, quarrel.
bate-bola s soccer practice.
ba.te.dei.ra s mixer; ~ **de ovos**: egg beater.
ba.te.dor s beater, scout; ~ **de carteira**: pickpocket.
ba.te-es.ta.ca s pile-driver.
ba.tel s little boat.
ba.te.la.da s boatload; batch.
ba.ten.te s doorpost.
ba.te-pa.po s chat, small talk.
ba.ter v to beat, to knock; to stamp (pé); to take (foto); to slam (porta); to strike (horas); to flap (asas); to type (datilografar/digitar); POP to pinch (carteira); to beat (coração); to knock (à porta); to crash (com o carro).
ba.te.ri.a s battery; ~ **seca**: dry battery; ~ **de cozinha**: set of kitchen ware.
ba.te.ris.ta s drum player.
ba.ti.da s crash, collision (automóvel); raid (polícia).
ba.ti.do adj beaten.
ba.ti.men.to s beat; ~ **cardíaco**: MED heart beat.
ba.ti.na s cassock, soutane.
ba.tis.mo s baptism, christening.
ba.ti.za.do s christening.
ba.ti.zar v to baptize; to name, christen (pôr nome).
ba.tom s lipstick.
ba.trá.quio s e adj ZOO batrachian.
ba.tu.ca.da s Brazilian rhythm and dance.
ba.tu.car v to dance and play the Brazilian rhythm called **batucada**.
ba.tu.que s generic name of Afro-Brazilian rhythm and dance.
ba.tu.ta s expert; MÚS baton; conductor's wand; • adj intelligent.
ba.ú s trunk, chest.
bau.ni.lha s vanilla.
bau.xi.ta s bauxite.
ba.zar s bazaar, shop with novelties.
ba.zó.fia s brag, boast, swank.
ba.zu.ca s bazooka.
be-a-bá s ABC, the alphabet, basic knowledge; spelling exercise.

be.a.ti.ce s bigotry.
be.a.ti.tu.de s blesseness.
be.a.to s beatified person, pious man.
bê.ba.do s drunken, drunk.
be.bê s baby; **~ de proveta**: test-tube baby.
be.be.dei.ra s drunkenness (estado); drinking bout (ato).
bê.be.do *veja* **bêbado**.
be.be.dor s hard drinker, toper.
be.be.dou.ro s drinking fountain.
be.ber v to drink.
be.be.ri.car v to sip, to tipple.
be.ber.rão s drunkard, heavy drinker.
be.bi.da s drink; beverage (não coólica); **~ alcoólica**: liquor.
be.ca s academic gown.
be.ça s *usado na loc* **à ~**: POP loads of (substantivo); a lot (com verbo).
be.co s alley, lane; **~ sem saída**: blind alley, cul-de-sac; **estar num ~ sem saída**: to be in a dilemma.
be.de.lho s latch.
be.du.í.no s e *adj* bedouin.
be.ge s e *adj* beige.
be.gô.nia s begonia.
bei.ço s lip.
bei.çu.do *adj* thicklipped, blubber-lipped.
bei.ja-flor s hummingbird.
bei.jar v to kiss.
bei.jo s kiss, touching closely.
bei.jo.ca s smack, noisy kiss.
bei.jo.quei.ro s fond of kissing; kisser.
bei.ra s vicinity, border, bank, brink, brim, edge.
bei.ra.da s border, eaves, margin, edge.
bei.ral s edge of roof, eaves.
bei.ra-mar s seaside, seashore, beach.
bei.rar v to follow the edge.
bei.se.bol s baseball.
be.la.do.na s MED belladonna; deadly nightshade.
be.las-ar.tes s the fine arts.
bel.da.de s beauty, belle.
be.le.za s loveliness, beauty; **salão de ~**: beauty shop.
bel.ga s Belgian.
be.li.che s berth (ship), bunk, cabin.

bé.li.co *adj* warlike, martial.
be.li.co.so *adj* bellicose, warlike.
be.li.ge.rân.cia s belligerence.
be.li.ge.ran.te *adj* belligerent.
be.lis.cão s nip, twitch, pinch, tweak.
be.lis.car v to pinch, to nip, to twitch, to bite off, to nibble, to peck, to nettle.
be.lo s beauty; belle; • *adj* beautiful, handsome; **o ~ sexo**: the fair sex.
bel.tra.no s so-and-so; *veja* **fulano**.
bem s good, happiness; benefit; • *adv* well; very; **~-acabado**: well finished; **~-amado**: loved one; lover; well beloved; sweetheart; **~ alimentado**: well fed; **~-aventurado**: RELIG beatified, blissful, blessed; **~ como**: as well as; **~-criado**: well bred; **~ de raiz**: real property; **~-educado**: well-bred, well-mannered; **~-estar**: welfare; well-being; **~-falante**: well-spoken; **~-humorado**: good-humoured; **~-nascido**: well born; **~-me-quer**: BOT white daisy; **~ posto**: elegant; **~-querer**: to love; **~-te-vi**: a Brazilian bird; **~-vindo**: welcome; **está ~**: it's fine, it's ok; **tudo ~?** POP how's everything?
be.mol s MÚS flat.
bên.ção s benediction, blessing.
ben.di.to *adj* blessed.
ben.di.zer v to consecrate, to bless.
be.ne.di.ti.no s e *adj* benedictine.
be.ne.fi.cên.cia s beneficence, charity.
be.ne.fi.cen.te *adj* charitable, beneficent.
be.ne.fi.ci.a.men.to s processing (cereais); improvement.
be.ne.fi.ci.ar v to better, to improve, to process (cereais).
be.ne.fí.cio s benefit; kindness; gift.
be.né.fi.co *adj* advantageous, beneficial.
be.ne.mé.ri.to s benefactor; • *adj* meritorious, distinguished.
be.ne.plá.ci.to s sanction, approval.
be.ne.vo.lên.cia s benevolence.
be.ne.vo.len.te *adj* kind.
be.né.vo.lo *veja* **benevolente**.
ben.fa.ze.jo *adj* beneficent.

ben.fei.to *adj* well made.
ben.fei.tor *s* benefactor.
ben.fei.to.ri.a *s* improvement; benefit.
ben.ga.la *s* walking-stick, EUA cane; French stick (pão).
be.nig.no *adj* mild, indulgent, benign.
ben.ja.mim *s* the youngest child; electrical socket.
ben.que.ren.ça *s* affection.
ben.quis.to *adj* well-liked.
bens *s pl* property.
ben.to *adj* blessed, holy.
ben.ze.dor *s* healer.
ben.ze.du.ra *s* magic blessing.
ben.ze.no *s* benzene.
ben.zer *v* to bless, to consecrate.
ben.zi.do *adj* blessed.
ben.zi.na *s* QUÍM benzine: petrol product.
be.ó.cio *adj* boeotian.
be.qua.dro *s* MÚS natural.
be.que *veja* **zagueiro**.
ber.çá.rio *s* nursery.
ber.ço *s* cradle, crib; FIG birthplace; ARQ dome, cupola.
be.ri.lo *s* beryl.
be.rin.je.la *s* aubergine, EUA eggplant.
ber.lo.que *s* watch-trinket.
ber.mu.da *s* bermuda shorts.
ber.rar *v* to bellow, to bawl, to cry, to shout.
ber.rei.ro *s* screaming, bawling.
ber.ro *s* bawl, scream, shout; bellow (de boi); **aos ~s**: shouting.
be.sou.ro *s* horn-beetle, beetle.
bes.ta *s* beast, blockhead; **~ de carga**: beast of burden.
bes.ta.lhão *s* dull-witted person.
bes.tei.ra *s* foolishness.
bes.ti.al *adj* bestial, brutal.
bes.ti.a.li.da.de *s* bestiality.
bes.ti.a.li.zar *v* to bestialize.
bes.ti.fi.car *v* to make stupid, to brutalize.
bes.tun.to *s* noodle, brains, dull understanding.
be.sun.tar *v* to grease, to besmear.
be.tão *s* concrete.
be.ter.ra.ba *s* beetroot, EUA beet.
be.to.nar *v* to concrete.
be.to.nei.ra *s* cement mixer.
be.to.ni.lha *s* concrete.
be.tu.me *s* asphalt, pitch.
be.tu.mi.no.so *adj* bituminous.
be.xi.ga *s* MED bladder; **~s**: smallpox.
be.xi.go.so *adj* pock-marked.
be.xi.guen.to *veja* **bexigoso**.
be.zer.ra *s* young cow.
be.zer.ro *s* yearling-calf, calfskin.
bi.an.gu.lar *adj* biangular.
bi.a.tô.mi.co *adj* diatomic.
bi.bá.si.co *adj* bibasic.
bi.be *s* bib, child's pinafore.
bi.be.lô *s* bibelot.
Bí.blia *s* Bible.
bí.bli.co *adj* biblical.
bi.bli.ó.fi.lo *s* bibliophile.
bi.bli.o.gra.fi.a *s* bibliography.
bi.bli.ó.gra.fo *s* bibliographer.
bi.bli.o.te.ca *s* library.
bi.bli.o.te.cá.rio *s* librarian.
bi.bo.ca *s* straw hut; shanty.
bi.ca *s* water-pipe, fountain; tap.
bi.ca.da *s* peck.
bi.ca.ma *s* truckle bed.
bi.can.ca *s* GÍR big-nosed person.
bi.car *v* to peck with the bill.
bi.car.bo.na.to *s* QUÍM bicarbonate.
bi.cé.fa.lo *adj* bicephalous.
bi.ce.lu.lar *adj* bicellular.
bi.cen.te.ná.rio *s* bicentenary.
bí.ceps *s* MED biceps.
bi.cha *s* worm, leech; GÍR PEJ gay.
bi.cha.do *adj* wormy.
bi.cha.no *adj* pussy, young cat.
bi.char *v* to become wormy.
bi.cha.ra.da *s* a lot of animals.
bi.chen.to *adj* wormy.
bi.cho *s* worm; any kind of animal; **~-da-seda**: silkworm; **~ de sete cabeças**: POP big deal, big thing; **~-do-pé**: chigo, chigoe; **~ do mato**: FIG solitary person; **~-papão**: bugbear, ogre; **que ~ te mordeu?** What's got into you?
bi.ci.cle.ta *s* bicycle, bike, cycle.

bico / biscoiteiro

bi.co *s* beak, bill; GÍR an odd job; ~ **de gás**: gas-burner.
bi.co.lor *adj* bicoloured.
bi.côn.ca.vo *adj* biconcave.
bi.con.ve.xo *adj* biconvex.
bi.cu.do *adj* beaked, sharp, pointed.
bi.dê *s* bidet, washtub.
bi.e.la *s* MEC connecting-rod.
bi.e.nal *adj* biennial.
bi.ê.nio *s* bienium, the space of two years.
bi.far *v* to steal.
bi.fá.si.co *adj* two-phase.
bi.fe *s* beefsteak.
bi.fo.li.a.do *adj* having two leaves.
bi.fron.te *adj* double-faced.
bi.fur.ca.ção *s* bifurcation.
bi.fur.car *v* to bifurcate.
bi.ga.mi.a *s* bigamy.
bí.ga.mo *s* bigamist; • *adj* bigamous.
bi.go.de *s* moustache, mustache.
bi.go.du.do *adj* a man with large moustache.
bi.gor.na *s* anvil.
bi.ju.te.ri.a *s* bijouterie, trinkets, brummagem.
bi.la.bi.al *adj* bilabial.
bi.la.te.ral *adj* bilateral.
bi.lha *s* earthen-pot; pitcher.
bi.lhão *s* milliard, thousand million, EUA billion.
bi.lhar *s* billiards.
bi.lhe.te *s* note (recado); ticket; ~ **de ida**: single ticket, EUA one-way ticket; ~ **de ida e volta**: return ticket, EUA round-trip ticket.
bi.lhe.te.ri.a *s* booking-office; box office (teatro, cinema); ticket office (trem, metrô).
bi.li.ão *veja* **bilhão**.
bi.li.ar *adj* MED biliary.
bi.lín.gue *adj* bilingual.
bi.li.o.ná.rio *s* billionaire.
bí.lis *s* bile, gall.
bil.ro *s* lace-bone, bobbin.
bil.tre *s* rascal, scoundrel.
bi.men.sal *adj* twice a month, bimonthly.
bi.mes.tre *s* bimester.
bi.mo.tor *s* AER two-motor.

bi.ná.rio *adj* binary.
bi.nó.cu.lo *s* binoculars.
bi.nô.mio *s* MAT binomial.
bi.o.de.gra.dá.vel *adj* biodegradable.
bi.o.di.nâ.mi.ca *s* biodynamics.
bi.o.gê.ne.se *s* biogenesis.
bi.o.ge.né.ti.co *adj* biogenetic.
bi.o.ge.ni.a *s* biogeny.
bi.o.gra.far *v* to write a biography.
bi.o.gra.fi.a *s* biography.
bi.o.grá.fi.co *adj* biographical.
bi.ó.gra.fo *s* biographer.
bi.o.lo.gi.a *s* biology.
bi.o.ló.gi.co *adj* biological.
bi.ó.lo.go *s* biologist.
bi.om.bo *s* screen, partition.
bi.ó.psia *s* biopy.
bi.o.quí.mi.ca *s* biochemistry.
bi.o.quí.mi.co *s* biochemist; biochemical.
bi.os.có.pio *s* bioscope.
bi.os.fe.ra *s* biosphere.
bi.par.ti.ção *s* bipartition.
bí.pe.de *adj* two-footed, biped.
bi.pla.no *s* biplane.
bi.po.la.ri.da.de *s* bipolarity.
bi.quei.ra *s* extremity, toe-cap.
bi.quí.ni *s* bikini.
bir.ma.nês *s* e *adj* Burmese.
bi.rô *s* bureau.
bir.ra *s* freak; whim; anger.
bir.ren.to *adj* obstinate.
bi.ru.ta *s* AER windvane; weather cock; GÍR crazy, mad.
bis *s* MÚS repetition; • *adv* bis, twice; • *interj* encore! again!
bi.são *s* ZOO bison.
bi.sar *v* to repeat, to encore.
bi.sa.vó *s* great-grandmother.
bi.sa.vô *s* great-grandfather.
bi.sa.vós *s* great-grandparents
bis.bi.lho.tar *v* to intrigue, to gossip.
bis.bi.lho.tei.ro *s* intriguer, meddler.
bis.ca *s* game of cards; scoundrel.
bis.ca.te *s* odd job, chore.
bis.ca.tei.ro *s* odd-jobber, odd-job man.
bis.coi.tei.ro *s* biscuit-maker.

bis.coi.to s biscuit, EUA cracker; cookie.
bis.mu.to s bismuth.
bis.na.ga s tube for holding paste.
bis.ne.ta s great-granddaughter.
bis.ne.to s great-grandson.
bis.ne.tos s great-grandchildren.
bi.so.nho adj inexperienced, shy.
bis.pa.do adj bishopric.
bis.po s bishop.
bis.se.ma.nal adj biweekly.
bis.se.triz s MAT bisector.
bis.sex.to s bissext; • adj bissextile; **ano ~:** leap year.
bis.se.xu.al s bisexual person; • adj bisexual.
bis.tu.ri s scalpel, bistoury.
bi.to.la s standard measure, gauge.
bi.va.len.te adj bivalent.
bi.val.ve adj bivalv.
bi.zar.ria s bravery, gallantry.
bi.zar.ro adj gallant, brave, generous; extravagant.
blá-blá-blá s POP chitchat.
bla.gue s joke.
blas.fe.ma.dor s blasphemer.
blas.fe.mar v to blaspheme.
blas.fê.mia s blasphemy.
ble.cau.te s blackout.
ble.far v to bluff.
ble.fe s bluff.
blin.da.gem s armour-plating.
blin.dar v to armour.
blo.co s block; writing pad (de papel).
blo.que.ar v to blockade, to block.
blo.quei.o s blockade (militar); blockage.
blu.sa s blouse, EUA shirtwaist (para mulheres).
blu.são s field jacket.
boa adj (fem de bom) good; **~-gente:** nice; **~ noite!:** good night; good evening; **~-nova:** good news; **~-pinta:** handsome, good-looking, nice-looking; **~-praça:** nice fellow, nice guy; **~ tarde!:** good afternoon; **~-vida:** idler, loafer; **estar numa ~:** POP be doing fine; **numa ~:** POP well; easily; boas festas!: season's greetings!
boas-vin.das s welcome.

bo.a.ta.ri.a s false reports.
bo.a.te s nightclub.
bo.a.to s hearsay, rumour.
bo.ba.gem s nonsense, foolishness, silliness.
bo.ba.lhão s great fool, silly.
bo.be.ar v to behave like a foul.
bo.bi.na s bobbin; spool, reel, coil.
bo.bi.na.dor s coil-winder.
bo.bi.nar v to coil.
bo.bo s e adj jester (da corte), buffoon, fool, silly; **~ alegre:** silly, jay.
bo.bo.ca s e adj stupid; twit.
bo.ca s mouth; **~ de fogo:** cannon; **~ de incêndio:** fire plug; **~ do estômago:** pit of the stomach.
bo.ca.do s mouthful, morsel.
bo.cal s socket; nuzzle; MÚS mouthpiece.
bo.çal adj stupid, unrefined, rude.
bo.car.ra s large mouth.
bo.ce.jar v to yawn, to gape.
bo.ce.jo s yawn, gape.
bo.che.cha s cheek.
bo.che.char v to wash or to rinse the mouth.
bo.che.cho s mouthwash, mouthful of liquid, wash mouthful.
bo.che.chu.do s round-cheeked person; • adj cheeky.
bó.cio s MED goiter, struma.
bo.có s fool, simpleton; • adj foolish.
bo.das s wedding; **~ de diamante:** diamond wedding; **~ de ouro:** golden wedding; **~ de prata:** silver wedding.
bo.de s he-goat; **~ expiatório:** scapegoat.
bo.de.ga s low-class eating-house.
bo.e.mi.a s loose life, unconvencional living.
bo.ê.mia veja **boemia**.
bo.ê.mio s Bohemian; playboy.
bo.fes s the lungs.
bo.fe.ta.da s slap in the face.
bo.fe.tão s strong slap in the face.
bo.fe.te s slap, buffet.
boi s ox.
bói s office boy.
boi.a s buoy; GÍR grub, EUA chow; **~ salva-vidas:** lifebelt; **~-fria:** itinerant farm labourer.

boi.a.da *s* herd of cattle.
boi.a.dei.ro *s* herdsman, cattleman.
boi.ar *v* to float; GÍR to eat; not to understand.
boi.co.tar *v* to boycott.
boi.co.te *s* boycott.
boi.na *s* beret.
bo.jo *s* belly of a bottle; bulge.
bo.ju.do *s* big bellied; bulging.
bo.la *s* ball, sphere; globe; ~ **ao cesto**: basketball; ~ **de gude**: marble; ~ **de neve**: snowball; ~ **de sabão**: soap-bubble; ~ **de soprar**: balloon; **dar ~ para**: POP to give attention to (pessoa); care about (coisa).
bo.la.cha *s* biscuit, EUA cooky, cracker, cookie; POP slap (tapa).
bo.la.da *s* stroke of a ball; a great deal of money.
bo.lar *v* to tip; to hit; to plan.
bol.bo *veja* **bulbo**.
bol.che.vis.mo *s* bolchevism.
bo.lei.a *s* cab, driver's seat on a carriage.
bo.le.ro *s* garment; a musical rithm for dancing.
bo.le.tim *s* bulletin, periodic publication; report (escolar).
bo.lha *s* blister, bubble.
bo.li.che *s* bowling.
bó.li.do *s* bolide, flaming meteor.
bo.li.nho *s* little cake; ~ **de carne**: meat ball.
bo.li.vi.a.no *s e adj* Bolivian.
bo.lo *s* cake; **dar o ~**: to break an appointment.
bo.lor *s* mould.
bo.lo.ren.to *adj* mouldy.
bol.sa *s* handbag, purse, pouch; ~ **de Valores**: the Stock Exchange; ~ **de estudos**: scholarship.
bol.sis.ta *s* scholarship holder.
bol.so *s* pocket.
bom *adj* good, fit, kind; ~ **dia!**: good morning; ~-**senso**: common sense; ~-**tom**: politeness.
bom.ba *s* bomb, shell; ~ **atômica**: atomic bomb; ~ **de combustível**: petrol pump; ~ **de sucção**: suction-pump; ~ **hidráulica**: water-pumper; ~-**relógio**: time bomb; **levar ~**: POP to fail.

bom.ba.chas *s* wide breeches.
bom.bar.dei.o *s* bombing, bombardment.
bom.bar.dei.ro *s* bomber, bombardier.
bom.bás.ti.co *adj* bombastic.
bom.bei.ro *s* fireman.
bom.bo *s* bass drum; *veja* **bumbo**.
bom.bom *s* bonbon.
bom.bor.do *s* NÁUT larboard, the left side of a ship.
bo.nan.ça *s* fair weather.
bon.da.de *s* goodness, kindness.
bon.de *s* tram-car, EUA streetcar.
bon.do.so *adj* good, kind.
bo.né *s* cap.
bo.ne.ca *s* doll.
bo.ne.co *s* puppet.
bo.ni.fi.ca.ção *s* bonus, allowance.
bo.ni.fi.car *v* to give a bonus.
bo.ni.te.za *s* prettiness.
bo.ni.to *adj* fine, pretty, handsome.
bo.no.mi.a *s* good nature.
bô.nus *s* bonus.
bo.qui.a.ber.to *adj* astonished, open-mouthed.
bor.bo.le.ta *s* butterfly.
bor.bu.lha *s* pimple on the skin.
bor.da *s* edge, border.
bor.da.dei.ra *s* embroideress.
bor.da.do *s* embroidery; • *adj* embroidered.
bor.dão *s* staff.
bor.dar *v* to embroider.
bor.del *s* brothel.
bor.do *s* board, the side of a ship; **a ~**: on board.
bor.do.a.da *s* knock.
bo.re.al *adj* boreal, northern.
bo.res.te *s* starboard.
bor.nal *s* feed-bag.
bo.ro *s* QUÍM boron.
bo.ro.co.xô *adj* GÍR weak, discouraged.
bor.ra *s* trash, lees, sediment.
bor.ra.cha *s* rubber, EUA eraser.
bor.ra.chei.ro *s* tire repair man.
bor.ra.chu.do *s* a Brazilian mosquito.
bor.ra.do *adj* dirty, blurry.
bor.ra.lho *s* embers.
bor.rão *s* blot, stain, sketch; **mata-~**: blotting paper.

bor.ras.ca *s* storm.
bor.re.go *s* male lamb.
bor.ri.far *v* to spray, to sprinkle.
bor.ri.fo *s* sprinkling.
bos.que *s* wood forest.
bos.que.jo *s* outline, sketch.
bos.sa *s* bump; GÍR talent.
bos.sa-no.va *s* new style of doing things; MÚS Brazilian rithm and song.
bo.ta *s* high boot, boot; ~**-fora**: farewell party, send off.
bo.tâ.ni.ca *s* botany.
bo.tão *s* button (de roupa); bud (de flores); ~ **de colarinho**: collar-button.
bo.tar *v* to put, to place; to lay (ovos).
bo.te *s* boat; lunge (de animal); ~ **salva-vidas**: lifeboat.
bo.te.co *s* cheap bar, public house.
bo.te.lha *s* bottle.
bo.te.quim *veja* **boteco**.
bo.ti.ca *s* drugstore.
bo.ti.cão *s* tooth extractor.
bo.ti.cá.rio *s* pharmacist, druggist.
bo.ti.na *s* boot, high shoes.
bo.to *s* a fish of the Amazonas river.
bo.tu.lis.mo *s* botulism.
bo.vi.no *adj* bovine.
bo.xe *s* boxing, pugilism.
bo.xe.a.dor *s* boxer.
bra.ça *s* NÁUT fathom.
bra.ça.da *s* armful, stroke.
bra.ça.dei.ra *s* armstrap.
bra.çal *adj* made by strength of arms, manual.
bra.ce.jar *v* to move the arms.
bra.ce.le.te *s* bracelet.
bra.ço *s* arm, hand worker.
bra.dar *v* to cry out, to shout.
bra.do *s* cry, shout; roar.
bra.gui.lha *s* fly of trousers.
bra.mir *v* to bluster, to roar.
bran.co *s e adj* white.
bran.cu.ra *s* whiteness.
bran.do *adj* gentle, soft.
bran.que.ar *v* to whiten, to bleach.
brân.quias *s pl* gill of a fish.
bra.sa *s* live coal, ember.

bra.são *s* coat of arms.
bra.sei.ro *s* brazier; live coals.
Bra.sil *s* Brazil.
bra.si.lei.ro *s e adj* Brazilian.
bra.si.li.da.de *s* patriotism for Brazil.
bra.si.li.en.se *s e adj* inhabitant or native of Brasília, capital of Brazil.
bra.va.ta *s* brag-boast.
bra.ve.za *s* fury, ferocity.
bra.vi.o *adj* untamed, savage.
bra.vo *adj* courageous; • *interj* bravo! well done!
bre.car *v* to brake.
bre.cha *s* gap, breach.
bre.jei.ro *s* facetious, waggish.
bre.jo *s* swamp, marsh.
bre.que *s* brake.
bre.tão *s e adj* Breton.
breu *s* tar, pitch.
bre.ve *adj* short; • *adv* soon.
bre.ve.men.te *adv* briefly, shortly.
bre.vi.á.rio *s* breviary.
bre.vi.da.de *s* briefness.
bri.ga *s* quarrel, row, altercation.
bri.ga.dei.ro *s* brigadier; a kind of Brazilian candy.
bri.gão *s* quarrelsome.
bri.gar *v* to fight, to quarrel.
bri.lhan.te *s* diamond; *adj* bright, shining.
bri.lhar *v* to shine, to glitter.
bri.lho *s* gleam (de metais, dos olhos); brightness (das estrelas).
brim *s* duck (cloth), drill.
brin.ca.dei.ra *s* joke, fun, jest.
brin.ca.lhão *s* joker; • *adj* playful.
brin.car *v* to play, to joke.
brin.co *s* earring.
brin.de *s* present, gift; toast.
brin.que.do *s* toy.
bri.o *s* honour, pride.
bri.o.so *adj* brave, proud.
bri.sa *s* breeze.
bri.ta.dor *s* stone-breaker.
bri.tâ.ni.co *s e adj* British; **os ~s**: the British.
bro.a *s* baking-powder biscuit; ~ **de milho**: johnny cake.

bro.ca *s* drill, auger.
bro.ca.do *s* brocade, maxim, axium.
bro.car *v* to drill, to bore.
bro.che *s* pin, brooch.
bro.chu.ra *s* paper-bound book; paperback.
bró.co.lis *s* broccoli.
bro.mo *s* QUÍM bromine.
bron.ca *s* reprimend.
bron.co *s e adj* dull, stupid, rough.
brôn.quio *s* bronchus, brochial tube.
bron.qui.te *s* bronchitis.
bron.ze *s* bronze.
bro.quel *s* shield, protection.
bro.tar *v* to germinate, to bud.
bro.to *s* bud; teenager.
bro.to.e.ja *s* rash blotches.
bro.xa *s* paint brush; POP impotent.
bru.ma *s* fog, mist.
bru.nir *v* to polish.
brus.co *s e adj* rude, rough.
bru.ta.li.da.de *s* brutality.
bru.ta.mon.tes *s* stupid fellow.
bru.xa *s* witch; hag (pessoa feia).
bru.xa.ri.a *s* sorcery, witchcraft.
bru.xo *s* wizard.
bru.xu.le.an.te *adj* flickering.
bru.xu.le.ar *s* to gleam, to flicker.
bu.cal *adj* buccal.
bu.cha *s* wad, bung.
bu.cho *s* stomach; belly; ugly woman.
bu.ço *s* down moustache.
bu.có.li.co *adj* bucolic, pastoral.
bu.dis.mo *s* Buddhism.
bu.ei.ro *s* drain-trap.
bú.fa.lo *s* buffalo.
bu.fão *s* buffoon.
bu.fê *s* buffet.
bu.gi.gan.ga *s* trinket.
bu.gi.o *s* holing monkey.

bu.jar.ro.na *s* NÁUT jib sail.
bu.la *s* bull; MED instructions for using medicine (drugs) products; ~ **papal**: papal bull.
bul.bo *s* bulb.
bu.le *s* teapot.
bu.le.var *s* boulevard.
búl.ga.ro *s e adj* Bulgarian.
bu.lha *s* noise, confusion.
bu.lí.cio *s* bustle, noise.
bu.li.ço.so *adj* turbulent.
bum.bo *veja* **bombo** e **bass drum**.
bum.bum *s* POP bottom, bum.
bun.da *s* bottom.
bu.quê *s* bouquet (de flores); fragrance (vinhos).
bu.ra.co *s* hole, gap, cavity; ~ **de fechadura**: keyhole.
bur.bu.ri.nho *s* murmur, buzz, tumult.
bur.go *s* small town, village, borough.
bur.go.mes.tre *s* burgomaster.
bur.guês *s* citizen, bourgeois.
bu.ril *s* burin; stone chisel.
bu.ri.la.dor *s* engraver.
bu.ri.lar *v* to engrave with a burin.
bur.la *s* trick, fraud.
bur.lar *v* to trick, to cheat.
bur.les.co *adj* burlesque, mocking.
bu.ro.cra.ci.a *s* bureaucracy.
bu.ro.cra.ta *s* bureaucrat.
bur.ra.da *s* drove of asses; stupidity.
bur.ri.ce *s* nonsense.
bur.ro *s* donkey, ass; • *adj* silly, stupid.
bus.ca *s* search, quest.
bus.ca-pé *s* a firework.
bus.car *v* to search, to seek, to look for.
bús.so.la *s* compass.
bus.to *s* bust; torso, woman's breasts.
bu.zi.na *s* horn, automobile horn.
bu.zi.nar *v* to blow a horn.

C

c *s* the third letter of the Portuguese alphabet; (com maiúsc.) one hundred in Roman numerals.

cá *adv* here.

ca.a.tin.ga *s* land covered with crooked trees and also prickly plants, in the Northeast of Brazil.

ca.bal *adj* complete, just; rigorous; perfect; full; exact, thorough.

ca.ba.la *s* cabal, cabala, doctrine used by the Jews to explain The Old Testament; canvass, intrigue.

ca.ba.lar *v* to intrigue, to plot, to cabal, to canvass; to ask for vote.

ca.ba.lis.ta *s* cabalist.

ca.ba.lís.ti.co *adj* cabalistic, concerning about mystical doctrine of cabala.

ca.ba.na *s* cottage, hut, cabin, shanty.

ca.ba.ré *s* nightclub, cabaret, place where people can dance, drink and enjoy themselves.

ca.be.ça *s* head; mind; talent; brain; common sense; intelligence; chief, leader; **~ de vento**: feather-brained; **~-dura**: thickhead; **de ~ para baixo**: upside down; **dor de ~**: headache; **esquentar a ~**: POP to get worked up; **fazer a ~**: to convince; **quebra-~**: puzzle, enigma; **ter a ~ no lugar**: to have one's head screwed on.

ca.be.ça.da *s* a blow with the head; nod; nonsense.

ca.be.ça.lho *s* headline, a title line over an article, pole, letter head.

ca.be.ção *s* large head.

ca.be.ce.ar *v* to shake the head; to nod; to slant.

ca.be.cei.ra *s* upper end, top of a table.

ca.be.çu.do *adj* having a large head; a big head; obstinate, pig headed.

ca.be.dal *s* funds, capital; means; fortune.

ca.be.lei.ra *s* hair; peruke; wig; FIG tail of a comet.

ca.be.lei.rei.ro *s* hairdresser.

ca.be.lo *s* hair; **~ postiço**: false hair; **corte de ~**: haircut.

ca.be.lu.do *adj* hairy, shaggy; **couro ~**: scalp.

ca.ber *v* to be contained; to fit; to be compatible; **~ a**: be due to (parte).

ca.bi.de *s* rack; peg; coat-hanger; hat-stand (móvel).

ca.bi.men.to *s* acceptance; fitness; reason; opportunity; **não ter ~**: be out of the question; **ter ~**: to be opportune.

ca.bi.na *s* cabin; cockpit; **~ de sinalização**: signal-box, EUA switch-tower; **~ telefônica**: call-box, EUA telephone, booth.

ca.bis.bai.xo *adj* downcast, crestfallen; FIG ashamed.

ca.bí.vel *adj* appropriate, fitting.

ca.bo *s* extreme end; cape, limit; head-land; cable; handle (de panela); **~ de guerra**: tug-of-war; **~ eleitoral**: electioneerer; **TV a ~**: cable TV.

ca.bo.clo *s* descendant from white and indian parents; a backwoodsman.

cabografar / cadeira

ca.bo.gra.far *v* to cable.

ca.bo.gra.ma *s* cablegram, a telegram sent by cable.

ca.bo.ta.gem *s* cabotage; coasting, coasting trade; coastwise navigation.

ca.bra *s* goat, she-goat; ~-**cega**: blindman's buff.

ca.bres.to *s* halter; NÁUT bobstay.

ca.bri.o.la *s* caper, skip, leap, capriole, spring, gambol.

ca.bri.o.lar *v* to caper, to skip, to leap, to gambol, to cut a caper; to cavort.

ca.bri.o.lé *s* cabriolet, one horse and two seats in a light covered carriage or an automobile coupé with a top and narrow seat in the rear.

ca.bri.to *s* kid.

ca.ça *s* hunting; hunt; investigation; game (animais); fighter (avião); pursuit, chase; ~-**minas**: minesweeper; ~-**níquel**: slot machine, catch penny; ~-**submarino**: submarine chaser; **um dia é da ~ e outro do caçador**: every dog has his day.

ca.ça.da *s* hunt; hunting-party; chase.

ca.ça.dor *s* hunter, huntsman.

ca.ção *s* squaloid fish; shark; dogfish.

ca.çar *v* to hunt, to chase; to pursue.

ca.ca.re.cos *s pl* BR old pieces of furniture.

ca.ca.re.jar *v* to cluck, to cackle.

ca.ca.re.jo *s* clucking, cackling.

ca.ça.ro.la *s* casserole, saucepan, skillet.

ca.ca.tu.a *s* cockatoo, bird of Oceania, a kind of white parrot.

ca.cau *s* cocoa; **manteiga de ~**: cocoa butter.

ca.cau.al *s* cocoa plantation.

ca.cau.ei.ro *s* cocoa palm, cocoa tree.

ca.ce.ta.da *s* stroke with a stick; FIG annoyance.

ca.ce.te *s* stick, club, cudgel; a bore person; a bore job; • *adj* boresome.

ca.cha.ça *s* a Brazilian drink, made with sugar cane; firewater.

ca.chê *s* fee.

ca.chim.bar *v* to smoke a pipe.

ca.chim.bo *s* pipe, tobacco-pipe.

ca.cho *s* bunch, cluster (de banana); lock of hair (de cabelo).

ca.cho.ei.ra *s* waterfall; cataract, overfall.

ca.cho.la *s* noddle, nut, the head.

ca.chor.ra.da *s* pack of dogs; FIG a heavy trick.

ca.chor.ri.ce *s* baseness, indignity.

ca.chor.ri.nho *s* puppy.

ca.chor.ro *s* dog, pup, cub, whelp; BR ~-**quente**: hot-dog.

ca.ci.fe *s* FIG pull.

ca.cim.ba *s* drizzle; waterhole; well.

ca.ci.que *s* cacique, leader of indian tribes; boss (político).

ca.co *s* bit of broken glass, piece of broken crockery; fragment; old crock (pessoa).

ca.ço.a.da *s* mockery, jest.

ca.ço.a.dor *s* joker; jester; • *adj* jeering, jesting; joking.

ca.ço.ar *v* to jest, to jeer; to make fun of.

ca.co.e.te *s* cacoethes, nervous tic.

ca.co.fo.ni.a *s* GRAM cacophony.

cac.to *s* BOT cactus.

ca.çu.la *s* the youngest child in a family.

ca.da *adj* every, each; ~ **vez mais**: more and more.

ca.da.fal.so *s* scaffold, gallows.

ca.dar.ço *s* floss silk; tape, ribbon; ~ **de sapatos**: shoestring.

ca.das.trar *v* to register.

ca.das.tro *s* cadastre, dossier; register; records, files (bancário).

ca.dá.ver *s* cadaver; corpse, body.

ca.da.vé.ri.co *adj* cadaverous; pale, cadaveric.

ca.dê *contr* where is/are...?

ca.de.a.do *s* padlock.

ca.dei.a *s* chain (lojas); series, succession; gaol, penitentiary, jail; network (TV, rádio).

ca.dei.ra *s* chair, seat; FIG discipline; ~**s**: hips; **tomar chá de ~**: to be left to cool one's heels; ~ **de balanço**: rocking chair; ~ **de braços**: armchair; ~ **de rodas**: wheel-chair; ~ **de vime**: wicker-chair; ~ **giratória**: swivel chair.

ca.dei.ri.nha *s* sedan-chair; kind of chair with two long arms and only one place which a third person is carried.
ca.dên.cia *s* cadence, cadency.
ca.den.ci.a.do *adj* cadenced.
ca.den.ci.ar *v* to cadence.
ca.den.te *adj* cadent, falling.
ca.der.ne.ta *s* passbook (banco); notebook; teacher's register; **~ de poupança**: savings account.
ca.der.no *s* notebook, copybook; exercise-book.
ca.de.te *s* cadet, military school's student.
cád.mio *s* QUÍM cadmium.
ca.du.can.te *adj* decrepit, crazy; mad.
ca.du.car *v* to become decrepit; to grow very old; to be mentally decrepit.
ca.du.ci.da.de *s* caducity; decrepitude; craziness.
ca.du.co *adj* decrepit; senile; insane; weakminded.
ca.du.qui.ce *s* craziness, madness.
ca.fa.jes.te *s* cad; vulgar person.
ca.fé *s* coffee; coffee house, café; **~ com leite**: coffe-coloured; light brown; **~-concerto**: nightclub; **~ da manhã**: breakfast.
ca.fe.í.na *s* caffein, organic substance; QUÍM colourless alkaloid used as tonic and heart stimulant.
ca.fe.tão *s* pimp.
ca.fe.tei.ra *s* coffee-pot.
ca.fe.zal *s* coffee plantation.
ca.fe.zi.nho *s* small cup of black coffee.
cá.fi.la *s* drove of camels.
ca.fo.na *adj* naff, tacky.
cá.ga.do *s* freshwater tortoise.
cai.a.ção *s* whitewashing.
cai.a.dor *s* whitewasher.
cai.a.que *s* kayak, little individual boat.
cai.ar *v* to whitewash.
cãi.bra *s* cramp.
cai.ça.ra *s* beachcomber.
ca.í.da *s* fall; decline; decadence.
ca.í.do *adj* fallen; dejected; sad, gloomy.
cai.men.to *s* fall; discouragement; depression.
cai.pi.ra *s* countryman; bumpkin, yokel, backwoodsman, EUA hayseed, hick.
cai.pi.ri.nha *s* drink made with cachaça, limes, sugar and ice.
ca.ir *s* to fall, to drop, to tumble down, to sink; **~ bem/mal**: go well/badly.
cais *s* quay, pier, wharf; dock.
cai.xa *s* box, chest, case; cashier; **~-d'água**: water-tank; **~ de amortização**: sinking fund; **~ de aposentadoria**: retiring fund; **~ econômica**: savings bank; **~ de direção**: steering box; **~ de mudanças**: gearbox; gear-case; **~ postal**: post-office box, PO Box; **~ registradora**: cash register; **~ torácica**: thorax.
cai.xão *s* coffin; large box.
cai.xei.ro *s* shop-assistant; salesman, EUA salesclerk, clerk; **~-viajante**: travelling salesman.
cai.xi.lho *s* window frame, casement, sash; doorcase.
cai.xi.nha *s* pool; **~ de surpresa**: jack-in-the-box.
cai.xo.te *s* small rough box; packing-case.
ca.ja.da.da *s* blow with a stick; **matar dois pássaros com uma ~ só**: to kill two birds with one stroke.
ca.ja.do *s* shepherd's stick, crook.
ca.ju *s* cashew-nut.
ca.ju.ei.ro *s* cashew-tree.
cal *s* lime; **~-viva**: quick-lime.
ca.la.bou.ço *s* dungeon; lock-up, gaol, prison; EUA calaboose, jail.
ca.la.da *s* silence, quietness; **na ~ da noite**: in the dead of night.
ca.la.do *adj* silent, quiet, reserved.
ca.la.fri.o *s* shivering, chill.
ca.la.mi.da.de *s* calamity, a state of great distress, disaster.
ca.la.mi.to.so *adj* calamitous, disastrous.
ca.lão *s* jargon, slang.
ca.lar *v* to conceal, to omit; to silence; to impose silence; **~ a boca**: to shut up.
cal.ça.da *s* pavement, EUA sidewalk.
cal.ça.dão *s* pedestrian precinct.
cal.ça.dei.ra *s* shoehorn.

calçado / camada

cal.ça.do *s* footwear, shoe.
cal.ça.men.to *s* paving.
cal.ca.nhar *s* heel; **rodar sobre os ~**: to turn on one's heels; **~ de aquiles**: Achille's heel.
cal.ção *s* breeches, shorts, trunks; **~ de banho**: swimming suit.
cal.car *v* to tread upon, to trample on; to crush.
cal.çar *s* to put on shoes, boots, slippers, trousers, gloves, etc.
cal.cá.rio *s* generic designation of calcarious rocks; • *adj* calcareous, sand that has the nature of calcium.
cal.ças *s pl* trousers, EUA pants.
cál.ci.co *adj* calcic, concerning about the calcium.
cal.ci.fi.car *v* to calcify, to calcinate.
cal.ci.nar *v* to calcine; to burn to ashes; to cauterize.
cal.ci.nha *s* knickers, EUA panties, underpants.
cál.cio *s* calcium, white-yellow metal.
cal.ço *s* wedge, chock.
cal.cu.la.do.ra *s* calculator.
cal.cu.lar *v* to calculate, to compute, to estimate, to reckon; to conjecture; to figure.
cal.cu.lá.vel *adj* calculable.
cál.cu.lo *s* calculation, computation, estimate.
cal.da *s* melted sugar; syrup.
cal.dei.ra *s* kettle; boiler.
cal.dei.ra.da *s* fish-stew.
cal.dei.rão *s* cauldron.
cal.do *s* broth; **~ de carne/galinha**: beef/chicken broth/stock.
ca.le.fa.ção *s* calefaction; heating.
ca.lei.dos.có.pio *s* kaleidoscope, optical instrument.
ca.le.ja.do *adj* hardened; callous.
ca.le.jar *v* to make callous; to harden; to render insensitive.
ca.len.dá.rio *s* calendar.
ca.lha *s* trough, roof gutter (no telhado); trench.
ca.lha.ma.ço *s* tome.
ca.lham.be.que *s* old motor-car; old ship, EUA jaloppy.
ca.lhar *v* to come in time; to happen; to fit.
ca.li.bra.do *adj* tipsy (bêbado).
ca.li.bra.dor *s* gauge; calibrator.
ca.li.brar *v* to calibrate; to gauge.
ca.li.bre *s* calibre; capacity; size.
cá.li.ce *s* chalice; wine-glass; BOT calyx.
cá.li.do *adj* hot; ardent; fiery; warm.
ca.li.fa *s* caliph.
ca.li.gra.fi.a *s* calligraphy (arte); handwriting (letra).
ca.lis.ta *s* chiropodist, EUA podiatrist.
cal.ma *s* calm; calmness, tranquility; **~!**: take it easy!; **perder a ~**: to lose one's temper.
cal.man.te *s* calmative; sedative; • *adj* mitigating; soothing.
cal.ma.ri.a *s* calmness; flat calm; FIG serenity.
cal.mo *adj* calm, quiet, still, serene.
ca.lo *s* corn (no pé); callus (na mão).
ca.lor *s* heat; warmth; hotness; **estar com ~**: to be hot; **fazer ~**: to be warm.
ca.lo.ren.to *adj* sensitive to heat.
ca.lo.ri.a *s* calory.
ca.lo.ro.so *adj* warm, hot; ardent, enthusiastic.
ca.lo.ta *s* hubcap.
ca.lo.te *s* swindle; bad debt, bad bill.
ca.lo.tei.ro *s* swindler.
ca.lou.ro *s* neophyte; freshman, beginner (na faculdade).
ca.lú.nia *s* calumny, slander.
ca.lu.ni.a.dor *s* slanderer; • *adj* slandering.
ca.lu.ni.ar *v* calumniate, to slander, to backbite, to traduce.
cal.vá.rio *s* calvary, place where Jesus Christ was crucified.
cal.ví.cie *s* baldness.
cal.vi.nis.mo *s* Calvinism, religion that John Calvin set on in 16th and 17th centuries.
cal.vo *s e adj* bald.
ca.ma *s* bed; **~ de casal**: double bed; **~ de solteiro**: single bed.
ca.ma.da *s* layer; stratum; coat (de tinta).

camaleão / cancioneiro

ca.ma.le.ão *s* chameleon.
câ.ma.ra *s* chamber; cabin; room in a house; camera (fotográfica); **~ de ar**: tube; **~ de Comércio**: Chamber of Commerce; **~ dos Comuns**: House of Commons; **~ dos Deputados**: BR Chamber of Deputies, EUA House of Representatives; **~ dos Pares**: House of Lords; **~ lenta**: slow-motion; **~ Municipal**: City-Hall.
ca.ma.ra.da *s* comrade, pal, companion; fellow, EUA guy.
ca.ma.ra.da.gem *s* comradeship; companionship.
ca.ma.rão *s* shrimp; prawn (maior).
ca.ma.rei.ra *s* maid of honour; waiting-maid, chambermaid.
ca.ma.rei.ro *s* chamberlain.
ca.ma.rim *s* cabinet; dressing room, greenroom.
ca.ma.ro.te *s* ship's cabine; state-room; box.
cam.ba.da *s* GÍR band; gang; rabble.
cam.ba.le.an.te *adj* tottering, staggering, reeling.
cam.ba.le.ar *v* to totter; to dodder; to stagger, to reel.
cam.ba.lho.ta *s* flip-flop; somersault.
cam.bi.al *adj* belonging to exchange.
cam.bi.ar *v* to change, to exchange money of different countries.
câm.bio *s* exchange of money; exchange rate; gear (automóvel); **~ paralelo**: black market, exchange rate.
cam.bis.ta *s* ticket-tout, EUA scalper (de bilhete, ingressos); money changer (de dinheiro).
cam.bo.ja.no *s e adj* Cambodian.
cam.brai.a *s* cambric.
cam.bu.rão *s* paddy wagon, Black Maria, police van.
ca.me.lo *s* camel.
ca.mi.nha.da *s* a long walk.
ca.mi.nhão *s* lorry, EUA truck.
ca.mi.nhar *v* to walk, to hike; FIG progress.
ca.mi.nho *s* way, road, path.

ca.mi.sa *s* shirt, chemise; **~ de força**: straitjacket; **~ de vênus**: condom.
ca.mi.sa.ri.a *s* shirt factory; shirt store.
ca.mi.se.ta *s* T-shirt; undershirt, vest (de baixo).
ca.mi.si.nha *s* condom.
ca.mi.so.la *s* camisole, nightgone, nightdress.
cam.pa.i.nha *s* bell, electric bell; doorbell (da porta).
cam.pa.ná.rio *s* belfry.
cam.pa.nha *s* campaign.
cam.pe.ão *s* champion, the winner of a competition.
cam.pe.o.na.to *s* championship.
cam.pes.tre *adj* rustic, rural, campestral.
camp.ing *s* camping; campsite (lugar).
cam.po *s* camp; field, country (interior); pitch (de futebol); course (de golfe); **~ de aviação**: airfield; **~ santo**: cemetery.
cam.po.nês *s* peasant.
ca.mu.fla.gem *s* camouflage, a way to disguise something from someone.
ca.mun.don.go *s* mouse.
ca.mur.ça *s* chamois; deer skin.
ca.na *s* cane, reed; **~-de-açúcar**: sugar cane; **ir em ~**: GÍR to go to jail.
ca.na.den.se *s e adj* Canadian.
ca.nal *s* channel, duct.
ca.na.lha *s* rabble, mean.
ca.na.li.za.ção *s* canalization.
ca.na.li.zar *v* to channel (líquido, esforços); to canalize (rio).
ca.na.pé *s* couch, sofa; appetizer.
ca.ná.rio *s* canary, singer bird of Canary Island.
ca.nas.trão *s* bad actor.
ca.na.vi.al *s* a cane plantation, cane field.
can.ção *s* song; **~ de ninar**: lullaby.
can.ce.la *s* gate.
can.ce.la.men.to *s* cancellation.
can.ce.lar *v* to cancel; to call off (evento); to erase; to cross out.
cân.cer *s* cancer.
can.ce.rí.ge.no *adj* carcinogenic.
can.ci.o.nei.ro *s* songbook; a collection of songs or poems.

can.de.ei.ro *s* lamp.
can.de.la.bro *s* chandelier, candelabrum.
can.di.da.tar-se *v* to apply (a uma vaga); to stand (à presidência), EUA to run.
can.di.da.to *s* candidate.
can.di.da.tu.ra *s* candidacy, candidature.
cân.di.do *adj* candid, pure, sincere; white.
can.du.ra *s* candour, candidness, innocence, purity.
ca.ne.ca *s* tin cup, beaker, mug.
ca.ne.co *s* large mug.
ca.ne.la *s* cinnamon (especiaria); shinbone (corpo).
ca.ne.la.da *s* blow on the shin.
ca.ne.la.do *adj* grooved.
ca.ne.lar *v* to groove, to flute.
ca.ne.ta *s* pen, penholder; **~ esferográfica**: ball-point pen; **~-tinteiro**: fountainpen.
cân.fo.ra *s* camphor, aromatic substance from camphor-tree.
can.ga *s* yoke.
can.ga.cei.ro *s* bandit, highwayman.
can.go.te *s* occipital region; GIR nape.
can.gu.ru *s* ZOO kangaroo, animal found in South Australia.
câ.nha.mo *s* hemp, tree which serves to produce tissues and cloths.
ca.nhão *s* cannon, gun; a piece of artillery.
ca.nho.ta *s* the left hand.
ca.nho.to *s* stub (de cheque); • *adj* left-handed.
ca.ni.bal *s* cannibal, man-eater.
ca.ni.ço *s* reed; fishing-pole.
ca.ní.cu.la *s* great hotness in the air; ASTRON Dog Star; Syrius.
ca.nil *s* kennel.
ca.ni.no *adj* canine; doglike.
ca.ni.ve.te *s* penknife, jack-knife, pocketknife.
can.ja *s* chicken broth; chicken soup; • *adj* GIR cinch, something easy to do; piece of cake; **é ~**: it's duck soup; it's a snap.
can.ji.ca *s* a Brazilian dish made with maize, sugar, milk and cinnamon.
ca.no *s* pipe, tube; conduit; top (de bota); barrel (de arma).

ca.no.a *s* canoe, kind of boat.
câ.non *s* canon.
câ.no.ne *veja* **cânon**.
ca.no.ni.zar *v* to canonize.
can.sa.ço *s* tiredness, fatigue, weariness.
can.sa.do *adj* tired, weary.
can.sar *v* to tire, to weary, to fatigue.
can.sei.ra *s* fatigue, weariness; toil.
can.ta.da *s* POP chat up.
can.ta.dor *s* popular singer.
can.tan.te *adj* singing.
can.tão *s* canton, boroughs of several lands and countries in Europe.
can.tar *v* to sing; POP to chat up.
cân.ta.ro *s* water-pot, jug; **chover a ~s**: to rain cats and dogs; to pour down, to bucket down.
can.ta.ro.lar *v* to hum; to sing out of tune.
can.tei.ro *s* flowerbed; **~ de obras**: site office.
cân.ti.co *s* canticle, hymn.
can.ti.ga *s* song; poetical composition for a song; ballad.
can.til *s* canteen; metal bottle for water.
can.ti.na *s* canteen.
can.to *s* corner, angle (ângulo); song; singing (cantar).
can.tor *s* singer, crooner.
can.to.ri.a *s* singing.
ca.nu.do *s* tube, pipe; straw.
cão *s* dog; cock or hammer of a gun; **~ de caça**: hunting dog; **~ de guarda**: watchdog; **~ perdigueiro**: pointer; **~ policial**: police dog.
ca.o.lho *s* e *adj* one-eyed, cross-eyed.
caos *s* chaos; FIG big confusion, disorder.
ca.ó.ti.co *adj* chaotic, in very confusion state.
ca.pa *s* cloak, mantle, cape; cover (de revista, de livro), binding of something; **~ de borracha**: waterproof, mackintosh; raincoat (de chuva).
ca.pa.ce.te *s* helmet, casque.
ca.pa.cho *s* mat, doormat; FIG a servile person.
ca.pa.ci.da.de *s* capacity, ability.
ca.pa.ci.tar *v* to enable, to qualify.
ca.pa.do *s* boar; • *adj* castrated.

ca.pan.ga *s* bully; hired murder.

ca.pa.taz *s* foreman.

ca.paz *adj* capable, able, competent.

cap.ci.o.so *adj* captious, insidious, artful.

ca.pe.la *s* chapel.

ca.pe.lão *s* chaplain.

ca.pen.ga *s* a lame person; • *adj* lame; doddery.

ca.pen.gar *v* to stump, to limp, to hobble.

ca.pe.ta *s* devil; little devil (criança)

ca.pi.lar *s e adj* capillary.

ca.pim *s* (a kind of) grass.

ca.pi.nar *v* to cut the grass, to weed.

ca.pi.tal *s* capital, money, stock; • *adj* capital, main, leading.

ca.pi.ta.lis.mo *s* ECON capitalism.

ca.pi.ta.lis.ta *s* capitalist; GÍR gold-bug; • *adj* capitalistic.

ca.pi.ta.ni.a *s* captaincy; **~ do porto**: port authority.

ca.pi.tão *s* captain; **~ de indústria**: a big shot; **~ de navio**: commander.

ca.pi.tu.la.ção *s* capitulation; surrender.

ca.pi.tu.lar *v* to capitulate; to surrender; to come to terms; • *adj* capitulary.

ca.pí.tu.lo *s* chapter, book's division; assembly of bishops; episode (novela).

ca.pi.va.ra *s* ZOO capybara, rodent mammiferous.

ca.pô *s* AUT bonnet, EUA hood.

ca.po.ei.ra *s* brushwood, shrubs and small trees; BR corporal fight; Brazilian kick-boxing.

ca.po.ta *s* AUT hood, EUA top.

ca.po.tar *v* overturn, to turn over; to capsize.

ca.po.te *s* cloak; capot, coat.

ca.pri.char *v* to perfect; to do something with very careful attention.

ca.pri.cho *s* care; whim, fancy; caprice.

ca.pri.cho.so *adj* capricious; careful.

Ca.pri.cór.nio *s* ASTROL Capricorn, the tenth sign of the zodiac.

ca.pri.no *adj* goatlike, caprino.

cáp.su.la *s* capsule, little pack.

cap.tar *v* to catch, to get (sentido); tap (água); pick up (emissão).

cap.tu.ra *s* capture, seizure, arrest.

cap.tu.rar *v* to capture, to arrest.

ca.pu.chi.nho *s e adj* capuchin.

ca.puz *s* hood; cowl.

ca.qué.ti.co *adj* a weak person without health.

ca.que.xi.a *s* MED cachexia, cachexy, disease that turns a person weak by nutriment's absence.

ca.qui *s* kaki, persimmon.

cá.qui *adj* khaki.

ca.ra *s* face; countenance; look; aspect; GÍR fellow, chap; EUA man, guy; **~ a ~**: face to face; **~ de fome**: a starved look; **~ de pau**: ckeek; **está na ~**: it's obvious.

ca.ra.bi.na *s* rifle, carbine.

ca.ra.col *s* snail, caracole; riglet (cabelo).

ca.rac.te.res *s pl* characters, letters or signs used in handwriting or typewriting, also in computer language.

ca.rac.te.rís.ti.ca *s* characteristic, feature.

ca.rac.te.rís.ti.co *s e adj* characteristic.

ca.rac.te.ri.zar *v* to characterize.

ca.ra.du.ra *s* barefaced, saucy person.

ca.ra.man.chão *s* bower, summerhouse in a garden.

ca.ram.ba *interj* wow (espanto); damn (desagrado).

ca.ram.bo.la *s* red billiard ball; game with three balls and a handstick; carom; FIG trick; BOT carambola, a Chinese fruit.

ca.ra.me.lo *s* caramel; toffee (bala, doce), EUA taffy.

ca.ra-me.ta.de *s* better half.

ca.ra.mu.jo *s* periwinkle.

ca.ran.gue.jo *s* crab.

ca.ra.pu.ça *s* cap.

ca.ra.tê *s* karate.

ca.rá.ter *s* character.

ca.ra.va.na *s* caravan, group of road travellers.

ca.ra.ve.la *s* caravel, a light ship.

car.bo.na.to *s* carbonate.

car.bo.ni.za.ção *s* carbonization.

car.bo.ni.zar *v* to carbonize.

carbono / carreta

car.bo.no *s* carbon.
car.bu.ra.dor *s* carburettor, EUA carburator.
car.ca.ça *s* carcass; skeleton; frame (navio).
cár.ce.re *s* gaol, jail, prision.
car.ce.rei.ro *s* gaoler, jailer, jail-keeper, EUA warden.
car.ci.no.ma *s* carcinoma.
car.co.mi.do *adj* worm-eaten.
car.dá.pio *s* bill of fare, menu.
car.dar *v* to card, to comb the wool.
car.de.al *s* cardinal; • *adj* fundamental.
car.dí.a.co *s e adj* MED cardiac.
car.di.nal *adj* cardinal; main, chief.
car.di.o.gra.fi.a *s* MED cardiography.
car.du.me *s* shoal of fish.
ca.re.ca *s* baldness, absence of hair; a man who lost his hair, bald patch; • *adj* bald.
ca.re.cer *v* to lack, to need.
ca.rei.ro *adj* charging high prices.
ca.rên.cia *s* lack, need, want.
ca.re.ta *s* grimace, mask.
ca.ri.ca.tu.ra *s* caricature.
car.ga *s* load, burden, freight, cargo, loading; **por que ~s d'água?**: why on earth?
car.go *s* post, place, office, position, employment.
car.guei.ro *s e adj* freight-carrying; freighter ship.
ca.ri.a.do *adj* decayed.
ca.ri.ca.to *adj* grotesque, ridiculous.
ca.ri.ca.tu.ra *s* cartoon, caricature.
ca.rí.cia *s* caress, fondling.
ca.ri.da.de *s* charity.
ca.ri.do.so *adj* charitable.
cá.rie *s* caries, tooth decay.
ca.rim.bar *v* to seal, to stamp.
ca.rim.bo *s* seal, stamp.
ca.ri.nho *s* love; fondness, affection; caress.
ca.ri.o.ca *s* BR a person born in Rio de Janeiro city.
ca.ris.ma *s* charism; leader quality.
car.me.sim *adj* crimson, turkey-red; bright carmine.
car.mim *s* carmine, rouge.
car.nal *adj* sensual, carnal.
car.na.ú.ba *s* carnauba, a palm tree.

car.na.val *s* carnival.
car.na.va.les.co *s* BR a person who works only with things about carnival; • *adj* relative to carnival.
car.ne *s* flesh (humana); meat (comida); **~ assada**: roast-beaf; **~ de carneiro**: mutton; **~ defumada**: smoked meat; **~ de porco**: pork meat; **~ de sol**: sun-dried meat; **~ de vaca**: beef; **~-seca**: jerked beaf.
car.nei.ro *s* sheep; ram (macho); mutton (comida).
car.ni.ça *s* decayed meat, carrion.
car.ni.cei.ro *s* butcher; • *adj* carnivorous, bloodthirsty.
car.ni.fi.ci.na *s* slaughter.
car.ní.vo.ro *adj* carnivorous.
ca.ro *adj* dear (querido); beloved; expensive; • *adv* a lot; at a high price; **pagar ~**: pay a high price (for).
ca.ro.ço *s* seed, EUA pit; stone (de abacate, pêssego, etc.); core (de maçã); lump (molho).
ca.ro.la *adj* sanctimonious.
ca.ro.na *s* lift, free ride.
car.pa *s* carp.
car.pe.te *s* fitted carpet.
car.pin.ta.ri.a *s* carpentry; carpenter's shop.
car.pir *v* to weed, to hoe.
car.ran.ca *s* scowl.
car.ran.cu.do *adj* sullen, surly.
car.ra.pa.to *s* cattle tick (animal); FIG hanger-on.
car.ra.pi.cho *s* bur of hair.
car.ras.co *s* hangman, executioner; FIG butcher; a cruel person.
car.re.ar *v* to cart.
car.re.ga.ção *s* load; cargo.
car.re.ga.do *adj* charged, loaded; heavy; sad, oppressed; dark; tense.
car.re.ga.dor *s* loader, packer, porter.
car.re.ga.men.to *s* cargo, shipment; loading.
car.re.gar *v* to load (navio, arma, etc.); to charge (bateria); to carry (levar consigo).
car.rei.ra *s* run; career; row, course.
car.re.ta *s* cart, handcart.

car.re.tei.ro *s* wagoner.
car.re.tel *s* bobbin, reel, EUA spool.
car.re.ti.lha *s* small wheel.
car.re.to *s* freight charge.
car.ri.lhão *s* carrilon, chimes, set of bells.
car.ri.nho *s* little cart, toy cart; trolley (de compras); pram (de criança); **~ de chá**: tray-cart; **~ de criança**: baby-coach, EUA baby-carriage; **~ de mão**: hand-borrow, hand cart, wheelbarrow.
car.ro *s* cart; car, EUA automobile; **~ de bois**: ox cart; **~ de bombeiro**: fire engine; fire truck; **~ de praça**: cab, taxi; **~-forte**: security van; **~ funerário**: hearse.
car.ro.ça *s* wagon, cart.
car.ros.sel *s* merry-go-round, roundabout, EUA carroussel.
car.ru.a.gem *s* carriage, coach.
car.ta *s* letter, card (de baralho); chart (mapa); **~ branca**: FIG carte blanche; **~ de alforria**: emancipation papers; **~ de crédito**: bill of credit; **~ registrada**: registered letter.
car.tão *s* card; pasteboard; **~ de crédito**: credit card; **~ de ponto**: timecard; **~ de visita**: visiting-card, EUA calling-card; **~-postal**: postcard.
car.taz *s* poster, placard, hoarding, EUA bill, billboard; **em ~**: showing, EUA playing.
car.te.ar *v* to play cards.
car.tei.ra *s* desk (de escola); pocketbook (bloco de anotações); wallet, EUA handbag; **bater a ~**: to pickpocket; **~ de identidade**: identification card; **~ de motorista**: driving licence, EUA driver's licence; **~ de níqueis**: coin purse, change purse.
car.tei.ro *s* postman, EUA mailman.
car.ti.lha *s* spelling-book, primer.
car.to.gra.fi.a *s* cartography; mapping.
car.to.la *s* top hat, silk hat, EUA plug hat.
car.to.li.na *s* light cardboard.
car.to.man.ci.a *s* cartomancy.
car.to.man.te *s* fortune-teller.
car.tó.rio *s* notary's office; register office.
car.tu.chei.ra *s* cartridge-belt.
car.tu.cho *s* cartridge.

car.va.lho *s* oak.
car.vão *s* coal; charcoal (para desenhar).
car.vo.ei.ro *s* coal-man, coal-seller.
ca.sa *s* house, home; hole (de botão); square (de tabuleiro); **~ da moeda**: mint; **~ das máquinas**: engine-room; **~ de campo**: country house; **~ decimal**: decimal place; **~ de detenção**: goal, EUA jail; **~ de jogo**: gambling-house; **~ de penhores**: pawnshop, EUA loan office; **~ de saúde**: nursing home, EUA private hospital; **em ~**: at home.
ca.sa.ca *s* dress-coat, tailed coat; **virar a ~**: to be a turncoat.
ca.sa.co *s* coat (sobretudo); pullover (de lã); jacket (paletó).
ca.sa.do *adj* married, wedded.
ca.sal *s* couple, married couple.
ca.sa.men.tei.ro *s* match-maker.
ca.sa.men.to *s* marriage; wedding (cerimônia).
ca.sar *v* to marry; to match, to join.
ca.sa.rão *s* mansion.
cas.ca *s* peel (limão, laranja); skin (banana); rind, husk (milho); shell (ovo, noz); crust (pão); scab (ferida); bark (árvore); **~-grossa**: FIG ill-mannered person.
cas.ca.lho *s* gravel, pebble-stone, broken stone.
cas.ca.ta *s* cascade, waterfall; FIG fib.
cas.ca.vel *s* ZOO rattlesnake; FIG shrew.
cas.co *s* hoof (de cavalo); hull (de navio).
ca.sei.ro *s* house-keeper, caretaker; • *adj* homeloving; homely; home-made (comida).
ca.ser.na *s* casern; military barracks.
ca.si.mi.ra *s* cashmere.
ca.so *s* case; occurrence, event; love affair; • *conj* if.
cas.pa *s* scurf, dandruff.
cas.qui.nha *s* a thin bark; a bit; **~ de sorvete**: cornet, EUA ice-cream cone.
cas.sar *v* to annul, to repeal; to make void.
cas.se.te.te *s* truncheon, club, EUA nightstick.
cas.si.no *s* casino, bet's house.
cas.ta *s* caste; race, lineage; generation.

castanha / cearense

cas.ta.nha *s* chestnut; **~ de caju**: cashew nut; **~-do-pará**: Brazil-nut.
cas.ta.nhal *s* chestnut-grove.
cas.ta.nho *adj* chestnut (cor).
cas.ta.nho.las *s* castanets.
cas.te.lha.no *s e adj* Castilian.
cas.te.lo *s* castle; fort.
cas.ti.çal *s* candlestick.
cas.ti.ço *adj* of good breed; correct.
cas.ti.da.de *s* chastity.
cas.ti.gar *v* to chastise, to punish, to castigate.
cas.ti.go *s* chastisement, punishment.
cas.to *adj* chaste, pure.
cas.tor *s* beaver.
cas.tra.ção *s* castration.
cas.tra.do *s* eunuch; • *adj* castrated.
cas.trar *v* to geld, to castrate.
ca.su.al *adj* accidental, casual, fortuitous.
ca.su.a.li.da.de *s* accident, fortuity, casualty; chance.
ca.su.al.men.te *adv* by accident.
ca.su.lo *s* cocoon; husk, cod.
ca.ta.clis.mo *s* cataclysm, catastrophe.
ca.ta.cum.ba *s* catacomb.
ca.ta.lão *s e adj* Catalan.
ca.tá.lo.go *s* catalogue; **~ telefônico**: telephone directory, EUA telephone book.
ca.ta.po.ra *s* MED chicken pox.
ca.ta.pul.ta *s* catapult.
ca.tar *v* to catch, to pick up.
ca.ta.ra.ta *s* waterfall; MED cataract (doença nos olhos).
ca.tar.ro *s* catarrh, sputum.
ca.tás.tro.fe *s* catastrophe.
ca.ta.ven.to *s* weather-vane.
ca.te.cis.mo *s* catechism.
cá.te.dra *s* cathedra, professorship; chair.
ca.te.dral *s* cathedral.
ca.te.drá.ti.co *s* a university teacher, professor.
ca.te.go.ri.a *s* category, class, condition.
ca.te.gó.ri.co *adj* categorical, categoric.
ca.te.qui.zar *v* to catechize, to instruct.
ca.tin.ga *s* bad smell.
ca.ti.van.te *adj* winsome, captivating.

ca.ti.var *v* to captivate, to charm, to attract.
ca.ti.vei.ro *s* captivity, prision.
ca.tó.li.co *s e adj* Catholic.
ca.tor.ze *s e num* fourteen; **dia ~**: fourteenth.
ca.tra.ca *s* ratchet.
cau.ção *s* bail, security, guarantee.
cau.da *s* tail; end; extremity.
cau.di.lho *s* commander, chief, leader.
cau.le *s* BOT stem, stalk, axis.
cau.sa *s* cause; reason; ground; case; DIR lawsuit; **por ~ de**: because of.
cau.sa.li.da.de *s* FILOS causality.
cau.sar *v* to cause, to occasion.
cau.sí.di.co *s* lawyer.
cáus.ti.co *adj* caustic, burning, biting.
cau.te.la *s* caution, prudence; pawn-ticket.
cau.te.lo.so *adj* cautious, prudent, wary.
cau.te.ri.zar *v* to cauterize.
ca.va.do *adj* hollowed; dug out.
ca.va.la.ri.a *s* cavalry, horsemanship.
ca.va.la.ri.ça *s* stable.
ca.va.lei.ro *s* horseman, rider.
ca.va.le.te *s* easel, trestle.
ca.val.ga.da *s* cavalcade.
ca.val.ga.du.ra *s* mount; FIG a rude person.
ca.val.gar *v* to ride.
ca.va.lhe.ris.mo *s* nobility; knightliness.
ca.va.lhei.ro *s* gentleman; • *adj* noble, cultured.
ca.va.lo *s* horse; knight (xadrez); **a ~**: on horseback; **~ de batalha**: warhorse, charger; FIG the main argument; **~ de corrida**: race-horse; **~ de pau**: buck; **puro-sangue**: thorough-bred; **~ de raça**: bloodhorse; **~-marinho**: sea-horse; **~-vapor**: horsepower.
ca.va.nha.que *s* goatee.
ca.va.qui.nho *s* small guitar.
ca.var *v* to dig, to excavate.
ca.vei.ra *s* skull.
ca.ver.na *s* cave, cavern.
ca.vi.da.de *s* cavity, hole.
ca.xum.ba *s* mumps.
ce.ar *v* to supper, to have one's supper.
ce.a.ren.se *s* BR a person who was born in Ceará State.

ce.bo.la *s* onion.

ce.bo.li.nha *s* small onion, spring onion.

ce.den.te *adj* yielding.

ce.der *v* to yield, to cede.

ce.di.lha *s* cedilla (ç).

ce.di.nho *adv* very early in the morning.

ce.do *adv* early, soon; **mais ~ ou mais tarde**: sooner or later.

ce.dro *s* cedar.

cé.du.la *s* banknote, note, EUA bill; **~ eleitoral**: ballot paper.

ce.gar *v* to blind; to dazzle.

ce.go *s* blindman; • *adj* blind.

ce.go.nha *s* stork.

ce.guei.ra *s* blindness; FIG ignorance, fanatism.

cei.a *s* supper.

cei.far *v* to reap, to harvest, to crop.

ce.la *s* cell.

ce.le.bra.ção *s* celebration.

ce.le.brar *v* to celebrate; to solemnize.

cé.le.bre *adj* celebrated, renowned, famous.

ce.le.bri.da.de *s* celebrity, fame, renown.

ce.lei.ro *s* granary; barn.

ce.le.ri.da.de *s* celerity, quickness.

ce.les.te *adj* celestial, heavenly.

ce.les.ti.al *veja* **celeste**.

ce.leu.ma *s* uproar, row.

ce.li.ba.tá.rio *s* celibate; single man; • *adj* unmarried.

ce.li.ba.to *s* celibacy, single state.

ce.lo.fa.ne *s* cellophane.

cé.lu.la *s* cell; cellule.

ce.lu.lar *adj* cellular.

ce.lu.li.te *s* cellulite.

ce.lu.loi.de *s* celluloid.

ce.lu.lo.se *s* cellulose.

cem *s* a hundred.

ce.mi.té.rio *s* cemetery, churchyard.

ce.na *s* scene; stage scenery; **em ~**: on stage.

ce.ná.rio *s* scenery, setting.

ce.no.gra.fi.a *s* scenography.

ce.nó.gra.fo *s* scenographer, scenario writer.

ce.nou.ra *s* carrot.

cen.so *s* census.

cen.sor *s* censor; critic.

cen.su.ra *s* censure, censorship.

cen.su.rar *v* to censure; to blame, to find fault with; EUA to knock; to criticize.

cen.su.rá.vel *adj* censurable, blamable.

cen.tau.ro *s* centaur.

cen.ta.vo *s* cent.

cen.tei.o *s* rye.

cen.te.lha *s* spark, flash of fire.

cen.te.lhar *v* to sparkle.

cen.te.na *s* hundred; **às ~s**: in their hundreds.

cen.te.ná.rio *s* centurion, centennial; • *adj* centenary.

cen.te.si.mal *adj* centesimal.

cen.té.si.mo *s e adj* hundredth.

cen.tí.gra.do *adj* centigrade.

cen.ti.gra.ma *s* centigram.

cen.ti.li.tro *s* centilitre.

cen.tí.me.tro *s* centimeter.

cen.to *s* a hundred.

cen.to.pei.a *s* centipede.

cen.tral *s e adj* central.

cen.tra.li.za.ção *s* centralization.

cen.tra.li.zar *v* to centralize.

cen.trí.fu.go *adj* centrifugal.

cen.trí.pe.to *adj* centripetal.

cen.tro *s* centre, center; core.

cen.tro.a.van.te *s* center forward.

cên.tu.plo *s* centuple.

cép.ti.co *veja* **cético**.

ce.ra *s* wax; cerumen.

ce.râ.mi.ca *s* ceramics.

cer.ca *s* fence; hedge; • *adv* near, about.

cer.ca.do *s* pound, enclosure; • *adj* surrounded.

cer.ca.ni.as *s pl* surroundings, vicinity, neighbourhood.

cer.car *v* to enclose; to surround; to fence in; to wall in.

cer.ce.a.men.to *s* retrenchment.

cer.ce.ar *v* to restrict.

cer.co *s* siege; circle; dragnet (policial).

cer.da *s* bristle.

ce.re.al *s e adj* cereal; grain.

ce.re.be.lo *s* cerebellum.

ce.re.bral *adj* cerebral.

cé.re.bro *s* brain; cerebrum; intelect (inteligência).
ce.re.ja *s* cherry.
ce.re.jei.ra *s* cherry-tree.
ce.ri.mô.nia *s* ceremony, formality; **fazer ~**: to stand on ceremony.
ce.ri.mo.ni.o.so *adj* cerimonious, formal.
cer.ne *s* heart, core.
ce.rou.las *s pl* underpants, long under-wear, boxer shorts.
cer.ra.ção *s* mist, fog, haze.
cer.ra.do *adj* shut; closed; cloudy.
cer.rar *v* to close, to shut, to lock.
cer.ta.me *s* contest, competition.
cer.ta.men.te *adv* certainly; surely.
cer.tei.ro *adj* well-aimed, accurate.
cer.te.za *s* certainty; assurance; **com ~**: certainly.
cer.ti.dão *s* certificate, voucher; **~ de casamento**: marriage licence, EUA marriage certificate; **~ de nascimento**: birth certificate; **~ de óbito**: death certificate.
cer.ti.fi.ca.do *s* certificate, atestation.
cer.ti.fi.car *v* to certify, to attest; to assure; **~-se**: to make sure.
cer.to *adj* certain, sure, right.
cer.ve.ja *s* beer, ale.
cer.ve.ja.ri.a *s* brewery, alehouse, beerhouse, EUA saloon.
cer.ve.jei.ro *s* brewer; beer seller.
cer.vi.cal *s* cervical.
cer.vo *s* stag.
cer.zir *v* to darn.
ce.sa.ri.a.na *s* Caesarean, Cesarian.
ces.sa.ção *s* cessation, discontinuance; surcease.
ces.san.te *adj* ceasing.
ces.são *s* cession, transfer; desistence.
ces.sar *v* to cease, to come to an end; to bring to the end; to stop.
ces.ta *s* basket; hamper (de comida).
ces.to *s* basket, pannier.
cé.ti.co *s* sceptic, skeptic; • *adj* cynical, sceptical, skeptical.
ce.tim *s* satin.
ce.tro *s* scepter, sceptre.

céu *s* heaven, sky, firmament; **~ da boca**: roof of the mouth.
ce.va.da *s* barley.
ce.var *v* to fatten; to feed; to glut.
chá *s* tea; **~ de panela/cozinha**: hen night, EUA wedding shower.
cha.cal *s* jackal.
chá.ca.ra *s* country house, small farm.
cha.ci.na *s* slaughter.
cha.co.ta *s* jest, fun.
cha.fa.riz *s* fountain.
cha.fur.dar *v* to wallow, to mire.
cha.ga *s* ulcer, wound, sore.
cha.lé *s* chalet; cottage.
cha.lei.ra *s* kettle.
cha.ma *s* flame, blaze, fire; FIG ardour.
cha.ma.da *s* call; roll call.
cha.ma.men.to *s* call; convocation.
cha.mar *v* to call, to convoke, to name.
cha.ma.riz *s* lure, decoy.
cha.me.jan.te *adj* burning; sparkling.
cha.mi.né *s* chimney (de casa); funnel (de trem, navio).
cham.pa.nha *s* champagne.
cha.mus.car *v* to singe, to scorch.
chan.ce.la *s* pendent seal; stamp.
chan.ce.la.ri.a *s* chancellery.
chan.ce.ler *s* chancellor.
chan.fra.do *adj* canted; bevelled.
chan.ta.gem *s* blackmail.
chão *s* ground, soil; floor (casa).
cha.pa *s* metal sheet; plate; slate of candidates to election; number plate, EUA license plate (de automóvel).
cha.pa.da *s* plateau.
cha.par *v* to plate.
cha.pe.la.ri.a *s* hats shop; hatter's.
cha.péu *s* hat.
cha.ra.da *s* charade, riddle.
char.co *s* mud puddle.
char.ge *s* cartoon.
char.la.ta.ni.ce *s* charlatanism; quackery.
char.la.ta.nis.mo *veja* **charlatanice**.
char.la.tão *s* charlatan; quack.
char.me *s* charm.
char.re.te *s* buggy.

cha.ru.ta.ri.a s cigar-shop.
cha.ru.to s cigar.
chas.si s chassis.
cha.te.a.do adj bored, weary.
cha.ti.ce s flatness; wearisomeness.
cha.to s bore; • adj flat, plane, level; importune; tiresome; **pé ~**: flat foot.
cha.vão s cliché.
cha.ve s key; **~ de fenda**: screw-driver; **~ inglesa**: wrench.
cha.vei.ro s. locksmith, key maker (profissional); keyring (objeto).
chá.ve.na s soup bowl; cup; tea-cup.
che.car v to check, to verify.
che.fão s big-boss.
che.fe s chief, boss (patrão); manager (gerente); leader (dirigente).
che.fi.a s leadership.
che.ga.do adj arrived; near, intimate; prone to.
che.gar v to arrive, to come; to be enough (ser suficiente).
chei.a s inundation, flood.
chei.o adj full, filled up; occupied; complete.
chei.rar v to smell; to scent.
chei.ro s smell, odor, scent.
che.que s cheque, EUA check; **~ avulso**: counter cheque/check; **~ de viagem**: traveller's cheque/check; **~ em branco**: blank cheque/check; **~ visado**: certified cheque/check.
chi.ar v to creack, to squeak.
chi.ba.ta s whip, switch.
chi.ca.na s chicanery.
chi.cle.te s chewing gum; **~ de bola**: bubble gum.
chi.có.ria s endive, chicory.
chi.co.te s whip.
chi.fre s horn.
chi.le.no s e adj Chilean.
chi.li.que s POP funny turn.
chi.mar.rão s unsweetened mate tea.
chim.pan.zé s chimpanzee.
chi.ne.lo s slipper; flip-flop (de dedo).
chi.nês s e adj Chinese.
chin.frim adj tatty, shoddy.
chi.que adj chic, stylish; smart, EUA sharp.
chi.quei.ro s pigpen, pigsty.
chis.par v to flash; to dash (correr).
chi.ta s chintz.
chi.tão s cheap printed cotton fabric.
cho.ca.dei.ra s incubator; brooder.
cho.ca.lho s cow-bell; rattle.
cho.can.te adj shocking; POP incredible.
cho.car v to hatch; to brood; to offend; to shock; to disgust; to hit; **~-se**: to crash (veículos); to clash (ideias).
cho.cho adj insipid, dull.
cho.co adj broody; hatching; addled.
cho.co.la.te s chocolate.
cho.fer s motorist; driver; chauffer.
cho.pe s draft beer, draught lager.
cho.que s shock; collision; fight; clash.
cho.ra.dei.ra s wailing; complaint; fit of crying.
cho.ra.min.gar v to whimper, to whine.
cho.rar v to cry, to weep, to mourn; to lament, to feel the loss of.
cho.ro s crying, weeping; tears; complaint.
chou.pa.na s hut.
chou.ri.ço s smoked sausage; black pudding.
cho.ver v to rain; **~ a cântaros**: to rain cats and dogs.
chu.chu s chayotte.
chu.lé s stink from unclean feet.
chu.ma.ço s wadding, padding.
chum.ba.do adj GÍR knocked out.
chum.bar v to lead; to wound with a shot; to seal with lead.
chum.bo s lead; shot.
chu.pa.da s sucking; suck.
chu.par v to suck; to absorb; to draw.
chu.pe.ta s dummy, EUA pacifier.
chur.ras.co s barbecue, a steak grilled on live coals.
chu.tar v to kick; POP to guess (adivinhar).
chu.te s kick.
chu.va s rain.
chu.vei.ro s shower-bath, shower.
chu.vis.car v to mizzle, to drizzle.

chu.vo.so *adj* rainy; showery, wet.
ci.á.ti.ca *s* MED sciatica.
ci.ber.né.ti.ca *s* cybernetics.
ci.ca.triz *s* scar, cicatrice, cicatrix.
ci.ca.tri.zar *v* to cicatrize, to scar.
ci.ce.ro.ne *s* cicerone, guide.
cí.cli.co *adj* cyclical.
ci.clis.mo *s* cycling, cyclism.
ci.clis.ta *s* cyclist, EUA cycler.
ci.clo *s* cycle.
ci.clo.ne *s* cyclone.
ci.clo.vi.a *s* cycle lane.
ci.cu.ta *s* hemlock.
ci.da.da.ni.a *s* citizenship.
ci.da.dão *s* citizen.
ci.da.de *s* city; town.
ci.dra *s* citron.
ci.ên.cia *s* science, knowledge.
ci.en.te *adj* aware; conscious; knowing.
ci.en.ti.fi.car *v* to advise, to notify.
ci.en.tí.fi.co *adj* scientific.
ci.en.tis.ta *s* scientist.
ci.frar *v* to cipher; to code.
ci.ga.no *s* gipsy.
ci.gar.ra *s* cicada.
ci.gar.rei.ra *s* cigarette-case.
ci.gar.ro *s* cigarette.
ci.la.da *s* snare, trap, ambush.
ci.li.ar *adj* ciliary.
ci.lin.dro *s* cylinder.
cí.lio *s* eyelash.
ci.men.ta.ção *s* cementation.
ci.men.tar *v* to cement; to cover with cement; to strengthen; to unite.
ci.men.to *s* cement.
ci.mo *s* top, summit.
cin.co *s e num* five.
cin.dir *v* to divide, to cut apart.
ci.ne.as.ta *s* film maker.
ci.ne.ma *s* cinema, motion picture; movies.
ci.ne.ma.to.grá.fi.co *adj* cinematographic.
cin.gir *v* to belt, to gird, to limit.
cí.ni.co *s* cynic; • *adj* cynical.
cin.quen.ta *s e num* fifty.
cin.quen.tão *s e adj* fifty-year-old.
cin.ta *s* girdle, waistband, belt.

cin.ti.la.ção *s* scintillation.
cin.ti.lan.te *adj* scintillant, sparkling.
cin.ti.lar *v* to scintillate, to spark.
cin.to *s* belt; **~ de segurança**: safety belt, seat-belt.
cin.tu.ra *s* waist.
cin.za *s* ash, cinder; gray (cor).
cin.zei.ro *s* ashtray.
cin.zel *s* chisel.
cin.zen.to *adj* gray.
cio *s* rut.
ci.pó *s* liana, liane.
ci.pres.te *s* cypress.
ci.ran.da *s* a popular child dance.
cir.cen.ce *adj* of the circus.
cir.co *s* circus.
cir.cui.to *s* circuit; **curto-~**: short circuit.
cir.cu.la.ção *s* circulation.
cir.cu.lar *s* circular notice, circular letter; • *v* to circle, to move round, to circulate; to go round; • *adj* circular.
cir.cu.la.tó.rio *adj* circulatory.
cír.cu.lo *s* circle; club, society.
cir.cun.ci.são *s* circumcision.
cir.cun.dar *v* to surround, to circle.
cir.cun.fe.rên.cia *s* circumference.
cir.cun.fle.xo *adj* circumflex, grammatical symbol of several languages (^).
cir.cuns.cre.ver *v* to circumscribe; to encircle: to bound; to limit; to enclose.
cir.cuns.pec.to *adj* prudent; circumspect.
cir.cuns.tân.cia *s* circumstance; event.
cir.ro.se *s* MED cirrhosis.
ci.rur.gi.a *s* surgery.
ci.são *s* scission, divergence, split.
cis.co *s* dust, filth, culm.
cis.ma *s* schism; mania, fancy.
cis.mar *v* to dream; to fancy; to muse, EUA to mull.
cis.ne *s* swan.
cis.ter.na *s* cistern; water tank.
cis.ti.te *s* MED cystitis, bladder infection.
cis.to *s* cyst.
ci.ta.ção *s* citation; quotation.
ci.tar *v* to cite; to quote; to mention.
cí.ta.ra *s* cithara, musical instrument of strings.

ci.tá.vel *adj* quotable.
cí.tri.co *adj* QUÍM citric.
ci.ú.me *s* jealousy; envy, emulation; **ter ~ de**: to be jealous of.
cí.vel *adj* civil, jurisdiction of civil courts.
cí.vi.co *adj* civic.
ci.vil *s* civilian; • *adj* civil, gentle, polite, urbane.
ci.vi.li.za.ção *s* civilization.
ci.vi.li.zar *v* to civilize.
ci.vis.mo *s* civism, patriotism.
ci.zâ.nia *s* darnel; dissent, discord.
clã *s* clan, tribe.
cla.mar *v* to cry out; to clamor for; to want.
cla.mor *s* clamor; uproar; outcry.
cla.mo.ro.so *adj* clamant; clamorous.
clan.des.ti.no *adj* clandestine; secret; underhand.
cla.ra *s* egg white, the internal white color of an egg.
cla.ra.boi.a *s* skylight, glass-roof.
cla.rão *s* bright light; gleam of light; flash.
cla.re.ar *v* to make clear; to explain; to give light to.
cla.rei.ra *s* glade; clearing.
cla.re.za *s* clearness; intelligibility.
cla.ri.da.de *s* clarity; clearness; brigthness.
cla.ri.fi.ca.ção *s* clarification.
cla.ri.fi.car *v* to clarify; to make clear; to purify.
cla.rim *s* clarion, bugle.
cla.ri.ne.ta *s* clarinet, clarionet.
cla.tri.vi.dên.cia *s* clear-sightedness; insight.
cla.ro *adj* clear, bright, light; pure; plain; *interj* of course!; **noite em ~**: sleepless night.
clas.se *s* class; rank; order; kind, class-room; **~ média**: middle class.
clás.si.co *adj* classical; classic.
clas.si.fi.ca.ção *s* classification.
clas.si.fi.car *v* to classify, to group in classes, to organize.
clau.di.can.te *adj* lame, crippled; halting.
clau.di.car *v* to be lame; to limp.
claus.tral *adj* monastical; cloistral.
claus.tro *s* cloister; convent.
cláu.su.la *s* clause; article, condition.
clau.su.ra *s* reclusion; conventual life; cloister.
cla.va *s* club; cudgel.
cla.ve *s* MÚS clef; key.
cla.ví.cu.la *s* clavicle, collarbone.
cle.mên.cia *s* clemency, mercy.
clep.to.ma.ni.a *s* cleptomania, kleptomania, a psychological disease that makes a person steal cheap things.
clé.ri.go *s* priest, clergyman.
cle.ro *s* clergy.
cli.chê *s* cliché, plate, cut, newspaper cut.
cli.en.te *s* client (de empresa); customer (de loja).
cli.ma *s* clime, climate.
clí.max *s* climax, the upper point.
clí.ni.ca *s* clinic, medical doctor's practice.
clí.ni.co *s* physician, medical doctor; • *adj* clinical; **~ geral**: general practitioner, GP.
cli.pe *s* clip; paper clip (para papéis).
cli.tó.ris *s* clitoris.
clo.a.ca *s* cloaca; water-closet.
clo.ro.fi.la *s* chlorophyl.
clo.ro.fór.mio *s* chloroform.
clu.be *s* club.
co.a.bi.ta.ção *s* cohabitation.
co.a.ção *s* coaction, compulsion.
co.ad.ju.var *v* to help; to aid; to assist.
co.a.do *adj* strained.
co.a.dor *s* strainer; colander (de legumes); filter bag (de café).
co.a.du.nar *v* to join; to conciliate; to combine.
co.a.gir *s* to coerce, to restrain; to constrain.
co.a.gu.la.ção *s* coagulation.
co.a.gu.la.dor *s* coagulator.
co.á.gu.lo *s* clot, curd.
co.a.lha.da *s* curdled-milk; clabber.
co.a.lhar *v* to curdle, to curd, to clot.
co.a.li.zão *s* coalition, fusion.
co.ar *v* to strain, to filter.
co.a.ti.vo *adj* coercive.
co.bai.a *s* cavy, guinea pig.
co.bal.to *s* cobalt.
co.ber.ta *s* covering, cover; blanket; coverlet.
co.ber.to *adj* covered; sheltered.

co.ber.tu.ra *s* covering (revestimento); penthouse (apartamento); coverage (reportagem).
co.bi.ça *s* covetousness, greed.
co.bra *s* snake.
co.bra.dor *s* collector, EUA bill-collector.
co.bran.ça *s* collecting.
co.brar *v* to collect; to charge.
co.bre *s* copper.
co.brir *v* to cover; to envelop; to clothe.
co.ca.da *s* coconut candy.
co.ca.í.na *s* cocain, cocaine.
co.çar *v* to scratch, to itch.
có.ce.gas *s* tickling; **sentir ~**: to be ticklish.
co.cei.ra *s* itch, itching.
co.che *s* coach, carriage.
co.chei.ra *s* coach-house.
co.chi.char *v* to whisper.
co.chi.lar *v* to doze; to slumber; to snooze.
co.cho *s* hod.
co.co *s* coconut.
có.di.ce *s* codex, an ancient code book.
co.di.fi.ca.dor *s* codifier.
co.di.fi.car *v* to codify.
có.di.go *s* code; **~ civil**: civil code; **~ de barras**: bar code.
co.di.no.me *s* codename.
co.dor.na *s* quail.
co.e.di.ção *s* co-edition.
co.e.fi.ci.en.te *s* coefficient.
co.e.lho *s* rabbit; coney, cony; **matar dois ~s com uma cajadada só**: to kill two birds with only one stroke.
co.en.tro *s* coriander.
co.er.ção *s* coercion, repression, check.
co.er.cí.vel *adj* coercible.
co.er.ci.vo *adj* coercive; coercitive.
co.e.rên.cia *s* coherence; connexion; logical way.
co.e.são *s* cohesion.
co.e.so *adj* united; combined.
co.e.si.vo *adj* cohesive.
co.e.xis.tên.cia *s* coexistence.
co.e.xis.tir *v* to coexist.
co.fre *s* coffer, chest; safe.
co.gi.tar *v* to cogitate; to ponder.
cog.no.me *s* cognomen, surname, nickname.
co.gu.me.lo *s* mushroom.
co.i.bi.ção *s* repression.
co.i.bir *v* to repress; to restrain.
coi.ce *s* kick; spurn.
co.in.ci.dên.cia *s* coincidence.
co.in.ci.dir *v* to coincide, to correspond exactly; to agree in all points exactly.
coi.o.te *s* coyote.
coi.sa *s* thing; matter; affair.
coi.ta.do *s* unfortunate person; • *adj* poor, miserable; • *interj* poor man!
co.la *s* glue; paste; cheating.
co.la.bo.ra.ção *s* collaboration.
co.la.bo.rar *v* to collaborate.
co.la.ção *s* graduation; collation.
co.la.do *adj* glued, pasted.
co.la.gem *s* gluing, paste-up.
co.lap.so *adj* collapse, breakdown.
co.lar *s* necklace; • *v* to paste, to glue, to stick; **~ grau**: to graduate.
co.la.ri.nho *s* collar.
co.la.te.ral *adj* collateral.
col.cha *s* bedspread; counterpane, coverlet.
col.chão *s* mattress.
col.che.te *s* clasp, hook; **~s**: brackets.
col.dre *s* holster.
co.le.ção *s* collection; gathering.
co.le.ci.o.na.dor *s* collector.
co.le.ci.o.nar *v* to collect.
co.le.ga *s* fellow, colleague; schoolmate.
co.le.gi.al *s* student; • *adj* collegial.
co.lé.gio *s* school.
co.le.guis.mo *s* group spirit.
co.lei.ra *s* collar (for animals).
có.le.ra *s* choler; anger; passion; fury; MED cholera.
co.lé.ri.co *adj* choleric, angry; passionate.
co.les.te.rol *s* MED cholesterol.
co.le.ta *s* collection.
co.le.tâ.nea *s* anthology.
co.le.tar *v* to collect; to gather.
co.le.te *s* waistcoat, corset, EUA vest; **~ salva-vidas**: lifejacket, EUA life-preserver.
co.le.ti.vi.da.de *s* collectivity, community.

co.le.ti.vo *s* bus; GRAM collective noun; • *adj* collective.
co.lhei.ta *s* crop, harvest; picking.
co.lher *s* spoon.
co.lher *v* to catch; to harvest, to crop; to get.
co.lhi.men.to *s* gathering; plucking.
co.li.bri *s* humming bird.
có.li.ca *s* colic.
co.li.dir *v* to collide, to clash.
co.li.ga.ção *s* union, coalition, EUA fusion.
co.li.gar *v* to ally.
co.li.gir *v* to collect, to gather.
co.li.na *s* hill.
co.lí.rio *s* MED collyrium.
co.li.são *s* collision; clash; shock.
co.li.seu *s* colosseum; coliseum.
co.li.te *s* colitis, colon inflammation.
col.lant *s* body; leotard (ginástica).
col.mei.a *s* beehive.
co.lo *s* lap; neck.
co.lo.ca.ção *s* collocation; placement; position (emprego); fitting.
co.lo.car *s* to set, to place; to put; to get a job for.
co.lom.bi.a.no *s e adj* Colombian.
co.lô.nia *s* colony; cologne (perfume).
co.lo.ni.al *adj* colonial.
co.lo.ni.za.ção *s* colonization.
co.lo.ni.zar *v* to colonize.
co.lo.no *s* colonist.
co.lo.qui.al *adj* colloquial.
co.ló.quio *s* conversation; conference.
co.lo.ra.ção *s* colouring, coloration.
co.lo.ran.te *s* dye, colouring, EUA coloring.
co.lo.ri.do *adj* colourful, EUA colorful; vivid; bright.
co.lo.rir *v* to colour, EUA to color; to paint; to brighten.
co.los.sal *adj* colossal; monumental, huge.
co.lu.na *s* column, pillar; ~ **vertebral**: spinal column, spine.
co.lu.nis.ta *s* columnist.
com *prep* with.
co.ma.dre *s* godmother; bedpan (urinol).
co.man.do *s* command.
co.mar.ca *s* district; judicial division of a state.

com.ba.li.do *adj* weak; decayed; sickly.
com.ba.lir *v* to weaken; to impair.
com.ba.te *s* combat; fight; contest.
com.ba.ten.te *s* warrior; • *adj* fighting, combative.
com.ba.ter *v* to combat; to fight.
com.bi.na.ção *s* combination, accord, agreement; petticoat (roupa).
com.bi.na.do *adj* combined, settled.
com.bi.nar *v* to combine; to settle, to agree; to match.
com.boi.o *s* convoy, train.
com.bus.tão *s* combustion.
com.bus.tí.vel *s* fuel; • *adj* combustible.
co.me.çar *v* to begin; to commence; to start.
co.me.ço *s* beginning; start; origin.
co.mé.dia *s* comedy.
co.me.di.an.te *s* comedian.
co.me.di.do *adj* moderate; prudent.
co.me.dir *v* to moderate; to restrain.
co.me.mo.rar *v* to commemorate; to celebrate.
co.me.mo.ra.ti.vo *adj* commemorative.
co.men.da *s* insignia; badge.
co.men.da.dor *s* commendator.
co.men.sal *s* commensal; messmate.
co.men.tar *v* to comment; to explain.
co.men.tá.rio *s* commentary (na TV, etc.); comment; **sem ~s**: no comments.
co.men.ta.ris.ta *s* commentator.
co.mer *v* to eat; FIG to consume.
co.mer.ci.al *adj* commercial; businesslike.
co.mer.ci.an.te *s e adj* merchant; businessman; trader.
co.mér.cio *s* commerce; business.
co.mes.tí.vel *adj* comestible; eatable; edible.
co.me.ta *s* comet.
co.me.ter *v* to perpetrate; to perform; to commit.
co.mi.chão *s* itch; itching.
co.mí.cio *s* meeting, assembly.
cô.mi.co *s* comedian; • *adj* comical; comic; funny.
co.mi.da *s* food, meal.
co.mi.go *pron* with me.

co.mi.lão *s* glutton; • *adj* gluttonous; greedy.
co.mi.nar *v* to comminate; to threaten, to menace.
co.mi.nho *s* cumin.
co.mi.se.ra.ção *s* commiseration; sorrow.
co.mis.são *s* commission; committee.
co.mis.sá.rio *s* commissioner; **~ de bordo**: steward (aéreo).
co.mi.tê *s* committee.
co.mi.ti.va *s* train, retinue; entourage.
co.mo *adv* how, in what manner; for what reason; • *conj* as, like, when, since, because; **~ assim**?: how come?; **~?** pardon?
co.mo.ção *s* commotion; shock; tumult.
cô.mo.da *s* chest of drawers, EUA bureau.
co.mo.di.da.de *s* comfort.
co.mo.dis.mo *s* selfisheness.
cô.mo.do *s* room; • *adj* commodious; ample; spacious; comfortable.
co.mo.ven.te *adj* moving, touching.
co.mo.ver *v* to move, to touch.
com.pac.to *s* single; • *adj* compact, dense, thick, close, solid, firm.
com.pa.de.cer *v* to pity; to commiserate.
com.pa.de.ci.men.to *s* compassion; sympathy.
com.pa.dre *s* godfather.
com.pai.xão *s* compassion, pity, mercy.
com.pa.nhei.ro *s* companion, fellow.
com.pa.nhi.a *s* company, society; fellowship; association; a group of dramatic performers.
com.pa.ra.ção *s* comparison; **em ~ com**: compared to.
com.pa.rar *v* to compare; to liken.
com.pa.ra.ti.vo *s* GRAM comparative degree; *adj* comparative.
com.pa.re.cer *v* to appear; to show up.
com.pa.re.ci.men.to *s* appearance; presentation.
com.par.sa *s* TEAT figurant; FIG partner; copartner.
com.par.ti.lhar *v* to partake, to share, to participate in.
com.par.ti.men.to *s* compartment; section; division.

com.pas.sa.do *adj* measured; moderate; slow; in rhythm, cadenced.
com.pas.si.vo *adj* compassionate; merciful.
com.pas.so *s* compasses; MÚS compass, cadence, rhythm.
com.pa.ti.bi.li.da.de *s* compatibility.
com.pa.tí.vel *adj* compatible; suitable.
com.pa.tri.o.ta *s e adj* compatriot.
com.pe.lir *v* to compel, to oblige.
com.pên.dio *s* compendium.
com.pe.ne.tra.ção *s* compenetration, conviction.
com.pe.ne.trar *v* to convince; to penetrate deeply; to be fully convinced.
com.pen.sa.ção *s* compensation.
com.pen.sa.dor *adj* compensating.
com.pen.sar *v* to compensate; to make up for.
com.pe.tên.cia *s* competence; ability; jurisdiction.
com.pe.ten.te *adj* competent; capable, fit; proper; qualified; able.
com.pe.ti.ção *s* competition; match; contest; game.
com.pe.tir *v* to compete, to strive.
com.pi.la.ção *s* compilation; collection.
com.pi.lar *v* to compile; to collect.
com.pla.cên.cia *s* complacency.
com.plei.ção *s* constitution, complexion.
com.ple.men.tar *adj* complementary.
com.ple.men.to *s* complement.
com.ple.ta.men.te *adv* completely.
com.ple.tar *v* to complete; to conclude.
com.ple.xi.da.de *s* complexity.
com.ple.xo *s e adj* complex.
com.pli.ca.ção *s* complication.
com.pli.ca.do *adj* complicated; complex.
com.pli.car *v* to complicate.
com.plô *s* conspiracy, plot.
com.po.nen.te *s* ingredient; • *adj* component; constituent.
com.por *v* to compose; to compound; TIP to arrange types for printing.
com.por.ta *s* gate, dam; floodgate.
com.por.ta.do *adj* well-behaved.
com.por.ta.men.to *s* behaviour, behavior.

com.por.tar *v* to comport; to bear; to contain; to behave.
com.po.si.ção *s* composition; TIP typesetting.
com.po.si.tor *s* composer; TIP typesetter.
com.pos.to *s e adj* composed.
com.pos.tu.ra *s* composure.
com.po.ta *s* compote.
com.pra *s* purchase; buying, shopping.
com.prar *v* to buy, to purchase; to shop.
com.pra.zer *v* to please; to take pleasure in; to rejoice.
com.pre.en.der *v* to understand, to comprise.
com.pre.en.são *s* comprehension, understanding.
com.pre.en.sí.vel *adj* comprehensible; intelligible.
com.pres.sa *s* compress.
com.pres.são *s* compression.
com.pri.do *adj* long, extended.
com.pri.men.to *s* length.
com.pri.mi.do *s* tablet, pill; *adj* compressed; pressed.
com.pri.mir *v* to compress.
com.pro.me.te.dor *adj* compromising.
com.pro.me.ter *v* to compromise; to commit, to pledge; to risk; to endanger.
com.pro.me.ti.do *adj* engaged; obliged.
com.pro.mis.so *s* compromise, obligation, commitment; appointment (encontro marcado).
com.pro.va.ção *s* confirmation.
com.pro.va.dor *adj* confirming.
com.pro.var *v* to confirm; to ratify.
com.pul.são *s* compulsion; coercion.
com.pul.só.rio *adj* compulsory.
com.pu.ta.ção *s* computation; computing (ramo).
com.pu.ta.dor *s* computer.
com.pu.tar *v* to compute; to estimate; to calculate.
côm.pu.to *s* computation.
co.mum *adj* common; public; familiar; ordinary; vulgar; plain; **fora do ~**: out of ordinary.
co.mu.na *s* commune.
co.mun.gan.te *s* communicant.
co.mun.gar *v* to communicate.
co.mu.nhão *s* communion.
co.mu.ni.ca.ção *s* communication; **~ social**: media studies; **~ visual**: graphic design.
co.mu.ni.ca.do *s* official message.
co.mu.ni.car *v* to communicate; to make known, to impart, to tell, to transmit.
co.mu.ni.ca.ti.vo *adj* communicative.
co.mu.ni.da.de *s* community.
co.mu.nis.mo *s* Communism.
co.mu.nis.ta *s e adj* communist.
co.mu.ta.ção *s* commutation; change.
co.mu.ta.dor *s* commutator; switch.
co.mu.tar *v* to commute.
con.ca.te.na.ção *s* concatenation.
con.ca.te.nar *v* to concatenate; to connect; to join, to link.
côn.ca.vo *s* concavity; • *adj* concave; hollow; rounded.
con.ce.ber *v* to conceive; to realize; to think; to become pregnant.
con.ce.bí.vel *adj* conceivable.
con.ce.der *v* to concede.
con.cei.to *s* concept, idea; thought.
con.cei.tu.a.do *adj* esteemed.
con.cei.tu.ar *v* to judge; to conceptualize; to assess.
con.cen.tra.ção *s* concentration; training camp (de jogadores).
con.cen.trar *v* to concentrate; to centralize; to absorb; to gather; to ponder; to meditate.
con.cep.ção *s* conception; idea, view (opinião).
con.cer.nen.te *adj* concerning.
con.cer.nir *v* to concern; to regard.
con.cer.tar *v* to concert; to settle; to dispose, to put in order; to conciliate.
con.ces.são *s* concession.
con.ces.sio.ná.ria *s* dealership.
con.ces.sio.ná.rio *s* concessionaire; dealer.
con.cha *s* shell, conch (molusco); ladle (colher).
con.cha.var *v* to unite; to adjust.
con.ci.da.dão *s* fellow-citizen.

con.ci.li.a.ção *s* conciliation.
con.ci.li.ar *v* to conciliate; to reconcile; to gain the good will or favor; to agree; • *adj* conciliar.
con.cí.lio *s* council.
con.ci.são *s* conciseness, concision.
con.ci.so *adj* concise; terse.
con.ci.tar *v* to incite; to stir up.
con.cla.mar *v* to acclaim together.
con.clu.den.te *adj* concluding; conclusive.
con.clu.ir *v* to conclude; to finish.
con.clu.são *s* conclusion; inference.
con.clu.si.vo *adj* conclusive; decisive; final.
con.co.mi.tân.cia *s* concomitance.
con.co.mi.tan.te *adj* concomitant; simultaneous.
con.cor.dân.cia *s* concordance; agreement; accord, harmony.
con.cor.dar *v* to accord; to conciliate; to agree; to harmonize; to combine.
con.cor.da.ta *s* COM concordat.
con.cor.de *adj* concordant; unanimous; agreeing.
con.cór.dia *s* concord; harmony, peace.
con.cor.rên.cia *s* competition; concurrence.
con.cor.ren.te *s* competitor; rival; • *adj* concurrent; competitive; competing.
con.cor.rer *v* to contest; to compete.
con.cre.ti.za.ção *s* concreting.
con.cre.ti.zar *v* to render concrete; to make true.
con.cre.to *s* e *adj* concrete.
con.cu.bi.na *s* concubine.
con.cu.pis.cên.cia *s* concupiscence.
con.cur.so *s* concourse; confluence; competition, contest.
con.cus.são *s* concussion.
con.da.do *s* county; earldom.
con.dão *s* faculty; supernatural power.
con.de *s* count; earl.
con.de.co.ra.ção *s* badge; honorary insignia.
con.de.co.rar *v* to decorate with a badge; to grand a badge.
con.de.na.ção *s* condemnation.
con.de.na.do *s* convict; • *adj* condemned.
con.de.nar *v* to damn; to condemn.

con.den.sa.ção *s* condensation.
con.den.sar *s* to condense; to compact; to become more dense; to concentrate.
con.des.cen.der *v* to condescend.
con.des.sa *s* countess.
con.di.ção *s* condition; capacity; **ter ~ para**: to be able to.
con.di.ci.o.na.do *adj* conditioned.
con.di.ci.o.nal *adj* conditional.
con.di.ci.o.na.men.to *s* conditioning.
con.dig.no *adj* condign; suitable; merited.
con.di.men.tar *v* to season.
con.di.men.to *s* condiment; spice; seasoning.
con.dis.cí.pu.lo *s* school-fellow.
con.di.zen.te *adj* suitable; fitting.
con.di.zer *v* to suit; to fit.
con.do.er *v* to condole with; to arouse pity; to arouse compassion.
con.do.lên.cia *s* condolence.
con.dor *s* condor.
con.du.ção *s* transportation, carriage; GÍR vehicle.
con.du.ta *s* conduct, behaviour.
con.du.to *s* conduit; pipe.
con.du.tor *s* conductor (eletricidade); driver (veículo); a leader; a guide; • *adj* conducting.
con.du.zir *v* to conduct (eletricidade); to direct; to lead (levar); to guide; to drive (veículo); to convey; to carry.
cô.ne.go *s* canon.
co.ne.xão *s* connection, relationship.
co.ne.xo *adj* connected; united.
con.fa.bu.la.ção *s* chat; chit-chat.
con.fa.bu.lar *v* to chat; to confabulate; to converse.
con.fec.ção *s* executing; making; clothes manufacturer (fábrica); off-the-peg outfit (roupa).
con.fec.ci.o.nar *v* to make; to prepare.
con.fe.de.ra.ção *s* confederation.
con.fei.tar *v* to make comfit; to coat with sugar; to make a color cake.
con.fei.to *s* comfit.
con.fe.rên.cia *s* conference; lecture (palestra).
con.fe.ren.ci.ar *v* to lecture; to consult.

con.fe.ren.cis.ta *s* speaker.
con.fe.rir *v* to confer, to check; to grant.
con.fes.sar *v* to confess; to admit a debt.
con.fe.te *s* confetti.
con.fi.an.ça *s* confidence, trust, reliance.
con.fi.an.te *adj* confident; trusty.
con.fi.ar *v* to confide; to rely, to trust.
con.fi.dên.cia *s* confidence; secret information.
con.fi.den.ci.al *adj* confidential.
con.fi.gu.ra.ção *s* configuration; aspect; figure; shape.
con.fi.gu.rar *v* to configure.
con.fi.nar *v* to border upon; to limit.
con.fins *s pl* borders.
con.fir.ma.ção *s* confirmation.
con.fir.mar *v* to confirm; to ratify; to verify; to corroborate; to administer the sacrament of confirmation.
con.fis.car *v* to confiscate.
con.fis.co *s* arrest, confiscation.
con.fis.são *s* confession; avowal.
con.fla.gra.ção *s* conflagration; FIG revolution; war.
con.fla.grar *v* to burn; to convulse; to subvert.
con.fli.to *s* conflict; contest, struggle.
con.flu.ên.cia *s* confluence.
con.flu.en.te *s e adj* confluent.
con.flu.ir *v* to flow.
con.for.ma.ção *v* conformation; structure, shape, form; resignation; submission.
con.for.ma.do *adj* resigned.
con.for.mar *v* to conform; to accommodate; to adapt, to harmonize.
con.for.me *adj* resigned; similar; alike; identical; • *conj* as; • *prep* according to; • *adv* in conformity; according to.
con.for.mis.ta *s* conformist.
con.for.ta.dor *adj* comforting; consoling.
con.for.tar *v* to comfort, to console, to encourage; to fortify; to make strong.
con.for.to *s* comfort; welfare; consolation; encouragement.
con.fra.de *s* colleague; fellow-member.
con.fra.ri.a *s* confraternity; brotherhood.
con.fra.ter.ni.zar *v* to fraternize with.
con.fron.ta.ção *s* confrontation; comparison.
con.fron.tar *v* to confront; to face.
con.fun.dir *v* to confound, to confuse.
con.fu.são *s* confusion; tumult; agitation.
côn.fu.so *adj* confused; perplexed.
con.ge.la.ção *s* freezing; congelation.
con.ge.la.dor *s* freezer.
con.ge.lar *v* to congeal; to freeze.
con.gê.ne.re *s* congener; • *adj* congenerous; identical; congeneric.
con.ges.tão *s* MED congestion.
con.ges.ti.o.na.men.to *s* congestion; ~ **de trânsito**: traffic jam.
con.ges.ti.o.nar *v* to congest.
con.glo.me.rar *v* to conglomerate.
con.gra.çar *v* to reconcile; to adjust; to harmonize.
con.gra.tu.la.ção *s* congratulation.
con.gra.tu.lar *v* to congratulate.
con.gre.ga.ção *s* congregation; assembly; brotherhood.
con.gre.gar *v* to congregate: to assemble; to convoke.
con.gres.sis.ta *s* member of the Congress; congressman; congress-woman.
con.gres.so *s* congress; convention.
con.gru.ên.cia *s* congruence.
con.gru.en.te *adj* congruent, suitable.
co.nha.que *s* cognac; brandy.
co.nhe.ce.dor *s* connoisseur; • *adj* expert.
co.nhe.cer *v* to know; to understand.
co.nhe.ci.do *s* acquaintance; • *adj* well-known, public; famous.
co.nhe.ci.men.to *s* knowledge, understanding; skill; **tomar ~ de**: to learn of.
cô.ni.co *adj* conic, conical.
co.ni.vên.cia *s* connivance.
co.ni.ven.te *adj* conniving; accomplice.
con.je.tu.ral *adj* conjectural.
con.je.tu.rar *v* to conjecture; to guess.
con.ju.ga.ção *s* conjugation; conjunction; GRAM inflexion of a verb.
con.ju.gal *adj* conjugal; matrimonial.
con.ju.gar *v* to conjugate; to unite.
côn.ju.ge *s* consort; husband, wife; spouse.

con.jun.ção s conjunction, union, combination; opportunity.
con.jun.ti.vo adj conjunctive, connective.
con.jun.to s assemblage, group, collection; • adj conjoined; conjunct.
con.jun.tu.ra s conjuncture; occasion.
con.ju.ra.ção s conjuration; plot.
con.ju.rar v to conjure, to exorcise.
con.lui.ar v to collude; to connive.
con.lui.o s collusion; conspiracy; plot.
co.nos.co pron with us.
co.no.ta.ção s connotation.
con.quan.to conj although, though.
con.quis.ta s conquest, conquering.
con.quis.ta.dor s conqueror, victor.
con.quis.tar v to conquer, to subdue; to win over (pessoa).
con.sa.gra.ção s consecration.
con.sa.grar v to consecrate; to sanctify; to devote.
con.san.guí.neo adj consanguineous.
cons.ci.ên.cia s conscience; perception, consciousness.
cons.ci.en.te adj conscious; aware; intentional.
côns.cio adj conscious; aware.
cons.cri.to s e adj conscript.
con.se.cu.ção s attainment; consecution.
con.se.cu.ti.vo adj consecutive, successive.
con.se.guin.te adj consequent; consecutive, successive; **por ~**: consequently.
con.se.guir v to obtain, to get.
con.se.lhei.ro s counsellor; adviser.
con.se.lho s advice; counsel; council; board.
con.sen.so s consensus; approval.
con.sen.ti.men.to s consent, approval; permission.
con.sen.tir v to consent; to assent; to accede; to agree; to tolerate; to approve; to allow.
con.se.quên.cia s consequence; result.
con.ser.tar s to mend; to repair; to fix.
con.ser.to s mend, repair.
con.ser.va s conserve, preserve (em vidro); tinned food (em lata).
con.ser.va.ção s conservation; preservation; upkeep.
con.ser.va.dor s conservator; • adj conservative.
con.ser.var v to conserve, to preserve; to keep.
con.ser.va.tó.rio s conservatory.
con.si.de.ra.ção s consideration; respect; esteem; regard; **levar em ~**: to take into consideration.
con.si.de.ra.do adj prudent; cautious; respected.
con.si.de.rar v to consider, to think, to ponder; to regard, to esteem; to meditate; to think over.
con.sig.na.ção s consignment.
con.sig.nar v to consign; to entrust.
con.si.go pron with him (her, them, himself, herself; themselves).
con.sis.tên.cia s consistence, cohesiveness; FIG firmness; solidity.
con.sis.ten.te adj consistent; FIG solid.
con.sis.tir v to consist.
con.so.an.te s e adj consonant; • prep according to.
con.so.la.ção s consolation; relief, comfort, help.
con.so.la.dor s consoler, comforter; • adj consoling.
con.so.lar v to console, to comfort; to solace; to soothe.
con.so.li.dar v to consolidate.
con.so.nân.cia s consonance; harmony.
con.so.nan.te adj consonant; consonantal.
con.sór.cio s marriage; fellowship; partnership.
con.sor.te s consort; partner; companion; husband; wife, spouse.
cons.pí.cuo adj conspicuous.
cons.pi.ra.ção s conspiracy; plot.
cons.pi.ra.dor s conspirator.
cons.pi.rar v to conspire; to plot.
cons.tân.cia s constancy; stability.
cons.tar v to consist of.
cons.ta.tar v to verify; to confirm.
cons.te.la.ção s constellation.
cons.ter.na.ção s consternation; distress; dismay; affliction.

cons.ter.nar *v* to consternate; to distress; to dismay.

cons.ti.pa.ção *s* constipation; GÍR cold.

cons.ti.par *v* to cause constipation in; to catch a cold.

cons.ti.tu.ci.o.nal *adj* constitutional.

cons.ti.tu.ci.o.na.lis.ta *s* constitutionalist.

cons.ti.tu.i.ção *s* constitution; establishment; nature.

cons.ti.tu.in.te *s* client of a lawyer; member of a constituent assembly; • *adj* constituent.

cons.ti.tu.ir *v* to constitute; to form; to appoint; to make up.

cons.tran.ge.dor *adj* constraining.

cons.tran.ger *v* to constrain; to compel, to force, to confine; to restrain.

cons.tru.ção *s* construction; structure; building.

cons.tru.ir *v* to construct; to build.

con.subs.tan.ci.ar *v* to consubstanciate.

côn.sul *s* consul; diplomat.

con.su.la.do *s* consulate.

con.su.lar *adj* consular.

con.su.len.te *s* consulter, consultant; • *adj* consulting.

con.su.le.sa *s* consul's wife.

con.sul.ta *s* consultation; council.

con.sul.tar *v* to consult, to ask advice of; to consider; to seek the advice of another; to advise.

con.sul.tor *s* consulter; adviser, consultee.

con.sul.tó.rio *s* medical office.

con.su.ma.ção *s* consummation.

con.su.ma.do *adj* consummate; accomplished.

con.su.mar *v* to consummate, to complete; to achieve; to perform; to finish.

con.su.mi.dor *s* consumer.

con.su.mir *s* to consume, to use; to eat; to drink; to afflict; to distress.

con.su.mo *s* consumption; use; sale.

con.ta *s* account (bancária), bill (a pagar); computation; bead of a rosary; **~ corrente**: current account; **dar ~ do recado**: POP deliver the goods; **em ~**: economical; **levar em ~**: take into account; **por ~ de**: on account of; **por ~ própria**: on one's own account; **tomar ~ de**: take care of.

con.tá.bil *adj* pertaining to accounting.

con.ta.bi.li.da.de *s* accountancy, accounting, book-keeping.

con.ta.dor *s* account (pessoa); meter (de água, etc.).

con.ta.gem *s* counting; scoring (de pontos num jogo); **~ regressiva**: countdown.

con.ta.gi.an.te *adj* infectious.

con.ta.gi.ar *v* to contaminate; to transmit something contagious; to infect.

con.tá.gio *s* infection.

con.ta.gi.o.so *adj* contagious.

con.ta.mi.na.ção *s* contamination.

con.ta.mi.nar *v* to contaminate; to corrupt.

con.tan.to que *loc conj* provided that, as long as.

con.tar *v* to count; to reckon, to number; to tell, to relate (narrar); to hope; to expect.

con.ta.to *s* contact; touch; **entrar em ~ com**: to get in touch with.

con.tem.pla.ção *s* contemplation; meditation; musing.

con.tem.plar *v* to contemplate; to ponder, to meditate.

con.tem.pla.ti.vo *adj* contemplative.

con.tem.po.râ.neo *adj* contemporaneous, contemporary.

con.tem.po.ri.za.ção *s* compliance, condescension.

con.tem.po.ri.zar *v* to comply with.

con.ten.ção *s* contention.

con.ten.da *s* contention; altercation; quarrel.

con.ten.ta.men.to *s* contentment; joy; pleasure.

con.ten.tar *v* to content; to please; to satisfy.

con.ten.te *adj* contented; content; happy; satisfied.

con.ter *v* to contain, to include.

con.ter.râ.neo *s* compatriot; fellow countryman; • *adj* compatriot.

con.tes.ta.ção *s* contestation; dispute; debate.

contestar / controverso

con.tes.tar *v* to contest; to question the validity of; to confirm.

con.te.ú.do *s* content; contents (de recipiente).

con.tex.to *s* context.

con.tex.tu.ra *s* contexture.

con.ti.do *adj* contained, included.

con.ti.go *pron* with you.

con.ti.gui.da.de *s* contiguity; proximity; closeness.

con.ti.nên.cia *s* continence, continency; military salute.

con.ti.nen.tal *adj* continental.

con.ti.nen.te *s* continent; mainland; container.

con.tin.gen.te *s* contingent; • *adj* contingent; accidental; conditional; dependent.

con.ti.nu.a.ção *s* continuation; extension; prolongation.

con.ti.nu.ar *v* to continue; to persist; to keep; to go on; to persevere.

con.tí.nuo *s* office-boy; • *adj* continuous; uninterrupted.

con.to *s* tale, short story, narrative; ~ **de fadas**: fairy tale; ~ **do vigário**: confidence trick.

con.tor.cer *v* to contort, to distort; to twist.

con.tor.nar *v* to contour, to border; to turn round.

con.tor.no *s* circuit; contour; outline.

con.tra *s* opposition, objection; • *adv* counter, contra; • *prep* against; contrary to; opposite to.

con.tra-a.ta.car *v* to counterattack.

con.tra-a.ta.que *s* counterattack.

con.tra.bai.xo *s* contrabass; double bass.

con.tra.ba.lan.çar *v* to counterbalance.

con.tra.ban.de.ar *v* to smuggle.

con.tra.ban.dis.ta *s* contrabandist; smuggler.

con.tra.ban.do *s* contraband; illegal trade; smuggled goods; smuggling.

con.tra.ção *s* contraction; reduction in length; abbreviation.

con.tra.cep.ti.vo *s e adj* contraceptive.

con.tra.che.que *s* pay slip.

con.tra.di.ção *s* contradiction.

con.tra.di.tar *v* to contradict; to oppose in words; to deny.

con.tra.di.zer *v* to contradict.

con.tra.fei.to *adj* constrained; forced.

con.tra.gol.pe *s* counter-blow.

con.tra.gos.to *s* aversion; dislike.

con.tra.ir *v* to contract, to shorten, to reduce, to shrink, to lessen.

con.tral.to *s* contralto.

con.tra.mão *s* wrong way; oppositive direction; • *adj* one way.

con.tra.mar.cha *s* countermarch.

con.tra.ma.ré *s* ebb-tide.

con.tra.mes.tre *s* foreman; overseer.

con.tra.par.ti.da *s* counterpart; compensation; **em** ~: on the other hand.

con.tra.pe.so *s* counterpoise, counterbalance, counterweight.

con.tra.pon.to *s* counterpoint.

con.tra.por *v* to confront, to oppose; to compare.

con.tra.pro.du.cen.te *adj* counterproductive, giving the opposite result.

con.tra.pro.pos.ta *s* counterproposal.

con.tra.pro.va *s* counterproof; second proof.

con.tra.ri.an.te *adj* contradicting.

con.tra.ri.ar *v* to contradict; to oppose.

con.tra.ri.e.da.de *s* contrariety.

con.trá.rio *adj* contrary, adverse; **ao** ~: on the contrary.

con.tras.tan.te *adj* contrasting.

con.tra.tar *v* to contract; to deal.

con.tra.tem.po *s* reverse, accident; hitch.

con.tra.to *s* contract; convenant; agreement.

con.tra.ven.ção *s* contravention, violation; transgression.

con.tri.bu.i.ção *s* contribution; tax; tribute.

con.tri.to *adj* sorrowful; grievous; penitent.

con.tro.lar *v* to control; to run.

con.tro.le *s* control; ~ **de natalidade**: birth control.

con.tro.vér.sia *s* controversy; dispute; discussion.

con.tro.ver.so *adj* controversial.

con.tu.do *conj* nevertheless, however; yet; nonetheless.
con.tu.má.cia *s* obstinacy; contumacy; stubbornness; contumaciousness.
con.tu.maz *adj* contumacious; obstinate.
con.tun.den.te *adj* bruising; contusive.
con.tun.dir *v* to contuse, to bruise.
con.tur.bar *v* to trouble, to agitate.
con.va.les.cen.ça *s* convalescence.
con.va.les.cer *s* to convalesce.
con.ven.ção *s* convention; agreement.
con.ven.cer *v* to convince; to persuade.
con.ven.ci.do *adj* convinced; sure; certain; presumptuos, self-confident; conceited.
con.ven.ci.men.to *s* convincing, conviction; vanity.
con.ven.ci.o.nal *adj* conventional; agreed on.
con.ven.ci.o.nar *v* to agree; to stipulate.
con.ve.ni.ên.cia *s* convenience; fitness.
con.ve.ni.en.te *adj* convenient, suitable, fitting.
con.vê.nio *s* convention; pact.
con.ven.to *s* convent; cloister; **~ de freiras**: nunnery.
con.ver.gên.cia *s* convergence.
con.ver.sa *s* conversation; talk; chat, causerie; **~ fiada**: idle talk.
con.ver.sa.ção *veja* **conversa**.
con.ver.são *s* conversion; change.
con.ver.sar *v* to talk, to chat, to converse.
con.ver.sí.vel *adj* convertible.
con.ver.so *s* lay-brother; convert; • *adj* converted.
con.ver.ter *v* to convert; to change.
con.ver.ti.do *s* convert; • *adj* converted.
con.vés *s* deck.
con.ve.xo *adj* convex.
con.vic.ção *s* conviction; persuasion.
con.vic.to *adj* convinced; convicted.
con.vi.da.do *s* guest; • *adj* invited.
con.vi.dar *v* to invite, to bid.
con.vin.cen.te *adj* convincing.
con.vir *v* to agree; to correspond.
con.vi.te *s* invitation.
con.vi.vên.cia *s* sociability; familiarity.
con.vi.ver *v* to live together; to be sociable; to be acquainted with.
con.ví.vi.o *s* sociability, familiarity.
con.vo.ca.ção *s* convocation; meeting; calling.
con.vo.car *v* to convoke; to call together.
con.vos.co *pron* with you.
con.vul.são *s* convulsion; spasm.
con.vul.si.o.nar *v* to convulse; to excite; to agitate; to revolutionize.
con.vul.si.vo *adj* convulsive.
coo.per *s* jogging; **fazer ~:** to go jogging.
co.o.pe.ra.ção *s* co-operation.
co.o.pe.rar *v* to co-operate.
co.o.pe.ra.ti.va *s* co-operative society.
co.o.pe.ra.ti.vis.mo *s* co-operative system.
co.or.de.na.ção *s* co-ordination.
co.or.de.na.das *s* MAT co-ordinates.
co.or.de.nar *v* to co-ordinate.
co.pa *s* cupboard; buffet; pantry; hat crown; top of a tree; breakfast room (sala); cup (torneio); **a ~ do mundo**: the world cup; **~ cozinha**: kitchen-dinner; **~s:** hearts (cartas).
có.pia *s* copy; imitation.
co.pi.ar *v* to copy; to transcribe; to imitate.
co.pi.lo.to *s* co-pilot.
co.pi.o.so *adj* copious; plentiful; profuse.
co.pis.ta *s* copyst.
co.po *s* glass.
có.pu.la *s* copula; copulation.
co.pu.lar *v* to copulate; to unite in sexual intercourse.
co.que *s* coke; a rap on the head; bun.
co.quei.ral *s* coconut-palm plantation.
co.quei.ro *s* coconut-palm.
co.que.lu.che *s* MED whooping-cough; FIG fad (mania).
co.que.tel *s* cocktail.
cor *s* heart; will, desire; colour, EUA color; pigment; dye; **de ~:** by heart.
co.ra.ção *s* heart, core; kindness; FIG courage; **do fundo do ~:** from the bottom of one's heart.
co.ra.do *adj* red; blushing; FIG ashamed.
co.ra.gem *s* courage, valour, boldness; bravery.

corajoso / corrigível

co.ra.jo.so *adj* courageous; brave.
co.ral *s* coral; BR a small poisonous snake; choir (de cantores).
co.ran.te *s* dye; • *adj* colourific.
co.rar *v* to color; to dye; to bleach.
cor.be.lha *s* basket of flowers.
cor.ça *s* doe, hind.
cor.cel *s* steed; charger.
cor.co.va *s* hump; hunch.
cor.co.va.do *adj* humpbacked.
cor.cun.da *s* hunchback, humpback.
cor.da *s* rope; string (música); ~ **bamba**: tight-rope; **dar ~ em** (relógio): to wind.
cor.dão *s* string, fillet; cordon.
cor.das *s* strings (instrumentos musicais); **~ vocais**: vocal chords.
cor.da.to *adj* sage; wise; prudent.
cor.dei.ro *s* lamb.
cor-de-ro.sa *adj* pink.
cor.di.al *adj* cordial; sincere; hearty.
cor.di.a.li.da.de *s* cordiality; heartiness.
cor.di.lhei.ra *s* chain; ridge of mountains.
co.re.a.no *s* e *adj* Korean.
co.re.o.gra.fi.a *s* choreography.
co.re.ó.gra.fo *s* choreographer.
co.re.to *s* band stand; gazebo.
co.rín.tio *s* e *adj* corinthian.
co.ris.car *v* to coruscate; to shine; to glitter; to scintillate.
co.ris.co *s* flash of lightning.
co.ris.ta *s* chorister; chorus girl.
cor.ja *s* rabble; multitude; mob.
cór.ner *s* corner.
cor.ne.ta *s* cornet; trumpet.
cor.no *s* horn.
cor.nu.có.pia *s* cornucopia.
cor.nu.do *adj* horned.
co.ro *s* choir; chorus.
co.ro.a *s* crown; wreath (de flores); POP old man/woman; **cara ou ~**: heads or tails.
co.ro.a.ção *s* coronation; crowning.
co.ro.ar *v* to crown; to dignify; to adorn.
co.ro.lá.rio *s* corollary.
co.ro.nel *s* colonel.
co.ro.nha *s* gunstock.

cor.po *s* body; corpse, cadaver; **~ a ~**: pitched battle; **~ de bombeiros**: fire brigade; **~ docente**: teaching staff, EUA faculty.
cor.po.ra.ção *s* corporation.
cor.pó.reo *adj* corporeous; corporeal.
cor.pu.len.to *adj* corpulent; hefty.
cor.pús.cu.lo *s* corpuscle; corpuscule.
cor.re.ção *s* correction; accuracy.
cor.re.ci.o.nal *adj* correctional.
cor.re-cor.re *s* stampede; rush.
cor.re.dor *s* runner; racer; corridor; gallery.
cór.re.go *s* ravine; streamlet; brook.
cor.rei.a *s* leather strap; thong; rein; lead; EUA leash (para cachorro).
cor.rei.o *s* mail, post, post-office; **caixa de ~**: mailbox; **~ aéreo**: air mail; **pôr no ~**: to post, EUA to mail.
cor.re.la.ci.o.nar *v* to correlate.
cor.re.li.gi.o.ná.rio *s* co-religionist, fellow/member of a religion or party.
cor.ren.te *s* chain; cable; stream; *adj* current; instant; fluent; present; plain; **~ de ar**: draught.
cor.ren.te.za *s* stream; current; draught.
cor.rer *v* to run (a pé); to flow (água); to elapse (tempo); to circulate (relatório); to hurry.
cor.re.ri.a *s* running.
cor.res.pon.dên.cia *s* letters; correspondence; mail.
cor.res.pon.den.te *s* correspondent; *adj* corresponding.
cor.res.pon.der *v* to correspond; to fit.
cor.re.ta.gem *s* brokerage.
cor.re.ti.vo *s* e *adj* corrective.
cor.re.to *adj* correct; accurate; proper; honest.
cor.re.tor *s* broker; **~ de fundos**: stock broker; **~ de imóveis**: estate agent, EUA realtor.
cor.ri.da *s* run; race; course; raid; ride (de táxi); **~ de cavalos**: horse-race.
cor.ri.gir *v* to correct; to amend; to set right; to punish.
cor.ri.gí.vel *adj* corrigible.

cor.ri.mão *s* banister; rail; handrail.
cor.ri.men.to *s* flowing.
cor.ri.quei.ro *adj* vulgar; trivial, common; usual.
cor.ro.bo.ra.ção *s* corroboration.
cor.ro.bo.rar *v* to corroborate.
cor.ro.er *v* to corrode.
cor.rom.per *v* to corrupt; to taint; to pervert.
cor.rom.pi.do *adj* corrupt.
cor.ro.são *s* corrosion.
cor.ro.si.vo *s* corrosive; • *adj* corrosive.
cor.rup.ção *s* corruption; depravity.
cor.rup.tí.vel *adj* corruptible.
cor.rup.to *adj* corrupt; dissolute.
cor.sá.rio *s* corsair; pirate.
cor.ta.da *s* ESP smash (tênis).
cor.ta.do *adj* cut; cleft.
cor.ta.dor *s* cutter; butcher; ~ **de grama**: lawn-mower.
cor.tar *v* to cut; to chop; to intercept; to interrupt; to divide.
cor.te *s* cut; gash; incision; section; ~ **de cabelo**: haircut; **sem ~**: blunt (faca).
cor.te *s* court.
cor.te.ja.dor *s* courtier.
cor.te.jar *v* to court; to woo; to allure.
cor.te.jo *s* procession; ~ **fúnebre**: funeral procession.
cor.tês *adj* corteous; civil; polite.
cor.te.são *s* courtier; • *adj* courtly.
cor.te.si.a *s* courtesy; civility; salute.
cór.tex *s* cortex.
cor.ti.ça *s* cork; bark.
cor.ti.ço *s* hive, beehive; BR a house where a lot of different families live.
cor.ti.na *s* curtain.
co.ru.ja *s* screech; owl; POP proud, doting (pai, mãe).
cor.vo *s* raven; crow.
cós *s* waistband.
co.se.du.ra *s* sewing.
co.ser *v* to sew; to stitch.
cos.mé.ti.co *s* e *adj* cosmetic.
cós.mi.co *adj* cosmical; cosmic.
cos.mo *s* cosmos, the universe.
cos.mo.go.ni.a *s* cosmogony, hypotetical description of the universe.
cos.mo.po.li.ta *s* cosmopolite; • *adj* cosmopolitan.
cos.mos *veja* **cosmo**.
cos.se.no *s* cosine.
cos.ta *s* coast, shore; bank; beach.
cos.tas *s* back; shoulders.
cos.te.ar *v* to coast along.
cos.tei.ro *adj* coasting; coastal.
cos.te.la *s* rib.
cos.te.le.ta *s* cutlet; spareribs; ~s: sideburns.
cos.tu.ma.do *adj* accustomed; usual.
cos.tu.mar *v* to accustom; to habituate.
cos.tu.me *s* custom; practice; usage; fashion; costume; suit of clothes; habit.
cos.tu.mei.ro *adj* usual; habitual, customary.
cos.tu.ra *s* seam; sewing, needlework.
cos.tu.rar *v* to sew; to seam.
co.ta *s* quota, share.
co.ta.ção *s* quotation; FIG credit.
co.tan.gen.te *s* cotangent.
co.tar *v* to quote; to value; to classify.
co.te.jar *v* to compare; to collate; to confront.
co.te.jo *s* comparing; comparison.
co.ti.di.a.no *s* quotidian; • *adj* quotidian, daily.
co.to.ne.te *s* cotton bud.
co.to.ve.la.da *s* shove.
co.to.ve.lo *s* elbow.
co.to.vi.a *s* lark, sky-lark.
co.tur.no *s* sock.
cou.ra.ça *s* cuirass; armour plate.
cou.ra.ça.do *s* battleship; • *adj* armoured.
cou.ro *s* hide; leather; FIG skin.
cou.ve *s* kale, cole.
cou.ve-de-bru.xe.las *s* brussels sprout.
cou.ve-flor *s* cauliflower.
co.va *s* hole, ditch; pit (buraco); cave; grave (sepultura).
co.var.de *s* e *adj* coward; chicken-hearted.
co.var.di.a *s* cowardice.
co.vei.ro *s* grave-digger.
co.vil *s* den; lair; burrow.
co.vi.nha *s* dimple.

co.xa *s* thigh.
co.xe.ar *v* to limp; to halt.
co.xim *s* cushion.
co.xo *adj* lame; limping.
co.ze.du.ra *s* cooking; baking; boiling.
co.zer *v* to cook; to boil; to bake.
co.zi.men.to *s* baking; boiling.
co.zi.nha *s* kitchen, cuisine; cooking (comida).
co.zi.nhar *v* to cook.
co.zi.nhei.ro *s* cook.
cra.chá *s* badge, EUA button.
crâ.nio *s* skull; cranium; FIG smart person.
crá.pu.la *s* debauchery; scoundrel.
cra.que *s* soccer star (futebol); POP expert; • *adj* first rate; crack.
cra.se *s* crasis.
cras.so *adj* crass; thick; dense; coarse.
cra.te.ra *s* crater.
cra.va.ção *s* setting of stones.
cra.var *v* to rivet; to fix.
cra.ve.jar *v* to nail.
cra.vo *s* carnation (flor); clove (especiaria, condimento); nail (prego); blackhead (no rosto); MÚS harpsichord (instrumento).
cre.che *s* day-nursery; nursery.
cre.den.ci.al *s* letter of credence; *adj* credential.
cre.di.á.rio *s* credit plan.
cre.di.bi.li.da.de *s* credibility.
cre.di.tar *v* to credit; to believe.
cré.di.to *s* credit; honor; esteem; trust.
cre.do *s* creed; rule; • *interj* gosh!
cre.du.li.da.de *s* credulity.
cré.du.lo *adj* credulous; ready to believe.
cre.ma.ção *s* cremation, burning.
cre.mar *v* to cremate; to incinerate.
cre.me *s* cream, custard.
cren.ça *s* belief, faith, conviction.
cren.di.ce *s* absurd belief.
cren.te *s* sectarian; • *adj* believing.
cre.pe *s* crepe; crape; a crapelike paper; mourning crape.
cre.pi.ta.ção *s* crepitation.
cre.pi.tan.te *adj* crackling; cracking; crepitating.
cre.pi.tar *v* to crepitate, to crackle.
cre.pús.cu.lo *s* crepuscule; twilight; dusk.
crer *v* to believe; to presume; to trust.
cres.cen.te *adj* crescent; growing.
cres.cer *v* to grow; to increase; **~ rapidamente**: to boom.
cres.ci.men.to *s* growth; progress; increase.
cres.par *v* to curl; to wave.
cres.po *adj* choppy (mar); frizzy (cabelo).
cre.ti.no *s* cretin; imbecile.
cri.a *s* young horse; colt; brood of animals; suckling.
cri.a.ção *s* creation; rearing; raising; invention; cattle; breed.
cri.a.da *s* maid; servant.
cri.a.da.gem *s* servants.
cri.a.do *s* servant; **~-mudo**: night table; bedside table.
cri.a.dor *s* creator; cattle raiser; **O grande ~**: God.
cri.an.ça *s* child, infant; **~ mimada**: spoiled child.
cri.an.ça.da *s* kids.
cri.an.ci.ce *s* childish manners.
cri.ar *v* to create; to raise; to invent; to produce; to nurse babies; to breed; to pluck up (coragem).
cri.a.tu.ra *s* creature; human being.
cri.me *s* crime.
cri.mi.na.li.da.de *s* criminality.
cri.mi.na.lis.ta *s* criminalist.
cri.mi.no.so *s e adj* criminal, guilty.
cri.na *s* horsehair, mane.
crip.ta *s* crypt.
cri.sân.te.mo *s* chrisanthemun.
cri.se *s* crisis; emergency.
cris.ma *s* chrism; confirmation of baptism.
cris.mar *v* RELIG to chrism, to confirm the Christian baptism.
cris.ta *s* comb of a cock; crest (de um capacete).
cris.tal *s* crystal.
cris.ta.li.no *s* MED crystalline lens; • *adj* crystalline; clear; pellucid.
cris.ta.li.zar *v* to crystallize.
cris.tan.da.de *s* christendom, Christianity.
cris.tão *s* Christian.

cris.ti.a.nis.mo *s* Christianism.
Cris.to *s* Christ; **depois de ~**: *Anno Domini* (AD).
cri.té.ri.o *s* criterion; **~s** criteria.
cri.te.ri.o.so *adj* sensible; judicious; wise.
crí.ti.ca *s* criticism; critique; censure.
cri.ti.car *v* to criticize; to censure; to review (livro, música, filme).
crí.ti.co *s* critic, censurer; • *adj* critical; uncertain; risky.
cri.var *v* to riddle.
crí.vel *adj* credible; believable.
cri.vo *s* sieve; riddle.
cro.can.te *adj* crundy.
cro.chê *s* crochet.
cro.co.di.lo *s* crocodile.
cro.ma.do *adj* chromium-plated.
cro.má.ti.co *adj* chromatic.
cro.mo *s* QUÍM chromium, chrome.
cro.mos.so.mo *s* chromossome.
crô.ni.ca *s* chronicle; history; feature (jornal).
crô.ni.co *adj* chronic; inveterate.
cro.nis.ta *s* chronicler; feature writer (jornal).
cro.no.gra.ma *s* chronogram; schedule.
cro.no.lo.gi.a *s* chronology.
cro.nô.me.tro *s* chronometer, stop watch.
cro.que.te *s* croquette.
cro.qui *s* sketch.
cros.ta *s* crust; scab (ferida).
cru *adj* raw; crude; blunt; coarse; uncooked.
cru.ci.al *adj* crucial.
cru.ci.fi.ca.ção *s* crucifixion.
cru.ci.fi.car *v* to crucify; to torture.
cru.ci.fi.xo *s* crucifix.
cru.el *adj* cruel; inhuman; savage.
cru.el.da.de *s* cruelty.
cru.en.to *adj* bloody.
cru.e.za *s* crudity; cruelty.
crus.tá.ceo *s* crustacean; • *adj* crustaceous.
cruz *s* cross; FIG affliction.
cru.za.da *s* crusade.
cru.za.do *s* crusader; • *adj* crossed.
cru.za.dor *s* crusier.
cru.za.men.to *s* crossing; intersection.
cru.zar *v* to cross; to cruise.
cru.zei.ro *s* crossing; cruise.

cu *s* GÍR arse; EUA ass.
cu.ba.gem *s* cubage; cubature.
cu.ba.no *s* e *adj* Cuban.
cú.bi.co *adj* cubic; cubical.
cu.bí.cu.lo *s* cubicle.
cu.bis.mo *s* cubism.
cu.bi.ta.da *s* thrust of the elbow.
cú.bi.to *s* elbow.
cu.bo *s* cube.
cu.co *s* cuckoo.
cu de fer.ro *s* POP swot.
cu.e.ca *s* shorts, underpants.
cu.ei.ro *s* swaddling-clothes.
cui.da.do *s* care; diligence; attention; • *interj* watch out!; **tomar ~**: to be careful.
cui.da.do.so *adj* careful, diligent.
cui.dar *v* to take care, to care.
cu.jo *pron* whose, of whom; of which.
cu.la.tra *s* breech; **sair pela ~**: FIG to backfire.
cu.li.ná.ria *s* cookery; cooking.
cul.mi.na.ção *s* culmination.
cul.mi.nân.cia *s* culmination; climax.
cul.mi.nan.te *adj* culminant.
cul.mi.nar *v* to culminate; to reach the highest point.
cul.pa *s* fault; offense; sin; guilt; **foi minha ~**: it was my fault.
cul.pa.do *s* guilty, in fault.
cul.par *v* to accuse, to blame, to charge, to incriminate, to indict.
cul.pá.vel *adj* culpable.
cul.ti.va.do *adj* cultivated; tilled.
cul.ti.va.dor *s* cultivator; tiller.
cul.ti.var *v* to cultivate; to till; to grow (plantas).
cul.ti.vo *s* cultivation.
cul.to *s* cult, worship; respects; • *adj* cultured; educated; learned.
cul.tu.ar *v* to worship.
cul.tu.ra *s* culture; tillage; cultivation (terra).
cul.tu.ral *adj* cultural.
cu.me *s* top; summit; apex; apogee.
cúm.pli.ce *s* accomplice.
cum.pli.ci.da.de *s* complicity.
cum.pri.dor *s* accomplisher; executor.

cum.pri.men.tar *v* to compliment; to greet; to congratulate.

cum.pri.men.to *s* salutation; greeting; accomplishment.

cum.prir *v* to accomplish; to fulfil; to execute; to perform.

cu.mu.lar *v* to accumulate; to gather.

cú.mu.lo *s* cumulus; apex.

cu.nei.for.me *adj* cuneiform.

cu.nha *s* wedge.

cu.nha.da *s* sister-in-law.

cu.nha.do *s* brother-in-law.

cu.nha.dor *s* coiner.

cu.nhar *v* to coin; to stamp; to mint.

cu.nho *s* stamp; FIG mark; type; coin.

cu.pi.dez *s* cupidity; greed; avarice.

cu.pi.do *s* Cupid.

cu.pim *s* termite; white-ant.

cu.pom *s* coupon.

cú.pu.la *s* cupola, dome, vault.

cu.ra *s* cure; healing; curate.

cu.ra.do *adj* cured; healed.

cu.ra.dor *s* trustee, guardian, tutor, curator.

cu.ran.dei.ro *s* quack, healer.

cu.rar *v* to cure, to restore to health (doença); to prepare for preservation by drying (alimentos).

cu.ra.ti.vo *s* dressing, curative; • *adj* curative.

cu.rá.vel *adj* curable.

cú.ria *s* curia.

cu.rin.ga *s* joker.

cu.ri.o.si.da.de *s* curiosity; rarity.

cu.ri.o.so *adj* curious; strange; rare; odd.

cur.ral *s* EUA corral.

cur.rí.cu.lo *s* curriculum; curriculum vitae, CV; EUA résumé.

cur.sar *v* to frequent; to follow; to course, to study at; to attend to.

cur.so *s* course, lectures, direction.

cur.ti.ção *s* enjoyment.

cur.tir *v* to tan; to harden; to prepare; POP to enjoy; to have fun.

cur.to *adj* short; brief; concise; dull; ~-**cir- cuito**: short circuit.

cur.tu.me *s* tanning, tannery.

cur.va *s* curve; bend (de rio, estrada); ~ **fe- chada**: hairpin bend.

cur.var *v* to curve; to bend; to bow; to stoop.

cur.va.tu.ra *s* curvature; bend.

cur.vi.lí.neo *adj* curvilinear.

cur.vo *adj* curved; crooked, bent.

cus.pa.ra.da *s* spit.

cus.pe *s* spittle; saliva.

cús.pi.de *s* MED cusp, apex.

cus.pi.de.la *s* spitting.

cus.pir *v* to spit.

cus.tar *v* to cost.

cus.te.ar *v* to defray; to disburse.

cus.tei.o *s* defrayal.

cus.to *s* cost; price; ~ **de vida**: cost of living.

cus.tó.dia *s* custody; keeping.

cus.to.so *adj* costly; hard; difficult.

cu.tâ.neo *adj* cutaneous, referring to the skin.

cu.te.la.ri.a *s* cutlery; cutler's shop.

cu.te.lo *s* cutlass; chopping knife.

cu.ti.a *s* agouti.

cu.tí.cu.la *s* cuticle.

cú.tis *s* cutis, skin, epidermis.

cu.tu.car *v* to nudge; to jog.

czar *s* tsar.

D

d *s* the fourth letter of several alphabets; (com maiúsc.) Roman numeral for five hundred.

dá.di.va *s* gift; **~ celeste**: godsend.

da.di.vo.so *adj* bountiful; generous.

da.do *s* die (jogo); datum; figure; basic fact; • *adj* given; free; fond of; affable; • *conj* in view of, considering that; **~s**: data (informação); dice (jogo); **o ~ está lançado**: the die is cast.

da.í *contr* da *prep* **de** com o *adv* **aí**, thence, from there; for that reason, therefore; **~ em diante**: thence forth, from then onwards; **e ~**: POP so what?

da.li *contr* da *prep* **de** e do *adv* **ali**, thence; therefrom; from there; **~ a dois dias**: two days hence.

dá.lia *s* dahlia.

dál.ma.ta *s* dalmatian.

dal.tô.ni.co *adj* colour-blind.

dal.to.nis.mo *s* colour-blindness.

da.ma *s* lady, maid; queen (no jogo de xadrez, nas cartas, etc.); **~ de honra**: bridesmaid, EUA maid of honour; **~s**: draughts, EUA checkers (jogo); **primeira ~**: first lady.

da.mas.co *s* apricot (fruta); damask (tecido).

da.na.ção *s* damnation; fury; anger; rage.

da.na.do *adj* damned; damaged; ruined; angry; very irritated; smart; **~ de bom**: very good.

da.nar *v* to harm; to hurt; to injure; to damage; to ruin; **dane-se**: POP who cares?

dan.ça *s* dance; dancing; ball; **~ do ventre**: belly dance; **~ folclórica**: folk dance.

dan.çan.te *adj* dancing.

dan.çar *v* to dance.

dan.ça.ri.no *s* dancer.

dan.ce.te.ri.a *s* discotheque.

da.ni.fi.ca.ção *s* injury; damage.

da.ni.fi.car *v* to damage; to harm; to injure; to hurt; to spoil.

da.ni.nho *adj* damaging; prejudicial; harmful; injurious.

da.no *s* damage; hurt; harm; injury; mischief; loss; **consertar um ~**: to retrieve a loss.

da.no.so *adj* damaging; noxious; injurious; harmful.

dan.tes *adv* formerly.

da.que.le *contr* da *prep* **de** com o *pron* **aquele**, from that; of that.

da.qui *contr* da *prep* **de** com o *adv* **aqui**, from here; hence; **~ a pouco**: soon; **~ em diante**: from now on; **muito longe ~**: a long way from here.

da.qui.lo *contr* da *prep* **de** com o *pron* **aquilo**, from that; of that.

dar *v* to give, to offer, to present; to beat; to grant, to concede; **~ a César o que é de César**: to give the devil his due; **~ à luz**: to give birth; **~ a mão à palmatória**: to admit being wrong; **~ as cartas**: to deal cards; **~ boas-vindas a**: to welcome;

dar / declamar

~ **certo**: to work out; ~ **com a língua nos dentes**: to blab, to tattle; ~ **de si**: to give way; ~ **em nada**: to fail; ~ **na vista**: to strike the eye; ~ **o fora**: GÍR to go away; ~ **o troco**: to get one's own back; ~**-se bem com**: to get along with; ~**-se por vencido**: to give in, to yeld; ~ **uma olhada em**: to have a look at; ~ **um passeio**: to take a walk (a pé); ~ **um salto**: to take a leap.

dar.do s dart; spear; javelin.

dar.wi.nis.mo s darwinism.

da.ta s date; **de longa ~**: long since.

da.tar v to date.

da.ti.lo.gra.far v to typewrite; to type.

da.ti.lo.gra.fi.a s typewriting; typing.

da.ti.ló.gra.fo s typewriter; typist.

de prep of; from; by; to; on; in; ~ **carro**: by car; ~ **cima**: from above; ~ **cima para baixo**: from top to bottom; ~ **nenhum modo**: by no means; ~ **onde você é?** where are you from?; ~ **preto**: in black; ~ **propósito**: on purpose; ~ **uma maneira ou ~ outra**: by some means; ~ **um golpe**: at a go.

de.bai.xo adv under; underneath; beneath; below.

de.bal.de adv in vain.

de.ban.dar v MIL to fall out; to be dispersed; to scatter.

de.ba.te s debate; altercation; discussion; argument.

de.ba.ter v to debate; to discuss; to contest; to dispute; to argue; ~**-se**: to strive; to struggle.

de.be.la.ção s conquering; suppression.

de.be.lar v to conquer; to overcome.

de.bên.tu.re s debenture.

dé.bil adj weak; feeble; ~ **mental**: a feebleminded/retarded person.

de.bi.li.tar v to debilitate; to enfeeble; to weaken.

de.bi.tar v to debit; to bill; to charge.

dé.bi.to s debt; debit; obligation.

de.bo.char v to debauch; to mock; to poke fun at; to scoff.

de.bo.che s mockery; debauchery.

de.bru.çar v to stoop; to lean over; ~**-se**: to bend oneself; ~**-se sobre**: to study (estudo).

de.bu.lhar v to thrash; to thresh.

de.bu.lho s chaff.

de.bu.tan.te s debutante.

dé.ca.da s decade; **a ~ de 20, 30, 40, etc.**: the twenties, thirties, forties, etc.; **nos primeiros anos da ~ de 40**: in the early 40's; **nos últimos anos da ~ de 40**: in the late 40's.

de.ca.dên.cia s decadence; decay; decline.

de.ca.den.te adj decadent; declining; decaying.

de.ca.í.do adj decrepit; decadent; impoverished.

de.ca.ir v to decay; to decline; to fade; to fall.

de.cal.que s copying; transference of a drawing; tracing; **papel de ~**: tracing-paper.

de.ca.no s dean; senior; elder.

de.can.ta.ção s QUÍM decantation.

de.ca.pi.tar v to decapitate; to decollate; to behead.

de.cên.cia s decency; decorum; honesty.

de.cen.te adj decent; honest; fair.

de.ce.par v to cut off, to amputate; to mutilate.

de.cep.ção s disappointment; disillusionment; deception.

de.cep.ci.o.nar v to disappoint; to deceive; to let down; ~**-se**: to be disappointed.

de.cer.to adv surely, certainly.

de.ci.bel s decibel.

de.ci.di.do adj resolute; decided; bold; determined.

de.ci.dir v to decide; to settle; to determine; ~**-se**: to make up one's mind; ~**-se por**: to decide on.

de.ci.frar v to decipher; to solve; to make out; to decode.

de.ci.frá.vel adj decipherable.

de.ci.mal s e adj decimal.

de.cí.me.tro s decimetre; decimeter.

dé.ci.mo s e adj tenth, the tenth part; ~ **primeiro**: eleventh; ~ **segundo**: twelfth.

de.ci.são s decision; resolution; **tomar uma ~**: to make up one's mind.

de.ci.si.vo adj decisive; conclusive; final.

de.cla.mar v to declaim; to recite.

declaração / definhar

de.cla.ra.ção *s* declaration; assertion; statement; ~ **de direitos**: bill of rights.

de.cla.rar *v* to declare; to assert; to state; to announce; to proclaim; to tell; **~-se**: to pronounce oneself; to declare oneself.

de.cli.nar *v* to decline; to lower; to deviate; to decrease; to reject; to refuse.

de.cli.ná.vel *adj* declinable.

de.clí.nio *s* decline; decay; decadence; deterioration.

de.cli.ve *s* descending; declivity; slope; **em ~**: downhill, slopping; downward.

de.co.la.gem *s* take-off.

de.co.lar *v* to take off; FIG to get off the ground.

de.com.por *v* to decompose; to decompound; to separate; to analyse; **~-se**: to break down (cadáver).

de.com.po.si.ção *s* decomposition.

de.co.ra.ção *s* decoration; ornamentation.

de.co.ra.dor *s* decorator.

de.co.rar *v* to decorate, to adorn, to ornament (ambientes); to learn by heart, to know by heart (memorização).

de.co.ra.ti.vo *adj* decorative; ornamental.

de.co.re.ba *s* POP rotelearning.

de.co.ro *s* decency; honour; decorum; honesty.

de.co.ro.so *adj* decent; decorous.

de.cor.ren.te *adj* decurrent; passing; elapsing; due to.

de.cor.rer *v* to elapse (tempo); to pass off (acontecimento); to happen; to occur; **no ~ de**: in the course of.

de.co.ta.do *adj* low-necked.

de.co.te *s* low-neck.

de.cré.pi.to *adj* decrepit; decayed with age; worn-out.

de.cres.cer *v* to diminish; to decrease; to drop off; to decline.

de.cre.tar *v* to decree; to determine.

de.cre.to *s* decree; **~-lei**: act.

de.cur.so *s* lapse of time; succession; duration; passing; course; ~ **de prazo**: lapse of time.

de.dal *s* thimble.

de.dão *s* thumb (da mão); big toe (do pé).

de.di.ca.ção *s* devotion; dedication.

de.di.ca.do *adj* dedicated; devoted; hardworking.

de.di.car *v* to dedicate; to offer; to inscribe; to devote.

de.di.ca.tó.ria *s* dedication.

de.di.lhar *v* to finger; to pluck.

de.do *s* finger (mão); toe (pé); **dedão do pé**: big toe; ~ **anular**: ring finger; **~-duro**: sneak; informer; ~ **indicador**: forefinger; index finger; ~ **médio**: middle finger; ~ **mínimo**: little finger; **polegar**: thumb.

de.du.ção *s* deduction; subtraction.

de.du.ti.vo *adj* deductive.

de.du.zir *v* to deduce, to deduct, to derive, to draw; to subtract.

de.fa.sa.do *adj* out of step.

de.fa.sa.gem *s* gap, lag.

de.fe.car *v* to defecate; to evacuate.

de.fei.to *s* defect; fault; shortcoming.

de.fei.tu.o.so *adj* defective; imperfect; faulty; incomplete.

de.fen.der *v* to defend; to uphold; to vindicate; to protect; to help; to support; **~-se**: to defend oneself.

de.fen.si.va *s* defensive; **na ~**: on the defensive.

de.fen.si.vo *adj* defensive.

de.fen.sor *s* defender; protector.

de.fe.rên.cia *s* deference; respect; regard.

de.fe.ri.men.to *s* grant; compliance.

de.fe.ri.do *adj* granted; approved.

de.fe.rir *v* to grant; to approve; to yeld.

de.fe.sa *s* defence, EUA defense; **em legítima ~**: in self-defence, ~ **civil**: civil defence.

de.fi.ci.ên.cia *s* deficiency; imperfection; disability; fault.

de.fi.ci.en.te *s* handicapped person; *adj* deficient; defective; imperfect.

dé.fi.cit *s* deficit; shortage.

de.fi.ci.tá.rio *adj* deficient, in deficit; loss-making (empresa).

de.fi.nhar *v* to dwindle; to droop; to weaken; to sink; to waste away; to wither (planta).

definição / delinear 68

de.fi.ni.ção *s* definition; decision.

de.fi.nir *v* to define; to determine; to fix; to decide; **~-se**: to come to a decision (decidir-se); define oneself (descrever-se); make one's position clear (explicar-se).

de.fi.ni.ti.va.men.te *adv* for good; definitely.

de.fi.ni.ti.vo *adj* definitive.

de.fla.ção *s* ECON deflation.

de.fla.grar *v* to deflagrate; to break out.

de.for.ma.ção *s* deformation.

de.for.mar *v* to deform; to deface; to disfigure; to misshape.

de.for.mi.da.de *s* deformity.

de.frau.dar *v* to defraud; to cheat; to bilk.

de.fron.tar *v* to confront; to face.

de.fron.te *adv* in front of; in opposite side; face to face; opposite to.

de.fu.ma.ção *s* smoking; curing.

de.fu.mar *v* to smoke; to cure.

de.fun.to *s* corpse; dead; deceased.

de.ge.lar *v* to defrost; to thaw.

de.ge.lo *s* defrosting; thaw.

de.ge.ne.rar *v* to degenerate; to fall off; to deteriorate; to decline.

de.go.la.dor *s* headsman; executioner.

de.go.lar *v* to behead; to decapitate.

de.gra.da.ção *s* degradation; degeneration; debasement.

de.gra.dar *v* to degrade; to abase; to lower; to debase; **~-se**: to degrade oneself.

de.grau *s* degree; stair; step.

de.gre.dar *v* to banish; to exile.

de.grin.go.lar *v* to deteriorate, to go downhill.

de.gus.ta.ção *s* tasting.

de.gus.tar *v* to taste.

dei.da.de *s* deity.

de.ís.mo *s* RELIG deism.

dei.tar *v* to lie; to lay; **~-se**: lie down; to go to bed (ir para a cama).

dei.xar *v* to leave; to quit; to abandon; to let go; to allow; **deixa pra lá**: FAM never mind, forget it; **~ a desejar**: to leave a lot to be desired; **~ de fumar**: to give up smoking; **~ de lado**: to omit; to lay aside; **~ entrar**: to let in; admit; **~ escapar uma oportunidade**: to miss an opportunity; **~ um recado**: to leave a message; **não posso ~ de**: I can't help; **pode ~!**: leave it to me!

de.je.jum *s* breakfast.

de.la *contr* da *prep* **de** com o *pron* **ela**, her; hers; of her; from her; **~s**: their; of them; from them; theirs.

de.la.ção *s* denunciation; delation.

de.la.tar *v* to accuse; to denounce; to delate.

de.la.tor *s* informer; snitch; denouncer.

de.le *contr* da *prep* **de** com o *pron* **ele**, his; of him; from him; **~s**: them, of them, from them; theirs.

de.le.ga.ção *s* EUA delegation.

de.le.ga.ci.a *s* police station.

de.le.ga.do *s* delegate; **~ de polícia**: police officer.

de.le.gar *v* to delegate; to commission; to entrust; to authorize; to assign.

de.lei.tar *v* to delight; to please; **~-se**: to be delighted.

de.lei.te *s* pleasure; relish; delight; enjoyment.

de.le.tar *v* to delete; INF to delete something or everything in a work made in a computer.

de.le.té.ri.o *adj* deleterious, harmful.

del.ga.do *adj* thin; slim; delicate; slender.

de.li.be.ra.ção *s* deliberation.

de.li.be.rar *v* to deliberate; to reflect upon; to argue; to discuss.

de.li.be.ra.ti.vo *adj* deliberative.

de.li.ca.de.za *s* delicacy; politeness; courtesy; tenderness.

de.li.ca.do *adj* delicate; gentle; fine; courteous; polite; tender.

de.lí.cia *s* delight; a dainty; satisfaction; **ser uma ~**: to be delicious (comida); to be lovely (receber os raios de sol, etc.); **que ~**: how lovely!

de.li.ci.ar *v* to delight; to please; **~-se com**: to take delight in.

de.li.ci.o.so *adj* delicious (bebida, comida); delightful; enjoyable; lovely.

de.li.mi.tar *v* to delimit.

de.li.ne.ar *v* to delineate; to sketch; to outline; to trace.

de.lin.quen.te *adj* delinquent; outlaw.
de.lin.quir *v* to offend; to transgress.
de.li.ran.te *adj* delirious; insane; thrilling (espetáculo, show).
de.li.rar *v* to be delirious (doença); to rave (de prazer, de ódio).
de.lí.rio *s* delirium; insanity; rapture; enthusiasm.
de.li.to *s* delict; offence, EUA offense; fault; crime.
de.lon.ga *s* delay; **sem mais ~s**: without more ado.
de.lon.gar *v* to delay; **~-se**: to wear on (conversa); **~-se em**: to dwell on.
del.ta *s* delta; **asa-~**: hangglider.
de.ma.go.gi.a *s* demagogy.
de.ma.go.go *s* demagogue.
de.mais *adj* too much, too many; excessive; *adv* too much, moreover; more than enough; **é bom ~**: it's really good!; **é ~**: FAM it's great; **falar ~**: to talk too much; **já é ~**: this is too much; **os/as ~**: the rest (of them), the others; **tarde ~**: too late; **um é pouco, dois é bom, três é ~**: two's company, three's a crowd.
de.man.da *s* ECON demand; DIR lawsuit; contest; discussion.
de.man.dar *v* to require; to call for; to demand; to claim.
de.mão *s* coat, layer (de tinta).
de.mar.car *v* to demarcate; to delimit.
de.ma.si.a *s* surplus; excess; **em ~**: too much (comida, dinheiro, etc.)/too many (problemas, cartas, etc.).
de.ma.si.a.do *adj* excessive; too much.
de.men.te *adj* demented; insane; mad; crazy.
de.mis.são *s* discharge; dismissal; **pedir ~**: to resign.
de.mis.sio.ná.rio *adj* resigning.
de.mi.tir *v* to dismiss; to lay off; to discharge; GÍR to sack; to fire; **~-se**: to resign.
de.mo.cra.ci.a *s* democracy.
de.mo.cra.ta *s* democrat.
de.mo.crá.ti.co *adj* democratic; democratical.
de.mo.cra.ti.zar *v* to democratize.

de.mo.gra.fi.a *s* demography.
de.mo.li.ção *s* demolition; demolishment.
de.mo.lir *v* to demolish; to destroy; to pull down; to ruin.
de.mo.ní.a.co *s* demoniac; demoniacal; devilish.
de.mô.nio *s* demon; devil; brat (criança).
de.mons.tra.ção *s* demonstration; proof; manifestation; exhibition; show.
de.mons.trar *v* to demonstrate; to prove; to explain; to display; to show; to evince.
de.mons.tra.ti.vo *adj* demonstrative.
de.mo.ra *s* delay; lateness; lingering.
de.mo.rar *v* to delay; to dally; to tarry; to be long; to retard; to loiter.
de.mo.ver *v* to dissuade.
den.dê *s* palm oil.
de.ne.ga.ção *s* denial; refusal; denegation.
de.ne.gar *v* to deny; to refuse; to denegate.
de.ne.grir *v* to blacken.
den.go.so *adj* coy; affected; vain; conceited; **ser ~**: to be a crybaby (criança).
den.gue *s* MED dengue.
den.gui.ce *s* affectation.
de.no.mi.na.ção *s* denomination; designation.
de.no.mi.na.dor *s* denominator.
de.no.mi.nar *v* to denominate; to designate; to name; to call; **~-se**: to be called.
de.no.tar *v* to denote; to mean; to signify; to indicate.
den.si.da.de *s* density.
den.so *adj* dense; thick (espesso); compact; close.
den.ta.da *s* bite.
den.ta.du.ra *s* set of teeth; dentures (artificial).
den.tá.rio *adj* dental; **aparelho ~**: braces.
den.te *s* tooth; dent; fang (de animal); tusk (de elefante); MEC cog; clove (de alho); **arrancar um ~**: to pull out a tooth; **~ de leite**: milk tooth; **~ do siso**: wisdom tooth; **~ postiço**: false tooth; **dor de ~**: toothache; **obturar um ~**: fill a tooth.
den.ti.ção *s* dentition; teething.

dentifrício / deriva

den.ti.frí.cio s dentifrice; toothpaste; dental cream.

den.tis.ta s dentist.

den.tre contr da prep **de** com a prep **entre**, among; in the midst of.

den.tro adv inside; within; in; into; **aqui ~**: in here; **dar uma ~**: GÍR to get it right; **de ~ para fora**: inside out; **~ de casa**: indoors; **~ em breve**: presently, soon; **estar por ~**: GÍR to be in the know.

den.tu.ço s a buck-toothed person; adj buck-toothed.

de.nu.dar v to denude.

de.nún.cia s denunciation; accusation; report (à polícia); disclosure (à imprensa).

de.nun.ci.an.te s denouncer; • adj denouncing.

de.nun.ci.ar v to denounce; to accuse; to report.

de.pa.rar v to find; to present; to come across; to fall in with.

de.par.ta.men.tal adj departmental.

de.par.ta.men.to s department, EUA bureau; **~ de publicidade**: advertising department; **~ de meteorologia**: meteorological department; **~ jurídico**: legal department; **loja de ~**: departament store.

de.pe.na.do adj plucked; deplumed.

de.pe.nar v to pluck (aves); GÍR to strip of; to fleece (roubo).

de.pen.dên.cia s dependence; FAM dependency.

de.pen.den.te s dependant; adj dependent.

de.pen.der v to depend on (de).

de.pen.du.ra.do adj hanging; suspended.

de.pen.du.rar v to hang; to suspend.

de.pi.lar v to depilate.

de.plo.rar v to deplore; to lament; to regret.

de.plo.rá.vel adj deplorable; lamentable; pitiful.

de.po.i.men.to s testimony (na justiça); statement (na polícia).

de.pois adv after; afterwards; then; besides; moreover; **deixar para ~**: to postpone; **~ de Cristo**: AD (*Anno Domini*); **~ de amanhã**: the day after tomorrow.

de.por v to put down; to lay down (armas); to depose (rei, presidente); to discharge; DIR to testify; to give a statement (na polícia).

de.por.ta.ção s banishment; deportation.

de.por.ta.do adj exiled; deported.

de.por.tar v to deport; to exile; to banish.

de.po.si.ção s deposition; overthrow.

de.po.si.tar v to deposit; to place; to intrust; to cast (voto).

de.pó.si.to s deposit; depot; store; warehouse (armazém); storage yard; **~ d'água**: water reservoir; **~ de bagagens**: luggage office, EUA checkroom (hotel); **~ em conta corrente**: demand deposit; checking account.

de.pos.to adj deposed; overthrown.

de.pra.va.do adj depraved; corrupt; degenerate; lewd.

de.pra.var v to corrupt; to deprave; to pervert; **~-se**: to become depraved.

de.pre.ci.a.ção s depreciation; disparagement.

de.pre.ci.ar v to depreciate; to disparage; to lessen.

de.pre.ci.a.ti.vo adj depreciative; derogatory.

de.pre.ci.á.vel adj depreciable.

de.pre.dar v to depredate; to plunder.

de.pre.en.der v to infer; to deduce.

de.pres.sa adv fast; quick; quickly; swiftly; **~!** hurry up!

de.pres.são s depression.

de.pri.men.te adj depressing.

de.pri.mi.do adj downcast; dejected; down; **estou ~**: I'm down; I'm depressed.

de.pri.mir v to depress; to lower; to weaken; to depreciate.

de.pu.ra.ção s purification; INF debugging, elimination of program's problems (bugs), by scanning a disk.

de.pu.rar v to purify; to clean; to depurate.

de.pu.ta.do s deputy; representative; delegate; POLÍT Member of Parliament (MP), EUA congressman/congresswoman.

de.pu.tar v to depute; to empower.

de.que s deck.

de.ri.va s drift; **ficar à ~**: to be adrift.

de.ri.va.ção *s* derivation.

de.ri.var *v* to derive; to arise from; to come from; to originate; **~-se**: to be derived (de); to drift (navio).

der.me *s* derm; skin.

der.ra.dei.ro *adj* last; final.

der.ra.ma.men.to *s* spilling; shedding (de lágrimas, de sangue).

der.ra.mar *v* to shed; to spill; to pour.

der.ra.me *s* stroke; **~ cerebral**: brain hemorrhage, EUA hemorrhage.

der.ra.pa.gem *s* skidding; skid.

der.ra.par *v* to skid.

der.re.ter *v* to melt; to dissolve; to soften; to thaw; **~-se**: to melt; to thaw (congelado); to be touched (comover-se).

der.re.ti.do *adj* molten; melted.

der.re.ti.men.to *s* melting.

der.ro.ca.da *s* ruin; demolition; destruction; overthrow; fall; decline.

der.ro.car *v* to demolish; to pull down; to destroy; to ruin; to overthrow.

der.ro.ga.ção *s* revocation; repeal.

der.ro.gar *v* to annul; to repeal.

der.ro.ta *s* defeat; rout.

der.ro.tar *v* to defeat; to beat (em jogo); to rout.

der.ro.tis.mo *s* defeatism.

der.ru.ba.da *s* felling of trees.

der.ru.bar *v* to throw down; to knock down; to fell; GÍR to put down (prejudicar).

de.sa.ba.far *v* to uncover; to expose; to air; **~-se com alguém**: to open one's heart to someone.

de.sa.ba.fo *s* ease; relief; opening of one's heart.

de.sa.bar *v* to collapse; to crumble; to fall down; to tumble; to cave in; to pour down (chuva); to break (tempestade).

de.sa.bi.ta.do *adj* uninhabited; deserted.

de.sa.bi.tar *v* to depopulate; to unpeople.

de.sa.bi.tu.ar *v* to disaccustom; to break off a habit; to free of a habit.

de.sa.bo.nar *v* to discredit.

de.sa.bo.to.ar *v* to unbutton.

de.sa.bri.ga.do *s* e *adj* homeless.

de.sa.bri.gar *v* to make homeless; to deprive of shelter; to unshelter; to strip.

de.sa.bro.char *v* to bloom; to sprout; to blossom.

de.sa.ca.tar *v* to disrespect; to insult; to disregard (lei).

de.sa.ca.to *s* disrespect; discourtesy; offense.

de.sa.cer.ta.do *adj* mistaken; wrong.

de.sa.cer.to *s* mistake; error; blunder.

de.sa.com.pa.nha.do *adj* alone; unaccompanied.

de.sa.con.se.lhar *v* to advise against.

de.sa.con.se.lhá.vel *adj* inadvisable.

de.sa.co.plar *v* to uncouple; to disconnect.

de.sa.cor.do *s* disagreement; dissension.

de.sa.cos.tu.mar *v* disaccustom; **~-se**: to lose a habit.

de.sa.cre.di.ta.do *adj* discredited.

de.sa.cre.di.tar *v* to discredit.

de.sa.fe.to *s* adversary; opponent; enemy; rival; disaffection.

de.sa.fi.an.te *s* challenger; • *adj* defying; challenging.

de.sa.fi.ar *v* to challenge; to defy; to incite.

de.sa.fi.na.do *adj* out of tune; tuneless.

de.sa.fi.nar *v* to sing/play out of tune; to get out of tune, to untune.

de.sa.fi.o *s* challenge; defiance.

de.sa.fo.gar *v* to relieve; to ease; **~-se**: to relieve oneself; to set oneself at ease.

de.sa.fo.go *s* ease; relief.

de.sa.fo.ra.do *adj* insolent; cheeky.

de.sa.fo.ro *s* insolence; impudence; cheek.

de.sa.for.tu.na.do *adj* unlucky; unfortunate.

de.sa.ga.sa.lha.do *adj* lightly clothed.

de.sa.gra.dar *v* to displease; to dislike.

de.sa.gra.dá.vel *adj* disagreeable; unpleasant.

de.sa.gra.do *s* unpleasantness; displeasure; disfavor.

de.sa.gra.vo *s* revenge; retaliation.

de.sa.gre.gar *v* to split up.

de.sa.guar *v* to drain.

de.sa.jei.ta.do *adj* unskilful; awkward; clumsy.

desajuizado / desassossego

de.sa.ju.i.za.do *adj* unwise; thoughtless; foolish (tolo).

de.sa.jus.ta.do *adj* maladjusted.

de.sa.jus.tar *v* to disagree; to disadjust.

de.sa.jus.te *s* disagreement; conflict; maladjustment.

de.sa.len.ta.dor *adj* discouraging; dispiriting.

de.sa.len.tar *v* to discourage; to dishearten; to dispirit.

de.sa.len.to *s* discouragement; prostration; dismay.

de.sa.li.nha.do *adj* slovenly, untidy.

de.sa.li.nhar *v* to disarrange; to disorder.

de.sa.li.nho *s* disorder; disarray; dishevelment; untidiness.

de.sal.ma.do *adj* soulless; merciless; inhuman.

de.sa.lo.ja.men.to *s* dislodging; displacing.

de.sa.lo.jar *v* to dislodge; to drive out; to remove; to displace.

de.sa.mar.rar *v* to untie; to cast off; to unbind; **~-se**: to get loose.

de.sa.mar.ro.tar *v* to unwrinkle.

de.sa.mas.sar *v* to mooth out (papel); to straighten out (chapéu).

de.sam.bi.en.ta.do *adj* unsettled.

de.sa.mor *s* aversion; dislike; cruelty.

de.sam.pa.ra.do *adj* forsaken; abandoned; forlorn; helpless.

de.sam.pa.rar *v* to abandon; to forsake; to leave; to desert.

de.sam.pa.ro *s* abandonment; helplessness.

de.sa.ne.xa.ção *s* separation.

de.sa.ne.xar *v* to separate; to disunite.

de.sa.ni.ma.do *adj* discouraged; dispirited; downhearted.

de.sa.ni.mar *v* to discourage; to lose heart; to depress; to deject; to dishearten.

de.sâ.ni.mo *s* discouragement; prostration; depression.

de.sa.nu.vi.ar *v* to clear up.

de.sa.pai.xo.na.do *adj* dispassionate.

de.sa.pa.re.cer *v* to disappear; to vanish; to be lost; to wear off; to get lost; to get out of sight; to die.

de.sa.pa.re.ci.do *adj* missing; absent.

de.sa.pa.re.ci.men.to *s* disappearance; death.

de.sa.pe.ga.do *adj* detached; indifferent.

de.sa.pe.go *s* indifference; detachment.

de.sa.per.tar *v* to loosen; to unlace.

de.sa.per.to *s* FIG relief; ease.

de.sa.pi.e.da.do *adj* merciless; pitiless.

de.sa.poi.ar *v* to withdraw support off.

de.sa.pon.ta.do *adj* disappointed; ashamed.

de.sa.pon.ta.men.to *s* letdown; disappointment.

de.sa.pon.tar *v* to disappoint; to frustrate.

de.sa.pre.ço *s* lack of appreciation.

de.sa.pren.der *v* to unlearn; to forget.

de.sa.pro.pri.a.ção *s* expropriation.

de.sa.pro.pri.ar *v* to expropriate (bens); to dispossess (pessoas).

de.sa.pro.va.ção *s* disapproval; reprehension.

de.sa.pro.var *v* to disapprove; to dislike; to censure.

de.sar.bo.ri.zar *v* to cut down trees.

de.sar.ma.men.to *s* disarmament.

de.sar.mar *v* to disarm; to unarm; to dismantle (desmontar); to defuse (bomba).

de.sar.mo.ni.a *s* discord; disharmony.

de.sar.mô.ni.co *adj* disharmonious.

de.sar.mo.ni.zar *v* disharmonize.

de.sar.rai.gar *v* to eradicate.

de.sar.ran.ja.do *adj* upset (intestino); TECNOL out of order.

de.sar.ran.jar *v* to derange; to disarrange; to displace; to upset.

de.sar.ran.jo *s* disarrangement; disorder; breakdown.

de.sar.ro.lhar *v* to uncork.

de.sar.ru.ma.ção *s* untideness; confusion.

de.sar.ru.ma.do *adj* disordered; untidy.

de.sar.ru.mar *v* to disarrange; to displace; to disorder; to unpack (malas).

de.sar.ti.cu.lar *v* to disjoint; to disconnect; to disarticulate.

de.sar.vo.ra.do *adj* dismasted.

de.sas.sei.o *s* dirtiness, untideness.

de.sas.sos.se.gar *v* to disquiet; to trouble; to disturb.

de.sas.sos.se.go *s* restlessness; unquietness; uneasiness.

de.sas.tra.do *adj* disastrous; clumsy; unlucky.
de.sas.tre *s* disaster; accident; crash (de avião, de trem; de carro, etc.).
de.sas.tro.so *adj* disastrous.
de.sa.tar *v* to unfasten; to untie; to unbind; to unloose; **~ a chorar**: to burst into tears; **~ a rir**: to burst out laughing.
de.sa.ten.to *adj* heedless; careless; negligent; inattentive.
de.sa.ti.na.do *adj* crazy; wild.
de.sa.ti.nar *v* to madden; to act foolishly.
de.sa.ti.no *s* madness; folly; nonsense.
de.sa.ti.var *v* to switch off; to disconnect.
de.sa.to.lar *v* to pull out of mud; to draw out of mud.
de.sa.tu.a.li.za.do *adj* out-of-date; out of touch (pessoa).
de.sau.to.ri.za.ção *s* withdrawal of authority.
de.sau.to.ri.zar *v* to discredit; to deprave of authority.
de.sa.ven.ça *s* discord; dissension.
de.sa.ver.go.nha.do *adj* impudent; shameless.
de.sa.vi.sa.do *adj* careless.
des.ban.car *v* to beat; to outclass; to break the bank.
des.ba.ra.tar *v* to waste; to scatter; to disorder; to destroy; to smash; to ruin.
des.bas.tar *v* to cut off; to chop; to pare; to trim.
des.bo.ca.do *adj* big-mouth; foul-mouthed; unrestrained.
des.bo.ta.men.to *s* discolouring; fading.
des.bo.tar *v* to discolour, EUA discolor; **~-se**: to fade.
des.bra.var *s* to explore.
des.ca.be.la.do *adj* dishevelled.
des.ca.be.lar-se *v* to get one's hair missed up.
des.ca.bi.do *adj* improper; inadequate.
des.ca.ir *v* to decay; to decline; to drop.
des.ca.la.bro *s* calamity; great loss; misfortune.
des.cal.çar *v* to take off shoes, gloves, etc.; to pull off; to unboot.
des.cal.ço *adj* barefooted; barefoot; shoeless.
des.cam.bar *v* to slide; to degenerate into.

des.cam.pa.do *s* desert; open field; open country.
des.can.sa.do *adj* quiet; undisturbed; rested; tranquil; **fique ~**: don't worry.
des.can.sar *v* to rest; to relax; **~ em paz**: to rest in peace.
des.can.so *s* rest; resting; refreshment; relaxation; repose; quiet; pause; mat (de prato, copo, etc.); **você precisa de um ~**: you need a break.
des.ca.ra.do *adj* shameless; cheeky; impudent; barefaced.
des.ca.ra.men.to *s* impudence; shamelessness; barefacedness; sauciness.
des.car.ga *s* discharge; unloading; **dar a ~**: to flush the toilet; **~ de privada**: toilet flush.
des.ca.ro.çar *v* to seed, to remove the seeds of.
des.car.re.ga.dor *s* unloader.
des.car.re.gar *v* to discharge; to unload; to run out (bateria); to unburden; to shoot off (revólver); to vent, to give vent to (raiva).
des.car.ri.la.men.to *s* derailment.
des.car.ri.lar *v* to derail; to run off the rails; FIG to go off the rails.
des.car.tar *v* to discard; to reject; to dismiss; **~-se de**: to get rid of; to put off.
des.car.tá.vel *adj* disposable.
des.car.te *s* discard, act of discarding; FIG excuse, evasion.
des.cas.car *v* to peel (frutas; pele); to skin; to shell; to shed its skin (cobra).
des.ca.so *s* negligence; disregard.
des.cen.dên.cia *s* descent; lineage; offspring.
des.cen.den.te *s* descendant; • *adj* descending; proceeding.
des.cen.der *v* to descend; to proceed from; to be derived from.
des.cen.tra.li.zar *v* to decentralize; to break up; to separate.
des.cer *v* to descend; to get down; to go down; to come down; to step down; to get off; **motorista, vou ~ aqui**: driver, please drop me here.
des.cer.rar *v* to open; to disclose.

des.ci.da s descent; going down; descension.
des.clas.si.fi.car v to disqualify; to disable.
des.co.ber.ta s discovery.
des.co.bri.men.to s discovery; find.
des.co.brir v to detect; to figure out; to discover; to find out; to uncover; to disclose; to expose; to make visible; to exhibit.
des.co.lar v to unstick; FAM to give (dar); restle up, get hold of (arranjar).
des.co.mu.nal adj colossal, enormous.
des.con.cer.tan.te adj disconcerting; upsetting.
des.con.cer.tar v to disconcert; to upset; to puzzle; to trouble.
des.co.ne.xão s disconnection.
des.co.ne.xo adj disconnected; incoherent.
des.con.fi.a.do adj suspicious; distrustful.
des.con.fi.an.ça s suspicion; distrust.
des.con.fi.ar v to suspect; to doubt; to distrust.
des.con.for.tá.vel adj uncomfortable.
des.con.for.to s discomfort.
des.con.ge.lar v to thaw; **~-se**: to melt.
des.con.ges.tio.nar v to clear (trânsito; cabeça).
des.co.nhe.cer v to ignore, not to know.
des.co.nhe.ci.do s stranger; • adj unknown; unfamiliar; strange.
des.co.nhe.ci.men.to s ignorance.
des.con.jun.tar v to disjoint; to disarticulate; to dislocate; to disconnect; to separate.
des.con.si.de.ra.ção s disrespect; disregard.
des.con.si.de.rar v to disrespect, to disregard.
des.con.so.lo s desolation; sorrow.
des.con.tar v to discount; to deduct; to diminish; **~ um cheque**: cash a check.
des.con.ten.ta.men.to s discontentment.
des.con.ten.tar v to discontent; to displease; to dissatisfy.
des.con.ten.te adj discontent; unsatisfied.
des.con.ti.nu.ar v to discontinue; to interrupt; to cease.
des.con.tí.nuo adj discontinuous; intermittent.
des.con.to s discounting; abatement; reduction; deduction; allowance; **com ~**: at a discount; **dar um ~**: FIG to make allowances.
des.con.tra.í.do adj relaxed, casual.
des.con.tro.lar v to get out of control; **~-se**: to lose control.
des.con.ver.sar v to break off a conversation; to change the subject.
des.co.ra.do adj BRIT discoloured, EUA discolored; pale.
des.co.rar v BRIT to discolour, EUA to discolor, to bleach.
des.cor.tês adj discourteous; unkind; ill-mannered; impolite.
des.cor.te.si.a s discourtesy; impoliteness; incivility.
des.cor.ti.nar v to find out; to disclose; to lay open; to expose to view; to unveil.
des.cré.di.to s discredit.
des.cren.ça s disbelief, incredulity.
des.cren.te s unbeliever; infidel; • adj unbelieving; infidel; incredulous; BRIT sceptical, EUA skeptical.
des.cre.ver v to describe; to make a description of; to relate; to explain; to narrate.
des.cri.ção s description.
des.cru.zar v to uncross.
des.cui.da.do adj careless; thoughtless.
des.cui.dar v to neglect; to disregard; to overlook.
des.cui.do s carelessness; neglect; **por ~**: inadvertently.
des.cul.pa s excuse; apology; pardon; **pedir ~s**: to apologize.
des.cul.par v to make an excuse; **desculpe-me**: excuse me; I'm sorry, I beg your pardon.
des.de prep since; from; after; **~ agora**: from now on; **~ então**: ever since; **~ já, ~ logo**: at once, immediately; **~ quando?**: since when?
des.dém s disdain; disregard; scorn; contempt.
des.de.nhar v to disregard; to neglect; to disdain; to scorn; to despise.
des.de.nho.so adj disdainful; scornful; contemptuous.
des.den.ta.do adj toothless.

des.do.brar *v* to unfold, to unroll.
de.se.jar *v* to wish for; to want; to will; to desire.
de.se.já.vel *adj* desirable.
de.se.jo *s* desire; wish; will.
de.se.jo.so *adj* desirous; wishful.
de.se.ma.ra.nhar *v* to disentangle; to extricate.
de.sem.bai.nhar *v* to unsheathe; to draw a sword.
de.sem.ba.ra.ça.do *adj* free; unembarrassed; disengaged; untangled (cabelo).
de.sem.ba.ra.çar *v* to disembarrass; to disentangle; to extricate; to disengage; to free; to untangle (cabelo); **~-se**: to free oneself, to get rid of.
de.sem.ba.ra.ço *s* liveness; disembarrassment.
de.sem.bar.car *v* to unload (carga); to let off (passageiros); to disembark; to debark.
de.sem.bar.que *s* arrivals (seção do aeroporto).
de.sem.bo.car *v* to flow into; to run into; to lead to.
de.sem.bol.sar *v* to disburse; to pay out; to spend.
de.sem.bol.so *s* disbursement; expenditure.
de.sem.bru.lhar *v* to unpack, to unwrap.
de.sem.bu.char *v* FAM to get things off one's chest (desabafar); to spit it out (dizer de um vez só).
de.sem.pa.co.tar *v* to unpack, to unwrap.
de.sem.pa.tar *v* to decide; to resolve; to break a tie.
de.sem.pa.te *s* act of deciding a tie vote; casting vote (para eleição de presidente); play-off (para esportes).
de.sem.pe.nhar *v* to perform; to practice; to carry out.
de.sem.pe.nho *s* performance.
de.sem.pre.ga.do *adj* unemployed; jobless; out of job.
de.sem.pre.go *s* unemployment.
de.sen.ca.de.ar *v* to unleash, to unchain; to break out.
de.sen.cai.xar *v* to disjoint.

de.sen.cai.xe *s* disjointing.
de.sen.cai.xo.tar *v* to unpack; to unbox.
de.sen.ca.mi.nhar *v* to misguide; to mislead; to lead astray; to embezzle (dinheiro); **~-se**: to go astray.
de.sen.can.tar *v* to decharm; to disenchant; to disillusion.
de.sen.car.go *s* BRIT fulfilment, EUA fulfillment.
de.sen.con.trar *v* to go different way; to fail to meet one another.
de.sen.con.tro *s* failure to meet; disagreement; dissent.
de.sen.co.ra.jar *v* to discourage.
de.sen.fer.ru.jar *v* to take off the rust of; FIG to cheer up.
de.sen.fre.a.do *adj* unruled; unruly.
de.sen.fre.ar *v* to let loose; to set free; to grow unruly.
de.sen.ga.na.do *adj* incurable; disillusioned.
de.sen.ga.no *s* disillusion; undeceiving.
de.sen.gon.ça.do *adj* awkward; ungainly (pessoa).
de.sen.gre.nar *v* to put out of gear; to uncouple.
de.se.nhar *v* to design; to draw; to outline; to trace; **~-se**: to take form; to take shape; to appear.
de.se.nhis.ta *s* draftsman; draftswoman; designer.
de.se.nho *s* design; sketch (esboço); drawing; **~ animado**: cartoon.
de.sen.la.ce *s* end; conclusion; upshot.
de.sen.ro.lar *v* to unroll; to spread out; **~-se**: to develop; to unfold itself.
de.sen.ros.car *v* to untwist; to unscrew.
de.sen.ru.gar *v* to unwrinkle.
de.sen.ten.di.men.to *s* quarrel; misunderstanding; disagreement.
de.sen.ter.rar *v* to unbury; to exhume (cadáver); to dig up (tesouro).
de.sen.tor.tar *v* to unbend; to make straight.
de.sen.tu.pir *v* to unblock; to free; to clear; to unstop.
de.sen.vol.to *adj* agile; nimble; brisk; confident.

desenvoltura / desígnio

de.sen.vol.tu.ra s agility; nimbleness.
de.sen.vol.ver v to develop; to explain; to unfold; to unroll; **~-se**: to grow.
de.sen.vol.vi.do adj grown-up; advanced; developed.
de.sen.vol.vi.men.to s development; progress; **país em ~**: developing country.
de.se.qui.li.brar v to throw off balance (pessoa); to tip over (objeto); FIG to unbalance; **~-se**: to lose one's balance.
de.se.qui.lí.brio s unbalance; instability.
de.ser.ção s desertion.
de.ser.dar v to disinherit; to deprive of heritage.
de.ser.tar v to desert; to abandon.
de.ser.to s desert; • adj deserted; uninhabited; wild.
de.ser.tor s deserter; runaway.
de.ses.pe.ra.do adj hopeless; desperate.
de.ses.pe.ran.ça s despair; hopelessness.
de.ses.pe.ran.çar v to deprive of hope; **~-se**: to lose hope.
de.ses.pe.rar v to despair; to dishearten; **~-se**: to lose hope.
de.ses.pe.ro s despair; desperation; rage.
des.fa.ça.tez s impudence; shamelessness.
des.fal.car v to embezzle; to diminish; to reduce; to defalcate.
des.fa.le.cer v to faint; to droop.
des.fa.le.ci.do adj unconscious; fainted.
des.fa.le.ci.men.to s swoon; faint.
des.fal.que s defalcation; peculation; embezzlement.
des.fa.vo.rá.vel adj BRIT unfavourable, EUA unfavorable; unfriendly; adverse.
des.fa.vo.re.cer v BRIT to disfavour, EUA to disfavor; to disgrace; to reject; to discountenance.
des.fa.zer v to undo; to unmake; to unpack; to demolish; to destroy; **~-se**: to get rid of; **~ um engano ou erro**: to clear up a mistake; **~ um nó**: to untie a knot.
des.fe.cho s outcome; upshot; ending.
des.fei.ta s affront; insult; outrage.
des.fei.to adj undone; dissolved.
des.fi.ar v to unweave; to unthread.

des.fi.gu.ra.ção s deformation; disfigurement.
des.fi.gu.rar v to disfigure; to deface; to deform; to muttilate (texto).
des.fi.la.dei.ro s defile; pass.
des.fi.lar v to march; to parade.
des.fi.le s parade.
des.flo.res.ta.men.to s deflorestation.
des.fo.lhar v to defoliate; **~-se**: to shed the leaves.
des.for.ra s revenge; retaliation; avengement; **tirar uma ~**: to get even.
des.for.rar v to avenge; to revenge.
des.fru.tar v to usufruct; to enjoy; to make fun of.
des.fru.te s usufruct; enjoyment.
des.gar.rar-se v to lose one's way.
des.gas.tan.te adj stressful.
des.gas.tar v to consume; to wear away; to wear down; **~-se**: to wear oneself out.
des.gas.te s wearning; consuming; erosion; abrasion.
des.gos.tar v to displease; to disgust; to grieve; to dislike.
des.gos.to s disgust; displeasure; sorrow; grief.
des.gos.to.so adj displeased; dissatisfied; unhappy.
des.go.ver.nar v to misgovern; **~-se**: to go out of control.
des.gra.ça s misfortune, misery, disgrace.
des.gra.ça.do s wretch; adj unhappy; unlucky; **~!**: FIG wretch.
des.gra.çar v to ruin; to make unhappy.
des.gra.var v to erase.
des.gru.dar v to unglue; to unstick.
des.guar.ne.cer v to strip; to disfurnish.
des.guar.ne.ci.do adj unprotected.
de.si.dra.tar v to anhydrate; to dehydrate.
de.sig.na.ção s designation; indication; nomination.
de.sig.nar v to designate; to name; to indicate; to denominate; to appoint; to express; to nominate; to assign.
de.síg.nio s design; intention; purpose.

de.si.gual *adj* unequal; unlike; different; uneven.
de.si.lu.di.do *adj* disillusioned.
de.si.lu.dir *v* to disillusion; to disenchant.
de.si.lu.são *s* disillusionment; disillusion.
de.sim.pe.dir *v* to disencumber; to disengage.
de.sin.char *v* to become less swollen.
de.sin.cum.bir-se *v* to acquit oneself of; to carry out.
de.sin.de.xa.ção *s* ECON deindexation.
de.sin.fec.ção *s* disinfection.
de.sin.fe.tan.te *s* disinfectant; • *adj* disinfecting; antiseptic.
de.sin.fe.tar *v* to disinfect; to deodorize; to purify.
de.sin.fla.mar *v* to unswell.
de.sin.te.gra.ção *s* desintegration, decay.
de.sin.te.grar *v* to disintegrate; to decompose; **~-se**: to dissolve; to be divided.
de.sin.te.res.se *s* disinterest; indifference.
de.sis.tên.cia *s* desistance; ceasing; giving up.
de.sis.tir *v* to give up; to relinquish; to renounce; to cease; to desist.
des.je.jum *veja* **dejejum**.
des.le.al *adj* disloyal; false; treacherous.
des.lei.xa.do *adj* careless; sloppy; negligent; untidy.
des.lei.xar *v* to neglect.
des.lei.xo *s* negligence; carelessness; neglect; sloppiness.
des.li.ga.do *adj* off; turned off; FIG absentminded (pessoa).
des.li.gar *v* to turn off (TV, rádio); to switch off, to switch out (luz); to disconnect (Internet); to hang up (telefone).
des.lin.dar *v* to clear up; to explain.
des.li.za.men.to *s* sliding; slipping.
des.li.zar *v* to slide; to skid; to slip; to glide.
des.li.ze *s* slip, sliding, skidding; FIG false step; lapse.
des.lo.ca.do *adj* dislocated (membro do corpo); displaced; FIG out of place.
des.lo.car *v* to dislocate, to disjoint, to displace, to transfer, to put out of place, to put out of joint; **~-se**: to shift one's place.

des.lum.bran.te *adj* dazzling, flaring.
des.lum.brar *v* to dazzle, to fascinate, to seduce.
des.mai.ar *v* to faint, to pass out, to swoon.
des.mai.o *s* faint; swoon.
des.ma.mar *v* to wean.
des.man.char *v* to undo, to unmake; to break up; **desmancha-prazeres**: wet blanket; kill-joy; party-pooper.
des.man.che *s* chop shop (de carros).
des.man.te.la.do *adj* dismantled.
des.man.te.lar *v* to dismantle, to demolish, to throw down; to ruin; **~-se**: to fall in; to tumble down.
des.mar.car *v* to cancel.
des.mas.ca.rar *v* to unmask; to show up; to expose; to bring to light; **~-se**: take off one's mask.
des.ma.ta.men.to *s* deforestation.
des.ma.ze.lo *s* negligence, carelessness, disarray, slovenliness.
des.me.di.do *adj* excessive, disproportionate, immense, undue.
des.mem.brar *v* to dismember, to divide into parts, to separate.
des.me.mo.ri.a.do *adj* forgetful, deprived of memory, devoid of memory.
des.men.ti.do *s* denial.
des.men.tir *v* to contradict, to deny; **~-se**: to contradict oneself.
des.me.re.cer *v* to demerit, to deprive of merit, to belittle.
des.mi.o.la.do *adj* silly, crackbrained, brainless; forgetful.
des.mo.bi.li.zar *v* to demobilize, to disarm, to demob.
des.mon.ta.gem *s* dismounting; dismantlement.
des.mon.tar *v* to dismount, to alight, to unhorse (cavalo); to disjoint; to pull down; to get off.
des.mo.ra.li.zar *v* to demoralize, to pervert, to discredit, to deprave; to discourage.
des.mo.ro.na.men.to *s* tumbling; falling in.
des.mo.ro.nar *v* to pull down, to demolish; to crumble; to fall in.

desnatado / despir

des.na.ta.do *adj* skimmed.
des.na.tu.ra.do *adj* unnatural; monstruous; inhuman; cruel.
des.ne.ces.sá.rio *adj* unnecessary, needless.
des.ní.vel *s* unevenness.
des.nor.te.ar *v* to misguide; to mislead; to bewilder; to puzzle; to disorientate, EUA to disorient.
des.nu.dar *v* to denude, to lay bare.
des.nu.do *adj* nude, naked, bare.
des.nu.tri.ção *s* malnutrition.
des.nu.tri.do *adj* malnourished.
de.so.be.de.cer *v* to disobey; to transgress; to refuse to obey.
de.so.be.di.ên.cia *s* disobedience; insubordination.
de.so.be.di.en.te *adj* disobedient.
de.so.bri.gar *v* to exempt, to release, to dispense.
de.sobs.tru.ir *v* to remove obstructions from; to unblock.
de.so.cu.pa.do *adj* disengaged; idle; vacant.
de.so.cu.par *v* to vacate, to empty.
de.so.do.ran.te *s e adj* deodorant.
de.so.do.ri.zar *v* to deodorize; to disinfect.
de.so.la.ção *s* desolation; affliction.
de.so.la.do *adj* desolate; lonely; bleak.
de.so.lar *v* to lay waste; to desolate; to distress; to ruin.
de.so.ne.rar *v* to exonerate; to dispense.
de.so.nes.ti.da.de *s* dishonesty; crookedness.
de.so.nes.to *adj* dishonest, crooked.
de.son.ra *s* dishonour, EUA dishonor, disgrace.
de.son.rar *v* to dishonour, EUA to dishonor, to discredit, to disgrace, to defame, to disrepute.
de.son.ro.so *adj* dishonourable, EUA dishonorable, disgraceful.
de.sor.dei.ro *s* hooligan, rowdy; • *adj* rowdy; EUA GÍR roughneck.
de.sor.dem *s* disorder, confusion, disturbance, riot, tumult, turmoil.
de.sor.de.nar *v* to disorder, to disorganize, to disarrange, to disarray.
de.sor.ga.ni.zar *v* to disorganize, to disarrange, to disorder.
de.so.ri.en.ta.do *adj* disorientated, puzzled.
de.so.ri.en.tar *v* to lead astray; to bewilder; to disorientate, EUA to disorient; **~-se**: to lose one's way.
de.so.va *s* spawning.
de.so.var *v* to spawn, to lay eggs.
des.pa.cha.do *adj* dispatched, quick.
des.pa.chan.te *s* dispatcher; forwarding agent.
des.pa.char *v* to forward, to dispatch, to send, to clear out goods.
des.pa.cho *s* dispatch; decision; resolution; BR witchcraft (macumba).
des.pa.ra.fu.sar *v* to unscrew.
des.pe.da.çar *v* to tear into pieces, to cut into pieces; to break; to crumble; to crash; to destroy.
des.pe.di.da *s* farewell, departure, leave-taking; dismissal.
des.pe.dir *v* to discharge, to lay off, to go off, to dismiss, EUA to fire.
des.pei.to *s* resentment, spite; **a ~ de**: in spite of.
des.pe.jar *v* to spill; to empty; to remove.
des.pe.jo *s* clearing.
des.pen.car *v* to fall down; to slump.
des.pen.der *v* to spend, to waste.
des.pe.nha.dei.ro *s* cliff, slope, precipice, crag.
des.pen.sa *s* pantry.
des.pen.te.ar *v* to dishevel.
des.per.di.çar *v* to waste, to fritter away, to squander, to misspend.
des.per.dí.cio *s* wastefulness, waste, squandering.
des.per.ta.dor *s* alarm clock.
des.per.tar *v* to awaken; to awake; to wake up.
des.pe.sa *s* disbursement; cost; expense; expenditure; **~s gerais**: overhead; **livre de ~s**: free of charge.
des.pir *v* to disrobe, to undress, to strip, to bare, to divest; **~-se**: pull off one's clothes; undress; **~ um santo para vestir outro**: to rob Peter to pay Paul.

des.pis.tar *v* to mislead, to misguide, to lead astray.

des.po.jar *v* to despoil, to strip, to deprive, to dispossess; **~-se**: to divest oneself of; to renounce to.

des.po.jo *s* booty; despoliation; **~s**: leavings; **~s mortais**: mortal remains.

des.pon.tar *v* to blunt; to crop up, to break; to peep; **ao ~ do dia**: at the break of day.

des.por.tis.ta *s* athlete, sportsman, sportswoman.

des.por.ti.vo *adj* athletic, sporting, sportive.

des.por.to *s* sport; play, game.

des.po.sar *v* to marry, to wed.

dés.po.ta *s* despot, tyrant, oppressor.

des.pó.ti.co *adj* despotic, tyrannical.

des.po.tis.mo *s* despotism.

des.po.vo.a.do *adj* deserted, uninhabited.

des.po.vo.a.men.to *s* depopulation.

des.po.vo.ar *v* to depopulate, to unpeople.

des.pra.zer *s* displeasure, disgust.

des.pre.gar *v* to unhook, to unnail.

des.pren.der *v* to loosen, to unfasten, to untie.

des.pren.di.men.to *s* altruism.

des.pre.o.cu.pa.do *adj* carefree; light-hearted; unconcerned.

des.pres.ti.gi.ar *v* to depreciate, to discredit.

des.pres.tí.gio *s* disrepute; discredit.

des.pre.ve.ni.do *adj* unprovided, unready, unprepared; POP without money.

des.pre.zar *v* to despise, to scorn, to disdain, to neglect, to disregard.

des.pre.zí.vel *adj* despicable; vile, sordid.

des.pre.zo *s* scorn, disregard, contempt.

des.pro.por.ção *s* disproportion.

des.pro.pó.si.to *s* absurdity; nonsense.

des.pro.te.gi.do *adj* unprotected; defenceless, EUA defenseless.

des.pro.vi.do *adj* unprovided; unfurnished; **~ de**: without; out of.

des.qua.li.fi.car *v* to disqualify, to unfit, to disable.

des.qui.tar *v* to divorce; **~-se**: to separate legally.

des.qui.te *s* legal separation of a married couple.

des.re.gra.do *adj* disorderly; immoderate; intemperate.

des.res.pei.tar *v* to disrespect; to afront.

des.res.pei.to *s* disrespect.

des.sa *contr* da *prep* **de** com o *pron* **essa**, from that; of that.

des.se *contr* da *prep* **de** com o *pron* **esse**, from that; of that; **~ modo**: thereby; therefore.

des.ta *contr* da *prep* **de** com o *pron* **esta**, from this; of this.

des.ta.car *v* to detach, to unfasten, to emphasize, to point out; **~-se**: to show off; to stand out.

des.tam.par *v* to take off the lid of; to open; to uncover.

des.ta.que *s* prominence; eminence.

des.te *contr* da *prep* **de** com o *pron* **este**, of this; **~ modo**: this way.

des.te.mi.do *adj* fearless, dreadless, dauntless, bold.

des.tem.pe.ro *s* distemper; disorder.

des.ti.lar *v* to distil, EUA to distill; to extract.

des.ti.la.ri.a *s* distillery.

des.ti.na.do *adj* destined, fated; directed.

des.ti.nar *v* to destine, to appoint, to allot; **~-se**: to dedicate to oneself; to be destined to.

des.ti.na.tá.rio *s* addressee, receiver.

des.ti.no *s* destiny; fate (sorte); fortune; destination.

des.ti.tu.ir *v* to dismiss, to displace, to fire, to deprive.

des.to.ar *v* to sound out of tune; to be dissonant; to discord; to diverge; to clash (cor)

des.tran.car *v* to unlock; to unbar.

des.tra.tar *v* to affront; to insult.

des.tra.var *v* to unlock, to disclose.

des.tre.za *s* dexterity, skill, craft.

des.trin.char *v* to disentangle; to resolve; to explain; to clear up.

des.tro *adj* right-handed, dexterous; skilfull, EUA skillfull.

destroçar / devassa

des.tro.çar *v* to break into pieces; to wreck; to devaste; to destroy; to mangle.

des.tro.ço *s* destruction; havoc; **~s**: wreck.

des.tro.nar *v* to dethrone; to depose.

des.tru.i.ção *s* destruction, demolition; extinction.

des.tru.ir *v* to destroy; to demolish; to pull down; to crush; to ruin.

de.su.ma.no *s* inhuman, brutal, cruel.

de.su.ni.ão *s* disunion, dissenssion.

de.su.nir *v* to disconnect; to disunite, to disjoint, to separate, to dismatch.

de.su.sa.do *adj* unused, obsolete, out of date, archaic.

des.vai.ra.do *adj* delirious, frenzied, raving, crazy.

des.va.lo.ri.za.ção *s* depreciation; devaluation.

des.va.lo.ri.zar *v* to devaluate, to depreciate, to undervalue, to debase.

des.va.ne.cer *v* to dissolve, to disperse; to fail; to disappoint; to vanish.

des.van.ta.gem *s* disadvantage.

des.van.ta.jo.so *adj* disadvantageous.

des.va.ri.o *s* extravagance; delirium; derangement; raving.

des.ve.lar-se *v* to be watchful.

des.ve.lo *s* care; diligence, attention.

des.ven.ci.lhar-se *v* to get rid of.

des.ven.dar *v* to unmask; to unveil; to disclose; to resolve.

des.ven.tu.ra *s* misadventure; misfortune.

des.vi.ar *v* to deviate; to divert; to deflect, to shunt, to turn aside; to bend; **~-se do assunto**: to digress.

des.vi.o *s* deviation; deflection, EUA switch, by-pass; diversion; EUA detour (estrada); siding (ferrovia); embezzlement (de dinheiro).

des.vir.tu.ar *v* to depreciate; to distort.

de.ta.lhar *v* to detail; to specify; to particularize.

de.ta.lhe *s* detail; particularity.

de.tec.tar *v* to detect.

de.tec.tor *s* detector; **~ de mentira**: lying detector.

de.ten.ção *s* detention; confinement; arrest.

de.ter *v* to detain, to hold back; to retard; to retain; to keep back; to arrest; **~-se**: to linger; to pause, to stop.

de.ter.gen.te *adj* detergent.

de.te.ri.o.ra.ção *s* deterioration; decay.

de.te.rio.rar *v* to deteriorate, to rot; to spoil; to degenerate; **~-se**: to rotten.

de.ter.mi.na.ção *s* determination, resolution, decision.

de.ter.mi.nar *v* to determine, to settle; to order; to define; to fix.

de.tes.tar *v* to detest, to dislike, to abhor, to abominate, to hate, to loathe.

de.tes.tá.vel *adj* hateful; detestable.

de.te.ti.ve *s* detective; private-eye; GÍR dick; sleuth.

de.ti.do *adj* detained; in custody, under arrest.

de.to.nar *v* to detonate; to fire with a gun; to explode.

de.trás *adv* after, behind, back.

de.tri.men.to *s* detriment, damage, harm, loss, disadvantage; **em ~ de**: to the detriment of.

de.tri.to *s* detrit, remains; **~s**: dregs.

de.tur.par *v* to disfigure, to distort, to falsify, to mangle.

Deus *s* God; Lord; **ao ~dará**: at random; **~ é quem sabe**: heaven knows; **~ lhe pague**: God reward you; **~ me livre!**: God forbid!; **graças a ~**: thank God, thank Goodness; **meu ~!**: good Lord!, my Lord!; **pelo amor de ~!**: for God's sake!; **que ~ me ajude**: so help me God! **se ~ quiser**: please God, God willing; **só ~ sabe**: God (alone) knows; **vá com ~**: God be with you.

deu.sa *s* goddess.

de.va.gar *adv* slowly; • *interj* steady!, easy!; take it easy!

de.va.ne.ar *v* to rave; to muse; to wander in daydreams.

de.va.nei.o *s* fancy; dream; daydream.

de.vas.sa *s* inquiry; inquest.

de.vas.sa.do *adj* open to view; unprotected.
de.vas.sar *v* to trespass; to invade.
de.vas.so *s* libertine; rake; • *adj* dissolute; licentious.
de.vas.tar *v* to devastate, to destroy, to ruin, to lay waste, to ravage.
de.ve.dor *s* debtor; defaulter.
de.ver *s* obligation, duty; task; business; burden; • *v* to owe; to have; **devo ir**: I must go.
de.ve.ras *adv* indeed, truly, really, in fact.
de.vi.da.men.te *adv* duly; properly.
de.vi.do *adj* due, just, owing; **~ a**: due to, because of; **no ~ tempo**: in due course.
de.vo.ção *s* devotion; dedication; affection.
de.vo.lu.ção *s* devolution; return; restitution; **~ de impostos**: tax rebate.
de.vol.ver *v* to return; to give back; to restore.
de.vo.rar *v* to devour; to eat up.
de.vo.tar *v* to devote; to dedicate; **~-se**: to dedicate oneself to.
de.vo.to *s* devotee; cultist; • *adj* devoted; religious; devout; pious.
dez *s* e *num* ten; **~ por um**: ten to one; **nove em ~**: nine out of ten.
de.zem.bro *s* December.
de.ze.na *s* ten; a set of ten; **às ~s**: by tens.
de.ze.no.ve *s* e *num* nineteen.
de.zes.seis *s* e *num* sixteen.
de.zes.sete *s* e *num* seventeen.
de.zoi.to *s* e *num* eighteen.
dia *s* day; **algum ~**: someday; **bom ~!**: good morning; **de um ~ para outro**: overnight; suddenly; **~ a ~**: daily; day by day; **~ após ~**: day after day; day in, day out; **~ de Finados**: All Soul's day; **~ de Natal**: Christmas Day; **~ do Juízo Final**: doomsday; **~ do Trabalho**: Labor Day; **~ sim, ~ não**: every other day; **~ útil**: week-day; **estar ou andar em ~**: to be up to date with; **hoje em ~**: nowadays; **mais ~ menos ~**: sooner or later; **que ~ é hoje?**: what day is today? **ter um ~ de folga**: to have a day off; **todo santo ~**: every single day; **todos os ~s**: every day; **trabalho por ~**: daywork; **um ~**: once, some time.
di.a.be.tes *s* MED diabetes.
di.a.bo *s* devil; demon; satan; **fazer o ~ para**: to move heaven and earth for; **pintar o ~**: to raise the devil; **pobre~~**: poor devil; **que ~!**: damn it!; **que ~s você está fazendo aqui?**: what on earth are you doing here?; what the hell are you doing here?
di.a.bru.ra *s* prank; devilry; devilishness.
di.a.frag.ma *s* diaphragm.
di.ag.nos.ti.car *v* to make a diagnosis.
di.ag.nós.ti.co *s* diagnosis; *adj* diagnostic.
di.a.go.nal *s* e *adj* diagonal.
di.a.go.nal.men.te *adv* cornerwise, diagonally.
di.a.gra.ma *s* diagram, scheme, sketch.
di.a.gra.ma.ção *s* design.
di.a.gra.ma.dor *s* designer.
di.a.gra.mar *v* to design (livro, jornal, revista).
di.a.le.to *s* dialect.
di.a.lo.gar *v* to dialogue, EUA to dialog, to talk.
di.á.lo.go *s* dialogue, EUA dialog; talk; conversation.
di.a.man.te *s* diamond; **~ bruto**: rough diamond.
di.â.me.tro *s* diameter.
di.an.te *adv* before; in front; **daqui em ~**: from now on; **~ de**: in the presence of; in face of; **e assim por ~**: and so on; **para trás e para ~**: back and forth.
di.an.tei.ra *s* forepart, front; forefront; lead; **tomar a ~**: to get ahead; **tração ~**: front drive.
di.a.pa.são *s* MÚS diapason; tuning fork.
di.á.ria *s* daily wages; daily income; daily expenses; daily rate at a hotel.
di.a.ri.a.men.te *adv* daily.
di.á.rio *s* diary; journal; newspaper; • *adj* daily; diurnal; everyday; quotidian; **~ de bordo**: logbook.
di.a.ris.ta *s* day labourer; daily; daily help (faxineira).
di.ar.rei.a *s* MED diarrhea, EUA diarrhoea.
di.ca *s* hint; GÍR tip.
dic.ção *s* diction; good vocal expression.
di.ci.o.ná.rio *s* dictionary.
di.dá.ti.co *adj* didactic; educational.

di.e.ta s diet; regimen; **fazer ~**: to be on a diet.
di.fa.mar v to defame; to blemish; to slander.
di.fe.ren.ça s difference; divergence; **~s**: dispute; **não faz ~**: it does not matter.
di.fe.ren.ci.a.ção s differentiation.
di.fe.ren.ci.ar v to differentiate; to distinguish; **~-se**: to differ.
di.fe.ren.te adj different; unequal; distinct.
di.fe.rir v to differ; to disagree.
di.fí.cil adj difficult; hard; uneasy.
di.fi.cí.li.mo adj very difficult.
di.fi.cil.men.te adv hardly; with difficulty.
di.fi.cul.da.de s difficulty; hardness; trouble; **criar ~s**: to raise objections; **em ~**: in trouble.
di.fi.cul.tar v to make difficult; to raise difficulties.
dif.te.ri.a s MED diphtheria.
di.fun.dir v to diffuse (calor, luz); to outspread; to disseminate; to divulge; to propagate; to publish; to broadcast (programação de TV, rádio, etc.).
di.fu.são s diffusion; spreading; dissemination.
di.ge.rir v to digest; to assimilate; to put up with.
di.ge.rí.vel adj digestible.
di.ges.tão s digestion.
di.gi.tal adj digital; **impressão ~**: fingerprint.
di.gi.tar v to type, to key.
dí.gi.to s digit.
dig.nar-se v to condescend; to deign.
dig.ni.da.de s dignity; nobleness.
dig.ni.fi.car v to dignify; to exalt.
dig.no adj worthy; deserving; **~ de confiança**: trustworthy; **ser ~ de**: to be worthy of.
di.gres.são s digression; deviation.
di.la.ce.rar v to distress.
di.la.pi.dar v to dilapidate.
di.la.ta.ção s dilatation; expansion; enlargement.
di.la.tar v to distend; to swell; to expand; to dilate.
di.le.ma s dilemma; doubt.
di.le.tan.tis.mo s dilettantism.
di.le.to adj dear; beloved.
di.li.gên.cia s stagecoach; diligence; care; attention; **fazer ~s**: to search.
di.li.gen.ci.ar v to do one's best; to strive.
di.li.gen.te adj diligent; assiduous.
di.lu.ir v to dilute; to dissolve.
di.lú.vio s deluge; flood.
di.men.são s dimension; extent; size.
di.mi.nu.i.ção s diminution, decrease, reduction.
di.mi.nu.ir v to reduce; to decrease; to lower; to dwindle; to lessen; to diminish.
di.mi.nu.ti.vo s GRAM diminutive.
di.na.mar.quês s Dane (nativo); Danish (língua); • adj Danish.
di.nâ.mi.co adj dynamic, a smart person; **você é ~**: are you dynamic?
di.na.mis.mo s dynamism.
di.na.mi.tar v to dynamite.
di.na.mi.te s dynamite, lasting-powder.
dí.na.mo s ELET dynamo, EUA generator.
di.nas.ti.a s dynasty.
di.nhei.ro s money; coin; cash; GÍR dough; **~ miúdo**: small change; **ganhar ~**: to make money.
di.nos.sau.ro s dinosaur.
di.o.ce.se s diocese.
di.o.ni.sí.a.co adj MIT dionysiac, concerning to the Greek god of wine, Dionysus or Bacchus.
di.plo.ma s diploma; certificate.
di.plo.ma.ci.a s diplomacy.
di.plo.ma.do adj graduated; BR a person who has a superior course.
di.plo.mar-se v to graduate.
di.plo.ma.ta s diplomat; diplomatist.
di.que s dike; dam.
di.re.ção s direction; course; EUA operation; AUT steering; **~ do vento**: direction of the wind; **em ~**: towards; **exame de ~**: driving-test.
di.rei.ta s right side; **à ~**: to the right; on the right.
di.rei.to s right; law; • adj straight; direct; right; honest; • adv straight; directely; **de ~**: by rights, lawfully; **~ civil**: civil law;

~ consuetudinário: commom law, unwritten law; **~s autorais**: author's copyright.

di.re.ta.men.te *adv* directly.

di.re.to *adj* direct; straight; **~ ao assunto**: straight to the point.

di.re.tor *s* director; *adj* directing; **~ artístico**: art director, **~ de escola**: principal.

di.re.to.ri.a *s* board of directors.

di.re.triz *s* MAT directrix.

di.ri.gen.te *s* manager; leader; • *adj* leading.

di.ri.gir *v* to lead; to direct; to manage (empresa); to drive, to guide (carro); **~-se**: to address to; **~ os negócios da casa**: to keep house.

di.ri.gí.vel *s* airship; dirigible; • *adj* dirigible.

di.ri.mir *v* to solve; to annul; to break off.

dis.ca.gem *s* dialing.

dis.car *v* to dial.

dis.cer.ni.men.to *s* discernment.

dis.cer.nir *v* to discern; to distinguish; to discriminate.

dis.ci.pli.na *s* discipline.

dis.ci.pli.nar *v* to discipline.

dis.cí.pu.lo *s* disciple; follower; pupil.

disc-jó.quei *s* disc jockey, DJ.

dis.co *s* disk, disc; dial (de telefone); platter; record; **~ compacto**: compact disc (CD); **~ de longa duração**: long play (LP); **~ flexível/rígido**: floppy/hard disk; **~ voador**: flying saucer; INF **inspeção (varredura) do ~**: scandisk; **sistema operacional em ~ (DOS)**: Disk Operating System.

dis.cor.dân.cia *s* disagreement, discordance.

dis.cor.dan.te *adj* dissonant; discordant.

dis.cor.dar *v* to disagree; to differ; to diverge; to dissent from; to discord.

dis.cór.dia *s* discord; disagreement; dissension; **pomo da ~**: apple of discord, bone of contention.

dis.cor.rer *v* to discourse.

dis.co.te.ca *s* discothèque; record collection; phonograph record collection.

dis.cre.pân.cia *s* discrepancy.

dis.cre.to *adj* discreet; reticent; prudent; circumspect.

dis.cri.ção *s* discretion; reserve.

dis.cri.ci.o.ná.rio *adj* discretionary.

dis.cri.mi.nar *v* to discriminate.

dis.cur.sar *v* to make a speech; to discourse.

dis.cur.so *s* speech, discourse.

dis.cus.são *s* discussion; argument; debate; quarrel; parley; **em ~**: at issue.

dis.cu.tir *v* to argue; to discuss; to debate.

di.sen.te.ri.a *s* MED dysentery.

dis.far.ça.do *adj* disguised.

dis.far.çar *v* to disguise; to conceal; to dissemble; to cloak.

dis.far.ce *s* disguise, mask.

dís.par *adj* unequal, dissimilar.

dis.pa.rar *v* to shoot; to fire; to discharge; to go off.

dis.pa.ra.te *s* nonsense; absurdity; GÍR poppycock.

dis.pa.ro *s* shot.

dis.pen.der *v* to spend.

dis.pên.dio *s* expense; cost.

dis.pen.di.o.so *adj* expensive; dear.

dis.pen.sa *s* dispensation.

dis.pen.sar *v* to dispense with; to do without.

dis.per.são *s* dispersion; scattering.

dis.per.sar *v* to disperse; to disband; to scatter; to strew; to break up.

dis.per.so *adj* dispersed; scattered.

dis.pli.cên.cia *s* carelessness; indifference; negligence; unconcern.

dis.pli.cen.te *adj* negligent; disagreeable; indifferent.

dis.po.ní.vel *adj* available.

dis.por *v* to arrange; to dispose; to provide; to lay out; to order; **ao seu ~**: at your disposal.

dis.po.si.ção *s* arrangement; provision; disposition; **à sua ~**: at your disposal; **com boa ~**: in good health; good tempered.

dis.po.si.ti.vo *s* device; gadget; contrivance; **~ de alarme**: warning device; **~ de segurança**: safety device.

dis.pos.to *adj* disposed, ready, willing.

dis.pu.ta *s* dispute; controversy; debate.

dis.pu.tar *v* to contend; to dispute; to argue; to fight for; to oppose by argument; to contest.

disputável / divertimento

dis.pu.tá.vel *adj* disputable.
dis.que.te *s* diskette, floppy disk.
dis.sa.bor *s* annoyance.
dis.se.car *v* to dissect.
dis.se.mi.na.ção *s* dissemination, spreading, scattering.
dis.se.mi.nar *v* to propagate; to disseminate, to spread, to scatter.
dis.sen.tir *v* to dissent; to differ; to disagree.
dis.ser.ta.ção *s* dissertation; essay.
dis.ser.tar *v* to dissertate, to speak.
dis.si.dên.cia *s* dissidence.
dis.si.den.te *s* dissident; dissenter; • *adj* dissident.
dis.si.mu.la.ção *s* dissimulation.
dis.si.mu.la.do *adj* sly.
dis.si.mu.lar *v* to disguise; to dissimulate; to dissemble; to feign.
dis.si.pa.ção *s* dissipation; dispersion.
dis.si.par *v* to dispel; to disperse; to squander; to dissipate; to scatter.
dis.so *contr* da *prep* **de** com o *pron* **isso**, of that; about that; from that; **além ~**: besides.
dis.so.ci.ar *v* to dissociate; to separate.
dis.so.lu.ção *s* dissolution.
dis.so.lu.to *adj* dissolute.
dis.sol.ver *v* to dilute; to melt; to dissolve; to break up.
dis.so.nân.cia *s* discord; discordance; dissonance; FIG disagreement.
dis.su.a.dir *v* to dissuade from; to deter; to call off.
dis.tân.cia *s* distance; **a que ~ estamos do Rio de Janeiro?**: how far are we from Rio de Janeiro?
dis.tan.ci.ar *v* to distance.
dis.tan.te *adj* far; distant; remote; cool.
dis.ten.der *v* to distend; to spread; to expand.
dís.ti.co *s* distich; couplet.
dis.tin.ção *s* distinction; difference.
dis.tin.guir *v* to discriminate; to discern; to tell apart; to distinguish.
dis.tin.ti.vo *s* badge; • *adj* distinctive.
dis.tin.to *adj* different; distinct; notable.

dis.to *contr* da *prep* **de** com o *pron* **isto**, of this; from this.
dis.tor.cer *v* to distort.
dis.tra.ção *s* distraction, absent-mindedness; amusement.
dis.tra.í.do *adj* absent-minded; inattentive.
dis.tra.ir *v* to distract, to amuse; to entertain.
dis.tra.tar *v* to annul; to cancel.
dis.tri.bu.i.ção *s* distribution.
dis.tri.bu.i.dor *s* distributer; distributor.
dis.tri.bu.ir *v* to distribute; to portion out; to classify; to deal.
dis.tri.tal *adj* relative to a district.
dis.tri.to *s* district; **~ policial**: police station.
dis.túr.bio *s* disturbance.
di.ta.do *s* dictation (escolar); saying (popular).
di.ta.du.ra *s* dictatorship.
di.ta.me *s* dictate; direction; rule.
di.tar *v* to dictate; **~ as regras**: to rule the roost.
di.to *s* saying; • *adj* aforesaid.
di.ton.go *s* GRAM diphtong.
DIU *s* MED *abrev de* **D**ispositivo **I**ntrauterino, IUD (intrauterine device), coil.
di.ur.no *adj* diurnal.
di.va *s* diva; goddess.
di.vã *s* couch; divan.
di.va.ga.ção *s* wandering; digression; divagation.
di.va.gar *v* to roam; to wander; to digress; to divagate; to ramble.
di.ver.gên.cia *s* divergence, divergency.
di.ver.gen.te *adj* divergent; dissenting.
di.ver.gir *v* to disagree; to diverge; to dissent; to differ.
di.ver.são *s* entertainment; amusement; **parque de diversões**: amusement park.
di.ver.si.da.de *s* diversity; variety.
di.ver.si.fi.car *v* to diversify; to vary.
di.ver.so *adj* diverse; different; **~s**: several.
di.ver.ti.do *adj* amusing; funny.
di.ver.ti.men.to *s* amusement; pastime; entertainment.

di.ver.tir *v* to amuse; to entertain; to divert; to play; **~-se**: to enjoy, to have fun.

dí.vi.da *s* debt; indebtedness; **contrair ~s**: to get into debt.

di.vi.den.do *s* dividend.

di.vi.dir *v* to divide into; to allot; to share; to split; **~ as despesas**: to share expenses; **~ um apartamento**: to share a flat.

di.vi.nal *adj* divine.

di.vin.da.de *s* divinity; deity.

di.vi.ni.zar *v* to deify.

di.vi.no *adj* divine, heavenly, supernal; excellent; (com maiúsc.) Holy Ghost.

di.vi.sa *s* badge; emblem; motto (propaganda, lema); boundary line (limite); **~s**: FIN foreign currency.

di.vi.são *s* division; separation; repartition; sharing.

di.vi.sar *v* to descry; to see.

di.vi.sí.vel *adj* divisible.

di.vi.sor *s* divider; MAT divisor; **~ de águas**: watershed.

di.vi.só.ria *s* mark; landmark; demarcation line; partition.

di.vor.ci.ar *v* to divorce; **~-se**: to get divorced.

di.vul.ga.ção *s* divulgation.

di.vul.gar *v* to disseminate; to spread; to scatter; to propagate; to divulge; to publicize; to disclose.

di.zer *s* saying; expression; • *v* to tell; to say; **para ~ a verdade**: to tell the truth; **por assim ~**: so to speak; **querer ~**: to mean.

dí.zi.ma *s* tax.

di.zi.mar *v* to decimate; to kill off.

dí.zi.mo *s* tithe.

do *contr* da *prep* **de** com o *art* **o**, of the; from the.

dó *s* pity; compassion; MÚS first key of the scale, **C**.

do.a.ção *s* donation; grant; gift; endowment.

do.a.dor *s* donor; giver.

do.ar *v* to donate, to give.

do.bra *s* fold; plait; turn-up, EUA cuff (de calças).

do.bra.di.ça *s* hinge.

do.bra.di.ço *adj* flexible; collapsible; pliant.

do.bra.di.nha *s* CULIN triple stew.

do.bra.do *s* military march; • *adj* folded; doubled.

do.brar *v* to double, to duplicate (quantidade); to fold (papel); to bend (joelho); to toll (sino); **~ a esquina**: to turn the corner.

do.bro *s* double.

do.ca *s* dock, quay.

do.ce *s* comfit, EUA candy; • *adj* sweet; pleasant; mild.

do.cen.te *s* professor; teacher; • *adj* teaching; **corpo ~**: teaching staff, EUA faculty.

dó.cil *adj* docile, tractable.

do.ci.li.da.de *s* docility, tractableness.

do.cu.men.ta.ção *s* documentation; documents.

do.cu.men.tar *v* to document.

do.cu.men.tá.rio *s* documentary.

do.cu.men.to *s* document.

do.çu.ra *s* sweetness; gentleness.

do.en.ça *s* sickness, illness, disease.

do.en.te *s* sick person; patient; • *adj* sick; ill.

do.er *v* to pain; to ache; to hurt.

dog.ma *s* RELIG dogma.

dog.má.ti.co *adj* dogmatic, dogmatical.

dog.ma.tis.mo *s* dogmatism.

doi.dei.ra *s* madness; silliness; foolishness.

doi.di.ce *veja* **doideira**.

doi.di.va.na *s* madcap.

doi.do *adj* insane; crazy; mad; **ser ~ por**: to be mad about.

do.í.do *adj* hurt; aching; painful.

dois *s* e *num* two; **~ de paus**: the deuce of clubs; **~-pontos**: colon; **um é pouco, ~ é bom, três é demais**: two is company, three is a crowd.

dó.lar *s* dollar.

do.lo *s* fraud; DIR malice.

do.lo.ri.do *adj* aching; painful; sore.

do.lo.ro.so *adj* painful; sorrowful.

dom *s* gift; present; ability; knack; sir, Dom (título).

domador / dúctil

do.ma.dor *s* tamer; animal trainer.
do.mar *v* to tame; to subdue.
do.má.vel *adj* tamable.
do.mes.ti.ca.ção *s* domestication.
do.mes.ti.car *v* to tame, to domesticate.
do.mes.ti.cá.vel *adj* tamable.
do.més.ti.ca *s* housemaid, servant.
do.més.ti.co *s* servant; • *adj* domestic; **serviço ~:** housework.
do.mi.cí.lio *s* domicile.
do.mi.na.ção *s* domination.
do.mi.nar *v* to dominate; to govern; to rule; to prevail; **~-se:** to control oneself.
do.min.go *s* Sunday; **~ de Páscoa:** Easter Sunday.
do.mi.ni.ca.no *s e adj* Dominican.
do.mí.nio *s* dominion; domination; domain; **~ público:** public property; **~ sobre si:** self-control.
do.mi.nó *s* domino.
dom-juan *s* Don Juan, lady-killer; masher.
do.mo *s* dome.
do.na *s* donna, Mrs., Miss; owner; **~ de casa:** housewife.
do.na.tá.rio *s* grantee.
do.na.ti.vo *s* donation; gift.
don.de *contr* da *prep* **de** com o *adv* **onde**, from where; whence.
do.ni.nha *s* weasel.
do.no *s* owner; proprietor; master.
don.ze.la *s* maid; maiden; virgin.
do.par *v* to drug.
dor *s* pain; ache; affliction; grief; **~ de barriga:** bellyache; **~ de cabeça:** headache; **~ de cotovelo:** jealousy; **~ de dente:** toothache; **~ de estômago:** stomachache; **~ de garganta:** sorethroat.
dor.mên.cia *s* numbness.
dor.men.te *s* sleeper; • *adj* sleeping; dormant.
dor.mi.nho.co *s* sleepyhead; • *adj* sleepy.
dor.mir *v* to sleep.
dor.mi.tó.rio *s* bedroom; dormitory (coletivo).
dor.so *s* back dorsum.
do.sar *v* to dose.

do.se *s* dose.
do.ta.ção *s* dotation.
do.tar *v* to endow; to give a dowry to.
do.te *s* dowry; marriage-portion; FIG gift.
dou.ra.do *adj* gilt; golden.
dou.rar *v* to gild.
dou.tor *s* doctor.
dou.to.ra.men.to *s* act of taking the degree of doctor.
dou.to.rar *v* to confer the degree of doctor.
dou.tri.na *s* doctrine.
dou.tri.nar *v* to indoctrinate.
dou.tri.ná.rio *adj* doctrinal.
do.ze *s e num* twelve.
drac.ma *s* drachma, old Greek coin before euro.
dra.ga *s* dredge.
dra.ga.gem *s* dredging.
dra.gão *s* dragon; MIL dragoon.
dra.gar *v* to dredge; to draw by degrees; to exhaust.
drá.gea *s* tablet.
dra.ma *s* drama.
dra.má.ti.co *adj* dramatic.
dra.ma.tur.go *s* dramatist; playwright.
drás.ti.co *adj* drastic.
dre.na.gem *s* drainage.
dre.nar *v* to drain.
dre.ná.vel *adj* drainable.
dri.blar *v* to dribble.
drin.que *s* drink.
drive *s* INF disk drive.
dro.ga *s* drug; medicine; trash; **viciado em ~s:** drug addict.
dro.ga.ri.a *s* drugstore; pharmacy.
dru.i.da *s* druid.
du.al *adj* dual.
du.a.li.da.de *s* duality.
du.a.lis.mo *s* dualism.
du.a.lis.ta *s e adj* dualist.
du.as *s e num* two.
dú.bio *adj* dubious, doubtful.
du.bla.gem *s* dubling.
du.blar *v* to dub (filme).
du.blê *s* stuntman.
du.cha *s* douche; shower-bath.
dúc.til *adj* ductile.

du.e.lo *s* duel.
du.en.de *s* hobgobling; pixy; pixie.
du.e.to *s* duet.
du.na *s* dune.
du.o *adj* duet; duo.
du.o.de.ci.mal *adj* duodecimal.
du.o.de.no *s* MED duodenum.
du.pla *s* couple, pair.
du.pli.ca.ção *s* duplication, doubling.
du.pli.car *v* to duplicate, to double.
du.pli.ca.ta *s* duplicate.
du.pli.ci.da.de *s* duplicity; double-dealing.
du.plo *adj* double; twofold; INF **clique ~:** double-click.
du.que *s* duke; deuce (jogo de cartas).
du.que.sa *s* duchess.
du.ra.bi.li.da.de *s* durability.

du.ra.ção *s* duration.
du.ra.dou.ro *adj* lasting.
du.ran.te *prep* during; while, for, by; **~ dez minutos:** for ten minutes.
du.rar *v* to last; to endure; **~ para sempre:** to last forever.
du.rá.vel *adj* durable.
du.re.za *s* hardness; cruelty.
du.ro *adj* hard; solid; tough; unkind.
dú.vi.da *s* doubt; uncertainty; **não há ~:** there's no doubt; **sem ~:** no doubt.
du.vi.dar *v* to doubt; to be uncertain of.
du.vi.do.so *adj* doubtful; dubious; uncertain.
du.zen.tos *s* e *num* two hundred.
dú.zia *s* dozen; **às ~s:** by the dozens; **meia ~:** half a dozen.

E

e *s* the fifth letter of the Portuguese alphabet; • *conj* and; ~ **assim por diante**: and so on.
é.ba.no *s* ebony.
é.brio *s* drunkard; • *adj* drunk; boozy; intoxicated.
e.bu.li.ção *s* boiling; ebullition; FIG agitation; excitement.
e.cle.si.ás.ti.co *s* clergyman, ecclesiastic; • *adj* ecclesiastical.
e.clé.ti.co *s* e *adj* eclectic.
e.cle.tis.mo *s* eclecticism.
e.clip.sar *v* to eclipse; to obscure; to disappear.
e.clip.se *s* eclipse.
e.clíp.ti.ca *s* ecliptic.
e.co *s* echo.
e.co.ar *v* to echo; to repeat a noise; to give an echo.
e.co.no.mi.a *s* economy (de gastos); economics (ciência); ~ **política**: political economy.
e.co.nô.mi.co *adj* economic; economical (barato, rentável); thrifty; **ano** ~: COM financial year; **Caixa Econômica**: Savings Bank.
e.co.no.mis.ta *s* economist.
e.co.no.mi.zar *v* to economize, to retrench, to save.
e.cu.mê.ni.co *adj* ecumenical.
ec.ze.ma *s* eczema.
e.de.ma *s* edema.
É.den *s* Eden; paradise.
e.di.ção *s* edition; publication; issue; editing (de filmes); ~ **extraordinária**: special edition.
e.di.fi.ca.ção *s* edification; building; construction.
e.di.fi.can.te *adj* edifying.
e.di.fi.car *v* to build; to construct; to edify.
e.di.fí.cio *s* building; edifice.
e.di.tal *s* edict, public note; proclamation.
e.di.tar *v* to publish; to edict; INF edit.
é.di.to *s* edict; judicial order.
e.di.tor *s* publisher; editor.
e.di.to.ra *s* publishing house.
e.di.to.ri.al *s* leading article; editorial; • *adj* editorial.
e.dre.dom *s* eider-down; quilt; coverlet.
e.du.ca.ção *s* education; instruction; breeding; background; good manners (polidez); **Educação Física**: Physical Education; **é falta de** ~: it's rude; **sem** ~: impolite.
e.du.ca.da.men.te *adv* politely.
e.du.ca.do *adj* well-bred; polite; educated.
e.du.ca.dor *s* educator; instructor.
e.du.can.do *s* student; pupil.
e.du.car *v* to educate; to bring up; to nurture; to rear; to teach.
e.fei.to *s* effect; result; **com** ~: really; indeed; ~ **colateral**: side effect; ~ **estufa**: greenhouse effect; ~**s sonoros**: sound effects; **fazer** ~: to take effect; **para todos os** ~**s**: to all intents and purposes.
e.fê.me.ro *adj* ephemeral; short-lived.
e.fe.mi.na.do *adj* effeminate; unmanly.

e.fer.ves.cên.cia s effervescence.
e.fer.ves.cen.te adj effervescent.
e.fe.ti.var v to accomplish; to realize; to effect; to make a permanent member of staff (contratar).
e.fe.ti.vo s MIL effective; • adj effective; real; permanent; actual.
e.fe.tu.a.ção s effectuation; accomplishment.
e.fe.tu.ar v to effectuate; to accomplish; to fulfill; to carry out.
e.fi.cá.cia s efficacy; efficiency.
e.fi.caz adj effective; competent; capable.
e.fi.ci.ên.cia s efficiency.
e.fi.ci.en.te adj efficient; effective.
e.fí.gie s effigy.
e.flo.res.cên.cia s efflorescence.
e.flo.res.cen.te adj efflorescent.
e.flo.res.cer v to effloresce; to blossom; to flower.
e.fu.são s effusion.
e.fu.si.vo adj effusive.
é.gi.de s aegis; shield; defence; protection.
e.gíp.cio s e adj Egyptian.
e.gip.to.lo.gi.a s Egyptology.
e.go s FILOS e PSIC ego.
e.go.cên.tri.co adj egocentric; self-centered.
e.go.ís.mo s egoism; selfishness.
e.go.ís.ta s egoist; • adj selfish; egoistic.
e.gré.gio adj illustrious; egregious; eminent; distinguished.
é.gua s mare.
ei.ra s barn-floor; threshing floor; **sem ~ nem beira**: in distress.
eis adv here is; here are; ~ **que, ~ senão quando**: suddenly.
ei.xo s axle; axis; spindle; **pôr nos ~s**: to set straight.
e.ja.cu.la.ção s ejaculation.
e.ja.cu.lar v to ejaculate.
e.la pron she; it; her; ~s: they; ~ **própria**: herself.
e.la.bo.ra.ção s elaboration.
e.la.bo.rar v to elaborate; to work out (desenvolver).
e.la.ção s elation.
e.las.ti.ci.da.de s elasticity (coisa); suppleness (pessoa).
e.lás.ti.co s elastic band; rubber band (borracha); elastic (de meia, cueca, etc.); • adj elastic; flexible; adaptable.
e.le pron he; it; him; ~s: they; ~ **próprio**: himself.
e.le.fan.te s elephant.
e.le.fan.tí.a.se s elephantiasis.
e.le.gân.cia s elegance; gracefulness.
e.le.gan.te adj elegant; smart; stylish; ritzy.
e.le.ger v to elect; to choose.
e.le.gi.a s elegy.
e.le.gi.bi.li.da.de s eligibility.
e.le.gí.vel adj eligible.
e.lei.ção s election; choice; selection.
e.lei.to s elect; • adj elected; chosen.
e.lei.tor s elector; voter.
e.lei.to.ra.do s electorate.
e.le.men.tar adj elementary; EUA **escola ~** (entre os 6 e os 11 anos de idade): elementary school.
e.le.men.to s element; principle; rudiment; part.
e.len.co s list; cast.
e.le.tri.ci.da.de s electricity.
e.le.tri.cis.ta s electrician.
e.lé.tri.co adj electric; electrical.
e.le.tri.fi.ca.ção s electrification.
e.le.tri.fi.car v to electrify.
e.le.tro veja **eletrocardiograma**.
e.le.tro.car.di.o.gra.ma s MED electrocardiogram; abrev ECG, EUA EKG.
e.le.tro.cu.tar v to electrocute.
e.lé.tro.do s electrode.
e.le.tro.do.més.ti.co s household electric appliance.
e.le.tró.li.se s electrolysis.
e.le.tro.mag.né.ti.co adj electromagnetic; electromagnetical.
e.le.tro.mag.ne.tis.mo s electromagnetism.
e.le.trô.ni.ca s electronics.
e.le.trô.ni.co adj electronic, electronical; INF **correio ~**: electronic mail (e-mail).
e.le.va.ção s elevation; rise (aumento).
e.le.va.do adj high; elevated (sentimento); noble; sublime.
e.le.va.dor s lift, EUA elevator.

elevar / embirrar

e.le.var *v* to raise; to elevate (promover); to lift; to enhance; to rise; to exalt.

e.li.dir *v* to elide; to omit; to strike out.

e.li.mi.na.ção *s* elimination; exclusion.

e.li.mi.nar *v* to eliminate; to expel; to exclude.

e.li.mi.na.tó.ria *s* heat (competição, prova).

e.li.mi.na.tó.rio *adj* eliminatory.

e.lip.se *s* GRAM ellipsis; GEOM ellipse.

e.líp.ti.co *adj* eliptic.

e.li.te *s* elite.

e.li.xir *s* elixir.

el.mo *s* helmet.

e.lo *s* link (em uma cadeia); BOT tendril.

e.lo.cu.ção *s* elocution.

e.lo.gi.ar *v* to praise; to eulogize; to exalt.

e.lo.gi.o *s* praise; compliment; eulogy; encomium.

e.lo.quên.cia *s* eloquence.

e.lo.quen.te *adj* eloquent.

e.lu.ci.da.ção *s* elucidation.

e.lu.ci.dar *v* to elucidate; to make clear; to explain.

em *prep* in; at; into; upon; on; by; **~ casa**: at home; **~ cima**: above; **~ frente**: in front; **~ toda parte**: everywhere; **~ vez de**: instead of/rather than.

e.ma.gre.cer *v* to make thin; to emaciate; to become thin; to lose weight.

e.ma.gre.ci.men.to *s* thinning; emaciation; slimming.

e.ma.na.ção *s* emanation.

e.ma.nar *v* to emanate.

e.man.ci.pa.ção *s* emancipation.

e.man.ci.pa.do *adj* emancipated.

e.man.ci.par *v* to emancipate; to set free; **~-se**: to become free/emancipated.

e.ma.ra.nhar *v* to entangle; to ravel; to tangle; **~-se**: to get tangled up; to become entangled.

em.ba.çar *v* to steam up (vidro); to shade; to dull.

em.ba.i.nhar *v* to hem (calça, vestido); to sheathe (espada).

em.bai.xa.da *s* embassy.

em.bai.xa.dor *s* ambassador.

em.bai.xa.do.ra *s* ambassadress.

em.bai.xa.triz *s* ambassadress; ambassador's wife (esposa do embaixador).

em.bai.xo *adv* below; down; under.

em.ba.la.gem *s* packaging; packing (caixa); wrapping (papel).

em.ba.lar *v* to pack; to wrap; to dandle; to lull; to rock (bebê).

em.ba.lo *s* swing.

em.bal.sa.ma.men.to *s* embalmment.

em.bal.sa.mar *v* to embalm.

em.ban.dei.rar *v* to flag; to adorn with flags.

em.ba.ra.ça.do *adj* embarrassed; disturbed; perplexed.

em.ba.ra.çar *v* to embarrass; to entangle; to hinder; to perplex.

em.ba.ra.ço *s* embarrassment; difficulty; hesitation.

em.ba.ra.ço.so *adj* embarrassing.

em.ba.ra.lhar *v* to shuffle (cartas); to mix; to confuse; **~-se**: to get muddled up.

em.bar.ca.ção *s* craft; ship; vessel; boat.

em.bar.ca.dou.ro *s* wharf; dock; pier.

em.bar.car *v* to embark; to board; to ship.

em.bar.ga.do *adj* under an embargo.

em.bar.gar *v* to suspend; to restrain; DIR to embargo.

em.bar.go *s* embargo; seizure.

em.bar.que *s* boarding; shipping; embarkment; embarkation (de pessoas); departures (seção de aeroporto).

em.bar.ri.car *v* to barrel.

em.bas.ba.car *v* to stupefy; to gape.

em.ba.te *s* collision; shock; crash; FIG clash.

em.ba.ter *v* to dash; to shock; to collide.

em.be.be.dar *v* to inebriate; **~-se**: to get drunk.

em.be.ber *v* to imbibe; to drink; to soak up.

em.be.bi.do *adj* soaked; FIG absorbed in thoughts.

em.be.le.za.men.to *s* embellishment.

em.be.le.zar *v* to embellish; to beautify; to adorn.

em.be.ve.cer *v* to charm; to enrapture.

em.be.ve.ci.men.to *s* rapture; amazement; ecstasy.

em.bir.rar *v* to stubborn; **~-se**: to be obstinate.

em.ble.ma *s* emblem, symbol.
em.bo.ca.du.ra *s* mouth (de rio); MÚS mouthpiece.
em.bo.li.a *s* embolism.
êm.bo.lo *s* piston; sucker.
em.bol.sar *v* to pocket; to pouch; to reimburse.
em.bo.ra *conj* in spite of; although; though; **ir ~**: to go away.
em.bos.ca.da *s* ambush; ambuscade.
em.bos.car *v* to ambush; to ambuscade.
em.bo.ta.men.to *s* dullness.
em.bo.tar *v* to blunt; to dull.
em.bran.que.cer *v* to whiten; to bleach.
em.bra.ve.cer *v* to enrage; to irritate; to get angry.
em.bre.a.gem *s* AUT clutch.
em.bre.nhar *v* to penetrate into woods, into wild forests, etc.
em.bri.a.ga.do *adj* drunk; intoxicated.
em.bri.a.gar *v* to intoxicate; to fuddle; to inebriate; to get drunk.
em.bri.a.guez *s* drunkenness; intoxication.
em.bri.ão *s* embryo.
em.bru.lha.da *s* confusion; disorder; muddle.
em.bru.lhar *v* to pack up; to wrap up; to cheat; to upset (estômago).
em.bru.lho *s* packet; bundle; confusion; FIG mix-up.
em.bus.te *s* trick; trickery.
em.bus.tei.ro *s* liar; tale-teller.
em.bu.ti.do *s* inlaid; • *adj* built-in; **armário ~**: closet.
em.bu.tir *v* to inlay; to build in.
e.men.da *s* emendation; mend; correction; DIR amendment.
e.men.dar *v* to amend; to emend; to correct.
e.men.dá.vel *adj* reparable; amendable.
e.mer.gên.cia *s* emergency.
e.mer.gen.te *adj* emergent.
e.mer.gir *v* to emerge.
e.mé.ri.to *adj* emeritus; remarkable.
e.mer.são *s* emersion.
e.mi.gra.ção *s* emigration.
e.mi.gra.do *s* e *adj* emigrant.
e.mi.gran.te *s* e *adj* emigrant.
e.mi.grar *v* to emigrate.
e.mi.nên.cia *s* eminence; hill; height.
e.mi.nen.te *adj* eminent; high; lofty; distinguished.
e.mis.são *s* emission (de luz, calor); discharge; issue (de moeda); broadcast, transmission (de rádio, de TV).
e.mis.sá.rio *s* emissary; messenger.
e.mis.sor *s* transmitter.
e.mis.so.ra *s* radio station (rádio); TV station (TV).
e.mi.tir *v* to emit (sons); to send forth; to give off; to utter; to issue (ações, moeda); to broadcast (rádio, TV).
e.mo.ção *s* emotion.
e.mo.ci.o.nal *adj* emotional; soulful.
e.mo.ci.o.nan.te *adj* stirring; exciting; touching; moving.
e.mol.du.rar *v* to frame.
e.mo.li.en.te *adj* emollient.
e.mo.lu.men.to *s* emolument.
e.mo.ti.vi.da.de *s* emotiveness.
e.mo.ti.vo *adj* emotive.
em.pa.car *v* to baulk (cavalo).
em.pa.co.ta.men.to *s* packing.
em.pa.co.tar *v* to pack up; to wrap up.
em.pa.da *s* small pie, patty.
em.pa.lhar *v* to stuff with straw.
em.pa.li.de.cer *v* to pale; to turn pale.
em.pa.na.do *adj* covered with cloth.
em.pa.nar *v* to tarnish; to make dull; to dim; to obscure.
em.pa.par *v* to soak; to imbibe; to steep.
em.par.cei.rar *v* to join; to match; to couple; to pair.
em.pa.re.lha.do *adj* matched; paired.
em.pa.re.lhar *v* to match; to couple; to pair; to be side by side.
em.pas.tar *v* to paste.
em.pa.tar *v* to tie (corredores); to draw (jogo).
em.pa.te *s* tie; draw.
em.pa.ti.a *s* empathy.
em.pe.ci.lho *s* impediment; hindrance; obstacle.
em.pe.der.ni.do *adj* hard-hearted; petrified.
em.pe.der.nir *v* to harden, to petrify.

em.pe.dra.men.to *s* pavement; paving.
em.pe.drar *v* to pave with stones.
em.pe.na.do *adj* warped.
em.pe.nar *v* to warp.
em.pe.nha.do *adj* engaged; indebted, being in debt; diligent.
em.pe.nhar *v* to pawn; to commit; to engage; to pledge; to run into debt; ~-se: to exert oneself.
em.pe.nho *s* pawn; pledge; diligence (esforço).
em.per.ra.do *adj* stiff; stuck.
em.per.rar *v* to stick, to harden; to be obstinate.
em.pes.tar *v* to infect.
em.pi.lha.men.to *s* heaping up; piling up.
em.pi.lhar *v* to pile up; to heap up.
em.pi.nar *v* to tip up; to raise; ~-se: to prance.
em.pí.reo *s* empyrean; • *adj* empyreal, celestial; divine.
em.pí.ri.co *s* quack; • *adj* empirical.
em.pi.ris.mo *s* empiricism.
em.plas.to *s* plaster.
em.plas.tro *veja* **emplasto**.
em.plu.mar *v* to feather.
em.po.bre.cer *v* to impoverish; to become poor.
em.po.bre.ci.men.to *s* impoverishment.
em.po.çar *v* to form a puddle.
em.po.ei.ra.do *adj* dusty.
em.po.ei.rar *v* to dust; to cover with dust.
em.po.lei.rar-se *v* to perch.
em.pol.gan.te *adj* overpowering; thrilling.
em.pol.gar *v* to grasp; to seize; to thrill.
em.por.ca.lhar *v* to dirty; to soil.
em.pó.rio *s* emporium; stores; shoppings.
em.pos.sar *v* to put in possession; to empower.
em.pre.en.de.dor *s* entrepreneur; • *adj* enterprising.
em.pre.en.der *v* to undertake; to enterprise.
em.pre.en.di.men.to *s* undertaking; enterprise.
em.pre.ga.do *s* employee; servant; clerk; • *adj* employed; busy; **empregada doméstica**: maid.
em.pre.ga.dor *s* employer.
em.pre.gar *v* to employ; to make use of; to bestow.
em.pre.go *s* use (uso); occupation; job (trabalho); employment.
em.prei.ta.da *s* contract work.
em.prei.tei.ro *s* contractor.
em.pre.sa *s* enterprise; undertaking; company; firm.
em.pre.sá.rio *s* contractor; entrepreneur; businessman; impresario (de teatro); manager (artista).
em.pres.ta.do *adj* lent; borrowed; **pedir** ~: to borrow.
em.pres.tar *v* to lend; to loan.
em.prés.ti.mo *s* lending; loan.
em.pu.nhar *v* to grasp; to gripe.
em.pur.rão *s* push; shove; thrust.
em.pur.rar *v* to push; to jostle; to poke; to shove; to thrust.
e.mu.de.cer *v* to be silent.
e.mu.la.ção *s* emulation.
e.mu.lar *v* to emulate.
e.mul.são *s* emulsion.
e.nal.te.cer *v* to exalt; to elevate; to extol; to praise.
e.na.mo.rar *v* to charm; ~-se: to fall in love.
en.ca.be.çar *v* to lead; to head; ~ **uma lista**: to start.
en.ca.bu.la.do *adj* shy, timid; bashful.
en.ca.de.a.men.to *s* chaining; linking; connection.
en.ca.de.ar *v* to chain; to link; to connect.
en.ca.der.na.ção *s* binding.
en.ca.der.na.dor *s* bookbinder.
en.ca.der.nar *v* to bind.
en.cai.xar *v* to fit; to rabbet; to encase; to insert.
en.cai.xe *s* groove; act of adjusting; mortise.
en.cai.xo.ta.men.to *s* packing; boxing.
en.cai.xo.tar *v* to box; to encase.
en.cal.ço *s* track; pursuit; **ao ~ de alguém**: on the track of somebody.
en.ca.lhar *v* to run aground (barco); to strand, not sell (mercadoria); FAM to be left on the shelf (ficar solteiro).

en.ca.lhe s unsold merchandise.
en.ca.mi.nhar v to lead; to direct; to guide.
en.ca.na.dor s plumber.
en.ca.na.men.to s plumbing, piping; canalization.
en.can.ta.do adj enchanted.
en.can.ta.dor s enchanter; magician; • adj charming.
en.can.ta.men.to s enchantment; charm; fascination.
en.can.tar v to enchant; to delight; to charm.
en.can.to s enchantment; charm; **quebrar o ~**: to break the spell.
en.ca.par v to wrap up; to cloak; to cover.
en.ca.po.ta.do adj cloaked.
en.ca.po.tar v to cloak; to be cloaked.
en.ca.ra.co.la.do adj curly.
en.ca.ra.co.lar v to curl.
en.ca.ra.pi.nha.do adj curly (cabelo).
en.ca.rar v to face; to gaze at; to glare; to consider (analisar).
en.car.ce.ra.men.to s incarceration; imprisonment.
en.car.ce.rar v to incarcerate; to imprison; to confine.
en.car.di.do adj dirty, nasty; grimy.
en.ca.re.cer v to raise the price of; to endear; to enhance.
en.ca.re.ci.men.to s raising of prices.
en.car.go s charge; duty; commission; responsibility.
en.car.na.ção s incarnation (espírito); embodiment (personagem).
en.car.na.do adj incarnate; red; rosy.
en.car.nar v to incarnate; to embody; to play (papel de teatro)
en.car.re.ga.do s representative; agent; porter of a building; foreman (operários); **~ de**: in charge of.
en.car.re.gar v to charge; to entrust with.
en.car.ri.lhar v to put on the rails/ruts.
en.car.te s insert.
en.car.vo.ar v to blacken with coal.
en.ca.sa.car-se v to dress up a coat.
en.cas.que.tar v to persuade; to get something into one's head.

en.ce.fá.li.co adj encephalic.
en.cé.fa.lo s encephalon.
en.ce.na.ção s production (peça de teatro); playacting (fingimento); staging.
en.ce.nar v to stage; to put on.
en.ce.ra.dei.ra s floor-polisher.
en.ce.ra.do s oilcloth; NÁUT tarpaulin; • adj waxed.
en.ce.rar v to wax.
en.cer.ra.men.to s closing; enclosure; close; confinement.
en.cer.rar v to enclose; to close; to confine; to lock up.
en.ce.tar v to begin; to open.
en.char.car v to inundate; to soak.
en.chen.te s flood; inundation; overflowing.
en.cher v to fill up; to become full; to crowd, to annoy; **~-se** to file up; to get fed up.
en.chi.men.to s filling up.
en.chu.ma.çar v to wad; to pad; to stuff.
en.cí.cli.ca s encyclic.
en.ci.clo.pé.dia s encyclopedia; encyclopaedia.
en.ci.mar v to top; to surmount.
en.clau.su.rar v to cloister.
en.co.ber.tar v to cover; to conceal; to disguise; to cloak.
en.co.ber.to adj hidden; disguised; cloaked; covered; shrouded; overcast.
en.co.bri.men.to s concealment; disguising.
en.co.brir v to hide; to conceal; to disguise; to cover up.
en.co.le.ri.zar v to anger; to get angry.
en.co.lher v to shrink; to shorten; FIG to be timid; to be bashful.
en.co.lhi.do adj shrunk, contracted; timid.
en.co.lhi.men.to s shrinkage.
en.co.men.da s order; commission; **sob ~**: to order.
en.co.men.dar v to commend; to order; to charge; to entrust.
en.cô.mio s encomium, praise; eulogy.
en.com.pri.dar v to lengthen.
en.con.trão s shock; collision.
en.con.trar v to meet; to find; to come across; to encounter; **~-se com**: to meet.

encontro / enfraquecer

en.con.tro *s* meeting; date; encounter; collision; clash.
en.co.ra.jar *v* to encourage.
en.cor.pa.do *adj* thick; corpulent; bulky; full-bodied (vinho).
en.cor.par *v* to thicken; to grow corpulent; to fatten.
en.cos.ta *s* slope; hillside.
en.cos.tar *v* to support; to prop; to park (carro); to leave on the latch (porta).
en.cos.to *s* stay; prop; support; back's seat.
en.cra.va.do *adj* nailed; **unha encravada**: an ingrowing nail.
en.cra.va.men.to *s* nailing.
en.cra.var *v* to stick; to set.
en.cren.ca *s* trouble.
en.cren.quei.ro *s* troublemaker.
en.cres.par *v* to frizz (cabelo); **~-se**: to go to frizz (cabelo); to get choppy (mar).
en.cru.a.do *adj* half cooked; raw.
en.cru.ar *v* to make crude; to become crude.
en.cru.zi.lha.da *s* crossroads; intersection.
en.cu.bar *v* to put into a tub; to incubate.
en.cur.ra.lar *v* to corral; to confine; to pen; to corner.
en.cur.tar *v* to shorten; to curtail.
en.cur.var *v* to incurvate; to bend.
en.dê.mi.co *adj* endemic.
en.de.mo.ni.nha.do *adj* devilish; possessed by the devil.
en.de.re.çar *v* to address; to guide.
en.de.re.ço *s* address.
en.deu.sa.men.to *s* deification.
en.deu.sar *v* to deify.
en.di.a.bra.do *adj* devilish; naughty.
en.di.nhei.ra.do *adj* rich; moneyed; wealthy.
en.di.rei.tar *v* to straighten; to correct; to set right; to right.
en.di.vi.dar *v* to run into debts; to contract debts.
en.do.cri.no.lo.gi.a *s* MED endocrinology.
en.doi.de.cer *v* to madden; to make insane; to go mad.
en.dos.san.te *s* endorser.
en.dos.sar *v* to endorse.
en.du.re.cer *v* to harden; to toughen.

en.du.re.ci.men.to *s* hardness; toughness.
e.ne.gre.cer *v* to blacken; to become dark.
e.ner.gi.a *s* energy; strength; vigour; electricity; **~ elétrica**: electric powder.
e.nér.gi.co *adj* energetic; vigorous.
e.ner.va.ção *s* enervation.
e.ner.var *v* to enervate; to get impatient.
e.ne.vo.ar *v* to grow misty; to dim.
en.fa.dar *v* to bore; to annoy.
en.fa.do *s* displeasure.
en.fa.do.nho *adj* tiresome; troublesome; boring.
en.fai.xar *v* to swaddle; to bind; to band; to bandage.
en.fa.ri.nha.do *adj* covered with flour; powdered; floured.
en.fa.ri.nhar *v* to cover with flour.
en.far.te *s* MED infarct, heart attack.
ên.fa.se *s* emphasis; **dar ~ a**: to emphasize.
en.fas.ti.ar *v* to cause loathing; to loathe; **~-se**: to be tired.
en.fá.ti.co *adj* emphatic.
en.fa.ti.zar *v* to emphasize.
en.fei.tar *v* to adorn; to beautify; to ornament; to deck; **~-se**: to dress up.
en.fei.te *s* ornament; decoration.
en.fei.ti.çar *v* to bewitch; to charm; to seduce.
en.fer.ma.gem *s* nursing.
en.fer.ma.ri.a *s* ward.
en.fer.mei.ra *s* nurse.
en.fer.mei.ro *s* male-nurse; nurse.
en.fer.mi.da.de *s* sickness; illness; weakness.
en.fer.mo *s* sick-person; patient; • *adj* sick; ill.
en.fer.ru.jar *v* to rust.
en.fe.za.do *adj* angry; upset.
en.fe.zar-se *v* to be upset.
en.fi.ar *v* to thread (agulha); to string; to slip on (roupa); **~ a carapuça**: to take the hint.
en.fi.lei.rar *v* to place in a file; to range; to rank; to line up.
en.fim *adv* at last; after all; finally.
en.fo.car *v* to focus, to focalize.
en.for.ca.men.to *s* hanging.
en.for.car *v* to hang.
en.fra.que.cer *v* to weaken; to enfeeble; to droop.

en.fra.que.ci.men.to s weakness; debility.
en.fren.tar v to face; to oppose.
en.fu.ma.ça.do adj smoky.
en.fu.re.cer v to enrage; to rage; to madden; **~-se**: to become furious.
en.fu.re.ci.do adj furious.
en.gai.o.lar v to cage; FIG to imprison.
en.ga.ja.men.to s engagement; commitment.
en.ga.jar v to engage; MIL to enlist; **~-se**: to get involved in.
en.ga.na.do adj mistaken; deceived.
en.ga.na.dor s deceiver; • adj delusive.
en.ga.nar v to deceive; to trick; to cheat; to gull; to fool; to beguile; to delude; to stave off (fome); **~-se**: to be mistaken.
en.ga.no s deceit; mistake; error; cheat; **por ~**: by mistake.
en.ga.no.so adj deceitful.
en.gar.ra.fa.men.to s bottling (vinho, cerveja, etc.); **~ de tráfego**: traffic jam.
en.gar.ra.far v to bottle; to block (trânsito).
en.gas.gar v to choke; to backfire (motor de carro).
en.ga.te s cramp; link; **~ de reboque**: trailer hitch.
en.ga.ti.lhar v to cock (arma); FIG to prepare.
en.ga.ti.nhar v to crawl on all fours; to creep.
en.ga.ve.ta.men.to s pile-up (automóveis).
en.gen.drar v to engender.
en.ge.nha.ri.a s engineering.
en.ge.nhei.ro s engineer.
en.ge.nho s talent; skill; wit; machine; engine; **~ de açúcar**: sugar mill.
en.ge.nho.so adj ingenious; clever; inventive; witty.
en.ges.sar v to plaster.
en.glo.bar v to embody, to include.
en.go.do s lure; bait.
en.go.lir v to swallow; to gobble; to gulp; **~ em seco**: to bite one's tongue.
en.go.ma.dei.ra s ironer; starcher.
en.go.mar v to starch; to iron.
en.gor.da s fattening.
en.gor.dar v to fatten (animais); to put on weight (pessoas).
en.gor.du.rar v to grease.

en.gra.ça.do adj funny; comic.
en.gra.da.do s crate.
en.gra.dar v to grate; to rail.
en.gran.de.cer v to enlarge; to augment; to increase; to aggrandize.
en.gran.de.ci.men.to s increase; enlargement; exaltation.
en.gra.vi.dar v to get pregnant; to make pregnant.
en.gra.xar v to grease (mecanismo); to clean a shoe; to shine.

en.gra.xa.te s bootblack; shoeblack; shoeshiner.
en.gre.na.gem s gear; gearing.
en.gre.nar v to gear; to strike up (conversa).
en.gros.sar v to enlarge; to swell; to thicken; to deepen (a voz).
en.gui.a s eel.
en.gui.çar v to break down.
en.gui.ço s breakdown.
e.nig.ma s enigma; riddle.
e.nig.má.ti.co adj enigmatic; enigmatical; obscure.
en.jau.lar v to cage; to arrest.
en.jei.ta.do s foundling; • adj rejected.
en.jei.tar v to reject; to abandon; to refuse.
en.jo.a.do adj affected with nausea; seasick.
en.jo.ar v to nauseate; to pall; to get seasick.
en.jo.a.ti.vo adj nauseous.
en.jo.o s seasickness; nausea.
en.la.çar v to lace; to tie.
en.la.ce s union; marriage.
en.la.me.ar v to soil with mud; to mire.
en.la.ta.do adj tinned, EUA canned.
en.la.tar v to tin, EUA to can.
en.le.va.ção s rapture; ecstasy.
en.le.var v to ravish; to charm; to exalt; to enrapture.
en.le.vo s rapture; ecstasy.
en.lou.que.cer v to madden; to run mad; to go mad.
en.lou.que.ci.men.to s madness.
en.lu.a.ra.do adj moonlit.
en.lu.tar v to mourn; to grieve.
e.no.bre.cer v to ennoble.

enodoar / entrar

e.no.do.ar v to stain; to soil.
e.nor.me adj enormous; huge.
e.nor.mi.da.de s enormity; hugeness.
en.qua.drar v to frame.
en.quan.to adv while; as long as; whereas; **~ isso**: meanwhile; **por ~**: for now.
en.que.te s survey.
en.rai.ve.cer v to enrage; to rage; to anger.
en.rai.zar v to take root.
en.ras.ca.da s jam; complication.
en.ras.car v to entangle; to get into trouble.
en.re.dar v to entangle; to intrigue.
en.re.do s intrigue; entanglement; plot.
en.re.ge.lar v to freeze; to congeal.
en.ri.je.cer v to harden; to strengthen.
en.ri.que.cer v to enrich; to get rich.
en.ri.que.ci.men.to s enrichment.
en.ro.lar v to roll.
en.ros.ca.do adj entangled.
en.ros.car v to twine; to wind.
en.ru.bes.cer v to redden; to flush; to blush.
en.ru.ga.do adj wrinkled.
en.ru.gar v to wrinkle; to pucker; to furrow (testa).
en.sa.bo.ar v to soap; to lather.
en.sa.car v to bag; to sack.
en.sai.ar v to essay; to experiment; to try; to attempt; to rehearse.
en.sai.o s essay; rehearsal.
en.sa.ís.ta s essayist.
en.san.de.cer v to make mad; to become mad.
en.san.guen.ta.do adj bloody; bloodstained.
en.san.guen.tar v to make bloody; to stain with blood.
en.se.a.da s inlet; cove.
en.se.jar v to watch an opportunity.
en.se.jo s opportunity; occasion; chance.
en.si.na.men.to s teaching.
en.si.nar v to teach; to instruct; to educate.
en.si.no s teaching; instruction; education **~ fundamental**: elementary school; **~ médio**: high school; **~ superior**: university; college.
en.so.la.ra.do adj sunny.

en.so.pa.do adj wet; soaked.
en.so.par v to soak; to drench.
en.sur.de.ce.dor adj very noisy; deafening.
en.sur.de.cer v to deafen; to become deaf.
en.ta.la.do adj pinched.
en.ta.lhar v to engrave; to carve.
en.ta.lhe s carving; engraving; notch.
en.tan.to adv meanwhile; **no ~**: nevertheless, yet; however.
en.tão adv then; so; at that time; **desde ~**: since then.
en.tar.de.cer s late afternoon, nightfall; sunset.
en.te s being.
en.te.a.da s stepdaughter.
en.te.a.do s stepson.
en.te.di.ar v to annoy; to bore.
en.ten.de.dor s connoisseur; expert.
en.ten.der v to understand; to comprehend; to know; **dar a ~**: to suggest; **~ errado**: to misunderstand; **no meu ~**: in my opinion.
en.ten.di.do s expert; • adj understood; skilful.
en.ten.di.men.to s understanding; agreement.
en.ter.ne.cer v to touch; to move.
en.ter.ra.men.to veja **enterro**.
en.ter.rar v to bury; to inter.
en.ter.ro s funeral; burial.
en.ti.da.de s entity.
en.to.a.ção s intonation; inflexion.
en.to.ar v to intone.
en.ton.te.cer v to stun.
en.tor.nar v to pour; to spill.
en.tor.pe.cen.te s e adj narcotic; drug.
en.tor.pe.cer v to benumb; to grow benumbed.
en.tor.pe.ci.men.to s torpor; numbness.
en.tor.tar v to crook; to bend.
en.tra.da s entry; entrance; access; beginning; ticket (bilhete); starter (prato); deposit (pagamento); **~s**: receding hairline (couro cabeludo); **~ proibida**: no entrance.
en.tra.nha.do adj penetrated; deep; profound.
en.tra.nhas s entrails; bowels.
en.trar v to enter; to come in; to come into; to join as a member; to go in; to step into; **~ bem**: to get fouled up.

en.tra.var *v* to encumber; to impede; to obstruct.
en.tra.ve *s* encumbrance; impediment.
en.tre *prep* between; among; amidst; **aqui ~ nós (segredo)**: just between you and me.
en.tre.a.ber.to *adj* ajar; half-open.
en.tre.a.brir *v* to set ajar.
en.tre.cho.car-se *v* to collide; to clash.
en.tre.cor.tar *v* to intersect; to interrupt.
en.tre.ga *s* delivery; surrender (rendição); **~ em domicílio**: home delivery.
en.tre.ga.dor *s* deliverer; roundsman; deliveryman.
en.tre.gar *v* to deliver; to hand; **~-se**: to surrender; **~ a alma a Deus**: to die; **~ os pontos**: FIG to cash in one's chips.
en.tre.gue *adj* delivered; handed over.
en.tre.la.çar *v* to interlace; to entwine.
en.tre.li.nha *s* interlineation, space between two lines; **ler nas ~s**: FIG to read between the lines.
en.tre.lu.zir *v* to glimmer.
en.tre.me.a.do *adj* interposed.
en.tre.me.ar *v* to intermingle; to intermix.
en.tre.men.tes *adv* meanwhile; however.
en.tre.pos.to *s* storehouse; emporium.
en.tre.tan.to *adv* meanwhile; • *conj* however, nevertheless.
en.tre.te.la *s* buckram.
en.tre.te.ni.men.to *s* entertainment; amusement; distraction; pastime.
en.tre.ter *v* to amuse; to entertain.
en.tre.va.do *s* e *adj* paralytic.
en.tre.var *v* to paralyze; to become paralytic.
en.tre.ver *v* to get a glimpse of; to see imperfectly.
en.tre.vis.ta *s* interview; appointment.
en.tre.vis.ta.dor *s* interviewer.
en.tre.vis.tar *v* to interview.
en.trin.chei.ra.men.to *s* entrenchment.
en.trin.chei.rar *v* to entrench; to barricade.
en.tris.te.cer *v* to sadden; to upset; to become sad; to grieve.
en.tris.te.ci.men.to *s* sadness; gloom.
en.tron.ca.men.to *s* junction.
en.tron.car *v* to join; to make a junction.
en.tu.lhar *v* to fill up; to heap up.
en.tu.lho *s* debris; rubbish.
en.tu.pi.men.to *s* obstruction.
en.tu.pir *v* to stop up; to obstruct; to choke; to block up; **~-se**: to get blocked (comida).
en.tu.si.as.mar *v* to become enthusiastic; to enrapture; to enthuse; **~-se com**: to get enthusiastic with.
en.tu.si.as.mo *s* enthusiasm.
en.tu.si.as.ta *s* e *adj* enthusiast.
en.tu.si.ás.ti.co *adj* enthusiastic.
e.nu.me.ra.ção *s* enumeration.
e.nu.me.rar *v* to enumerate.
e.nun.ci.a.ção *s* enunciation.
e.nun.ci.a.do *s* enunciation; proposition; wording.
e.nun.ci.ar *v* to enunciate; to express; to state.
en.vai.de.cer *v* to make proud; to make vain.
en.va.si.lhar *v* to barrel; to cask.
en.ve.lhe.cer *v* to make old; to grow old.
en.ve.lhe.ci.do *adj* old-looking; old.
en.ve.lhe.ci.men.to *s* aging.
en.ve.lo.pe *s* envelope.
en.ve.ne.na.men.to *s* poisoning.
en.ve.ne.nar *v* to poison; to envenom; POP to soup up (carro).
en.ve.re.dar *v* to be on the way to.
en.ver.ga.du.ra *s* capacity; span; breadth of the sails.
en.ver.gar *v* to bend.
en.ver.go.nhar *v* to shame; **~-se**: to be ashamed.
en.ver.ni.zar *v* to varnish.
en.vi.a.do *s* envoy; messenger; • *adj* sent.
en.vi.ar *v* to send; to dispatch; to forward.
en.vi.dra.ça.do *adj* glazed.
en.vi.dra.çar *v* to glaze.
en.vi.e.sa.do *adj* sloping; slanting.
en.vi.e.sar *v* to slope; to slant.
en.vi.u.var *v* to become a widow or a widower.
en.vol.to *adj* wrapped up; involved; shrouded.
en.vol.tó.rio *s* wrapper; cover.
en.vol.ver *v* to wrap; to entail; to involve; to cover; to envelop; **~-se**: to get involved.
en.vol.vi.men.to *s* involvement.
en.xa.da *s* hoe.

en.xa.dre.zar *v* to checker.
en.xa.dris.ta *s* chessplayer.
en.xa.guar *v* to rinse.
en.xa.me *s* swarm of bees.
en.xa.que.ca *s* migraine, megrim.
en.xer.gar *v* to see; to distinguish.
en.xer.tar *v* to graft; to insert.
en.xer.to *s* graft.
en.xo.fre *s* QUÍM sulphur.
en.xo.tar *v* to scare; to drive away; to throw away.
en.xo.val *s* trousseau (de noiva); layette (de bebê).
en.xu.gar *v* to dry; to wipe.
en.xur.ra.da *s* torrent; abundance.
en.xu.to *adj* dry; free from moisture.
en.zi.ma *s* enzime.
é.pi.co *adj* epic, heroic.
e.pi.cu.ris.mo *s* epicureanism.
e.pi.de.mi.a *s* epidemic.
e.pi.dê.mi.co *adj* epidemic.
e.pi.der.me *s* epidermis.
e.pi.glo.te *s* epiglotis.
e.pí.gra.fe *s* epigraph.
e.pi.gra.ma *s* epigram.
e.pi.lep.si.a *s* MED epilepsy.
e.pí.lo.go *s* epilogue; epilog.
e.pis.co.pa.do *s* episcopacy.
e.pis.co.pal *adj* episcopal.
e.pi.só.dio *s* episode.
e.pís.to.la *s* epistle.
e.pi.tá.fio *s* epitaph.
e.pí.te.to *s* epithet, nickname.
é.po.ca *s* epoch, era, age; **naquela ~**: at that time.
e.po.pei.a *s* epic; epopee.
e.qua.ção *s* equation.
e.qua.dor *s* equator.
e.quâ.ni.me *adj* equanimous.
e.qua.ni.mi.da.de *s* equanimity; calm temper.
e.qua.to.ri.al *adj* equatorial.
e.ques.tre *adj* equestrian.
e.qui.da.de *s* equity; fairness.
e.qui.dis.tân.cia *s* equidistance.
e.qui.dis.tan.te *adj* equidistant.
e.qui.la.te.ral *adj* equilateral.

e.qui.lá.te.ro *veja* **equilateral**.
e.qui.li.brar *v* to equilibrate; to poise; to counterbalance; to balance.
e.qui.lí.brio *s* equilibrium; balance; **perder o ~**: to lose one's balance.
e.qui.li.bris.ta *s* equilibrist.
e.qui.mo.se *s* MED ecchymosis.
e.qui.no *adj* equine.
e.qui.nó.cio *s* equinox.
e.qui.pa.gem *s* equipage; equipment.
e.qui.pa.men.to *s* equipment; gear; supply.
e.qui.par *v* to equip; to fit out.
e.qui.pa.rar *v* to compare; to match.
e.qui.pa.rá.vel *adj* comparable; matchable.
e.qui.pe *adj* team; staff.
e.qui.ta.ção *s* horsemanship; riding.
e.qui.ta.ti.vo *adj* equitable; just; fair.
e.qui.va.lên.cia *s* equivalence.
e.qui.va.len.te *adj* equivalent; identical.
e.qui.va.ler *v* to be equivalent.
e.qui.vo.ca.do *adj* wrong.
e.qui.vo.car *v* to equivocate; to mistake.
e.quí.vo.co *s* mistake; • *adj* equivocal.
e.ra *s* era; age.
e.rá.rio *s* exchequer; public treasury.
e.re.ção *s* erection.
e.re.mi.ta *s* hermit; eremite; recluse.
e.ré.til *adj* erectile.
e.re.to *adj* erect; upright.
er.guer *v* to raise; to rise up.
e.ri.çar *v* to bristle.
e.ri.gir *v* to erect; to raise; to set up; to build.
e.ri.si.pe.la *s* MED erysipelas.
er.mo *s* desert; solitary place; • *adj* solitary; lonely.
e.ro.são *s* erosion.
e.ró.ti.co *adj* erotic; erotical.
e.ro.tis.mo *s* erotism, sensual passion.
er.ra.di.car *v* to eradicate.
er.ra.do *adj* wrong; mistaken; erroneous.
er.ran.te *adj* wandering; errant.
er.rar *v* to mistake; to err; to make a mistake; to miss.
er.ra.ta *s* erratum.
er.ro *s* error; mistake.

erudição / escolha

e.ru.di.ção *s* erudition.
e.ru.di.to *adj* erudite.
e.rup.ção *s* eruption.
er.va *s* herb; grass; POP marijuana; **~ s aromáticas**: fine herbs; **~-cidreira**: balm-mint; **~ daninha**: weed; **~-doce**: fennel; **~-mate**: mateplant.
er.vi.lha *s* pea.
es.ba.fo.ri.do *adj* out of breath.
es.ban.ja.dor *s* spendthrift; • *adj* prodigal; squandering.
es.ban.jar *v* to lavish on/upon; to squander.
es.bar.rar *v* to hit.
es.bel.to *adj* slender; elegant.
es.bo.çar *v* to sketch; to delineate; to draft; to outline.
es.bo.ço *s* sketch; rough-draw.
es.bo.fe.te.ar *v* to slap.
es.bor.ra.char *v* to crush; to squash.
es.bran.qui.ça.do *adj* whitish.
es.bra.ve.jar *v* to roar, to shout.
es.bu.ra.car *v* to bore; to make holes in.
es.ca.bro.so *adj* rough; coarse; churlish.
es.ca.da *s* staircase, stairs, ladder, EUA stairway; **~ rolante**: escalator.
es.ca.da.ri.a *s* staircase, stairway.
es.ca.fan.dris.ta *s* diver.
es.ca.la *s* scale; **em grande ~**: on a large scale; **fazer ~**: to stop over (voos); **sem ~**: non-stop (voos).
es.ca.la.da *s* scaling.
es.ca.lão *s* step.
es.ca.lar *v* to escalade; to scale; to climb.
es.cal.dan.te *adj* burning.
es.cal.dar *v* to scald; to burn.
es.ca.lo.nar *v* to assign.
es.cal.pe.lar *v* to scalp.
es.cal.po *s* scalp.
es.ca.ma *s* squama; scale.
es.ca.mo.so *adj* scaly; squamous.
es.can.ca.rar *v* to set wide open.
es.can.da.li.zar *v* scandalize; **~-se**: to be scandalized.
es.cân.da.lo *s* scandal.
es.can.da.lo.so *adj* scandalous.

es.can.ga.lhar *v* to break up; to break into pieces.
es.can.tei.o *s* FUT corner kick.
es.ca.pa.men.to *s* exhaust (automóveis); leakage (gás).
es.ca.par *v* to escape; to get away; to evade; **~ por um triz**: to have a narrow escape.
es.ca.pa.tó.ria *s* excuse; evasion; way out.
es.ca.pu.lir *v* to escape; to sneak; to slink; to run away; to slip.
es.ca.ra.mu.ça *s* skirmish; quarrel.
es.ca.ra.mu.çar *v* to skirmish.
es.ca.ra.ve.lho *s* scarab; beetle.
es.car.céu *s* billow; big noise; fuss; **fazer um grande ~**: to make much ado about nothing.
es.car.la.te *s e adj* scarlet.
es.car.la.ti.na *s* MED scarlatina.
es.car.ne.ce.dor *s* mocker; scoffer.
es.car.ne.cer *v* to mock; to scoff; to jest; to make fun of.
es.cár.nio *s* mockery; scoff.
es.car.pa *s* scarp.
es.car.ra.dei.ra *s* spittoon, EUA cuspidor.
es.car.rar *v* to spit; to expectorate.
es.car.ro *s* spittle.
es.cas.se.ar *v* to become scarce.
es.cas.sez *s* scarcity; lack; want; shortage.
es.cas.so *adj* scanty; limited; scarce.
es.ca.va.ção *s* dig; excavation.
es.ca.var *v* to dig; to excavate.
es.cla.re.cer *v* to clear; to elucidate; to enlighten.
es.cla.re.ci.do *adj* cleared; enlightened.
es.cla.re.ci.men.to *s* clearing up; explanation; elucidation.
es.cle.ro.se *s* MED sclerosis.
es.cle.ró.ti.ca *s* MED sclerotic.
es.co.a.dou.ro *s* drain; sewer.
es.co.a.men.to *s* drainage.
es.co.ar *v* to drain; to flow; to drop.
es.col *s* elite.
es.co.la *s* school; college.
es.co.lar *s* student; pupil; scholar; • *adj* school.
es.co.lha *s* choice; selection.

escolher / esférico

es.co.lher *v* to choose; to elect; to single out; to select.
es.co.lhi.do *adj* chosen; selected.
es.col.ta *s* escort.
es.col.tar *v* to escort; to accompany.
es.com.bros *s* rubbish; trash; refuse; debris.
es.con.der *v* to hide; to lurk; to conceal.
es.con.de-es.con.de *s* hide-and-seek.
es.con.de.ri.jo *s* hiding-place.
es.con.di.do *adj* hidden; **às ~as**: secretly.
es.con.ju.rar *v* to exorcize.
es.con.ju.ro *s* exorcism; conjuration.
es.co.po *s* target, aim.
es.co.ra *s* prop; stay; support.
es.co.rar *v* to prop; to shore; to rest on.
es.cor.bu.to *s* scurvy.
es.có.ria *s* scoria; slag; dross.
es.co.ri.a.ção *s* excoriation.
es.co.ri.ar *v* to excoriate; to flay.
es.cor.pi.ão *s* scorpion; ASTROL Scorpio.
es.cor.ra.çar *v* to expel; to expulse.
es.cor.re.ga.di.o *adj* slippery.
es.cor.re.gão *s* slide; slip; slipping; sliding.
es.cor.re.gar *v* to slide; to slip.
es.cor.rer *v* to run; to drain; to drop.
es.cor.ri.men.to *s* dropping.
es.co.tei.ro *s* boy-scout.
es.co.ti.lha *s* hatchway.
es.co.va *s* brush; **~ de cabelos**: hair brush; **~ de dentes**: tooth brush; **~ de roupa**: clothes brush; **fazer ~ no cabelo**: to blow-dry one's hair.
es.co.var *v* to brush.
es.cra.cha.do *adj* POP outspoken.
es.cra.va.tu.ra *s* slavery; slave trade.
es.cra.vi.dão *s* slavery.
es.cra.vi.zar *v* to enslave.
es.cra.vo *s* e *adj* slave.
es.cre.ven.te *s* clerk.
es.cre.ver *v* to write; **máquina de ~**: typewriter.
es.cri.ta *s* writing; handwriting (caligrafia); **fazer a ~**: CONT to keep the books.
es.cri.to *s* note; • *adj* written; **por ~**: in writing.
es.cri.tor *s* writer; author.
es.cri.tó.rio *s* office; study; **~ central**: main office; headquarter.
es.cri.tu.ra *s* deed; **Sagrada ~**: Holy Scripture.
es.cri.tu.ra.ção *s* bookkeeping.
es.cri.tu.rar *v* COM to keep books.
es.cri.tu.rá.rio *s* clerk.
es.cri.va.ni.nha *s* desk; bureau; writing desk.
es.cri.vão *s* notary; clerk.
es.crú.pu.lo *s* scruple.
es.cru.pu.lo.so *adj* scrupulous.
es.cru.ti.na.dor *s* scrutineer; scrutinizer.
es.cru.tí.nio *s* scrutiny; **~ secreto**: secret vote.
es.cu.dei.ro *s* shield-bearer; squire.
es.cu.do *s* shield; escutcheon; escudo, the Portuguese monetary unit.
es.cul.pir *v* to sculpture; to carve.
es.cul.tor *s* sculptor; carver.
es.cul.tu.ra *s* sculpture.
es.cul.tu.ral *adj* sculptural.
es.cu.ma *s* foam; scum; froth.
es.cu.ma.dei.ra *s* skimmer.
es.cu.na *s* schooner.
es.cu.ras *s pl* darkness; **às ~**: in the dark.
es.cu.re.cer *v* to darken; to get dark; to obscure.
es.cu.ri.dão *s* darkness; obscurity; FIG ignorance; blindness.
es.cu.ro *s* obscurity; darkness; • *adj* dark; gloomy.
es.cu.sa *s* excuse.
es.cu.sa.do *adj* useless; needless.
es.cu.sar *v* to excuse; to justify; to decline; to apologize.
es.cu.sá.vel *adj* excusable.
es.cu.so *adj* hidden; secret.
es.cu.ta *s* listening; **~ telefônica**: phone tapping.
es.cu.tar *v* to listen to; to hearken.
es.drú.xu.lo *adj* weird.
es.fa.ce.la.men.to *s* downfall; ruin; collapse; destruction.
es.fa.ce.lar *v* to ruin; to collapse; to break down.
es.fa.re.lar *v* to crumble; to reduce to bran.
es.far.ra.pa.do *adj* ragged.
es.far.ra.par *v* to tear; to rend.
es.fe.ra *s* sphere; globe.
es.fé.ri.co *adj* spheric; spherical.

100

es.fin.ge *s* sphinx.
es.fo.lar *v* to flay; to skin.
es.for.ça.do *adj* bold; brave; diligent; hard-working.
es.for.çar *v* to strengthen; to exert; to endeavor; **~-se**: to strive.
es.for.ço *s* effort; COM exertion.
es.fre.gão *s* rubbing-cloth.
es.fre.gar *v* to rub; to scour; to scrub.
es.fri.a.men.to *s* coolness; cooling.
es.fri.ar *v* to cool; to make cool; to chill; to cool down; to lose enthusiasm.
es.ga.nar *v* to strangle; to throttle.
es.ga.ni.çar *v* to yelp; to bark.
es.gar.çar *v* to tear.
es.go.ta.do *adj* exhausted; worn out; out of print (livro, revista, etc.); sold out.
es.go.ta.men.to *s* exhaustion; **~ nervoso**: nervous breakdown.
es.go.tar *v* to exhaust; to tire out; to use up; **~-se**: to become exhausted; to sell out.
es.go.to *s* drain; sewer; **rede de ~**: sewerage system.
es.gri.ma *s* fencing.
es.gri.mir *v* to fence.
es.gri.mis.ta *s* fencer.
es.gui.char *v* to spirt; to gush; to spout; to squirt.
es.gui.cho *s* spout; squirt; jet of waterspout.
es.gui.o *adj* slender; slim; thin.
es.ma.e.cer *v* to faint; to swoon.
es.ma.ga.dor *adj* crushing; overwhelming; **sucesso ~**: smash hit.
es.ma.ga.men.to *s* crushing.
es.ma.gar *v* to crush; to overwhelm.
es.mal.tar *v* to enamel.
es.mal.te *s* enamel; **~ de unhas**: EUA nail polish.
es.me.ral.da *s* emerald.
es.me.rar *v* to perfect; to do one's best.
es.me.ril *s* emery.
es.me.ri.lhar *v* to polish; to rub; to burnish.
es.me.ro *s* great care; accuracy.
es.mi.ga.lhar *v* to crumble (pão); to shatter (vidro).

es.mi.u.çar *v* to analyse; to search; to examine closely.
es.mo *s* estimate; **a ~**: at random (escolher), without direction (andar).
es.mo.la *s* alms.
es.mo.lar *v* to give alms; to ask for alms.
es.mo.re.cer *v* to discourage.
es.mo.re.ci.do *adj* discouraged.
es.mo.re.ci.men.to *s* discouragement.
es.mur.rar *v* to box; to cuff.
es.no.be *s* snob; • *adj* snobbish.
e.sô.fa.go *s* esophagus.
e.so.té.ri.co *adj* esoteric.
es.pa.ça.do *adj* spaced.
es.pa.çar *v* to space.
es.pa.ci.al *adj* spacial.
es.pa.ço *s* space; room; duration; interval.
es.pa.ço.so *adj* spacious; ample; vast in extent.
es.pa.da *s* sword; spades (baralho); **embainhar a ~**: to sheathe the sword.
es.pa.da.ú.do *adj* broad-shouldered.
es.pa.dim *s* small sword.
es.pá.dua *s* shoulder.
es.pa.gue.te *s* CULIN spaghetti.
es.pai.re.cer *v* to amuse.
es.pai.re.ci.men.to *s* amusement; entertainment.
es.pa.lha.fa.to *s* confusion; fuss.
es.pa.lha.fa.to.so *adj* noisy; exaggerated; garish; showy.
es.pa.lhar *v* to scatter; to spread; **~ boatos**: to rumor.
es.pal.mar *v* to flatten.
es.pa.na.dor *s* duster.
es.pa.nar *v* to dust.
es.pan.car *v* to beat; to strike; to thrash; to maul.
es.pa.nhol *s* Spaniard (pessoa); Spanish (língua); • *adj* Spanish.
es.pan.ta.lho *s* scarecrow.
es.pan.tar *v* to frighten; to scare; to astonish; to amaze.
es.pan.to *s* fright; astonishment.
es.pan.to.so *adj* dreadful; frightful.
es.pa.ra.dra.po *s* adhesive tape; sticking plaster.

espargimento / esplendor

es.par.gi.men.to *s* scattering; dissemination.
es.par.gir *v* to scatter; to spread.
es.par.ra.mar *v* to scatter, to spread.
es.par.re.la *s* snare.
es.par.so *adj* scattered.
es.par.ti.lho *s* stays; corset.
es.pas.mo *s* spasm.
es.pas.mó.di.co *adj* spasmodic.
es.pa.ti.far *v* to crash; to break into pieces; to smash.
es.pá.tu.la *s* spatula.
es.pa.vo.rir *v* to frighten; to terrify; to alarm.
es.pe.ci.al *adj* special; particular.
es.pe.ci.a.li.da.de *s* specialty; feature.
es.pe.ci.a.lis.ta *s* specialist; expert.
es.pe.ci.a.li.zar *v* to specialize; to make speciality of.
es.pe.ci.al.men.te *adv* especially.
es.pe.ci.a.ri.a *s* spice.
es.pé.cie *s* species; kind; sort; **~ humana**: mankind; humankind; **toda ~ de**: all sort of.
es.pe.ci.fi.car *v* to specify; to particularize; to detail.
es.pe.cí.fi.co *adj* specific.
es.pé.ci.me *s* specimen; pattern.
es.pec.ta.dor *s* spectator (espetáculo); looker-on (acidente); viewer (TV); **~es**: audience.
es.pec.tral *adj* spectral.
es.pec.tro *s* spectrum; specter; ghost.
es.pe.cu.la.ção *s* speculation.
es.pe.cu.lar *v* to speculate.
es.pe.cu.la.ti.vo *adj* speculative.
es.pe.lhar *v* to reflect; to mirror.
es.pe.lho *s* mirror; looking-glass; **~ retrovisor**: rearview mirror.
es.pe.lun.ca *s* joint; den.
es.pe.ra *s* expectation; waiting; hope; delay; respite; **sala de ~**: waiting room.
es.pe.ran.ça *s* hope; expectation.
es.pe.ran.çar *v* to give hope to.
es.pe.ran.ço.so *adj* hopeful.
es.pe.ran.to *s* Esperanto.
es.pe.rar *v* to wait (aguardar); to hope (desejar); to expect (contar com); to await.
es.per.ma *s* sperm.

es.per.ma.to.zoi.de *s* spermatozoon.
es.per.ne.ar *v* to kick.
es.per.ta.lhão *s* wise guy.
es.per.te.za *s* vivacity; skill; smartness; sagacity; cunning.
es.per.to *adj* smart; clever; artful.
es.pes.so *adj* thick; dense.
es.pes.su.ra *s* thickness; density.
es.pe.ta.cu.lar *adj* spectacular.
es.pe.tá.cu.lo *s* spectacle (cena impressionante); show (teatro).
es.pe.tar *v* to spit; to skewer; to pierce; to stick.
es.pe.to *s* spit; skewer.
es.pe.zi.nhar *v* to trample on.
es.pi.ão *s* spy.
es.pi.ar *v* to spy; to watch; to observe; to peek.
es.pi.ga *s* spike; ear of corn; **~ de milho**: corn-cob.
es.pi.gão *s* spike.
es.pi.na.frar *v* FAM to tell of.
es.pi.na.fre *s* spinach.
es.pin.gar.da *s* rifle; gun; shotgun; **~ de ar comprimido**: pop-gun.
es.pi.nha *s* spine; backbone; fishbone, bone (de peixe); spote, pimple (na pele).
es.pi.nhal *adj* spinal.
es.pi.nho *s* thorn; prickle.
es.pi.nho.so *adj* thorny; troublesome; difficult.
es.pi.o.na.gem *s* espionage.
es.pi.o.nar *v* to spy.
es.pi.ral *s e adj* spiral.
es.pi.rar *v* to breathe out; to expire; to end.
es.pí.ri.ta *s* spiritist.
es.pi.ri.tis.mo *s* spiritualism.
es.pí.ri.to *s* spirit; soul; specter; ghost; **~ Santo**: Holy Spirit.
es.pi.ri.tu.a.lis.ta *s* spiritualist.
es.pi.ri.tu.a.li.zar *v* to spiritualize.
es.pi.ri.tu.o.so *adj* witty; spirituous.
es.pir.rar *v* to sneeze; to crackle; to spout out.
es.pir.ro *s* sneeze; sneezing.
es.pla.na.da *s* esplanade.
es.plên.di.do *adj* splendid; very fine; magnificent.
es.plen.dor *s* splendour; magnificence.

es.po.li.a.ção s spoliation.
es.po.li.ar v to spoil; to plunder; to rob.
es.pon.ja s sponge.
es.pon.jo.so adj porous; spongy.
es.pon.sais s betrothal.
es.pon.ta.nei.da.de s spontaneity.
es.pon.tâ.neo adj spontaneous.
es.po.ra s spur.
es.po.rá.di.co adj sporadic.
es.por.te s sport.
es.por.tis.ta s sportsman, sportswoman.
es.por.ti.vo adj sporting.
es.po.sa s wife; spouse.
es.po.sar v to marry; to spouse.
es.po.so s husband; spouse.
es.pre.gui.ça.dei.ra s couch; deckchair.
es.pre.gui.çar-se s to stretch oneself.
es.prei.ta s peep; look-out; **ficar à ~**: to lie in wait.
es.prei.tar v to peep; to spy; to lurk; to peek.
es.pre.me.dor s squeezer.
es.pre.mer v to press out; to crush; to jam; to squeeze; **~-se**: to squeeze up.
es.pu.ma s foam; froth; lather; surf.
es.pu.ma.dei.ra s skimmer.
es.pu.man.te adj frothy; foaming; sparkling.
es.pu.mar v to foam; to froth; to skim.
es.pu.mo.so adj foamy; frothy.
es.pú.rio adj spurious; illegitimate.
es.qua.dra s fleet; squadron.
es.qua.drão s squadron.
es.qua.dri.a s square.
es.qua.dri.lha s squadron of airplanes; flotilla.
es.qua.dro s square; T-square; set-square.
es.quá.li.do adj squalid; dirty; sordid.
es.quar.te.ja.men.to s dilaceration.
es.quar.te.jar v to quarter.
es.que.cer v to forget; to neglect.
es.que.ci.do adj forgotten; forgetful.
es.que.ci.men.to s forgetfulness.
es.que.le.to s skeleton.
es.que.ma s scheme; sketch; outline; plan.
es.quen.ta.men.to s warming; heating.
es.quen.tar v to heat; to get warm; **~-se**: to grow angry.

es.quer.da s left hand; left side; **à ~**: on the left.
es.quer.dis.ta s left-wing.
es.quer.do adj left.
es.qui s ski; skiing (esporte); **~ aquático**: water skiing.
es.qui.a.dor s skier.
es.qui.ar v to ski.
es.qui.fe s coffin.
es.qui.lo s squirrel.
es.qui.mó s e adj Eskimo.
es.qui.na s corner; angle; **dobrar a ~**: to turn the corner.
es.qui.si.ti.ce s whim; extravagance.
es.qui.si.to adj strange; queer; odd; whimsical.
es.qui.var v to avoid; to dodge; to slink; to duck; to shun.
es.qui.vo adj elusive.
es.qui.zo.fre.ni.a s MED schizophrenia.
es.qui.zo.frê.ni.co adj MED schizophrenic.
es.sa pron that; that one; **~s**: those; **~ é boa!**: that's a good one!; **~ não**: come off it.
es.se pron that; that one; **~s**: those.
es.sen.ci.al adj essential.
es.sên.cia s essence.
es.ta pron this; this one; **~s**: these.
es.ta.be.le.cer v to establish; to form; to set up; to settle.
es.ta.be.le.ci.men.to s establishment; settlement.
es.ta.bi.li.da.de s stability.
es.ta.bi.li.zar v to stabilize.
es.tá.bu.lo s stable; cowshed.
es.ta.ca s stake; prop; pole.
es.ta.ção s station (rodoviária, etc.); season (do ano); **~ de rádio**: broadcasting station; **~ de trem**: railway station; **~ de veraneio**: resort.
es.ta.car v to stake; to shore; to prop.
es.ta.cio.na.men.to s parking; car park, EUA parking lot; **~ proibido**: no parking.
es.ta.cio.nar v to park; to stop.
es.ta.cio.ná.rio adj stationary; fixed; stopped.
es.ta.da s stay; permanence; sojourn.
es.tá.dio s stadium.

estadista / estimulante

es.ta.dis.ta *s* statesman; statewoman.

es.ta.do *s* state; condition; status (civil); nation; **conselho de ~**: Council of State; **em bom ~**: in good shape; **~ civil**: marital status; **~ de espírito**: state of mind; **~ de sítio**: state of siege; **golpe de ~**: stroke of State.

es.ta.du.al *adj* state.

es.ta.fa.do *adj* tired.

es.ta.far *v* to tire; to weary.

es.ta.gi.á.rio *s* trainee; apprentice; probationer.

es.tá.gio *s* stage (fase); traineeship (em empresa, escola).

es.tag.na.ção *s* stagnation.

es.tag.nar *v* to stagnate.

es.ta.la.gem *s* inn; EUA flophouse.

es.ta.lar *v* to crack; to pop; to crackle.

es.ta.lei.ro *s* shipyard, dockyard, EUA navy yard.

es.ta.li.do *s* clap; crackling.

es.ta.lo *s* crack; noise.

es.tam.pa *s* stamp; print; cut; engraving.

es.tam.pa.dor *s* printer; stamper.

es.tam.pa.gem *s* stamping; engraving cloth; printing.

es.tam.par *v* to print; to stamp.

es.tam.pa.ri.a *s* printery.

es.tam.pi.do *s* clap; noise.

es.tan.car *v* to stanch; to stop; to dry up.

es.tân.cia *s* stay.

es.tan.dar.te *s* standard; emblem; banner.

es.ta.nho *s* QUÍM tin.

es.tan.te *s* bookshell; bookcase.

es.tar *v* to be; to stand; to stay; **~ à espreita**: to be on the watch; **~ à vontade**: to be comfortable; **~ apaixonado**: to be in love; **~ com pressa**: to be in a hurry; **~ com sono**: to be sleepy; **~ com vergonha**: to be ashamed; **~ deitado**: to be lying.

es.tar.da.lha.ço *s* noise.

es.tar.re.cer *v* to frighten; to strike with terror.

es.tá.ti.co *adj* static.

es.ta.tís.ti.ca *s* statistics.

es.tá.tua *s* statue.

es.ta.tu.e.ta *s* statuette.

es.ta.tu.ir *v* to establish; to decree; to settle.

es.ta.tu.ra *s* stature; height.

es.ta.tu.to *s* statute; rule; law.

es.tá.vel *adj* stable; firm; fixed; steady.

es.te *pron* this; this one; **~s**: these.

es.te *s* east; sunrise.

es.tei.o *s* support; prop; stay.

es.tei.ra *s* mat; the wake of a ship.

es.te.lar *adj* stellar.

es.tên.cil *s* stencil.

es.ten.der *v* to extend; to stretch out.

es.ten.di.do *adj* spread; stretched.

es.te.no.gra.fi.a *s* shorthand; stenography.

es.te.nó.gra.fo *s* stenographer.

es.te.pe *s* steppe (vegetação); spare tyre (pneu).

es.ter.co *s* dung; manure; animal excrement.

es.té.reo *s* stereo.

es.te.re.ó.ti.po *s* stereotype.

es.té.ril *adj* sterile; barren.

es.te.ri.li.da.de *s* sterility.

es.te.ri.li.za.ção *s* sterilization.

es.te.ri.li.zar *v* to sterilize.

es.ter.no *s* MED sternum; breastbone.

es.te.roi.de *s* steroid.

es.té.ti.ca *s* esthetics.

es.te.ti.cis.ta *s* beautician.

es.te.tos.có.pio *s* stethoscope.

es.ti.a.gem *s* dry weather.

es.ti.ar *v* to stop raining.

es.ti.bor.do *s* starboard.

es.ti.car *v* to stretch; **~ as canelas**: GÍR to die.

es.tig.ma *s* stigma.

es.tig.ma.ti.zar *v* to stigmatize; to brand; to censure; to criticize.

es.ti.le.te *s* stiletto; BOT style.

es.ti.lha.çar *v* to splinter; to shatter.

es.ti.lha.ço *s* splinter; shard.

es.ti.lin.gue *s* catapult, EUA slingshot.

es.ti.lis.ta *s* stylist.

es.ti.lo *s* style; **~ de vida**: lifestyle.

es.ti.ma *s* esteem; consideration; regard.

es.ti.ma.ção *s* esteem; **animal de ~**: pet.

es.ti.mar *v* to esteem; to estimate; to value; to respect.

es.ti.ma.ti.va *s* estimation; calculation.

es.ti.ma.ti.vo *adj* estimative.

es.ti.má.vel *adj* estimable; appraisable.

es.ti.mu.lan.te *s e adj* stimulant.

estimular / estribo

es.ti.mu.lar *v* to stimulate; to instigate.
es.tí.mu.lo *s* stimulus; encouragement.
es.ti.o *s* summer.
es.ti.pu.la.ção *s* stipulation; agreement.
es.ti.pu.lar *v* to stipulate; to settle; to adjust; to contract.
es.ti.rar *v* to stretch; to extend.
es.tir.pe *s* lineage; stock.
es.ti.va *s* stowage.
es.ti.va.dor *s* lonshoreman; EUA stevedore, docker.
es.to.ca.da *s* thrust; stab.
es.to.car *v* to stock.
es.to.far *v* to upholster; to stuff.
es.toi.cis.mo *s* stoicism.
es.toi.co *adj* stoic; stoical.
es.to.jo *s* case.
es.to.la *s* stole.
es.to.ma.cal *adj* stomachic; stomachical.
es.tô.ma.go *s* stomach; **dor de ~**: stomachache.
es.to.ma.ti.te *s* MED stomatitis.
es.ton.te.an.te *adj* stunning.
es.ton.te.ar *v* to stun; to astound.
es.to.pa *s* tow.
es.to.par *v* to fill with oakun.
es.to.pim *s* quick-match; fuse.
es.to.que *s* stock.
es.tó.ria *s* story.
es.tor.ri.car *v* to dry up; to roast excessively.
es.tor.var *v* to embarrass; to hinder.
es.tor.vo *s* hindrance; nuisance; obstacle.
es.tou.rar *v* to burst; to explode.
es.tou.ro *s* burst; bursting.
es.tou.va.do *adj* hot-headed.
es.trá.bi.co *adj* cross-eyed.
es.tra.bis.mo *s* strabismus; squint.
es.tra.ça.lhar *v* to shatter.
es.tra.da *s* road; highway; way; **~ de ferro**: railway, EUA railroad; **~ de pista dupla**: dual carriageway; **~ de rodagem**: highway; **~ secundária**: side road.
es.tra.do *s* platform.
es.tra.ga.do *adj* spoiled; damaged.
es.tra.ga-pra.ze.res *s* spoilsports.
es.tra.gar *v* to deteriorate; to damage; to spoil.
es.tra.go *s* deterioration; damage.
es.tram.bó.ti.co *adj* extravagant; odd; queer.
es.tran.gei.ro *s* foreigner; • *adj* foreign.
es.tran.gu.la.ção *s* strangulation.
es.tran.gu.la.dor *s* strangler.
es.tran.gu.lar *v* to strangle; to throttle.
es.tra.nhar *v* to find strange; **não é de ~**: it's not surprising.
es.tra.nhá.vel *adj* strange.
es.tra.nhe.za *s* strangeness.
es.tra.nho *adj* strange; outlandish; odd; queer.
es.tra.ta.ge.ma *s* stratagem.
es.tra.té.gia *s* strategy.
es.tra.ti.fi.car *v* to stratify.
es.tra.to *s* stratus; stratum.
es.tra.tos.fe.ra *s* stratosphere.
es.tre.an.te *s* début; debut; debutante.
es.tre.ar *v* to début; to debut.
es.tre.ba.ri.a *s* stable.
es.trei.a *s* début; première, premiere.
es.trei.tar *v* to narrow.
es.trei.te.za *s* narrowness; tightness.
es.trei.to *s* strait; • *adj* narrow; tight.
es.tre.la *s* star; FIG destiny; **~ cadente**: falling star; **~-d'alva**: morning star; **~ de cinema**: filmstar, movie star; **~-do-mar**: starfish.
es.tre.la.do *adj* starry.
es.tre.lar *v* to star; **~ os ovos**: CULIN to fry the eggs.
es.tre.me.cer *v* to shake; to tremble.
es.tre.me.ci.do *adj* shocked; startled.
es.tre.me.ci.men.to *s* shock; commotion.
es.tre.par *v* to provide with a caltrop.
es.tre.pi.tar *v* to make noise.
es.tré.pi.to *s* noise; crash.
es.tre.pi.to.so *adj* noisy.
es.tres.san.te *adj* stressful.
es.tres.se *s* stress.
es.tri.a *s* stria; groove.
es.tri.a.do *adj* striated; grooved.
es.tri.ar *v* to striate; to flute; to channel.
es.tri.bei.ra *s* footboard; step; stirrup; **perder a ~**: to lose the temper.
es.tri.bi.lho *s* refrain; chorus.
es.tri.bo *s* stirrup; support.

es.tri.den.te *adj* harsh; shrill; strident.
es.tri.to *adj* strict; exact.
es.tri.pu.li.a *s* antic.
es.tro.fe *s* strophe; stanza.
es.tró.ge.no *s* QUÍM oestrogen.
es.tron.do.so *adj* tumultuous; noisy; clamorous.
es.tro.pi.ar *v* to maim; to cripple.
es.tru.me *s* manure; dung.
es.tru.tu.ra *s* frame; structure.
es.tu.á.rio *s* estuary.
es.tu.dan.te *s* student, schoolboy, schoolgirl; scholar.
es.tu.dar *v* to study; to analyze; to examine; to observe.
es.tú.dio *s* studio; atelier.
es.tu.di.o.so *adj* studious.
es.tu.do *s* study; **bolsa de ~**: scholarship.
es.tu.fa *s* stove (na cozinha, para cozinhar, ou na sala, para aquecer); greenhouse, hothouse (plantas).
es.tu.far *v* to stew; to blow.
es.tu.pe.fa.to *adj* stupefied; astonished.
es.tu.pen.do *adj* stupendous.
es.tu.pi.dez *s* stupidity; silliness.
es.tú.pi.do *adj* stupid; dull; coarse; tough (violento).
es.tu.por *s* stupor; amazement.
es.tu.pra.dor *s* raper; violator; ravisher.
es.tu.prar *v* to rape; to violate; to ravish.
es.tu.pro *s* rape; ravishment.
es.tu.que *s* stucco; plaster.
es.va.ir *v* to vanish; to disappear.
es.va.zi.a.men.to *s* emptying.
es.va.zi.ar *v* to empty.
es.ver.de.a.do *adj* greenish.
es.vo.a.çar *v* to flutter; to flit.
e.ta.pa *s* stage.
etc. *abrev de* et cetera, and so on.
é.ter *s* QUÍM ether.
e.té.reo *adj* ethereal; sublime.
e.ter.ni.da.de *s* eternity.
e.ter.ni.zar *v* to eternize; to immortalize; to perpetuate.
e.ter.no *adj* eternal; everlasting.

é.ti.ca *s* ethics.
é.ti.co *adj* ethical.
e.ti.mo.lo.gi.a *s* etymology.
e.tí.o.pe *s e adj* Ethiopian.
e.ti.que.ta *s* etiquette (social); label (de roupas, etc.).
e.ti.que.tar *v* to label; to ticket.
et.moi.de *s* ethmoid.
ét.ni.co *adj* ethnic; ethnical.
et.no.gra.fi.a *s* ethnography.
et.no.lo.gi.a *s* ethnology.
eu *s* I; the ego; • *pron* I.
eu.ca.lip.to *s* eucalyptus.
Eu.ca.ris.ti.a *s* RELIG Eucharist.
eu.fe.mis.mo *s* euphemism.
eu.fo.ri.a *s* euphoria.
eu.nu.co *s* eunuch.
eu.re.ca *interj* eureka!
eu.ro.peu *s e adj* European.
eur.rit.mi.a *s* eurhytmics.
eu.ta.ná.si.a *s* euthanasia.
e.va.cu.a.ção *s* evacuation.
e.va.cu.ar *v* to evacuate; to defecate; to excrete.
e.va.dir *v* to escape.
e.va.nes.cen.te *adj* evanescent.
E.van.ge.lho *s* Gospel.
e.van.ge.li.zar *v* to evangelize.
e.va.po.ra.ção *s* evaporation.
e.va.po.rar *v* to evaporate; to vanish; to disappear.
e.va.po.rá.vel *adj* evaporable.
e.va.são *s* evasion; escape; **~ escolar**: truancy.
e.va.si.va *s* evasion.
e.va.si.vo *adj* evasive.
e.ven.to *s* event; circumstance.
e.ven.tu.al *adj* eventual; fortuitous.
e.ven.tu.a.li.da.de *s* eventuality; fortuity.
e.vi.dên.cia *s* evidence; obviousness.
e.vi.den.ci.ar *v* to evidence.
e.vi.den.te *adj* evident; plain; obvious.
e.vi.tar *v* to avoid; to evade; to help; to shirk; to prevent; to shun.
e.vi.tá.vel *adj* avoidable.
e.vo.ca.ção *s* evocation.

e.vo.car *v* to evoke; to conjure up; to summon.
e.vo.lu.ção *s* evolution.
e.vo.lu.ir *v* to evolve; to develop.
e.vo.lu.ti.vo *adj* evolutionary.
e.xa.cer.ba.ção *s* exacerbation.
e.xa.cer.bar *v* to exasperate; to exacerbate; **~-se**: to become irritated.
e.xa.ge.rar *v* to exaggerate.
e.xa.ge.ro *s* exaggeration.
e.xa.la.ção *s* exhalation, a breathe emanation.
e.xa.lar *v* to exhale; to send forth; to breathe; to emit.
e.xal.ta.ção *s* exaltation; excitement; elevation.
e.xal.tar *v* to praise; to exalt; to extol; **~-se**: to get angry; to be out of control.
e.xa.me *s* examination; exam; **~ de direção**: driving-test; **~ de sangue**: blood test.
e.xa.mi.na.dor *s* examiner.
e.xa.mi.nar *v* to examine; to investigate; to scan; to inspect; to look into.
e.xas.pe.ra.ção *s* exasperation; irritation.
e.xas.pe.rar *v* to exasperate; to enrage.
e.xa.ta.men.te *adv* exactly; just.
e.xa.ti.dão *s* exactness; accuracy.
e.xa.to *adj* exact; precise; accurate.
e.xau.rir *v* to drain; to exhaust.
e.xaus.tão *s* exhaustion.
e.xaus.to *adj* exhausted.
e.xaus.tor *s* air vent.
ex.ce.ção *s* exception; **com ~ de**: with the exception of.
ex.ce.den.te *s* overplus; excess; surplus; • *adj* exceeding.
ex.ce.der *v* to excel; to surpass; to exceed.
ex.ce.dí.vel *adj* surpassable.
ex.ce.lên.cia *s* excellence; excellency; superiority; **por ~**: par excellence; **Vossa ~**: Your Excellency.
ex.ce.len.te *adj* excellent.
ex.cen.tri.ci.da.de *s* eccentricity; odditty.
ex.cên.tri.co *adj* eccentric; odd.
ex.cep.ci.o.nal *adj* exceptional; unusual; handicapped (pessoa com deficiência).
ex.cer.to *s* excerpt; extract.
ex.ces.si.vo *adj* excessive.
ex.ces.so *s* excess; great abundance; **em ~**: excessively; **~ de bagagem**: excess baggage; **~ de trabalho**: overwork; **~ de velocidade**: speeding.
ex.ce.to *prep* except; excepting.
ex.ce.tu.ar *v* to except; to exclude; to bar.
ex.ci.ta.ção *s* excitement; excitation.
ex.ci.tan.te *s* excitant; stimulant; • *adj* exciting.
ex.ci.tar *v* to excite; to ferment; to stimulate; to stir up; to arouse.
ex.ci.tá.vel *adj* excitable.
ex.cla.ma.ção *s* exclamation; **ponto de ~**: exclamation mark/point.
ex.cla.mar *v* to exclaim; to cry out.
ex.clu.ir *v* to exclude; to debar; to preclude; to discard.
ex.clu.são *s* exclusion.
ex.clu.si.vi.da.de *s* exclusiveness.
ex.clu.si.vo *adj* exclusive; unique.
ex.co.mun.ga.do *s* e *adj* RELIG excommunicate.
ex.co.mun.gar *v* to excommunicate, to expel from communion.
ex.cre.ção *s* excretion; excreta; • *adj* excreted.
ex.cre.men.to *s* excrement; fecal matter.
ex.cur.são *s* excursion; expedition; trip; tour; hike (caminhada)
ex.cur.si.o.nis.ta *s* excursionist.
e.xe.cra.ção *s* execration; curse.
e.xe.crar *v* to execrate; to curse; to detest; to abhor; to hate.
e.xe.crá.vel *adj* execrable; damnable; detestable; abominable.
e.xe.cu.ção *s* execution; capital punishment; performance.
e.xe.cu.tan.te *s* executor; player; performer.
e.xe.cu.tar *v* to execute (prisioneiro); to fulfil; to fulfill (promessa); to perform (peça musical); to carry out.
e.xe.cu.tá.vel *adj* executable; practicable.
e.xe.cu.ti.vo *s* e *adj* executive.
e.xe.cu.tor *s* executor; performer.
e.xe.ge.se *s* exegesis.
e.xe.ge.ta *s* exegete.

exemplar / expiatório

e.xem.plar *s* exemplar; specimen; model; pattern; copy; • *adj* exemplary.

e.xem.pli.fi.ca.ção *s* illustration; exemplification.

e.xem.pli.fi.car *v* to exemplify; to illustrate.

e.xem.plo *s* example; pattern; **dar o ~**: to set an example; **por ~**: for instance/example.

e.xe.qui.bi.li.da.de *s* execution; practicability.

e.xe.quí.vel *adj* executable; feasible; practicable.

e.xer.cer *v* to exercise; to carry out; to exert; to perform; to practice.

e.xer.cí.ci.o *s* exercise; practice; drill; train; **~ financeiro**: ECON financial year.

e.xer.ci.tar *v* to exercise; to train; to practice; MIL to drill.

e.xér.ci.to *s* army.

e.xi.bi.ção *s* exhibition; show; exhibit; display.

e.xi.bi.ci.o.nis.mo *s* exhibitionism.

e.xi.bi.do *s* show-off; • *adj* pretentious.

e.xi.bir *v* to exhibit; to show; to display; **~ com estardalhaço**: to splash.

e.xi.gên.ci.a *s* exigence; requirement; demand; exigency.

e.xi.gen.te *adj* exigent; demanding.

e.xi.gir *v* to require; to exact; to claim; to demand.

e.xi.gí.vel *adj* demandable; exigible.

e.xí.guo *adj* exiguous; scant; small; scanty.

e.xi.la.do *adj* exiled.

e.xi.lar *v* to exile; to relegate; to banish.

e.xí.lio *s* exile; banishment.

e.xí.mio *adj* excellent; eminent; accomplished; distinguished.

e.xi.mir *v* to exempt; to release.

e.xis.tên.ci.a *s* existence.

e.xis.ten.ci.a.lis.mo *s* existencialism.

e.xis.ten.te *adj* existent; existing.

e.xis.tir *v* to exist; to be; to live.

ê.xi.to *s* result; success; **ter ~**: to be successful.

ê.xo.do *s* exodus; **~ de cientistas**: braindrain.

e.xo.ne.ra.ção *s* exoneration; dismissal.

e.xo.ne.rar *v* to exonerate; to dismiss.

e.xor.bi.tân.ci.a *s* exorbitance.

e.xor.bi.tan.te *adj* exorbitant; excessive.

e.xor.bi.tar *v* to exceed; to go beyond the limits.

e.xor.cis.ta *s* exorcist.

e.xor.ci.zar *v* to exorcise.

e.xór.dio *s* exordium.

e.xor.ta.ção *s* admonition; exhortation.

e.xor.tar *v* to exhort; to urge.

e.xo.té.ri.co *adj* exoteric.

e.xó.ti.co *adj* exotic; extravagant; foreign; queer; odd; clumsy.

ex.pan.dir *v* to expand; to spread; to branch out; **~-se**: to boom.

ex.pan.si.vo *adj* expansive; communicative; sociable.

ex.pa.tri.a.ção *s* expatriation; banishment; exile.

ex.pa.tri.ar *v* to expatriate; to exile; to banish.

ex.pec.ta.dor *s* expectant; assistant.

ex.pec.ta.ti.va *s* expectation; expectancy.

ex.pec.to.rar *v* to expectorate; to spit.

ex.pe.di.ção *s* expedition; enterprise.

ex.pe.di.ci.o.ná.rio *adj* expeditionary.

ex.pe.di.en.te *s* expedient; shift; business hours.

ex.pe.dir *v* to expedite; to dispatch; to forward; **~ por via marítima**: to ship.

ex.pe.di.to *adj* expeditious; speedy; quick; prompt.

ex.pe.lir *v* to expel; to throw out; to eject.

ex.pen.sas *s* expense; cost; **a ~ de**: at the expense of.

ex.pe.ri.ên.ci.a *s* experience; experiment; trial; test.

ex.pe.ri.en.te *adj* skilled; experient.

ex.pe.ri.men.ta.do *adj* experienced; expert.

ex.pe.ri.men.tar *v* to experiment; to sample; to try; to test.

ex.pe.ri.men.to *s* experiment; experience; test.

ex.per.to *s* e *adj* expert.

ex.pi.a.ção *s* atonement; expiation.

ex.pi.ar *v* to expiate; to atone for.

ex.pi.a.tó.rio *adj* expiatory; **bode ~**: whipping boy, scapegoat.

ex.pi.ra.ção *s* expiration.
ex.pi.rar *v* to expire; to end; to breathe out; to exhale; to die.
ex.pla.na.ção *s* explanation.
ex.pla.nar *v* to explain.
ex.pli.ca.ção *s* explication.
ex.pli.car *v* to explain; to expound; to illustrate.
ex.pli.ca.ti.vo *adj* explanatory; explicative.
ex.pli.cá.vel *adj* explicable; explainable.
ex.plí.ci.to *adj* clear; explicit.
ex.plo.dir *v* to explode; to blow up; to blast; to fulminate.
ex.plo.ra.ção *s* exploration; exploitation.
ex.plo.ra.dor *s* explorer; exploiter.
ex.plo.rar *v* to explore; to exploit.
ex.plo.rá.vel *adj* workable; explorable.
ex.plo.são *s* explosion.
ex.plo.si.vo *s* e *adj* explosive.
ex.po.en.te *s* exponent.
ex.por *v* to expose; to display; to set forth; to show; to explain.
ex.por.ta.ção *s* exportation; export.
ex.por.ta.dor *s* exporter.
ex.por.tar *v* to export; to carry/send abroad.
ex.por.tá.vel *adj* exportable.
ex.po.si.ção *s* exposition; exhibition; exhibit; exposure.
ex.pos.to *adj* exposed.
ex.pres.são *s* expression; utterance; **~ idiomática**: idiom.
ex.pres.sar *v* to express.
ex.pres.si.vo *adj* expressive.
ex.pres.so *s* express (trem); special/express delivery; • *adj* express; clear; formal.
ex.pri.mir *v* to express; to enunciate.
ex.pro.pri.a.ção *s* DIR expropriation.
ex.pro.pri.ar *v* DIR to expropriate.
ex.pul.são *s* expulsion; expelling.
ex.pul.sar *v* to expel; to banish; to eject; to drive away; to turn out.
êx.ta.se *s* ecstasy; rapture.
ex.ta.si.an.te *adj* exhilarative.
ex.ta.si.ar *v* to delight; to enrapture.
ex.tá.ti.co *adj* ecstatic.
ex.tem.po.râ.neo *adj* extemporaneous.

ex.ten.são *s* extension; extent.
ex.ten.si.bi.li.da.de *s* extensibility; extensibleness.
ex.ten.sí.vel *adj* extensible; extensile.
ex.ten.si.vo *adj* extensive; far-reaching.
ex.ten.so *adj* extensive; ample; wide; spacious; **por ~**: in full.
ex.te.nu.a.ção *s* enfeeblement; feebleness.
ex.te.nu.an.te *adj* extenuating; exhausting.
ex.te.nu.ar *v* to exhaust; to tire out; to enfeeble.
ex.te.ri.or *s* exterior; outside; • *adj* exterior; external; foreign.
ex.te.ri.o.ri.da.de *s* exteriority.
ex.te.ri.o.ri.za.ção *s* exteriorization.
ex.te.ri.o.ri.zar *v* to exteriorize.
ex.ter.mi.nar *v* to exterminate; to annihilate.
ex.ter.na.to *s* day-school.
ex.ter.no *adj* external; outward.
ex.tin.ção *s* extinction; suppression.
ex.tin.guir *v* to extinguish; to quench; to suppress; to put out.
ex.tin.to *s* dead person; • *adj* extinct; extinguished.
ex.tin.tor *s* fire extinguisher.
ex.tir.par *v* to extirpate; to eradicate; to extract; to excise.
ex.tor.quir *v* to extort.
ex.tor.são *s* extorsion; racket.
ex.tra *s* e *adj* extra; **hora ~**: overtime.
ex.tra.ção *s* extraction; drawing (loteria).
ex.tra.con.ju.gal *adj* extramarital.
ex.tra.cur.ri.cu.lar *adj* extracurricular; extramural.
ex.tra.di.ção *s* extradiction.
ex.tra.di.tar *v* to extradite.
ex.tra.gran.de *adj* outsize.
ex.trair *v* to extract; to remove; to pull out.
ex.tra.or.di.ná.rio *adj* extraordinary; remarkable; notable.
ex.tra.po.lar *v* to overstep; to extrapolate.
ex.tra.ter.res.tre *s* alien; foreign; extraterrestrial.
ex.tra.to *s* extract; summary; statement (de conta bancária).
ex.tra.va.gân.cia *s* extravagance; excess; oddness.

ex.tra.va.gan.te *adj* extravagant; wasteful; freakish.
ex.tra.va.sar *v* to extravasate; to overflow.
ex.tra.vi.a.do *adj* astray; lost; missing.
ex.tra.vi.ar *v* to lead astray; to embezzle; to go astray; **~-se**: to get lost (correspondência).
ex.tra.vi.o *s* deviation; embezzlement.
ex.tre.ma.do *adj* distinguished; extreme.
ex.tre.mar *v* to extol; to exalt.
ex.tre.ma-un.ção *s* RELIG extreme unction.
ex.tre.mi.da.de *s* extremity; end; border; edge.
ex.tre.mo *s* extreme; extremity; • *adj* extreme; utmost; **~ Oriente**: Far East.
ex.trín.se.co *adj* extrinsic.
ex.tro.ver.ti.do *s* extrovert; • *adj* extroverted.
e.xu.be.rân.cia *s* exuberance; exuberancy.
e.xu.be.ran.te *adj* exuberant; luxuriant.
e.xu.be.rar *v* to exuberate.
e.xul.tan.te *adj* exultant.
e.xul.tar *v* to exult; to joy; to rejoice; to delight.
e.xu.ma.ção *s* exhumation.
e.xu.mar *v* to unbury; to exhume.

F

f *s* the sixth letter of the Portuguese alphabet.
fã *s* fan; admirer; devotee.
fá.bri.ca *s* factory; plant; mill; manufactory.
fa.bri.ca.ção *s* manufacture; making.
fa.bri.can.te *s* maker; manufacturer.
fa.bri.car *v* to fabricate; to manufacture.
fa.bri.cá.vel *adj* makable.
fa.bri.co *s* manufacture; work.
fá.bu.la *s* fable; legend; tale.
fa.bu.lo.so *adj* fabulous; fictious; marvellous.
fa.ca *s* knife; **amolador de ~**: knife-grinder.
fa.ca.da *s* stab.
fa.ça.nha *s* exploit; achievement; feat.
fa.cão *s* large knife.
fac.ção *s* faction.
fac.cio.nar *v* to divide into factions; to discord.
fa.ce *s* face; cheek; visage; **~ a ~**: face to face.
fa.cei.ro *adj* elegant; coquettish; foppish.
fa.ce.ta *s* facet.
fa.ce.ta.do *adj* faceted.
fa.ce.tar *v* to facet; to cut facets on.
fa.cha.da *s* façade; cover; front; GÍR face; air; figure.
fa.cho *s* torch; **~ de luz**: beam of light.
fa.ci.al *adj* facial.
fá.cil *adj* easy; simple.
fa.ci.li.da.de *s* facility; ease.
fa.cí.li.mo *adj* very easy.
fa.cil.men.te *adv* easily.
fa.ci.li.tar *v* to facilitate; to make easier.
fa.cí.no.ra *s* e *adj* criminal.
fã-clu.be *s* fan club.
fac-sí.mi.le *s* facsimile, fax.
fac.tí.vel *adj* feasible; practicable.
fa.cul.da.de *s* faculty; power; ability; university; EUA college.
fa.cul.tar *v* to permit; to facilitate; to allow.
fa.cul.ta.ti.vo *adj* facultative; optional; elective.
fa.da *s* fairy; FIG a charming woman; **conto de ~s**: fairy tale; **~ madrinha**: fairy godmother.
fa.da.do *adj* fated; predestined; doomed.
fa.dar *v* to fate; to destine; to doom.
fa.di.ga *s* fatigue; weariness.
fa.do *s* fate; destiny; a Portuguese song.
fa.gó.ci.to *s* phagocyte.
fa.go.ci.to.se *s* phagocytosis.
fa.gu.lha *s* spark.
fai.a *s* beech.
fai.an.ça *s* faience.
fai.são *s* pheasant.
fa.ís.ca *s* spark; flash.
fa.is.can.te *adj* sparkling; flashing.
fa.is.car *v* to spark; to sparkle; to flash.
fai.xa *s* band; banner; belt (no judô, no caratê); zone; bandage (atadura); track (de CD, disco); **~ etária**: age group; **~ para pedestre**: zebra crossing, EUA crosswalk.
fa.ju.to *adj* fake.
fa.la *s* speech; language; talk; voice.
fa.lá.cia *s* fallacy; deceit.
fa.la.ci.o.so *adj* fallacious.
fa.la.dor *s* talker; • *adj* talkative.

fa.lan.ge *s* phalanx.
fa.lar *v* to speak; to talk; to tell; to say; to address; to discourse; **~ de**: to talk about; **por ~ em**: speaking of.
fa.la.tó.rio *adj* chit-chat; gossip.
fa.laz *adj* fallacious; deceitful.
fal.cão *s* falcon; hawk.
fal.ca.tru.a *s* cheat; knavery; trick.
fa.le.cer *v* to die; to cease; to pass away.
fa.le.ci.do *adj* deceased.
fa.le.ci.men.to *s* death; demise; decease.
fa.lên.cia *s* failure; bankruptcy; insolvency; **ir à ~**: to go bankrupt.
fa.lha *s* crack; error; fault; flaw; blemish; failure.
fa.lhar *v* to crack; to misfire (armas); to fail; to split.
fá.li.co *adj* phallic.
fa.li.do *adj* failed; bankrupt.
fa.lir *v* to fail; to go bankrupt; to break.
fa.lí.vel *adj* fallible.
fal.sá.rio *s* falsifier; forger.
fal.se.ar *v* to misrepresent; to betray.
fal.se.te *s* MÚS falsetto.
fal.si.da.de *s* falseness; untruth; falsehood.
fal.si.fi.ca.ção *s* falsification; forgery.
fal.si.fi.ca.dor *s* falsifier.
fal.si.fi.car *v* to falsify; to forge; to counterfeit; to distort.
fal.si.fi.cá.vel *adj* falsifiable.
fal.so *adj* false; untrue; sham; wrong; disloyal.
fal.ta *s* flaw, failing, mistake (erro); lack, absence; foul (futebol); **em ~**: at fault; **~ de sorte**: not a dog's chance; **~ de visão**: tactlessness; **sem ~**: without fail; **sentir ~**: to miss.
fal.tar *v* to be missing; to miss; to be absent (aula); to lack; to fail; to die.
fa.ma *s* fame; reputation; renown.
fa.mi.ge.ra.do *adj* renowned; notorious; famous.
fa.mí.lia *s* family.
fa.mi.li.ar *s* e *adj* familiar.
fa.mi.li.a.ri.da.de *s* familiarity; intimacy.
fa.mi.li.a.ri.za.do *adj* acquainted.

fa.mi.li.a.ri.zar *v* to familiarize; to become familiar; to acquaint.
fa.min.to *adj* hungry; starveling; famished.
fa.mo.so *adj* famous; well-known; renowned.
fa.ná.ti.co *s* e *adj* fanatic.
fa.na.tis.mo *s* fanaticism.
fa.na.ti.zar *v* to fanaticize.
fan.far.ra *s* fanfare.
fan.far.rão *s* braggart.
fa.nho.so *adj* snuffling.
fan.ta.si.a *s* fantasy; fancy; whim; fancy dress (roupa); MÚS fantasia; Carnival costume.
fan.ta.si.ar *v* to fantasy; to fancy; to imagine.
fan.ta.si.o.so *adj* fanciful; fictitious.
fan.tas.ma *s* phantom; ghost.
fan.tas.ma.gó.ri.co *adj* phantasmagoric, phantasmagorical.
fan.tás.ti.co *adj* fantastic; terrific; fantastical; unreal; fanciful.
fan.to.che *s* puppet; **teatro de ~s**: punch and Judy show.
fan.zi.ne *s* fanzine (revista impressa ou na Internet).
fa.quei.ro *s* knife-case.
fa.quir *s* fakir.
fa.ra.ó *s* pharaoh.
fa.ra.ô.ni.co *adj* pharaonic.
far.da *s* uniform; livery.
far.da.do *adj* in uniform.
far.da.men.to *s* military uniform; soldier's clothe.
far.dar *v* to put on a uniform.
far.do *s* load; bale; burden.
fa.re.jar *v* to scent; to smell out.
fa.re.lo *s* bran.
fa.ri.ná.ceo *adj* farinaceous.
fa.rin.ge *s* pharynx.
fa.rin.gi.te *s* MED pharyngitis.
fa.ri.nha *s* meal; flour; **~ de aveia**: oatmeal; **~ de mandioca**: manioc flour; **~ de milho**: corn flour.
fa.ri.seu *s* Pharisee.
far.ma.cêu.ti.co *s* chemist, EUA druggist; • *adj* pharmaceutic, pharmaceutical.
far.má.cia *s* pharmacy, chemist's store, EUA drugstore.

far.ma.co.lo.gi.a s pharmacology.

far.ma.co.ló.gi.co adj pharmacologic, pharmacological.

far.ma.co.pe.ia s pharmacopeia.

fa.ro s scent; smell.

fa.ro.es.te s western (cinema); wild west (região geográfica).

fa.ro.fa s fried manioc flour.

fa.ro.fei.ro s FAM BRIT day-tripper.

fa.rol s lighthouse (navegação); street lamp; beacons; lantern; ship's light; FIG ostentation; **~ alto**: AUT full beam; **~ baixo**: AUT dipped beam.

fa.ro.lei.ro s lighthouse keeper; braggart; • adj boastful.

far.pa s barb; splinter; banderilla.

far.pa.do adj barbed; **arame ~**: barbed wire.

far.ra s spree, orgy.

far.ra.po s rag; frazzle.

far.sa s TEAT farce; trickery.

far.san.te s buffoon; joker.

far.tar v to satiate; to cram with food.

far.to adj satiated; fed up; upset; sick of.

far.tu.ra s plenty; abundance.

fas.ci.cu.lar adj fascicular.

fas.cí.cu.lo s fascicle.

fas.ci.na.ção s fascination.

fas.ci.nan.te adj fascinating; glamorous.

fas.ci.nar v to fascinate; to captivate; to enchant; to bewitch.

fas.cí.nio s enchantment; fascination.

fas.cis.mo s fascism.

fas.cis.ta s e adj fascist.

fa.se s phase; stage.

fas.ti.di.o.so adj wearisome, boring, tiresome, EUA pesky.

fas.ti.o s boredom; want of appetite.

fa.tal adj fatal, connected with death or ruin.

fa.ta.li.da.de s fatality, destiny; a fatal event.

fa.ta.lis.mo s fatalism.

fa.ta.lis.ta s fatalist.

fa.tal.men.te adv inevitably.

fa.ti.a s slice; piece.

fa.ti.ar s to slice.

fa.tí.di.co adj fatidical; fateful.

fa.ti.gan.te adj wearisome; tiresome.

fa.ti.gar v to tire; to fatigue; to weary.

fa.to s suit; fact; event; **de ~**: actually, in fact; **~ consumado**: fait accompli.

fa.tor s factor.

fa.tu.i.da.de s fatuity.

fa.tu.ra s invoice; bill of parcels.

fa.tu.rar v to invoice; to bill; FIG notch up (emplacar, marcar).

fau.na s fauna.

fau.no s faun.

faus.to s pomp; ostentation.

fa.va s broad beans.

fa.ve.la s shanty town; slum.

fa.ve.la.do s shanty-dweller.

fa.vo s honeycomb.

fa.vor s favour, EUA favor; protection; help; **a ~ de**: in favour of; **por ~**: please.

fa.vo.rá.vel adj favourable, EUA favorable; favoring.

fa.vo.re.cer v to favour, EUA to favor; to support.

fa.vo.ri.to s e adj favourite, EUA favorite.

fax veja **fac-símile**.

fa.xi.na s cleaning.

fa.xi.nar v to clean.

fa.xi.nei.ro s cleaner.

fa.zen.da s farm; plantation; cloth (tecido); **~ Nacional**: Treasury; Exchequer.

fa.zen.dei.ro s farmer.

fa.zer v to do; to make; to perform; to create; **~ amor**: to make love; **~ anos**: to have a birthday; **~ dez anos**: to be ten; **~ de conta**: to make believe; **~ o melhor que se pode**: to do one's best; **~ papel de bobo**: to make a fool of oneself; **~ regime**: to be on a diet; **~ sombra a**: to put in the shade; **~ um favor**: to do a favor.

fé s faith; trust; faithfulness; testimony.

fe.bre s fever.

fe.bril adj febrile.

fe.cha.do adj closed; shut; overcast (tempo); sharp (curva de estrada).

fe.cha.du.ra s lock.

fe.cha.men.to s closure; closing.

fe.char v to shut; to close; to lock; to end.

fe.cho s bolt; conclusion; close; latch.

fé.cu.la *s* starch.
fe.cun.da.ção *s* fecundation.
fe.cun.dar *v* to fecundate; to fertilize.
fe.cun.di.da.de *s* fecundity.
fe.cun.do *adj* fecund; fertile.
fe.der *v* to stink.
fe.de.ra.ção *s* federation.
fe.de.ral *adj* federal.
fe.de.ra.lis.mo *s* federalism.
fe.de.ra.lis.ta *s* federalist.
fe.de.ra.ti.vo *adj* federative; federal.
fe.dor *s* stink; fetidness.
fe.do.ren.to *adj* stinking; fetid.
fei.ção *s* figure; feature; form; aspect.
fei.jão *s* bean; bean plant; **~-soja**: soy bean.
fei.jo.a.da *s* CULIN bean stew.
fei.o *adj* ugly.
fei.ra *s* fair; market; **~ livre**: open-air market; **segunda-~**: Monday; **terça-~**: Tuesday; **quarta-~**: Wednesday; **quinta-~**: Thursday; **sexta-~**: Friday.
fei.ran.te *s* market trader.
fei.ti.ça.ri.a *s* sorcery; witchcraft.
fei.ti.cei.ra *s* witch; sorceress.
fei.ti.cei.ro *s* sorcerer; wizard.
fei.ti.ço *s* sorcery; witchcraft; charm.
fei.ti.o *s* fashion; shape; workmanship.
fei.to *s* fact; deed; exploit; • *adj* done; made; grown up; **~ à mão**: handmade.
fei.tor *s* administrator; manager; foreman.
fei.to.ri.a *s* administration; factorship.
fei.tu.ra *s* making; work.
fei.xe *s* sheaf; bundle; faggot; **~ de raios luminosos**: beam.
fel *s* bile; gall; FIG bitterness; hatred.
fel.dspa.to *s* MIN feldspar.
fe.li.ci.da.de *s* felicity; happiness; bliss.
fe.li.ci.ta.ção *s* felicitation; congratulation.
fe.li.ci.tar *v* to felicitate; to congratulate.
fe.li.no *s* e *adj* feline.
fe.liz *adj* happy; fortunate; merry; glad; **~ aniversário!**: happy birthday!; **~ Natal**: Merry Christmas.
fe.li.zar.do *s* a happy man; a lucky fellow.
fe.liz.men.te *adv* fortunately.
fe.lo.ni.a *s* felony.
fel.pa *s* shag; nap of a cloth.
fel.pa.do *adj* shaggy; plushy.
fel.pu.do *veja* **felpado**.
fê.mea *s* female.
fe.mi.ni.li.da.de *s* femininity.
fe.mi.ni.no *adj* feminine; female; womanish.
fe.mi.nis.mo *s* feminism.
fe.mi.nis.ta *s* feminist.
fe.mo.ral *adj* femoral.
fê.mur *s* femur.
fen.da *s* chap; chink; crack; crevasse; fissure; gap.
fen.der *v* to slit; to cleave; to crack; to chap; to split.
fe.ne.cer *v* to end; to fade; to wither; to die.
fe.no *s* hay.
fe.nol *s* QUÍM phenol.
fe.no.me.nal *adj* phenomenal; unusual.
fe.nô.me.no *s* phenomenon.
fe.ra *s* wild beast; **ficar uma ~**: to get mad; to be furious; to get really angry.
fe.ra.ci.da.de *s* feracity.
fé.ria *s* wages.
fe.ri.a.do *s* holiday.
fé.rias *s pl* holiday, EUA vacation; **estar em ~s**: to be on holiday/vacation.
fe.ri.da *s* wound (física); injury (moral).
fe.ri.men.to *s* injury; wound.
fe.ri.no *adj* ferine; wild; savage.
fe.rir *v* to wound; to hurt; to offend; to strike; to injure; **~ o orgulho de**: to pique.
fer.men.ta.ção *s* fermentation.
fer.men.tar *v* to ferment.
fer.men.to *s* ferment; yeast; **~ em pó**: baking powder.
fe.ro.ci.da.de *s* ferocity; fierceness.
fe.roz *adj* ferocious; fierce; fell.
fer.ra.du.ra *s* horseshoe.
fer.ra.gem *s* ironmongery; ironwork; hardware.
fer.ra.men.ta *s* tool.
fer.rão *s* sting.
fer.rar *v* to iron; to shoe.
fer.rei.ro *s* blacksmith; smith.
fer.re.nho *adj* hard; inflexible.
fér.reo *adj* ferreous; stern.
fer.ro *s* iron.

fer.ro.a.da s sting; prick.
fer.ro.lho s bolt; latch.
fer.ro.so adj ferrous.
fer.ro.ve.lho s scrap heap; scrap iron; junk.
fer.ro.vi.a s rail, railway, EUA railroad.
fer.ro.vi.á.rio s railway workman; **tarifas ferroviárias**: rail fares.
fer.ru.gem s rust.
fer.ru.gi.no.so adj ferruginous.
fér.til adj fertile; fruitful.
fer.ti.li.da.de s fertility; fecundity; fruitfulness.
fer.ti.li.za.ção s fertilization.
fer.ti.li.zan.te s fertilizer.
fer.ti.li.zar v to fertilize.
fer.ti.li.zá.vel adj fertilizable.
fer.ver v to boil; to seethe; **~ devagar**: to simmer.
fér.vi.do adj fervid; fervent; ardent; hot.
fer.vi.lhar v to boil.
fer.vor s fervour, EUA fervor; zeal.
fer.vo.ro.so adj ardent; fervent; fervid; fervorous.
fer.vu.ra s ebullition; effervescence; seething.
fes.ta s feast; festival; party.
fes.tan.ça s merrymaking; frolic; banquet.
fes.tão s festoon; big party.
fes.tei.ro s feaster; merrymaker.
fes.te.jar v to celebrate.
fes.te.jo s festivity; celebration.
fes.tim s little feast.
fes.ti.val s e adj festival.
fes.ti.vi.da.de s festivity.
fes.ti.vo adj festive; joyful; joyous.
fe.tal adj fetal.
fe.ti.che s fetish.
fe.ti.chis.mo s fetishism.
fe.ti.chis.ta s fetishist.
fé.ti.do adj fetid; stinking.
fe.to s foetus, EUA fetus.
feu.dal adj feudal.
feu.da.lis.mo s feudalism.
feu.do s feud; fief.
fe.ve.rei.ro s February.
fe.zes s faeces; dregs.
fi.a.ção s spinning.

fi.a.do adj spun; on trust.
fi.a.dor s bail; guarantor.
fi.am.bre s cold ham.
fi.an.ça s bail; surety; security.
fi.ar v to spin; to sell on trust; to confide.
fi.as.co s fiasco; breakdown; failure.
fi.bra s fibre; fiber; **~ de vidro**: fiberglass; **~s ópticas**: fiber optics.
fi.bro.ma s fibroma, a fibrous tumor.
fi.car v to remain; to stay; to abide; **~ bom**: to turn out well; to get better (recuperar-se); **~ em pé**: to stand; **~ quieto**: to be quiet; **fique à vontade**: make yourself at home.
fic.ção s fiction; **~ científica**: science fiction.
fic.cio.nis.ta s fiction writer.
fi.cha s card; filing card; token (de máquinas); record (na polícia).
fi.chá.rio s card registry; file.
fic.tí.cio adj fictitious; imaginary.
fi.dal.go s nobleman; lord; • adj noble.
fi.dal.gui.a s nobility.
fi.de.dig.no adj credible; reliable; creditable.
fi.de.li.da.de s fidelity; faithfulness; loyalty.
fi.du.ci.á.rio s e adj fiduciary.
fi.el adj faithful; loyal.
fi.ga s amulet; mockery.
fí.ga.do s liver.
fi.go s fig; **~ seco**: dried fig.
fi.guei.ra s fig tree.
fi.gu.ra s figure; shape; appearance; picture.
fi.gu.ra.do adj figurative.
fi.gu.ran.te s extra.
fi.gu.rão s big shot.
fi.gu.rar v to imagine; to fancy; to figure.
fi.gu.ra.ti.vo adj figurative.
fi.gu.ri.nha s ESP sticker.
fi.gu.ri.no s model; fashion magazine; pattern; **como manda o ~**: as it should be.
fi.la s file; rank; row; tier; line; queue; **fazer ~**: to queue up, EUA to stand in line; **~ indiana**: single file; **furar ~**: to jump the queue.
fi.la.men.to s thread; filament.
fi.la.men.to.so adj fibrous; filamentous.
fi.lan.tro.pi.a s philanthropy.

fi.lan.tró.pi.co *adj* philanthropic, philantropical.
fi.lan.tro.po *s* philanthropist.
fi.lão *s* lode; vein; loaf of bread.
fi.lar *v* to catch; to mooch.
fi.lar.mô.ni.ca *s* philharmonic.
fi.lar.mô.ni.co *adj* philharmonic.
fi.la.te.li.a *s* stamp-collecting; philately.
fi.la.té.li.co *adj* philatelic.
fi.la.te.lis.ta *s* philatelist.
fi.lé *s* steak; fillet, a strip of lean meat.
fi.lei.ra *s* file; row; rank.
fi.le.te *s* fillet; filament.
fi.lha *s* daughter.
fi.lha.ra.da *s* a great number of children.
fi.lho *s* son; ~ **adotivo**: adoptive son; ~ **bastardo**: bastard son; ~ **da puta**: bastard, EUA son of a bitch; ~ **único**: only child.
fi.lho.te *s* nestling; ~s: pups.
fi.li.a.ção *s* filiation.
fi.li.al *s* branch; • *adj* filial.
fi.li.gra.na *s* filigree; filigrane.
fi.li.pi.no *s* Filipino.
fi.lis.teu *s* e *adj* philistine.
fil.ma.do.ra *s* camcorder.
fil.mar *v* to film; to shoot.
fil.me *s* film, EUA movie, motion picture, moving picture.
fi.lo.lo.gi.a *s* philology.
fi.lo.so.fal *adj* philosophical.
fi.lo.so.far *v* to philosophize, to examine philosophic subjects.
fi.lo.so.fi.a *s* philosophy.
fi.lo.só.fi.co *adj* philosophic, philosophical.
fi.lo.so.fis.mo *s* philosophism.
fi.ló.so.fo *s* philosopher.
fil.tra.ção *s* filtration.
fil.trar *v* to filter; to strain; to percolate.
fil.tro *s* filter.
fim *s* end; close; aim; purpose; **a ~ de**: in order to; **estar a ~ de**: to fancy; **~ de semana**: weekend; **por ~**: at last; finally; **sem ~**: endless.
fi.na.do *adj* deceased; dead; **Dia de ~s**: All Soul's Day.
fi.nal *s* final; conclusion; end; • *adj* final; conclusive; late.

fi.na.li.da.de *s* finality; end.
fi.na.lis.ta *s* finalist.
fi.na.li.za.ção *s* finish; conclusion; end.
fi.na.li.zar *v* to finish; to end; to conclude; to complete.
fi.nal.men.te *adv* finally; at last; lastly.
fi.nan.ças *s pl* finances.
fi.nan.cei.ro *s* financier; • *adj* financial.
fi.nan.ci.ar *v* to finance.
fi.nan.cis.ta *s* financier.
fin.car *v* to fix; to drive in; **~ o pé**: FIG to dig one's heels in.
fin.dar *v* to finish; to end; to conclude.
fin.do *adj* finished; consummate; ended.
fi.ne.za *s* kindness; favor; goodness.
fin.gi.do *adj* feigned.
fin.gi.men.to *s* pretence; simulation.
fin.gir *v* to feign; to pretend; to sham; to make believe; **~-se de**: to pretend to be.
fin.lan.dês *s* Finn; Finnish (língua); • *adj* Finnish.
fi.no *adj* thin (magro); fine, polite, courteous (educado); sharp (pontiagudo).
fi.nu.ra *s* cunning; subtleness; finesse.
fi.o *s* thread; yarn; wire (elétrico); edge (de navalha); **estar por um ~**: to hang by a thread; **~ condutor**: conductor wire; **~ dental**: dental floss.
fir.ma *s* firm; signature; **~ reconhecida**: notarized signature.
fir.ma.men.to *s* firmament; sky.
fir.mar *v* to firm; to fix.
fir.me *adj* firm; steady; constant.
fir.me.za *s* firmness; constancy; steadiness.
fis.cal *s* inspector; • *adj* fiscal.
fis.ca.li.za.ção *s* inspection; control.
fis.ca.li.zar *v* to inspect; to examine; to control.
fis.co *s* exchequer; fisc.
fis.gar *v* to harpoon; to hook.
fí.si.ca *s* Physics.
fí.si.co *s* physicist (profissional); physique (corpo); • *adj* physical.
fi.sio.lo.gi.a *s* physiology.
fi.sio.ló.gi.co *adj* physiological.
fi.sio.lo.gis.ta *s* physiologist.
fi.sio.no.mi.a *s* physiognomy; face; aspect.

fi.sio.nô.mi.co *adj* physiognomic.
fi.sio.no.mis.ta *s* physiognomist.
fi.sio.te.ra.pi.a *s* physiotherapy.
fis.su.ra *s* fissure; cleft.
fi.ta *s* ribbon; film, EUA movie, moving picture; tape; **~ adesiva**: adhesive tape; **~ métrica**: tape measure.
fi.tar *v* to look at; to gaze; to stare.
fi.ve.la *s* buckle.
fi.xa.ção *s* fixation; fixing.
fi.xa.dor *s* fixer; setting lotion (de cabelo).
fi.xar *v* to fix; to assign; to state; to settle; to establish; to fasten; to stick up.
fi.xi.dez *s* fixity; fixedness.
fi.xo *adj* fixed; firm; steady; settled.
fla.ci.dez *s* laxity; flaccidity.
flá.ci.do *adj* flaccid; lax.
fla.ge.la.ção *s* flagellation.
fla.ge.lar *v* to flagellate.
fla.ge.lo *s* flagellum; calamity; scourge.
fla.gran.te *adj* flagrant; notorious.
fla.grar *v* to burn.
fla.ma *s* flame; ardor.
fla.me.jan.te *adj* flaming; blazing.
fla.me.jar *v* to flame; to blaze; to burn; to shine.
fla.men.go *s* Fleming; Flemish (língua); • *adj* Flemish.
fla.min.go *s* flamingo.
flâ.mu.la *s* pennant; streamer.
flan.co *s* flank; side.
fla.ne.la *s* flannel.
flan.que.ar *v* to flank.
flau.ta *s* MÚS flute.
flau.tim *s* MÚS piccolo.
flau.tis.ta *s* flutist.
fle.bi.te *s* MED phlebitis.
fle.cha *s* dart; arrow.
fle.cha.da *s* arrow-shot.
fle.char *v* to arrow.
fler.tar *v* to flirt.
fleu.ma *s* phlegm; impassibility.
fleu.má.ti.co *adj* phlegmatic; impassible.
fle.xão *s* flexion; flexure; inflection.
fle.xi.bi.li.da.de *s* flexibility; pliancy.
fle.xí.vel *adj* flexible; pliant.

fli.pe.ra.ma *s* pinball machine.
flo.co *s* flock; flake.
flor *s* flower; blossom; bloom; **à ~ da pele**: on edge.
flo.ra *s* flora.
flo.ra.ção *s* florescence.
flo.ral *adj* floral.
flo.res.cen.te *adj* florescent.
flo.res.cer *v* to bloom; to flower; to flourish.
flo.res.ta *s* forest; wood.
flo.ri.cul.tor *s* floriculturist.
flo.ri.cul.tu.ra *s* floriculture.
flo.ri.do *adj* flowered; flowery.
flo.rim *s* florin (moeda de vários países).
flo.rir *v* to bloom; to blossom; to flower; to flourish.
flu.ên.cia *s* fluency.
flu.en.te *adj* fluent.
flui.dez *s* fluidity; fluidness.
flui.do *s* e *adj* fluid.
flu.ir *v* to flow; to run.
flú.or *s* fluorine; fluor; fluorin.
flu.o.res.cên.cia *s* fluorescence.
flu.tu.a.ção *s* fluctuation; wavering.
flu.tu.a.dor *s* floater.
flu.tu.an.te *adj* floating; wavering.
flu.tu.ar *v* to float; to waver; to fluctuate.
flu.vi.al *adj* fluvial.
flu.xo *s* flux; abundance.
flu.xo.gra.ma *s* flowchart.
fo.bi.a *s* phobia; fear; aversion.
fo.ca *s* phoca; seal; a cub reporter (jornal).
fo.ca.li.zar *v* to focalize.
fo.car *v* to focus; to focalize.
fo.ci.nho *s* muzzle; snout.
fo.co *s* focus; centre.
fo.fo *adj* soft; smooth; cute.
fo.fo.ca *s* gossip.
fo.gão *s* stove; cooker.
fo.ga.rei.ro *s* little stove.
fo.ga.réu *s* bonfire.
fo.go *s* fire; flame; hearth; **~s de artifício**: fireworks; **pegar ~**: to catch fire.
fo.go.si.da.de *s* heat; impetuosity.
fo.go.so *adj* fiery.
fo.guei.ra *s* bonfire.

foguete / forro

fo.gue.te *s* rocket; AER spacecraft.
foi.ce *s* scythe.
fol.clo.re *s* folklore.
fo.le *s* bellows; **gaita de ~**: bagpipes.
fô.le.go *s* breath; **de tirar o ~**: breathtaking.
fol.ga *s* rest; **é meu dia de ~**: it's my day off.
fol.ga.do *adj* loose; not tight; free; ample; GÍR lazy; loafer.
fol.gar *v* to rest; to rejoice; to be glad.
fo.lha *s* leaf; sheet; blade; newspaper; **~ de pagamento**: payroll; **novo em ~**: brand new.
fo.lha.gem *s* foliage.
fo.lhe.ar *v* to turn over pages of; to leaf through.
fo.lhe.tim *s* feuilleton.
fo.lhe.to *s* pamphlet; booklet.
fo.lhi.nha *s* calendar.
fo.li.a *s* merrymaking; gay time.
fo.li.ão *s* merrymaker; buffoon; jester.
fo.lí.cu.lo *s* follicle.
fó.lio *s* folio.
fo.me *s* hunger; famine; **ter/estar com ~**: to be hungry.
fo.men.ta.ção *s* fomentation.
fo.men.tar *v* to foment; to encourage; to further.
fo.men.to *s* fomentation; encouragement.
fo.ne *s* phone; **~s de ouvido**: earphones; headphones.
fo.ne.ma *s* phoneme.
fo.né.ti.ca *s* phonetics.
fo.no.grá.fi.co *adj* phonographic.
fo.no.lo.gi.a *s* phonology.
fon.te *s* fountain; spring; FIG source.
fo.ra *adv* out; outside; outdoor; • *prep* except; besides; • *interj* out! begone!; **dar um ~**: to drop a clanger; to chuck (no namorado); **~ de**: out of.
fo.ra da lei *s* outlaw.
fo.ra.gi.do *s* fugitive; outlaw; • *adj* fugitive.
fo.ras.tei.ro *s* foreigner; stranger; outsider.
for.ca *s* gallows; gibbet.
for.ça *s* strength; power; force; **~ Aérea**: Air Force; **~s Armadas**: Armed Forces; **~-tarefa**: task force.

for.çar *v* to force; to ravish; to strain; to prize; EUA to pry.
fór.ceps *s* forceps.
for.ço.so *adj* unavoidable; necessary.
fo.ren.se *adj* forensic.
for.ja *s* forge; smithy.
for.jar *v* to forge; to coin; to invent; to concoct.
for.ma *s* form; way; condition; manner; shape; **de ~ alguma**: not at all; **desta ~**: so; in this manner; **de qualquer ~**: anyway; **manter a ~**: to keep fit.
for.ma (ô) *s* mould; mold; pattern.
for.ma.ção *s* formation; background; forming.
for.mal *adj* formal.
for.ma.li.da.de *s* formality.
for.ma.lis.mo *s* formalism.
for.ma.li.zar *v* to formalize.
for.mar *v* to form; to fashion; to shape; to frame; **~-se**: to graduate.
for.ma.tu.ra *s* graduation.
for.mi.dá.vel *adj* formidable.
for.mi.ga *s* ant.
for.mi.ga.men.to *s* pins and needles.
for.mi.gar *v* to itch.
for.mi.guei.ro *s* anthill.
for.mo.so *adj* beautiful; handsome.
for.mo.su.ra *s* beauty.
fór.mu.la *s* medical prescription; formula.
for.mu.lar *v* to formulate.
for.na.lha *s* furnace; fire box.
for.ne.ce.dor *s* furnisher; supplier.
for.ne.cer *v* to furnish; to accomodate; to cater; to stock; to provide; to supply.
for.ne.ci.men.to *s* supply.
for.ni.ca.ção *s* fornication, copulation.
for.ni.ca.dor *s* fornicator.
for.ni.car *v* to fornicate.
for.no *s* oven; furnace; **~ de micro-ondas**: microwave oven.
fo.ro *s* court of Justice; jurisdiction.
for.qui.lha *s* pitchfork.
for.ra.gem *s* forage.
for.rar *v* to line; to cover with.
for.ro *s* lining, padding (de roupa); ceiling (de teto).

for.ta.le.cer *v* to strengthen; to invigorate; to fortify; to encourage.
for.ta.le.za *s* fortress; strength; fort.
for.te *s* fort; fortress; • *adj* strong; powerful; robust; vigorous.
for.ti.fi.ca.ção *s* fortification; fort.
for.ti.fi.can.te *s* tonic.
for.ti.fi.car *v* to fortify; to strengthen.
for.tui.to *adj* fortuitous; accidental.
for.tu.na *s* fortune; wealth; fate; chance.
fos.co *adj* dim; dull.
fos.fa.ta *s* QUÍM phosphate.
fos.fo.res.cên.cia *s* phosphorescence.
fos.fo.res.cen.te *s* phosphorescent.
fós.fo.ro *s* QUÍM phosphorus; match; **caixa de ~**: matchbox.
fos.sa *s* dimple; cesspool; FIG depression.
fós.sil *s* e *adj* fossil.
fos.so *s* ditch; moat; trench.
fo.to *s* photo.
fo.to.có.pia *s* photocopy.
fo.to.co.pi.a.do.ra *s* photocopier.
fo.to.gê.ni.co *adj* photogenic.
fo.to.gra.far *v* to photograph.
fo.to.gra.fi.a *s* photograph; picture; photo.
fo.tó.gra.fo *s* photographer.
fo.to.li.to *s* photolith.
fo.to.li.to.gra.fi.a *s* photolithography.
foz *s* mouth of a river.
fra.ção *s* fraction; **~ decimal**: decimal fraction; **~ ordinária**: vulgar fraction.
fra.cas.sar *v* to fail; to break down.
fra.cas.so *s* failure; misfortune; disaster.
fra.cio.nar *v* to divide into fractions.
fra.cio.ná.rio *adj* fractional.
fra.co *adj* feeble; weak.
fra.de *s* friar; monk.
fra.ga.ta *s* NÁUT frigate.
frá.gil *adj* fragile; frail; brittle.
fra.gi.li.da.de *s* fragility; frailty; brittleness.
frag.men.ta.ção *s* fragmentation.
frag.men.tar *v* to fragmentize; to break up.
frag.men.tá.rio *adj* fragmentary.
frag.men.to *s* fragment.
fra.gor *s* noise; crash.
fra.go.ro.so *adj* noisy.

fra.grân.cia *s* fragrance.
fra.gran.te *adj* fragrant.
fral.da *s* nappy, EUA diaper; **~ descartável**: disposable nappy.
fram.bo.e.sa *s* raspberry.
fran.cês *s* e *adj* French.
fran.ce.sis.mo *s* gallicism.
fran.cis.ca.no *s* e *adj* franciscan.
fran.co *s* frank (honesto); franc (moeda de vários países); • *adj* frank; free (grátis); outspoken; **~-atirador**: sniper; FIG maverick.
fran.ga.lho *s* rag; tatter.
fran.go *s* chicken; cockerel.
fran.ja *s* fringe; bangs.
fran.que.ar *v* to free; to clear; to exempt; to frank (correspondência).
fran.que.za *s* frankness; sincerity.
fran.qui.a *s* franchise.
fran.zi.men.to *s* frown; gathering.
fran.zi.no *adj* thin; feeble; slender.
fran.zir *v* to wrinkle; **~ as sobrancelhas**: to frown.
fra.que *s* cutaway.
fra.que.jar *v* to become weak.
fra.que.za *s* weakness; debility.
fras.co *s* bottle; flask.
fra.se *s* phrase; sentence.
fra.se.ar *v* to phrase.
fra.seo.lo.gi.a *s* phraseology.
fra.ter.nal *adj* fraternal; brotherly.
fra.ter.ni.da.de *s* fraternity; brotherhood.
fra.ter.ni.zar *v* to fraternize.
fra.ter.no *adj* fraternal; brotherly.
fra.tri.ci.da *s* e *adj* fratricide.
fra.tri.cí.dio *s* fratricide.
fra.tu.ra *s* fracture; rupture; breaking.
fra.tu.rar *v* to fracture; to break; crack.
frau.da.dor *s* defrauder.
frau.dar *v* to defraud.
frau.de *s* fraud; deceit; trickery; cheat.
frau.du.len.to *adj* fraudulent; deceitful.
fre.ar *v* to brake; to refrain.
fre.guês *s* customer; shopper; client.
fre.gue.si.a *s* clientele, customers (de loja); parish (de paróquia).

frei s friar.

frei.o s curb; brake; restraint.

frei.ra s nun.

fre.mir v to roar; to quiver.

fre.ne.si s frenzy; madness; fury.

fre.né.ti.co adj frantic; mad; frenetic; frenzied.

fren.te s face; front; façade; **em ~ de**: in front of; **~ a ~**: face to face; **para a ~!**: go ahead!; forward.

fre.quên.cia s frequency; attendance (assiduidade).

fre.quen.tar v to attend; to frequent.

fre.quen.te adj frequent; habitual; constant.

fre.quen.te.men.te adv frequently; often; constantly.

fres.ca s breeze.

fres.co s fresh air; • adj fresh; cool; new; GÍR effeminate; affected.

fres.cor s coolness; freshness.

fres.cu.ra s freshness; coolness.

fres.ta s gap; cleft.

fre.ta.men.to s freightage.

fre.tar v to freight; to charter (avião).

fre.te s carriage; freight.

fri.a.gem s cold weather; coldness.

fri.ca.ti.vo adj GRAM fricative.

fric.ção s rubbing; friction.

fric.cio.nar v to rub.

fri.ei.ra s chilblain.

fri.e.za s coldness; frigidity.

fri.gi.dei.ra s frying-pan, EUA skillet.

fri.gi.dez s frigidity.

frí.gi.do adj frigid; intensely cold.

fri.gir v to fry.

fri.go.rí.fi.co s refrigerator, fridge, EUA icebox.

fri.o s cold; chill; • adj cold; cool.

fri.o.ren.to adj chilly.

fri.sar v to frizzle; to curl; to frizz; to emphasize.

fri.so s frieze.

fri.ta.da s fritter; fry.

fri.tar v to fry.

fri.tas s pl chips, EUA French fries.

fri.to adj fried.

fri.tu.ra s fried food.

fri.vo.li.da.de s frivolity; futility.

frí.vo.lo adj trifling; frivolous.

fron.do.so adj leafy.

fro.nha s pillowcase.

fron.tal s e adj frontal.

fron.te s forehead; front; brow.

fron.tei.ra s frontier; boundary; border.

fron.tei.ri.ço adj frontier.

fron.tei.ro adj opposite.

fron.tis.pí.cio s frontispiece; front page.

fro.ta s fleet.

frou.xi.dão s weakness; looseness; slackness.

frou.xo adj slack; flabby; lax; loose.

fru.gal adj frugal.

fru.ga.li.da.de s frugality.

fru.i.ção s fruition; gratification; enjoyment.

fru.ir v to enjoy.

frus.tra.ção s frustration; defeat.

frus.trar v to frustrate; to baffle.

fru.ta s fruit.

fru.tei.ra s fruit-plate; fruitbowl.

fru.ti.cul.tu.ra s fruit-growing.

fru.tí.fe.ro adj fructiferous; fruitful.

fru.ti.fi.car v to fructify; to bear fruit.

fru.to s fruit; profit; product; effect.

fu.bá s maize flour.

fu.ga s flight; elopment; escape; MÚS fugue.

fu.ga.ci.da.de s fugacity.

fu.gaz adj fugacious; fugitive; transitory.

fu.gi.da s escape; flight.

fu.gi.di.o adj fleeting.

fu.gir v to flee; to run away; to bolt; to elude; to elope.

fu.gi.ti.vo s e adj fugitive.

fu.la.no s so-and-so.

ful.cro s fulcrum.

ful.gên.cia s fulgency; brightness; splendor; radiance.

ful.gen.te adj fulgent.

ful.gor s splendor; brilliancy; radiance.

ful.gu.ra.ção s fulguration.

ful.gu.ran.te adj fulgurant; shining.

ful.gu.rar v to shine; to flash.

fu.li.gem s soot.

ful.mi.nan.te adj fulminating.

ful.mi.nar *v* to fulminate.
fu.ma.ça *s* smoke; puff.
fu.man.te *s* smoker.
fu.mar *v* to smoke; **deixar de ~**: to give up smoking.
fu.me.gar *v* to smoke; to reek.
fu.mo *s* smoke.
fun.ção *s* function; performance.
fun.cio.nal *adj* functional.
fun.cio.na.lis.mo *s* public service.
fun.cio.nar *v* to work; to run; to function.
fun.cio.ná.rio *s* functionary; official (graduado); employee; **~ público**: civil servant.
fun.da.ção *s* foundation; base.
fun.da.dor *s* founder.
fun.da.men.tal *adj* fundamental; essential.
fun.da.men.tar *v* to found; to ground.
fun.da.men.to *s* fundament; basis; foundation; reason.
fun.dar *v* to found; to establish; to base.
fun.di.ção *s* foundry; melting.
fun.di.lho *s* seat of trousers.
fun.dir *v* to melt; to cast; to smelt.
fun.do *s* bottom; depth; fund; background; capital; • *adj* deep; **~ musical**: musical setting; **no ~**: basically.
fun.dos *s pl* back; funds (financeiro).
fun.du.ra *s* profundity; depth.
fú.ne.bre *adj* funeral; mournful.
fu.ne.ral *s* funeral; burial.
fu.ne.rá.rio *adj* funerary.
fu.nes.to *adj* fatal; dismal.
fun.gar *v* to sniff.
fun.go *s* fungus.
fu.nil *s* funnel.
fu.ni.la.ri.a *s* founary.
fu.ni.lei.ro *s* tinsmith; tinker; tinman.
fu.ra.cão *s* hurricane; whirlwind.
fu.ra.dor *s* borer; awl; piercer.
fu.ra-gre.ve *s* scab.
fu.rão *s* ferret.
fu.rar *v* to bore; to puncture; to drill; to pierce; **~ a fila**: to jump the queue.
fú.ria *s* fury; rage.
fu.ri.bun.do *adj* furious.
fu.ri.o.so *adj* furious; enraged.
fur.na *s* den; cavern.
fu.ro *s* hole; bore; orifice.
fu.ror *s* fury; furor; rage.
fur.tar *v* to steal; to rob; to thieve; **~-se**: to evade.
fur.ti.vo *adj* furtive; secret; clandestine.
fur.to *s* robbery; theft.
fu.rún.cu.lo *s* MED furuncle; boil.
fu.são *s* fusion; melting.
fus.co *adj* dusky; brown.
fu.se.la.gem *s* fuselage.
fu.sí.vel *s* fuse; • *adj* fusible.
fu.so *s* spindle; **~ horário**: time zone.
fus.tão *s* fustian.
fus.ti.ga.ção *s* fustigation; whipping.
fus.ti.gar *v* to whip; to lash; to flog.
fu.te.bol *s* ESP football, EUA soccer.
fú.til *adj* futile; frivolous.
fu.ti.li.da.de *s* futility; frivolity; trifle.
fu.tu.ris.mo *s* futurism.
fu.tu.ris.ta *s* futurist.
fu.tu.ro *s* e *adj* future.
fu.zil *s* rifle.
fu.zi.la.men.to *s* shooting.
fu.zi.lan.te *adj* sparkling.
fu.zi.lar *v* to shoot; to execute by shooting.
fu.zi.la.ri.a *s* shooting; fusillade.
fu.zi.lei.ro *s* fusileer; fusilier; **~ naval**: marine.

G

g *s* the seventh letter of the Portuguese alphabet.
ga.bar *v* to praise; to crow; to vaunt; to flatter; to boast; to brag; **~-se de**: to boast about.
ga.bar.di.ne *s* gabardine.
ga.ba.ri.ta.do *adj* well-qualified.
ga.bi.ne.te *s* cabinet (ministério); study (casa); office (escritório).
ga.do *s* cattle (bovino); livestock (criação de cavalos, porcos, ovelhas, etc.); **~ leiteiro**: dairy cattle.
ga.fa.nho.to *s* grasshopper, locust (maior, encontrado na África e na Ásia).
ga.gá *s e adj* decrepit, senile.
ga.go *s* stutterer; stammerer; • *adj* stammering.
ga.guei.ra *s* stuttering; stammering.
ga.gue.jar *v* to stutter; to stammer; to falter.
gai.a.ti.ce *s* prank; mischief.
gai.o.la *s* cage; FIG jail.
gai.ta *s* mouth-organ; harmonica; GÍR money; **~ de fole**: bagpipe, pipes.
gai.vo.ta *s* gull; seagull.
ga.la *s* gala; pomp; festivity; • *adj* festive.
ga.lã *s* galant; lover; the main actor in a romantic film.
ga.lan.te *s* gallant; • *adj* gallant; polite and attentive specially with a woman.
ga.lan.te.a.dor *s* gallant.
ga.lan.te.ar *v* to court; to woo; to gallant.
ga.lan.tei.o *s* gallantry; wooing; courtship.
ga.lão *s* gallon (BRIT 4.55 liters; EUA 3.79 liters).
ga.lá.xia *s* galaxy.
ga.lé *s* galley.
ga.le.ão *s* galleon.
ga.le.go *s e adj* Galician.
ga.le.na *s* QUÍM galena.
ga.le.ra *s* NÁUT galley; POP crowd.
ga.le.ri.a *s* gallery; underground corridor.
gal.gar *v* to jump over.
gal.go *s* greyhound.
ga.lhe.tei.ro *s* cruet stand.
ga.lho *s* branch of trees; POP **cada macaco no seu ~**: every Jack to his trade; **pular de ~ em ~**: to be inconstant; **quebrar um ~**: to solve a problem, to help out.
ga.li.cis.mo *s* gallicism.
ga.li.nha *s* hen; chicken; **caldo de ~**: chicken stock.
ga.li.nhei.ro *s* poultry-yard; hen-house.
gá.lio *s* QUÍM gallium.
ga.lo *s* cock, EUA rooster; bump (na cabeça); **~ de briga**: fightingcock; **missa do ~**: midnight mass.
ga.lo.cha *s* galosh; wellington boot; welly.
ga.lo.pan.te *adj* galloping.
ga.lo.par *v* to ride hard; to gallop.
ga.lo.pe *s* gallop; **a ~**: at a gallop.
gal.pão *s* hangar, covered area; shed.
gal.va.ni.za.ção *s* galvanization.
gal.va.ni.zar *v* to galvanize.
gal.va.no.plas.ti.a *s* galvanoplasty.
ga.ma *s* MÚS scale; range; gamut; gamma (letra grega).
ga.mão *s* backgammon.

gam.bá s ZOO opossum, EUA possum, polecat.
gam.bi.ar.ra s foot-lights; stage-lights.
ga.na s desire; wish.
ga.nân.cia s greed; rapacity.
ga.nan.ci.o.so adj covetous; greedy.
gan.cho s crook; hook.
gan.dai.a s idle-life.
gân.glio s MED ganglion.
gan.gli.o.nar adj ganglionar; ganglionic.
gan.gor.ra s seesaw; EUA teeter, teeter-totter.
gan.gre.na s gangrene.
gan.gre.nar v to gangrene; to mortify; FIG to corrupt.
ga.nhar v to win; to gain; to earn; **~ dinheiro**: to make/to earn money; **~ tempo**: to save time; **~ terreno**: FIG to gain ground.
ga.nho s gain; profit.
ga.nir v to bark; to howl; to yelp; to yap.
gan.so s goose; gander; **~ novo**: gosling.
ga.ra.gem s garage.
ga.ra.nhão s stallion.
ga.ran.ti.a s guarantee; warrant; guaranty.
ga.ran.ti.do adj foolproof.
ga.ran.tir v to guarantee; to assure; to warrant; **~-se**: to be on the safe side.
ga.ra.pa s sugar-cane juice.
ga.ra.tu.ja s doodle.
gar.bo s gab; gracefulness; gentility; distinction.
gar.bo.so adj gallant; graceful.
gar.ça s heron.
gar.çom s waiter.
gar.ço.ne.te s waitress.
gar.dê.nia s gardenia.
gar.fa.da s forkful.
gar.fo s fork.
gar.ga.lha.da s loud laughter.
gar.ga.lhar v to laugh loudly.
gar.ga.lo s neck of a bottle; bottleneck.
gar.gan.ta s throat; gullet; gorge; **dor de ~**: sorethroat.
gar.gan.ti.lha s necklace.
gar.ga.re.jar v to gargle.
gar.ga.re.jo s gargling; gargle.
ga.ri s dustman, EUA trash collector; roadsweeper (varredor de rua), EUA streetsweeper.
ga.rim.par v to prospect.
ga.rim.pei.ro s prospector.
ga.rim.po s prospect.
ga.ro.a s drizzle, dribble.
ga.ro.ta s girl.
ga.ro.to s boy; urchin.
gar.ra s claw; clutch.
gar.ra.fa s bottle; **~ térmica**: thermos bottle/thermos flask.
gar.ra.fão s demijohn; large bottle.
gar.ran.cho s scrawl.
gar.ro.te s garrote; calf (animal).
ga.ru.pa s rump of a horse; buttocks.
gás s gas; **fogão a ~**: gas-stove; **~ carbônico**: carbon dioxide; **~ lacrimogênio**: tear gas; **máscara contra ~**: gas mask.
ga.sei.fi.ca.ção s gasification.
ga.sei.fi.car v to gasify; to make gaseous.
ga.so.li.na s petrol; EUA gas, gasoline; gasolene; **posto de ~**: filling station, EUA gas station.
ga.sô.me.tro s gasometer; gasholder; gasworks.
ga.so.sa s soda, soda-water.
ga.so.so adj gaseous.
gas.ta.dor s spendtrift; • adj prodigal.
gas.tar v to spend; to waste; to use up (eletricidade); to wear out (roupa); to wear down; to expend; **~-se**: to wear away; to wear out; to wear down.
gas.to s expense; waste; • adj worn; spent.
gas.tren.te.ri.te s MED gastroenteritis.
gás.tri.co adj gastric.
gas.tri.te s MED gastritis.
gas.tro.lo.gi.a s gastrology.
gas.tro.no.mi.a s gastronomy.
gas.tro.nô.mi.co adj gastronomic.
gas.trô.no.mo s gastronomer.
ga.ti.lho s trigger.
ga.ti.nho s kitten; kitty; little cat.
ga.to s cat (animal); mistake (erro); thief (ladrão); **cometer um ~**: to make a mistake.
ga.tu.no s thief; pilferer.
gau.lês s Gaul; • adj Gaulish.

ga.ve.ta s drawer.
ga.vi.ão s hawk.
ga.ze s gauze; cheesecloth.
ga.ze.ta s gazette.
ge.a.da s hoarfrost; frost.
ge.ar v to frost; to freeze; to rime.
gêi.ser s geyser.
ge.la.dei.ra s refrigerator, fridge; icebox.
ge.la.do *adj* icy; frozen.
ge.lar v to freeze; to congel; to ice.
ge.la.ti.na s jelly; gelatine.
ge.la.ti.no.so *adj* gelatinous.
ge.lei.a s jam, EUA jelly; marmalade (tipo de geleia feito com frutas cítricas como a laranja e o limão).
ge.lei.ra s glacier.
gé.li.do *adj* frozen; gelid; bleak.
ge.lo s ice; FIG coldness; indifference; **com ~**: icy.
ge.ma s yolk (ovo); gem (preciosa).
ge.ma.da s egg-flip; egg-nog.
gê.meo s e *adj* twin.
Gê.meos s ASTROL Gemini.
ge.mer v to moan; to wail; to groan; to lament.
ge.mi.do s moan; groan; wail.
ge.mi.na.ção s gemination.
ge.mi.na.do *adj* geminate.
ge.mi.nar v to geminate; to double.
ge.ne.a.lo.gi.a s genealogy; lineage.
ge.ne.a.ló.gi.co *adj* genealogical.
ge.ne.ral s MIL general.
ge.ne.ra.la.to s MIL generalship.
ge.ne.ra.li.da.de s generality.
ge.ne.ra.li.zar v to generalize.
ge.né.ri.co *adj* generic.
gê.ne.ro s kind; sort; class; genus; GRAM gender; LIT genre.
ge.ne.ro.si.da.de s generosity; benevolence.
ge.ne.ro.so *adj* generous; open-handed.
gê.ne.se s genesis; beginning; origin; RELIG a book of the Old Testament or Torá.
ge.né.ti.ca s genetics.
ge.né.ti.co *adj* genetic.
gen.gi.bre s ginger.
gen.gi.va s gum.
gen.gi.vi.te s MED gengivitis.
ge.ni.al *adj* brilliant; terrific.
ge.ni.a.li.da.de s geniality.
gê.nio s genius; spirit; temperament; temper.
ge.ni.o.so *adj* ill-natured; temperamental.
ge.ni.tal *adj* genital.
ge.ni.ti.vo *adj* GRAM genitive.
ge.ni.tor s father.
ge.ni.to.ra s mother.
ge.no.cí.dio s genocide.
gen.ro s son-in-law.
gen.ta.lha s mob; rabble; populace.
gen.te s people; folk.
gen.til *adj* sweet; graceful; well-bred.
gen.ti.le.za s kindness; gentility; courtesy; politeness; **por ~**: please.
gen.tí.li.co *adj* heathen; pagan; gentle.
gen.ti.o s e *adj* gentile; savage; pagan.
ge.nu.í.no *adj* genuine; authentic.
ge.o.cên.tri.co *adj* geocentric.
ge.o.gra.fi.a s geography.
ge.o.grá.fi.co *adj* geographical.
ge.ó.gra.fo s geographer.
ge.o.lo.gi.a s geology.
ge.o.ló.gi.co *adj* geological.
ge.ó.lo.go s geologist.
ge.o.me.tri.a s geometry.
ge.o.mé.tri.co *adj* geometrical.
ge.o.po.lí.ti.co *adj* geopolitical.
ge.ra.ção s procreation; generation.
ge.ra.dor s generator; • *adj* generating.
ge.ral *adj* general; usual; common; **em ~**: in general.
ge.ral.men.te *adv* generally, usually.
ge.râ.nio s geranium; crane's bill.
ge.rar v to beget; to breed; to generate; to produce.
ge.rên.cia s management; managership; administration.
ge.ren.te s manager.
ger.ge.lim s sesame.
ge.ri.a.tra s geriatrician.
ge.ri.a.tri.a s geriatry.
ge.rin.gon.ça s gibberish.
ge.rir v to manage; to govern; to conduct; to administer; to run.
ger.mâ.ni.co *adj* Germanic; German.

ger.me *s* germ.
ger.mi.na.ção *s* germination.
ger.mi.nar *v* to germinate; to bud.
ge.rún.dio *s* GRAM gerund.
ges.so *s* gypsum; plaster.
ges.ta.ção *s* gestation; pregnancy.
ges.tan.te *s* pregnant.
ges.tão *s* administration; management; **má ~**: mishandling.
ges.ti.cu.la.ção *s* gesticulation.
ges.ti.cu.la.dor *s* gesticulator.
ges.to *s* gesture.
gi.bi *s* POP comics.
gi.gan.te *s* giant; • *adj* gigantic.
gi.gan.tes.co *adj* gigantic; giant; colossal.
gi.le.te *s* razor blade; POP bisexual; • *adj* POP bisexual.
gim *s* gin.
gi.na.si.al *adj* gymnasial.
gi.ná.sio *s* gymnasium.
gi.nas.ta *s* gymnast.
gi.nás.ti.ca *s* gymnastics.
gi.ne.co.lo.gi.a *s* gynecology.
gi.ne.co.lo.gis.ta *s* gynecologist.
gi.ra.fa *s* giraffe.
gi.rân.do.la *s* girandole.
gi.rar *v* to gyrate; to slue; to twirl; to go round; to turn round; to spin; to revolve; **~ a chave**: to turn the key.
gi.ras.sol *s* sunflower.
gi.ra.tó.rio *adj* gyratory; turning.
gí.ria *s* slang; slanguage; jargon.
gi.ro *s* rotation; turnover; turn; **dar um ~**: to take a walk (a pé).
giz *s* chalk.
gla.ci.al *adj* glacial; icy.
gla.di.a.dor *s* gladiator.
gla.mour *s* glamour, glamor.
glan.de *s* acorn.
glân.du.la *s* gland.
glau.co.ma *s* glaucoma.
gle.ba *s* glebe; clod; land; soil.
gli.ce.ri.na *s* glycerine.
gli.co.se *s* glucose.
glo.bal *adj* global.
glo.bo *s* globe; sphere; **~ ocular**: eyeball.
glo.bu.lar *adj* globular.
gló.bu.lo *s* globule; small globe.
gló.ria *s* glory; praise.
glo.ri.fi.ca.ção *s* glorification.
glo.ri.fi.can.te *adj* glorifying.
glo.ri.fi.car *v* to glorify; to worship; to extol; to honor.
glo.ri.o.so *adj* glorious.
glos.sá.rio *s* glossary.
glo.te *s* glottis.
glu.tão *s* glutton; • *adj* gluttonous.
glu.ti.no.so *adj* viscous; glutinous.
gno.mo *s* gnome.
gno.se *s* gnosis.
gnos.ti.cis.mo *s* RELIG gnosticism.
gnós.ti.co *adj* gnostic.
go.e.la *s* throat; gullet.
go.gó *s* FAM Adam's apple.
goi.a.ba *s* guava.
goi.a.ba.da *s* guava jam, EUA guava jelly.
goi.a.bei.ra *s* guava tree.
gol *s* ESP goal.
go.la *s* collar; neckband; **~ alta**: polo-neck; **~ rulê**: turtle-neck.
go.le *s* gulp; swallow.
go.lei.ro *s* ESP goalkeeper.
gol.fa.da *s* gush.
gol.fe *s* ESP golf.
gol.fi.nho *s* dolphin.
gol.fo *s* gulf.
gol.pe *s* blow; hit; stroke; knock; slash; trick (manobra); **de um ~**: at a stroke; **~ de estado**: stroke of State; **~ de mestre**: master stroke; **~ de vento**: gust of wind; **~ de vista**: glance.
gol.pe.ar *v* to slash; to beat; to strike; to knock.
go.ma *s* gum; glue; starch (para roupa); mucilage; **~ de mascar**: chewing gum.
go.ma.do *adj* gummy.
go.mo *s* bud; shoot.
gôn.do.la *s* gondola.
gon.do.lei.ro *s* gondolier.
gon.go *s* gong.
go.nor.rei.a *s* gonorrhea.
go.rar *v* to frustrate; to miscarry; to fail.

gor.do *adj* fat; stout; **ficar ~**: to get fat.
gor.du.ra *s* fat; fatness; obesity; grease.
gor.du.ro.so *adj* greasy; fatty.
gor.gon.zo.la *s* Gorgonzola.
gor.gu.lhar *v* to gurgle, to flow noisily.
go.ri.la *s* gorilla.
gor.je.ar *v* to warble; to chirp; to quaver; to trill.
gor.jei.o *s* warble.
gor.je.ta *s* tip; gratuity.
gor.ro *s* cap; beret.
gos.tar *v* to like; to enjoy; to please; to be fond of; **não ~ de**: to dislike.
gos.to *s* taste, flavour, savour; EUA flavor, savor; **sem ~**: tasteless.
gos.to.so *adj* appetizing; palatable; savoury; tasty.
go.ta *s* drop; MED gout (doença); **a ~ d'água**: the last straw.
go.tei.ra *s* gutter; leak.
go.te.jar *v* to drop; to leak; to drip.
gó.ti.co *adj* gothic.
go.ver.na.dor *s* governor.
go.ver.na.men.tal *adj* governmental.
go.ver.nan.ta *s* governess; housekeeper.
go.ver.nan.te *s* governor; ruler.
go.ver.nar *v* to govern; to rule; to sway; to run; NÁUT to steer.
go.ver.no *s* government; control; management; guidance; NÁUT steerage.
go.za.ção *s* joking.
go.za.do *adj* funny.
go.zar *v* to enjoy; to amuse; to come (ter orgasmo).
go.zo *s* pleasure; enjoyment; possession (posse); orgasm (orgasmo).
Gra.al *s* Grail.
Grã-Bre.ta.nha *s* Great Britain.
gra.ça *s* grace; gracefulness; pardon; favour; kindness; mercy; charm; joke; jest; **de ~**: for nothing; free; **~s a Deus!**: Thank God!
gra.ce.jar *v* to jest; to joke.
gra.ce.jo *s* joke; quip; jest.
gra.ci.o.si.da.de *s* graciousness; gracefulness.
gra.ci.o.so *adj* graceful, charming, gracious, cute, EUA cunning.
gra.da.ção *s* gradation.
gra.de *s* rail; railing; AUT grille.
gra.de.ar *v* to rail; to grate.
gra.dil *s* picket fence; railing.
gra.do *s* will; • *adj* illustrious; important; **de bom ~**: willingly.
gra.du.a.ção *s* graduation.
gra.du.a.do *s* graduate; • *adj* graduated; classified.
gra.du.al *adj* gradual.
gra.du.al.men.te *adv* gradually; seamlessly.
gra.du.ar *v* to graduate; to gauge.
gra.far *v* to spell.
gra.fi.a *s* spelling; ortography.
grá.fi.co *s* printer; graph; • *adj* graphic; graphical.
grã-fi.no *adj* FAM posh.
gra.fi.te *s* graphite.
gra.fo.lo.gi.a *s* graphology.
gra.fó.lo.go *s* graphologer.
gra.lha *s* rook; jackdaw.
gra.lhar *v* to croak; to caw; FIG to chatter.
gra.ma *s* grama; grass; **cortador de ~**: lawn mower.
gra.ma.do *s* FUT field.
gra.má.ti.ca *s* grammar, grammar book.
gra.ma.ti.cal *adj* grammatical.
gra.má.ti.co *s* grammarian.
gra.mí.neo *adj* grassy; gramineous.
gra.mo.fo.ne *s* gramophone, EUA phonograph.
gram.pe.a.dor *s* stapler.
gram.pe.ar *v* to staple (papel); to tap (telefone).
gram.po *s* cramp; staple (para grampear); hairpin (para cabelo).
gra.na *s* GÍR money; dibs; dough; cash.
gra.na.da *s* grenade; garnet.
gran.da.lhão *adj* huge; very large; gangling.
gran.de *adj* big; grand; large; great.
gran.de.za *s* greatness; grandeur; magnitude.
gran.di.lo.quên.cia *s* grandiloquence.

gran.di.o.si.da.de s greatness; magnificence; grandeur.
gran.di.o.so adj grand; grandiose; magnificent.
gra.nel s barn.
gra.ni.to s granite.
gra.ni.zo s hail.
gran.ja s grange; farm.
gra.nu.la.ção s granulation.
gra.nu.la.do adj granulated.
gra.nu.lar v to granulate; • adj granular.
grão s grain; seed; corn; **~-de-bico**: chickpea.
gras.nar v to caw; to croak; to quack.
gra.ti.dão s gratitude; thankfulness; gratefulness.
gra.ti.fi.ca.ção s bonus; gratuity; reward; tip.
gra.ti.fi.car v to reward; to tip.
grá.tis adv gratis; free; without charge.
gra.to adj pleasant; grateful; thankful.
gra.tu.i.da.de s gratuitousness.
gra.tui.to adj free; gratuitous.
grau s degree; grade, EUA rating; **colar ~**: to graduate; **escola de primeiro/segundo ~**: veja **ensino fundamental/médio**.
gra.ú.do adj big; great; important; large.
gra.va.ção s ART engraving; recording (som).
gra.va.dor s ART engraver (pessoa); tape recorder (aparelho).
gra.va.do.ra s MÚS record company.
gra.var v to engrave; to stamp; to record; to memorize.
gra.va.ta s neck-tie; tie; **~-borboleta**: bow-tie.
gra.ve adj heavy; grave; serious; weight; MÚS bass, not acute.
grá.vi.da adj pregnant; full.
gra.vi.da.de s gravity; seriousness; graveness; FÍS gravitation.
gra.vi.dez s pregnancy.
gra.vi.ta.ção s gravitation.
gra.vi.tar v to gravitate.
gra.vu.ra s picture; engraving; illustration.
gra.xa s grease (lubrificante); shoe blacking.
gre.gá.rio adj gregarious.
gre.go s e adj Greek.
gre.go.ri.a.no adj gregorian.
gre.lha s grill; grate; gridiron.

gre.lhar v to broil; to grill.
grê.mio s guild; association.
gre.ve s walk-out; strike; **~ de fome**: hunger strike.
gre.vis.ta s striker.
gri.fa.do adj underlined.
gri.far v to underline.
gri.fo s griffin; griffon; italic.
gri.lhão s chain.
gri.lo s cricket; GÍR problem.
gri.nal.da s wreath; garland.
grin.go s foreigner; • adj foreign.
gri.pe s MED influenza; grippe; cold; flu.
gri.sa.lho adj grayish; greyish.
gri.tar v to cry; to shout; to call; to scream; to screak; to screech.
gri.ta.ri.a s shouting; outcry.
gri.to s cry; shout; scream; shriek; **no ~**: POP by force.
gro.gue s grog; • adj groggy.
gro.sa s gross; rasp.
gro.se.lha s currant; gooseberry.
gros.sei.rão adj rude; impolite; unmannerly.
gros.sei.ro adj coarse; rough; rude.
gros.se.ri.a s rudeness; coarseness.
gros.so adj thick; bulky; big.
gros.su.ra s thickness; bulk.
gro.tes.co adj grotesque.
gru.a s crane.
gru.dar v to glue; to gum; to paste; to stick; to cling.
gru.de s glue; paste; GÍR chow.
gru.nhi.do s grunt.
gru.nhir v to grunt; to growl.
gru.pa.men.to s grouping.
gru.par v to group.
gru.po s group; gang; cluster.
gru.ta s cave; grotto; cavern; den.
guar.da s guard; care; defence; protetion; **anjo da ~**: guardian angel; **~-chuva**: umbrella; **~-comida**: cupboard; pantry closet; **~-costas**: bodyguard, coastguard; **~-florestal**: forest ranger; **~-joias**: jewelcase; **~-livros**: bookkeeper; **~-louças**: cupboard; **~-noturno**: night watchman;

~-**pó**: dust coat; ~-**roupa**: wardrobe; ~-**sol**: parasol; sunshade.

guar.da.na.po *s* serviette; napkin.

guar.dar *v* to keep; to defend; to protect; to shield; to watch; to store; to guard; ~-**se**: to guard against; ~ **um segredo**: to keep a secret.

guar.di.ão *s* keeper; warden; guardian.

gua.ri.da *s* cave; den; shelter.

gua.ri.ta *s* sentry box.

guar.ne.cer *v* to furnish; to provide.

guar.ni.ção *s* garrison; garniture; ornament; furnishing.

gua.te.mal.te.co *s* e *adj* Guatemalan.

guel.ra *s* gill.

guer.ra *s* war; warfare.

guer.re.ar *v* to fight; to war; to contend.

guer.rei.ro *s* warrior; • *adj* warlike.

guer.ri.lha *s* guerilla warfare.

guer.ri.lhar *v* to engage in guerilla warfare.

guer.ri.lhei.ro *s* guerilla fighter; partisan.

gue.to *s* ghetto.

gui.a *s* guide; leader; guide-book; guideline.

gui.a.nen.se *s* e *adj* Guyanan.

gui.ar *v* to guide; to direct; to head; to lead; to drive; to motor; to conduct; ~-**se**: to be guided.

gui.chê *s* ticket window.

gui.dão *s* handlebar.

gui.lho.ti.na *s* guillotine.

gui.lho.ti.nar *v* to guillotine.

gui.na.da *s* NÁUT yaw; **dar uma ~**: to change of direction.

gui.nar *v* NÁUT to yaw.

guin.char *v* to screech; to squeak.

guin.cho *s* screech; squeak; crab, wrecker (veículo).

guin.dar *v* to crane; to lift; to crane up; to hoist.

guin.das.te *s* crane.

gui.néu *s* guinea.

gui.sa *s* manner; way; fashion; **à ~ de**: just for.

gui.sa.do *s* stew; hash.

gui.sar *v* to stew.

gui.tar.ra *s* MÚS guitar.

gui.tar.ris.ta *s* guitarist, guitar's player.

gui.zo *s* rattle.

gu.la *s* gluttony; greed.

gu.lo.di.ce *s* delicacy.

gu.lo.sei.ma *s* dainty.

gu.lo.so *adj* gluttonous.

gu.me *s* bezel; edge.

gu.ri *s* little boy; child.

gus.ta.ção *s* tasting; gustation.

gu.tu.ral *adj* guttural.

h *s* the eighth letter of the Portuguese alphabet; (com maiúsc.) symbol of hydrogen.
há.bil *adj* capable; able; clever; skilful.
ha.bi.li.da.de *s* ability; skill; talent.
ha.bi.li.do.so *adj* skilful; expert; clever.
ha.bi.li.ta.ção *s* capacity; ability; competence; **carteira de ~** (motorista): driver's licence.
ha.bi.li.tar *v* to qualify; to enable; to entitle; to capacitate; to fit.
ha.bi.ta.ção *s* residence; house; dwelling; habitation.
ha.bi.tan.te *s* inhabitant; dweller.
ha.bi.tar *v* to inhabit; to abide; to live in; to occupy; to dwell.
há.bi.tat *s* habitat.
ha.bi.tá.vel *adj* habitable, fit to be inhabited.
há.bi.to *s* habit; custom; dress; costume.
ha.bi.tu.al *adj* habitual; ordinary; customary; usual.
ha.bi.tu.al.men.te *adv* habitually.
ha.bi.tu.ar *v* to habituate; to accustom.
hai.ti.a.no *s* e *adj* Haitian.
há.li.to *s* breath; respiration; **mau ~**: halitosis.
ha.lo *s* halo; aureole.
hal.te.re *s* dumbbell; weight.
hal.te.ro.fi.li.a *s* weightlifting.
ham.búr.guer *s* hamburger.
han.gar *s* hangar; shed.
ha.ra.qui.ri *s* hara-kiri, self-murder of honor among the japanese culture.
ha.ras *s invar* stud farm.
hard.ware *s* INF hardware.
ha.rém *s* harem.
har.mo.ni.a *s* harmony; agreement; peace; order.
har.mô.ni.ca *s* harmonica.
har.mô.ni.co *s* harmonic; overtone; • *adj* harmonic; harmonious.
har.mo.ni.o.so *adj* harmonious; melodious.
har.mo.ni.za.ção *s* harmonization; conciliation.
har.mo.ni.zar *v* to harmonize.
har.pa *s* harp.
har.pis.ta *s* harpist.
has.ta *s* auction.
has.te *s* staff; rod; spindle; BOT stem, stalk.
has.te.ar *v* to hoist.
hau.rir *v* to exhaust.
ha.vai.a.no *s* e *adj* Hawaian.
ha.ver *v* to have; to possess; there to be; **~ de**: must.
ha.ve.res *s* wealth; possessions.
ha.xi.xe *s* hashish.
he.brai.co *s* Hebrew; • *adj* Hebraic.
he.breu *s* Hebrew.
he.ca.tom.be *s* hecatomb; slaughter, butchery.
hec.ta.re *s* hectare.
hec.to.li.tro *s* hectoliter.
he.di.on.dez *s* hideousness.
he.di.on.do *adj* repugnant; hideous; sordid.
he.ge.mo.ni.a *s* hegemony.
he.ge.mô.ni.co *adj* hegemonic.

hégira / hidromecânica

hé.gi.ra *s* hegira.
hein *interj* huh?; What?
he.lê.ni.co *adj* hellenic.
he.le.nis.mo *s* hellenism.
hé.li.ce *s* propeller.
he.li.cóp.te.ro *s* helicopter.
hé.lio *s* helium.
he.li.o.tró.pio *s* BOT heliotrope.
he.li.por.to *s* AER heliport.
he.ma.ti.ta *s* hematite; haematite.
he.ma.to.lo.gi.a *s* haematology, EUA hematology.
he.ma.to.lo.gis.ta *s* haematologist, EUA hematologist.
he.ma.to.ma *s* bruise.
he.mis.fé.ri.co *adj* hemispherical.
he.mis.fé.rio *s* hemisphere; **~ norte**: Northern hemisphere; **~ sul**: Southern hemisphere.
he.mo.fi.li.a *s* haemophilia, EUA hemophilia.
he.mo.glo.bi.na *s* haemoglobin, EUA hemoglobin.
he.mor.ra.gi.a *s* MED haemorrhage, EUA hemorrhage.
he.mor.rá.gi.co *adj* haemorrhagic, EUA hemorrhagic.
he.mor.roi.das *s* MED haemorrhoids, EUA hemorrhoids.
he.mos.tá.ti.co *adj* hemostatic.
he.pá.ti.co *adj* hepatic, concerning to the liver.
he.pa.ti.te *s* MED hepatitis.
hep.tá.go.no *s* heptagon.
he.ra *s* BOT ivy.
he.rál.di.ca *s* heraldry.
he.rál.di.co *adj* heraldic.
he.ran.ça *s* inheritance; heritage (de um povo); heirloom (relíquia).
her.bí.vo.ro *s* herbivore; • *adj* herbivorous.
her.cú.leo *adj* herculean.
her.dar *v* to inherit; to get by inheritance.
her.dei.ro *s* heir; inheritor; *fem* **heiress**.
he.re.di.ta.ri.e.da.de *s* hereditariness; heredity.
he.re.di.tá.rio *adj* hereditary.
he.re.ge *s* heretic; • *adj* heretical.
he.re.si.a *s* heresy.
her.ma.fro.di.ta *s e adj* hermaphrodite.

her.me.nêu.ti.ca *s* hermeneutics.
her.mé.ti.co *adj* hermetic; airtight; FIG obscure.
hér.nia *s* hernia; rupture.
he.rói *s* hero.
he.roi.co *adj* heroic; heroical.
he.ro.í.na *s* heroine (pessoa); heroin (droga).
he.ro.ís.mo *s* heroism.
her.pes *s* herpes.
he.si.ta.ção *s* hesitation; hesitancy; indecision.
he.si.tan.te *adj* hesitant; hesitating.
he.si.tar *v* to hesitate; to vacillate; to boggle; to falter; to waver.
he.te.ro.do.xo *adj* heterodox.
he.te.ro.ge.nei.da.de *s* heterogeneity.
he.te.ro.gê.neo *adj* heterogenous.
he.te.ros.se.xu.al *s e adj* heterosexual.
heu.re.ca *interj* eureka.
he.xa.go.nal *adj* hexagonal.
he.xá.go.no *s* hexagon.
hi.a.to *s* hiatus; gap.
hi.ber.na.ção *s* hibernation.
hi.ber.nal *adj* hibernal.
hi.ber.nar *v* to hibernate.
hi.bri.dis.mo *s* hybridism.
hí.bri.do *s e adj* hybrid.
hi.dran.te *s* hydrant.
hi.dra.ta.ção *s* hydration.
hi.dra.tan.te *s* moisturizer; • *adj* moisturising.
hi.dra.tar *v* to hydrate; to moisturize.
hi.dra.to *s* QUÍM hydrate.
hi.dráu.li.ca *s* hydraulics; **direção ~**: AUT power steering.
hi.dráu.li.co *adj* hydraulic.
hi.dre.lé.tri.ca *s* hydroelectric, power station.
hi.dre.lé.tri.co *adj* hydroelectric.
hi.droa.vi.ão *s* seaplane; hydroplane.
hi.dro.di.nâ.mi.ca *s* hydrodynamics.
hi.dro.di.nâ.mi.co *adj* hydrodynamic.
hi.dro.fo.bi.a *s* hydrophobia.
hi.dro.ge.na.ção *s* hydrogenation.
hi.dro.ge.nar *v* to hydrogenate.
hi.dro.gê.nio *s* hydrogen.
hi.dro.gra.fi.a *s* hydrography.
hi.dro.grá.fi.co *adj* hydrografic.
hi.dro.me.câ.ni.ca *s* hydromechanics.

hi.drô.me.tro *s* hydrometer.
hi.dro.pla.no *veja* **hidroavião**.
hi.dros.fe.ra *s* hydrosphere.
hi.dros.tá.ti.ca *s* hydrostatics.
hi.dro.te.ra.pi.a *s* hydrotherapy.
hi.dro.vi.a *s* TRANS waterway.
hi.dró.xi.do *s* QUÍM hydroxide.
hi.e.na *s* hyena.
hi.e.rar.qui.a *s* hierarchy.
hi.e.rár.qui.co *adj* hierarchic.
hi.e.ró.gli.fo *s* hieroglyph.
hí.fen *s* hyphen.
hi.gi.e.ne *s* hygiene; FIG cleanliness.
hi.gi.ê.ni.co *adj* hygienic; **papel ~**: toilet paper.
hi.la.ri.an.te *adj* exhilarating; laughing; hilarious.
hí.men *s* hymen.
hin.du *s* e *adj* hindu.
hi.no *s* hymn; anthem; **~ Nacional**: National Anthem.
hi.per *s* hyper.
hi.pér.bo.la *s* MAT hyperbole.
hi.pér.bo.le *s* hyperbole; exaggeration.
hi.per.link *s* INF hyperlink.
hi.per.mer.ca.do *s* hypermarket.
hi.per.mí.dia *s* INF hypermedia.
hi.per.ten.são *s* hypertension.
hi.per.tex.to *s* INF hypertext.
hi.per.tro.fi.a *s* hypertrophy.
hi.pis.mo *s* horse-racing, turf.
hip.no.se *s* hypnosis.
hip.nó.ti.co *adj* hypnotic.
hip.no.tis.mo *s* hypnotism.
hip.no.ti.za.dor *s* hypnotizer.
hip.no.ti.zar *v* to hypnotize.
hi.po.clo.ri.to *s* hypochlorite.
hi.po.con.dri.a *s* hypochondria.
hi.po.con.drí.a.co *s* hypochondriac; • *adj* hypochondriacal.
hi.po.cri.si.a *s* hypocrisy.
hi.pó.cri.ta *s* hypocrite; dissembler; • *adj* hypocritical; two-faced.
hi.po.dér.mi.co *s* e *adj* hypodermic.
hi.pó.dro.mo *s* racecourse, EUA racetrack.
hi.po.gás.tri.co *s* hypogastrium.
hi.po.pó.ta.mo *s* hippopotamus.

hi.po.te.ca *s* mortgage.
hi.po.te.car *v* to mortgage; to hypothecate.
hi.po.te.cá.rio *adj* hypothecary.
hi.po.te.nu.sa *s* MAT hypotenuse.
hi.pó.te.se *s* hypothesis; **em ~ alguma**: under no circumstances; **na ~ de**: in the event of; **na melhor/pior das ~s**: at best/at worst.
hi.po.té.ti.co *adj* hypothetic.
his.pâ.ni.co *adj* Hispanic.
his.te.ri.a *s* hysteria.
his.té.ri.co *adj* hysteric; hysterical.
his.te.ris.mo *s* hysterism.
his.tó.ria *s* history; story; tale; **~s**: trouble (chateação); **~ de amor**: love history; **~ em quadrinhos**: comic strip; **que ~ é essa?** what's going on?
his.to.ri.a.dor *s* historian.
his.to.ri.ar *v* to narrate; to tell.
his.tó.ri.co *adj* historical.
his.to.ri.o.gra.fi.a *s* historiography.
ho.dô.me.tro *s* hodometer.
ho.je *adv* today; nowadays; now; at present time; **~ à noite**: tonight; **~ de manhã**: this morning; **~ em dia**: nowadays; **de ~ em diante**: from now on.
ho.lan.dês *s* Dutchman; Dutch (língua); • *adj* Dutch.
ho.le.ri.te *s* payship.
ho.lo.caus.to *s* holocaust.
ho.lo.fo.te *s* spotlight; limelight; projector; searchlight.
hom.bri.da.de *s* manliness.
ho.mem *s* man; human being; male person; husband; **~ de negócios**: businessman; **~-rã**: frogman.
ho.me.na.ge.ar *v* to honor.
ho.me.na.gem *s* homage; respect; reverence; **em ~ a**: in honour of, EUA in honor of; **prestar ~ a**: to pay tribute to.
ho.me.o.pa.ta *s* homeopath.
ho.me.o.pa.ti.a *s* homeopathy.
ho.me.o.pá.ti.co *adj* homeopathic.
ho.mé.ri.co *adj* homeric.
ho.mi.ci.da *s* homicide; murderer; slayer; • *adj* homicidal.

homicídio / humanitário

ho.mi.cí.di.o s homicide, assassination; murder.
ho.mo.ge.nei.da.de s homogeneity.
ho.mo.ge.nei.za.do adj homogenized (leite).
ho.mo.ge.nei.zar v to make homogeneous.
ho.mo.gê.neo adj homogeneous; uniform.
ho.mó.gra.fo s homograph.
ho.mo.lo.ga.ção s agreement.
ho.mo.lo.gar v to ratify; to confirm; to approve.
ho.mo.ní.mia s homonymy.
ho.mô.ni.mo s homonym; namesake (xará); • adj homonymous.
ho.mos.se.xu.al s e adj homosexual.
hon.du.re.nho s e adj Honduran.
ho.nes.ti.da.de s honesty; integrity.
ho.nes.to adj honest; chaste; virtuous; decent.
ho.no.rá.rio s honorarium; • adj honorary.
ho.no.rí.fi.co adj honorary; honourable, EUA honorable.
hon.ra s honour, EUA honor; reputation; reverence; respect; probity; **dama de ~**: maid of honor.
hon.ra.dez s probity; integrity.
hon.ra.do adj upright; honourable, EUA honorable; honest.
hon.rar v to honour, EUA to honor.
hon.ra.ri.a s honours; distinction.
hon.ro.so adj honourable, EUA honorable; creditable.
hó.quei s ESP hockey; **~ sobre o gelo**: ice hockey.
ho.ra s time; hour; **a que ~?**: at what time?; **às duas ~s**: at two o'clock; **chegar em cima da ~**: to arrive just on time; **de ~ em ~**: every hour; **está na ~ de**: it's time to; **fazer ~**: to kill time; **~s extras**: overtime; **~s vagas**: spare time; **marcar ~**: to make an appointment; **meia ~**: half an hour; **na ~**: on the spot (no ato), on time (pontualmente), at the time (naquele momento); **perder a ~**: to lose track of time; **que ~s são?**: what time is it?; **são três ~s**: it's three o'clock; **toda ~**: all the time.
ho.rá.rio s timetable, EUA schedule (aula, trem, ônibus, etc.).
hor.da s horde; gang.
ho.ri.zon.tal adj horizontal.
ho.ri.zon.te s skyline; horizon.
hor.mô.nio s hormone.
ho.rós.co.po s ASTROL horoscope.
hor.ren.do adj horrible; fearful; hideous; dreadful.
hor.ri.pi.lan.te adj terrifying; horrifying.
hor.ri.pi.lar v to horrify, to produce horripilation.
hor.rí.vel adj horrible; terrible.
hor.ror s horror; **que ~!**: how awful!
hor.ro.ro.so adj horrible; frightful; dreadful.
hor.ta s kitchen garden; vegetable garden.
hor.ta.li.ça s green stuff; vegetables.
hor.te.lã s mint.
hor.tên.sia s hydrangea.
hor.ti.cul.tor s horticulturist.
hor.ti.cul.tu.ra s horticulture.
hos.pe.da.gem s lodging; hospitality.
hos.pe.dar v to lodge; to shelter; to house; **~-se**: to stay.
hos.pe.da.ri.a s inn; lodging house, EUA rooming house.
hós.pe.de s paying guest; guest.
hos.pe.dei.ro s host; fem **hostess**.
hos.pí.cio s asylum; madhouse.
hos.pi.tal s clinic; hospital.
hos.pi.ta.lar adj pertaining to a hospital.
hos.pi.ta.lei.ro adj hospitable.
hos.pi.ta.li.da.de s entertainment; hospitality.
hos.pi.ta.li.za.ção s hospitalization.
hos.pi.ta.li.zar v to hospitalize.
hós.tia s host; Holy Bread; Eucharist.
hos.til adj hostile; unfriendly.
hos.ti.li.da.de s enmity; hostility.
hos.ti.li.zar v to antagonize; to be hostile.
ho.tel s hotel; inn; lodge house.
ho.te.lei.ro s hotelkeeper; hotel owner.
hu.lha s mineral coal; stone coal.
hu.ma.ni.da.de s humanity; mankind; humaneness; **~s**: humanities.
hu.ma.nis.mo s FIL humanism.
hu.ma.nis.ta s humanist.
hu.ma.ni.tá.rio s humanitarian; philanthropist.

hu.ma.ni.ta.ris.mo *s* humanitarianism.
hu.ma.ni.zar *v* to humanize; to become human.
hu.ma.no *adj* human; humane; **ser ~**: human being.
hu.mil.da.de *s* humility; humbleness; modesty.
hu.mil.de *adj* humble; modest.
hu.mi.lha.ção *s* humiliation.
hu.mi.lhan.te *adj* humiliating.
hu.mi.lhar *v* to humiliate; to humble; to abase.
hu.mo *s* humus.
hu.mor *s* humour, EUA humor; temper; disposition; **de bom ~**: good-humoured; **de mau ~**: in bad temper.
hu.mo.ris.mo *s* humorism.
hu.mo.ris.ta *s* humorist; comedian.
hú.mus *veja* **humo**.
hún.ga.ro *s e adj* Hungarian.
hur.ra *interj* hurrah!

i *s* the ninth letter of the Portuguese alphabet.
i.an.que *s* e *adj* yankee.
i.a.te *s* NÁUT yacht.
i.bé.ri.co *s* e *adj* Iberian.
i.be.ro *veja* **ibérico**.
i.bi.dem *adv* ibidem.
í.bis *s* ibis; **~sagrada**: sacred ibis.
i.bo.pe *s* public opinion poll; **dar ~**: to be popular.
i.çar *v* to lift up; to hoist.
ice.berg *s* iceberg.
í.co.ne *s* icon; INF a symbol which works like a command.
ic.te.rí.cia *s* MED jaundice; icterus.
i.da *s* departure; **bilhete de ~**: single ticket; **bilhete de ~ e volta**: BRIT return ticket, EUA round trip ticket.
i.da.de *s* age; **flor da ~**: youth; **homem de ~**: old man; **~ Média**: Middle Ages; **que ~ você tem?**: how old are you?
i.de.al *s* e *adj* ideal.
i.de.a.lis.ta *s* idealist; • *adj* idealistic.
i.de.a.li.za.ção *s* idealization.
i.de.a.li.zar *v* to idealise, to idealize, to form ideas.
i.de.ar *v* to conceive; to fancy.
i.dei.a *s* idea; **fazer ~**: to realize; to understand.
i.dem *adv* idem; ditto; the same.
i.dên.ti.co *adj* identic; identical.
i.den.ti.da.de *s* identity; **cédula de ~**: identity card (ID).
i.den.ti.fi.ca.ção *s* identification.
i.den.ti.fi.car *v* to identify.
i.de.o.lo.gi.a *s* ideology.
i.de.o.ló.gi.co *adj* ideologic; ideological.
i.dí.li.co *adj* idyllic.
i.dí.lio *s* idyll.
i.di.o.ma *s* idiom; language.
i.di.o.má.ti.co *adj* idiomatic; idiomatical.
i.di.os.sin.cra.si.a *s* idiosyncrasy.
i.di.o.ta *s* idiot; stupid person; fool; simpleton; • *adj* idiotic; silly.
i.di.o.ti.ce *s* silliness; foolishness.
i.dó.la.tra *s* idolater; • *adj* idolatrous.
i.do.la.trar *v* to worship; to idolize.
i.do.la.tri.a *s* idolatry.
í.do.lo *s* idol.
i.do.nei.da.de *s* fitness; aptness.
i.dô.neo *adj* fit; competent.
i.do.so *adj* old; aged.
i.e.me.ni.ta *s* e *adj* Yemeni.
i.e.ne *s* yen.
i.glu *s* igloo.
ig.na.ro *adj* ignorant; unlearned; stupid.
ig.ni.ção *s* ignition.
ig.nó.bil *adj* ignoble; mean.
ig.no.mí.nia *s* ignominy; infamy; dishonor.
ig.no.mi.ni.o.so *adj* ignominous; humiliating.
ig.no.ra.do *adj* ignored; unknown; obscure.
ig.no.rân.cia *s* ignorance, want of knowledge.
ig.no.ran.te *s* ignoramus; • *adj* ignorant.
ig.no.rar *v* to ignore; not to know.
i.gre.ja *s* church; temple.

igrejinha / imigratório

i.gre.ji.nha *s* little church; chapel.
i.gual *s* equal; • *adj* equal; equable; **sem ~**: unique; **nunca vi coisa ~**: I've never seen anything like that!
i.gua.lar *v* to equalize; to level; to equal; to even.
i.gual.da.de *s* equality; uniformity; evenness.
i.gua.li.ta.ris.mo *s* equalitarianism.
i.gua.ri.a *s* dish; dainty.
i.í.di.che *s* yiddish.
i.la.ção *s* illation; deduction.
i.le.gal *adj* illegal; unlawful.
i.le.ga.li.da.de *s* illegality; lawlessness.
i.le.gi.bi.li.da.de *s* illegibility.
i.le.gi.ti.mi.da.de *s* illegitimacy.
i.le.gí.ti.mo *adj* illegitimate.
i.le.gí.vel *adj* illegible.
i.le.so *adj* unhurt; uninjured.
i.le.tra.do *s* illiterate; • *adj* illiterate; unlearned.
i.lha *s* island; isle.
i.lhar *v* to isolate; to separate; to insulate.
i.lhéu *s* islander; islet; • *adj* insular.
i.lho.ta *s* islet; reef; cay.
i.li.bar *v* to free from charge; to pronounce not guilty of.
i.lí.ci.to *adj* illicit; unlawful.
i.li.dir *v* to refute.
i.li.mi.ta.do *adj* unlimited; illimited; boundless.
i.li.te.ra.to *adj* illiterate; ignorant; unlearned.
i.ló.gi.co *adj* illogical; irrational.
i.lo.gis.mo *s* illogicalness; illogicality.
i.lu.dir *v* to illude; to deceive; to delude; to trick.
i.lu.mi.na.ção *s* illumination; lighting.
i.lu.mi.na.do *adj* illuminated; enlightened; highlighted.
i.lu.mi.nar *v* to illuminate; to illume.
i.lu.mi.nis.mo *s* illuminism.
i.lu.mi.nis.ta *s* illuminist.
i.lu.são *s* illusion; delusion.
i.lu.si.o.nis.mo *s* illusionism.
i.lu.si.o.nis.ta *s* illusionist.
i.lu.só.rio *adj* illusory; deceptive; unreal.

i.lus.tra.ção *s* illustration, picture (desenho); learning; erudition (conhecimento).
i.lus.tra.do *adj* illustrated; enlightened; erudite.
i.lus.tra.dor *s* illustrator.
i.lus.trar *v* to illustrate; to elucidate.
i.lus.tre *adj* illustrious; distinguished.
í.mã *s* magnet; loadstone.
i.ma.cu.la.do *adj* immaculate; **Imaculada Conceição**: Immaculate Conception.
i.ma.gem *s* image; likeness; picture.
i.ma.gi.na.ção *s* imagination.
i.ma.gi.nar *v* to imagine; to fancy; to figure out.
i.ma.gi.ná.rio *adj* imaginary; fantastic; illusory.
i.ma.gi.na.ti.vo *adj* imaginative.
i.ma.gi.ná.vel *adj* imaginable; contrivable.
i.ma.gi.no.so *adj* imaginative.
i.man.tar *v* to magnetize.
i.ma.te.ri.al *adj* immaterial.
i.ma.tu.ri.da.de *s* immaturity; unripeness.
i.ma.tu.ro *adj* immature; unripe.
im.be.cil *s* imbecile; simpleton; • *adj* imbecile; idiotic; stupid; dumb.
im.be.ci.li.da.de *s* imbecility; foolishness; silliness.
im.ber.be *adj* beardless; young.
im.bu.ir *v* to imbue; to soak.
i.me.di.a.ção *s* immediacy; proximity; neighbourhood, EUA neighborhood.
i.me.di.a.to *s* NÁUT mate; the first officer in a ship; • *adj* immediate; next.
i.me.di.a.ta.men.te *adv* at once; immediately.
i.me.mo.rá.vel *adj* immemorial.
i.men.si.da.de *s* immensity; infinity.
i.men.so *adj* immense; vast; huge.
i.men.su.rá.vel *adj* immeasurable.
i.mer.gir *v* to immerse; to plunge; to dip.
i.mer.são *s* immersion.
i.mer.so *adj* immersed; plunged.
i.mi.gra.ção *s* immigration.
i.mi.gra.do *adj* immigrant.
i.mi.gran.te *s e adj* immigrant.
i.mi.grar *v* to immigrate.
i.mi.gra.tó.rio *adj* immigratory.

iminência / imperscrutável

i.mi.nên.cia s imminence.
i.mi.nen.te adj imminent; impending.
i.mis.cu.ir-se v to interfere; to meddle.
i.mi.ta.ção s imitation; copy; likeness.
i.mi.ta.dor s imitator; • adj imitating.
i.mi.tar v to imitate; to copy.
i.mi.ta.ti.vo adj imitative.
i.mi.tá.vel adj imitable.
i.mo.bi.li.á.ria s state agent's, EUA real estate agency.
i.mo.bi.li.da.de s immobility; immovability; stillness.
i.mo.bi.li.za.ção s immobilization.
i.mo.bi.li.zar v to immobilize; to fix.
i.mo.de.ra.ção s immoderation; immoderacy.
i.mo.de.ra.do adj immoderate; excessive.
i.mo.des.to adj immodest; forward; indecent.
i.mo.la.ção s immolation; sacrifice.
i.mo.la.dor s immolator; • adj immolating.
i.mo.lar v to immolate; to offer sacrifice; to sacrifice.
i.mo.ral adj immoral; vicious.
i.mo.ra.li.da.de s immorality; vice; wickedness.
i.mor.re.dou.ro adj imperishable; immortal.
i.mor.tal adj immortal; undying; eternal.
i.mor.ta.li.da.de s immortality.
i.mor.ta.li.za.ção s immortalization.
i.mor.ta.li.zar v to immortalize; to perpetuate.
i.mó.vel s real estate; • adj immovable; fixed; motionless; **corretor de imóveis**: estate agent, EUA real state agent.
im.pa.ci.ên.cia s impatience; eagerness.
im.pa.ci.en.te adj impatient; anxious; restless.
im.pac.to s impact.
im.pa.gá.vel adj priceless.
im.pal.pá.vel adj impalpable; intangible.
ím.par adj odd; uneven.
im.par.ci.al adj impartial; unbiased.
im.par.ci.a.li.da.de s impartiality; impartialness; fairness.
im.pas.si.bi.li.da.de s impassibility; impassibleness.
im.pas.sí.vel adj impassible; impassive.

im.pa.vi.dez s intrepidity; fearlessness.
im.pá.vi.do adj intrepid; fearless.
im.pe.cá.vel adj impeccable; faultless.
im.pe.di.do adj hindered; impeded; ESP offside (futebol).
im.pe.di.men.to s impediment; hindrance; obstacle; ESP FUT offside.
im.pe.dir v to impede; to hinder; to prevent from; to bar.
im.pe.lir v to impel; to drive forward; to force on.
im.pe.ne.tra.bi.li.da.de s impenetrability.
im.pe.ne.trá.vel adj impenetrable; impervious.
im.pe.ni.ten.te adj impenitent; obdurate.
im.pen.sa.do adj thoughtless.
im.pe.ra.dor s emperor; imperator; kaiser.
im.pe.rar v to reign; to rule; to govern.
im.pe.ra.ti.vo s imperative; command; • adj imperative; commanding.
im.pe.ra.triz s empress.
im.per.cep.tí.vel adj imperceptible.
im.per.dí.vel adj unmissable.
im.per.do.á.vel adj unpardonable; unforgivable.
im.pe.re.cí.vel adj imperishable.
im.per.fei.ção s imperfection; imperfectness; defect; blemish.
im.per.fei.to s GRAM the imperfect tense; • adj imperfect.
im.pe.ri.al adj imperial; imperious.
im.pe.ri.a.lis.mo s imperialism.
im.pe.ri.a.lis.ta s imperialist; • adj imperialistic.
im.pe.rí.cia s unskilfulness; incapacity; inadequacy.
im.pé.rio s empire; **o ~ do Sol**: empire of the Sun.
im.pe.ri.o.so adj imperious.
im.pe.ri.to adj unskilful; inexpert.
im.per.me.a.bi.li.da.de s impermeability.
im.per.me.a.bi.li.zar v to waterproof.
im.per.me.á.vel s waterproof; raincoat; • adj waterproof, rainproof; impermeable; impervious.
im.pers.cru.tá.vel adj inscrutable.

im.per.ti.nên.cia *s* impertinence.
im.per.ti.nen.te *adj* impertinent.
im.per.tur.bá.vel *adj* imperturbable; calm; unemotional.
im.pes.so.al *adj* impersonal; not personal.
ím.pe.to *s* impetus; impulse.
im.pe.tu.o.si.da.de *s* impetuosity.
im.pe.tu.o.so *adj* impetuous; violent.
im.pi.e.da.de *s* wickedness; impiety.
im.pi.e.do.so *adj* pitiless; unmerciful.
im.pin.gir *v* to force; to impose on.
ím.pio *adj* impious; wicked.
im.pla.cá.vel *adj* implacable; inexorable.
im.plan.ta.ção *s* implantation.
im.plan.tar *v* to implant; to plant.
im.ple.men.to *s* implement.
im.pli.ca.ção *s* implication.
im.pli.cân.cia *s* implication; dislike; aversion.
im.pli.can.te *adj* implicating.
im.pli.car *v* to implicate; to involve; to imply.
im.plí.ci.to *adj* implicit; tacit.
im.plo.ra.ção *s* imploration; supplication.
im.plo.rar *v* to implore; to entreat; to beseech.
im.plo.rá.vel *adj* implorable.
im.po.li.do *adj* impolite; uncivil; rude.
im.pon.de.ra.bi.li.da.de *s* imponderability.
im.pon.de.rá.vel *adj* imponderable; inappreciable.
im.po.nên.cia *s* splendor; majesty; pomp.
im.po.nen.te *adj* imposing; magnificent; grand.
im.po.pu.lar *adj* unpopular.
im.po.pu.la.ri.da.de *s* unpopularity.
im.por *v* to impose.
im.por.ta.ção *s* importation; import.
im.por.ta.dor *s* importer; • *adj* importing.
im.por.tân.cia *s* importance; significance (valor); amount (dinheiro); **isso não tem ~**: it does not matter.
im.por.tan.te *adj* important; significant.
im.por.tar *v* to import; to bring or order from abroad; **~-se**: to care about, to mind; **~ em**: to amount to.
im.por.tu.nar *v* to importunate; to bore.

im.por.tu.no *adj* importune; importunate; troublesome.
im.po.si.ção *s* imposition; order; assessment.
im.pos.si.bi.li.da.de *s* impossibility.
im.pos.si.bi.li.tar *v* to render impossible.
im.pos.sí.vel *adj* impossible; impracticable.
im.pos.to *s* tax; impost; duty; **~ de renda**: income tax.
im.pos.tor *s* impostor; pretender; deceiver.
im.po.tá.vel *adj* undrinkable.
im.po.tên.cia *s* impotence.
im.po.ten.te *adj* impotent; powerless.
im.pra.ti.ca.bi.li.da.de *s* impracticability; impracticableness.
im.pra.ti.cá.vel *adj* impracticable.
im.pre.ca.ção *s* imprecation; curse.
im.pre.car *v* to imprecate; to curse.
im.pre.ci.são *s* imprecision.
im.pre.ci.so *adj* inaccurate; indeterminate.
im.preg.na.ção *s* impregnation.
im.preg.nar *v* to imbue; to embibe; to impregnate.
im.pren.sa *s* printing press; printing; press.
im.pren.sar *v* to press; to squeeze.
im.pres.cin.dí.vel *adj* indispensable; essential.
im.pres.são *s* impression (noção); printing (publicação); **~ digital**: fingerprint.
im.pres.sio.nan.te *adj* touching; impressing; striking.
im.pres.sio.nar *v* to impress; to affect deeply.
im.pres.sio.ná.vel *adj* impressionable.
im.pres.sio.nis.mo *s* impressionism; impressionability.
im.pres.sio.nis.ta *s* impressionist; • *adj* impressionistic.
im.pres.so *s* printed work; pamphlet; • *adj* printed.
im.pres.sor *s* pressman; printer.
im.pres.so.ra *s* printer.
im.pres.tá.vel *s* good-for-nothing; • *adj* useless.
im.pre.te.rí.vel *adj* undelayable; unavoidable.
im.pre.vi.dên.cia *s* improvidence.
im.pre.vi.den.te *adj* improvident.
im.pre.vi.são *s* improvidence.

im.pre.vis.to *adj* unforeseen; unexpected.
im.pri.mir *v* to stamp; to print; to imprint; ~ **em alto-relevo**: to emboss.
im.pro.ba.bi.li.da.de *s* improbability; improbableness.
im.pro.bi.da.de *s* dishonesty.
ím.pro.bo *adj* dishonest.
im.pro.ce.dên.cia *s* unfoundedness.
im.pro.du.ti.vo *adj* unfruitful; unproductive.
im.pro.pé.rio *s* affront; outrage; insult.
im.pro.pri.e.da.de *s* impropriety.
im.pró.prio *adj* unsuitable; inappropriate; improper.
im.pror.ro.gá.vel *adj* that cannot be prorogued.
im.pro.vá.vel *adj* unlikely; improbable.
im.pro.vi.dên.cia *s* improvidence.
im.pro.vi.den.te *adj* improvident.
im.pro.vi.sa.ção *s* improvisation.
im.pro.vi.sar *v* to improvise.
im.pro.vi.so *s* improvisation.
im.pru.dên.cia *s* imprudence; indiscretion.
im.pru.den.te *adj* imprudent; unwise.
im.pu.dên.cia *s* impudence; brazeness.
im.pu.den.te *adj* impudent; shameless.
im.pu.dí.co *veja* **impudente**.
im.pu.dor *s* impudence; impudency.
im.pug.nar *v* to impugn.
im.pul.são *s* impulsion.
im.pul.sio.nar *v* to impel.
im.pul.si.vo *adj* impulsive; impetuous.
im.pul.so *s* impulse; impulsion.
im.pu.ne *adj* unpunished.
im.pu.ni.da.de *s* impunity.
im.pu.re.za *s* impurity.
im.pu.ro *adj* impure.
im.pu.ta.ção *s* imputation; accusation.
im.pu.tar *v* to impute; to charge; to ascribe; to attribute.
im.pu.tá.vel *adj* imputable.
i.mun.dí.cie *s* dirt; filth.
i.mun.do *adj* dirty; unclean; filthy.
i.mu.ne *adj* immune; exempt.
i.mu.ni.da.de *s* immunity.
i.mu.ni.za.ção *s* immunization.
i.mu.ni.zar *v* to immunize.

i.mu.ta.bi.li.da.de *s* immutability.
i.mu.tá.vel *adj* immutable; unchangeable.
i.na.ba.lá.vel *adj* unshakable; steadfast.
i.ná.bil *adj* inapt; incompetent; unskilful.
i.na.bi.li.da.de *s* inability; unskilfulness.
i.na.bi.li.ta.ção *s* inability.
i.na.bi.li.tar *v* to disable; to disqualify.
i.na.ca.ba.do *adj* unfinished.
i.na.ção *s* inaction; lack of action; indecision.
i.na.cei.tá.vel *adj* unacceptable.
i.na.ces.si.bi.li.da.de *s* inaccessibility.
i.na.ces.sí.vel *adj* inaccessible; unapproachable.
i.na.cre.di.tá.vel *adj* unbelievable.
i.na.de.qua.do *adj* inadequate; improper; unqualified.
i.na.di.á.vel *adj* urgent; pressing.
i.nad.mis.sí.vel *adj* inadmissible.
i.nad.ver.tên.cia *s* inadvertence; oversight.
i.nad.ver.ti.do *adj* inadvertent; thoughtless; heedless.
i.na.la.ção *s* inhalation.
i.na.la.dor *s* inhaler, inhalator.
i.na.lan.te *adj* inhalant.
i.na.lar *v* to inhale; to breathe in.
i.na.li.e.ná.vel *adj* inalienable.
i.nal.te.ra.do *adj* unaltered; unchanged.
i.na.ne *adj* inane; empty.
i.na.ni.ção *s* inanition; inanity; emptiness.
i.na.ni.ma.do *adj* inanimate; lifeless.
i.na.pe.lá.vel *adj* unappealable.
i.na.pe.tên.cia *s* inappetence; inappetency.
i.na.pe.ten.te *adj* inappetent.
i.na.pli.ca.bi.li.da.de *s* inapplicability.
i.na.pli.cá.vel *adj* inapplicable.
i.na.pre.ci.á.vel *adj* inappreciable.
i.nap.ti.dão *s* inaptitude; inaptness; incapacity.
i.nap.to *adj* inapt; inept.
i.nar.rá.vel *adj* indescribable.
i.nar.ti.cu.la.do *adj* inarticulate; unable to articulate; not jointed.
i.nas.si.du.i.da.de *s* lack of assiduity.
i.na.ta.cá.vel *adj* unassailable; unimpeachable (inquestionável).
i.na.tin.gí.vel *adj* unattainable; inaccessible.

i.na.ti.vi.da.de *s* inactivity; inertness; passiveness.
i.na.ti.vo *adj* inactive.
i.na.to *adj* innate; inborn.
i.nau.di.to *adj* unheard of.
i.nau.dí.vel *adj* inaudible.
i.nau.gu.ra.ção *s* inauguration.
i.nau.gu.ral *adj* inaugural; initial.
i.nau.gu.rar *v* to inaugurate; to open; to initiate; to begin.
i.nau.tên.ti.co *adj* not authentic.
in.cal.cu.lá.vel *adj* incalculable; incomputable; incommensurable.
in.can.des.cên.cia *s* incandescence; incandescency.
in.can.des.cen.te *adj* incandescent; shining.
in.can.des.cer *v* to incandesce; to become incandescent.
in.can.sá.vel *adj* indefatigable; untiring; tireless.
in.ca.pa.ci.da.de *s* incapacity; inability; incompetence.
in.ca.pa.ci.tar *v* to incapacitate; to disable; to disqualify.
in.ca.paz *adj* incapable; incompetent; unable.
in.cau.to *adj* incautious; heedless.
in.cen.di.ar *v* to set on fire; to inflame; to burn; ~-se: to catch fire.
in.cen.di.á.rio *s* incendiary; firebug; • *adj* incendiary.
in.cên.dio *s* fire; arson (criminoso); conflagration; **combater ~s**: to fight fires; **extintor de ~**: fire extinguisher.
in.cen.sar *v* to incense; to perfum.
in.cen.so *s* incense; flattery.
in.cen.ti.vo *s* incentive; stimulus.
in.cer.te.za *s* uncertainty; indecision.
in.cer.to *adj* uncertain; doubtful.
in.ces.san.te *adj* incessant.
in.ces.to *s* incest; incestuousness; • *adj* infamous.
in.ces.tu.o.so *adj* incestuous.
in.cha.ção *s* swelling.
in.cha.ço *s* swelling.
in.cha.do *adj* swollen.
in.char *v* to swell; to puffy up; to inflate.

in.ci.dên.cia *s* incidence.
in.ci.den.te *s* incident; occurence; episode; • *adj* incidental.
in.ci.dir *v* to incise; to occur; to happen; ~ **em**: to incur.
in.ci.ne.ra.ção *s* incineration; cremation.
in.ci.ne.rar *v* to incinerate.
in.ci.pi.en.te *adj* incipient; initial.
in.ci.são *s* incision; cut; gash.
in.ci.si.vo *s* incisor; • *adj* incisive; cutting; sharp; **dentes ~s**: incisor teeth.
in.ci.ta.ção *s* incitation.
in.ci.ta.men.to *veja* **incitação**.
in.ci.tar *v* to entice; to incite; to abet; to stir up.
in.ci.vil *adj* uncivil; discourteous.
in.ci.vi.li.da.de *s* incivility; uncourteousness; rudeness.
in.cle.mên.cia *s* inclemency; severity.
in.cle.men.te *adj* inclement; harsh; severe.
in.cli.na.ção *s* inclination; declivity; bending; slope; propensity (tendência).
in.cli.na.do *adj* inclined.
in.cli.nar *v* to incline; to tilt; to lean; to bend.
in.cli.ná.vel *adj* inclinable.
in.clu.ir *v* to include; to enclose; to inclose; to attach.
in.clu.são *s* inclusion; inclosure; enclosure.
in.clu.si.ve *adv* even; including.
in.clu.so *adj* included; enclosed.
in.co.e.rên.cia *s* incoherence; incongruity.
in.co.e.ren.te *adj* incoherent; illogical; nonsensical.
in.cóg.ni.ta *s e adj* incognita, unknown.
in.cóg.ni.to *s e adj* incognito; unknown.
in.co.lor *adj* colourless, uncoloured, EUA colorless, uncolored.
in.có.lu.me *adj* safe and sound.
in.co.men.su.rá.vel *adj* incommensurable; unmeasurable.
in.co.mo.dar *v* to incommode; to trouble; to disturb; to bother.
in.cô.mo.do *s* inconvenience; trouble; • *adj* troublesome.
in.com.pa.rá.vel *adj* incomparable; peerless.
in.com.pa.ti.bi.li.da.de *s* incompatibility.

in.com.pa.ti.bi.li.zar *v* to grow incompatible.
in.com.pa.tí.vel *adj* incompatible; discordant.
in.com.pe.tên.cia *s* incompetency; incompetence.
in.com.pe.ten.te *s e adj* incompetent; inapt.
in.com.ple.to *adj* incomplete; unfinished.
in.com.pre.en.di.do *adj* not understood.
in.com.pre.en.são *s* incomprehension; misunderstanding.
in.com.pre.en.sí.vel *adj* incomprehensible; not understandable.
in.co.mum *adj* uncommon.
in.co.mu.ni.ca.bi.li.da.de *s* incommunicability; incommunicableness.
in.co.mu.ni.cá.vel *adj* incommunicable; noncommunicable.
in.con.ce.bí.vel *adj* inconceivable.
in.con.ci.li.á.vel *adj* irreconcilable; incompatible.
in.con.di.ci.o.nal *adj* unconditional.
in.con.fes.sá.vel *adj* unconfessable.
in.con.fi.dên.cia *s* unfaithfulness, infidelity; ~ **Mineira**: revolutionary action made by the Brazilians against the Portuguese colonialism.
in.con.fi.den.te *adj* unfaithful; treacherous; Brazilian partisan of the **Inconfidência Mineira**.
in.con.for.tá.vel *adj* uncomfortable; uneasy.
in.con.fun.dí.vel *adj* that cannot be confounded; unmistakable.
in.con.gru.ên.cia *s* incongruity; incompatibility.
in.con.gru.en.te *adj* incongruent; incongruous.
in.cons.ci.ên.cia *s* unconsciousness.
in.con.se.quên.cia *s* inconsequence.
in.con.sis.tên.cia *s* inconsistency; inconsistence.
in.con.sis.ten.te *adj* inconsistent.
in.con.so.lá.vel *adj* inconsolable; disconsolate.
in.cons.tân.cia *s* inconstancy; fickleness.
in.cons.tan.te *adj* inconstant; changeable; fickle.
in.cons.ti.tu.cio.nal *adj* unconstitutional.

in.cons.ti.tu.cio.na.li.da.de *s* unconstitutionality.
in.con.tá.vel *adj* uncountable; countless.
in.con.tes.tá.vel *adj* incontestable; unanswerable.
in.con.ti.nên.cia *s* incontinence.
in.con.ti.nen.te *adj* incontinent.
in.con.tro.lá.vel *adj* uncontrollable.
in.con.ve.ni.ên.cia *s* inconvenience.
in.con.ve.ni.en.te *s* inconvenience; trouble;
• *adj* inconvenient; improper.
in.cor.po.ra.ção *s* incorporation.
in.cor.po.rar *v* to incorporate; to imbody.
in.cor.pó.reo *adj* incorporeal; immaterial.
in.cor.re.ção *s* incorrectness; mistake.
in.cor.rer *v* to incur; to bring on; to become liable to.
in.cor.re.to *adj* incorrect; wrong.
in.cor.ri.gí.vel *adj* incorrigible.
in.cor.rup.tí.vel *adj* incorruptible.
in.cor.rup.to *adj* incorrupt.
in.cre.du.li.da.de *s* incredulity.
in.cré.du.lo *adj* incredulous; skeptical.
in.cre.men.tar *v* to increase; to add; to jazz something up.
in.cre.men.to *s* increase; increment; augment.
in.cri.mi.na.ção *s* incrimination; accusation.
in.cri.mi.nar *v* to incriminate; to inculpate; to accuse.
in.crí.vel *adj* incredible; unbelievable.
in.crus.ta.ção *s* incrustation.
in.crus.tar *v* to incrust; to inlay.
in.cu.ba.ção *s* incubation.
in.cu.ba.do.ra *s* incubator; brooder.
in.cu.bar *v* to incubate; to hatch; to brood.
in.cul.car *v* to inculcate.
in.cul.par *v* to inculpate; to incriminate; to accuse.
in.cul.to *adj* uncultivated; uncultured; wild.
in.cul.tu.ra *s* lack of culture.
in.cum.bên.cia *s* incumbency; assignment.
in.cum.bir *v* to entrust with; to confide.
in.cu.rá.vel *adj* incurable.
in.cú.ria *s* carelessness; negligence.
in.cur.são *s* incursion; raid.
in.cu.tir *v* to suggest; to infuse.

in.da.ga.ção s search; inquiry.
in.da.gar v to investigate; to inquire; to ask.
in.de.cên.cia s indecency; obscenity.
in.de.cen.te adj indecent; foul.
in.de.ci.frá.vel adj indecipherable; undecipherable; illegible.
in.de.ci.são s indecision; vacillation.
in.de.ci.so adj undecided; indecisive.
in.de.co.ro.so adj indecorous; unbecoming.
in.de.fen.sá.vel adj indefensible.
in.de.fe.ri.men.to s denial; refusal.
in.de.fe.rir v to deny; to refuse; to reject.
in.de.fe.so adj undefended; defenceless.
in.de.fi.ni.do adj indefinite; uncertain; **artigo ~**: GRAM indefinite article.
in.de.fi.ní.vel adj vague; indefinable.
in.de.lé.vel adj indelible; ineffaceable.
in.de.li.ca.de.za s indelicacy; discourtesy; rudeness.
in.de.ni.za.ção s indemnification; indemnity.
in.de.ni.zar v to indemnify; to compensate.
in.de.pen.dên.cia s independence; self-support; EUA **Dia da ~** (4 de julho): Independence Day (July 4th).
in.de.pen.den.te adj independent; self-supporting; POLÍT Ind (candidato independente ou sem partido).
in.des.cri.tí.vel adj indescribable; beyond description.
in.des.cul.pá.vel adj inexcusable.
in.de.se.já.vel adj undesirable; undesired.
in.des.tru.tí.vel adj indestructible.
in.de.ter.mi.na.ção s indetermination; vacillation.
in.de.ter.mi.na.do adj indeterminate; undetermined.
in.de.vi.do adj undue; unjust.
ín.dex s index; forefinger.
in.de.xa.ção s ECON indexing.
in.di.a.no s e adj Indian; **fila ~a**: single file.
in.di.ca.ção s indication.
in.di.ca.dor s indicator; forefinger (dedo); • adj indicative.
in.di.car v to indicate; to denote; to express; to appoint (para cargo).

in.di.ca.ti.vo s GRAM indicative mode; • adj indicative.
ín.di.ce s index; rate; MAT exponent.
in.di.ci.ar v to accuse; to denounce.
in.dí.cio s signal; mark; trace.
in.di.fe.ren.ça s indifference; unconcern.
in.di.fe.ren.te adj indifferent; neutral.
in.dí.ge.na s indigene; native; • adj native; indigenous.
in.di.gên.cia s indigence; poverty.
in.di.gen.te adj indigent; needy.
in.di.ges.tão s indigestion; dyspepsia.
in.di.ges.to adj indigestible; indigested.
in.dig.na.ção s indignation.
in.dig.ni.da.de s indignity; offensive treatment.
in.dig.no adj unworthy.
ín.di.go s e adj indigo.
ín.dio s e adj Indian.
in.di.re.ta s hint.
in.di.re.to adj indirect.
in.dis.ci.pli.na s indiscipline; insubordination; disorder.
in.dis.ci.pli.nar v to render undisciplined.
in.dis.ci.pli.na.do adj disobedient.
in.dis.cre.to adj indiscreet.
in.dis.cri.ção s indiscretion; indiscreetness; imprudence.
in.dis.cri.mi.na.do adj indiscriminate; indiscriminating.
in.dis.cu.tí.vel adj incontestable; unquestionable.
in.dis.pen.sá.vel adj indispensable; absolutely necessary.
in.dis.po.ni.bi.li.da.de s inalienability.
in.dis.po.ní.vel adj inalienable; untransferable.
in.dis.por v to indispose; to make sick or ill.
in.dis.po.si.ção s indisposition.
in.dis.pos.to adj indisposed; seedy.
in.dis.so.lu.bi.li.da.de s indissolubility.
in.dis.so.lú.vel adj indissoluble.
in.dis.tin.guí.vel adj indistinctive.
in.dis.tin.to adj indistinct; not clear; vague.
in.di.vi.du.al adj individual; single; singular.
in.di.vi.du.a.li.da.de s individuality.

individualismo / infante

in.di.vi.du.a.lis.mo *s* individualism.
in.di.vi.du.a.lis.ta *s e adj* individualist.
in.di.vi.du.a.li.za.ção *s* individualization.
in.di.vi.du.a.li.zar *v* to individualize; to particularize.
in.di.ví.duo *s* individual; fellow; person.
in.di.vi.si.bi.li.da.de *s* indivisibility; indivisibleness.
in.di.vi.sí.vel *adj* indivisible.
in.di.zí.vel *adj* unspeakable; inexpressible.
in.dó.cil *adj* indocile; unruly.
ín.do.le *s* character; temper; disposition.
in.do.lên.cia *s* indolence.
in.do.len.te *adj* indolent; lazy; idle.
in.do.lor *adj* painless; free from pain.
in.do.má.vel *adj* indomitable; unconquerable.
in.do.mes.ti.cá.vel *adj* savage; wild.
in.dô.mi.to *adj* indomitable.
in.du.bi.tá.vel *adj* indubitable; unquestionable.
in.du.ção *s* induction.
in.dul.gên.cia *s* indulgence; leniency.
in.dul.gen.te *adj* indulgent; mild; clement.
in.dul.to *s* indult; pardon.
in.du.men.tá.ria *s* clothes; vestments.
in.dús.tria *s* industry.
in.dus.tri.al *adj* industrial; **parque** ~: industrial state; **Revolução** ~: the Industrial Revolution.
in.dus.tri.a.li.zar *v* to industrialize.
in.du.ti.vo *adj* inductive.
in.du.tor *s* inductor.
in.du.zir *v* to induce (instigar); to conclude (concluir).
i.ne.bri.an.te *adj* inebriant.
i.ne.bri.ar *v* to inebriate; to intoxicate; ~ **se**: to get drunk.
i.né.di.to *adj* inedited; unpublished; FIG unusual.
i.ne.fá.vel *adj* ineffable; unspeakable.
i.ne.fi.cá.cia *s* inefficacy; inefficiency.
i.ne.fi.caz *adj* inefficacious; ineffective.
i.ne.fi.ci.ên.cia *s* inefficiency.
i.ne.fi.ci.en.te *adj* inefficient.
i.ne.gá.vel *adj* incontestable; undeniable.
i.ne.le.gi.bi.li.da.de *s* ineligibility; ineligibleness.
i.ne.le.gí.vel *adj* ineligible.
i.nép.cia *s* ineptitude.
i.nep.to *adj* inept; foolish.
i.ne.quí.vo.co *adj* unmistakable; unequivocal.
i.nér.cia *s* inertia; inertness.
i.ne.ren.te *adj* inherent; intrinsical; intrinsic.
i.ner.te *adj* inert; sluggish.
i.nes.cru.pu.lo.so *adj* unscrupulous.
i.nes.cru.tá.vel *adj* unfathomable; inscrutable.
i.nes.go.tá.vel *adj* inexhaustible; unfailing.
i.nes.pe.ra.do *adj* unforeseen; unexpected.
i.nes.que.cí.vel *adj* unforgettable.
i.nes.ti.má.vel *adj* inestimable; invaluable.
i.ne.vi.tá.vel *adj* unavoidable; inevitable.
i.ne.xa.ti.dão *s* inexactitude; inexactness; inaccuracy.
i.ne.xa.to *adj* inexact; inaccurate.
i.ne.xau.rí.vel *adj* inexhaustible; inexhaustive; unfailing.
i.ne.xis.tên.cia *s* inexistence.
i.ne.xo.ra.bi.li.da.de *s* inexorability; inexorableness.
i.ne.xo.rá.vel *adj* inexorable; unyielding.
i.nex.pe.ri.ên.cia *s* inexperience.
i.nex.pe.ri.en.te *adj* inexperienced.
i.nex.pli.cá.vel *adj* inexplicable; unaccountable.
i.nex.plo.ra.do *adj* unexplored; untravelled.
i.nex.pres.si.vo *adj* inexpressive; inexpressible.
i.nex.pri.mí.vel *adj* inexpressible; indescribable.
i.nex.pug.ná.vel *adj* inexpugnable; impregnable; invulnerable.
i.nex.tin.guí.vel *adj* inextinguishable.
i.nex.tri.cá.vel *adj* inextricable; involved; entangled.
in.fa.li.bi.li.da.de *s* infallibility.
in.fa.lí.vel *adj* infallible.
in.fa.me *adj* infamous.
in.fâ.mia *s* infamy.
in.fân.cia *s* infancy; childhood.
in.fan.ta.ri.a *s* infantry.
in.fan.te *s* infante.

in.fan.ti.cí.dio *s* infanticide.
in.fan.til *adj* infantile; childish; childlike.
in.fa.ti.gá.vel *adj* untiring; indefatigable.
in.fec.ção *s* infection; contamination; contagion.
in.fec.cio.nar *v* to infect; to taint.
in.fec.tar *v* to infect; to taint.
in.fe.cun.di.da.de *s* fruitlessness; sterility.
in.fe.cun.do *adj* barren.
in.fe.li.ci.da.de *s* infelicity; misfortune; unhappiness.
in.fe.liz *adj* unhappy; unlucky; unfortunate.
in.fe.liz.men.te *adv* unfortunately.
in.fe.rên.cia *s* inference.
in.fe.ri.or *s* inferior; • *adj* inferior; lower.
in.fe.rir *v* to infer; to deduce; to conclude.
in.fer.nal *adj* infernal; hellish.
in.fer.no *s* hell; **vá para o ~!**: go to hell!
in.fér.til *adj* infertile; sterile.
in.fes.tar *v* to infest.
in.fi.de.li.da.de *s* infidelity; unfaithfulness.
in.fi.el *s* infidel; • *adj* unfaithful; infidel.
in.fil.tra.ção *s* infiltration.
in.fil.trar *v* to infiltrate.
ín.fi.mo *adj* lowermost.
in.fin.dá.vel *adj* endless.
in.fi.ni.da.de *s* infinity.
in.fi.ni.te.si.mal *adj* MAT infinitesimal.
in.fi.ni.ti.vo *s* GRAM infinitive.
in.fi.ni.to *adj* infinite; endless.
in.fla.ção *s* inflation.
in.fla.ma.ção *s* inflammation; enthusiasm.
in.fla.ma.do *adj* excited; inflamed.
in.fla.mar *v* to inflame; to flame; to set on fire.
in.fla.má.vel *adj* inflammable; combustible; ignitable.
in.flar *v* to inflate; to swell.
in.flá.vel *adj* inflatable; **bote ~**: inflatable boat.
in.fle.xão *s* inflection.
in.fle.xi.bi.li.da.de *s* inflexibility; inflexibleness.
in.fle.xí.vel *adj* inflexible; rigid; unalterable.
in.fli.gir *v* to inflict; to impose.
in.flu.ên.cia *s* influence; ascendency.
in.flu.en.ci.ar *v* to influence.
in.flu.ir *v* to influence.
in.flu.xo *s* influx; influence.
in.for.ma.ção *s* information; info; news; data; **tomar ~**: to make enquiry.
in.for.mal *adj* informal.
in.for.man.te *s* informant; informer; • *adj* informant; informative.
in.for.mar *v* to inform; to apprise.
in.for.má.ti.ca *s* computing.
in.for.ma.ti.zar *v* INF to computerize, to computerise.
in.for.ma.ti.za.ção *s* INF computerization, computerisation.
in.for.me *s* information; advice; • *adj* formless.
in.for.tú.nio *s* misfortune; unhappiness; bad luck.
in.fo.vi.a *s* INF information highway.
in.fra *adv* bellow; infra.
in.fra.ção *s* infraction; transgression; violation; ESP foult (falta).
in.fra.es.tru.tu.ra *s* infrastructure.
in.fra.tor *s* transgressor; infringer.
in.fra.ver.me.lho *s* e *adj* infrared.
in.frin.gir *v* to infringe; to violate; to contravene.
in.fru.tí.fe.ro *adj* unfruitful; fruitless.
in.fun.da.do *adj* unfounded; groundless.
in.fun.dir *v* to infuse.
in.fu.são *s* infusion.
in.ge.nu.i.da.de *s* ingenuousness; ingenuity.
in.gê.nuo *adj* ingenuous; artless; naive.
in.ge.rir *v* to ingest.
in.ges.tão *s* ingestion; intake.
in.glês *s* English (língua); Englishman; • *adj* English.
in.gló.rio *adj* inglorious; modest.
in.gra.ti.dão *s* ingratitude.
in.gra.to *adj* ungrateful; thankless.
in.gre.di.en.te *s* ingredient.
ín.gre.me *adj* steep; sheer.
in.gres.so *s* ingress; entrance.
in.gur.gi.tar *v* to ingurgitate.
i.ni.bi.ção *s* inhibition.
i.ni.bir *v* to inhibit; to forbid; to hinder.
i.ni.ci.a.ção *s* initiation; beginning.

i.ni.ci.a.do s initiate.
i.ni.ci.al s e adj initial.
i.ni.ci.ar v to initiate; to start; to begin.
i.ni.ci.a.ti.va s initiative; enterprise.
i.ní.cio s start; outset; beginning.
i.ni.gua.lá.vel adj matchless; incomparable.
i.ni.mi.go s enemy; • adj inimical; hostile.
i.ni.mi.tá.vel adj inimitable.
i.ni.mi.za.de s enmity; hostility.
i.ni.mi.zar v to make enemies.
i.nin.te.li.gí.vel adj unintelligible.
i.nin.ter.rup.to adj uninterrupt, continuous.
i.ni.qui.da.de s iniquity; wickedness.
i.ní.quo adj unrighteous; iniquitous.
in.je.ção s injection; shot.
in.je.tar v to inject.
in.jun.ção s injunction.
in.jú.ria s injury; offence; insult.
in.ju.ri.ar v to injure; to offend.
in.ju.ri.o.so adj injurious; offensive.
in.jus.ti.ça s injustice; wrong.
in.jus.ti.fi.cá.vel adj unjustifiable.
in.jus.to adj unfair; unjust.
i.no.cên.cia s innocence; innocency.
i.no.cen.tar v to consider innocent.
i.no.cen.te adj innocent; guiltless.
i.no.cui.da.de s innocuousness.
i.no.cu.la.ção s inoculation.
i.no.cu.lar v to inoculate; to insert.
i.nó.cuo adj innocuous; harmless.
i.no.do.ro adj inodorous; odourless, EUA odorless.
i.no.fen.si.vo adj harmless; inoffensive.
i.no.mi.ná.vel adj unspeakable; vile; mean.
i.no.por.tu.no adj inopportune; untimely.
i.nor.gâ.ni.co adj inorganic.
i.nós.pi.to adj inhospitable; wild; barren.
i.no.va.ção s innovation.
i.no.var v to innovate.
i.no.xi.dá.vel adj stainless; inoxidable; **aço ~**: stainless steel.
in.qua.li.fi.cá.vel adj unqualifiable.
in.que.bran.tá.vel adj inflexible; indefatigable; unbreakable.
in.que.brá.vel adj shatterproof; unbreakable.

in.qué.ri.to s inquest; inquiry.
in.ques.tio.ná.vel adj unquestionable; indisputable.
in.qui.e.ta.ção s restlessness; uneasiness; inquietude.
in.qui.e.to adj unquiet; restless; apprehensive.
in.qui.li.na.to s tenancy.
in.qui.li.no s lodger; tenant; renter.
in.qui.ri.ção s inquiry; cross-examination.
in.qui.rir v to inquire; to ask; to investigate.
in.qui.si.ção s inquisition.
in.qui.si.dor s inquisitor.
in.sa.ci.a.bi.li.da.de s insatiability; insatiableness.
in.sa.ci.á.vel adj insatiable; greedy; insatiate.
in.sa.lu.bre adj insalubrious; unhealthy.
in.sa.ná.vel adj incurable.
in.sa.ni.da.de s insanity; mental disorder; madness.
in.sa.no adj insane; mad.
in.sa.tis.fei.to adj unsatisfied; discontented; dissatisfied.
ins.cre.ver v to register; to inscribe.
ins.cri.ção s inscription.
ins.cri.to adj inscribed; registered.
ins.cul.pir v to engrave; to inscribe; to carve.
in.se.gu.ran.ça s insecurity.
in.se.gu.ro adj insecure.
in.se.mi.na.ção s insemination; **~ artificial**: artificial insemination.
in.sen.sa.tez s insensateness; foolishness.
in.sen.sa.to adj insensate; foolish.
in.sen.si.bi.li.da.de s insensibility.
in.sen.si.bi.li.zar v to render insensible.
in.sen.sí.vel adj insensible; unconscious; not sensitive.
in.se.pa.rá.vel adj inseparable.
in.ser.ção s insertion.
in.se.rir v to insert; to put in; INF to enter (dados no computador).
in.se.ti.ci.da s insecticide.
in.se.to s insect; bug.
in.sí.dia s insidiousness; snare; ambush.
in.si.di.o.so adj insidious; sly; treacherous.
in.sig.ne adj notable; remarkable; ilustrious.

in.síg.nia *s* insignia; badge; emblem.
in.sig.ni.fi.cân.cia *s* insignificance; triviality.
in.sig.ni.fi.can.te *adj* insignificant; unimportant.
in.sin.ce.ro *adj* insincere.
in.si.nu.a.ção *s* insinuation.
in.si.nu.ar *v* to insinuate; to hint; to suggest.
in.si.pi.dez *s* insipidness; insipidity.
in.sí.pi.do *adj* insipid; unsavoury, EUA unsavory; tasteless.
in.sis.tên.cia *s* insistence; insistency; persistence.
in.sis.ten.te *adj* insistent; persistent.
in.sis.tir *v* to insist on; to persist; to dwell on.
in.so.la.ção *s* sunstroke; insolation.
in.so.lên.cia *s* insolence; gall.
in.só.li.to *adj* uncommon; unusual.
in.so.lu.bi.li.da.de *s* insolubility; insolubleness.
in.so.lú.vel *adj* insoluble.
in.sol.vên.cia *s* insolvency.
in.sol.ven.te *adj* insolvent.
in.son.dá.vel *adj* unfathomable.
in.sô.nia *s* insomnia; sleeplessness.
in.sos.so *adj* insipid.
ins.pe.ção *s* survey; inspection.
ins.pe.cio.nar *v* to inspect; to examine; to survey.
ins.pe.tor *s* inspector; overseer.
ins.pe.to.ri.a *s* inspectorate; inspectorship.
ins.pi.ra.ção *s* inspiration; inhalation.
ins.pi.rar *v* to inspire; to instill; to influence.
ins.ta.bi.li.da.de *s* instability.
ins.ta.la.ção *s* installation; instalment, EUA installment.
ins.ta.lar *v* to install; to establish; to lodge.
ins.tân.cia *s* instance.
ins.tan.tâ.neo *s* FOT snapshot; • *adj* instantaneous.
ins.tan.te *s* instant; moment; • *adj* instant.
ins.tar *v* to insist on; to urge; to press.
ins.tau.ra.ção *s* establishment; instauration.
ins.tau.rar *v* to repair; to establish; to found.
ins.tá.vel *adj* unstable; unsettled; changeable.
ins.ti.gar *v* to instigate; to stimulate; to incite.
ins.ti.la.ção *s* instillment.

ins.ti.lar *v* to instill; to infuse.
ins.tin.ti.vo *adj* instinctive.
ins.tin.to *s* instinct.
ins.ti.tu.cio.nal *adj* institutional.
ins.ti.tu.i.ção *s* institution; establishment.
ins.ti.tu.ir *v* to institute; to establish; to set up.
ins.ti.tu.to *s* institute.
ins.tru.ção *s* instruction; education; learning.
ins.tru.ir *v* to instruct; to educate; to bring up.
ins.tru.men.ta.ção *s* instrumentation.
ins.tru.men.tal *s* instruments; • *adj* instrumental.
ins.tru.men.tar *v* to instrument; MÚS to orchestrate.
ins.tru.men.to *s* instrument; tool; utensil; implement; **~ de cordas**: string instrument; **~ de percussão**: percussion instrument; **~ de sopro**: wind instrument.
ins.tru.ti.vo *adj* instructive; educative; didatic; instructional.
ins.tru.tor *s* instructor.
in.sub.mis.são *s* unruliness.
in.sub.mis.so *adj* unsubmissive; insubordinate.
in.su.bor.di.na.ção *s* insubordination.
in.su.bor.di.na.do *adj* insubordinate; unruly.
in.subs.ti.tu.í.vel *adj* irreplaceable.
in.su.ces.so *s* failure.
in.su.fi.ci.ên.cia *s* insufficiency; deficiency.
in.su.fi.ci.en.te *adj* insufficient; deficient.
in.su.flar *v* to insufflate; FIG to inspire.
in.su.lar *v* to insulate; to isolate; • *adj* insular.
in.su.li.na *s* MED insulin.
in.sul.tar *v* to insult; to abuse; to outrage.
in.sul.to *s* insult; affront.
in.su.pe.rá.vel *adj* insuperable; insurmountable.
in.su.por.tá.vel *adj* insupportable; intolerable; unbearable.
in.sur.gir *v* to revolt; to rebel.
in.sur.rei.ção *s* insurrection; rebellion.
in.sur.re.to *s* e *adj* insurgent; rebel; insurrectionist.
in.sus.pei.to *adj* unsuspected.

in.sus.ten.tá.vel *adj* untenable; unsustainable; baseless.

in.tac.to *adj* untouched; intact.

in.tan.gi.bi.li.da.de *s* intangibility; intangibleness.

in.tan.gí.vel *adj* intangible; untouchable.

ín.te.gra *s* totality; **na ~**: wholly.

in.te.gra.ção *s* integration.

in.te.gral *adj* integral; entire; whole; complete; **leite ~**: whole milk; **pão ~**: wholemeal bread, EUA wholewheat bread; **trigo ~**: wholewheat.

in.te.gran.te *adj* integrant; component.

in.te.grar *v* to integrate.

in.te.gri.da.de *s* integrity.

ín.te.gro *adj* entire; complete; upright; honest.

in.tei.rar *v* to complete; to inform.

in.tei.re.za *s* integrity; wholeness; honesty.

in.tei.ro *adj* entire; whole; complete; **do mundo ~**: all over the world.

in.te.lec.to *s* intellect; understanding.

in.te.lec.tu.al *s e adj* intellectual.

in.te.lec.tu.a.li.da.de *s* intellectuality.

in.te.li.gên.cia *s* intelligence; intellect.

in.te.li.gen.te *adj* intelligent; smart; clever.

in.te.li.gi.bi.li.da.de *s* intelligibility.

in.te.li.gí.vel *adj* intelligible; understandable; comprehensible.

in.tem.pé.rie *s* inclemency.

in.tem.pes.ti.vo *adj* untimely; unseasonable.

in.ten.ção *s* intention; purpose.

in.ten.cio.na.do *adj* minded; **bem ~**: well-intentioned.

in.ten.cio.nal *adj* intentional.

in.ten.si.da.de *s* intensity; intenseness.

in.ten.si.fi.car *v* to intensify; to accelerate; to augment.

in.ten.si.vo *adj* intensive; **tratamento ~**: intensive care.

in.ten.so *adj* intense; vehement.

in.ten.tar *v* to intend; to endeavour; to attempt.

in.ten.to *s* intent; purpose.

in.ten.to.na *s* rebellion; conspiration.

in.ter.ca.la.ção *s* insertion; intercalation.

in.ter.ca.lar *v* to intercalate; to interpolate.

in.ter.câm.bio *s* interchange.

in.ter.ce.der *v* to intercede.

in.ter.cep.ção *veja* **interceptação**.

in.ter.cep.ta.ção *s* interception; interruption; obstruction; intervention.

in.ter.cep.tar *v* to intercept; to cut off.

in.ter.ces.são *s* intercession.

in.ter.con.ti.nen.tal *adj* intercontinental.

in.ter.di.ção *s* interdiction; prohibition.

in.ter.di.tar *v* to interdict; to prohibit.

in.ter.di.to *s* interdict; prohibition; • *adj* interdicted; prohibited.

in.te.res.sa.do *adj* interested; attentive.

in.te.res.san.te *adj* interesting.

in.te.res.sar *v* to interest; to affect; to concern; **a quem possa ~**: to whom it may concern.

in.te.res.se *s* interest; advantage; profit.

in.te.res.sei.ro *adj* self-seeking; selfish.

in.te.res.ta.du.al *adj* interestate.

in.ter.fa.ce *s* INF interface.

in.ter.fe.rên.cia *s* interference.

in.ter.fe.rir *v* to interfere; RÁDIO to jam.

in.ter.fo.ne *s* intercom.

ín.te.rim *s* interim; meantime; **nesse ~**: meanwhile.

in.te.ri.no *adj* provisional; temporary.

in.te.ri.or *s* interior; inside; indoor; upcountry; • *adj* interior; inland; inner.

in.ter.jei.ção *s* interjection.

in.ter.lo.cu.tor *s* interlocutor.

in.ter.me.di.ar *v* to intermediate; to mediate; to intervene.

in.ter.me.di.á.rio *s* intermediary; mediator; • *adj* intermediary; intermediate.

in.ter.mi.ná.vel *adj* interminable; endless.

in.ter.mis.são *s* intermittence.

in.ter.mi.tên.cia *veja* **intermissão**.

in.ter.mi.ten.te *adj* intermittent.

in.ter.na.ção *s* internment; confinement.

in.ter.na.ci.o.nal *adj* international.

in.ter.na.ci.o.na.li.zar *v* to internationalize.

in.ter.na.do *s* intern.

in.ter.na.men.to *s* internment.

in.ter.nar *v* to intern; to confine.

in.ter.na.to *s* boarding school.

in.ter.net *s* INF internet; **perito em ~**: webmaster.
in.ter.no *s* boarder; • *adj* internal.
in.ter.pe.la.ção *s* interpellation.
in.ter.pe.lar *v* to interpellate; to question.
in.ter.por *v* to interpose; to place between; to intervene.
in.ter.po.si.ção *s* interposition.
in.ter.pre.ta.ção *s* interpretation.
in.ter.pre.tar *v* to interpret.
in.ter.pre.ta.ti.vo *adj* interpretative.
in.ter.pre.tá.vel *adj* interpretable; definable.
in.tér.pre.te *s* interpreter.
in.ter.reg.no *s* interval; interregnum.
in.ter.ro.ga.ção *s* interrogation; question; inquiry; **ponto de ~**: interrogation mark, question mark.
in.ter.ro.gar *v* interrogate; to inquire; to question; to examine.
in.ter.ro.ga.ti.vo *adj* interrogative; interrogatory.
in.ter.ro.ga.tó.rio *s* interrogatory; inquiry.
in.ter.rom.per *v* to interrupt; to break in; to stop.
in.ter.rup.ção *s* interruption; cessation; discontinuance.
in.ter.rup.tor *s* interrupter; switch; circuit breaker.
in.ter.se.ção *s* intersection.
in.ters.tí.cio *s* interstice; interval.
in.te.rur.ba.no *adj* longdistance call.
in.ter.va.lo *s* interval; break; ESP FUT halftime, EUA intermission.
in.ter.ven.ção *s* intervention; interference.
in.ter.vir *v* to intervene; to meddle; to interfere with.
in.tes.ti.nal *adj* intestinal; enteric.
in.tes.ti.no *s* intestine; bowels; • *adj* intestine; internal.
in.ti.ma.ção *s* notification; summons.
in.ti.mar *v* DIR to notify; to summon.
in.ti.mi.da.ção *s* intimidation.
in.ti.mi.da.de *s* intimacy; privacy.
in.ti.mi.dar *v* to intimidate; to daunt.
ín.ti.mo *s* e *adj* intimate.
in.ti.tu.lar *v* to entitle.

in.to.le.rân.cia *s* intolerance.
in.to.le.ran.te *adj* intolerant.
in.to.le.rá.vel *adj* intolerable; unbearable.
in.to.na.ção *s* intonation.
in.to.xi.ca.ção *s* intoxication.
in.to.xi.ca.do *adj* intoxicated.
in.to.xi.car *v* to intoxicate; to poison.
in.tra.du.zí.vel *adj* untranslatable; inexpressible.
in.tra.net *s* INF intranet.
in.tran.qui.li.da.de *s* agitation; disturbance; restless.
in.tran.qui.lo *adj* agitated; quietless; disturbed.
in.tran.si.gên.cia *s* intransigence.
in.tran.si.gen.te *adj* intransigent.
in.tran.si.tá.vel *adj* impassable; untransitable.
in.tran.si.ti.vo *adj* GRAM intransitive.
in.tra.tá.vel *adj* intractable; rude.
in.tra.ve.no.so *adj* intravenous.
in.tre.pi.dez *s* intrepidity; fearlessness; daredeviltry.
in.tré.pi.do *adj* intrepid; fearless; dauntless.
in.tri.ga *s* intrigue; plot.
in.tri.gan.te *adj* intriguing.
in.tri.gar *v* to intrigue; to puzzle; to plot.
in.trin.ca.do *adj* intricate; knotty.
in.trín.se.co *adj* intrinsic; inherent.
in.tro.du.ção *s* introduction.
in.tro.du.ti.vo *adj* introductive; introductory; initiative.
in.tro.du.zir *v* to introduce; to put in; to usher in; to insert.
in.troi.to *s* introit.
in.tro.me.ter-se *v* to intrud on; to meddle with.
in.tro.me.ti.do *s* meddler; busybody; • *adj* meddlesome.
in.tro.mis.são *s* intromission.
in.tros.pec.ção *s* introspection; self-examination.
in.tros.pec.ti.vo *adj* introspective.
in.tro.ver.ti.do *adj* introverted.
in.tru.são *s* intrusion; trespass; encroachment.
in.tui.ção *s* intuition; insight.
in.tui.ti.vo *adj* intuitive.

in.tu.mes.cên.cia *s* intumescence.
in.tu.mes.cer *v* to become tumid; to swell.
i.nu.ma.ni.da.de *s* inhumanity; barbarity; cruelty.
i.nu.ma.no *adj* inhuman; brutal; cruel.
i.nu.me.rá.vel *adj* innumerable.
i.nú.me.ro *adj* numberless; countless; innumerable.
i.nun.da.ção *s* inundation; flood.
i.nun.dar *v* to inundate; to flood; to overflow.
i.nu.si.ta.do *adj* unusual; unwonted.
i.nú.til *adj* inutile; vain; useless; needless.
i.nu.ti.li.da.de *s* inutility; uselessness; needlessness.
i.nu.ti.li.zar *v* to make useless.
in.va.dir *v* to invade; to trespass; to encroach.
in.va.li.da.ção *s* invalidation; annulment; cancellation.
in.va.li.dar *v* to invalidate; to annul; to nullify.
in.va.li.dez *s* invalidity.
in.vá.li.do *s* invalid; • *adj* invalid; null.
in.va.ri.a.bi.li.da.de *s* invariability.
in.va.ri.á.vel *adj* unchangeable; invariable.
in.va.são *s* invasion; incursion.
in.va.sor *s* forayer; invader.
in.ve.ja *s* envy; jealousy; enviousness; rivalry.
in.ve.jar *v* to envy.
in.ve.já.vel *adj* enviable.
in.ve.jo.so *adj* envious.
in.ven.ção *s* invention.
in.ven.ci.bi.li.da.de *s* invincibility; invincibleness.
in.ven.cio.ni.ce *s* lie.
in.ven.cí.vel *adj* invincible; unconquerable.
in.ven.dá.vel *adj* unsaleable; unmarketable.
in.ven.tar *v* to invent; to create; to produce.
in.ven.ta.ri.an.te *s* one who makes an inventory.
in.ven.ta.ri.ar *v* to inventory.
in.ven.tá.rio *s* stock-taking; inventory.
in.ven.ti.vo *adj* inventive; imaginative; ingenious; creative.
in.ven.to *s* invention.
in.ven.tor *s* inventor; author.
in.ve.rí.di.co *adj* untrue; false.
in.ver.na.da *s* winter season.
in.ver.nar *v* to hibernate; to winter.
in.ver.no *s* Winter.
in.ver.sa.men.te *adv* inversely.
in.ver.são *s* inversion.
in.ver.so *s* e *adj* inverse; contrary; reverse.
in.ver.te.bra.do *s* e *adj* invertebrate.
in.ver.ter *v* to invert; COM to invest.
in.ver.ti.do *adj* inverted; reverse; inverse.
in.ves.ti.da *s* assault.
in.ves.ti.dor *s* FIN investor.
in.ves.ti.du.ra *s* investiture.
in.ves.ti.ga.ção *s* investigation; inquiry; research.
in.ves.ti.gar *v* to investigate; to look; to examine.
in.ves.ti.men.to *s* investment.
in.ves.tir *v* to invest; to attack; to assault.
in.ve.te.ra.do *adj* inveterate.
in.vi.á.vel *adj* impracticable, EUA impractical.
in.vic.to *adj* invincible.
in.vi.o.la.bi.li.da.de *s* inviolability.
in.vi.o.la.do *adj* inviolate; unviolated.
in.vi.o.lá.vel *adj* inviolable.
in.vi.si.bi.li.da.de *s* invisibility.
in.vi.sí.vel *adj* invisible.
in.vo.ca.ção *s* invocation.
in.vo.car *v* to invoke; to implore.
in.vol.tó.rio *s* wrapper.
in.vó.lu.cro *s* involucre; wrapper; packing.
in.vo.lun.tá.rio *adj* involuntary; unintentional.
in.vul.gar *adj* exceptional; uncommon.
in.vul.ne.ra.bi.li.da.de *s* invulnerability.
in.vul.ne.rá.vel *adj* invulnerable.
i.o.do *s* iodine.
i.o.ga *s* yoga.
i.o.gur.te *s* yogurt.
io.iô *s* yoyo.
í.on *s* ion.
ir *v* to go; to move; to depart; to walk; to go away; ~ **atrás de**: to pursue; ~ **a pé**: to go on foot; ~ **ao encontro de**: to meet; ~ **a cavalo**: to ride; ~ **para a frente**: to go forward; ~ **adiante**: to move ahead; ~ **embora**: to go away; ~ **longe**: to go far.

i.ra *s* ire; rage; anger.

i.ra.do *adj* irate; angry; enraged.

i.ra.ni.a.no *s e adj* Iranian.

i.ra.qui.a.no *s* Iraqi; • *adj* Iraqian.

i.rar *v* to make angry; to anger; to enrage.

i.ras.ci.bi.li.da.de *s* irascibility; irascibleness.

i.ras.cí.vel *adj* irascible; choleric; irritable.

i.rí.dio *s* QUÍM iridium.

í.ris *s* MED iris; MIT Iris.

ir.lan.dês *s* Irish (língua); Irishman; • *adj* Irish.

ir.mã *s* sister.

ir.ma.nar *v* to match; to pair; to mate.

ir.man.da.de *s* brotherhood; sisterhood; fraternity.

ir.mão *s* brother.

i.ro.ni.a *s* irony; sarcasm; mordacity.

i.rô.ni.co *adj* ironical; ironic; sarcastic; sarcastical.

ir.ra.cio.nal *adj* irrational; unreasonable.

ir.ra.cio.na.li.da.de *s* irrationality; unreasonableness.

ir.ra.di.a.ção *s* irradiation; RÁDIO broadcasting.

ir.ra.di.ar *v* to irradiate; RÁDIO to broadcast.

ir.re.al *adj* unreal; illusive.

ir.re.a.li.zá.vel *adj* impracticable, EUA impractical.

ir.re.con.ci.li.á.vel *adj* irreconcilable.

ir.re.cu.pe.rá.vel *adj* irrecoverable; irretrievable; irreclaimable.

ir.re.cu.sá.vel *adj* irrecusable.

ir.re.di.mí.vel *adj* irredeemable.

ir.re.du.tí.vel *adj* irreducible.

ir.re.du.zí.vel *adj* veja **irredutível**.

ir.re.fle.ti.do *adj* thoughtless; unthinking.

ir.re.fu.tá.vel *adj* irrefutable; indisputable.

ir.re.gu.lar *adj* irregular.

ir.re.gu.la.ri.da.de *s* irregularity.

ir.re.le.van.te *adj* irrelevant.

ir.re.me.di.á.vel *adj* irremediable; incurable.

ir.re.mo.ví.vel *adj* irremovable; unremovable.

ir.re.pa.rá.vel *adj* irreparable; irretrievable.

ir.re.pre.en.sí.vel *adj* irreprehensible; irreproachable; blameless.

ir.re.pri.mí.vel *adj* irrepressible.

ir.re.qui.e.to *adj* restless; turbulent; fidgety.

ir.re.sis.tí.vel *adj* irresistible; resistless; charming.

ir.re.so.lu.to *adj* irresolute.

ir.res.pon.sa.bi.li.da.de *s* irresponsibility.

ir.res.pon.sá.vel *adj* irresponsible.

ir.res.tri.to *adj* unrestricted.

ir.re.ve.rên.cia *s* irreverence; insolence; disrespect.

ir.re.ve.ren.te *adj* irreverent; insolent; disrespectful.

ir.re.ver.sí.vel *adj* irreversible.

ir.re.vo.ga.bi.li.da.de *s* irrevocability.

ir.re.vo.gá.vel *adj* irrevocable; indefeasible.

ir.ri.ga.ção *s* irrigation.

ir.ri.gar *v* to irrigate; to water.

ir.ri.gá.vel *adj* irrigable.

ir.ri.só.rio *adj* derisive; derisory.

ir.ri.ta.bi.li.da.de *s* irritability; irritableness.

ir.ri.ta.ção *s* irritation; anger; annoyance.

ir.ri.ta.do *adj* excited; angry.

ir.ri.tan.te *adj* irritant; irritating.

ir.ri.tar *v* to irritate; to grate; to chafe; to gall.

ir.rom.per *v* to burst; to break out; to erupt.

ir.rup.ção *s* irruption; outburst; sudden invasion.

is.ca *s* bait; FIG enticement; allurement.

i.sen.ção *s* exemption; impartiality.

i.sen.tar *v* to exempt from; to free.

is.lâ.mi.co *adj* Islamic; Islamitic.

is.la.mis.mo *s* Islamism.

is.la.mi.ta *s* islamite.

i.so.la.do *adj* isolated.

i.so.la.men.to *s* isolation; separation.

i.so.lar *v* to isolate; ELET to insulate; to detach.

i.sós.ce.les *adj* isosceles.

is.quei.ro *s* lighter.

is.ra.e.li.ta *s* Israelite; Jew; Hebrew.

is.so *pron* that; it; ~ **mesmo**: exactly; **por** ~: therefore.

is.to *pron* this; ~ **é**: that is.

i.ta.li.a.no *s e adj* Italian.

i.tá.li.co *s* TIP italics; • *adj* italic.

i.tem *s* item; article; • *adv* item; also.

i.ti.ne.ran.te *s* itinerant; • *adj* itinerant; peripatetic.

i.ti.ne.rá.rio *s e adj* itinerary.

J

j *s* the tenth letter of the Portuguese alphabet.
já *adv* already; ever; in this moment; now; at present; at once; **~ que**: inasmuch as, since.
ja.bu.ti *s* type of land turtle.
ja.bu.ti.ca.ba *s* jaboticaba fruit.
ja.ca *s* jack fruit.
ja.ca.ré *s* alligator.
ja.cin.to *s* hyacinth.
jac.tân.cia *s* boastfulness; brag; vanity; pride.
jac.tan.ci.o.so *adj* boastful; brag; proud; arrogant.
jac.tar-se *v* to boast; to brag.
ja.de *s* MIN jade.
ja.guar *s* jaguar.
ja.le.co *s* jacket.
ja.mai.ca.no *s e adj* Jamaican.
ja.mais *adv* never; at no time.
ja.man.ta *s* juggernaut.
ja.nei.ro *s* January.
ja.ne.la *s* window.
jan.ga.da *s* raft.
jan.ga.dei.ro *s* raftsman.
ja.no.ta *s* dandy; fop; • *adj* foppish; dandyish.
ja.no.tis.mo *s* dandyism; foppery; foppishness.
jan.ta *s* GÍR dinner.
jan.tar *s* dinner; • *v* to have dinner; to dine; **hora do ~**: dinner time; **~ fora**: to dine out; **sala de ~**: dining room.
ja.po.nês *s e adj* Japanese.
ja.que.ta *s* short jacket.
ja.que.tão *s* large jacket.
jar.da *s* yard (914 mm).
jar.dim *s* garden; flower-garden; **~ de infância**: kindergarten; **~ zoológico**: zoo.
jar.di.na.gem *s* gardening.
jar.di.nar *v* to garden; to cultivate or labor in a garden.
jar.di.nei.ra *s* flower-stand; BR small country bus.
jar.di.nei.ro *s* gardener.
jar.gão *s* jargon.
jar.ra *s* jar; vase; flowerpot; pitcher.
jar.ro *s* pot; jug; jar; pitcher.
jas.mim *s* jasmine; jasmin; jessamine; jessamin.
jas.pe *s* MIN jasper.
ja.to *s* jet; **avião a ~**: jet plane.
jau.la *s* cage; jail.
ja.va.li *s* wild boar; wild pig.
ja.zer *v* to lie; to be in the grave; to be buried.
ja.zi.da *s* resting-place; mine.
ja.zi.go *s* grave; tomb; MIN bed; deposit.
je.ans *s* jeans.
jei.to *s* mode; manner; skill; knack; **com ~**: gently; **de ~ nenhum**: by no means; **sem ~**: embarassed; **ter ~ para**: to be skilful.
jei.to.so *adj* skilful, EUA skillful.
je.ju.ar *v* to fast.
je.jum *s* fast; fasting.
je.ri.co *s* ass; donkey.

jér.sei *s* jersey.
je.su.í.ta *s* RELIG jesuit.
Je.sus *s* Jesus; • *interj* Jeez! Gee!
ji.boi.a *s* boa constrictor; python.
ji.pe *s* jeep.
jo.a.lhei.ro *s* jeweller, EUA jeweler.
jo.a.lhe.ri.a *s* jewellery; EUA jewelry, jeweler's shop.
jo.a.ne.te *s* bunion.
jo.a.ni.nha *s* ladybird, EUA ladybug (inseto).
jo.ão-nin.guém *s* unimportant person.
jo.co.si.da.de *s* jocosity; jocoseness; waggery.
jo.co.so *adj* jocose; waggish; humorous.
jo.e.lhei.ra *s* knee-pad.
jo.e.lho *s* knee; **de ~**: kneeling; on one's knees; **dobrar o ~**: to bend one's knees; **pôr-se de ~**: to kneel down.
jo.ga.da *s* throw; move.
jo.ga.dor *s* gambler (de jogo de azar); gamester; player (de esportes em geral); **~ de cartas**: card player; **~ de futebol**: soccer player.
jo.gar *v* to play (esportes); to throw (jogar fora); to risk (arriscar); to gamble (jogo de azar); **~ cartas**: to play cards; **~ a dinheiro**: to play for money.
jog.ging *s* jogging; track suit (roupa).
jo.go *s* play; game; **~ da velha**: noughts and crosses; **~ de azar**: game of chance; **~ de damas**: draughts, EUA checkers; **~s Olímpicos**: Olympic Games.
jo.gral *s* jester; buffoon.
joi.a *s* jewel; initiation fee (em escolas, clubes, etc.); GÍR great.
joi.o *s* darnel.
jó.quei *s* jockey (pessoa); race course (lugar).
jor.da.ni.a.no *s* e *adj* Jordanian.
jor.na.da *s* journey; tour; trip; **~ de trabalho**: working day.
jor.nal *s* newspaper; journal; **banca de ~**: newsstand.
jor.na.lei.ro *s* newspaper's seller, newsagent, EUA newsdealer.
jor.na.lis.mo *s* journalism.
jor.na.lis.ta *s* journalist; newspaperman; newspaperwoman.

jor.rar *v* to spout out; to spurt out; to gush.
jor.ro *s* jet; waterspout; gush; outpour.
jo.ta *s* the letter "J".
jo.vem *s* youth; young man or woman; • *adj* young; youthful.
jo.vi.al *adj* jovial; merry; gay; jolly; cheerful.
jo.vi.a.li.da.de *s* joviality; gaiety; jollity.
ju.ba *s* lion's mane.
ju.bi.la.ção *s* jubilation; exultation; rejoicing.
ju.bi.lar *v* to jubilate; to exult.
ju.bi.leu *s* jubilee.
jú.bi.lo *s* jubilation; exultation; joy; glee; rejoicing.
ju.bi.lo.so *adj* joyful; merry; elated; gay.
ju.dai.co *adj* Judaic; Judaical; Jewish.
ju.da.ís.mo *s* Judaism.
ju.deu *s* Jew; • *adj* Jewish.
ju.di.ar *v* to ill-treat.
ju.di.ca.tó.rio *adj* judicatory.
ju.di.ca.tu.ra *s* judicature.
ju.di.ci.al *adj* judicial.
ju.di.ci.á.rio *adj* judiciary; forensic; judicial.
ju.di.ci.o.so *adj* judicious; wise; well-advised; sensible.
ju.dô *s* judo.
ju.go *s* yoke; FIG submission; servitude; oppression.
ju.gu.lar *s* jugular vein; • *v* to subdue; to hang; to suppress.
ju.iz *s* DIR judge; ESP referee (futebol, principalmente); ESP umpire (tênis, etc.); **~ de linha**: lineman.
ju.í.zo *s* judgement; opinion; **ter o ~ perfeito**: to be sane.
jul.ga.men.to *s* judgement; trial; decision.
jul.gar *v* to judge; to adjudge; to deem; to estimate; to think (imaginar).
ju.lho *s* July.
ju.men.to *s* jackass; ass; donkey.
jun.ção *s* junction; joint; union.
jun.co *s* junk; rush.
ju.nho *s* June.
jú.nior *adj* junior.
jun.ta *s* joint; **~ Comercial**: board of trade.
jun.tar *v* to join; to put together; to connect.

jun.to *adj* near; joined; together; close; • *adv* together; near; jointly; by; **junto a/ de**: next to.
ju.ra *s* oath; curse.
ju.ra.do *s* juryman; juror; • *adj* sworn.
ju.ra.men.ta.do *adj* sworn.
ju.ra.men.to *s* oath; **sob ~**: under oath.
ju.rar *v* to swear; to take oath.
ju.rás.si.co *adj* Jurassic.
jú.ri *s* jury.
ju.rí.di.co *adj* juridical.
ju.ris.con.sul.to *s* jurisconsult.
ju.ris.di.ção *s* jurisdiction, power.
ju.ris.di.cio.nal *adj* judisdicional.
ju.ris.pru.dên.cia *s* jurisprudence.
ju.ris.ta *s* jurist; lawyer; jurisconsult.
ju.ro *s* ECON interest.
jus *s* right; legal right; **fazer ~ a**: to deserve.
jus.ta.men.te *adv* just; fairly.
jus.ta.por *v* to juxtapose; to place side by side.
jus.ta.po.si.ção *s* juxtaposition; contiguity.
jus.te.za *s* justness; accuracy; exactness.
jus.ti.ça *s* justice; fairness; jurisdiction.
jus.ti.çar *v* to execute.
jus.ti.fi.ca.ção *s* justification; vindication; excuse.
jus.ti.fi.car *v* to justify; to vindicate; to account for.
jus.ti.fi.ca.ti.va *s* justification.
jus.ti.fi.cá.vel *adj* justifiable; accountable.
jus.to *adj* just; fair; true; accurate; equitable; righteous; strict, tight; close; • *adv* exactly; just.
ju.ta *s* jute.
ju.ve.nil *adj* juvenile; young; youthful; immature.
ju.ve.ni.li.da.de *s* juvenility; youthfulness.
ju.ven.tu.de *s* youth; youthfulness (jovialidade).

k *s* the eleventh letter of several alphabets, including Portuguese one. It is used in certain abbreviations accepted internationally, in names, and in a few foreign words introduced into the language; (com maiúsc.) symbol for potassium.
kai.ser *s* kaiser (imperador).
kan.tis.mo *s* FILOS kantianism.
kan.tis.ta *s* e *adj* kantian.
kart *s* ESP kart.
kg *s abrev de* kilogram, kilogramme.
ki.butz *s* kibbutz.
ki.lo.watt *s* kilowatt.
kl *s abrev de* kiloliter.
km *s abrev de* kilometre, EUA kilometer.
kryp.ton *s* krypton.

L

l *s* the twelfth letter of the Portuguese alphabet; (com maiúsc.) Roman numeral for fifty.

lá *adv* there; in that place; MÚS la, the sixth note in the scale; **~ embaixo** (andar inferior): downstairs; **~ em cima** (andar superior): upstairs; **~ longe**: over yonder; **para ~**: over there.

lã *s* wool; **tecido de ~**: wollen goods; **~ de carneiro**: fleece.

la.ba.re.da *s* flame; blaze; FIG vivacity; ardor; excitement.

lá.ba.ro *s* flag.

lá.bia *s* astuteness; cunning; flannel.

la.bi.al *s e adj* labial.

lá.bio *s* lip; **~ inferior**: under lip; **~ superior**: upper lip.

la.bi.rin.to *s* labyrinth, maze.

la.bor *s* labour, EUA labor; toil; work; task.

la.bo.rar *v* to labor; to toil; to work.

la.bo.ra.tó.rio *s* laboratory.

la.bo.ri.o.so *adj* laborious; hardworking.

la.bu.ta *s* toil; labour, EUA labor; drudgery.

la.bu.tar *v* to work hard; to toil; to drudge; to struggle.

la.ça.da *s* slip knot; loop.

la.cai.o *s* lackey; lacquey; footman.

la.çar *v* to lace; to lasso; to catch with a lasso.

la.ce.ra.ção *s* laceration.

la.ce.rar *v* to lacerate; to mangle; to tear.

la.ço *s* lace; knot; snare; noose; lasso.

la.cô.ni.co *adj* laconic; brief; concise.

la.co.nis.mo *s* laconism.

la.crai.a *s* centipede.

la.crar *v* to seal; to wafer.

la.cre *s* sealing wax; seal.

la.cri.mal *adj* lachrymal.

la.cri.me.jan.te *adj* tearful.

la.cri.me.jar *v* to whimper; to weep.

lac.ta.ção *s* lactation.

lac.tar *v* to lactate; to suckle; to nurse; to suck.

lác.teo *adj* lacteal; milky.

lac.ti.cí.nio *veja* **laticínio**.

lác.ti.co *s* acid lactic; • *adj* lactic.

la.cu.na *s* lacuna; gap; omission.

la.cus.tre *adj* lacustrine; lacustrian.

la.da.i.nha *s* litany; FIG rigmarole.

la.de.ar *v* to coast; to flank.

la.dei.ra *s* slope; acclivity; hillside.

la.di.no *adj* sly; cunning; astute.

la.do *s* side; face; flank; **ao ~ de**: next to; **ao meu ~**: by my side; **do ~ de dentro**: inside; **do ~ de fora**: outside; **~ a ~**: side by side; **por outro ~**: on the other hand.

la.dra *s* female thief.

la.drão *s* thief; burglar; robber; stealer; overflow pipe (carro); **~ de carros**: car-jacker.

la.drar *v* to bark; to bay; to yelp.

la.dri.lhar *v* to pave with tile; to tile.

la.dri.lho *s* tile.

la.droei.ra *s* theft; extortion; robbery.

la.gar.ta *s* caterpillar.

la.gar.ti.xa *s* gecko; small lizard.

la.gar.to *s* lizard.

la.go *s* lake; inland sea.

la.go.a *s* lagoon.

la.gos.ta *s* lobster.

la.gos.tim s crayfish, EUA crawfish.
lá.gri.ma s tear; tear-drop.
lai.a s gang; kind; sort.
lai.co adj lay; laic; secular (ensino).
la.je s flagstone; cement slab.
la.je.a.men.to s paving; paving with slabs.
la.je.ar v to pave with flagstone.
la.jo.ta s small paving stone.
la.ma s mud; mire; RELIG lama.
la.ma.çal s muddy place; slough.
la.ma.cei.ro *veja* **lamaçal**.
la.ma.cen.to adj miry; muddy.
lam.ba.da s lash; stroke; blow; lambada.
lam.ber v to lick; to lap.
lam.bi.da s licking; FIG flattery.
lam.bis.car v to nibble; to eat little.
lam.bis.goi.a s affected woman.
lam.bu.zar v to dirty; to soil; to besmear.
la.mei.ro s slough; bog.
la.men.ta.ção s lamentation; wailing.
la.men.tar v to lament; to grieve; to regret.
la.men.tá.vel adj lamentable; pitiable.
la.men.to s lament; lamentation; moan.
lâ.mi.na s lamina (de metal); axe; blade (de barbear).
la.mi.na.ção s lamination.
la.mi.na.do adj laminated; laminate.
la.mi.nar v to laminate; • adj laminar.
lâm.pa.da s lamp; electric light bulb.
lam.pa.ri.na s night lamp; night candle.
lam.pe.jan.te adj sparkling; shining; glittering.
lam.pe.jar v to shine; to glitter; to flash; to sparkle.
lam.pe.jo s spark; flash; glitter.
lam.pi.ão s lantern.
la.mú.ria s lamentation; lament; complaint.
la.mu.ri.ar v to lament; to moan; to complain.
lan.ça s lance; spear; pole of a carriage; **~-chamas**: flame-thrower.
lan.ça.dor s bidder; thrower.
lan.ça.men.to s launch (de produto, de míssil, etc.); release (de CD, de vídeo, etc.); new title (de livro).
lan.çar v to launch (nave); to throw; to cast; to publish (livros); **~ mão**: to take hold of.

lan.ce s cast; throw; event.
lan.cha s launch; motorboat.
lan.char v to snack.
lan.che s snack; sandwish.
lan.cho.ne.te s snack-bar.
lan.ci.nan.te adj lancinating.
lan.ci.nar v to lancinate; to lacerate; to torment.
lan.gui.dez s languidness; languor.
lân.gui.do adj languid; weak; faint.
lan.ter.na s lantern; BRIT torch, EUA flashlight.
lan.ter.nei.ro s lamplighter.
la.pe.la s lapel.
la.pi.dar v to polish; to lapidate.
la.pi.dá.rio s e adj lapidary.
lá.pi.de s gravestone; tombstone.
lá.pis s pencil; **apontador de ~**: pencil sharpener; **~-lazúli**: lapis-lazuli.
la.pi.sei.ra s propelling pencil.
lap.so s lapse; slip; space of time.
la.que.a.ção s MED ligature.
la.que.ar v to tie arteries; to lacquer.
lar s home; **~, doce ~**: home sweet home.
la.ran.ja s orange.
la.ran.ja.da s orangeade.
la.ran.jei.ra s orange tree.
la.rá.pio s filcher; thief; pilferer.
lar.de.ar v to lard; to intermix; to interlard.
la.rei.ra s fireplace.
lar.gar v to let go; to loosen; to leave; to abandon.
lar.go s square; • adj wide; broad; ample; spacious; extensive.
lar.gue.za s width; breadth; FIG generosity; liberality.
lar.gu.ra s width; breadth.
la.rin.ge s larynx.
la.rín.geo adj laryngeal.
la.rin.gi.te s laryngitis.
lar.va s larva; worm; pl **larvae**.
la.sa.nha s lasagna.
las.ca s chip; splinter; fragment of wood.
las.car v to splinter; to sliver; to split.
las.cí.via s lasciviousness; lust; lewdness.
las.ci.vo adj lascivious; lustful; lewed.
las.si.dão s lassitude; languor; weariness; slackness.

lás.ti.ma *s* pity; lament; compassion.
las.ti.mar *v* to regret; to feel, to express sorrow; to be sorry for.
las.ti.má.vel *adj* deplorable; pitiable.
las.tro *s* ballast.
la.ta *s* tin; tin-plate, EUA can; **abridor de ~**: BRIT tin opener, EUA can opener; **cão vira-~**: mongrel; **~ de azeite**: oil can; **~ de lixo**: dustbin, EUA garbage can; trash can.
la.tão *s* brass.
la.te.jar *v* to throb.
la.ten.te *adj* latent.
la.te.ral *adj* lateral.
lá.tex *s* latex.
la.ti.cí.nio *s* milk-food; dairy product.
la.ti.do *s* barking; yelping.
la.ti.fún.dio *s* large landed estate; latifundium.
la.tim *s* Latin.
la.ti.no-a.me.ri.ca.no *s e adj* Latin-American.
la.tir *v* to bark; to bay; to yelp.
la.ti.tu.de *s* latitude; extent; scope.
la.to *adj* vast; ample; extensive; wide.
la.tri.na *s* latrine.
la.tro.cí.nio *s* robbery.
lau.da *s* page; each side of a sheet of paper.
lau.do *s* certificate; award.
lau.re.a.do *adj* laureate; distinguished.
lau.re.ar *v* to honour; to distinguish.
lau.to *adj* sumptuous; opulent; abundant.
la.va *s* lava.
la.va.bo *s* lavabo.
la.va.dei.ra *s* washerwoman; laundress.
la.va.gem *s* washing; **~ a seco**: dry cleaning; **~ cerebral**: brainwashing; **~ intestinal**: enema.
la.van.de.ri.a, la.van.da.ri.a *s* laundry.
la.var *v* to wash; to launder; to lave; **~ a seco**: to dry-clean; **~ e passar a ferro**: to wash and iron.
la.va.tó.rio *s* lavatory.
la.vá.vel *adj* washable.
la.vou.ra *s* farming.
la.vra *s* tillage.
la.vra.dor *s* tiller; farmer.
la.vrar *v* to plough; to till; to carve.
la.xan.te *s e adj* laxative.

la.zer *s* leisure.
le.al *adj* loyal; faithful.
le.al.da.de *s* loyalty; fidelity.
le.ão *s* lion; ASTROL Leo; **~ de chácara**: bouncer.
le.bre *s* hare.
le.ci.o.nar *v* to teach.
le.do *adj* joyful; gay; merry.
le.ga.ção *s* legation.
le.ga.do *s* legate; embassador.
le.gal *adj* legal; lawful; • *interj* GÍR terrific!
le.ga.li.da.de *s* legality; lawfulness.
le.ga.li.za.ção *s* legalization.
le.ga.li.zar *v* to legalize; to legitimize; to authenticate.
le.gar *v* to legate; to bequeath; to leave.
le.ga.tá.rio *s* legatee.
le.gen.da *s* legend; inscription; caption, subtitle (de filme).
le.gen.dá.rio *adj* legendary.
le.gi.ão *s* legion.
le.gi.o.ná.rio *s e adj* legionary.
le.gis.la.ção *s* legislation.
le.gis.la.dor *s* legislator; lawgiver; lawmaker.
le.gis.lar *v* to legislate.
le.gis.la.ti.vo *adj* legislative.
le.gis.la.tu.ra *s* legislature.
le.gis.ta *s* legist.
le.gi.ti.ma.ção *s* legitimation.
le.gi.ti.mar *v* to legalize; to authenticate; to legitimize.
le.gi.ti.mi.da.de *s* legitimacy.
le.gí.ti.mo *adj* legitimate; genuine.
le.gí.vel *adj* legible; readable.
lé.gua *s* league.
le.gu.me *s* legume; vegetables.
le.gu.mi.no.so *adj* leguminous.
lei *s* law; **fora da ~**: outlaw; **projeto de ~**: bill; **sem ~**: lawless.
lei.go *s* layman; • *adj* lay; laic.
lei.lão *s* auction; **ir a ~**: to be put up at auction.
lei.lo.ar *v* to auction; to sell at auction.
lei.lo.ei.ro *s* auctioneer.
lei.tão *s* sucking-pig.
lei.te *s* milk; **ama de ~**: wet nurse; **dente de ~**: milk tooth; **~ coalhado**: sour/curdled milk; **~ em pó**: powdered milk.

lei.tei.ra s milkmaid; milk pot; dairymaid (pessoa).
lei.tei.ro s milkman.
lei.te.ri.a s dairy.
lei.to s bed; bedstead; **~ de rio**: riverbed.
lei.tor s reader; lector.
lei.tu.ra s reading.
le.ma s lemma; motto; slogan.
lem.bran.ça s remembrance; memory; souvenir; keepsake.
lem.brar v to remind; to recollect; to remember; to recall.
lem.bre.te s note; memorandum.
le.me s helm; rudder.
len.ço s handkerchief; neckerchief (para o pescoço); kerchief (para a cabeça).
len.çol s sheet.
len.da s legend; fable.
len.dá.rio adj legendary.
lên.dea s nit.
len.ga.len.ga s rigmarole.
le.nha s wood; firewood.
le.nha.dor s woodcutter; woodman.
le.ni.men.to s lenitive.
le.ni.ti.vo s e adj lenitive.
len.te s lens; professor; **~ de contato**: contact lens.
len.te.jou.la s spangle; sequin.
len.ti.dão s slowness; sluggishness.
len.ti.lha s lentil.
len.to adj slow; sluggish.
le.o.par.do s leopard.
lé.pi.do adj merry; swift; quick.
le.pra s MED leprosy.
le.pro.so s leper; • adj leprous.
le.que s fan.
ler v to read; to interpret.
ler.do adj dull; sluggish.
le.são s lesion; damage; injury.
le.sar v to hurt; to damage; to injure.
lés.bi.ca s e adj lesbian.
le.si.vo adj injurious; damaging.
les.ma s slug; FIG sluggard.
les.te s East.
le.tal adj lethal; deadly; mortal.
le.tar.gi.a s lethargy; drowsiness; torpor.
le.tár.gi.co adj lethargic.
le.tra s letter; **ao pé da ~**: literally; **~ de câmbio**: bill of exchange; **~ de forma**: block letter; **~ maiúscula**: capital letter; **tirar de ~**: to take in one's stride.
le.tra.do s man of letters; • adj erudite; learned.
le.trei.ro s label; inscription; caption, subtitle (legenda de filme).
leu.ce.mi.a s leukaemia, EUA leukemia.
le.van.ta.do adj lifted; raised; elevated.
le.van.ta.men.to s survey (enquete).
le.van.tar v to lift; to raise; to rise up; **levante-se!**: get up!, stand up!
le.var v to carry; to convey; to take away; to lead; to endure; to take (time).
le.ve adj slight; light; quick; trifling.
le.ve.du.ra s leaven; yeast.
le.ve.za s lightness, state of being light.
le.vi.an.da.de s frivolity.
le.vi.a.no adj frivolous; giddy.
le.vi.ta.ção s levitation.
lé.xi.co s lexicon; dictionary.
le.xi.co.gra.fi.a s lexicography.
lha.ma s llama.
lhe pron him; her; it; to him; to her; to it; to you.
li.a.me s bond; link.
li.ba.ção s libation.
li.ba.nês s e adj Lebanese.
li.be.lo s libel.
li.bé.lu.la s dragonfly.
li.be.ra.ção s liberation; release; discharge.
li.be.ral adj liberal; broad-minded.
li.be.ra.li.da.de s liberality; broad-mindedness; generosity.
li.be.ra.lis.mo s liberalism.
li.be.rar v to liberate; to set free; to release.
li.ber.da.de s liberty; freedom; **~ condicional**: conditional probation.
li.ber.ta.ção s liberation; freedom.
li.ber.ta.dor s liberator.
li.ber.tar v to free; to liberate.
li.ber.ti.na.gem s libertinism; licentiousness.
li.ber.ti.no s libertine; • adj libertine; lascivious.

li.bi.di.na.gem s lustfulness.
li.bi.do s libido.
lí.bio s e adj Libyan.
li.bra s pound; ASTROL Libra; ~ **esterlina**: pound sterling.
li.ção s lesson.
li.cen.ça s licence, EUA license; permission; **com ~**: excuse me.
li.cen.ci.a.do s licentiate.
li.cen.ci.a.men.to s licence, MIL discharge of soldiers.
li.cen.ci.ar v to licence, EUA to license; to authorize.
li.cen.ci.o.si.da.de s licentiousness; lasciviousness.
li.cen.ci.o.so adj licentious; lascivious; dissolute.
li.ceu s secondary school; lyceum.
li.ci.ta.ção s bidding; auction.
lí.ci.to adj licit; lawful.
li.cor s liqueur.
li.da s work; toil; drudgery.
li.dar v to cope; to deal; to work hard; to labor; to toil.
lí.der s leader; chief; conductor.
li.de.ran.ça s leadership; **tomar a ~**: to take the lead.
li.de.rar v to lead.
li.ga s league; union; alloy (de metais); garters (para meias).
li.ga.ção s connection; junction; union; friendship; ~ **telefônica**: phone call.
li.ga.du.ra s ligature.
li.ga.men.to s band; tie; MED ligament.
li.gar v to bind; to attach; to join together; to alloy (metais); to fasten on; to connect with; to call (telefonar); to care about (dar importância); to pay attention to (dar atenção); ~ **o rádio**: to turn on the radio.
li.gei.re.za s agility; quickness.
li.lás s e adj lilac.
li.ma s file; BOT sweet lime.
li.ma.lha s filings; file dust; rasping.
li.mão s lemon.
li.mar v to file; to rasp; to polish.
lim.bo s limb; border; edge; BOT leaf blade.
li.mei.ra s BOT lime tree.

li.mi.ar s threshold.
li.mi.ta.ção s limitation; limit; restriction.
li.mi.tar v to limit; to stint; to confine.
li.mi.ta.ti.vo adj limitative; restrictive.
li.mi.te s limit; boundary; border; ~ **de velocidade**: speed limit.
li.mí.tro.fe adj frontier.
li.mo s slime.
li.mo.ei.ro s lemon tree.
li.mo.na.da s lemonade.
li.mo.si.na s limousine.
li.mo.so adj muddy; slimy.
lim.pa.dor s cleaner; ~ **de para-brisas**: windscreen wiper.
lim.par v to clean; to cleanse; FIG to clean up.
lim.pe.za s cleanness; neatness; cleaning.
lím.pi.do adj limpid; clear.
lim.po adj clean; neat; cleanly; **passar a ~**: to write up.
li.mu.si.ne veja **limosina**.
lin.ce s lynx; bobcat.
lin.char v to lynch.
lin.de.za s beauty; elegance; prettiness.
lin.do adj pretty; beautiful.
li.ne.ar adj linear.
lin.fá.ti.co adj lymphatic.
lin.fó.ci.to s lynphocyte.
lín.gua s tongue; language; speech; ~ **materna**: mother tongue; **na ponta da ~**: on the tip of one's tongue.
lin.gua.do s sole (peixe).
lin.gua.gem s language; speech.
lin.gua.jar s speech; dialect.
lin.gua.ru.do s telltale; • adj loquacious; talkative.
lin.gue.ta s little tongue; bolt; latch.
lin.gui.ça s sausage.
lin.guis.ta s linguist.
lin.guís.ti.ca s linguistics.
li.nha s line; thread; string; ~ **aérea**: airline; ~ **de fogo**: firing line; ~ **de montagem**: assembly line.
li.nha.ça s linseed; flaxseed.
li.nha.gem s lineage; pedigree; ancestry.
li.nho s linen (tecido); flax (planta).
li.no.ti.po s linotype.

li.pí.dio *s* lipid.
li.po.as.pi.ra.ção *s* liposuction.
li.que.fa.ção *s* liquefaction.
li.que.fa.zer *v* to liquefy; to reduce to a liquid state.
li.que.fei.to *adj* liquefied.
li.qui.da.ção *s* sale; liquidation.
li.qui.di.fi.ca.dor *s* blender; BRIT liquidizer.
li.qui.di.fi.car *v* to liquefy.
lí.qui.do *s* liquid; COM net; • *adj* liquid; fluid; **lucro ~**: net profit; **peso ~**: net weight.
li.ra *s* lyre; lira (moeda italiana).
lí.ri.co *adj* lyric; lyrical.
lí.rio *s* lily.
li.ris.mo *s* lyricism.
li.so *adj* smooth; even; plain; straight (cabelo); GÍR broke, without money.
li.son.ja *s* soft soap; flattery.
li.son.je.ar *v* to flatter; to praise; to blandish.
li.son.jei.ro *s* flatterer; wheedler; • *adj* flattering; pleasing.
lis.ta *s* list; roll; catalogue; stripe; **~ telefônica**: telephone directory.
lis.tra *s* stripe.
lis.trar *v* to stripe.
li.su.ra *s* smoothness; sincerity; honesty.
li.tei.ra *s* sedan chair; litter.
li.te.ral *adj* literal.
li.te.rá.rio *adj* literate; literary.
li.te.ra.to *s* literate; writer; man of letters.
li.te.ra.tu.ra *s* literature.
li.ti.gan.te *s* e *adj* litigant.
li.ti.gar *v* to litigate; to contest in law.
li.tí.gio *s* litigation; dispute; lawsuit.
li.ti.gi.o.so *adj* litigious.
li.to.gra.far *v* to lithograph.
li.to.ral *s* seashore; coast line; • *adj* littoral.
li.tos.fe.ra *s* lithosphere.
li.tro *s* litre; liter.
li.tu.a.no *s* e *adj* Lithuanian.
li.tur.gi.a *s* liturgy.
li.túr.gi.co *adj* liturgical.
lí.vi.do *adj* livid.
li.vra.men.to *s* deliverance; liberation.
li.vrar *v* to free; to release; **~-se de**: to get rid of.

li.vra.ri.a *s* bookshop, EUA bookstore.
li.vre *adj* free; duty; **~-arbítrio**: free will; **~-câmbio**: free trade.
li.vrei.ro *s* bookseller.
li.vro *s* book; **guarda-~s**: bookkeeper; **~ de bolso**: pocketbook; **~ de consulta**: reference book; **~ de cozinha**: cookery book, EUA cookbook; **~ de ponto**: register.
li.xa *s* sandpaper; glasspaper.
li.xar *v* to sandpaper; to rub with sandpaper.
li.xei.ro *s* BRIT dustman, EUA garbage collector.
li.xo *s* rubbish, EUA garbage; waste; trash; FIG mob; **lata de ~**: dustbin, EUA garbage can, trash can.
lo.ba *s* she-wolf.
lo.bi.so.men *s* werewolf.
lo.bo *s* wolf.
ló.bu.lo *s* lobule.
lo.ca.ção *s* location.
lo.ca.dor *s* landbord; lessor.
lo.cal *s* place; site; locality; • *adj* local.
lo.ca.li.da.de *s* locality; place.
lo.ca.li.za.ção *s* localization.
lo.ca.li.zar *v* to localize.
lo.ção *s* lotion; **~ após barba**: aftershave lotion.
lo.car *v* to hire; to lease.
lo.ca.tá.rio *s* renter; tenant.
lo.co.mo.ção *s* locomotion.
lo.co.mo.ti.va *s* locomotive; engine.
lo.co.mo.ver-se *v* to locomote; to move oneself from one place to another.
lo.cu.ção *s* locution; phrase; speech.
lo.cu.ple.tar *v* to become rich; to enrich; to grow rich.
lo.cu.tor *s* RÁDIO speaker.
lo.do *s* mud; mire; ooze.
lo.do.so *adj* muddy; miry.
lo.ga.rit.mo *s* logarithm.
ló.gi.ca *s* logic.
ló.gi.co *s* logician; • *adj* logical; logic.
lo.go *adv* pretty soon; immediately; without delay; soon; • *conj* therefore; then; so; **até ~**: so long; **~ mais**: later on; **~ que**: as soon as.
lo.gra.dou.ro *s* common ground; park.

lo.grar *v* to obtain; to get; to cheat.
lo.gro *s* gain; cheat; trick.
loi.ro *veja* louro.
lo.ja *s* shop, EUA store; lodge; **~ de animais**: pet shop.
lo.jis.ta *s* shopkeeper; storekeeper.
lom.ba.da *s* rump.
lom.bar *adj* lumbar.
lom.bo *s* loin; loins; back.
lom.bri.ga *s* worm.
lo.na *s* canvas; sailcloth.
lon.ga-me.tra.gem *s* CIN feature film.
lon.ge *adj* far, distant; • *adv* far; far away; far off; **ir ~**: to go far; **mais ~**: farther; **quão ~ estamos de São Paulo?**: how far are we from São Paulo?
lon.ge.vi.da.de *s* longevity.
lon.ge.vo *adj* long-lived; longevous.
lon.gín.quo *adj* distant; remote.
lon.gi.tu.de *s* longitude.
lon.gi.tu.di.nal *adj* longitudinal.
lon.go *adj* long; **ao ~ de**: along; over.
lon.tra *s* ZOO otter.
lo.qua.ci.da.de *s* loquacity; talkativeness.
lo.quaz *adj* loquacious; garrulous; talkative.
lo.san.go *s* lozenge.
lo.ta.ção *s* capacity.
lo.ta.do *adj* crowded; full (ônibus, cinema).
lo.te *s* lot; portion; share.
lo.te.ar *v* to lot.
lo.te.ri.a *s* lottery.
lo.to *s* BOT lotus.
lou.ça *s* earthenware (de barro); chinaware (de porcelana); **lavar a ~**: to wash up, EUA to do the dishes.
lou.co *s* madman; lunatic; • *adj* mad; crazy; insane.
lou.cu.ra *s* madness; insanity.
lou.ra *s* blonde.
lou.ro *s* laurel (folha); blond (pessoa); • *adj* blond; fair.
lou.sa *s* blackboard; slate.
lou.va-a-deus *s* mantis; praying mantis.
lou.var *v* to praise; to laud; to eulogize.
lou.vá.vel *adj* laudable; praiseworthy.
lou.vor *s* praise; commendation; eulogy.

lu.a *s* moon; **~ cheia**: full moon; **~ crescente**: crescent moon; **~ de mel**: honeymoon; **~ minguante**: waning moon; **~ nova**: new moon.
lu.ar *s* moonlight; moonshine.
lú.bri.co *adj* lubricous; slippery; lascivious; lustful.
lu.bri.fi.ca.ção *s* lubrication.
lu.bri.fi.can.te *s e adj* lubricant.
lu.bri.fi.car *v* to grease; to oil; to lubricate.
lu.ci.dez *s* lucidity.
lú.ci.do *adj* lucid; clear; bright.
lu.ci.fer *s* lucifer; satan.
lu.crar *v* to gain; to profit.
lu.cra.ti.vo *adj* lucrative; profitable; advantageous.
lu.cro *s* profit; gain; lucre; COM **~s e perdas**: profits and losses.
lu.cu.bra.ção *s* lucubration.
lu.cu.brar *v* to lucubrate.
lu.di.bri.ar *v* to deceive; to delude; to mock.
lu.fa.da *s* puff; gust; blast.
lu.gar *s* place; space; room; spot; site; **dar ~ a**: to give place to; **em algum ~**: somewhere; **em ~ de**: instead of; **em todo ~**: everywhere; **~-comum**: commonplace.
lu.ga.re.jo *s* hamlet; small village.
lú.gu.bre *adj* lugubrious; mournful; gloomy; dismal.
lu.gu.bri.da.de *s* lugubriousness; gloom.
lu.la *s* squid.
lum.ba.go *s* MED lumbago.
lu.me *s* fire; flame; light; FIG perspicacity.
lu.mi.no.si.da.de *s* luminosity.
lu.mi.no.so *adj* luminous; shining; bright.
lu.na.ção *s* lunation.
lu.nar *adj* lunar.
lu.ná.ti.co *s* lunatic; madman; an insane person; • *adj* lunatic; insane; crazy.
lu.ne.ta *s* lunette.
lu.pa *s* magnifying glass.
lus.co-fus.co *s* twilight.
lu.si.ta.no, lu.so *s e adj* Portuguese.
lus.trar *v* to gloss; to polish.
lus.tre *s* BRIT lustre, EUA luster; chandelier.
lus.tro *s* lustrum; a period of five years.

lus.tro.so *adj* lustrous; glossy; shining.
lu.ta *s* struggle; combat; contest; fight; ~ **livre**: wrestling.
lu.ta.dor *s* wrestler; fighter.
lu.tar *v* to fight; to contend; to struggle; to wrestle.
lu.te.ra.nis.mo *s* lutheranism.
lu.te.ra.no *s* e *adj* lutheran.
lu.to *s* mourning; grief.
lu.va *s* glove.
lu.xa.ção *s* luxation.
lu.xar *v* MED to luxate, to dislocate.

lu.xo *s* luxe; luxury; sumptuous quality.
lu.xu.o.so *adj* luxurious; sumptuous; ritzy.
lu.xú.ria *s* lewdness; lust; lasciviousness.
lu.xu.ri.o.so *adj* luxurious; lustful; lewd; lascivious.
luz *s* light; knowledge; enlightenment; **à ~ de**: by the light of; **dar à ~ a**: to give birth to; **~ solar**: sunshine, sunlight.
lu.zen.te *adj* bright; luminous.
lu.zi.di.o *adj* glittering; shining.
lu.zir *v* to shine; to gleam; to flash; to glance.

M

m *s* the thirteenth letter of the Portuguese alphabet; (com maiúsc.) Roman numeral for one thousand.
má *adj* bad; **~-criação**: ill-manner, discourtesy.
ma.ca *s* stretcher.
ma.ça *s* club; bat; mace.
ma.çã *s* apple; **~s do rosto**: cheeks.
ma.ca.bro *adj* macabre; ghastly.
ma.ca.cão *s* overalls (vestuário de trabalho), EUA coveralls; jump suite (vestuário do dia a dia); romper suit (vestuário para o bebê).
ma.ca.co *s* monkey; ape; MEC jack.
ma.cam.bú.zio *adj* sad; melancholic; sullen.
ma.ça.ne.ta *s* knob; door handle.
ma.çan.te *adj* boring.
ma.ca.que.ar *v* to ape; to imitate; to mimic.
ma.çar *v* to beat; to tire; to bore; to annoy.
ma.ça.ri.co *s* blow-pipe; blowtorch.
ma.car.rão *s* macaroni.
ma.ca.xei.ra *s* a kind of manioc.
ma.ce.dô.ni.co *s e adj* Macedonian.
ma.ce.ra.ção *s* maceration; mortification.
ma.ce.rar *v* to macerate; to bruise; to mortify.
ma.ce.te *s* trick.
ma.cha.da.da *s* cut with an axe.
ma.cha.di.nha *s* hatchet, a small axe/ax.
ma.cha.do *s* BRIT axe, EUA ax.
ma.chis.mo *s* machismo.
ma.cho *s* male; macho (homem); • *adj* male; robust; virile.
ma.chu.car *v* to bruise; to hurt; **~-se**: to get hurt.
ma.ci.ço *s* massif; • *adj* massive (quantidade); solid.
ma.ci.ei.ra *s* apple tree.
ma.ci.ez *s* softness; smoothness.
ma.ci.o *adj* smooth; soft; pleasant.
ma.ço *s* bundle (de notas); small package; packet; **~ de cigarros**: packet of cigarretes.
ma.çom *s* mason, freemason.
ma.ço.na.ri.a *s* Masonry, Freemasonry.
ma.co.nha *s* marijuana, marihuana; **cigarro de ~**: GÍR joint.
ma.cô.ni.co *adj* masonic.
ma.cro.bi.ó.ti.ca *s* macrobiotics.
ma.cro.cos.mo *s* macrocosm.
má.cu.la *s* spot; stain; FIG blemish.
ma.cu.lar *v* to stain, to tarnish.
ma.da.me *s* madam.
ma.dei.ra *s* wood; timber; lumber; Madeira (vinho); **~ compensada**: plywood.
ma.dei.ra.men.to *s* timberwork.
ma.dei.rar *v* to timber; to furnish with timber.
ma.dei.ren.se *s e adj* Madeiran.
ma.do.na *s* madonna.
ma.dras.ta *s* stepmother.
ma.dre *s* num; mother superior.
ma.dre.pé.ro.la *s* mother-of-pearl.
ma.dri.nha *s* godmother (batismo), witness at a marriage; patroness.
ma.dru.ga.da *s* dawn; daybreak; early morning.
ma.dru.ga.dor *s* early-riser; early-bird.

ma.dru.gar *v* to get up early; to rise early; to be early (chegar cedo).
ma.du.rar *v* to mature; to ripen.
ma.du.re.za *s* maturity; ripeness.
ma.du.ro *adj* mature (pessoa); ripe (fruta).
mãe *s* mother; mom.
ma.es.tri.a *s* mastership; mastery.
ma.es.tro *s* MÚS maestro.
ma.ga.zi.ne *s* department store (loja).
ma.gi.a *s* magic; fascination; enchantment; ~ **negra**: black art.
má.gi.ca *s* magic.
má.gi.co *s* magician; • *adj* magic; magical.
ma.gis.té.rio *s* teaching (ensino); teaching profession (profissão); teachers (professorado).
ma.gis.tra.do *s* magistrate.
ma.gis.tral *adj* masterly; magisterial; excellent.
mag.na.ni.mi.da.de *s* magnanimity.
mag.nâ.ni.mo *adj* magnanimous.
mag.na.ta *s* magnate.
mag.né.sio *s* QUÍM magnesium.
mag.né.ti.co *adj* magnetic.
mag.ne.tis.mo *s* magnetism; FIG personal charm.
mag.ne.ti.zar *v* to magnetize.
mag.ne.to *s* magneto; spark-coil.
mag.ni.fi.car *v* to magnify; to extol; to exalt.
mag.ni.fi.cên.cia *s* magnificence; stateliness.
mag.ní.fi.co *adj* magnificent; splendid; excellent.
mag.ni.tu.de *s* magnitude; greatness; importance.
mag.no *adj* great; important; grand.
mag.nó.lia *s* BOT magnolia.
ma.go *s* magus; magician; sorcerer; **os três reis ~s**: the Three Wise Men.
má.goa *s* grief; sadness; sorrow.
ma.go.ar *v* to offend.
ma.gre.za *s* thinness; leanness; meagerness.
ma.gri.ce.la *s* skinny person; • *adj* skinny.
ma.gro *adj* slim, thin (pessoa); lean (carne); meagre, EUA meager.
main.frame *s* mainframe, tipo de computador que funciona como servidor central de uma rede.

mai.o *s* May.
mai.ô *s* bathing suit; swimsuit.
mai.o.ne.se *s* mayonnaise.
mai.or *adj* greater; larger; bigger (comparativo); biggest; largest (superlativo); **a ~ parte de**: most of.
mai.o.ral *s* chief; head; big shot.
mai.o.ri.a *s* the greater number; majority.
mai.o.ri.da.de *s* majority; full legal age.
mais *adj* more; most; further; plus; • *adv* more; most; over; ~ **ou menos**: so-so; more or less.
ma.i.se.na *s* cornflour, EUA cornstarch.
mai.ús.cu.lo *adj* capital letter; upper-case; majuscule.
ma.jes.ta.de *s* majesty; grandeur; stateliness.
ma.jes.to.so *adj* majestic; grand.
ma.jor *s* MIL major.
mal *s* evil; ill; injury; disease; trouble; pain; ache; • *adv* ill; badly; hardly; **~-agradecido**: ungrateful; **~-assombrado**: haunted; **~-entendido**: misunderstanding; **~-estar**: indisposition; **~-humorado**: ill-humored.
ma.la *s* suitcase; case; bag; trunk; boot, EUA trunk (de carro); **fazer as ~s**: to pack.
ma.la.ba.ris.mo *s* juggling.
ma.la.ba.ris.ta *s* juggler.
ma.la.gue.ta *s* chilli, EUA chili pepper.
ma.lai.o *s* e *adj* Malay.
ma.lan.dra.gem *s* trickery; roguery.
ma.lan.dro *s* hustler; vagabond; scoundrel; • *adj* cunning.
ma.lá.ria *s* MED malaria.
mal.chei.ro.so *adj* stinky.
mal.cri.a.do *adj* ill-bred; unmanerly; rude; impolite.
mal.da.de *s* iniquity; mischief; wickedness; deviltry.
mal.di.ção *s* malediction; curse.
mal.di.to *adj* cursed; wicked; damned.
mal.di.zer *v* to slander; to curse; to damn.
mal.do.so *adj* bad; malicious; wicked.
ma.le.á.vel *adj* malleable; pliant; pliable.
ma.le.di.cên.cia *s* slander.
ma.le.di.cen.te *s* slanderer; • *adj* slanderous.
ma.le.fi.cen.te *adj* maleficent; harmful.

maleficiar / manhã 164

ma.le.fi.ci.ar *v* to harm; to hurt; to bewitch.
ma.le.fí.cio *s* misdeed.
ma.lé.fi.co *adj* harmful; maleficent.
ma.le.ta *s* handbag; suitcase; valise.
ma.le.vo.lên.cia *s* malevolence; malice.
ma.lé.vo.lo *adj* malevolent; malicious; malignant.
mal.fa.da.do *adj* unlucky; unfortunate; ill-fated.
mal.fa.ze.jo *adj* maleficent; harmful.
mal.fei.to *adj* ill-done.
mal.fei.tor *s* malefactor; criminal; evil-doer.
mal.gra.do *prep* in spite of.
ma.lha *s* jersey.
ma.lha.do *adj* spotted; speckled; piebald.
ma.lhar *v* to thresh; to beat; to hammer; to maul.
ma.lí.cia *s* maliciousness.
ma.li.ci.o.so *adj* malicious; sly; mischievous.
ma.lig.ni.da.de *s* malignity; malignancy.
ma.lig.no *adj* malign; malignant (doença).
ma.lo.grar *v* to frustrate; to fail; to disappoint.
ma.lo.gro *s* frustration; failure.
mal.pas.sa.do *adj* rare; underdone.
mal.que.ren.ça *s* ill will; aversion.
mal.quis.to *adj* hated; disliked.
mal.te *s* malt.
mal.tra.pi.lho *adj* ragged.
mal.tra.tar *v* to maltreat; to abuse.
ma.lu.co *s* insane person; mad-man; • *adj* mad; insane; crazy.
ma.lu.qui.ce *s* madness; foolishness.
mal.va *s* mallow.
mal.va.de.za *s* perversity; wickedness; cruelty.
mal.va.do *adj* cruel; bad; wicked.
mal.ver.sa.ção *s* malversation.
mal.vis.to *adj* disliked.
ma.ma *s* teat; breast; mamma.
ma.ma.dei.ra *s* feeding bottle; baby's bottle.
ma.mãe *s* mamma, mama, mum, mummy.
ma.mão *s* papaya.
ma.mar *v* to suck; to extort (dinheiro); **dar de ~ a um bebê**: to breastfeed a baby.
ma.má.rio *adj* mammary.
ma.ma.ta *s* theft; GÍR shady transaction.

ma.mí.fe.ro *s* mammal; • *adj* mammiferous.
ma.mi.lo *s* mammilla; nipple.
ma.mo.ei.ro *s* papaya-tree.
ma.mo.na *s* castor oilbean; castor bean.
ma.mu.te *s* mammoth.
ma.na *s* sister.
ma.na.da *s* herd of cattle; drove; herd.
ma.nan.ci.al *s* spring; fountain; origin.
man.car *v* to limp; to hobble.
man.ce.bo *s* youth; young man.
man.cha *s* spot; stain; blemish.
man.char *v* to stain; to spot; to blemish.
man.che.te *s* headline.
man.co *s* cripple; a lame person; • *adj* crippled; lame.
man.co.mu.nar-se *v* to plot; to combine.
man.da.chu.va *s* big shot; magnate; EUA boss.
man.da.do *s* command; order; mandate; writ.
man.da.men.to *s* commandment.
man.dan.te *s* commander; instigator.
man.dar *v* to command; to order; to direct; to send (enviar); **~ embora**: to send away; to dismiss; "**se ~**": to walk out.
man.da.rim *s* mandarin.
man.da.tá.rio *s* mandatary.
man.da.to *s* mandate.
man.dí.bu.la *s* mandible; jaw; jawbone.
man.din.ga *s* witchcraft; sorcery.
man.di.o.ca *s* manioc; cassava.
man.do *s* command; authority; power.
ma.nei.ra *s* manner; way; fashion; mode; style; **de qualquer ~**: in any case; **de uma ~ ou de outra**: by some means.
ma.ne.jar *v* to handle; to manage.
ma.ne.jo *s* handling; management.
ma.ne.quim *s* manikin; tailor's dummy.
ma.ne.ta *s* one-handed person.
man.ga *s* sleeve (de roupa); mango (fruta).
man.ga.ção *s* mockery; derision; taunt.
man.ga.nês *s* QUÍM manganese.
man.gar *v* to mock; to deride; to ridicule.
man.gue *s* marshy ground; mangrove.
man.guei.ra *s* hose; BOT mango tree (árvore).
ma.nha *s* skill; cunning.
ma.nhã *s* morning; forenoon; morrow; **pela ~**: in the morning.

ma.nho.so *adj* crafty; skilful; cunning.
ma.ni.a *s* mania.
ma.ní.a.co *s* maniac; • *adj* maniac; maniacal.
ma.ni.cô.mio *s* madhouse; lunatic asylum.
ma.ni.cu.re *s* manicure.
ma.ni.fes.ta.ção *s* manifestation.
ma.ni.fes.tan.te *adj* manifestant; demonstrator.
ma.ni.fes.tar *v* to manifest; to show plainly; to evince.
ma.ni.fes.to *s* manifest; • *adj* manifest; plain; obvious.
ma.ni.lha *s* bracelet; shackle.
ma.ni.pu.la.ção *s* manipulation; handling.
ma.ni.pu.la.dor *s* manipulator.
ma.ni.pu.lar *v* to manipulate; to handle.
ma.ni.ve.la *s* crank; handle.
man.jar *s* blancmange.
man.je.dou.ra *s* manger.
man.je.ri.cão *s* BOT basil.
ma.no *s* FAM brother; friend.
ma.no.bra *s* MIL manoeuvre, EUA manoeuver.
ma.no.brar *v* to handle; to manage; to direct.
ma.no.bris.ta *s* parking valet.
ma.nô.me.tro *s* MEC manometer.
man.qui.to.la *adj* lame; halt.
man.são *s* mansion.
man.so *adj* mild; meek; gentle; tame.
man.ta *s* blanket.
man.tei.ga *s* butter; **pão com ~**: bread and butter.
man.tei.guei.ra *s* butter-dish.
man.ter *v* to maintain; to keep; to carry on; to hold.
man.to *s* mantle; veil; cloak.
ma.nu.al *s* manual; handbook; • *adj* manual; handy.
ma.nu.fa.tu.ra *s* manufacture.
ma.nu.fa.tu.rar *v* to manufacture; to fabricate; to produce.
ma.nus.cri.to *s* manuscript; • *adj* handwritten.
ma.nu.se.ar *v* to handle.
ma.nu.sei.o *s* handling.
ma.nu.ten.ção *s* maintenance; support; upkeep.

mão *s* hand; coat of paint, varnish, etc; **aperto de ~**: handshake; **dar uma ~**: to help; **de ~s dadas**: hand in hand; **de segunda ~**: second hand; **escrito à ~**: written by hand; **fora de ~**: out of the way; **~-cheia**: handful; **~ de obra**: workmanship.
Mao.me.ta.no *s* e *adj* RELIG Mohammedan; Muslin.
ma.pa *s* map; chart; **~-múndi**: map of the world.
ma.qui.a.gem *veja* **maquilagem**.
ma.qui.a.vé.li.co *adj* machiavellian; FIG astute; shrewd.
ma.qui.la.gem *s* make-up.
má.qui.na *s* machine; engine; **escrever à ~**: to type; **~ a vapor**: steam-engine; **~ caça-níquel**: slot-machine; **~ de calcular**: calculator; **~ de costura**: sewing machine; **~ de escrever**: typewriter; **~ de lavar roupa**: washing machine; **~ de lavar pratos**: dishwasher; **~ fotográfica**: camera.
ma.qui.nal *adj* mechanical; automatic.
ma.qui.nar *v* to machinate; to plot; to plan.
ma.qui.na.ri.a *s* machinery.
ma.qui.nis.ta *s* machinist; engine-driver.
mar *s* sea; ocean; **~ aberto**: open sea.
ma.ra.cu.já *s* passion fruit.
ma.ras.mo *s* marasmus; inactivity.
ma.ra.to.na *s* ESP marathon; FIG a hard work.
ma.ra.vi.lha *s* marvel; wonder.
ma.ra.vi.lha.do *adj* astonished; marvelled.
ma.ra.vi.lhar *v* to wonder; to marvel; to astonish.
ma.ra.vi.lho.so *adj* marvellous; wonderful.
mar.ca *s* mark; sign; make; brand; **~ registrada**: trademark.
mar.ca.ção *s* marking.
mar.can.te *adj* striking.
mar.ca-pas.so *s* pacemaker.
mar.car *v* to mark; to stigmatize; to brand (gado); **~ um compromisso**: to make an appointment.
mar.ce.na.ri.a *s* joinery.
mar.ce.nei.ro *s* joiner; cabinet maker.

mar.cha *s* march; advance; progress; gear (carro); **~ à ré**: reverse gear; **~ fúnebre**: dead march.
mar.char *v* to march; to advance; to stalk.
mar.che.tar *v* to inlay.
mar.ci.al *adj* martial; warlike; **arte ~**: martial art.
mar.ci.a.no *s* e *adj* Martian.
mar.co *s* landmark; boundary; mark (moeda alemã anterior ao euro).
mar.ço *s* March.
ma.ré *s* tide; **~ alta**: high tide; **~ vazante ou baixa**: low tide.
ma.re.ar *v* to steer; to sail; to be seasick.
ma.re.chal *s* MIL marshal.
ma.re.jar *v* to drop; to trickle.
ma.re.mo.to *s* seaquake.
ma.re.si.a *s* smell of the sea.
mar.fim *s* ivory.
mar.ga.ri.da *s* BOT daisy; marguerite.
mar.ga.ri.na *s* margarine.
mar.ge.ar *v* to border; to go along the margin.
mar.gem *s* margin; border; **dar ~**: to permit; to make possible; **na ~ do rio**: by the river; **pôr à ~**: to lay aside.
mar.gi.nal *s* e *adj* marginal; criminal.
mar.gi.na.li.da.de *s* delinquency.
ma.ri.cas *s* milksop; cissy, EUA sissy.
ma.ri.do *s* husband.
ma.ri.nha *s* navy; marine; **~ mercante**: merchant marine; **vida ~**: sea life.
ma.ri.nhei.ro *s* sailor; seaman.
ma.ri.nho *adj* marine; **azul-~**: blue navy; **cavalo-~**: sea horse.
ma.ri.po.sa *s* moth.
ma.ris.car *v* to gather shellfish; to fish.
ma.ris.co *s* shellfish, mussel.
ma.ri.tal *adj* marital; matrimonial.
ma.rí.ti.mo *adj* maritime; marine.
mar.man.jo *s* a grown up person.
mar.me.la.da *s* BR quince marmalade.
mar.me.lo *s* quince.
mar.mi.ta *s* lunchbox.
már.mo.re *s* marble.
mar.mo.ta *s* ZOO marmot.
ma.ro.to *s* rogue; • *adj* malicious.

mar.quês *s* marquis.
mar.que.sa *s* marchioness; marquise.
mar.re.co *s* teal.
mar.re.ta *s* stone-hammer.
mar.re.ta.da *s* a blow with a stone-hammer.
mar.rom *s* e *adj* brown.
mar.ro.qui.no *s* e *adj* Moroccan.
mar.ta *s* ZOO marten.
Mar.te *s* Mars.
mar.te.la.da *s* a stroke with a hammer.
mar.te.lar *v* to hammer.
mar.te.lo *s* hammer.
már.tir *s* martyr.
mar.tí.rio *s* martyrdom; torture.
ma.ru.jo *s* sailor; seaman.
mar.xis.mo *s* Marxism.
mar.xis.ta *s* e *adj* Marxist.
mas *conj* but; however; yet.
mas.car *v* to chew; to masticate; to munch.
más.ca.ra *s* mask.
mas.ca.ra.do *s* masquerader; • *adj* disguised.
mas.ca.rar *v* to mask; to disguise.
mas.ca.te *s* pedlar; hawker; cheap-jack.
mas.ca.te.ar *v* to peddle; to hawk.
mas.co.te *s* mascot.
mas.cu.li.ni.da.de *s* masculinity; manhood.
mas.cu.li.ni.zar *v* to render masculine.
mas.cu.li.no *adj* masculine; male.
más.cu.lo *adj* vigorous; virile; masculine.
mas.mor.ra *s* dungeon; prison; jail.
ma.so.quis.mo *s* masochism.
mas.sa *s* mass; dough; pasta.
mas.sa.crar *v* to massacre; to slaughter; to slay.
mas.sa.cre *s* massacre; carnage.
mas.sa.gem *s* massage.
mas.sa.gis.ta *s* masseur (homem); masseuse (mulher).
mas.ti.ga.ção *s* mastication.
mas.ti.gar *v* to masticate; to chew; to munch.
mas.to.don.te *s* mastodon.
mas.tro *s* mast; flagpole.
mas.tur.ba.ção *s* masturbation; onanism.
mas.tur.bar-se *v* to masturbate.
ma.ta *s* wood; forest; **~-borrão**: blotting-paper; **~-piolho**: GÍR thumb.

ma.ta.dor s murderer; killer; assassin.
ma.ta.dou.ro s slaughterhouse; abattoir.
ma.ta.gal s thicket.
ma.tan.ça s killing; slaughter; butchery.
ma.tar v to kill; to slay; to murder; **~-se**: to kill oneself.
ma.te s mate (chá); checkmate (no xadrez).
ma.te.má.ti.ca s mathematics; maths.
ma.te.má.ti.co s mathematician; • adj mathematical.
ma.té.ria s matter; material; subject matter (escolar); **~-prima**: raw material.
ma.te.ri.al s material; equipment.
ma.te.ri.a.lis.mo s FIL materialism.
ma.te.ri.a.lis.ta s materialist.
ma.te.ri.a.li.zar v to materialize.
ma.ter.nal adj maternal; motherly.
ma.ter.ni.da.de s maternity; motherhood; maternity hospital.
ma.ter.no adj maternal; motherly.
ma.ti.lha s pack of hounds or dogs.
ma.ti.nal adj morning; early.
ma.ti.nê s matinée.
ma.tiz s shade; tint; hue.
ma.ti.zar v to shade; to variegate; to adorn.
ma.to s brushwood; bush; wood.
ma.tra.ca s rattle; FIG talkative person.
ma.trei.ro adj sagacious; crafty.
ma.tri.ar.ca.do s matriarchy.
ma.tri.ci.da s matricide.
ma.trí.cu.la s matriculation; registration; enrollment.
ma.tri.cu.lar v to matriculate; **~-se**: to enroll.
ma.tri.mo.ni.al adj matrimonial; nuptial.
ma.tri.mô.nio s matrimony; marriage; wedlock.
ma.triz s matrix; womb (útero); headquarters (escritório central).
ma.tro.na s matron.
ma.tu.ra.ção s maturation; ripening.
ma.tu.rar v to mature; to ripen.
ma.tu.ri.da.de s maturity (pessoa); ripeness (fruta).
ma.tu.ti.no adj matutinal; morning; early.
ma.tu.to s bumpkin; yokel; fieldworker.

mau adj bad; ill; evil; **~-caráter**: bad lot; **~-hálito**: halitosis; **~-olhado**: evil eye; **~-s-tratos**: ill-treatment.
mau.so.léu s mausoleum.
ma.vi.o.si.da.de s suavity; sonority; harmony.
ma.vi.o.so adj tender; gentle; harmonious; sweet.
ma.xi.la s maxilla; jawbone; jaw.
ma.xi.lar s maxillary; • adj pertaining to the jaw.
má.xi.ma s maxim; axiom; precept.
ma.xi.mi.zar v to maximize, to maximise.
má.xi.mo adj maximum; greatest; **no ~**: at the most; FAM **o ~**: really something (o melhor).
ma.ze.la s wound; sore; stain on the reputation.
me pron me; to me; myself.
me.a.da s skein; quantity of yarn; **perder o fio da ~**: to lose one's thread.
me.a.dos s pl mid; **~ de abril**: mid-April.
me.an.dro s meander.
me.câ.ni.ca s mechanics.
me.câ.ni.co s mechanician; mechanic; • adj mechanical.
me.ca.ni.zar v to mechanize, to mechanise.
me.cha s wick (vela); lock (cabelo); highlight (cabelo pintado).
me.da.lha s medal.
mé.dia s mean; average; medium; **classe ~**: middle class; **Idade ~**: The Middle Ages.
me.di.a.ção s mediation.
me.di.a.dor s mediator.
me.di.a.no adj median; intermediate.
me.di.an.te prep by means of.
me.di.ar v to mediate; to intervene.
me.di.a.to adj mediate.
me.di.ca.ção s medication; medical treatment.
me.di.ca.men.tar v to medicate.
me.di.ca.men.to s medicament; medicine; drug.
me.di.ção s measurement; measuring.
me.di.car v to medicate; to prescribe.
me.di.ci.na s medicine.
mé.di.co s doctor; physician; practitioner; • adj medical.

medida / menino

me.di.da *s* measure; measurement; extent; length; **à ~ que**: as; **~ de comprimento**: long measure; **~ de capacidade**: measure of capacity; **~ linear**: linear measure; **sob ~**: made to measure.

me.di.dor *s* meter.

me.di.e.val *adj* medieval, mediaeval.

me.di.e.vo *veja* **medieval**.

mé.dio *adj* medium; middle; average.

me.dí.o.cre *s* someone without merit or value; • *adj* mediocre; average; mean.

me.di.o.cri.da.de *s* mediocrity.

me.dir *v* to measure; to gauge; **quanto você mede?**: how tall are you?

me.di.ta.ção *s* meditation.

me.di.tar *v* to meditate; to muse; to mull.

me.di.ta.ti.vo *adj* meditative.

Me.di.ter.râ.neo *s e adj* Mediterranean.

mé.dium *s* RELIG psychic; medium.

me.do *s* fear; fright; dread; **ter ~ de**: to be afraid of.

me.do.nho *adj* awful; horrible; fearful.

me.dro.so *adj* fearful; timorous.

me.du.la *s* medulla; marrow; pith; essence.

me.du.lar *adj* medullary.

me.du.sa *s* ZOO medusa.

me.ei.ro *s* share-cropper; • *adj* that must be divided into two.

me.ga.by.te *s* INF megabyte.

me.ga.her.tz *s* megahertz.

me.ga.lo.ma.ní.a.co *adj* megalomaniac.

me.ge.ra *s* shrew; cruel woman.

mei.a *s* stocking; sock; **~-calça**: tights, EUA panty hose; **~-idade**: middle-age; **~-lua**: halfmoon; **~-noite**: midnight; **~-volta**: half-turn.

mei.go *adj* mild; gentle; kind.

mei.gui.ce *s* mildness; gentleness; tenderness.

mei.o *s* middle; midst; way; means; • *adj* middle; half; **o ~ ambiente**: the environment; **~-dia**: midday; noon; **~-soprano**: mezzo soprano; **~-tom**: half-tone.

mel *s* honey; **lua de ~**: honeymoon.

me.lan.ci.a *s* watermelon.

me.lan.co.li.a *s* melancholy; blues.

me.lan.có.li.co *adj* melancholic; gloomy.

me.la.ni.na *s* melanin.

me.lão *s* melon.

me.lar *v* to sweeten with honey; to become sweet.

me.lhor *s* the best; • *adj e adv* better; best; **~ do que**: better than.

me.lho.ra *s* improvement.

me.lho.ra.men.to *s* improvement; melioration.

me.lho.rar *v* to improve; to ameliorate; to better.

me.lho.ri.a *s* improvement; betterment.

me.lin.dre *s* susceptibility.

me.lin.dro.so *adj* delicate; touchy.

me.lo.di.a *s* melody; tune; air.

me.ló.di.co *adj* melodious; melodic.

me.lo.di.o.so *adj* melodious.

me.lo.dra.ma *s* TEAT melodrama.

me.lo.so *adj* honeylike; syrupy; sweet like honey.

mel.ro *s* blackbird.

mem.bra.na *s* membrane; **~ mucosa**: mucous membrane.

mem.bro *s* member; limb (do corpo humano).

me.mo.ran.do *s* memorandum; memo.

me.mo.rá.vel *adj* memorable; remarkable.

me.mó.ria *s* memory; remembrance; recollection; **de ~**: by heart; **em ~ de**: in memory of; INF **~ apenas de leitura**: read-only-memory (ROM); **~ de acesso aleatório**: random access memory (RAM).

me.mo.ri.zar *v* to memorize; to memorise; to learn by heart.

men.ção *s* mention; citation.

men.cio.nar *v* to mention; to cite; to name.

men.di.can.te *s* beggar; • *adj* mendicant.

men.di.gar *v* to beg.

men.di.go *s* beggar; mendicant.

me.ne.ar *v* to shake; to wag; to manage.

me.nei.o *s* wriggling; shaking; wagging.

me.nes.trel *s* minstrel.

me.ni.na *s* girl; **~ do olho**: the pupil of eye; **~ dos olhos**: the apple of one's eyes.

me.nin.gi.te *s* MED meningitis.

me.ni.no *s* boy; lad; infant.

me.nis.co s MED meniscus.
me.no.pau.sa s menopause.
me.nor s minor; • adj younger; smallest; **~ de idade**: under legal age.
me.no.ri.da.de s minority.
me.nos adj e adv less; least; fewer; • prep except; but; save; **a ~ que**: except, unless; **pelo ~**: at least.
me.nos.pre.zar v to undervalue; to disdain; to scorn.
me.nos.pre.zo s scorn; disdain; contempt.
men.sa.gei.ro s messenger; courier.
men.sa.gem s message; communication.
men.sal adj monthly.
men.sa.li.da.de s monthly fee; monthly instalment.
men.sal.men.te adv monthly.
mens.tru.a.ção s menses; menstruation.
men.su.rá.vel adj mensurable; measurable.
men.ta s mint.
men.tal adj mental; intellectual.
men.ta.li.da.de s mentality.
men.tal.men.te adv mentally.
men.te s mind; understanding; **ter em ~**: to bear/have in mind.
men.te.cap.to adj insane; mad; crazy; foolish.
men.tir v to lie; to deceive.
men.ti.ra s lie; falsehood; fib.
men.ti.ro.so s liar; • adj deceitful; false; lying.
men.tol s menthol.
men.to.la.do adj mentholated.
men.tor s mentor; guide; counsellor.
me.nu s menu.
me.que.tre.fe s busybody.
mer.ca.do s market; outlet; **~ negro**: black market.
mer.ca.dor s merchant; **fazer ouvido de ~**: to turn a deaf ear.
mer.ca.do.ri.a s merchandise; commodity; goods.
mer.can.te adj merchant.
mer.can.til adj mercantile; commercial.
mer.cê s grace; mercy; reward; **à ~ de**: at the mercy of.
mer.ce.a.ri.a s grocer's shop, EUA grocery.

mer.ce.ná.rio adj mercenary; self-interested.
mer.cú.rio s QUÍM mercury, quicksilver; ASTRON Mercury.
mer.da s excrement; shit.
me.re.ce.dor adj worthy; deserving.
me.re.cer v to deserve; to merit; to be worthy of.
me.re.ci.men.to s worth; merit; value.
me.ren.da s light meal; snack; **~ escolar**: school dinner.
me.ren.dar v to have lunch; to eat a light lunch.
me.re.trí.cio s prostitution; • adj meretricious; lewd.
me.re.triz s prostitute; harlot; strumpet.
mer.gu.lha.dor s diver; plunger.
mer.gu.lhar v to plunge; to dive.
mer.gu.lho s dive; plunge.
me.ri.di.a.no s e adj GEOG meridian.
mé.ri.to s merit; worth; deserving.
me.ri.tó.rio adj meritorious; deserving.
me.ro adj plain; mere; simple.
mês s month; **o ~ que vem**: the coming month.
me.sa s table; board; desk; **~ de centro**: coffee table; **~ de jantar**: dining table.
me.sa.da s monthly allowance.
mes.cla s mixture; variety of colors.
mes.clar v to mix; to combine.
mes.mo adj e pron same; like; similar; • adv even; exactly; **agora ~**: right now; **ao ~ tempo**: at the same time; **é ~?**: really?
mes.qui.nha.ri.a s meanness; paltriness; meanness.
mes.qui.nhez veja **mesquinharia**.
mes.qui.nho adj mean; closefisted; tightwad.
mes.qui.ta s mosque.
mes.si.â.ni.co adj Messianic.
Mes.si.as s Messiah; Messias; Christ.
mes.ti.ça.gem s crossbreed; hybridism.
mes.ti.ço s e adj hybrid; mestizo; half-breed.
mes.tra s schoolmistress; teacher.
mes.tra.do s mastership.
mes.tre s master; schoolmaster; teacher; **~ cuca**: cook.

mesura / milha

me.su.ra *s* courtesy; bow; reverence.
me.su.rar *v* to bow; to court.
me.ta *s* goal; aim; limit.
me.ta.bo.lis.mo *s* metabolism.
me.ta.de *s* half.
me.ta.fí.si.ca *s* metaphysics.
me.ta.fí.si.co *s* metaphysician; • *adj* metaphysic; supernatural.
me.tá.fo.ra *s* metaphor.
me.tal *s* metal; FIG money.
me.tá.li.co *adj* metallic.
me.ta.li.zar *v* to metallize.
me.ta.lur.gi.a *s* metallurgy.
me.ta.lúr.gi.co *s* metallurgist; • *adj* metallurgic; metallurgical.
me.ta.mor.fo.se *s* metamorphosis; transformation; INF morphing.
me.ta.mor.fo.se.ar *v* to metamorphose; to change into a different form.
me.ta.tar.so *s* MED metatarsus.
me.te.o.ri.to *s* fallen meteor; meteorite.
me.te.o.ro *s* meteor.
me.te.o.ro.lo.gi.a *s* metereology.
me.te.o.ro.lo.gis.ta *s* meteorologist (cientista); weather forecaster (TV).
me.ter *v* to introduce; to place in; to put in; to lay.
me.ti.cu.lo.si.da.de *s* meticulousness; punctiliousness.
me.ti.cu.lo.so *adj* meticulous; punctilious; scrupulous.
me.ti.do *adj* meddling.
me.tó.di.co *adj* methodical; methodic; cautious.
me.to.dis.mo *s* Methodism.
me.to.dis.ta *s* Methodist.
mé.to.do *s* method; mode.
me.to.do.lo.gi.a *s* methodology.
me.to.ní.mia *s* metonymy.
me.tra.gem *s* BR length in meters.
me.tra.lha.do.ra *s* machine gun.
me.tra.lhar *v* to shoot with a machine gun.
mé.tri.co *adj* metrical; metric.
me.tri.fi.ca.ção *s* versification.
me.tro *s* metre, EUA meter (1 meter is equal to 39.37 inches).

me.trô *veja* **metropolitano**.
me.tró.po.le *s* metropolis.
me.tro.po.li.ta.no *s* underground, EUA subway; • *adj* metropolitan.
meu *adj* my; • *pron* mine.
me.xer *v* to mix; to agitate; to budge; ~-se: to move; to stir.
me.xe.ri.ca *s* tangerine.
me.xe.ri.car *v* to gossip; to chatter; to blab.
me.xe.ri.co *s* intrigue; chitchat.
me.xe.ri.quei.ro *s* talebearer; telltale; gossiper; • *adj* gossipy.
me.xi.ca.no *s* e *adj* Mexican.
me.xi.lhão *s* mussel.
mi.a.do *s* mew.
mi.ar *v* to mew.
mi.ca.gem *s* grimace.
mic.ção *s* urination.
mi.co *s* a small monkey.
mi.cro *s* micro; INF *abrev de* microcomputer.
mi.cro.bi.al *adj* microbial.
mi.cró.bio *s* microbe.
mi.cro.bi.o.lo.gi.a *s* microbiology.
mi.cro.cé.fa.lo *adj* microcephalic.
mi.cro.com.pu.ta.dor *s* microcomputer.
mi.cro.cos.mo *s* microcosm.
mi.cro.e.le.trô.ni.ca *s* micro-electronics.
mi.cro.em.pre.sa *s* small business.
mi.cro.em.pre.sá.rio *s* small businessman.
mi.cro.fi.bra *s* microfiber.
mi.cro.fi.cha *s* microfiche.
mi.cro.fil.me *s* microfilm.
mi.cro.fo.ne *s* microphone; mike.
mí.crom *s* micron.
mi.cro-on.da *s* microwave; **forno de ~s**: microwave oven.
mi.cro.or.ga.nis.mo *s* microorganism.
mi.cros.co.pi.a *s* microscopy.
mi.cros.có.pio *s* microscope.
mi.ga.lha *s* crumb.
mi.gra.ção *s* migration.
mi.jar *v* to piss; to urinate.
mil *adj* thousand.
mi.la.gre *s* miracle; wonder.
mi.la.gro.so *adj* miraculous.
mi.lha *s* mile.

mi.lhão s million.
mi.lhar s thousand.
mi.lhei.ro s maize plant.
mi.lho s indian corn; maize, EUA corn; **espiga de ~**: corncob.
mi.lí.cia s militia.
mi.li.gra.ma s milligram, milligramme.
mi.li.li.tro s millilitre, EUA milliliter.
mi.lí.me.tro s millimitre, EUA millimeter.
mi.li.o.ná.rio s millionaire; • *adj* very rich.
mi.li.o.né.si.mo s e *adj* millionth.
mi.li.tan.te *adj* militant.
mim *pron* me; **a ~ mesmo**: to myself; **para ~**: for me, to me; **pobre de ~**: poor me.
mi.mar v to fondle; to pet.
mí.mi.ca s mimicry.
mí.mi.co *adj* mimic; mimical.
mi.mo s gift; caress; delicacy.
mi.mo.so *adj* delicate; tender; soft.
mi.na s mine; spring; source; GÍR girl.
mi.nar v to mine; to excavate.
min.di.nho s little finger.
mi.nei.ro s miner; • *adj* pertaining to mines; BR born in Minas Gerais.
mi.ne.ra.ção s mining.
mi.ne.ral s e *adj* mineral.
mi.ne.ra.lo.gi.a s mineralogy.
min.gau s mush; porridge; gruel.
mín.gua s wane; need; lack.
min.gua.do *adj* needy; scanty; scarce.
min.guan.te *adj* decreasing; diminishing; **quarto ~**: last quarter.
min.guar v to decrease; to diminish.
mi.nha *adj* my; • *pron* mine.
mi.nho.ca s earthworm.
mi.ni.a.tu.ra s miniature.
mi.ni.mi.zar v to minimize, to minimise.
mí.ni.mo s minimum; • *adj* minimal; the least; **dedo ~**: little finger; **no ~**: at least.
mi.nis.sai.a s miniskirt; mini.
mi.nis.sé.ri.e s TV miniserie.
mi.nis.te.ri.al *adj* ministerial.
mi.nis.té.rio s ministry; department; **~ do Exterior**: BRIT Foreign Office.
mi.nis.trar v to minister; to administer.
mi.nis.tro s minister; **primeiro-~**: prime minister.

mi.ni.tor.re s INF minitower.
mi.no.ra.ção s lessening; diminution.
mi.no.rar v to lessen; to diminish.
mi.no.ri.a s minority.
mi.nú.cia s minute; detail.
mi.nu.ci.o.so *adj* minute; precise.
mi.nús.cu.lo *adj* minute; very small; tiny.
mi.nu.ta s minute; memorandum.
mi.nu.to s minute.
mi.o.lo s brain (cérebro); crumb (de pão); marrow (do osso); **~s**: brains.
mí.o.pe s myope; • *adj* short-sighted; myopic.
mi.o.pi.a s myopia; short-sightedness.
mi.o.só.tis s myosotis; forget-me-not.
mi.ra s sight (de arma); aim; intention.
mi.ra.bo.lan.te *adj* amazing (ideias); grandiose.
mi.ra.cu.lo.so *adj* miraculous.
mi.ra.gem s mirage; FIG illusion; deception.
mi.rar v to aim at; to stare at; to look at.
mi.rí.a.de s myriad.
mir.ra s myrrh.
mir.ra.do *adj* lean; dry.
mir.rar v to wither; to dry.
mi.san.tro.pi.a s misanthropy.
mi.san.tró.pi.co *adj* misanthropical; misanthropic.
mis.ce.lâ.nea s miscellany.
mis.ci.ge.na.ção s interbreeding.
mi.se.ra.ção s compassion; pity.
mi.se.rá.vel s miser; skinflint; • *adj* miserable; wretched; stingy.
mi.sé.ria s misery; destitution; trifle.
mi.se.ri.cór.dia s compassion; mercy; pity.
mi.se.ri.cor.di.o.so *adj* compassionate; merciful.
mí.se.ro *adj* miserable.
mi.só.ge.no s misogynist; • *adj* misogynistic.
mis.sa s mass; **~ do galo**: midnight mass.
mis.são s mission.
mís.sil s missile; **~ de longo alcance**: long range missile; **~ teleguiado**: guided missile.
mis.si.o.ná.rio s missionary.
mis.si.va s missive; letter; message.
mis.ter s employment; need; want.

mistério / molenga

mis.té.rio s mystery.
mis.te.ri.o.so adj mysterious.
mis.ti.cis.mo s mysticism.
mís.ti.co adj mystic; mystical.
mis.ti.fi.ca.ção s mystification.
mis.ti.fi.car v to mystify; to hoax.
mis.to adj mixed.
mis.tu.ra s mixture; blend.
mis.tu.rar v to mix; to blend; to jumble.
mi.ti.ga.ção s mitigation; soothing.
mi.ti.gar v to mitigate; to allay; to soften.
mi.to s myth.
mi.to.lo.gi.a s mythology.
mi.to.ló.gi.co adj mythological.
mi.tra s mitre.
mi.u.de.za s minuteness; smallness.
mi.ú.do adj little; small; minute.
mi.xa.ri.a s FAM pittance.
mi.xór.dia s mess; confusion; medley.
mne.mô.ni.co adj mnemonic.
mo.a.gem s grinding (cereais); mincing (carne).
mo.bí.lia s furniture.
mo.bi.li.ar v to furnish; to provide with furniture.
mo.bi.li.á.rio adj relating to furniture.
mo.bi.li.da.de s mobility.
mo.bi.li.za.ção s mobilization.
mo.bi.li.zar v to mobilize, to mobilise; to put in circulation.
mo.ça s girl; young woman.
mo.ção s motion; proposition.
mo.chi.la s knapsack.
mo.ci.da.de s youth; youngthfulness.
mo.ço s young man; youth; boy; • adj young; youthful.
mo.da s mode; fashion; manner; **fora de ~**: out of fashion; **na ~**: in fashion.
mo.da.li.da.de s modality; way; manner.
mo.dem s INF modem.
mo.de.lar v to model; to mould; to shape; • adj model.
mo.de.lo s model; pattern; standard.
mo.de.ra.ção s moderation; temperance.
mo.de.ra.do adj moderate.
mo.de.rar v to moderate; to temperate.

mo.der.ni.da.de s modernity.
mo.der.nis.mo s modernism.
mo.der.nis.ta s modernist.
mo.der.ni.za.ção s modernization.
mo.der.ni.zar v to modernize; to fashion.
mo.der.no adj modern; up-to-date.
mo.dés.tia s modesty; simplicity.
mo.des.to adj modest; moderate; unpretentious.
mó.di.co adj small; moderate; reasonable.
mo.di.fi.ca.ção s modification; alteration; change.
mo.di.fi.car v to modify; to change; to vary.
mo.di.fi.cá.vel adj modifiable.
mo.di.nha s popular song.
mo.dis.ta s dressmaker; modiste.
mo.do s mode; manner; way; GRAM mood; **desse ~**: this way; thereby; **de ~ geral**: in general; **de outro ~**: otherwise; **de qualquer/todo ~**: anyway.
mo.du.la.ção s MÚS modulation.
mo.du.lar v to modulate; to inflect.
mó.du.lo s module.
mo.e.da s coin.
mo.e.dor s grinder; miller; pounder; **~ de café**: coffee-grinder; **~ de carne**: mincer.
mo.e.la s gizzard.
mo.er v to grind; to mill; to pound.
mo.fa.do adj mouldy.
mo.far v to mock; to mould.
mo.fo s mould.
mog.no s mahogany.
mo.í.do adj ground; FIG tired.
mo.i.nho s mill; **~ de vento**: windmill.
moi.ta s thicket; coppice.
mo.la s spring.
mo.lar s molar; molar tooth; • adj molar; grinding.
mol.da.gem s moulding.
mol.dar v to cast; to mould; to model.
mol.de s mould; pattern.
mol.du.ra s moulding; frame.
mo.le adj soft; weak; indolent.
mo.lé.cu.la s molecule.
mo.lei.ro s miller.
mo.len.ga s lazybones; • adj sluggish; indolent.

mo.le.que *s* street-urchin; little boy.
mo.les.ta.dor *s* teaser; molester; annoyer.
mo.les.tar *v* to molest; to bother; to annoy.
mo.lés.tia *s* disease; illness.
mo.le.tom *s* sweatshirt (blusa); knitted cotton (tecido).
mo.le.za *s* softness; laziness; idleness; **ser ~**: to be easy.
mo.lha.do *adj* wet; damp.
mo.lhar *v* to wet; to soak; to drench.
mo.lho *s* bundle, faggot (de objetos); bunch (chaves); sauce (para comidas); **deixar de ~**: to leave in soak (roupa).
mo.lus.co *s* ZOO mollusc; shellfish.
mo.men.tâ.neo *adj* momentary; instantaneous.
mo.men.to *s* moment; instant; **a qualquer ~**: at any moment.
mo.mo *s* momus.
mo.nar.ca *s* monarch; • *adj* monarchal.
mo.nar.qui.a *s* monarchy.
mo.nar.quis.ta *s* monarchist.
mo.nás.ti.co *adj* monastical.
mon.ção *s* monsoon.
mo.ne.tá.rio *s* collection of coins; • *adj* monetary.
mon.ge *s* monk; friar.
mon.gol *s* e *adj* Mongol.
mo.nis.mo *s* FILOS monism.
mo.ni.tor *s* monitor.
mo.no.ci.clo *s* monocycle.
mo.no.cór.dio *s* monochord.
mo.no.cro.má.ti.co *adj* monochromatic.
mo.nó.cu.lo *s* monocle.
mo.no.ga.mi.a *s* monogamy.
mo.no.gra.fi.a *s* monograph.
mo.no.gra.ma *s* monogram.
mo.no.lí.ti.co *adj* monolithic.
mo.nó.li.to *s* monolith.
mo.nó.lo.go *s* monologue, EUA *tb* monolog; soliloquy.
mo.nô.mio *s* MAT monomial.
mo.no.pla.no *s* monoplane.
mo.no.pó.lio *s* monopoly.
mo.no.po.li.zar *v* to monopolize; to monopolise.

mo.nos.sí.la.bo *s* monosyllable; • *adj* monosyllabic.
mo.no.te.ís.mo *s* monotheism.
mo.no.to.ni.a *s* monotony; monotonousness.
mo.nó.to.no *adj* monotone; wearisome.
mon.se.nhor *s* Monsignor.
mons.tro *s* monster.
mons.tru.o.si.da.de *s* monstrosity; cruelty.
mons.tru.o.so *adj* monstrous; abnormal; huge; enormous.
mon.ta *s* amount; total; cost.
mon.ta.gem *s* setting up; mounting; assembly.
mon.ta.nha *s* mountain; **~-russa**: roller coaster.
mon.ta.nhês *s* mountaineer; • *adj* of the mountain.
mon.ta.nho.so *adj* mountainous.
mon.tan.te *s* amount; sum.
mon.tar *v* to ride; to climb; to mount.
mon.ta.ri.a *s* saddle horse.
mon.te *s* mount; heap; pile.
mo.nu.men.tal *adj* monumental; colossal; huge.
mo.nu.men.to *s* monument; majestic building.
mor *adj* chief; principal.
mo.ra *s* delay; respite.
mo.ra.da *s* dwelling; habitation; house; abode.
mo.ra.di.a *s* residence; house.
mo.ra.dor *s* dweller; resident.
mo.ral *s* morality; ethics; • *adj* moral.
mo.ra.li.da.de *s* morality.
mo.ra.li.za.ção *s* moralization.
mo.ra.li.za.dor *s* moralizer; • *adj* moralizing.
mo.ra.li.zar *v* to moralize.
mo.ran.go *s* strawberry.
mo.ran.guei.ro *s* strawberry plant.
mo.rar *v* to live; to reside; to dwell.
mo.ra.tó.ria *s* moratorium.
mor.bi.dez *s* morbidity; morbidness.
mór.bi.do *adj* morbid.
mor.ce.go *s* bat.
mor.da.ça *s* gag; muzzle.
mor.da.ci.da.de *s* sarcastic language; mordacity.

mor.daz *adj* mordacious; bitting; mordant.
mor.der *v* to bite.
mor.dis.car *v* to nibble.
mor.do.mi.a *s* stewardship.
mor.do.mo *s* majordomo; steward; butler.
mo.re.no *s* brunet; brunette (morena); • *adj* brown; tawny.
mor.fi.na *s* morphina; morphia.
mor.fo.lo.gi.a *s* morphology.
mo.ri.bun.do *adj* moribund; dying; near death.
mor.ma.ço *s* warm.
mor.no *adj* lukewarm; tepid; warm.
mo.ro.si.da.de *s* slowness; tardiness; moroseness.
mo.ro.so *adj* slow; tardy.
mor.rer *v* to die; to depart; to pass away; **~ de fome**: to starve.
mor.ro *s* hill; low mountain; FIG slum (favela).
mor.tal *s* mortal; • *adj* mortal; deadly.
mor.ta.lha *s* shroud; winding sheet.
mor.ta.li.da.de *s* mortality; death rate.
mor.tan.da.de *s* mortality; slaughter.
mor.te *s* death; end.
mor.tei.ro *s* MIL mortar.
mor.tí.fe.ro *adj* deadly.
mor.ti.fi.ca.ção *s* mortification; torment; grief.
mor.ti.fi.car *v* to mortify; to torment; to torture.
mor.to *s* a dead man; corpse; • *adj* dead; lifeless.
mo.sai.co *s* e *adj* mosaic.
mos.ca *s* fly.
mos.ca.tel *s* e *adj* muscatel.
mos.que.te *s* musket.
mos.que.te.ar *v* to shoot with a musket.
mos.que.tei.ro *s* musketeer.
mos.tar.da *s* mustard.
mos.tei.ro *s* monastery.
mos.tra *s* exhibition; show.
mos.tra.dor *s* dial; face of a clock or watch.
mos.trar *v* to show; to exhibit; to display.
mos.tru.á.rio *s* showcase.
mo.tim *s* mutiny; revolt; riot; insurrection.
mo.ti.va.ção *s* motivation; inducement.
mo.ti.var *v* to motivate; to cause; to bring about.
mo.ti.vo *s* motive; reason; cause; purpose; MÚS theme.
mo.to.ci.cle.ta *s* motorcycle.
mo.to.quei.ro *s* biker
mo.tor *s* engine; motor; **~ de popa**: NÁUT outboard motor.
mo.to.ris.ta *s* motorist; chauffeur; driver.
mo.triz *adj* motive; **força ~**: motive power.
mou.ro *s* Moor; • *adj* Moorish.
mo.ve.di.ço *adj* movable; moving.
mó.vel *s* motive; piece of furniture; • *adj* movable; mobile.
mo.ver *v* to move; to budge; to set in motion.
mo.vi.men.ta.ção *s* movement; motion.
mo.vi.men.tar *v* to move; to set in motion.
mo.vi.men.to *s* motion; movement; moving.
mu.am.ba *s* contraband.
mu.am.bei.ro *s* smuggler.
mu.co *s* mucus; slime.
mu.co.sa *s* mucous membrane.
mu.co.si.da.de *s* mucosity.
mu.çul.ma.no *s* Mussulman; • *adj* Moslem; Mohammedan.
mu.da *s* change; alteration; plant cutting.
mu.dan.ça *s* change; move; removal.
mu.dar *v* to change; to shift; to exchange; **~-se**: to move, **~ de assunto**: to change the subject; **~ de ideia**: to change one's mind; **~ de roupa**: to change clothes.
mu.dá.vel *adj* changeable; inconstant; unstable.
mu.dez *s* dumbness; muteness.
mu.do *s* deaf person; • *adj* dumb; mute; silent.
mu.gi.do *s* mooing.
mu.gir *v* to moo; to bellow; to low.
mui *adv* very; too.
mui.to *adj* much; many; a great deal of; • *adv* very; much; too; a lot; **~ bem**: very well, quite well; **~ mais**: much more; **~ obrigado**: thank you very much.
mu.la *s* she-mule.
mu.la.to *s* mulatto.
mu.le.ta *s* crutch; support.

mu.lher *s* woman; wife; female.
mu.lhe.ren.go *s* womanizer; • *adj* womanizing.
mu.lhe.ri.o *s* a great number of women.
mul.ta *s* fine; penalty; mulct.
mul.tar *v* to fine; to mulct.
mul.ti.dão *s* multitude; crowd; mob.
mul.ti.for.me *adj* multiform.
mul.ti.mí.dia *s* multimedia.
mul.ti.na.cio.nal *s* ECON multinational.
mul.ti.pli.ca.ção *s* multiplication.
mul.ti.pli.ca.dor *s* multiplier.
mul.ti.pli.car *v* to multiply; to increase; to augment.
mul.ti.pli.ca.ti.vo *adj* multiplicative.
múl.ti.plo *s* e *adj* multiple.
mú.mia *s* mummy.
mu.mi.fi.car *v* to mummify.
mun.da.no *adj* mundane; worldly.
mun.di.al *adj* worldwide.
mun.do *s* world; universe; **no ~ inteiro**: all over the world.
mu.nhe.ca *s* wrist.
mu.nhe.quei.ra *s* ESP wristlet.
mu.ni.ção *s* ammunition; munition.
mu.ni.cio.nar *v* to provide with munitions.
mu.ni.ci.pal *adj* municipal.
mu.ní.ci.pe *s* citizen.
mu.ni.cí.pio *s* district.
mu.ni.fi.cên.cia *s* munificence; liberality.
mu.ni.fi.cen.te *adj* munificent; liberal.
mu.nir *v* to provide; to furnish; to supply.
mu.ral *adj* mural.
mu.ra.lha *s* wall; rampart.
mu.rar *v* to wall; to immure.

mur.char *v* to wither; to fade.
mur.cho *adj* withered; faded; FIG sad.
mur.mu.rar *v* to murmur; to whisper.
mur.mú.rio *s* murmur; humming; muttering.
mu.ro *s* wall.
mur.ro *s* punch; buffet; sock.
mu.sa *s* muse.
mus.cu.la.ção *s* musculation.
mus.cu.lar *adj* muscular.
mus.cu.la.tu.ra *s* musculature.
mús.cu.lo *s* muscle.
mus.cu.lo.so *adj* brawny; muscular.
mu.seu *s* museum.
mus.go *s* moss.
mus.go.so *adj* mossy.
mú.si.ca *s* music; **~ clássica**: classical music; **~ de câmara**: chamber music; **~ de fundo**: background music; **~ sagrada**: sacred music.
mu.si.cal *adj* musical.
mu.si.car *v* to set to music.
mú.si.co *s* musician; • *adj* musical.
mus.se *s* mousse.
mus.se.li.na *s* muslin.
mu.ta.bi.li.da.de *s* mutability.
mu.ta.ção *s* mutation; change.
mu.tá.vel *adj* mutable; changeable.
mu.ti.la.ção *s* mutilation; maiming.
mu.ti.lar *v* to mutilate; to maim; to mangle; to haggle.
mu.tis.mo *s* mutism; dumbness; muteness.
mu.tu.al *adj* mutual; reciprocal.
mu.tu.a.li.da.de *s* mutuality; reciprocity.
mú.tuo *s* loan; • *adj* mutual; reciprocal.

N

n *s* the fourteenth letter of the Portuguese alphabet.
na *contr* da *prep* **em** com o *art* **a**, in the; on the; at the.
na.bo *s* turnip.
na.ção *s* nation; country; people.
na.ci.o.nal *adj* national.
na.ci.o.na.li.da.de *s* nationality.
na.ci.o.na.lis.mo *s* nationalism.
na.ci.o.na.lis.ta *s* nationalist.
na.ci.o.na.li.za.ção *s* nationalization.
na.ci.o.na.li.zar *v* to nationalize; to make national.
na.co *s* slice; piece; bit.
na.da *s* nothing; non-existence; trifle; *adv* nothing; not at all; • *pron* nothing; **de ~**: not at all; you're welcome; don't mention it; **~ disso!**: no way!
na.da.dei.ra *s* flipper (de mergulhador); fin (de peixe).
na.da.dor *s* swimmer; • *adj* swimming.
na.dar *v* to swim.
ná.de.ga *s* buttock; rump; bum.
na.do *s* ESP swimming.
naf.ta.li.na *s* naphta.
nái.lon *s* naylon.
nai.pe *s* suit of cards; MÚS each of the groups of instruments of an orchestra.
na.mo.ra.da *s* girlfriend; sweetheart.
na.mo.ra.dei.ra *s* flirt; coquette; • *adj* coquettish.
na.mo.ra.do *s* boyfriend; sweetheart; lover.
na.mo.rar *v* to date to; to flirt; to court.
na.mo.ri.co *s* flirtation.
na.mo.ro *s* dating; relationship.
na.nar *v* to lull a child to sleep.
na.nis.mo *s* dwarfism.
não *s* refusal; no; • *adv* no; not; • *pref* non.
na.po.li.ta.no *s* e *adj* Neapolitan.
na.que.le *contr* da *prep* **em** com o *pron* **aquele**, in that; on that; at that.
na.qui.lo *contr* da *prep* **em** com o *pron* **aquilo**, in that; on that.
nar.ci.sis.mo *s* narcissism.
nar.ci.so *s* BOT narcissus.
nar.co.se *s* narcosis; narcotism.
nar.có.ti.co *s* narcotic; drug, EUA stuff; GÍR dope; • *adj* narcotic.
nar.co.ti.zar *v* to narcotize.
na.ri.gão *s* large nose.
na.ri.gu.do *adj* with a big nose.
na.ri.na *s* nostril.
na.riz *s* nose.
nar.ra.ção *s* narrative; narration.
nar.ra.dor *s* narrator.
nar.rar *v* to narrate; to tell; to relate.
nar.ra.ti.va *s* narrative; narration.
na.sal *adj* nasal.
na.sa.la.ção *s* nasalization.
na.sa.lar *v* to nasalize.
nas.cen.ça *s* birth; origin.
nas.cen.te *s* East; Orient; • *adj* nascent; rising.
nas.cer *v* to be born; to rise; **~ do Sol**: sunrise.
nas.ci.do *adj* born; native; natural.

nas.ci.men.to s birth; origin; **aniversário de ~**: birthday.

na.ta s cream; choice part of a thing, pick.

na.ta.ção s swimming; natation; **touca para ~**: bathing cap.

Na.tal s Christmas; Christmas Day; • adj native; natal; **canções de ~**: Christmas carols.

na.ta.lí.cio adj natal.

na.ta.li.da.de s natality; **taxa de ~**: birth rate.

na.ti.vo s home-born; native; • adj indigenous; national; native.

na.to adj born; innate; natural; native.

na.tu.ral s native; nature; • adj natural.

na.tu.ra.li.da.de s naturalness; naturality.

na.tu.ra.lis.mo s naturalism.

na.tu.ra.lis.ta s naturalist.

na.tu.ra.li.za.ção s naturalization.

na.tu.ra.li.zar v to naturalize.

na.tu.ral.men.te adv of course; naturally.

na.tu.re.za s nature; temper (índole); kind, sort (espécie); **~-morta**: still life.

nau s vessel.

nau.fra.gar v to shipwreck; to sink; to founder.

nau.frá.gio s shipwreck; FIG failure.

náu.fra.go s wrecked person; shipwrecked person.

náu.sea s nausea; loathing; seasickness.

nau.se.a.bun.do adj nauseous; loathsome.

nau.se.ar v to cause nausea; to nauseate.

náu.ti.ca s nautics; seamanship.

náu.ti.co adj nautical; marine; naval.

na.val adj naval; maritime; marine.

na.va.lha s razor; **o fio da ~**: the razor's edge.

na.ve s nave (de igreja); vessel; ship; craft; **~ espacial**: spaceship.

na.ve.ga.bi.li.da.de s navigability; navigableness.

na.ve.ga.ção s navigation; shipping.

na.ve.ga.dor s navigator.

na.ve.gan.te s navigator; seafarer.

na.ve.gar v to navigate; to sail.

na.ve.gá.vel adj navigable.

na.vi.o s ship; vessel; **~ costeiro**: coaster; **~ de guerra**: warship; **~ mercante**: merchant ship; **~-petroleiro**: oil tanker.

na.zis.ta s e adj Nazi.

na.zis.mo s POLÍT nazism.

ne.bli.na s mist; haze; fog.

ne.bu.lo.sa s ASTRON nebula.

ne.bu.lo.si.da.de s nebulosity; nebulousness.

ne.bu.lo.so adj nebulous; cloudy; hazy; obscure.

ne.ces.saire s toilet bag.

ne.ces.sá.rio adj necessary; needful; indispensable.

ne.ces.si.da.de s necessity; need; want.

ne.ces.si.ta.do s an indigent person; • adj necessitous; needy.

ne.ces.si.tar v to need; to require; to demand.

ne.cro.lo.gi.a s necrology.

ne.cro.ló.gi.co adj necrological; obituary.

ne.cro.ló.gio s obtuary column.

ne.cró.po.le s necropolis; cemetery.

ne.crop.si.a s autopsy; necropsy.

ne.cro.se s necrosis.

ne.cro.té.rio s mortuary, EUA morgue.

néc.tar s nectar.

nec.ta.ri.na s nectarine.

ne.fan.do adj infamous; execrable; hateful.

ne.fas.to adj inauspicious; fatal; doleful.

ne.fri.te s MED nephritis.

ne.ga.ção s negation; negativity; denial; **ser uma ~**: to be hopeless at.

ne.gar v to deny; to negate.

ne.ga.ti.va s negative; negation; refusal.

ne.ga.ti.vis.mo s negativism.

ne.ga.ti.vo adj negative; denying.

ne.gá.vel adj deniable.

ne.gli.gên.cia s negligence; neglect; inattention.

ne.gli.gen.te adj negligent; caressless.

ne.go.ci.a.ção s negotiation.

ne.go.ci.a.dor s negotiator; merchant; a trader.

ne.go.ci.an.te s negotiator; merchant; trader.

ne.go.ci.ar v to negotiate; to trade in; to deal.

ne.go.ci.a.ta s a dishonest transaction.

ne.go.ci.á.vel adj negotiable; marketable.

ne.gó.cio s deal; business; trade; commerce; affair; transaction; FAM thing; **a ~**: on business; **de ~s**: on business (viagem); **~ da China**: a good deal; **homem de ~s**: businessman.

ne.gri.to *s* ART GRÁF boldface type; bold.
ne.gro *s* black person; negro (tratamento ofensivo); • *adj* black; dark.
ne.gru.me *s* blackness; darkness.
ne.la *contr* da *prep* **em** com o *pron* **ela**, in her, in it.
ne.le *contr* da *prep* **em** com o *pron* **ele**, in him, in it.
nem *conj* nor; neither; **~ sempre**: not always; **~ sequer**: not even; **que ~**: just like.
ne.nê *s* baby; little child.
ne.nhum *adj* no; any; • *pron* none; no one; any; **de ~ modo**: by no means; **~ lugar**: nowhere.
ne.ó.fi.to *s* neophyte; beginner; novice.
ne.o.la.ti.no *adj* Neo-latin.
ne.o.lí.ti.co *adj* neolithic.
ne.o.lo.gis.mo *s* neologism.
ne.o.lo.gis.ta *s* neologist.
né.on *s* neon.
neo.ze.lan.dês *s* New Zealander; • *adj* New Zealand.
ne.po.tis.mo *s* nepotism.
ner.vo *s* nerve.
ner.vo.sis.mo *s* nervousness; nerves; annoyance (chateação).
ner.vo.so *adj* nervous; excitable; **sistema ~**: nervous system.
ner.vu.ra *s* BOT nervure; rib; vein.
nes.se *contr* da *prep* **em** com o *pron* **esse**, in that, on that, at that.
nes.te *contr* da *prep* **em** com o *pron* **este**, in this, on this, at this.
ne.ta *s* granddaughter.
ne.to *s* grandson.
ne.tu.no *s* Neptune.
neu.ral.gi.a *veja* **nevralgia**.
neu.ras.te.ni.a *s* neurasthenia.
neu.ras.tê.ni.co *adj* neurasthenic.
neu.ro.lo.gi.a *s* neurology.
neu.ro.lo.gis.ta *s* neurologist.
neu.ro.se *s* MED neurosis.
neu.tra.li.da.de *s* neutrality; indifference.
neu.tra.li.za.ção *s* neutralization, action to neutralize.
neu.tra.li.zar *v* to neutralize.
neu.tro *adj* neutral; neuter.
ne.va.da *s* snowfall; downfall.
ne.var *v* to snow.
ne.vas.ca *s* snowstorm; blizzard.
ne.ve *s* snow; **boneco de ~**: snowman.
né.voa *s* fog; mist.
ne.vo.ei.ro *s* fog.
ne.vral.gi.a *s* MED neuralgia.
ne.vrál.gi.co *adj* MED neuralgic.
ne.xo *s* nexus; coherence; link; connection.
ni.ca.ra.guen.se *s e adj* Nicaraguan.
ni.cho *s* niche; small home; alcove.
ni.co.ti.na *s* nicotine; nicotin.
ni.ge.ri.a.no *s e adj* Nigerian.
ni.i.lis.mo *s* nihilism.
ni.i.lis.ta *s* nihilist.
nim.bo *s* nimbus; halo.
ni.nar *v* to lull; **cantiga de ~**: lullaby.
nin.fa *s* nymph.
nin.guém *pron* no-one; nobody; anyone; anybody.
ni.nha.da *s* brood; nestful.
ni.nha.ri.a *s* bagatelle; trifle; insignificance.
ni.nho *s* nest; lair; hole.
ni.pô.ni.co *adj* Japanese; Nipponese.
ní.quel *s* QUÍM nickel.
ni.que.lar *v* to nickel-plate.
nir.va.na *s* Nirvana.
nis.so *contr* da *prep* **em** com o *pron* **isso**, in that; on that; at that.
nis.to *contr* da *prep* **em** com o *pron* **isto**, in this; on this; at this.
ni.ti.dez *s* clearness; neatness; brightness.
ní.ti.do *adj* nitid; neat; clear; bright.
ni.tra.to *s* QUÍM nitrate.
ni.tro.gê.nio *s* QUÍM nitrogen.
ni.tro.gli.ce.ri.na *s* nitroglycerine, nitroglycerin.
ní.vel *s* level; standard; **~ do mar**: sea level.
ni.ve.la.men.to *s* levelling.
ni.ve.lar *v* to level; to grade.
no *contr* da *prep* **em** com o *art* **o**, in the; on the; at the.
nó *s* knot; tie; joint; node; **dar um ~**: to tie a knot; **~ na garganta**: a lump in one's throat.

no.bre s nobleman; noblewoman; • adj noble; honorable.
no.bre.za s nobleness; nobility.
no.ção s notion; idea; conception.
no.cau.te s ESP knockout.
no.ci.vi.da.de s noxiousness; hurtfulness; harmfulness.
no.ci.vo adj noxious; harmful; pernicious; insalubrious.
nó.doa s spot; stain.
nó.du.lo s nodule, lump, node.
no.du.lo.so adj nodulous.
no.guei.ra s walnut tree.
noi.ta.da s the whole night; night out.
noi.te s night; evening; **à ~**: at night; **ao cair da ~**: at nightfall; **boa ~!**: good evening, good night; **hoje à ~**: tonight; **~ em claro**: sleepless night; **ontem à ~**: last night; **a ~ toda**: all night long.
noi.ti.nha s nightfall; twilight.
noi.va s bride (no dia do casamento); fiancée (antes do casamento).
noi.va.do s betrothal (compromisso); engagement (período).
noi.var v to court.
noi.vo s bridegroom (no dia do casamento); fiancé (antes do casamento); • adj engaged; **ficar ~**: to get engaged.
no.jen.to adj nauseous; disgusting; loathsome.
no.jo s nausea; loathing; aversion; repugnance.
nô.ma.de s nomad; wanderer; • adj nomadic; wandering.
no.me s name; **em ~ de**: in the name of; **~ comercial**: trade name; **~ de batismo**: Christian name; **~ de guerra**: professional name; **~ de solteira**: maiden name.
no.me.a.ção s appointment; designation; nomination.
no.me.a.da s reputation; fame.
no.me.ar v to name; to appoint; to invest with ministerial functions.
no.men.cla.tu.ra s nomenclature.
no.mi.na.ção s nomination.
no.mi.nal adj nominal.

no.na.gé.si.mo adj ninetieth.
no.no num ninth.
no.ra s daughter-in-law.
nor.des.te s Northeast.
nor.des.ti.no s e adj northeastern.
nór.di.co adj Nordic.
nor.ma s norm; model; pattern; standard.
nor.mal s normal; • adj normal; ordinary; regular; usual.
nor.ma.li.da.de s normality; normalcy.
nor.ma.li.zar v to normalize.
no.ro.es.te s Northwest.
nor.te s North; guide; direction.
nor.te-a.me.ri.ca.no s e adj North-American.
nor.te.ar v to guide; to lead.
nor.tis.ta s northerner; • adj northern.
no.ru.e.guês s e adj Norwegian.
nós pron we; us; ourselves.
nos pron us.
nos.so adj e pron our; • pron ours; of us.
nos.tal.gi.a s nostalgia; homesickness.
nos.tál.gi.co adj nostalgic; homesick.
no.ta s note; mark; **~ de cinco dólares/libras**: fiver; **~ escolar**: grade; **~ fiscal**: receipt; **~ de rodapé**: footnote.
no.ta.bi.li.da.de s notability.
no.ta.ção s notation.
no.tar v to note; to observe; to notice.
no.tá.rio s notary.
no.tá.vel adj notable; remarkable; noteworthy.
no.tí.cia s news; information.
no.ti.ci.ar v to notice; to inform; to communicate news.
no.ti.ci.á.rio s news section; news bulletin; newscast.
no.ti.fi.ca.ção s notification; summons; DIR garnishment.
no.ti.fi.car v to notify; to report; to announce.
no.to.ri.e.da.de s notoriety; notoriousness.
no.tó.rio adj notorious; generally known.
no.tur.no adj nocturnal, nightly.
no.va s news; novelty.
no.va.men.te adv again.
no.va.to s novice; beginner; freshman.

no.ve *s e num* nine.
no.ve.cen.tos *num* nine hundred.
no.ve.la *s* soap opera (TV); tale; story.
no.ve.lis.ta *s* novelist.
no.ve.lo *s* ball of thread.
no.vem.bro *s* November.
no.ve.na *s* RELIG novena.
no.ven.ta *s e num* ninety.
no.vi.ci.a.do *s* novitiate; novice.
no.vi.ço *s* novice; beginner; apprentice.
no.vi.da.de *s* novelty; newness; news.
no.vi.lho *s* steer; bullock.
no.vo *adj* new; recent; young; **Ano-~**: New Year; **de ~**: again; **~ em folha**: brand new.
noz *s* nut; walnut; **~-moscada**: nutmeg.
nu *s* nude; • *adj* naked; nude; bare.
nu.bla.do *adj* cloudy; overcast.
nu.blar *v* to cloud; to become cloudy.
nu.ca *s* nape; back of the neck.
nu.cle.ar *adj* nuclear.
nú.cleo *s* nucleous; kernel; centre, EUA center; core.
nu.dez *s* nudness; nudity; nakedness; bareness.
nu.dis.mo *s* nudism.
nu.dis.ta *s* nudist.
nu.li.da.de *s* nullity; a nobody.
nu.lo *adj* null; void; invalid; of no account.

nu.me.ra.ção *s* numeration; numbering.
nu.me.ra.dor *s* numerator.
nu.me.ral *s e adj* numeral.
nu.me.rar *v* to number; to amount to; to count.
nu.me.rá.rio *s* money; cash; coin; • *adj* numerary.
nu.me.rá.vel *adj* numerable.
nu.mé.ri.co *adj* numeric; numerical.
nú.me.ro *s* number; figure; issue (de revista, jornal); size (sapato); **~ atrasado**: back number (revista).
nu.me.ro.so *adj* numerous; abundant; multitudinous.
nu.mis.má.ti.ca *s* numismatics.
nu.mis.má.ti.co *adj* numismatical.
nun.ca *adv* never; **~ mais**: nevermore, never again; **~ se sabe**: you never can tell.
nup.ci.al *adj* nuptial; matrimonial.
núp.cias *s pl* nuptials; marriage; wedding.
nu.tri.ção *s* nutrition; nourishment; nutriment.
nu.tri.ci.o.nis.ta *s* nutricionist.
nu.tri.do *adj* nourished; well-fed.
nu.tri.en.te *adj* nutrient; nutritive.
nu.trir *v* to nourish; to feed; nurture.
nu.tri.ti.vo *adj* nutritive.
nu.vem *s* cloud; haze.

O

o *s* the fifteenth letter of the Portuguese alphabet; • *art* the; • *pron* him; that; the one; it.
o.á.sis *s* oasis.
o.ba *interj* great.
ob.ce.ca.ção *s* obduracy; obstinacy.
ob.ce.car *v* to blind; to obsess.
o.be.de.cer *v* to obey; to yield.
o.be.di.ên.cia *s* obedience; compliance.
o.be.di.en.te *adj* obedient; biddable; submissive.
o.be.lis.co *s* obelisk.
o.be.si.da.de *s* obesity; corpulence; fatness.
o.be.so *adj* obese; fat.
ó.bi.to *s* death; **atestado de ~**: death certificate.
o.bi.tu.á.rio *s* obituary, death rate; • *adj* obituary, necrological.
ob.je.ção *s* objection; protest; complaint.
ob.je.tar *v* to object; to oppose.
ob.je.ti.va *s* objective; lens.
ob.je.ti.var *v* to objectify; to aim at; to intend.
ob.je.ti.vi.da.de *s* objectivity.
ob.je.ti.vo *s* objective; end; goal; purpose; • *adj* objective.
ob.je.to *s* object; aim; purpose.
o.bli.qui.da.de *s* obliquity, slanting position.
o.blí.quo *adj* oblique.
o.bli.te.ra.ção *s* obliteration.
o.bli.te.rar *v* to obliterate; to blot out; to efface.
ob.lon.go *adj* oblong; oval; elliptic.
o.bo.é *s* MÚS oboe.
o.bo.ís.ta *s* oboist.
ó.bo.lo *s* obolus; alms.

o.bra *s* work; **em ~s**: being renovated; **~ de arte**: work of art; **~ de referência**: reference book; **~-prima**: masterpiece.
o.brar *v* to work; to act; to perform.
o.brei.ro *s* worker; workman.
o.bri.ga.ção *s* obligation; duty.
o.bri.ga.do *adj* obliged; grateful; • *interj* thank you; thanks.
o.bri.gar *v* to oblige; to obligate; to compel.
o.bri.ga.tó.rio *adj* compulsory; obligatory; statutory; mandatory.
obs.ce.ni.da.de *s* obscenity; indecency.
obs.ce.no *adj* obscene; indecent; ribald.
obs.cu.ran.tis.mo *s* obscurantism.
obs.cu.re.cer *v* to obscure; to darken.
obs.cu.re.ci.men.to *s* obscuration; darkness.
obs.cu.ri.da.de *s* obscurity.
obs.cu.ro *adj* obscure; dark; dim; intricate.
ob.se.qui.ar *v* to favor; to please; to oblige.
ob.sé.quio *s* kindness; favour; **por ~**: please.
ob.ser.va.ção *s* observation; remark.
ob.ser.va.dor *s* observer.
ob.ser.vân.cia *s* observance.
ob.ser.var *v* to observe; to watch.
ob.ser.va.tó.rio *s* observatory.
ob.ser.vá.vel *adj* observable.
ob.ses.são *s* obsession.
ob.ses.si.vo *adj* obsessive.
ob.so.le.to *adj* obsolete, antiquated.
obs.tá.cu.lo *s* obstacle; hindrance; obstruction.
obs.tan.te *adj* hindering; **não ~**: notwithstanding; in spite of.

obs.tar *v* to impede; to oppose.
obs.te.trí.cia *s* obstetrics.
obs.ti.na.ção *s* obstinacy; stubbornness; selfwill.
obs.ti.na.do *adj* obstinate; headstrong; stubborn.
obs.tru.ção *s* obstruction.
obs.tru.ir *v* to obstruct; to block.
obs.tru.ti.vo *adj* obstructive.
ob.ten.ção *s* obtainment.
ob.ter *v* to obtain; to get; to secure.
ob.tu.ra.ção *s* obturation, EUA filling.
ob.tu.rar *v* to obturate; to stop; to fill; to close.
ob.tu.so *adj* obtuse; blunt; dull.
ób.vio *adj* obvious; evident.
o.ca.si.ão *s* occasion; opportunity; chance.
o.ca.si.o.nal *adj* occasional; casual; incidental.
o.ca.si.o.nar *v* to cause; to bring about.
o.ca.so *s* sunset; FIG end; death.
oc.ci.pi.tal *s e adj* MED occipital.
o.ce.â.ni.co *adj* oceanic.
o.ce.a.no *s* ocean; the sea.
o.ce.a.no.gra.fi.a *s* oceanography.
o.ce.a.no.grá.fi.co *adj* oceanographic; oceanographical.
o.ci.den.tal *adj* occidental; western.
o.ci.den.te *s* occident; West.
ó.cio *s* leisure; idleness; laziness.
o.ci.o.si.da.de *s* laziness; idleness.
o.ci.o.so *s* a lazy person; lazybones; • *adj* idle; lazy; useless.
o.clu.são *s* occlusion.
o.clu.si.vo *adj* occlusive.
o.co *adj* hollow; empty; vain; futile.
o.cor.rên.cia *s* occurrence; incident; happening.
o.cor.ren.te *adj* occurrent.
o.cor.rer *v* to occur; to happen; to take place.
oc.to.ge.ná.rio *s e adj* octogenarian.
o.cu.lar *adj* ocular; **testemunha ~**: eyewitness.
o.cu.lis.ta *s* oculist.
ó.cu.los *s pl* glasses; spectacles; **~ de proteção**: goggles; **~ escuros**: sunglasses.
o.cul.ta.ção *s* occultation; concealment.

o.cul.tar *v* to occult; to hide.
o.cul.tis.mo *s* occultism.
o.cul.to *adj* occult; concealed; hidden.
o.cu.pa.ção *s* occupation; employment; job; task.
o.cu.pa.do *adj* busy; occupied.
o.cu.pan.te *s* occupant, tenant.
o.cu.par *v* to occupy; to hold; to engage.
o.de *s* ode.
o.di.ar *v* to hate; to abhor; to abominate; to detest.
o.di.á.vel *adj* odious; hateful.
ó.dio *s* hate; hatred; odium.
o.di.o.so *adj* odious; hateful.
o.dô.me.tro *s* odometer.
o.don.to.lo.gi.a *s* odontology; dentistry.
o.dor *s* odour, EUA odor; scent; smell.
o.es.te *s* West; • *adj* western.
o.fe.gan.te *adj* out of breath; panting; gasping.
o.fe.gar *v* to pant; to breathe convulsively; to gasp.
o.fen.der *v* to offend; to hurt; **~-se**: to take offence, EUA to take offense.
o.fen.di.do *adj* offended; hurted.
o.fen.sa *s* offence, EUA offense; insult; transgression.
o.fen.si.va *s* offensive; attack.
o.fen.si.vo *adj* offensive; aggressive.
o.fen.sor *s* offender.
o.fe.re.cer *v* to offer; to propose; to bid; to tender.
o.fe.re.ci.men.to *s* offering; offer.
o.fe.ren.da *s* offering; gift; offer; oblation; proffer.
o.fer.ta *s* offering; offer; **em ~**: on offer.
o.fer.tar *v* to offer; to make an offering.
o.fer.tó.rio *s* offertory.
o.fi.ci.al *s* officer; craftsman; • *adj* official; **~ de justiça**: catchpole, marshal.
o.fi.ci.ar *v* to officiate; to perform official duties; to serve at Mass.
o.fi.ci.na *s* workshop; garage, EUA shop (para automóveis).
o.fí.cio *s* occupation; job; official letter (comunicação).

of.tal.mo.lo.gi.a s MED ophthalmology.
of.tal.mo.lo.gis.ta s MED ophthalmologist.
o.fus.ca.ção s obfuscation.
o.fus.car v to obfuscate; to dim; to dazzle.
o.gi.va s ARQ warhead.
oi interj hello; hi.
oi.ta.vo num eighth.
oi.tenta s e num eighty.
oi.to s e num eight.
oi.to.cen.tos s e num eight hundred.
o.je.ri.za s antipathy; aversion; dislike.
o.je.ri.zar v to dislike.
o.lá interj hello; hallo.
o.la.ri.a s pottery.
o.le.a.do s oilcloth; linoleum.
o.le.ar v to oil.
ó.leo s oil; **~ de fígado de bacalhau**: cod-liver oil; **~ de linhaça**: linseed-oil; **~ de rícino**: castor oil; **~ dísel**: diesel fuel/oil.
o.le.o.du.to s oilpipeline.
o.le.o.so adj oily; greasy.
ol.fa.ti.vo adj olfactory.
ol.fa.to s olfaction; smell.
o.lha.da s glance; glimpse; **dar uma ~**: to glance; to glimpse.
o.lhar s look; glance; • v to look; to glance; to observe; to behold.
o.lhei.ra s dark circles under the eyes.
o.lho s eye; view; **a ~ nu**: with the naked eye; **custar os ~s da cara**: to cost an arm and a leg; **ficar de ~ em**: to keep an eye on; **não pregar o ~**: not to sleep a wink; **~ de gato**: cat's eye; **~ gordo**: envy; **~ mágico**: peephole; **~ por ~, dente por dente**: tit for tat; **~ roxo**: black eye.
o.li.gar.qui.a s oligarchy.
o.li.gár.qui.co adj oligarchical.
o.lim.pí.a.da s Olympiad.
o.lím.pi.co adj olympic.
O.lim.po s Olympus.
o.li.va s olive.
o.li.vei.ra s olive tree.
o.lor s odor; perfume; fragrance.
ol.vi.dar v to forget.
ol.vi.do s forgetfulness; oblivion.
om.brei.ra s shoulder strap.
om.bro s shoulder; **~ a ~**: shoulder to shoulder.
o.me.le.te s omelet, omelette.
o.mis.são s omission; oversight.
o.mis.so adj omitted.
o.mi.tir v to omit.
o.mo.pla.ta s omoplate; shoulder-blade.
on.ça s ZOO jaguar; FÍS ounce (28,349 gramas); **amigo da ~**: false friend; **dos tempos da ~**: from a long time ago; **virar ~**: to get very angry.
on.da s wave; ripple; billow; **~ de calor**: heat wave; **~s curtas**: shortwaves; **~s eletromagnéticas**: eletromagnetics waves; **pegar ~**: FAM to surf.
on.de adv e pron where; in which; **~ quer que**: wherever; **~ almoçaremos?**: where shall we go for lunch?
on.du.la.ção s undulation; waving.
on.du.lar v to undulate; to wave.
o.ne.rar v to burden with; to encumber.
o.ne.ro.so adj onerous; burdensome.
ô.ni.bus s omnibus; bus; **~ de dois andares**: double-decker; **~ elétrico**: trolley bus; **~ espacial**: space shuttle.
o.ni.po.ten.te adj omnipotent; almighty.
o.ni.pre.sen.ça s omnipresence; ubiquity.
o.ni.pre.sen.te adj omnipresent; ubiquitous.
o.nis.ci.ên.cia s omniscience.
o.nis.ci.en.te adj omniscient.
ô.nix s MIN onyx.
o.no.ma.to.pai.co adj onomatopoeic.
o.no.ma.to.pei.a s onomatopoeia.
on.tem adv yesterday; **antes de ~**: the day before yesterday; **~ à noite**: last night; **~ de manhã**: yesterday morning.
on.to.lo.gi.a s ontology.
on.to.ló.gi.co adj ontological.
ô.nus s onus; burden; obligation.
on.ze s e num eleven.
o.pa.ci.da.de s opacity; opaqueness; gloominess.
o.pa.co adj opaque; dull; obscure.
o.pa.la s MIN opal.
op.ção s option; choice; selection.
ó.pe.ra s opera.
o.pe.ra.ção s operation; action; **realizar ~ tartaruga**: to go slow.
o.pe.ra.dor s operator; surgeon.

o.pe.rar *v* to operate; to perform; to act.
o.pe.ra.ri.a.do *s* the working class.
o.pe.rá.rio *s* workman; labourer; worker.
o.pe.ra.ti.vo *adj* operative, working efficiently.
o.pe.re.ta *s* operetta.
o.pe.ro.so *adj* laborious; diligent; productive.
o.pi.lar *v* to oppilate; to block up; to obstruct.
o.pi.nar *v* to opine; to judge.
o.pi.ni.ão *s* opinion; **mudar de ~**: to change one's mind; **na minha ~**: in my opinion; **~ pública**: public opinion.
ó.pio *s* opium.
o.po.nen.te *s* opponent; antagonist; adversary.
o.por *v* to oppose; to object to.
o.por.tu.ni.da.de *s* opportunity; chance.
o.por.tu.nis.mo *s* opportunism.
o.por.tu.nis.ta *s* opportunist; timeserver.
o.por.tu.no *adj* opportune.
o.po.si.ção *s* opposition; resistance.
o.po.si.ci.o.nis.ta *s* oppositionist.
o.pos.to *adj* opposite; contrary.
o.pres.são *s* oppression; tyranny.
o.pres.si.vo *adj* oppressive; tyrannical.
o.pres.sor *s* opressor; • *adj* oppressive.
o.pri.mir *v* to oppress; to subdue.
op.tar *v* to choose; to opt; to select.
op.ta.ti.vo *adj* optative.
óp.ti.ca *s* MED optics.
óp.ti.co *adj* optic; optical.
o.pu.lên.cia *s* opulence; wealth.
o.pu.len.to *adj* opulent; wealthy; rich.
o.pús.cu.lo *s* opuscule; small work.
o.ra *adv* now; • *conj* but; **~ essa!**: come now!
o.ra.ção *s* oration; prayer; GRAM sentence, clause.
o.rá.cu.lo *s* oracle.
o.ra.dor *s* orator; public speaker.
o.ral *adj* oral; verbal.
o.ran.go.tan.go *s* orangutan; orangoutang.
o.rar *v* to pray.
o.ra.tó.ria *s* oratory; eloquence.
o.ra.tó.rio *s* oratory; • *adj* oratorical.
ór.bi.ta *s* orbit.
or.ça.men.to *s* budget; estimate.
or.çar *v* to budget; to estimate; to amount to.
or.dei.ro *adj* methodical.
or.dem *s* order; command; sequence; sort; class; **em ~ alfabética**: in alphabetical order.
or.de.na.da *s* GEOM ordinate.
or.de.na.do *s* salary; wage; • *adj* in order.
or.de.nar *v* to order; to command.
or.de.nhar *v* to milk.
or.di.nal *adj* ordinal.
or.di.ná.rio *adj* ordinary; customary; usual; commonplace.
o.re.lha *s* ear; flap (do livro).
o.re.lhão *s* telephone booth.
or.fa.na.to *s* orphanage; asylum.
or.fan.da.de *s* orphanhood.
ór.fão *s e adj* orphan.
or.gan.di *s* organdy.
or.gâ.ni.co *adj* organic.
or.ga.nis.mo *s* organism; body.
or.ga.ni.za.ção *s* organization.
or.ga.ni.zar *v* to organize; to arrange; to stage.
ór.gão *s* organ; instrument; **~s genitais**: private parts.
or.gas.mo *s* orgasm.
or.gi.a *s* orgy.
or.gu.lhar *v* to cause pride; **~-se**: to be proud.
or.gu.lho *s* pride; haughtiness.
or.gu.lho.so *adj* proud.
o.ri.en.ta.ção *s* orientation; directions.
o.ri.en.ta.dor *s* guide; director.
o.ri.en.tal *s e adj* oriental; eastern.
o.ri.en.ta.lis.mo *s* orientalism.
o.ri.en.tar *v* to orient; to direct; to guide.
o.ri.en.te *s* orient; East; **Extremo ~**: Far East; **~ Médio**: Middle East.
o.ri.fí.cio *s* orifice; opening; hole.
o.ri.gem *s* origin; beginning; source.
o.ri.gi.nal *s* original; • *adj* original.
o.ri.gi.na.li.da.de *s* originality.
o.ri.gi.nar *v* to originate; to create; to produce.
o.ri.gi.ná.rio *adj* native; originating.
o.ri.un.do *veja* **originário**.
or.la *s* border; fringe; edge; **~ marítima**: seafront.
or.na.men.ta.ção *s* ornamentation; decoration.
or.na.men.tar *v* to ornament; to decorate; to adorn.

or.na.men.to *s* ornament; decoration.
or.nar *v* to adorn; to decorate.
or.na.to *s* ornament; decoration.
or.ques.tra *s* orchestra.
or.ques.tra.ção *s* orchestration.
or.ques.trar *v* to orchestrate.
or.quí.dea *s* orchid.
or.to.do.xi.a *s* orthodoxy.
or.to.do.xo *adj* orthodox.
or.to.gra.fi.a *s* orthography.
or.to.grá.fi.co *adj* orthographic; orthographical.
or.to.pe.di.a *s* orthopaedy, orthopaedics; EUA orthopedy, orthopedics.
or.to.pé.di.co *adj* orthopedic.
or.va.lho *s* dew.
os *art* the; • *pron* them, you.
os.ci.la.ção *s* oscilation; variation.
os.ci.lan.te *adj* oscillating.
os.ci.lar *v* to oscillate; to fluctuate; to hesitate.
os.ci.la.tó.rio *adj* oscillatory.
os.cu.lar *v* to osculate; to kiss.
ós.cu.lo *s* osculum; kiss.
os.mo.se *s* osmosis.
os.sa.da *s* heap of bones; skeleton.
os.sa.tu.ra *s* skeleton.
ós.seo *adj* osseous; bony.
os.si.fi.ca.ção *s* ossification.
os.si.fi.car *v* to ossify.
os.so *s* bone; **em carne e ~**: in the flesh.
os.su.do *adj* bony; raw-boned.
os.ten.ta.ção *s* ostentation; splurge; show.
os.ten.tar *v* to show off; to display; to boast.
os.te.o.mi.e.li.te *s* osteomyelitis.
os.tra *s* oyster.
os.tra.cis.mo *s* ostracism.
o.tá.rio *s* e *adj* fool; gull; ninny; dupe; sucker.
ó.ti.ca *s* MED otic.
o.ti.mis.mo *s* optimism.
o.ti.mis.ta *s* optimist; • *adj* optimistic.
ó.ti.mo *s* very good; excellent; fine; • *interj* great!
o.ti.te *s* otitis.
o.to.lo.gi.a *s* otology.
ou *conj* or; either.
ou.ri.ço *s* bur of chestnuts; **~-do-mar**: sea urchin.

ou.ri.ves *s* goldsmith, jeweller.
ou.ro *s* gold.
ou.sa.di.a *s* boldness; audacity; daring.
ou.sa.do *adj* bold; daring.
ou.sar *v* to dare.
out.door *s* billboard.
ou.tei.ro *s* hill; small mound; hillock.
ou.to.nal *adj* autumnal.
ou.to.no *s* autumn, EUA fall.
ou.tor.gar *v* to grant; to agree; to approve.
ou.trem *pron* somebody else.
ou.tro *adj* e *pron* other; another; **outra vez**: once again; **por ~ lado**: on the other hand; **qualquer ~ lugar**: anywhere else.
ou.tro.ra *adv* formerly; once; of yore.
ou.tu.bro *s* October.
ou.vi.do *s* ear; **dar ~s a**: to pay attention to, **não dar ~s**: to turn a deaf ear; **ser todo ~s**: to be all ears.
ou.vin.te *s* hearer; listener.
ou.vir *v* to hear; to listen to.
o.va *s* spawn; roe.
o.va.ção *s* ovation; applause.
o.va.ci.o.nar *v* to give an ovation to; to acclaim.
o.val *adj* oval; egg-shaped.
o.vá.rio *s* ovary.
o.ve.lha *s* ewe; sheep.
over.do.se *s* overdose.
o.vi.no *adj* ovine.
o.ví.pa.ro *adj* oviparous.
óv.ni *s* UFO.
o.vo *s* egg; **~ cozido**: boiled egg; **~ de Páscoa**: Easter egg; **~ frito**: fried egg; **~s mexidos**: scrambled eggs.
o.vu.lar *adj* ovular.
ó.vu.lo *s* ovule.
o.xa.lá *interj* would to God!; may it be so!
o.xi.da.ção *s* oxidation.
o.xi.dar *v* to oxidize; to oxidate.
o.xi.dá.vel *adj* oxidable.
ó.xi.do *s* QUÍM oxide.
o.xi.ge.na.ção *s* oxygenation.
o.xi.ge.nar *v* to oxygenate; to bleach (cabelos).
o.xi.gê.nio *s* oxygen.
o.xí.to.no *s* e *adj* oxytone.
o.zô.nio *s* ozone.

P

p *s* the sixteenth letter of the Portuguese alphabet.

pá *s* spade; shovel; **~ de lixo**: dustpan.

pa.ca.to *adj* peaceful; pacific; quiet; tranquil.

pa.chor.ra *s* sluggishness; calmness; phlegm.

pa.ci.ên.cia *s* patience; resignation; solitaire.

pa.ci.en.te *s* patient; sick-person; • *adj* patient.

pa.ci.fi.ca.ção *s* pacification.

pa.ci.fi.ca.dor *s* pacificator; pacifier; peacemaker; appeaser.

pa.ci.fi.car *v* to pacify; to appease; to calm; to quiet.

pa.ci.fi.ci.da.de *s* pacificity.

pa.cí.fi.co *adj* pacific; peaceful; peaceable; quiet; calm; tranquil.

pa.ci.fis.mo *s* pacifism.

pa.ci.fis.ta *s* e *adj* pacifist.

pa.ço *s* palace; court.

pa.co.te *s* pack; packet; package; bundle; parcel.

pac.to *s* pact; agreement.

pac.tu.ar *v* to agree; to covenant.

pa.da.ri.a *s* bakery; bakehouse; baker's shop.

pa.de.cer *v* to suffer; to bear; to endure; to support; to tolerate.

pa.de.ci.men.to *s* suffering; pain or distress of body or mind; endurance.

pa.dei.ro *s* baker.

pa.di.o.la *s* handbarrow; stretcher.

pa.drão *s* standard; pattern; model; sample.

pa.dras.to *s* step-father.

pa.dre *s* priest; clergyman; father; **~ Nosso**: Lord's Prayer.

pa.dri.nho *s* godfather (de batismo); best man (de casamento); protector; paranymph.

pa.dro.ei.ro *s* patron saint.

pa.ga *s* pay; remuneration; wagees; salary.

pa.ga.dor *s* payer; paymaster.

pa.ga.do.ri.a *s* pay-office; treasury; paying office.

pa.ga.men.to *s* pay; payment; remuneration; wages; salary; **dia de ~**: payday.

pa.ga.nis.mo *s* paganism; heathenism.

pa.gão *s* pagan; heathen; • *adj* pagan; idolatrous; irreligious.

pa.gar *v* to pay; to remunerate; to reward; **~ antecipadamente**: to prepay; **~ o pato**: to suffer the consequences.

pa.gá.vel *adj* payable.

pager *s* pager.

pá.gi.na *s* page.

pa.gi.na.ção *s* pagination.

pa.gi.nar *v* to page; to paginate.

pa.go.de *s* pagoda; type of samba.

pai *s* father; male parent; **~ adotivo**: foster-parent, foster-father.

pai.nel *s* panel; **~ de controle**: switchboard.

pai.ol *s* powder magazine; barn.

pai.rar *v* to ply; to hover; to soar.

pais *s* relatives (pai e mãe); fathers; **Associação de Pais e Mestres (APM)**: Parent-Teacher Association (PTA).

pa.ís *s* country; nation; fatherland; land.

pai.sa.gem *s* landscape; scenery; seascape.

pai.sa.gis.mo *s* landscape gardening.

pai.sa.gis.ta *s* landscape architecture, gardener.

pai.sa.no *s* civilian; • *adj* not military.

pai.xão *s* passion; love; **Sexta-feira da ~**: Good Friday.

pa.je.ar *v* to page; to attend or follow as pages; to act as page.

pa.jem *s* page.

pa.la.ce.te *s* small palace.

pa.lá.cio *s* palace.

pa.la.dar *s* palate; taste.

pa.la.di.no *s* paladin; champion.

pa.lan.que *s* plataform; scaffold; stand.

pa.la.tal *adj* palatine.

pa.la.to *s* palate; taste.

pa.la.vra *s* word; term; promise; **cumprir a ~**: to keep one's word; **faltar à ~**: to break one's word; **~ de honra**: upon my word; **~s cruzadas**: crosswords.

pa.la.vrão *s* swear-word; four-letter word.

pa.la.vre.a.do *s* rigmarole; chatter.

pa.la.vre.ar *v* to talk; to palaver.

pa.la.vró.rio *veja* **palavreado**.

pal.co *s* stage.

pa.le.o.lí.ti.co *adj* paleolithic.

pa.le.on.to.lo.gi.a *s* palaeontology, EUA paleontology.

pa.le.o.zoi.co *s* e *adj* paleozoic.

pa.ler.ma *s* blockhead; stupid; fool; simpleton; • *adj* silly; foolish.

pa.ler.mi.ce *s* stupidity; silliness; foolishness.

pa.les.ti.no *s* e *adj* Palestinian.

pa.les.tra *s* talking; talk; chat; conversation.

pa.les.trar *v* to talk; to chat.

pa.le.ta *s* palette.

pa.le.tó *s* jacket; coat.

pa.lha *s* straw; **chapéu de ~**: straw hat; **cor de ~**: straw-colored; **fogo de ~**: temporary enthusiasm.

pa.lha.ça.da *s* buffoonery.

pa.lha.ço *s* clown; buffoon; fool.

pa.lhe.ta *s* reed (instrumento).

pa.lho.ça *s* thatched cottage.

pa.li.ar *v* to palliate; to hide; to disguise; to mitigate; to lessen; to extenuate.

pa.li.a.ti.vo *s* e *adj* palliative.

pa.li.ça.da *s* palisade, a fence of pales or stakes; stockade.

pa.li.dez *s* pallidness; paleness; faintness; pallor.

pá.li.do *adj* pale; pallid; wan.

pa.li.tar *v* to pick the teeth; to cleanse teeth.

pa.li.tei.ro *s* toothpick-case.

pa.li.to *s* toothpick; GÍR very thin person.

pal.ma *s* palm; FIG victory; triumph; **bater ~s**: to clap hands.

pal.ma.da *s* slap.

pal.ma.tó.ria *s* ferule; **dar a mão à ~**: to admit one's mistake.

pal.mei.ra *s* palm, palm-tree.

pal.mi.lha *s* inner sole of a shoe.

pal.mi.to *s* heart of palm.

pal.mo *s* palm; span.

pal.par *v* to touch; to palpate; to examine by touch.

pal.pá.vel *adj* palpable; FIG obvious; plain; manifest; clear.

pál.pe.bra *s* eye-lid.

pal.pi.ta.ção *s* palpitation; rapid pulsation.

pal.pi.tan.te *adj* palpitant; thrilling.

pal.pi.tar *v* to palpitate; to pulsate; to throb; to flutter; to fidget; to hint (dar palpite).

pal.pi.te *s* hint; tip.

pam.pa *s* pampas.

pa.na.cei.a *s* panacea.

pan-a.me.ri.ca.no *s* e *adj* pan-American.

pan.ça *s* belly; paunch; potbelly.

pan.ca.da *s* blow; stroke; knock; GÍR craze.

pan.ca.da.ri.a *s* brawl; tumult.

pân.cre.as *s* pancreas.

pan.çu.do *adj* big-bellied; paunchy; potbellied.

pan.da *s* panda.

pân.de.ga *s* merry-making; spree.

pan.dei.ro *s* tambourine; timbrel.

pan.de.mô.nio *s* pandemonium.

pa.ne *s* failure; breakdown.

pa.ne.la *s* pot; pan; **~ de pressão**: pressure cooker.

pan.fle.tis.ta *s* pamphleteer.

pan.fle.to *s* pamphlet; booklet.

pâ.ni.co *s* e *adj* panic; **em ~**: panic-stricken.

pa.no *s* cloth; fabric; NÁUT sail; curtain; ~ **de pó**: duster; ~ **de prato**: tea-towel.

pa.no.ra.ma *s* panorama; landscape; scenery; view.

pa.no.râ.mi.co *adj* panoramic.

pan.que.ca *s* pancake.

pan.ta.lo.nas *s pl* pantaloons.

pan.ta.nal *s* a large swamp.

pân.ta.no *s* swamp; marsh; bog.

pan.ta.no.so *adj* swampy; marshy.

pan.te.ão *s* pantheon.

pan.te.ís.mo *s* pantheism.

pan.te.ra *s* panther.

pan.to.mi.ma *s* pantomime.

pan.tur.ri.lha *s* calf.

pão *s* bread; sustenance; **comer o ~ que o diabo amassou**: to have a hard time; **ganhar o ~**: to earn one's living; ~ **com manteiga**: bread and butter; **~-duro**: BR stingy; ~ **integral**: whole-wheat bread; ~ **de Açúcar**: Sugar Loaf.

pa.pa *s* the Pope.

pa.pa.da *s* double chin.

pa.pa.do *s* papacy.

pa.pa.gai.o *s* parrot (ave); kite (brinquedo infantil).

pa.pai *s* papa; daddy; dad; ~ **Noel**: Santa Claus.

pa.pai.a *s* pawpaw, EUA papaya.

pa.pão *s* bugbear; bugaboo.

pa.par *v* to eat; to gobble.

pa.pa.ri.car *v* to pamper; to caress; to fondle.

pa.pe.ar *v* to chatter.

pa.pel *s* paper; sheet; TEAT role; **fazer ~ de bobo**: to play the fool; ~ **almaço**: foolscap; **~-carbono**: carbon paper; **~-alumínio**: tinfoil; ~ **de carta**: notepaper; writing-paper; ~ **de parede**: wallpaper; ~ **higiênico**: toilet-paper; ~ **machê**: papier mâché.

pa.pe.la.da *s* a heap of papers or documents.

pa.pe.lão *s* pasteboard; cardboard; FIG complete failure.

pa.pe.lei.ro *s* stationer.

pa.pe.la.ri.a *s* stationer's shop.

pa.pi.ro *s* papyrus.

pa.po *s* craw, crop (de aves); goitre, EUA goiter (de pessoas); chat (bate-papo); arrogance (arrogância).

pa.pou.la *s* poppy.

pa.pu.do *adj* goitrous; FIG boastful; braggart.

pa.que.rar *v* to flirt.

pa.qui.der.me *s* pachyderm.

par *s* pair; couple; fellow; partner (companheiro); peer; • *adj* even; equal; like; ~ **ou ímpar**: even or odd.

pa.ra *prep* for; to; in order to.

pa.ra.béns *s pl* congratulations.

pa.rá.bo.la *s* parable; MAT parabola.

pa.ra.bri.sa *s* AUT windscreen; EUA windshield; **limpador de ~**: windscreen wiper, EUA windshield wiper.

pa.ra-cho.que *s* AUT buffer; bumper.

pa.ra.da *s* stop; pause; halt; parade (desfile).

pa.ra.dei.ro *s* whereabouts.

pa.ra.dig.ma *s* paradigm.

pa.ra.di.sí.a.co *adj* paradisiac; paradisiacal.

pa.ra.do *adj* stopped; FIG quiet; unemployed; indolent.

pa.ra.do.xal *adj* paradoxical.

pa.ra.do.xo *s* paradox.

pa.ra.fer.ná.lia *s* paraphernalia.

pa.ra.fi.na *s* paraffin.

pa.rá.fra.se *s* paraphrase.

pa.ra.fra.se.ar *v* to paraphrase.

pa.ra.fu.sar *v* to screw.

pa.ra.fu.so *s* screw; spindle of a press; **ter um ~ a menos/solto**: to have a screw loose.

pa.rá.gra.fo *s* paragraph.

pa.ra.guai.o *s e adj* Paraguaian.

pa.ra.í.so *s* paradise.

pa.ra-la.ma *s* AUT fender; mudguard.

pa.ra.le.la *s* parallel.

pa.ra.le.le.pí.pe.do *s* paving stone.

pa.ra.le.lis.mo *s* parallelism.

pa.ra.le.lo *s e adj* parallel; similar.

pa.ra.le.lo.gra.mo *s* parallelogram.

pa.ra.li.sa.ção *s* paralyzation.

pa.ra.li.sar *v* to paralyze; to stop.

pa.ra.li.si.a *s* paralysis; palsy; ~ **infantil**: poliomyelitis.

pa.ra.lí.ti.co *s e adj* paralytic.

pa.râ.me.tro *s* parameter.
pa.ra.nin.fo *s* paranymph.
pa.ra.noi.a *s* paranoia.
pa.ra.pei.to *s* parapet; ledge; windowsill.
pa.ra.plé.gi.co *s e adj* paraplegic.
pa.ra.que.das *s* parachute; **salto de ~**: parachute jump.
pa.ra.que.dis.ta *s* parachutist.
pa.rar *v* to stop; to cease; to halt.
pa.ra-rai.os *s* lightning-rod.
pa.ra.si.ta *s* parasite.
pa.ras.sol *s* parasol.
par.cei.ro *s* partner, associate.
par.ce.la *s* portion; item.
par.ce.lar *v* to parcel; to divide.
par.ce.ri.a *s* partnership.
par.ci.al *adj* partial; biased; unfair.
par.ci.a.li.da.de *s* partiality.
par.ci.mô.nia *s* parsimony; frugality; stinginess.
par.ci.mo.ni.o.so *adj* parsimonious; stingy; penurious.
par.dal *s* sparrow.
par.di.ei.ro *s* hovel; shed.
par.do *s* mulatto; • *adj* dark; brown.
pa.re.cer *s* appearance; aspect; opinion; judgement; • *v* to seem; to appear; to look like; to resemble.
pa.re.ci.do *adj* like; alike; resembling.
pa.re.de *s* wall.
pa.re.lha *s* pair; couple; match; team.
pa.ren.te *s* relative; kinsman; kinswoman.
pa.ren.tes.co *s* relationship; kinship; kindred.
pa.rên.te.se *s* parenthesis; FIG an interval or interlude.
pá.ria *s* pariah; outcast.
pa.ri.da.de *s* parity.
pa.ri.e.tal *s* MED parietal.
pa.rir *v* to bring forth; to give birth.
pa.ri.si.en.se *s e adj* Parisian.
par.la.men.tar *s* parliamentarian; • *adj* parliamentary.
par.la.men.to *s* parliament.
par.me.são *s e adj* Parmesan; **queijo ~**: Parmesan cheese.

pá.ro.co *s* parish priest.
pa.ró.dia *s* parody.
pa.ro.di.ar *v* to parody.
pa.ró.quia *s* parish.
pa.ro.qui.al *adj* parochial.
pa.ro.xí.to.no *s e adj* paroxytone.
par.que *s* park; **~ de diversões**: amusement park; **~ infantil**: playground.
par.quí.me.tro *s* parking-meter.
par.rei.ra *s* vine.
par.rei.ral *s* vineyard.
par.te *s* part; piece; fragment; section; portion; **à ~**: aside; **em ~**: partly; **tomar ~**: to take part.
par.tei.ra *s* midwife.
par.tei.ro *s* obstetrician.
par.ti.ci.pa.ção *s* participation; communication.
par.ti.ci.pan.te *s* participant; sharer; participator.
par.ti.ci.par *v* to give notice; to participate; to partake; to share.
par.tí.ci.pe *s* participator.
par.ti.cí.pio *s* participle.
par.tí.cu.la *s* particle.
par.ti.cu.lar *adj* particular; individual; private; peculiar; personal.
par.ti.cu.la.ri.da.de *s* particularity; peculiarity; detail.
par.ti.cu.la.ri.zar *v* to particularize; to detail; to specify.
par.ti.da *s* departure (saída); match, game (jogo); **~ de cartas**: a hand at cards.
par.ti.dá.rio *s* partisan; party; promoter.
par.ti.do *s* party; side; • *adj* parted; divided; broken; split; **tirar ~**: to take advantage of.
par.ti.lha *s* partition; division; portion; share.
par.ti.lhar *v* to partition; to share.
par.tir *v* to leave, to depart (sair); to part, to split (dividir); to break (quebrar); **a ~ de**: from; since; **a ~ de agora**: from now on.
par.ti.tu.ra *s* MÚS partitur; partitura; score.
par.to *s* parturition; delivery; childbirth.
par.vo *s* fool; blockhead; • *adj* stupid.
Pás.coa *s* Easter; Passover (dos judeus); **ovo de ~**: Easter egg.

pas.ma.do *adj* astonished; perplex; amazed.
pas.mar *v* to astound; to astonish.
pas.pa.lho *s* fool; dolt; dunce; simpleton.
pas.pa.lhi.ce *s* foolishness; nonsense; silliness.
pas.quim *s* pasquinade; lámpoon.
pas.sa *s* raisin.
pas.sa.dei.ra *s* long and narrow rug; ironer.
pas.sa.do *s* past; past time; former time; • *adj* past; out of fashion; old; last; ago; deteriorated; **bem passada** (carne): well-done.
pas.sa.gei.ro *s* passenger; • *adj* temporary; transitory; **~ clandestino**: stowaway.
pas.sa.gem *s* passage; way; passageway; **~ de nível**: level crossing.
pas.san.te *s* passer-by.
pas.sa.por.te *s* passport.
pas.sar *v* to pass; to elapse; to go away; to occur; to happen; to transfer from one person to another; **~ a ferro**: to iron; **~ fome**: to starve; **~ por cima** (dar risada sobre o ocorrido): to laugh it off; **~ o tempo**: to spend time.
pas.sa.ri.nho *s* little bird.
pás.sa.ro *s* bird; **~ de gaiola**: cagebird.
pas.sa.tem.po *s* pastime; recreation; amusement; diversion; hobby.
pas.sá.vel *adj* passable; tolerable; bearable.
pas.se *s* pass.
pas.se.ar *v* to walk (a pé).
pas.se.a.ta *s* protest march.
pas.sei.o *s* walk; promenade; stroll; **dar um ~** (a pé) : to go for a walk; **~ ao ar livre**: airing.
pas.si.o.nal *adj* passional.
pas.si.va *s* GRAM passive voice.
pas.sí.vel *adj* passible.
pas.si.vi.da.de *s* passiveness; passivity; submissiveness.
pas.si.vo *adj* passive; inactive; inert; submissive.
pas.so *s* pace; step; gait; walk; **~ a ~**: step by step.
pas.ta *s* portfolio; paste; folder; **~ de dentes**: toothpaste.
pas.ta.gem *s* pasture; pasturage.
pas.tar *v* to pasture; to graze.
pas.tel *s* pastel; small meat pie.
pas.te.lei.ro *s* pastry-cook.
pas.teu.ri.zar *v* to pasteurize, to pasteurise.
pas.ti.lha *s* pastille; lozenge.
pas.to *s* pasture.
pas.tor *s* shepherd (de carneiros); pastor, parson (sacerdote).
pas.to.ra *s* shepherdess.
pas.to.ral *s e adj* pastoral.
pas.to.so *adj* viscous; sticky; pasty.
pa.ta *s* duck (ave); paw; foot.
pa.ta.da *s* kick.
pa.ta.mar *s* landing.
pa.ta.vi.na *pron* nothing; **não entender ~**: to catch nothing.
pa.ten.te *s* patent, • *adj* patent; evident; obvious; manifest.
pa.ten.te.ar *v* to patent.
pa.ter.nal *adj* paternal; fatherly.
pa.ter.ni.da.de *s* paternity; fatherhood.
pa.ter.no *adj* paternal; fatherly.
pa.te.ta *s* simpleton; block-head.
pa.te.ti.ce *s* stupidity; silliness; nonsense.
pa.tí.bu.lo *s* gallows; scaffold; gibbet.
pa.ti.fa.ri.a *s* knavery; roguery; mischief.
pa.ti.fe *s* rascal; knave; scoundrel; • *adj* knavish; rascally.
pa.tim *s* skate; ice-skate (para gelo); roller-skate (com rodas).
pa.ti.na.dor *s* skater.
pa.ti.nar *v* to skate.
pa.ti.nho *s* duckling.
pá.tio *s* yard; courtyard.
pa.to *s* duck; drake; FIG a fool or idiot person.
pa.to.á *s* patois.
pa.to.gê.ni.co *adj* pathogenic.
pa.to.lo.gi.a *s* pathology.
pa.trão *s* master; boss; patron.
pá.tria *s* native country; homeland.
pa.tri.ar.ca *s* patriarch.
pa.tri.ar.ca.do *s* patriarchate.
pa.tri.ar.cal *adj* patriarchal.
pa.trí.cio *s e adj* fellow countryman.
pa.tri.mô.nio *s* patrimony; inheritance.

pa.tri.o.ta s patriot.
pa.tri.ó.ti.co adj patriotic.
pa.tri.o.tis.mo s patriotism.
pa.tro.a s mistress of a house; patroness; housewife.
pa.tro.ci.na.dor s promoter; sponsor.
pa.tro.ci.nar v to patronize; to protect; to sponsor; to support.
pa.tro.cí.nio s patronage; protection; support; sponsorship.
pa.tro.no s patron; protector.
pa.tru.lha s patrol.
pa.tru.lhar v to patrol.
pau s wood; piece of wood; stick; **~s**: club (cartas).
pau.la.da s blow with a stick.
pau.la.ti.no adj done slowly, by degrees; slow; gradual.
pau.pér.ri.mo s pauper; miserable person; • adj very poor.
pau.sa s pause; break.
pau.sa.do adj paused; slow.
pau.sar v to pause; to cease for a time.
pau.ta s guide lines (no papel); rule paper; list; staff.
pau.ta.do adj ruled; methodical; moderate.
pau.tar v to rule.
pau.zi.nhos s chopsticks.
pa.vão s peacock.
pa.vi.lhão s pavilion; a large tent; flag.
pa.vi.men.tar v to pave.
pa.vi.men.to s pavement; floor.
pa.vi.o s wick; **de fio a ~**: from the beginning to the end.
pa.vo.a s peahen.
pa.vor s dread; terror; fright.
pa.vo.ro.so adj dreadful; frightful; horrible; awful.
pa.xá s pasha.
paz s peace; calmness; tranquillity; **deixe-me em ~**: leave me alone; **fazer as ~es**: to make up; **~ de espírito**: peace of mind.
PC abrev de **P**ersonal **C**omputer, computador **p**essoal.
pé s foot; base; support; stand; paw; **a ~**: on foot; **ao ~ da letra**: literally; **dar no ~**: to leave; **~ chato**: flatfoot; **~ de cabra**: crowbar; **~-de-meia**: savings, nest-egg; **~ de pato**: flipper.
pe.ão s pawn (xadrez); peon.
pe.ça s piece; **pregar uma ~**: to play a trick.
pe.ca.do s sin.
pe.ca.dor s sinner; offender; • adj sinful.
pe.ca.mi.no.so adj sinful; wicked.
pe.car v to sin.
pe.chin.cha s bargain.
pe.chin.char v to chaffer; to bargain.
pe.ço.nha s poison; venom.
pe.ço.nhen.to adj venomous; poisonous.
pe.cu.á.ria s cattle-raising; cattle-breeding.
pe.cu.la.to s peculation; embezzlement.
pe.cu.li.ar adj peculiar; singular; special.
pe.cu.li.a.ri.da.de s peculiarity; singularity.
pe.cu.ni.á.rio adj pecuniary.
pe.da.ço s piece; fragment; bit; morsel.
pe.dá.gio s toll (road).
pe.da.go.gi.a s pedagogy.
pe.da.gó.gi.co adj pedagogical.
pe.da.go.go s pedagogue.
pe.dal s pedal; treadle.
pe.da.lar v to pedal.
pe.dan.te s pedant; • adj pedantic; pretentious.
pe.dan.tis.mo s pedantism; pedantry.
pe.de.ras.ta s pederast; GÍR gay.
pe.de.ras.ti.a s pederasty.
pe.des.tal s pedestal.
pe.des.tre s pedestrian; • adj pedestrian; **faixa de ~**: pedestrian crossing, EUA crosswalk.
pe.di.a.tra s paediatrician, EUA pediatrician; pediatrist.
pe.di.a.tri.a s paediatrics, EUA pediatrics.
pe.di.á.tri.co adj paediatric, EUA pediatric.
pe.di.cu.ro s pedicure; chiropodist.
pe.di.do s request; petition; demand; COM order.
pe.din.te s beggar.
pe.dir v to ask; to beg; to request; **~ carona**: to hitchhike; **~ desculpas**: to apologize, EUA to apologise; **~ emprestado**: to borrow.
pe.do.fi.li.a s paedophilia, EUA pedophilia.
pe.dra s stone; MED gallstone; gravel; hail; slate; **~-pomes**: pumice stone.

pe.dra.da *s* throw of a stone; blow with a stone.

pe.dra.ri.a *s* precious stones; gems.

pe.dre.gu.lho *s* gravel; boulder.

pe.drei.ra *s* stone-pit; quarry.

pe.drei.ro *s* mason; bricklayer.

pe.ga.da *s* footprint; footmark; footstep; trace; track.

pe.gar *v* to catch; to hold; to stick; to join; to unite; to infect; to contaminate; ~ fogo: to catch fire.

pei.to *s* breast; chest; ~ do pé: instep.

pei.to.ral *s* MED pectoral; • *adj* pectoral.

pei.xa.ri.a *s* fishmonger.

pei.xe *s* fish; ~-espada: swordfish.

pei.xei.ra *s* a large knife (arma).

pei.xei.ro *s* fishmonger.

pe.jo.ra.ti.vo *adj* pejorative; depreciatory.

pe.la *contr* da *prep* per com o *art* a, by; along; through; about; ~ rua: along the street; ~s cinco horas: about five o'clock; ele levou-me ~s mãos: he took me by the hands.

pe.la.da *s* ESP GÍR informal soccer.

pe.la.do *s* bald person; naked person; • *adj* without hair; bald; naked.

pe.la.gem *s* pelage.

pe.lar *v* to skin; to strip; to peel.

pe.le *s* skin; pelt; hide; fell; fur; casaco de ~: fur-coat; ~-vermelha: redskin.

pe.le.ja *s* fight; battle; struggle; combat.

pe.le.jar *v* to fight; to struggle; to contend; to battle; to combat.

pe.li.ca *s* kid leather.

pe.li.ca.no *s* pelican.

pe.lí.cu.la *s* pellicle; membrane.

pe.li.cu.lar *adj* pellicular.

pe.lo *contr* da *prep* per com o *art* o, by the; through; for; ~ amor de Deus: for God's sake; ~ menos: at least.

pe.lo *s* hair; em ~: naked.

pe.lo.ta *s* pellet; small ball.

pe.lo.tão *s* platoon; troop; ~ de fuzilamento: firing-squad.

pe.lou.ri.nho *s* pillory.

pe.lú.cia *s* plush.

pe.lu.do *adj* hairy; shaggy.

pel.ve *s* MED pelvis.

pe.na *s* feather, plume, plumage (pluma); pity, compassion (dó); ~ de morte: death penalty; que ~!: what a pity!; valer a ~: to be worthy.

pe.na.cho *s* panache, a plume or bunch of feathers.

pe.nal *s* penal; punitive; Código ~: Penal Code.

pe.na.li.da.de *s* penalty; punishment.

pe.na.li.zar *v* to pain; to afflict.

pê.nal.ti *s* FUT penalty.

pe.nar *v* to suffer; to pain; to grieve; to mourn.

pen.ca *s* bunch; dinheiro em ~: lots of money.

pen.dão *s* pennon; flag; banner.

pen.dên.cia *s* dispute; quarrel.

pen.den.te *adj* pendent; suspended; pending; hanging.

pen.der *v* to hang; to pend; to incline.

pen.dor *s* slope; declivity; inclination; tendency.

pên.du.lo *s* pendulum.

pen.du.rar *v* to hang; to suspend.

pe.ne.do *s* rock.

pe.nei.ra *s* sieve.

pe.nei.rar *v* to sift; to sieve; to bolt; to drizzle.

pe.ne.tra *s* intruder.

pe.ne.tra.ção *s* penetration.

pe.ne.tran.te *adj* penetrating; piercing.

pe.ne.trar *v* to penetrate; to enter into; to pierce.

pe.nhas.co *s* high cliff or rock.

pe.nhor *s* pledge; pawn; guaranty; casa de ~es: pawnshop.

pe.nho.ra *s* confiscation.

pe.nho.ra.do *adj* seized; confiscated.

pe.nho.rar *v* to seize; to pledge; to confiscate; to pawn; to oblige.

pe.ni.ci.li.na *s* penicillin.

pe.ni.co *s* bedpan; potty.

pê.nis *s* penis; cock (chulo).

pe.nín.su.la *s* peninsula.

pe.nin.su.lar *adj* peninsular.

pe.ni.tên.cia *s* penance; penitence.

pe.ni.ten.ci.á.ria s penitentiary; prison.
pe.ni.ten.ci.á.rio s penitentiary; prisoner; • *adj* penitentiary; penitential.
pe.ni.ten.te s penitent; • *adj* penitent; repentant.
pe.no.so *adj* painful; difficult; hard; laborious; toilsome.
pen.sa.dor s thinker; **livre-~**: freethinker.
pen.sa.men.to s thought; reflection; imagination; idea.
pen.são s pension (renda); boarding-house (pequeno hotel).
pen.sar v to think; to reflect; to ponder; to meditate.
pen.sa.ti.vo *adj* thoughtful; meditative.
pen.si.o.nis.ta s pensionary; pensioner; boarder.
pen.tá.go.no s pentagon.
Pen.ta.teu.co s Pentateuch.
pen.te s comb.
pen.te.a.dei.ra s dressing-table.
pen.te.a.do s hairdressing; coiffure; • *adj* combed.
pen.te.ar v to comb; **~-se**: to comb one's hair.
Pen.te.cos.tes s Pentecost.
pe.nu.gem s down; fluff.
pe.núl.ti.mo s e *adj* penultimate; the last but one.
pe.num.bra s penumbra.
pe.pi.no s cucumber.
pe.pi.ta s nugget.
pe.que.nez s smallness; meanness.
pe.que.ni.no s little boy; • *adj* very little or small.
pe.que.no *adj* little; small; short; insignificant.
pe.ra s pear.
pe.ral.ta s dandy; fop; a naughty boy; • *adj* foppish; dandyish.
pe.ral.ti.ce s dandyism; naughtiness.
pe.ram.bu.lar v to wander.
pe.ran.te *prep* before; in the presence of.
per.ce.ber v to perceive; to notice; to note; to comprehend; to understand; to realize.
per.cen.ta.gem *veja* **porcentagem**.

per.cep.ção s perception; apprehension.
per.cep.tí.vel *adj* perceptible; perceivable; discernible.
per.ce.ve.jo s bug, bedbug (inseto); thumbtack (prego).
per.cor.rer v to traverse; to travel all over.
per.cur.so s way; course; road; route; path.
per.cus.são s percussion.
per.cus.sio.nis.ta s MÚS percussionist.
per.cu.tir v to strike; to beat.
per.da s loss; damage.
per.dão s pardon; forgiveness; • *interj* sorry!
per.der v to lose; to miss; **~ a cabeça**: to forget; to lose one's head; **~ a paciência**: to lose one's temper; **~ de vista**: to lose sight of; **~ o controle**: to lose one's grip; **~ o interesse**: to lose interest; **~ terreno**: to lose ground.
per.di.ção s loss; losing; ruin; destruction; perdition.
per.di.do *adj* lost.
per.di.gão s male partridge.
per.di.guei.ro s setter; pointer.
per.diz s partridge.
per.do.ar v to pardon; to forgive; to excuse.
per.du.lá.rio s spendthrift; • *adj* prodigal; wasteful.
per.du.rar v to last.
pe.re.cer v to perish; to die.
pe.re.ci.men.to s perishability; decay.
pe.re.cí.vel *adj* perishable.
pe.re.gri.na.ção s peregrination; pilgrimage.
pe.re.gri.nar v to peregrinate; to travel.
pe.re.gri.no s pilgrim.
pe.rei.ra s pear tree.
pe.remp.tó.rio *adj* peremptory; conclusive; absolute; decisive.
pe.re.ne *adj* perennial; perpetual.
pe.re.ni.da.de s perenniality; continuity.
per.fa.zer v to perfect; to accomplish; to complete.
per.fec.cio.nis.ta s perfectionist.
per.fei.ção s perfection.
per.fei.to *adj* perfect; whole; complete; exact; accomplished.
per.fí.dia s perfidy; faithlessness; treachery.

pér.fi.do *adj* perfidious; faithless.
per.fil *s* profile; outline.
per.fi.lar *v* to profile.
per.fu.ma.do *adj* perfumed.
per.fu.mar *v* to perfume; to scent; to aromatize.
per.fu.ma.ri.a *s* perfumery; perfumer's shop.
per.fu.me *s* perfume; scent; fragrance.
per.fu.mis.ta *s* perfumer.
per.fu.ra.ção *s* perforation.
per.fu.rar *v* to perforate; to bore; to pierce; to drill.
per.ga.mi.nho *s* parchment.
per.gun.ta *s* question; query; **fazer uma ~**: to ask a question.
per.gun.tar *v* to ask; to question; to inquire; to query.
pe.rí.cia *s* skill; expertness.
pe.ri.cli.tan.te *adj* in danger; risky; hazardous.
pe.ri.cli.tar *v* to be in danger or risk.
pe.ri.fe.ri.a *s* periphery; outskirts.
pe.rí.fra.se *s* periphrasis; circumlocution.
pe.ri.gar *v* to be in danger.
pe.ri.go *s* danger; peril; risk.
pe.ri.go.so *adj* dangerous; risky; perilous; hazardous.
pe.rí.me.tro *s* perimeter.
pe.ri.ó.di.co *s* periodical; • *adj* periodic; periodical; regular.
pe.río.do *s* period; age; era; cycle; sentence; term; **~ de experiência**: probation; **~ letivo**: session.
pe.ri.pé.cia *s* peripetia; POP incident; unexpected occurrence.
pe.ri.qui.to *s* parakeet; budgerigar.
pe.ris.có.pio *s* periscope.
pe.ri.to *s* expert; connoisseur; • *adj* skilled; skillful.
per.ju.rar *v* to perjure; to forswear.
per.jú.rio *s* perjury; false oath.
per.ma.ne.cer *v* to remain; to stay; to continue.
per.ma.nên.cia *s* permanence; permanency.
per.ma.nen.te *s* permanent wave; • *adj* permanent; lasting; enduring; fixed.

per.me.a.bi.li.da.de *s* permeability; permeableness.
per.me.ar *v* to permeate; to pierce; to pervade.
per.me.á.vel *adj* permeable.
per.mei.o *adv* in the middle; **de ~**: in between; through.
per.mis.são *s* permission; authorization; leave; permit.
per.mi.tir *v* to permit; to allow; to consent; to tolerate.
per.mu.ta *s* exchange; permutation; barter.
per.mu.ta.ção *s* permutation.
per.mu.tar *v* to permute; to interchange; to exchange.
per.mu.tá.vel *adj* permutable.
perna *s* leg; **barriga da ~**: calf; **de ~s para o ar**: upside down; **passar a ~**: to trick.
per.na.da *s* kick.
per.ni.ci.o.so *adj* pernicious; ruinous; malign; harmful; noxious.
per.ni.lon.go *s* long-legged mosquito.
per.noi.tar *v* to spend the night away from home; to pass the night.
per.nós.ti.co *adj* pedantic.
pé.ro.la *s* pearl.
pe.rô.nio *s* MED fibula.
per.pas.sar *v* to pass by.
per.pen.di.cu.lar *s* perpendicular; • *adj* perpendicular; vertical; upright.
per.pen.di.cu.la.ri.da.de *s* perpendicularity.
per.pe.tra.ção *s* perpetration.
per.pe.tra.dor *s* perpetrator.
per.pe.trar *v* to perpetrate; to do or perform; to commit.
per.pe.tu.a.ção *s* perpetuation.
per.pe.tu.ar *v* to perpetuate; to last for ever.
per.pé.tuo *adj* perpetual; endless; eternal; constant; everlasting.
per.ple.xi.da.de *s* perplexity; bewilderment.
per.ple.xo *adj* perplexed; confused; puzzled.
per.sa *s* e *adj* Persian.
per.se.gui.ção *s* persecution; pursuit; chase.
per.se.ve.ran.ça *s* perseverance; persistence.
per.se.ve.ran.te *adj* persevering; persevering.
per.se.ve.rar *v* to persevere; to persist.

per.si.a.na *s* persian blinds.
pér.si.co *s* e *adj* Persian.
per.sis.tên.cia *s* persistence; perseverance; constancy.
per.sis.ten.te *adj* persistent.
per.sis.tir *v* to persist; to persevere.
per.so.na.gem *s* personage; character.
per.so.na.li.da.de *s* personality; person; **culto à ~**: personality cult.
per.so.na.li.zar *v* to personalize; to personify; to personate.
per.so.ni.fi.ca.ção *s* personification; embodiment.
per.so.ni.fi.car *v* to personify; to personalize; to embody.
pers.pec.ti.va *s* perspective.
pers.pi.cá.cia *s* perspicacity; shrewdness.
pers.pi.caz *adj* perspicacious; sagacious.
per.su.a.dir *v* to persuade; to induce; to convince.
per.su.a.são *s* persuasion.
per.su.a.si.vo *adj* persuasive.
per.ten.ces *s pl* belongings.
per.ten.cen.te *adj* belonging.
per.ten.cer *v* to pertain; to belong; to appertain; to concern.
per.ti.ná.cia *s* pertinacity; obstinacy.
per.ti.naz *adj* pertinacious; obstinate; tenacious.
per.ti.nen.te *adj* pertinent; appropriated; concerning.
per.to *adv* near; close.
per.tur.ba.ção *s* perturbation.
per.tur.bar *v* to perturb; to disturb; to agitate.
per.tur.bá.vel *s* perturbable.
pe.ru *s* turkey.
pe.ru.a *s* turkey-hen (animal); station wagon (veículo).
pe.ru.a.no *s* e *adj* Peruvian.
pe.ru.ca *s* wig; peruke; periwig.
per.ver.si.da.de *s* perversity; perverseness; cruelty.
per.ver.so *adj* perverse.
per.ver.ter *v* to pervert; to corrupt.
per.ver.ti.do *adj* perverted.
pe.sa.de.lo *s* nightmare.

pe.sa.do *adj* weighty; heavy; troublesome; unlucky; **sono ~**: sound sleep.
pe.sa.gem *s* weighing.
pê.sa.mes *s pl* condolences; **dar ~ a**: to present condolences to.
pe.sar *s* sorrow; grief; • *v* to weigh; to ponder; to sorrow; to think over.
pe.sa.ro.so *adj* sorrowful.
pes.ca *s* fishing; fishery; angling (com anzol); **~ submarina**: skin-diving; **rede de ~**: fishing-net.
pes.ca.dor *s* fisher; fisherman; angler.
pes.car *v* to fish; to angle (com anzol).
pes.ca.ri.a *s* fishing; fishery; angling.
pes.co.ço *s* neck.
pe.se.ta *s* peseta.
pe.so *s* weight; heaviness; burden; importance; **~ bruto**: gross weight; **~ líquido**: net weight.
pes.pon.tar *v* to quilt; to stitch.
pes.qui.sa *s* research; search; inquiry; investigation; **~ de campo**: fieldwork; **~ de mercado**: market research; **~ de opinião**: poll, public opinion poll.
pes.qui.sa.dor *s* researcher; searcher; inquirer; investigator.
pes.qui.sar *v* to research; to search; to investigate.
pês.se.go *s* peach.
pes.se.guei.ro *s* peach tree.
pes.si.mis.mo *s* pessimism.
pes.si.mis.ta *s* pessimist; • *adj* pessimistic.
pés.si.mo *adj* very bad.
pes.so.a *s* person; a human being; an individual; personage; **~ chata**: a pain in the ass; **~ em treinamento**: trainee; **~ insuportável**: handful.
pes.so.al *s* personnel; • *adj* personal; private; **pronome ~**: personal pronoun.
pes.so.al.men.te *adv* personally.
pes.ta.na *s* eyelash.
pes.te *s* plague; pestilence.
pes.ti.ci.da *s* pesticide.
pes.ti.lên.cia *s* pestilence.
pes.ti.len.to *adj* pestilent; pernicious; deadly; foul.

pé.ta.la s BOT petal.
pe.tar.do s petard; bomb.
pe.te.ca s shuttlecock.
pe.ti.ção s petition; request; **em ~ de miséria**: in a miserable state.
pe.ti.ci.o.nar v to petition.
pe.tis.car v to nibble; to taste; to eat dainty bits.
pe.tis.co s titbit; dainty.
pe.tis.quei.ra s dainty dish.
pé.treo adj stony; rocky.
pe.tri.fi.ca.ção s petrification; petrifaction.
pe.tri.fi.car v to petrify; to convert into stone; to make rigid.
pe.tro.lei.ro s oil-tanker.
pe.tró.leo s petroleum; oil.
pe.tu.lân.cia s petulance; insolence.
pe.tu.lan.te adj petulant; insolent.
pi.a s sink (para louça); wash-basin (para mãos, rosto).
pi.a.da s joke.
pi.a.dis.ta s joker.
pi.a.nis.ta s pianist; piano-player.
pi.a.no s piano; **~ de cauda**: grand piano; **tocar ~**: to play the piano.
pi.ão s top.
pi.ar v to chirp; to peep.
pi.ca.da s bite; prick; sting; puncture; **~ de serpente**: snake-bite.
pi.ca.do s minced-meat; • adj pricked.
pi.can.te adj pricking; piquant; pungent.
pi.ca-pau s woodpecker.
pi.car v to prick; to sting; to peck; to mince; to bite.
pi.ca.re.ta s pick, pickaxe, EUA pickax (ferramenta).
pi.char v to pitch.
pi.che s pitch.
pi.cles s pikles.
pi.co s peak; summit; top.
pi.co.lé s popsicle.
pi.co.tar v to punch (tickets); to perforate (papéis).
pi.e.da.de s piety; piousness; pity; compassion; commiseration.
pi.e.do.so adj pious; devout.

pi.e.gas s sloppy; • adj ridiculous; maudlin.
pi.e.gui.ce s sloppiness; an excessive or affected sentimentalism; tenderness.
pi.gar.re.ar v to clear one's throat.
pi.gar.ro s hoarseness; hawk.
pig.men.ta.ção s pigmentation.
pig.men.tar v to give pigment to.
pig.men.to s pigment.
pig.meu s e adj pigmy.
pi.ja.ma s pyjama; EUA pajamas.
pi.lan.tra s scoundrel.
pi.lão s pestle.
pi.lar s pillar; pier.
pi.las.tra s pilaster.
pi.le.que s GÍR drunkennes; booze
pi.lha s pile; heap; ELET battery; cell.
pi.lha.gem s pillage; plunder; spoil; foray.
pi.lhar v to pillage; to plunder; to rob; to catch.
pi.lhé.ria s fun; jest; joke.
pi.lo.ta.gem s pilotage.
pi.lo.tar v to pilot.
pi.lo.to s pilot; guide; **~ de provas**: test pilot.
pí.lu.la s pill; pilule.
pi.men.ta s pepper; **~ do reino**: black pepper; **~-malagueta**: red pepper.
pi.men.tão s pimento; green pepper.
pim.po.lho s FIG a baby.
pi.ná.cu.lo s pinnacle; summit; peak; apex.
pin.ça s pincers; tweezers.
pín.ca.ro s pinnacle; peak; apex; summit; top.
pin.cel s brush; paint-brush.
pin.ce.lar v to paint; to daub.
pin.ga s white rum.
pin.gar v to drop; to drip.
pin.gen.te s ear-drop; pendant.
pin.go s drop; dripping; **~-d'água**: rhinestone; hyalite.
pin.gue-pon.gue s ping-pong.
pin.guim s penguin.
pi.nha s pine-cone.
pi.nhão s seed of the pine-tree.
pi.nhei.ro s pine tree; pine.
pi.nho s pine-wood; pine timber.
pi.no s peg; top; the highest point; summit.
pi.no.te s jump; leap; bound; **dar o ~**: to run away.

pin.ta *s* spot; mark; GÍR aspect.
pin.tar *v* to paint; to portray; to describe.
pin.tas.sil.go *s* goldfinch.
pin.to *s* chick; penis.
pin.tor *s* painter.
pin.to.ra *s* paintress.
pin.tu.ra *s* painting; paint; make-up.
pio *s* peep; • *adj* pious; devout; charitable.
pi.o.lho *s* louse; *pl* lice.
pi.o.nei.ro *s* pioneer.
pi.or *adv* worse; worst; **cada vez ~**: worse and worse; **de mal a ~**: from bad to worse; **levar o ~**: to have the worst of it.
pi.o.rar *v* to worsen; to make or to become worse.
pi.pa *s* pipe; cask; barrel; BR kite.
pi.pi *s* BR piss; urination; **fazer ~**: to make water; to piddle.
pi.po.ca *s* popcorn.
pi.que *s* piquant taste; **ir a ~**: to sink; **ter ~**: to have energy.
pi.que.ni.que *s* picnic.
pi.que.te *s* picket.
pi.ra *s* pyre.
pi.ra.do *adj* GÍR crazy.
pi.ra.mi.dal *adj* pyramidal.
pi.râ.mi.de *s* pyramid.
pi.rar *v* GÍR to get mad.
pi.ra.ta *s* pirate; corsair; robber.
pi.ra.ta.ri.a *s* piracy.
pi.ra.te.ar *v* to pirate.
pi.res *s* saucer.
pi.ri.lam.po *s* glow-worm; fire-fly.
pir.ra.ça *s* insult; provocation.
pi.ru.e.ta *s* pirouette.
pi.ru.li.to *s* lollipop; lolly.
pi.sa.da *s* footstep.
pi.sar *v* to step on; to bruise; to trample; to hurt.
pis.ca.de.la *s* twinkling; wink.
pis.car *v* to twinkle; to blink at; to wink.
pis.ci.cul.tor *s* fish farmer.
pis.ci.cul.tu.ra *s* pisciculture; fish-breeding.
pis.ci.na *s* swimming-pool; pool.
pi.so *s* floor; pavement; ground; tread.

pis.ta *s* trail; track; trace; runway; clue (indício); **~ de aterrissagem**: flight deck; **~ de corrida**: racetrack; **~ falsa**: red herring.
pis.tão *s* MÚS piston.
pis.to.la *s* pistol.
pis.to.lão *s* BR big shot; special favor or influence.
pi.ta.da *s* pinch; a very small quantity.
pi.ta.gó.ri.co *adj* Pythagorean.
pi.tei.ra *s* cigarette-holder.
pi.to.res.co *adj* picturesque.
pi.tui.tá.ria *s* MED pituitary.
pi.tui.tá.rio *adj* pituitary.
pizza *s* pizza.
pla.ca *s* plate; plaque; **~ de carro**: licence plate, EUA license plate.
pla.car *s* scoreboard.
pla.cen.ta *s* placenta.
pla.ci.dez *s* placidity; calmness; serenity; quietness.
plá.ci.do *adj* placid; quiet; peaceful; calm.
pla.gi.a.dor *s* plagiarist; plagiary; • *adj* plagiaristic.
pla.gi.ar *v* to plagiarize; to commit plagiarism.
plá.gio *s* plagiarism.
plai.na *s* plane.
pla.nal.to *s* plateau; upland; tableland.
pla.ne.ja.dor *s* planner.
pla.ne.ja.men.to *s* planning; **~ familiar**: family planning.
pla.ne.jar *v* to project; to plan.
pla.ne.ta *s* planet.
pla.ne.tá.rio *s* planetarium; • *adj* planetary.
pla.ní.cie *s* level land; plain.
pla.no *s* plan; project; • *adj* even; flat; plane.
plan.ta *s* BOT plant; plan; **~ do pé**: sole.
plan.ta.ção *s* plantation; planting.
plan.tão *s* duty; **estar de ~**: to be on duty.
plan.tar *v* to plant.
plan.ti.o *s* plantation; planting.
plas.ma *s* plasma.
plás.ti.ca *s* plastic art; plastic surgery.
plas.ti.ci.da.de *s* plasticity.
plás.ti.co *s* e *adj* plastic.
pla.ta.for.ma *s* platform.

pla.tei.a *s* TEAT pit; EUA audience (público); auditorium (lugar).
pla.ti.na *s* platinum.
pla.tô.ni.co *adj* platonic.
pla.to.nis.mo *s* platonism.
plau.si.bi.li.da.de *s* plausibility; plausibleness.
plau.sí.vel *adj* plausible.
ple.be *s* common people; mob; populace.
ple.beu *s* e *adj* plebeian.
ple.bis.ci.to *s* plebiscite.
plei.te.a.dor *s* pleader.
plei.te.an.te *s* e *adj* litigant.
plei.te.ar *v* to plead.
plei.to *s* law-suit; plea; an appeal.
ple.ná.rio *s* plenary; • *adj* plenary; full; complete.
ple.ni.tu.de *s* plenitude; fullness.
ple.no *adj* full; complete; entire.
ple.o.nas.mo *s* pleonasm.
ple.o.nás.ti.co *adj* pleonastic.
plo.ta.do.ra *s* INF plotter.
plu.ma *s* plume; feather.
plu.ma.gem *s* plumage.
plu.ral *s* e *adj* plural.
plu.ra.li.da.de *s* plurality.
plu.ra.li.zar *v* to pluralize.
plu.to.cra.ci.a *s* plutocracy.
plu.vi.al *adj* pluvial.
pneu *s* tyre, tire; ~ **furado**: blowout; ~ **sobressalente**: spare.
pneu.má.ti.co *s* pneumatic; pneu; tire; • *adj* pneumatic.
pneu.mo.ni.a *s* MED pneumonia.
pó *s* powder; dust; **leite em ~**: milk powder; ~ **de arroz**: face powder.
po.bre *s* poor person; beggar; • *adj* poor; needy; indigent.
po.bre.za *s* poverity; poorness.
po.ça *s* pool; puddle.
po.ção *s* potion.
po.cil.ga *s* pig-sty; sty.
po.ço *s* well; pit; shaft of a mine; ~ **de petróleo**: oil-well; **um ~ de ideias**: a powerhouse of ideas.
po.dar *v* to prune; to lop; to cut down; to trim off.
po.der *s* power; ability; force; • *v* can (capacidade); may (permissão, probabilidade); to be able to; to be possible; to have power.
po.de.ri.o *s* power; domination; authority; might.
po.de.ro.so *adj* powerful; potent; mighty; influential.
pó.dio *s* podium.
po.dre *adj* rotten; decomposed; putrid; ~ **de rico**: very rich.
po.dri.dão *s* rottenness.
po.ei.ra *s* dust.
po.ei.ren.to *adj* dusty.
po.e.ma *s* poem.
po.en.te *s* West; Occident.
po.e.si.a *s* poetry; poem.
po.e.ta *s* poet.
po.é.ti.co *adj* poetical; poetic.
po.e.ti.sa *s* poetess.
po.e.ti.zar *v* to poetize.
pois *conj* because; since; therefore; for; as; ~ **não**: of course.
po.la.co *s* Pole; • *adj* Polish.
po.lai.nas *s pl* gaiters.
po.lar *adj* polar.
po.le.ga.da *s* inch (2,54 cm).
po.le.gar *s* thumb.
po.lê.mi.ca *s* polemics; controversy.
po.lê.mi.co *adj* polemic; polemical; controversial.
po.le.mi.zar *v* BR to polemize.
pó.len *s* BOT pollen.
po.lí.cia *s* police; policeman.
po.li.ci.al *s* policeman; policewoman; police officer; cop.
po.li.ci.ar *v* to police.
po.li.dez *s* politeness; civility; courteousness.
po.li.do *adj* polished; polite; courteous.
po.li.ga.mi.a *s* polygamy.
po.li.gâ.mi.co *adj* polygamous.
po.lí.ga.mo *s* polygamist; • *adj* polygamous.
po.li.glo.ta *s* e *adj* polyglot.
po.lí.go.no *s* MAT polygon.
po.li.men.to *s* polish.
po.lio.mi.e.li.te *s* MED poliomyelitis.

po.lir *v* to polish; to burnish.
po.lí.ti.ca *s* politics; political science.
po.li.ti.ca.gem *s* petty politics.
po.li.ti.car *v* to politicize; to take part in politics.
po.lí.ti.co *s* politician; statesman; • *adj* political; politic.
po.li.ti.quei.ro *s* petty politician.
po.lo *s* pole; polo (esporte); ~ **aquático**: water polo; ~ **Norte**: North Pole; ~ **Sul**: South Pole.
po.lo.nês *s* Pole, Polish; • *adj* Polish.
pol.pa *s* pulp.
pol.pu.do *adj* pulpy.
pol.trão *s* poltroon; • *adj* cowardly; coward.
pol.tro.na *s* armchair.
po.lu.i.ção *s* pollution.
po.lu.ir *v* to pollute; to defile; to stain.
pol.vi.lhar *v* to powder.
pol.vi.lho *s* fine powder.
pol.vo *s* ZOO octopus.
pól.vo.ra *s* gunpowder; powder.
pol.vo.ro.sa *s* agitation; confusion; disorder; uproar.
po.ma.da *s* ointment; pomade (perfume); MED salve; pomatum.
po.mar *s* orchard.
pom.ba *s* pigeon.
pom.bal *s* dove-cot; dovecote.
pom.bo *s* dove; pigeon; ~-**correio**: carrier pigeon; homing.
po.mo *s* pome; apple; ~ **de adão**: Adam's apple.
pom.pa *s* pomp; magnificence; ostentation; pride; splendour.
pom.po.so *adj* pompous; splendid.
pon.che *s* punch.
pon.chei.ra *s* punch bowl.
pon.de.ra.ção *s* consideration; reflection.
pon.de.ra.do *adj* judicious.
pon.de.rar *v* to weigh; to ponder; to consider.
pon.de.rá.vel *adj* ponderable.
pô.nei *s* pony.
pon.ta *s* extremity; point; tip; end; top; stub of cigar or cigarette; **na ~ da língua**: on the tip of one's tongue; ~ **do dedo**: fingertip.
pon.ta.da *s* smart; stitch; sharp pain.
pon.ta.pé *s* kick; **dar um ~**: to kick.
pon.ta.ri.a *s* aim.
pon.te *s* bridge; NÁUT deck; ~ **flutuante**: pontoon bridge; ~ **levadiça**: drawbridge; ~ **pênsil**: suspension bridge.
pon.tei.ra *s* ferrule.
pon.tei.ro *s* pointer; hand of a clock; ~ **das horas**: hour hand; ~ **dos minutos**: minute hand.
pon.ti.a.gu.do *adj* sharp, pointed.
pon.ti.fi.ca.do *s* pontificate; papacy.
pon.ti.fi.car *v* to pontificate; to celebrate pontifical Mass.
pon.tí.fi.ce *s* pontiff; **sumo ~**: the Pope.
pon.ti.lhar *v* to dot; to mark with dots.
pon.to *s* point; dot; spot; stitch; item; question; place; site; situation; stage; the essential matter; full stop; **dois-~s**: colon; **entregar os ~s**: to give up; ~ **de exclamação**: exclamation point; ~ **de congelamento**: freezing-point; ~ **de ebulição**: boiling-point; ~ **de fusão**: melting-point; ~ **de interrogação**: question mark; ~ **de ônibus**: bus stop; ~ **de táxi**: taxi rank; ~ **de vista**: point of view; ~ **e vírgula**: semicolon; ~ **final**: full stop; period; terminus; ~ **morto**: neutral.
pon.tu.a.ção *s* punctuation.
pon.tu.al *adj* punctual; precise.
pon.tu.a.li.da.de *s* punctuality.
pon.tu.al.men.te *adj* punctually; in time.
pon.tu.ar *v* to punctuate.
pon.tu.do *adj* pointed; piercing; sharp.
po.pa *s* NÁUT poop; stern.
po.pu.la.ção *s* population.
po.pu.lar *adj* popular.
po.pu.la.ri.da.de *s* popularity.
po.pu.la.ri.zar *v* to popularize.
po.pu.lo.so *adj* populous.
pô.quer *s* poker.
por *prep* for; by; through; across; on account of; ~ **acaso**: by chance; ~ **ano**: each year; a year; ~ **certo**: surely; certainly; ~ **exemplo**: for example; ~ **fim**: at last; ~ **isso**: then; therefore; ~ **ora**: yet; as yet.

pôr *v* to put; to place; to lay; to set; **~ de lado**: to put aside; **~ do sol**: sunset.
po.rão *s* basement; cellar; hold of a ship.
por.ca *s* sow.
por.ca.lhão *s* dirty fellow; • *adj* dirty.
por.ção *s* portion; share; part; lot.
por.ca.ri.a *s* dirt; filth; filthness; obscenity.
por.ce.la.na *s* porcelain; chinaware.
por.cen.ta.gem *s* percentage.
por.co *s* pig; hog; swine; **carne de ~**: pork; **~-espinho**: porcupine.
po.rém *conj* but; yet; however.
por.me.nor *s* detail; particular.
por.me.no.ri.zar *v* to detail.
por.no.gra.fi.a *s* pornography.
po.ro *s* pore.
po.ro.si.da.de *s* porosity; porousness.
po.ro.so *adj* porous; porose.
por.quan.to *conj* considering that; since; because.
por.que *conj* because; for; as; since.
por que *adv* why? what for? for what reason?
por.quê *s* reason; cause; motive.
por.re *s* BR drunkenness; intoxication.
por.re.te *s* stick; cudgel; club.
por.ta *s* door; gateway; access; entrance; **~-aviões**: aircraft-carrier; **~-bandeira**: color-bearer; **~ da frente**: front door; **~ da rua**: street door; **~ de correr**: sliding door; **~-estandarte**: standard-bearer; **~-lápis**: pencil case; **~-luvas**: glove compartment; **~-malas**: boot; luggage; **~-níqueis**: change purse; **~ traseira**: back door; **~-voz**: spokesman.
por.ta.dor *s* porter; bearer.
por.tal *s* portal.
por.tan.to *conj* therefore; consequently.
por.tão *s* gate; large door; gateway.
por.ta.ri.a *s* lodge; entrance; hall.
por.tar-se *v* to behave; to conduct oneself.
por.tá.til *adj* portable.
por.te *s* postage; behavior; port.
por.tei.ro *s* door-keeper; doorman; janitor.
por.ten.to.so *adj* portentous; marvellous; prodigious.
pór.ti.co *s* ARQ portico; porch.

por.ti.nho.la *s* porthole.
por.to *s* port; haven; harbour; EUA harbor.
por.to-ri.que.nho *s* e *adj* Puerto Rican.
por.tu.guês *s* e *adj* Portuguese.
por.ven.tu.ra *adv* by chance; perhaps.
por.vir *s* future.
po.sar *v* to sit for a portrait; to pose.
pós-da.ta *s* postdate.
po.se *s* attitude; posture; pose.
pós-es.cri.to *s* post script.
pós-gra.du.a.do *s* postgraduate.
po.si.ção *s* position; posture; site; location; place; official or social rank or status.
po.si.ti.vi.da.de *s* positivity; positiveness.
po.si.ti.vis.mo *s* positivism.
po.si.ti.vis.ta *s* positivist.
po.si.ti.vo *s* positive; • *adj* positive; affirmative; real; actual; concrete.
po.so.lo.gi.a *s* dosage.
pos.por *v* to postpone; to defer; to delay; to put off.
pos.san.te *adj* powerful; mighty; vigorous; strong; puissant.
pos.se *s* possession; power; **~s**: possessions; property; wealth.
pos.ses.são *s* possession.
pos.ses.si.vo *adj* possessive.
pos.ses.so *adj* possessed; mad; craze.
pos.si.bi.li.da.de *s* possibility.
pos.si.bi.li.tar *v* to make possible.
pos.sí.vel *adj* possible; praticable; feasible; **fazer o ~**: to do one's best.
pos.su.í.do *adj* possessed.
pos.su.ir *v* to possess; to have; to own; to hold (propriedade).
pos.tal *s* postcard; • *adj* postal; **cartão-~**: postcard; postal card.
pos.tar *v* to post; to send by mail.
pos.te *s* post; stake; **~ elétrico**: lamp-post.
pos.ter.ga.ção *s* act of leaving behind; contempt; despise; disregard.
pos.ter.gar *v* to leave behind; to postpone; to put off; to despise; to scorn; to disdain; to disregard; to slight.
pos.te.ri.da.de *s* posterity.
pos.te.ri.or *adj* posterior; later; hinder.

pos.ti.ço *adj* artificial; false.
pos.to *s* place; employment; post; • *adj* placed; put; set; **~ de gasolina**: service/filling station, EUA gas station; **~ policial**: police station.
pos.tu.lar *v* to postulate; to demand; to request.
pós.tu.mo *adj* posthumous.
pos.tu.ra *s* posture.
po.su.do *s* poseur.
po.tás.sio *s* potassium.
po.tá.vel *adj* potable; drinkable.
po.te *s* pot; water-pot; jar.
po.tên.cia *s* potency; potence; power; force; strength.
po.ten.ci.al *s* e *adj* potential.
po.ten.ci.a.li.da.de *s* potentiality.
po.ten.te *adj* potent; strong; vigorous; powerful; mighty.
po.tro *s* colt; foal; young horse.
pou.co *s*, *adj* e *adv* little; few; **~ a ~**: little by little; **fazer ~ de**: to mock; to scorn; to disdain; **um ~ mais**: a little more.
pou.pa.do *adj* saved; saving; sparing; thrifty.
pou.pan.ça *s* economy; savings; **caderneta de ~**: savings account.
pou.par *v* to save; to spare.
pou.sa.da *s* inn.
pou.sar *v* to land; to put; to lodge at; to perch.
pou.so *s* resting-place; AER landing.
po.vo *s* people; nation; mob.
po.vo.a.ção *s* village; town; population; settlement.
po.vo.a.do *s* village.
po.vo.ar *v* to people; to populate; to settle.
pra.ça *s* square; marketplace; soldier.
pra.da.ri.a *s* meadow-land; prairie.
pra.do *s* meadow.
pra.ga *s* curse; imprecation; plague; calamity; **rogar ~**: to curse; to imprecate.
prag.má.ti.ca *s* etiquette.
prag.má.ti.co *adj* pragmatic.
prag.ma.tis.mo *s* pragmatism.
pra.gue.jar *v* to swear; to curse.
prai.a *s* beach; shore.
pran.cha *s* plank; board; **~ de surfe**: surfboard.

pran.che.ta *s* little plank; drawing-board.
pran.te.ar *v* to mourn; to weep for; to feel sorrow or regret.
pran.to *s* weeping; wailing; tears.
pra.ta *s* silver.
pra.ta.ri.a *s* silver-plate; silverware.
pra.te.a.do *adj* silvery.
pra.te.ar *v* to silver; to cover with silver; to coat with a substance resembling silver.
pra.te.lei.ra *s* shelf.
prá.ti.ca *s* practice; usage.
pra.ti.can.te *s* practicant; practitioner; • *adj* practicing.
pra.ti.car *v* to practice; to perform; to fulfil; to exercise; to train.
pra.ti.cá.vel *adj* practicable; feasible.
prá.ti.co *s* practitioner; • *adj* practical; experienced; expert.
pra.ti.nho *s* small plate or dish.
pra.to *s* plate; dish.
pra.xe *s* praxis; practise; use; habit; custom; conventional conduct; a practical example or model.
pra.zer *s* pleasure; delight; enjoyment; joy; **~ em conhecê-lo**: nice to meet you.
pra.zo *s* term; time; **~ final**: deadline.
pre.a.mar *s* high tide.
pre.âm.bu.lo *s* preamble; preface.
pre.ca.ri.e.da.de *s* precariousness.
pre.cá.rio *adj* precarious; unsettled; dubious; insecure; unstable.
pre.cau.ção *s* precaution; caution or care taken in advance.
pre.ca.ver *v* to prevent from; to forewarn.
pre.ce *s* prayer.
pre.ce.dên.cia *s* precedence; precedency; priority.
pre.ce.den.te *s* precedent; • *adj* preceding; foregoing.
pre.ce.der *v* to precede; to go before.
pre.cei.to *s* precept; order; rule.
pre.cei.tu.ar *v* to order; to establish.
pre.ci.o.si.da.de *s* preciosity; preciousness.
pre.ci.o.so *adj* precious; valuable; costly.
pre.ci.pí.cio *s* precipice; abysm; FIG damage; ruin.

pre.ci.pi.ta.ção s precipitation; precipitance; precipitancy.
pre.ci.pi.ta.do adj precipitate; hasty; rash.
pre.ci.pi.tar v to precipitate; to urge; to hurry.
pre.ci.sa.do adj needy; necessitous; wanting.
pre.ci.são s precision; exactness; accuracy; necessity; want; need.
pre.ci.sar v to need; to state; to particularize; to necessitate.
pre.ci.so adj precise; definite; exact; accurate; needful; necessary; indispensable.
pre.ço s price; value; cost.
pre.co.ce adj precocious.
pre.co.ci.da.de s precocity.
pre.cog.ni.ção s precognition.
pre.con.ce.ber v to preconceive.
pre.con.cei.to s prejudice; preconception.
pre.co.ni.zar v to commend; to praise.
pre.cur.sor s precursor; • adj precursory.
pre.da.tó.rio adj predatory.
pre.de.ces.sor s predecessor.
pre.de.fi.ni.ção s predefinition.
pre.de.fi.nir v to predefine.
pre.des.ti.na.ção s predestination; fate; destiny.
pre.des.ti.na.do adj predestinate; predestinated; foreordained; fated; RELIG the elect.
pre.des.ti.nar v to predestinate; to predestine; to foredoom.
pre.de.ter.mi.nar v to predetermine; to settle in advance.
pre.di.ca.do s predicate; ability; virtue.
pre.di.ção s prediction; prophecy.
pre.di.le.ção s predilection; partiality; preference.
pre.di.le.to adj favourite, EUA favorite.
pré.dio s edifice; building.
pre.dis.por v to predispose.
pre.dis.po.si.ção s predisposition; tendency or propensity; predilection; susceptibility.
pre.di.zer v to foretell; to predict; to prognosticate.
pre.do.mi.nân.cia s predominance; predominancy; prevalence.
pre.do.mi.nan.te adj predominant; prevailing; prevalent.
pre.do.mi.nar v to predominate; to prevail; to preponderate.
pre.do.mí.nio s predomination; predominance.
pre.e.mi.nên.cia s pre-eminence.
pre.e.mi.nen.te adj pre-eminent.
pre.en.cher v to fulfil; to perform; to fill.
pré-es.co.la s preschool.
pre.es.ta.be.le.cer v to pre-establish.
pre.es.ta.be.le.ci.do adj pre-established.
pre.e.xis.tir v to pre-exist.
pré-fa.bri.ca.do adj prefabricated.
pre.fa.ci.ar v to preface; to furnish with a preface.
pre.fá.cio s preface; introduction; prologue; preamble; foreword.
pre.fei.to s mayor.
pre.fei.tu.ra s town hall; city hall.
pre.fe.rên.cia s preference; choice; predilection.
pre.fe.rir v to prefer; to like better.
pre.fe.rí.vel adj preferable.
pre.fi.xar v to prefix.
pre.fi.xo s prefix.
pre.ga s plait.
pre.ga.dor s preacher.
pre.gão s proclamation; cry.
pre.gar v to nail; to fix; to preach.
pre.go s nail.
pre.gui.ça s laziness; idleness; indolence; slothfulness.
pre.gui.ço.so adj lazy; indolent; slothful; idle; workshy.
pré-his.tó.ri.co adj prehistoric.
pre.ju.di.car v to prejudice; to damage; to impair.
pre.ju.di.ci.al adj prejudicial; harmful; damaging; noxious.
pre.ju.í.zo s prejudice; damage.
pre.jul.gar v to prejudge.
pre.la.do s prelate.
pre.le.ção s prelection; lecture.
pre.li.mi.nar s preliminary; • adj preliminary; preparatory; introductory.
pre.lo s printing-press; press.
pre.lú.dio s MÚS prelude.

pre.ma.tu.ri.da.de *s* prematurity; precocity; prematuriness.
pre.ma.tu.ro *adj* premature; precocious.
pre.me.di.ta.ção *s* premeditation.
pre.me.di.tar *v* to premeditate.
pre.mên.cia *s* urgency; pressure.
pre.men.te *adj* pressing; urgent.
pré-mens.tru.al *adj* premenstrual; **tensão ~**: premenstrual tension.
pre.mi.a.do *s* prizewinner; • *adj* prizewinning.
pre.mi.ar *v* to reward; to recompense; to requite.
prê.mio *s* reward; recompense; premium; prize.
pre.mis.sa *s* premise.
pren.da *s* gift; present; talents.
pren.de.dor *s* pin; **~ de gravata**: tie-pin; **~ de roupa**: clothes-peg; EUA clothes-pin.
pren.der *v* to catch; to arrest; to imprison; to fasten; to detain; to attach to; to stick to.
pre.nhe *adj* pregnant; full of; plentiful; replete.
pre.no.me *s* Christian name.
pren.sa *s* press; printing-press.
pren.sar *v* to press; to compress; to crush.
pre.nun.ciar *v* to predict; to foretell; to prophesy; to foreshadow.
pre.nún.cio *s* prediction; presage; foretoken.
pré-nup.ci.al *adj* pre-marital.
pre.o.cu.pa.ção *s* preoccupation; worry; care.
pre.o.cu.pa.do *adj* preoccupied; worried.
pre.o.cu.par *v* to preoccupy; to worry about.
pre.pa.ra.ção *s* preparation.
pre.pa.ra.do *adj* prepared; ready.
pre.pa.rar *v* to prepare; to provide; to fit; to get ready; to dispose.
pre.pa.ra.ti.vos *s* arrangements.
pre.pa.ra.tó.rio *adj* preparatory; preliminary.
pre.pon.de.rân.cia *s* preponderance; preponderancy; supremacy.
pre.pon.de.ran.te *adj* preponderant; prevalent; prevailling.
pre.pon.de.rar *v* to preponderate; to prevail; to predominate.
pre.po.si.ção *s* preposition.
pre.po.tên.cia *s* prepotency; prepotence; predominance.
pre.po.ten.te *adj* prepotent.
pre.pú.cio *s* prepuce; foreskin.
prer.ro.ga.ti.va *s* prerogative; privilege.
pre.sa *s* prey; booty; capture; claw; fang.
pres.bi.te.ri.a.nis.mo *s* Presbyterianism.
pres.bi.te.ri.a.no *s* e *adj* presbyterian.
pres.bí.te.ro *s* presbyter.
pres.cin.dir *v* to prescind; to abstract; to detach; to spare; to renounce.
pres.cre.ver *v* to dictate; to guide; DIR to prescribe.
pres.cri.ção *s* precept; DIR prescription.
pres.cri.to *adj* prescribed.
pre.sen.ça *s* presence; appearance; aspect; **~ de espírito**: presence of mind.
pre.sen.ci.ar *v* to be present; to see; to witness.
pre.sen.te *s* present; gift; donation; GRAM the present tense; • *adj* present.
pre.sen.te.ar *v* to present; to offer as a gift; to give.
pre.sé.pio *s* stable; manger; crib.
pre.ser.va.ção *s* preservation.
pre.ser.var *v* to preserve; to protect; to defend; to guard.
pre.ser.va.ti.vo *s* preservative; condom (sexo); • *adj* preservative.
pre.si.dên.cia *s* presidency; chairmanship.
pre.si.den.ci.al *adj* presidential.
pre.si.den.te *s* chairman; president.
pre.si.di.á.rio *s* convict; prisoner.
pre.sí.dio *s* garrison; prison; presidium; EUA jail; BRIT gaol; penitentiary.
pre.si.dir *v* to preside; to direct.
pre.si.lha *s* loop; strap.
pre.so *s* prisoner; convict; • *adj* bound; fastened; imprisoned.
pres.sa *s* haste; hurry; speed; urgency; **ter ~**: to be in a hurry.
pres.sa.gi.ar *v* to presage; to forebode; to foretell.
pres.sá.gio *s* presage; presentiment; foreboding.
pres.são *s* pressure; **panela de ~**: pressure cooker; **~ sanguínea**: blood pressure.

pres.sen.ti.men.to *s* presentiment; premonition.
pres.sen.tir *v* to have a presentiment.
pres.su.por *v* to presuppose.
pres.su.po.si.ção *s* presupposition.
pres.su.pos.to *s* presupposition; • *adj* presupposed.
pres.ta.ção *s* instalment; EUA installment.
pres.tar *v* to be usefull; ~ **atenção**: to pay attention; ~ **socorro**: to help.
pres.tá.vel *adj* serviceable.
pres.tes *adj* ready to; • *adv* quick.
pres.te.za *s* agility; nimbleness; quickness.
pres.ti.di.gi.ta.ção *s* prestidigitation; jugglery; sleight of hand.
pres.ti.di.gi.ta.dor *s* prestidigitator; juggler.
pres.ti.gi.ar *v* to give prestige to; to make prestigious.
pres.tí.gio *s* prestige; influence; renown.
pres.ti.gi.o.so *adj* prestigious; respected; renowned.
prés.ti.mo *s* usefulness; aid; assistance.
pre.su.mi.do *adj* presumptuous; presumptive.
pre.su.mir *v* to presume; to suppose; to guess; to conjecture.
pre.su.mí.vel *adj* presumable.
pre.sun.ção *s* presumption; vanity; audacity.
pre.sun.ço.so *adj* presumptuous.
pre.sun.to *s* ham; GÍR corpse.
pre.ten.den.te *s* suitor; candidate.
pre.ten.der *v* to intend; to claim; to aim at; to aspire.
pre.ten.são *s* intention; pretension.
pre.ten.si.o.so *adj* pretentious; conceited.
pre.te.rir *v* to pretermit; to omit; to slight.
pre.té.ri.to *s* preterit tense; • *adj* preterit; past.
pre.tex.to *s* pretext; excuse.
pre.to *s* black (cor); Negro, blackman; • *adj* black.
pre.va.le.cen.te *adj* prevalent; prevailing.
pre.va.le.cer *v* to prevail; to predominate; to be prevalent.
pre.va.lên.cia *s* prevalence.
pre.va.ri.ca.ção *s* prevarication.
pre.va.ri.car *v* to prevaricate.
pre.ven.ção *s* prevention; warning.
pre.ve.ni.do *adj* prevented; prepared.
pre.ve.nir *v* to prevent; to caution.
pre.ven.ti.vo *s* e *adj* preventive.
pre.ver *v* to foresee.
pre.vi.dên.cia *s* foresight; providence.
pre.vi.den.te *adj* provident; cautious; forehanded.
pré.vio *s* previous; anterior; foregoing.
pre.vi.são *s* foresight; foreknowledge; prevision; ~ **de tempo**: weather forecast.
pre.vis.to *adj* foreseen.
pre.za.do *adj* dear; esteemed; beloved; ~ **Senhor**: Dear Sir (em cartas).
pre.zar *v* to esteem; to value; to honour; EUA to honor.
pri.ma *s* (female) cousin; MÚS prime.
pri.mar *v* to excel; to surpass.
pri.má.rio *adj* primary; BR mediocre; common.
pri.ma.ta *s* primate.
pri.ma.ve.ra *s* spring; springtime; BOT primrose.
pri.ma.zi.a *s* primacy.
pri.mei.ra.nis.ta *s* the first year's student; freshman.
pri.mei.ro *s* e *adj* former; first; ~**s socorros**: first aid.
pri.mi.ti.vo *adj* primitive; primary; primordial; original; uncivilized.
pri.mo *s* cousin; MAT prime; • *adj* prime.
pri.mo.gê.ni.to *s* e *adj* first born.
pri.mor *s* beauty; delicacy; accuracy; perfection; excellence.
pri.mor.di.al *adj* primordial; primary; essential.
pri.mór.dio *s* primordium.
prin.ce.sa *s* princess.
prin.ci.pa.do *s* princedom; principality.
prin.ci.pal *s* principal; leader; chief; • *adj* principal; chief; main.
prín.ci.pe *s* prince; ~ **consorte**: prince consort.
prin.ci.pes.co *adj* princely.
prin.ci.pi.an.te *s* beginner; apprentice.
prin.ci.pi.ar *v* to begin; to start; to commence; to set about.

prin.cí.pio *s* beginning; principle; **a ~**: at first; **do ~ ao fim**: from beginning to the end.
pri.o.ri.da.de *s* priority; precedence.
pri.são *s* prison; BRIT gaol; EUA jail; incarceration; arrest; **~ perpétua**: life inprisonment.
pri.si.o.nei.ro *s* prisoner; captive; convict; **campo de ~s**: prision camp; **~ de guerra**: prisioner of war.
pris.ma *s* GEOM prism.
pri.va.ção *s* privation; want.
pri.va.da *s* water-closet; latrine; toilet.
pri.va.do *adj* private; personal; privy; deprived.
pri.var *v* to deprive; to strip.
pri.va.ti.vo *adj* privative; private.
pri.vi.le.gi.a.do *adj* privileged.
pri.vi.le.gi.ar *v* to privilege.
pri.vi.lé.gio *s* privilege; prerogative.
pro.a *s* NÁUT prow; bow.
pro.ba.bi.li.da.de *s* probability; likelihood.
pro.ba.tó.rio *adj* probatory.
pro.bi.da.de *s* probity; integrity; honesty.
pro.ble.ma *s* problem; question; **não tem ~**: no problem; **qual é o ~?**: what's the problem?
pro.ble.má.ti.co *adj* problematic; problematical.
pro.bo *adj* virtuous; honest.
pro.ce.dên.cia *s* origin; derivation; provenance.
pro.ce.den.te *adj* resulting; consequent proceeding.
pro.ce.der *v* to proceed; to originate.
pro.ce.di.men.to *s* proceeding; procedure; behaviour; conduct.
pro.ces.sar *v* to process; to prosecute; to sue.
pro.ces.so *s* process; lawsuit; legal proceedings; prosecution.
pro.cis.são *s* procession.
pro.cla.ma *s* ban of a marriage.
pro.cla.ma.ção *s* proclamation; a public declaration; announcement.
pro.cla.mar *v* to proclaim.
pro.cras.ti.na.ção *s* procrastination; delay.
pro.cras.ti.nar *v* to procrastinate; to defer; to delay; to put off.
pro.cri.a.ção *s* procreation.
pro.cri.ar *v* to procreate; to beget.
pro.cu.ra *s* search; pursuit; quest; demand.
pro.cu.ra.ção *s* procuration; proxy.
pro.cu.ra.dor *s* procurator.
pro.cu.ra.do.ria *s* proctorship; procuratorship.
pro.cu.rar *v* to search; to look for.
pro.di.ga.li.da.de *s* prodigality.
pro.dí.gio *s* prodigy; wonder; marvel.
pro.di.gi.o.so *adj* prodigious.
pró.di.go *s* prodigal; spendthrift; • *adj* prodigal; lavish; wasteful.
pro.du.ção *s* production; produce.
pro.du.cen.te *adj* productive.
pro.du.ti.vo *adj* productive; fruitful; generative; profitable.
pro.du.to *s* product; produce.
pro.du.tor *s* producer; • *adj* productive; producing.
pro.du.zir *v* to produce; to bring forth; to cause.
pro.e.mi.nên.cia *s* prominence.
pro.e.mi.nen.te *adj* prominent.
pro.e.za *s* courage; prowess; feat; exploit.
pro.fa.na.ção *s* profanation; desecration.
pro.fa.nar *v* to profane; to desecrate; to defile.
pro.fa.no *s* profaner; • *adj* profane.
pro.fe.ci.a *s* prophecy.
pro.fe.rir *v* to utter; to pronounce.
pro.fes.sar *v* to profess.
pro.fes.sor *s* teacher; master; professor.
pro.fes.so.ra.do *s* professorship.
pro.fe.ta *s* prophet.
pro.fé.ti.co *adj* prophetical; prophetic.
pro.fe.ti.sa *s* prophetess.
pro.fe.ti.zar *v* to prophesy; to foretell; to predict.
pro.fi.ci.en.te *adj* proficient; skilled.
pro.fí.cuo *adj* useful; lucrative.
pro.fi.lá.ti.co *adj* prophylactic; preventive.
pro.fi.la.xi.a *s* prophylaxis.
pro.fis.são *s* profession; affirmation; calling; occupation.
pro.fun.da.men.te *adv* profoundly; deeply.

pro.fun.de.za *s* profundity; depth; profoundness.
pro.fun.do *adj* profound; deep; intense.
pro.fu.são *s* profusion; abundance.
pro.fu.so *adj* profuse; lavish.
pro.ge.ni.tor *s* progenitor.
prog.nos.ti.car *v* to prognosticate; to predict; to prophesy.
prog.nós.ti.co *s* MED prognosis; prognostic; omen; presage.
pro.gra.ma *s* programme, EUA program.
pro.gra.ma.ção *s* programming, EUA programing; **linguagem de ~**: INF programming language.
pro.gre.dir *v* to progress; to advance.
pro.gres.são *s* progression.
pro.gres.sis.ta *s e adj* progressive.
pro.gres.so *s* progress; progression; advancement.
pro.i.bi.ção *s* prohibition.
pro.i.bir *v* to prohibit; to forbid.
pro.je.ção *s* projection; prominence.
pro.je.tar *v* to project; to plan; to design; to contrive.
pro.jé.til *s* projectile.
pro.je.to *s* project, plan; design; scheme; **~ de lei**: bill.
pro.je.tor *s* ÓPT projector.
prol *s* advantage; **em ~ de**: in behalf of.
pro.le *s* issue; offspring; progeny.
pro.le.ta.ri.a.do *s* proletariat.
pro.le.tá.rio *s* proletarian.
pro.li.fe.ra.ção *s* proliferation.
pro.li.fe.rar *v* to proliferate.
pro.lí.fi.co *adj* prolific; fruitful; fertile.
pro.li.xi.da.de *s* prolixity.
pro.li.xo *adj* prolix; diffuse.
pró.lo.go *s* prologue; preface.
pro.lon.ga.ção *s* prolongation.
pro.lon.ga.men.to *s* prolongation.
pro.lon.gar *v* to prolong; to lengthen; to extend.
pro.mes.sa *s* promise; pledge; vow.
pro.me.ter *v* to promise; to engage; to pledge.
pro.mis.cui.da.de *s* promiscuity.
pro.mís.cuo *adj* promiscuous; indiscriminate.
pro.mis.sor *adj* promising.
pro.mis.só.ria *s* promissory note.
pro.mo.ção *s* promotion.
pro.mon.tó.rio *s* promontory.
pro.mo.tor *s* promoter; prosecutor.
pro.mo.ver *v* to promote; to advance; to foster.
pro.mul.ga.ção *s* promulgation.
pro.mul.gar *v* to promulgate; to publish.
pro.no.me *s* pronoun.
pron.ti.dão *s* promptness; promptitude.
pron.to *adj* prompt; quick (rápido); ready; • *adv* promptly; quickly; **~-socorro**: first aid.
pro.núncia *s* pronunciation.
pro.nun.ci.a.men.to *s* pronouncement.
pro.nun.ci.ar *v* to pronounce; to utter.
pro.pa.ga.ção *s* propagation; diffusion; dissemination; spreading.
pro.pa.gan.da *s* propaganda; advertising; publicity; prospectus.
pro.pa.gar *v* to propagate; to diffuse; to transmit; to spread.
pro.pa.lar *s* to publish; to divulge; to spread.
pro.pe.lir *v* to propel; to impel.
pro.pen.são *s* propension; propensity; tendency.
pro.pen.so *adj* propense; inclined; disposed; prone; minded.
pro.pi.ci.ar *v* to propitiate.
pro.pí.cio *adj* propitious; promising.
pro.pi.na *s* fee; tip.
pro.po.nen.te *s* proposer; proponent.
pro.por *v* to propose; to propound; to intend; to suggest.
pro.por.ção *s* proportion.
pro.por.ci.o.nal *adj* proportional.
pro.por.ci.o.nar *v* to proportionate.
pro.po.si.ta.do *adj* deliberate; intentional.
pro.pó.si.to *s* purpose; design; aim; intention; **a ~**: by the way; **de ~**: on purpose.
pro.pos.ta *s* proposal; proposition; offer.
pro.pri.e.da.de *s* propriety; possession.
pro.pri.e.tá.rio *s* proprietary; owner; • *adj* proprietary.

pró.prio *adj* proper; own.
pro.pug.nar *v* to contend for; to defend.
pro.pul.são *s* propulsion.
pro.pul.sar *v* to propel; to repel.
pro.pul.sor *s* propeller; • *adj* propelling.
pror.ro.ga.ção *s* prorogation; extension (of time); prolongation; FUT extra-time.
pror.ro.gar *v* to prorogue; to defer; to postpone; to extend.
pror.ro.gá.vel *adj* that may be prolonged.
pror.rom.per *v* to burst; to break out.
pro.sa *s* prose.
pro.sai.co *adj* prosaic; dull; commonplace.
pros.cre.ver *v* to proscribe; to condemn; to prohibit.
pros.cri.ção *s* proscription; prohibition.
pros.cri.to *s* outlaw; • *adj* proscribed.
pro.se.ar *v* to talk; to chat; to boast; to brag.
pro.sé.li.to *s* proselyte.
pro.só.dia *s* prosody.
pro.só.di.co *adj* prosodical.
pro.so.po.pei.a *s* prosopopeia.
pros.pec.to *s* prospectus.
pros.pe.rar *v* to prosper; to succeed; to be successful; to thrive.
pros.pe.ri.da.de *s* prosperity; success.
prós.pe.ro *adj* prosperous; successful; thriving.
pros.se.gui.men.to *s* pursuit; continuation.
pros.se.guir *v* to follow; to pursue; to continue.
prós.ta.ta *s* prostate.
pros.ter.nar *v* to prostrate.
pros.tí.bu.lo *s* brothel; bawdy-house.
pros.ti.tu.i.ção *s* prostitution; whoredom.
pros.ti.tu.ir *v* to prostitute; to debase; to prostitute oneself.
pros.ti.tu.ta *s* prostitute; whore.
pros.ti.tu.to *s* male prostitute.
pros.tra.ção *s* prostration; despondency.
pros.trar *v* to prostrate.
pro.ta.go.nis.ta *s* protagonist.
pro.te.ção *s* protection; patronage; cover; shelter.
pro.te.ger *v* to protect; to defend; to guard; to patronage.
pro.te.gi.do *s* protégé; favourite; • *adj* protected.
pro.te.í.na *s* protein.
pro.te.lar *v* to protract; to postpone; to put off; to delay.
pro.tes.tan.te *s* e *adj* protestant.
pro.tes.tan.tis.mo *s* Protestantism.
pro.tes.tar *v* to protest.
pro.tes.to *s* protest; objection.
pro.te.tor *s* protector; supporter.
pro.to.co.lar *v* to protocol; • *adj* protocolar.
pro.to.co.lo *s* protocol; registry.
pró.ton *s* proton.
pro.tó.ti.po *s* prototype.
pro.to.zo.á.rio *s* protozoa.
pro.tu.be.rân.cia *s* protuberance; projection.
pro.va *s* proof; testimony; test; trial; experiment; **à ~ d'água**: waterproof.
pro.va.ção *s* probation; trial.
pro.var *v* to try; to test; to prove.
pro.vá.vel *adj* probable; likely.
pro.va.vel.men.te *adv* probably.
pro.ve.dor *s* purveyor; provider; supplier.
pro.vei.to *s* profit; advantage; benefit; **tirar ~ de**: to take advantage of.
pro.vei.to.so *adj* profitable; advantageous; beneficial.
pro.ven.çal *adj* Provençal.
pro.ve.ni.ên.cia *s* provenance; origin; provenience.
pro.ven.to *s* profit; gain; revenue.
pro.ver *v* to provide; to supply.
pro.ver.bi.al *adj* proverbial.
pro.vér.bio *s* proverb; saying; saw; adage; by-word.
pro.ve.ta *s* test tub.
pro.vi.dên.cia *s* providence; foresight.
pro.vi.den.ci.al *adj* providential; opportune; lucky.
pro.vi.den.ci.ar *v* to provide.
pro.vi.men.to *s* supply; stock.
pro.vín.cia *s* province.
pro.vin.ci.al *s* e *adj* provincial.
pro.vir *v* to come from.
pro.vi.são *s* stock; provision; supply; store.

pro.vi.si.o.nar *v* to provision; to supply with provisions.
pro.vi.só.rio *adj* provisional; temporary.
pro.vo.ca.ção *s* provocation; challenge.
pro.vo.car *v* to provoke.
pro.vo.ca.ti.vo *adj* provocative.
pro.xi.mi.da.de *s* proximity; nearness; vicinity; **~s**: surroundings.
pró.xi.mo *s* neighbour, EUA neighbor; • *adj* near; adjacent; next.
pru.dên.cia *s* prudence.
pru.den.te *adj* prudent; cautious.
pru.mo *s* plummet; plumb; **a ~**: vertically.
pru.ri.do *s* pruritus; itch; itching.
prus.si.a.no *s* e *adj* Prussian.
pseu.dô.ni.mo *s* pseudonym; pen name; • *adj* pseudonymous.
psi.ca.ná.li.se *s* psychoanalysis.
psi.ca.na.lis.ta *s* psychoanalist; • *adj* psychoanalytic.
psi.co.lo.gi.a *s* psychology.
psi.có.lo.go *s* psychologist.
psi.co.mé.tri.co *adj* psychometric; psychometrical.
psi.co.pa.ta *s* psychopath.
psi.co.pá.ti.co *adj* psychopathic.
psi.co.se *s* psychosis.
psi.co.te.ra.pi.a *s* psychotherapy.
psi.que *s* psyche; soul; mind.
psi.qui.a.tra *s* psychiatrist.
psi.qui.a.tri.a *s* psychiatry.
psí.qui.co *adj* psychic; psychical.
pu.ber.da.de *s* puberty.
pú.be.re *adj* pubescent.
pu.bes.cên.cia *s* pubescence.
pú.bis *s* pubes; pubis.
pu.bli.ca.ção *s* publication; **~ trimestral**: quarterly.
pu.bli.car *v* to publish; to announce.
pu.bli.ci.da.de *s* publicity; advertising.
pú.bli.co *s* public; audience; • *adj* public; **em ~**: in public.
pu.di.co *adj* chaste; bashful.
pu.dim *s* pudding.
pu.dor *s* decency; shame; modesty; bashfulness.

pu.e.ril *adj* puerile; childish.
pu.gi.lis.mo *s* pugilism; boxing.
pu.gi.lis.ta *s* pugilist; boxer.
pu.jan.ça *s* strength; vigor; vitality; powerfulness.
pu.lar *v* to jump; to leap; to spring; to skip.
pul.ga *s* flea.
pul.gão *s* plant louse.
pul.mão *s* lung; lungs.
pul.mo.nar *adj* pulmonary.
pu.lo *s* leap; jump; spring; bound.
pu.lô.ver *s* pullover.
púl.pi.to *s* pulpit.
pul.sa.ção *s* pulsation; pulse.
pul.sar *v* to pulsate; to pulse; to beat; to throb.
pul.sei.ra *s* bracelet.
pul.so *s* pulse (batimento); wrist (parte do antebraço); energy (energia).
pu.lu.lar *v* to pullulate; to germinate.
pul.ve.ri.za.ção *s* pulverization.
pul.ve.ri.zar *v* to pulverize; to demolish; to spray.
pu.ma *s* ZOO puma; cougar.
pun.ção *s* puncture.
pun.ci.o.nar *v* to puncture; to punch.
pun.gen.te *adj* pungent; poignant; sharp.
pu.nha.do *s* handful; a few.
pu.nhal *s* dagger; poniard.
pu.nha.la.da *s* a stab with a dagger.
pu.nho *s* fist; wrist; cuff (de camisa); **de próprio ~**: in one's own handwriting.
pu.ni.ção *s* punishment; chastisement.
pu.ni.dor *s* punisher; • *adj* punitory.
pu.nir *v* to punish; to chastise.
pu.ni.ti.vo *adj* punitive.
pu.ní.vel *adj* punishable.
pu.pi.la *s* pupil; ward.
pu.pi.lo *s* pupil; ward.
pu.rê *s* purée; **~ de batatas**: mashed potatoes.
pu.re.za *s* purity; chastity; innocence.
pur.ga.ção *s* purgation; purification.
pur.gan.te *s* e *adj* purgative; laxative.
pur.gar *v* to purge; to purify; to cleanse.
pur.ga.tó.rio *s* purgatory.
pu.ri.fi.ca.ção *s* purification.

pu.ri.fi.ca.dor *s* purifier.
pu.ri.fi.car *v* to purify; to make or become pure; to cleanse.
pu.ris.mo *s* purism.
pu.ris.ta *s* purist.
pu.ri.ta.nis.mo *s* puritanism.
pu.ri.ta.no *s* e *adj* puritan.
pu.ro *adj* pure; clear; chaste.
pu.ro-san.gue *s* thoroughbred.
púr.pu.ra *s* purple.
pur.pú.reo *adj* purple.
pu.ru.lên.cia *s* purulence; purulency.
pu.ru.len.to *adj* purulent.
pus *s* pus.

pu.si.lâ.ni.me *adj* pusillanimous; cowardly; fainthearted.
pús.tu.la *s* MED pustule.
pu.ta.ti.vo *adj* putative; reputed.
pu.tre.fa.ção *s* putrefaction.
pu.tre.fa.zer *v* to putrefy; to become putrid; to decompose; to rot; to make putrid.
pu.xa *interj* wow!; gee!; pish!
pu.xa.de.la *s* pull.
pu.xa.do *adj* expensive (preço); exaustive (trabalho).
pu.xa.dor *s* handle.
pu.xão *s* pull.
pu.xar *v* to pull; to draw; to drag; to tug.

Q

q *s* the seventeenth letter of the Portuguese alphabet.
qua.cre *s* RELIG quaker.
qua.dra *s* square; ESP court; **~ de tênis**: ESP tennis-court.
qua.dra.do *s* e *adj* square.
qua.dra.gé.si.mo *s* e *num* fortieth.
qua.dran.gu.lar *adj* quadrangular.
qua.dran.te *s* MAT quadrant; dial (de relógio).
qua.dra.tu.ra *s* quadrature.
qua.dri.cu.la.do *adj* checkered; squared; **papel ~**: squared paper.
qua.dri.ê.nio *s* quadrennium.
qua.dril *s* hip; rump; haunch.
qua.dri.lá.te.ro *s* quadrilateral; • *adj* four-sided.
qua.dri.lha *s* gang; band of robbers.
qua.dro *s* picture; painting; square; staff (pessoal); scene (teatro); **~ de avisos**: notice-board, EUA bulletin-board; **~ de anúncios**: EUA billboard; **~-negro**: blackboard.
qua.drú.pe.de *s* quadruped; • *adj* four-footed; quadruped.
qua.dru.pli.car *v* to quadruplicate; to multiply by four.
qual *pron* which; whom; such as; one; • *conj* like; as; **~ de vocês?**: which of you?; **~ deles?**: which one?
qua.li.da.de *s* quality; kind; **controle de ~**: quality control; **~ de carta**: INF letter quality.
qua.li.fi.ca.ção *s* qualification.
qua.li.fi.car *v* to qualify; to class.
qua.li.fi.ca.ti.vo *adj* qualitative.
qual.quer *adj* any; • *pron* either; any; **em ~ tempo**: whenever; **~ coisa**: anything; **~ lugar**: anywhere; **~ pessoa**: anybody; **~ que**: whatever; **~ que seja**: whichever.
quan.do *adv* when; • *conj* when; as; **até ~?**: till when? **de ~ em ~**: from time to time; **de vez em ~**: occasionally; **desde ~?**: how long?; **~ muito**: at most; at best; **~ quer que**: whenever.
quan.ti.a *s* amount; sum.
quan.ti.da.de *s* quantity; deal; amount.
quan.to *pron* how much; **quantas vezes?**: how many times?; **~ mais cedo melhor**: the sooner the better; **~ tempo?**: how long?; **tanto ~ possível**: as much as possible.
quan.tum *s* FÍS quantum.
quão *adv* as; how.
qua.ren.ta *s* e *num* forty.
qua.ren.te.na *s* quarantine.
qua.res.ma *s* Lent.
quark *s* FÍS quark.
quar.ta *s* quarter; fourth part; **~ de final**: ESP quarter final; **~-feira**: Wednesday; **~-feira de Cinzas**: Ash Wednesday.
quar.tei.rão *s* block.
quar.tel *s* quarter; barrack; **~ -general**: headquarters.
quar.te.to *s* quartet; **~ de cordas**: string quartet.

quar.to *s* quarter; fourth part; room; bedroom; **~ crescente**: first quarter; **~ de casal**: double bedroom; **~ de solteiro**: single room; **~ minguante**: the last quarter.

quart.zo *s* MIN quartz.

qua.se *adv* almost; all but; nearly; **~ nada**: almost nothing.

qua.tor.ze *s* e *num* fourteen.

qua.tro *s* e *num* four.

que *pron* what; which; who; whom; that; • *adv* what; how; • *conj* as; for; than; however; that.

que.bra *s* break; interruption; bankruptcy; **~-cabeça**: puzzle; **~-galho**: POP lifesaver; **~-gelo**: NÁUT icebreaker; **~-luz**: lampshade; **~-mar**: breakwater; **~-nozes**: nutcrackers, EUA nutcracker.

que.bra.di.ço *adj* fragile; easily broken.

que.bra.do *s* fraction; • *adj* broken; bankrupt.

que.bran.to *s* evil eye.

que.brar *v* to break; to go bankrupt.

que.da *s* fall; downfall; drop; **~-d'água**: waterfall; **~ de braço**: arm wrestling.

quei.jo *s* cheese.

quei.ma *s* burning; combustion; **a ~-roupa**: point-blank.

quei.ma.da *s* burning of wood.

quei.ma.do *s* smell or taste of burnt food; • *adj* burnt.

quei.ma.du.ra *s* burn; sunburn.

quei.mar *v* to burn; to scorch.

quei.xa *s* complaint; objection; protest.

quei.xar-se *v* to complain; to grumble.

quei.xo *s* chin.

quei.xo.so *adj* plaintive; complaining.

quei.xu.me *s* moan; lamentation; groan.

quem *pron* who; whom; which; **de ~**: whose; **~ é que?**: who?; **~ quer que**: whoever; **seja ~ for**: whoever it may be.

que.ni.a.no *s* e *adj* Kenyan.

quen.te *adj* hot.

quen.tu.ra *s* heat; warmth.

quer *conj* either; or; whether.

que.re.la *s* quarrel; altercation.

que.re.lan.te *s* complainant; plaintiff.

que.rer *v* to wish; to desire; to will; **como quiser**: as you like; **~ dizer**: to mean; to signify; to dislike; **sem ~**: unintentionally, by accident.

que.ri.do *s* e *adj* dear; darling; beloved.

que.ro.se.ne *s* kerosene.

que.ru.bim *s* cherub.

que.si.to *s* query; question.

ques.tão *s* question.

ques.ti.o.nar *v* to question; to dispute; to quarrel.

ques.ti.o.ná.rio *s* questionnaire.

ques.ti.o.ná.vel *adj* questionable; doubtful.

qui.a.bo *s* okra.

qui.çá *adv* perhaps; maybe.

qui.e.to *adj* quiet; still; peaceable.

qui.e.tu.de *s* quietude; tranquillity; quietness.

qui.la.te *s* carat.

qui.lha *s* keel.

qui.lo *s* kilogram; MED chyle.

qui.lo.by.te *s* kilobyte.

qui.lo.gra.ma *s* kilogram.

qui.lo.li.tro *s* kilolitre.

qui.lo.me.trar *v* to measure or mark in kilometers.

qui.lo.mé.tri.co *adj* kilometric; FIG very extensive.

qui.lô.me.tro *s* kilometre, EUA kilometer.

qui.lo.watt *s* kilowatt.

qui.me.ra *s* chimera; fancy; utopia.

qui.mé.ri.co *adj* chimerical; fantastic; fanciful.

quí.mi.ca *s* chemistry.

quí.mi.co *s* chemist; • *adj* chemical.

qui.mi.o.te.ra.pi.a *s* chemotherapy.

qui.mo.no *s* kimono.

qui.na *s* corner; edge.

qui.nhão *s* share; lot; portion.

quin.quê.nio *s* quinquennium.

quin.qui.lha.ri.as *s* knicknaks; trifles; odds and ends.

quin.ta-fei.ra *s* Thursday; **~-feira Santa**: Maundy Thursday.

quin.tal *s* yard.

quin.te.to *s* MÚS quintet.

quin.to *s* e *num* fifth.

quintuplicar / quotizar

quin.tu.pli.car *v* to quintuple.
quin.ze *s e num* fifteen; **cinco e ~** (horas): a quarter past five, EUA a quarter after five; **~ para as oito** (horas): a quarter to eight, EUA a quarter of eight.
quin.ze.na *s* fortnight; a period of fifteen days.
quin.ze.nal *adj* fortnightly.
qui.os.que *s* kiosk; news-stand.
qui.pro.quó *s* confusion.
qui.ro.man.ci.a *s* chiromancy; palmistry.
qui.ro.man.te *s* chiromancer; palmist.
quis.to *s* MED cyst; wen; • *adj* beloved; well-liked.

qui.ta.ção *s* acquittance; receipt; discharge.
qui.tan.da *s* greengrocery's, EUA greengrocery.
qui.tan.dei.ro *s* greengrocer.
qui.tar *v* to acquit; to discharge.
qui.te *adj* free from debt or obligation; **estamos ~s**: we are quits.
quo.ci.en.te *s* MAT quotient.
quo.ta *s* quota; part; share; portion.
quo.ti.di.a.no *adj* daily.
quo.ti.za.ção *s* assessment.
quo.ti.zar *v* to assess; to rate.

R

r *s* the eighteenth letter of the Portuguese alphabet.
rã *s* frog.
ra.ba.ne.te *s* radish.
ra.bi.no *s* rabbi.
ra.bis.car *v* to scrawl; to scribble; to doodle.
ra.bis.co *s* scrawl; doodle.
ra.bo *s* tail.
ra.bu.do *s* long-tailed.
ra.bu.gen.to *adj* peevish; morose; fretful.
ra.bu.gi.ce *s* peevishness; fretfulness; moroseness.
ra.ça *s* race breed (de animais); **a ~ humana**: mankind; humankind; **cavalo de ~**: thoroughbred horse.
ra.ção *s* ration.
ra.char *v* to rift; to chap; to cleave; to split; to crack.
ra.ci.o.ci.nar *v* to reason; to ratiocinate.
ra.ci.o.cí.nio *s* reasoning; ratiocination.
ra.ci.o.nal *s* rational being; • *adj* rational; reasonable.
ra.ci.o.na.li.da.de *s* rationality; reasonableness.
ra.ci.o.na.lis.mo *s* rationalism.
ra.ci.o.na.lis.ta *s* rationalist.
ra.ci.o.na.li.zar *v* to rationalize.
ra.ci.o.nar *v* to ration.
ra.cis.mo *s* racism.
ra.cis.ta *s* e *adj* racist.
ra.dar *s* radar.
ra.di.a.ção *s* radiation.
ra.di.a.dor *s* radiator.
ra.di.a.lis.ta *s* radio announcer.
ra.di.an.te *adj* radiant; beaming; brilliant.
ra.di.ar *v* to radiate; to sparkle.
ra.di.cal *adj* radical; essencial.
ra.di.ca.lis.mo *s* radicalism.
ra.di.car *v* to radicate; to take root; to settle; to root; to fix.
rá.dio *s* radio; QUÍM radium; radius (osso); **estação de ~**: radio station; **~ portátil**: portable radio.
ra.di.o.a.ti.vi.da.de *s* radioactivity.
ra.di.o.a.ti.vo *adj* radioactive.
ra.di.o.di.fu.são *s* broadcasting.
ra.di.o.gra.far *v* to radiograph.
ra.di.o.gra.fi.a *s* radiography.
ra.di.o.grá.fi.co *adj* radiographic.
ra.di.o.gra.ma *s* radiogram.
ra.di.o.lo.gi.a *s* radiology.
ra.di.o.tá.xi *s* radio taxi.
ra.di.o.te.ra.pi.a *s* radiotherapy.
rai.a *s* lane; ray (peixe).
rai.ar *v* to break; to emit; to radiate.
ra.i.nha *s* queen.
rai.o *s* ray; beam; thunderbolt; MAT radius; spoke (de roda).
rai.va *s* rage; fury; anger; MED hydrophobia (doença).
rai.vo.so *adj* furious; angry.
ra.iz *s* root; base; MAT radix; source; foundation; **bens de ~**: real estate; **~ quadrada**: square root.
ra.já *s* rajah.
ra.ja.da *s* gust; blast of wind; burst (tiros).

ralador / reabrir   **214**

ra.la.dor s grater.
ra.lar v to grate.
ra.lé s mob; common people; rabble; riff-raff.
ra.lhar v to scold; to chide.
ra.lo s grater; • adj thin; sparce; rare.
ra.ma s foliage; boughs or branches of a tree.
ra.ma.gem s foliage; boughs or branches of a tree.
ra.mal s branch line (ferrovia), extension line (telefone).
ra.ma.lhe.te s nosegay; a bunch of flowers; bouquet.
ra.mei.ra s prostitute; harlot; strumpet.
ra.mi.fi.ca.ção s ramification.
ra.mi.fi.car v to ramify; ~-se: to divide into branchs.
ra.mo s branch; bough; off-shoot; nosegay; **Domingo de ~s**: Palm Sunday.
ram.pa s ramp; sloping passage; slope; stage.
ran.ço s rancidity; • adj rancid.
ran.cor s rancour; EUA rancor; resentment.
ran.co.ro.so adj rancorous; resentful.
ran.ço.so adj rancid; rank; stale.
ran.ger v to creak; to grind; ~ **os dentes**: to gnash the teeth.
ran.gi.do s creak.
ra.nhe.ta s a peevish person; • adj peevish; crabby.
ra.nho s snivel; snot; mucus (do nariz).
ra.nhu.ra s groove; notch.
ran.zin.za adj bad-tempered.
ra.par v to scrape; to remove by rasping the surface; to crop (cabelo).
ra.paz s boy; young man; lad.
ra.pa.zi.a.da s a group of boys.
ra.pé s snuff.
ra.pi.dez s rapidity; swiftness; speed; quickness.
rá.pi.do adj rapid; fast; quick; swift.
ra.pi.na s rapine; pillage; plunder; robbery.
ra.pi.nar v to plunder; to pillage; to rob.
ra.po.sa s fox; FIG a sly person.
rap.só.dia s rhapsody.
rap.tar v to ravish; to kidnap.
rap.to s kidnapping; kidnap; abduction.
rap.tor s ravisher; kidnapper.

ra.que.te s racket, racquet.
ra.quí.ti.co adj rachitic; rickety; puny.
ra.qui.tis.mo s rachitis; rickets.
ra.ra.men.te adj seldom; rarely.
ra.re.ar v to make or become rare or thin.
ra.re.fa.ção s rarefaction; rarefication.
ra.re.fa.zer v to rarefy; **~-se**: to become rare.
ra.re.fei.to adj rarefied.
ra.ri.da.de s rarity; rareness.
ra.ro adj rare; very uncommon; scarce; unusual; exceptional.
ras.cu.nhar v to sketch; to outline.
ras.cu.nho s sketch; draft; outline; first plan; rough copy.
ras.ga.do adj torn; rent.
ras.gão s rent; tear; rip.
ras.gar v to lacerate; to tear; to rip; to rend.
ra.so adj level; plain; flat.
ras.pa s scraping; shaving.
ras.pão s scratch.
ras.par v to scrape; to rasp; to scratch; to erase.
ras.tei.ra s trip; **passar uma ~**: to trip up.
ras.tei.ro adj creeping; low.
ras.te.jar v to trace; to track.
ras.tre.ar v to trace.
ras.tro s trace; track; footprint.
ra.su.ra s erasure.
ra.ta.za.na s female rat; large rat.
ra.te.ar v to share; to apportion; to distribute proportionally.
ra.tei.o s apportionment.
ra.ti.fi.ca.ção s ratification; confirmation.
ra.ti.fi.car v to ratify; to confirm; to corroborate.
ra.to s mouse; rat; **~ de biblioteca**: bookworm.
ra.to.ei.ra s mousetrap; snare.
ra.vi.na s ravine.
ra.zão s reason; good sense; motive; **ter ~**: to be right.
ra.zo.á.vel adj reasonable.
ré s accused woman; stern; MÚS re.
re.a.bas.te.cer v to refuel; to replenish.
re.a.ber.tu.ra s reopening.
re.a.bi.li.ta.ção s rehabilitation.
re.a.bi.li.tar s to rehabilitate; to restore.
re.a.brir v to reopen.

re.a.ção s reaction; ~ em cadeia: chain reaction.
re.a.cen.der v to light again.
re.a.ci.o.ná.rio s e adj reactionary.
re.ad.mis.são s readmission.
re.ad.mi.tir v to readmit; to reinstate.
re.ad.qui.rir v to regain; to recover.
re.a.fir.mar v to reaffirm; to reassert.
re.a.gen.te s reagent; • adj reactive.
re.a.gir v to react; to resist.
re.a.gru.par v to regroup.
re.a.jus.tar v to readjust.
re.al adj real, true; royal, kingly (relativo a rei).
re.al.çar v to emphasize; to highlight.
re.al.ce s relief; emphasis; stress.
re.a.le.jo s barrel organ; street organ.
re.a.le.za s royalty; sovereignty; royal persons.
re.a.li.da.de s reality; fact; truth; na ~: in fact.
re.a.lis.mo s realism.
re.a.lis.ta s realist; • adj realistic.
re.a.li.za.ção s realization; accomplishment; achievement.
re.a.li.zar v to fulfil; to achieve; to perform; to accomplish; ~-se: to come true.
re.a.li.zá.vel adj accomplishable; practicable.
re.al.men.te adv really; actually.
re.a.ni.ma.ção s reanimation; reviving.
re.a.ni.mar v to reanimate; to revive; to cheer up; to comfort.
re.a.pa.re.cer v to reappear.
re.as.su.mir v to reassume; to resume; to retake.
re.a.ta.men.to s renewal; resumption.
re.a.tar v to bind again; to tie again; to renew; to resume.
re.a.tor s reactor; ~ nuclear: nuclear reactor.
re.a.va.li.a.ção s revaluation.
re.a.va.li.ar v to revalue.
re.a.ver v to recover; to get back; to regain.
re.a.vi.var v to revive; to renew.
re.bai.xa.men.to s lowering; debasement.
re.bai.xar v to lessen; to lower; to debase; to demote; ESP to relegate.
re.ba.nho s herd (bovino); flock (ovino).
re.bar.ba s fin; burr.
re.ba.te s sudden attack.

re.ba.ter v to beat again; to refute.
re.ba.ti.do adj repelled.
re.be.lar-se v to rebel; to revolt.
re.bel.de s e adj rebellious; rebel; obstinate; stubborn; unruly.
re.bel.di.a s rebellion; revolt; obstinacy.
re.be.li.ão s rebellion; revolt; insurrection.
re.ben.ta.ção s bursting; surge; breaking on the shore.
re.ben.tar v to burst.
re.ben.to s sprout; shoot.
re.bi.tar v to rivet; to clinch.
re.bi.te s rivet; bolt.
re.bo.bi.nar v to rewind (fita de vídeo, fita cassete).
re.bo.ca.dor s towboat; tug-boat.
re.bo.car v to plaster (com reboco); to tow (a reboque).
re.bo.co s plaster; roughcast.
re.bo.la.do s swinging; movement of the hips.
re.bo.lar v to roll; to swing; to tumble.
re.bo.que s tow.
re.bor.do s edge; border.
re.bu.li.ço s noise; tumult; uproar; disorder; turmoil.
re.ca.do s message.
re.ca.í.da s relapse; falling back.
re.ca.ir v to fall again; to relapse; to fall back.
re.cal.ca.do adj repressed.
re.cal.car v to repress.
re.cal.ci.tran.te adj recalcitrant; refractory; unwilling.
re.cal.ci.trar v to recalcitrate; to resist.
re.cal.que s repression.
re.can.to s nook, recess.
re.ca.pi.tu.la.ção s recapitulation; summing up.
re.ca.pi.tu.lar v to recapitulate; to summarize; to sum up.
re.cap.tu.rar v to recapture; to capture again.
re.ca.ta.do adj shy; bashful; modest; reserved.
re.ca.to s modesty; bashfulness.
re.cau.chu.tar v to recap, to retread (pneu).
re.ce.ar v to fear; to be afraid; to dread.
re.ce.ber v to receive; to take; to accept; to welcome.
re.ce.bi.men.to s reception; receiving; admission.

re.cei.o *s* fear; dread; apprehension; **ter ~ de**: to be afraid of.

re.cei.ta *s* income, revenue (renda); recipe (culinária); **~ médica**: prescription.

re.cei.tar *v* to prescribe.

re.cém *adv* recently; newly; **~-casado**: just married; **~-chegado**: newcomer; **~-nascido**: newborn.

re.cen.se.a.men.to *s* census.

re.cen.se.ar *v* to take the census.

re.cen.te *adj* recent; new; fresh.

re.cen.te.men.te *adv* recently.

re.ce.o.so *adj* afraid; fearful; apprehensive.

re.cep.ção *s* reception; welcome.

re.cep.ci.o.nis.ta *s* receptionist.

re.cep.tá.cu.lo *s* receptacle; container; repository.

re.cep.ta.dor *s* a receiver of stolen goods.

re.cep.tar *v* to receive; to conceal.

re.cep.ti.vi.da.de *s* receptivity.

re.cep.ti.vo *adj* receptive.

re.ces.são *s* recession.

re.ces.so *s* recess; retirement; nook; retreat.

re.cha.çar *v* to repel; to refute; **~ o inimigo**: to beat back the enemy.

re.che.a.do *adj* filled; stuffed.

re.che.ar *v* to stuff; to fill.

re.chei.o *s* stuffing.

re.ci.bo *s* receipt; acquittance.

re.ci.clar *v* to recycle.

re.ci.clá.vel *adj* recyclable.

re.ci.fe *s* reef.

re.cin.to *s* enclosed space; enclosure; precinct.

re.ci.pi.en.te *s* recipient; receiver; vessel; container; • *adj* recipient.

re.ci.pro.ci.da.de *s* reciprocity.

re.cí.pro.co *adj* reciprocal; mutual.

re.ci.tal *s* recital; concert.

re.ci.tar *v* to recite; to declaim.

re.cla.ma.ção *s* reclamation; protest; complaint.

re.cla.mar *v* to complain.

re.cli.na.ção *s* reclination.

re.cli.na.do *adj* reclined.

re.cli.nar *v* to recline; to lean back.

re.clu.são *s* reclusion; seclusion.

re.clu.so *s* e *adj* recluse.

re.co.brar *v* to recover; to regain; to recuperate; **~ as forças**: to recover one's strength.

re.co.brir *v* to cover again.

re.co.lher *v* to gather; to collect; to go to bed.

re.co.lhi.do *adj* retired.

re.co.lhi.men.to *s* retirement; seclusion.

re.co.me.çar *v* to begin again; to resume.

re.co.me.ço *s* recommencement.

re.co.men.da.ção *s* recommendation; advice; **carta de ~**: references.

re.co.men.dar *v* to recommend; to commend.

re.com.pen.sa *s* recompense; reward.

re.com.pen.sar *v* to recompense; to reward.

re.com.po.si.ção *s* recomposition.

re.côn.ca.vo *s* cave.

re.con.ci.li.a.ção *s* reconciliation.

re.con.ci.li.a.dor *s* reconciler; • *adj* reconciling.

re.con.ci.li.ar *v* to reconcile; to conciliate; to accord.

re.con.ci.li.á.vel *adj* reconcilable.

re.côn.di.to *adj* hidden; unknown.

re.con.du.zir *v* to reconduct.

re.con.for.tan.te *adj* invigorating.

re.con.for.tar *v* to cheer up; to console; to comfort; to enliven.

re.co.nhe.cer *v* to recognize; to reconnoitre, EUA to reconnoiter; to identify; to accept; to admit; to acknowledge.

re.co.nhe.ci.do *adj* grateful; thankful.

re.co.nhe.ci.men.to *s* recognition; acknowledgement.

re.con.quis.ta *s* reconquest; reconquering.

re.con.quis.tar *v* to reconquer; to regain.

re.con.si.de.ra.ção *s* reconsideration.

re.con.si.de.rar *v* to reconsider; to consider again.

re.cons.ti.tu.ir *v* to reconstitute; to restore the constitution of; to re-enact.

re.cons.tru.ção *s* reconstruction; rebuilding.

re.cons.tru.ir *v* to rebuild; to reconstruct; to remodel.

re.con.tar *v* to recount.

re.cor.da.ção *s* remembrance; keepsake.
re.cor.dar *v* to remember; to remind.
re.cor.de *s* record.
re.cor.dis.ta *s* record holder; • *adj* record-breaking.
re.cor.ren.te *s* e *adj* appellant.
re.cor.rer *v* to resort; DIR to appeal.
re.cor.tar *v* to cut; to clip.
re.cor.te *s* cutting, EUA clipping.
re.cos.tar *v* to lean; to recline; to lean back.
re.cre.a.ção *s* recreation; diverstion; amusement.
re.cre.ar *v* to recreate; to amuse; to entertain.
re.cre.a.ti.vo *adj* recreative; recreation.
re.crei.o *s* recreation; break (escola).
re.cri.ar *v* to create again or anew; to recreate.
re.cri.mi.na.ção *s* recrimination.
re.cri.mi.nar *v* to recriminate; to blame.
re.cru.des.cên.cia *s* recrudescence.
re.cru.des.cen.te *adj* recrudescent.
re.cru.des.cer *v* to recrudesce.
re.cru.ta *s* recruit; trainee; rookie; galoot.
re.cru.tar *v* to recruit; to enlist.
re.cu.ar *v* to draw back; to recoil.
re.cu.o *s* recoil; retreat.
re.cu.pe.ra.ção *s* recuperation; recovery.
re.cu.pe.rar *v* to recuperate; to recover; to get over.
re.cur.so *s* recourse; resort; appeal.
re.cur.var *v* to bend; to recurve; to crook.
re.cu.sa *s* refusal; denial; rejection.
re.cu.sar *v* to refuse; to decline; to reject; to deny.
re.da.ção *s* composition; editorial office; draft.
re.de *s* net; network; hammock (para dormir); **cair na ~**: to fall into a trap; **~ de pescar**: fishing-net.
ré.deas *s pl* rein; bridle.
re.de.co.rar *v* to redecorate.
re.de.mo.i.nho *s* whirl; whirlwind (de vento); whirlpool (de água).
re.den.ção *s* redemption.
re.den.tor *s* redeemer.
re.di.gir *v* to write; to draw up (contrato).
re.di.mir *v* to redeem.
re.dis.tri.bu.i.ção *s* redeployment.

re.dis.tri.bu.ir *v* to redeploy.
re.do.brar *v* to redouble; to double; to increase; to intensify.
re.do.ma *s* bell jar; vial.
re.don.de.zas *s pl* environs; surroundings.
re.don.do *adj* round; rotunted; circular; spherical.
re.dor *s* circuit; contour; **ao ~ de**: around; about.
re.du.ção *s* reduction; diminution; cutback; decrease.
re.dun.dân.cia *s* redundance; redundancy; pleonasm.
re.dun.dar *v* to be redundant; to overflow.
re.du.tí.vel *adj* reducible.
re.du.to *s* redoubt.
re.du.zir *v* to reduce; to diminish; to lessen; to lower.
re.e.di.ção *s* a new impression of a printed work.
re.e.di.fi.ca.ção *s* rebuilding; reedification.
re.e.di.fi.car *v* to rebuild.
re.e.di.tar *v* to reprint; to reissue (livro).
re.e.du.ca.ção *s* re-education.
re.e.du.car *v* to re-educate.
re.e.le.ger *v* to re-elect; to elect again.
re.em.bol.sar *v* to refund; to reimburse; to repay.
re.em.bol.so *s* refund; reimbursement; **~ postal**: cash on delivery.
re.em.pre.gar *v* to re-employ; to employ again.
re.en.car.na.ção *s* reincarnation.
re.en.car.nar *v* to reincarnate.
re.en.con.trar *v* to meet again; to find again.
re.en.trân.cia *s* re-entrance.
re.en.trar *v* to reenter; to enter again.
re.es.cre.ver *v* to rewrite.
re.es.ta.be.le.cer *v* INF to reset.
re.es.trei.a *s* TEAT revival.
re.e.xi.bi.ção *s* CIN e TV rerun.
re.e.xi.bir *v* CIN e TV to rerun.
re.fa.zer *v* to redo; to remake.
re.fei.ção *s* meal; repast.
re.fei.to *adj* restored; remade.
re.fei.tó.rio *s* refectory; dining hall.

re.fém *s* hostage.
re.fe.rên.cia *s* reference; allusion.
re.fe.ren.te *adj* relating; referring; concerning.
re.fe.ri.do *adj* above mentioned.
re.fe.rir *v* to refer; to relate; to tell; to concern.
re.fes.te.lar-se *v* to loll; to lean back.
re.fi.na.ção *s* refining.
re.fi.na.do *adj* refined.
re.fi.na.men.to *s* refinement; elegance.
re.fi.nar *v* to refine; to polish; to purify.
re.fi.na.ri.a *s* refinery.
re.fla.ção *s* ECON reflation.
re.fla.ci.o.nar *v* ECON to reflate.
re.fle.tir *v* to reflect; to give back an image; to mirror; to ponder; to consider.
re.fle.tor *s* reflector; • *adj* reflective.
re.fle.xão *s* reflection; EUA reflexion; meditation; contemplation; consideration.
re.fle.xo *s* reflex; reflection; • *adj* reflex; reflected; reflexive.
re.flo.res.ta.men.to *s* reforestation.
re.flo.res.tar *v* to reforest.
re.flu.xo *s* reflux; flowing back; ebb; refluence.
re.for.çar *v* to reinforce; to strengthen; to fortify.
re.for.ço *s* reinforcement, backing.
re.for.ma *s* reform; reformation.
re.for.ma.do *adj* reformed; retired.
re.for.mar *v* to reform; to amend; ~~**-se**: MIL to retire.
re.for.ma.tar *v* INF to reformat.
re.for.ma.tó.rio *s* EUA reformatory.
re.fra.ção *s* refraction.
re.frão *s* refrain; burden; saying.
re.fra.tar *v* to refract.
re.fra.tá.rio *adj* refractory; unruly; obstinate; ovenproof.
re.fre.ar *v* to bridle; to restrain; to hold back; to check.
re.fres.can.te *adj* cooling; refreshing.
re.fres.car *v* to refresh; to freshen; to become fresh; to cool.
re.fres.co *s* refreshment; cool drink.

re.fri.ge.ra.ção *s* refrigeration.
re.fri.ge.ra.dor *s* refrigerator; freezer.
re.fri.ge.ran.te *s* soft drink.
re.fri.ge.rar *v* to refrigerate; to cool.
re.fu.gar *v* to reject; to refuse.
re.fu.gi.a.do *s* refugee.
re.fu.gi.ar-se *v* to take refuge; to shelter; to seek protection; to take shelter.
re.fú.gio *s* refuge; shelter; protection.
re.fu.go *s* refuse; rubbish; waste; trash; dross.
re.fu.tar *v* to refuse; to reject; to rebut.
re.fu.tá.vel *adj* refutable.
re.ga *s* irrigation; watering.
re.ga.dor *s* watering-can, watering-pot.
re.ga.lar *v* to regale; to entertain; to delight.
re.ga.li.a *s* prerogative; privilege.
re.ga.lo *s* delight; pleasure; present; gift.
re.gar *v* to irrigate; to water; to spray.
re.ga.ta *v* regatta.
re.ga.te.a.dor *s* bargainor; haggler.
re.ga.te.ar *v* to chaffer; to bargain.
re.gên.cia *s* regency.
re.ge.ne.ra.ção *s* regeneration.
re.ge.ne.rar *v* to regenerate; to reform.
re.gen.te *s* regent; MÚS conductor; • *adj* regent; governing.
re.ger *v* to govern; to rule; to direct; MÚS to conduct.
re.gi.ão *s* region; country; province.
re.gi.me *s* regime; rule; MED diet, regimen.
re.gi.men.tal *adj* regimental.
re.gi.men.to *s* regiment; regulation.
ré.gio *adj* royal; kinglike; regal; kingly.
re.gi.o.nal *adj* regional; local.
re.gi.o.na.lis.mo *s* regionalism.
re.gi.o.na.lis.ta *s* regionalist; • *adj* regionalistic.
re.gis.tra.do *adj* registered.
re.gis.trar *v* to register; to enroll; to record.
re.gis.tro *s* register; registration; registry.
re.go.zi.jar *v* to rejoice; to gladden; to be glad.
re.go.zi.jo *s* rejoicing; joy; mirth; glee.
re.gra *s* rule; regulation; standard; **ditar as ~s**: to rule the roost; **em ~**: as a rule.

re.gra.do *adj* regular; orderly.
re.grar *v* to rule; to moderate; to regulate.
re.gra.var *v* to remix.
re.gre.dir *v* to regress; to retrograde.
re.gres.são *s* regression; regress; return; retrogression.
re.gres.sar *v* to return; to come back.
re.gres.si.vo *adj* regressive; retrogressive.
re.gres.so *s* return; regress.
ré.gua *s* ruler; straight.
re.gu.la.ção *s* regulation; rule; law.
re.gu.la.men.ta.ção *s* regularization; regulation.
re.gu.la.men.to *s* regulation; rule.
re.gu.lar *v* to regulate; to rule; to dispose; to arrange; to adjust; • *adj* regular; orderly; ordinary; moderate.
re.gu.la.ri.da.de *s* regularity.
re.gu.la.ri.za.ção *s* regularization.
re.gur.gi.ta.ção *s* regurgitation.
re.gur.gi.tar *v* to regurgitate; to overflow; to vomit.
rei *s* king.
re.im.pres.são *s* reprint.
re.im.pri.mir *v* to reprint.
rei.na.do *s* reign.
rei.nar *v* to reign; to prevail.
re.in.ci.dên.cia *s* relapse; recurrence.
re.in.ci.den.te *adj* relapsing.
re.in.ci.dir *v* to relapse; to fall back.
rei.no *s* kingdom; realm.
re.in.te.gra.ção *s* reintegration.
re.in.te.grar *v* to reintegrate; to reinstate; to restore.
re.in.tro.du.zir *v* to reintroduce.
rei.te.ra.ção *s* reiteration; repetition.
rei.te.rar *v* to reiterate; to renew; to repeat.
rei.tor *s* chancellor, EUA president.
rei.to.ri.a *s* rectory; rectorship; director's office.
rei.vin.di.ca.ção *s* claim; vindication.
rei.vin.di.car *v* to revindicate; to claim; to vindicate.
re.jei.ção *s* rejection.
re.jei.tar *v* to reject; to repel; to repudiate; to refuse.

re.ju.bi.lar *v* to rejoice; to gladden; to be glad.
re.ju.ve.nes.cer *v* to rejuvenate; to get younger.
re.la.ção *s* list, roll; relation; relationship.
re.la.ci.o.na.do *adj* related; connected.
re.la.ci.o.na.men.to *s* relationship.
re.la.ci.o.nar *v* to relate; to connect; to report.
re.lâm.pa.go *s* lightning.
re.lam.pe.jar *v* to lighten; to glitter; to shine or flash brightly.
re.lan.ça.men.to *s* reissue (filme).
re.lan.çar *v* reissue (filme).
re.lan.ce *s* quick glance.
re.lap.so *s* relapser.
re.la.tar *v* to relate; to narrate; to report.
re.la.ti.vi.da.de *s* relativity.
re.la.ti.vis.mo *s* relativism.
re.la.ti.vo *adj* relative; relating.
re.la.to *s* report; account.
re.la.tor *s* narrator.
re.la.tó.rio *s* report; statement; account.
re.la.xa.ção *s* relaxation.
re.la.xa.do *adj* relaxed; loose; negligent; careless.
re.la.xar *v* to relax; to slacken; to loosen.
re.le.gar *v* to relegate.
re.lem.brar *v* to remind; to rememorate; to remember again.
re.ler *v* to read again.
re.les *adj* vile; base; mean; shabby.
re.le.vân.cia *s* importance; eminence.
re.le.var *v* to pardon.
re.le.vo *s* relief; embossment.
re.li.gião *s* religion.
re.li.gi.o.si.da.de *s* religiousness; religiosity.
re.li.gi.o.so *adj* religious; devout; pious.
re.lin.char *v* to neigh; to whinny.
re.lin.cho *s* neigh.
re.lí.quia *s* relic; souvenir; memento.
re.ló.gio *s* watch; clock; timepiece; ~ **de parede**: clock; ~ **de pulso**: wrist watch.
re.lo.jo.a.ri.a *s* watchmaker's.
re.lo.jo.ei.ro *s* watchmaker.
re.lu.tân.cia *s* reluctance.
re.lu.tan.te *adj* reluctant; unwilling; disinclined.

re.lu.tar *v* to reluct; to resist; to struggle; to show reluctance.
re.lu.zen.te *adj* relucent; shining; radiant; bright, glittering.
re.lu.zir *v* to glisten; to shine; to glitter.
rel.va *s* grass; turf; sod; sward.
re.ma.dor *s* rower; oarsman.
re.ma.nes.cen.te *s* remainder; remnant; • *adj* remaining; lasting.
re.mar *v* to row; to paddle.
re.mar.car *v* to mark again.
re.ma.tar *v* to finish; to complete; to accomplish.
re.ma.te *s* end; finishing; conclusion; top.
re.me.di.a.do *adj* remedied; well-off; well-to-do.
re.me.di.ar *v* to remedy; to cure; to repair; to redress.
re.mé.dio *s* medicine.
re.me.la *s* secretion from the eyes.
re.me.mo.ra.ção *s* remembrance.
re.me.mo.rar *v* to remember.
re.men.da.do *adj* patched; mended.
re.men.dar *v* to piece; to patch; to mend; to botch.
re.men.do *s* patch; botch.
re.mes.sa *s* remittance; shipment (por mar).
re.me.ten.te *s* remitter; sender.
re.me.ter *v* to send; to forward; to remit.
re.me.xer *v* to stir up; to rummage.
re.mi.nis.cên.cia *s* reminiscence.
re.mir *v* to redeem; to ransom.
re.mis.são *s* remission; pardon; forgiveness.
re.mi.tir *v* to remit; to forgive; to pardon; to abate.
re.mo *s* oar; paddle; rowing.
re.mo.ção *s* removal; remove.
re.mo.çar *v* to rejuvenate; to render young again.
re.mo.de.la.ção *s* remodelment.
re.mo.de.lar *v* to remodel.
re.mo.er *v* to grind again; to meditate.
re.mon.tar *v* to remount; to go up; to repair.
re.mor.so *s* remorse; compunction.
re.mo.ta.men.te *adv* remotely.
re.mo.to *adj* remote; distant; far-off.

re.mo.ver *v* to remove; to move; to transfer.
re.mu.ne.ra.ção *s* remuneration; payment; salary.
re.mu.ne.rar *v* to remunerate; to pay.
re.na *s* ZOO reindeer.
re.nal *adj* renal.
re.nas.cen.ça *s* renascence; rebirth; revival; Renaissance.
re.nas.cen.te *adj* renascent.
re.nas.ci.men.to *s* renaissance.
ren.da *s* lace (tecido); income (rendimento); **imposto de ~**: income tax.
ren.dei.ro *s* lace maker; lace seller; renter; tenant.
ren.der *v* to subject; to subdue; to yield; to render; to produce.
ren.di.ção *s* surrender.
ren.di.lhar *v* to adorn with laces; to lace.
ren.di.men.to *s* income; revenue; return; yield.
ren.do.so *adj* lucrative; profitable; gainful.
re.ne.ga.do *s* renegade; apostate.
re.ne.gar *v* to deny; to renounce; to disown; to disclaim.
re.nhi.do *adj* fierce; furious.
re.no.me *s* renown; fame; reputation.
re.no.me.ar *v* to rename.
re.no.va.ção *s* renovation; renewal; redevelopment.
re.no.va.dor *s* renewer; renovator; • *adj* renovating.
re.no.var *v* to renew; to renovate; to reform; to redevelop.
ren.te *adj* e *adv* close.
re.nún.cia *s* renunciation; renouncing; resignation.
re.nun.ci.ar *v* to renounce; to give up; to reject.
re.o.cu.par *v* to reoccupy.
re.or.de.nar *v* to reorder.
re.or.ga.ni.za.ção *s* reorganization.
re.or.ga.ni.zar *v* to reorganize.
re.pa.ra.ção *s* reparation; compensation.
re.pa.ra.dor *s* repairer; • *adj* repairing.
re.pa.rar *v* to repair; to restore; to mend (consertar); to notice (notar).

re.pa.rá.vel *adj* reparable; remediable; retrievable.
re.pa.ro *s* repair; remark.
re.par.ti.ção *s* partition; office; department; section; division.
re.par.ti.men.to *s* partition; compartment.
re.par.tir *v* to share; to distribute; to portion; to allot; to apportion.
re.pas.sar *v* to repass; pass again.
re.pa.tri.a.ção *s* repatriation.
re.pa.tri.ar *v* to repatriate; to return to one's own country.
re.pe.lên.cia *s* repellence; repellency; repulsion.
re.pe.len.te *s* repellent; • *adj* repellent; repulsive; revolting.
re.pe.lir *v* to repel; to drive back; to repulse; to reject.
re.pen.te *s* outburst; **de ~**: suddenly.
re.pen.ti.no *adj* sudden; impetuous; abrupt; rapid.
re.per.cus.são *s* repercussion; rebound; reverberation.
re.per.cu.tir *v* to reflect; to echo.
re.per.tó.rio *s* repertory; list; index; repertoire.
re.pe.ten.te *s* repeater.
re.pe.ti.ção *s* repetition.
re.pe.tir *v* to repeat; to reiterate; to reproduce; to recur.
re.pi.car *v* to ring (sinos).
re.pi.que *s* chime; peal; ringing.
re.pi.sar *v* to insist; to repeat over and over.
re.ple.to *adj* replete; filled to capacity; stuffed.
ré.pli.ca *s* reply; answer; reproduction; replica.
re.pli.car *v* to reply; to answer; to retort; to rebut; to rejoin.
re.po.lho *s* cabbage.
re.por *v* to replace; to restore; to put back again.
re.por.ta.gem *s* report.
re.por.tar *v* to turn backwards; to report; to refer.
re.pór.ter *s* reporter.
re.po.si.ção *s* reposition; restitution; replacement.
re.po.si.tó.rio *s* repository.
re.pou.san.te *adj* reposeful; restful; quiet; tranquil.
re.pou.sar *v* to repose; to rest; to take a rest.
re.pou.so *s* rest; repose; tranquillity; **casa de ~**: rest home.
re.pre.en.der *v* to reprehend; to reprimand.
re.pre.en.são *s* reprehension; rebuke; reprimand.
re.pre.en.sí.vel *adj* reprehensible.
re.pre.sa *s* dam; sluice.
re.pre.sa.do *adj* dammed.
re.pre.sá.lia *s* reprisal, retaliation.
re.pre.sar *v* to dam; to restrain.
re.pre.sen.ta.ção *s* representation; performance; petition.
re.pre.sen.tan.te *s* representative; • *adj* representing.
re.pre.sen.tar *v* to represent; to act; to perform.
re.pre.sen.tá.vel *adj* representable.
re.pres.são *s* repression; check.
re.pres.si.vo *adj* repressive.
re.pres.sor *s* represser.
re.pri.men.da *s* reprimand; rebuke.
re.pri.mir *v* to repress; to bridle; to restrain; to curb.
re.pri.sar *v* to replay.
re.pro.du.ção *s* reproduction.
re.pro.du.tor *s* reproducer; breeder.
re.pro.du.zir *v* to reproduce.
re.pro.va.ção *s* reprobation; reproof.
re.pro.va.do *adj* reproved; flunked.
re.pro.var *v* to reprove; to censure; to rebuke; to reject; to refuse.
re.pro.vá.vel *adj* reprovable; reprehensive.
rép.til *s* reptile; • *adj* reptile; creeping; crawling.
re.pú.bli.ca *s* republic; commonwealth.
re.pu.bli.ca.no *s* e *adj* republican.
re.pu.di.a.do *adj* repudiated.
re.pu.di.ar *v* to repudiate; to disown.
re.pú.dio *s* repudiation; disavowal.
re.pug.nân.cia *s* repugnance; loathing; repugnancy.
re.pug.nan.te *adj* repugnant; disgusting.

re.pug.nar *v* to repugn.
re.pul.sa *s* refusal; repulse; rejection, repulsion.
re.pul.são *s* repulsion.
re.pul.sar *v* to repulse; to repel; to reject.
re.pul.si.vo *adj* repulsive; loathsome; repellent.
re.pu.ta.ção *s* reputation; repute; fame; renown.
re.pu.tar *v* to repute.
re.pu.xar *v* to pull back.
re.que.brar *v* to waddle.
re.que.bro *s* waddle; voluptuos movement.
re.quei.jão *s* cream cheese.
re.quen.ta.do *adj* warmed again; heated again.
re.quen.tar *v* to warm or heat again.
re.que.ren.te *s* petitioner; requester; • *adj* requesting.
re.que.rer *v* to require; to demand; to claim; to call for; to petition; to apply for.
re.que.ri.men.to *s* request; petition.
ré.qui.em *s* requiem.
re.quin.ta.do *adj* dressed up; refined; exquisite.
re.quin.tar *v* to refine; to perfect.
re.quin.te *s* refinement.
re.qui.si.ção *s* requisition; request.
re.qui.si.tar *v* to requisition; to order; to request.
re.qui.si.to *s* requisite; requirement.
res.cin.dir *v* to rescind; to annul; to cancel.
res.ci.são *s* rescission; annulment; cancellation.
re.se.nha *s* list.
re.ser.va *s* reserve; stock; store; reservation; restriction; discretion.
re.ser.va.do *adj* reserved; stand-offish; circumspect.
re.ser.var *v* to reserve; to book.
re.ser.va.tó.rio *s* reservoir.
re.ser.vis.ta *s* reservist.
res.fo.le.gar *v* to breathe; to snort.
res.fri.a.do *s* cold.
res.fri.ar *v* to cool; **~-se**: to catch a cold; to catch a chill.

res.ga.tar *v* to ransom; to rescue; to redeem.
res.ga.te *s* ransom; redemption.
res.guar.dar *v* to preserve; to defend; to protect.
res.guar.do *s* guard; foresight; care; prudence; caution.
re.si.dên.cia *s* residence; abode; dwelling; home.
re.si.den.ci.al *adj* residential.
re.si.den.te *s* dweller; resident; • *adj* resident.
re.si.dir *v* to reside; to live; to dwell; to abide; to stay.
re.si.du.al *adj* residual; remaining.
re.sí.duo *s* residue; remnant; remainder; rest.
re.sig.na.ção *s* resignation; renunciation; abdication.
re.sig.nar *v* to resign; to abdicate; to give up; **~-se**: to submit.
re.si.na *s* resin.
re.sis.tên.cia *s* resistance; opposition; endurance (material).
re.sis.ten.te *adj* resistant; strong.
re.sis.tir *v* to resist; to oppose; to stand.
res.ma *s* ream.
res.mun.gar *v* to grumble; to mumble; to mutter; to growl.
re.so.lu.ção *s* resolution; resoluteness.
re.so.lu.to *adj* resolute; determined.
re.sol.ver *v* to resolve; to decide; to solve.
res.pec.ti.vo *adj* respective.
res.pei.tar *v* to respect; to honour, EUA to honor.
res.pei.tá.vel *adj* respectable; honourable, EUA honorable.
res.pei.to *s* respect; esteem; regard; consideration; **a ~ de**: about; concerning to.
res.pei.to.so *adj* respectful.
res.pin.gar *v* to sprinkle; to crackle.
res.pin.go *s* sprinkling; sparkling.
res.pi.ra.ção *s* respiration; breathing.
res.pi.rar *v* to respire; to breathe.
res.pi.rá.vel *adj* respirable.
res.pi.ro *s* breath.
res.plan.de.cên.cia *s* resplendency; resplendence.

res.plan.de.cen.te *adj* resplendent; lustrous; shining.
res.plan.de.cer *v* to be resplendent.
res.plen.dor *s* splendor; resplendence; radiance.
res.pon.der *v* to answer; to respond; to reply.
res.pon.sa.bi.li.da.de *s* responsibility; responsibleness.
res.pon.sa.bi.li.zar *v* to hold responsible; to be responsible for.
res.pon.sá.vel *adj* responsible; answerable; accountable.
res.pos.ta *s* answer; reply; response.
res.quí.cio *s* vestige; remainder.
res.sa.bi.a.do *adj* suspicious.
res.sa.ca *s* reflux of tide; BR hangover.
res.sal.tar *v* to stress; to stand out.
res.sal.va *s* exception.
res.sal.var *v* to caution; to except.
res.sar.cir *v* to compensate; to indemnify.
res.se.car *v* to dry again; to dry up.
res.sen.ti.men.to *s* resentment.
res.sen.tir *v* to resent; to feel again, to take offence, EUA to take offense.
res.so.ar *v* to resound; to echo.
res.so.nân.cia *s* resonance; echo.
res.so.nan.te *adj* resonant; resounding.
res.so.nar *v* to resound; to reecho.
res.sur.gi.men.to *s* resurrection; renaissance; revival.
res.sur.gir *v* to resurge; to rise again; to resurrect.
res.sur.rei.ção *s* resurrection.
res.sus.ci.ta.ção *s* resuscitation; restoration; revival; renewal.
res.sus.ci.tar *v* to resuscitate; to revive; to resurrect.
res.ta.be.le.cer *v* to re-establish; to establish anew; **~-se:** to recover.
res.ta.be.le.ci.men.to *s* recovery; re-establishment.
res.tan.te *s* remainder; rest; • *adj* remaining; resting.
res.tar *v* to remain; to rest; to be left over.
res.tau.ra.ção *s* restoration; restoring.
res.tau.ran.te *s* restaurant; restorative; restorer.
res.tau.rar *v* to restore; to give back; to return; to repair.
rés.tia *s* string (de cebola, alho, etc.); ray (de luz).
res.tin.ga *s* reef; sandbank; shoal.
res.ti.tu.i.ção *s* restitution.
res.ti.tu.ir *v* to restitute; to give back; to restore; to return.
res.ti.tu.í.vel *adj* returnable.
res.to *s* rest; remainder; remnant.
res.tri.ção *s* restriction; limitation.
res.trin.gir *v* to restrict; to bound; to restrain; to restringe.
res.tri.to *adj* restricted; limited; confined.
re.sul.ta.do *s* result; outcome; effect; consequence.
re.sul.tar *v* to result from; to proceed.
re.su.mir *v* to summarize; to epitomize; to condense; to sum up.
re.su.mo *s* resume; summing-up; abridgment; summary; **em ~:** in short.
res.va.lar *v* to slip; to slide.
re.ta *s* straight line.
re.ta.guar.da *s* rearguard.
re.ta.lhar *v* to cut up; to slash; to cut into pieces.
re.ta.lho *s* shred; remnant; rag; retail.
re.ta.li.a.ção *s* retaliation; reprisal.
re.ta.li.ar *v* to retaliate.
re.tan.gu.lar *adj* rectangular.
re.tân.gu.lo *s* rectangle.
re.tar.da.men.to *s* delay; retardation.
re.tar.dar *v* to retard; to delay.
re.tar.da.tá.rio *s* laggard.
re.ten.ção *s* retention; maintenance.
re.ter *v* to retain; to hold; to keep back.
re.te.sar *v* to stretch; to stiffen.
re.ti.cên.cia *s* reticence; **~s:** ellipsis; dots.
re.ti.cen.te *adj* reticent.
re.tí.cu.la *s* reticle; reticule.
re.ti.dão *s* rectitude; integrity; uprightness; righteousness.
re.ti.fi.ca.ção *s* rectification.
re.ti.fi.car *v* to rectify; to correct; to set right.
re.ti.na *s* retina.

re.ti.nir v to tinkle; to echo; to resound; to clink; to jingle.
re.ti.ra.da s MIL retreat; retirement; withdrawal.
re.ti.ra.do adj retired; solitary; remote.
re.ti.rar v to withdraw; to remove; **~-se**: to go away.
re.ti.ro s retirement; seclusion; retreat.
re.to s rectum; • adj right; straight; just; equitable.
re.to.car v to retouch; to finish.
re.to.ma.da s recapture.
re.to.mar v to take back; to get back; to recover; to retake.
re.to.que s retouch; improvement.
re.tor.cer v to twist; to twine.
re.tor.ci.do adj twisted.
re.tó.ri.ca s rhetoric.
re.tó.ri.co s rhetorician; • adj rhetorical.
re.tor.nar v to return; to come back; to go back.
re.tor.no s return; returning.
re.tor.quir v to retort; to answer; to say in reply.
re.tra.ção s retraction.
re.tra.çar v to retrace; to trace again.
re.tra.í.do adj reserved; reticent; shy; timid.
re.tra.i.men.to s retraction; shyness; bashfulness.
re.tra.ir v to retract; to withdraw; to shrink.
re.tra.ta.ção s retractation.
re.tra.ta.do adj portrayed; painted; photographed.
re.tra.tar v to portray; to paint; to describe; **~-se**: to retract.
re.tra.tis.ta s portraitist.
re.tra.to s portrait; photograph; image; picture.
re.tri.bu.i.ção s retribution; recompense.
re.tri.bu.ir v to retribute; to reward; to recompense.
re.tro.a.ção s retroaction.
re.tro.a.gir v to retroact; to react.
re.tro.a.ti.vi.da.de s retroactivity.
re.tro.a.ti.vo adj retroactive.
re.tro.ce.der v to retrocede; to go back; to recede.

re.tro.ces.so s retrocession; retrogression; backspace (tecla de retrocesso).
re.tró.gra.do adj retrograde; retrogressive.
re.trós s spun silk (de seda); mercerized cotton (de algodão).
re.tros.pec.ção s retrospection.
re.tros.pec.ti.vo adj retrospective.
re.tros.pec.to s retrospect.
re.tro.ver.ter v to retrovert.
re.tro.vi.sor s rear-view mirror.
re.tru.car v to reply; to retort, to talk back.
re.tum.bân.cia s resonance.
re.tum.ban.te adj resounding; resonant.
re.tum.bar v to resound.
réu s defendant.
reu.má.ti.co adj rheumatic.
reu.ma.tis.mo s rheumatism.
re.u.ni.ão s meeting; reunion; gathering; assembly.
re.u.ni.fi.ca.ção s reunification.
re.u.ni.fi.car v to reunify.
re.u.nir v to reunite; to unite again; to rejoin; to gather.
re.va.li.da.ção s revalidation; ratification; confirmation.
re.va.li.dar v to revalidate; to ratify.
re.ve.la.ção s revelation; disclosure.
re.ve.lar v to reveal; to disclose; to divulge; to unfold; FOT to develop.
re.ve.li.a s default; contumacy; stubbornness.
re.ven.da s resale.
re.ven.de.dor adj reselling.
re.ven.der v to resell; to sell again.
re.ver v to review; to revise; to examine again; to meet again.
re.ver.be.ra.ção s reverberation.
re.ver.be.rar v to reverberate; to reflect.
re.ve.rên.cia s reverence; deference.
re.ve.ren.ci.ar v to revere; to reverence; to venerate.
re.ve.ren.do s reverend; • adj reverend.
re.ve.ren.te adj reverent.
re.ver.são s reversion.
re.ver.si.bi.li.da.de s reversibility; reversibleness.

re.ver.sí.vel *adj* reversible.
re.ver.so *s* the reverse; • *adj* reverse; contrary.
re.ver.ter *v* to revert; to return.
re.vés *s* reverse; misfortune; setback.
re.ves.ti.men.to *s* revetment; coating.
re.ves.tir *v* to re-cover; to revet; to coat.
re.ve.za.men.to *s* alternation.
re.ve.zar *v* to alternate; to take turns.
re.vi.go.rar *v* to revigorate; to reinvigorate.
re.vi.rar *v* to turn again; to turn inside out.
re.vi.ra.vol.ta *s* turning round; complete turn; reversal.
re.vi.são *s* revision; review; revisal; revise.
re.vi.sar *v* to revise; to review.
re.vi.sor *s* reviser; reviewer; proofreader.
re.vis.ta *s* MIL review; magazine; periodical; TEAT revue.
re.vis.tar *s* MIL to review; to inspect.
re.vi.ver *v* to revive; to relive.
re.vi.vi.fi.ca.ção *s* revivification; revival.
re.vi.vi.fi.car *v* to revivify; to revive.
re.vo.a.da *s* flight of birds.
re.vo.ar *v* to fly again; to fly back; to flutter.
re.vo.ga.ção *s* revocation; cancellation; repeal.
re.vo.gar *v* to revoke; to annul; to rescind; to repeal.
re.vo.gá.vel *adj* revocable; defeasible; repealable.
re.vol.ta *s* revolt; rebellion; uprising; mutiny; rising.
re.vol.ta.do *s* rebel; mutineer; • *adj* revolted.
re.vol.tan.te *adj* revolting; disgusting.
re.vol.tar *v* to revolt; to rebel.
re.vol.to.so *s* e *adj* rebel; insurgent.
re.vo.lu.ção *s* revolution; rebellion.
re.vo.lu.ci.o.nar *v* to revolutionize.
re.vo.lu.ci.o.ná.rio *s* e *adj* revolutionary.
re.vol.ver *v* to revolve.
re.vól.ver *s* revolver; EUA gun.
re.za *s* prayer; praying.
re.zar *v* to pray.
ri.a.cho *s* brook; rill; streamlet; rivulet.
ri.bal.ta *s* footlights; stage.
ri.ban.cei.ra *s* ravine.
ri.ca.ço *s* a very rich man; • *adj* very rich.

ri.ci.no *s* BOT ricinus; castor-oil plant.
ri.co *adj* rich; wealthy; moneyed; opulent; well-off.
ri.di.cu.la.ri.zar *v* to ridicule; to mock; to make fun of.
ri.dí.cu.lo *adj* ridiculous.
ri.fa *s* raffle.
ri.far *v* to raffle.
ri.fle *s* rifle.
ri.gi.dez *s* rigidity; rigidness; severity; rigor; sternness.
rí.gi.do *adj* rigid; not flexible; stiff; hard; austere.
ri.gor *s* rigour, EUA rigor; rigidity; stiffness; severity; harshness; austerity.
ri.go.ro.so *adj* rigorous; inflexible; harsh; severe.
ri.jo *adj* stiff; hard; strong; vigorous.
rim *s* kidney.
ri.ma *s* rhyme; heap.
ri.ma.do *adj* versified; rhymed.
ri.mar *v* to rhyme; to versify.
rin.gue *s* ring.
ri.ni.te *s* rhinitis.
ri.no.ce.ron.te *s* ZOO rhinoceros.
ri.o *s* river; stream.
ri.pa *s* lath; slat; batten.
ri.que.za *s* wealth; opulence; richness; abundance.
rir *v* to laugh; to smile.
ri.sa.da *s* laughter; laughing.
ris.ca *s* stripe; stroke; à ~: exactly.
ris.car *v* to scratch out; to cross; to strike (fósforo); to cancel; to annul.
ris.co *s* stripe; scratch; outline; danger; risk.
ri.so *s* laughter; laugh; laughing.
ri.so.nho *adj* smiling; cheerful.
ris.pi.dez *s* hardness; rudeness.
rís.pi.do *adj* harsh; rough; rude; severe.
rit.ma.do *adj* rhythmic; rhythmical; cadenced.
rít.mi.co *adj* rhythmic; rhythmical.
rit.mo *s* rhythm; cadence.
ri.to *s* rite; ceremony.
ri.tu.al *s* ritual; ceremonial.
ri.val *s* rival.
ri.va.li.da.de *s* rivalry; rivalship.

ri.va.li.zar v to rival; to vie with; to emulate; to compete.
ri.xa s quarrel; dispute; wrangle; disorder; brawl.
ro.ba.lo s robalo; snook.
ro.bô s robot.
ro.bó.ti.ca s robotics.
ro.bus.te.cer v to strengthen; to grow robust; to confirm.
ro.bus.tez s robustness; strength; stoutness.
ro.bus.to adj robust; strong; vigorous; stout.
ro.ca s distaff.
ro.çar v to clear for cultivation; to graze.
ro.cha s rock.
ro.che.do s large rock; cliff.
ro.cho.so adj rocky.
ro.co.có s e adj rococo.
ro.da s wheel; circle; circuit; circumference; **alta-~**: high life; **cadeira de ~s**: wheel chair; **~-gigante**: Ferris wheel.
ro.da.da s round.
ro.da.pé s footnote; baseboard; washboard; skirting.
ro.dar v to roll; to turn roun; to rotate.
ro.de.ar v to encircle; to surround.
ro.dei.o s rodeo.
ro.de.la s slice.
ro.dí.zio s waterwheel; turn; round.
ro.do s rake.
ro.do.pi.ar v to whirl; to spin.
ro.do.pi.o s whirl; whirling.
ro.do.vi.a s highway.
ro.e.dor s rodent; • adj gnawing; rodent.
ro.er v to gnaw; to bite repeatedly; to eat away; to corrode.
ro.gar v to beg; to supplicate; to implore; to entreat.
ro.ga.tó.ria s request; supplication; prayer.
ro.go s request; supplication; entreaty.
ro.í.do adj gnawed; corroded.
ro.jão s skyrocket.
rol s roll; register; record; list; catalogue.
ro.la.men.to s rolling; MEC bearing.
ro.lan.te adj rolling; **escada ~**: escalator.
ro.lar v to roll; to tumble.
rol.da.na s pulley.

ro.le.ta s roulette.
ro.lha s cork; stopper.
ro.li.ço adj round.
ro.lo s roll.
ro.mã s pomegranate.
ro.man.ce s romance; novel.
ro.man.ce.ar v to romance.
ro.man.cis.ta s romancist; novelist.
ro.ma.no s e adj Roman.
ro.mân.ti.co s romantic; • adj romantic; sentimental.
ro.man.tis.mo s romanticism.
ro.ma.ri.a s pilgrimage.
ro.mã.zei.ra s pomegranate tree.
rom.bo s hole; leak.
ro.mei.ro s pilgrim.
ro.me.no s e adj Romanian.
rom.pan.te s impetuosity; fury; • adj arrogant; haughty.
rom.per v to break up; to destroy.
rom.pi.men.to s breach; rupture.
ron.car v to snore; to roar.
ron.co s snoring; roaring.
ron.da s round; patrol.
ron.dar v to patrol.
ron.ro.nar v to purr.
ro.sa s rose; • adj pink; **botão de ~**: rosebud; **cor-de-~**: pink; **~ dos ventos**: mariner's compass.
ro.sa.do adj rose; rosy.
ro.sá.rio s rosary.
ros.bi.fe s roast beef.
ros.ca s screw; rusk, sweet biscuit.
ro.sei.ra s rosebush.
ro.sei.ral s rose garden.
ró.seo adj rosy.
ros.nar v to snarl; to growl; to mutter.
ros.to s face.
ro.ta s route; course; way; path.
ro.ta.ção s rotation.
ro.ta.ti.vo adj rotative; rotary.
ro.ta.tó.rio adj rotatory; rotary.
ro.tei.ris.ta s scriptwriter.
ro.tei.ro s roadbook; **~ de filme**: film script.
ro.ti.na s routine.
ro.to adj ragged; broken; torn.

ró.tu.la s patella; kneecap; kneepan.
ro.tu.lar v to label; • *adj* rotular.
ró.tu.lo s inscription; label; mark.
rou.ba.lhei.ra s robbery; thievery.
rou.bar v to rob; to steal; to plunder; to pillage; to thieve.
rou.bo s robbery; theft; plunder.
rou.co *adj* hoarse; husky; raucous.
rou.pa s clothes; clothing; ~ **branca**: underclothes; linen; ~ **de cama**: bedclothes.
rou.pão s dressing-gown.
rou.qui.dão s hoarseness.
rou.xi.nol s nightingale.
ro.xo s e *adj* purple; violet.
ru.a s street; thoroughfare; • *interj* be off! get out!; **cruzamento de** ~: crossroad.
ru.bi s ruby.
ru.blo s rouble.
ru.bor s redness; blush; flush; shame.
ru.bo.res.cer v to redden; to become red; to flush.
ru.bo.ri.za.ção s reddening; blushing.
ru.bo.ri.zar v to redden; to blush; to flush.
ru.bri.ca s rubric; initials.
ru.bri.car v to rubricate.
ru.bro *adj* red; ruddy.
ru.ço *adj* grey; faded.
ru.de *adj* rude; discourteous; impolite; coarse.
ru.de.za s rudeness.
ru.di.men.tar *adj* rudimental; rudimentary.
ru.di.men.to s rudiment.
ru.e.la s lane; alley; by street.
ru.ga s wrinkle; furrow.
ru.gi.do s roar.
ru.gir v to roar; to rustle; to bellow.
ru.go.so *adj* rugous; rugose.
ru.í.do s noise; uproar.
ru.i.do.so *adj* noisy; uproarious.
ru.im *adj* bad.
ru.í.na s ruin; downfall.
ru.in.da.de s wickedness; badness.
ru.ir v to tumble; to fall down; to fall into ruins.
rui.vo s redhead; • *adj* red-haired; red-headed.
rum s rum.
ru.mar v to steer; to head.
ru.mi.na.ção s rumination.
ru.mi.nan.te s e *adj* ruminant.
ru.mi.nar v to ruminate; to chew the cud; to ponder; to muse.
ru.mo s rhumb; course; route.
ru.mor s rumour, EUA rumor; hearsay.
ru.mo.ro.so *adj* noisy.
ru.ral *adj* rural; rustic; pastoral.
rus.ga s noise; uproar; disorder; disturbance; quarrel.
rus.so s e *adj* Russian; **montanha-~**: roller coaster.
rús.ti.co s rustic; • *adj* rustic; rude; coarse; artless; rural.

S

s *s* the nineteenth letter of the Portuguese alphabet.
sã *adj* healthy; **de mente ~**: sane.
sá.ba.do *s* Saturday; Sabbath; **no ~**: on Saturday; **~ passado**: last Saturday; **próximo ~**: next Saturday.
sa.bão *s* soap.
sa.ba.ti.na *s* repetition of lessons; FIG discussion.
sa.be.do.ri.a *s* wisdom; knowledge; sagacity.
sa.ber *s* wisdom; • *v* to know; to be skilled in; to have knowledge; **a ~**: namely; **~ de cor**: to know by heart.
sa.bi.á *s* a Brazilian thrush.
sa.bi.chão *s* wise or learned person; know-all.
sa.bi.do *adj* known; wise.
sá.bio *s* sage; wise person; • *adj* wise; learned.
sa.bo.ne.te *s* toilet soap.
sa.bo.ne.tei.ra *s* soap-dish.
sa.bor *s* savour, EUA savor; taste; flavour, EUA flavor.
sa.bo.re.ar *v* to savour, EUA to savor; to taste; to relish.
sa.bo.ro.so *adj* savoury; tasty; appetizing.
sa.bo.ta.dor *s* saboteur.
sa.bo.ta.gem *s* sabotage.
sa.bo.tar *v* to sabotage.
sa.bre *s* saber, sabre.
sa.bu.go *s* hangnail; corncob.
sa.bu.jo *s* bloodhound; FIG cringer; fawner.
sa.ca *s* bag.
sa.ca.da *s* ARQ balcony.
sa.car *v* to draw; to pull out.
sa.ca.ri.na *s* saccharin.
sa.ca-ro.lhas *s* corkscrew.
sa.cer.dó.cio *s* priesthood.
sa.cer.do.tal *adj* sacerdotal; priestly.
sa.cer.do.te *s* priest; clergyperson.
sa.cer.do.ti.sa *s* priestess.
sa.ci.ar *v* to satiate; to sate; to surfeit; to cloy; to glut.
sa.ci.e.da.de *s* satiety; surfeit.
sa.co *s* sack; bag; **estar de ~ cheio**: GÍR to be fed up.
sa.co.la *s* knapsack; pouch.
sa.co.le.jar *v* to shake; to rock; to swing; to sway.
sa.cra.men.tar *v* to administer the sacraments; to take or receive the sacraments.
sa.cra.men.to *s* sacrament.
sa.cri.fi.car *v* to sacrifice; to offer as a sacrifice.
sa.cri.fí.cio *s* sacrifice; immolation.
sa.cri.lé.gio *s* sacrilege; profanation.
sa.crí.le.go *adj* sacrilegious.
sa.cris.tão *s* sacristan; sexton.
sa.cris.ti.a *s* sacristy; vestry.
sa.cro *s* sacrum; • *adj* sacred; sacral.
sa.cros.san.to *adj* sacrosanct.
sa.cu.di.da *s* shaking; shake.
sa.cu.di.do *adj* shaken.
sa.cu.dir *v* to shake; to jerk; to jolt; to wag; **~ a cabeça**: to shake one's head; **~-se**: to jolt oneself.
sá.di.co *s* sadist; • *adj* sadistic.
sa.di.o *adj* healthy; wholesome.

sa.dis.mo s sadism.
sa.dis.ta s sadist; • *adj* sadistic.
sa.do.ma.so.quis.mo s sado-masochism.
sa.fa.do *adj* POP shameless; impudent; licentious; immoral.
sa.fa.não s jerk; flounce.
sa.far *v* to wear out.
sa.fá.ri s safari.
sa.fi.ra s sapphire.
sa.fra s harvest; crop.
sa.ga s saga.
sa.ga.ci.da.de s sagacity; perspicacity.
sa.gaz *adj* sagacious; shrewd; perspicacious.
Sa.gi.tá.rio s Sagitarius.
sa.gra.ção s consecration.
sa.gra.do *adj* sacred; divine; holy.
sa.grar *v* to consecrate; to bless; to hallow.
sa.gu s sago.
sa.guão s inner yard; entrance; hall.
sai.a s skirt.
sai.bro s gravel; gross sand.
sa.í.da s exit; issue; outlet; **beco sem ~**: blind alley; **RUA sem ~**: FIG impasse.
sai.o.te s petticoat.
sa.ir *v* to depart; to go out; to get out; to come out; **~ caro**: to cost dear; **~~se bem**: to succeed; to be successful.
sal s salt; FIG wit; grace; piquancy.
sa.la s room; **~ de aula**: classroom; **~ de espera**: waiting room; **~ de estar**: living-room; **~ de jantar**: dining room.
sa.la.da s salad; FIG mess; **temperar a ~**: to season the salad.
sa.la.man.dra s ZOO salamander.
sa.la.me s salami.
sa.lão s salon; saloon; **~ de beleza**: beauty parlour; beauty shop.
sa.lá.rio s salary; wages; **~~mínimo**: minimum wage.
sal.dar *v* to settle; to pay off.
sal.do s balance; remainder; **~ negativo**: debt balance; **~ positivo**: credit balance.
sa.lei.ro s salt-cellar; saltshaker.
sal.ga.do *adj* salted; salty; FIG too expensive.
sal.gar *v* to salt.
sal.guei.ro s willow.

sa.li.ên.cia s salience; jut; protuberance.
sa.li.en.tar *v* to point out; to jut out; to emphasize; to accentuate.
sa.li.na s a natural deposit of common salt.
sa.li.tre s saltpetre; nitrate.
sa.li.va s spittle; saliva.
sa.li.var *v* to spit; to produce salivation.
sal.mão s salmon.
sal.mo s psalm.
sal.mou.ra s brine; pickle.
sa.lo.bre *adj* brackish; briny; saltish.
sal.pi.ca.do *adj* sprinkled.
sal.pi.car *v* to besprinkle; to sprinkle.
sal.sa s parsley.
sal.si.cha s sausage.
sal.ta.dor s jumper.
sal.tar *v* to jump; to leap; to spring.
sal.te.ar *v* to assault.
sal.ti.tan.te *adj* hopping.
sal.ti.tar *v* to skip; to hop.
sal.to s leap; jump; bound; heel (de sapato); **de um ~**: at one jump; **~ de vara**: pole vault; **~ em altura**: high jump; **~ em comprimento**: long jump; broad jump; **~ mortal**: somersault; somerset.
sa.lu.bre *adj* salutary; salubrious; wholesome.
sa.lu.tar *adj* salutary; healthy; wholesome.
sal.va s volley of guns; BOT sage; **~ de palmas**: applause; **~~vidas**: life-buoy; life-boat.
sal.va.ção s salvation.
sal.va.guar.dar *v* to safeguard; to protect; to defend.
sal.va.men.to s safety; salvation.
sal.var *v* to save; to rescue; to deliver.
sal.ve *interj* hail!
sal.vo *adj* safe; secure; • *prep* save; except; **a ~**: in safety; **são e ~**: safe and sound.
sal.vo-con.du.to s safe-conduct.
sa.mam.bai.a s fern.
sam.ba s Brazilian dance, rythm and music.
sa.nar *v* to heal; to cure.
sa.na.tó.rio s sanatorium.
san.ção s sanction; ratification.
san.ci.o.nar *v* to sanction; to ratify; to confirm.
san.dá.lia s sandal.

sândalo / seca

sân.da.lo *s* sandal.
san.du.í.che *s* sandwich.
sa.ne.a.men.to *s* sanitation.
sa.ne.ar *v* to sanitize; to improve.
san.fo.na *s* hurdy-gurdy; accordion; concertina.
san.grar *v* to bleed; FIG to extort money.
san.gren.to *adj* bleeding; bloody.
san.gri.a *s* bleeding; negus.
san.gue *s* blood; **a ~ frio**: in cold blood.
san.gues.su.ga *s* ZOO leech.
san.gui.ná.rio *adj* sanguinary; bloody; bloodthirsty.
sa.ni.da.de *s* health; sanity; lucidity.
sa.ni.tá.rio *adj* sanitary; hygienic; hygienical.
sâns.cri.to *s* Sanskrit.
san.ti.da.de *s* sanctity; holiness.
san.ti.fi.car *v* to sanctify; to hallow.
san.to *s* Saint; • *adj* holy; sacred; saintly; **campo ~**: the cemetery; **Dia de Todos os ~s**: All Saint's Day; **dia ~**: religious holiday; **guardar os dias ~s**: to keep holidays; **Sexta-feira ~a**: Good Friday.
san.tu.á.rio *s* sanctuary; shrine.
são *s* saint; • *adj* sound; wholesome; healthy; **~ e salvo**: safe and sound.
sa.pa.ta.ri.a *s* shoemaker's; shoe-shop.
sa.pa.te.a.do *s* clog-dance; tap-dance.
sa.pa.te.ar *v* to do a clog-dance.
sa.pa.tei.ra *s* a piece of furniture to keep shoes.
sa.pa.tei.ro *s* shoemaker.
sa.pa.to *s* shoe.
sa.pi.ên.cia *s* sapience; wisdom; sageness.
sa.pi.en.te *adj* wise; sapient; sage; sagacious; learned.
sa.pi.nhos *s* thrush.
sa.po *s* toad; GÍR kibitzer.
sa.po.ná.ceo *adj* saponaceous; soapy.
sa.que *s* sack; plunder; pillage; COM draft; ESP service.
sa.que.a.dor *s* plunderer; pillager.
sa.que.ar *v* to sack; to loot; to plunder; to pillage.
sa.rai.va *s* hail.
sa.rai.va.da *s* hail-storm.
sa.rai.var *v* to hail.
sa.ram.po *s* MED measles.
sa.rar *s* to heal; to cure; to recover.
sa.rau *s* soirée.
sar.cas.mo *s* sarcasm; irony.
sar.cás.ti.co *adj* sarcastic; sardonic.
sar.có.fa.go *s* sarcophagus.
sar.da *s* freckle; speckle.
sar.den.to *adj* freckled; freckly.
sar.di.nha *s* sardine.
sar.gen.to *s* sergeant.
sar.je.ta *s* gutter.
sar.na *s* itch; scabies.
sar.ra.fo *s* shingle; batten.
sa.ta.nás *s* Satan.
sa.tâ.ni.co *adj* satanic; devilish.
sa.té.li.te *s* satellite.
sá.ti.ra *s* satire.
sa.ti.ri.zar *v* to satirize; to lampoon.
sa.tis.fa.ção *s* satisfaction; pleasure; apologies.
sa.tis.fa.tó.rio *adj* satisfactory.
sa.tis.fa.zer *v* to satisfy; to please; to fulfil.
sa.tis.fei.to *adj* satisfied; content.
sa.tu.rar *v* to saturate.
Sa.tur.no *s* ASTRON Saturn.
sau.da.ção *s* salutation; salute; greeting.
sau.da.de *s* longing; **ter ~ de alguém**: to miss somebody; to feel the absence of somebody.
sau.dar *v* to salute; to compliment; to greet; to welcome.
sau.dá.vel *adj* sound; wholesome; salutary; healthy.
sa.ú.de *s* health; • *interj* **~!**: cheers!
sau.do.so *adj* longing; nostalgic.
sa.vei.ro *s* a sort of fishman's boat.
sa.xão *s* e *adj* Saxon.
sa.xo.fo.ne *s* saxophone; sax.
sa.xo.fo.nis.ta *s* saxophonist.
sa.zo.nar *v* to season; to mature; to ripen.
scan.ner *s* scanner.
se *conj* if; whether; • *pron* himself; herself; itself; themselves; each other; one another.
se.bo *s* tallow, fat; BR second-hand bookstore.
se.ca *s* dryness; drought.

se.ca.dor *s* dryer.
se.ção *s* section; division; portion.
se.car *v* to dry.
se.ces.são *s* secession.
sec.ci.o.nar *v* to section; to cut or separate into sections.
se.co *adj* dry; rude; **sorriso ~**: forced smile; **vinho ~**: dry wine.
se.cre.ção *s* secretion.
se.cre.ta.ri.a *s* secretariat; the office of a secretary.
se.cre.tá.ria *s* secretary; desk; **~ eletrônica**: answering machine.
se.cre.ta.ri.a.do *s* secretaryship; secretariat.
se.cre.ta.ri.ar *v* to act as a secretary; to be a secretary of.
se.cre.tá.rio *s* secretary.
se.cre.to *adj* secret; private; sneaking.
sec.tá.rio *s* e *adj* sectarian; follower.
sec.ta.ris.mo *s* sectarianism.
se.cu.lar *adj* secular.
sé.cu.lo *s* century; age.
se.cun.dá.rio *adj* secondary.
se.cu.ra *s* dryness; thirst; FIG insensibility; indifference.
se.da *s* silk; **bicho-da-~**: silkworm.
se.da.ção *s* the allaying of a pain.
se.dar *v* to allay; to alleviate.
se.da.ti.vo *s* e *adj* sedative.
se.de *s* see; headquarters; seat.
se.de (ê) *s* thirst; FIG desire; eagerness; **ter ~**: to be thirst.
se.den.tá.rio *s* sedentary man; • *adj* sedentary; inactive.
se.den.to *s* thirsty; FIG eager, avid, anxious.
se.di.ar *v* to host.
se.di.ção *s* sedition; tumult; mutiny; revolt.
se.di.ci.o.so *adj* seditious.
se.di.men.ta.ção *s* sedimentation.
se.di.men.tar *adj* sedimentary.
se.di.men.to *s* sediment; setlling; dregs.
se.do.so *adj* silky; silken; hairy.
se.du.ção *s* seduction; charm.
se.du.tor *s* seducer; • *adj* seductive.
se.du.zir *v* to seduce; to allure; to mislead; to entice.

se.gar *v* to mow; to cut the grass; to reap.
seg.men.ta.ção *s* segmentation.
seg.men.tar *v* to segment; to separate into segments.
seg.men.to *s* segment; section.
se.gre.dar *v* to whisper; to speak secretly; to mention privately.
se.gre.do *s* secret; **em ~**: in secret; **guardar ~**: to keep a secret.
se.gre.ga.ção *s* segregation.
se.gre.gar *v* to segregate; to separate.
se.gui.da *s* following; continuation; **em ~**: afterwards.
se.gui.do *adj* followed; continuous; constant; incessant; **dias ~s**: running days.
se.gui.men.to *s* following; pursuing; continuation; consequence.
se.guin.te *adj* next; immediate; following.
se.guir *v* to follow; to go or come after; to chase; to pursue; to obey.
se.gun.da-feira *s* Monday.
se.gun.do *s* second; • *adj* second; secondary; • *prep* according to; **de ~a mão**: second hand; **~ andar**: second floor.
se.gu.ran.ça *s* safety; security; protection; assurance.
se.gu.rar *v* to hold; to assure; to ensure; to insure; to garantee.
se.gu.ro *s* insurance; • *adj* secure; safe; firm; steady; **~ contra acidentes**: accident insurance.
sei.o *s* breast; bosom; FIG heart.
seis *s* e *num* six.
sei.ta *s* sect; faction.
sei.va *s* sap; the juice of a plant.
sei.xo *s* pebble.
se.la *s* saddle.
se.la.do *adj* saddled (cavalo); sealed (selo).
se.lar *v* to saddle (montaria); to seal (com carimbo); to stamp (com selo); to conclude, to finish (concluir).
se.le.ção *s* selection.
se.le.cio.nar *v* to select; to choose; to pick.
se.le.ta *s* a collection of selected literary passages.
se.le.ti.vo *adj* selective.

se.le.to *adj* selected; select; picked; choosen.

se.lim *s* bicycle seat.

se.lo *s* seal; postage-stamp; stamp; postmark.

sel.va *s* jungle.

sel.va.gem *s* savage; • *adj* savage; wild; untamed; uncivilized.

sem *prep* without; lacking; **~ conta**: countless; **~ cuidado**: careless; **~ dúvida**: doubtless; **~ fim**: endless; **~ sabor**: tasteless; **~ sal**: insipid; **~ tempo**: without time; **~ valor**: worthless; **~-vergonha**: shameless.

se.má.fo.ro *s* semaphore; traffic lights.

se.ma.na *s* week; **fim de ~**: weekend; **~ Santa**: Easter Week.

se.ma.nal *adj* weekly.

se.mân.ti.ca *s* semantics.

sem.blan.te *s* semblance; face; air; figure.

se.me.a.du.ra *s* sowing; seedind.

se.me.ar *v* to sow; to plant; to spread.

se.me.lhan.ça *s* resemblance; similarity; likeness; similitude; **ter ~**: to look like.

se.me.lhan.te *adj* resembling; like; similar; alike.

sê.men *s* semen; seed; sperm.

se.men.te *s* seed; semen; FIG origin.

se.men.tei.ra *s* sowing; FIG origin.

se.mes.tral *adj* semestral.

se.mes.tre *s* semester; half year; • *adj* semestral.

se.mi.fi.nal *s e adj* semifinal.

se.mi.ná.rio *s* seminary.

se.mi.na.ris.ta *s* seminarist.

se.mi.nu *adj* half-naked.

se.mi.ta *s* Semite; • *adj* Semitic.

se.mi.tom *s* MÚS semitone.

se.mi.vo.gal *s* GRAM semivowel.

se.mo.li.na *s* semolina.

sem.pre *adv* always; ever; **nem ~**: not always; **para ~**: forever; **quase ~**: almost always; **~ que**: whenever.

sem.pre-vi.va *s* evergreen.

Se.na.do *s* the Senate; Senate-House.

se.na.dor *s* senator.

se.não *s* fault; defect; • *conj* otherwise; else; but; • *prep* but; except.

se.nha *s* watchword; password.

se.nhor *s* master; Lord; sir; mister; **Nosso ~**: Our Lord; God.

se.nho.ra *s* lady; wife; mistress; **Nossa ~**: Our Lady.

se.nho.ri.a *s* lordship; landlady; **vossa ~**: your honour.

se.nho.ri.o *s* lordship; landlord.

se.nho.ri.ta *s* miss.

se.nil *adj* senile.

se.ni.li.da.de *s* senility; old age.

sê.ni.or *adj* senior; elder.

se.no *s* MAT sine.

sen.sa.bor *adj* tasteless; insipid.

sen.sa.ção *s* sensation.

sen.sa.cio.nal *adj* sensational.

sen.sa.tez *s* sensibleness; prudence; good sense.

sen.sa.to *adj* sensible; reasonable; rational.

sen.si.bi.li.da.de *s* sensibility; sensitivity.

sen.si.bi.li.zar *v* to render sensitive; to move.

sen.si.ti.vo *adj* sensitive.

sen.sí.vel *adj* sensitive.

sen.so *s* sense; reason; intelligence; **bom-~**: judgment; **~ comum**: common sense.

sen.sor *s* sensor.

sen.so.ri.al *adj* sensorial.

sen.su.al *adj* sensual.

sen.su.a.li.da.de *s* sensuality.

sen.su.a.lis.mo *s* sensualism.

sen.tar *v* to sit; **sente-se**: sit down.

sen.ten.ça *s* sentence; maxim; verdict.

sen.ten.ci.a.do *adj* judged; sentenced; convict.

sen.ten.ci.ar *v* to sentence; to pronounce sentence; to determine; to decide.

sen.ti.do *s* sense (órgão); meaning (significado); direction, way (rumo); • *adj* sensible; grievous; sorry; sorrowful; • *interj* attention!; **ficar muito ~**: to be very sorry.

sen.ti.men.tal *adj* sentimental; romantic; mushy.

sen.ti.men.ta.lis.mo *s* sentimentalism; sentimentality.

sen.ti.men.to *s* sentiment; feeling; perception; sorrow.

sen.ti.ne.la *s* sentry.

sen.tir *s* sentiment; feeling; • *v* to feel; to be sorry for; to foresee; to perceive; **~ o cheiro de**: to smell.
se.pa.ra.ção *s* separation.
se.pa.ra.do *adj* separate; unconnected.
se.pa.rar *v* to separate; to disconnect.
se.pa.ra.ta *s* separatum.
se.pa.ra.tis.mo *s* separatism.
se.pa.ra.tis.ta *adj* separatist.
se.pa.rá.vel *adj* separable.
sép.ti.co *adj* septic.
se.pul.cral *adj* sepulchral.
se.pul.cro *s* sepulchre; grave; tomb; **santo ~**: Holy Sepulchre.
se.pul.tar *v* to sepulcher; to sepulchre; to bury; to entomb.
se.pul.tu.ra *s* sepulture; sepulcher; grave; burial; tomb.
se.quên.cia *s* sequence; succession.
se.quer *adv* at least; even.
se.ques.tra.dor *s* sequestrator; kidnapper; hijacker (de avião).
se.ques.trar *v* to sequestrate; to confiscate; to kidnap; to hijack.
se.ques.tro *s* sequestration, kidnapping.
se.qui.o.so *adj* thirsty; dry; FIG eager, greedy, avid.
sé.qui.to *s* retinue.
ser *s* being; a living thing; • *v* to be; to exist; **a não ~ que**: unless; **~ bem-sucedido**: to succeed; **~ ou não ~**: to be or not to be.
se.rei.a *s* mermaid; siren.
se.re.nar *v* to calm; to soothe; to quiet.
se.re.na.ta *s* serenade.
se.re.ni.da.de *s* serenity; calmness; quietness.
se.re.no *s* dew; • *adj* serene; calm; placid; undisturbed; tranquil; quiet.
se.ria.men.te *adj* seriously.
sé.rie *s* grade (escola); series; succession; continuation; sequence.
se.rie.da.de *s* seriousness; integrity; gravity.
se.ri.fa *s* ART GRÁF serif.
se.rin.ga *s* syringe.
se.rin.guei.ra *s* rubber-tree.
sé.rio *adj* serious; earnest; grave; **levar a ~**: to take seriously.

ser.mão *s* sermon.
ser.pen.te *s* serpent, snake.
ser.pen.ti.na *s* serpentin; carnival ribbon.
ser.ra *s* saw; chain or ridge of mountains.
ser.ra.dor *s* sawyer.
ser.ra.gem *s* sawing (ato); sawdust.
ser.ra.lhei.ro *s* locksmith.
ser.ra.lhe.ri.a *s* locksmith's trade; locksmith's shop.
ser.rar *v* to saw.
ser.ra.ri.a *s* sawmill.
ser.ri.lhar *v* to serrate.
ser.ro.te *s* handsaw.
ser.ta.ne.jo *s* inlander; • *adj* of or pertaining to the forest; rude; inland.
ser.tão *s* backwoods, the inland part of a country.
ser.ven.te *s* servant; **~ de pedreiro**: hodman.
ser.ven.ti.a *s* service; use; usefulness.
ser.vi.çal *s* servant; • *adj* serviceable; useful.
ser.vi.ço *s* service; duty; **estar em ~**: to be on duty; **prestar ~ a**: to render services to; **~ de chá**: tea set; **~ militar**: military service.
ser.vi.dão *s* servitude; slavery; bondage.
ser.vi.dor *s* servant; attendant.
ser.vil *adj* servile; obsequious; subservient; menial.
ser.vir *v* to serve; to render military, naval, or similar service; to wait on.
ser.vo *s* servant; slave; serf.
ses.são *s* session; meeting; **~ espírita**: seance, séance.
ses.sen.ta *s e num* sixty.
ses.ta *s* siesta.
se.ta *s* arrow.
se.te *s e num* seven.
se.tem.bro *s* September.
se.ten.ta *s e num* seventy.
se.tor *s* sector.
seu *adj* his; her; its; your; one's; their; hers; yours; theirs.
se.ve.ri.da.de *s* severity; austerity; harshness.
se.ve.ro *adj* severe; grave; austere; rigorous.
se.vi.ci.ar *v* to treat with cruelty.
se.xo *s* sex.
sex.ta-fei.ra *s* Friday; **~ Santa**: Good Friday.

sex.tan.te *s* sextant.
sex.te.to *s* MÚS sextet.
se.xu.al *adj* sexual.
se.xu.a.li.da.de *s* sexuality.
si *s* MÚS si; • *pron* himself; herself; itself; oneself; yourself; yourselves; themselves; **por ~ mesmo**: by himself; by herself; by itself.
si.be.ri.a.no *s e adj* Siberian.
si.bi.lan.te *adj* sibilant; hissing.
si.bi.lar *v* to sibilate; to hiss.
si.ci.li.a.no *s e adj* Sicilian.
si.cra.no *s* so-and-so.
si.de.ral *adj* sidereal.
si.de.rur.gi.a *s* metallurgy of iron and steel.
si.dra *s* cider.
si.fão *s* siphon; syphon.
sí.fi.lis *s* MED syphilis.
si.gi.lo *s* secret; secrecy.
si.gla *s* abbreviation; monogram.
sig.na.tá.rio *s* signatory; signer.
sig.ni.fi.ca.ção *s* signification; meaning; significance.
sig.ni.fi.ca.do *s* signification; meaning.
sig.ni.fi.can.te *adj* significant; meaningful.
sig.ni.fi.car *v* to signify; to mean; to denote; to express.
sig.ni.fi.ca.ti.vo *adj* significative; significant; meaningful.
sig.no *s* ASTRON sign.
sí.la.ba *s* syllable.
si.len.ci.ar *v* to silence; to quiet.
si.lên.ci.o *s* silence; stillness; **manter ~**: to keep silence; **~!**: silence!
si.len.ci.o.so *adj* silent; taciturn; speechless.
si.lhu.e.ta *s* silhouette.
sí.li.ca *s* silex; silica.
si.lí.cio *s* QUÍM silicon.
si.li.co.ne *s* silicone.
si.lo.gis.mo *s* syllogism.
sil.ves.tre *adj* wild.
sil.ví.co.la *s* one who lives in woodlands; • *adj* silvicolous.
sil.vi.cul.tu.ra *s* silviculture.
sil.vo *s* whistle; whistling; hiss; swish.
sim *s e adv* yes; **acho que ~**: I think so.

sim.bi.o.se *s* BOT symbiosis.
sim.bó.li.co *adj* symbolic; symbolical.
sim.bo.lis.mo *s* symbolism.
sim.bo.lis.ta *s* symbolist; • *adj* symbolistic.
sim.bo.li.zar *v* to symbolize.
sím.bo.lo *s* symbol; sign.
sim.bo.lo.gi.a *s* symbology.
si.me.tri.a *s* symmetry, proportion.
si.mé.tri.co *adj* symmetrical.
si.mi.lar *adj* similar.
si.mi.la.ri.da.de *s* similarity; resemblance; likeness.
sí.mi.le *s* simile; comparison; similarity; • *adj* simile; similar.
si.mi.li.tu.de *s* similitude; resemblance.
sí.mio *s e adj* simian.
sim.pa.ti.a *s* fellow-feeling.
sim.pá.ti.co *adj* charming; nice.
sim.pa.ti.zan.te *s* sympathizer.
sim.pa.ti.zar *v* to like.
sim.ples *adj* simple; single; plain.
sim.ples.men.te *adv* just; simply.
sim.pli.ci.da.de *s* simplicity; plainness.
sim.pli.fi.ca.ção *s* simplification.
sim.pli.fi.car *v* to simplify; to make simple; to make clear.
sim.pló.rio *s* simpleton; a fool, silly person; • *adj* simple; silly; dunce.
sim.pó.sio *s* symposium.
si.mu.la.ção *s* simulation.
si.mu.la.cro *s* simulacrum; pretense.
si.mu.la.do *adj* feigned; pretended; simulated; false.
si.mu.lar *v* to simulate; to feign; to imitate; to pretend; to sham.
si.mul.ta.nei.da.de *s* simultaneity; simultaneousness.
si.mul.tâ.neo *adj* simultaneous.
si.na *s* fate; destiny; lot.
si.na.go.ga *s* synagogue.
si.nal *s* sign; signal; **~ da cruz**: sign of the cross.
si.na.lar *v* to sign; to signalize.
si.na.lei.ro *s* signalman; flagman.
si.na.li.za.ção *s* road-signs; signalling.
si.na.li.zar *v* to signal.

sin.ce.ri.da.de *s* sincerity; honesty; sincereness.
sin.ce.ro *adj* sincere; frank.
sín.co.pe *s* MED e GRAM syncope; MÚS syncopation.
sin.cre.tis.mo *s* syncretism.
sin.crô.ni.co *s* synchronous.
sin.cro.ni.zar *v* to synchronize.
sin.di.cal *adj* syndical.
sin.di.ca.lis.mo *s* syndicalism.
sin.di.ca.lis.ta *s* e *adj* syndicalist.
sin.di.ca.li.zar *v* to syndicate.
sin.di.cân.cia *s* inquiry; investigation.
sin.di.car *v* to inquire; to investigate.
sin.di.ca.to *s* syndicate; trade-union; EUA labor union.
sín.di.co *s* syndic.
sín.dro.me *s* MED síndrome.
si.ner.gi.a *s* synergy.
si.ne.ta *s* small bell.
si.ne.te *s* signet; seal.
sin.fo.ni.a *s* symphony.
sin.fô.ni.co *adj* symphonic.
sin.ge.le.za *s* simplificity; plainness.
sin.ge.lo *adj* simple; plain; sincere.
sin.gu.lar *s* GRAM singular; • *adj* singular; eccentric; peculiar.
sin.gu.la.ri.da.de *s* singularity; peculiarity; oddity.
sin.gu.la.ri.zar *v* to singularize; to distinguish; to particularize.
si.nis.tro *s* disaster; damage; loss; accident; • *adj* sinister; ill-omened; sinistrous.
si.no *s* bell; **tocar o ~**: to ring the bell.
si.nô.ni.mo *s* GRAM synonym; • *adj* synonymous.
si.nop.se *s* synopsis.
sin.tá.ti.co *adj* syntactic; syntactical.
sin.ta.xe *s* GRAM syntax.
sín.te.se *s* synthesis.
sin.té.ti.co *adj* synthetic; artificial.
sin.te.ti.zar *v* to synthesize; to sum up.
sin.to.ma *s* symptom.
sin.to.ni.a *s* syntony.
sin.to.ni.za.ção *s* syntonization.

sin.to.ni.zar *v* to syntonize; to tune; to put in tune.
si.nu.ca *s* snooker; pool.
si.nu.o.si.da.de *s* sinuosity.
si.nu.o.so *adj* sinuous.
si.nu.si.te *s* MED sinusitis.
si.re.ne *s* siren.
si.ri *s* crab.
sí.rio *s* e *adj* Syrian; ASTRON Sirius.
sís.mi.co *adj* seismic; seismical.
sis.mo.lo.gi.a *s* seismology.
si.so *s* sense; judgement; wisdom; **dente do ~**: wisdom tooth.
sis.te.ma *s* system; method; **análise de ~s**: systems analysis; **analista de ~s**: system analyst; INF **~ operacional de disco (DOS)**: disk operating system (DOS).
sis.te.má.ti.co *adj* systematic; methodical.
sis.te.ma.ti.zar *v* to systematize; to organize.
sís.to.le *s* MED systole.
si.su.dez *s* circunspection.
si.te *s* INF site.
si.ti.an.te *s* BR small farmer; besieger; • *adj* besieging.
sí.tio *s* siege; place; site; BR small farm; **estado de ~**: state of siege.
si.to *adj* situated; placed.
si.tu.a.ção *s* situation; position; site.
si.tu.ar *v* to situate; to locate; to place.
ska.te *s* skateboard.
snoo.ker *s* snooker.
só *adj* alone; only; sole; solitary; • *adv* only; just; **a ~s**: by oneself; alone; **nem um ~**: not a single one.
so.a.lho *s* floor.
so.ar *v* to sound; to ring.
sob *prep* under; beneath; below.
so.be.jar *v* to exceed; to be leftover; to remain over.
so.be.ra.ni.a *s* sovereignty.
so.be.ra.no *s* e *adj* sovereign; supreme.
so.ber.ba *s* pride; arrogance; haughtiness.
so.ber.bo *adj* proud; arrogant; superb.
so.bra *s* rest; remains; overplus; excess; surplus.
so.bra.do *s* BR a house with two floors.

so.bran.ce.lha s eyebrow; **franzir a ~**: to knit one's brows.
so.brar v to remain; to be leftover.
so.bre prep on; upon; over; about.
so.bre.a.vi.so s previous advice.
so.bre.car.ga s surcharge; overburden; overload.
so.bre.car.re.gar v to surcharge; to overload; to overburden.
so.bre.ca.sa.ca s frock coat.
so.bre.lo.ja s entresol; mezzanine.
so.bre.ma.nei.ra adv excessively; exceedingly.
so.bre.me.sa s dessert.
so.bre.mo.do adv excessively; exceedingly.
so.bre.na.tu.ral adj supernatural.
so.bre.no.me s surname.
so.bre.por v to overlap.
so.bre.po.si.ção s superposition.
so.bre.pu.jar v to surpass; to excel; to exceed.
so.bres.cre.ver v to superscribe; to address.
so.bres.cri.tar v to superscribe; to address.
so.bres.cri.to s address.
so.bres.sa.ir v to stand out.
so.bres.sa.len.te adj spare.
so.bres.sal.tar v to surprise; to frighten.
so.bres.sal.to s alarm; fear; a sudden surprise or fright.
so.bre.ta.xa s additional tax.
so.bre.tu.do s overcoat; • adv above all.
so.bre.vir v to supervene; to follow; to happen; to occur.
so.bre.vi.vên.cia s survival.
so.bre.vi.ven.te s survivor; • adj surviving.
so.bre.vi.ver v to survive; to outlive; to outlast.
so.bre.vo.ar v to fly over.
so.bri.e.da.de s sobriety; soberness.
so.bri.nha s niece.
so.bri.nho s nephew.
só.brio adj sober; not drunk; temperate.
so.car v to hit; to strike; to pound.
so.cia.bi.li.da.de s sociability; sociableness.
so.cia.bi.li.zar v to make sociable.
so.ci.al adj social.
so.cia.lis.mo s socialism.
so.cia.li.zar v to socialize.
so.ci.á.vel adj sociable; companionable.
so.cie.da.de s society; partnership.
só.cio s partner; sharer; associate.
so.cio.lo.gi.a s sociology.
so.cio.ló.gi.co adj sociological.
so.ció.lo.go s sociologist.
so.co s sock; blow; punch.
so.ço.brar v to sink; to capsize.
so.ço.bro s shipwreck.
so.cor.rer v to help; to aid; to assist.
so.cor.ro s help; succor; aid; assistance; • interj help!; **primeiros ~s**: first aid.
so.da s soda; **~ cáustica**: caustic soda.
só.dio s sodium; **bicarbonato de ~**: sodium bicarbonate.
so.er.guer v to lift; to raise.
so.fá s sofa; couch; settee; **~-cama**: sofa-bed.
so.fis.ma s sophism.
so.fis.ti.ca.ção s sophistication.
so.fis.ti.ca.do adj sophisticated.
so.fis.ti.car v to sophisticate.
sô.fre.go adj eager; greedy; voracious; impatient.
so.fre.gui.dão s eagerness; greediness; greed.
so.frer v to suffer; to bear; to undergo.
so.fri.men.to s suffering; pain.
so.gra s mother-in-law.
so.gro s father-in-law.
so.ja s soya, soy; **molho de ~**: soya sauce.
sol s sun; MÚS sol; **banho de ~**: sunbath; **nascer do ~**: sunrise.
so.la s sole leather; sole of a foot.
so.la.pa.do adj undermined; hidden; secret.
so.la.par v to undermine; to hide; to ruin; to sap.
so.lar s manor; manor-house; • adj solar; **painel ~**: solar panel.
so.lá.rio s solarium.
so.la.van.co s jerk; jolt.
sol.da s solder.
sol.da.do s soldier; **~ raso**: private soldier.
sol.da.dor s solderer.
sol.da.gem s soldering.
sol.dar v to solder; to weld.
so.lei.ra s threshold.
so.le.ne adj solemn; formal; grave; pompous.

so.le.ni.da.de *s* solemnity; celebration.
so.le.tra.ção *s* spelling.
so.le.trar *v* to spell.
so.li.ci.ta.ção *s* solicitation; request.
so.li.ci.tan.te *s* applicant; petitioner.
so.li.ci.tar *v* to solicit; to beg; to apply for; to entreat.
so.lí.ci.to *adj* solicitous; careful; diligent.
so.li.ci.tu.de *s* solicitude; diligence; carefulness.
so.li.dão *s* solitude; loneliness; seclusion.
so.li.da.rie.da.de *s* solidarity.
so.li.dá.rio *adj* solidary.
so.li.dez *s* solidity; solidness; firmness.
so.li.di.fi.ca.ção *s* solidification.
so.li.di.fi.car *v* to solidify.
só.li.do *s* solid; • *adj* solid; compact; rigid; firm.
so.li.ló.quio *s* soliloquy.
so.lis.ta *s* soloist.
so.li.tá.ria *s* tapeworm (parasita); a solitary cell (cela).
so.li.tá.rio *adj* solitary; alone; lone; lonely; lonesome.
so.lo *s* soil; ground; earth; MÚS solo.
sols.tí.cio *s* solstice.
sol.tar *v* to untie; to loosen; to let go; to set free; to release; **~ um nó**: to loosen a knot.
sol.tei.rão *s* bachelor.
sol.tei.ro *adj* unmarried; single.
sol.tei.ro.na *s* spinster.
sol.to *adj* loose; free; not tied.
so.lu.bi.li.da.de *s* solubility.
so.lu.ção *s* solution; solving.
so.lu.çar *v* to sob; to hiccup.
so.lu.cio.nar *v* to solve; to puzzle out.
so.lu.ço *s* sob; hiccup.
so.lú.vel *adj* soluble.
sol.vên.cia *s* solvency.
sol.ven.te *s* e *adj* solvent.
sol.ver *v* to solve; to explain; to resolve; to puzzle out; to pay.
som *s* sound.
so.ma *s* sum, addition; amount.
so.mar *v* to sum up; to add.
so.ma.tó.rio *s* total; sum, amount.
som.bra *s* shade; shadow.
som.bre.a.do *s* shading; • *adj* shady; shaded.
som.bre.ar *v* to shade; to shadow.
som.bri.nha *s* parasol; sunshade.
som.bri.o *adj* shady; dark; gloomy; sad; sombre, EUA somber.
so.me.nos *adj* of little worth; inferior.
so.men.te *adv* only; merely; solely.
so.nam.bu.lis.mo *adj* somnambulism; sleepwalking.
so.nâm.bu.lo *s* somnambulist; sleepwalker; • *adj* somnambulistic.
so.nan.te *adj* sonant; sounding.
so.nar *s* sonar.
so.na.ta *s* MÚS sonata.
son.da *s* MED probe; plumb.
son.da.gem *s* NÁUT sounding; MED probing.
son.dar *v* to sound; MED to probe.
so.ne.ca *s* nap; slumber; doze; snooge.
so.ne.ga.ção *s* concealment.
so.ne.gar *v* to evade.
so.ne.to *s* sonnet.
so.nha.dor *s* dreamer; • *adj* dreamy.
so.nhar *v* to dream.
so.nho *s* dream.
so.ní.fe.ro *s* soporific; • *adj* soporific.
so.no *s* sleep; **pegar no ~**: to fall asleep.
so.no.lên.cia *s* somnolence; sleepiness; drowsiness.
so.no.len.to *adj* somnolent; sleepy; FIG slow, lazy.
so.no.ri.da.de *s* sonorousness; sonority.
so.no.ri.zar *v* to render sonorous; to sound.
so.no.ro *adj* sonorous; resonant; loud.
son.so *adj* sly; cunning.
so.pa *s* soup; FIG something easy to be done.
so.pa.po *s* slap; blow; punch; box.
so.pé *s* base, foot of a hill.
so.po.rí.fe.ro *adj* soporiferous; soporific.
so.pra.no *s* MÚS soprano.
so.prar *v* to blow.
so.pro *s* blowing; puff; whiff; breath.
so.que.te *s* socket.
sor.di.dez *s* sordidness; meanness.
sór.di.do *adj* sordid; vile; mean; dirty; filthy.
so.ro *s* serum; whey.
so.ror *s* sister.

sorrateiramente / subordinação

sor.ra.tei.ra.men.te *adv* on the sly.
sor.ra.tei.ro *adj* cunning; sly; crafty.
sor.ri.den.te *adj* smiling.
sor.rir *v* to smile.
sor.ri.so *s* smile.
sor.te *s* luck; fortune; fate; chance; lottery; **boa ~**: good luck; **de ~ que**: so that; **por ~**: luckily; fortunately.
sor.te.ar *v* to lot; to draw lots; to raffle; to cast lots.
sor.tei.o *s* draw; lottery; raffle.
sor.ti.lé.gio *s* sortilege; sorcery; witchery; witchcraft.
sor.ti.men.to *s* assortment; stock; supply.
sor.tir *v* to furnish; to supply.
sor.ver *v* to sip; to suck; to absorb; to swallow.
sor.ve.te *s* ice-cream; sorbet, sherbet.
sós *usado na locução adverbial* **a ~**: alone; by oneself.
só.sia *s* double.
sos.lai.o *s* obliquity; **de ~**: askew.
sos.se.ga.do *adj* tranquil; quiet; undisturbed; still; calm.
sos.se.gar *v* to appease; to calm; to quiet; to tranquilize.
sos.se.go *s* calmness; quietness; stillness.
só.tão *s* garret; attic.
so.ta.que *s* accent.
so.ter.rar *v* to bury; to put underground.
so.tur.no *adj* sullen; dull; gloomy; sad; surly.
so.va *s* thrashing; beating.
so.va.co *s* armpit.
so.var *v* to thrash; to beat; to knead.
so.vi.é.ti.co *s* Soviet; • *adj* Soviet.
so.vi.na *s* miser; niggard; • *adj* sordid; miserly; stingy.
so.zi.nho *adj* alone; lonely.
sta.tus *s* status.
sua *pron* her; your; their; hers; yours; its; theirs.
su.a.do *adj* sweaty.
su.a.dou.ro *s* sudorific.
su.ar *v* to sweat; to perspire; to work hard; to labour.
su.a.ve *adj* smooth; soft; gentle; suave; pleasant.

su.a.vi.da.de *s* softness; tranquility.
su.a.vi.zar *v* to soften; to appease; to mitigate; to ease.
su.bal.ter.no *s* subaltern.
sub.che.fe *s* assistant chief.
sub.clas.se *s* subclass.
sub.cons.ci.ên.cia *s* subconsciousness.
sub.cons.ci.en.te *s* subconscious.
sub.cul.tu.ra *s* subculture.
sub.cu.tâ.neo *adj* subcutaneous.
sub.de.sen.vol.vi.men.to *s* underdevelopment.
sub.di.vi.dir *v* to subdivide.
sub.di.vi.são *s* subdivision.
su.ben.ten.der *v* to understand; to assume.
su.bes.ti.mar *v* to underestimate.
su.bi.da *s* ascension; rise; ascent.
su.bir *v* to go up; to ascend; to mount; to rise.
sú.bi.to *adj* sudden; unexpected; • *adv* suddenly.
sub.ja.cen.te *adj* subjacent; underlying.
sub.je.ti.vis.mo *s* subjectivism.
sub.je.ti.vo *adj* subjective.
sub.ju.ga.ção *s* subjugation.
sub.ju.gar *v* to subjugate; to conquer by force; to subdue.
sub.jun.ti.vo *s* e *adj* subjunctive.
su.ble.va.ção *s* insurrection; uprising.
su.ble.var *v* to sublevate; to rebel; to revolt.
su.bli.ma.ção *s* sublimation.
su.bli.mar *v* to sublimate; to sublime; to exalt.
su.bli.me *s* sublime; • *adj* sublime; noble; majestic.
su.bli.mi.da.de *s* sublimity; perfection.
sub.lin.gual *adj* MED sublingual.
su.bli.nhar *v* to underline; to underscore.
sub.lo.ca.ção *s* subtenancy.
sub.lo.car *v* to sublet; to underlet.
sub.ma.ri.no *s* e *adj* submarine.
sub.mer.gir *v* to submerge; to sink.
sub.mer.são *s* submersion.
sub.me.ter *v* to subject; to submit; to subdue; **~~-se**: to yield.
sub.mis.são *s* submission; submissiveness.
sub.nu.tri.ção *s* malnutrition.
su.bor.di.na.ção *s* subordination; subjection.

su.bor.di.na.do s subordinate; • adj subordinate; subservient.
su.bor.di.nar v to subordinate.
su.bor.na.ção s subornation.
su.bor.na.dor s briber.
su.bor.nar v to suborn; to buy off; to bribe.
su.bor.no s subornation; bribe; bribery.
sub-ro.ga.ção s subrogation; surrogation.
sub-ro.gar v to subrogate; to substitute; to surrogate.
subs.cre.ver v to subscribe; to sign; to approve.
subs.cri.ção s subscription.
subs.cri.to adj subscript; written below; signed.
sub.se.cre.tá.rio s undersecretary.
sub.se.quen.te adj subsequent; succeeding.
sub.ser.vi.ên.cia s subserviency; subservience.
sub.ser.vi.en.te adj subservient; servile.
sub.si.di.ar v to subsidize.
sub.si.di.á.rio adj subsidiary.
sub.sí.dio s subsidy; aid; assistance; subvention.
sub.sis.tên.cia s subsistence; livelihood.
sub.sis.tir v to subsist; to last; to remain.
sub.so.lo s subsoil.
subs.tân.cia s substance; matter.
subs.tan.ci.al s essential; material; • adj substantial.
subs.tan.ci.o.so adj substantial.
subs.tan.ti.var v to convert into a substantive.
subs.tan.ti.vo s substantive; noun.
subs.ti.tui.ção s substitution; replacement.
subs.ti.tu.ir v to substitute; to commute.
subs.ti.tu.to s substitute.
sub.ter.fú.gio s subterfuge; evasion.
sub.ter.râ.neo adj subterraneous; subterranean.
sub.tí.tu.lo s subtitle.
sub.to.tal s subtotal.
sub.tra.ção s subtraction; thievery.
sub.tra.ir v to subtract; to shun; to deduct; to pilfer; to steal.
su.bur.ba.no adj suburban.
su.búr.bio s suburb; outskirts.

sub.ven.ção s subvention; subsidy.
sub.ven.cio.nar v to subsidize.
sub.ver.são s subversion.
sub.ver.si.vo adj subversive.
sub.ver.ter v to subvert.
su.ca.ta s scrap iron; junk iron.
suc.ção s suction; sucking.
su.ce.dâ.neo s succedaneum; substitute; • adj succedaneous.
su.ce.der v to succeed; to take place; to happen; to come about.
su.ces.são s succession; sequence; series.
su.ces.si.vo adj successive; consecutive.
su.ces.so s success; **ter ~**: to be successful; to succeed.
su.cin.to adj succint; concise; brief; short.
su.co s juice; sap; **~ de tomate**: tomato juice.
su.cu.lên.cia s succulency; succulence; juiciness.
su.cu.len.to adj succulent; juicy.
su.cum.bir v to succumb; to yield; to submit; to die; to perish.
su.cu.ri s large Brazilian snake.
su.cur.sal s branch house; • adj succursal.
su.des.te s e adj Southeast (abrev **S**).
su.do.es.te s e adj South-West (abrev **SW**).
su.do.rí.fe.ro adj sudorific.
su.e.co s Swede; • adj Swedish.
su.é.ter s sweater.
su.fi.ci.ên.cia s sufficiency.
su.fi.ci.en.te adj sufficient; enough.
su.fi.xo s GRAM suffix.
su.fo.ca.ção s suffocation.
su.fo.car v to suffocate; to smother; to stifle.
su.frá.gio s suffrage; vote.
su.gar v to suck.
su.ge.rir v to suggest; to hint; to insinuate.
su.ges.tão s suggestion; tip.
su.ges.tio.nar v to suggest; to hint; to insinuate.
su.ges.tio.ná.vel adj suggestible.
su.ges.ti.vo adj suggestive.
su.i.ci.da s suicide.
sui.ci.dar-se v to commit suicide.
sui.cí.dio s suicide; self-murder; self-destruction.

su.í.ço s e adj Swiss.
su.í.no s swine; pig; • adj swinish.
su.jar v to dirty; to soil; to sully.
su.jei.ção s subjection.
su.jei.ra s dirt; filth; nastiness.
su.jei.tar v to subject; to subdue; to submit.
su.jei.to s guy; GRAM subject; • adj subject; liable; exposed.
su.jo adj dirty; foul; filthy; nasty; dishonest.
sul s e adj South; **para o ~**: southward.
sul-a.me.ri.ca.no s e adj South-American.
sul.car v to furrow; to plough.
sul.co s furrow; channel.
sul.fa.to s QUÍM sulphate.
sul.is.ta s southerner; • adj southern.
sul.tão s sultan.
su.ma s summa; summary; **em ~**: in short.
su.má.rio s summary; • adj summary; short; brief; succint.
su.mi.ço s disappearance.
su.mi.da.de s summit; pinnacle; peak; FIG eminence.
su.mir v to disappear.
su.mo s juice; sap; • adj great; supreme.
sú.mu.la s summula; summary.
sun.tu.o.si.da.de s sumptuosity.
sun.tu.o.so adj sumptuous; costly; lavish; splendid; magnificent.
su.or s sweat; perspiration.
su.pe.ra.bun.dân.cia s superabundance.
su.pe.ra.bun.dan.te adj superabundant; excessive.
su.pe.ra.bun.dar v to superabound.
su.pe.ra.li.men.ta.ção s overfeeding.
su.pe.ra.li.men.tar v to overfeed.
su.pe.ra.que.cer v to overheat.
su.pe.rar v to surmount; to surpass; to exceed; to overcome.
su.pe.rá.vel adj superable; surmountable.
su.pe.rá.vit s surplus.
su.per.cí.lio s brow; eyebrow.
su.per.es.ti.mar v to overestimate.
su.per.fi.ci.al adj superficial; shallow.
su.per.fi.ci.a.li.da.de s superficiality; shallowness.
su.per.fí.ci.e s superficies; surface.

su.pér.fluo s surplus; superfluity; excess; • adj superfluous; needless.
su.per-ho.mem s superman.
su.pe.rin.ten.dên.cia s superintendency.
su.pe.rin.ten.den.te s superintendent.
su.pe.ri.or s superior; head of a religious house; • adj superior; higher.
su.pe.ri.o.ri.da.de s superiority.
su.per.la.ti.vo s e adj superlative.
su.per.lo.ta.do adj overcrowded.
su.per.lo.tar v to overcrowd; to overload.
su.per.mer.ca.do s supermarket.
su.per.pro.du.ção s overproduction.
su.per.sen.sí.vel adj supersensitive.
su.per.sô.ni.co adj supersonic.
su.pers.ti.ção s superstition.
su.pers.ti.ci.o.so adj superstitious.
su.plan.tar v to supplant; to supersede.
su.ple.men.tar v to supplement; • adj supplemental; additional.
su.ple.men.to s supplement.
su.plen.te s substitute; • adj substitutive.
su.ple.ti.vo adj supplementary.
sú.pli.ca s supplication.
su.pli.can.te s supplicant.
su.pli.car v to supplicate; to beseech; to entreat.
su.plí.cio s punishment; FIG torture; torment; affliction.
su.por v to suppose; to assume.
su.por.tar v to support; to bear; to sustain; to endure.
su.por.tá.vel adj supportable; endurable; bearable.
su.por.te s prop; stay; support.
su.po.si.ção s supposition; conjecture; hypothesis; surmise.
su.po.si.tó.rio s suppository.
su.pos.ta.men.te adv allegedly.
su.pos.to adj supposed; assumed; so-called.
su.pra.ci.ta.do adj above mentioned.
su.pra.di.to adj above mentioned.
su.pra.men.cio.na.do adj above mentioned.
su.pras.su.mo s acme; the highest point.
su.pre.ma.ci.a s supremacy; ascendancy.
su.pre.mo adj supreme; highest; paramount.

su.pres.são *s* suppression.
su.pri.men.to *s* supply.
su.pri.mir *v* to suppress; to omit.
su.prir *v* to supply; to fill up.
su.pu.ra.ção *s* suppuration.
su.pu.rar *v* to suppurate.
su.pu.ra.ti.vo *adj* suppurative.
sur.dez *s* deafness.
sur.di.na *s* MÚS sordine; mute; damper; **na ~**: secretly.
sur.do *adj* deaf; surd, voiceless; **~-mudo**: deaf-mute; deaf-and-dumb.
sur.fe *v* to surf.
sur.gir *v* to issue; to appear; to arise.
sur.pre.en.den.te *adj* surprising; astonishing; amazing.
sur.pre.en.der *v* to surprise; to astonish; to amaze; to astound.
sur.pre.sa *s* surprise; amazement; **de ~**: by surprise; unexpectedly.
sur.ra *s* beating; thrashing; whipping.
sur.rar *v* to curry (couro); to beat; to thrash.
sur.re.a.lis.mo *s* ART, LIT surrealism.
sur.re.a.lis.ta *s* ART, LIT surrealist.
sur.ru.pi.ar *v* to pilfer; to filch; to thieve; to steal.
sur.tir *v* to produce; to succeed; to originate.
sur.to *s* outbreak.
sus.cep.ti.bi.li.da.de *s* susceptibility.
sus.cep.tí.vel *adj* susceptible.
sus.ci.tar *v* to excite; to stir.

su.se.ra.ni.a *s* suzerainty.
su.se.ra.no *s* suzerain.
sus.pei.tar *v* to suspect; to mistrust.
sus.pei.to *adj* suspicious; suspected.
sus.pen.der *v* to suspend; to heave; to hang up; to hold over.
sus.pen.são *s* suspension; interruption.
sus.pen.si.vo *adj* suspensive.
sus.pen.so *adj* suspended.
sus.pen.só.rios *s pl* braces; suspenders.
sus.pi.rar *v* to sigh.
sus.pi.ro *s* sigh; breath.
sus.sur.rar *v* to murmur; to whisper.
sus.sur.ro *s* susurrus; murmur; whisper.
sus.tar *v* to stop.
sus.te.ni.do *s* MÚS sharp.
sus.ten.ta.ção *s* sustenance; maintenance; sustentation.
sus.ten.tá.cu.lo *s* prop; support; stay.
sus.ten.tar *v* to sustain; to support; to maintain; to feed; to nourish; to bear.
sus.ten.tá.vel *adj* sustainable.
sus.ten.to *s* sustenance; food; maintenance; nourishment.
sus.to *s* fright; **levar um ~**: to take a fright.
su.ti.ã *s* brassiere, bra.
su.til *adj* subtile; skill; crafty; subtle.
su.ti.le.za *s* subtility; subtileness; subtlety.
su.tu.ra *s* suture.
su.tu.rar *v* to suture.

T

t *s* the twentieth letter of the Portuguese alphabet.
tá *interj* o.k.!
ta.ba *s* Indian village; settlement.
ta.ba.ca.ri.a *s* tobacconist's shop, EUA tobacco-shop.
ta.ba.co *s* BOT tobacco.
ta.be.fe *s* slap; cuff; blow.
ta.be.la *s* table; board; list.
ta.be.la.men.to *s* price ceiling; control of prices.
ta.be.lar *v* to price; to set a price on; to control prices.
ta.be.li.ão *s* notary public.
ta.be.lio.na.to *s* establishment of a notary.
ta.ber.na *s* tavern; inn; pub.
ta.bla.do *s* scaffold; stage of a theatre.
ta.bloi.de *s* tabloid (jornal).
ta.bu *s* taboo; tabu.
tá.bua *s* board; plank; **~ de logaritmos**: table of logarithms.
ta.bu.a.da *s* multiplication table.
tá.bu.la *s* round table.
ta.bu.lei.ro *s* tray; bed (jardim); chessboard.
ta.bu.le.ta *s* signboard.
ta.ça *s* wineglass (de vinho); champagne glass (de champanha); cup (troféu).
ta.ca.da *s* stroke with a cue.
ta.ca.nho *adj* stingy; narrow-minded; short; mean.
ta.cha *s* tack; stud; FIG blemish; fault.
ta.chi.nha *s* drawing-pin, EUA thumbtack.
ta.cho *s* wide pan; pot.
tá.ci.to *adj* tacit; silent; implied.
ta.ci.tur.no *adj* taciturn; reserved; silent; quiet.
ta.co *s* parquet block (piso); ESP billiard cue (bilhar); golf club (golfe); stick.
ta.fe.tá *s* taffeta.
ta.ga.re.la *s* talkative; loquacious person; chatterer; • *adj* talkative.
ta.ga.re.lar *v* to chatter; to prattle; to jabber; to gossip.
ta.ga.re.li.ce *s* chatter; prattle; gossip; jabber.
ta.i.nha *s* mullet.
tal *pron* such; like; so; that; a certain; • *adv* so; in such manner; **fulano de ~**: Mr. So-and-So; **~ qual**: exactly the same.
ta.lão *s* counterfoil.
tal.co *s* talc; talcum powder.
ta.len.to *s* talent, skill.
ta.len.to.so *adj* crafty; skillful; able.
ta.lhar *v* to cut; to carve; to engrave; to fashion by cutting; to curdle (leite).
ta.lhe *s* shape; configuration; fashion; style.
ta.lhe.res *s pl* cutlery.
ta.lho *s* butcher's shop; fashion; manner; cut; incision.
ta.lis.mã *s* talisman; amulet.
tal.mu.de *s* talmud.
ta.lo *s* stalk; stem.
tal.vez *adv* perhaps; maybe.
ta.man.co *s* clog; wooden shoe.
ta.man.du.á *s* tamandua; anteater.

ta.ma.nho s bulk; size.
tâ.ma.ra s date.
tam.bém adv also; too; as well; moreover; likewise; besides.
tam.bor s drum; drummer; barrel.
tam.bo.ri.lar v to drum; to beat with a rapid series of strokes.
tam.bo.rim s tambourine.
tam.pa s cover; lid; cap.
tam.par v to cover; to plug.
tam.pi.nha s bottle cap.
tam.pou.co adv either; neither.
tan.ga s loincloth.
tan.gen.te s GEOM tangent; • adj tangent; touching.
tan.ge.ri.na s tangerine.
tan.gí.vel adj tangible; touchable; palpable; real; actual.
tan.go s tango.
tan.que s vat; tank, basin, cistern.
tan.tã s silly; crazy.
tan.to adj as much; so much; so many; as much; ~ **faz**: it makes no difference; ~ **melhor**: so much the better; ~ **pior**: so much the worse; ~**as vezes**: so many times.
tão adv so; such; as.
ta.pa s rap; slap; blow.
ta.pa.do adj closed; shut; covered; FIG stupid; fool.
ta.par v to cover; to close; to fence; to hedge.
ta.pe.ça.ri.a s tapestry; hangings.
ta.pe.cei.ro s tapestry-maker; upholsterer.
ta.pe.te s carpet; rug.
ta.pi.o.ca s tapioca.
ta.pir s ZOO tapir.
ta.pu.me s fence; hedge.
ta.qui.car.di.a s MED tachycardia.
ta.qui.gra.far v to write in shorthand.
ta.qui.gra.fi.a s shorthand; stenography.
ta.quí.gra.fo s stenographer.
ta.ra s tare.
ta.ra.do adj sex maniac; perverted.
tar.dar v to delay; to retard; to put off; to postpone; to linger; **o mais** ~: at the latest.
tar.de s afternoon; • adv late; **à** ~: in the afternoon; **antes ~ do que nunca**: better late than never; **chegar** ~: to be late; **mais** ~: later; afterwards; ~ **demais**: too late.
tar.di.nha s begining of evening.
tar.di.o adj late; tardy; slow; lazy.
ta.re.fa s task; job; ~ **escolar**: homework.
ta.ri.fa s tariff; fare.
ta.rim.ba s wooden couch; FIG soldier life; **ter** ~: to have experience.
tar.ja s border.
tar.ra.xar v to screw; to rivet.
tár.ta.ro s tartar; tartarus.
tar.ta.ru.ga s ZOO tortoise (terrestre); turtle (aquática).
ta.te.ar v to grope; to feel; to touch.
tá.ti.ca s tactics.
tá.ti.co s tactician; • adj tactical.
ta.to s touch; tact.
ta.tu s ZOO armadillo.
ta.tu.a.gem s tattoo; tattooing.
ta.tu.ar v to tattoo.
tau.to.lo.gi.a s tautology.
ta.ver.na s tavern; inn; pub; saloon.
tá.vo.la s round table.
ta.xa s duty; toll; tax; rate; royalties.
ta.xa.ção s rating; taxation.
ta.xar v to tax; to rate; to value; to appraise.
ta.xa.ti.vo adj taxing; limitative; restricted.
tá.xi s taxicab; cab; **motorista de** ~: taxi driver; **ponto de** ~: taxi rank, EUA taxi stand.
ta.xi.ar v AER to taxi.
ta.xí.me.tro s taximeter.
tchau interj goodbye.
te pron you; thee.
te.ar s loom; weaving machine.
te.a.tral adj theatrical; FIG ostentatious.
te.a.tro s theatre, EUA theater.
te.a.tró.lo.go s playwright.
te.ce.la.gem s weaving business; weaver's trade.
te.ce.lão s weaver.
te.cer v to weave, to spin; to contrive, to devise (planejar); ~ **comentários**: to comment.
te.ci.do s fabric; cloth; BIO tissue; • adj woven.

te.cla *s* key; **bater na mesma ~**: to harp on.
te.cla.do *s* keyboard.
téc.ni.ca *s* technique; technics.
téc.ni.co *s* technician; • *adj* technical.
tec.no.cra.ta *s* technocrat.
tec.no.lo.gi.a *s* technology; **~ de ponta**: high tech.
tec.no.ló.gi.co *adj* technological.
té.dio *s* tedium; tediousness; ennui; boredom.
te.di.o.so *adj* tedious; wearisome; bore; tiresome.
te.gu.men.to *s* tegument.
tei.a *s* web; plot (enredo); **~ de aranha**: spider's web.
tei.ma *s* obstinacy; stubbornness; wilfulness.
tei.mar *v* to be obstinate; to insist.
tei.mo.sa *s* obstinacy; stubbornness.
tei.mo.si.a *veja* **teima**.
tei.mo.so *adj* obstinate; stubborn; headstrong.
te.ís.mo *s* theism.
te.ís.ta *s* theist; • *adj* theistic.
te.la *s* web; canvas; painting; screen.
te.le.co.mu.ni.ca.ção *s* telecomunication.
te.le.fo.nar *v* to telephone; to call up; to phone; to ring up.
te.le.fo.ne *s* telephone; phone.
te.le.fo.ne.ma *s* phone call; **~ interurbano**: longdistance call.
te.le.fo.ni.a *s* telephony.
te.le.fo.nis.ta *s* telephonist; telephone operator.
te.le.gra.far *v* to telegraph; to wire; to cable.
te.le.gra.fi.a *s* telegraphy.
te.lé.gra.fo *s* telegraph.
te.le.gra.ma *s* telegram; cable; wire; **mandar um ~**: to send a telegram.
te.le.pa.ti.a *s* telepathy.
te.le.pá.ti.co *adj* telepathic.
te.les.có.pio *s* telescope.
te.les.pec.ta.dor *s* viewer, spectator.
te.le.tex.to *s* teletext.
te.le.vi.são *s* television; television set (aparelho); BRIT POP telly.
te.le.vi.sor *s* television set.
te.lha *s* tile; whim.

te.lha.do *s* roof.
te.ma *s* theme, subject; text; topic.
te.men.te *adj* fearful; afraid.
te.mer *v* to fear; to dread; to be afraid of; to respect.
te.me.rá.rio *adj* temerarious; venturous; daring; rash.
te.me.ri.da.de *s* temerity; venturesomeness; rashness.
te.me.ro.so *adj* afraid.
te.mi.do *adj* dreaded; feared.
te.mí.vel *adj* dreadful; terrible; redoubtable.
te.mor *s* dread; fear; awe.
têm.pe.ra *s* tempera; temper.
tem.pe.ra.do *adj* temperate; moderate; pleasant; mild; seasoned (temperado).
tem.pe.ra.men.to *s* temperament; temper; disposition.
tem.pe.rar *v* to temper; to season; to flavour, EUA to flavor.
tem.pe.ra.tu.ra *s* temperature; **~ alta**: high temperature; **~ baixa**: low temperature; **~ de ebulição**: boiling temperature; **~ média**: mean temperature.
tem.pe.ro *s* seasoning; spice; condiment.
tem.pes.ta.de *s* tempest; storm.
tem.pes.ti.vo *adj* tempesty; stormy; tempestuous.
tem.pes.tu.o.so *adj* tempestuous; stormy; turbulent; violent.
tem.plo *s* temple.
tem.po *s* time; **a ~**: in time; **perder ~**: to waste time.
têm.po.ra *s* MED temple.
tem.po.ra.da *s* season.
tem.po.ral *s* tempest; storm; • *adj* temporal; secular.
tem.po.rão *adj* premature; untimely.
tem.po.rá.rio *adj* temporary; transitory; not permanent.
tem.po.ri.zar *v* to temporize; to delay; to retard; to put off.
te.na.ci.da.de *s* tenacity; persistency; contumacy.
te.naz *adj* tenacious; pertinacious; obstinate; FIG stingy.

ten.ção *s* intension; plan; resolution; purpose.
ten.ci.o.nar *v* to intend; to purpose; to plan.
ten.da *s* tent.
ten.dão *s* tendon; sinew.
ten.dên.cia *s* tendency; inclination; drift; trend.
ten.den.ci.o.so *adj* tendentious; biased.
ten.der *v* to tend; to bias.
te.ne.bro.so *adj* tenebrous; dark; gloomy; dusky; obscure.
te.nen.te *s* MIL lieutenant; **~-coronel**: lieutenant-colonel; **~-general**: lieutenant-general.
tê.nia *s* tapeworm.
tê.nis *s* ESP tennis; tennis shoe; sneaker.
te.nor *s* MÚS tenor.
ten.ro *adj* tender, soft; fragile, delicate.
ten.são *s* tension; tenseness; strain; stress.
ten.so *adj* tense; tight.
ten.ta.ção *s* temptation; tempting.
ten.tá.cu.lo *s* tentacle.
ten.ta.do *adj* allured; enticed; captivated.
ten.ta.dor *s* tempter; • *adj* seductive.
ten.tar *v* to attempt; to try; to entice, to allure; to risk; to venture.
ten.ta.ti.va *s* experiment; attempt.
tê.nue *adj* tenuous; subtile; thin.
te.o.lo.gi.a *s* theology.
te.ó.lo.go *s* theologian.
te.or *s* purport; substance; tenor.
te.o.re.ma *s* theorem.
te.o.ri.a *s* theory.
te.o.so.fi.a *s* theosophy.
té.pi.do *adj* tepid; warm.
ter *v* to have; to possess; to hold; to contain; to own; to obtain; **~ calma**: to keep one's temper; **~ dez anos**: to be ten years old; **~ paciência**: to be patient.
te.ra.pêu.ti.ca *s* therapeutics.
te.ra.pi.a *s* therapy.
ter.ça-fei.ra *s* Tuesday.
ter.cei.ro *s e num* third; **~ Mundo**: Third World.
ter.ce.to *s* tercet; triplet.
ter.ci.á.rio *adj* tertiary.
ter.ço *s* the third part; bead; rosary; **rezar o ~**: to say one's bead; **um ~**: one third.
ter.çol *s* MED sty.

ter.gi.ver.sa.ção *s* tergiversation; subterfuge; evasion.
ter.mas *s* hot springs.
tér.mi.co *adj* thermic; thermal.
ter.mi.nal *adj* terminating; terminal.
ter.mi.nar *v* to finish; to terminate; to complete.
tér.mi.no *s* limit; end; terminus.
ter.mi.no.lo.gi.a *s* terminology.
ter.mo *s* term; limit.
ter.mô.me.tro *s* thermometer.
ter.ná.rio *adj* ternary.
ter.no *s* ternary; a male suit (traje); • *adj* tender; delicate.
ter.nu.ra *s* tenderness; kindness; fondeness.
ter.ra *s* Earth (planeta); land; soil; ground, country.
ter.ra.ço *s* terrace.
ter.ra.ple.na.gem *s* earthwork.
ter.ra.ple.nar *v* to level; to embank.
ter.rei.ro *s* yard; place of worship.
ter.re.mo.to *s* earthquake.
ter.re.no *s* ground; soil; • *adj* terrene; terrestrial.
tér.reo *s* ground floor; • *adj* ground.
ter.res.tre *adj* terrestrial; earthly.
ter.ri.na *s* tureen.
ter.ri.tó.rio *s* territory; region; district; land.
ter.rí.vel *adj* terrible; dreadful; horrible; appalling.
ter.ror *s* terror; awe.
ter.ro.ris.mo *s* terrorism.
ter.ro.ris.ta *s* terrorist.
te.são *s* GÍR sexual desire.
te.se *s* thesis.
te.so *adj* stiff; rigid; firm; strong.
te.sou.ra *s* scissors; shears.
te.sou.rei.ro *s* treasurer.
te.sou.ro *s* treasure.
tes.ta *s* forehead; front; **~ de ferro**: figurehead.
tes.ta.men.tei.ro *s* the executor of a will.
tes.ta.men.to *s* testament; will.
tes.tar *v* to legate; to make a testament or will; to test; to try.
tes.te *s* test; proof; experiment.
tes.te.mu.nha *s* witness.

tes.te.mu.nhar v to witness; to testify.
tes.te.mu.nho s testimony.
tes.tí.cu.lo s testicle.
tes.ti.fi.car v to testify; to declare.
te.ta s teat; nipple; udder.
té.ta.no s MED tetanus.
te.to s ceiling; shelder; protection.
té.tri.co adj gloomy; dark; awful.
teu pron your; yours; thine.
têx.til adj textile.
tex.to s text; **datilografado**: typescript.
tex.tu.ra s texture.
tez s skin; complexion.
ti pron you; thee.
ti.a s aunt; FAM spinster.
ti.a.ra s tiara.
tí.bia s MED tibia.
ti.ção s firebrand; brand.
ti.e.te s fan.
ti.fo s typhus; typhus fever.
ti.fói.de adj typhoid; **febre ~**: typhoid fever.
ti.ge.la s bowl; porringer.
ti.gre s ZOO tiger.
ti.jo.la.da s a stroke with a brick.
ti.jo.lo s brick; **~ refratário**: fire brick.
til s tilde mark (~).
ti.lin.tar v to clink; to chink.
ti.mão s beam; pole of a coach; NÁUT helm; rudder.
tim.bre s timbre.
ti.me s team.
ti.mi.dez s timidity; shyness; bashfulness.
tí.mi.do s shy or timid person; • adj timid; shy.
ti.mo.nei.ro s steersman; helmsman.
tím.pa.no s tympanum; eardrum.
ti.na s tub.
tin.gir v to tinge; to dye.
ti.nir v to tinkle; **~ de frio**: to shiver with cold.
ti.no s sense; judgement.
tin.ta s ink; colour, EUA color; dye; paint.
tin.tei.ro s inkstand; inkwell; inkpot.
tin.to adj dyed; **vinho ~**: red wine.
tin.tu.ra s dye; tincture; color.
tin.tu.ra.ri.a s dyer's shop; EUA drycleaner.
tin.tu.rei.ro s dyer.
ti.o s uncle.
tí.pi.co adj typical; characteristic.
ti.po s ART GRÁF type; pattern; kind; sort.
ti.po.gra.fi.a s typography; printing.
ti.po.grá.fi.co adj typographyc; typographical.
ti.pó.gra.fo s typographer; printer; typesetter.
ti.poi.a s sling; splint.
ti.que s MED tic; twitch.
ti.ra s strip (de papel, de pano); band (de borracha); policeman (policial).
ti.ra.co.lo s shoulder belt; baldric.
ti.ra.ni.a s tyranny; despotism.
ti.râ.ni.co adj tyrannical; oppressive; despotic.
ti.ra.ni.zar v to tyrannize; to oppress.
ti.ra.no s tyrant; • adj tyrannous; tyrannical.
ti.rar v to take off; to remove; to draw out.
ti.re.oi.de s MED thyroid, thyroid gland.
ti.ro s shot; shooting; firing.
ti.ro.tei.o s firing; volley; fusillade.
tí.si.ca s tuberculosis.
tí.si.co s consumptive.
ti.tã s titan.
tí.te.re s marionette; puppet; POP clown.
ti.tu.be.ar v to hesitate (hesitar); to stagger; to totter (cambalear).
ti.tu.lar v to title; to entitle.
tí.tu.lo s title; caption.
to.a.da s tune.
to.a.le.te s toalet.
to.a.lha s towel; **~ de banho**: bath towel; **~ de mesa**: tablecloth.
to.ca s burrow.
to.car v to touch; to ring; MÚS to play; to concern.
to.ca.ta s MÚS toccata.
to.cha s torch.
to.co s stub; stump.
to.da.vi.a conj yet; however; nevertheless.
to.do s whole; entire; • adj all; every; whole; **o dia ~**: the whole day; **~ o mundo**: all the world; **~-poderoso**: almighty; allpowerful; **~s nós**: all of us; **~s os dias**: every day.
to.ga s toga.
tol.do s awning; tilt; canopy.
to.le.rân.ci.a s tolerance; toleration.

to.le.ran.te *adj* tolerant; indulgent; broad-minded.
to.le.rar *v* to tolerate; to endure; to suffer; to bear with.
to.le.rá.vel *adj* tolerable.
to.lher *v* to hinder; to stop.
to.lhi.do *adj* hindered.
to.li.ce *s* folly; silliness; stupidity; foolishness.
to.lo *s* fool; simpleton; • *adj* foolish; silly.
tom *s* tone, pitch; accent; shade.
to.ma.da *s* taking; capture; ELET socket.
to.mar *v* to take; to drink; to eat; **~ ar**: to take air; **~ conta**: to take care; to look after.
to.ma.ra *interj* I hope so!
to.ma.te *s* tomato.
tom.ba.di.lho *s* NÁUT quarterdeck.
tom.bar *v* to throw down; to tumble; to fall down.
tom.bo *s* tumble; fall.
tôm.bo.la *s* tombola.
to.mo *s* tome, volume.
to.na.li.da.de *s* tonality; hue.
to.nel *s* vat; tank.
to.ne.la.da *s* ton.
to.ne.la.gem *s* tonnage; shipping.
tô.ni.co *s* MED tonic; • *adj* tonic; GRAM accented.
to.ni.fi.car *v* to invigorate.
ton.tei.ra *s* dizziness.
ton.to *s* fool; • *adj* silly; foolish; stupid; dizzy.
ton.tu.ra *s* dizziness; giddiness.
to.pa.da *s* stumbling.
to.par *v* to find; to strike against; to come across.
to.pá.zio *s* topaz.
to.pe.te *s* toupee; forelock.
tó.pi.co *s* topic; subject; • *adj* topical.
to.po *s* summit; top.
to.que *s* touch; assay; test; ringing of bells.
tó.rax *s* MED thorax.
tor.ção *s* torsion; twisting.
tor.ce.dor *s* cheerer.
tor.cer *v* to twist; to distort; to sprain; to twine; ESP to cheer.
tor.ci.co.lo *s* MED torticollis; stiff neck.
tor.ci.da *s* fans; rooters.

tor.men.ta *s* storm; torment; tempest; FIG agitation; disorder.
tor.men.to *s* torment; torture; affliction.
tor.nar *v* to return; to pay back or in return; to come back; **~-se**: to become.
tor.ne.a.do *adj* turned.
tor.ne.ar *v* to turn; to surround.
tor.nei.o *s* tourney; tournament; contest.
tor.nei.ra *s* tap; spigot; faucet.
tor.ni.que.te *s* turnstile; tourniquet.
tor.no *s* lathe; vice; **em ~ de**: about; around.
tor.no.ze.lo *s* ankle.
tor.pe *adj* obscene; vile; indecorous; infamous.
tor.pe.de.ar *v* to torpedo.
tor.pe.do *s* torpedo.
tor.por *s* torpor; apathy; lethargy; numbness.
tor.ra.da *s* toast.
tor.ra.dei.ra *s* toaster.
tor.ra.do *adj* toasted.
tor.rão *s* clod; lump.
tor.rar *v* to toast; to brown; to roast; GÍR to squander (gastar demais).
tor.re *s* tower; steeple (de igreja); castle (no xadrez).
tor.re.fa.ção *s* torrefaction.
tor.ren.ci.al *adj* torrential.
tor.ren.te *s* torrent; a violent stream; flood; multitude.
tor.res.mo *s* cracklings; scrap; hard fried bacon.
tór.ri.do *adj* torrid; arid and hot; burning.
tor.ta *s* tart; pie.
tor.to *adj* crooked; deformed; **a ~ e a direito**: by hook or by crook.
tor.tu.o.si.da.de *s* tortuosity; sinuosity.
tor.tu.o.so *adj* tortuous; sinuous; wavy.
tor.tu.ra *s* torture; extreme pain; torment; affliction.
tor.tu.ra.dor *s* torturer.
tor.tu.rar *v* to torture; to torment.
tor.ve.li.nho *s* whirlwind; whirlpool.
to.sa *s* sheep-shearing.
to.sar *v* to shear.
tos.co *adj* rough; coarse; unpolished; rude.
tos.qui.a *s* shearing.
tos.qui.ar *v* to shear, to clip (cortar); to pillage, to plunder, to loot (espoliar).

tos.se *s* cough; coughing; **~ comprida**: whooping-cough.

tos.sir *v* to cough.

tos.tão *s* former Brazilian coin.

tos.tar *v* to toast; to brown; to parch; to roast.

to.tal *s* whole; total; totality; amount; • *adj* total; entire; complete; utter; absolute.

to.ta.li.da.de *s* totality; whole.

to.ta.li.tá.rio *adj* totalitarian.

to.ta.li.ta.ris.mo *s* totalitarism.

to.ta.li.za.ção *s* totalization.

to.ta.li.zar *v* to total.

tou.ca *s* coif; cap; bonnet.

tou.ca.dor *s* dressing table; dressing room.

tou.ci.nho *s* lard; **~ defumado**: bacon.

tou.pei.ra *s* ZOO mole; PEJ idiot.

tou.ra.da *s* bull-fight.

tou.rei.ro *s* bullfighter.

tou.ro *s* bull; ASTRON Taurus.

tó.xi.co *s* toxin; poison; • *adj* toxic; poisonous.

to.xi.co.lo.gi.a *s* toxicology.

to.xi.có.lo.go *s* toxicologist.

to.xi.na *s* toxin.

tra.ba.lha.dor *s* worker; workman; • *adj* industrious; hardworking.

tra.ba.lhar *v* to work; to labour; to operate.

tra.ba.lhis.ta *s* labourite.

tra.ba.lho *s* labour; work; toil; job; **~ manual**: handwork; **sem ~**: out of work; **~ de equipe**: teamwork.

tra.ba.lho.so *adj* laborious; toilsome.

tra.ça *s* clothes moth.

tra.ça.do *s* outline; sketch; • *adj* outlined.

tra.ção *s* traction.

tra.çar *v* to trace; to draw; to outline; to delineate; to sketch.

tra.ço *s* trace; vestige; sign; track; line.

tra.di.ção *s* tradition.

tra.di.ci.o.nal *s* traditional.

tra.du.ção *s* translation.

tra.du.tor *s* translator.

tra.du.zir *v* to translate; to express.

tra.fe.gar *v* to traffic.

trá.fe.go *s* traffic.

tra.fi.can.te *s* trader.

tra.fi.car *v* to traffic; to deal in an underhanded way; to trade.

trá.fi.co *s* traffic; trade; GÍR illicit sale or trade.

tra.gar *v* to swallow; to devour.

tra.gé.dia *s* tragedy.

trá.gi.co *s* tragedian; • *adj* tragical; tragic.

tra.go *s* gulp.

trai.ção *s* treason; treachery; betrayal.

trai.ço.ei.ro *adj* treacherous; perfidious; traitorous.

trai.dor *s* traitor; betrayer; • *adj* treacherous; disloyal.

tra.ir *v* to betray.

tra.jar *v* to dress; to clothe; to wear.

tra.je *s* dress; suit; garb; garment; costume.

tra.je.to *s* course; route; way; stretch.

tra.je.tó.ria *s* trajectory; way.

tra.ma *s* woof; FIG plot; intrigue.

tra.mar *v* to weave; to hatch; to scheme; to plot; to conspire.

trâ.mi.te *s* path; means; **~s**: course; procedure.

tra.moi.a *s* trick; intrigue.

tram.po.lim *s* spring-board; diving-board.

tran.ca *s* transverse bar; crossbar; hindrance; obstacle.

tran.ça *s* braid, plait, tress, pigtail.

tran.ca.fi.ar *v* to imprison; to shut up.

tran.car *v* to fasten with bars; to shut up; to cancel.

tran.çar *v* to weave.

tran.co *s* jerk; jolt; push.

tran.qui.li.da.de *s* tranquility; calm; quiet.

tran.qui.li.zar *v* to calm; to pacify to quiet; **~-se**: to become tranquil.

tran.qui.lo *adj* tranquil; quiet; calm.

tran.sa.ção *s* transaction; negotiation.

tran.sa.ci.o.nar *v* to transact; to compromise.

tran.sa.tlân.ti.co *s* e *adj* transatlantic.

trans.bor.da.men.to *s* overflow.

trans.bor.dar *v* to overflow.

trans.cen.dên.cia *s* transcendency.

trans.cen.den.tal *adj* transcendental; transcendent.

trans.cen.den.te *adj* transcendent; transcendental.

trans.cen.der *v* to transcend; to surpass; to excel.

trans.con.ti.nen.tal *adj* transcontinental.
trans.cor.rer *v* to elapse; to go by; to pass.
trans.cre.ver *v* to transcribe; to write a copy of.
trans.cri.ção *s* transcription; transcript.
trans.cur.so *s* course of time.
tran.se *s* anguish; distress; predicament.
tran.se.un.te *s* passer-by; • *adj* passing; transitory.
trans.fe.rên.cia *s* transference; transfer.
trans.fe.rir *v* to transfer; to remove; to put off.
trans.fe.rí.vel *adj* transferable.
trans.fi.gu.ra.ção *s* transfiguration.
trans.for.ma.ção *s* transformation.
trans.for.ma.dor *s* transformer.
trans.for.mar *v* to transform; to change; ~se: to become.
trans.fu.são *s* transfusion.
trans.gre.dir *v* to transgress; to break (lei); to violate.
trans.gres.são *s* transgression; infringement.
trans.gres.sor *s* transgressor; lawbreaker.
tran.si.ção *s* transition.
tran.si.gên.cia *s* agreement; acquiescence; tolerance.
tran.si.gen.te *adj* condescendent; tolerant.
tran.si.gir *v* to compound; to condescend.
tran.sis.tor *s* transistor.
tran.si.tar *v* to transit; to pass; to change; to travel.
tran.si.ti.vo *adj* GRAM transitive.
trân.si.to *s* transit, passage; traffic.
tran.si.tó.rio *adj* transitory; temporary; momentary.
trans.la.ção *s* translation; removal.
trans.lú.ci.do *adj* translucent.
trans.mi.gra.ção *s* transmigration.
trans.mi.grar *v* to transmigrate.
trans.mis.são *s* transmission; broadcast.
trans.mis.sí.vel *adj* transmissible.
trans.mi.tir *v* to transmit; to broadcast.
trans.mu.tar *v* to transmute; to change; to transform.
trans.pa.re.cer *v* to appear through; to reveal itself.
trans.pa.rên.cia *s* transparency.
trans.pa.ren.te *adj* transparent.
trans.pi.ra.ção *s* transpiration; perspiration.
trans.pi.rar *v* to transpire; to sweat; to leak out; to excrete; to perspire.
trans.plan.tar *v* to transplant.
trans.por *v* to transpose.
trans.por.tar *v* to transport; to convey; to carry.
trans.por.tá.vel *adj* transportable; conveyable.
trans.por.te *s* transport; conveyance.
trans.po.si.ção *s* transposition.
trans.tor.nar *v* to upset; to disturb; to trouble.
trans.tor.no *s* trouble; upset.
trans.ver.sal *s* e *adj* transversal; transverse.
trans.vi.ar *v* to mislead.
tra.pa.ça *s* cheat; swindle; fraud; humbug.
tra.pa.ce.ar *v* to cheat; to trick; to deceive.
tra.pa.cei.ro *s* cheater; trickster; swindler; cardsharper (nas cartas).
tra.pa.lha.da *s* confusion; entanglement; disorder; mess.
tra.pa.lhão *s* bungler.
tra.pé.zio *s* trapezium; trapeze.
tra.pe.zis.ta *s* a performer on a trapeze.
tra.po *s* rag; tatter.
tra.quei.a *s* trachea; windpipe.
tra.que.jar *v* to pursue; to go after; to train.
tra.qui.nar *v* to play pranks.
trás *adv* e *prep* behind; after.
tra.sei.ra *s* back or hinder part; rear.
tra.sei.ro *s* buttock; • *adj* back; hind; posterior.
tras.la.da.ção *s* translation.
tras.la.dar *v* to remove; to transfer; to transcribe.
tras.la.do *s* copy; transcript.
tras.pas.sar *v* to pass over; to cross; to violate; to transgress; to pierce.
tras.te *s* piece of old furniture; scamp; rogue; rascal.
tra.ta.do *s* treaty; treatise.
tra.ta.men.to *s* treatment.
tra.tan.te *s* rogue; knave.
tra.tar *v* to treat; to handle; to deal with.
tra.tá.vel *adj* tractable.

tra.to *s* treatment.
tra.tor *s* tractor.
trau.ma *s* MED trauma; traumatism.
trau.má.ti.co *adj* traumatic.
trau.ma.tis.mo *s* traumatism; trauma.
trau.ma.ti.zar *v* to traumatize.
tra.va *s* clog; beam; setting of a saw.
tra.var *v* to brake; to fetter.
tra.ve *s* beam.
tra.ves.sa *s* cross-bar; sleeper; dish (prato); crossroad (rua).
tra.ves.são *s* beam of a balance; dash.
tra.ves.sei.ro *s* pillow; bolster.
tra.ves.si.a *s* crossing; passage.
tra.ves.so *adj* naughty.
tra.ves.su.ra *s* trick; wile; naughtiness; prank.
tra.zer *v* to bring; to fetch; to take; to carry; to wear; to bear; **~ à baila**: to bring out; **~ à memória**: to call to mind; to bring to mind; **~ no pensamento**: to bear in mind.
tre.cho *s* space; distance; MÚS piece; passage.
ré.gua *s* armistice.
trei.na.dor *s* trainer, coach.
trei.na.men.to *s* training.
trei.nar *v* to train; to discipline.
trei.no *s* training; practice; exercise; drill.
tre.jei.to *s* grimace.
trem *s* train.
tre.ma *s* GRAM diaeresis, EUA dieresis.
tre.men.do *adj* dreadful; frightful; terrible; terrific; awful; respectable; extraordinary; tremendous.
tre.mer *v* to tremble; to shake; to shiver; to quiver; to quake; **~ de frio**: to shiver with cold; **~ de medo**: to feel fear; to shiver with fear.
tre.mor *s* tremble; tremor; quiver; shiver; **~ de terra**: earth tremor.
tre.mu.lar *v* to wave.
trê.mu.lo *adj* tremulous; quivering.
tre.na *s* tape.
tre.nó *s* sledge; sleigh; sled.
tre.pa.dei.ra *s* creeping or climbing plant.
tre.par *v* to climb; to rise; to mount; GÍR to have sex.

tre.pi.da.ção *s* trepidation.
tre.pi.dar *v* to tremble; to oscillate; to vibrate.
três *s e num* three; **~-quartos**: three-quarters; **~ vezes**: three times.
tre.ta *s* stratagem; wile; trick.
tre.vas *s* darkness; obscurity; FIG ignorance.
tre.vo *s* BOT clover; **~-de-quatro-folhas**: four-leaf clover.
tre.ze *s e num* thirteen.
trí.a.de *s* triad.
tri.an.gu.lar *v* to triangulate; to divide into triangles; • *adj* triangular.
tri.ân.gu.lo *s* triangle.
tri.bo *s* tribe; clan.
tri.bu.la.ção *s* tribulation; affliction; distress.
tri.bu.na *s* tribune; rostrum.
tri.bu.nal *s* tribunal; court of justice; the judgment seat.
tri.bu.ta.ção *s* taxation.
tri.bu.tar *v* to tax; to impose tax on.
tri.bu.tá.rio *adj* tributary; contributory.
tri.bu.tá.vel *adj* taxable.
tri.bu.to *s* tribute; tax; duty.
tri.ci.clo *s* tricycle.
tri.cô *s* knitting.
tri.co.lor *adj* tricolor; tricolored.
tri.co.tar *v* to knit.
tri.den.te *s* trident.
tri.di.men.si.o.nal *s e adj* three-D, 3-D; three-dimensional.
tri.ê.nio *s* triennial.
tri.gal *s* corn field; wheat field.
tri.gê.meo *s* triplet.
tri.go *s* wheat; corn; **campo de ~**: corn field; **de ~**: wheaten; **farinha de ~**: flour.
tri.go.no.me.tri.a *s* trigonometry.
tri.go.no.mé.tri.co *adj* trigonometrical; trigonometric.
tri.guei.ro *adj* brownish; swarthy.
tri.lha *s* track; trace; trail; **~ sonora**: soundtrack.
tri.lhar *v* to thrash; to thresh; to beat; to tread out; to track.
tri.lho *s* track; rail.
tri.lo.gi.a *s* trilogy.

tri.mes.tral *adj* trimonthly.
tri.mes.tre *s* trimester, a quarter.
tri.na.do *s* trill; warble; tremulous sound; shake; quaver.
tri.nar *v* to trill; to play or sing with a trill; to twitter.
trin.ca *s* trine; triad; BR scratch; cleft.
trin.co *s* latch.
trin.da.de *s* trinity.
trin.ta *s* e *num* thirty.
tri.pa *s* tripe; intestine; bowel; gut.
tri.pé *s* tripod.
tri.pli.ca.ção *s* triplication.
tri.pli.car *v* to triple; to treble; to triplicate.
trí.pli.ce, tri.plo *adj* triplex; triple; threefold; treble.
tri.pu.di.ar *v* to move with light quick steps; to dance; to mock.
tri.pu.la.ção *s* crew.
tri.pu.lan.te *s* seaman; sailor; one of the crew.
tri.pu.lar *v* to man.
tris.si.lá.bi.co *adj* trisyllabic.
tris.sí.la.bo *s* trisyllable.
tris.te *adj* sad; sorrowful; mournful; blue; melancholic.
tris.te.za *s* sorrow; sadness; gloom; melancholy.
tris.to.nho *adj* somewhat sad; dreary.
tri.ton.go *s* triphthong.
tri.tu.ra.ção *s* trituration.
tri.tu.ra.dor *s* triturator.
tri.tu.rar *v* to triturate; to grind.
tri.un.fal *adj* triumphal.
tri.un.far *v* to triumph; to obtain victory; to be successful.
tri.un.fo *s* triumph, success.
tri.vi.al *adj* trivial; common; ordinary; vulgar.
tri.vi.a.li.da.de *s* triviality.
tro.ca *s* exchange; barter; interchange; swap.
tro.ça *s* mockery; scoff; **fazer ~ de**: to make fun of.
tro.ca.di.lho *s* pun; play on words.
tro.ca.dor *s* exchanger; • *adj* exchanging.
tro.car *v* to exchange; to barter; to change; to swap; to switch.
tro.çar *v* to mock; to scoff; to scorn; to make fun of.

tro.co *s* small money; small change.
tro.féu *s* trophy.
tro.glo.di.ta *s* troglodyte; • *adj* troglodytic.
trom.ba *s* trunk; snout; **estar de ~**: to be angry.
trom.ba.da *s* collision; crash.
trom.be.ta *s* trumpet; trumpeter.
trom.bo.ne *s* MÚS trombone.
trom.bo.se *s* MED thrombosis.
trom.pa *s* trumpet.
tron.co *s* bole, trunk; torso (humano).
tro.no *s* throne.
tro.pa *s* troop; soldiers collectively; a division of a cavalry squadron.
tro.pe.ção *s* stumbling; stumble; trip.
tro.pe.çar *v* to stumble.
tro.pe.ço *s* stumble; hitch; obstacle.
trô.pe.go *s* hobbler; • *adj* hobbling.
tro.pei.ro *s* muleteer.
tro.pel *s* stamp; clatter of horse's hoofs; mob; crowd; tumult.
tro.pi.cal *adj* tropical.
tró.pi.co *s* tropic.
tro.tar *v* to trot; BR to scoff; to mock; to haze (em escolas).
tro.te *s* trot; trick; **dar ~**: to haze.
trou.xa *s* pack; bundle; fool; • *adj* foolish.
tro.vão *s* thunder.
tro.ve.jar *v* to thunder.
tro.vo.a.da *s* thunderstorm.
tru.ci.dar *v* to kill; to slaughter; to murder.
tru.cu.lên.cia *s* truculence; ferocity; savageness.
tru.cu.len.to *adj* truculent; cruel; fierce; savage.
tru.fa *s* truffle.
trun.fo *s* trump card.
tru.que *s* trick; stratagem; trick.
tru.ta *s* trout.
tu *pron* you; thou.
tu.a *pron* your; yours; thy; thine.
tu.ba *s* MÚS tuba.
tu.ba.rão *s* shark.
tu.bér.cu.lo *s* tubercle; tuber.
tu.ber.cu.lo.se *s* MED tuberculosis.
tu.ber.cu.lo.so *s* a person attacked with tuberculosis; • *adj* tuberculous; consumptive.

tu.bo *s* tube; pipe; ~ **de ensaio**: test-tube.
tu.bu.lar *adj* tubular.
tu.ca.no *s* toucan.
tu.do *pron* all; everything.
tu.fão *s* typhoon.
tu.fo *s* tuft; flock.
tu.li.pa *s* BOT tulip.
tum.ba *s* grave; tomb.
tu.mes.cên.cia *s* tumescence.
tu.mes.cen.te *adj* tumescent.
tu.mi.dez *s* tumidity.
tú.mi.do *adj* tumid; swollen.
tu.mor *s* tumour; EUA tumor.
tú.mu.lo *s* tomb; grave; tumulus.
tu.mul.to *s* tumult; uproar; riot; mutiny.
tu.mul.tu.ar *v* to cause tumult.
tú.nel *s* tunnel.
tú.ni.ca *s* tunic, tunica.
tu.ni.si.a.no *s e adj* Tunisian.
tu.pi *s* Tupian indian; the language of the Tupis; • *adj* Tupian.
tur.ba *s* crowd; rabble; mod.
tur.ban.te *s* turban.
tur.bi.lhão *s* whirlwind; vortex; FIG tumult; disturbance.
tur.bi.na *s* turbine.
tur.bi.na.do *adj* turbinated; spiraled.
tur.bu.lên.cia *s* turbulence; agitation; disturbance; riot.
tur.bu.len.to *adj* turbulent; riotous.
tur.co *s* Turk; • *adj* Turkish.
tur.fe *s* turf.
tu.ris.mo *s* tourism.
tu.ris.ta *s* tourist.
tur.ma *s* group; gang; band.
tur.ma.li.na *s* tourmaline.
tur.no *s* turn; shift; **por ~s**: by turns.
tur.que.sa *s* turquoise.
tur.rão *s* an obstinate person; • *adj* obstinate; headstrong; stubborn.
tur.var *v* to disturb; to trouble; to disorder; to agitate; to dim; to obscure.
tur.vo *adj* muddy; dim; cloudy; overcast.
tu.ta.no *s* marrow.
tu.te.la *s* tutelage; guardianship; protection.
tu.te.lar *v* to tutor; to protect; to defend; • *adj* tutelar.
tu.tor *s* tutor; guardian.

U

u *s* the twenty-first letter of the Portuguese alphabet.
ú.be.re *s* udder; • *adj* uberous; fruitful; abundant; plentiful.
u.bí.quo *adj* ubiquitous; omnipresent.
u.fa.ni.a *s* boasting; pride; ostentation.
u.fa.no *adj* vain; proud; boastful.
u.ís.que *s* whiskey.
ui.var *v* to howl.
ui.vo *s* howl; FIG yelp; yelling.
úl.ce.ra *s* MED ulcer; ulceration.
ul.ce.rar *v* to ulcerate.
ul.te.ri.or *adj* ulterior; further; posterior.
ul.ti.ma.men.te *adv* of late; lately.
ul.ti.mar *v* to end; to finish.
ul.ti.ma.to *s* ultimatum.
úl.ti.mo *adj* last; late; latter; final; **por ~**: at last, finally.
ul.tra.jan.te *adj* outrageous; extremely offensive.
ul.tra.jar *v* to outrage.
ul.tra.je *s* outrage.
ul.tra.jo.so *adj* outrageous.
ul.tra.mar *s* beyond the sea.
ul.tra.ma.ri.no *adj* ultramarine; beyond the sea; oversea.
ul.tra.pas.sar *v* to surpass; to exceed; to overtake (carro).
ul.tras.som *s* MED ultrasound.
ul.tras.sô.ni.co *adj* ultrasonic.
ul.tra.vi.o.le.ta *adj* ultraviolet.
u.lu.la.ção *s* ululation; howling.
u.lu.lar *v* to ululate; to howl; to wail.
um *art* a, an; • *num* one; • *pron* somebody, someone.
um.bi.go *s* umbilicus; navel.
um.bi.li.cal *adj* umbilical; **cordão ~**: navel cord.
um.bral *s* doorpost; threshold.
u.me.de.cer *v* to moisten.
u.me.de.ci.men.to *s* moistness.
ú.me.ro *s* MED humerus.
u.mi.da.de *s* moisture; humidity; dampness.
ú.mi.do *adj* humid; moist; damp.
u.nâ.ni.me *adj* unanimous.
u.na.ni.mi.da.de *s* unanimity.
un.ção *s* unction; inunction; anointment.
un.gir *v* to anoint.
un.guen.to *s* unguent; ointment.
u.nha *s* nail (dos pés e das mãos); talon, claw (garra); **com ~s e dentes**: tooth and nail; **ser como ~ e carne**: to be hand and glove together; **~ de fome**: miser; skinflint.
u.nha.da *s* scratch with a nail.
u.nhar *v* to scratch.
u.ni.ão *s* union; junction; alliance.
u.ni.ca.men.te *adv* only; uniquely.
ú.ni.co *adj* unique; only; singular; alone; single.
u.ni.cór.nio *s* unicorn.
u.ni.da.de *s* unity; unit.
u.ni.do *adj* united; compacted; joined.
u.ni.fi.ca.ção *s* unification.
u.ni.fi.car *v* to unify; to unite; to become uniform.

u.ni.for.me *s* uniform; regimentals; • *adj* uniform; regular.
u.ni.for.mi.da.de *s* uniformity.
u.ni.for.mi.za.ção *s* uniformization.
u.ni.for.mi.zar *v* to uniformize; to make uniform.
u.ni.gê.ni.to *adj* only-begotten.
u.ni.la.te.ral *adj* unilateral; one-sided.
u.nir *v* to join; to fasten; to put together; to unite; to combine; to consolidate.
u.nis.so.nan.te, u.nís.so.no *s* unison; • *adj* unisonous; unisonant.
u.ni.tá.rio *adj* unitary; RELIG Unitarian.
u.ni.ver.sal *adj* universal; **doador ~**: universal donor.
u.ni.ver.sa.lis.mo *s* universalism.
u.ni.ver.sa.li.za.ção *s* universalization.
u.ni.ver.sa.li.zar *v* to universalize; to make universal.
u.ni.ver.si.da.de *s* university.
u.ni.ver.si.tá.rio *s* undergraduate.
u.ni.ver.so *s* universe.
u.ní.vo.co *adj* univocal; unambiguous.
u.no *adj* sole; one; singular.
un.tar *v* to anoint; to daub; to besmear; to grease.
un.tu.o.so *adj* unctuous; fatty; oily; greasy.
u.râ.nio *s* QUÍM uranium.
U.ra.no *s* Uranus.
ur.ba.ni.da.de *s* urbanity; affability; courtesy; urban life.
ur.ba.nis.mo *s* urbanism.
ur.ba.nis.ta *s* urbanist.
ur.ba.ni.zar *v* to urbanize.
ur.ba.no *adj* urban (da cidade); urbane, courteous (cortês).
ur.dir *v* to warp; to weave; FIG to contrive; to plot.
u.rei.a *s* QUÍM urea.
u.re.mi.a *s* MED uremia; uraemia.
u.re.ter *s* ANAT ureter.
u.re.tra *s* urethra.
ur.gên.cia *s* urgency; pressure.
ur.gen.te *adj* urgent; pressing; urging.
ur.gir *v* to be urgent; to urge; to press.
u.ri.na *s* urine.
u.ri.nar *v* to urinate.

u.ri.nol *s* urinal; chamber-pot.
ur.na *s* urn (funerária); ballot-box (de votos, sorteio, etc.).
ur.rar *v* to roar; to bellow.
ur.ro *s* roar; roaring.
ur.sa *s* a female bear; she-bear.
ur.so *s* ZOO bear; **amigo ~**: GÍR disloyal friend.
ur.ti.cá.ria *s* MED urticaria; hives; nettle rash.
ur.ti.ga *s* nettle.
u.ru.bu *s* urubu; black vulture.
u.ru.guai.o *s* e *adj* Uruguayan.
u.sa.do *adj* worn out; employed; used.
u.sar *v* to use; to wear (vestir).
u.sá.vel *adj* usable; wearable.
u.si.na *s* mill; plant; **~ de açúcar**: sugar mill; **~ nuclear**: nuclear plant.
u.so *s* use; usage; custom; wearing.
u.su.al *adj* usual; customary.
u.su.al.men.te *adv* usually; habitually.
u.su.á.rio *s* INF user.
u.su.fru.ir *v* to enjoy the usufruct of.
u.su.fru.to *s* enjoyment; usufruct.
u.su.fru.tu.á.rio *s* usufructuary.
u.su.ra *s* usury.
u.su.rá.rio *s* usurer; • *adj* usurious.
u.sur.pa.ção *s* usurpation.
u.sur.pa.dor *s* usurper.
u.sur.par *v* to usurp.
u.ten.sí.lio *s* utensil; tool.
u.te.ri.no *adj* uterine.
ú.te.ro *s* ANAT uterus; womb.
UTI *abrev de* Unidade de Terapia Intensiva, ICU, Intensive Care Unit.
ú.til *s* utility; usefulness; • *adj* useful; profitable.
u.ti.li.da.de *s* utility; usefulness.
u.ti.li.tá.rio *s* utilitarian; • *adj* utilitarian; useful; practical.
u.ti.li.ta.ris.mo *s* utilitarianism.
u.ti.li.zar *v* to utilize; to make useful; to make use of.
u.to.pi.a *s* Utopia.
u.tó.pi.co *adj* Utopian.
u.va *s* grape; **cacho de ~**: bunch of grapes.
ú.vu.la *s* ANAT uvula.

V

v *s* the twenty-second letter of the Portuguese alphabet; (com maiúsc.) Roman numeral for five.
va.ca *s* cow; GÍR bitch; **carne de ~**: beef.
va.cân.cia *s* vacancy; vacuity.
va.ci.la.ção *s* vacillation; hesitation.
va.ci.lan.te *adj* vacillating; hesitating.
va.ci.lar *v* to vacillate; to hesitate; to totter.
va.ci.na *s* vaccine.
va.ci.na.ção *s* vaccination.
va.ci.nar *v* to vaccinate; to innoculate with vaccine.
vá.cuo *s* vacuum.
va.de.ar *v* to wade; to ford.
va.di.a.ção, va.di.a.gem *s* vagrancy; loafness.
va.di.ar *v* to loaf.
va.di.o *s* vagrant, vagabond, loafer; • *adj* idle, lazy, vagabond.
va.ga *s* wave (onda); vacancy; **~lume**: firefly.
va.ga.bun.de.ar *v* to wander like a vagabond; to rove; to loaf.
va.ga.bun.do *s* vagabond; vagrant; loafer; • *adj* lazy, idle, vagabond.
va.ga.lhão *s* billow; a huge wave.
va.gan.te *adj* vacant; vagrant.
va.gão *s* railway carriage; waggon.
va.gar *s* leisure; slowness; spare time; • *v* to become vagant; to wander about; to rove.
va.ga.ro.sa.men.te *adj* slowly.
va.ga.ro.so *adj* slow.
va.gem *s* string beans.
va.gi.na *s* vagina.
va.gi.nal *adj* vaginal.

va.go *adj* vague, indefinite; vacant, empty.
va.gue.ar *v* to wander; to rove; to roam.
vai.a *s* hoot.
vai.ar *v* to hoot.
vai.da.de *s* vanity.
vai.do.so *adj* vain; proud.
vai.vém *s* sway; unsteadiness; inconstancy.
va.la *s* ditch; drain.
va.le *s* valley; advance of money (adiantamento).
va.len.te *s* a courageous person; • *adj* brave; valiant.
va.len.ti.a *s* valiancy; bravery; courage.
va.ler *v* to be valuable; to be worth; to be valid.
va.le.ta *s* gutter; drain.
va.le.te *s* knave (cartas).
va.li.a *s* value; credit; favour.
va.li.da.ção *s* validation.
va.li.da.de *s* validity.
va.li.dar *v* to validate.
va.li.dez *s* validity.
vá.li.do *adj* valid; legal; lawful.
va.li.o.so *adj* valuable; important.
va.li.se *s* suitcase.
va.lor *s* value; price; valour, EUA valor.
va.lo.ri.za.ção *s* valuation; appraisal.
va.lo.ri.zar *v* to valorize; to value.
va.lo.ro.so *adj* valorous; brave; fearless; bold; active.
val.sa *s* waltz.
val.sar *v* to waltz; to dance waltz.
vál.vu.la *s* valve.

vampiro / velhaco

vam.pi.ro *s* vampire.
van.da.lis.mo *s* vandalism.
vân.da.lo *s* vandal.
van.glo.ri.ar-se *v* to boast.
van.guar.da *s* vanguard.
van.ta.gem *s* advantage; **tirar ~ de**: to take advantage of.
van.ta.jo.so *adj* advantageous; profitable; lucrative.
vão *s* open space; void; • *adj* vain; empty; **em ~**: in vain.
va.por *s* vapour, EUA vapor, steam; **máquina a ~**: steam engine.
va.po.ri.za.ção *s* vaporization.
va.po.ri.zar *v* to vaporize.
va.po.ro.so *adj* vaporous.
va.quei.ro *s* cowboy.
va.ra *s* twig; rod; jurisdiction (jurisdição).
va.ral *s* thill; shaft; clothesline (de roupas).
va.ran.da *s* veranda, EUA porch; balcony; terrace.
va.rão *s* male; man.
va.rar *v* to beat with a rod; to beach a ship or boat; to pierce (furar).
va.re.jis.ta *s* retailer; retail dealer.
va.re.jo *s* search; retail; **vender a ~**: to retail.
va.re.ta *s* ramrod; small rod.
va.ri.a.bi.li.da.de *s* variability; variableness.
va.ri.a.ção *s* variation; change.
va.ri.a.do *adj* varied; various; diversified.
va.ri.an.te *s* variant; • *adj* variant.
va.ri.ar *v* to vary; to alter; to change; to modify.
va.ri.ce.la *s* MED chickenpox; varicella.
va.ri.e.da.de *s* variety; diversity.
va.ri.nha *s* wand.
va.rí.o.la *s* MED smallpox; variola.
vá.rios *adj pl* various; several.
va.ro.nil *adj* manly.
var.re.dor *s* sweeper; scavenger; • *adj* sweeping; **~ de ruas**: scavenger.
var.rer *v* to sweep.
vár.zea *s* meadow.
vas.cu.lar *adj* vascular.
vas.cu.lhar *v* to sweep; to search (pesquisar).
va.sec.to.mi.a *s* MED vasectomy.
va.se.li.na *s* QUÍM vaseline.
va.si.lha *s* vessel; cask.
va.si.lha.me *s* set of casks.
va.so *s* vase; flower-pot; vessel.
vas.sa.lo *s* vassal; dependant; subject.
vas.sou.ra *s* broom.
vas.sou.ra.da *s* a blow with a broom.
vas.ti.dão *s* vastness; immensity.
vas.to *adj* vast; great; immense; huge; enormous.
va.ti.ci.na.ção *s* vatication; prophecy; prediction.
va.ti.ci.nar *v* to vaticinate; to prophesy; to foretell.
va.za.men.to *s* leak; ooze.
va.zan.te *s* reflux of tide; ebb.
va.zar *v* to empty; to pour out.
va.zi.o *s* void; empty; blank; gap; • *adj* empty; void; vacant.
ve.a.do *s* hart; stag; BR GÍR homosexual.
ve.da.ção *s* barrier; enclosure.
ve.dar *v* to forbid; to hinder; to obstruct.
ve.de.te *s* star.
ve.e.mên.cia *s* vehemence.
ve.e.men.te *adj* vehement; impetuous; ardent; passionate.
ve.ge.ta.ção *s* vegetation.
ve.ge.tal *s* e *adj* vegetable; vegetal; BRIT POP veg.
ve.ge.tar *v* to vegetate.
ve.ge.ta.ri.a.no *s* e *adj* vegetarian.
ve.ge.ta.ti.vo *adj* vegetative.
vei.a *s* vein.
vei.cu.lar *v* to propagate, to transmit; • *adj* vehicular.
ve.í.cu.lo *s* vehicle; carriage; car.
vei.o *s* vein (de rocha); streamlet (de água); grain (de madeira).
ve.la *s* NÁUT sail; candle; **barco a ~**: sailing boat.
ve.lar *v* to veil; to hide; to conceal; to watch.
ve.lei.ro *s* sailing boat.
ve.le.jar *v* to sail; to navigate.
ve.lha *s* old woman.
ve.lha.ca.ri.a *s* knavery; roguery.
ve.lha.co *s* knave; rascal; rogue; • *adj* knavish; roguish; crafty.

ve.lha.ri.a s old things; rubbish.
ve.lhi.ce s old age.
ve.lho s old man; • adj old; ancient.
ve.lo.ci.da.de s velocity; speed.
ve.lo.cí.me.tro s velocimeter.
ve.lo.cí.pe.de s velocipede.
ve.ló.rio s deathwatch, wake.
ve.loz adj swift; rapid; speedy.
ve.lu.do s velvet.
ve.nal adj venal.
ven.ce.dor s victor; winner; • adj victorious.
ven.cer v to vanquish; to overcome; to win.
ven.ci.men.to s due/expiry date; salary.
ven.cí.vel adj vincible.
ven.da s sale; selling; bandage (para os olhos); grocery (mercearia); **à ~**: for sale; **~ a prazo**: credit sale; **~ a prestação**: instalment sale; **~ à vista**: cash sale; **~ em leilão**: sale by auction.
ven.dar v to bandage.
ven.da.val s windstorm; gale.
ven.dá.vel adj saleable.
ven.de.dor s seller; salesman; trader; vendor.
ven.der v to sell; **~ a varejo**: to sell by retail; **~ à vista**: to sell for cash.
ve.ne.no s poison; venom.
ve.ne.no.so adj venomous; poisonous.
ve.ne.ra.ção s veneration; respect; whorship.
ve.ne.rar v to venerate; to revere; to respect.
ve.ne.rá.vel adj venerable; reverential; respectful.
ve.ne.ta s fancy; whim; bad humor or bad temper.
ve.ne.zu.e.la.no s e adj Venezuelan.
vê.nia s permission; forgiveness; excuse; courtesy.
ve.no.so adj veiny; venous.
ven.ta.ni.a s high wind.
ven.tar v to blow; to wind; to breath.
ven.ti.la.ção s ventilation.
ven.ti.la.dor s ventilator; fan.
ven.ti.lar v to ventilate; FIG to discuss freely.
ven.to s wind; flatulence.
ven.to.i.nha s weathercock.
ven.tre s belly; abdomen; womb; **prisão de ~**: constipation.

ven.tri.cu.lar adj ventricular.
ven.trí.cu.lo s ventricle.
ven.tri.lo.qui.a s ventriloquism.
ven.trí.lo.quo s ventriloquist; • adj ventriloquous.
ven.tu.ra s fortune, chance, luck; hazard, venture, risk.
ven.tu.ro.so adj fortunate, lucky; venturesome, risky.
Vê.nus s Venus.
ver v to see; to look; to examine; **a meu ~**: in my opinion; **até mais ~**: so long; **deixe-me ~**: let me see; **maneira de ~**: point of view.
ve.ra.ci.da.de s veracity; truthfulness.
ve.ra.ne.ar v to summer.
ve.ra.nei.o s summer holidays.
ve.rão s Summer.
ver.ba s sum.
ver.bal adj verbal; oral.
ver.ba.li.zar v to verbalize.
ver.bal.men.te adv verbally; orally.
ver.be.ra.ção s verberation; castigation; censure.
ver.be.rar v to reprove; to strike; to beat.
ver.be.te s entry; note; annotation.
ver.bo s GRAM verb; word.
ver.da.de s truth; verity; reality; veracity; **de ~?**: really?; **na ~**: in fact; **para falar a ~**: to tell the truth.
ver.da.dei.ro adj true; veracious; veritable; real; genuine.
ver.de adj green; unripe (fruta); FIG inexperienced.
ver.de.jan.te adj verdant.
ver.de.jar v to green; to get a greenish color.
ver.dor s verdure; greenness; FIG freshness; vigor.
ver.du.go s hangman, executioner.
ver.du.ra s verdure; greens (folhas); vegetables.
ve.re.a.dor s councillor, EUA councilman.
ve.re.da s footpath, bypath, path.
ve.re.dic.to s verdict.
ver.gar v to curve; to bend.
ver.go.nha s shame; **sem-~**: shameless; **ter ~**: to be ashamed.

ver.go.nho.so *adj* shameful, infamous, bashful; shy.
ve.rí.di.co *adj* veridical; veridic; truthful; veracious.
ve.ri.fi.ca.ção *s* verification; checking.
ve.ri.fi.car *v* to verify; to check out.
ve.ri.fi.cá.vel *adj* verifiable.
ver.me *s* worm; grub.
ver.me.lho *s* e *adj* red; FIG socialist.
ver.mu.te *s* vermouth.
ver.ná.cu.lo *s* e *adj* vernacular.
ver.niz *s* varnish.
ve.ros.sí.mil *adj* verisimilar.
ve.ros.si.mi.lhan.ça *s* verisimilitude.
ver.ru.ga *s* wart.
ver.sa.do *adj* versed; skilled.
ver.são *s* version, translation.
ver.sar *v* to make a version or tanslation.
ver.sá.til *adj* versatile; variable.
ver.sa.ti.li.da.de *s* versatility.
ver.sí.cu.lo *s* versicle, verse of the Bible.
ver.si.fi.car *v* to versify; to compose verses.
ver.so *s* verse; poetry; reverse; **~ solto**: blank verse.
ver.sus *prep* versus.
vér.te.bra *s* vertebra.
ver.te.bra.do *s* e *adj* vertebrate.
ver.ten.te *s* slope.
ver.ter *v* to spill, to shed (derramar); to turn into, to translate (traduzir).
ver.ti.cal *s* vertical line; • *adj* vertical.
vér.ti.ce *s* vertex; top; summit; apex.
ver.ti.gem *s* MED vertigo; dizziness.
ver.ti.gi.no.so *adj* vertiginous; dizzy; giddy.
ves.go *s* a squint-eyed person; • *adj* squint-eyed.
ve.sí.cu.la *s* vesicle; blister; **~ biliar**: gall bladder.
ves.pa *s* wasp.
vés.pe.ra *s* eve; **na ~ de**: on the eve of; **~ de Natal**: Christmas Eve.
ves.pe.ral *s* vesperal; a concert that takes place in the afternoon; • *adj* relating to the evening.
ves.per.ti.no *s* evening paper; • *adj* vespertine.
ves.te *s* clothes; vest.
ves.ti.á.rio *s* cloakroom; dressing room.
ves.ti.bu.lar *adj* vestibular.
ves.tí.bu.lo *s* vestibule; hall; lobby, EUA entry.
ves.ti.do *s* dress; garment; gown.
ves.tí.gio *s* vestige; trace; sign; footprint (pegada).
ves.ti.men.ta *s* vestiment; dress; vestments.
ves.tir *v* to dress; to clothe.
ves.tu.á.rio *s* clothes; apparel.
ve.tar *v* to veto; to prohibit; to refuse.
ve.te.ra.no *s* e *adj* veteran; expert.
ve.te.ri.ná.ria *s* the veterinary science.
ve.te.ri.ná.rio *s* BRIT vet, EUA veterinarian; • *adj* veterinary.
ve.to *s* veto.
véu *s* veil; FIG cover, disguise.
ve.xa.ção *s* vexation; chagrin; mortification.
ve.xa.me *s* vexation; mortification.
ve.xar *v* to vex; to harass; to trouble; to humiliate; to disturb.
ve.xa.tó.rio *adj* vexatious.
vez *s* time; turn; opportunity; occasion; **às ~es**: sometimes; **cada ~ mais**: more and more; **cada ~ menos**: less and less; **de ~ em quando**: from time to time; **em ~ de**: instead of; **minha ~**: my turn; **outra ~**: once more; **por esta ~**: for this time; **por sua ~**: by one's turn; **uma ~**: once; **uma ~ ou outra**: once in a while; **de uma ~ por todas**: once for all.
vi.a *s* way; road; street; means; copy; duplicate; • *prep* via; **em ~s de**: about to; **~ de regra**: usually; **~ férrea**: railway.
vi.a.bi.li.da.de *s* viability.
vi.a.ção *s* network of roads.
vi.a.du.to *s* viaduct.
vi.a.gem *s* voyage; trip; journey; travel.
vi.a.jan.te *s* traveller; • *adj* travelling.
vi.a.jar *v* to travel; to journey; to take a trip; to make a voyage.
Vi.a Lác.tea *s* ASTRON Milky Way.
vi.a.tu.ra *s* vehicle.
vi.á.vel *adj* viable; practible; feasible.
ví.bo.ra *s* viper; FIG a treacherous or malignant person.

vi.bra.ção s vibration; oscillation.
vi.bran.te adj vibrant, vibrating.
vi.brar v to vibrate; to oscillate.
vi.bra.tó.rio adj vibratory; vibratile.
vi.ce.jan.te adj exuberant.
vi.ce.jar v to bloom; to shine.
vi.ce-pre.si.den.te s vice-president (VP), EUA POP veep.
vi.ce-ver.sa adv vice versa; conversely.
vi.ci.a.do adj addicted; vitiated.
vi.ci.ar v to vitiate; to deprave; to corrupt; to pervert.
ví.cio s vice.
vi.ci.o.so adj vicious; defective; faulty; imperfect; **círculo ~**: vicious circle.
vi.cis.si.tu.de s vicissitude; change of fortune.
vi.ço s rankness; freshness; exuberance.
vi.ço.so adj blooming.
vi.da s life; energy; **com ~**: alive; **para toda a ~**: forever.
vi.dei.ra s grapevine; vine.
vi.den.te s seer; foreteller, prophet.
ví.de.o s video.
vi.de.o.tei.pe s videotape.
vi.dra.ça s window-glass; window-pane.
vi.dra.ça.ri.a s glazier's shop.
vi.dra.cei.ro s glazier.
vi.dra.do adj glazed; dim.
vi.drar v to glaze; to dim.
vi.dra.ri.a s glassmaking; glasswork.
vi.drei.ro s glassmaker.
vi.dro s glass; bottle (garrafa).
vi.e.la s lane; narrow street.
vi.ga s beam; girder.
vi.ga.men.to s beams; framework.
vi.gá.rio s vicar; **conto do ~**: swindle.
vi.ga.ris.ta s swindler; confidence man.
vi.gên.cia s validity.
vi.gen.te adj in vigor; valid.
vi.gi.a s watching; watch; sentinel.
vi.gi.ar v to watch; to vigil.
vi.gi.lân.cia s vigilance; watchfulness; caution.
vi.gi.lan.te adj vigilant; watchful.
vi.gí.lia s vigil; wakefulness.

vi.gor s vigour, EUA vigor; strength; potency.
vi.go.rar v to invigorate; to be in force; to be in vigor.
vi.go.ro.so adj vigorous; energetic; vehement.
vil adj vile; mean; abject; base.
vi.la s villa.
vi.la.ni.a s villainy; depravity.
vi.lão s villain; rascal.
vi.le.za s baseness.
vi.li.pen.di.ar v to vilify; to defame; to debase.
vi.li.pên.dio s contempt; disdain.
vi.li.pen.di.o.so adj contemptuous.
vi.me s osier; wicker.
vi.na.gre s vinegar.
vin.car v to fold; to plait.
vin.co s crease; fold; wale.
vin.cu.lar v to entail; to bind; to tie; to link.
vín.cu.lo s tie; link; entail; entailment.
vin.da s arrival; coming; **dar boas-~s**: to welcome.
vin.di.car v to vindicate; to defend; to claim.
vin.dou.ro adj future; coming.
vin.ga.dor s avenger; revenger; • adj avenging.
vin.gan.ça s vengeance; revenge.
vin.gar v to avenge; to revenge.
vin.ga.ti.vo adj vindictive; revengeful.
vi.nha s vine; vineyard.
vi.nhe.do s vineyard.
vi.nhe.ta s vignette.
vi.nho s wine; **copo de ~**: wine glass; **garrafa de ~**: wine bottle; **provador de ~**: winetaster; **~ branco**: white wine; **~ do Porto**: Port wine; **~ seco**: dry wine; **~ tinto**: red wine.
vi.ní.co.la adj wine-growing.
vi.ni.cul.tor s viniculturist; winegrower.
vi.ni.cul.tu.ra s winegrowing; viniculture.
vin.te s e num twenty.
vi.o.la s viol; viola.
vi.o.la.ção s violation; transgression; infringement; profanation.
vi.o.lão s guitar.
vi.o.lar v to violate; to transgress.
vi.o.lá.vel adj violable.

vi.o.lên.cia *s* violence.
vi.o.len.tar *v* to force; to rape.
vi.o.len.to *adj* violent; impetuous.
vi.o.le.ta *s e adj* violet.
vi.o.li.nis.ta *s* violinist.
vi.o.li.no *s* violin.
vi.o.lon.ce.lis.ta *s* violoncellist.
vi.o.lon.ce.lo *s* violoncello.
vir *v* to come; to arrive; to happen; to occur; **mandar ~**: to send for; **tornar a ~**: to come back; **~ à memória**: to come to one's memory; **~ ao mundo**: to be born.
vi.ra-la.ta *s* mongrel.
vi.rar *v* to turn; to reverse; to change; **~ a cabeça**: to turn one's head; **~ de cima para baixo**: to turn upside down.
vi.ra.vol.ta *s* somersault.
vir.gem *s* virgin; maid; (com maiúsc.) Virgin; • *adj* virgin; pure.
vir.gi.nal *adj* virginal; maidenly.
vir.gin.da.de *s* virginity; maidenhood.
vír.gu.la *s* GRAM comma; **ponto e ~**: semicolon.
vi.ril *adj* virile; manly.
vi.ri.lha *s* groin.
vi.ri.li.da.de *s* virility; masculinity.
vir.tu.al *adj* virtual, potential.
vir.tu.a.li.da.de *s* virtuality.
vir.tu.de *s* virtue; morality; **em ~ de**: because of.
vir.tu.o.si.da.de *s* virtuosity.
vir.tu.o.so *adj* virtuous; pure.
vi.ru.lên.cia *s* virulency; virulence.
vi.ru.len.to *adj* virulent.
ví.rus *s* virus.
vi.sa.gem *s* visage; appearance; vision.
vi.são *s* sight; view; vision; apparition.
vi.sar *v* to aim at.
vís.ce.ras *s* viscera.
vis.con.de *s* viscount.
vis.co.si.da.de *s* viscosity.
vis.co.so *adj* viscous; sticky.
vi.sei.ra *s* visor; vizor.
vi.si.bi.li.da.de *s* visibility.
vi.si.o.ná.rio *s e adj* visionary.

vi.si.ta *s* visit; visitor, guest (visitante); **cartão de ~**: visiting-card; **fazer uma ~**: to visit.
vi.si.tar *v* to visit.
vi.sí.vel *adj* visible; obvious; manifest.
vis.lum.brar *v* to catch a glimpse or a sight of.
vis.lum.bre *s* glimmer.
vi.sor *s* viewfinder.
vis.ta *s* sight; view (panorama); **à ~**: in cash, at sight; **amor à primeira ~**: love at first sight; **até a ~**: so long; **em ~ de**: in view of; **ponto de ~**: point of view; **ter em ~**: to have in mind.
vis.to *s* visa; visé; • *adj* seen; examined; known.
vis.to.ri.a *s* inspection; survey.
vis.to.ri.ar *v* to survey; to inspect.
vis.to.so *adj* showy.
vi.su.al *adj* visual.
vi.tal *adj* vital; indispensable; imperative.
vi.ta.lí.cio *adj* lifelong.
vi.ta.li.da.de *s* vitality.
vi.ta.li.zar *v* to vitalize; to give life to.
vi.ta.mi.na *s* vitamin.
vi.te.la *s* veal; heifer; calf.
ví.ti.ma *s* victim.
vi.ti.mar *v* to victimize.
vi.tó.ria *s* victory; success; conquest; triumph.
vi.to.ri.o.so *adj* victorious; conquering; winning.
vi.tral *s* stained glass window.
ví.treo *adj* vitreous; glassy.
vi.tri.fi.car *v* to vitrify.
vi.tri.na *s* shop-window.
vi.tu.pe.ra.ção, **vi.tu.pé.rio** *s* vituperation; severe censure.
vi.tu.pe.rar *v* to vituperate; to censure.
vi.u.vez *s* widowhood.
vi.ú.vo *s* widower; *fem* **widow**; • *adj* widowed.
vi.va *s* cheer; • *interj* hurrah! viva!
vi.va.ci.da.de *s* vivacity; animation.
vi.vaz *adj* vivacious, lively, brisk.
vi.vei.ro *s* coop.
vi.ven.da *s* dwelling.
vi.ven.te *s* living person or animal; • *adj* living.

vi.ver *v* to live; to subsist; to dwell; to reside; **~ de esmolas**: to live on charity.
ví.ve.res *s pl* provisions; victuals.
vi.vi.fi.car *v* to vivify; to animate.
vi.vo *s* living person; • *adj* alive, living; lively; clever (esperto).
vi.zi.nhan.ça *s* neighbourhood, EUA neighborhood; vicinity.
vi.zi.nho *s* neighbour, EUA neighbor; • *adj* neighbouring, EUA neighboring; next, near.
vi.zir *s* vizier; vizir.
vo.a.dor *adj* flying; **disco ~**: flying saucer; **peixe-~**: flying fish.
vo.ar *v* to fly.
vo.ca.bu.lá.rio *s* vocabulary.
vo.cá.bu.lo *s* vocable; word; term.
vo.ca.ção *s* vocation; calling; inclination.
vo.cal *adj* vocal.
vo.ca.li.zar *v* to vocalize.
vo.ca.ti.vo *s* GRAM vocative case; • *adj* GRAM vocative.
vo.cê *pron* you; thou; **~ mesmo**: yourself.
vo.ci.fe.ra.ção *s* vociferation, outcry, clamor.
vo.ci.fe.rar *v* to vociferate; to shout out.
vo.ga *s* vogue; fashion; usage; **estar em ~**: to be in fashion.
vo.gal *s* GRAM vowel; voter; member of a jury; • *adj* vocal.
vo.lan.te *s* steering wheel; flywheel; • *adj* volant; flying.
vo.lá.til *adj* volatile.
vo.la.ti.li.zar *v* to volatilize.
vo.lei.bol *s* volleyball.
vo.li.ção *s* volition; will.
volt *s* ELET volt.
vol.ta *s* return; turn; turning; **bilhete de ida e ~**: BRIT return-ticket; EUA roundtrip ticket; **estar de ~**: to be back; **por ~ de**: around, about.
vol.ta.gem *s* voltage.
vol.tar *v* to turn; to return; to come back.
vo.lu.bi.li.da.de *s* volubility; inconstancy.
vo.lu.me *s* volume, bulk (massa); pitch (som).
vo.lu.mo.so *adj* voluminous; bulky; large.
vo.lun.ta.ri.e.da.de *s* voluntariness.
vo.lun.tá.rio *s* volunteer; • *adj* voluntary; **serviço ~**: voluntary service.
vo.lú.pia, **vo.lup.tu.o.si.da.de** *s* voluptuousness.
vo.lup.tu.o.so *adj* voluptuous; sensual.
vo.lú.vel *adj* voluble; changeable; instable; fickle.
vol.ver *v* to turn; to revolve; to roll.
vo.mi.tar *v* to vomit; to throw up.
vô.mi.to *s* vomit.
von.ta.de *s* will; mind; desire; **sentir-se à ~**: to feel oneself at home; **ter ~**: to wish.
vo.o *s* flight; **~ livre**: hang-gliding.
vo.ra.ci.da.de *s* voracity; voraciousness.
vo.raz *adj* voracious; greedy; insatiable.
vos *pron* you; to you.
vós *pron* you, ye.
vos.so *pron* your, yours.
vo.ta.ção *s* voting.
vo.tar *v* to vote; to vow.
vo.to *s* vote; suffrage; ballot; vow; **~ de confiança**: vote of confidence.
vo.vó *s* grandma; granny.
vo.vô *s* grandpa; granddad.
voz *s* voice; **à meia ~**: in a whisper; **~ da consciência**: voice of the conscience.
vo.zei.rão *s* a loud voice.
vul.câ.ni.co *adj* vulcanic.
vul.ca.ni.za.ção *s* vulcanization.
vul.ca.ni.zar *v* to vulcanize; FIG to exalt; to enthusiasm.
vul.cão *s* volcano.
vul.gar *s* vulgar; • *adj* vulgar; common; coarse; ordinary.
vul.ga.ri.da.de *s* vulgarity.
vul.ga.ri.za.ção *s* vulgarization.
vul.ga.ri.zar *v* to vulgarize; to make vulgar.
vul.go *s* vulgar people; common people.
vul.ne.ra.bi.li.da.de *s* vulnerability; vulnerableness.
vul.ne.rar *v* to wound; to hurt.
vul.ne.rá.vel *adj* vulnerable.
vul.to *s* face; countenance; visage, image, aspect, appearance; importance; **de ~**: important.
vul.to.so *adj* bulky; voluminous; important.
vul.va *s* vulva.

W

w *s* the twenty-third letter of several alphabets, including Portuguese one, in which it is used in some symbols, foreign words, and words formed from names that begin with this letter.

wag.ne.ri.a.no *adj* Wagnerian.

watt *s* FÍS watt (w).

wat.tí.me.tro *s* wattmeter.

wc *s* water closet; bathroom.

wes.tern *s* western.

win.ches.ter *s* INF winchester.

wind.sur.fe *s* ESP windsurfing; • *v* to windsurf.

wind.sur.fis.ta *s* ESP windsurfer.

x *s* the twenty-fourth letter of the Portuguese alphabet; (com maiúsc.) Roman numeral for ten; MAT the sign of multiplication; an unknown quantity in algebra.
xá *s* shah.
xa.drez *s* chess; BR GÍR jail, prison.
xa.dre.zis.ta *s* a chess player.
xa.le *s* shawl.
xam.pu *s* shampoo.
xa.rá *s* namesake, homonym.
xa.ro.pa.da *s* bore.
xa.ro.pe *s* syrup, EUA sirup; ~ **para tosse**: cough syrup.
xe.lim *s* shilling.
xe.no.fo.bi.a *s* xenophobia.
xe.nó.fo.bo *s* xenophobe.
xe.que *s* check (xadrez); sheikh; ~**-mate**: checkmate, mate.
xe.re.ta *s* busybody.
xe.rez *s* sherry.
xe.ri.fe *s* sheriff.
xe.rox *s* xerox; fotocópia.
xí.ca.ra *s* cup.
xi.lin.dró *s* pop jail; clink.
xi.lo.gra.fi.a *s* woodcut.
xin.ga.men.to *s* curse.
xin.gar *v* BR to call bad names, to curse.
xis.to *s* schist.
xi.xi *s* wee, pee.
xo.dó *s* BR GÍR passion; sweetheart.
xu.cro *adj* BR untamed animal; GÍR a silly person.

y *s* the twenty-fifth letter of the Portuguese alphabet; MAT an unknown quantity or a variable in algebra.

Z

z *s* the twenty-sixth letter of the Portuguese alphabet; MAT an unknown quantity.
zan.ga *s* anger; aversion; annoyance.
zan.ga.do *adj* angry; ill-tempered; **ficar ~**: to get angry.
zan.gão *s* drone.
zan.gar *v* to annoy; **~-se com alguém**: to get angry.
zan.zar *v* to roam; to wander; to rove.
za.ra.ba.ta.na *s* blowgun.
za.ro.lho *adj* squint-eyed; cross-eyed; one-eyed.
zar.par *v* to weigh anchor; to run away.
ze.bra *s* ZOO zebra.
ze.bu *s* zebu.
zé.fi.ro *s* zephyr; gently breeze.
ze.la.dor *s* keeper; janitor; guardian.
ze.lar *v* to watch over carefully; to look after.
ze.lo *s* zeal; care.
ze.lo.so *adj* careful; zealous.
zê.ni.te *s* zenith.
ze.pe.lim *s* zeppelin.
ze.ro *s* zero; a cipher; **~ hora**: zero hour.
zi.gue.za.gue *s* zigzag; sinuosity.
zi.gue.za.gue.ar *v* to zigzag.
zin.co *s* QUÍM zinc.
zí.per *s* zip, EUA zipper.
zo.ar *v* to hum; to buzz.
zo.di.a.cal *adj* zodiacal.
zo.dí.a.co *s* zodiac.
zom.ba.dor *s* jester; mocker; • *adj* mocking.
zom.bar *v* to mock; to deride; to scoff.
zom.ba.ri.a *s* mockery; scoff; derision.
zom.be.tei.ro *s* mocker; jester; • *adj* mocking.
zo.na *s* zone; belt; region.
zon.zo *adj* dizzy.
zo.o.lo.gi.a *s* zoology.
zo.o.ló.gi.co *s* zoológico; • *adj* zoological; **jardim ~**: zoological garden.
zo.o.lo.gis.ta, zo.ó.lo.go *s* zoologist.
zor.ra *s* GÍR mess.
zu.lu *s* e *adj* zulu.
zum.bi.do *s* buzzing; hum.
zum.bir *v* to buzz; to hum.
zu.ni.do *s* buzz; hum.
zu.nir *v* to hum; to buzz; to whistle.
zum-zum *s* hum; rumour; intrigue.
zur.rar *v* to bray.
zur.ro *s* bray.

QUADROS DE CONVERSÃO
Tables For Conversion

Pés (feet) / Metros (meters)

pés x m					m x pés				
1	–	0,305	7	–	2,134	1	–	3,281	7	–	22,966
2	–	0,610	8	–	2,439	2	–	6,562	8	–	26,247
3	–	0,915	9	–	2,744	3	–	9,843	9	–	29,528
4	–	1,220	10	–	3,048	4	–	13,124	10	–	32,808
5	–	1,524	11	–	3,353	5	–	16,404	11	–	36,089
6	–	1,829	12	–	3,658	6	–	19,685	12	–	39,370

Polegadas (inches) / Centímetros (centimeters)

pol x cm					cm x pol				
1	–	2,54	7	–	17,78	1	–	0,394	7	–	2,756
2	–	5,08	8	–	20,32	2	–	0,788	8	–	3,150
3	–	7,62	9	–	22,86	3	–	1,182	9	–	3,544
4	–	10,16	10	–	25,40	4	–	1,575	10	–	3,937
5	–	12,70	11	–	27,94	5	–	1,969	11	–	4,331
6	–	15,24	12	–	30,48	6	–	2,363	12	–	4,725

Quilômetros (kilometers) / Milhas (miles)

km x mi					mi x km				
1	–	0,621	7	–	4,350	1	–	1,609	7	–	11,265
2	–	1,243	8	–	4,972	2	–	3,219	8	–	12,874
3	–	1,865	9	–	5,593	3	–	4,828	9	–	14,484
4	–	2,486	10	–	6,214	4	–	6,437	10	–	16,093
5	–	3,107	11	–	6,836	5	–	8,047	11	–	17,702
6	–	3,729	12	–	7,457	6	–	9,655	12	–	19,312

Jardas (yards) / Metros (meters)

yd x m					m x yd				
1	–	0,914	7	–	6,401	1	–	1,084	7	–	7,655
2	–	1,829	8	–	7,315	2	–	2,187	8	–	8,749
3	–	2,748	9	–	8,230	3	–	3,281	9	–	9,843
4	–	3,658	10	–	9,144	4	–	4,374	10	–	10,936
5	–	4,572	11	–	10,058	5	–	5,468	11	–	12,030
6	–	5,486	12	–	10,973	6	–	6,562	12	–	13,123

Polegadas^2 (sq. inches) / Centímetros^2 (sq. centimeters)

pol^2 x cm^2					cm^2 x pol^2				
1	–	6,452	7	–	45,161	1	–	0,155	7	–	1,085
2	–	12,903	8	–	51,613	2	–	0,310	8	–	1,240
3	–	19,355	9	–	58,064	3	–	0,465	9	–	1,395
4	–	25,806	10	–	64,516	4	–	0,620	10	–	1,550
5	–	32,258	11	–	70,968	5	–	0,775	11	–	1,705
6	–	38,710	12	–	77,419	6	–	0,930	12	–	1,860

quadros de conversão

Pés² (sq. feet) / Metros² (sq. meters)

pés² x m²			m² x pés²	
1 – 0,093	7 – 0,650	1 – 10,76	7 – 75,35
2 – 0,186	8 – 0,743	2 – 21,53	8 – 86,11
3 – 0,279	9 – 0,836	3 – 32,29	9 – 96,88
4 – 0,372	10 – 0,929	4 – 43,06	10 – 107,64
5 – 0,465	11 – 1,022	5 – 53,82	11 – 118,40
6 – 0,557	12 – 1,115	6 – 64,58	12 – 129,17

Milhas² (sq. miles) / Quilômetros² (sq. kilometers)

mi² x km²		km² x mi²	
1 – 2,59	7 – 18,13	1 – 0,386	7 – 2,703
2 – 5,18	8 – 20,72	2 – 0,772	8 – 3,089
3 – 7,77	9 – 23,31	3 – 1,158	9 – 3,475
4 – 10,36	10 – 25,90	4 – 1,544	10 – 3,861
5 – 12,95	11 – 28,49	5 – 1,931	11 – 4,427
6 – 15,54	12 – 31,08	6 – 2,317	12 – 4,633

Acres (acres) / Hectares (hectares)

a x ha		ha x a	
1 – 0,405	7 – 2,833	1 – 2,471	7 – 17,297
2 – 0,809	8 – 3,238	2 – 4,942	8 – 19,768
3 – 1,214	9 – 3,642	3 – 7,413	9 – 22,239
4 – 1,619	10 – 4,047	4 – 9,884	10 – 24,710
5 – 2,024	11 – 4,452	5 – 12,355	11 – 27,181
6 – 2,428	12 – 4,856	6 – 14,826	12 – 29,652

Onças (ounces) / Gramas (grams)

oz x g		g x oz	
1 – 28,350	7 – 198,45	1 – 0,0353	7 – 0,2471
2 – 56,699	8 – 226,80	2 – 0,0706	8 – 0,2822
3 – 85,049	9 – 255,15	3 – 0,1059	9 – 0,3177
4 – 113,40	10 – 283,50	4 – 0,1412	10 – 0,3530
5 – 141,75	11 – 311,84	5 – 0,1765	11 – 0,3883
6 – 170,10	12 – 340,19	6 – 0,2118	12 – 0,4236

Libras (pounds) / Quilos (kilograms)

ib x kg		kg x ib	
1 – 0,454	7 – 3,175	1 – 2,205	7 – 15,432
2 – 0,907	8 – 3,629	2 – 4,409	8 – 17,637
3 – 1,361	9 – 4,082	3 – 6,614	9 – 19,841
4 – 1,814	10 – 4,536	4 – 8,818	10 – 22,046
5 – 2,268	11 – 4,990	5 – 11,023	11 – 24,251
6 – 2,722	12 – 5,443	6 – 13,228	12 – 26,455

Pés³ (cubic feet) / Metros³ (cubic meters)

pés³ x m³						m³ x pés³					
1	–	0,028	7	–	0,198	1	–	35,31	7	–	247,20
2	–	0,057	8	–	0,226	2	–	70,63	8	–	282,52
3	–	0,085	9	–	0,255	3	–	105,94	9	–	317,83
4	–	0,113	10	–	0,283	4	–	141,26	10	–	353,15
5	–	0,142	11	–	0,311	5	–	176,57	11	–	388,46
6	–	0,170	12	–	0,340	6	–	211,89	12	–	423,77

Galões Americanos (U.S. gallons) / Litros (litres)

gal x l						l x gal					
1	–	3,785	7	–	26,497	1	–	0,264	7	–	1,849
2	–	7,571	8	–	30,282	2	–	0,528	8	–	2,114
3	–	11,356	9	–	34,068	3	–	0,793	9	–	2,378
4	–	15,141	10	–	37,853	4	–	1,057	10	–	2,642
5	–	18,927	11	–	41,638	5	–	1,321	11	–	2,906
6	–	22,712	12	–	45,424	6	–	1,585	12	–	3,170

Fahrenheit (fahrenheit) / Centígrados (centigrade)

°F x °C						°C x °F					
0 – -17,8						0 – 32					
-23	–	-30,6	1	–	-17,2	-23	–	-9,4	1	–	33,8
-22	–	-30	2	–	-16,7	-22	–	-7,6	2	–	35,6
-21	–	-29,4	3	–	-16,1	-21	–	-5,8	3	–	37,4
-20	–	-28,9	4	–	-15,6	-20	–	-4	4	–	39,2
-19	–	-28,3	5	–	-15	-19	–	-2,2	5	–	41
-18	–	-27,8	6	–	-14,4	-18	–	-0,4	6	–	42,8
-17	–	-27,2	7	–	-13,9	-17	–	1,4	7	–	44,6
-16	–	-26,7	8	–	-13,3	-16	–	3,2	8	–	46,4
-15	–	-26,1	9	–	-12,8	-15	–	5	9	–	48,2
-14	–	-25,6	10	–	-12,2	-14	–	6,8	10	–	50
-13	–	-25	11	–	-11,7	-13	–	8,6	11	–	51,8
-12	–	-24,4	12	–	-11,1	-12	–	10,4	12	–	53,6
-11	–	-23,9	13	–	-10,6	-11	–	12,2	13	–	55,4
-10	–	-23,3	14	–	-10	-10	–	14	14	–	57,2
-9	–	-22,8	15	–	-9,4	-9	–	15,8	15	–	59
-8	–	-22,2	16	–	-8,9	-8	–	17,6	16	–	60,8
-7	–	-21,7	17	–	-8,3	-7	–	19,4	17	–	62,6
-6	–	-21,1	18	–	-7,8	-6	–	21,2	18	–	64,4
-5	–	-20,6	19	–	-7,2	-5	–	23	19	–	66,2
-4	–	-20	20	–	-6,7	-4	–	24,8	20	–	68
-3	–	-19,4	21	–	-6,1	-3	–	26,6	21	–	69,8
-2	–	-18,9	22	–	-5,6	-2	–	28,4	22	–	71,6
-1	–	-18,3	23	–	-5	-1	–	30,2	23	–	73,4

VERBOS IRREGULARES
Irregular Verbs

Infinitivo Infinitive	Pretérito Past tense	Particípio Passado Past Participle	Tradução Translation
abide	abode, abided	abode, abided	morar, habitar
arise	arose	arisen	surgir
awake	awoke, awaked	awoke, awaked	despertar
be	was, were	been	ser; estar
bear	bore	borne, born	suportar; levar; dar à luz
beat	beat	beaten	bater, pulsar; derrotar
become	became	become	tornar-se
befall	befell	befallen	acontecer, suceder
begin	began	begun	começar
behold	beheld	beheld	contemplar
bend	bent	bent	entortar; curvar-se, inclinar
bereave	bereft, bereaved	bereft, bereaved	consternar (por motivo de morte)
beseech	besought	besought	suplicar, rogar, implorar
beset	beset	beset	cercar
bet	bet, betted	bet, betted	apostar
bid	bad, bid	bidden, bid	ordenar; saudar
bind	bound	bound	ligar; encadernar
bite	bit	bitten	morder; picar
bleed	bled	bled	sangrar
bless	blessed, blest	blessed, blest	benzer, abençoar, consagrar
blow	blew	blown	soprar, ventar; estourar
break	broke	broken	quebrar, interromper
breed	bred	bred	criar, educar
bring	brought	brought	trazer
broadcast	broadcast	broadcast	radiar (transmitido pelo rádio); espalhar
build	built	built	construir
burn	burned, burnt	burned, burnt	queimar
burst	burst	burst	arrebentar, irromper
buy	bought	bought	comprar
cast	cast	cast	arremessar, lançar
catch	caught	caught	apanhar, agarrar, pegar
chide	chid, chided	chidden, chided	ralhar, repreender
choose	chose	chosen	escolher
cleave	clove, cleft, cleaved	cloven, cleft, cleaved	fender, cortar, talhar
cling	clung	clung	aderir, unir-se, apegar-se
come	came	come	vir; chegar
cost	cost	cost	custar
creep	crept	crept	rastejar, arrastar-se
cut	cut	cut	cortar
deal	dealt	dealt	lidar, negociar; dar as cartas (baralho)
dig	dug	dug	cavar
dive	dived, dove	dived	mergulhar

verbos irregulares

Infinitivo Infinitive	Pretérito Past tense	Particípio Passado Past Participle	Tradução Translation
do	did	done	fazer, efetuar, executar
draw	drew	drawn	desenhar; puxar; sacar (dinheiro em banco)
dream	dreamed, dreamt	dreamed, dreamt	sonhar
drink	drank	drunk	beber
drive	drove	driven	dirigir; impelir
dwell	dwelt, dwelled	dwelt, dwelled	morar, residir
eat	ate	eaten	comer
fall	fell	fallen	cair, despencar
feed	fed	fed	alimentar
feel	felt	felt	sentir
fight	fought	fought	brigar, lutar
find	found	found	achar
flee	fled	fled	fugir, escapar
fling	flung	flung	atirar, arremessar
fly	flew	flown	voar
forbear	forbore	forborne	evitar
forbid	forbade	forbidden	proibir
forecast	forecast, forecasted	forecast, forecasted	prever, prognosticar, predizer
forego	forewent	foregone	privar-se de
foresee	foresaw	foreseen	prever, antever, prognosticar
foretell	foretold	foretold	profetizar
forget	forgot	forgotten	esquecer
forgive	forgave	forgiven	perdoar
forsake	forsook	forsaken	deixar, desertar, abandonar
forswear	forswore	forsworn	perjurar; rejeitar
freeze	froze	frozen	gelar, congelar
gainsay	gainsaid	gainsaid	contradizer, contrariar
get	got	gotten, got	conseguir, ganhar, obter
gild	gilded, gilt	gilded	dourar
gird	girt	girt	cingir
give	gave	given	dar, conceder
go	went	gone	ir
grind	ground	ground	moer
grow	grew	grown	crescer; cultivar
hamstring	hamstrung	hamstrung	aleijar, estropiar
hang	hung, hanged	hung, hanged	pendurar, suspender; enforcar
have	had	had	ter, possuir
hear	heard	heard	ouvir
heave	heaved, hove	heaved, hove	erguer, levantar, suspender
hew	hewed	hewed, hewn	cortar, rachar, fender
hide	hid	hidden, hid	esconder
hit	hit	hit	bater, acertar, abalroar
hold	held	held	segurar, manter, conter
hurt	hurt	hurt	machucar, ferir
inlay	inlaid	inlaid	embutir, incrustar
keep	kept	kept	guardar; permanecer
kneel	knelt, kneeled	knelt, kneeled	ajoelhar-se
knit	knit, knitted	knit, knitted	unir; entrelaçar; tricotar
know	knew	known	saber, conhecer

verbos irregulares

Infinitivo Infinitive	Pretérito Past tense	Particípio Passado Past Participle	Tradução Translation
lay	laid	laid	pôr, colocar; botar (ovos)
lead	led	led	guiar, conduzir
lean	leaned, leant	leaned, leant	apoiar; inclinar
leap	leaped, leapt	leaped, leapt	pular, saltar
learn	learned, learnt	learned, learnt	aprender
leave	left	left	sair, deixar, abandonar
lend	lent	lent	emprestar
let	let	let	deixar, permitir
lie	lay	lain	deitar-se; reclinar-se
light	lighted, lit	lighted, lit	acender, iluminar
lose	lost	lost	perder
make	made	made	fazer, produzir, fabricar
mean	meant	meant	significar; pretender, intencionar
meet	met	met	encontrar
melt	melted	melted, molten	derreter
miscast	miscast	miscast	somar errado (contas comerciais)
mislay	mislaid	mislaid	extraviar
mislead	misled	misled	desorientar, enganar, iludir
misspell	misspelt, misspelled	misspelt, misspelled	grafar ou soletrar erradamente
mistake	mistook	mistaken	entender ou interpretar mal
misunderstand	misunderstood	misunderstood	compreender ou interpretar mal
mow	mowed	mowed; mown	ceifar, cegar
outbid	outbid	outbid	sobrepujar
outdo	outdid	outdone	exceder, sobrepujar
outgrow	outgrew	outgrown	crescer demais
outrun	outran	outrun	ultrapassar, exceder
outshine	outshone	outshone	brilhar
overbear	overbore	overborne	subjugar, oprimir, reprimir
overcome	overcame	overcome	suplantar, vencer, superar
overdo	overdid	overdone	exagerar
overdraw	overdrew	overdrawn	sacar em excesso
overhang	overhung	overhung	sobressair; pender
overhear	overheard	overheard	ouvir por acaso
overlay	overlaid	overlaid	revestir, cobrir
override	overrode	overridden	atravessar; invadir
overrun	overran	overrun	transbordar, extravasar
oversee	oversaw	overseen	supervisionar
oversleep	overslept	overslept	dormir demais
overtake	overtook	overtaken	ultrapassar; surpreender
overthrow	overthrew	overthrown	derrubar, derrocar
partake	partook	partaken	participar; compartilhar
pay	paid	paid	pagar
prove	proved	proved, proven	provar, demonstrar
put	put	put	pôr, colocar
quit	quit, quitted	quit, quitted	abandonar, desistir
read	read/red	read/red	ler
rebuild	rebuilt	rebuilt	reconstruir, reedificar
recast	recast	recast	refundir, remodelar
redo	redid	redone	refazer

Infinitivo Infinitive	Pretérito Past tense	Particípio Passado Past Participle	Tradução Translation
remake	remade	remade	refazer, reconstituir
rend	rent	rent	rasgar, lacerar
repay	repaid	repaid	reembolsar, restituir
rerun	reran	rerun	reprisar
reset	reset	reset	recolocar; reajustar
retell	retold	retold	recontar
rewind	rewound	rewound	reenrolar
rewrite	rewrote	rewritten	reescrever
rid	rid, ridded	rid, ridded	livrar, desembaraçar
ride	rode	ridden	montar, cavalgar, andar (carro ou ônibus)
ring	rang	rung	soar, tocar (campainha, telefone)
rise	rose	risen	nascer, surgir; elevar-se
run	ran	run	correr; administrar
saw	sawed	sawed, sawn	serrar
say	said	said	dizer
see	saw	seen	ver
seek	sought	sought	procurar; buscar
sell	sold	sold	vender
send	sent	sent	mandar, enviar, remeter
set	set	set	fixar; pôr; arrumar
sew	sewed	sewed, sewn	costurar
shake	shook	shaken	sacudir, agitar
shear	sheared	sheared, shorn	tosar, aparar
shed	shed	shed	derramar, verter
shine	shone, shined	shone, shined	brilhar, lustrar
shoe	shod	shod	calçar, ferrar (cavalo)
shoot	shot	shot	atirar, fuzilar
show	showed	shown, showed	mostrar, exibir
shrink	shrank, shrunk	shrunk	encolher
shut	shut	shut	fechar, tapar
sing	sang	sung	cantar
sink	sank	sunk	afundar, naufragar
sit	sat	sat	sentar
slay	slew	slain	matar; destruir
sleep	slept	slept	dormir
slide	slid	slid	escorregar, deslizar
sling	slung	slung	atirar, arremessar
slink	slunk	slunk	esquivar-se
slit	slit	slit	rachar, fender
smell	smelled, smelt	smelled, smelt	cheirar
smite	smote	smitten	ferir; castigar
sow	sowed	sown, sowed	semear
speak	spoke	spoken	falar
speed	speeded, sped	sped	apressar
spell	spelled, spelt	spelled, spelt	soletrar
spend	spent	spent	gastar; passar (tempo de férias)
spill	spilled, spilt	spilled, spilt	derramar, entornar
spin	spun	spun	rodar, girar; tecer
spit	spat, spit	spat, spit	cuspir
split	split	split	rachar, fender
spoil	spoiled, spoilt	spoiled, spoilt	estragar, deteriorar

verbos irregulares

Infinitivo Infinitive	Pretérito Past tense	Particípio Passado Past Participle	Tradução Translation
spread	spread	spread	estender, espalhar, divulgar
spring	sprang, sprung	sprung	brotar, nascer; saltar, jorrar
stand	stood	stood	suster, ficar em pé; aguentar
stave	staved	staved	arrombar
steal	stole	stolen	roubar
stick	stuck	stuck	fincar; aderir, grudar
sting	stung	stung	picar; arder
stink	stank, stunk	stunk	feder
strew	strewed	strewed, strewn	espalhar, derramar
stride	strode	stridden	cavalgar, galopar
strike	struck	struck	brigar, golpear; fazer greve
string	strung	strung	encordoar, amarrar
strive	strove	striven	empenhar-se, esforçar-se
swear	swore	sworn	jurar; blasfemar
sweep	swept	swept	varrer
swell	swelled	swollen, swelled	inchar, intumescer
swim	swam	swum	nadar
swing	swung	swung	balançar
take	took	taken	tomar; tirar; pegar
teach	taught	taught	ensinar
tear	tore	torn	rasgar; romper
tell	told	told	relatar, dizer, contar
think	thought	thought	pensar; criar
thrive	throve, thrived	thrived	florescer; prosperar
throw	threw	thrown	atirar, jogar
thrust	thrust	thrust	empurrar
tread	trod	trodden, trod	pisar
trust	trust	trust	confiar, crer
unbend	unbent	unbent	endireitar (-se)
unbind	unbound	unbound	desatar, desamarrar
undergo	underwent	undergone	suportar, sofrer
understand	understood	understood	compreender, entender
undertake	undertook	undertaken	empreender, comprometer-se
underwrite	underwrote	underwritten	subscrever
undo	undid	undone	desfazer, desmanchar
unwind	unwound	unwound	relaxar
uphold	upheld	upheld	sustentar; levantar
upset	upset	upset	tombar, virar
wake	waked, woke	waked, woken	acordar, despertar
waylay	waylaid	waylaid	emboscar, atacar
wear	wore	worn	vestir, usar
weave	wove	woven	tecer
wed	wedded, wed	wedded, wed	casar, unir
weep	wept	wept	chorar
wet	wet, wetted	wet, wetted	molhar
win	won	won	vencer, ganhar, obter
wind	wound	wound	dar corda; torcer
withdraw	withdrew	withdrawn	retirar, retratar
withhold	withheld	withheld	reter, deter, conter
wring	wrung	wrung	puxar, arrancar; espremer
write	wrote	written	escrever